Curso Sistematizado de Direito Processual Civil

Cassio Scarpinella Bueno é Advogado formado pela Faculdade de Direito da Pontifícia Universidade Católica de São Paulo (PUC-SP), instituição na qual obteve os títulos de Mestre (1996), Doutor (1998) e Livre-docente (2005) em Direito Processual Civil, todos com a nota máxima, e onde exerce as funções de Professor Doutor de Direito Processual Civil nos cursos de Graduação, Especialização, Mestrado e Doutorado. Foi *Visiting Scholar* da Columbia University (Nova York) no ano acadêmico de 2000/2001.

Vice-Presidente do Instituto Brasileiro de Direito Processual (IBDP) nos triênios 2016/2018 e 2019/2021, é também membro do Instituto Ibero-americano de Direito Processual (IIDP) e da Associação Internacional de Direito Processual (IAPL).

Foi um dos quatro integrantes da Comissão Revisora do Anteprojeto do novo Código de Processo Civil no Senado Federal e participou dos Encontros de Trabalho de Juristas sobre o mesmo Projeto no âmbito da Câmara dos Deputados.

É autor de 22 livros, dentre os quais destacam-se, além do presente *Curso*, os seguintes, todos publicados pelo selo Saraiva Jur: (1) *Manual de direito processual civil*; (2) *Comentários ao Código de Processo Civil: liquidação e cumprimento da sentença*, v. X; e (3) *Novo Código de Processo Civil anotado*.

Escreveu mais de 100 livros em coautoria, sendo sua a coordenação dos *Comentários ao Código de Processo Civil* em 4 volumes do selo Saraiva Jur, e mais de 95 artigos científicos, alguns publicados em revistas estrangeiras. Desenvolve intensa atividade acadêmica em todo o território nacional, como palestrante e conferencista, e tem participado ativamente dos mais variados encontros de processualistas, inclusive no exterior.

Desenvolve intensa atividade acadêmica em todo o território nacional, como palestrante e conferencista, e tem participado ativamente dos mais variados encontros de processualistas, inclusive no exterior.

Cassio SCARPINELLA Bueno

volume

2

Curso Sistematizado de Direito Processual Civil

10ª edição
revista, atualizada e ampliada
2ª tiragem
2021

Procedimento Comum,
Processos nos Tribunais e Recursos

DADOS INTERNACIONAIS DE CATALOGAÇÃO NA PUBLICAÇÃO (CIP)
ANGÉLICA ILACQUA CRB-8/7057

Bueno, Cassio Scarpinella
Curso sistematizado de direito processual civil: procedimento comum, processos nos tribunais e recursos – vol. 2 / Cassio Scarpinella Bueno. – 10. ed. – São Paulo: Saraiva Educação, 2021.
832 p.

Bibliografia
ISBN 978-65-5559-373-0 (impresso)

1. Processo civil. I. Título.

20-0725 CDD 341.46
CDU 347.9

Índice para catálogo sistemático:

1. Direito processual civil

saraiva EDUCAÇÃO | saraiva jur

Av. Paulista, 901, 3º andar
Bela Vista – São Paulo – SP – CEP: 01311-100

SAC | sac.sets@saraivaeducacao.com.br

Direção executiva Flávia Alves Bravin
Direção editorial Renata Pascual Müller
Gerência de projetos e produção editorial Fernando Penteado

Planejamento Josiane de Araujo Rodrigues

Novos projetos Sérgio Lopes de Carvalho
Dalila Costa de Oliveira

Edição Clarissa Boraschi Maria (coord.)
Daniel Pavani Naveira

Produção editorial Daniele Debora de Souza (coord.)
Luciana Cordeiro Shirakawa

Arte e digital Mônica Landi (coord.)
Camilla Felix Cianelli Chaves
Claudirene de Moura Santos Silva
Deborah Mattos
Guilherme H. M. Salvador
Tiago Dela Rosa

Projetos e serviços editoriais Daniela Maria Chaves Carvalho
Kelli Priscila Pinto
Laura Paraíso Buldrini Filogônio
Marília Cordeiro
Nicoly Wasconcelos Razuk

Diagramação e revisão Kalima Editores
Capa Danilo Zanott / Aero Comunicação
Produção gráfica Marli Rampim
Sergio Luiz Pereira Lopes
Impressão e acabamento Vox Gráfica

Data de fechamento da edição: 4-1-2021

Dúvidas? Acesse www.editorasaraiva.com.br/direito

CL 606879 CAE 744688

"Se você só lê o mesmo que todo mundo lê,
acaba pensando o mesmo que todo mundo pensa."

Haruki Murakami

À minha esposa e à *nossa* filha e ao *nosso* filho.

Sem *Ela*, as edições anteriores deste *Curso* não teriam sido.

Sem *Ela* e sem *Eles*, as novas edições deste *Curso*
não teriam razão de ser.

Sumário

Parte II
Ordem dos processos e processos de competência originária dos Tribunais

Capítulo 1

Nota introdutória às novas edições após o CPC de 2015

Após um longo período de estudo e de reflexão, após mais de cinco centenas de aulas, de palestras e de cursos, alguns intensivos, com dezenas de horas de duração, que ministrei ao longo de todo o país e em não poucas localidades do exterior sobre o CPC de 2015, entendi que era chegada a hora de retomar o meu *Curso sistematizado de direito processual civil*.

Os anos de 2015 a 2017 foram marcados pela elaboração de dois livros totalmente novos, o *Novo Código de Processo Civil anotado* e o *Manual de direito processual civil*. Convenci-me de que aquelas empreitadas, ao longo do exercício do magistério em todos os níveis superiores de ensino, aliadas às inúmeras aulas e palestras já noticiadas, eram necessárias para meu próprio amadurecimento intelectual sobre o tema.

No *Novo Código de Processo Civil anotado*, as comparações do CPC de 2015 com o CPC de 1973, levando em conta o histórico do seu *processo* legislativo, permitiram externar as minhas primeiras reflexões (*anotações*) sobre cada um dos artigos, listando a rica produção intelectual de variados encontros de estudiosos que o novo Código acabou por motivar. Nele alcancei uma visão crítica do todo, dando o devido arremate ao produto de pesquisas anteriores que culminaram, ainda em 2014, com a publicação de outro livro de estudos e de reflexão para o desenvolvimento do então em andamento processo legislativo que resultou na Lei n. 13.105/2015, o *Projetos de novo Código de Processo Civil comparados e anotados*.

No *Manual de direito processual civil*, consegui fazer o que nunca havia tentando antes, em função das edições anteriores do *Curso* e de sua proposta: aliar o máximo de didatismo com a informação exata e precisa para viabilizar o estudo sistemático do direito processual civil tendo como guia de exposição o Código de Processo Civil. Tudo o que desenvolvi durante quase uma década de edições e reedições do *Curso* está lá, inclusive – e nem vejo como poderia ser diverso – o modelo constitucional do direito processual civil e a revisitação dos institutos fundamentais do direito processual civil em direção ao *neoconcretismo*, mas da maneira mais direta e didática possível. Fosse para homenagear obras de grandes processualistas do passado, Pereira e Sousa, José Maria Frederico de Souza Pinto e o mais recentes deles, Moacyr Amaral Santos (um dos livros que tive como referência básica ao longo do meu próprio curso de graduação na PUC-SP, por indicação do meu Professor José Roberto de Moraes), eu o chamaria *Primeiras linhas de direito processual civil*. Não o fiz. Chamei-o e continuo a chamar de *meu Manual*.

A acolhida daqueles dois livros e de suas sucessivas reedições, todas, invariavelmente, revistas, atualizadas e (muito) ampliadas, não poderia ser melhor e mais gratificante. Foi o que precisava para retomar de vez o meu *Curso sistematizado de direito processual civil*. Até porque, desde sempre, achei que o que nele propus desde 2007, quando veio a público a 1ª edição de seu volume 1, dedicado exclusivamente à teoria geral do direito processual civil, ainda se fazia necessário, verdadeiramente indispensável, para compreender não só o CPC de 2015 mas, muito mais do que ele, o direito processual civil como um todo, ainda que tendo o Código como referência expositiva. É o que de variados modos, sotaques e línguas externei desde a primeira das cinco centenas de oportunidades que tive para enaltecer a necessidade de o CPC de 2015 ser analisado, interpretado e aplicado com a consciência de que ele não é um trabalho pronto e acabado. Que ele precisa, para usar o adjetivo que intitula desde sempre este *Curso*, ser *sistematizado* para o devido atingimento daquelas finalidades.

E mais do que isto: sempre me mostrei muito satisfeito com a forma de exposição e, sobretudo, a ordem dos volumes das edições anteriores deste *Curso*: partia de uma teoria geral do direito processual civil, toda ela construída a partir do "modelo constitucional", para estudar o direito processual civil como um todo tendo como pano de fundo o então em vigor CPC de 1973, com suas dezenas de modificações (v. 1), dando destaque nos dois volumes seguintes às etapas do processo, a de conhecimento (v. 2) e a de cumprimento e, mais amplamente, às múltiplas formas de *concretização* da tutela jurisdicional (v. 3), sem descurar – e nem poderia ser diferente naquele momento do direito positivo brasileiro – da tutela antecipada ao lado do processo cautelar (v. 4) e dos recursos e processos e incidentes de competência originária nos Tribunais (v. 5). Os tomos do v. 2 se justificavam para permitir a análise detalhada, ao lado dos procedimentos comuns de então, o ordinário e o sumário (t. I), dos procedimentos especiais do próprio Código (t. II) e os da legislação extravagante que diziam respeito ao direito processual público, expressão que cunhei nos finais dos anos 1990 e que está, ao lado das suas variantes, a mais difundida delas, Poder Público em Juízo, consagrada na literatura processual brasileira, e ao direito processual coletivo (t. III).

A exposição linear da metodologia que adotei originalmente para desenvolver o *Curso* que ocupa o parágrafo anterior é proposital: ela é capaz de revelar que o que lá pregava foi adotado, desde o Anteprojeto, como linha condutora básica do novo Código de Processo Civil. Se isso é mera coincidência ou não é questão que não importa. O que interessam são os fatos e a consagração legislativa do que, desde aquela época, este *Curso* já acentuava: é a proposta nele exposta, nenhuma outra, a mais adequada para estudar o direito processual. O art. 1º do CPC de 2015, a propósito, deixando de lado toda a sua inocuidade normativa, é suficientemente eloquente a respeito do assunto e da indispensabilidade do "modelo constitucional" para a finalidade última do estudo do direito processual civil.

Após meditar, escrever, descartar e testar – e estaria mentindo se dissesse que concordo com o que se atribui a Thomas Edison, sobre o processo criativo ser muito mais transpiração do que inspiração –, entendi que era importante para o *Curso* vir reformulado do começo ao fim, mormente porque, neste momento, ele tem um irmão mais jovem, o *Manual*, e um primo, o *Novo Código de Processo Civil anotado*, que, junto com ele, querem disseminar o conhecimento de direito processual civil, compartilhando idênticas premissas teóricas, todas elas construídas a partir da mesma teoria geral do direito processual civil, embora de formas diversas, mas conscientemente complementares.

Uma reformulação, contudo, que não só aproveita, mas que também desenvolve as conquistas das edições anteriores e de cada um de seus volumes, sendo certo que nem haveria razão para ser de outro modo diante das premissas já estabelecidas, sobretudo da teoria geral proposta pelo *Curso*. A ideia é de *continuidade*, a despeito do CPC de 2015, que é refletida inclusive na numeração das novas edições de cada volume.

O que há de mais diferente é a exteriorização do *Curso* em três volumes: O volume 1 é dedicado à teoria geral do direito processual civil e à Parte Geral do Código de Processo Civil; o volume 2, ao procedimento comum e aos processos nos Tribunais e meios de impugnação das decisões judiciais; o volume 3, por fim, volta-se à tutela jurisdicional executiva nas suas duas acepções codificadas, o cumprimento de sentença e o (impropriamente) chamado "processo de execução".

Antes que se pergunte onde estão os demais volumes, importa esclarecer que, à exceção dos dedicados aos procedimentos especiais, todo o conteúdo anterior, amplamente desenvolvido, está nos seus devidos lugares. O correto é entender que os novos volumes 1 e 2 contêm mais de um volume das edições anteriores, enquanto o volume 3, pioneiro a seu tempo, continua a se dedicar ao exame da tutela jurisdicional *executiva*, independentemente de seu fundamento ser título executivo judicial ou extrajudicial, lado a lado. A decisão não foi fácil, mas se mostra a melhor e a mais afinada com o propósito do Código de Processo Civil.

A Parte I do volume 2 é dedicada ao estudo do procedimento comum, dos arts. 318 a 508 do Código de Processo Civil. A Parte II se volta ao exame da "ordem dos processos e dos processos de competência originária dos Tribunais" (arts. 926 a 993) e, por fim, a Parte III tem como objetivo a análise dos recursos (arts. 994 a 1.044).

O procedimento comum vem exposto a partir da mesma proposta das edições anteriores, isto é, a partir das fases ideais da etapa de conhecimento do processo, a *postulatória*, a *ordi-*

natória, a *instrutória* e a *decisória*, todas construídas a partir das considerações críticas apresentadas no Capítulo 1.

Segue-se ao procedimento comum o estudo do Título I do Livro III da Parte Especial do Código de Processo Civil, que ocupa toda a Parte II, a partir da apresentação da proposta nuclear de sua compreensão, o "direito jurisprudencial", à qual se volta o Capítulo 1. Os capítulos seguintes dedicam-se ao estudo da ordem dos processos nos Tribunais, incidente de assunção de competência, incidente de arguição de inconstitucionalidade, conflito de competência, homologação de decisão estrangeira e concessão de *exequatur* à carta rogatória, ação rescisória, incidente de resolução de demandas repetitivas e reclamação.

A Parte III, por fim, dedicada aos recursos, é toda desenvolvida a partir da (crítica) teoria geral dos recursos, que ocupa seu Capítulo 1, seguida pela análise de cada uma das hipóteses recursais previstas no Código de Processo Civil: apelação, agravo de instrumento, agravo interno, embargos de declaração, recurso ordinário, recurso extraordinário e recurso especial, agravo em recurso especial e em recurso extraordinário e embargos de divergência. Ela é concluída por um capítulo dedicado aos sucedâneos recursais, onde são estudadas as seguintes técnicas: remessa necessária, ação anulatória, pedido de suspensão, mandado de segurança contra ato judicial, pedido de reconsideração e correição parcial.

Colocar lado a lado o procedimento comum (Parte I) com a ordem dos processos nos Tribunais e processos de competência originária (Parte II) e recursos (Parte III) faz mais sentido para o CPC de 2015 do que fazia para o CPC de 1973. Ainda que a tônica deste *Curso* recaia (como sempre recaiu) sobre a *tutela jurisdicional* – analisada na perspectiva do *neoconcretismo* –, um dos pontos nucleares para a compreensão do CPC de 2015 (independentemente da necessária visão crítica que ele merece receber) é o papel que determinadas decisões judiciais assumem para o desenvolvimento de todo o processo, desde a realização do juízo de admissibilidade da petição inicial. É o que no Capítulo 1 da Parte II proponho seja compreendido na perspectiva do direito jurisprudencial como verdadeiros *indexadores jurisprudenciais*, levando em conta o papel que os arts. 926 a 928, em especial, o art. 927 assumem no Código de Processo Civil. *Indexadores jurisprudenciais* que merecem ser analisados não só na perspectiva de seus usos e aplicações, mas também do *processo* de sua formação. Aliando a essa percepção a circunstância de que, como regra, a apelação (ainda) inibe a produção dos efeitos imediatos da sentença, o estudo daqueles três temas em sequência se mostrou mais adequado, reservando o clímax da exposição do direito processual civil, a *tutela jurisdicional executiva*, para o terceiro e último volume do *Curso*.

Na reconstrução do *Curso*, entendi que era o caso de passar a usar notas de rodapé, como faço na maior parte de meus trabalhos e livros, preservando o modelo de exposição direta das edições anteriores para o *Manual* e para o *Novo CPC anotado*. As possibilidades expressivas e de conteúdo que a técnica permite são incalculáveis, inclusive no seu aspecto didático, a começar pela maior fluidez do texto. Fosse para fazer um paralelo muito caro para mim, diria que neste *Curso* executo o repertório renascentista e barroco com violões de oito, dez e onze cordas, no lugar das seis tradicionais. O resultado é revelador. Basta ouvir para quem gosta das músicas daquele período. Espero que o leitor perceba ao ler o que, doravante, está escrito para sentir a diferença para melhor.

As notas de rodapé querem em grande escala *ilustrar* certas passagens do *Curso* com posicionamentos doutrinários, jurisprudenciais e tomados por encontros de processualistas, viabilizando maior verticalização de variados temas e assuntos. Querem também reafirmar posições anteriores deste *Curso* e que foram acolhidas, às centenas, pelo CPC de 2015, razão pela qual há diversas remissões às edições anteriores deste *Curso*, sempre com a indicação do número respectivo em que o tema é tratado para permitir que o leitor, qualquer que seja a edição que possua, acesse a informação. Como escrevi, a ideia é de continuidade.

Para este *Curso*, muito do que se acentua ser *novidade* do Código de Processo Civil é menos que isto, é mera forma textual de expressar o que para alguns, inclusive para suas edições anteriores, já estava suficientemente claro. É uma questão de saber ler para além do que está escrito. Não ler de forma descompromissada com os valores do sistema jurídico, como se o Direito fosse um jogo de preferências pessoais e dos critérios de "razoabilidade" de cada um de seus intérpretes. É uma questão de saber *interpretar* o que está escrito, a partir das devidas fontes e dos devidos valores, todos normativos que, felizmente, correspondem aos do Estado Constitucional brasileiro, todo ele construído em torno da dignidade da pessoa humana. Por isso, a sistematização, sempre ela, que se fazia necessária ontem, continua a ser necessária ainda hoje. O direito processual civil vai muito além do Código de Processo Civil.

Quero agradecer aqui a certas pessoas, porque a Deus e a Nossa Senhora o faço sempre e invariavelmente.

Da Saraiva, agradeço aqui e sempre ao Dr. Antonio Luiz de Toledo Pinto, que, desde o meu *Execução provisória e antecipação da tutela*, me apresentou àquela casa editorial, ainda, felizmente, das mais tradicionais do país, e com a qual, desde então, passados vinte anos e vinte e um livros, tenho o privilégio de atuar. Foi ele, aliás, junto com o Luiz Facchini, que nunca perdeu a oportunidade de me convencer a escrever também um *Manual*. A ambos meu muito obrigado! Também agradeço ao Luiz Roberto Curia e à Thais de Camargo Rodrigues, que tanto contribuíram para as últimas edições do *Curso* e para as primeiras edições do *Manual* e do *Novo Código de Processo Civil anotado*. Ao time atual, Roberto Navarro, Kelli Priscila Pinto e, mais ainda, Daniel Pavani Naveira, meu "editor", quero externar um agradecimento especial por terem viabilizado a nova cara deste *Curso*. Literalmente.

Da minha equipe de trabalho, agradeço imensamente à advogada Fabiana Torre de Santiago Collucci e ao acadêmico de Direito Renato Pessoa Martorelli, pelo auxílio na pesquisa e na leitura (e comentários) de largos trechos dos originais, e a Maria Cristina Simi, pela digitação de uma boa parte da bibliografia e pela catalogação e digitalização de um sem-número de fontes de pesquisa lá indicadas e que eu ainda guardava nas minhas "pastas vermelhas".

Da minha família, agradeço aos meus pais, que não mediram esforços para me ensinar tudo o que sabiam em todos os campos do saber e por terem me passado seus próprios valores, que são (e sempre foram) meus guias todos os dias. À minha esposa, à *nossa* filha e ao *nosso* filho, meu muito obrigado carinhoso pelo apoio incondicional ao longo da produção de (mais) este trabalho.

Para finalizar, vem à minha mente a mesma pergunta – "*Der schwer gefasste entschluss*", para quem preferir – que ouvi e que me fiz durante todo o processo de reelaboração do *Curso*: "*Muss es sein?*". Desta vez, contudo, felizmente, ela vem acompanhada de sua única e decisiva resposta: "*Es muss sein!*".

Cassio Scarpinella Bueno

São Paulo, 8 de outubro de 2018

Nota prévia às edições de 2021 do *Curso sistematizado*

O ano de 2020 foi tão atípico para todos nós que, no mesmo momento em que acabamos de vivê-lo, não há necessidade de maiores considerações a seu respeito, a não ser o desejo, confessado, de que tudo possa passar e que possamos, aprendendo as lições do isolamento social forçado, nos tornar pessoas melhores em todos os aspectos.

No período de exercício do magistério não presencial, pela necessidade de afastamento das salas de aula da graduação (onde passo a maior parte das minhas manhãs nos dias de semana), dos pequenos e dos grandes auditórios, dos eventos, dos mais intimistas aos mais grandiosos, manter a rotina do estudo e das aulas mostrou-se essencial, ainda que em ambiente diverso e até então muito pouco utilizado por mim. Até como forma de alegrar dias tristes, verdadeiramente sombrios, de um incerto amanhã. Encontrei conforto nas palavras de Paulo Freire: "A alegria não chega apenas no encontro do achado, mas faz parte do processo da busca. E ensinar e aprender não pode dar-se fora da procura, fora da alegria.".

Dediquei-me, por isso, a retomar diversos textos meus e a revisar com cuidado meu *Curso sistematizado de direito processual civil*.

Não obstante a situação excepcionalíssima de 2020, não houve nesse ano nenhuma lei ou emenda constitucional que alterasse diretamente o Código de Processo Civil. O que houve de mais próximo dessa realidade foram os arts. 15 e 16 da Lei n. 14.010, de 10 de junho de 2020, que estabelece o "Regime Jurídico Emergencial e Transitório das relações jurídicas de Direito Privado" no período da pandemia do coronavírus. Aqueles artigos, ainda que indiretamente, estabelecem regras (que querem ser transitórias) para o cumprimento da prisão civil por dívidas alimentares e para os inventários e partilhas.

A observação não deixa de ser paradoxal em um ano em que a quantidade de atos normativos das variadas espécies acabou tratando de tantos e tão variados temas importantes, justamente por causa da pandemia, a começar pelo Decreto legislativo n. 6, de 20 de março de 2020, que "Reconhece, para os fins do art. 65 da Lei Complementar n. 101, de 4 de maio de 2000, a ocorrência do estado de calamidade pública, nos termos da solicitação do Presidente da República encaminhada por meio da Mensagem n. 93, de 18 de março de 2020".

Apesar de tal constatação, o verdadeiro paradoxo é perceber que a prática do foro foi alterada por completo em função da necessidade do distanciamento social e da transferência das atividades físicas para o ambiente virtual. E isso, repito, sem nenhuma *lei* que disciplinasse o assunto; apenas atos infralegais, os mais diversos, de todos os Tribunais e do Conselho Nacional da Justiça, tratando dessa (inevitável) migração de ambientes para (tentar) viabilizar o prosseguimento das atividades forenses enquanto não se mostrasse seguro voltar ao dia a dia *presencial* do foro.

A questão é saber se o que veio por força da pandemia será permanente e em que extensão. Saber se o "*novo* normal" do processo incorporará tais avanços tecnológicos e em que medida é questão que ocupa este *Curso* de maneira pontual, na exata proporção em que seu enfrentamento se fez importante para fins da exposição dos institutos nele estudados. Não há apostas para o futuro. Para ele, a questão não é saber se chega, porque chegará. É saber quando e como isso se dará: qual é o "novo" futuro que nos é reservado?

O que é certo – e este *Curso* não consegue vislumbrar nenhuma razão para abrir mão de tal percepção –, é que quaisquer alterações de paradigma, por mais relevantes (e urgentes) que sejam, precisam ser feitas de acordo com o "modelo constitucional do direito processual civil", inclusive na perspectiva das "normas de concretização de direito processual civil". Assim, além de serem garantidas em *substância* as conquistas do devido processo *constitucional*, a *forma* das novas (e necessárias) regulamentações também deve seguir o que, desde a Constituição, deve ser observado. Sim, porque a fórmula do devido processo *constitucional* em si mesma considerada constrange qualquer regulamentação a ela inferior (inclusive na perspectiva *legal*) tanto em *forma* como em *conteúdo*.

Neste compasso de espera, a opção foi a de destacar as Resoluções do CNJ que se ocuparam do tema, em diversas passagens do *Curso*, mormente, mas não só, ao ensejo do exame dos atos processuais que, até então, vinham sendo realizados nos fóruns e nos Tribunais, e que passaram a (precisar) ser realizados em ambiente virtual, ainda que preferencialmente de modo síncrono. Mais que isso é não só precipitação no tempo, mas também – e o principal – dar a entender que as inovações até aqui implementadas são bem-vindas, apenas porque necessárias, dando de ombros à forma e à substância que decorrem do modelo constitucional.

O receio, confesso-o e insisto, é tratar tais alterações, provisórias e momentâneas, como se elas tivessem que ficar para sempre nas nossas vidas, esquecendo-nos (e distanciando-nos) de sua origem; acabar nos permitindo a legitimar aquele estado de coisas, ao arrepio do modelo constitucional do direito processual civil; conformando-nos. Algo como, vendo "o lado bom das coisas", entender a pandemia como o "empurrão que faltava" para a migração massiva para o "processo eletrônico" e para a prática de atos processuais telepresencialmente. Mas será mesmo um caminho sem volta? Será que o que precisou ser feito é o melhor que pode ser feito? O que foi feito observou a *forma* para tanto? E sempre a principal preocupação: há exclusão do acesso à Justiça em tempos de processo digital e de atividades feitas única e exclusivamente com base em tecnologia nem sempre acessível a boa parte da população e dos profissionais do direito?

Por isso, fico (uma vez mais e sempre) com Fernando Pessoa: "Conformar-se é submeter-se e vencer é conformar-se, ser vencido. Por isso toda a vitória é uma grosseria. Os vencedores perdem sempre todas as qualidades de desalento com o presente que os levaram à luta que lhes deu a vitória. Ficam satisfeitos, e satisfeito só pode estar aquele que se conforma, que não tem a mentalidade do vencedor. Vence só quem nunca consegue.".

Além dos acréscimos e das reflexões derivados da situação acima descrita, senti necessidade de discutir um pouco mais a forma pela qual a tecnologia vem influenciando, cada vez mais, o direito processual civil. As reflexões que me parecem necessárias para tanto estão inseridas, principalmente, no n. 2.5 do Capítulo 2 da Parte I do volume 1. Também entendi oportuno abrir um novo item (o n. 4.3.4) no Capítulo 2 da Parte I do volume 2 para tratar mais demoradamente do juízo negativo de admissibilidade da petição inicial e extinção parcial do processo, analisando, lado a lado, as hipóteses dos arts. 330 a 332 e do parágrafo único art. 354 do CPC.

O *Curso* está também devidamente atualizado com as seguintes inovações legislativas: Lei n. 13.709/2018, na redação da Lei n. 13.853/2019, a chamada "Lei Geral de Proteção de Dados Pessoais (LGPD)"; Lei n. 13.964, de 24 de dezembro de 2019, que "aperfeiçoa a legislação penal e processual penal"; Lei n. 13.944, de 24 de abril de 2020, que "Altera a Lei n. 9.099, de 26 de setembro de 1995, para possibilitar a conciliação não presencial no âmbito dos Juizados Especiais Cíveis"; Lei n. 13.988, de 14 de abril de 2020, que "Dispõe sobre a transação nas hipóteses que especifica; e altera as Leis ns. 13.464, de 10 de julho de 2017, e 10.522, de 19 de julho de 2002"; a já mencionada Lei n. 14.010, de 10 de junho de 2020, que "Dispõe sobre o Regime Jurídico Emergencial e Transitório das relações jurídicas de Direito Privado (RJET) no período da pandemia do coronavírus (Covid-19)"; Lei n. 14.057, de 11 de setembro de 2020, que "Disciplina o acordo com credores para pagamento com desconto de precatórios federais e o acordo terminativo de litígio contra a Fazenda Pública e dispõe sobre a destinação dos recursos deles oriundos para o combate à Covid-19, durante a vigência do estado de calamidade pública reconhecido pelo Decreto Legislativo n. 6, de 20de março de 2020; e altera a Lei n. 7.689, de 15 de dezembro de 1988, e a Lei n. 8.212, de 24 de julho de 1991" e a Lei n. 14.112, de 24 de dezembro de 2020, que "Altera as Leis ns. 11.101, de 9 de fevereiro de 2005, 10.522, de 19 de julho de 2002, e 8.929, de 22 de agosto de 1994, para atualizar a legislação referente à recuperação judicial, à recuperação extrajudicial e à falência do empresário e da sociedade empresária".

Além disso, tudo o que se decidiu no âmbito dos Tribunais Superiores para os fins do art. 927 do CPC foi incorporado, bem como inúmeros julgados daqueles mesmos Tribunais e do Tribunal de Justiça do Estado de São Paulo. Não porque a maior parte dos julgados que continuam a ser produzidos cotidianamente pelos nossos Tribunais possa ser subsumida ao precitado art. 927, evidentemente que não. A iniciativa quer *ilustrar, aprofundar, problematizar* e *ampliar* as possibilidades interpretativas de um sem-número de situações que fazem este *Curso*, desde sua 1ª edição, ser o que ele é: expositivo, crítico e o mais completo possível para estudantes, estudiosos e profissionais. Afinal, "Ler fornece ao espírito materiais para o conhecimento, mas só o pensar faz nosso o que lemos" (John Locke).

Por fim, como já é praxe nas notas às novas edições, meus agradecimentos ao advogado Renato Pessoa Martorelli, pelas novas pesquisas que resultaram em inúmeras inclusões no texto final, ao Daniel Pavani Naveira, da Saraiva, pelo zelo na produção dos originais e, em especial, aos estudantes e estudiosos do direito processual civil que acolheram e continuam acolhendo o Curso para trilhar seus caminhos no e pelo direito processual civil.

Cassio Scarpinella Bueno

Nota prévia às edições de 2020 do *Curso sistematizado*

É sempre uma alegria ímpar redigir a nota que antecede as novas edições que chegam ao mercado.

No caso do meu *Curso sistematizado de direito processual civil*, o sentimento é ainda maior, considerando a generosa acolhida de professores, profissionais, estudantes e estudiosos do direito processual civil aos três volumes que se seguiram, em 2018 (o volume 1) e em 2019 (os volumes 2 e 3), à promulgação e à entrada em vigor do CPC de 2015.

Tal generosidade foi mais que suficiente para confirmar o acerto da minha opção, cumpridamente justificada nas edições imediatamente anteriores, de que não havia necessidade (não mesmo!) de correr para revisar e atualizar o *Curso* à luz o novo Código. A uma, porque muito e de maneira substancial do que nele já sustentava foi acolhido pela nova codificação; a duas, e naquilo que não foi objeto de sintonia com a vontade do(s) legislador(es), fazia-se (e sempre se faz) necessária reflexão para apresentar as razões de discordância e estabelecer, como sói se fazer no ambiente acadêmico e na (re)construção de um pensamento científico coerente, o indispensável diálogo crítico.

Preservando todas as conquistas das edições posteriores ao CPC de 2015, na preparação das novas edições daqueles três volumes para o ano de 2020 – a 10ª para o volume 1 e a 9ª para os volumes 2 e 3 –, tive o cuidado de revisar o texto sempre em busca das (inevitáveis) imperfeições de escrita e/ou de digitação.

No que tange à inafastável necessidade de atualização legislativa, destaco o diálogo que mantive, mais ou menos intensamente conforme a necessidade de cada tema, com os seguintes diplomas:

- Emenda Constitucional n. 103, de 12-11-2019, que "Altera o sistema de previdência social e estabelece regras de transição e disposições transitórias".
- Lei n. 13.793, de 3-1-2019, que "Altera as Leis ns. 8.906, de 4 de julho de 1994, 11.419, de 19 de dezembro de 2006, e 13.105, de 16 de março de 2015 (Código de Processo Civil), para as-

segurar a advogados o exame e a obtenção de cópias de atos e documentos de processos e de procedimentos eletrônicos".

- Lei n. 13.827, de 13-5-2019, que "Altera a Lei n. 11.340, de 7 de agosto de 2006 (Lei Maria da Penha), para autorizar, nas hipóteses que especifica, a aplicação de medida protetiva de urgência, pela autoridade judicial ou policial, à mulher em situação de violência doméstica e familiar, ou a seus dependentes, e para determinar o registro da medida protetiva de urgência em banco de dados mantido pelo Conselho Nacional de Justiça".
- Lei n. 13.869, de 5-9-2019, que "Dispõe sobre os crimes de abuso de autoridade; altera a Lei n. 7.960, de 21 de dezembro de 1989, a Lei n. 9.296, de 24 de julho de 1996, a Lei n. 8.069, de 13 de julho de 1990, e a Lei n. 8.906, de 4 de julho de 1994; e revoga a Lei n. 4.898, de 9 de dezembro de 1965, e dispositivos do Decreto-Lei n. 2.848, de 7 de dezembro de 1940 (Código Penal)".
- Lei n. 13.874, de 20-9-2019, que "Institui a Declaração de Direitos de Liberdade Econômica; estabelece garantias de livre mercado; altera as Leis ns. 10.406, de 10 de janeiro de 2002 (Código Civil), 6.404, de 15 de dezembro de 1976, 11.598, de 3 de dezembro de 2007, 12.682, de 9 de julho de 2012, 6.015, de 31 de dezembro de 1973, 10.522, de 19 de julho de 2002, 8.934, de 18 de novembro 1994, o Decreto-Lei n. 9.760, de 5 de setembro de 1946 e a Consolidação das Leis do Trabalho, aprovada pelo Decreto-Lei n. 5.452, de 1º de maio de 1943; revoga a Lei Delegada n. 4, de 26 de setembro de 1962, a Lei n. 11.887, de 24 de dezembro de 2008, e dispositivos do Decreto-Lei n. 73, de 21 de novembro de 1966; e dá outras providências", seja no que ela dialoga com o "incidente de desconsideração da personalidade jurídica", disciplinado pelos arts. 133 a 137 do CPC, seja no que ela traz de novo com relação à disciplina dos negócios processuais do art. 190 do mesmo Código.
- Lei n. 13.875, de 20-9-2019, que "Altera o § 2º do art. 63 da Lei n. 8.906, de 4 de julho de 1994, que dispõe sobre o Estatuto da Advocacia e a Ordem dos Advogados do Brasil (OAB), para tratar dos prazos de exercício da profissão para participação nas eleições dos membros dos órgãos da OAB".
- Lei n. 13.876, de 20-9-2019, que "Dispõe sobre honorários periciais em ações em que o Instituto Nacional do Seguro Social (INSS) figure como parte e altera a Consolidação das Leis do Trabalho (CLT), aprovada pelo Decreto-Lei n. 5.452, de 1º de maio de 1943, a Lei n. 5.010, de 30 de maio de 1966, e a Lei n. 8.213, de 24 de julho de 1991", que traz polêmica alteração ao art. 15 da Lei n. 5.010/1966, a "Lei da Justiça Federal", na perspectiva do acesso à Justiça.
- Lei n. 13.894, de 29-10-2019, que "Altera a Lei n. 11.340, de 7 de agosto de 2006 (Lei Maria da Penha), para prever a competência dos Juizados de Violência Doméstica e Familiar contra a Mulher para a ação de divórcio, separação, anulação de casamento ou dissolução de união estável nos casos de violência e para tornar obrigatória a informação às vítimas acerca da possibilidade de os serviços de assistência judiciária ajuizarem as ações mencionadas; e altera a Lei n. 13.105, de 16 de março de 2015 (Código de Processo Civil), para prever a competência do foro do domicílio da vítima de violência doméstica e familiar para a ação de divórcio, separação judicial, anulação de casamento e reconhecimento da união estável a ser dissolvida, para determinar a intervenção obrigatória do Ministério Público nas ações de família em que

figure como parte vítima de violência doméstica e familiar, e para estabelecer a prioridade de tramitação dos procedimentos judiciais em que figure como parte vítima de violência doméstica e familiar".

Ao longo dos três volumes tive o cuidado de ilustrar os mais diversos pontos de vista, bem assim desmembrá-los e aprofundá-los a partir de incontáveis julgados principalmente do STF e do STJ. Para além da pesquisa (e atualização) dos "indexadores jurisprudenciais" idealizados pelo art. 927 do CPC, a iniciativa com a menção de julgados diversos daqueles Tribunais quer ter apelo didático e oferecer fonte de pesquisa segura e contextualizada para ulteriores reflexões do leitor e do estudioso do direito processual civil, inclusive daquele que se vale deste *Curso* para fins profissionais.

Quero externar de público, por fim, meus agradecimentos ao Daniel Brajal Veiga, ao Mario Henrique de Barros Dorna e ao Thomas Ubirajara de Arruda pelas leituras das edições anteriores e pela indicação de aprimoramentos em diversas de suas passagens. Também à advogada Fabiana Torre de Santiago Collucci e ao advogado Renato Pessoa Martorelli, na revisão dos originais.

Ao Maurilio Casas Maia, agradeço em especial pelo incentivo na propagação de que a Defensoria Pública é e *deve* atuar na qualidade de *custos vulnerabilis*, sem prejuízo (muito pelo contrário, aliás) da atuação do Ministério Público na qualidade de *custos iuris*, e também por diversos acórdãos enviados para exame que cuidam do assunto e que estão mencionados ao longo do trabalho, em especial no n. 4.4.1 do Capítulo 3 da Parte I do v. 1.

Ao Edson Bonfim Soares, meu sincero e renovado agradecimento pelo enorme entusiasmo na elaboração e na divulgação das novas edições a partir do CPC de 2015 – e fui eu, com o meu *Curso sistematizado de direito processual civil*, que tive o privilégio de fazer o primeiro lançamento de livro na nova, magnífica e imperdível sede da *A Casa do Livro Jurídico* – e pelo mesmo apoio para as renovadas edições que, assim, espero, serão justificadas a partir de 2020.

À equipe da Saraiva, meus agradecimentos de sempre, na pessoa do Daniel Pavani Naveira que vem encabeçando de maneira exemplar a equipe editorial de meus trabalhos junto uma das mais prestigiadas casas editoriais do Brasil.

Críticas e sugestões são sempre muito bem-vindas. Para tanto, o e-mail cassio@scarpinellabueno.com.br está à disposição de todos os interessados.

Cassio Scarpinella Bueno

Abreviaturas

AC-MC-ED – Embargos de declaração na medida cautelar na ação cautelar
ADI – Ação direta de inconstitucionalidade
AgInt na Pet – Agravo interno na petição
AgInt na Rcl – Agravo interno na reclamação
AgInt no AREsp – Agravo interno no agravo em recurso especial
AgInt no CC – Agravo interno no conflito de competência
AgInt no EREsp – Agravo interno nos embargos de divergência em recurso especial
AgInt no REsp – Agravo interno no recurso especial
AgInt nos EAREsp – Agravo interno nos embargos de divergência em agravo em recuso especial
AgInt nos EDcl no AREsp – Agravo interno nos embargos de declaração no agravo em recurso especial
AgInt nos EDcl no REsp – Agravo interno nos embargos de declaração no recurso especial
AgInt nos EDcl nos EDV nos EREsp –Agravo interno nos embargos de declaração nos embargos de divergência em recurso especial
AgR-ED – Embargos de declaração no agravo regimental
AgR-segundo – Segundo agravo regimental
AgRg na Rcl – Agravo regimental na reclamação
AgRg na RvCr – Agravo regimental na revisão criminal
AgRg no Ag – Agravo regimental no agravo de instrumento
AgRg no AgRg no AREsp – Agravo regimental no agravo regimental no agravo em recurso especial
AgRg no AgRg no REsp – Agravo regimental no agravo regimental no recurso especial
AgRg no AREsp – Agravo regimental no agravo em recurso especial
AgRg no REsp – Agravo regimental no recurso especial
AgRg no RMS – Agravo regimental no recurso em mandado de segurança
AgRg nos EAREsp – Agravo regimental nos embargos de divergência em agravo em recurso especial
AgRg nos EDcl no CC – Agravo regimental nos embargos de declaração no conflito de competência
AgRg nos EDcl nos EAG – Agravo regimental nos embargos de declaração nos embargos de divergência em agravo
AgRg nos EREsp – Agravo regimental nos embargos de divergência em recurso especial
AI-AgR – Agravo regimental no agravo de instrumento

AR – Ação rescisória
ARE-AgR – Agravo regimental no recurso extraordinário com agravo
ARE-AgR-QO – Questão de ordem no agravo regimental no recurso extraordinário com agravo
ARE-ED – Embargos de declaração no recurso extraordinário com agravo
art(s). – artigo(s)
c/c – combinado com
CC – Código Civil (Lei n. 10.406, de 10-1-2002).
CC – Conflito de competência
CE – Corte Especial
CEAPRO – Centro de Estudos Avançados de Processo
CESP – Constituição do Estado de São Paulo, de 5 de outubro de 1989
CF – Constituição Federal, de 5 de outubro de 1988
CF de 1946 – Constituição Federal (dos Estados Unidos do Brasil), de 18 de setembro de 1946
CJF – Conselho da Justiça Federal
CNJ – Conselho Nacional de Justiça
CP – Código Penal (Decreto-lei n. 2.848, de 7-12-1940)
CPC de 1939 – Código de Processo Civil de 1939 (Decreto-lei n. 1.608, de 18-9-1939)
CPC de 1973 – Código de Processo Civil de 1973 (Lei n. 5.869, de 11-1-1973)
CPC de 2015 – Código de Processo Civil de 2015 (Lei n. 13.105, de 16-3-2015)
Des. – Desembargador(a)
DESIS nos EDcl no AgRG no Ag – Desistência nos embargos de declaração no agravo regimental no agravo de instrumento
DJ – Diário da Justiça
DJe – Diário da Justiça eletrônico
EAREsp – Embargos de divergência em agravo em recurso especial
EC – Emenda Constitucional
ed. – edição
ED-ED – Embargos de declaração nos embargos de declaração
EDcl na Rcl – Embargos de declaração na reclamação
EDcl no AgInt no AREsp – Embargos de declaração no agravo interno no agravo em recurso especial
EDcl no AgInt no REsp – Embargos de declaração no agravo interno no recurso especial
EDcl no AgRg nos EAG – Embargos de declaração no agravo regimental nos embargos de divergência no agravo
EDcl no AgRg nos EDcl no REsp – Embargos de declaração no agravo regimental nos embargos e declaração no recurso especial
EDv na AR – Embargos de divergência na ação rescisória
ENFAM – Escola Nacional de Formação e Aperfeiçoamento de Magistrados

ER – Emenda regimental
EREsp – Embargos de divergência em recurso especial
esp. – especialmente
EX – Exterior
FNPP – Fórum Nacional do Poder Público
FPPC – Fórum Permanente de Processualistas Civis
GB – Grã-Bretanha
HC – *Habeas corpus*
IAC – Incidente de assunção de competência
IBDP – Instituto Brasileiro de Direito Processual
j. – julgado
LINDB – Lei de Introdução às Normas do Direito Brasileiro (Decreto-lei n. 4.657, de 4-9-1942)
LMS – Lei do mandado de segurança (Lei n. 12.016, de 7-8-2009)
m.v. – maioria de votos
Min. – Ministro(a)
MP – Medida provisória
MS – Mandado de segurança
n. – número(s)
NL – Holanda
p. – página(s)
p./ acórdão – para o acórdão
ProAfR no REsp – Proposta de afetação no recurso especial
QO – Questão de ordem
QO na PET no CC – Questão de ordem na petição no conflito de competência
RCD no AREsp – Pedido de reconsideração no agravo em recurso especial
Rcl – Reclamação
Rcl-AgR – Agravo regimental na reclamação
Rcl-AgR-ED – Embargos de declaração no agravo regimental na reclamação
Rcl-ED-AgR – Agravo regimental nos embargos de declaração na reclamação
RE – Recurso extraordinário
RE-AgR – Agravo regimental no recurso extraordinário
RE-ED – Embargos de declaração no recurso extraordinário
rel. – relator(a)
REsp – Recurso especial
RG-QO – Questão de ordem na repercussão geral
RI – Regimento interno
RISTF – Regimento Interno do Supremo Tribunal Federal
RISTJ – Regimento interno do Superior Tribunal de Justiça
RMS – Recurso em mandado de segurança
RMS-AgR – Agravo regimental no recurso ordinário em mandado de segurança
SEC – Sentença estrangeira contestada

SIRDR – Suspensão em incidente de resolução de demandas repetitivas
STF – Supremo Tribunal Federal
STJ – Superior Tribunal de Justiça
t. – tomo
TJGO – Tribunal de Justiça do Estado de Goiás
TJMG – Tribunal de Justiça do Estado de Minas Gerais
TJPR – Tribunal de Justiça do Estado do Paraná
TJs – Tribunais de Justiça
TJSP – Tribunal de Justiça do Estado de São Paulo
TRF1 – Tribunal Regional Federal da 1ª Região
TRF2 – Tribunal Regional Federal da 2ª Região
TRF3 – Tribunal Regional Federal da 3ª Região
TRFs – Tribunais Regionais Federais
UK – Reinos Unidos da Grã-Bretanha e da Irlanda do Norte
un. – unânime
v. – ver
v. – volume
v.g. – *verbi gratia*

Parte I

Procedimento comum

Capítulo 1

Do "processo de conhecimento" ao procedimento comum

1. CONSIDERAÇÕES INICIAIS

É comuníssimo tratar dos assuntos que são desenvolvidos na Parte I do v. 2 deste *Curso* sob o rótulo de "processo de conhecimento".

A proposta, que já não era aceita pelas edições anteriores ao CPC de 2015 deste *Curso*[1], tem menos sentido ainda de ser diante da atual codificação e da reestruturação que, conscientemente, empreendeu o legislador no trato da matéria. No lugar do processo de conhecimento, é mais correto fazer referência ao *procedimento comum*, o que justifica o título dado ao presente Capítulo, consoante as razões nele desenvolvidas.

A Parte Especial do Código de Processo Civil estende-se do art. 318 ao art. 1.044. Ela é dividida em Três Livros intitulados, respectivamente: "Do Processo de conhecimento e cumprimento de sentença", "Do processo de execução" e "Dos processos nos Tribunais e dos meios de impugnação das decisões judiciais".

Para abertura do v. 2 deste *Curso*, importa dar destaque à subdivisão dos três Títulos do Livro I, a saber: "Do procedimento comum" (arts. 318 a 512); "do cumprimento de sentença" (arts. 513 a 538) e "dos procedimentos especiais" (arts. 539 a 771).

O procedimento *comum* a que se refere o *caput* do art. 318 do CPC de 2015 *não* corresponde aos *dois* procedimentos comuns, o ordinário e o sumário, conhecidos do CPC de 1973, como se extraía do *caput* de seu art. 272[2]. A dualidade de procedimentos *comuns* daquele Código, aliás, não foi preservada pelo CPC de 2015[3].

---

1. Não era por outro motivo que o v. 2, t. I, do *Curso* em suas edições anteriores ao CPC de 2015 era intitulado "procedimento comum: ordinário e sumário", o que se justificava, como o texto abaixo evidencia, dada a dualidade decorrente do art. 272 do CPC de 1973.
2. Que tinha a seguinte redação: "Art. 272. O procedimento comum é ordinário ou sumário".
3. Trata-se de observação pertinentemente feita pela doutrina que já se manifestou sobre o tema. A título de exemplo, cabe colacionar os seguintes autores: Luis Guilherme Aidar Bondioli, *Breves comentários ao novo Código*

Trata-se, com efeito, de um procedimento *novo*, que não corresponde a nenhum daqueles[4]. O marco distintivo reside na circunstância de que, proferido o juízo positivo de admissibilidade da petição inicial, a citação do réu dar-se-á, *como regra*, para comparecimento a uma audiência de conciliação ou de mediação. Se a composição entre as partes for infrutífera, terá início, com o fim da audiência, a fluência do prazo para que o réu apresente a sua contestação (art. 335, I). Trata-se de solução bastante diversa, destarte, do procedimento comum *ordinário* do CPC de 1973, no qual a citação do réu dava-se para *contestar* (art. 285, *caput*, do CPC de 1973) Também é diversa a solução que lhe dava o procedimento comum *sumário* do CPC de 1973, no qual, embora o réu fosse citado para comparecer a uma audiência, chamada de "conciliação" (art. 277, *caput*, do CPC de 1973), cabia a ele, se frustrada a composição, apresentar, desde logo, sua contestação (art. 278, *caput*, do CPC de 1973). Superada essa fase inicial do processo na sua fase de conhecimento – a *postulatória* –, o sequenciamento de atos do procedimento comum do CPC de 2015 é bastante similar ao que já era disciplinado pelo CPC de 1973 para o procedimento comum *ordinário*, com o importante acréscimo da viabilidade do julgamento antecipado *parcial* de mérito (art. 356 do CPC de 2015).

Acerca do processo legislativo do novo Código, cabe evidenciar que o Projeto do Senado (PLS n. 166/2010), mais próximo ao Anteprojeto elaborado pela Comissão de Juristas presidida pelo Ministro Luiz Fux, era, em termos de racionalização dos atos processuais, mais arrojado que o da Câmara (PL n. 8.046/2010). Ponto nevrálgico daquele Projeto, nesse sentido, era a indicação das testemunhas já com a petição inicial (art. 296) *e* com a contestação (art. 325, parágrafo único), exigências que não prevaleceram na versão final do CPC de 2015 (v. art. 357, § 4º)[5].

2. PROCEDIMENTO COMUM COMO REGRA

O *caput* do art. 318 faz as vezes do que, no CPC de 1973, era desempenhado pelo art. 271, segundo o qual: "aplica-se a todas as causas o procedimento comum, salvo disposição em contrário deste Código ou de lei especial".

A regra, destarte, é a de observância do procedimento *comum* a não ser que o próprio Código ou alguma lei extravagante prescreva diferentemente.

---

de Processo Civil, p. 904; José Rogério Cruz e Tucci, *Comentários ao Código de Processo Civil*, v. VII, p. 23; Daniel Amorim Assumpção Neves, *Novo Código de Processo Civil comentado artigo por artigo*, p. 531, e Susana Henrique Costa, *Comentários ao novo Código de Processo Civil*, p. 502.

4. Em sentido mais ou menos conforme, v. Alexandre Freire e Newton Pereira Ramos Neto, *Comentários ao Código de Processo Civil*, p. 463.

5. Para a análise dos dois Projetos lado a lado no que diz respeito ao assunto tratado no texto, v., do autor deste *Curso*, o seu *Projetos de Novo Código de Processo Civil: comparados e anotados*, p. 171 e 188.

É o que se verifica, a título de exemplo, com os procedimentos especiais disciplinados pelos arts. 539 a 770 do CPC de 2015, que apresentam, por definição, peculiaridades que o distinguem do procedimento comum.

Também no que diz respeito a diversas hipóteses da legislação processual civil extravagante, por exemplo, o mandado de segurança, a ação popular e a ação civil pública em que o procedimento a ser observado é o prescrito em lei e que se distancia, em maior ou em menor medida, do procedimento comum do CPC de 2015.

3. A SUBSIDIARIEDADE DO PROCEDIMENTO COMUM

A subsidiariedade do procedimento comum aos chamados procedimentos especiais (Título III do Livro I da Parte Especial do CPC de 2015 e também os disciplinados pela legislação processual civil extravagante) e ao chamado processo de execução (Livro II da Parte Especial do CPC de 2015) é expressamente estabelecida pelo parágrafo único do art. 318 nos seguintes termos: "O procedimento comum aplica-se subsidiariamente aos demais procedimentos especiais e ao processo de execução".

Os procedimentos especiais merecem ser compreendidos como aqueles que, em contraposição ao procedimento comum, ostentam alguma característica ou peculiaridade imposta pelo legislador, justificada, inclusive, mas não necessariamente, por peculiaridades do direito material cuja tutela jurisdicional se pretende[6]. Sua disciplina está no Título III do Livro I da Parte Especial do Código de Processo Civil. O processo de execução, por sua vez, é aquele que tem início com o pedido de concretização de tutela jurisdicional que se fundamenta em título executivo extrajudicial, ocupando sua disciplina o Livro II da Parte Especial do Código de Processo Civil.

A *subsidiariedade* imposta pelo parágrafo único do art. 318 deve ser compreendida no sentido de que as normas do procedimento comum devem auxiliar e contribuir para a compreensão das demais normas referidas, colmatando eventuais lacunas que nela sejam constatadas, sempre pressupondo a compatibilidade entre uma e outra disciplina[7]. Justifica-se a eleição do procedimento comum como referencial normativo para aquele fim porque são suas as normas que se ocupam mais minudentemente da alocação dos diversos atos e fatos relevantes ao processo ao longo do procedimento.

Trata-se de regra que encontra correspondência no parágrafo único do art. 272 e também ao art. 598, ambos do CPC de 1973, e que se apresenta em plena harmonia com o

6. Para essa discussão no âmbito do CPC de 1973, mas plenamente válida para o CPC de 2015, v. o n. 1 da Introdução do v. 2, t. II, deste *Curso* em suas edições anteriores ao CPC de 2015.

7. Em sentido mais ou menos conforme: André Vasconcelos Roque, *Processo de conhecimento e cumprimento de sentença: comentários ao CPC de 2015*, p. 3.

que dispõe, no mesmo sentido para o processo de execução, o parágrafo único do art. 771 do CPC de 2015.

Interessante notar que o art. 318 não faz referência, como faz em seu art. 15, à *supletividade* do procedimento comum aos demais. A justificativa para tanto parece residir na circunstância de pressupor, ao menos no âmbito do próprio CPC de 2015, que suas normas são completas para regular os procedimentos. Não só o comum, mas também os especiais e aqueles a serem observados na fase de cumprimento de sentença e os procedimentos do chamado "processo de execução".

Coerentemente com essa concepção, cabe lembrar que o CPC de 2015 veicula todo o arcabouço de normas processuais e procedimentais "gerais" no âmbito de sua Parte Geral, fora, portanto, do contexto do procedimento comum, diferentemente, destarte, do que, no CPC de 1973, dava-se com o chamado "processo de conhecimento" inequivocamente englobante e totalizante. A primazia do *procedimento comum* em si mesmo considerado como referência normativa, destarte, é menor que aquela que se dava com o *processo de conhecimento* no âmbito do CPC de 1973, o que é resultado positivo da mais adequada e completa divisão de matérias tal qual feita pelo CPC de 2015[8].

É irrecusável compreender, de qualquer sorte, que, naquilo em que os demais procedimentos sejam silentes, a aplicação do procedimento comum é de rigor naquilo que não os infirme nas suas peculiaridades. É lembrar, a título ilustrativo, das normas relativas ao juízo de admissibilidade da petição inicial, incluindo a possibilidade de seu indeferimento liminar (art. 330) e da rejeição liminar do pedido (art. 332), de todo o direito probatório (arts. 369 a 484), da sentença (arts. 485 a 495) e da coisa julgada (arts. 502 a 508). Todas essas normas têm aplicação genérica, sendo indiferente, para tanto, o tipo de *procedimento* a ser empregado para desenvolvimento da atividade do Estado-juiz. Elas deixarão de ser aplicadas quando houver regra específica.

A aplicação segura dessa *subsidiariedade* do procedimento comum repousa, outrossim, no disposto no § 2º do art. 327, que, ao disciplinar a cumulação de pedidos, dispõe que: "Quando, para cada pedido, corresponder tipo diverso de procedimento, será admitida a cumulação se o autor empregar o procedimento comum, sem prejuízo do emprego das técnicas processuais diferenciadas previstas nos procedimentos especiais a que se sujeitam um ou mais pedidos cumulados, que não forem incompatíveis com as disposições sobre o procedimento comum"[9].

---

8. Era ponto que as edições anteriores ao CPC de 2015 deste *Curso* debatiam exaustivamente, até para justificar a divisão da matéria então tratada em seu v. 1, ao ensejo da apresentação da "teoria geral do direito processual civil", e em seu v. 2, t. I, no contexto (não por coincidência) do *procedimento comum* e não do "processo de conhecimento". A ele se dedica, com mais espaço, o n. 5, *infra*.

9. Observação similar é feita por José Rogério Cruz e Tucci, *Comentários ao Código de Processo Civil*, v. VII, p. 51-52, e por Artur César de Souza, *Código de Processo Civil anotado, comentado e interpretado*, v. II, p. 17-18.

Tendo presente ainda a legislação processual extravagante, cabe dar destaque ao disposto no parágrafo único do art. 1.049. De acordo com aquele dispositivo, "Na hipótese de a lei remeter ao procedimento sumário, será observado o procedimento comum previsto neste Código, com as modificações previstas na própria lei especial, se houver". Como o procedimento (comum) sumário do CPC de 1973 foi extinto pelo CPC de 2015, a observância do procedimento *comum* da nova codificação é a única alternativa cabível, ainda que eventuais peculiaridades constantes da lei específica devam ser observadas[10]. É previsão que se harmoniza plenamente nesse sentido com o disposto no parágrafo único do art. 318.

4. PROCESSO E PROCEDIMENTO

Embora seja paradoxal em função do modelo constitucional do direito processual civil[11], é pouco frequente a doutrina brasileira deitar-se sobre a reconhecida (e necessária) distinção entre *processo* e *procedimento*. Máxime porque, em terras brasileiras, é a União Federal quem detém competência para legislar (privativamente) sobre *processo* (art. 22, I, da CF). Aos Estados e ao Distrito Federal competem legislar *concorrentemente* sobre "*procedimentos* em matéria processual" (art. 24, XI, da CF), espaço no qual podem suplementar as "normas gerais" editadas pela União (art. 24, § 2º, da CF). São dispositivos que inovam substancialmente em relação às anteriores Constituições brasileiras.

Se procedimento é, como se costuma afirmar – e corretamente –, a manifestação exterior do processo no sentido de organização de cada um de seus atos ao longo do processo[12], não é preciso nem sequer especular o que podem significar as tais "normas gerais" para perceber o quanto o CPC de 2015 avançou na matéria em detrimento da competência estadual[13].

---

10. Na perspectiva do direito intertemporal, deve ser observado o § 1º do art. 1.046 do CPC de 2015, segundo o qual: "As disposições da Lei n. 5.869, de 11 de janeiro de 1973, relativas ao procedimento sumário e aos procedimentos especiais que forem revogadas aplicar-se-ão às ações propostas e não sentenciadas até o início da vigência deste Código".

11. O enfoque do tema como um dos componentes do modelo constitucional do direito processual civil apartado dos demais é uma das novas propostas feitas pelas edições deste *Curso* posteriores ao CPC de 2015. Para sua apresentação e desdobramentos, v. o n. 6.2 do Capítulo 3 da Parte I do v. 1, ao ensejo da apresentação do 5º grupo daquele modelo, intitulado "normas de concretização do direito processual civil".

12. Para uma visão do tema no contexto dos comentários ao art. 318, embora sem levar em conta a distinção anunciada no texto na perspectiva da competência legislativa, v. José Rogério Cruz e Tucci, *Comentários ao Código de Processo Civil*, v. VII, p. 44-46.

13. Quatro obras fundamentais para essa finalidade são a seguintes: Fernando da Fonseca Gajardoni, *Flexibilidade procedimental (um novo enfoque para o estudo do procedimento em matéria processual); Gustavo Dall'Olio, Competência legislativa em matéria de processo e procedimento; Maria Carolina Silveira Beraldo, Processo e procedimento à luz da Constituição Federal de 1988*: normas processuais e procedimentais civis, e Paula Sarno Braga. *Norma de processo e norma de procedimento*.

Embora de sabor exclusivamente histórico, oportuno lembrar a observação feita por Luiz Machado Guimarães, na abertura do v. IV de seus *Comentários ao Código de Processo Civil*, dedicado ao exame dos doze primeiros "processos especiais" do Código de 1939:

> "A diversidade do processo em *ordinário* e *especial* assenta na diversidade da forma de procedimentos. Não há, em rigor, processo ordinário e processos especiais, mas sim procedimento ordinário e procedimentos especiais"[14].

A própria opção do legislador processual civil mais recente, de dar ao Título III do Livro I da Parte Especial o nome de "*procedimentos* especiais", contrapondo-os ao "*procedimento* comum" que ocupa todo o Título I do mesmo Livro, deve ser significativa, para o que interessa ao presente momento, do que é e deve ser entendido, inclusive para fins de competência legislativa, como *procedimento* em contraposição a *processo*. Se, à época em que Alfredo Buzaid elaborou o Anteprojeto do que se tornou o CPC de 1973, a questão poderia ser negligenciada diante da realidade constitucional de então (a Constituição de 1946 e, durante a tramitação legislativa daquele Código, a Constituição de 1967 e a Emenda Constitucional n. 1/69)[15], a mesma observação é absolutamente incorreta para tudo o que aconteceu em termos de direito processual após 5 de outubro de 1988.

Entre as variadas críticas que se faz à conclusão dos parágrafos anteriores está a de que, uma vez aceita, teríamos autorização (proveniente da Constituição) para que, no Brasil, convivessem com o Código de Processo Civil vinte e sete Códigos de *Procedimento* em matéria civil, um para cada Estado-membro e ainda um para o Distrito Federal. A constatação é irrespondível porque ela está certa. Só não há como, com o devido respeito, entendê-la como uma crítica *negativa*, como se a possível coexistência de quase três dezenas de Códigos de *procedimento* em matéria civil, que precisa(ria)m *dialogar* com um Código de *Processo* em matéria civil, fosse um mal. Trata-se de decorrência necessária da forma *federativa* em que se organiza o Estado brasileiro e ocorre, com frequência, para quem milita nas áreas tributárias e administrativas com todos os desafios que o conflito de competências legislativas coloca em uma *Federação*.

O que se deveria esperar, em tempos vividos na Constituição de 1988, é que os Estados[16] e o Distrito Federal se preocupassem em disciplinar os procedimentos que se *lhes* mostrassem

---

14. *Comentários ao Código de Processo Civil*, v. IV, p. 8.

15. A propósito do assunto, cabe lembrar a enorme dispersão procedimental no CPC de 1973 levada a cabo a partir de questionáveis critérios teóricos e/ou legislativos. Para os dias do CPC de 2015, basta constatar que muitos dos então chamados "procedimentos *cautelares* específicos" continuam a ser disciplinados pelo CPC de 2015. Ora como procedimentos *especiais* ora, até mesmo, "descautelarizados" ou, como parece ser mais correto no contexto aqui discutido, "desprocedimentalizados". Para essa demonstração, v., do autor deste *Curso*, seu *Novo Código de Processo Civil anotado*, p. 32-36 e 39-40.

16. A despeito do pioneirismo do Anteprojeto de Código de Procedimentos do Estado de São Paulo, até agora não convertido em lei (cujo texto está veiculado no Apêndice 2 do volume 2, tomo II, das edições anteriores ao CPC de 2015 deste *Curso*), o primeiro Código de "procedimento em matéria processual" editado após a

mais consentâneos com suas próprias realidades, inclusive estruturais e orçamentárias, e não esperar, como acabou ocorrendo, que a União Federal editasse um Código genérico, que não faz e não quis fazer nenhuma distinção naquela perspectiva.

É certo que os §§ 3º e 4º do art. 24 da Constituição Federal não preveem a hipótese de forma clara. Eles regulam a hipótese oposta, de preexistência da legislação estadual (ou distrital), quando "os Estados exercerão a competência legislativa plena, para atender a suas peculiaridades" (§ 3º), e do surgimento de lei federal, hipótese em que "a superveniência de lei federal sobre normas gerais suspende a eficácia da lei estadual, no que lhe for contrário" (§ 4º). Contudo, não há por que deixar de dar a merecida atenção à conclusão colocada em destaque no parágrafo anterior. Até porque, justamente em função do verdadeiro estado de inércia da doutrina sobre a questão, nada mais *coerente* que, enquanto não houver tantos Códigos de *procedimento* quantos Estados-membros e Distrito Federal, o Código de *Processo* Civil continuará a desempenhar a sua função totalizante sem, não há por que colocar em dúvida a afirmação, nenhuma espécie de resistência como acabou de fazer o de 2015, com total desprezo – há outra palavra? – a respeito do assunto aqui versado: em rigor, não havia espaço para qualquer discussão sobre um novo Código de Processo no direito brasileiro posterior ao advento da Constituição sem que se atentasse, em primeiro lugar, aos limites que o legislador federal deveria observar na sua tarefa legislativa, justamente as tais normas-gerais.

Há eco desse problema no direito brasileiro, ainda que às avessas.

A Constituição de 1934 (art. 5º, XIX, *a*), inovando em relação à de 1891 (art. 34, 23º), determinou a unificação do direito processual em todo o território nacional (art. 5º, XIX, *a*, e art. 11 das Disposições Transitórias).

A Constituição de 1937 reiterou a regra em seu art. 16, XVI, e trouxe, como novidade, o art. 18, segundo o qual: "Independentemente de autorização, os Estados podem legislar, no caso de haver lei federal sobre a matéria, para suprir-lhes as deficiências ou atender às peculiaridades locais, desde que não dispensem ou diminuam as exigências da lei federal, ou, em não havendo lei federal e até que esta regule, sobre os seguintes assuntos: (...) *g*) processo judicial ou extrajudicial. Parágrafo único. Tanto nos casos deste artigo, como no do artigo anterior, desde que o Poder Legislativo federal ou o Presidente da República haja expedido lei ou regulamento sobre a matéria, a lei estadual ter-se-á por derrogada nas partes em que for incompatível com a lei ou regulamento federal". Foi com base naquele dispositivo constitucional que Luiz Machado Guimarães sustentou a insubsistência, diante do advento do então novo Código de Processo Civil de 1939, do Decreto n. 6.743/34 do Estado de São Paulo, que criara a "ação de discriminação das terras devolutas do Estado" e, mais do que

Constituição de 1988 é o do Estado de Pernambuco, a Lei n. 16.397, de 4 de julho de 2018. Seu conteúdo, embora elogiável, tanto quanto a iniciativa de sua elaboração, está aquém das possibilidades decorrentes do modelo constitucional como quer evidenciar o texto.

ele, do Decreto-lei n. 11.096/40 daquele mesmo Estado, que criava novas regras para aquela mesma "ação", derrogando, para ela, o "procedimento ordinário" que lhe impunha o CPC de 1939[17].

O que vale destacar, a propósito daquele episódio, é que, naquele momento, havia uma série de Códigos *Estaduais* e, como mostra a pesquisa de Machado Guimarães, de Leis (ou normas jurídicas a elas equivalentes) extravagantes *Estaduais* que, com o advento do CPC de 1939, precisavam perder sua vigência; precisavam, essa é a verdade, deixar de ser aplicados em função da unificação da competência legislativa estabelecida pela nova ordem constitucional então inaugurada. Claríssimo a esse respeito o disposto no parágrafo único do precitado art. 18 da Constituição de 1937, que não encontrava regra similar na Constituição anterior, de 1934, dada a limitação do disposto no § 3º de seu art. 5º. Ademais, a questão não era tratada no plano de eventuais distinções entre "processo" e "procedimento" – a alínea g daquele dispositivo constitucional referia-se a *processo* –, e, também por isso, não tem valia para o *sistema* introduzido pela Constituição de 1988. Até porque, repita-se, não há, hoje, nada parecido com as leis estaduais sobre processo ou procedimento que existiam no Brasil até 1937, nem mesmo o Código pernambucano. Aquele problema, destarte, simplesmente não tem como se pôr na atualidade, sendo indiferente saber qual seria a sua melhor solução àquele tempo.

Outra crítica, a de que a existência de vários Códigos de *Procedimento* em matéria civil levaria, em última análise, a uma indevida interferência no direito *material*, que, em regra, é de competência *privativa* da União Federal (art. 22 da CF), não pode ser aceita também. Os planos do direito processual civil (e de todos os seus institutos, inclusive o *procedimento*) e do direito material não se confundem. Um *procedimento* que leve à satisfação (jurisdicional) de um direito material de forma *diferente* neste ou naquele Estado ou no Distrito Federal nada diz (e nem pode dizer) sobre a *existência* e os *contornos* do próprio direito material. Apenas sobre o especial *agir* do Estado-juiz para reconhecer a sua existência, satisfazendo-o, isto é, a *forma* de se prestar tutela jurisdicional. Nada mais do que isso.

Questão sofisticada a esse respeito é formulada por um dos grandes estudiosos do tema no direito brasileiro, após a Constituição de 1988. Segundo Fernando da Fonseca Gajardoni, poder-se-ia questionar se o *processo* e o *procedimento* perante a Justiça Federal poderiam ser regulamentados para além dos limites decorrentes dos arts. 22 e 24 da Constituição Federal[18]. Sua resposta é negativa, o que autoriza a concluir que o processo perante a Justiça Federal teria variados procedimentos conforme os Estados e o Distrito Federal em que situada a circunscrição judiciária respectiva.

Não há razão para concordar, com o devido respeito, com o prestigiado professor e magistrado. Inexiste, na Constituição Federal de 1988, dispositivo similar àquele que parece

17. *Comentários ao Código de Processo Civil*, v. IV, p. 23-25.
18. *Flexibilização procedimental*, p. 22-29.

dar sustento bastante ao entendimento por ele defendido. A regra de competência *concorrente* prevista no art. 24, XI, da CF, por isso mesmo, merece ser interpretada no contexto do "modelo constitucional do direito processual civil" em que a organização da Justiça Federal é feita a partir da própria Constituição Federal, que se limita a *indicar*, embora de forma vinculante, como deve se dar a *organização* da Justiça dos Estados[19]. Com relação à Justiça do Distrito Federal e Territórios, a despeito de ela ser *organicamente* federal (art. 22, XVII, da CF), o que interessa para a exposição presente é o modo de sua atuação (processo e procedimento) e não a sua *organização*[20].

Sendo assim, à falta de qualquer regra em sentido diverso, parece ser mais correto o entendimento de que não só o *processo* (e quanto a ele não há dúvida alguma), mas também os *procedimentos* a serem adotados perante a Justiça Federal, de primeira e segunda instâncias, são os definidos em lei *federal*. Enquanto for mantida a legislação processual civil na forma atual, inclusive, mas não só o Código de Processo Civil, não há chance alguma de ocorrer qualquer lacuna no assunto.

A grande verdade que se põe, contudo, é que todas essas questões – e várias outras que delas decorrem e outras tantas que, com certeza, mereceriam ser formuladas e enfrentadas – são totalmente estranhas à realidade normativa que existe no direito brasileiro, o que recomenda a retomada da distinção competencial estabelecida pelos arts. 22 e 24 da Constituição de 1988.

O que para cá importa destacar, recuperando aquela distinção, é que o CPC de 2015 foi além do que deveria no assunto. É analisar a completude que o novo Código dedica ao "procedimento comum", tanto quanto nas dezenas de procedimentos especiais por ele regulados, alguns, aliás, que haviam sido esquecidos desde o CPC de 1939. Se são *procedimentos*, o que faz a lei federal ao regulá-los *exaustivamente*, como se não houvesse a insuperável distinção decorrente dos dispositivos constitucionais já destacados?

Há mais, contudo: o CPC de 2015 também peca pelo excesso quando quis inovar e preferiu reconhecer, como se pode extrair do art. 190, que os particulares rearranjem o *procedimento*, sem se preocupar, previamente, com a viabilidade de uma lei federal chegar a tanto, como se não houvesse, também aqui, o inciso XI do art. 24 da CF e nem sequer seus parágrafos a sugerir justamente o contrário.

Não que idêntica preocupação já não devesse ser formulada desde o advento da Constituição de 1988, tendo como pano de fundo o CPC de 1973. É irrecusável que, desde então, já se poderia questionar sobre ser correto, ou não, se havia espaço para discutir o que havia, ou não, sido recepcionado pela nova ordem constitucional e muito mais que isso, se as tão

19. Para essa demonstração, v. o n. 5 do Capítulo 3 da Parte II do v. 1 deste *Curso* em suas edições anteriores ao CPC de 2015.

20. A orientação está reiterada no n. 6.2 do Capítulo 3 da Parte I do v. 1.

diversas quanto profundas reformas pelos quais o CPC de 1973 passou desde os anos 1990 estavam a obedecer àquela (necessária) distinção competencial.

Seja como for que o tema merecesse (e mereça) ser encaminhado, a grande verdade é que muito da estranheza do CPC de 2015 ao menos no seu primeiro ano de vigência pode ser, ainda que de maneira inconsciente ou indesejada, uma consequência dessa generalização que não foi querida, não mesmo, pela Constituição de 1988. É tomar, por exemplo, o insucesso amplo da audiência de conciliação ou de mediação no procedimento comum. Em diversos lugares de variados Estados, ela simplesmente não foi designada como deveria. E não por haver discussão sobre a *interpretação* dos dispositivos codificados que dela se ocupam para verificar em que consiste a obrigatoriedade de sua designação. Motivo recorrente de sua não designação é a inexistência de meios estruturais para tanto. Será que, fossem leis estaduais a tomar aquela decisão para seus respectivos Estados, aquele ato *procedimental* teria sido eleito como obrigatório sem que existisse, previamente, estrutura para tanto? Não bastaria à Lei Federal (o CPC) indicar como "norma geral" algo similar ao que se lê – e pertinentemente, não o nego – nos parágrafos do art. 3º em termos de busca e de incentivo de outras formas de resolução de conflitos, para além da solução *imposta* pela decisão jurisdicional?

Infelizmente, contudo, parece que boa parte dos processualistas, ao menos os civis e os brasileiros, não consegue compreender nada ou compreende muito pouco em termos de competência legislativa, ou, o que é mais correto afirmar, em termos de *processo legislativo*. E porque assim é, mais uma vez, essas palavras e essas considerações são mais solitárias que gostariam de ser. Menos mal que existem obras como as referidas nestas linhas e que merecem ser mais lidas e estudadas em geral para que o tema, irrenunciável inclusive na perspectiva do legislador de cada Estado e do Distrito Federal, possa trazer melhores dias para o processo *e para o procedimento* no direito nacional[21].

Negar o acerto do que até aqui escrevi é recusar aprioristicamente que exista qualquer diferença relevante entre processo e procedimento, entendimento com o qual, com o devido respeito, não tenho como concordar. Muito pelo contrário. Não fosse suficiente a distinção que a doutrina desde sempre acentuou a respeito dos dois temas, por mais intrincados que possam querer ser, porque, sempre me pareceu, correto o entendimento de que não existem tantos *processos* quantos sejam os direitos materiais levados para solução perante o Estado-juiz. Tanto quanto não há tantas e tão variadas *ações* quantos sejam os direitos materiais controvertidos e levados ao Estado-juiz para solução com ânimo de definitividade. O que há é processo (um só) e ação (uma só) e diferentes *procedimentos*, que podem variar (e realmente variam) para ajustar determinados conflitos de direito material a um mais adequado e

21. Cabe mencionar a esse específico propósito as considerações de Susana Henrique Costa (*Comentários ao novo Código de Processo Civil*, p. 5020), que lamenta a falta de incentivo do CPC de 2015 para que os Estados pudessem exercitar a sua competência legislativa concorrente.

tempestivo enfrentamento jurisdicional[22]. Seja do ponto de vista da *cognição* e/ou do ponto de vista da *arrumação* dos atos que se praticarão desde a ruptura inicial da inércia da jurisdição (petição inicial) até o proferimento da sentença *reconhecendo* quem faz jus à tutela jurisdicional, ou, mais ampla e corretamente, até a *satisfação* do direito tal qual reconhecido a uma das partes, isto é, da efetiva *prestação* da tutela jurisdicional, bem ao estilo do art. 4º do CPC de 2015.

5. O CHAMADO "PROCESSO DE CONHECIMENTO"

A nomenclatura dada ao Livro I da Parte Especial do CPC de 2015 não corresponde à do Livro I do CPC de 1973. Lá, disciplinava-se e referia-se, a toda hora, a um "processo de conhecimento". Doravante, o CPC de 2015 disciplina um "processo de conhecimento e de cumprimento de sentença".

Sempre pareceu a este *Curso*, em função das amplas e profundas reformas legislativas pelas quais o CPC de 1973 passou sobretudo a partir dos anos 1990, que aquela tradicionalíssima expressão (e não exclusiva do direito processual civil brasileiro) "processo de conhecimento" merecia revisão dogmática. Não era por razão diversa que a Introdução do v. 2, t. I, das edições deste *Curso* anteriores ao CPC de 2015 propunha a seguinte reflexão:

> "Não há por que negar que é aquele o nome que o próprio Código de Processo Civil dá ao seu maior Livro (à sua maior *parte*), que compreende os arts. 1º a 565, pouco menos da metade de seus 1.220 dispositivos. Contudo, pelas razões já expostas pelo n. 1 do Capítulo 3 da Parte III do v. 1, o uso daquela nominação impõe uma série de ressalvas e ponderações.
>
> São, aliás, tantas as ressalvas e tantas as ponderações quanto àquela expressão que o t. I deste v. 2 não poderia valer-se daquele rótulo para identificar a matéria sobre a qual ele se dedica. O que se põe para estudar em seguida à teoria geral do direito processual civil, destarte, não pode ser chamado de 'processo *de conhecimento*'.
>
> Até porque, quando se analisa o Livro I do Código de Processo Civil, é perceptível que ele disciplina, a um só tempo, temas que, mesmo na concepção tradicional, vão muito além do

---

22. É digna de nota no tema, a esse propósito, a lição da saudosa Ada Pellegrini Grinover, que, em seu último livro, escreveu: "O processo é voltado à atuação do direito material, e contém a relação jurídica processual; o procedimento destina-se à obtenção da tutela processual adequada. E se a finalidade última da jurisdição é pacificar com justiça, processo e procedimento situam-se no mesmo plano, sendo que no máximo se pode dizer que o segundo é instrumento do primeiro". Em seguida, embora sem tratar do assunto na perspectiva das competências legislativas constantes da Constituição Federal, complementa seu pensamento: "Regras estritamente processuais são apenas aquelas que moldam a relação jurídica processual, como a posição do juiz e das partes no processo, seus poderes, deveres, faculdades e ônus; a legitimação para agir; o exercício da jurisdição e seus limites; as funções, estrutura e órgãos da jurisdição; a competência, a ação e exceção, as condições da ação e as decisões judiciais, as sanções para os sujeitos da relação processual, a intervenção de terceiros, os recursos e as ações de impugnação, a coisa julgada. Fora do regime atinente à relação processual, tudo o mais é procedimento" (*Ensaio sobre a processualidade*, p. 18).

chamado 'processo de conhecimento'. É o que se dá, por exemplo, com os arts. 273, 461 e 461-A, estudados nos v. 3 e 4 do *Curso*, porque dizem respeito à prestação da *tutela jurisdicional* e não ao desenvolvimento de uma específica *atividade jurisdicional*; com os arts. 471-I a 475-R, que dizem respeito, uma vez mais, à prestação da tutela jurisdicional *executiva*; com os arts. 475-A a 475-H, que são atos voltados à preparação da prestação da tutela jurisdicional *executiva*; e com os arts. 476 a 565, que se ocupam do 'processo nos tribunais' e dos 'recursos', temas que dizem respeito, mesmo na concepção tradicional, vale a ênfase, a todo e qualquer 'processo' e não só ao chamado 'processo de conhecimento'.

Todos estes assuntos que foram, por diversas razões, dispostos lado a lado em um mesmo 'Livro' do Código de Processo Civil merecem, para sua adequada compreensão, ser tratados separadamente. Isto, contudo, não significa dizer – e nem poderia ser diferente – que as vicissitudes daqueles diversos temas que dizem respeito à matéria aqui tratada não serão indicadas ao longo da exposição. O que se põe é que a distinção de cada um daqueles institutos e seu exame apartado dos demais é medida impositiva para sua melhor compreensão. A compreensão do *todo* pressupõe a compreensão de suas específicas *partes*.

Com base nas afirmações dos parágrafos anteriores, mormente quando lidas a partir daquelas que ocupam o n. 1 do Capítulo 3 da Parte III do v. 1, é correto entender que a expressão 'processo de conhecimento', a despeito de ela ser empregada pelo próprio Código de Processo Civil, deve ser abandonada.

É importante, contudo, não se perder nos *nomes* adotados por tais ou quais razões pela lei processual civil brasileira ou pelos processualistas em geral. O que importa é examinar aquilo que é descrito e estudado *sob* os nomes, aquilo que é por eles *nominado*. No caso do direito processual civil atual – é ler o Livro I do Código de Processo Civil –, não há mais como querer insistir na ideia de que tudo aquilo que está lá disciplinado pertence à mesma realidade e aceita, indistinta e perenemente, acima de quaisquer modificações experimentadas pelo próprio direito positivo, a classificação que se justificava há mais de um século atrás. As classificações querem estudar o direito. E o direito muda. É o direito, tal qual ele *é*, que leva a classificações com vistas à sua melhor compreensão. Não o contrário.

É esta a razão pela qual este *Curso* pretende, neste volume, dar ênfase ao estudo da *atividade jurisdicional* que, em determinadas situações, faz-se necessária para que o Estado-juiz reconheça a existência de um direito carente de tutela jurisdicional. O que se põe para exame é como a atuação do Estado-juiz – o *processo*, seu método institucionalizado de atuação, portanto – volta-se ao *reconhecimento* de um dado direito, ao desempenho de uma *atividade* predominantemente *intelectual* do magistrado, que se deixará convencer de quem faz jus à tutela jurisdicional para então, a partir deste reconhecimento, atuar em prol da satisfação concreta, palpável, daquele jurisdicionado.

É certo, contudo, que o processo não se volta apenas ao *reconhecimento* do direito pelo Estado-juiz. Há aqueles casos em que tal reconhecimento não é o bastante para a satisfação daquele que rompe a inércia da jurisdição. Há, por isso mesmo, atividades jurisdicionais verdadeiramente *complementares* com vistas à satisfação do direito tal qual reconhecido. Seu estudo, contudo, não é objeto de considerações nesta sede. Por ora, basta pesquisar como o Estado-juiz *reconhece* direitos, deixando para outros momentos do *Curso* a pesquisa em torno de sua *satisfação*. Aqui, é suficiente examinar a prática dos atos destinados ao *reconhecimento* do direito e não aos atos voltados à sua *realização*. Nestes, a ênfase recai sobre atos *materiais* do juiz; aqui, a ênfase está nos atos *intelectuais*. São eles que dizem respeito ao estudo presente.

Para discernir adequadamente estas duas atividades e viabilizar sua melhor compreensão, não é equivocado entender identificar no *processo* duas *etapas*, cada qual voltada a uma distinta finalidade da atuação jurisdicional: uma 'etapa *cognitiva*' voltada ao *reconhecimento* do direito e uma outra destinada à realização daquele direito, tal qual reconhecido, a 'etapa *executiva*'. Nada há, no sistema processual civil da atualidade, que afaste a possibilidade de estas duas etapas desenvolverem-se até mesmo *concomitantemente*, tendência, aliás, das 'Reformas do Código de Processo Civil' (v. n. 2.7 do Capítulo 2 da Parte I do v. 1). As condições pelas quais isto se dá, contudo, são de todo indiferentes para os fins aos quais se volta o presente volume.

Importa analisar de perto, com a profundidade necessária, a 'etapa *cognitiva*', aquela voltada ao *reconhecimento* do direito de alguém que rompe a inércia da jurisdição com esta finalidade. O que releva é o exame dos diversos atos e fatos que se organizam ao longo do processo com vistas ao desenvolvimento ótimo da atividade *intelectual* do magistrado com o objetivo de *reconhecer* o direito aplicável à espécie, isto é, a definição de quem tem e de quem não tem razão do ponto de vista de direito material e, portanto, faz jus à tutela jurisdicional.

Para o que interessa no desenvolvimento deste volume, a *atividade* jurisdicional precede, necessariamente, a prestação da *tutela jurisdicional*. Não há, para os fins aqui tratados, *tutela* jurisdicional sem *atividade* jurisdicional prévia. Por esta razão, a dicotomia entre '*etapa* cognitiva' e '*etapa* executiva' é bastante esclarecedora. E o que importa é o exame daquela *atividade* jurisdicional e não da *tutela* que, com ela, é obtida, objeto de exame nos v. 3 e 4 do *Curso*. Até porque, pelas razões expostas pelo n. 8.4 do Capítulo 1 da Parte III do v. 1, *atividade* jurisdicional e *tutela* jurisdicional não se confundem e não podem ser confundidas. A ênfase deste volume recai na *atividade* jurisdicional e não na *tutela* jurisdicional"[23].

Não é errado verificar que aquilo que, ao menos para este *Curso*, já parecia ser o mais correto na perspectiva da *evolução* do próprio direito positivo – a opção metodológica acima transcrita nunca quis representar mero capricho pessoal – foi acolhido integralmente pelo CPC de 2015, que, nesse sentido, o que alguns setores da doutrina já chamavam de "processo *sincrético*"[24]. Sincrético no sentido de *um só* processo passar a conter atividades amalgamadas que, na perspectiva do desenvolvimento histórico do direito processual civil, correspondiam a processos diversos, o de conhecimento e o de execução.

Tanto assim que em seguida ao trecho reproduzido este *Curso* enfatizava que a doutrina de então, ou, mais precisamente, desde as modificações introduzidas no CPC de 1973 a partir dos anos 1990, era falha ao não constatar que a perspectiva de estudo da matéria deveria ser dar a partir do "procedimento comum", e, dentre o ordinário e o sumário, a ên-

---

23. *Curso sistematizado de direito processual civil*, v. 2, t. I, p. 39-41.

24. É o caso, por exemplo, de Humberto Theodoro Júnior em seu *Curso de direito processual civil*, v. I, p. 749-750.

fase deveria recair sobre o *ordinário* diante da regra do parágrafo único do art. 272 daquele Código, que o estabelecia como subsidiário ao sumário, e, a partir de sua devida compreensão, cabia estudar os procedimentos especiais, verdadeiras variantes daquele.

É ler, ainda, mais um trecho da Introdução do v. 2, t. I, deste *Curso* em suas edições anteriores ao CPC de 2015:

> "De acordo com as considerações do número anterior, é correto o entendimento de que não há propriamente um '*processo* de conhecimento'. O que há – e assim deve ser entendido – é a ênfase, em determinadas situações da movimentação do Estado-juiz, de determinadas '*atividades* jurisdicionais' que são desempenhadas com vistas à prestação da '*tutela* jurisdicional' pedida em consonância com os critérios classificatórios propostos no n. 8 do Capítulo 1 da Parte III do v. 1.
>
> A diversidade destas *atividades* e, bem assim, das *tutelas* não tem o condão de alterar o que, por definição, não aceita variação: o *processo*. Ela, contudo, é suficiente para variar o *procedimento*, isto é, a organização dos atos processuais. Importa, em função destas considerações, analisar os atos processuais no devido contexto de sua prática, isto é, em termos de organização interna ao *processo* e, portanto, como *procedimento* (v. n. 6 do Capítulo 3 da Parte III do v. 1).
>
> O objeto ao qual se dedica este volume é o da atividade jurisdicional voltada ao *reconhecimento de direito* desde o instante em que o autor, verificando qual órgão jurisdicional tem competência para tanto, rompe a inércia da jurisdição com a apresentação de sua 'petição inicial' até o proferimento da 'sentença' e sua análise como ato processual, inclusive o que diz respeito à tendência de ela, em determinadas circunstâncias, tornar-se imutável *no* processo ('coisa julgada *formal*') e o que tiver sido decidido por ela tornar-se imutável mesmo *fora* do processo ('coisa julgada *material*'). Os *efeitos* deste reconhecimento do direito, bem assim os momentos em que eles podem ser sentidos, contudo, não dizem respeito ao estudo aqui empreendido. Eles ocupam outros volumes do *Curso*. Vale repetir: *atividade* jurisdicional não se confunde com *tutela* jurisdicional.
>
> O Código de Processo Civil e a legislação processual civil extravagante disciplinam de variadas maneiras a *atividade* jurisdicional voltada ao *reconhecimento* do direito para, com base nesse reconhecimento, prestar a *tutela* jurisdicional adequada.
>
> Para os fins presentes, importa o estudo do que é chamado 'procedimento *comum*', aí compreendidos, por força dos arts. 271 e 272, o procedimento *ordinário* e o *sumário*, assim entendido o procedimento *padrão* pelo qual se apresenta ao Estado-juiz uma *pretensão* e, dando ensejo à necessária atuação do Estado-juiz, se quer obter uma resposta jurisdicional com o proferimento de uma sentença, seja qual for o seu conteúdo. É o estudo do que há entre a provocação do início da prestação da tutela jurisdicional – a ruptura da inércia do Estado-juiz – e a resposta jurisdicional do juízo de primeiro grau de jurisdição com o proferimento da sentença.
>
> Outros *procedimentos*, isto é, outras organizações de atos que intermedeiam a provocação inicial do Estado-juiz e o proferimento de alguma resposta àquele pedido, existem pelas mais

variadas razões. Eles, contudo, justamente por não serem o procedimento 'comum', o 'padrão', mas *especiais*, são objeto de exame apartado nos demais tomos deste mesmo v. 2.

E ao longo do procedimento, mesmo o comum, alguns incidentes que podem ocorrer – como, por exemplo, a apresentação de recursos ou a admissão de serem sentidos *fora* do plano processual os efeitos da tutela jurisdicional (que não se confunde necessariamente com a sentença) – não são tratados aqui. É que nenhum daqueles incidentes interfere no objeto estudado neste volume: a ordem dos atos e fatos processuais que se desenvolvem desde a provocação inicial do Estado-juiz até a resposta final daquele mesmo órgão jurisdicional"[25].

Voltando ao CPC de 2015, cabe destacar que é o Livro I de sua Parte Especial que está a rotular o que outrora era "processo de conhecimento" como "processo de conhecimento *e* de cumprimento de sentença". Um processo só, portanto, sem qualquer nomenclatura, sem qualquer adjetivação, mas com diversas etapas (ou fases, para quem preferir), uma voltada ao *reconhecimento* do direito aplicável ao caso, a partir da provocação inicial feita ao Estado-juiz pelo autor, e outra voltada à *concretização* do direito que se entender aplicável ao caso. Conhecimento (etapa cognitiva) no primeiro caso e cumprimento (etapa satisfativa) no segundo. Uma coisa ligada a outra e esta ligada àquela na perspectiva de que pode ser insuficiente saber qual é o direito a ser aplicado à espécie se ele não é observado, se for o caso, inclusive coercitivamente, isto é, independentemente da vontade do obrigado.

Pode até ser que seja suficiente o Estado-juiz dizer qual é o direito aplicável à espécie, no sentido de que sua própria atividade cognitiva seja suficiente para a satisfação do direito. É o que a doutrina tradicional chama de "sentenças declaratórias" e "sentenças *constitutivas*". Eventual desnecessidade da combinação das atividades *jurisdicionais*, cognitiva e satisfativa, contudo, é circunstancial.

A recíproca é também correta: pode ser que o prévio reconhecimento do direito aplicável pelo Estado-juiz seja desnecessário porque, por exemplo, as partes, de comum acordo, lavraram entre si um documento particular, com a assinatura do devedor e de duas testemunhas, ao qual o inciso III do art. 784 do CPC de 2015 continua a dar *status* de título executivo *extrajudicial*, ou, para ir a outra comuníssima hipótese, que as partes obtiveram o reconhecimento do direito alhures, perante um Tribunal arbitral, este considerado título executivo *judicial* pelo inciso VII do art. 515 do CPC de 2015. Em um e em outro caso, eventual *necessidade* da intervenção judicial não se dará mais para reconhecer qual é o direito aplicável à espécie, mas para buscar a *satisfação* daquele que, consoante constar daqueles títulos, o merece. Se o magistrado interferir, no primeiro caso, no reconhecimento de direito oposto ao constante do título (julgando procedentes embargos à execução apresentados pelo executado, nos termos do art. 914 e seguintes), ou, ainda, determinar que outra *sentença arbitral* seja proferida pelo Tribunal arbitral considerando a invalidação da primeira, porque, por

25. *Curso sistematizado de direito processual civil*, v. 2, t. I, p. 41-42.

hipótese, proferida ao arrepio das garantias das partes (art. 32, VIII, da Lei n. 9.307/96), também é algo circunstancial que não infirma o quanto vim de escrever.

Nesse contexto, cabe recordar do art. 4º do CPC de 2015 uma de suas "normas fundamentais do processo civil", segundo o qual "As partes têm o direito de obter em prazo razoável a solução integral do mérito, incluída a atividade satisfativa". Para além de repetir o *texto* do inciso LXXVIII do art. 5º da Constituição Federal, o dispositivo *revela* na disposição constitucional o que a boa doutrina, brasileira e estrangeira, já dele extraía ou, o que é mais correto afirmar, *interpretava-o*. A atividade jurisdicional *satisfativa* é tão importante quanto é a *cognitiva*. É direito fundamental não só o *acesso à Justiça*, no sentido de obter o *reconhecimento* do direito pelo Estado-juiz mas também o de *efetivá-lo*, uma e outra, importa acentuar, em consonância com as garantias que merecem ser extraídas compreendidas no contexto do "devido processo *constitucional*". Nada, portanto, que não se deva extrair suficientemente do "modelo constitucional do direito processual civil", ao qual se volta o Capítulo 3 da Parte I do v. 1 deste *Curso*.

Nada, portanto, de processo de *conhecimento*. Disciplinar *como* o Estado-juiz reconhece qual é o direito aplicável ao caso concreto não é o bastante. Tão importante quanto isso – mormente em um Código que incentiva meios outros de solução de conflitos que não os dependentes do proferimento de uma decisão jurisdicional (art. 3º do CPC de 2015) – é disciplinar *como* o Estado-juiz satisfaz o direito (mesmo quando reconhecido aplicável de *outro* modo). É disso que se ocupa o Livro I da Parte Especial do CPC de 2015, e, em rigor, já era disso que se ocupava o CPC de 1973 desde as modificações nele introduzidas pela Lei n. 8.952/94, passando pela Lei n. 10.444/2002 e chegando à Lei n. 11.232/2005.

Se a doutrina em geral no Brasil recusava-se a ver isso porque o CPC de 1973, apesar de suas profundas e estruturais modificações, não tinha alterado o *nome* dado para descrever aquelas (novas) realidades normativas, preservando o que fora dado desde sua origem, é algo que se passou. Não que os nomes consigam alterar a substância das coisas que o rotulam, mesmo no âmbito jurídico[26], mas, a julgar pelos últimos vinte e poucos anos da doutrina brasileira, a iniciativa do CPC de 2015 deve ajudar em algo no particular. Melhor assim, aliás. Melhor para os futuros exercentes das funções essenciais à Administração da Justiça e mais ainda, muito mais, para os usuários do sistema, que dele dependem, inclusive por não terem conseguido obter de outro modo a solução de seu conflito ou, quando menos, o reconhecimento de qual *deva ser* a solução.

---

26. Para ilustrar a passagem, cabe lembrar da lição de Hospers imortalizada por Augustín Gordillo em seu *Princípios gerais de direito público*, p. 2: "... as palavras não são mais que rótulos nas coisas: colocamos rótulos nas coisas para que possamos falar delas e, daí por diante as palavras não têm mais relações com as coisas, do que as que têm rótulos de garrafas com as próprias garrafas. 'Qualquer rótulo é conveniente na medida em que nos ponhamos de acordo com ele e o usaremos de maneira consequente. A garrafa conterá exatamente a mesma substância, ainda que coloquemos nela um rótulo distinto, assim como a coisa seria a mesma ainda que usássemos uma palavra diferente para designá-la'".

6. FASES DO PROCEDIMENTO COMUM

O estudo da *etapa* de conhecimento do processo pode ser feito de variadíssimas maneiras. A que sempre pareceu a mais didática a este *Curso* e que vem sendo adotada desde suas edições anteriores ao CPC de 2015 é a que toma como base a distinção de *quatro fases* naquela etapa, cada qual com uma atividade ou finalidade *preponderante*, que a caracteriza: postulatória, ordinatória, instrutória e decisória. É iniciativa que, para a doutrina brasileira, encontra ecos seguros em Frederico Marques[27], em Moacyr Amaral Santos[28] e em Humberto Theodoro Júnior[29]. Mais recentemente, ela foi expressamente referida por José Rogério Cruz e Tucci nos seus comentários ao art. 318 do CPC de 2015[30].

Embora o CPC de 2015 tenha trazido importantes alterações em cada uma das quatro fases nominadas acima e, mais especificamente, nos atos que nelas são praticados, a viabilidade da distinção anunciada não foi modificada e mantém, por isso mesmo, sua valia didática para compreender, de forma satisfatória, o que se dá, no plano do processo, desde a petição inicial, pela qual o autor rompe a inércia da jurisdição, até o proferimento da sentença, descrevendo nas suas minúcias todas as fases já anunciadas.

Importa frisar, ainda, que aquilo que o Código de Processo Civil chama de *procedimento comum corresponde aos* atos que devem ser praticados desde a apresentação da petição inicial (fase postulatória), até o proferimento da sentença e a descrição de alguns de seus possíveis conteúdos e de sua aptidão de transitar em julgado (fase decisória). Também a etapa de *liquidação* eventualmente justificável para apuração do valor devido a ser perseguido na etapa de cumprimento de sentença do processo é disciplinada, pelo Código de Processo Civil, como um Capítulo do procedimento comum, o décimo quarto, como se pode ver dos arts. 509 a 512[31]. Isso se dá, por certo, porque na etapa de liquidação predominam atividades

27. *Instituições de direito processual civil*, v. III, p. 10-15, e *Manual de direito processual civil*, 2º v., p. 3-5 e 25-29.

28. *Primeiras linhas de direito processual civil*, 2º v., p. 129-130. A orientação não era diversa para o CPC de 1939, embora Amaral Santos criticasse a estrutura daquele Código quando comparado com o do "direito pátrio anterior", cujas "fases do procedimento ordinário eram nítidas e precisas". O processualista não deixava de identificar, contudo, as quatro fases já indicadas, sublinhando que "há, assim, uma *fase de saneamento do processo*, de permeio entre a fase postulatória e a fase instrutória" (*Primeiras linhas de direito processual civil*, 2º v., p. 86-89).

29. *Curso de direito processual civil*, v. I, p. 728-730 e 750.

30. *Comentários ao Código de Processo Civil*, v. VII, p. 43 e 51.

31. Cabe notar, a esse propósito, a predileção expressa do art. 491 do CPC de 2015 pelo proferimento de sentenças (decisões) líquidas, a ponto de tornar eventual etapa de liquidação excepcional. É diretriz que ao autor deste *Curso* já se mostrava possível (e necessária) de ser extraída do sistema do CPC de 1973, como expunha no n. 6.2 do Capítulo 1 da Parte V do v. 2, t. I, e do n. 4 do Capítulo 5 da Parte I do v. 3 das edições anteriores ao CPC de 2015. Para o CPC de 2015, v., do autor deste *Curso*, seus *Comentários ao Código de Processo Civil*, v. X, p. 33-35.

cognitivas, meramente intelectuais do magistrado, portanto, e não atividades *satisfativas*, tais as que caracterizam a etapa de cumprimento de sentença[32].

Tais "fases" devem ser entendidas como as divisões ideais, geralmente aceitas com algum consenso pela doutrina, sobre o agrupamento de determinadas atividades a serem desenvolvidas pelos sujeitos do processo ao longo do tempo e que permitem, pelas suas semelhanças e objetivos comuns, seu estudo lado a lado.

O que se põe em relevo é que a *etapa cognitiva* convida a uma análise das diversas e variadas atividades nela desenvolvidas que, consoante sejam suas afinidades, podem ser reunidas em grupos mais específicos, as *fases*. As fases aqui sugeridas como guias de estudo estão compreendidas na etapa cognitiva; são subdivisões menores dela, que, por sua vez, é uma divisão (ideal) do processo.

O que distingue uma fase da outra é a *preponderância* da *atividade* jurisdicional a ser desempenhada em cada qual.

Dentro da "etapa cognitiva", isto é, em que a atividade jurisdicional a ser desenvolvida é precipuamente dirigida ao *reconhecimento* do direito (atividade intelectual do juiz), a partir do que vai poder ter início a "etapa executiva" – ambas em um mesmo *processo* –, é possível a distinção das seguintes "fases": *postulatória*, *ordinatória*, *instrutória* e *decisória*.

Na "fase *postulatória*", *preponderam* os atos em que as partes (e eventuais terceiros) apresentam ao Estado-juiz o material sobre o qual discutem, as razões de seu conflito e a tutela jurisdicional que se aguarda seja a elas concedida. É a fase em que o juiz ouve as partes e eventuais terceiros, que *postulam*, isto é, que *pedem* tutela jurisdicional, para definir sobre o que e para quem deverá decidir, outorgando-a.

Na "fase *ordinatória*", o juiz volta-se a definir quais os próximos atos do procedimento que devem ser praticados a partir do ocorrido na fase postulatória, inclusive no que diz respeito à sanação de eventuais vícios ou irregularidades que podem comprometer o desempenho de sua atividade voltada ao reconhecimento do direito com observância do "modelo constitucional do direito processual civil". Nela o juiz verifica a regularidade dos atos até então praticados e, mais amplamente, a regularidade do próprio processo, e constata como e em que medida prosseguirá a sua atuação, colocando-o, assim, em *ordem*. O art. 357 do CPC de 2015, a propósito, é expresso na ideia de necessária *organização* e de *predefinição* de atividades para o máximo de aproveitamento da fase instrutória.

Na "fase *instrutória*", o juiz, por determinação sua ("de ofício") ou deferindo requerimentos das partes (e de eventuais terceiros), autoriza a produção de provas para a formação de seu convencimento sobre os fatos relevantes e pertinentes para o julgamento. Ele pratica atos

32. Para essa discussão no CPC de 1973 após as modificações da Lei n. 11.232/2005, v. os n. 1 e 1.1 do Capítulo 5 da Parte I do v. 3 deste *Curso* em suas edições anteriores ao CPC de 2015. Para o CPC de 2015, v., do autor deste *Curso*, seus *Comentários ao Código de Processo Civil*, v. X, p. 35-39 e p. 41-43.

de *instrução* no sentido de trazer para o processo todos os elementos que reputa fundamentais para ter condições de decidir, isto é, de *reconhecer* quem faz jus à tutela jurisdicional e em que extensão.

Na "fase *decisória*", o juiz, convencido de todas as circunstâncias essenciais, profere sentença. Ele *decide* reconhecendo ou não a existência do direito reclamado pelo autor, pelo réu ou, até mesmo, por eventuais terceiros, ou, ainda, reconhecendo que não pode chegar a tanto. Tanto quanto reconhecido o direito, poderão se seguir, consoante o caso, outras fases que dizem respeito a outra *etapa* do processo, a "executiva", em que a atividade jurisdicional se volta precipuamente à *satisfação* daquele direito tal qual reconhecido, isto é, à prática de atos *materiais*.

É importante ter presente o que significa dizer que essas fases são classificadas pelas atividades jurisdicionais nelas praticadas *preponderantemente*, isto é, as atividades jurisdicionais que se espera sejam praticadas em primazia.

Na perspectiva da disciplina dada pelo CPC de 2015 a cada uma delas, o que se espera da fase *postulatória* é que as partes apresentem as razões pelas quais a tutela jurisdicional deve ser prestada em seu favor. Pode ocorrer, contudo, que o juiz se veja obrigado a praticar atos *ordinatórios*, assim, por exemplo, quando determina a emenda da petição inicial para que o autor remova dela algum vício que possa comprometer, antes de tudo, o exercício da ampla defesa do réu (art. 321).

Na fase *ordinatória*, a impossibilidade do saneamento de algum vício do processo pode levar ao reconhecimento de que não há como o Estado-juiz atuar, proferindo o magistrado sentença nesse sentido, de *extinção* do processo (art. 354).

Na fase *instrutória*, serão produzidas as provas que tiverem se mostrado necessárias para além, portanto, de outros meios de prova já trazidos ao processo, quiçá com a petição inicial e com a contestação (art. 434, *caput*). Embora a *finalidade* dela seja a de produzir provas para formar o conhecimento do magistrado, há "postulações" e "decisões" a ela inerentes.

Na fase *decisória*, por fim, a expectativa da disciplina codificada é que o juiz decida, isto é, profira *sentença*, que, de acordo com o § 1º do art. 203, "é o pronunciamento por meio do qual o juiz, com fundamento nos arts. 485 e 487, põe fim à fase cognitiva do procedimento comum, bem como extingue a execução", ressalvadas as disposições expressas dos procedimentos especiais. Pode acontecer, contudo, que o magistrado sinta necessidade da produção de outras e diversas provas, retomando a fase *instrutória* (art. 480).

Tanto são verdadeiras as observações dos parágrafos anteriores que não há mácula na não realização de qualquer das fases descritas para o procedimento comum. Muito pelo contrário: uma vez que a inércia da jurisdição seja rompida com a apresentação da petição inicial pelo autor, põe-se ao magistrado a possibilidade concreta de, desde logo, proferir sentença quando presentes seus pressupostos específicos: seja para negar ao autor a possibilidade de provocação escorreita do Estado-juiz, o "indeferimento da petição inicial" disciplinado pelo art. 330, seja para negar a ele, desde logo, o direito que afirma possuir em face do réu, a "improcedência liminar do pedido" disciplinada pelo art. 332, que é decisão que, ao mesmo tempo em que nega a tutela jurisdicional ao autor, afirma-a para o réu.

7. PROPOSTA DE ESTUDO

O desenvolvimento da Parte I deste volume observa a identificação das *quatro fases da etapa de conhecimento do processo indicadas anteriormente*, cada qual com sua atividade ou finalidade *preponderante*, que a caracteriza: a postulatória, a ordinatória, a instrutória e a decisória.

Embora o Código de Processo Civil tenha trazido importantes alterações em cada uma destas quatro fases – ou, o que é mais correto de afirmar, nos *atos* que nelas são praticados –, a viabilidade da distinção anunciada não foi modificada e mantém, por isso, sua valia didática para compreender, de forma satisfatória, o que se dá, no plano do processo, desde a petição inicial, pela qual o autor rompe a inércia da jurisdição, até o proferimento da sentença, descrevendo nas suas minúcias todas elas.

Pode ocorrer de nem todas as fases serem realizadas nos variados processos. É o que ocorre, para ilustrar a situação, com o indeferimento liminar da petição inicial, com a improcedência liminar do pedido e com o julgamento antecipado do mérito. Pode até acontecer de, após a realização das quatro fases, o magistrado entender que o caso reclama a reabertura da fase instrutória para realização de nova prova pericial. Essas vicissitudes, contudo, não infirmam o critério eleito para a apresentação do tema. Até porque cada uma daquelas situações é disciplinada expressamente pelo Código e será analisada a seu tempo. Por isso, aliás, a ressalva de que a visão panorâmica dessas quatro fases da etapa cognitiva do processo revela o ato ou a finalidade *preponderante* nelas praticado. Não a sua totalidade.

Por fim, a escolha do procedimento comum como pano de fundo para a exposição que agora tem início é justificável também porque ela é o *padrão* para os mais variados casos. Por ser o mais completo, os demais procedimentos disciplinados pelo próprio Código de Processo Civil e pelas leis extravagantes de direito processual civil utilizam-se dele ou, em algum momento, passam a adotá-lo, como já exposto com base no parágrafo único do art. 318.

O que não é, para encerrar o Capítulo com um aceno ao seu início, é valer-se do "processo de conhecimento" como paradigma de estudo da etapa de conhecimento do processo, como se a dogmática do direito processual civil não precisasse, no particular, se render as inequívocas e profundas alterações passadas pela legislação brasileira – cujo ponto culminante, não por acaso, é o Código de Processo Civil –, inclusive no que diz respeito à sua formulação textual.

Capítulo 2

Fase postulatória

1. CONSIDERAÇÕES INICIAIS

A fase postulatória da etapa de conhecimento do processo caracteriza-se pela preponderância dos elementos de postulação, isto é, autor, réu e eventuais intervenientes exporão ao Estado-juiz o que pretendem a título de tutela jurisdicional e por quais razões.

Nesse contexto, a petição inicial é peça de fundamental importância para o direito processual civil porque a jurisdição é inerte e depende, em nosso sistema, de provocação específica do interessado para atuar (art. 2º). Ademais, é nela que o autor fixa os limites do que pretende seja apreciado pelo juiz (arts. 141 e 492, *caput*), o que dá forma ao princípio da adstrição (ou vinculação) da sentença ao pedido ou, o que devem ser entendidos como sinônimos, ao "princípio da imutabilidade do libelo", ao "princípio da congruência" ou ao "princípio da correlação entre provimento e demanda". Daí ser correto o entendimento de que a petição inicial é verdadeiro "projeto de sentença".

É correto e didático o entendimento segundo a qual a petição inicial encerra um verdadeiro silogismo porque ela deve descrever os fatos a partir dos quais pretende o autor determinadas consequências jurídicas. Nesse silogismo, a *premissa maior* corresponde ao "direito" (por exemplo: "Aquele que, por ação ou omissão voluntária, negligência ou imprudência, violar direito e causar dano a outrem, ainda que exclusivamente moral, comete ato ilícito", como prevê o art. 186 do CC); a *premissa menor* corresponde aos "fatos" (DBV causou dano a GGG); e a *conclusão*, que corresponde ao pedido para que DBV seja condenado a indenizar GGG pelos danos sofridos, é dizer, que a tutela jurisdicional seja prestada em favor de GGG em detrimento de DBV, para permitir que os prejuízos sejam devidamente satisfeitos.

2. PETIÇÃO INICIAL

Petição inicial é o primeiro requerimento formulado pelo autor no qual concretiza, exteriorizando-o, o exercício do seu direito de ação, rompendo a inércia da jurisdição e apresentando os contornos, subjetivos e objetivos, da tutela jurisdicional por ele pretendida.

Ela, como qualquer ato processual, deve observar certos requisitos para que, do ponto de vista formal, seja bem praticada e, também, viabilize a devida prática dos atos processuais subsequentes.

O art. 319 trata dos requisitos da petição inicial, isto é, o que uma petição inicial deve conter para que seja considerada *apta*. Por "petição inicial apta" deve-se entender aquela que tem aptidão de produzir, regularmente, os efeitos desejados pela lei processual civil: romper a inércia da jurisdição para prestação da tutela jurisdicional em favor de quem a provocou. Não é por outra razão que a maioria dos autores cuida dos requisitos da petição inicial como "pressupostos processuais de *validade*", isto é, os pressupostos que são necessários para o desenvolvimento válido e regular do processo. À falta de qualquer um deles – desde que não sanados oportunamente, a começar pela oportunidade concedida pelo art. 321 – o processo será extinto *sem* resolução de mérito (arts. 485, I ou IV, e 330, IV).

Para quem, como este *Curso*, admite a categoria dos pressupostos processuais de *existência*, a petição inicial – ainda que irregular – é suficiente para que o processo *exista* juridicamente, gerando, se for o caso, efeitos, justamente porque ela, não obstante não preencher os pressupostos de *validade*, tem aptidão para provocar o exercício da jurisdição, tirando-a de seu estado de inércia inicial.

A petição inicial é necessariamente escrita e em português (art. 192). A petição inicial *oral*, para o sistema processual civil, só é admitida para o sistema dos Juizados Especiais cíveis (art. 14, *caput*, da Lei n. 9.099/95), e, mesmo nesses casos, ela deverá ser reduzida a escrito (art. 14, § 3º, da Lei n. 9.099/95). É idêntico o regime para os Juizados Especiais federais, por força do que dispõe o art. 1º da Lei n. 10.259/2001 e para os Juizados Especiais da Fazenda Pública, mercê do art. 27 da Lei n. 12.153/2009.

3. REQUISITOS DA PETIÇÃO INICIAL

É correto dividir o disposto no art. 319 em dois grandes blocos. O primeiro deles diz respeito aos requisitos relativos à identificação da *demanda*, sempre entendida a palavra no sentido de postulação inicial, tal qual formulada pelo autor em sua petição inicial. É o que se dá com a descrição das *partes* (inciso II), da *causa de pedir* (inciso III) e do *pedido* (inciso IV). Os demais incisos do dispositivo cuidam de informações que se relacionam, muito mais intimamente, com o desenvolvimento válido e regular do processo e não, propriamente, com o direito de *ação* nele exercido e exercitado. Assim a *competência* (inciso I), o *valor da causa* (inciso V), as *provas* que o autor pretende produzir (inciso VI) e a opção do autor quanto à realização, ou não, da audiência de conciliação ou de mediação (inciso VII).

Embora o art. 319 seja o primeiro dispositivo do Código de Processo Civil relativo ao "procedimento comum" (Capítulo II do Título I do Livro I da Parte Especial), não há como deixar de verificar que os requisitos da petição inicial nele disciplinados dizem respeito a qualquer petição inicial de qualquer outro "procedimento". O que ocorre em tais casos é que existem regras *específicas* e próprias para as petições iniciais. É o que se dá, por exemplo, com alguns procedimentos especiais disciplinados pelo próprio Código de Processo Civil (art. 542, para a "ação de consignação em pagamento"; art. 555, para as "ações possessórias"; art. 599, § 1º, para a "ação de dissolução parcial de sociedade"; art. 700, § 2º, para a "ação monitória"); com o "processo de execução" de títulos extrajudiciais tratado pelo CPC (art. 798), com a ação rescisória (art. 968), do incidente de resolução de demandas repetitivas (art. 977, parágrafo único), e, apenas para fins ilustrativos, com a petição inicial de uma execução fiscal, disciplinada pelo art. 6º da Lei n. 6.830/80.

A locução "petição inicial" não deve ser entendida só como aquela pela qual se *inicia* o processo, no sentido de se identificar com o que o próprio Código de Processo Civil chama de "*propositura da ação*" (art. 312), rompendo a inércia da jurisdição, mas também como aquela que permite a cumulação ulterior de pedidos de tutela jurisdicional, inclusive pelo réu ao longo do processo. É o que se dá, por exemplo, com a "reconvenção" (art. 343), com a "denunciação da lide" (art. 125) e com o "incidente de desconsideração da personalidade jurídica" (art. 133). Também é o que se dá nos casos em que o autor pede ao Estado-juiz que dê início à etapa de cumprimento de sentença para os fins do *caput* do art. 523 e, bem assim, quando o réu volta-se aos atos jurisdicionais executivos, valendo-se da "impugnação" a que se refere o art. 525 ou, se se tratar de execução fundada em títulos executivos extrajudiciais, dos embargos à execução (arts. 914 a 92).

Os números seguintes voltam-se à análise de cada uma das exigências do art. 319. A opção metodológica adotada por este *Curso* é a de tratar o tema (petição inicial) e todos os seus desdobramentos lado a lado e não sucessivamente para evitar a falsa impressão de que se trata de assuntos que não precisam se comunicar para serem compreendidos. Até porque a petição inicial, em si mesma considerada, é um *ato* processual, e como tal ela tem que ser compreendida levando em consideração os efeitos que ela tem aptidão para produzir para e no plano do processo.

3.1 Juízo a que é dirigida

A exigência do inciso I do art. 319 diz respeito à identificação da *competência* do órgão jurisdicional ao qual a petição inicial é dirigida, seja ele um juízo de primeira instância ou, sempre a depender de previsão constitucional, algum Tribunal.

A identificação do órgão jurisdicional deve levar em conta as considerações que ocupam o n. 6 do Capítulo 2 da Parte II do v. 1.

O que releva para cá é destacar que eventual defeito ou vício na indicação da competência não é óbice para a distribuição da petição inicial onde houver mais de um juízo (art. 284). Se a hipótese for de incompetência *relativa*, o entendimento mais acertado é que o juízo não poderá, de ofício, pronunciar-se sobre ela (art. 64, *caput*). Mesmo em se tratando de incompetência *absoluta*, a inicial não pode ser recusada, devendo ser distribuída, se for o caso. Não compete ao cartorário responsável pelo recebimento da petição inicial proferir qualquer juízo quanto à correção ou incorreção do endereçamento da inicial, isto é, sobre o adequado cumprimento do inciso I do art. 319. Não que o magistrado, assim que a receber, não *deva* – até mesmo de ofício (art. 64, § 1º) – pronunciar-se acerca da questão. O que não se pode admitir, a título nenhum, é que os responsáveis administrativos pelo encaminhamento da petição a ele impeçam ou dificultem de qualquer forma o início do processo e o desenvolvimento de seus atos. A razão é simples: mesmo quando determinada por juízo *absolutamente* incompetente, a citação do réu tem o condão de constituir em mora o devedor (art. 240, *caput*, que ressalva, corretamente, as hipóteses em que a mora antecede o processo), sendo certo que a interrupção da prescrição se dá pelo despacho que ordena a citação, ainda que proferido por juízo absolutamente incompetente, retroagindo à data de propositura da ação (art. 240, § 1º). Não fosse o bastante, é vedado que os cartorários pratiquem quaisquer atos de natureza decisória (art. 203, § 4º).

É essa a razão pela qual este *Curso* sustenta o entendimento de que a incompetência *absoluta* é pressuposto processual de *validade*, não de *existência*, do processo. Desde que alguém formule um pedido de tutela jurisdicional ao Estado, *processo* há, que *existe* juridicamente. Questão diversa é saber em que condições ele pode surtir seus regulares *efeitos*, o que se dá em plano diverso, da *validade*.

3.2 Qualificação do autor e do réu

Autor e réu correspondem às partes do processo: aquele que pede e aquele em face de quem se pede a tutela jurisdicional.

O conceito aqui ofertado é eminentemente *processual*. As partes a que se refere o art. 319, II, não são necessariamente os sujeitos do plano *material*, é dizer, a exigência da regra é satisfeita com a indicação e a identificação de quem pede e em face de quem se pede a tutela jurisdicional. Se aquele que pede podia mesmo pedir tutela jurisdicional naquelas circunstâncias e em face de quem pediu; se há mesmo, em seu favor, direito material a ser reconhecido a, desde que reconhecido, justificar a prestação da tutela jurisdicional, tudo isso é indiferente para o conceito aqui apresentado e para cumprimento da exigência do inciso II do art. 319. De outra maneira, só seria parte aquele que tem "razão", aquele que tivesse, desde o plano de direito material, o direito de receber tutela jurisdicional, o que significaria, em última análise, que só poderia pedir tutela jurisdicional e, por isso, formular um pedido ao Estado-juiz, aquele que ostentasse, de antemão, o direito material. Não é esse, contudo, o melhor entendimento do assunto. O direito de ação é *autônomo* no sentido de ser desvinculado do direito material, embora guarde relações estreitas com ele. É por tais razões que se faz tão importante que o magistrado, ao receber a petição inicial, examine não só a sua regularidade *extrínseca*, mas a examine *intrinsecamente*, verificando se, desde logo, faz-se presente o *mínimo indispensável para o exercício do direito de ação*. É o adequado exame dessa categoria – a ser analisada, para o que aqui interessa, da perspectiva da legitimidade das partes – que viabilizará que o magistrado constate suficientemente, para aquele instante procedimental, se a provocação do Estado-juiz deve ser admitida ou rejeitada.

O inciso II do art. 319 exige que a petição inicial decline a qualificação das partes fornecendo seus nomes, prenomes, estado civil (esclarecendo, se for o caso, a existência de união estável), a profissão, o número no cadastro de pessoas físicas ou no cadastro nacional de pessoas jurídicas, o endereço eletrônico, o domicílio e a residência do autor e do réu.

A exigência quer permitir a identificação do réu (ou réus) e sua qualificação, a mais completa possível, que interfere, importa esclarecer, em inúmeras questões. Seu endereço, por exemplo, é indicativo da competência; ser, ou não, casado ou viver em união estável pode impor a formação de litisconsórcio necessário (art. 114) e assim por diante.

Caso o autor desconheça um ou mais dos dados exigidos pelo dispositivo, cabe a ele, também na inicial, requerer ao magistrado a realização de diligências para obtê-los (art. 319, § 1º), sendo certo que a petição inicial não será indeferida quando a obtenção daquelas informações "tornar impossível ou excessivamente oneroso o acesso à justiça" (art. 319, § 3º). Mesmo não ocorrendo esse quadro extremo, contudo, a falta dos requisitos não leva ao indeferimento da inicial quando, suficiente a identificação do réu, for possível a citação do réu (art. 319, § 2º).

Quando a hipótese for de legitimação extraordinária, isto é, aqueles casos em que o ordenamento jurídico autoriza que alguém atue em juízo para a tutela de direito alheio, a "parte" a que se refere o art. 319, II, é a "parte *processual*". É correto entender, contudo, que seja declinado o nome também daquele que *não age em juízo*, a "parte material" ou o substituído processualmente, até como forma de viabilizar a escorreita análise da presença dos elementos a que se refere o art. 18 pelo magistrado.

Quando se tratar de pessoa jurídica, a *qualificação* exigida pelo art. 319, II, significará, necessariamente, a comprovação de sua *existência* jurídica, bem assim a idoneidade de sua "representação" processual, vale dizer: é mister, se for o caso, que o contrato ou estatuto social sejam anexados à petição inicial, sem prejuízo da comprovação de que o outorgante da procuração *ad judicia* tenha legitimidade para tanto, anexando-se, por exemplo, ata de eleição de diretoria ou justificando-se a necessidade de assinatura conjunta de sócios diretores.

Pode acontecer de haver mais de uma parte. Não um autor e um réu, o que é pressuposto lógico para se conceber um *processo* nos moldes tratados neste *Curso* – o conflito de interesses que diz respeito ao direito processual civil é, por definição, intersubjetivo –, mas pluralidade de autores *ou* de réus ou de autores *e* de réus. É o que se chama "litisconsórcio", nome próprio para designar a pluralidade de partes em um dos polos do processo, o ativo ou o passivo. Há casos em que o *litisconsórcio* é formado desde logo, já com a petição inicial, o chamado "litisconsórcio *inicial*" em contraposição ao "litisconsórcio *ulterior*", isto é, quando a pluralidade de partes dá-se ao longo do processo.

Sendo o caso, as exigências do art. 319, II, devem ser observadas para cada um dos litisconsortes (ativos ou passivos), tanto quanto para eventuais terceiros, que, desde a petição inicial, devem ser citados. É o que ocorre, por exemplo, com a denunciação da lide (art. 126) e, a despeito das críticas que o dispositivo merece, com o incidente de desconsideração da personalidade jurídica (134, § 2º).

3.3 Fato e fundamentos jurídicos do pedido

A petição inicial deverá, em consonância com o inciso III do art. 319, indicar "o fato e os fundamentos jurídicos do pedido", isto é, as razões que, do ponto de vista fático e jurídico, dão fundamento ao pedido. É o que o n. 3.3 do Capítulo 4 da Parte I do v. 1 apresenta como "causa de pedir *remota*" (fatos) e "causa de pedir *próxima*" (fundamentos jurídicos).

Embora exista alguma divergência em doutrina, o entendimento mais correto é o de que os "fatos" devem ser entendidos como a causa *remota*, enquanto os "fundamentos jurídicos do pedido" correspondem à causa *próxima*[1]. Nesse sentido, para uma "ação de despejo", o contrato de aluguel é a causa *remota* e o não pagamento do aluguel na forma ajustada é a *próxima*. O autor, em sua petição inicial, deve descrever, com a precisão possível, quais são os fatos e as consequências jurídicas que, segundo seu entendimento, justificam o pedido de tutela jurisdicional que formula em face do réu. No caso indicado acima, o pagamento dos aluguéis atrasados, a rescisão do contrato, ou, até mesmo, ambos.

Prevalece o entendimento de que o direito processual civil brasileiro filiou-se à teoria da "substanciação"[2], vale dizer, que é fundamental, para o autor, descrever, na petição inicial, os *fatos constitutivos* de seu direito, fazendo referência não só à lesão ou à ameaça ao direito que afirma sofrer (ou, se for o caso, às lesões e/ou ameaças), mas também à origem desse seu direito.

Tal exigência, que decorre do inciso III do art. 319, contudo, não significa dizer que o autor *qualifique juridicamente* seu pedido, bastando fornecer, com a maior exatidão possível, a origem dos fatos que dão fundamento jurídico a seu pedido. É dizer: basta ao autor afirmar que há um vício que anula contrato que firmou com o réu, sendo indiferente que indique qual é, concretamente, esse vício (erro, dolo ou coação, por exemplo). Eventuais qualificações jurídicas constantes da petição inicial devem ser, para o nosso sistema, entendidas como

1. Para tal discussão, v.: José Rogério Cruz e Tucci, *A causa petendi no processo civil*, p. 154-159.
2. É o que afirma o maior monografista da matéria no direito brasileiro, José Rogério Cruz e Tucci, *A causa petendi no processo civil*, p. 144-148.

meras *propostas de qualificação*. Como não são essenciais, não são vinculantes para o magistrado. O réu deve se defender dos *fatos constitutivos* do direito do autor e das consequências a eles atribuídas.

Basta, portanto, a indicação dos fatos necessários e indispensáveis à incidência da norma jurídica. Prevalecem, para o sistema brasileiro, os aforismos *da mihi factum, dabo tibi jus* e *jura novit curia*, segundo os quais a *qualificação jurídica* do fato é dever do magistrado e não das partes. O que importa, vale insistir, é que os fatos a partir dos quais se pretende incida determinada consequência jurídica estejam suficientemente narrados (e comprovados, se for o caso) já com a petição inicial.

Os fatos que integram a causa de pedir são aqueles que, individualmente, dão origem a consequências jurídicas, vale repetir, são os fatos *constitutivos* do direito do autor. Eles não podem ser confundidos com os chamados fatos *simples*, que servem, apenas e tão somente, para precisar, descrever ou comprovar a existência de outros fatos, mas que, por si sós, não ensejam consequências jurídicas, pelo menos não aquelas pretendidas na petição inicial. Se houver mais de uma causa de pedir (*composta* ou *complexa*, consoante o número de pedidos correspondente a elas), cada uma precisará ser suficientemente identificada, na inicial, dando cumprimento, assim, ao art. 319, III.

Não é necessário que o autor indique, na petição inicial, qual é a norma jurídica sobre a qual repousa sua pretensão, nem, tampouco, que ele dê um "nome" à sua "ação". O fato e o fundamento jurídico do pedido não guardam nenhuma relação com tais exigências.

É absolutamente indispensável que o fato e os fundamentos jurídicos sejam descritos minudentemente e de forma inequívoca, clara e precisa, na inicial. Até porque são eles que revelam o *interesse de agir* e a própria *legitimidade das partes*, permitindo, assim, que o magistrado exerça o controle sobre sua existência desde a primeira análise da petição inicial.

Não há como afastar a incidência do art. 319, III, de nenhum tipo de "ação", "processo" ou "procedimento". Mesmo das chamadas "ações reais" (porque se referem a *direitos reais*), é mister, *à luz da lei processual civil*, que o autor diga qual é a origem de seu direito, sendo insuficiente, para os fins do dispositivo aqui examinado, a descrição da situação que o levou a demandar em face do réu. A mesma exigência tem sentido também com relação aos títulos executivos *extrajudiciais*. É insuficiente, embora seja indispensável (art. 798, I, *a*), a mera apresentação do título executivo com a petição inicial.

3.4 Pedido com suas especificações

O pedido exigido pelo inciso IV do art. 319 é a providência desejada pelo autor, que deverá ter fundamento na causa de pedir, objeto do inciso III. Trata-se da exigência de que o autor transporte para o plano do processo o conflito de interesses que se verifica no plano material para que sobre ele recaia a tutela jurisdicional.

Daí a noção de que o juiz se limita e se vincula, *qualitativa* e *quantitativamente*, ao que foi a ele pedido (arts. 2º, 141 e 492, *caput*). O pedido do autor delimita, nesse sentido, o objeto de cognição e de decisão do juiz. O réu, de seu turno, também pode *pedir* ao Estado-juiz no mesmo processo. Toda vez que a lei admite aquela iniciativa do réu, amplia-se o objeto de cognição *e* o objeto de decisão do juiz, ainda que, com relação aos novos pedidos, prevaleçam as mesmas diretrizes aqui traçadas.

O pedido é projeto de sentença. A sentença tem que se limitar ao pedido e às razões pelas quais foi ele formulado (causa de pedir). A sentença pode rejeitar o pedido parcial ou integralmente, ou concedê-lo. Sempre, no entanto, observando-se os limites segundo os quais foi ele formulado. É o princípio da adstrição ou vinculação do juiz ao pedido (arts. 2º, 141 e 492, *caput*).

O pedido representa, a um só tempo, o *bem da vida* pretendido pelo autor (comumente denominado "pedido *mediato*") e o "tipo" de tutela jurisdicional por ele solicitada (comumente denominado "pedido *imediato*"). Esta a espécie de tutela jurisdicional que deve incidir e agir sobre aquele, o bem da vida a ser individuado (arts. 322 e 324) na petição inicial pelo autor. O pedido corresponde, destarte, ao *objeto* da postulação: ele que representa, para o plano do processo, o bem da vida e o tipo de provimento jurisdicional requerido pelo autor: pedido mediato e imediato, respectivamente.

Não há maiores divergências quanto a corresponder o pedido *mediato* ao *bem da vida* pretendido pelo autor. Por "bem da vida" deve ser entendida a utilidade pretendida pelo autor no plano do direito material e que depende, para ser alcançada, do exercício da jurisdição. O cumprimento de um contrato de mútuo ou de aluguel; a obtenção de documentos não fornecidos pela Administração Pública ou por entidade de crédito; o pagamento de prestação alimentícia; o não pagamento de um tributo, todos são exemplos de "vantagens" que o autor pretende obter com a prestação da tutela jurisdicional.

A doutrina divide-se, contudo, quanto à classificação ou identificação dos "tipos" de tutela jurisdicional, que correspondem ao chamado pedido *imediato*. A doutrina clássica e consolidada antes do início das Reformas do CPC de 1973 sempre admitiu três "tipos" de "pedidos" a serem formulados pelo autor: o "meramente declaratório", o "constitutivo" e o "condenatório". Em escala crescente após 1994, e por confessada influência da doutrina de Pontes de Miranda e Ovídio Baptista da Silva, passou-se a se referir mais comumente a outros dois "tipos" de pedido (sempre entendido como sinônimo de "tutela jurisdicional"): o "executivo *lato sensu*" e o "mandamental".

Este *Curso*, como expõe o n. 4.5 do Capítulo 5 da Parte I do v. 1, entende que a questão relaciona-se mais adequadamente aos *efeitos* da *tutela jurisdicional* pretendida pelo autor, não ao "pedido" propriamente dito e, muito menos, a "ações" ou a "sentenças", e, também pelas razões lá expostas, não há como não abandonar as classificações "ternária/trinária" e "quinária" a que fez referência o parágrafo anterior, propondo em substituição uma visão binária (ou dicotômica) do assunto: a tutela jurisdicional *executiva* em contraposição à tutela jurisdicional *não executiva*. Esta, em que a atividade intelectual e cognitiva do magistrado é suficiente para a satisfação do direito; aquela, em que aquela atividade não é suficiente, fazendo-se necessária a adoção de outras técnicas para tanto.

Independentemente da classificação que se adote – até porque qualquer classificação nada mais é que uma forma de compreender o objeto estudado, não se confundindo com ele –, o que releva para os fins presentes da exposição sobre a petição inicial é que não há necessidade de o autor declarar-se adepto de qualquer corrente de pensamento para formular ao Estado-juiz pedido de tutela jurisdicional. Suficiente que ele peça a proteção de um dado bem da vida, expondo no que a proteção pretendida consiste.

Desse entendimento não decorre a conclusão de que o magistrado não fica *vinculado* ao pedido da parte, no que são expressos os arts. 2º, 141 e 492, *caput* ("princípio da imutabilidade do libelo" ou "princípio da adstrição do juiz ao pedido" ou "princípio da congruência" ou "princípio da correlação entre provimento e demanda" ou "princípio dispositivo"). O que é indiferente para a formulação da petição inicial é a *predefinição* das técnicas predispostas à *concretização* do bem da vida (do direito) merecedor de tutela jurisdicional.

A interpretação proposta pelo parágrafo anterior deve prevalecer quando o autor formular "pedido *imediato* meramente declaratório" em casos em que o correto seria a formulação de pedido de "tutela jurisdicional *executiva*". Não deve prevalecer o rigor interpretativo de que, se o autor pediu "só" uma declaração, o Estado-juiz fica a ela vinculado como se não fosse necessário em alguns casos, além do *reconhecimento* do direito, ir além, autorizando que o próprio Estado pratique atos *executivos* para a concretização da tutela jurisdicional. Até porque o inciso I do art. 515, ao definir como "título *executivo* judicial" a sentença que *reconhece* a *exigibilidade* de obrigação de pagar quantia, de fazer, de não fazer ou de entregar coisa, conduz a esse entendimento.

Pelas razões expostas, em nome de um interesse maior (princípio da efetividade do direito material pelo e no processo), o rigor do princípio da adstrição da sentença ao pedido cede espaço. Não, repita-se, com relação ao bem da vida ("pedido *mediato*"), mas, com relação à necessidade, ou não, de adoção de técnicas para a concretização daquele mesmo direito e, bem assim, de quais técnicas se mostram mais *adequadas* para tanto.

Os números seguintes dedicam-se à análise do pedido, examinando suas características, espécies, condições de cumulação, regras de interpretação e possibilidade de modificação.

3.4.1 Pedido certo

O pedido deve ser *certo* (art. 322, *caput*), no sentido de o autor indicar com precisão o que pretende em termos de tutela jurisdicional. A regra é que o magistrado não possa conceder nada além e nem diferente do que foi pedido e pelas razões que foi pedido. Trata-se da essência do princípio da vinculação do juiz ao pedido e de suas expressões sinônimas, que vincula, do ponto de vista *objetivo*, a *qualidade* do bem sobre o qual se pretende recaia a tutela jurisdicional (art. 492, *caput*).

A certeza do pedido não significa que ele deva ser interpretado necessária e invariavelmente de maneira *restritiva*, diferentemente do que o art. 293 do CPC de 1973 determinava de maneira expressa[3]. O § 2º do art. 322 do CPC de 2015 dispõe que a sua interpretação considerará o "conjunto da postulação", devendo observar também o "princípio da boa-fé" (art. 5º). Trata-se de viabilizar ao magistrado que leve em conta tudo o que é alegado na petição inicial, e não necessariamente no local por ela indicado como "pedido"[4], devendo evitar, de qualquer sorte, introduzir matéria estranha ao que foi pedido pelo autor, máxime quando o réu, também de boa-fé, não tiver detectado a questão e, por isso, não ter condições de exercitar, em plenitude, sua (ampla) defesa. Não por acaso – e também para dar o máximo de valor às manifestações de vontade de todos os sujeitos do processo –, o CPC de 2015 também estatui que as decisões em geral deverão ser interpretadas "... a partir da conjugação de todos os seus elementos e em conformidade com o princípio da boa-fé" (art. 489, § 3º).

3.4.1.1 Efeitos anexos

Há exceções à exigência codificada de formulação de pedido – de pedido *certo*, no sentido aqui evidenciado –, o que é comumente chamado de "pedidos *implícitos*". O fenômeno merece ser compreendido de perspectiva diversa, como sempre propugnou este *Curso*[5], de que algumas consequências em prol do merecedor da tutela jurisdicional decorrem diretamente da lei, e, por isso, independem de iniciativa específica da parte. São, assim, verdadeiros *efeitos anexos* às decisões jurisdicionais que delas derivam, independentemente da vontade de seu beneficiário, porque predispostos a tanto pelo ordenamento jurídico.

No contexto da petição inicial, importa destacar dois casos:

O primeiro está no § 1º do art. 322, que entende compreendidos no pedido os juros legais[6], a correção monetária e as verbas de sucumbência, isto é, o pagamento das custas e despesas

---

3. O dispositivo tinha a seguinte redação: "Os pedidos são interpretados restritivamente, compreendendo-se, entretanto, no principal os juros legais".

4. Como já havia decidido o STJ em mais de uma oportunidade, como demonstravam e aplaudiam as edições anteriores ao CPC de 2015 deste *Curso* no n. 7.7 do Capítulo 1 da Parte II de seu v. 2, t. I.

5. É o que sustentava o n. 7.6 do Capítulo 1 da Parte II do v. 2, t. I.

6. Correta aplicação do entendimento do texto está no REsp 402.724/SP, julgado pela 4ª Turma do Superior Tribunal de Justiça, rel. Min. Luis Felipe Salomão, j.un. 6.4-2010, *DJe* 19.4-2010, de cuja ementa lê-se o seguinte trecho: "2. Os juros legais são acessórios do principal, motivo pelo qual, embora omisso o pedido inicial ou a sentença condenatória, consideram-se implícitos e devem ser incluídos na conta de liquidação, ainda que homologado cálculo anterior, não implicando esta inclusão em ofensa a coisa julgada". A orientação foi reiterada no julgamento do AgInt nos EDcl no AREsp 490.595/RS, rel. Min. Antonio Carlos Ferreira, j.un. 17-11-2016, *DJe* 28-11-2016.

adiantadas ao longo do processo, desde a petição inicial, pelo autor, e os honorários advocatícios sucumbenciais.

Os juros legais de que trata o § 1º do art. 322 devem ser entendidos não só como os juros de mora, mas também como os juros compensatórios e os compostos, sempre que houver previsão legal para tanto.

Os juros de *mora* terão fluência desde a citação (arts. 219 e 405 do CC), salvo se o devedor já tivesse incidido em mora anteriormente por força do disposto nos arts. 397 e 398 do Código Civil antes do processo, no que é claro o art. 240 do CPC de 2015. Os juros moratórios relativos às prestações que se vencerem ao longo do processo após a citação fluirão desde seus respectivos vencimentos[7].

Sobre os juros *compensatórios*, cabe lembrar dos casos de desapropriação, e os referidos pelo art. 15-A do Decreto-lei n. 3.365/41, acrescentado pela Medida Provisória n. 2.183-56/2001[8].

O percentual dos juros, quando não convencionado entre as partes, deve seguir as diretrizes legais que tem, como regra geral, o disposto no art. 406 do Código Civil. A previsão do § 1º do art. 322 não impede, de qualquer sorte, que o autor postule expressamente sobre específico índice de juros e sobre os instantes de sua incidência, justificando as razões de seu pedido[9].

---

7. Nesse sentido: STJ, 3ª Turma, REsp 1.601.739/RS, rel. Min. Nancy Andrighi, j.un. 9-4-2019, *DJe* 12-4-2019.
8. No julgamento da ADI 2.332, o Pleno do STF reconheceu, por maioria, a constitucionalidade do percentual de juros compensatórios de 6% ao ano para remuneração do proprietário pela imissão provisória do ente público na posse de seu bem, declarando a inconstitucionalidade do vocábulo "até", e interpretou conforme a Constituição o *caput* do precitado art. 15-A do Decreto-lei n. 3.365/41, permitindo a incidência de juros compensatórios sobre a diferença entre 80% do preço ofertado em juízo pelo ente público e o valor do bem fixado na sentença. Na mesma oportunidade, foi declarada a constitucionalidade, por maioria, dos §§ 1º e 2º do art. 15-A do Decreto-lei n. 3.365/41; por unanimidade, foi declarada a constitucionalidade do § 3º do art. 15-A do Decreto-lei n. 3.365/41; por maioria, foi declarada a inconstitucionalidade do § 4º do art. 15-A do Decreto-lei n. 3.365/41 e, por unanimidade, foi declarada a constitucionalidade da estipulação de parâmetros mínimo e máximo para a concessão de honorários advocatícios previstos no § 1º do art. 27 do Decreto-lei n. 3.365/41, e declarada a inconstitucionalidade da expressão "não podendo os honorários ultrapassar R$ 151.000,00 (cento e cinquenta e um mil reais)".
9. Quanto ao cômputo de juros é pertinente o destaque das seguintes Súmulas dos Tribunais Superiores: Súmula 163 do STF ("Salvo contra a Fazenda Pública, sendo a obrigação ilíquida, contam-se os juros moratórios desde a citação inicial para a ação"); Súmula 254 do STF ("Incluem-se os juros moratórios na liquidação, embora omisso o pedido inicial ou a condenação"); Súmula 54 do STJ ("Os juros moratórios fluem a partir do evento danoso, em caso de responsabilidade extracontratual"; orientação reiterada pela 2ª Seção do STJ no REsp 1.132.866/SP, rel. p./ acórdão Min. Sidnei Beneti, j.m.v. 23-11-2011, *DJe* 3-9-2012); Súmula 93 do STJ ("A legislação sobre cédulas de crédito rural, comercial e industrial admite o pacto de capitalização de juros"); Súmula 176 do STJ ("É nula a cláusula contratual que sujeita o devedor à taxa de juros divulgada pela ANBID/CETIP"); Súmula 186 do STJ ("Nas indenizações por ato ilícito, os juros compostos somente são devidos por aquele que praticou o crime"); Súmula 188 do STJ ("Os juros moratórios, na repetição de indébito tributário, são devidos a partir do trânsito em julgado da sentença"); Súmula 204 do STJ ("Os juros de mora nas ações relativas a benefícios previdenciários incidem a partir da citação válida"); Súmula 296 do STJ ("Os juros remuneratórios, não cumuláveis com a comissão de permanência, são devidos no período de inadimplência, à taxa média de mercado estipulada pelo Banco Central do Brasil, limitada ao percentual contratado"); Súmula 379 do STJ ("Nos contratos bancários não regidos por legislação específica, os juros moratórios poderão ser convencionados até o limite de 1% ao mês"); Súmula 382 do STJ ("A estipulação de juros remuneratórios superiores 12% ao ano, por si só, não indica abusividade"); Súmula 426 ("Os juros de mora na indenização do seguro DPVAT fluem a partir da citação"); Súmula 472 ("A cobrança de comissão de permanência – cujo valor não pode

Além dos juros, o § 1º do art. 322 compreende também a correção monetária das dívidas de valor (art. 1º da Lei n. 6.899/81) e a condenação do vencido no pagamento das verbas de sucumbência, aí incluídos os honorários de advogado, ambas imposições legais e, por isso mesmo, efeitos *anexos*, que independem de pedido para serem concedidas[10].

No que diz respeito à correção monetária, a ausência de pedido expresso deve significar que seu cômputo deverá se dar na forma do contrato ou, no seu silêncio, consoante a lei aplicável à espécie[11]. Também aqui, de qualquer sorte, a previsão codificada não é óbice para

---

ultrapassar a soma dos encargos remuneratórios e moratórios previstos no contrato – exclui a exigibilidade dos juros remuneratórios, moratórios e da multa contratual"); Súmula 523 ("A taxa de juros de mora incidente na repetição de indébito de tributos estaduais deve corresponder à utilizada para cobrança do tributo pago em atraso, sendo legítima a incidência da taxa Selic, em ambas as hipóteses, quando prevista na legislação local, vedada sua cumulação com quaisquer outros índices"); Súmula 530 ("Nos contratos bancários, na impossibilidade de comprovar a taxa de juros efetivamente contratada – por ausência de pactuação ou pela falta de juntada do instrumento aos autos –, aplica-se a taxa média de mercado, divulgada pelo Bacen, praticada nas operações da mesma espécie, salvo se a taxa cobrada for mais vantajosa para o devedor"); Súmula 539 ("É permitida a capitalização de juros com periodicidade inferior à anual em contratos celebrados com instituições integrantes do Sistema Financeiro Nacional a partir de 31-3-2000 (MP n. 1.963-17/2000, reeditada como MP n. 2.170-36/2001), desde que expressamente pactuada"); Súmula 541 ("A previsão no contrato bancário de taxa de juros anual superior ao duodécuplo da mensal é suficiente para permitir a cobrança da taxa efetiva anual contratada"); Súmula 551 ("Nas demandas por complementação de ações de empresas de telefonia, admite-se a condenação ao pagamento de dividendos e juros sobre capital próprio independentemente de pedido expresso. No entanto, somente quando previstos no título executivo, poderão ser objeto de cumprimento de sentença") e Súmula 571 ("A taxa progressiva de juros não se aplica às contas vinculadas ao FGTS de trabalhadores qualificados como avulsos").

Tendo presente a precitada Súmula 254 do STF, a 4ª Turma do STJ (REsp 1.374.735/RS, rel. Min. Luis Felipe Salomão, j.un. 5-8-2014, *DJe* 25-8-2014) já teve oportunidade de decidir que, na hipótese de a sentença ser silente acerca do termo inicial para contagem dos juros moratórios, deve prevalecer a data da citação, nos termos do art. 405 do CC, tratando-se de responsabilidade contratual.

É pertinente também a colação da Súmula 27 do TJSP para ilustrar o assunto: "É constitucional e legal a aplicação da taxa Selic como índice de atualização monetária e juros de mora na inadimplência tributária". Também o Enunciado 20 da I Jornada de Direito Civil do CJF: "a taxa de juros moratórios a que se refere o art. 406 é a do art. 161, § 1º, do Código Tributário Nacional, ou seja, 1% (um por cento) ao mês". No mesmo sentido: STJ, 3ª Turma, AgRg no REsp 727.842/SP, rel. Min. Humberto Gomes de Barros, j.un. 3-12-2007, *DJ* 14-12-2007, p. 398 e, em sede de Recurso Especial Repetitivo (REsp 1.112.743/BA e 1.112.746/BA, rel. Min. Castro Meira, j.un. 12-8-2009, *DJe* 31-8-2009), a 1ª Seção daquele mesmo Tribunal.

10. Eventual responsabilização da parte contrária pelos honorários *contratuais* da outra depende de pedido específico e de seu respectivo acolhimento, não sendo correto compreendê-la como "efeito anexo" nos moldes discutidos no texto. Tratando do ponto, ainda que sob a vigência do CPC de 1973, é o quanto decidido pela 3ª Turma do STJ no julgamento do REsp 1.571.818/MG, rel. Min. Nancy Andrighi, j.un. 9-10-2018, *DJe* 15-10-2018.

11. O STJ expediu as seguintes Súmulas que tratam especificamente do tema: Súmula 43 ("Incide correção monetária sobre dívida por ato ilícito a partir da data do efetivo prejuízo"); Súmula 271 ("A correção monetária dos depósitos judiciais independe de ação específica contra o banco depositário"); Súmula 287 ("A Taxa Básica Financeira (TBF) não pode ser utilizada como indexador de correção monetária nos contratos bancários"); Súmula 288 ("A Taxa de Juros de Longo Prazo (TJLP) pode ser utilizada como indexador de correção monetária nos contratos bancários"); Súmula 289 ("A restituição das parcelas pagas a plano de previdência privada deve ser objeto de correção plena, por índice que recomponha a efetiva desvalorização da moeda"); Súmula 295 ("A Taxa Referencial (TR) é indexador válido para contratos posteriores à Lei n. 8.177/91, desde que pactuada"); Súmula 362 ("A correção monetária do valor da indenização do dano moral incide desde a data do arbitramento"); Súmula 411 ("É devida a correção monetária ao creditamento do IPI quando há oposição ao seu aproveitamento decorrente de resistência ilegítima do Fisco"); Súmula 445 ("As diferenças de correção monetária resultantes de expurgos inflacionários sobre os saldos de FGTS têm como termo inicial a data em que deveriam

que o autor postule a incidência de determinado índice de correção monetária ou sua fluência a partir de uma ou de outra data, tendo interesse de recorrer se seu pleito não for acolhido no todo ou em parte, ainda que relativamente apenas a essa questão. A mesma orientação merece ser lembrada para os honorários advocatícios, cabendo ao autor, desde sua petição inicial, influenciar a convicção do magistrado sobre os índices aplicáveis com relação aos honorários advocatícios, respeitados os limites, mínimo e máximo, dos §§ 2º e 3º do art. 85.

O segundo caso a ser tratado nesta sede à guisa de *efeitos anexos* às decisões judiciais diz respeito à existência de obrigação em prestações sucessivas (art. 323). Nesse caso, em função da peculiaridade da relação de direito material, basta ao autor formular pedido com relação a uma das prestações. A obrigação em que há prestações sucessivas não se extingue e não se exaure com a apresentação da petição inicial e com o início do processo, e por isso mesmo é que as diversas prestações se compreendem *postas* em juízo, mesmo sem pedido *expresso* do autor na petição inicial. Em tais casos, a sentença englobará as demais prestações, independentemente de pedido, enquanto durar a obrigação, desde que elas não sejam pagas ou consignadas durante o processo.

O que o legislador quer evitar com a disciplina do art. 323 é a necessidade de novos processos para o vencimento de cada prestação derivada da *mesma* relação jurídica já questionada em juízo, ou, quando menos, aditamentos periódicos ao pedido formulado de início pelo autor (art. 329), subentendendo-se que as demais prestações estão "incluídas" no pedido já formulado. As obrigações de prestação *sucessiva* contrapõem-se às obrigações de prestação *instantânea*, vale dizer, as obrigações em que seu cumprimento não se protrai no tempo. Nesse contexto, é correto o entendimento de que o art. 323 encerra um caso *particular* da aplicação da regra genérica do *jus superveniens* do art. 493.

Ademais, a regra do art. 323 impede que uma *mesma relação jurídica*, caso fosse objeto de mais de um processo, acabe por receber do Estado-juiz soluções diversas, quiçá inconciliáveis, entre si. Realiza-se com o dispositivo, em última análise, o princípio da eficiência processual. Tanto assim é que deve ser prestigiado o entendimento de que todas as prestações derivadas da mesma relação material, que se vencerem ao longo do processo, inclusive *após* a prolação

---

ter sido creditadas"); Súmula 454 ("Pactuada a correção monetária nos contratos do SFH pelo mesmo índice aplicável à caderneta de poupança, incide a Taxa Referencial (TR) a partir da vigência da Lei n. 8.177/1991"); Súmula 456 ("É incabível a correção monetária dos salários de contribuição considerados no cálculo do salário de benefício de auxílio-doença, aposentadoria por invalidez, pensão ou auxílio-reclusão concedidos antes da vigência da CF/1988"); Súmula 459 ("A Taxa Referencial (TR) é o índice aplicável, a título de correção monetária, aos débitos com o FGTS recolhidos pelo empregador mas não repassados ao fundo"); Súmula 580 ("A correção monetária nas indenizações do seguro DPVAT por morte ou invalidez, prevista no § 7º do art. 5º da Lei n. 6.194/1974, redação dada pela Lei n. 11.482/2007, incide desde a data do evento danoso"); e Súmula 632 ("Nos contratos de seguro regidos pelo Código Civil, a correção monetária sobre a indenização securitária incide a partir da contratação até o efetivo pagamento"). Do STF, vale o destaque da Súmula 682 ("Não ofende a Constituição a correção monetária no pagamento com atraso dos vencimentos de servidores públicos"), da Súmula 725 ("É constitucional o § 2º do art. 6º da Lei 8.024/1990, resultante da conversão da Medida Provisória 168/1990, que fixou o BTN Fiscal como índice de correção monetária aplicável aos depósitos bloqueados pelo Plano Collor I") e da Súmula Vinculante 42 ("É inconstitucional a vinculação do reajuste de vencimentos de servidores estaduais ou municipais a índices federais de correção monetária").

da sentença, podem ser exigidas durante a etapa de cumprimento de sentença, desde que o réu possa se manifestar *previamente* sobre o valor exigido[12]. Irrecusável, por essa razão, entender que a regra se aplica também, por força do disposto no parágrafo único do art. 318, às execuções fundadas em título extrajudicial[13].

3.4.2 Pedido determinado

Além de certo, o pedido deve ser *determinado*, isto é, ele deve ser *líquido* no sentido de caber ao autor a *quantificação* do que pretende. Seja quando se tratar de determinada soma em dinheiro ou quando se tratar de coisas individuadas pela quantidade.

As exceções, isto é, os casos em que é viável a formulação de pedido *genérico, indeterminado ou ilíquido – é importante entender tais palavras como sinônimas no contexto aqui versado* –, estão previstas no § 1º do art. 324, cuja inobservância pode acarretar o indeferimento da petição inicial por inépcia, no que é claro o inciso II do § 1º do art. 330.

A primeira delas são as "... ações universais, se o autor não puder individuar os bens demandados". Por "ações universais" devem ser entendidas aquelas em que a pretensão do autor recai sobre uma universalidade na qual o autor não tem condições de individuar quais os bens efetivamente pretendidos. Assim ocorre, por exemplo, nas ações de petição de herança, em que não se sabe, de pronto, quais os bens que pertencerão a cada um dos herdeiros. É correto entender que o Código de Processo Civil acolhe a distinção do Código Civil quanto às universalidades de *fato* (art. 90 do CC) e as de *direito* (art. 91 do CC). Estas são definidas como o complexo de relações jurídicas de uma pessoa dotadas de valor econômico (o fundo de comércio, o patrimônio ou a herança, por exemplo); aquelas, como a pluralidade de bens singulares que, pertencentes à mesma pessoa, tem destinação unitária (um rebanho ou uma biblioteca, por exemplo).

Outra exceção ao pedido determinado se dá quando não for possível determinar as consequências do ato ou do fato. É o típico caso em que o autor consegue, desde pronto, demonstrar o *an debeatur* (a responsabilização do réu), mas é impossível saber, de antemão, o *quantum debeatur* (o valor a ser pago como decorrência da responsabilização do réu). É nesse sentido que deve ser entendida a locução "consequências do ato ou do fato" que consta do dispositivo. A pesquisa em torno do *quantum debeatur* ocupará a fase de liquidação por arbitramento quando depender da realização de alguma prova técnica (art. 509, I) ou pelo

12. A respeito, é pertinente o destaque da Súmula 13 do TJSP: "Na ação de cobrança de rateio de despesas condominiais, consideram-se incluídas na condenação as parcelas vencidas e não pagas no curso do processo até a satisfação da obrigação (art. 290 do CPC)". A remissão ao art. 290 do CPC de 1973 deve ser entendida como ao art. 323 do CPC de 2015.

13. Nesse sentido é o Enunciado n. 86 da I Jornada de Direito Processual Civil do CJF: "As prestações vincendas até o efetivo cumprimento da obrigação incluem-se na execução de título executivo extrajudicial (arts. 323 e 318, parágrafo único, do CPC)".

procedimento comum quando houver necessidade de prova de fato novo (art. 509, II). Não existe, contudo, nenhuma proibição – muito pelo contrário, em nome do princípio da eficiência processual – para que o magistrado profira sentença *líquida*, se comprovada a extensão dos danos e, o que mais importa para o momento da exposição, sua correlata *quantificação* antes do proferimento da sentença, ainda ao longo da etapa de conhecimento, portanto. É o que decorre do art. 491, cujos dois incisos dialogam com as hipóteses aqui tratadas.

É certo que a formulação de um pedido dessa natureza pressupõe que o autor não aguardou um desfecho *definitivo* sobre as consequências do ato ou do fato que motiva o pedido de tutela jurisdicional. Caso ele opte por aguardar a ocorrência de todas as consequências para demandar o responsável, o dispositivo perde interesse, devendo ceder espaço para a incidência da regra de que o pedido deve ser *determinado* (art. 324, *caput*).

A terceira e última exceção à regra do pedido determinado se justifica quando a determinação do objeto ou o do valor da obrigação depender de ato a ser praticado pelo réu. A hipótese não pode ser confundida com a que é regida pelo art. 325, que trata, na sua textualidade, de obrigações *alternativas*. O que o inciso III do § 1º do art. 324 prevê, diferentemente, é que, não obstante seja certo o comportamento a ser adotado pelo réu, ao autor não é dado conhecer, de imediato, o valor de sua prestação ou, mais que isso, o que é efetivamente devido. O exemplo clássico dado pela doutrina é o da "ação de exigir contas". Nela, o autor pede que o réu seja condenado ao pagamento dos valores que serão apurados a partir das contas que o próprio réu deverá prestar (art. 552).

Sobre os casos em que o art. 324 admite a formulação de pedido genérico, isto é, ilíquido, cabe dar destaque às comuníssimas hipóteses de indenização por dano moral. Não obstante a existência de diversos julgados em sentido contrário[14], não há como admitir que, nos processos em que o autor busca a responsabilização do réu por dano moral, seja correto deixar de formular pedido determinado, a não ser que o autor *comprove, desde a petição inicial,* que a indenização perseguida se amolda a uma das situações dos incisos II ou III do § 1º do art. 324. Por mais difícil que possa ser a tarefa de *quantificar* o dano moral, se o dano preexiste ao processo e não depende de qualquer fato posterior para que seja quantificado, não há como, sem violar o dispositivo aqui examinado, deixar de fixar, desde logo, seu valor.

É indispensável a formulação de pedido determinado quanto ao dano moral na petição inicial, outrossim, porque é do acolhimento total ou parcial do valor nela indicado pelo autor que se verificará eventual sucumbência e, consequentemente, seu interesse de recorrer da decisão que acolhe ou rejeita o seu pedido.

---

14. Suficientemente ilustrados pelas discussões travadas acerca da Súmula 326 do STJ ("Na ação de indenização por dano moral, a condenação em montante inferior ao postulado na inicial não implica sucumbência recíproca") e pelo julgamento do REsp repetitivo, pela 2ª Seção do STJ do REsp 1.114.398/PR, rel. Min. Sidnei Beneti, j. un. 8-2-2012, *DJe* 16-2-2012, em que se fixou a seguinte tese: "f) Ônus da sucumbência – Prevalecendo os termos da Súmula 326/STJ, a condenação em montante inferior ao postulado na inicial não afasta a sucumbência mínima, de modo que não se redistribuem os ônus da sucumbência".

A ausência de indicação do *valor* do dano moral na petição inicial – ressalvada a ocorrência das exceções (a serem devidamente justificadas na própria petição inicial) do § 1º do art. 324 – deve levar o magistrado a determinar que o autor a emende nos termos do art. 321. No particular – e superiormente ao que disciplinava o CPC de 1973 –, o inciso V do art. 292 do CPC de 2015 exige que, em tais casos, o valor da causa corresponda ao "valor pretendido", a robustecer o acerto do entendimento aqui defendido e que já era propugnado desde a 1ª edição deste *Curso*[15].

3.4.3 Cumulação de pedidos

É possível ao autor formular um só pedido de tutela jurisdicional ou cumular vários deles em um mesmo processo, iniciativa que vai ao encontro da eficiência do processo já que permite, muitas vezes, com a mesma atividade jurisdicional (e a partir da mesma petição inicial), solucionar, de uma só vez, diversos conflitos envolvendo as mesmas partes e, até mesmo (como ocorre nos casos em que há litisconsórcio), outras partes.

É comum a referência à hipótese como cumulação de *ações*, *pretensões*, de *demandas* ou, ainda, como cumulação *objetiva*. É importante destacar que a "cumulação de pedidos" não significa cumulação de *processos*. O processo é, nesses casos, sempre um só. O que existe a mais nele são os vários pedidos formulados pelo autor em face do réu. Mesmo que haja mais de um autor pedindo ao mesmo tempo em face de mais de um réu, o *processo* é um só, não obstante a existência de *litisconsórcio*, que é hipótese de cumulação *subjetiva*.

É correto distinguir os casos de cumulação *própria* e *imprópria*. A cumulação *própria* corresponde a uma verdadeira soma ou adição de pedidos: é a vontade do autor de ver os pedidos *P1*, *P2*, *P3*, *Pn* acolhidos simultaneamente. A cumulação *imprópria*, diferentemente, significa que, embora formulado mais de um pedido, somente um deles poderá ser concedido: o autor formula mais de um pedido sabedor de antemão que somente um será ou poderá ser acolhido. Não se trata, pois, de uma *adição* de pedidos, mas de uma *opção* entre vários pedidos. Na cumulação *própria*, há verdadeira *simultaneidade* de pretensões; na cumulação *imprópria*, *singularidade* de pretensões.

Há importantes subdivisões na classificação proposta pelo parágrafo anterior.

A cumulação *própria* pode ser *simples* ou *sucessiva*.

Ela é *simples* quando se trata de pura e mera adição de pedidos, formulados concomitantemente pelo autor visando a que todos eles, *simultaneamente*, possam ser acolhidos; os pedidos, a bem da verdade, têm sentido prático independente um do outro. É o caso, por exemplo, de

15. A referência é feita ao n. 7.1.1 do Capítulo 1 da Parte II do v. 2, t. I, deste *Curso* em suas edições anteriores ao CPC de 2015. Embora julgando sob a regência do CPC de 1973, a 3ª Turma do STJ, no REsp 1.698.665/SP, rel. Min. Ricardo Villas Bôas Cueva, j.un. 24-4-2018, *DJe* 30-4-2018, indica que a diretriz estabelecida pelo CPC de 2015 é correta e que já devia ser observada. E mais: havendo cumulação de danos morais e danos materiais, o valor da causa é a *soma* deles.

o autor, diante de determinado fato, pedir que o réu pague danos materiais e morais ou, ainda, pedir que o réu pague valores vencidos e vincendos decorrentes de um mesmo ato ilícito[16].

A cumulação é *sucessiva* quando o acolhimento do segundo pedido depender do acolhimento do primeiro que tem, com ele, por isso mesmo, laços de *prejudicialidade*. Nesse caso, o segundo pedido, para ser acolhido, depende do acolhimento do primeiro, que o pressupõe. É o que se verifica, por exemplo, no caso de alimentos em que a prestação alimentícia depender do reconhecimento prévio da paternidade ou quando a restituição de indébito tributário tiver como pressuposto a declaração da inexistência da relação jurídica tributária que motivou o recolhimento dos valores aos cofres públicos.

Por sua vez, a cumulação *imprópria* de pedidos pode ser *alternativa* ou *eventual* (também denominada *subsidiária*).

O art. 325 trata do pedido na perspectiva de uma específica situação de direito material, a obrigação alternativa. No parágrafo único do dispositivo está estabelecido, a esse respeito, que, quando a escolha sobre o modo de prestação couber ao devedor, cabe ao magistrado assegurar o direito de cumprir a prestação de um ou de outro modo, ainda que o autor não tenha formulado pedido alternativo.

Não obstante, é correto o entendimento quanto a ser lícito ao autor cumular pedidos que se alternam entre si independentemente de se tratar de uma obrigação com aquele regime jurídico.

O sistema permite, com efeito, que o autor formule pedidos que assumam *alternância* entre duas ou mais variáveis, vale dizer, é possível pedir, em juízo, uma coisa *ou* outra, sem qualquer preferência entre ambas. O que caracteriza a formulação dos *pedidos alternativos nesse sentido* é a ausência de manifestação de qualquer preferência pelo autor por um *ou* por outro. Todos os pedidos assim formulados residem no *mesmo plano* de preferência do autor, e, por isso mesmo, a exemplo do que ocorre nos casos de *obrigações alternativas*, a concessão de um deles impede e afasta a *necessidade* de julgamento dos demais. A utilidade perseguida, em juízo, pelo autor reside na concessão de *qualquer* dos pedidos *alternativos*.

Quando o autor manifestar *preferência* por um dos pedidos, isto é, por um dos bens da vida ou das prestações a que pretende ver imposto ao réu, a hipótese é de cumulação *eventual* ou *subsidiária*, à qual se refere o art. 326. O que caracteriza a cumulação regida pelo dispositivo é a *eventualidade* ou *subsidiariedade* na formulação dos pedidos, assim entendida a circunstância de os pedidos serem feitos – e examinados – a partir da ordem de *preferência* manifestada pelo autor com a petição inicial. Somente será analisado um *segundo* pedido quando o *primeiro* for rejeitado; um *terceiro* pedido só será objeto de consideração judicial se o *segundo* não for acolhido, e assim por diante.

---

16. A Súmula 624 do STJ apresenta exemplo desta espécie de cumulação, quando estatui que: "É possível cumular a indenização do dano moral com a reparação econômica da Lei n. 10.559/2002 (Lei da Anistia Política)". Também a Súmula 629, cujo enunciado é o seguinte: "Quanto ao dano ambiental, é admitida a condenação do réu à obrigação de fazer ou à de não fazer cumulada com a de indenizar".

Um exemplo pode ilustrar o que ocorre naquele dispositivo. FMP postula em face de JGM para impedir que ele encene peça de teatro da qual não detém os direitos autorais e, caso não seja possível, por qualquer razão, a obtenção dessa *tutela específica*, que a obrigação (de não fazer) seja convertida em perdas e danos. As perdas e danos, nesse caso, são, nitidamente, pedido *secundário* no sentido de que só será examinado na exata medida em que não se consiga impedir a encenação da peça por JGM, que é o pedido *principal* (ou condicionante).

Outro exemplo clássico admitido pela maior parte da doutrina é o da compra e venda *ad mensuram*. KAM adquiriu de LVA imóvel com determinada dimensão, que se mostrou inferior ao avençado. Pode KAM exigir de LVA a complementação da área *ou* o abatimento proporcional do preço *ou* a resolução do contrato (art. 500, *caput*, do CC). É o que se dá também em demanda na qual o contribuinte pretende ver os valores pagos indevidamente ao Fisco *compensados* com outros tributos *ou*, na impossibilidade dessa compensação, a restituição do indébito em consonância com as regras do cumprimento de sentença contra a Fazenda Pública.

O que caracteriza esses pedidos, distinguindo-os dos *pedidos alternativos* do art. 325, é que, nos casos do art. 326, o autor apresenta, para o juiz, uma ordem de *preferências* no julgamento. Ele quer, a exemplo do que ocorre nos casos de pedidos alternativos, uma coisa *ou* outra. Mas – e aqui o que caracteriza, verdadeiramente, os casos do art. 326 – o "segundo" pedido é menos útil, é menos importante, satisfaz em menor grau as expectativas do autor. Tanto que o autor o formula apenas *na eventualidade* de o primeiro pedido, aquele que ele, autor, reputa mais importante, não ser acolhido. Não há como negar, aprioristicamente, que os exemplos aqui formulados poderiam, *não fosse o grau de preferência manifestado pelo autor*, assumir as vestes de pedidos alternativos para os fins do art. 325. Não o são, contudo, justamente por causa da exteriorização da vontade do autor naquele sentido.

A consequência da identificação dessas diversas classes de cumulação imprópria de pedidos assume maior relevo no plano recursal. O acolhimento de qualquer um dos pedidos *alternativos* atende ao interesse de agir do autor e, portanto, elimina, em idêntica medida, o seu interesse em apresentar recurso da decisão. Ele pediu, sem manifestar qualquer preferência, mais de uma forma de proteção a direito seu. A concessão da tutela jurisdicional dentro dos limites do que pediu satisfaz suficientemente a sua pretensão[17]. De maneira diversa, nos casos de cumulação *eventual* ou *subsidiária*, a concessão de pedido fora da ordem de preferência formulada pelo autor pode render ensejo a que o autor recorra para buscar tutela jurisdicional que, na sua análise, atende mais satisfatoriamente aos seus próprios interesses, é dizer, para que, em grau recursal, seja-lhe outorgado o "pedido principal".

Ademais, tendo o autor formulado pedido *eventual* ou *subsidiário* nos moldes do art. 326, seu exame é obrigatório para o juiz quando rejeitado o "pedido principal". Na hipótese de aquele pedi-

17. Por essa razão, as verbas de sucumbência devem ser suportadas pelo réu. Nesse sentido é o Enunciado n. 109 da II Jornada de Direito Processual Civil do CJF: "Na hipótese de cumulação alternativa, acolhido integralmente um dos pedidos, a sucumbência deve ser suportada pelo réu".

do não ser apreciado, não obstante a rejeição do "principal", a sentença é *citra petita*. Deverá o autor interpor embargos de declaração com fundamento no art. 1.022, II para *suprir* essa omissão.

Nos casos de cumulação *imprópria* de pedidos – e o entendimento é pertinente tanto para os casos de cumulação *alternativa* como para a *eventual* –, o magistrado não poderá julgar procedentes, concomitantemente, os pedidos cumulados. Ele acolhe um e *não* acolhe o outro, devendo observar, sempre que houver, a "ordem de preferências" que caracteriza como tal a cumulação admitida pelo art. 326. Se entender que a hipótese é de procedência do primeiro pedido, sequer analisa o segundo, que fica *prejudicado*. O segundo pedido só será analisado e, se for o caso, concedido na exata medida em que o primeiro seja rejeitado pelo juiz e assim para eventuais outros pedidos que sejam formulados.

Também é classificação usualmente referida a de que a cumulação pode ser *inicial* ou *ulterior*, conforme corresponda a uma cumulação desejada pelo autor já com a apresentação da petição inicial, ou ocorra ao longo do processo. Casos de cumulação *inicial* de pedidos verificam-se quando o autor pede a imposição ao réu do pagamento de danos materiais e morais, no que tem respaldo expresso no art. 5º, X, da Constituição Federal e na Súmula 37 do STJ[18], ou, de acordo com a Súmula 387 daquele mesmo Tribunal[19], a cumulação de pedidos relativos a dano moral e a dano estético; também nos casos em que o autor denuncia a lide (art. 127). Casos de cumulação *ulterior* ocorrem quando o autor requer, ao longo do processo, o incidente de desconsideração da personalidade jurídica (art. 134); quando o réu reconvém (art. 343); quando o réu denuncia a lide (art. 128) e, até mesmo, quando o réu chama ao processo (art. 130). Os arts. 323, 325, 326 e 327 cuidam, tão somente, das hipóteses de cumulação *inicial* de pedidos, os únicos estudados neste capítulo.

Embora sem haver previsão expressa, não há qualquer óbice para que, em um mesmo processo, o autor cumule diversas *causas de pedir* em face de um mesmo ou de vários réus. Seja para dar substrato jurídico a um *mesmo* ou *a mais de um* pedido, cada qual relacionado a uma ou a mais de uma causa de pedir (causa de pedir *composta* ou *complexa*, respectivamente[20]). Quando mais de uma causa de pedir ensejar a formulação de um *mesmo* pedido, a doutrina costuma se referir ao fenômeno do *concurso* de pedidos[21].

3.4.3.1 Regras para cumulação de pedidos

O art. 327 estabelece regras fundamentais para a cumulação de pedidos, seja ela *própria* ou *imprópria*. Não é suficiente a vontade do autor (ou dos autores, em sendo caso de litiscon-

18. Cujo enunciado é o seguinte: "São cumuláveis as indenizações por dano material e dano moral oriundos do mesmo fato".

19. Que tem o seguinte enunciado: "É lícita a cumulação das indenizações de dano estético e dano moral".

20. A respeito, v. José Rogério Cruz e Tucci, *A causa petendi no processo civil*, p. 156.

21. Assim, por exemplo, Araken de Assis, *Cumulação de ações*, p. 143, e Milton Paulo de Carvalho, *Do pedido no processo civil*, p. 79-80.

sórcio) para a cumulação dos pedidos. A lei impõe determinados requisitos para que se dê esse cúmulo, tendo em conta razões de ordem pública e princípios maiores regentes do direito processual civil, em especial a eficiência processual.

O *caput* do art. 327 autoriza, expressamente, a cumulação de pedidos mesmo que, entre eles, não haja conexão. Também é correto descartar a continência como requisito para a cumulação de pedidos.

Ao dispensar a *conexão* (e a *continência*) para a cumulação de pedidos, o legislador quis, inegavelmente, ampliar os casos em que mais de um pedido pode ser, no mesmo processo, formulado em face de um mesmo réu ou de vários réus. Isso porque o inciso I do § 1º do art. 327 contenta-se com a mera *compatibilidade* entre pedidos, o que significa dizer que os pedidos, desde que compatíveis, não precisam ser derivados do mesmo bem da vida ou da(s) mesma(s) razão(ões) de pedir. É viável que o autor cumule no mesmo processo pedidos que, fossem formulados em processos distintos, sequer ensejariam a *modificação* de competência a que se referem os arts. 55 e 57. O primeiro requisito que a lei exige para a cumulação de pedidos é que haja compatibilidade entre eles (art. 327, § 1º, I). A compatibilidade exigida pelo legislador é mais jurídica do que lógica, porque é a própria lei processual civil, em seus arts. 325 e 326, que autoriza, expressamente, a cumulação *alternativa* ou *subsidiária* (*eventual*) de pedidos, embora sejam eles, confrontados uns com os outros, incompatíveis ou inconciliáveis.

Um exemplo pode ilustrar a hipótese. Inexiste qualquer vício ou defeito em pedir ao juiz que, verificando que a área adquirida pelo autor do réu é menor do que a efetivamente negociada, abata o preço proporcionalmente *ou* desfaça o negócio. Do ponto de vista lógico, são incompatíveis esses pedidos, porque inconciliáveis. Afinal, o que o autor quer? Desfazer-se do terreno que adquiriu ou, tão somente, indenizar-se da diferença verificada na metragem? Juridicamente falando, no entanto, não existe qualquer incompatibilidade na espécie, pois que somente *um* dos pedidos é que vai ser acolhido pelo juiz. Justamente porque o acolhimento de um pedido exclui, por definição, o outro é que não subsiste a "incompatibilidade" que impossibilitaria sua cumulação. Como o "segundo pedido" só vai ser analisado na exata medida em que o juiz rejeite o "primeiro" (condicionante), e assim por diante, nada há de "incompatível" na cumulação de um com o outro. Não há incompatibilidade, em suma, porque os dois pedidos não ocupam e, por sua função processual, não podem ocupar um mesmo lugar ao mesmo tempo. Um, vale repetir, só será examinado se o outro não for acolhido. Como a predisposição de sua cumulação não é sua coexistência, deixa de incidir o óbice em comento.

Os destinatários da regra do inciso I do § 1º do art. 327, destarte, são os casos de cumulação *própria* (*simples* ou *sucessiva*). Só eles, por sua própria natureza e características, é que tendem a *conviver* simultaneamente e, por isso, não são reciprocamente excludentes. Mesmo nos casos em que o acolhimento do segundo pedido depende do acolhimento do primeiro (cumulação *sucessiva*), a compatibilidade é exigida pela predisposição de convivência mútua entre ambos os pedidos. A regra em comento, destarte, *não se aplica* aos casos de cumulação regida pelo art. 326. Tanto assim que o § 3º do art. 327 dispõe que "o inciso I do § 1º não se aplica às cumulações de pedidos de que trata o art. 326, no que acolhe orientação feita pela doutrina do CPC de 1973, inclusive o entendimento que já era defendido por este *Curso*[22].

Outra exigência para que se dê a cumulação de mais de um pedido no mesmo processo é que o juízo seja competente para julgar todos eles. Por força de seu regime, a incompetência absoluta pode ser declarada de ofício pelo juízo (art. 64, § 1º). Nessas condições, pode ocorrer de o juízo dar-se por absolutamente incompetente para julgar um ou mais de um pedido, mas não o outro[23]. Nos casos de incompetência *relativa*, não há como negar que, por força de seu próprio regime jurídico, o indeferimento da cumulação dependerá da provocação do réu, manifestada ao ensejo de sua contestação (arts. 64, *caput*, 65, *caput*, e 337, II).

O inciso III do § 1º do art. 327 também exige que a cumulação de pedidos dependa da adequação do procedimento para todos os pedidos. A *canalização* de forças tendentes à solução do conflito levado para solução ao Estado-juiz impõe não só a unidade de processo, mas também a unidade *procedimental*. Todos os atos relativos ao processo, em suma, devem ser praticados de uma só vez, dizendo respeito, concomitantemente, a cada um dos pedidos. É essa a única forma de se realizar concretamente o princípio da eficiência processual.

O § 2º do art. 327, complementando a previsão anterior, admite a cumulação, desde que o autor opte pelo procedimento *comum*. Assim, desde que o autor abra mão do procedimento especial que a lei lhe impõe para determinado caso concreto, não há qualquer inconveniente para que ele cumule os diversos pedidos de tutela jurisdicional em um mesmo processo.

Em tais casos, prossegue o § 2º do art. 327 – no que inova, ao menos de maneira expressa, em relação ao CPC de 1973 –, a adoção do procedimento comum não afasta necessariamente o emprego das técnicas processuais diferenciadas previstas nos procedimentos especiais a que se sujeitam um ou mais pedidos cumulados, que não forem incompatíveis com o procedimento comum. A previsão é harmônica com o disposto no inciso IV do art. 139 e com o dever-poder geral de efetivação nele previsto e relativiza, não há por que duvidar, a importância entre a existência de procedimentos especiais em contraposição ao procedimento comum[24].

É possível que o magistrado indefira a cumulação de pedidos que desatenda às exigências legais. Trata-se, a bem da verdade, de *dever do magistrado*, porque, em última análise, a

22. Para essa demonstração, v. o n. 7.2.1 do Capítulo 1 da Parte II do v. 2, t. I, das edições anteriores ao CPC de 2015 deste *Curso*.

23. A respeito do tema, faz-se pertinente a colação da Súmula 170 do STJ: "Compete ao juízo onde primeiro for intentada a ação envolvendo acumulação de pedidos, trabalhista e estatutário, decidi-la nos limites de sua jurisdição, sem prejuízo do ajuizamento de nova causa, com o pedido remanescente, no juízo próprio".

24. A explicitação da regra fica ainda mais clara quando se verifica que o CPC de 2015 não repetiu o já desnecessário art. 287, o chamado "pedido cominatório", que já havia, em função das reformas da década de 1990 experimentadas pelo CPC de 1973, se tornado obsoleto em função dos art. 461 e 461-A daquele Código. O "*pedido* cominatório" na sua origem, como sustentavam as edições anteriores deste *Curso* (v., em especial, o n. 7.3 do Capítulo 1 da Parte II do v. 2, t. I), fazia as vezes do que os arts. 302 a 310 do CPC de 1939 disciplinavam com "processo especial", a chamada "ação cominatória para prestação de fato ou abstenção de ato".

cumulação de pedidos é fruto de norma de ordem pública. Ao magistrado cabe, sempre, obrar pela rápida solução dos litígios e da otimização da atividade jurisdicional (art. 139, II). Quando menos, que o juiz determine a *emenda* da inicial na forma do art. 321.

Há interessante discussão quanto a saber quais as *consequências* práticas do indeferimento da cumulação de pedidos. Dentre as diversas soluções postas pelo sistema, a tese a que adere este *Curso* é a do necessário "desmembramento" do processo e nunca sua *extinção*, total ou parcial, nos termos dos arts. 330, I e § 1º, IV, e 485, I. Não há como desprezar a iniciativa do autor, já formulada, de prestação jurisdicional sobre determinado bem da vida. A dificuldade que surge, na hipótese, é só de *acomodação simultânea* de vários pedidos em um *mesmo processo*. Não, entretanto, de impossibilidade de "outros" processos, cada qual com seu pedido (e, se for o caso, com seu respectivo procedimento), ter prosseguimento normal. Esse desmembramento nada mais é do que a reprodução das peças essenciais para "cada pedido" com sua redistribuição ou, se o caso for de incompetência absoluta, remessa dos autos então formados para o juízo competente. Os custos relativos a essa iniciativa devem ser suportados pelo autor. É essa a mesma solução que decorre da devida interpretação dos §§ 1º e 2º do art. 113, que trata do indeferimento do "cúmulo *subjetivo*" (litisconsórcio) em um mesmo processo.

3.4.4 Cumulação subjetiva

A ressalva do final do último parágrafo impõe uma observação. Os arts. 323, 325, 326, 327 e 328 cuidam dos casos de cumulação *objetiva*, é dizer, de *pedidos* em um mesmo processo. Caso diferente é o da cumulação *subjetiva*, que envolve um só processo em que figuram, por variadas razões, concomitantemente mais de um autor e/ou em face de mais de um réu concomitantemente. Ocorrendo o fenômeno, a hipótese é de *litisconsórcio* (arts. 113, 114, 115 e 116).

É certo, de qualquer sorte, que alguns casos de litisconsórcio implicam também hipóteses de cumulação *objetiva*, isto é, de *pedidos*. Assim, por exemplo, quando vários credores pretendem, ao mesmo tempo, cobrar de um mesmo réu valores devidos por força de contratos similares (art. 113, III). Em tais casos, as regras do art. 327 também devem ser observadas.

O que pode ocorrer, outrossim, é que em um mesmo processo haja, concomitantemente, cumulação *subjetiva* e *objetiva* dando ensejo ao que vem sendo chamado de "litisconsórcio *sucessivo*", "litisconsórcio *alternativo*" e "litisconsórcio *eventual* ou *subsidiário*". É assunto ao qual este *Curso* se dedica no n. 3.1 do Capítulo 3 da Parte II do v. 1.

3.4.5 Cumulação de pedidos pelo réu

Os arts. 323, 325, 326, 327 e 328 disciplinam os casos de cumulação de pedidos pelo *autor*. Seja nos casos em que a cumulação já é formulada com a apresentação da petição inicial (cumulação *inicial*) ou em casos em que o autor, *antes da citação do réu*, ou depois dela, mas com o seu consentimento, *modifica* a petição inicial (art. 329), em que a cumulação é *ulterior*.

O réu, no entanto, pode, no mesmo processo em que demandado, formular pedido de tutela jurisdicional em face do autor. Esses casos, todavia, não são propriamente regidos pelo art. 327, embora suas regras específicas acabem pressupondo o que é mais relevante para a espécie: a unidade procedimental e a competência. O réu formula pedido em face do autor, *ampliando o objeto litigioso* quando apresenta reconvenção (art. 343). Também quando o réu denuncia a lide (arts. 125 e 128), formula pedido de nítido caráter "eventual ou subsidiário", ainda que, nesse caso, em face de terceiro.

Em quaisquer desses casos, a hipótese é de cumulação *ulterior* de pedido.

3.4.6 Pedido e obrigações alternativas

Sem prejuízo das considerações *anteriores*, é importante verificar que o art. 325 disciplina, especificamente, os casos em que o autor formula mais de um pedido em face do réu porque a relação de *direito material* subjacente ao processo e que os une encerra uma "obrigação alternativa".

O *pedido* a ser feito pelo autor para o cumprimento dessa *modalidade* de obrigação (alternativa) corresponde, necessariamente, ao *transporte* de uma específica situação e realidade de direito material para o campo do direito processual. É, como analisado no n. 3.4.3, *supra*, um caso de cumulação *imprópria*, porque, na verdade, e pela própria realidade da situação de direito material subjacente ao processo, o acolhimento do pedido significará para o autor a concessão de *um só* bem da vida.

Segundo a clássica lição de Clóvis Beviláqua[25], as obrigações alternativas caracterizam-se por representarem duas prestações distintas, independentes, das quais uma tem de ser cumprida, ficando a escolha ao arbítrio do devedor, ou, anormalmente, do credor. A obrigação alternativa caracteriza-se porque contém uma prestação indeterminada, uma vez que sua escolha é deixada ao devedor ou ao credor. Sua caracterização mantém-se indecisa, em suspensão, até que se verifique o cumprimento; só nesse momento ela se determina pela prestação escolhida. As obrigações alternativas são, assim, aquelas em que, no plano do direito material, podem autor e réu ter ajustado que o seu adimplemento dependa de uma escolha (concentração) quanto à forma do cumprimento a ser oportunamente exercida.

O *caput* do art. 325, assumindo existir uma obrigação alternativa no plano do direito material, autoriza que o autor formule pedido que diga respeito, indistintamente, a uma ou a outra forma de sua prestação. Não se trata, propriamente, de pedido genérico (art. 324,

---

25. *Direito das obrigações*, p. 89-90.

§ 1º) porque delimitada a obrigação e seu conteúdo. O que ocorre na espécie é que o próprio nascimento da obrigação admite uma pluralidade de prestações, de *adimplementos* possíveis, refletindo essa *opção* no plano do processo. A *concretização* da prestação é que depende de um ato complementar do réu (devedor, no plano material) ou do autor (credor, no plano material).

Quando, de acordo com o direito material, couber ao autor, entre várias, a escolha de *determinada* prestação para deduzir perante o Estado-juiz, não há incidência do art. 325. Nesses casos, não há cumulação de pedidos de qualquer espécie. O pedido é um só e corresponde à escolha que, de acordo com o plano do direito material, competia ao autor fazer. Ele, em última análise, faz essa *escolha* na própria petição inicial.

Diferentemente, se, não obstante ser o autor o titular da escolha, acabar ele formulando pedido alternativo nos moldes do art. 325, é de se entender que renunciou à escolha em favor do réu.

O "pedido alternativo", vale dizer, o pedido para que se cumpra determinada obrigação alternativa, assume maior clareza quando, de acordo com o plano material, a "escolha" couber ao réu. Aliás, de acordo com o art. 252, *caput*, do Código Civil, se não se estipulou diferentemente, a escolha cabe ao réu. Nesses casos terá incidência a regra do art. 325. O autor limita-se a descrever, na petição inicial, a obrigação, o inadimplemento do réu e formula pedido para que, em última análise, o réu cumpra a obrigação na forma ajustada, optando por uma das várias prestações possíveis.

Essa conclusão fica bastante clara no parágrafo único do art. 325 ao estabelecer que, independentemente de pedido alternativo formulado pelo autor, é dado ao réu, quando a lei ou o contrato assim estabelecerem, cumprir a obrigação do modo que ele, o próprio réu, escolher. Trata-se, inequivocamente, de um caso em que, não obstante o acolhimento do pedido, seu cumprimento poderá dar ensejo a uma variação do objeto, já que, de acordo com o dispositivo, a não formulação do pedido pelo autor na forma do *caput* do art. 325 não inibe o legítimo exercício de um direito que é, no plano do direito material, do réu (art. 498, parágrafo único)[26]. É no momento do *cumprimento daquela obrigação*, ainda que, por definição, tenha sido ultrapassada a possibilidade de o réu (devedor) ter adimplido a obrigação espontaneamente, que a forma específica da *prestação* da obrigação alternativa é definida. É essa peculiar *indeterminabilidade* que, em última análise, caracteriza a obrigação alternativa como tal.

O parágrafo único do art. 325, nessas condições, está a cuidar de uma "escolha tardia" do réu quanto à prestação da qual ele se desobriga diante do autor. Poderia ter exercitado seu direito de escolha já com a apresentação da contestação. Mas, se não o fez de pronto,

26. No âmbito da execução fundamentada em título executivo extrajudicial, idêntica diretriz está estabelecida pelos arts. 800 (execução para entrega de coisa *certa*) e 811 (execução para entrega de coisa *incerta*).

poderá fazê-lo posteriormente, na etapa de cumprimento da sentença, em atenção ao regime de direito material ao qual está sujeita a obrigação no plano material, salvo quando a decisão a ser cumprida acabar por disciplinar diferentemente. Nessa hipótese, é a decisão, substitutiva da vontade das partes, que deve prevalecer e ser acatada pelo réu na etapa de cumprimento.

3.4.7 Pedido e obrigações indivisíveis

Com os olhos voltados para o direito material, o art. 328 dispõe que, na obrigação indivisível com pluralidade de credores, aquele que não participou do processo receberá sua parte, deduzidas as despesas na proporção de seu crédito.

O conceito de obrigação *indivisível* é fornecido pelo art. 258 do Código Civil: "A obrigação é indivisível quando a prestação tem por objeto uma coisa ou um fato não suscetíveis de divisão, por sua natureza, por motivo de ordem econômica, ou dada a razão determinante do negócio jurídico". São obrigações, para empregar a lição de Clóvis Beviláqua, cujas prestações só podem ser cumpridas por inteiro e que só se mostram, com toda a sua clareza conceitual, quando há, no plano do direito material, pluralidade de credores ou devedores. Nas obrigações indivisíveis, o credor não é obrigado a receber pagamentos parciais, nem o devedor a fazê-los, salvo se outra coisa foi estipulada[27].

A doutrina do direito civil separa, com nitidez, as obrigações *indivisíveis* das *solidárias*, embora reconheça entre elas alguns traços de semelhança. A respeito, importa colacionar, uma vez mais, a lição de Clóvis Beviláqua: "Será solidária a obrigação sempre que a necessidade de satisfazer a prestação em sua totalidade provier de título mesmo, que a constitui, título que, atuando sobre as pessoas, as unifica, sob o ponto de vista do crédito ou da dívida. A solidariedade é subjetiva, está nas pessoas, em virtude da *causa obligationis*. Será indivisível, se a necessidade de cumprir a totalidade da prestação se originar da qualidade da coisa, que se não presta a fragmentação. A indivisibilidade é subjetiva-objetiva, porque é unicamente o conteúdo da prestação, que lhe adjetiva esse caráter"[28].

A circunstância de a obrigação (ou, segundo alguns, da *prestação da obrigação*) pertencer, indistintamente, a todos os credores (componentes do polo ativo da relação obrigacional no plano do direito material) não conduz, no entanto, à conclusão de que todos eles tenham de pleitear o cumprimento da obrigação em juízo. O Código Civil é expresso a esse propósito. De acordo com a primeira parte de seu art. 260, *caput*: "Se a pluralidade for dos credores, poderá cada um destes exigir a dívida inteira...".

27. *Direito das obrigações*, p. 77-78.
28. *Direito das obrigações*, p. 80.

Analisado o dispositivo desse ângulo, o que se verifica é que o art. 328 nada mais fez do que *transportar* para o plano do processo uma específica situação de direito material. A legitimidade que o próprio direito material reconhece para cada um dos coobrigados por uma obrigação indivisível exigir, do devedor, seu adimplemento integral e isoladamente encontra, no dispositivo em análise, seu correspondente. Trata-se, assim, de hipótese em que a lei material cria uma situação de *legitimação extraordinária*. Aquele que "não participou do processo" receberá sua quota-parte, com as deduções cabíveis em função da atuação processual de só um dos credores. Tal "proveito" é decorrência necessária da própria natureza da obrigação existente no plano material.

É essa, com efeito, a característica mais marcante da indivisibilidade da obrigação. Não existe, perante os dois polos da relação obrigacional (credor-devedor), qualquer forma de *divisão*. Exige-se o todo do devedor (ou paga-se o todo para o credor) porque não há como dividir, mesmo que idealmente, o todo, o *objeto da prestação*, em partes.

Diferentemente, entre os próprios credores (ou entre os devedores) pode ocorrer que tenha sido estabelecida uma quota-parte, uma parte ideal sobre o todo, convertido o objeto da obrigação, que é, por definição, indivisível, em seu equivalente monetário. É dessa peculiaridade, que reside no polo ativo da obrigação no plano do direito material, que se ocupa o art. 328 quando diz que o credor que não participou do processo receberá a sua parte "deduzidas as despesas na *proporção de seu crédito*".

Tais despesas só podem ser as despesas processuais que foram adiantadas por aquele que age em juízo e que se fizeram necessárias ao cocredor para atuar em juízo. Elas deverão ser rateadas entre os diversos credores na proporção de seu crédito, isto é, levando-se em conta, rigorosamente, a quota-parte (mesmo que ideal) de cada um dos credores na obrigação. Esse sistema de "quota-partes" é característico dessas modalidades de obrigação. Daí o art. 261 do Código Civil disciplinar que, "se um só dos credores receber a prestação por inteiro, a cada um dos outros assistirá o direito de exigir dele em dinheiro a parte que caiba no total". Essa situação não pode ser confundida com a prevista no art. 260, II, do mesmo Código, que exige do credor que recebeu do devedor comum a dívida toda que preste caução aos demais credores.

3.4.8 Modificação do pedido

Ainda sobre a disciplina codificada ao pedido, cabe destacar que o art. 329 admite que o autor adite ou altere o pedido e/ou a causa de pedir até a citação do réu.

Nesta hipótese, é desnecessária a concordância do réu. A regra pressupõe que a modificação do pedido tenha sido deferida a tempo de permitir que o réu tenha plenas condições de se manifestar também a seu respeito, levando-a em consideração inclusive em eventual audiência de conciliação e de mediação para a qual seja citado. Pode ocorrer, contudo, que a modificação do pedido e/ou da causa de pedir seja requerida pelo autor antes da citação do réu, mas que a carta (ou o mandado) de citação já tenha sido expedida. Nesse caso, o atendimento da regra – e, superiormente, do princípio da ampla defesa – pressupõe que a carta (ou o mandado) seja recolhida para que também ela seja aditada. Na impossibilidade de tal providência, impõe-se que se dê ciência ao réu da modificação, intimando-o nos termos do art. 269, respeitando-se, na íntegra, os prazos disponibilizados para a manifestação do réu.

Após a citação – e, para tanto, é indiferente que tenha havido devolução aos autos do respectivo comprovante –, a complementação ou a alteração do pedido e/ou da causa de pedir depende da concordância do réu *e também* de que seja assegurado a ele o direito de se contrapor ao que for novo no prazo mínimo de quinze dias e facultando-lhe, também, requerer a produção de prova complementar.

A despeito da concordância do réu, eventual complementação ou alteração do pedido e/ou da causa de pedir só será admitida até o saneamento do processo (art. 357). A previsão é suficiente para desempenhar o mesmo papel que, de forma mais clara, decorria do parágrafo único do art. 264 do CPC de 1973[29] sobre o chamado "princípio da estabilização da demanda", isto é: saneado o processo (art. 357), é vedada alteração das partes, do pedido e da causa de pedir, ainda que exista consenso entre elas ou, o que é o mesmo no contexto da exposição, *negócio processual* naquele sentido (art. 190). Não prevaleceu ao longo dos trabalhos legislativos a proposta do Anteprojeto de o pedido e a causa de pedir poderem ser alterados a qualquer momento, desde que antes do proferimento da sentença e desde que se observasse o contraditório[30]. Assim, eventual modificação do pedido e/ou da causa de pedir após aquele instante procedimental deverá ser veiculada por *nova* postulação, dando ensejo a *novo* processo[31].

É correto entender que não se inclui no limite procedimental do art. 329 a correção de meros *erros formais* ou *materiais* na formulação do pedido e/ou da causa de pedir, desde que não tenham sido sanados a tempo, nos termos do art. 321. Deve ter incidência na espécie, analogicamente, o comando do art. 494, I, máxime porque o pedido (e sua respectiva causa de pedir) deverá levar em conta "o conjunto da postulação" e ser interpretada com base na boa-fé (art. 322, § 2º).

Não obstante as palavras empregadas pelo legislador no art. 329, é correto interpretar a regra no sentido de que o pedido e/ou a causa de pedir podem ser *reduzidos* também. O dispositivo disciplina eventuais alterações quantitativas ou qualitativas do pedido e/ou da causa de pedir, para "mais" ou para "menos". Os custos decorrentes da modificação devem

---

29. Que tinha a seguinte redação: "Art. 264. Feita a citação, é defeso ao autor modificar o pedido ou a causa de pedir, sem o consentimento do réu, mantendo-se as mesmas partes, salvo as substituições permitidas por lei. Parágrafo único. A alteração do pedido ou da causa de pedir em nenhuma hipótese será permitida após o saneamento do processo".

30. A referência é feita ao art. 314 do Anteprojeto elaborado pela Comissão de Juristas: "O autor poderá, enquanto não proferida a sentença, aditar ou alterar o pedido e a causa de pedir, desde que o faça de boa-fé e que não importe em prejuízo ao réu, assegurado o contraditório mediante a possibilidade de manifestação deste no prazo mínimo de quinze dias, facultada a produção de prova suplementar".

31. Nesse sentido: STJ, 2ª Turma, REsp 1.743.279/CE, rel. Min. Herman Benjamin, j.un. 6-9-2018, *DJe* 27-11-2018, e STJ, 3ª Turma, REsp 1.678.947/RJ, rel. Min. Nancy Andrighi, j.un. 13-3-2018, *DJe* 20-3-2018.

seguir, à falta de qualquer disciplina diferenciada, as regras genéricas estabelecidas pelos arts. 82 a 97[32].

3.5 O valor da causa

A petição inicial deverá indicar o valor da causa (art. 319, V) que, em geral, corresponde à expressão econômica do direito reclamado pelo autor. A exigência prevalece mesmo quando o direito sobre o qual o autor requer que recaia a tutela jurisdicional não tenha expressão econômica imediata (art. 291). Seja porque se trata de direito que não tem expressão patrimonial ou porque não é possível ao autor, desde logo, precisar as consequências do dano e, consequentemente, sua expressão econômica. Nesses casos, cabe ao autor *estimar* o valor da causa, justificando sua iniciativa, o que viabilizará não só eventual manifestação do réu (art. 293), mas também – e desde o juízo de admissibilidade da petição inicial – a do próprio magistrado a esse respeito (art. 292, § 3º).

Os incisos do art. 292 e seus dois primeiros parágrafos indicam, sem pretensão de exaurir o tema, variados critérios a serem observados pelo autor para aferição do valor da causa e que devem guiar, no particular, a sua respectiva indicação na petição inicial para cumprir com exatidão a exigência do inciso V do art. 319. É assunto que este *Curso* trata a propósito dos atos processuais, no n. 10 do Capítulo 4 da Parte II do v. 1.

3.6 As provas com que o autor pretende demonstrar a verdade dos fatos alegados

O inciso VI do art. 319 exige do autor a indicação, na petição inicial, dos meios de prova mediante os quais pretende demonstrar a verdade dos fatos alegados.

Embora o CPC de 2015 não tenha trazido nenhuma inovação na exigência, cabe compreendê-la *sistematicamente*, como, de resto, sempre o foi mais adequado (e correto), mesmo no âmbito do CPC de 1973. Até como forma de dar à previsão codificada alguma valia, diferentemente do que se vê dos usos e costumes forenses, que mostram total tolerância aos pedidos genéricos e imotivados de provas constantes das petições iniciais, que acabam por reduzir o dispositivo aqui examinado a mero cumprimento formal sem qualquer relevância[33].

Até porque há provas que, não obstante a tolerância da prática forense, *devem* ou, quando menos, *podem* ser produzidas com a petição inicial. É o que se dá com os documentos (arts. 320 e 434), com a ata notarial (art. 384) e com a apresentação de "pareceres técnicos"

32. No CPC de 1973, o art. 294 estabelecia que "Antes da citação, o autor poderá aditar o pedido, correndo à sua conta as custas acrescidas em razão dessa iniciativa".

33. Como propunham as edições anteriores deste *Curso*, em especial o n. 9 do Capítulo 1 da Parte II de seu v. 2, t. I.

ou "documentos elucidativos" que podem levar o magistrado a *dispensar* a produção da prova pericial, forte no que lhe autoriza o art. 472.

A necessidade da produção de outras provas à luz da contestação do réu não é (e nem pode ser) problema a ser enfrentado pelo autor na inicial. Até porque o ônus da prova dos fatos "novos", não articulados pelo autor (os fatos que impedem, extinguem ou modificam o fato constitutivo do pedido do autor), é do réu (art. 373, II). Às provas a serem produzidas pelo réu poderá o autor contrapor-se, produzindo a "contraprova" respectiva. Isso, no entanto, não inibe que ele, autor, já com a petição inicial, decline as modalidades de prova que reputa suficientes e necessárias para a comprovação do *fato constitutivo do seu direito* (art. 373, I). É disso que se ocupa o inciso VI do art. 319.

O inciso VI do art. 319 convida, outrossim, ao entendimento de que, sendo o caso, o autor indicará, já na inicial, a necessidade de *antecipação da prova* para os fins do art. 381. Importa, portanto, entender a regra aqui examinada não só na perspectiva futura de o magistrado, entendendo que o processo deve ingressar em sua fase instrutória, determinar às partes que especifiquem as provas que nela pretendam produzir, decidindo a seu respeito (art. 357, II), mas também na presente, de *produção imediata* de meios de prova pelo autor ou, se for este o caso, requerer a antecipação de sua produção.

O que é inadmissível em um modelo de processo que quer ser *cooperativo* (art. 6º) é que o dia a dia do foro continue a reproduzir (e a admitir) os "protestos genéricos" de prova que nada significam em termos de *eficiência* processual, como se o instante procedimental adequado para a produção da prova documental como regra não fosse a petição inicial. No que é (e continua a ser) claro o *caput* do art. 434.

3.6.1 Juntada de documentos com a petição inicial

O art. 320 exige que a petição inicial seja instruída com os "documentos indispensáveis à propositura da ação".

É comum a referência a tais documentos como aqueles sem os quais não há como fazer prova do alegado pelo autor, dando especial destaque aos casos em que a própria lei impõe uma especial forma de comprovação do ato jurídico, o que, por vezes, é chamado de "prova legal". Quando menos, que os "documentos indispensáveis" do art. 320 sejam entendidos como aqueles sem os quais é inconcebível o julgamento do pedido porque se referem diretamente à causa de pedir descrita na petição inicial (art. 319, III), vale dizer, aos fatos constitutivos do direito do autor.

Exemplos seguros de "documentos indispensáveis" são a escritura registrada em "ação reivindicatória"; a certidão de casamento para a separação ou para o divórcio; a certidão de nascimento para os alimentos baseados na filiação preestabelecida; o contrato de aluguel escrito para o despejo e o contrato em geral para as ações que pretendem anulá-lo ou declará-lo nulo.

O art. 341, II, merece ser lembrado nesse contexto, ao afastar a presunção de veracidade dos fatos alegados pelo autor na petição inicial, a despeito da falta de impugnação especificada do réu, quando "a petição inicial não estiver acompanhada de instrumento que a lei considerar da substância do ato". Da mesma forma, cabe trazer à tona o art. 345, III, segundo o qual a revelia não conduz à presunção de veracidade dos fatos alegados pelo autor se "a petição inicial não estiver acompanhada de instrumento que a lei considere indispensável à prova do ato".

Não há por que duvidar de que os documentos indicados acima são *indispensáveis*, merecendo ser considerados "da substância do ato", e, por isso, *devem* acompanhar a petição inicial. Ocorre que, sistematicamente, é importante interpretar de maneira mais ampla o art. 320, mais ainda à luz das considerações apresentadas pelo número anterior. É essa a razão pela qual este *Curso* sempre defendeu a necessidade de interpretar o art. 320 de maneira ampla para entender como documentos indispensáveis todos os que foram referidos na petição inicial e sobre os quais tem o autor, no momento de sua apresentação, disponibilidade de uso. O próprio art. 472, ao fazer referência a "documentos *elucidativos* que considerar suficientes" que, uma vez apresentados com a inicial (ou com a contestação), podem levar à dispensa da prova pericial, confirma o acerto dessa orientação mais ampla.

Mas não só. É o próprio Código de Processo Civil que exige que a prova documental seja produzida com a petição inicial (art. 434) e com a contestação (art. 335), admitindo o art. 435 a juntada de outros documentos a qualquer tempo quando *novos* ou quando destinados a fazer prova de fatos articulados durante o processo (fatos *novos* em relação ao processo, portanto). Por isso, reiterando as considerações do número anterior, não há espaço para duvidar de que o sistema processual brasileiro é bastante rígido quanto ao *momento* da produção da prova documental que *preexiste* à apresentação da petição inicial.

O que a lei admite – e nem poderia ser diferente à luz do princípio da eficiência processual – é que, para fatos *novos*, *novos* documentos sejam apresentados. O mesmo quanto aos documentos *novos*, que têm origem *após* o início do processo. Nunca, entretanto, quando os documentos preexistem à elaboração da petição inicial e sua apresentação ao Estado-juiz.

Tais documentos *devem* ser *produzidos* pelo autor desde logo – é essa a razão de ser do precitado art. 434 – e, por isso mesmo, já se sujeitam à manifestação do réu por ocasião de sua contestação. Se houver necessidade de *outras* provas, inclusive a documental, o magistrado determinará a realização da fase instrutória. Caso contrário, cabe a ele "julgar antecipadamente o mérito" diante do que expressamente lhe autoriza o art. 355, I.

3.6.2 Documentos em poder do réu

Há casos em que a impossibilidade da apresentação de documentos com a petição inicial dá ensejo a um incidente processual para sua requisição. Em casos assim, o autor deverá dirigir ao magistrado pedido de exibição de documentos ou coisas, a que se referem os arts. 396 a 404.

3.6.3 Ausência de documentos indispensáveis

Mesmo entendendo o rol dos documentos referidos no art. 320 na forma mais ampla defendida pelo n. 3.6.1, *supra*, é importante ressalvar que a falta de um documento reputado indispensável pelo magistrado *não pode* levar ao indeferimento da petição inicial. O caso é de determinação de sua emenda, nos termos do art. 321, cujo *caput* é, no particular, expresso.

3.6.4 Documentos originais e em cópia

Não há qualquer exigência para que os documentos apresentados com a petição inicial, mesmo os reputados indispensáveis, sejam apresentados no seu original. O que pode ocorrer é que o réu, na própria contestação, questione a autenticidade de algum documento apresentado com a inicial, o que poderá justificar, até mesmo, a *declaração judicial* de sua falsidade nos termos dos arts. 430 e 436, II e III.

Se o réu não tomar aquela iniciativa, e não havendo elementos que, de ofício, permitam ao magistrado concluir diferentemente – hipótese em que, antes da decisão respectiva, devem as partes ser ouvidas previamente –, o documento deve ser considerado verdadeiro e autêntica a cópia apresentada. A presunção é a de que o documento apresentado em cópia é conforme ao original, cabendo à parte contrária questionar sua autenticidade[34].

A orientação acima é tão mais correto porque o inciso IV do art. 425 merece interpretação ampla para permitir que o próprio advogado declare autênticos os documentos que juntar aos autos mesmo quando tais documentos não constem anteriormente de outros autos judiciais.

À falta de expressa previsão da lei, não se pode proibir, por atos infralegais, a distribuição de petições iniciais que não tragam os documentos – mesmo os reputados indispensáveis – originais ou, quando menos, em cópias autenticadas. Tais determinações, por vezes veiculadas por portarias ou outros atos normativos expedidos pelos Tribunais ou pelos juízos, não podem, na perspectiva do modelo constitucional do direito processual civil, inovar na ordem jurídica, criando obrigações e/ou deveres para os sujeitos processuais, além daqueles previstos na lei processual civil.

---

34. Nesse sentido, em orientação válida para o CPC de 2015, v.: STJ, CE, EREsp 1.015.275/RS, rel. Min. Luiz Fux, j.un. 17-6-2009, *DJe* 6-8-2009, e 3ª Turma, AgRg no REsp 1.398.523/RS, rel. Min. Sidnei Beneti, j.un. 17-12-2013, *DJe* 5-2-2014.

3.7 A opção do autor pela realização ou não de audiência de conciliação ou de mediação

A última exigência feita pelo art. 319, em seu inciso VII – e que é novidade trazida pelo CPC de 2015 –, é que a petição inicial revele a *opção* do autor sobre a realização ou não da audiência de conciliação ou de mediação.

Se o autor manifestar, desde logo, seu desinteresse naquela audiência, o réu será citado para apresentar contestação independentemente da realização daquele ato (art. 335, III).

Sem prejuízo do que expõe o n. 5, *infra*, não há sentido em designar aquela audiência nos casos em que o autor, desde logo, indica seu desinteresse na conciliação ou na mediação. Até porque seu não comparecimento injustificado pode ser entendido como ato atentatório à dignidade da justiça nos moldes do § 8º do art. 334. Trata-se de interpretação que se harmoniza e que se *justifica* com o princípio da autonomia da vontade, tão enaltecido pelo CPC de 2015, e que, mais especificamente, preside a conciliação e a mediação. Expresso nesse sentido é o art. 2º, V, da Lei n. 13.140/2015, que disciplina a mediação. Ademais, de acordo com o § 2º daquele mesmo art. 2º, "ninguém será obrigado a permanecer em procedimento de mediação". Se o autor manifestar seu desinteresse na audiência de conciliação ou de mediação – e o momento adequado para tanto é a petição inicial –, ela não deverá ser designada, citando-se o réu para, desde logo, apresentar sua contestação.

O silêncio do autor a respeito do tema deve ser entendido como *concordância* com a designação da audiência de conciliação ou de mediação, entendimento que decorre do § 5º do art. 334. Mesmo nessa hipótese, contudo, pode ocorrer de o réu manifestar-se contrário à realização daquele ato, como lhe permite o mesmo dispositivo. Nesse caso, a audiência inicialmente marcada deverá ser *cancelada*, abrindo-se o prazo para o réu apresentar sua contestação, como determina o inciso II do art. 335.

3.8 Outros requisitos

Embora o CPC de 2015 nada diga a respeito – no que incide na mesma censura que as edições deste *Curso* anteriores a seu advento já faziam[35] –, há outros requisitos que devem ou, ao menos, que podem integrar a petição inicial.

Assim é que a petição inicial deverá ser datada e assinada por alguém que detenha capacidade postulatória[36]. Em se tratando de advogado privado – e a postulação a órgão do Poder

35. Para essa exposição, v. o n. 13 do Capítulo 1 da Parte II do v. 2, t. I.

36. Há situações excepcionais em que se exige *também* a assinatura das próprias partes. É o que se dá, por exemplo, com a petição inicial em que se pleiteia a homologação do divórcio ou separação consensuais (art. 731, *caput*) e com a petição inicial que objetiva a alteração do regime de bens do casamento (art. 734, *caput*).

Judiciário é atividade privativa de advocacia (art. 1º, I, da Lei n. 8.906/94) –, cabe lembrar do art. 287, segundo o qual a petição inicial deverá ser acompanhada, em regra, da procuração, a não ser que a própria petição inicial represente a prática de ato processual urgente ou para evitar decadência ou prescrição (art. 104 e art. 287, parágrafo único, I)[37].

O endereço do procurador – e aqui não há distinção entre eles – deve ser indicado também na petição inicial, viabilizando, com isso, a correção na realização das intimações processuais (art. 77, V)[38]. A regra prevalece ainda quando o advogado (privado) atuar em causa própria (art. 106, I).

É pertinente sublinhar também que, não obstante o silêncio do art. 319, quando comparado com o inciso VII do art. 282 do CPC de 1973, o autor poderá indicar, na petição inicial, a modalidade de citação a ser adotada para dar ciência formal do processo ao réu, observando o que os arts. 238 a 259 disciplinam a respeito. Se o autor nada requerer a esse respeito, a citação será feita com observância da ordem legal, extraível do art. 246.

Também pode ser o caso de a petição inicial veicular pedido de "tutela provisória". Nessa situação – que deve ser entendida como de pedido de tutela provisória *incidental* em contraposição ao pedido de tutela provisória *antecedente* (art. 294, parágrafo único) –, cabe ao autor indicar a ocorrência de seus respectivos pressupostos, seja ela fundamentada na urgência (art. 300) ou na evidência (art. 311).

Se for o caso de denunciação da lide pelo autor, a inicial deverá justificar a razão pela qual o autor entende trazer ao processo, desde já, aquele em face de quem, na perspectiva do direito material (lei ou contrato), entende possuir direito de regresso (art. 126). Mesma diretriz deve ser observada para as hipóteses em que o autor pretende, já com a inicial, a desconsideração da personalidade jurídica (art. 134, § 2º).

Se o autor pretender beneficiar-se da gratuidade da justiça, o pedido respectivo deverá ser formulado com a petição inicial (art. 99, *caput*), quando deverá expor as razões pelas quais aquele regime deve ser concedido, no todo ou em parte.

Por fim, mas não menos importante, cabe ao autor, se for o caso, demonstrar o recolhimento das custas e das despesas. A sua falta levará à necessária intimação do procurador para realizá-lo em quinze dias (úteis). Na omissão, será cancelada a distribuição (art. 290), o que equivale a dizer que a petição inicial não superará o juízo de admissibilidade *positivo*.

37. A apresentação da procuração é desnecessária quando se tratar de representação pela Defensoria Pública (art. 287, parágrafo único, II), ou quando a representação for institucional, decorrendo diretamente da Constituição Federal, como se dá, por exemplo, com a advocacia-geral da União e com o Ministério Público, ou de outros atos normativos, como se dá com a advocacia pública em geral (art. 287, parágrafo único, III).

38. Também cabe ao procurador comunicar quaisquer alterações de endereço ao longo do processo, no que é claro o mesmo dispositivo.

3.9 Registro e distribuição

A petição inicial deverá ser *distribuída* toda vez que houver mais de um órgão jurisdicional competente para sua apreciação. É a regra do art. 284. Trata-se não só de ato documental, mas também de ato que concretiza o princípio constitucional do juiz natural em cada caso concreto porque viabiliza que o *juízo* e, por sua vez, o *juiz* que vai apreciar o pedido do autor e todos os desdobramentos do processo, inclusive tornando-se *prevento* nos termos do art. 59, sejam *aleatoriamente* escolhidos.

A distribuição é, como qualquer ato jurisdicional, *pública* e pode ser fiscalizada pela parte e por seu procurador (art. 289). A falta ou o erro na distribuição serão corrigidos pelo magistrado, quando o constatar, de ofício ou a pedido do interessado (art. 288).

A petição inicial será autuada e numeradas e rubricadas as folhas (arts. 207 e 208). Tratando-se de processo eletrônico, essas tarefas são extremamente simplificadas e agilizadas (art. 193).

3.10 Irregularidades na petição inicial

Embora norma de ordem pública e cogente, o descumprimento do art. 319 não significa – e não pode significar – o indeferimento, puro e simples, da petição inicial.

O art. 320 *impõe* que o magistrado, verificando a existência de qualquer irregularidade ou qualquer defeito na petição, determine sua "emenda", isto é, a sua *correção*, visando a seu saneamento no prazo de dez dias (úteis) e permitindo, consequentemente, que o processo se desenvolva regularmente.

4. JUÍZO DE ADMISSIBILIDADE DA PETIÇÃO INICIAL

O magistrado desenvolve *cognição* ao receber a petição inicial. Não se trata – e não pode se tratar – de ato de "mero expediente". Não é ato que possa ser delegado ao escrivão nos termos do art. 203, § 4º. É fundamental que toda e qualquer petição inicial seja examinada pelo magistrado para constatação do preenchimento, ou não, dos requisitos dos arts. 319 e 320. A dinâmica do Código de Processo Civil, inspirada confessadamente em razões de ordem pública, impõe o prévio exame para impedir que petições iniciais ineptas (art. 330, I) possam ensejar a prática de atos processuais inúteis e desnecessários e que eventuais defeitos ou irregularidades sejam, desde pronto, sanados, dando-se oportunidade ao desenvolvimento válido e regular do processo. Até para evitar que o direito de (ampla) defesa do réu, decorrente, tanto quanto o direito de ação, do modelo constitucional do direito processual civil, venha a ser prejudicado por algum defeito, de forma ou de conteúdo, que aquele ato inaugural da prestação da jurisdição porventura porte.

Como resultado do *necessário* exame a ser feito pelo magistrado, três juízos de admissibilidade podem ser pronunciados. Um que pode ser denominado *positivo*, em que o juiz, entendendo estar a petição inicial em ordem, determina a citação do réu (art. 334). Outro, que pode ser denominado *negativo*, que é caracterizado pela rejeição da petição inicial (arts. 330 e 332). Um terceiro e derradeiro juízo de admissibilidade a ser exercido pelo magistrado, a ser chamado de *neutro*, é aquele em que, constatada a falta de alguma exigência da petição inicial ou, de forma mais ampla, verificando que há defeitos ou irregularidades que podem colocar em risco a higidez do desenvolvimento do processo em todos os seus sentidos, inclusive no que diz respeito ao exercício do direito de ampla defesa do réu, determina a correção das irregularidades. É a disciplina do art. 321, quando se refere à "emenda" ou à "complementação" da petição inicial.

Os números seguintes dedicam-se ao estudo de cada uma dessas hipóteses.

4.1 Juízo de admissibilidade positivo: recebimento da petição inicial

Caso entenda que a petição inicial está em ordem, porque atende às prescrições legais (arts. 319 e 320), ou desde que cumprida, a contento, a determinação de sua emenda ou complementação (art. 321), o magistrado receberá a petição inicial.

Não há nisso nenhum prejulgamento, no sentido de indicar que o autor é merecedor da tutela jurisdicional por ele pedida. Trata-se, tão só, do reconhecimento de que, do ponto de vista formal, o autor cumpriu a contento as exigências que lhe são feitas.

O recebimento da petição inicial é significativo também de que a petição inicial é compreensível, verdadeiramente inteligível. Trata-se de exigência que, a par de encontrar eco na boa-fé do art. 5º, que guiará a compreensão do pedido (art. 322, § 2º), é imposta desde os princípios do contraditório e da ampla defesa. O réu tem o direito de saber, com precisão, o que, em face dele, é pedido e por que é pedido (causa de pedir) para poder exercitar, em plenitude, sua ampla defesa, que ostenta a mesma estatura constitucional que o direito de ação.

Estando em ordem a petição inicial, o réu será citado, como regra, para comparecer à audiência de conciliação e mediação com pelo menos vinte dias de antecedência (art. 334, *caput*), intimando-se o autor, por intermédio de seu procurador, para nela comparecer (art. 334, § 3º).

Se o autor, na inicial (art. 319, VII, e art. 334, § 5º), manifestar sua discordância com a designação daquele ato ou quando o direito reclamado pelo autor não admitir autocomposição, o magistrado determinará a citação do réu para que apresente, desde logo, sua contestação (art. 335, III). Ainda que o direito material sobre o qual versar a petição inicial admita autocomposição, cabe reiterar o quanto escrito no n. 3.7, *supra*, no sentido de que a audiência de conciliação ou de mediação *não deve ser realizada* caso o autor se manifeste em sentido contrário, devendo fazê-lo na petição inicial.

4.1.1 Citação

Proferido o juízo *positivo* de admissibilidade, impõe-se a citação do réu. A regra, no procedimento comum, é que o réu seja citado para comparecer à audiência de conciliação ou de mediação nos termos do art. 334, assunto ao qual se volta mais demoradamente o n. 5, *infra*.

As exigências e as ressalvas que devem constar daquele ato são objeto de exame do n. 4.3.1.3 do Capítulo 4 da Parte I do v. 1, sendo desnecessário repetir aquelas considerações aqui.

4.1.1.1 *Efeitos materiais da citação*

A citação gera efeitos de duas ordens: materiais e processuais.

Por efeitos *materiais* da citação, isto é, aqueles que ocorrem no plano material, devem ser entendidos os seguintes: tornar litigiosa a coisa, constituir o devedor em mora, com as ressalvas dos arts. 397 e 398 do Código Civil, e interromper a prescrição.

A citação torna litigiosa a "coisa", nos termos do *caput* do art. 240. Há, com relação a esse dispositivo, alguma controvérsia sobre se tratar de efeito material ou processual da citação. Para este *Curso*, a melhor interpretação é a de que a litigiosidade da coisa é efeito *material* da citação, por isso ela é tratada neste número. Entendimento diverso quanto à mais adequada classificação do tema, contudo, não interfere em nada na compreensão do efeito em si mesmo considerado.

Esse efeito da citação deve ser entendido de forma ampla, no sentido de vincular todo o patrimônio do devedor, ressalvadas as exceções legais, ao Estado-juiz, permitindo que sobre ele recaiam os efeitos da tutela jurisdicional. Assim, embora o réu não esteja proibido de alienar seu patrimônio ou a específica coisa sobre a qual se funda a controvérsia (são os casos das chamadas "ações reais") – até porque o adquirente da "coisa litigiosa" eventualmente alienada pode atuar no processo nos termos do art. 109 –, pode acontecer, consoante o que seja decidido pelo magistrado, que a "coisa" (ela mesma considerada) ou o patrimônio do réu continuem a responder pela obrigação, até mesmo por se verificar, no caso, a ocorrência de "fraude à execução", vale dizer, o reconhecimento da *ineficácia*, para o processo, de alienação feita pelo réu que compromete a sua solvabilidade. É o que resulta do art. 790, V, e do art. 792.

A constituição em mora do devedor pela citação, segundo efeito material desta, deve ser entendida à luz das regras civis, no que o *caput* do art. 240 é claro ao fazer expressas as ressalvas dos arts. 397 e 398 do Código Civil, inovando expressamente, no particular, em relação ao que dispunha o art. 219, *caput*, do CPC de 1973[39].

---

39. O texto do *caput* do art. 240 do CPC de 2015 segue, embora de maneira mais tímida, a direção que o n. 2.2 do Capítulo 2 da Parte II do v. 2, t. I, das edições anteriores deste *Curso* já indicava como a mais correta.

Assim, é correto entender que a citação só constitui o réu em mora quando é aquele ato – e nenhum outro a ele anterior – que o interpela, como prevê a primeira parte do parágrafo único do art. 397 do Código Civil, ao se referir à "interpelação judicial" como fator de constituição em mora quando a obrigação não tiver termo. Tanto que, coerentemente, os juros de mora, em tais hipóteses, devem fluir desde a citação inicial, como estatui o art. 405 do Código Civil.

Há, contudo – e é esse o significado da ressalva feita pelo *caput* do art. 240 –, diversas hipóteses em que o réu já está em mora por ato anterior à citação, sendo incorreto, destarte, entender que a citação desempenha aquele papel.

É o que ocorre quando o devedor já tiver sido interpelado extrajudicialmente ou, até mesmo, judicialmente[40], antes do processo para o qual ele está sendo citado (art. 397, parágrafo único, do CC); ou quando sua notificação prévia é *exigida* pela legislação material aplicável ao caso[41], ou, pelo menos, *possível*[42]; quando, por força da lei aplicável, a mora é anterior ao processo[43]; quando há dia certo (termo) para o adimplemento da obrigação (art. 397, *caput*, do CC); quando o devedor praticar ato ilícito (art. 398 do CC[44]) ou, ainda, nos casos de obrigação de não fazer, quando a prática do ato vedado ao devedor coloca-o, desde logo, em mora (art. 390 do CC). Em tais hipóteses, não há por que entender que a mora decorra de um ato processual, a citação. O devedor, em tais situações, já se encontra em mora no próprio plano material, e o regime jurídico desse seu estado, destarte, preexiste ao início do processo e, como tal, deve ser levado em conta, para todos os fins, pelo magistrado, assim, por exemplo, quanto à incidência da cláusula penal eventualmente ajustada entre as partes (art. 408 do CC), à incidência da correção monetária e ao cálculo dos juros de mora.

Correto, diante de tais considerações, o entendimento de que, "Ausente requerimento administrativo no INSS, o termo inicial para a implantação da aposentadoria por invalidez concedida judicialmente será a data da citação válida"[45].

---

40. É para esses casos que tem aplicação o procedimento da "Notificação e a Interpelação", disciplinadas pelos arts. 726 a 729 do CPC de 2015 como procedimento especial e não, diferentemente do que se dava no CPC de 1973, como uma das "cautelares nominadas".

41. Como, por exemplo, exige a orientação contida na Súmula 369 do STJ assim enunciada: "No contrato de arrendamento mercantil (*leasing*), ainda que haja cláusula resolutiva expressa, é necessária a notificação prévia do arrendatário para constituí-lo em mora".

42. Assim, *v.g.*: STJ, 1ª Turma, AgRg no AREsp 145.255/RJ, rel. Min. Napoleão Nunes Maia Filho, j.un. 27-11-2012, *DJe* 4-12-2012 e STJ, 2ª Turma, AgInt no REsp 1.611.325/RN, rel. Min. Francisco Falcão, j.un. 16-3-2017, *DJe* 24-3-2017.

43. Assim, *v.g.*, com relação à cobrança de cheque sem fundos: STJ, 4ª Turma, REsp 1.354.934/RS, rel. Min. Luis Felipe Salomão, j.un. 20-8-2013, *DJe* 25-9-2013.

44. Orientação que encontra eco também na Súmula 54 do STJ, cujo enunciado é o seguinte: "Os juros moratórios fluem a partir do evento danoso, em caso de responsabilidade extracontratual".

45. Trata-se da Súmula 576 do STJ.

A interrupção da prescrição, terceiro efeito material da citação, é disciplinada pelos parágrafos do art. 240.

De acordo com o § 1º do art. 240, a interrupção da prescrição se dá com o despacho que ordena a citação, ainda que proferido por juízo incompetente, retroagindo à "data de propositura da ação", expressão que merece ser entendida como a data da apresentação da petição inicial ao registro/distribuidor (art. 312). O efeito retroativo previsto nesse dispositivo, complementa o § 4º do art. 240, aplica-se também à decadência e aos demais prazos extintivos previstos em lei.

Diante da clareza do § 1º do art. 240, é correto entender que não subsiste a discussão sobre o instante em que a prescrição é interrompida, e que decorria do descompasso *textual* entre o *caput* do art. 219 do CPC de 1973 e o disposto no inciso I do art. 202 do Código Civil, que, por ser lei mais recente, já devia prevalecer[46].

Para que a retroação ocorra, cabe ao autor "adotar, no prazo de 10 (dez) dias, as providências necessárias para viabilizar a citação" (art. 240, § 2º). A exigência deve ser entendida no sentido de o autor tomar, naquele prazo, as providências que lhe cabe para a promoção da citação e não que a citação, ela mesma, seja realizada. Assim, por exemplo, providenciar a postagem da carta citatória (art. 248); providenciar cópias para instrução do mandado de citação (art. 250, V); recolher as custas respectivas às diligências do oficial de justiça (art. 249) e fornecer endereço para localização do réu, inclusive quando frustradas tentativas anteriores de sua localização pelo oficial de justiça e/ou pelo carteiro nos endereços anteriormente oferecidos (art. 250, I).

O autor não poderá ser responsabilizado, contudo, quando eventual demora na realização da citação for imputada *exclusivamente* ao serviço judiciário. Trata-se da regra clara do § 3º do art. 240, que agasalha a orientação do § 2º do art. 219 do CPC de 1973, que havia sido incluído pela Lei n. 5.925/73, e que remonta à Súmula 106 do Superior Tribunal de Justiça[47] e, antes dela, à Súmula 78 do extinto Tribunal Federal de Recursos[48].

Não subsiste no CPC de 2015 a regra de que caberia ao autor requerer a dilação do prazo para a realização da citação, sob pena de se consumar a prescrição. O silêncio é eloquente e deve ser entendido no sentido de que o que importa para o tema é a análise do comportamento do autor: se ele for diligente naquilo que depende dele para viabilizar a citação, é indiferente o tempo necessário para sua efetivação. Em sentido inverso, a desídia do autor deve ser entendida como fator justificador da consumação da prescrição. Se, por outro lado, eventual demora na tomada de providências para a citação ou na realização

46. Era o que já defendia o n. 2.2 do Capítulo 2 da Parte II do v. 2, t. I, das edições anteriores deste *Curso*.

47. Cujo enunciado é o seguinte: "Proposta a ação no prazo fixado para o seu exercício, a demora na citação, por motivos inerentes ao mecanismo da justiça, não justifica o acolhimento da arguição de prescrição ou decadência".

48. Que tinha o seguinte enunciado: "Proposta a ação no prazo fixado para o seu exercício, a demora na citação, por motivos inerentes ao mecanismo da Justiça, não justifica o acolhimento da arguição de prescrição".

do ato for imputada *exclusivamente* ao serviço judiciário, esse fato, isolado, não pode gerar prejuízo ao autor.

Por tal razão, fica robustecido com a nova sistemática o entendimento que já era defendido pelas edições anteriores ao CPC de 2015 deste *Curso* no sentido de que cabe ao autor diligenciar em prol do paradeiro do réu ou, quando inviável sabê-lo, requerer a citação por hora certa (art. 252) ou, ainda, por edital (art. 256)[49]. O que não pode ocorrer, sob pena de atrair a incidência da consequência prevista no § 2º do art. 240, é o autor não tomar qualquer providência com relação ao tema, quedando-se inerte ao longo das diligências citatórias. É nesse mesmo contexto que merece ser compreendido o entendimento de que a prescrição não é interrompida quando a citação é feita na pessoa de réu considerado ilegítimo, ainda quando, por força de emenda à inicial (e, por idênticas razões, por força do disposto nos arts. 338 e 399), a parte legítima acaba comparecendo em juízo[50].

De acordo com o art. 202, *caput*, do Código Civil, a prescrição só se interrompe uma vez. A melhor interpretação para o dispositivo é a de que a interrupção significa que o prazo prescricional volta a correr novamente na sua integralidade desde que ocorra pelo menos uma das hipóteses disciplinadas nos incisos daquele dispositivo. Para o direito processual civil, interessa a do inciso I: determinada a citação (e desde que ela se realize com observância às regras já analisadas), a prescrição reputa-se interrompida[51]. Ela, contudo, não corre durante o processo. Não há sentido em que seja assim. Ela só voltará a correr – e desde o início, na sua integralidade, embora não fique mais sujeita a uma *nova* interrupção – se houver alguma inércia a cargo do interessado, que deve promover, sempre, os atos e as diligências que lhe compete para *agir* ao longo do processo, ou, até mesmo, em outro processo em que se discuta o mesmo direito. É esse o fundamento do art. 523 do CPC de 2015, que disciplina de maneira mais clara que o § 5º do art. 475-J do CPC de 1973 a possibilidade de ser reconhecida a prescrição *intercorrente* como fator de extinção do processo.

A demora "natural" do processo, isto é, o *tempo* necessário que o Estado-juiz precisa para resolver a controvérsia que lhe é trazida pelo jurisdicionado, não pode resultar em qualquer prejuízo daquele que *necessita* da prestação da tutela jurisdicional. É a segura *diretriz* da precitada Súmula 106 do Superior Tribunal de Justiça, que sobrevive amplamente, não obstante a redação mais restrita do § 3º do art. 240.

49. Era o que já defendia o n. 2.2 do Capítulo 2 da Parte II do v. 2, t. I.

50. Ainda que com discrepâncias de fundamentação, até porque julgado sob a égide do CPC de 1973, é o que decidiu a 3ª Turma do STJ no REsp 1.527.157/PR, rel. Min. Paulo de Tarso Sanseverino, j.un. 5-6-2018, *DJe* 8-6-2018. Mais recentemente, o tema voltou à tona no Resp 1.705.703/SP, rel. Min. Marco Aurélio Bellizze, j.un. 2-10-2018, *DJe* 8-10-2018.

51. A Lei n. 13.129/2015, ao modificar a Lei n. 9.037/96, a lei da arbitragem, incluiu o § 2º no art. 19, que equipara, para todos os fins, o pedido de instauração da arbitragem ao início do processo perante o Estado-juiz, ao estilo do § 1º do art. 240 e do art. 312 do CPC de 2015, colocando fim a interessante discussão doutrinária a respeito de qual seria aquele marco temporal, bem relatada por Francisco José Cahali em seu *Curso de arbitragem*, p. 296-299.

Ainda sobre a prescrição, é pertinente destacar que o inciso II do art. 487 admite sua declaração de ofício, isto é, independentemente de provocação de qualquer das partes. O dispositivo, não obstante ter causado grande polêmica na doutrina desde quando introduzido pela Lei n. 11.280/2006 como § 5º do art. 219 do CPC de 1973, por trazer traço até então inédito ao instituto da prescrição tal qual conhecido pelo direito brasileiro, deve ser entendido como iniciativa louvável do legislador mais recente em prol de maior *eficiência* na atuação jurisdicional.

A apreciação oficiosa da prescrição, contudo, não deve ser admitida como se o magistrado prescindisse do estabelecimento do *prévio* contraditório, em todo e em qualquer caso, para conhecer dela, até porque, não há como negar, pode haver alguma peculiaridade de fato digna de conhecimento e exame do juiz quanto à consumação ou não do prazo prescricional, assim, por exemplo, nos casos em que seu prazo suspende-se ou interrompe-se (arts. 197 a 205 do CC), ou em que o interessado pode, legitimamente, renunciar a ela (arts. 191 e 940 do CC). Assim, a não ser que a hipótese concreta reclame urgência na sua apreciação (art. 9º, I), deve haver a *prévia oitiva* das partes sobre a ocorrência, ou não, da prescrição antes de seu reconhecimento judicial (art. 10).

É correto entender a respeito do tema que, nos casos alcançados pelo que o art. 211 do Código Civil chama de "decadência *convencional*", é vedada a atuação oficiosa do magistrado, ainda que sua alegação, sempre por iniciativa do réu, se dê "em qualquer grau de jurisdição", isto é, mesmo depois da apresentação da contestação (art. 342, III). Mesmo nesse caso, todavia, a prévia oitiva do réu a respeito da alegação do réu deve ser implementada, no que é suficientemente clara a própria letra do inciso II do art. 487, que se refere ao reconhecimento da prescrição e da decadência de ofício, ou, como se dá nessa específica hipótese, a requerimento.

4.1.1.2 *Efeitos processuais da citação*

Os efeitos *processuais* da citação, isto é, aqueles que se produzem para e no plano do próprio processo, são dois: indução da litispendência e estabilização da demanda.

A litispendência é a repetição de uma mesma postulação ainda em curso. Trata-se de pressuposto processual *negativo* e, nessa qualidade, inibe o início de um processo que traz para exame do Estado-juiz as mesmas partes, a mesma causa de pedir e o mesmo pedido (art. 337, §§ 1º a 3º).

A "estabilização da demanda", disciplinada pelo art. 329, deve ser entendida como a impossibilidade de o autor, após a citação, trazer algum novo elemento objetivo (pedido e causa de pedir) ou subjetivo (parte) ao processo sem a prévia concordância do réu. E, mesmo com sua concordância, as inovações após o "saneamento" do processo estão vedadas por força do que dispõe o art. 329, II.

O CPC de 2015, diferentemente do que disciplinava o CPC de 1973, não prevê a citação como fator de um terceiro efeito processual, a prevenção do juízo. Na sistemática atual, a prevenção dá-se pelo registro ou pela distribuição da petição inicial, sendo indiferente, destarte, a determinação da citação, ainda que dois ou mais processos tenham trâmite perante comarcas diversas[52].

4.1.2 Recurso do recebimento da inicial

As edições anteriores deste *Curso* analisavam a recorribilidade, ou não, da decisão de recebimento da petição inicial, isto é, aquela em que proferido o juízo de admissibilidade positivo, salientando as consequências práticas indesmentíveis da questão.

A conclusão então alcançada era a de que se tratava de decisão interlocutória, sendo correto entender que seu recurso, por agravo de instrumento, dependia de o réu, na qualidade de agravante, demonstrasse que aquele ato lhe acarretava prejuízo imediato e não suportável até o momento processual adequado em que, ofertada a contestação, o processo poderia ser extinto por questões de ordem processual. Uma verdadeira hipótese de tutela jurisdicional antecipada para o réu "que tem o direito de não ver demandas promovidas em seu detrimento *manifestamente* infundadas ou que não renderão ensejo a julgamento favorável ao autor (art. 295). Tutela antecipada no sentido de o réu beneficiar-se, *inclusive no plano do direito material*, com a extinção do processo liminarmente"[53].

A orientação não prevalece para o CPC de 2015 diante da profunda alteração que o sistema recursal sofreu. O silêncio do art. 1.015 acerca da hipótese deve ser entendida como legítima escolha do legislador para afastar a pertinência do agravo de instrumento contra aquela decisão, não obstante ser ela, indubitavelmente, interlocutória (art. 203, § 2º). A defesa de eventual direito do réu contra o recebimento da inicial e enquanto as preliminares de contestação não são analisadas deve ser buscada por outras técnicas, cabendo lembrar, pertinentemente, a disciplina codificada da tutela provisória (arts. 294 a 311).

A esse específico respeito, cabe lembrar da previsão do inciso I do art. 311, que, ao tratar da tutela provisória fundamentada na evidência quando "ficar caracterizado o abuso do direito de defesa ou o manifesto propósito protelatório", refere-se indistintamente a *parte* e não a *réu*, como fazia seu par, o inciso II do art. 273 do CPC de 1973, para legitimar, indiscutivelmente, a adoção daquela técnica para tutelar adequadamente eventual direito do réu em detrimento do autor, independentemente da interposição de qualquer recurso contra a decisão de recebimento da petição inicial.

---

52. Não subsiste, destarte, a clássica antinomia (aparente) que decorria dos arts. 106 e 219, *caput*, do CPC de 1973, da qual tratava o n. 2.3 do Capítulo 2 da Parte II do v. 2, t. I, deste *Curso* em suas edições anteriores ao CPC de 2015.

53. V., das edições anteriores ao CPC de 2015 deste *Curso*, o n. 2.4 do Capítulo 2 da Parte II de seu v. 2, t. I.

4.2 Juízo de admissibilidade neutro: emenda da petição inicial

Pode ocorrer de a petição inicial não preencher as exigências que lhe são impostas e que seja possível – e, mais do que isso, verdadeiramente desejável – que seus vícios sejam supridos, viabilizando, assim, o desenvolvimento válido e regular do processo, com a citação do réu.

É a hipótese coberta pelo art. 321, segundo o qual "O juiz, ao verificar que a petição inicial não preenche os requisitos dos arts. 319 e 320 ou que apresenta defeitos e irregularidades capazes de dificultar o julgamento de mérito, determinará que o autor, no prazo de 15 (quinze) dias, a emende ou a complete, indicando com precisão o que deve ser corrigido ou completado".

A exigência de que o magistrado *deve* indicar o que, na sua percepção, falta ou merece ser esclarecido na petição inicial atende aos reclamos da doutrina anterior ao CPC de 2015[54], e se relaciona intimamente com o contraditório e, mais especificamente, com o modelo de processo cooperativo do art. 6º[55].

Nada há que impeça, a despeito da ausência de *texto* expresso, que o autor requeira do juiz esclarecimentos sobre as suas eventuais objeções e que nesse *diálogo*, sempre necessário e nunca dispensável, o alcance do que pretende o autor fique suficientemente esclarecido. Essa troca de informações será importante, até mesmo, para interpretar o pedido levando em conta a boa-fé a que faz referência o § 2º do art. 322, e é, também por sua vez, inequívoca manifestação do modelo *cooperativo* de processo.

Quando o defeito encontrado na petição inicial disser respeito, especificamente, à incapacidade processual ou à irregularidade da representação do autor, tem aplicação o art. 76. Como o dispositivo determina a "suspensão" do processo e a fixação de um prazo *razoável* para que o vício seja sanado, não há qualquer vedação para que o prazo seja o *mesmo* de quinze dias a que se refere o art. 321. Eventual necessidade de *dilação* deve ser sempre *justificada e analisada caso a caso.*

A ausência de procuração do advogado é regida, especificamente, pelos §§ 1º e 2º do art. 104 e pelo art. 5º, § 1º, da Lei n. 8.906/94. O prazo dado pelos dispositivos para a apresentação da procuração é de quinze dias, prorrogável por igual período. A providência é de

---

54. Inclusive a do n. 3 do Capítulo 2 da Parte II do v. 2, t. I, deste *Curso* em suas edições anteriores ao CPC de 2015.

55. A respeito, a 2ª Seção do STJ já havia fixado entendimento próximo no julgamento do REsp repetitivo 1.133.689/SP, rel. Min. Massami Uyeda, j.m.v. 28-3-2012, *DJe* 18-5-2014. Para a chamada "ação monitória", a orientação também já havia chegado à 2ª Seção do STJ no REsp repetitivo 1.154.730/PE, rel. Min. João Otávio de Noronha, j.m.v. 8-4-2015, *DJe* 15-4-2015. No âmbito da recuperação judicial, o entendimento já era também externado na Súmula 56 do TJSP: "Na recuperação judicial, ao determinar a complementação da inicial, o juiz deve individualizar os elementos faltantes". A orientação está preservada, não obstante as alterações promovidas pela Lei n. 14.112/2020 na Lei n. 11.101/2005.

natureza *processual*, pelo que é correto entender que a quinzena (a original e a dobrada) só flui em dias úteis, mercê da distinção estabelecida pelo parágrafo único do art. 219.

O magistrado também pode, no exame da petição inicial, limitar o número de litisconsortes facultativos quando o litisconsórcio comprometer a rápida solução do litígio ou dificultar a defesa ou o cumprimento da sentença (art. 113, § 1º).

4.2.1 Prorrogação do prazo

Embora a parte final do *caput* do art. 321 e seu parágrafo único sejam inequívocos quanto ao indeferimento da petição inicial quando não supridas eventuais irregularidades ou defeitos no prazo de quinze dias (úteis), o que encontra eco no inciso IV do art. 330, o entendimento mais acertado é que é dada ao magistrado a possibilidade de prorrogar aquele prazo[56]. Deve-se afastar, em nome de um interesse maior, de inspiração publicista, o rígido sistema das preclusões na hipótese, pois que, em última análise, não há qualquer espécie de prejuízo para o réu que a formulação da petição inicial seja a mais escorreita possível. Prejuízo para ele e, especificamente, para o exercício de sua ampla defesa ocorreria na hipótese inversa, qual seja, a de uma petição inicial irregular, que desatenda às prescrições legais, ser recebida sem quaisquer ressalvas.

Nesse sentido, porque a petição inicial é que põe, em primeiro plano, o desenho do litígio a ser resolvido, com ânimo de definitividade, pelo magistrado, nada há de errado em que o prazo de quinze dias seja prorrogado, consoante as circunstâncias do caso concreto.

Evidentemente que o anseio do magistrado em melhor prestar a jurisdição não pode se converter em uma espera imotivada e desnecessária por diligências a serem tomadas pelo autor. Pode – e deve – o magistrado fixar novos prazos que lhe pareçam razoáveis para que os defeitos e as irregularidades sejam sanados, e, diante das circunstâncias concretas, pode ele, em seu silêncio ou em sua omissão, indeferir a inicial. Caso suspeite que a hipótese se assemelha ao "abandono" da causa, impõe-se a intimação da parte pessoalmente (vale dizer, do autor e não de seu advogado constituído) nos termos e para os fins do art. 485, § 1º.

Uma vez supridas as deficiências que poderiam comprometer a regularidade do processo desde seu início, cabe ao magistrado proferir juízo *positivo* de admissibilidade à petição inicial e determinar a citação do réu, quando deverão ser observadas as considerações do n. 4.1.1, *supra*.

De outra parte, nada obsta a que o próprio autor requeira ao magistrado, motivadamente, a dilação do prazo, fazendo-o *antes* de o prazo original esgotar (art. 139, VI e parágrafo único). Trata-se de (mais uma) natural consequência de um processo cooperativo.

56. Era entendimento já defendido pelo n. 4.2 do Capítulo 2 da Parte II do v. 2, t. I, deste *Curso* em suas edições anteriores ao CPC de 1973 e que também recebeu o beneplácito da 2ª Seção do STJ no REsp repetitivo 1.133.689/PE, rel. Min. Massami Uyeda, j.un. 28-3-2012, *DJe* 18-5-2012.

Em um e em outro caso, todavia, o não cumprimento das determinações do magistrado conduzirá ao indeferimento da petição inicial, no que é suficientemente claro o parágrafo único do art. 321.

4.2.2 Emendas sucessivas

Não há qualquer vedação para que o descumprimento, total ou parcial, da determinação de emenda da inicial leve o magistrado a determinar, uma segunda vez, que os defeitos e as irregularidades sejam supridos pelo autor.

Também não pode ser afastada a circunstância de um exame mais atento da inicial, mesmo que já tivesse determinado emendar a inicial, levar o mesmo magistrado a determinar *outra* emenda, visando a que seja suprido um vício que não havia notado anteriormente. O norte dessas emendas – sucessivas, se for o caso – é o de afastar na medida do possível e o quanto antes qualquer pecha de irregularidade que possa gerar, ao longo do processo, desperdício de atividade jurisdicional com eventual prejuízo para o exercício do direito de defesa do réu.

4.3 Juízo de admissibilidade negativo: rejeição da petição inicial

O "juízo de admissibilidade *negativo*" pode ser proferido por razões de cunho *processual* (art. 330) e também por razões de *mérito* (art. 332). A disciplina dada pelo CPC de 2015 é superior à do CPC de 1973, que, no particular, padecia de maior clareza, fruto das constantes e profundas reformas pelas quais atravessou, principalmente quanto ao seu art. 285-A, introduzido pela Lei n. 11.277/2006, correspondente ao atual art. 332[57].

4.3.1 Indeferimento da petição inicial

A primeira hipótese referida no número anterior é identificada pelo art. 330 como "indeferimento da petição inicial". De acordo com aquele dispositivo, a petição inicial será indeferida quando ocorrer ao menos uma das quatro hipóteses de seus incisos.

A primeira delas é a *inépcia* da inicial. É o próprio § 1º do art. 330 que descreve a petição inicial inepta como (i) aquela em que faltar pedido ou causa de pedir; (ii) em que o pedido for indeterminado, a não ser que se esteja diante de alguma das situações em que é permitida a apresentação de pedido genérico (art. 324, § 1º); (iii) quando a narração dos fatos não conduzir logicamente ao pedido; ou, ainda, (iv) quando contiver pedidos (cumu-

57. Para essa crítica e seu desenvolvimento, v. os n. 3 e 3.2 do Capítulo 2 da Parte II do v. 2, t. I, deste *Curso* em suas edições anteriores ao CPC de 2015.

lados) incompatíveis entre si, o que pressupõe que a hipótese *não* seja de cumulação *imprópria* (art. 326).

Também cuidam da inépcia da inicial na perspectiva da formulação do pedido os §§ 2º e 3º do art. 330. As regras, que derivam do *caput* e ao § 1º do art. 285-B do CPC de 1973, nele introduzido durante a elaboração do CPC de 2015, pela Lei n. 12.810/2013[58], devem ser compreendidas como mera especificação do que já decorre suficientemente dos incisos II e II do § 1º do art. 330[59].

De acordo com o primeiro daqueles dispositivos, quando o autor pretender revisar obrigação decorrente de empréstimo, financiamento ou alienação de bens, a petição inicial deverá discriminar sobre qual ou quais obrigações contratuais recai seu pedido de tutela jurisdicional, quantificando o valor incontroverso do débito.

O valor incontroverso, prossegue o § 3º do art. 330, deverá continuar a ser pago no tempo e modo contratados. Nem poderia ser diferente, porque, se eles não são questionados em juízo, não há razão nenhuma para que o autor deixe de adimplir a contento as obrigações vigentes no plano *material*. Naquele plano, a posição do autor, seja ele credor ou devedor, não importa, resta inalterada. Se a intenção do autor é questionar *parte da obrigação* tal qual assumida, ela (ou seu valor) deixa necessariamente de ser "incontroversa". Se o autor entende que o seu pedido de tutela jurisdicional pode comprometer o cumprimento da parcela

---

58. O dispositivo original continha também um § 2º, incluído pela Lei n. 12.873/2013, cujo comando-regra acabou por ser veiculada pelo art. 1.055 do CPC de 2015, vetado quando da promulgação do Código. Sua redação era a seguinte: "O devedor ou arrendatário não se exime da obrigação de pagamento dos tributos, das multas e das taxas incidentes sobre os bens vinculados e de outros encargos previstos em contrato, exceto se a obrigação de pagar não for de sua responsabilidade, conforme contrato, ou for objeto de suspensão em tutela provisória". Para a discussão das razões do veto e de sua incongruência com as diversas modificações operadas no texto do CPC de 2015 durante o "limbo revisional", v., do autor deste *Curso*, seu *Novo Código de Processo Civil anotado*, p. 1013.

59. É o que, com base no *caput* do art. 285-B e seu respectivo § 1º do CPC de 1973, já defendia o n. 7.1.2 do Capítulo 1 da Parte II do v. 2, t. I, das edições anteriores ao CPC de 2015 deste *Curso*: "Mas o art. 285-B só diz respeito aos casos em que as obrigações derivem de *empréstimo*, *financiamento* ou *arrendamento mercantil*. E se a obrigação existente no plano material for de outra ordem? Por que o autor não poderia discriminar na inicial o que pretende questionar (parte do contrato), discernindo-o do que *não* pretende questionar? As respostas às perguntas tendem a uma só: quaisquer obrigações mereceriam, em situações análogas, tratamento idêntico. Aceitando-a, contudo, sobressai a desnecessidade da nova regra. Ela já deriva, bem entendido seu conteúdo, do que se pode extrair do Código de Processo Civil atual devidamente compreendido e *sistematizado* com o objetivo – derivado do 'modelo constitucional' – de obter maior *racionalização* da atividade jurisdicional desde a elaboração e o recebimento da petição inicial. A se querer buscar alguma explicação para a nova regra, ocorre que a falta de clareza do que pretende o autor questionar em juízo entre o emaranhado de obrigações residentes no plano material e descritas na inicial poderia comprometer o direito de defesa do réu. Nesse contexto, estaria a nova regra estabelecendo que o autor tem o ônus de discernir o que pretende discutir, quantificando o que não pretende, cumprindo a parte não controvertida, com as ressalvas, quanto a este ponto, do § 2º Nessa perspectiva, a iniciativa é importante, mas, repita-se, ela já deriva do sistema processual civil vigente. Eventuais dúvidas sobre a compreensão da inicial, inclusive quando elas podem, ao menos em tese, comprometer o direito de defesa do réu, merecem ser sanadas por rigoroso exame de admissibilidade da inicial, nos termos propostos pelo n. 1 do Capítulo 2. Inútil, em si mesma considerada, a regra veiculada como art. 285-B".

não discutida em juízo, caberá a ele formular pedido de tutela provisória para desobrigá-lo de seu cumprimento[60].

A dicotomia estabelecida pelo dispositivo entre as obrigações sobre as quais o autor pretende controverter e o valor incontroverso evoca o conceito de *lide* proposto por Carnelutti desde seu *Sistema de direito processual civil* e a crítica que a ele fez Liebman, que o rotulava de sociológico[61]. A distinção é didática para distinguir o que será objeto do processo (as obrigações e/ou seus respectivos valores "controvertidos" pelo autor em sua petição inicial) e o que não será (as obrigações e/ou os seus respectivos valores não controvertidos em sua petição inicial). O que não se torna objeto do processo por iniciativa do autor (pedido) deve continuar a ser adimplido de acordo com as regras de direito material por força do § 3º do art. 330. Contudo – eis a pertinência da lembrança da crítica de Liebman –, o que interessa ao processo é a parcela do direito material sobre a qual o autor formula pedido de tutela jurisdicional. Ir além é comprometer o princípio da vinculação do juiz ao pedido, que, bem entendido, justifica a própria inércia da jurisdição, de berço constitucional.

É essa a razão pela qual este *Curso* sempre propugnou que a hipótese regrada pelos atuais §§ 2º e 3º do art. 330, antigo art. 285-B do CPC de 1973 não se ocupava, como continua a não se ocupar, com uma hipótese de julgamento *parcial* da lide ou do mérito. Isto porque o que é *parcial* é o que pretende o autor questionar em juízo de uma ou mais de uma relação obrigacional. A parcialidade, nesse sentido, só existe quando se confronta o plano material com o plano processual. No plano *processual*, o que é pedido pelo autor não pode ser compreendido como parcial. É o *todo*, que corresponde ao pedido e, junto com a causa de pedir, ao objeto do processo. Julgamento *parcial* da lide ou, como prefere o CPC de2015, julgamento parcial do *mérito*, em tal hipótese, só será possível se *parte* do que foi pedido (e, portanto, transportado para o plano do processo pela petição inicial) for julgada antecipadamente, o que atrai a incidência do art. 356.

Pode acontecer de o autor não conseguir quantificar o valor incontroverso desde a formulação de sua petição inicial. Essa hipótese, que tem tudo para ser extremamente frequente, não inibe – nem poderia, sob pena de violar o acesso à Justiça – que, nesse caso, a quantificação seja feita ao longo do processo. Seja otimizando-a na etapa de conhecimento, seja antes da etapa de cumprimento de sentença, na *liquidação*, observando-se, no particular, o disposto nos arts. 509 a 512.

Os incisos II e III do art. 330 tratam do que o CPC de 1973 e toda a dogmática do direito processual civil brasileiro de então conheciam como "condições da ação", que, pelas razões expostas pelo n. 3.2 do Capítulo 4 da Parte I do v. 1, merecem, doravante, ser chamadas de "o mínimo indispensável para o exercício do direito de ação".

60. O veto do precitado art. 1.055 do CPC de 2015 não interfere na conclusão do texto, dada a amplitude que o CPC de 2015 dá ao "dever-poder geral de antecipação" e ao "dever-poder geral de cautela".

61. "O despacho saneador e o julgamento do mérito", p. 126-131.

Não obstante o abandono da consagrada nomenclatura, a sistemática da legitimidade e do interesse para a viabilidade de julgamento de mérito (no sentido de ser viável a prestação da tutela jurisdicional a quem, na perspectiva do direito material, faz jus a ela) está preservada pelo CPC de 2015. A função de *filtro* desempenhada por aquelas exigências, ao permitir que o magistrado negue trânsito a processo que, desde a primeira análise, não reúne o mínimo indispensável, na perspectiva do direito material, para viabilizar o julgamento de mérito, é patente no dispositivo em destaque. Tanto assim que a petição inicial será indeferida de plano quando "a parte for manifestamente ilegítima" ou quando "autor carecer de interesse processual".

O inciso IV do art. 330 impõe o indeferimento da petição inicial quando o autor não atender às exigências que o art. 106 estabelece ao advogado ou as do art. 321, isto é, a adequada superação do juízo *neutro* de admissibilidade.

A despeito do *texto* do *caput* do art. 330, não há razão para negar que, antes do indeferimento, o magistrado exorte o autor a explicar, esclarecer ou complementar a sua petição inicial para que eventual defeito, obscuridade ou pouca clareza em sua formulação evidencie que *não se trata* de inépcia, nem de flagrante ilegitimidade e nem de falta de interesse processual. O art. 321, assim, deve incidir genericamente, consoante as peculiaridades de cada caso concreto. É consequência inarredável do modelo cooperativo de processo imposto pelo art. 6º e, de resto, é providência que se afina com o "dever-poder geral de saneamento" do inciso IX do art. 139.

Mesmo na hipótese prevista no inciso III do art. 330, a mesma diretriz deve ser observada. Se é certo que eventual ilegitimidade ou falta de interesse não são passíveis de saneamento, eventual esclarecimento sobre a situação legitimante ou do porquê do binômio necessidade/utilidade na prestação da tutela jurisdicional não merece ser descartado aprioristica e generalizadamente.

É certo, todavia, que, uma vez instigado o autor a se manifestar para os fins de *emenda* da inicial, o descumprimento do prazo ou seu silêncio *devem* conduzir ao indeferimento da inicial (art. 321, parágrafo único).

4.3.2 Regime recursal

Quando indeferida a inicial nos moldes do art. 330, poderá o autor, querendo, apresentar recurso contra a sentença. A apelação, que é o recurso cabível de toda e qualquer sentença (art. 1.009, *caput*), apresenta disciplina procedimental diferenciada, objeto do art. 331.

A primeira nota distintiva da apelação em tais casos está na viabilidade de o magistrado retratar-se da decisão que proferiu. Terá, para tanto, o prazo de cinco dias (úteis), que são contados de quando os autos forem a ele apresentados com a apelação neles encartada. Se o magistrado se retratar, isto é, se ele voltar atrás e acabar recebendo a petição inicial que indeferira, determinará a citação do réu para os devidos fins.

Sobre o efeito *regressivo* recursal previsto expressamente para a hipótese, importa entender que seu exercício pelo juízo da primeira instância pressupõe a realização do juízo de admissibilidade da apelação, o que, no sistema do CPC de 2015, é medida excepcional (art. 1.010, § 3º), e que ele seja *positivo*. Não faz sentido que o magistrado possa rever sua sentença se a apelação não reunir condições de ser admitida, independentemente da razão que justifique o descabimento do recurso[62]. Isso porque, nessa hipótese, não há como reconhecer que exista direito ao recurso e, consequentemente, à reanálise da decisão recorrida.

Se, de qualquer sorte, a conclusão do magistrado da primeira instância for pela *inadmissibilidade* da apelação (juízo *negativo* de admissibilidade daquele recurso), a sentença deverá ser preservada por ele, determinada a citação do réu para responder ao recurso e enviados os autos ao Tribunal competente para seu julgamento, observado o disposto no § 1º do art. 331. Nesse caso, diferentemente do suscitado no parágrafo anterior, deve prevalecer a regra decorrente do precitado § 3º do art. 1.010, desafiando reclamação o ato judicial praticado em sentido contrário (art. 988, I).

Caso a sentença seja mantida, o magistrado determinará a citação do réu. A finalidade dessa citação é específica: "responder ao recurso", consoante se lê do § 1º do art. 331.

Há quem cogite que as contrarrazões recursais teriam de prever o provimento do recurso e a possibilidade de julgamento de mérito em desfavor do réu, razão pela qual elas precisariam *também* desempenhar as vezes da contestação[63]. A melhor interpretação, contudo, é em sentido contrário: primeiro a petição inicial tem de ser admitida para depois, somente depois, o réu ser *intimado* – porque citado ele já está – para o ato procedimental subsequente, inclusive para se defender das alegações do autor. *Eficiência* do processo não deve ser confundida, como muitas vezes o é, com *celeridade*, com o desprezo, puro e simples, de garantias e direitos, inclusive de estatura constitucional. Entendimento contrário, ademais, teria o condão de comprometer o duplo grau de jurisdição, impedindo que os *fatos* subjacentes à decisão não ficassem submetidos, como devem ficar, a um duplo exame.

Com as contrarrazões (ou sem elas, mas desde que o réu tenha tido oportunidade de apresentá-las) os autos serão enviados ao Tribunal.

Para o Tribunal há duas alternativas que interessam ao momento da exposição: preservar a sentença ou reformá-la. Se a sentença for preservada – e isso pode se dar inclusive pelo fato de a apelação não superar seu juízo de admissibilidade –, caberá ao autor, se quiser, prosseguir na fase recursal, que, a partir daquele ponto, não traz nenhuma peculiaridade. É correto entender que, nesta hipótese, o Tribunal deverá fixar honorários advocatícios em favor do advogado do réu, na

62. Por essa razão, a concordância com o Enunciado n. 68 da I Jornada de Direito Processual Civil, segundo o qual "A intempestividade da apelação desautoriza o órgão *a quo* a proferir juízo positivo de retratação", é parcial. Não só a intempestividade, mas qualquer outra exigência que integra o juízo de admissibilidade do apelo deve ser analisada pelo juízo que proferiu a sentença para, superado aquele óbice, exercer o juízo de retratação.

63. É o que sustentam Lucas Rister de Sousa Lima, *Da improcedência à procedência liminar no novo CPC*, p. 165-170, e Gustavo Mattedi Reggiani, *Improcedência liminar do pedido no novo CPC*, p. 111-113.

hipótese de ele ter atuado no processo. Não se trata de honorários *recursais* (art. 85, § 11), mas, bem diferentemente, dos honorários *sucumbenciais* genéricos, previstos nos §§ 2º e 3º do art. 85, que se justificam pelo atuar do réu desde quando citado para ofertar contrarrazões[64].

Se reformar a sentença, o acórdão fará as vezes do recebimento da petição inicial. Nesse caso, o réu, que já está citado, terá prazo para contestar, que fluirá da *intimação*, comunicando o retorno dos autos à primeira instância, "observado o disposto no art. 334" (art. 331, § 2º).

É difícil entender o sentido da remissão feita pelo precitado dispositivo ao art. 334 (que trata da audiência de conciliação ou de mediação) se é o próprio § 2º do art. 331 que se refere ao prazo para contestar. Houve erro de remissão, que deveria ser ao art. 335, que trata do início do prazo para contestação? Ou, na verdade, o dispositivo quer que a audiência de conciliação ou de mediação seja realizada, *a não ser que ao menos uma das partes assim não deseje* (art. 334, § 4º, I)?

A melhor forma de superar essa antonímia está na preponderância do incentivo que o CPC de 2015 dá às formas de autocomposição (art. 3º, §§ 2º e 3º). Assim, a despeito do "prazo para a contestação", que se lê no § 2º do art. 331, é preferível interpretar a regra no sentido de que, com o retorno dos autos à primeira instância, as partes serão *intimadas* para comparecer à audiência de conciliação ou de mediação a ser designada. Caso ao menos uma delas se manifeste em sentido contrário, o réu terá aberto o prazo para contestação.

A esse propósito não há como descartar que, com a reforma da sentença, o magistrado deixe de designar a audiência de conciliação ou de mediação por entender que a hipótese não comporta autocomposição (art. 334, § 4º, II). Nesta hipótese, a ser devidamente apontada e justificada, consoante as peculiaridades de cada caso, o réu será *intimado* para, desde logo, apresentar sua contestação.

Por fim, se o autor não apelar da sentença que indeferiu liminarmente a petição inicial, o réu será intimado "do trânsito em julgado da sentença" (art. 331, § 3º). Em rigor, não há trânsito em julgado porque as hipóteses que conduzem o magistrado ao indeferimento da inicial com fundamento no art. 330 não são de mérito (nem mesmo as dos incisos II e III, que se relacionam ao mínimo indispensável para o exercício do direito de ação) e, pois, não são passíveis de transitar em julgado. Contudo, a despeito da terminologia, a intimação de que houve processo em face do réu, que houve sentença de rejeição da inicial e que a sentença não foi objeto de apelo é essencial e verdadeiramente impositiva diante dos princípios do contraditório e da ampla defesa. Por isso mesmo, lembrando do que expõe o n. 4.3.1.3 do Capítulo 4 da Parte I do v. 1, é mais correto entender que a *intimação* referida no dispositivo faz as vezes de verdadeira *citação*, atraindo para a hipótese os efeitos, materiais e processuais, previstos no art. 240 e em seus respectivos parágrafos.

Sobre a necessária comunicação do réu da interposição do apelo pelo autor *e* da sua não interposição, cabe destacar que a solução dada pelos §§ 1º e 3º do art. 331, a despeito da

64. Correto no ponto são as decisões proferidas pela 4ª Turma do STJ no REsp 1.753.990/DF, rel. Min. Maria Isabel Gallotti, j.m.v. 9-10-2018, *DJe* 11-12-2018 e pela 3ª Turma do STJ no REsp 1.801.586/DF, rel. Min. Ricardo Villas Bôas Cueva, j.un. 11-6-2019, *DJe* 18-6-2019.

questão terminológica apontada no parágrafo anterior, é superior à do art. 296 do CPC de 1973, na sua redação dada pela Lei n. 8.952/94, que não tratava expressamente acerca da exigência. Na perspectiva do modelo constitucional, importava dar interpretação conforme à regra para permitir que o réu, uma vez citado após o recebimento da petição inicial, pudesse arguir em contestação a mesma matéria que, de início, havia conduzido ao indeferimento[65], o que contava com o apoio das edições anteriores deste *Curso*.

A dinâmica adotada pelos precitados dispositivos do CPC de 2015 para a hipótese tem o mérito de tornar mais eficiente a atuação jurisdicional ao permitir que a discussão sobre os motivos de indeferimento da petição inicial seja realizada desde logo sob o manto do contraditório, evitando, com isso, eventuais retrocessos.

4.3.3 Improcedência liminar do pedido

Pode também ocorrer de o juízo de admissibilidade *negativo* conduzir o magistrado a proferir sentença de *mérito* desde logo, antes mesmo da citação do réu.

A hipótese é disciplinada pelo art. 332, que substitui o polêmico art. 285-A do CPC de 1973, nele introduzido pela Lei n. 11.277/2006, e que foi objeto da ADI 3.695/DF, julgada prejudicada pelo Supremo Tribunal Federal diante da perda de seu objeto com a entrada em vigor do CPC de 2015[66].

A improcedência liminar do pedido é possível, de acordo com o art. 332, quando a fase instrutória for dispensável e desde que (i) o pedido contrarie enunciado de súmula do Supremo Tribunal Federal ou do Superior Tribunal de Justiça; (ii) ou acórdão proferido pelo Supremo Tribunal Federal ou pelo Superior Tribunal de Justiça em julgamento de recursos repetitivos; (iii) ou entendimento firmado em incidente de resolução de demandas repetitivas ou de assunção de competência; ou, ainda, (iv) enunciado de súmula de tribunal de justiça sobre direito local.

A diretriz da nova regra afeiçoa-se ao que parcela da doutrina, inclusive o n. 3.2 do Capítulo 2 da Parte II do v. 2, t. I, das edições anteriores ao CPC de 2015 deste *Curso*[67], e a jurisprudência que acabou prevalecendo no âmbito do Superior Tribunal de Justiça[68], entendiam

---

65. É a orientação que havia prevalecido no Pleno do STF no AI-AgR 427.533/RS, rel. Min. Cezar Peluso, j.m.v. 2-8-2004, *DJ* 17.2-2006, p. 55, que recebeu a seguinte ementa: "PROCESSO – INDEFERIMENTO DA INICIAL – CONTRADITÓRIO – PRECEDENTE DO PLENÁRIO. O Plenário, apreciando o agravo no Agravo de Instrumento n. 427.533, assentou que não cabe, no caso de indeferimento liminar da inicial e interposição de sucessivos recursos, estabelecer o contraditório, tendo por constitucional o artigo 296 do Código de Processo Civil. Ressalva de entendimento pessoal, para observar o pronunciamento da ilustrada maioria, mantida a reserva".

66. O IBDP chegou a se manifestar na qualidade de *amicus curiae* naquele processo, ao que consta a primeira vez em que uma instituição científica tomou aquela iniciativa no bojo de ações diretas de inconstitucionalidade. O Instituto foi representado pela sua então Presidente, a saudosa Professora Ada Pellegrini Grinover, e o memorial subscrito pelo autor deste *Curso*. Sua íntegra está veiculada no v. 138 da *Revista de Processo*, p. 165-184.

67. O autor deste *Curso* havia voltado ao tema anteriormente, desde seu *A nova etapa da reforma do Código de Processo Civil*, v. 2, p. 52-73 e 75-79.

68. A respeito, v. os seguintes acórdãos: STJ, 2ª Turma, REsp 1.279.570/MG, rel. Min. Mauro Campbell Marques, j.un. 8-11-2011, *DJe* 17-11-2011 e STJ, 3ª Turma, REsp 1.225.227/MS, rel. Min. Nancy Andrighi, j.un. 28-5-

ser mais correto: a rejeição liminar do pedido deve pressupor consolidação jurisprudencial acerca do assunto, sendo inviável – e verdadeiramente antiproducente – que a existência de mera(s) sentença(s) em sentido contrário à pretensão autoral pudesse justificar a rejeição liminar da petição inicial. A regra não merecia ser interpretada como vetor de mera agilização procedimental, como se o inciso LXXVIII do art. 5º da Constituição Federal permitisse compreender um princípio da *celeridade* e não, como é correto, de *eficiência* processual[69].

As hipóteses autorizadoras da improcedência liminar do pedido são coerentes com o que o próprio CPC de 2015 estabelece sobre os efeitos de determinadas decisões dos Tribunais. Importa, por isso mesmo, interpretar as hipóteses dos incisos do art. 332 levando em conta os referenciais (os "indexadores jurisprudenciais") do art. 927 e, por isso mesmo, entender aquele rol de maneira ampla, tal qual propõe o n. 2 do Capítulo 1 da Parte II[70].

Assim, para ilustrar o alcance da interpretação aqui proposta ao art. 332, é irrecusável o entendimento de que cabe ao magistrado julgar liminarmente improcedente pedido que contrarie entendimento tomado pelo Supremo Tribunal Federal em sede de controle concentrado de constitucionalidade ou súmula vinculante[71]. A sistemática decorrente do art. 927 deve prevalecer sobre as hipóteses previstas nos incisos do art. 332, sendo descabida a interpretação literal daquelas referências.

O que é menos claro no dispositivo e, por isso, merece ser colocado em evidência é que os casos devem pressupor uniformidade fática ou, quando menos, inviabilidade de qualquer hesitação por parte do magistrado sobre o substrato fático a partir do qual incidirá o comando jurídico *jurisprudencializado*. É essa a interpretação que merece ser dada à expressão que abre o *caput* do art. 332, "nas causas que dispensem a fase instrutória". Havendo dúvida sobre os fatos aplicáveis, sua extensão ou quaisquer outros detalhes, o art. 332 *não pode incidir*. O que pode ocorrer, mas que é totalmente diverso, é que, após a contestação, o magistrado profira julgamento antecipado do mérito (art. 355), ao menos de forma *parcial* (art. 356), para rejeitar o pedido do autor. Aqui também cabe ressalva de que *eficiência* processual

---

2013, *DJe* 12-6-2013.

69. É essa a razão pela qual não se podia concordar com o entendimento de Fábio Victor da Fonte Monnerat, desenvolvida em seu "A jurisprudência uniformizadora como estratégia de aceleração do procedimento", esp. p. 449-463, a respeito do assunto. Quanto ao ponto, é pertinente destacar o seguinte trecho de voto do Min. Luis Felipe Salomão, da 4ª Turma do STJ: "A bem da verdade, permitir que se profiram decisões contrárias a entendimentos consolidados, ao invés de racionalizar o processo, seguramente acaba por fomentar o inconformismo da parte vencida e contribui com o patológico estado de litigiosidade verificado atualmente" (REsp 1.109.398/MS, j.un. 16-6-2011, *DJe* 1º-8-2011).

70. Dentro da sistemática do art. 947, pode ocorrer de o juízo de admissibilidade da petição inicial ser sobrestado até que se conclua o julgamento das diversas técnicas predispostas à criação de um daqueles indexadores jurisprudenciais para viabilizar a aplicação do art. 332.

71. Expresso, no ponto, é o Enunciado n. 22 da I Jornada de Direito Processual do CJF: "Em causas que dispensem a fase instrutória, é possível o julgamento de improcedência liminar do pedido que contrariar decisão do Supremo Tribunal Federal em controle concentrado de constitucionalidade ou enunciado de súmula vinculante".

não é, e nem pode ser, sinônimo de mera celeridade. Não é isso, definitivamente não, o que impõe a Constituição Federal desde seu art. 5º, LXXVIII, e que está espelhado no art. 4º.

Além desses casos, previstos nos incisos I a IV do *caput*, o § 1º do art. 332 também autoriza a rejeição liminar da inicial com resolução de mérito nos casos em que o magistrado constatar, desde logo, a ocorrência de decadência ou de prescrição. A previsão harmoniza-se com o que consta do inciso do art. 487 sobre serem aquelas matérias tratadas como *mérito* pelo CPC de 2015, a exemplo, aliás, do que já fazia o art. 269 do CPC de 1973.

É correto entender que o magistrado, antes de proferir sentença de improcedência liminar do pedido, dê ao autor a oportunidade de se manifestar sobre a ocorrência de uma ou mais das hipóteses do art. 332, o que deriva, sem muito esforço, dos arts. 6º e 10. Até para que se oportunize ao autor que realize, a contento, a *distinção* do caso para afastar eventual indexador jurisprudencial que selaria a sorte de sua pretensão ou, ainda, que sublinhe algum aspecto fático apto a afastar a consumação de prazo prescricional ou decadencial.

Como toda nulidade processual pressupõe prejuízo, é correto afastar a necessidade de estabelecimento de contraditório prévio quando o fundamento a ser adotado pela sentença já tiver sido suficientemente enfrentado (embora em sentido oposto) na petição inicial.

4.3.3.1 *Regime recursal*

A exemplo do que relatado com relação aos arts. 330 e 331, o art. 332 também traz alterações procedimentais na apelação cabível da sentença proferida com fundamento nele. Tais alterações coincidem com aquelas expostas ao ensejo do art. 331, sendo bastante sua mera enunciação, não sendo demasia sublinhar que, nesse caso, o legislador não dedicou, como lá fez, um dispositivo apartado para tratar do assunto, preferindo disciplinar a apelação em parágrafos do mesmo artigo.

O § 3º do art. 332 prevê a possibilidade de juízo de retratação em cinco dias (úteis) pelo magistrado, o que pressupõe, como já destacado, *juízo positivo* de admissibilidade do apelo a ser efetuado *excepcionalmente* pelo magistrado *a quo*. O § 4º do art. 332, por seu turno, determina a citação do réu na hipótese de haver retratação (e ele será *citado*, nesse caso, como regra, para a audiência de conciliação ou mediação, à falta de qualquer dispositivo em sentido contrário). Caso não haja retratação, o réu será *citado* para apresentar contrarrazões no prazo de quinze dias[72].

Cabe observar que a intimação do réu nos casos em que não for interposta a apelação dará efetiva notícia do trânsito em julgado daquela decisão (art. 332, § 2º, que faz remissão ao art.

---

72. Na hipótese de o Tribunal manter a sentença de improcedência, é correto entender que deve haver responsabilização do autor pelos honorários sucumbenciais (e não recursais) do advogado do réu que, citado, tenha efetivamente participado do processo até então. Aplica-se aqui a mesma diretriz que prevaleceu no julgamento do REsp 1.753.990/DF pela 4ª Turma do STJ, rel. Min. Maria Isabel Gallotti, j.m.v. 9-10-2018, *DJe* 11-12-2018 e no julgamento do REsp 1.801.586/DF pela 3ª Turma daquele Tribunal, rel. Min. Ricardo Villas Bôas Cueva, j.un. 11-6-2019, *DJe* 18-6-2019.

241, regra dirigida ao escrivão ou chefe de secretaria a quem compete o dever de fazer a intimação). Também aqui é correto entender que essa intimação faz as vezes – em verdade, tem que fazer, à luz do modelo constitucional do direito processual civil – de verdadeira *citação*.

4.3.4 Juízo de admissibilidade negativo da petição inicial e extinção parcial do processo

É correto entender que as hipóteses de rejeição da petição inicial, tanto as de índole processual como as fundamentadas no mérito, podem ser aplicadas apenas com relação a parte da petição inicial, o que encontra suficiente fundamento no parágrafo único do art. 354 do CPC[73].

Não haveria como alcançar conclusão diversa em um Código que, expressamente, agasalha a possibilidade de julgamentos *parciais* e que elege, de modo coerente, a eficiência como uma de suas pedras de toque (art. 4º), em total harmonia com o modelo constitucional do direito processual civil.

Em tais casos, é correto entender que o recurso cabível é o de agravo de instrumento, por força do que estatui o parágrafo único daquele dispositivo, aplicável à espécie por força do inciso XIII do art. 1.015, que se sobrepõe, pela especialidade, à sistemática recursal reservada pelos arts. 331 e 332, §§ 2º a 4º, aos casos de sentença de extinção prematura do processo.

Não obstante, como o recurso de agravo de instrumento ostenta efeito *regressivo* (v. o n. 4 do Capítulo 3 da Parte III) – que é a grande peculiaridade da apelação para as hipóteses de descarte da petição inicial – o autor/agravante não é prejudicado com a aplicação do regime recursal daquele outro recurso.

5. AUDIÊNCIA DE CONCILIAÇÃO OU DE MEDIAÇÃO

Importantíssima alteração promovida pelo CPC de 2015 está no ato seguinte ao juízo *positivo* de admissibilidade da petição inicial. A citação do réu será, como regra, para comparecer ao que é chamado de "audiência de conciliação ou de mediação" e não, como no CPC de 1973, para apresentar contestação.

É o que se extrai do *caput* do art. 334: "Se a petição inicial preencher os requisitos essenciais e não for o caso de improcedência liminar do pedido, o juiz designará audiência de conciliação ou de mediação com antecedência mínima de 30 (trinta) dias, devendo ser cita-

73. Ainda que tratando do tema na perspectiva da chamada "ação monitória", há interessante acórdão da 3ª Turma do STJ admitindo a extinção parcial no sentido destacado no texto. Trata-se do REsp 1.837.301/SC, rel. Min. Moura Ribeiro, j.un. 18-2-2020, *DJe* 20-2-2020.

do o réu com pelo menos 20 (vinte) dias de antecedência". Por se tratar de prazo de índole processual, devem ser computados somente os dias úteis (art. 219, parágrafo único).

Se é certo que no CPC de 1973 uma audiência com essa finalidade *podia* ser designada pelo magistrado, não é menos certo que, no CPC de 2015, ela *deve ser designada*. Ao menos é essa a regra que, consoante as peculiaridades do caso concreto, aceitará as exceções do § 4º do art. 334. A iniciativa vai ao encontro do que, desde os §§ 2º e 3º do art. 3º, o CPC de 2015 enaltece em termos de soluções *consensuais* do litígio, preferindo-a ou, quando menos, criando condições concretas de sua realização no lugar da constante e invariável solução *impositiva*, típica da atuação jurisdicional, ao menos na visão tradicional.

Não é correto entender que a Lei n. 13.140/2015, que trata da mediação, infirme a opção feita pelo CPC de 2015 sobre a *citação* do réu para comparecer à referida audiência.

Primeiro, porque o art. 27 daquela lei limita-se a prever que, "Se a petição inicial preencher os requisitos essenciais e não for o caso de improcedência liminar do pedido, o juiz designará audiência de mediação". Ao relacionar o juízo *positivo* de admissibilidade da petição inicial à designação da audiência, a regra se compatibiliza plenamente com o *caput* do art. 334 do CPC de 2015.

Segundo, porque o CPC de 2015, por veicular as regras específicas de *processo* e, não obstante as críticas feitas ao longo deste *Curso*, também de *procedimento*, deve prevalecer sobre as soluções que aquele outro diploma legislativo insinua a respeito do assunto. Assim, o art. 29 da Lei n. 13.140/2015, ao dispor que, "solucionado o conflito pela mediação antes da citação do réu, não serão devidas custas judiciais finais", merece ser interpretado no sentido de que as custas não serão devidas na hipótese de haver mediação após o início do processo mas *antes* da citação do réu ou, ainda, no sentido de que o réu (já citado, por força do art. 334, *caput*, do CPC de 2015) não pagará custas finais se o conflito for resolvido na audiência por meio da mediação, tornando desnecessário, por isso mesmo, o prosseguimento do processo com relação à definição do direito aplicável. Trata-se, assim, de mais um estímulo para que as partes alcancem a resolução do conflito por meios autocompositivos, pensamento que se harmoniza com os parágrafos do art. 3º do CPC de 2015[74].

É correto concluir, destarte, e não obstante a Lei n. 13.140/2015, que a precitada audiência passa a ser, como regra, ato do procedimento comum, a intermediar a postulação inicial do autor e a apresentação da contestação pelo réu.

O sucesso do novo padrão procedimental do procedimento comum dependerá, de qualquer sorte, da boa aceitação da regra e das condições estruturais, físicas e humanas de as audiências de conciliação ou de mediação serem realizadas no menor espaço de tempo possível, observando os mínimos estabelecidos pelo *caput* do art. 334 – nos centros a que se refere o *caput* do art. 165 – e, mais do que isso, gerarem os frutos que, espera-se, podem e

74. Cabe ressalvar, de qualquer sorte, ser questionável, do ponto de vista constitucional, que a lei federal (o CPC ou a Lei n. 13.140/2015) disponha sobre isenção de custas no âmbito da Justiça Estadual.

devem gerar. É tarefa a ser devidamente aquilatada pelo Conselho Nacional de Justiça e, se for o caso, mudar os rumos (mediante propostas de alteração legislativa), na esteira do que dispõe o art. 1.069.

Na perspectiva do CPC de 2015, é correto entender que o conciliador ou o mediador, onde houver, atuará *necessariamente* na audiência, consoante estabelece o § 1º do art. 334. Nem poderia ser diferente, sob pena de colocar por terra tudo o que, desde os §§ 2º e 3º do art. 3º, dispõe o CPC de 2015 a respeito, além da rica disciplina relativa à conciliação e à mediação constante de seus arts. 165 a 175, sem prejuízo do que, sobre a mediação judicial, também trazem os arts. 24 a 29 da Lei n. 13.140/2015.

A participação do mediador ou do conciliador deve ser enaltecida também porque a condução das audiências aqui discutidas pelo magistrado pode colocar em xeque a sua imparcialidade. É confrontar, para confirmar o acerto desse entendimento, os deveres impostos aos conciliadores e mediadores (art. 166) com a neutralidade que deve pautar invariavelmente a atuação do magistrado. Urge, para evitar questionamentos dessa natureza, que sejam formados e capacitados mediadores e conciliadores por todo o país, tanto no âmbito da Justiça Estadual como no da Federal, sem o que toda a estrutura procedimental criada pelo CPC de 2015 a partir dos §§ 2º e 3º de seu art. 3º tende a ser ineficaz[75].

O § 2º do art. 334 prevê a possibilidade de realização de mais de uma sessão destinada à conciliação e à mediação, não espaçadas em mais de dois meses, desde que necessárias à composição das partes. Trata-se de iniciativa que, com os olhos voltados exclusivamente à solução imposta por sentença, não se justifica. Por que aguardar tanto tempo e viabilizar mais de um encontro entre as partes para que *elas* cheguem a algum consenso sobre o litígio? Por que não prosseguir o processo, proferindo sentença o quanto antes? A razão de ser da conciliação e da mediação afastam interrogações como estas, aqui formulados para fins retóricos. É correto entender o dispositivo no sentido de viabilizar que o *tempo* necessário à conciliação e à mediação seja empregado para evitar, é esse seu intuito, a solução *imposta*. Resolver processos, ainda que com velocidade, definitivamente não é o mesmo que resolver os problemas a eles subjacentes. Por isso a necessidade de criação de nova mentalidade acerca dos meios consensuais de resolução de conflitos é inegável. Tanto assim que o *caput* do art. 28 da Lei n. 13.140/2015 permite às partes requerer, de comum acordo, a prorrogação do prazo para a conclusão do procedimento de mediação judicial. É irrecusável sua aplicação à hipótese aqui estudada.

A realização de várias sessões pode se justificar, ademais, diante do § 12 do art. 334, segundo o qual a pauta das audiências de conciliação ou de mediação será organizada de modo a respeitar o intervalo mínimo de vinte minutos entre o início de uma e o início da seguinte.

75. Enquanto isto, considerando, inclusive, a expressa ressalva feita pelo § 1º do art. 334, não há como desconsiderar a diretriz do Enunciado n. 23 da I Jornada de Direito Processual Civil do CJF: "Na ausência de auxiliares da justiça, o juiz poderá realizar a audiência inaugural do art. 334 do CPC, especialmente se a hipótese for de conciliação".

A seriedade por trás das audiências de conciliação ou de mediação está estampada no § 8º do art. 334. De acordo com o dispositivo, o não comparecimento injustificado do autor ou do réu à audiência de conciliação (ou de mediação, a despeito do silêncio do dispositivo) é considerado *ato atentatório à dignidade da justiça* e será sancionado com multa de até dois por cento da vantagem econômica pretendida ou do valor da causa, revertida em favor da União (quando o processo tramitar na Justiça Federal) ou do Estado (quando o processo tramitar na Justiça Estadual)[76]. A previsão enfatiza a importância de autor e réu se manifestarem de forma inequívoca sobre seu eventual desinteresse na realização daquela audiência, cabendo ao autor fazê-lo desde a formulação de sua petição inicial (art. 319, VII). Não faz sentido, contudo, apenar qualquer uma das partes na hipótese de não haver autocomposição: o § 8º do art. 334 quer punir a prática de ato inútil devido ao não comparecimento sem prévia justificativa das partes e não, ainda que reflexamente, impor a celebração de algum acordo[77].

Não há previsão para recurso imediato da decisão que arbitra a multa (art. 1.015)[78]. Assim, ainda que o prejudicado por ela venha a se sagrar vencedor na sentença, terá interesse recursal para apresentar recurso de apelação, ainda que voltado única e exclusivamente para o contraste. A iniciativa encontra respaldo no § 1º do art. 1.009[79].

5.1 Não realização

A *regra* é que a audiência de conciliação ou de mediação seja realizada como ato seguinte ao proferimento do juízo de admissibilidade positivo da petição inicial e à determinação de citação do réu.

O autor poderá, contudo, desde a petição inicial (art. 319, VII) manifestar seu desejo no sentido de ela *não* se realizar (art. 334, § 5º). É o que basta para que ela *não* se realize, sendo essa a justificativa para a sua não realização: não querer o autor se sujeitar à conciliação ou à mediação, consoante o caso. Nesses casos, como já exposto, será o réu citado para contestar, observando, no que diz respeito ao prazo para a prática daquele ato processual, o disposto no inciso III do art. 335.

76. De acordo com o Enunciado n. 25 do TJMG: "A multa pelo não comparecimento injustificado da parte será imposta no termo da própria audiência de conciliação ou mediação e fixado o prazo para pagamento".

77. Embora com ressalva que, na visão deste *Curso*, depende de análise casuística, o Enunciado n. 121 da II Jornada de Direito Processual Civil caminha na mesma direção: "Não cabe aplicar a multa a quem, comparecendo à audiência do art. 334 do CPC, apenas manifesta desinteresse na realização de acordo, salvo se a sessão foi designada unicamente por requerimento seu e não houver justificativa para a alteração de posição".

78. Assim, *v.g.*: STJ, 3ª Turma, REsp 1.762.957/MG, rel. Min. Paulo de Tarso Sanseverino, j.un. 10-3-2020, *DJe* 18-3-2020.

79. Nesse sentido é o Enunciado n. 67 da I Jornada de Direito Processual Civil do CJF: "Há interesse recursal no pleito da parte para impugnar a multa do art. 334, § 8º, do CPC por meio de apelação, embora tenha sido vitoriosa na demanda". A apelação é o recurso cabível ainda que haja decisão parcial de mérito. Isso porque a veiculação do inconformismo nas razões de agravo de instrumento nessa hipótese (art. 356, § 5º, c/c art. 1.009, § 1º) pressupõe que a interlocutória (a multa) esteja relacionada com o julgamento parcial, o que não se dá mercê da razão de ser daquela apenação.

Ainda que o autor não se oponha àquela audiência na inicial, poderá o réu, citado, peticionar ao juízo comunicando seu desinteresse na audiência, bastando manifestação nesse sentido não só para que seu não comparecimento seja injustificado, mas, mais do que isso, para acarretar o cancelamento da audiência previamente designada. O réu deverá atentar ao prazo que, para tanto, lhe concede o mesmo § 5º, de dez dias (úteis) contados da data da audiência. Quando o réu manifestar seu desinteresse em prazo menor aos dez dias exigidos pelo dispositivo, caberá ao magistrado avaliar seu comportamento e, consoante o caso, aplicar a pena a que se refere o § 8º do art. 334, entendendo injustificado (inclusive por conta da não observância do prazo) o seu não comparecimento à audiência. Poderá até ocorrer que a não observância do mínimo legal estabelecido inequivocamente por aquele dispositivo acabe denotando má-fé do réu, a ser exemplarmente repelida, sempre por decisões devidamente motivadas.

Não deve impressionar, a esse respeito, a referência feita pelo inciso I do § 4º do art. 334, que, na sua literalidade, rende ensejo ao entendimento de que a audiência não se realizará somente se "*ambas* as partes manifestarem, expressamente, desinteresse na composição consensual"[80]. Basta que uma não queira para frustrar a realização daquele ato. Não faz sentido, ao menos quando o objetivo que se persegue é a autocomposição, que a vontade de uma parte obrigue a outra a comparecer à audiência (ainda mais sob pena de multa). O primeiro passo para o atingimento da autocomposição deve ser das próprias partes e que seus procuradores as orientem nesse sentido, inclusive para fins de escorreita elaboração da petição inicial. Não há, contudo, como querer *impor* a realização da audiência de conciliação ou de mediação *contra* a vontade de uma das partes, entendimento que encontra eco seguro nos princípios regentes da mediação[81] e da conciliação. Ademais, a depender do que venha a ocorrer no âmbito do processo, o próprio magistrado poderá convocar as partes para lhes expor acerca dos bons usos e das virtudes dos meios alternativos de solução de conflitos (art. 139, V) podendo incentivá-las a tanto, inclusive no limiar da audiência de instrução e julgamento (art. 359). Não, contudo, *impor* a elas a prática daquele ato.

Com base no mesmo inciso I do § 4º do art. 334, cabe destacar que o desinteresse na audiência por *qualquer uma* das partes deve ser expresso. Destarte, o silêncio do autor (na petição inicial) ou do réu (no decêndio indicado no § 5º do art. 334) deve ser compreendido como *concordância*, ainda que tácita, com a realização daquele ato[82]. A discussão está longe

---

80. É o caso do Enunciado n. 61 da ENFAM ("Somente a recusa expressa de ambas as partes impedirá a realização da audiência de conciliação ou mediação prevista no art. 334 do CPC/2015, não sendo a manifestação de desinteresse externada por uma das partes justificativa para afastar a multa de que trata o art. 334, § 8º") e do Enunciado n. 24 do TJMG ("A omissão ou manifestação contrária de uma das partes não impede a incidência da multa prevista no § 8º do artigo 334").

81. Que, de acordo com o art. 2º da Lei n. 13.140/2015, são os seguintes: "I – imparcialidade do mediador; II – isonomia entre as partes; III – oralidade; IV – informalidade; V – autonomia da vontade das partes; VI – busca do consenso; VII – confidencialidade; VIII – boa-fé".

82. Nesse sentido é o Enunciado n. 1 do TJMG: "A omissão da petição inicial quanto à audiência de conciliação ou mediação deve ser interpretada como concordância, desnecessária a intimação para emenda".

de ser teórica diante da possibilidade de apenação àquele que não comparecer sem justificativa à audiência como permite o § 8º do art. 334[83].

Havendo *litisconsórcio*, o § 6º do art. 334 dispõe que o desinteresse na audiência deve ser manifestado por todos. A regra merece ser compreendida no sentido de que, não havendo concordância de *todos* os litisconsortes sobre a sua não realização, a audiência deve ser realizada. Assim entendida, a regra tem em mira os casos de litisconsórcio *simples*. É neles que qualquer um dos litisconsortes pode chegar a consenso com a parte contrária independentemente da concordância ou vontade do outro litisconsorte. Quando a hipótese for de litisconsórcio *unitário*, a audiência e eventual solução consensual até podem ocorrer com apenas parte dos litisconsortes. A diferença é que os efeitos de tal solução no plano do processo podem não ser sentidos, gerando, inclusive, novos litígios entre os próprios litisconsortes. Nesse caso, e para obviar o problema, é preferível ao magistrado, rente à relação jurídica material característica daquela espécie de litisconsórcio, que deixe de designar a audiência, a não ser que todos os litisconsortes estejam concordes com sua realização.

Outra hipótese de não realização da audiência está nos casos em que "não se admitir autocomposição" (art. 334, § 4º, II). Neles, justamente por causa da realidade material subjacente ao processo, não há espaço para que as partes busquem solução consensual ou mediada.

Importa distinguir, de qualquer sorte, aqueles casos em que, mesmo diante da indisponibilidade ou da irrenunciabilidade do direito (como se dá, por exemplo, com os alimentos devidos a menores ou em conflitos envolvendo o Poder Público[84]), há aspectos que aceitam a autocomposição, tal qual o seu valor ou a sua periodicidade.

A respeito do tema, importa lembrar da nova redação do § 1º do art. 1º da Lei n. 9.307/96, dada pela Lei n. 13.129/2015, que, ao autorizar a administração pública, direta e indireta, a utilizar a arbitragem para dirimir conflitos relativos a direitos patrimoniais disponíveis, mostra-se como elemento indicativo, ainda que genérico, da necessidade de uma mais cuidadosa reflexão sobre o alcance do inciso II do § 4º do art. 334 em relação às pessoas de direito público em geral. Máxime porque o § 2º do art. 1º da Lei n. 9.307/96, também modificado pela precitada Lei n. 13.129/2015, prescreve que a autoridade ou o órgão competente da administração pública direta para a celebração da convenção de arbitragem é a mesma para a realização de acordos ou transações. É a diretriz assumida também expressamente pelos arts. 35 a 40 da Lei n. 13.140/2015, a Lei da Mediação. Ao menos no ambiente da União Federal

---

83. É essa a razão pela qual é correta a orientação do Enunciado n. 26 da I Jornada de Direito Processual Civil do CJF que afasta a multa nos casos em que o réu é citado por edital: "A multa do § 8º do art. 334 do CPC não incide no caso de não comparecimento do réu intimado por edital".

84. Sobre a designação da audiência de conciliação ou de mediação quando envolver o Poder Público, cabe dar destaque ao Enunciado n. 16 do FNNP ("A Administração Pública deve publicizar as hipóteses em que está autorizada a transacionar") e ao Enunciado n. 24 da Jornada de Direito Processual Civil do CJF, que acaba por complementá-lo ("Havendo a Fazenda Pública publicizado ampla e previamente as hipóteses em que está autorizada a transigir, pode o juiz dispensar a realização da audiência de mediação e conciliação, com base no art. 334, § 4º, II, do CPC, quando o direito discutido na ação não se enquadrar em tais situações").

– as leis mencionadas são leis *federais* –, a questão está, inequivocamente, bem encaminhada em prol da viabilidade daquelas audiências, verdadeiro marco normativo para a solução consensual de conflitos. Cabe lembrar, ainda, dos arts. 32 a 34 da Lei n. 13.140/2015 e das diretrizes a serem implementadas por leis das demais pessoas políticas, a respeito da mediação, a justificar, consoante o caso concreto, a realização da audiência de conciliação ou de mediação.

Em direção oposta, mas não menos correta, é forçoso entender a desnecessidade de designação da audiência de conciliação ou de mediação naqueles casos em que o próprio magistrado sabe da inviabilidade da autocomposição, o que pode se justificar por diversas razões. Assim, por exemplo, por força da habitualidade dos litigantes, em função de postura assumida em outros processos similares[85] ou, em se tratando de pessoas de direito público, mercê de atos normativos seus. Embora não prevista expressamente no § 4º do art. 334, a hipótese se mostra harmônica com o princípio da eficiência, evitando a prática de atos que, de antemão, se sabe inúteis. Em tais situações, cabe ao magistrado, ao proferir o juízo positivo de admissibilidade da petição inicial, justificar a razão de não designação da audiência de conciliação ou de mediação, determinando, consequentemente, a citação do réu para apresentar, desde logo, a contestação (art. 335, III).

5.2 Dinâmica

A audiência de conciliação ou de mediação deverá ser designada com antecedência mínima de trinta dias (contados do despacho que a designa, que, em regra, é o mesmo que determina a citação do réu). A citação do réu, por sua vez, deverá ser feita, pelo menos, vinte dias antes da audiência, até para que ele, querendo, disponha dos dez dias a que se refere o § 5º do art. 334 para manifestar seu desinteresse na realização. É o que se extrai do *caput* do art. 334. Na fluência dos dias, devem ser computados apenas os úteis porque os prazos têm índole *processual* (art. 219, parágrafo único).

O autor será intimado da designação na pessoa de seu procurador (art. 334, § 3º), sendo certo que, na audiência, as partes devem estar acompanhadas de seus procuradores (art. 334, § 9º). As partes, por sua vez, poderão constituir representante, por meio de procuração com poderes específicos, para negociar e transigir (art. 334, § 10), hipótese em que a sua própria presença será dispensada, sendo descabida, por isso, a apenação prevista no § 8º do art. 334[86]. Não há

85. A situação era bem ilustrada por Enunciado submetido à II Jornada de Direito Processual Civil do CJF, mas que não foi aprovado pela Sessão Plenária, assim redigido: "Excepcionalmente, é possível se dispensar a realização da audiência de conciliação prevista no art. 334 do CPC, quando se verificar que se trata de litigante repetitivo, que reiteradamente não apresenta propostas de acordo, e se verificar que a designação da referida audiência significará maior lentidão ao processo, em prejuízo ao princípio constitucional da celeridade processual".

86. Nesse sentido havia Enunciado apresentado à II Jornada de Direito Processual Civil do CJF, mas que não foi aprovado pela Sessão Plenária. Ele era assim redigido: "Não configura ato atentatório à dignidade da justiça o comparecimento de advogado à audiência de conciliação ou mediação do art. 334 do CPC, representando a parte, com poderes para negociar e transigir".

impedimento ético para que o próprio advogado receba os tais poderes específicos. Se for esse o caso, contudo, eles devem ser outorgados de forma expressa, consoante exige o *caput* do art. 105.

A audiência poderá ser realizada por meios eletrônicos, observando-se eventuais disposições específicas (art. 334, § 7º)[87], o que, em tempos de pandemia, acabou se tornando prática generalizada, com base no art. 6º, § 3º, da Resolução n. 314/2020 do CNJ, com a utilização dos mais variados recursos tecnológicos aptos a assegurar em tempo real a oralidade e a ampla participação de todos os interessados e de seus representantes, típico de tais audiências[88]. O que importa para tais fins – e justamente para evitar qualquer atrito com o inciso XXXV do art. 5º da CF – é que sejam assegurados os meios de participação (e, se for o caso, de *inclusão digital*) dos jurisdicionados e dos profissionais do foro que permitam a produção de atos processuais naquele formato[89].

O § 12 do art. 334 exige que as audiências sejam marcadas com intervalo mínimo de vinte minutos entre umas e outras.

A advogada gestante, lactante, adotante ou que tiver dado à luz tem preferência na ordem das audiências de conciliação ou de mediação, desde que comprove essa condição enquanto perdurar o estado gravídico ou o período de amamentação e, tratando-se das duas últimas hipóteses, pelo mesmo prazo da licença-maternidade do art. 392 da Consolidação das Leis do Trabalho (art. 7º-A, III e §§ 1º e 2º, da Lei n. 8.906/94, incluídos pela Lei n. 13.363/2016), a ser contado em dias corridos por se tratar de prazo *material* (art. 219, parágrafo único). Aqui, diferentemente do que ocorre na hipótese do inciso IX do art. 313, não importa que a advogada responsável pelo processo *não seja* a "única patrona da causa". A preferência na realização da audiência quer tutelar adequadamente a advogada como participante daquele específico ato processual, ainda que haja outros profissionais que possam (ou que pudessem) desempenhá-lo. Pensar diferentemente é excluir apriorística e generalizadamente ou, quando menos, dificultar o exercício profissional da advogada durante aqueles estados e períodos, o que não faz sentido

87. Ilustrativo do alcance da regra é o Enunciado n. 25 da I Jornada de Direito Processual Civil do CJF: "As audiências de conciliação ou mediação, inclusive dos juizados especiais, poderão ser realizadas por videoconferência, áudio, sistemas de troca de mensagens, conversa *on-line*, conversa escrita, eletrônica, telefônica e telemática ou outros mecanismos que estejam à disposição dos profissionais da autocomposição para estabelecer a comunicação entre as partes".

88. No âmbito dos Juizados Especiais foi editada a Lei n. 13.994/2020, que "estabelece videoconferência em Juizados Especiais Cíveis". De acordo com a nova redação do art. 23 da Lei n. 9.099/95, se o réu não comparecer ou se recusar a participar da tentativa de conciliação não presencial, o juiz togado proferirá sentença. A consequência da lei soa drástica demais considerando que há inúmeras justificativas a serem apresentadas ao magistrado para explicar suficientemente a razão pela qual o réu não compareceu a uma audiência de conciliação não presencial, a começar pela dificuldade de acesso a algum recurso tecnológico apto a viabilizar a prática do ato processual naquele formato. Nesse sentido, a ser esta a razão do não comparecimento, é irrecusável que a solução dada pela lei deve ser afastada do caso concreto porque em conflito com o acesso à Justiça, irradiado desde o inciso XXXV do art. 5º da CF.

89. A propósito do tema e com declarada preocupação com o quanto levantado no texto, cabe o destaque da edição, pelo CNJ, da Resolução n. 337, de 29-9-2020, que "Dispõe sobre a utilização de sistemas de videoconferência no Poder Judiciário"; da Resolução n. 341, de 7-10-2020, que "Determina aos tribunais brasileiros a disponibilização de salas para depoimentos em audiências por sistema de videoconferência, a fim de evitar o contágio pela Covid-19" e da Resolução n. 358/2020 do CNJ, que "regulamenta a criação de soluções tecnológicas para a resolução de conflitos pelo Poder Judiciário por meio da conciliação e mediação".

nenhum. Até porque, a se tratar daquela situação, de ser a "única patrona da causa", o direito da advogada consiste na *suspensão* do processo, com fundamento no inciso IX do art. 313.

É correto entender que advogado que se tornar pai tem direito similar, de preferência na realização das audiências de conciliação ou de mediação nos processos em que atuar. Ainda que a Lei n. 8.906/94 não tenha sido alterada para albergar a hipótese, o entendimento é irrecusável, diante do princípio da isonomia. O período no qual esse direito pode ser exercido pelo advogado é o de *oito* dias (corridos) do parto (ou cesariana) ou da concessão da adoção, aplicando-se, por analogia, o disposto no § 7º do art. 313, que, pela especialidade, prevalece sobre o § 2º do art. 7º-A da Lei n. 8.906/94.

Se as partes chegarem à autocomposição, ela será reduzida a termo e homologada por sentença (art. 334, § 11). Trata-se de título executivo *judicial* (art. 515, II) e, por ostentar essa qualidade, é passível de viabilizar seu cumprimento no próprio processo em que foi criado. Sobre esta última afirmação, cabe enaltecer que a mediação extrajudicial só será homologada judicialmente – criando título executivo *judicial* (art. 515, II e III) – se as partes assim o requererem. Caso contrário, o termo respectivo remanesce como título executivo *extrajudicial* (art. 784, IV). A distinção tem fundamento nos parágrafos únicos dos arts. 20 e 28 da Lei n. 13.140/2015, lei da mediação, e se harmoniza com a disciplina dada ao tema pelo CPC de 2015, em especial pelo referido § 11 do art. 334.

6. CONTESTAÇÃO, RECONVENÇÃO, REVELIA E OUTROS COMPORTAMENTOS DO RÉU

O n. 5 do Capítulo 4 da Parte I do v. 1 deste *Curso* voltou-se à exposição panorâmica do tema "defesa", tratando-o, à luz do modelo constitucional do direito processual civil, como um dos temas fundamentais do direito processual civil. Ao mesmo tempo que o art. 5º, XXXV, da Constituição Federal consagra o "direito de ação", o inciso LV do mesmo art. 5º garante o "direito à ampla defesa".

Nesse contexto, a defesa deve ser compreendida como o direito subjetivo público de o réu resistir à pretensão do autor tendente à obtenção, em seu favor, de tutela jurisdicional consistente na rejeição do pedido autoral. Assim compreendida, a ênfase da *defesa* reside na *resistência* do réu ao pedido de tutela jurisdicional formulado pelo autor, e nesse sentido é a contraface do direito de ação.

É possível (e desejável) ao réu exercer sua defesa em diferentes planos. Há exercício de defesa pelo réu quando questiona a regularidade da atuação do autor em juízo (falta de legitimidade ou de interesse) ou quando se volta à constituição e ao desenvolvimento válido do processo (falta de pressupostos processuais de existência ou de validade ou presença de pressupostos processuais negativos). Nessas hipóteses, o réu postula a obtenção de "sentença *terminativa*" (de caráter processual) com fundamento nos incisos IV a VII do art. 485. Há exercício de defesa também quando o réu pretende a rejeição do pedido do autor e, consequentemente, postula a prestação da tutela jurisdicional em seu favor, hipótese que comporta o proferimento da sentença de caráter meritório ("sentença *definitiva*") a que se refere o inciso I do art. 487. Nesse caso, importa acrescentar, a incidência da chamada "coisa julgada *material*" garante ao réu a imunização do quanto decidido em relação a ulteriores discussões.

O Código de Processo Civil disciplina o exercício da defesa pelo réu, permitindo a ele que assuma diversos comportamentos. O mais amplo (e mais comum) deles é a *contestação*. O réu pode, contudo, também apresentar *reconvenção* ou deixar de se manifestar em juízo, o que dá ensejo ao que é chamado de *revelia*. Apesar de não disciplinadas destacadamente pelo Código, há outras atitudes que podem ser assumidas pelo réu, além dessas três posturas, e que também merecem ser analisadas.

O objetivo dos números seguintes é o de estudar as diversas *formas* de apresentação da defesa no procedimento comum e, mais amplamente, indicar os comportamentos que o réu pode assumir com relação ao processo.

6.1 Contestação

A contestação pode e deve ser compreendida como a contraposição formal ao direito de ação tal qual exercido pelo autor e materializado na petição inicial. A contestação, nesse sentido, contrapõe-se à petição inicial. A contestação é que veicula o direito de defesa, é ela que exterioriza perante o Estado-juiz o exercício daquele direito, tanto quanto o "direito de ação" do autor é veiculado pela petição inicial. Ela se justifica, portanto, não só em função dos princípios da "ampla defesa" e do "contraditório", mas também pelo próprio princípio da "isonomia" e do "acesso à justiça".

A contestação é a forma mais ampla da defesa do réu. É, por excelência, o instante procedimental em que se espera que o réu traga *concomitantemente* todas as alegações, de ordem processual e de ordem material, que possam ser significativas para convencer o magistrado a não prestar a tutela jurisdicional pretendida pelo autor, seja por reconhecer a presença de algum defeito insanável no plano do processo, que justifica a sua extinção, seja por rejeitar o(s) pedido(s) formulado(s) na inicial porque, na perspectiva do direito material, entende que o autor não é merecedor da tutela jurisdicional por ele postulada em sua petição inicial.

É na contestação que o réu especificará as provas que pretende produzir (art. 336). A exigência deve ser entendida no mesmo sentido que o n. 3.6, *supra*, propõe para o inciso VI do art. 319 da petição inicial. Não são bastantes os comuníssimos "protestos genéricos de prova", máxime em um sistema processual que quer ser regido pelos princípios da boa-fé e da cooperação (arts. 5º e 6º). Ademais, a contestação é instante procedimental adequado para que o réu produza a prova documental que tiver em seu poder (art. 434), inclusive, se for o caso, com vistas à dispensa da produção da prova pericial (art. 472). Outros documentos, para serem juntados, precisam ser *novos*, assim entendidos os documentos destinados a provar fatos que ocorram depois da contestação ou como contraposição àqueles apresentados ao longo do processo (art. 435), o que atrai, destarte, também para a contestação o que o n. 3.6.1, *supra*, traz a respeito da produção da prova documental com a petição inicial. Eventual ata notarial de que o réu tenha ciência deve ser produzida com a contestação (art. 434, *caput*). Também caberá ao réu, na contestação, requerer, se for o caso, a antecipação de prova, justificando sua iniciativa.

6.1.1 Princípios regentes

A possibilidade de *cumulação* de defesas, relativas ao próprio processo e ao direito material conflituoso, dá ensejo ao chamado princípio da "concentração da defesa" ou da "eventualidade" construído a partir dos arts. 336 e 337, *caput*. Também incide na contestação, por força do que dispõe o art. 341, o chamado princípio da "impugnação especificada".

O princípio da concentração da defesa significa que o réu deve alegar toda a matéria de defesa, seja ela de cunho *processual* ou *substancial* (art. 337), na contestação (art. 336). Trata-se de inequívoca decorrência do princípio constitucional da ampla defesa, que, associado ao princípio constitucional da eficiência processual, otimiza as defesas a serem apresentadas pelo réu.

O CPC de 2015, indo além do CPC de 1973, aboliu as "exceções processuais" (ou "formais") que ainda eram disciplinadas por aquele diploma legislativo, tornando, com a iniciativa, ainda mais verdadeira a noção do princípio aqui estudado. É essa a razão pela qual a incompetência relativa deverá ser arguida pelo réu em preliminar de contestação (art. 337, II) e o impedimento e a suspeição por petições avulsas a serem apresentadas até quinze dias do fato que enseja a discussão sobre a parcialidade do magistrado (art. 146).

O art. 342, de seu turno, robustece o princípio da concentração da defesa ao vedar alegações novas pelo réu depois da contestação *salvo* se disserem respeito a direito ou a fato superveniente (inciso I), quando for cabível a atuação oficiosa do magistrado a seu respeito (inciso II) e quando puderem ser formuladas a qualquer tempo e grau de jurisdição por expressa autorização legal (inciso III).

O inciso I do art. 342 encerra a mesma diretriz que o art. 493 reserva para o direito processual civil como um todo: o direito e os fatos supervenientes têm aptidão para interferir nos processos em curso. A tutela jurisdicional deve levar em conta o "direito", assim entendidas as normas jurídicas, vigente à época de sua prestação, ressalvados os casos garantidos desde o art. 5º, XXXVI, da Constituição Federal, o direito adquirido e o ato jurídico perfeito.

O inciso II do art. 342 refere-se às matérias de ordem pública, isto é, aquelas que o magistrado *deve* apreciar mesmo sem pedido das partes ou de quaisquer outros sujeitos do processo. A maior parte das matérias processuais a serem veiculadas na contestação pelo réu admite apreciação de ofício pelo magistrado; são, tecnicamente, *objeções*, em contraposição às chamadas *exceções*. É o que se extrai do § 5º do art. 337, que excepciona a incompetência relativa e a convenção de arbitragem.

Por fim, o inciso III do art. 342 prevê, como exceção ao "princípio da concentração da defesa", a hipótese de haver lei que admite a alegação de determinadas matérias depois da contestação. É o que se dá, por exemplo, com os *fatos* que, por qualquer razão, não eram de conhecimento do réu no instante de contestar, fatos supervenientes, portanto. É a especificação, uma vez mais, da regra mais ampla do art. 493. O réu pode alegar fatos novos, justificando por que o são, apresentando, inclusive, documentos que os comprovem, valendo-se do disposto no art. 435.

O dispositivo vale-se da expressão "em qualquer tempo e grau de jurisdição", que deve ser compreendida de acordo com o sistema recursal do direito processual civil brasileiro. Para o recurso de apelação, isto é, do recurso interposto da sentença e das decisões interlocutórias não agraváveis de instrumento, a hipótese é admitida e expressamente prevista pelo art. 1.014. Não obstante previsão como a do art. 485, § 3º, é incorreto entender que matéria nova possa ser veiculada em sede de recurso extraordinário e/ou especial ou, ainda, apreciada de ofício, considerando que a iniciativa viola a regra de competência que os incisos III dos arts. 102 e 105 da Constituição Federal reconhecem ao Supremo Tribunal Federal e ao Superior Tribunal de Justiça, respectivamente.

O princípio da eventualidade, por sua vez, significa que cabe ao réu arguir toda a defesa possível caso uma ou alguma delas seja rejeitada pelo magistrado. Concentra-se a defesa na *eventualidade* de alguma alegação não vir a ser acolhida pelo Estado-juiz, o que traz a lembrança, pertinente, do paralelismo que deve presidir o estudo do "direito de ação" e do "direito de defesa. Cabe ao autor, consoante o caso, cumular pedidos de tutela jurisdicional na *eventualidade* de um ou outro não ser concedido pelo juiz (art. 326). Aqui, em sede de contestação, cabe ao réu tomar a mesma atitude: suas *defesas* podem ser cumuladas (com as observações já feitas) na medida em que uma possa vir a ser rejeitada pelo magistrado.

É correto entender que o princípio da eventualidade não deixa de ser um desdobramento ou uma aplicação do princípio da concentração da defesa. A distinção entre ambos, contudo, além de seu apelo didático, acaba por destacar e reforçar o alcance que o escalonamento das defesas (de todas elas) deve ter quando o réu contesta. É essa a razão pela qual o art. 337, buscando ordenar as defesas, impõe ao réu que suscite, antes das defesas de mérito (relativas a saber se o autor é, ou não, merecedor de tutela jurisdicional), as defesas *processuais* que entender cabíveis (relativas à possibilidade de o magistrado analisar, ou não, o mérito).

O princípio da impugnação especificada, que se relaciona às defesas de mérito, exige do réu que se manifeste de maneira precisa sobre cada um dos fatos alegados pelo autor. Fato não controvertido – e o momento para tanto é a contestação – é fato passível de ser reputado verdadeiro (arts. 341, *caput*, e 374, III) e, como tal, passível de ser acolhido desde logo pelo magistrado, em sede de julgamento antecipado do mérito, ainda que parcialmente (arts. 355 e 356).

6.1.2 Prazo

A regra é a de que, no procedimento comum, o prazo para o réu contestar é de quinze dias úteis (art. 335).

Se houver litisconsortes passivos com advogados diversos de diferentes escritórios e os autos não forem eletrônicos, o prazo é dobrado (art. 229). Também quando se tratar de contestação a ser apresentada por advogado público (art. 183, *caput*), por quem é representado pela Defensoria Pública (art. 186) e, embora excepcionalíssima a hipótese, quando se tratar de contestação a ser ofertada pelo Ministério Público (art. 180).

O termo inicial para apresentação da contestação depende de variadas hipóteses indicadas nos incisos e nos parágrafos do art. 335.

A primeira é a fluência do prazo após a realização de audiência de conciliação ou de mediação à qual as partes ou, pelo menos uma delas, não comparecem ou na qual não houve autocomposição. Nesse caso, os quinze dias fluirão da data da audiência (art. 335, I). Havendo mais de uma sessão destinada à conciliação (ou, a despeito do silêncio do inciso, também à *mediação*), o prazo tem início com o encerramento da última.

Quando o réu manifestar seu desinteresse na realização daquela audiência, o prazo para contestação terá início na data do protocolo da petição respectiva (art. 335, II).

Se houver mais de um réu (litisconsórcio passivo) e todos eles manifestarem desinteresse na realização da audiência de conciliação ou de mediação (art. 334, § 6º), o termo inicial para a apresentação da contestação fluirá para cada um da data de sua respectiva petição (art. 334, § 1º). A textualidade da regra não apresenta nenhuma dificuldade, que surge, contudo, quando não ficar clara a vontade dos litisconsortes individualmente considerados. Nesse caso, como expõe o n. 3.4 do Capítulo 3 da Parte II do v. 1, não haverá qualquer empecilho para que, em se tratando de litisconsórcio *simples*, a audiência seja preservada com os litisconsortes que não manifestarem desinteresse na sua realização, permitindo que sejam realizados acordos individuais com o autor. É característica daquela classe, com efeito, a possibilidade de resultados diferentes para os diversos litisconsortes. Em se tratando de litisconsórcio *unitário*, contudo, a vontade manifestada por todas é indispensável, ao menos no plano do processo, devendo prevalecer orientação de que o cancelamento da audiência só se dará se todos se manifestarem naquele sentido. Eventuais manifestações formuladas a destempo, independentemente do tipo de litisconsórcio, devem ser analisadas no contexto do processo, inclusive na perspectiva dos elementos que, presentes, autorizam o desmembramento do litisconsórcio (art. 113, § 1º) com vistas à aplicação ou não da pena prevista no § 8º do art. 334.

Não tendo sido designada audiência de conciliação ou de mediação ou em outras situações não alcançadas pelas hipóteses anteriores, o prazo para apresentação da contestação começa a correr de acordo com as variantes do art. 231 (art. 335, III), quais sejam: (i) sendo a citação pelo correio, da data da juntada, aos autos, do respectivo aviso de recebimento; (ii) sendo a citação realizada por oficial de justiça (inclusive a por hora certa), da data de juntada, aos autos, do mandado de citação cumprido; (iii) sendo a citação realizada por ato do escrivão ou chefe de secretaria, da data em que o réu compareceu ao cartório ou secretaria viabilizando a efetivação da citação (arts. 152, II, e 246, III); (iv) sendo a citação por edital, do dia útil seguinte ao fim do prazo de sua duração; (v) sendo a citação realizada por meios eletrônicos, do dia útil seguinte à consulta ao seu teor ou ao término do prazo para que a consulta se dê; (vi) sendo a citação realizada por carta (de ordem, precatória ou rogatória) da data da juntada da comunicação (eletrônica), aos autos do processo em que a carta foi expedida, de seu cumprimento pelo juízo que a cumpriu ou, não havendo, da juntada, aos autos de origem, da carta cumprida.

Se houver mais de um réu, importa acrescentar, o prazo para citação corre do último evento citatório de todos os demais, no que é claro o § 1º do art. 231.

Dispõe, por fim, o § 2º do art. 335 que, não sendo caso de realização de audiência de conciliação ou de mediação pela inadmissibilidade de autocomposição sobre o direito em discussão (art. 334, § 4º, II) e o autor desistir da ação em relação a litisconsorte passivo ainda não citado, o prazo para contestação correrá da data de intimação da decisão que homologar a desistência.

Importa sublinhar que todos os prazos acima mencionados devem ser contados apenas nos dias úteis (art. 219, parágrafo único) e sempre excluindo o dia de início e incluindo o dia de vencimento, como estabelece o art. 224[90]. Assim, por exemplo, se a audiência de conciliação ou de mediação se realizou no dia 16 de julho de 2018, uma segunda-feira, sem que as partes tenham alcançado a autocomposição, o início do prazo para contestação se dá no primeiro dia útil seguinte, 17 de julho de 2018, uma terça-feira.

6.1.3 Defesas processuais

No plano do processo há duas relações distintas que guardam entre si relação de continente e conteúdo: este é o "mérito" (a "lide", o "pedido", o "objeto mediato"); aquele, o *processo*. Tal constatação impõe que o direito de defesa seja analisado a partir de um duplo enfoque: defesas contra o *processo* e defesas contra o *mérito*, ainda que ambas devam ser apresentadas *concomitantemente* na contestação, por força dos princípios que regem aquele específico ato processual.

A contestação, portanto, volta-se à admissibilidade do processo considerado em sentido amplo (defesas no plano *processual*) e também no que diz respeito à procedência do pedido de tutela jurisdicional formulado pelo autor (defesas no plano *material*).

As "defesas processuais", com as quais se ocupa o número presente, devem ser entendidas amplamente: são as defesas relativas ao processo propriamente dito, método segundo o qual age o Estado-juiz, exercendo a jurisdição, e, também, as defesas relativas à específica forma de provocação desse agir, o "direito de ação", tal qual exercido e exercitável pelo autor ao longo do processo.

Considerando que o processo é o método pelo qual o Estado-juiz atua com vistas à prestação da tutela jurisdicional que lhe foi requerida – e essa tutela jurisdicional repousa sobre um específico "bem da vida", que reside no âmbito do direito material –, deve-se entender que, por definição, as defesas processuais, todas elas, são sempre *indiretas* porque não dizem respeito à

90. Nesse sentido, embora fazendo menção apenas à hipótese do inciso I do art. 335 é o Enunciado n. 122 da II Jornada de Direito Processual Civil do CJF: "O prazo de contestação é contado a partir do primeiro dia seguinte útil à realização da audiência de conciliação ou mediação, ou da última sessão de conciliação ou mediação, na hipótese de incidência do artigo 335, inciso I, do CPC".

finalidade última da atuação jurisdicional. Elas se voltam àquilo que, por imposição do sistema, deve preceder àquele fim. Por isso é bastante comum a referência a elas como "defesas *peremptórias*" (art. 354), porque elas impedem, quando acolhidas, que o Estado-juiz se manifeste sobre se o autor tem ou não tem o direito que, na sua petição inicial, afirma ter, ou, "defesas *dilatórias*" (arts. 350 e 351) porque elas, quando acolhidas, impõem ao juízo a prática de determinados atos com vistas à sanação de vícios e irregularidades que podem comprometer a higidez do procedimento e do processo como um todo, de sua própria atuação em última análise. A distinção entre umas e outras assume relevo, como evidenciam os dispositivos destacados, e dela se ocupa o Capítulo IX a propósito do exame das "providências preliminares".

As "defesas processuais" devem ser apresentadas na contestação. Como decorrência das considerações do parágrafo anterior, elas devem ser apresentadas *antes* das defesas relativas ao mérito (as "defesas *substanciais*") e, por isso, são chamadas, com acerto, de "preliminares". Para todos os fins as "defesas *processuais*" devem ser apresentadas *preliminarmente* às "defesas *substanciais*" porque, em última análise, o Estado-juiz só vai se manifestar sobre o "mérito" (sobre quem tem e quem não tem razão no sentido de ser merecedor de tutela jurisdicional) na medida em que possa fazê-lo, isto é, na medida em que a jurisdição tenha sido legitimamente provocada ("mínimo indispensável para o exercício do direito de ação") e desde que o *processo*, que teve início com aquela escorreita provocação, venha se desenvolvendo validamente desde então ("pressupostos processuais"). Tanto assim que, se acolhida ao menos uma das defesas processuais, a hipótese é de término do processo *sem* resolução de mérito (art. 485, I, IV a VII e IX).

Embora a maior parte das "preliminares" a que se referem os incisos do art. 337 seja passível de apreciação de ofício pelo magistrado – as únicas exceções são a convenção de arbitragem e a incompetência relativa –, isso não quer dizer que o Código de Processo Civil não espere que o réu as alegue desde a primeira oportunidade que tem para falar nos autos. A circunstância, portanto, de aquelas matérias serem, tecnicamente, *objeções* não afasta do réu o *dever* de alegá-las oportunamente. Essa "primeira oportunidade" é, justamente, a da contestação.

Não sobrevive, no CPC de 2015, regra como a do § 3º do art. 267 do CPC de 1973 que impunha ao réu que não alegasse a ausência de pressupostos processuais ou a falta de condições da ação (art. 267, IV, V e VI, daquele Código, respectivamente), o pagamento "custas de retardamento" (que deviam ser compreendidas como as despesas processuais e honorários de advogado cujo recolhimento se fez necessário desde aquele instante procedimental). O silêncio do réu quanto à alegação daquelas matérias – e de tantas outras que, se acolhidas, poderiam conduzir ao fecho do processo, ainda que sem resolução de mérito – deve ser aquilatado em perspectiva diversa, inclusive na perspectiva de sua responsabilização pelas verbas de sucumbência, com observância das regras gerais.

O *caput* do art. 337, mormente quando lido em conjunto com o art. 336, é extremamente claro na *aplicação* das considerações teóricas às quais se voltaram os parágrafos anteriores. O que não está evidenciado é encontrar alguma justificativa convincente para a ordem das matérias referidas em seus diversos incisos. Alguns autores chegam a propor uma determinada ordem a ser seguida pelo réu em sua contestação, ora criticando, ora elogiando, total ou parcialmente, a disciplina dada pelo Código. A iniciativa, embora possa merecer elogios, é vazia de significado teórico ou prático. O que importa é entender o papel que o art. 337 desempenha na contestação, o alcance das matérias nele previstas e as eventuais consequências de elas não serem arguidas pelo réu na contestação. É para isso que se voltam os números seguintes, que se dedicam à análise de cada um dos incisos do art. 337.

Antes, cabe destacar que o rol daquele dispositivo, quando comparado como o seu par, o art. 300 do CPC de 1973, é mais extenso. Isso porque o CPC de 2015 inovou ao *desformalizar* várias manifestações que, até então, por razões históricas, quiçá consuetudinárias ou, pura e simplesmente, por inércia legislativa, exigiam manifestação apartada e/ou diferenciada, inconfundível com a contestação. Eram as já mencionadas "exceções processuais" e outros incidentes de diversa ordem que nada traziam de substancial para o eficiente desenvolvimento do processo, muito pelo contrário. Em todos esses casos, o CPC de 2015 aboliu a *forma* em prol do conteúdo, impondo que todos aqueles temas sejam veiculados pelo réu como *preliminares* de contestação.

6.1.3.1 *Inexistência ou nulidade da citação*

A primeira preliminar a ser arguida pelo réu em contestação é a do inciso I do art. 337: inexistência ou a nulidade da citação. A citação é indispensável para a formação e o desenvolvimento válido do processo (os princípios constitucionais do contraditório e da ampla defesa previstos no inciso LV do art. 5º da CF impõem essa forma de pensar) e não pode ser dispensada ou, o que é o mesmo, ser realizada de maneira irregular. Sem ela, não há como garantir que o réu tenha ciência, como deve ter, da existência do processo e possa exercer o seu direito de defesa.

Quando o réu não é citado (inexistência de citação) ou é citado de forma irregular (nulidade da citação), cabe a ele arguir a questão em preliminar de contestação. E muito provavelmente (embora isto não seja necessário) ele o fará a destempo, justamente pelo defeito que recai sobre a citação.

O acolhimento dessa preliminar significará que a contestação do réu, mesmo que apresentada fora do prazo regular, será tida como tempestiva, já que o seu comparecimento *espontâneo* supre a *falta* ou a *nulidade* da citação (art. 239, § 1º). Se não houve citação, sua ausência fica suprida. Se houve, mas foi nula, porque não observou as diretrizes legais, seu vício, com o comparecimento do réu, fica convalidado. Tanto que não há óbice algum para que o réu, a despeito dos princípios reitores da contestação, limite-se a arguir o vício previsto nesse inciso I. Se a arguição for rejeitada, o réu será considerado revel (art. 239, § 2º, I).

Acolhida a preliminar, eventuais atos processuais que já tinham sido praticados devem ser declarados nulos e o processo *retroagirá* ao instante procedimental da apresentação da contestação.

6.1.3.2 *Incompetência absoluta e relativa*

No CPC de 1973, havia uma distinção formal (injustificável, ao menos, para os olhos da atualidade, forçoso reconhecer) entre a alegação da incompetência *relativa* e a da incompetência *absoluta*. Esta era arguível em preliminar de contestação (art. 301, II, do CPC de 1973). Aquela, a incompetência relativa, devia ser arguida pelo réu pelo que era chamado de "exceção de incompetência", cuja apresentação suspendia o processo – e, em rigor, também o prazo para apresentação da contestação – até ulterior decisão (art. 306 do CPC de 1973).

O CPC de 2015 aboliu aquela "exceção" (e também as outras duas subsistentes, de impedimento e de suspeição) e passou a permitir, no inciso II do art. 337, que *tanto* a incompetência absoluta *como* a incompetência relativa sejam arguidas pelo réu em preliminar de contestação (art. 64, *caput*). Aboliu, portanto, uma especial *forma* de determinadas matérias serem arguidas em juízo. A matéria em si mesma considerada, o questionamento da incompetência do juízo, foi preservada.

Benefício que a iniciativa do CPC de 2015 traz a respeito é que nem sempre a distinção entre a incompetência absoluta e a relativa é de fácil solução, o que criava, no âmbito do CPC de 1973, dificuldades relativas à *forma* de sua alegação. Isso está superado diante do inciso II do art. 337.

Assim, embora continue a haver diferenças sensíveis no regime jurídico da incompetência absoluta e da relativa – o § 5º do art. 337, a propósito, veda a apreciação da incompetência *relativa* de ofício[91], a enaltecer que o réu a argua em preliminar de contestação, sob pena de preclusão e, consequentemente, de preservação da competência do juízo para o qual a petição inicial foi endereçada (art. 65) –, a *forma* de sua alegação é idêntica.

Sendo acolhida a tese da incompetência, após a indispensável oitiva do autor (art. 64, § 2º), os autos serão enviados ao juízo competente (art. 64, § 3º), que decidirá sobre a subsistência dos atos anteriores, inclusive os decisórios, em qualquer caso (art. 64, § 4º).

O art. 340 permite que, sendo alegada pelo réu a incompetência (absoluta ou relativa), a contestação (como um todo, não só a preliminar) seja protocolada no órgão jurisdicional do foro do domicílio do réu, fato do qual o juízo perante o qual tramita o processo será imediatamente comunicado, de preferência por meio eletrônico. A contestação será distribuída, quando houver mais de uma vara ou, nos casos em que a citação se deu por carta precatória, juntada aos autos respectivos. Em um e em outro caso, será remetida ao juízo perante o qual tramita o processo (art. 340, § 1º), suspensa a realização da audiência de conciliação ou de mediação, se tiver sido designada (art. 340, § 3º). Quando reconhecida a competência do foro indicado pelo réu – e a competência para tanto é do juízo que determinou a citação –, o juízo ao qual a contestação foi distribuída ou perante o qual tramitou a carta precatória será considerado prevento, encaminhando-se a ele os autos respectivos (art. 340, § 2º). Perante o juízo competente, superado, portanto, eventual questionamento que se pode dar sobre sua identificação, o que pode justificar, até mesmo, a manifestação do Tribunal competente, será designada nova audiência de conciliação ou de mediação (art. 340, § 4º), da qual as partes, devidamente intimadas, podem declinar com fundamento no § 5º do art. 334, aplicável à hipótese por analogia.

91. O art. 64, § 1º, por sua vez, dispõe que a incompetência absoluta seja alegada em qualquer tempo e grau de jurisdição, devendo ser declarada de ofício.

Embora a finalidade do dispositivo seja louvável, tanto quanto o era a de seu equivalente no CPC de 1973, o parágrafo único de seu art. 305, o art. 340 traz um problema sério na perspectiva procedimental naqueles casos – e eles são a regra – em que a audiência de conciliação ou de mediação tenha sido designada. É que, no CPC de 2015, a contestação, em tais situações, é apresentada *após* o insucesso das tratativas de autocomposição que justificam aquela audiência (art. 335, I), sendo, pois, tardia (e, nesse sentido, *inócua)* a suspensão daquela audiência prevista no § 3º do art. 340 e, mais amplamente, toda a sistemática prevista no dispositivo para a remarcação aquele ato pelo juízo competente.

Para superar o impasse, é forçoso entender que, nesses casos, cabe ao réu *antecipar* por mera petição a alegação de incompetência do juízo (absoluta ou relativa), nem que essa sua iniciativa seja utilizada para justificar a sua ausência na audiência previamente designada, evitando, assim, a incidência da multa do § 8º do art. 334. Se o pedido for acolhido, é de se entender que nova audiência deverá ser designada pelo juízo competente (art. 340, § 4º). Se rejeitado, é sistemático entender que está justificada a falta do réu àquela audiência (o que inibe sua apenação), sem prejuízo de reconhecer que a sua manifestação tenha o condão de deflagrar o início do prazo para apresentação da contestação (art. 335, II). Eventuais dificuldades quanto ao cumprimento do prazo podem ser obviadas pelo disposto no inciso VI do art. 139, observando-se a ressalva do parágrafo único daquele mesmo dispositivo[92].

Tomando o réu a iniciativa aqui proposta, não poderá alegar novamente a incompetência na contestação quando apresentada. Tal comportamento seria agressivo à boa-fé (art. 5º). Caberá a ele (e, se for o caso, ao próprio autor), no momento processual oportuno, contrastar a solução dada à questão perante o Tribunal recursal competente (art. 1.009, §§ 1º e 2º).

Nos casos em que a audiência de conciliação ou de mediação não for, por qualquer motivo, designada ou realizada, a dificuldade aqui noticiada não se apresenta. Nesses casos, cabe ao réu articular a defesa como um todo, observando os princípios aplicáveis à espécie.

6.1.3.3 *Incorreção do valor da causa*

Cabe ao réu, em preliminar de contestação (art. 337, III), alegar que o valor da causa, tal qual indicado pelo autor em sua petição inicial (art. 319, V), é incorreto. Seja porque ele não representa, a contento, a expressão econômica do(s) pedido(s) formulado(s) pelo autor, inclusive quando cumulados, seja porque ele se desvia daqueles casos em que o próprio art. 292 impõe a observância de um valor certo.

O CPC de 2015 também inova com relação ao ponto. O CPC de 1973 disciplinava a iniciativa do réu como um incidente processual, que nada acrescentava à eficiência processual. O *caput*

92. No sentido proposto no texto é o Enunciado n. 124 da II Jornada de Direito Processual Civil do CJF: "Não há preclusão consumativa do direito de apresentar contestação, se o réu se manifesta, antes da data da audiência de conciliação ou de mediação, quanto à incompetência do juízo".

do art. 261 daquele Código, com efeito, dispunha que cabia ao réu "... impugnar, no prazo da contestação, o valor atribuído à causa pelo autor. A impugnação será autuada em apenso, ouvindo-se o autor no prazo de 5 (cinco) dias". Ainda que o incidente não acarretasse a suspensão do processo, no que era claro o mesmo dispositivo, a duplicidade de manifestações em petições diversas, gerando mais uma autuação processual (mais um caderno a ser *apensado* aos autos principais), conspirava contra qualquer ideia de eficiência na prática dos atos processuais.

É, nesse sentido, bem-vinda a inovação de *desformalizar* aquela alegação, transformando--a em mais uma preliminar a ser arguida pelo réu em sua contestação.

Acolhida a impugnação ao valor da causa feita pelo réu, será determinada sua correção e o autor será responsável pelo pagamento de eventual diferença relativa às custas processuais. Nada impede, evidentemente, que, com o novo valor, o autor venha a pleitear os benefícios da justiça gratuita, o que *não* interfere e *não pode* interferir na indicação escorreita do valor da causa.

Importa destacar que a iniciativa do réu em questionar o valor da causa não é obstada por eventual atuação oficiosa do magistrado, que se justifica desde o exercício do juízo de admissibilidade da petição inicial. É supor a hipótese de o magistrado entender que o valor dado à causa pelo autor é inferior ao imposto pela lei e se contentar com a correção feita pelo autor ao ensejo do art. 321. Cabe ao réu questionar o acerto da determinação e da emenda anterior, cabendo ao magistrado, após o estabelecimento do contraditório com o autor, decidir a respeito. Inexiste infringência ao disposto no art. 507, porque o réu, até então não citado, não poderia ficar sujeito a eventuais preclusões ocorridas no plano do processo.

6.1.3.4 *Inépcia da petição inicial*

A inépcia da petição inicial, sobre a qual versam os §§ 1º e 2º do art. 330, é razão para conduzir o magistrado ao indeferimento liminar da inicial, desde que, como escrito no n. 3.10, *supra*, não seja possível ou efetivada sua emenda ou sanação.

Pode ocorrer, contudo, de o magistrado não ter se atentado a isso ando da realização do juízo de admissibilidade da petição inicial. Pode acontecer também de, aos olhos do magistrado, ao menos naquele momento, a petição inicial nada apresentar de inepta e por isso, proferindo juízo de admissibilidade positivo, acabou por determinar a citação do réu.

Em tais casos, justamente por causa da citação do réu, cabe a ele arguir, como preliminar de contestação, a inépcia da inicial, levando em conta o disposto nos precitados dispositivos. Importa que, em tais hipóteses, não obstante os princípios da concentração da defesa e da eventualidade, o réu destaque que a inépcia da inicial tem o condão de dificultar, senão inviabilizar, o exercício de sua ampla defesa. A ressalva é importante porque, a não ser assim, será justificável que a preliminar – um pressuposto processual de *validade* do processo – seja descartada à falta de prejuízo para o réu, diretriz central na teoria das nulidades processuais.

O acolhimento da tese conduzirá o processo à sua resolução sem mérito (art. 485, I).

6.1.3.5 *Perempção*

A perempção é pressuposto processual negativo que, se presente, inibe a formação e o desenvolvimento válido do processo.

É a hipótese de o autor ter formulado o mesmo pedido, com base na mesma causa de pedir em face do réu, três vezes anteriores e ter dado ensejo ao descarte do processo sem resolução de mérito por abandono de causa em cada uma delas. O § 3º do art. 486 veda que o autor requeira ao Estado-juiz, pela quarta vez, aquela mesma tutela jurisdicional em face do réu, ainda que resguarde a ele a possibilidade de alegar seu direito em defesa.

A vedação legal é de discutível constitucionalidade, diante do art. 5º, XXXV, da Constituição Federal. Importa distinguir, com nitidez, litigância de má-fé ou improbidade processual de acesso à Justiça. A escolha feita pelo precitado § 3º do art. 486, não obstante ser reprodução do parágrafo único do art. 268 do CPC de 1973, esbarra na referida norma constitucional.

De qualquer sorte, na perspectiva do réu, cabe a ele arguir a existência da perempção como preliminar de contestação (art. 337, V). Se ela for acolhida, o processo (o quarto) será resolvido sem mérito (art. 485, V), o que não inibe que o magistrado imponha ao autor a responsabilização pela litigância de má-fé.

6.1.3.6 *Litispendência e coisa julgada*

A litispendência e a coisa julgada, não obstante estarem previstas em dois incisos diferentes do art. 337 (incisos VI e VII, respectivamente), merecem tratamento conjunto. É que, em rigor, ambas representam o mesmo fenômeno e a mesma consequência jurídica em momentos diferentes. A litispendência volta-se à identificação de duas postulações idênticas em curso concomitantemente. A coisa julgada também trata da identificação de duas postulações idênticas quando uma já transitou em julgado. A palavra "postulação" merece ser compreendida no sentido do pedido (ou mais de uma) de tutela jurisdicional que alguém faz em face de outrem por determinada razão relevante para o direito (ou mais de uma).

O § 1º do art. 337 trata-as em conjunto, dispondo que há litispendência ou coisa julgada "quando se reproduz ação anteriormente ajuizada", sendo que, de acordo com o § 2º do mesmo dispositivo, "uma ação é idêntica a outra quando possui as mesmas partes, a mesma causa de pedir e o mesmo pedido". São os chamados "elementos da ação", objeto de análise no n. 3.4 do Capítulo 4 da Parte I do v. 1.

Os §§ 3º e 4º do art. 337 dão notícia da distinção, já acentuada, entre as duas figuras: a litispendência pressupõe "ação" (no sentido de processo que contém idêntica postulação) em curso; na coisa julgada, diferentemente, a "ação" que se repete (no sentido de postulação) "já foi decidida por decisão transitada em julgado" em outro processo.

Ambos os institutos, assim como a perempção, são pressupostos *negativos* no sentido de deverem estar ausentes para viabilizar o desenvolvimento válido do processo. Sua presença, por isso mesmo, conduz o magistrado ao proferimento de decisão *sem* resolução de mérito (art. 485, V).

6.1.3.7 Conexão

A conexão é fator que *modifica* a competência de um juízo para o outro, nos casos disciplinados pelos arts. 54 e 55. Trata-se, como se lê do art. 54, da hipótese em que duas postulações, por terem em comum o pedido ou a causa de pedir, devem tramitar perante o mesmo juízo. O objetivo da regra é evitar o proferimento de decisões conflitantes e, até mesmo, incompatíveis entre si, o que é possível (embora absolutamente indesejável) dada a identidade dos elementos de ambas as postulações.

Ao acolher a conexão, os autos serão enviados ao juízo competente pela sua ocorrência, o "juízo prevento", para empregar a nomenclatura do art. 58.

O art. 337 nada diz sobre a *continência* (art. 56). É o caso, contudo, de dar a ela idêntico *regime jurídico*, permitindo que o réu a argua como preliminar de contestação com vistas também à *modificação* da competência e a remessa dos autos ao juízo prevento.

Apesar de a hipótese prevista no § 3º do art. 55 não ser de conexão, cabe ao réu argui-la em preliminar de contestação, sustentando, coerentemente, a necessidade de dois (ou mais) processos, não obstante a inexistência de conexão, serem reunidos para evitar o proferimento de decisões conflitantes entre si. Também nesse caso a reunião deve se dar perante o juízo prevento.

6.1.3.8 Incapacidade da parte, defeito de representação ou falta de autorização

O inciso IX do art. 327 trata de pressupostos processuais relativos às partes, ao se referir a incapacidade da parte, defeito de representação ou falta de autorização. É a hipótese de menor não estar devidamente representado ou assistido por quem de direito (em geral a mãe e/ou o pai); não ter sido apresentada pelo cônjuge a autorização exigida pelo art. 73; a falta de apresentação de procuração a advogado (art. 104); a ausência de apresentação dos atos constitutivos de pessoa jurídica ou, ainda, a não comprovação da regularidade daquele que outorgou os poderes, em nome de pessoa jurídica, para o advogado agir.

Em todos esses casos, cabe ao magistrado, analisando a pertinência da alegação do réu, permitir ao autor que sane os vícios indicados para que o processo possa prosseguir isento de regularidades. Se isso não ocorrer, a hipótese é de proferimento de decisão sem resolução de mérito (arts. 76, § 1º, I, e 485, IV).

6.1.3.9 Convenção de arbitragem

Convenção de arbitragem é gênero do qual são espécies a cláusula compromissória (cláusula inserida em contratos que prevê, entre os contratantes, a submissão de qualquer ou de um específico litígio a um "juízo *arbitral*", e não a um "juízo *estatal*") e o compromisso arbitral (convenção firmada entre as partes pela qual submetem um específico litígio concreto a um "juízo *arbitral*" e não ao "juízo *estatal*"). Do ponto de vista do direito processual civil, trata-se de mais um pressuposto processual negativo.

O inciso X do art. 337, ao se referir a ela (tanto quanto os seus §§ 4º e 5º), põe fim a questão interessantíssima do CPC de 1973 sobre saber se o magistrado poderia se pronunciar de ofício sobre qualquer uma de suas espécies ou somente com relação à cláusula compromissória. O § 5º do art. 337 é claro a respeito: o magistrado *não* pode se pronunciar de ofício sobre a *convenção de arbitragem*, independentemente da forma que ela tenha assumido. Trata-se da interpretação ampliativa que este *Curso* já defendia em suas edições anteriores[93].

Assim, por exemplo, ainda que o autor apresente, com a petição inicial, contrato em que conste cláusula compromissória, o magistrado não poderá pronunciar de ofício a questão, declarando a incompetência da justiça estatal em prol da arbitral para o processo. Deverá aguardar a provocação do réu, e o momento e a forma adequada para tanto são a preliminar de contestação aqui evidenciada.

O § 6º do art. 337 reforça o entendimento ao estatuir que "a ausência de alegação da existência de convenção de arbitragem, na forma prevista neste Capítulo, implica aceitação da jurisdição estatal e renúncia ao juízo arbitral".

O Projeto da Câmara chegou a propor a criação de um incidente diferenciado para a alegação da convenção de arbitragem para que o réu se limitasse a questionar, antes do oferecimento da contestação, a incompetência da justiça estatal para o processo diante da convenção de arbitragem. Era uma forma de permitir que a defesa do réu fosse deduzida apenas perante o juízo competente (o arbitral), já que, pelos princípios da concentração da defesa e da eventualidade, aquela preliminar deve ser apresentada no *mesmo* ato em que a defesa substancial[94]. Aquele incidente, contudo, não prevaleceu quando do retorno do Projeto da Câmara dos Deputados ao Senado Federal.

---

93. Para essa demonstração, v. o n. 2.2.7 do Capítulo 3 da Parte II do v. 2, t. I, em que se lê, em discordância do entendimento então sustentado por Carlos Alberto Carmona: "Não obstante estas considerações e o brilho de seu defensor, a interpretação adotada por este *Curso*, com as vênias cabíveis, é a oposta. Como tanto o 'compromisso arbitral' quanto a 'cláusula compromissória' são modalidades da convenção de arbitragem não há por que criar dualidade de seu regime no plano do processo. Se, independentemente da razão, o § 4º do art. 301 refere-se apenas a um deles, para os dois deve ser exigida a iniciativa do réu. Até porque, o detalhe não pode passar despercebido, o § 4º do art. 301, diferentemente do inciso IX do mesmo dispositivo, não teve a sua redação alterada pela Lei n. 9.307/1996. O dispositivo continua a prever a *única* hipótese que, à época de sua redação, era admitida como 'arbitragem' pelo direito brasileiro. Se a evolução do direito trouxe uma *outra* modalidade de inibir a atuação do Estado-juiz como pacificador dos litigantes no mesmo contexto de uma solução paraestatal para determinados conflitos, é indispensável reservar à hipótese o *mesmo* regime jurídico. É como se o § 4º do art. 301, a exemplo do inciso IX, se referisse a 'convenção de arbitragem'. Para ambas as hipóteses põe-se não o *dever* de alegar a existência da arbitragem, mas, aqui propriamente, o *ônus* da iniciativa do réu, porque é vedada, tanto em um como em outro caso, a atuação oficiosa do Estado-juiz".

94. Era o seguinte o teor do art. 346 do PL n. 8.046/2010: "Não tendo sido designada audiência de conciliação ou de mediação, a alegação da existência de convenção de arbitragem deverá ser formulada, em petição autônoma, no prazo da contestação".

Sem ele, apresenta-se a mesma dificuldade procedimental apontada no n. 6.1.3.2, *supra*, a propósito da alegação de incompetência feita pelo réu, também em preliminar de contestação (art. 337, II).

Aquelas mesmas razões devem ter incidência na hipótese, porque também aqui é completamente inócua a alegação de existência de convenção de arbitragem *após* a realização da audiência de conciliação ou de mediação.

Assim, tanto quanto naquele caso, poderá o réu, querendo, limitar-se a questionar a competência do juízo estatal diante da convenção de arbitragem, valendo-se desse motivo, inclusive, para justificar seu não comparecimento à audiência de conciliação ou de mediação. Se acolhida a alegação, sempre após a indispensável oitiva do autor a seu respeito, as partes serão conduzidas ao processo arbitral (art. 485, VII). Se rejeitada a alegação, a manifestação do réu tem o condão de deflagrar o início do prazo para contestação, sendo justificada a incidência do inciso II do art. 335 na espécie. Também aqui, eventuais dificuldades quanto ao cumprimento do prazo para a contestação devem encontrar resposta suficiente na possibilidade de ele ser dilatado nos termos do inciso VI e do parágrafo único do art. 139.

Se, por qualquer razão, a audiência de conciliação ou de mediação não for designada, não se põe o problema, cabendo ao réu, nessa hipótese, articular a defesa como um todo, com observância do art. 337 e dos princípios regentes da espécie.

6.1.3.10 Ausência de legitimidade ou de interesse processual

No que diz respeito ao mínimo indispensável para o exercício do direito de ação pelo autor, caberá ao réu arguir ausência de legitimidade (ativa ou passiva ou ambas) ou, ainda, falta de interesse processual do autor.

Mesmo sem ter conservado a nomenclatura tradicional "condições da ação" – que, no art. 301, X, do CPC de 1973, ensejava a nomenclatura "carência da ação", proscrita pelo CPC de 2015 –, a legitimidade e o interesse continuam a ser inerentes ao exercício do direito de ação e compatibilizam-se plenamente com o modelo constitucional do direito processual civil.

Por isso é correto entender que as hipóteses alcançadas pelo dispositivo são aquelas em que a inércia da jurisdição sequer deveria ter sido rompida porque aquele que o faz (o autor) e/ou em face de quem faz (o réu) não reúne o mínimo indispensável para tornar a sua iniciativa digna de tutela jurisdicional. Não há, em casos como tais, o mínimo de *necessidade* de que o Estado-juiz atue.

Tanto assim que a ilegitimidade e/ou a falta de interesse deve levar o magistrado a indeferir a petição inicial. São hipóteses de juízo *negativo* de admissibilidade da petição inicial (art. 330, II e III). Não obstante, pode acontecer que tenha sido proferido juízo de admissibilidade *positivo* e que o réu, citado, levante aquele questionamento, quando deverá fazê-lo em preliminar de contestação. Nesse caso – e superada eventual atividade que possa corrigir/

esclarecer a ocorrência do vício[95] –, o acolhimento da tese deve conduzir o magistrado a proferir sentença sem resolução de mérito com fundamento no inciso VI do art. 485.

Sobre a alegação de ilegitimidade *passiva*, o CPC de 2015 inovou substancialmente (e não apenas do ponto de vista formal) ao transformar o que o CPC de 1973 conhecia como uma das modalidades de intervenção de terceiro (a nomeação à autoria) em técnica que busca o saneamento do processo e seu prosseguimento, ainda que em face de outrem ou, até mesmo, preservando o réu originário e citando um terceiro para a formação de litisconsórcio passivo. Trata-se de mais uma das diversas aplicações ao dever-poder geral de saneamento que encontra a sua regra central no inciso IX do art. 139.

De acordo com o art. 338, se o réu alegar – e deve fazê-lo em preliminar de contestação (art. 337, XI[96]) – que não é parte legítima *ou* que não é o responsável pelo prejuízo invocado, o magistrado permitirá ao autor que altere a petição inicial para a "substituição" do réu no prazo de quinze dias (úteis)[97]. Se o autor efetivar aquela substituição – na verdade, a *sucessão*, excluindo-se do processo o réu originário e citando para o processo o novo réu, até então terceiro em relação ao processo[98] –, deverá reembolsar as despesas e pagar honorários de sucumbência do réu originário (excluído), a serem fixados de três a cinco por cento do valor da causa ou, se ele for irrisório, com observância do art. 85, § 8º. Dada a especificidade da regra, é correto entender que aquele percentual alcança também os casos que o autor é o Poder Público.

O art. 339 complementa a regra que lhe é imediatamente anterior, dando maior efetividade a ela, ao determinar ao réu que, "sempre que tiver conhecimento", indicar o sujeito passivo da relação jurídica discutida, isto é, quem tem, de acordo com o seu entendimento, legitimidade para figurar como réu. Para evidenciar que se trata de *dever* seu, o dispositivo determina que o réu responde pelas despesas processuais, sem prejuízo de indenizar o autor pelos prejuízos que ele sofrer, quando não fizer a indicação. A depender da situação, não é descartável que o réu responda também por litigância de má-fé, diante do disposto nos incisos IV e V do art. 80.

A penalização pressupõe que o magistrado tenha elementos concretos para saber da ciência do verdadeiro legitimado pelo réu, ainda que tal apuração seja feita ao longo do processo.

---

95. Admitindo emenda à inicial, mesmo após a contestação, v: STJ, 3ª Turma, AgInt no REsp 1.644.772/SC, rel. Min. Marco Aurélio Bellizze, j.un. 17-10-2017, *DJe* 27-10-2017, e STJ, 4ª Turma, REsp 803.684/PE, rel. Min. Aldir Passarinho Jr., j.un. 18-10-2007, *DJ* 12-11-2007, p. 223.

96. É o que prenuncia o Enunciado n. 2 do CEAPRO: "A alegação da ilegitimidade com a indicação do correto sujeito passivo da relação jurídica deve ser feita pelo réu em contestação".

97. É importante notar que a nova técnica desgarra-se da antiga nomeação à autora, que só admitia a sucessão de partes em casos restritíssimos, como a detenção (art. 62 do CPC de 1973), ou quando o réu alegasse a prática do ato questionado por ordem ou em cumprimento de instruções de terceiro (art. 63 do CPC de 1973).

98. A dicotomia substituição/sucessão é velha conhecida da doutrina brasileira e já estava presente na nomeação à autoria. Para o assunto, v., do autor deste *Curso*, seu *Partes e terceiros no processo civil brasileiro*, p. 219-239, e, nas edições anteriores deste *Curso*, o n. 1 do Capítulo 5 da Parte VII do v. 2, t. I.

Caso o autor aceite a indicação feita pelo réu[99], alterará, no prazo de quinze dias (úteis)[100], a petição inicial para a *sucessão* do réu, reembolsando-o das despesas processuais e pagando os honorários sucumbenciais (art. 339, § 1º). Pode o autor também, no mesmo prazo, limitar-se a alterar a petição inicial para *incluir* o indicado pelo réu como litisconsorte passivo, isto é, preservando o réu originário, além de providenciar a citação do, até aquele instante, terceiro ao processo (art. 339, § 2º). É um caso de formação de litisconsórcio passivo facultativo ulterior.

6.1.3.11 *Falta de caução ou de outra prestação que a lei exige como preliminar*

Por vezes, a lei (processual ou material) exige que seja prestada caução ou outra prestação para viabilizar o exercício do direito de ação. É o caso, por exemplo, do art. 83 (autor que residir ou passar a residir fora do Brasil e que aqui não tiver bens imóveis); do art. 559 (ações possessórias); e do § 2º do art. 641 (nos casos de colação de bens). São hipóteses que merecem ser tratadas como pressupostos processuais negativos.

O réu poderá, em preliminar (art. 337, XII), arguir a ausência, que, se acolhida, autorizará ao proferimento de sentença sem resolução de mérito (art. 485, X).

Questão sofisticada é saber se pode a *lei* exigir caução ou qualquer outro tipo de prestação de cunho monetário como condicionante do exercício do direito de ação, que, como revela a devida análise do modelo constitucional do direito processual civil, tem *status* constitucional (art. 5º, XXXV, da CF).

A resposta é positiva e encontra eco na Súmula Vinculante 28 do Supremo Tribunal Federal, cujo enunciado é o seguinte: "É inconstitucional a exigência de depósito prévio como requisito de admissibilidade de ação judicial na qual se pretenda discutir a exigibilidade de crédito tributário".

6.1.3.12 *Indevida concessão do benefício de gratuidade de justiça*

A última preliminar prevista no inciso XIII do art. 337 diz respeito ao questionamento feito pelo réu quanto ao benefício da gratuidade de justiça *concedida* ao autor, que o tenha formulado desde a petição inicial ou em algum instante antes da apresentação da contestação (art. 99, *caput e § 1º*). É previsão que se harmoniza com o disposto no *caput* do art. 100, que se refere à hipótese como impugnação a cargo do réu ao pedido de gratuidade deferido anteriormente a ser apresentada na contestação.

---

99. O Enunciado n. 1 do CEAPRO ("A aceitação pelo autor da indicação do sujeito passivo pelo réu com a alteração da petição inicial, não está submetida ao prévio controle judicial") merece ser compreendido com ressalvas, já que não há como as partes, ainda que estejam de pleno acordo afastar o controle oficioso de sua legitimidade pelo magistrado.

100. O Enunciado n. 3 do CEAPRO é no mesmo sentido: "A aceitação do autor, após a alegação da ilegitimidade com a indicação do correto sujeito passivo da relação jurídica, deve ser feita no prazo de 15 dias após a intimação para se manifestar sobre a contestação ou sobre essa alegação do réu".

Aqui também o Código de Processo Civil acabou por descartar a *forma* exigida até seu advento, revogando expressamente diversos dispositivos da defasada Lei n. 1.060/50, que disciplinava o assunto (art. 1.072, III), inclusive os arts. 4º e 6º, que se ocupavam do assunto em exame. E o faz sem prejuízo, muito pelo contrário, do conteúdo.

A propósito do assunto, cabe lembrar que cabe ao réu se valer da contestação para pedir, em seu favor, a gratuidade da justiça, no que é expresso o *caput* do art. 99. Também para ele não subsistem os "pedidos avulsos" e os "autos apartados" da vetusta Lei n. 1.060/50, havendo, na previsão codificada, inegável incremento na eficiência processual. Em rigor, contudo, a questão não deve ser formulada como "preliminar", e, sim, como parte dos requerimentos finais, que concluem a contestação, devendo ser apresentadas, desde logo, as provas pré-constituídas que comprovem a alegação da *necessidade* formulada pelo réu.

6.1.3.13 *Outras preliminares*

Não obstante a extensão do rol do art. 337, é errado entender que ele é taxativo.

Cabe ao réu apresentar *toda* a defesa processual da qual tiver conhecimento quando da apresentação da contestação, mesmo que ela não esteja referida expressamente naquele dispositivo. É entendimento que deriva dos princípios da concentração da defesa e da eventualidade, dos quais não se pode desviar o intérprete e o aplicador do direito.

É o que se verifica, por exemplo, com relação à alegação de descabimento da denunciação da lide feita pelo autor e de forma mais ampla em todos aqueles casos em que a sistemática da dinâmica da defesa do réu vai além dos lindes traçados pelo Código de Processo Civil nos arts. 335 a 346.

Em se tratando de procedimentos especiais, regulados pelo próprio Código ou pela legislação extravagante, caberá ao réu, em sede de contestação voltar-se às frequentes especificidades exigidas pela lei a serem observadas pelo autor desde a elaboração de sua petição inicial.

6.1.4 Defesas substanciais

As defesas *substanciais*, isto é, as defesas *de mérito*, não se voltam a questionar a regularidade do processo em si mesmo considerado ou do escorreito exercício do direito de ação que provocou e anima o exercício da atividade jurisdicional. Elas, como seu próprio nome sugere, voltam-se ao "direito material", ao "conflito de interesses" retratado pelo autor em sua petição inicial, a partir do qual ele pretende determinadas consequências em face do réu. Tais defesas se voltam, destarte, ao pedido de tutela jurisdicional formulado pelo autor e não a inviabilizar o seu exame.

O "mérito" baseia-se necessariamente em pelo menos um fato e na(s) consequência(s) jurídica(s) que, na visão do autor, emana(m) daquele fato e que justifica(m) a concretização da tutela jurisdicional por ele pretendida. Tal(is) fatos(s) e tal(is) fundamento(s) jurídico(s) correspondem (e têm que corresponder, sob pena de inépcia da inicial) à causa de pedir descrita na petição inicial e conduzem (e têm que conduzir, também sob pena de inépcia da inicial) ao pedido. É o que se extrai do § 1º do art. 330, sob pena de a petição inicial ser considerada inepta.

A defesa em tal perspectiva merece ser estudada a partir de uma distinção bem aceita pela doutrina entre a defesa *direta* e a defesa *indireta*[101].

A defesa que negar o fato constitutivo do direito do autor ou que negar as consequências jurídicas pretendidas pelo autor é *direta*. Em tais casos, a defesa dirige-se à própria pretensão do autor visando ao desfazimento dos fundamentos de fato e/ou de direito e, consequentemente, de seu pedido.

A defesa *indireta* caracteriza-se pela aceitação dos fatos e das consequências jurídicas trazidas pelo autor pelo réu. Só que o réu, ao fazê-lo, leva ao processo *novos fatos* que têm o condão de *extinguir*, *impedir* ou *modificar* os fatos e/ou as consequências jurídicas pretendidas pelo autor. São as chamadas "exceções *substanciais*", que têm o condão de *ampliar* a atividade *cognitiva* do magistrado, isto é, o objeto sobre o qual recairá o *conhecimento* do magistrado, mas não necessariamente o objeto *decisório* que, ressalvadas as hipóteses dos §§ 1º e 2º do art. 503, dependem de formulação de pedido expresso do próprio réu[102]. A ampliação da matéria a ser *conhecida* pelo magistrado por iniciativa do réu acarretará, por definição, um dilargamento do procedimento porque impõe a *necessária* oitiva do autor a seu respeito sem prejuízo da produção da prova correlata (art. 351).

Os fatos *impeditivos* são os que querem obstaculizar ou retardar a projeção dos efeitos pretendidos pelo autor em sua inicial. É o que se verifica, por exemplo, com a chamada "exceção do contrato não cumprido"; a transação com fixação de novo prazo para pagamento; e com todas as anulabilidades e nulidades dos atos jurídicos em geral, nos termos das leis de direito material (assim, *v.g.*: arts. 104 a 165 e 166 a 185 do CC e arts. 2º a 4º da Lei n. 4.717/65, a "lei da ação popular").

São fatos *modificativos* aqueles que buscam alterar as consequências jurídicas do direito do autor, como se dá, a título ilustrativo, com a compensação; com a redução do valor pedido; com a alegação de culpa concorrente na ocorrência do dano; no parcelamento da dívida; na transação sobre o objeto litigioso a que o autor não fez referência; na novação e na cessão de crédito.

Por fim, os fatos *extintivos* são todos aqueles cuja eficácia elimina o direito do autor. São exemplos: a existência de outros consortes no período da concepção; com o pagamento; com a remissão (perdão) da dívida e com a prescrição.

---

101. Nesse sentido: Calmon de Passos em seus célebres *Comentários ao Código de Processo Civil*, v. III, p. 256-258; Cleanto Guimarães Siqueira, *A defesa no processo civil*, p. 270, e, mais recentemente, Heitor Vitor Mendonça Sica, *O direito de defesa no processo civil brasileiro*, p. 82.

102. O CPC de 2015 inova, no particular, com relação ao CPC de 1973 porque admite que, independentemente de pedido do autor e/ou do réu, as questões prejudiciais sejam expressamente decididas *e* fiquem sujeitas à chamada coisa julgada material (art. 503, §§ 1º e 2º).

A expressão "*exceções* substanciais" é cara para o direito processual civil tradicional, fortemente influenciado, no particular, pela doutrina civilista[103]. Os fatos aqui cogitados, isto é, os fatos *impeditivos*, *modificativos* e *extintivos* do direito do autor, são situações reguladas e admitidas pelas próprias leis materiais que, historicamente, reclamam, para serem conhecidas pelo magistrado, em sua grande maioria, iniciativa da parte. É bastante significativo, por exemplo, ler, no Código Civil, as causas de adimplemento e extinção da obrigação (arts. 304 a 388), o mesmo podendo ser dito com relação às causas de extinção da obrigação tributária tais quais disciplinadas pelos arts. 156 a 174 do Código Tributário Nacional. Tais "*exceções* substanciais", contudo, não obstante terem fonte no direito material, tendem a surtir seus regulares efeitos no plano do processo. Seja quando elas são trazidas pelo réu em sua contestação, seja quando elas sejam passíveis de apreciação de ofício pelo magistrado, hipótese em que, para fazer jus ao peso da tradição sobre determinadas expressões, deveriam ser chamadas de "objeções"[104].

Como já adiantado, importa distinguir se a defesa apresentada pelo réu é *direta* ou *indireta*. É que, nos casos de defesa *direta*, o ônus da prova – ressalvada a incidência de alguma regra de exceção na hipótese, inclusive a viabilidade de o magistrado invertê-lo consoante as peculiaridades de cada caso concreto (art. 373, § 1º) – é do autor. Quando o réu se valer de defesa material *indireta* é dele, com a mesma ressalva, o ônus da prova dos *novos* fatos que traz para exame do magistrado. Trata-se, em última análise, de aplicação escorreita da regra que consta do art. 373: o ônus da prova cabe a quem *afirma* o fato. A regra é a de que ao autor cabe o ônus da prova dos fatos *constitutivos* do seu direito: aqueles que, provados, ensejam a prestação da tutela jurisdicional em seu favor (art. 373, I). O réu tem o ônus da prova dos fatos *extintivos*, *modificativos* ou *impeditivos* do direito do autor: os fatos que, provados, ensejam a prestação da tutela jurisdicional em seu favor (art. 373, II). Ademais, quando articulada em sua plenitude a defesa material *indireta*, o autor não precisa provar os fatos que afirma porque eles, ao serem aceitos pelo réu, tornam-se incontroversos, fazendo incidir, destarte, as regras dos arts. 350 e 374, III.

Os *novos* fatos, que *constituem* o fundamento do direito da defesa, a defesa *indireta*, correspondem, em tudo e por tudo, à "causa de pedir". Por tal razão é correto entendê-la como verdadeira "causa de defesa", ou, na sua versão latina, "causa *excipiendi*", em contraposição à "causa *petendi*", para evidenciar o seu paralelismo com aquele outro instituto e dar ênfase à concepção de que o direito de defesa é, por imposição do modelo constitucional do processo civil, a contraface do "direito de ação". À "causa de *pedir*" da petição inicial (art. 319, III) corresponde a "causa de *resistir*" da contestação (art. 336).

---

103. A esse respeito, consultar Heitor Vitor Mendonça Sica, *O direito de defesa no processo civil brasileiro*, p. 94-133, propugnando, contudo, a superação do conceito.

104. Tão arraigada a distinção entre *exceções* e *objeções* que se discutia, ao tempo do CPC de 1973, se era correto aquele Código atrelar a arguição de impedimento e/ou de suspeição do magistrado a uma *exceção*, uma vez que aqueles vícios comprometedores da imparcialidade do magistrado eram (como ainda são) passíveis de pronunciamento oficioso. Para essa discussão, de sabor histórico para o CPC de 2015, consultar, com proveito, Heitor Vitor Mendonça Sica, *O direito de defesa no processo civil brasileiro*, p. 58-64, e o n. 3.2 do Capítulo 3 da Parte II do v. 2, t. I, deste *Curso* em suas edições anteriores.

Tanto as defesas *diretas* como as *indiretas* devem ser articuladas concomitantemente na contestação. Também para elas incidem em sua plenitude os princípios da concentração da defesa e da eventualidade, o que encontra fundamento no art. 336, robustecido, não é demais lembrar, pela regra do art. 342.

Mas não só: incide sobre a defesa de mérito o já destacado princípio da impugnação especificada, que encontra fundamento no art. 341.

A defesa de mérito, seja ela direta ou indireta, busca tornar controvertidos os *fatos* narrados pelo autor. Não basta, contudo, que o réu o faça mediante negativa geral. À luz dos *deveres* que norteiam a atuação dos litigantes e em nome da otimização da prestação jurisdicional, é impositivo que a impugnação dos fatos seja feita de forma ordenada e especificada para que cada um deles possa ser devidamente examinado pelo magistrado e verificado se ele pode ou não ser considerado para a concessão da tutela jurisdicional ao autor ou ao réu. É disso que trata o *caput* do precitado art. 341, segundo o qual cabe ao réu "manifestar-se *precisamente* sobre as alegações de fato constantes da petição inicial" com a consequência de, não o fazendo, serem presumidas verdadeiras.

Para adequada compreensão do *princípio* da impugnação especificada importa ter em mente que são as partes, o autor e o réu, que conhecem os *fatos* que justificam a investida jurisdicional por iniciativa do autor. O magistrado tem de se convencer de sua existência e de suas consequências jurídicas para decidir a quem prestará tutela jurisdicional: a prova é dirigida ao magistrado e não às partes. Assim, todo fato que não for *especificamente impugnado* tende a ser considerado verdadeiro ou, de acordo com os incisos II e III do art. 374, presumir-se verdadeiro justamente porque não houve, a tempo e modo oportunos, uma contradição a ele. É o réu que tem de se voltar aos fatos narrados pelo autor. Quanto aos fatos *novos*, trazidos pelo réu com a sua contestação, caberá ao autor, oportunamente, manifestar-se sobre eles (art. 350). Sobre a sua manifestação, que a prática consagrou com o nome de "réplica", também terá incidência, pelas *mesmas* razões, o *mesmo* princípio, com as *mesmas* consequências: considerar-se-ão verdadeiros os fatos afirmados por uma parte e não negados pela outra. Fato não controvertido dispensa prova porque ele se presume verdadeiro (art. 374, III).

Os fatos sobre os quais a lei impõe a impugnação especificada são os que importam para a causa de pedir, isto é, ao "fato constitutivo" do direito do autor. São os fatos que interferem de maneira direta no acolhimento do pedido do autor. Os chamados "fatos *simples*", isto é, aqueles que dizem respeito às circunstâncias daqueles outros fatos, os *relevantes* e *pertinentes* para o objeto de conhecimento do magistrado, que, por definição, têm a finalidade de auxiliar a compreendê-los melhor, mas não são os diretamente controvertidos no processo, não se submetem ao princípio agasalhado pelo art. 341. Mais ainda quando a sua rejeição pode se dar em face da versão dos fatos apresentada pelo próprio réu, isto é, quando o próprio *contexto* da defesa do réu for suficiente para afastá-los ou, quando menos, colocá-los em dúvida, como decorre do inciso III do art. 341.

Nessa perspectiva, o princípio da impugnação especificada não deixa de ser uma consequência do que ocorre com o próprio autor, com relação ao pedido e à causa de pedir apontados na sua petição inicial: as partes, na fase *postulatória*, têm de apresentar todos os fatos e todas as consequências jurídicas a eles relacionadas e que, uma vez controvertidos, imporão a necessidade da produção da prova correspondente sob pena de não poderem fazê-lo depois. Até porque, com a citação do réu, a alteração do pedido ou da causa de pedir pelo autor depende de sua prévia concordância (art. 329, *II*).

As exceções com relação ao princípio da impugnação especificada estão nos incisos do art. 341: (i) quando sobre o fato não impugnado especificadamente não for admissível a confissão, isto é, fatos sobre os quais o réu não pode dispor; (ii) quando a petição inicial não estiver acompanhada de documento reputado substancial do ato[105], o que traz à tona as considerações do n. 3.6.1, *supra*, sobre o art. 320; e (iii) quando as alegações do autor, embora não impugnadas especificadamente, acabarem se mostrando controvertidas com a defesa "considerada em seu conjunto", regra que se harmoniza com a que o § 2º do art. 322 reserva para a interpretação do pedido e que impõe a compreensão da defesa como um todo para distinguir o que pode e o que não pode, diante de tal exame, ser considerado incontroverso.

O parágrafo único do art. 341 afasta do defensor público, do advogado dativo e do curador especial a aplicação da impugnação especificada.

A ressalva é justificada. Em tais casos, o agente detentor da capacidade postulatória, no exercício de seus misteres institucionais, não tem condições de conhecer dos fatos com a mesma profundidade que um advogado contratado pelo réu ou advogado público. Isso, contudo, não significa dizer que, naquelas hipóteses, é aceita, pura e simplesmente, a "negativa geral" dos fatos narrados pelo autor. Se não incide o princípio da impugnação especificada, nem por isso deixam de existir outros princípios regentes do direito processual civil, assim a concentração da defesa e a eventualidade e, de forma ampla, os princípios que norteiam a atuação processual dos procuradores das partes, independentemente do vínculo que têm com os seus constituintes. Pensamento diverso seria reduzir a formalismo inútil a atuação do defensor público, do advogado dativo e do curador especial em casos que atuem como procuradores do réu; seria preferível que, simplesmente, o autor já se desincumbisse do ônus da prova de suas afirmações, evitando com isso a prática de atos processuais desnecessários.

6.2 Reconvenção

O CPC de 2015, após acesos debates no âmbito do processo legislativo – e isto desde a elaboração do Anteprojeto a cargo da Comissão de Juristas –, preservou a *reconvenção* no seu art. 343[106].

105. Interessante destacar que o art. 302, II, do CPC de 1973, correspondente ao inciso II do art. 341 do CPC de 2015, era textualmente mais restritivo, referindo-se tão só ao "instrumento público que a lei considerar da substância do ato". A interpretação de ambas as regras deve, contudo, ser a mesma, robustecendo a importância de *quaisquer* documentos que sejam de conhecimento e do alcance do autor *deverem* ser produzidos com a petição inicial.

106. O art. 326 do PLS n. 166/2010 seguia a proposta original do art. 337 do Anteprojeto de novo Código de Processo Civil, eliminando a reconvenção, admitindo, contudo, que o réu formulasse pedido contraposto "para manifestar

Trata-se da possibilidade de o réu, no mesmo processo em que demandado, pedir em face do autor tutela jurisdicional de *qualidade* diversa daquela que decorre da rejeição do pedido do autor.

O réu, ao contestar, quer afastar a pretensão do autor; não quer se sujeitar ao pedido do autor e à tutela jurisdicional pretendida por ele. Quando o réu reconvém, ele passa a aspirar a algo que vai além da tutela jurisdicional que obterá caso a sua defesa seja acolhida com a rejeição do pedido formulado pelo autor.

É importante recordar, a esse propósito, que a improcedência do pedido do autor, a sua rejeição (a "improcedência da *ação*", como a hipótese é usualmente descrita), tem, por si só, o condão de conceder ao réu tutela jurisdicional. Essa tutela, contudo, é limitada ao que o próprio autor pediu e às razões pelas quais pediu, e nem poderia ser diferente à luz do princípio da adstrição do juiz ao pedido. Tanto que é o pedido *negado* ao autor que se revestirá da chamada coisa julgada *material*, isto é, que se tornará imunizado a ulteriores discussões pelas próprias partes e por qualquer outro órgão jurisdicional.

Pode acontecer, contudo, que o réu tenha *interesse* de obter tutela jurisdicional *qualitativamente* diversa daquela que receberá na hipótese destacada acima. Para tanto, pode ele, aproveitando-se do *mesmo* processo, formular *pedido* de tutela jurisdicional em face do autor, *agir* em face dele, na expectativa de obter, do Estado-juiz, *mais* do que com a rejeição do pedido do autor. Esse pedido de iniciativa do réu é a *reconvenção*. Trata-se, nesse contexto de análise, de um típico caso de aplicação do princípio da eficiência processual.

Nesse sentido, é comum se referir à reconvenção como verdadeiro *contra-ataque* do réu em face do autor no mesmo processo ou à possibilidade de o réu, sem prejuízo de *reagir*, *agir* em face do autor sempre no mesmo processo, formulando pedido de tutela jurisdicional em seu favor.

Por tais razões é que é largamente aceita a compreensão de que a reconvenção é nova *ação* do réu em face do autor exercitada no mesmo processo[107].

6.2.1 Reconvenção como pedido do réu

O entendimento quanto à reconvenção ser ação, posto ser absolutamente pacífico, tem merecido reflexão crítica por parte deste *Curso*, desde suas edições anteriores ao CPC de 2015[108].

Por força do conceito proposto por este *Curso* desde o n. 3 do Capítulo 4 da Parte I do v. 1 para a *ação*, é importante entender que o réu não exerce, na hipótese aqui examinada, uma "nova"

---

pretensão própria, conexa com a ação principal ou com ou fundamento da defesa" (art. 326, *caput*). O art. 344 do PL n. 8.046/2010 reintroduziu a reconvenção, na forma que acabou por prevalecer no CPC de 2015.

107. Monograficamente, a questão é explorada pelos seguintes autores: Moacyr Amaral Santos, em *Da reconvenção no direito brasileiro*, obra escrita sob a égide do CPC de 1939; Clito Fornaciari Júnior, *Da reconvenção no direito processual civil brasileiro*, e Luis Guilherme Aidar Bondioli em seu *Reconvenção no processo civil*, ambas escritas durante a vigência do CPC de 1973.

108. Para a formulação original, v. o n. 4 do Capítulo 3 da Parte II do v. 2, t. I.

ação em relação àquela que deu início ao processo. Trata-se, menos do que uma "nova" ação, de um *novo pedido* de tutela jurisdicional, um pedido de tutela jurisdicional *qualitativamente* diverso daquele feito pelo autor e também *qualitativamente* diverso do que o réu obterá se o pedido do autor for rejeitado. Tal circunstância decorre da compreensão de que o exercício do direito de ação é exercitado ao longo de todo o processo, *inclusive* pelo réu, sem prejuízo também do exercício da ampla defesa, não se confundido e não se esgotando com os elementos que caracterizam cada momento das diversas postulações formuladas durante o desenvolvimento do processo[109].

A reconvenção, destarte, trata-se de legítima exigência feita pelo Código de Processo Civil para que, diante de alguns pressupostos, o réu assuma, perante o autor, postura *ativa*. Não só se defendendo (*reagindo*), mas também *agindo* em face do autor. São casos, em última análise, que a lei, querendo atingir maior *eficiência* processual, admite que o réu peça que lhe seja prestada tutela jurisdicional *qualitativamente* diversa daquela que decorrerá da rejeição do pedido do autor, fazendo-o no *mesmo* processo e perante o *mesmo* juízo.

O entendimento aqui sustentado fica ainda mais claro diante da regra do § 2º do art. 343. De acordo com o dispositivo, "a desistência da ação ou a ocorrência de causa extintiva que impeça o exame de seu mérito não obsta ao prosseguimento do processo quanto à reconvenção", diretriz geralmente rotulada de "princípio da *autonomia* da reconvenção". O significado da previsão é um só: uma vez apresentada a reconvenção, ela tende a ter existência independente da "ação" do autor justamente porque ela depende do *mesmo* processo para se desenvolver, mas não daquela anterior iniciativa do autor. A reconvenção, por assim dizer, mantém a *necessidade* da prestação da tutela jurisdicional, tal qual *ampliada* pelo réu, e, consequentemente, impõe o prosseguimento do *processo* mesmo que não persista mais a "ação" que foi responsável pelo rompimento da inércia que caracteriza como tal a jurisdição.

O que interessa ao desenvolvimento válido do processo não é mais quem rompeu a inércia da jurisdição, quem *acionou* o Estado-juiz – que, por definição, só pode ser o autor –, mas quem, ao longo do processo, é dizer, da atuação do Estado-juiz, assume adequadamente as posições de vantagem que a lei disponibiliza, é dizer, quem *age* em juízo devidamente. É o que se dá na hipótese retratada naquele dispositivo: o réu passa a assumir a condução do processo porque, com a reconvenção, amplia não só o objeto de conhecimento, mas também o objeto de decisão do magistrado, pretendendo, com sua iniciativa, tutela jurisdicional que vai além do que decorre da rejeição do pedido autoral.

Não fosse pela possibilidade de o réu reconvir, ele poderia postular em face do autor, ainda que por *novo* e *distinto* "processo" que teria início, indispensavelmente, com o exercício de *nova* e *distinta* "ação". A segunda iniciativa tenderia a ser reunida com a primeira, dada a conexão de

109. É essa a razão pela qual é indiferente que a reconvenção porventura apoie-se em causa de pedir diversa daquela que fundamenta a contestação (art. 343, *caput*) ou, ainda, que seja apresentada em litisconsórcio com terceiro (art. 343, § 4º) ou em face do autor e de terceiro (art. 343, § 3º).

ambas (art. 286, I). O que o Código de Processo Civil faz ao disciplinar a reconvenção é admitir, por iniciativa do réu, a cumulação de "pedidos" em um mesmo processo, ampliando-se o objeto litigioso e, consequentemente, o objeto de *decisão* do magistrado. É medida que, inspirada em razões de ordem pública, busca otimizar a atuação jurisdicional em todos os sentidos.

A recusa deste *Curso* em aceitar a natureza jurídica de *ação* à reconvenção quer evidenciar, a propósito da consideração do parágrafo anterior, que fosse aquela iniciativa do réu uma verdadeira (e distinta) ação. Isso significaria que a cada pedido de tutela jurisdicional equivaleria, sempre e em qualquer caso, uma ação. Tantos pedidos de tutela jurisdicional significariam, invariavelmente, tantas "ações". Tal entendimento, contudo, parece ir de encontro ao entendimento absolutamente pacificado na doutrina de que a "ação" não se confunde com o direito material para o qual se busca a concretização da "tutela jurisdicional".

Assim, é bastante uma só iniciativa de romper a inércia da jurisdição (o exercício do direito de ação pelo autor, a ser externado em sua petição inicial), viabilizando a existência do processo. Eventual cúmulo de pedidos na própria petição inicial, na contestação, quando o réu reconvém, bem assim eventuais outros pedidos que sejam formulados ao longo do processo, não são representativos de novas e tantas ações quanto sejam os próprios pedidos. Uma "ação" é suficiente para o cúmulo de diversos pedidos, independentemente de quem tenha a iniciativa de cumulá-los, o autor ou, como aqui se trata, o réu. À ação, nesse sentido, cabe o papel de justificar a provocação inicial do Estado-juiz e as constantes provocações ao longo de toda a sua atuação, isto é, ao longo de todo o processo: o *acionar* e o que interessa para cá, o *atuar* ou o *agir* ao longo do processo. Isso, contudo, não se confunde com os *pedidos de tutela jurisdicional* que podem, consoante as autorizações legais, ser formulados concomitante ou sucessivamente em um mesmo processo. Estes sim, os *pedidos de tutela jurisdicional*, mas não a "ação", dizem e podem dizer respeito a diversos bens da vida, bens que existem *fora* e *independentemente* do processo, no plano material, embora, em última análise, justifiquem a atuação do Estado-juiz para tutelá-los jurisdicionalmente.

Para os fins de identificação das "ações", ou, como propõe o n. 3.3 do Capítulo 4 da Parte I do v. 1, de *postulações* ou, até mesmo, de *demandas*, basta verificar quantos pedidos foram, a final, formulados pelo autor e pelo réu, levando em conta – e nem se pretende que seja diverso –, suas respectivas causas de pedir e as partes entre as quais ele é formulado. O que importa, em última análise, não é tratar tais fenômenos, inclusive a reconvenção, com *ações*. São postulações, que se multiplicam ao longo de todo o processo e que derivam do exercício do direito de ação, de sua própria dinâmica.

Por todos esses motivos – que são recorrentes em diversas outras passagens deste *Curso* –, não é correto falar de uma "ação de reconvenção" mas, mais propriamente, de um "pedido de reconvenção" ou, simplesmente, de uma "reconvenção", nome que significa, por si só, independentemente de qualquer outro complemento, a autorização legal de o réu formular *pedido* de tutela jurisdicional em face do autor ou de terceiro no mesmo processo em que é demandado. Trata-se de instituto que, nessa perspectiva, encontra amplo fundamento no princípio (constitucional) da eficiência processual.

Cabe uma última consideração sobre a discussão anunciada pelos parágrafos anteriores, sem pretender estender desnecessariamente o tema. Houve tempo para a *necessidade* da construção da reconvenção como diversa *ação* do réu em face do autor por diversas circunstâncias, inclusive pelas vicissitudes então predominantes do que se entendia por "ação" e os limites, mais ou menos restritos, dos "procedimentos" (ou "processos") até então conhecidos e da compreensão que então se tinha de uns e de outros.

Considerando que os autores cada vez mais tendem a uma distinção clara e precisa entre a "ação" e a "tutela jurisdicional", não há razão para insistir em discussões que, em última análise, dizem respeito a outros tempos e a outras necessidades. *Pedido de tutela jurisdicional* não é a *ação*, por mais que ambos os institutos se relacionem entre si. A "ação" não é só o *acionar* a jurisdição, rompendo a inércia da jurisdição, mas, também, o *atuar*, o *agir*, ao longo do processo, permitindo que as partes (e eventuais terceiros) ocupem, consoante as regras aplicáveis a cada procedimento, posições de vantagem com vistas à proteção de seus próprios interesses e direitos, buscando a concretização da tutela jurisdicional. Aqui, no procedimento comum, a lei permite que o réu, querendo, peça tutela jurisdicional em seu favor, tutela esta que diz respeito a um bem *qualitativamente* diverso daquele pedido do autor e, além, *qualitativamente* diverso daquele que obterá caso o pedido do autor seja rejeitado.

Assim, o que é significativo do exercício do direito de ação ao longo de todo o processo e consoante as características de cada procedimento é a assunção, pelas partes e por eventuais terceiros intervenientes, de direitos, deveres, faculdades, ônus e sujeições, oferecidos pelo sistema. É esse o contexto adequado em que a reconvenção, assim como outros *pedidos* que a lei permite ao réu formular no *mesmo* processo, deve ser examinada e estudada.

Não obstante todas essas considerações e o convite ora reiterado para que o tema seja, por toda a comunidade jurídica, devidamente enfrentado para a sua devida e adequada reflexão, o perigo de uma discussão como a aqui proposta é reduzir o direito processual civil e, mais do que ele, a ciência que o pretende estudar, a uma discussão meramente *nominal* e que pode acabar por fazer as vezes de inócuas *formas, fórmulas*, quiçá *formalismos*, que o direito processual civil analisado na perspectiva do modelo constitucional quer (e precisa) combater. Até porque a concepção de que a reconvenção é um *pedido* formulado pelo réu no mesmo processo em que o demanda o autor, como vem propondo este *Curso*, não interfere em nada na compreensão do funcionamento do instituto no que diz respeito aos seus pressupostos, ao seu procedimento e ao seu julgamento, todos eles regulados expressamente pelo Código de Processo Civil, objeto de exame dos números seguintes[110].

---

110. Embora defendendo a natureza de demanda (ação) da reconvenção, Luis Guilherme Bondioli, ao comentar o art. 343, critica a opção do legislador de separar aleatoriamente alguns dispositivos para tratar especificamente

6.2.2 Reconvenção, ação dúplice e pedido contraposto

Antes daquela exposição, contudo, ainda há espaço para uma última série de indagações.

Independentemente das considerações anteriores, é certo que sempre se distinguiu a reconvenção da chamada "ação dúplice"[111]. Essa "ação dúplice" é aquela em que se identificam as situações processuais de ambas as partes a significar que o acolhimento ou a rejeição do pedido do autor tem o condão, por si só, de dar, no plano material, a *mesma* tutela jurisdicional para o réu como se ele próprio, o réu, tivesse tido a iniciativa de provocar a jurisdição. É o que se dá, por exemplo, com a chamada "ação de possessória" (art. 556), com a chamada "ação demarcatória" (art. 581), com a chamada "ação divisória" (art. 592, § 1º), e, embora sem um maior consenso da doutrina, com as chamadas "ações declaratórias" (art. 19).

Em todos esses casos, não cabe reconvenção porque o réu pode, com a rejeição do pedido do autor, obter o mesmo resultado favorável com que a sentença o contemplaria, se fosse ele o responsável pelo rompimento da inércia da jurisdição. São situações, a bem da verdade, em que a tutela jurisdicional, que deriva do acolhimento ou da rejeição do pedido do autor, é *qualitativamente idêntica* para as partes. A reconvenção, disso se ocuparam suficientemente os parágrafos anteriores, caracteriza-se pela *necessidade* de o réu buscar tutela jurisdicional *qualitativamente diversa*. A distinção entre os dois institutos, destarte, é aceita por este *Curso*, frisando que, nos casos de "ação dúplice", não há *interesse* para que o réu formule qualquer pedido, dada a inutilidade de sua iniciativa para obter o que, com a rejeição do pedido do autor, obterá[112].

De outra banda, é comuníssimo o entendimento de que a reconvenção não pode ser confundida com o chamado "pedido contraposto"[113]. O pedido contraposto, expressamente autorizado no âmbito dos "juizados especiais cíveis" (art. 31 da Lei n. 9.099/95)[114], é compreendido como mero pedido do réu em face do autor sem que seu exercício signifique o exercício de uma nova *ação* em um mesmo processo, como a doutrina amplamente majoritária entende significar a reconvenção.

---

da reconvenção naquela perspectiva porque "... não se limita a eles o que se aplica à reconvenção em razão da sua condição de demanda" (*Comentários ao Código de Processo Civil*, v. 2, p. 102).

111. Para o ponto, sob a vigência do CPC de 1973, v. Luis Guilherme Aidar Bondioli, *Reconvenção no processo civil*, p. 47-78, e Heitor Vitor Mendonça Sica, *O direito de defesa no processo civil brasileiro*, p. 175-182. Para a discussão do tema no CPC de 2015, v. Flávio Luiz Yarshell, Guilherme Setoguti J. Pereira e Viviane Siqueira Rodrigues, *Comentários ao Código de Processo Civil*, p. 179-180.

112. Para essa específica discussão, v. José Rogério Cruz e Tucci, *Comentários ao Código de Processo Civil*, v. VII, p. 240-242.

113. Para tanto, à luz do CPC de 1973, v. Luis Guilherme Aidar Bondioli, *Reconvenção no processo civil*, p. 35-47, e Heitor Vitor Mendonça Sica, *O direito de defesa no processo civil brasileiro*, p. 172-175. Para a discussão na perspectiva do CPC de 2015, v. Flávio Luiz Yarshell, Guilherme Setoguti J. Pereira e Viviane Siqueira Rodrigues, *Comentários ao Código de Processo Civil*, p. 178-179.

114. O pedido contraposto era também expressamente admitido pelo § 1º do art. 278 do CPC de 1973 no âmbito do procedimento sumário, que estava assim redigido, na redação dada pela Lei n. 9.245/95: "É lícito ao réu, na contestação, formular pedido em seu favor, desde que fundado nos mesmos fatos referidos na inicial".

Mesmo que para quem pretenda enxergar no "pedido contraposto" pressupostos mais restritivos do que para a reconvenção, é importante destacar que aquela estreiteza deriva de mera opção circunstancial do direito positivo brasileiro. Não haveria óbice para que o legislador ampliasse as possibilidades de pedido contraposto nos Juizados Especiais ou que tivesse repensado o revogado § 1º do art. 278 do CPC de 1973 para o procedimento sumário. Não se trata, destarte, de característica *ontológica* dos institutos a colocar em lados opostos a reconvenção e o pedido contraposto. O próprio Anteprojeto de novo Código de Processo Civil[115], no que foi seguido pelo Projeto do Senado Federal[116], propunha verdadeira equiparação os dois institutos, o que somente não foi adiante por força do entendimento em sentido contrário que acabou por prevalecer no âmbito da Câmara dos Deputados[117].

Assim, mesmo diante da expressa preservação da reconvenção no CPC de 2015, como deixa claro o art. 343, este *Curso* não resiste à tentação de ver nela mero resquício formal, máxime porque ela pode ser apresentada na própria contestação (art. 343, *caput*), que, em rigor, não se justifica mais, como faz prova segura, a própria abolição da chamada "ação declaratória incidental" em prol do reconhecimento de que determinadas questões podem fazer coisa julgada desde que haja controvérsia efetiva sobre elas, *ainda quando não haja pedido expresso* (art. 503, §§ 1º e 2º). Tanto quanto se reconhece para o pedido contraposto, aliás, a reconvenção merece ser compreendida como mero pedido do réu em face do autor, não havendo razão, a não ser saudosismo de outros tempos, distinguir as duas figuras pela natureza de "ação" desta e não daquele.

6.2.3 Pressupostos

Superadas as questões que ocupam os números anteriores, que, como assinalado, não têm o condão de interferir na compreensão da reconvenção tal qual disciplinada pelo Código de Processo Civil, importa dar início ao exame do instituto.

115. Que tratava do assunto em seu art. 337, nos seguintes termos: "Art. 337. É lícito ao réu, na contestação, formular pedido contraposto para manifestar pretensão própria, conexa com a ação principal ou com o fundamento da defesa, hipótese em que o autor será intimado, na pessoa do seu advogado, para responder a ele no prazo de quinze dias. Parágrafo único. A desistência da ação ou a ocorrência de causa extintiva não obsta ao prosseguimento do processo quanto ao pedido contraposto".

116. Cujo art. 326 estava assim redigido: "É lícito ao réu, na contestação, formular pedido contraposto para manifestar pretensão própria, conexa com a ação principal ou com o fundamento da defesa, hipótese em que o autor será intimado, na pessoa do seu advogado, para responder a ele no prazo de quinze dias. § 1º O pedido contraposto observará regime idêntico de despesas àquele formulado na petição inicial. § 2º A desistência da ação ou a ocorrência de causa extintiva não obsta ao prosseguimento do processo quanto ao pedido contraposto".

117. O art. 344 do PL n. 8.046/2010, do qual descende o art. 343 do CPC de 2015, estava assim redigido: "Art. 344. Na contestação, é lícito ao réu propor reconvenção para manifestar pretensão própria, conexa com a ação principal ou com o fundamento da defesa. § 1º Proposta a reconvenção, o autor será intimado, na pessoa de seu advogado, para apresentar resposta no prazo de quinze dias. § 2º A desistência da ação ou a ocorrência de causa extintiva que impeça o exame de seu mérito não obsta ao prosseguimento do processo quanto à reconvenção. § 3º Contra a decisão que indeferir liminarmente a reconvenção ou que a julgar liminarmente improcedente cabe agravo de instrumento. § 4º A reconvenção pode ser proposta contra o autor e um terceiro. § 5º A reconvenção pode ser proposta pelo réu em litisconsórcio com terceiro. § 6º Se o autor for substituto processual, o reconvinte deverá afirmar ser titular de direito em face do substituído e a reconvenção deverá ser proposta em face do autor, também na qualidade de substituto processual. § 7º O réu pode propor reconvenção independentemente de oferecer contestação".

Para garantir o atingimento da eficiência processual, que anima o instituto da reconvenção, o *caput* do art. 343 exige que a reconvenção seja "conexa com a ação principal ou com o fundamento da defesa".

A "conexão" aí referida deve ser compreendida à luz do art. 55: duas causas são conexas quando comuns a causa de pedir *ou* o pedido. A conexão tem como finalidade a *modificação* de competência para assegurar que de uma mesma causa de pedir ou para um mesmo pedido (o bem da vida sobre o qual o autor pretende a prestação da tutela jurisdicional) haja o proferimento de decisões compatíveis entre si. Idêntica diretriz encontra-se na reconvenção: desde que a iniciativa do réu – o pedido de tutela jurisdicional que ele formula em face do autor – seja *conexa* com a do autor, a reconvenção deve ser admitida para permitir ao Estado-juiz tutelar *coerentemente* o que, no plano material, pressupõe uma solução harmônica.

O *caput* do 343, contudo, vai além ao admitir que a "conexão" possa se dar com o "fundamento da defesa". Por "fundamento da defesa" deve ser entendida a "causa de resistir" da qual trata o n. 6.1.4, *supra*. São os fatos e os fundamentos jurídicos da *defesa* trazidos a conhecimento do magistrado com a contestação e que correspondem à causa de pedir que integra, necessariamente, a petição inicial. Também aqui a exigência da lei guarda estreita afinidade com o princípio da eficiência processual: se os fatos e fundamentos da defesa deverão ser apreciados pelo magistrado – fatos estes que ampliam o objeto de *conhecimento* do juiz –, a lei admite, para produzir mais amplos resultados com a prática da mesma atuação jurisdicional, que desses fatos e fundamentos o réu pretenda extrair determinadas consequências que vão além da modificação, impedimento ou extinção e, consequentemente, da não prestação de tutela jurisdicional em favor do autor. O que ocorre, em tais casos, é que os fatos e os fundamentos da defesa acabam fazendo as vezes de uma autêntica causa de *pedir* para o réu, acabam assumindo o papel de fato *constitutivo* de direito seu, o direito cuja *afirmação* perante o Estado-juiz justifica a reconvenção. A maior ou menor pertinência dos fundamentos da defesa, por sua vez, não interfere no *cabimento* da reconvenção. Tal análise ocupará o magistrado quando de seu enfrentamento meritório[118].

Porque se trata de pedido de tutela jurisdicional *qualitativamente* diverso que o réu formula para o Estado-juiz, a reconvenção não significa meramente ampliação da *cognição*. Ela também é ampliação daquilo que vai ser *decidido* pelo magistrado. A autora, LZP, pediu em face do réu a cobrança de multa pela não entrega de veículo no prazo acertado; o réu, MHD, *reconvém* pedindo que o autor pague os valores devidos e não pagos, razão suficiente para a não entrega do veículo negociado. É muito diferente a mera *apreciação* (cognição) do fato impeditivo do direito do autor trazido pelo réu (não pagamento das prestações) e a *decisão* de, por causa daquele não pagamento, impor ao autor o adimplemento de suas obrigações contratuais. Os fatos, em si mesmos considerados, são idênticos, e não tem o magistrado

118. Assim já teve oportunidade de decidir a 3ª Turma do STJ no REsp 1.126.130/SP, rel. Min. Nancy Andrighi, j.un. 20-3-2012, *DJe* 11-4-2012.

como se furtar de seu exame. As consequências jurídicas, contudo, são diversas. Sem a reconvenção, o acolhimento da defesa do réu traria a ele tutela jurisdicional consistente em não reconhecer ao autor o direito de receber multas pela não entrega do veículo. Com o acolhimento da reconvenção, contudo, a tutela jurisdicional a ser prestada em favor do réu é verdadeiramente dupla: além de obter a tutela jurisdicional correspondente à negativa do direito ao autor (a *improcedência* de seu pedido), obtém tutela jurisdicional *qualitativamente* diversa, consistente em cobrar do autor os valores não pagos pela aquisição do veículo no *mesmo* processo. É clara, nesse exemplo, a *otimização* dos atos jurisdicionais que, desde sempre, justificou o instituto aqui em estudo.

6.2.4 Reconvenção e intervenção de terceiros

Ainda no que tange ao cabimento da reconvenção, importa destacar que o CPC de 2015 inova em relação ao CPC de 1973 ao admitir a reconvenção em face do autor e de terceiro (art. 343, § 3º) e também que o réu se litisconsorcie com terceiro para reconvir (art. 343, § 4º)[119].

As novas previsões, que configuram verdadeiras modalidades de *intervenção de terceiro*, embora não confinadas no Capítulo a elas dedicado no Livro III da Parte Geral do Código de Processo Civil, observação que permite as reflexões do n. 4 do Capítulo 4 da Parte II do v. 1 deste *Curso*, levando à ampliação não só *objetiva*, mas também *subjetiva* do processo, pressupõem que o terceiro reconvinte (aquele que em litisconsórcio como o réu originário apresentará a reconvenção) e/ou o terceiro reconvindo (aquele que em litisconsórcio com o autor originário será réu na reconvenção) estejam na mesma situação legitimante prevista no *caput* do art. 343. Entendimento contrário colocaria em risco a eficiência processual, que é a diretriz que justifica o instituto.

Em tais casos, importa observar que o juízo deve ter competência para os terceiros que intervirão no processo, sob pena de a reconvenção não poder ser admitida[120]. Não cabe a um juízo cível estadual, por exemplo, julgar reconvenção que acabe por envolver pessoa de direito público federal, seja ela reconvinte ou reconvinda. Como a reconvenção pressupõe processo a ela anterior, é correto entender que, em tais hipóteses, compete ao juízo cível estadual (e não ao federal) indeferir a reconvenção, diferentemente do que é correto entender se se tratasse de intervenção espontânea do ente ou pessoa de direito público federal. A hipótese, aqui, não é a de aquilatar existência ou inexistência de interesse que autorize a intervenção da pessoa de direito federal, mas, diferentemente, de julgar inadmissível a recon-

119. Era possibilidade já defendida por Luis Guilherme Aidar Bondioli em sua obra à época do direito anterior *Reconvenção no processo civil*, p. 114-116.

120. O que traz à tona o disposto no art. 61 ("A ação acessória será proposta no juízo competente para a ação principal"), com o tempero do art. 62 ("A competência determinada em razão da matéria, da pessoa ou da função é inderrogável por convenção das partes").

venção por afronta ao princípio da eficiência processual, o que não impede que, perante o juízo competente, dê-se início a outro processo que veicule aquela pretensão.

Também trazendo novidades quando comparado com o sistema anterior[121], o Código de Processo Civil admite que, se o autor estiver agindo na qualidade de substituto processual (art. 18, *caput*), a reconvenção deve ter como fundamento direito relacionado ao substituído, ainda que o autor preserve aquele *status* ao longo do processo, inclusive para se manifestar sobre a reconvenção (art. 343, § 5º). Nesse sentido, é correto entender que o § 5º do art. 343 acaba por criar regra de substituição processual sobreposta àquela que já autorizava o autor (substituto) a postular direito alheio (do substituído) em nome próprio em face do réu, em total sintonia com o precitado *caput* do art. 18. Inegável que, também aqui, tem plena aplicação o disposto no parágrafo único do mesmo art. 18, permitindo que, no tange à reconvenção, pretenda o substituído intervir no processo, fazendo-o na qualidade de assistente litisconsorcial.

6.2.5 Procedimento

A reconvenção, desde que apresentada, deve ser anotada no distribuidor, tal qual determina o parágrafo único do art. 286.

O *caput* do art. 343 deixa claro que o réu deve apresentar a reconvenção na própria contestação (na mesma peça escrita/impressa ou arquivo digital), e não em petição avulsa. Está superada, com a regra, ampla discussão que gravitava em torno do art. 299 do CPC de 1973, cuja melhor interpretação indicava que o correto era a contestação e a reconvenção serem apresentadas, ainda que "simultaneamente", em peças diversas, embora sua inobservância, por si só, fosse incapaz de gerar qualquer vício ou nulidade processual[122].

Tal diretriz, de índole meramente formal, subsiste incólume para o CPC de 2015: na hipótese de a reconvenção ser ofertada em peça diversa da contestação, não haverá, na iniciativa, à falta de qualquer prejuízo, nenhum vício formal, conquanto observado o prazo para a prática daquele ato, que é o mesmo da contestação[123].

Também é correto entender que, não obstante a regra derivada do *caput* do art. 343, é indiferente que o réu não conteste. Nesse caso, mercê do § 6º do dispositivo, a atuação do réu pode se limitar à apresentação da reconvenção.

---

121. O parágrafo único do art. 315 do CPC de 1973 dispunha que "Não pode o réu, em seu próprio nome, reconvir ao autor, quando este demandar em nome de outrem", o que conduzia ao entendimento de que na hipótese de haver substituição processual estava vedada aprioristicamente a reconvenção. Para essa discussão, no direito anterior, v. n. 4.1 do Capítulo 3 da Parte II do v. 2, t. I. das edições anteriores ao CPC de 2015 deste *Curso*.

122. Era a posição adotada pelo n. 4.2 do Capítulo 3 da Parte II do v. 2, t. I, deste *Curso* em suas edições anteriores ao CPC de 2015.

123. Nesse sentido havia Enunciado proposto para a II Jornada de Direito Processual Civil do CJF, que não foi aprovado pela Sessão Plenária. Ele tinha a seguinte redação: "A reconvenção pode ser proposta em peça autônoma, ainda quando oferecida contestação".

Não há nenhum óbice apriorístico para que o réu formule na reconvenção ou a propósito dela pedido de tutela provisória, fundamentada na urgência ou na evidência, demonstrando a presença de seus respectivos pressupostos.

Apresentada a reconvenção, cabe ao magistrado realizar o mesmo juízo de admissibilidade que deve ser reservado para uma petição inicial, observando como referencial o art. 319[124]. O exame a ser feito deverá levar em conta também a presença dos pressupostos específicos de admissibilidade da reconvenção, do *caput* do art. 343, certificando-se que o pedido e a causa de pedir da reconvenção estejam suficientemente elaborados para viabilizar o exercício da ampla defesa pelo autor. A importância dessa verificação fica ainda mais evidente diante do que dispõe o art. 343, que empresta a ela subsistência autônoma no mesmo processo.

Proferido juízo *positivo* de admissibilidade, o autor (que, na reconvenção, é identificado como "reconvindo") será *intimado* na pessoa de seu advogado para apresentar a sua contestação no prazo de quinze dias úteis (art. 343, § 1º).

Como o autor já está vinculado àquele mesmo processo – foi ele quem deu ensejo ao seu início com a apresentação da petição inicial –, não se faz necessária a sua *citação*, suficiente a sua *intimação*, isto é, que lhe seja dada ciência do pedido formulado pelo réu (o *reconvinte*) para que apresente as defesas cabíveis na espécie[125]. O § 1º do art. 343, de resto, conforma-se com que a intimação seja feita na pessoa do *advogado* do autor, desnecessária a intimação *pessoal* do autor, sendo indiferente que o seu advogado não tenha poderes para receber "citação" em seu nome, o que, por força do *caput* do art. 105, exige previsão *expressa* na procuração. A outorga decorre da própria lei, sendo, por isso mesmo, irrecusável para o advogado.

A solução deve ser diversa quando o autor estiver representado por defensor público. Nesse caso, é mister que a *intimação* seja dirigida à própria parte, não ao defensor e nem à Defensoria Pública. Se não determinada a intimação da parte naqueles moldes de ofício, cabe ao defensor público invocar o disposto no § 2º do art. 186 para justificar sua realização. É correto entender, dada a excepcionalidade da hipótese, que a intimação deverá veicular as mesmas ressalvas que se fazem indispensáveis para a citação, em especial a de que o silêncio do reconvindo pode acarretar a presunção da veracidade fática (art. 250).

Quanto aos efeitos (*materiais* e *processuais*), é irrecusável emprestar à intimação o mesmo regime jurídico da *citação*, independentemente de quem seja seu destinatário.

---

124. O *caput* do art. 292 é expresso quanto ao valor da causa dever constar da reconvenção, observando os critérios de seus incisos e parágrafos. Por sua vez, o pedido formulado na reconvenção pode ser *genérico*, nas mesmas hipóteses em que ele se justifica para o autor, no que é claro o § 2º do art. 324. Por fim, eventual alteração do pedido formulado na reconvenção, bem como a causa de pedir sobre a qual ele se funda, deve observar as diretrizes dos incisos do art. 329, consoante o parágrafo único daquele mesmo dispositivo.

125. A despeito de ser bastante mera *intimação*, importa emprestar àquele ato processual os mesmos efeitos (materiais e processuais) que o art. 240 dá à *citação*.

A reconvenção também pode ensejar juízo *negativo* de admissibilidade, isto é, ser rejeitada de plano, antes mesmo da oitiva do autor-reconvindo. Nesse caso, a decisão pode ter fundamento no art. 330 (indeferimento da petição inicial) ou no art. 332 (improcedência liminar do pedido). A decisão proferida pelo magistrado nesses casos deve ser entendida como *interlocutória* (art. 203, § 2º), já que não põe fim à etapa de conhecimento do processo na primeira instância, a despeito de encontrar seu fundamento no art. 485 ou no art. 487, consoante o caso.

Por se tratar de decisão interlocutória, deve ser descartado o regime recursal diferenciado disciplinado pelo art. 331 e pelos §§ 2º a 4º do art. 332, que pressupõe que a decisão recorrida seja *sentença* (art. 203, § 1º) e que o recurso dela cabível seja *apelação* (art. 1.009, *caput*). Por sua vez, o cabimento do agravo de instrumento pressupõe a respectiva previsão na lei. O que o art. 1.015, que trata do assunto no âmbito do Código de Processo Civil, prevê para a hipótese é a recorribilidade imediata, por agravo de instrumento, da decisão interlocutória que versar sobre o *mérito* do processo (art. 1.015, II). É o que basta para justificar o cabimento daquele recurso nas situações em que o indeferimento liminar da reconvenção tiver como fundamento o disposto no art. 332.

A hipótese de rejeição liminar da reconvenção por questões de índole processual, tais quais as do art. 330, sendo a mais comum delas a que descarta a reconvenção diante do não preenchimento de seus pressupostos de cabimento (art. 343, *caput*), contudo, impõe maior reflexão.

Há três soluções possíveis:

A primeira, que pressupõe o descarte do cabimento do agravo de instrumento, decorre do próprio sistema do Código de Processo Civil: a decisão que rejeitar liminarmente a reconvenção será recorrida como preliminar de apelação ou de contrarrazões, nos termos do § 1º do art. 1.009.

A segunda é entender que a hipótese é alcançada pelo parágrafo único do art. 354, segundo o qual nos casos em que houver decisão de "extinção *parcial*", ainda que sem resolução de mérito (art. 485), a decisão respectiva é agravável de instrumento. Na hipótese ora proposta para exame, é o que se dá: a reconvenção é inadmitida, equivalendo esse comportamento ao indeferimento de uma petição inicial (art. 485, I) ou porque ela, a reconvenção, não reúne os "pressupostos de constituição e desenvolvimento válido e regular do processo" (art. 485, IV) ou, ainda, apenas para ilustrar o alcance da situação, quando o magistrado verificar de plano a "ausência de legitimidade ou de interesse processual" (art. 485, VI). Como, nesses casos, o processo (que é um só) prossegue, perfaz-se a hipótese de incidência do parágrafo único do art. 354, a justificar o cabimento do agravo de instrumento (art. 1.015, XIII)[126].

126. Defendendo esse entendimento é o Enunciado 154 do FPPC: "É cabível agravo de instrumento contra ato decisório que indefere parcialmente a petição inicial ou a reconvenção".

A terceira solução faz sentido para quem descartar a aplicação do parágrafo único do art. 354 e o consequente cabimento do agravo de instrumento. Nesse caso, é coerente reconhecer inconstitucionalidade *formal* no Código de Processo Civil, fruto das conturbadas etapas finais de seu processo legislativo. Isso porque o § 3º do art. 344 do Projeto da Câmara continha regra expressa naquele sentido[127]. Sua supressão na fase final do processo legislativo pelo Senado violou, contudo, o devido processo legislativo. Como o Projeto do Senado não previa a reconvenção, nada disciplinando, portanto, acerca da recorribilidade das decisões proferidas a seu propósito, a escolha que cabia àquela Casa legislativa fazer era assumir a disciplina tal qual proposta pela Câmara (com a decisão liminar de inadmissão agravável de instrumento lá proposta) ou rejeitá-la integralmente. Não havia espaço, por força do art. 65, parágrafo único, da Constituição Federal, para construir regime diverso para a reconvenção justamente por falta de previsão a seu respeito no Projeto inaugural do Senado.

Este *Curso* entende que a segunda solução aventada é suficiente para reconhecer, também quando o indeferimento liminar da reconvenção se der por questões processuais, o cabimento do agravo de instrumento, atraindo para a hipótese o disposto no parágrafo único do art. 354. A referência ao *também* se justifica porque, em se tratando de decisão de mérito, sua recorribilidade imediata é suficientemente albergada pelo inciso II do art. 1.015, sendo desnecessário justificar a incidência daquele dispositivo para a hipótese, que, de resto, poderia ser alcançado pelo § 5º do art. 356[128].

Não há como deixar de reconhecer, contudo, que a terceira forma de pensar a questão é adequada e coerente com o modelo constitucional do direito processual civil, cumprindo a missão de enaltecer e confirmar as conclusões expostas no n. 6.1 do Capítulo 5 da Parte I do v. 1. Assim, para quem não aceitar a aplicação do parágrafo único do art. 354 para o caso, é mister levar aquela outra (e complementar) forma de reflexão em conta para aceitar, ainda que por fundamento completamente diverso, o cabimento do agravo de instrumento.

No caso de juízo *neutro* de admissibilidade, o réu será intimado para *emendar* a petição com a qual formula a reconvenção, aplicando-se à hipótese as mesmas considerações decorrentes do art. 321[129].

Com ou sem resposta, o magistrado deverá observar, em seguida, o que, diante das peculiaridades do processo, é disciplinado pelas chamadas "providências preliminares", descarta-

---

127. Que tinha a seguinte redação: "§ 3º Contra a decisão que indeferir liminarmente a reconvenção ou que a julgar liminarmente improcedente cabe agravo de instrumento".

128. É o que sustentam Luis Guilherme Bondioli, Comentários ao art. 343, p. 108, e Felipe Scripes Wladeck, Comentários ao art. 343, p. 1043-1044.

129. Acolhendo esse entendimento é o Enunciado n. 120 da II Jornada de Direito Processual Civil do CJF: "Deve o juiz determinar a emenda também na reconvenção, possibilitando ao reconvinte, a fim de evitar a sua rejeição prematura, corrigir defeitos e/ou irregularidades".

da, de qualquer sorte, a possibilidade de o autor reconvir em face do réu, por força da vedação expressa do § 6º do art. 702, ainda que textualmente voltada apenas à ação monitória[130].

6.2.6 Julgamento

A reconvenção não está vinculada à sorte do pedido de tutela jurisdicional originariamente formulado pelo autor em face do réu (art. 334, § 2º). Assim, a desistência externada pelo autor ou a ocorrência de causa extintiva que impeça o exame daquele pedido (ou, mais amplamente, do mérito) não obsta ao prosseguimento do (mesmo) processo quanto à reconvenção.

Derivado de algum exagero nos efeitos dessa previsão, acabou não sendo repetida no CPC de 2015 regra como a do art. 318 do CPC de 1973, que impunha o julgamento conjunto do pedido do autor com a reconvenção do réu[131]. Isso não significa, contudo, mesmo diante do reconhecimento de que a subsistência da reconvenção independe da existência da postulação original do autor (art. 343, § 2º), que elas não devam, como regra, ser julgadas em conjunto. Trata-se de decorrência do princípio da eficiência processual e da própria razão de ser de a reconvenção desenvolver-se no *mesmo* processo, viabilizando que uma idêntica experiência probatória – cujos fatos subjacentes autorizam, em última análise, o próprio cabimento da reconvenção – renda ensejo a um só julgamento, ainda que com objetos diversos. É correto entender, destarte, que, superadas eventuais *fases ordinatória* e *instrutória* do processo, a reconvenção será julgada com o pedido (ou, se for o caso, com os pedidos) formulado pelo autor.

Confirmando-se a perspectiva do parágrafo anterior, a decisão que julga a reconvenção é *sentença*, porque ela, além de encontrar fundamento no art. 485 ou no art. 487, põe fim à etapa de conhecimento do processo na primeira instância (art. 203, § 1º). O recurso cabível é a apelação, no que é claro o *caput* do art. 1.009. Sendo a reconvenção julgada *antes* da "ação" do autor, a recorribilidade imediata deve observar as considerações expostas no n. 6.2.3, *supra*.

Inexiste peculiaridade na técnica de julgamento e de responsabilização pelas verbas de sucumbência, quando se tratar de reconvenção. As regras gerais[132], portanto, inclusive as estaduais relativas a eventual incidência, ou não, de custas e seus respectivos valores, devem

---

130 Em sentido contrário e por apertada maioria, a 3ª Turma do STJ entendeu pelo cabimento de reconvenção da reconvenção ou "reconvenção sucessiva", ainda ao tempo do CPC de 1973, mas com reflexos para o de 2015, "desde que (...) o seu exercício apenas tenha se tornado viável a partir de questão suscitada na contestação ou na primeira reconvenção" no REsp 1.690.216/RS, rel.p./acórdão Min. Nancy Andrighi, j.m.v. 22-9-2020, *DJe* 28-9-2020.

131. Aquele dispositivo tinha a seguinte redação: "Julgar-se-ão na mesma sentença a ação e a reconvenção".

132. Para não afirmar que inexiste alguma exceção, cabe a lembrança do inciso III do § 1º do art. 83. Segundo aquela regra, não se deve exigir na reconvenção caução quando o reconvinte, brasileiro ou estrangeiro, residir fora do Brasil ou deixar de residir no país ao longo da tramitação de processo, se não tiver no Brasil bens imóveis que assegurem o pagamento das custas e dos honorários de advogado da parte contrária. A regra, para além da crítica que lhe faz o n. 4.3.3.5 do Capítulo 4 da Parte II do v. 1 deste *Curso*, merece censura nesta sede à luz do princípio constitucional da isonomia (por tratar o réu, ainda que com as vestes de reconvinte, diferentemente do autor/reconvindo), o que ganha maior interesse nos casos em que a reconvenção pode ganhar autonomia nos moldes do § 2º do art. 343.

ser observadas. Com relação aos honorários advocatícios, é expresso o § 1º do art. 85 quanto a eles serem devidos na reconvenção (sem prejuízo daqueles devidos em função do julgamento do pedido do autor), devendo ser fixados levando em conta os critérios e os percentuais dos §§ 2º a 6º, 8º e 9º daquele dispositivo.

6.3 Revelia

Pode ocorrer de o réu, a despeito de hígida citação, não se manifestar no processo de nenhuma forma ou, quando menos, não contestar. Diferentemente do que se dá quando o réu contesta, reconvém ou adota outra postura como aquelas estudadas no n. 6.4, *infra*, a revelia pressupõe comportamento *omissivo* do réu, ou, quando menos, a prática de algum daqueles atos fora do prazo.

Revelia é um estado processual. Revel é o réu que, devidamente citado, deixa de apresentar contestação ou a apresenta fora do prazo. Para boa parte da doutrina, o verdadeiro revel é aquele que deixa de apresentar qualquer forma de resposta, não só a contestação, mantendo-se integralmente omisso no prazo que lhe é aberto para manifestar-se após a citação[133]. A discussão é pertinente porque são variados os comportamentos que o réu pode legitimamente assumir quando citado além de *contestar*. Para este *Curso*, forte no modelo constitucional do direito processual civil, em especial nos princípios do contraditório e da ampla defesa, o entendimento mais correto é o que reputa revel o réu que não apresenta *nenhuma* forma de resposta, mantendo-se inerte e indiferente à sua citação, incluindo nesse quadro também eventuais manifestações a destempo[134]. Quando o réu revel tiver sido citado *fictamente*, ser-lhe-á nomeado um curador especial. Trata-se de regra prevista no inciso II do art. 72, e que bem se afina aos princípios constitucionais destacados.

Nesse caso, em que o réu não contesta e nem assume outra postura dele esperada ou, quando menos, possível, ou o que, para esse fim, deve ser reputado o mesmo, o faz a destempo, ele será considerado *revel* e, diante desse estado processual (de revelia), é possível que os fatos alegados pelo autor sejam presumidos verdadeiros (art. 344). Também há outra consequência prevista no art. 346, o prosseguimento do processo independentemente de intimação do réu revel, a não ser que haja advogado constituído.

Para não esbarrar no modelo constitucional, contudo, importa entender que a presunção de veracidade dos fatos alegados pelo autor em sua petição inicial não é uma consequência automática e inarredável em casos de revelia, diferentemente do que se pode querer extrair

133. Sobre o assunto, Artur César de Souza, em sua obra *Contraditório e revelia*, p. 194: "Portanto, mesmo que o réu não apresente contestação ao pedido formulado na inicial, mas insira no processo alguma forma de resposta à demanda inicial, reconvenção, por exemplo, não há falar em revelia. Percebe-se, portanto, que, por vezes, a falta de contestação ao pedido não é, por si só, suficiente para configurar o instituto processual da revelia".

134. Nesse sentido, este *Curso* entende a revelia como sinônima da contumácia, deixando, destarte, de ver entre as duas figuras a relação entre espécie e gênero que reconhece, por exemplo, Rita Gianesini em seu *Da revelia no processo civil brasileiro*, p. 54-66.

dos termos empregados pelo art. 344, cuja textualidade do verbo empregado no imperativo sugere aquela vinculação[135].

Importa que o magistrado, não obstante a revelia, verifique se aquelas alegações, bem assim os meios de prova já produzidos pelo autor com sua petição inicial, são suficientes para serem consideradas verdadeiras. Trata-se, pois, de presunção *relativa*, que deve ser afastada sempre que o magistrado encontrar, nos autos, elementos que infirmem a versão fática do autor e as consequências jurídicas por ele pretendidas.

Em torno dessa indispensável ressalva é que devem ser interpretadas as hipóteses indicadas do art. 345, que afastam a presunção de veracidade dos fatos alegados pelo autor a despeito da revelia do réu nas seguintes hipóteses: (i) quando houver litisconsórcio passivo e pelo menos um deles apresentar contestação; (ii) quando o litígio disser respeito a direitos indisponíveis; (iii) quando a petição inicial estiver desacompanhada de instrumento que a lei considere indispensável à prova do ato; ou (iv) quando as alegações de fato formuladas pelo autor forem inverossímeis ou estiverem em contradição com prova constante dos autos.

A hipótese do inciso I do art. 345 independe da espécie de litisconsórcio formado. A regra não excepciona o chamado "princípio da autonomia dos litisconsortes" construído a partir do art. 117. Ela, bem diferentemente, apenas trata de aplicar concretamente a elaboração até aqui elaborada: havendo impugnação de um específico *fato* por um dos litisconsortes, independentemente do regime jurídico do litisconsórcio, não há por que o magistrado entender que o *mesmo* fato possa ter ocorrido diferentemente para os demais réus, ainda que revéis. Trata-se, em última análise, da aplicação de uma consequência do "princípio da aquisição da prova", segundo o qual toda prova produzida pertence ao processo e não às partes (art. 371). Como a controvérsia sobre os fatos, independentemente de sua fonte, impõe a realização de prova sobre sua existência, não cabe ao magistrado simplesmente cindir o mesmo fato para cada um dos litisconsortes.

Os incisos II e III do art. 345, de sua parte, disciplinam de forma mais ampla e mais restritiva idêntica realidade jurídica. Se a lei torna um determinado bem jurídico indisponível, inclusive no que diz respeito à forma de sua prova, não há como admitir que o silêncio do réu possa burlar aquela regra. Naqueles casos em que há direitos ou interesses indisponíveis, destarte, a prova tem de ser sempre direta, vedada a presunção cogitada pelo art. 344. Com relação ao inciso III do art. 345, cabe sublinhar as considerações feitas a propósito do inciso VI do art. 319 e do art. 320, em relação à necessidade de dar interpretação ampla às exigências neles contidas quanto a caber ao autor produzir com a petição inicial a prova documental da qual disponha. A hipótese, de resto, é expressamente prevista no *caput* do art. 434.

---

135. A crítica não é nova. Ela já era feita por Ada Pellegrini Grinover em obra seminal escrita no início de vigência do CPC de 1973 que analisa as opções feitas por aquele Código ao que este *Curso* denomina modelo constitucional do direito processual civil. Para o tema aqui tratado, v. *Os princípios constitucionais e o Código de Processo Civil*, p. 98-109.

Com relação aos casos em que a revelia decorre da contestação apresentada fora do prazo, o entendimento mais correto a partir da mesma premissa enunciada acima é o de impedir o desentranhamento (retirada) da contestação (ou de outra manifestação) dos autos, permitindo seu exame, como elemento de investigação, consoante seja necessário para a formação da convicção do magistrado. Não faz sentido que o direito processual civil do século XXI, a função *pública* do magistrado e tudo o que justifica o estudo do direito processual civil à luz do modelo constitucional possa se reduzir a um jogo de presunções inibidoras de juízos críticos. É o que basta para afastar do rol do art. 345 qualquer pecha de taxatividade.

Também decorre da revelia a consequência prevista no art. 346: sendo o réu revel, os prazos processuais fluirão da publicação das decisões ou despachos no *Diário Oficial*. Não obstante, havendo procurador constituído, as intimações serão dirigidas normalmente a ele (art. 346, *caput*).

A regra, que deriva de importante modificação do art. 322 do CPC de 1973 pela Lei n. 11.280/2006, conduz à indispensável harmonia entre aquele estado processual (revelia) e o modelo constitucional do direito processual civil, viabilizando, em função das intimações, que ele venha a participar do processo a qualquer tempo.

Assim, se o réu constitui advogado, mas não contesta ou o faz intempestivamente, ou se constitui advogado somente depois do transcurso do prazo para apresentação da defesa[136] – inexiste distinção entre uma hipótese e outra para os fins do art. 346 –, os atos processuais praticados desde então deverão ser comunicados ao advogado respectivo, observando-se as regras respectivas dos arts. 269 a 275[137].

Nos casos em que o réu é revel e não tem procurador constituído nos autos, não há necessidade de sua intimação de qualquer ato processual. Isso, contudo, não significa – e nunca significou – que não haja a possibilidade de prática de atos processuais pelo réu. Ele pode praticá-los, no que é claro o parágrafo único do art. 346. O que ocorre é que eventuais prazos para a prática dos atos processuais começam a fluir desde a publicação do ato decisório, independentemente da intimação do réu (art. 346, *caput*).

Ademais, o réu que, até então, estava fora do processo, deixando de participar dele, pode, querendo, intervir no processo. Poderá, desde então, praticar todos os atos processuais cabíveis "recebendo-o no estado em que se encontrar" (art. 346, parágrafo único), o que significa dizer que eventuais preclusões ocorridas antes da intervenção do réu devem ser respeitadas e aplicadas as suas consequências, ainda que em prejuízo do réu.

---

136. Assim, por exemplo, quando o réu nomeia advogado após a audiência de instrução e julgamento. Nesse sentido, há interessante acórdão da 3ª Turma do STJ (RMS 26.925/RS, rel. Min. Nancy Andrighi, j.un. 11-11-2008, *DJe* 20-11-2008), que faz honrosa menção a livro do autor deste *Curso*, *A nova etapa da reforma do Código de Processo Civil*, v. 1, acerca do alcance do chamado "princípio da invariabilidade da sentença" no âmbito do processo de índole sincrética.

137. A respeito do tema, é colacionável o entendimento da 3ª Turma do STJ, segundo a qual a nomeação do curador especial não é necessária quando, a despeito da citação ficta, o réu comparece em juízo e apresenta contestação intempestiva (REsp 1.229.361/SP, rel. Min. Vasco Della Giustina, j.un. 12-4-2011, *DJe* 25-4-2011).

A pressuposição desse drástico efeito é que a citação tenha sido feita em conformidade com as exigências decorrentes desde o modelo constitucional. Tanto que pode ser que a intervenção tardia do réu se justifique para alegar nulidade naquele ato, o que, se acolhido após seu exame em contraditório, conduzirá à invalidação do processo desde então, oportunizando ao réu que apresente contestação (art. 239, §§ 1º e 2º).

O CPC de 2015 não repetiu a exigência do art. 321 do CPC de 1973, segundo o qual: "Ainda que ocorra revelia, o autor não poderá alterar o pedido, ou a causa de pedir, nem demandar declaração incidente, salvo promovendo nova citação do réu, a quem será assegurado o direito de responder no prazo de 15 (quinze) dias".

Não obstante, forte no modelo constitucional do direito processual civil e na exigência de consentimento do réu para alteração do pedido e/ou da causa de pedir formulados pelo autor com sua petição inicial dependam da concordância do réu (art. 329, II), é irrecusável o entendimento de que, ocorrendo a revelia eventual modificação naqueles elementos da demanda dependem de sua prévia concordância. Quando o réu tiver procurador constituído nos autos, é suficiente sua intimação para a devida manifestação, hipótese suficientemente albergada pelo *caput* do art. 346. Caso contrário, a *intimação pessoal* do réu revel é de rigor, sem o que não se aperfeiçoa a exigência feita pelo precitado inciso II do art. 329 (art. 269, *caput*). O que é (e já era) desnecessário é a realização de nova *citação* do réu, considerando que a revelia pressupõe prévia e regular *citação* e, pois, escorreita ciência do réu de que o processo existe[138].

6.4 Outros comportamentos do réu

Embora sem repetir o art. 297 do CPC de 1973, que dava a falsa impressão de que o réu citado só podia se manifestar de três formas (contestando, reconvindo ou excepcionando), o CPC de 2015 não busca indicar em nenhum dispositivo quais são os comportamentos que o réu pode assumir depois de contestar. A sequência dos Capítulos e dos artigos que tratam especificamente do tema, contudo, pode levar à falsa impressão de que do réu só se esperam três comportamentos possíveis: contestar (arts. 335 a 342), reconvir (art. 343) ou ser revel (arts. 344 a 346).

É tarefa da doutrina identificar no Código de Processo Civil quais outros comportamentos podem ser adotados pelo réu a partir do instante em que é aberto o seu prazo para contestar, o que pressupõe, não custa lembrar, o malogro da audiência de conciliação ou de mediação ou, ainda, a sua não realização apriorística[139]. A referência a "poder" ser adotado é significativa de *faculdade* do réu. Ele não está obrigado a desenvolver todas aquelas atividades. Ele têm o ônus de se manifestar, uma vez que deve arcar com as consequências de

138. É o entendimento que o n. 11 do Capítulo 4 da Parte II do v. 2, t. I, deste *Curso* já sustentava, a despeito da textualidade do art. 321 do CPC de 1973.

139. Trata-se, pois, da mesma iniciativa que se justificava diante do insuficiente art. 299 do CPC de 1973 e que justificava o desenvolvimento do Capítulo 4 da Parte II do v. 2, t. I, das edições anteriores deste *Curso*.

sua inação ou de agir fora do prazo. Até porque, com exceção daquelas que se relacionam ao litisconsórcio e às intervenções de terceiro, o prazo para sua formulação, quando o há, não se relaciona ao prazo da contestação.

Com essas ressalvas e considerações, poderá o réu, no prazo de que dispõe para contestar e/ou reconvir: requerer a limitação do litisconsórcio (art. 113, § 2º); denunciar a lide (art. 126); chamar ao processo (art. 131); requerer a falsidade de documento apresentado pelo autor (art. 430); requerer a exibição de documento ou coisa em face do autor e/ou de terceiro (arts. 397 e 401) e, por fim, reconhecer a procedência do pedido (art. 487, III, *a*).

Não subsistem, no regime do CPC de 2015, outros comportamentos que, no CPC de 1973, poderiam ser adotados pelo réu a partir de sua citação e que *não* se confundiam com eventual apresentação de contestação, reconvenção ou exceções de incompetência (relativa), impedimento e suspeição. A referência é feita ao ajuizamento da chamada "ação declaratória incidental" (arts. 5º, 325 e 470 do CPC de 1973), à nomeação à autoria (art. 64 do CPC de 1973); à impugnação ao valor da causa (art. 261 do CPC de 1973) e ao pedido ou impugnação de justiça gratuita (arts. 4º, § 2º, e 6º da Lei n. 1.060/50).

Todos esses comportamentos foram absorvidos, do ponto de vista formal, pela contestação e, à exceção da "ação declaratória incidental", devem ser veiculadas em *preliminar* de contestação. A antiga nomeação à autoria, como evidencia o n. 6.1.3.1.10, *supra*, foi aperfeiçoada para permitir a *correção* da ilegitimidade do réu ou a formação de litisconsórcio passivo ulterior além das restritas hipóteses admitidas pelos arts. 62 e 63 do CPC de 1973, como se extrai dos arts. 338 e 339.

De outra parte, a abolição da chamada "ação declaratória incidental" não inibe – muito ao contrário do que, do ponto de vista formal, poder-se-ia supor – que o réu controverta a "questão prejudicial" constante da petição inicial do autor ou traga, ele próprio, em sua contestação, fatos novos para aquele fim.

O que ocorre é que aquela iniciativa do réu não discrepa no atual regime, nem na perspectiva *formal* e nem na *substancial*, da apresentação da própria contestação e da devida desincumbência, pelo réu, dos ônus decorrentes dos princípios regentes daquele ato, em especial os da concentração da defesa e da impugnação especificada. Assim, se, na contestação, o réu questionar a questão prejudicial sobre a qual se baseia o pedido do autor – e, para tanto, não há, em rigor, necessidade de qualquer forma, sequer de pedido expresso –, a sua resolução tenderá a transitar em julgado.

A afirmação do parágrafo anterior não significa dizer que o réu não pode, querendo, destacar de alguma forma a questão prejudicial e tornar clara a sua vontade de discuti-la, formulando, inclusive, pedido expresso no sentido de que a decisão respectiva transite materialmente em julgado. O que não subsiste no sistema do CPC de 2015 é uma especial *forma*, a chamada "ação declaratória incidental", à qual as edições anteriores deste *Curso* já destinavam severas críticas[140], recusando-se a entendê-la como uma "nova e diversa ação", mas, menos que isso, como mero *pedido* de tutela jurisdicional passível de formulação pelo réu em contestação e, até mesmo, pelo autor em réplica. Em tal perspectiva, a solução que acabou prevalecendo no CPC de 2015 – e, como descreve o n. 5.3 do Capítulo 4, esse foi um dos pontos mais controvertidos durante toda a tramitação legislativa da nova codificação – é plenamente harmônica com aquele entendimento, significando o prevalecimento do conteúdo em detrimento da forma.

Na nova sistemática, o assunto passa a dizer respeito ao que efetivamente será controvertido a partir da resistência do réu e que, após o contraditório e a ampla defesa, será julgado pelo magistrado, dando azo à formação da coisa julgada. É no exame dos limites *objetivos* da coisa julgada, destarte, que o tema merece ser analisado com maior vagar, como, aliás, e de forma escorreita, faz o Código de Processo Civil, como se pode verificar dos precitados §§ 1º e 2º do art. 503.

Feitas essas considerações, importa dedicar algumas considerações aos comportamentos passíveis de serem adotados pelo réu que não se confundem com a contestação, a reconvenção ou a revelia, sem prejuízo de seu devido exame, o que ocupa outros números ao longo deste *Curso*.

6.4.1 Limitação do litisconsórcio

Há casos em que o processo pode se formar com pluralidade de autores, com pluralidade de réus ou, até mesmo, com pluralidade de autores *e* de réus. São os casos de litisconsórcio *ativo*, *passivo* e *misto*, respectivamente.

Quando a reunião das várias partes depende da vontade do autor ou dos autores em casos que a lei autoriza a iniciativa, hipóteses de litisconsórcio *facultativo*, portanto, é possível ao réu questionar a formação do litisconsórcio, postulando a sua limitação, sempre que o litisconsórcio puder comprometer a rápida solução do litígio ou dificultar a defesa. O pedido do réu interrompe o prazo para manifestação ou resposta, que recomeça a fluir (desde o início) da decisão que o solucionar, seja acolhendo-o, no todo ou em parte, seja rejeitando-o (art. 113, § 2º).

Na perspectiva de estudo que aqui interessa[141], importa destacar que o réu pode requerer a limitação do litisconsórcio desde quando citado, iniciativa que tem o condão de afetar, inclusive, a realização da audiência de conciliação ou de mediação, considerando a amplitude da previsão do precitado § 2º do art. 113. Superada a prática daquele ato ou quando não realizada a audiência, o requerimento a ser apresentado pelo réu interrompe o prazo para a contestação e para eventuais outras posturas que queira adotar.

Por força da metodologia empregada por este *Curso*, o tema é tratado, com o vagar que merece, pelo n. 3.2.1 do Capítulo 3 da Parte II do v. 1.

---

140. V., em especial, o n. 2 do Capítulo 4 da Parte II do v. 2, t. I, das edições anteriores ao CPC de 2015 deste *Curso*.

141. O requerimento pode ser formulado também no cumprimento de sentença e no "processo de execução", e, até mesmo, na etapa de liquidação, temas aos quais se dedica o v. 3 deste *Curso*.

6.4.2 Denunciação da lide

A denunciação da lide é uma das modalidades de intervenção de terceiros que permite ao autor *ou* ao réu que requeiram que lhes seja prestada, no mesmo processo, tutela jurisdicional relativa a outra relação jurídica que eles mantêm com terceiros, consoante o acolhimento ou a rejeição do seu pedido. Trata-se, para usar a nomenclatura comumente empregada, do exercício, pelo autor *ou* pelo réu, de uma verdadeira "ação de regresso" exercitada em face de terceiro no mesmo processo em que contendem as partes.

Quando é o réu que denuncia a lide, cabe a ele fazê-lo no prazo para contestação, de acordo com o art. 126. O assunto é tratado no n. 4.4.9 do Capítulo 3 da Parte II do v. 1 deste *Curso*, dada a metodologia adotada.

6.4.3 Chamamento ao processo

O chamamento ao processo permite ao réu requerer que a tutela jurisdicional pretendida pelo autor alcance terceiro(s), isto é, pessoas às quais o autor, em sua petição inicial, não formula pedido (art. 319, II). Não se trata de *novo* pedido de tutela jurisdicional em face de terceiro(s), como se dá nos casos de denunciação da lide, mas do *mesmo* pedido de tutela jurisdicional já formulado pelo autor. É instituto que visa trazer específicas situações de direito material que une o réu a outros codevedores para o plano do processo, acarretando a formação, por iniciativa do réu, de *litisconsórcio passivo*.

A exemplo do que se dá para a denunciação da lide, o réu deve exercitar essa faculdade no prazo para sua contestação, no que é claro o disposto no art. 131. Também aqui, é suficiente a menção desse comportamento a ser assumido pelo réu. Seu exame, em razão da metodologia deste *Curso*, ocupa o n. 4.5 do Capítulo 3 da Parte II do v. 1.

6.4.4 Incidente de falsidade documental

O réu deve, na sua contestação, impugnar especificadamente os fatos narrados pelo autor (art. 336). Deve também se manifestar sobre os documentos trazidos pelo autor com a petição inicial e que, na sua perspectiva, comprovam o acerto de suas alegações.

Pode ocorrer, contudo, que o réu repute *falsos* os documentos carreados aos autos pelo autor. Nesses casos, o réu poderá, no mesmo prazo para a contestação (art. 430, *caput*), pedir ao magistrado que declare a falsidade daqueles documentos, observando o procedimento e a disciplina dos arts. 431 a 433.

Como não se trata de comportamento a ser adotado exclusivamente pelo réu – no que é claro o *caput* do art. 430 –, seu exame dá-se ao ensejo da prova documental, no n. 3.5.3 do Capítulo 4.

6.4.5 Exibição de documento ou coisa

O réu pode também, em sua contestação, pretender que o *autor* ou *terceiro* apresente, em juízo, documento ou coisa que tem em seu poder. A iniciativa é disciplinada pelos arts. 396 a 404 e é tratada, pelo Código de Processo Civil, como um dos "meios de prova".

Por força da metodologia empregada por este *Curso*, o seu exame é feito no Capítulo 4, sendo suficiente, por ora, indicar a *possibilidade* de ocorrência da hipótese no mesmo instante processual em que o réu apresenta sua contestação. Até porque, diferentemente do que se dá com outras manifestações do réu, não há, pela disciplina que o Código dá àquele incidente, obrigatoriedade de o réu tomar a iniciativa em sua contestação.

6.4.6 Reconhecimento da procedência do pedido

Pode acontecer que o réu não assuma nenhuma das variadas posturas até aqui examinadas e indicadas e que também não se omita com relação ao pedido do autor. Ele pode, diferentemente, valendo-se do prazo que tem para responder, *concordar expressamente* com a pretensão do autor, isto é, "reconhecer a procedência do pedido", para empregar os termos utilizados pela alínea *a* do inciso III do art. 487, para descrever a hipótese.

O reconhecimento jurídico do pedido deve ser entendido como a postura do réu que confirma os fatos e as consequências jurídicas pretendidas pelo autor em sua petição inicial. A variante oposta a essa postura do réu é a renúncia, pelo autor, do direito sobre o qual se funda a "ação" (art. 487, III, *c*). Tanto assim que, em ambos os casos, o juiz deverá proferir sentença nos moldes do art. 487, isto é, sentença definitiva, de "mérito", tendente, por isso, de transitar *material* em julgado, para fazer uso da tradicional expressão para descrever o fenômeno.

Nada há na lei que obrigue o réu a tomar essa postura e, menos ainda, no prazo da contestação. O réu pode, a bem da verdade, fazê-lo a qualquer instante do procedimento, até o proferimento da sentença ou acórdão, em se tratando de processo que tem competência originária perante os Tribunais, e até mesmo após o proferimento da sentença, considerando que o reconhecimento do pedido independe da prévia concordância do autor.

Diferentemente do que pode se dar, por exemplo, quando as partes buscam alguma forma de autocomposição, a despeito do processo, e requerem, em conjunto, a suspensão do processo, como lhes faculta o art. 313, II, a hipótese aqui examinada, a exemplo de todas as demais aqui estudadas, depende, única e exclusivamente, da vontade do réu que a formaliza perante o magistrado.

O CPC de 2015, inovando em relação ao CPC de 1973, incentiva o réu a adotar esse comportamento. De acordo com o § 4º do art. 90, se o réu reconhecer a procedência do pedido e, simultaneamente, cumprir integralmente a prestação reconhecida – o que traz à tona, pertinentemente, o alcance do art. 4º –, os honorários advocatícios serão reduzidos pela metade. A previsão é tanto mais importante porque o *caput* do art. 90 não deixa margem a quaisquer dúvidas de que, nesse caso, a responsabilidade pelo pagamento das custas e dos honorários advocatícios é do próprio réu.

6.5 Dinâmica das respostas do réu

A apresentação das respostas aqui examinadas e a assunção de uma ou algumas das variadas posturas estudadas até aqui pelo réu conduzem o magistrado à indispensável análise de qual deve ser o próximo ato do procedimento a ser praticado.

Ao contrário do que se pode supor, o procedimento *comum* – é ele o paradigma de estudo adotado por este *Curso* – não é invariável e nem rígido. Embora exista uma sucessão padrão de atos e fatos processuais que deve ser observada, alguns atos e fatos do procedimento variam consoante sejam as posturas assumidas pelo réu e o seu respectivo conteúdo[142]. É a partir de seu exame cuidadoso que o magistrado determinará, ou não, a suspensão do processo ou a interrupção de algum prazo em curso; a oitiva do autor e para que fins e em que prazo; que determinará ou autorizará a intervenção de algum terceiro; que decidirá, enfim, qual o ato seguinte do procedimento. Seja para fins de consolidar a "fase *postulatória*", seja para inaugurar a "fase *ordinatória*", seja, até mesmo – e o art. 357 é expresso quanto ao ponto – para, desde logo, passar à "fase *decisória*", sem necessidade de ser realizada a "fase *instrutória*".

Faz toda a diferença, portanto, saber qual foi a postura adotada pelo réu, saber o que ele alegou em que resposta e em qual profundidade, como e em que medida ele já se desincumbiu do ônus da prova de suas alegações pela juntada de documentos (art. 434, *caput*), porque é dessa análise que o magistrado determinará a prática do ato processual seguinte. É esse o conteúdo do Capítulo IX ("das providências preliminares e do saneamento") do Título I ("do procedimento comum") do Livro I ("do processo de conhecimento e do cumprimento de sentença") da Parte Especial do Código de Processo Civil. É para ele que o Capítulo seguinte se volta.

142. Para a discussão do tema na perspectiva da flexibilização procedimental, v. Fernando da Fonseca Gajardoni, *Flexibilização procedimental*, esp. p. 133-222.

Capítulo 3

Fase ordinatória

1. CONSIDERAÇÕES INICIAIS

Os arts. 347 a 353 permitem que o magistrado, consoante as características de cada caso concreto, identifique quais atividades processuais devem ser praticadas após o decurso do prazo para manifestação do réu. É o que o Capítulo IX do Título I do Livro I da Parte Especial do Código de Processo Civil chama de "providências preliminares e saneamento" e que correspondem ao que este *Curso* denomina "fase ordinatória" da etapa de conhecimento do procedimento comum.

A depender do comportamento assumido pelo réu, da quantidade e da qualidade de suas respostas ao pedido do autor, põe-se ao magistrado o dever de determinar a prática de certos atos processuais ou não, o que acaba por acarretar certa adaptação do procedimento às características de cada caso concreto. Embora dentro de alternativas limitadas, é indisputável a compreensão de que o CPC de 2015 – que, no particular, nada inova em relação ao CPC de 1973 – permite essa acomodação procedimental ao ensejo das providências preliminares. Assim, o procedimento comum aceita variações após a constatação de como o réu reagiu (ou deixou de fazê-lo) a partir do instante em que teve aberto o prazo para apresentação de sua contestação. Essas variações procedimentais são, no sentido que importa sublinhar, verdadeiras *consequências* do comportamento concretamente adotado pelo réu.

Não há, contudo, nenhum imediatismo entre, por exemplo, a *revelia* do réu (art. 344) e o julgamento antecipado do mérito a que se refere o inciso II do art. 355. Deve haver, na *concreta fixação* dos atos a serem praticados ao longo do processo a partir de esgotado o prazo para o réu contestar, inequívoca participação e consequente *decisão* do magistrado, que, levando em conta as respostas do réu (ainda na "fase postulatória"), decidirá o "caminho" a ser seguido pelo procedimento: se haverá, ou não, necessidade de complementação da fase postulatória com a nova oitiva do autor para os fins dos arts. 350 ou 351; se é o caso de realizar atividade saneadora porque há nulidade sanável nos termos do art. 352; se é possível passar sem mais à fase instrutória (art. 357, II) ou, desde logo, à decisória (art. 355). As alternativas possíveis pressupõem, por isso mesmo, a prévia análise e exame do magistrado sobre o comportamento do réu, qualquer que seja ele, comissivo ou omissivo, e sempre, invariavelmente, guiado pela *cooperação* das partes.

O art. 347, que abre o referido Capítulo IX ("Das providências preliminares e do saneamento"), permite entrever essa interpretação. De acordo com o dispositivo, "findo o prazo para a contestação, o juiz tomará, *conforme o caso*, as providências preliminares constantes das seções deste Capítulo". A referência final, contudo, é, na verdade, mais restrita do que aquela que o *sistema* adotado pelo próprio Código de Processo Civil permite.

As "providências preliminares" não se limitam, com efeito, ao que está disciplinado nas "seções" do Capítulo IX, isto é, à "não incidência dos efeitos da revelia" (Seção I), ao "fato impeditivo, modificativo ou extintivo do direito do autor" (Seção II) e às "alegações do réu" (Seção III). É que há, como expõe o n. 6 do Capítulo 1, outros comportamentos, variadíssimos, a serem adotados pelo réu e que levam a "providências preliminares" de outra ordem, que vão além daquela disciplina. A observação, contudo, só vem para confirmar a percepção de que o magistrado precisa invariável e necessariamente voltar sua atenção ao caso concreto para extrair dele as informações de que precisa para *traçar* o procedimento adequado para o processo, consoante sejam os comportamentos assumidos pelo réu.

2. PROVIDÊNCIAS PRELIMINARES

As considerações que fecham o número anterior ficam ainda mais claras quando se constata que aquilo que o art. 347 chama de "providências preliminares" deve ser entendido como todos aqueles atos que, determinados pelo magistrado, e tomados ou não pelas partes e por eventuais terceiros, tornarão o pedido do autor (e, se for o caso, do próprio réu) apto para o "julgamento conforme o estado do processo", anunciado pelo art. 353 e cujas variantes são disciplinadas nos arts. 354 a 357.

De forma ampla, as "providências preliminares" são vocacionadas para permitir que o magistrado enfrente o pedido de tutela jurisdicional formulado pelo autor, bem assim aquele eventualmente formulado pelo réu, em observância ao devido processo constitucional. Não só porque buscam eliminar eventuais vícios ou irregularidades que possam existir no processo e que, de alguma forma, podem comprometer a sua subsistência e consequentemente inviabilizar aquele julgamento, mas porque, e principalmente, preparam aquele julgamento na medida em que encerram a "fase postulatória".

É por essa razão que as "providências preliminares", para empregar o nome dado pelo próprio Código de Processo Civil, bastante feliz no particular, correspondem à aqui chamada "fase *ordinatória*". Tal fase deve ser compreendida como o momento do processo em que o magistrado analisa o conteúdo das respostas eventualmente apresentadas pelo réu e, mais amplamente, o seu comportamento, e verifica o que é *necessário* para apreciar o pedido de tutela jurisdicional formulado pelo autor e, se for o caso, pelo próprio réu. Seja no que diz respeito ao encerramento da fase postulatória ou no que diz respeito à prática de atos verdadeiramente saneadores do processo, atos que têm como objetivo eliminar, do próprio processo, nulidades ou irregularidades que possam comprometer a higidez da manifestação jurisdicional ou, até mesmo, impedindo-a. Entender tal fase como fase meramente *saneadora* seria reduzir o seu campo de abrangência e, por isso, a sua importância; seria tratá-la por uma de suas possíveis variantes sem atentar a todas elas, que a caracterizam como tal.

Nesse sentido, merece destaque a circunstância de o CPC de 2015, inovando em relação ao CPC de 1973, ter nominado o instante procedimental disciplinado pelo art. 357 de "saneamento e *organização* do processo", o que é suficientemente eloquente da importância do que está escrito no parágrafo anterior, na exata direção do que já era sustentado pelas edições anteriores deste *Curso*, independentemente de texto expresso[1].

Não obstante, importa reiterar que o rol dos arts. 348 a 353 é insuficiente considerando que eles não preveem e não sistematizam as consequências que devem advir da apresentação de outras *respostas* do réu. É o que se dá, por exemplo, com a denunciação da lide de iniciativa do réu, com o chamamento ao processo, com a arguição de falsidade documental e com o reconhecimento jurídico do pedido. Certo que a determinação da prática de determinados atos processuais a partir de cada uma daquelas hipóteses decorre clara dos respectivos dispositivos do Código de Processo Civil que as disciplinam. O que é importante evidenciar é que a leitura isolada do art. 347 pode dar a falsa impressão de que as "providências preliminares" restringem-se ao que é descrito nos arts. 348 a 353.

Como a visão das "providências preliminares" é *retrospectiva*, porque tomadas a partir dos eventuais comportamentos do réu no prazo de sua resposta e do que, até aquele instante do processo, ocorreu, é importante levar em conta também a possibilidade da apresentação de todas as posturas passíveis de serem adotadas pelo réu. Assim sendo, as "providências preliminares" atrelam-se intimamente ao tema "respostas do réu" no sentido mais amplo da expressão e não, apenas e tão somente, à contestação, à reconvenção e à revelia.

É fundamental, portanto, sistematizar a matéria dispersa pelo Código de Processo Civil. A proposta deste *Curso*, seguindo os seus passos anteriores, é a de criar verdadeiro paralelo do tema com a exposição imediatamente anterior, querendo, com a iniciativa, demonstrar a íntima relação entre os assuntos cá e lá tratados, verdadeira causa e consequência[2].

1. É ler o que consta do n. 2 do Capítulo 1 da Parte III do v. 2, t. I, das edições deste *Curso* anteriores ao CPC de 2015.
2. É essa a razão pela qual não há uma sequência numérica dos dispositivos tratados ao longo da exposição.

2.1 Contestação

Os arts. 350 e 351 ocupam-se com os casos em que o réu contesta o pedido do autor. Neles está prevista a necessidade de o autor ser ouvido sobre as alegações do réu, no que os usos e costumes forenses denominam de "réplica". Cada um dos dispositivos tem específica hipótese de incidência, bastante diversa da do outro, e, como sua análise evidencia, em plena harmonia com o modelo constitucional do direito processual civil, não é em qualquer caso em que o réu *contesta* o pedido do autor que há necessidade de uma nova oitiva do autor. É que, a depender do conteúdo da contestação, o próprio *procedimento* a ser observado pelo magistrado a partir da prática daquele ato processual (a apresentação da contestação) poderá se alterar como, também, a atribuição do "ônus da prova", isto é, a verificação sobre quem, autor ou réu, terá de provar tais e quais fatos.

O art. 351 merece ser analisado antes do art. 350. É que o dispositivo trata das chamadas "preliminares", que, por força do *caput* do art. 337 devem ser alegadas pelo réu em sua contestação *antes* do enfrentamento do mérito e, pois, das consequências reguladas pelo art. 350. Analisada a contestação, constatado que qualquer uma das matérias referidas nos diversos incisos daquele dispositivo foi alegada pelo réu, bem assim quaisquer outras que, de alguma forma, possam comprometer a *validade* do processo e, pois, do pronunciamento judicial, deve o magistrado determinar a oitiva do autor no prazo de quinze dias (úteis), facultando-lhe a produção da prova relativa às suas alegações[3].

Se o réu alegar ilegitimidade passiva ou não ser responsável pelo prejuízo invocado em sua contestação, invocando o art. 338, cabe o autor, ao ensejo do art. 351, manifestar-se sobre o tema, requerendo, se assim entender ser o caso, a sucessão das partes (art. 339, § 1º) ou a formação ulterior do litisconsórcio passivo com o terceiro indicado pelo réu (art. 339, § 2º)[4].

O art. 352, na sequência, dispõe que, havendo irregularidades ou vícios sanáveis, cabe ao magistrado determinar a sua correção, reservando, para tanto, o prazo máximo de trinta dias (úteis). É importante que seja evidenciado, nessa oportunidade, qual(is) é(são) o(s) vício(s)

---

3. A primeira parte do art. 327 do CPC de 1973, ao regular a hipótese, restringia, em seu texto, a viabilidade de prova *documental*, o que conduzia o n. 3 do Capítulo 1 da Parte III das edições anteriores ao CPC de 2015 do v. 2, t. I, deste *Curso* à seguinte crítica: "É importante, a este respeito, ler o dispositivo amplamente: qualquer prova é passível de ser produzida pelo autor; não só a documental. Deve prevalecer sobre a *letra* da lei, o *princípio* de que se ocupa o n. 6 do Capítulo 1 da Parte IV, o relativo a ser o direito à prova um 'direito fundamental'. O que ocorrerá, caso o autor pretenda provar as alegações que lança para afastar as 'preliminares' do réu com outros meios de prova que não a documental, é que o juiz não terá condições de 'julgar antecipadamente a lide' (art. 330; n. 3 do Capítulo 2). Esta ampliação do procedimento, contudo, não é óbice para incidência, na espécie, do precitado princípio relativo à prova. Muito pelo contrário, a *necessidade* de produção de outras provas que não as documentais e, consequentemente, a necessidade de ser desenvolvida atividade jurisdicional relativa à própria 'fase *instrutória*' é inerente ao próprio procedimento ordinário".

4. A propósito, cabe o destaque do Enunciado n. 152 do FPPC: "O autor terá prazo único para requerer a substituição ou inclusão de réu (arts. 338, *caput*; 339, §§ 1º e 2º), bem como para a manifestação sobre a contestação (arts. 350 e 351)".

a ser(em) sanado(s), a que parte (ou terceiro) a determinação é dirigida e que fique clara, também, qual é a consequência de seu não atendimento. Trata-se de decorrência do modelo de processo cooperativo derivado do art. 6º à qual não se pode furtar o magistrado.

A despeito da posição do art. 352, ele não se restringe a complementar o disposto no art. 351, isto é, a aplicação do comando nele contido não é dependente da arguição, pelo réu, de preliminares em sede de contestação. O dispositivo merece interpretação mais ampla e verdadeiramente central na temática das providências preliminares antecedentes ao saneamento, razão pela qual sua análise é retomada no n. 3.4, *infra*[5].

Retornando ao art. 350, importa evidenciar que ele trata da hipótese de o réu ter formulado, em sua contestação, defesa substancial (de mérito) *indireta*, isto é, alegar fatos novos que têm o condão de *impedir*, *modificar* ou *extinguir* o direito do autor, cabe ao magistrado determinar que o autor se manifeste sobre eles no prazo de quinze dias (úteis), oportunidade em que também poderá produzir a prova cabível[6].

A "produção da prova" prevista em ambos os dispositivos deve ser compreendida consoante o meio de prova empregado pelo autor para infirmar o quanto alegado (e provado) pelo réu e/ou o quanto alega a respeito das manifestações do réu. Se se tratar de prova documental, de ata notarial ou de documento com vistas à dispensa de prova pericial, sua produção é imediata, junto com a nova manifestação do autor. Os demais meios de prova não serão propriamente *produzidos* naquele instante do procedimento, mas, bem diferentemente, requeridos para, se deferidos, serem produzidos na etapa instrutória.

É correto entender aplicável à *réplica* a ser apresentada pelo autor o "princípio da impugnação especificada", cabendo ao autor rejeitar, um a um, os fatos trazidos pelo réu em sua contestação (art. 341, *caput*). A consequência da não impugnação especificada é a presunção de veracidade dos fatos que restarem incontroversos, o que decorre não só do próprio dispositivo, mas também os incisos II e III do art. 374.

Justamente em função da *necessidade* da oitiva do autor em tais casos, que, vale a ênfase, repousa no aporte de fatos *novos* pelo réu ao processo e no reconhecimento daqueles trazidos pelo autor, é que a "réplica" do autor transforma-se em momento bastante oportuno para que ele formule pedido de tutela provisória, mormente quando ela tiver como fundamento algu-

---

5. A mesma ressalva se fazia necessária com relação ao art. 327 do CPC de 1973, com o agravante de que aquele dispositivo continha, na sua formulação, duas regras totalmente diversas. É o que sustentava o n. 13 do Capítulo 1 da Parte III do v. 2, t. I, das edições anteriores ao CPC de 2015 deste *Curso*: "O exame do 'saneamento do processo' em número próprio, contudo, tem a grande vantagem de não vincular a *iniciativa* do réu em indicar vícios do processo ou da própria ação em sua contestação ao *dever* de o magistrado de determinar seu saneamento na primeira oportunidade que tiver conhecimento deles. Tanto assim que, desde o primeiro exame da petição inicial, é dever do juiz verificar eventuais irregularidades ou defeitos que possam, em alguma medida, comprometer a higidez do processo, amplamente considerado, nele compreendida também a 'ação', (...)".
6. O art. 326 do CPC de 1973, correspondente ao art. 350 do CPC de 2015, também restringia o meio de prova ao *documental*, atraindo para ele a mesma crítica da nota anterior.

ma das hipóteses dos incisos do art. 311, rotuladas, pelo Código de Processo Civil, de tutela da evidência.

Pode ocorrer, contudo, de a contestação não trazer nenhuma "preliminar" e o réu não ter manifestado sua concordância com os fatos *constitutivos* do direito do autor. Ele pode, diferentemente, ter se limitado a negá-los ou, quando menos, negar as suas consequências jurídicas, valendo-se da denominada "defesa substancial *direta*". Em casos como tais, a oitiva do autor fica restrita ao fato de a negação do seu direito acarretar controvérsia sobre a questão prejudicial, isto é, quando se tornar controvertida a relação jurídica da qual depende, no todo ou em parte, o acolhimento da pretensão do autor. O efetivo contraditório, nesse caso, é pressuposto para que a questão prejudicial seja alcançada pela coisa julgada material, isto é, com eficácia externa (art. 503, § 1º, II).

Da observação do parágrafo anterior não segue, contudo, que a mera apresentação da contestação acarrete, em qualquer caso, independentemente da devida análise de seu conteúdo, manifestação do autor, diferentemente do que se verifica com frequência na prática forense. É importante acentuar que essa prática em nada colabora para a indispensável *eficiência* do processo, porque, além de desvirtuar o procedimento comum, gera a prática de atos inúteis, além de poder comprometer, com renovada (e indevida) manifestação do autor, o princípio da isonomia, que deve assegurar aos litigantes oportunidades iguais de manifestação (art. 139, I).

Com a apresentação da "réplica" do autor e, se for o caso, com a manifestação do Ministério Público quando a hipótese impuser a sua participação como fiscal da ordem jurídica (art. 178), cabe ao magistrado analisá-la e verificar, a partir das suas alegações e das provas já produzidas ou que pretende produzir, qual será o próximo ato processual a ser praticado, devendo ser observadas, em tudo, as considerações do n. 3, *infra*.

2.2 Reconvenção

A disciplina que o Código de Processo Civil dá à reconvenção é tímida, limitando-se o § 1º de seu art. 343 a prever a *intimação* do autor, na pessoa de seu advogado, para apresentar resposta no prazo de quinze dias[7].

Importa, portanto, pelas mesmas razões já apresentadas, que se proceda à devida sistematização da disciplina legal.

Quando o réu reconvier, cabe ao magistrado analisar a reconvenção na mesma perspectiva de admissibilidade de qualquer petição inicial, proferindo, a seu respeito, o devido juízo de admissibilidade, positivo, neutro ou negativo.

7. O que atrai para cá as mesmas considerações expostas pelo n. 6.2.3 do Capítulo 1 quanto ao significado jurídico daquela *intimação* e ao seu destinatário.

A *intimação* do autor na pessoa de seu advogado para os fins previstos no precitado § 1º do art. 343 pressupõe o juízo de admissibilidade *positivo* (ainda que proferido após o juízo *neutro*)[8].

A manifestação do autor sobre a reconvenção do réu deve ser entendida, para todos os fins, como uma *contestação*. E mais do que isso: não há óbice nenhum para que o autor/reconvindo, na condição de "réu" da reconvenção, assim entendido o sujeito em face de quem um pedido de tutela jurisdicional foi formulado, apresente também, sempre observados seus pressupostos respectivos, as demais respostas examinadas no n. 6 do Capítulo 1. Assim sendo, cabe ao magistrado analisar, como deve fazer com toda e qualquer *resposta*, seu conteúdo para determinar as providências preliminares respectivas a cargo do réu/reconvinte. Fazem-se pertinentes, por isso mesmo, as mesmas considerações desenvolvidas ao longo deste Capítulo.

Um exemplo tem o condão de esclarecer o alcance da afirmação: apresentada a reconvenção, será o autor/reconvindo *intimado* para se manifestar sobre ela no prazo de quinze dias (úteis). Ao mesmo tempo, por força do princípio da concentração dos atos processuais, já que a reconvenção *não suspende* o processo na qual apresentada, o autor terá, consoante o caso, de se manifestar sobre as *demais* respostas do réu, consoante se façam presentes os seus respectivos pressupostos. O mais comum é que o autor se defenda da reconvenção *e* apresente réplica à contestação do réu, fazendo-o na mesma manifestação, a comumente chamada *réplica*.

Incidem sobre a manifestação do autor e sobre a reconvenção do réu/reconvinte os mesmos princípios e regras que disciplinam a contestação, assim os princípios da concentração da defesa, da eventualidade e o da impugnação especificada. O autor/reconvindo deverá, destarte, apresentar as *preliminares* que entender pertinentes para a espécie, inclusive aquelas relativas ao não cabimento da reconvenção à falta de seus pressupostos específicos (art. 343, *caput*), bem como formular defesas substanciais diretas e/ou indiretas ao pedido do réu/reconvinte. Analisando essa postura do autor/reconvindo, o magistrado determinará a oitiva do réu/reconvinte para os fins discutidos neste Capítulo. Assim, para explorar um pouco mais a hipótese aqui exposta, para que ele apresente a sua "réplica" em função das *preliminares* de contestação ou em função dos novos fatos impeditivos, modificativos ou extintivos do direito do réu/reconvinte, observando-se, no particular, o quanto disposto nos arts 351 e 350, respectivamente.

2.3 Revelia

O comportamento omissivo do réu, a *revelia*, encontra expressa previsão de suas consequências no art. 348, que complementa o disposto nos arts. 344 a 346.

8. Na hipótese de ser proferido juízo de admissibilidade *negativo* da reconvenção, segue-se o segmento recursal imediato defendido pelo n. 4.3.3.1 do Capítulo 1, devendo ser o autor intimado para seu acompanhamento na pessoa de seu procurador.

A redação do dispositivo é plenamente harmônica com o entendimento de que a revelia não acarreta automática e necessariamente a presunção de veracidade dos fatos alegados pelo autor e, consequentemente, ao acolhimento do pedido do autor porque os fatos constitutivos do seu direito estariam provados.

Assim, quando o art. 348, pressupondo "a inocorrência do efeito da revelia previsto no art. 344", impõe ao magistrado que determine "que o autor especifique as provas que pretenda produzir, se ainda não as tiver indicado", o dispositivo assume, corretamente, que nem sempre a omissão do réu em apresentar suas defesas, ou, quando menos, apresentá-las a destempo, conduzirá ao acolhimento do pedido do autor, ou, para empregar a linguagem do próprio Código de Processo Civil: o julgamento antecipado do mérito, com fundamento no inciso II do art. 355.

Uma vez mais fica evidenciada a *necessidade* de o magistrado analisar, um a um, os comportamentos assumidos pelo réu, inclusive como na situação aqui estudada, em que o réu deixa de responder, para determinar o ato processual seguinte a ser praticado. Se o magistrado constata a omissão do réu, mas, ao mesmo tempo, verifica que a hipótese atrai a incidência do art. 345, ou, em perspectiva diversa, não aceita a versão fática do autor, é imperioso criar oportunidade para que o autor especifique e produza a prova que entender necessária para a comprovação de suas alegações.

O art. 324 do CPC de 1973, correspondente ao art. 348 do CPC de 2015, previa que as provas a serem especificadas pelo autor na hipótese ora estudada seriam "produzidas na audiência"[9]. Era previsão que conduzia a interpretação ampliativa porque não havia (como continua a não haver) vinculação entre produção de provas e designação de audiência de instrução e julgamento[10].

O texto atual é diverso. Não só porque abandona a menção à referida *audiência*, mas também – e principalmente – porque parece querer vincular a especificação de provas pelo autor à falta de indicação anterior.

A melhor interpretação do dispositivo é a de permitir que o próprio magistrado – destinatário último do acervo probatório do processo – determine especificadamente o meio de prova que, no seu sentir, entende necessário para a prova dos fatos alegados pelo autor, a despeito da revelia. A referência, destarte, é a *novas* provas, para além daquelas que o autor já tiver indicado (no sentido de ter requerido a produção) e, consoante o caso, já *produzido* com a petição inicial (como deve se dar com relação à produção da prova documental preexistente, por exemplo) que, segundo o magistrado, ainda se fazem necessárias para a prova

9. Era o seguinte o texto do dispositivo na redação dada pela Lei n. 5.925/73: "Art. 324. Se o réu não contestar a ação, o juiz, verificando que não ocorreu o efeito da revelia, mandará que o autor especifique as provas que pretenda produzir na audiência".

10. Tal qual propunha o n. 6 do Capítulo 1 da Parte III do v. 2, t. I, das edições anteriores ao CPC de 2015 deste *Curso*.

do fato constitutivo do direito do autor. Não fosse assim, sendo suficientes as provas já produzidas até então, e a hipótese seria de julgamento antecipado do mérito (art. 355, II).

De qualquer sorte, não há como negar a possibilidade de o autor ser ouvido para os fins do art. 348 e sustentar que o caso comporta o julgamento antecipado do mérito justamente diante da suficiência do acervo probatório até então trazido. A despeito da textualidade da regra, não há nenhum óbice para que o magistrado acabe por entender desnecessária a produção de outras provas e profira o julgamento com fundamento no precitado inciso II do art. 355 em favor do autor. Caso entenda o contrário, deve determinar, de ofício (art. 370, *caput*), as provas que entender necessárias cuja falta de produção conduzirá à *improcedência* do pedido do autor e não julgar, desde logo, com fundamento no precitado art. 355, II, o pedido improcedente[11].

É importante recordar que a revelia também dá ensejo a um *outro* e *distinto* efeito, que não guarda nenhuma relação com o direito probatório. O réu revel que não tem advogado seu constituído nos autos não será intimado da prática de quaisquer atos processuais (art. 346, *caput*). A ocorrência desse efeito, contudo, não interfere nas "providências preliminares" aqui discutidas. O que pode se dar é a necessidade de o réu, não obstante revel, ser intimado de todos os atos processuais porque tem advogado seu, a representá-lo em juízo e, por força disso, tem tempo para participar dos atos seguintes do procedimento, sempre respeitadas as preclusões já ocorridas (art. 346, parágrafo único).

Nessa perspectiva, o art. 349 permite ao réu participar também da fase instrutória, contrapondo-se às provas a serem produzidas pelo autor desde que exista tempo para tanto.

2.4 Limitação do litisconsórcio

Cabe ao réu, querendo, tomar a iniciativa de requerer a limitação do litisconsórcio (art. 113, § 2º), sem prejuízo de o próprio magistrado, de ofício, determiná-la (art. 113, § 1º).

O pedido formulado pelo réu naquele sentido *interrompe* o prazo para manifestação ou resposta. A interrupção de prazo significa que, resolvido o requerimento do réu, um *novo* prazo para sua manifestação ou resposta é concedido *integralmente*, como se ele nunca tivesse tido início.

A solução dada pelo § 2º do art. 113 à hipótese, com efeito, guarda íntima relação com os pressupostos que autorizam o réu a valer-se daquele expediente. É que o excessivo número de autores ou de réus pode comprometer o exercício do direito de defesa ou a rápida solução do litígio, no que é expresso o § 1º do mesmo dispositivo. Assim, desde que formulado o

11. A propósito do tema, cabe lembrar do Enunciado n. 297 do FPPC: "O juiz que promove julgamento antecipado do mérito por desnecessidade de outras provas não pode proferir sentença fundamentada em não atendimento ao ônus probatório".

pedido pelo réu, o prazo para apresentação de suas respostas, quaisquer que sejam elas, fica *interrompido*, passando a ter fluência "da intimação da decisão" que solucionar o incidente.

O § 2º do art. 113 não disciplina como se processa aquele incidente. Apenas prevê a iniciativa do réu e as consequências de sua apresentação. Isso, contudo, não inibe a sua construção levando em conta o sistema de direito processual civil moldado desde o modelo constitucional do direito processual civil.

Assim, formulado o pedido do réu, deverá o autor (ou *autores*, caso o litisconsórcio seja *ativo*) ser ouvido no prazo de cinco dias (úteis), que, no silêncio da lei, deve ser aplicado na espécie (art. 218, § 3º).

Transcorrido o prazo para manifestação do autor (ou autores), com ou sem ela, o magistrado decidirá pela manutenção do litisconsórcio ou determinará a sua limitação, observando as considerações apresentadas pelo n. 3.2.1 do Capítulo 3 da Parte II do v. 1.

2.5 Denunciação da lide e chamamento ao processo

A denunciação da lide e o chamamento ao processo aceitam tratamento conjunto para os fins deste número. É que ambas as iniciativas do réu, a serem tomadas na contestação (arts. 126 e 131, respectivamente), têm, a despeito do silêncio do Código de Processo Civil de 2015 a respeito[12], o condão de suspender o processo, oportunidade em que, aceita a denunciação, será determinada a *citação* dos terceiros ("denunciados" ou "chamados"), que, para todos os fins, serão tratados como *réus* em face do autor. Citados, cessa a suspensão do processo, quando, como todo e qualquer réu, devem os "denunciados" e "chamados" apresentar as suas defesas, e, a partir de sua apresentação, deverão ser determinadas as "providências preliminares" aqui discutidas, inclusive com a oitiva do autor acerca das manifestações do denunciado ou do chamado.

O que pode ocorrer em ambos os casos é que os "denunciados" ou "chamados" neguem essa qualidade ou, até mesmo, questionem o cabimento daquela modalidade de intervenção de terceiros no caso concreto. Se isso ocorrer, o réu, que denuncia a lide ou que chama ao processo, deve ser ouvido a este respeito previamente à manifestação judicial, por analogia ao que dispõe o art. 350, providência irrecusável à luz do princípio do contraditório.

2.6 Incidente de falsidade documental

Se o réu arguir a falsidade de algum ou de todos os documentos trazidos pelo autor na sua inicial – e ele tem o prazo da contestação para fazê-lo (arts. 430, *caput*; 436, III, e 437,

12. A justificativa da suspensão do processo naquelas hipóteses, não obstante o CPC de 2015 não conter nenhum dispositivo expresso, diferentemente do que se dava com os arts. 72, *caput*, e 79 do CPC de 1973, é dada pelo n. 4.4.7 do Capítulo 3 da Parte II do v. 1.

caput) –, o autor deverá ser intimado para se pronunciar sobre aquela alegação no prazo de quinze dias úteis (art. 432, *caput*).

O incidente não acarreta a suspensão do processo, e, portanto, o autor deve, a um só tempo, manifestar-se sobre a falsidade arguida pelo réu e apresentar as demais manifestações que, consoante o caso, lhe sejam determinadas à guisa de "providências preliminares".

Sendo o caso de prova sobre as alegações trazidas pelo réu, inclusive sobre a pesquisa a respeito da falsidade documental, a hipótese conduz o processo à "fase *instrutória*", o que é insinuado pelo *caput* do art. 432, que se refere à prova pericial. Caso contrário, ou ocorrendo a hipótese expressamente prevista pelo parágrafo único do art. 432, de retirada do documento questionado dos autos, não há, por essa razão ao menos, necessidade de realização de quaisquer provas, prevalecendo integralmente as considerações apresentadas ao longo deste capítulo sobre as "providências preliminares", inexistindo qualquer óbice, da perspectiva que aqui releva sublinhar, para o julgamento antecipado do mérito.

2.7 Exibição de documento ou coisa

O réu pode também, em sua contestação, pretender que o *autor* ou que *terceiro* apresente, em juízo, documento ou coisa que tem em seu poder. A iniciativa é disciplinada pelos arts. 396 a 404 e é tratada, pelo Código de Processo Civil, como um dos "meios de prova".

Pleiteada a exibição em face do autor, ele será *intimado* (art. 398, *caput*) para se manifestar no prazo de *cinco* dias úteis (art. 398, *caput*). Em se tratando de pedido formulado pelo réu em face de terceiro, ele será *citado* para o mesmo fim, mas com prazo de resposta de *quinze* dias úteis (art. 401).

Em ambas as hipóteses, a sequência procedimental a ser observada é diferenciada, devendo prevalecer, em especial, o disposto no parágrafo único do art. 398 quando o pedido é formulado em face do autor e os arts. 402 e 403 quando o pedido é apresentado em face de terceiro. Pela especificidade, o assunto é retomado e desenvolvido pelo n. 3.4 do Capítulo 4, a propósito do exame dos meios de prova.

2.8 Reconhecimento jurídico do pedido

O reconhecimento jurídico do pedido conduz o magistrado ao proferimento de sentença nos moldes do art. 487, III, *a*, isto é, de sentença de mérito. Trata-se de sentença que dá ao autor precisamente aquilo que ele pretendia obter do Estado-juiz diante da aceitação do réu.

Isso, contudo, não deve ser entendido como se, diante de uma tal manifestação, não devesse o magistrado, antes de proferir sua sentença, ouvir o autor a seu respeito. Trata-se de imposição inegável do princípio do contraditório. Ao autor, principal interessado na postura assumida pelo réu, cabe tecer as considerações que entender pertinentes até para demonstrar ao magistrado que a hipótese comporta mesmo, sem quaisquer ressalvas, o proferimento de sentença com o fundamento já destacado, ou, ainda, ofertando elementos sobre a viabilidade, ou não, de redução da verba honorária pela metade nos termos do § 4º do art. 90.

À falta de previsão específica para tal oitiva, devem prevalecer na espécie os cinco dias (úteis) do § 3º do art. 218, salvo se o magistrado fixar outro, que deve prevalecer sobre o genérico legal.

Com ou sem a oitiva do autor, o magistrado decidirá e, caso entenda presentes os pressupostos próprios, proferirá a sentença a que se refere o precitado 487, III, *a*, decidindo sobre a aplicação, ou não, do disposto no § 4º do art. 90.

3. JULGAMENTO CONFORME O ESTADO DO PROCESSO

O CPC de 2015 preserva, tanto quanto o CPC de 1973 o fazia, um capítulo dedicado ao "julgamento conforme o estado do processo" que indica os atos processuais a serem praticados após a tomada das providências preliminares ou, como se lê do didático art. 353, quando elas forem desnecessárias.

O "julgamento conforme o estado do processo" foi novidade trazida pelo CPC de 1973, que não encontrava similar no CPC de 1939. Para aquele sistema, de 1939, apresentada a resposta no procedimento ordinário e ultrapassada a fase de seus arts. 293 e 294, o "despacho saneador", o juiz obrigatoriamente teria de designar uma audiência de instrução e julgamento. A grande crítica que se fazia a respeito é que o magistrado não tinha espaço para deliberar acerca da concreta *necessidade* de ser realizado aquele ato processual, e, sendo assim, mesmo em casos em que sua prática nada tinha a acrescentar ao processo, ele tinha de ser realizado, daí decorrendo inegável perda de tempo, com agressão inequívoca à eficiência processual.

O mérito do instituto foi o de viabilizar ao magistrado, rente ao que é desenvolvido por ocasião das "providências preliminares", proferir *sentença* independentemente de qualquer outra iniciativa ou providência sua e, em especial, independentemente da colheita de outras provas, é dizer, da realização de uma fase instrutória, uma fase voltada à produção de provas destinadas à formação de seu convencimento[13].

13. A esse respeito, importa destacar o que se lê do item 19 da Exposição de Motivos do CPC de 1973: "O que o processo ganha em condensação e celeridade, bem podem avaliar os que lidam no foro. Suprime-se a audiência, porque nela nada há de particular a discutir. Assim, não se pratica ato inútil. De outra parte, não sofre o processo paralisação, dormindo meses nas estantes dos cartórios, enquanto aguarda uma audiência, cuja realização nenhum proveito trará ao esclarecimento da causa, porque esta já se acha amplamente discutida na inicial e na resposta do réu. Com a adoção desta nova técnica, bem se vê quanto ficou simplificado o sistema do processo civil". Na doutrina de então merece destaque a monografia de Rogério Lauria Tucci, *Do julgamento conforme o estado do processo*.

Assim, quando as "providências preliminares" dos arts. 348 a 352 forem cumpridas ou nos casos em que elas não se fizerem necessárias, o magistrado passará ao que o CPC de 2015, sem inovar na nomenclatura quando comparado com o CPC de 1973, chama de "julgamento conforme o estado do processo" (art. 353), objeto de disciplina dos arts. 354 a 357, que compõem o Capítulo X do Título I do Livro I da sua Parte Especial.

O julgamento conforme o estado do processo compreende quatro alternativas.

A primeira delas é a de extinção do processo – total ou parcial – quando a hipótese comportar proferimento de sentença terminativa, isto é, *sem* resolução de mérito (art. 485 ou, ainda, quando o caso for de falsa sentença de mérito nos casos dos incisos II e III do art. 487). É assunto ao qual se volta o art. 354.

A segunda alternativa é a do julgamento antecipado do *mérito* (art. 355), que em nada difere, a não ser na redação, do julgamento antecipado da *lide* do art. 330 do CPC de 1973.

A terceira alternativa é novidade *explicitada* pelo CPC de 2015, o julgamento antecipado *parcial* do mérito (art. 356).

A quarta e última alternativa é o proferimento de decisão que, a um só tempo, declara saneado o processo e o prepara (organiza) para o início da fase instrutória. Trata-se da disciplina do art. 357, que traz profundas modificações quando comparada à tímida regra do art. 331 do CPC de 1973.

Os números seguintes voltam-se a analisar mais detidamente cada um desses institutos.

3.1 Extinção do processo

A extinção do processo da qual se ocupa o art. 354 deve ser entendida de duas formas, consoante a hipótese seja de extinção *sem* resolução de mérito, dando ensejo a "sentenças *terminativas*", ou *com* resolução de mérito, o que gerará o que é chamado de "sentenças *definitivas*".

Antes de analisar essas duas alternativas, cabe lembrar, com a atenção voltada ao que consta do n. 4 do Capítulo 6 da Parte II do v. 1, que a "extinção" do processo mencionada pelo referido art. 354 é mais aparente do que real. Se houver recurso da sentença a ser proferida por força daquele dispositivo, o processo prossegue, não se extingue. Idêntica observação deve ser feita na hipótese de, por não haver recurso ou porque todos os possíveis já foram interpostos e julgados, ter início a etapa de cumprimento de sentença. Também aqui se trata do *mesmo* processo (em nova etapa), e, justamente por isso, é descabido falar de sua *extinção*.

3.1.1 Extinção sem resolução de mérito

Feita a ressalva com relação à nomenclatura, importa destacar que, na hipótese de extinção do processo *sem* resolução de mérito, o que se deve ter presente é que, apesar da atividade saneadora estimulada pelo magistrado no âmbito das providências preliminares (art. 352), não houve correção ou emenda do vício, que, presente, não permite a constituição nem o desenvolvimento válido do processo e, até mesmo, com relação ao regular exercício do direito de ação. A extinção, em tais casos, é medida que se impõe até para salvaguardar o Estado-juiz, que *não pode atuar* senão mediante o *devido processo constitucional*. O estímulo à atividade saneadora já referida é, por essa razão, indispensável, e ela acompanha a atividade jurisdicional desde o primeiro contato com a petição inicial (juízo *neutro* de admissibilidade) até a prestação da tutela jurisdicional. É bastante lembrar, nesse contexto, do "dever-poder geral de saneamento" do inciso IX do art. 139. Quando o processo *não é o devido*, o Estado-juiz descarta-o, porque não pode prestar tutela jurisdicional a nenhuma das partes.

Mas não só, contudo. Há casos previstos no art. 485 que, a par de conduzirem o processo à extinção *sem* resolução de mérito, não guardam nenhuma pertinência com a ocorrência de vícios no plano e no âmbito do processo e/ou com o escorreito desenvolvimento do direito de ação. Para eles, o art. 354 deve ser compreendido no sentido de que, se aquelas hipóteses se apresentarem ao magistrado naquele instante procedimental, a extinção é imperiosa. Nada impede, contudo, que aqueles eventos venham a ocorrer em outros momentos do processo e que, diante deles, o processo venha a ser extinto *sem* resolução de mérito, ainda que ultrapassada a fase a que se refere o art. 354.

Assim, por exemplo, no que tange às situações descritas nos incisos II e III do art. 485, que se justificam pela falta de provocação adequada das partes em dar andamento ao processo; no inciso VIII, que é significativo de ato dispositivo do direito do autor (a "desistência da ação"), e no inciso IX, quando o autor falecer e o direito discutido for intransmissível.

3.1.2 Extinção com resolução de mérito

No que tange às hipóteses em que a extinção do processo se dá *com* resolução de mérito, o art. 354 refere-se apenas aos incisos II e III do art. 487, nada dispondo sobre o inciso I.

A distinção se justifica porque a situação prevista no inciso I do art. 487 dá ensejo a verdadeiro *julgamento* do pedido pelo magistrado, enquanto a função desempenhada pelo magistrado nas hipóteses dos incisos II e III do mesmo dispositivo não é, propriamente, a de julgar, mas a de, reconhecendo a ocorrência de determinados eventos, outorgar-lhes seus respectivos efeitos. É o que conduz a distinção em geral feita entre as "verdadeiras" sentenças de mérito, que realmente analisam o pedido do autor e/ou do réu para acolhê-lo ou rejeitá-lo, no todo ou em parte (art. 487, I), de outras hipóteses que só são de mérito por opção política. Na verdade, são sentenças que se limitam a reconhecer a ocorrência de determinadas situações inibidoras do julgamento propriamente dito da questão pelo magistrado por influenciarem, de alguma forma, na sorte do direito material questionado no processo. É o que se dá com o reconhecimento da prescrição e/ou da decadência (art. 487, II) ou nos casos em que a sentença do magistrado se limita a *homologar* (e não a *julgar*) o reconhecimento da procedência do pedido, a transação ou a renúncia à pretensão (art. 487, III)[14].

Também aqui cabe a ressalva feita acima com relação às decisões *terminativas*: o momento idealizado pelo art. 354 pode não ter ocorrido ainda, o que impede, ao menos até então, o proferimento de sentença nos moldes dos incisos II e III do art. 487. A interpretação mais adequada, por isso mesmo, é que, tendo havido, até aquele instante procedimental, aqueles fatos, deve ser proferida a sentença nos moldes daqueles artigos. A esse propósito, cabe evidenciar que a ocorrência da prescrição e/ou decadência nesse instante procedimental tem tudo para ser bastante frequente. Nada impede, contudo – máxime porque se trata de matéria passível de apreciação oficiosa pelo magistrado (art. 487, II, e parágrafo único) –, que, sendo reconhecida a prescrição ou a decadência em outro momento, seja proferida sentença com fundamento no inciso II do art. 487.

A falta de remissão ao inciso I do art. 487 nesse contexto justifica-se porque, se a hipótese for de *julgamento* do mérito (no sentido adequado da palavra), o magistrado deverá verificar se é viável o julgamento *antecipado* (art. 355), ou, na negativa, ingressar na fase instrutória, o que pressupõe a observância do disposto no art. 357.

3.1.3 Extinção parcial

O parágrafo único do art. 354 acentua que a decisão de extinção do processo nos moldes do *caput* – levando em conta, portanto, as hipóteses do art. 485 ou dos incisos II ou III do art. 487 – "pode dizer respeito a apenas parcela do processo", caso em que a decisão é agravável de instrumento.

A solução dada pelo dispositivo, a despeito de não ser nova, é pertinentemente explicitada pelo Código de Processo Civil. Assim, pode ser que apenas *parcela* do processo mereça ser extinta desde logo, desde que suas hipóteses se restrinjam às do art. 485 ou dos incisos II e III do art. 487, em harmonia com o *caput* do art. 354. O caso do inciso I do art. 487, não mencionado pelo *caput* do art. 354, corresponde, no contexto em que inserido o dispositivo, ao que o art. 356 chama de "julgamento antecipado *parcial* do *mérito*"[15].

É supor, para ilustrar, a identificação de ilegitimidade do autor para formular *um* dos pedidos *cumulados*, a ocorrência de litispendência ou coisa julgada com *parcela* do pedido ou, ainda, a decadência verificada com relação a *um* dos pedidos. Também a rejeição liminar

---

14. A respeito, v. as clássicas considerações de Adroaldo Furtado Fabrício em seu "Extinção do processo e mérito da causa", p. 9-10. Mais recentemente, v. as considerações de Cândido Rangel Dinamarco em suas *Instituições de direito processual civil*, v. III, p. 309-311.

15 A ressalva do contexto em que está sendo exposto e interpretado o art. 354 é importante porque pode ocorrer, como explicado no n. 4.3.4 do Capítulo 2, a prematura extinção *parcial* do processo ainda quando da análise do juízo de admissibilidade da petição inicial. Naquele momento, é irrecusável que *parte* do pedido pode receber o julgamento de *improcedência* liminar do pedido por aplicação do art. 332, capaz de corretamente atrair a incidência do inciso I do art. 487 para a espécie.

da reconvenção por questões de índole processual é exemplo adequado para ilustrar a hipótese aqui aventada.

A nomenclatura empregada pelo dispositivo "*parcela* do processo" merece ser entendida com ressalvas. Na verdade, o processo não aceita o parcelamento sugerido pelo parágrafo único do art. 354, porque ele é invariavelmente uma unidade, por representar o método de atuação do Estado-juiz no exercício da função jurisdicional. O que é passível de ocorrer e ensejar a incidência do dispositivo aqui examinado é que algum ou alguns dos acontecimentos do art. 485 e dos incisos II e III do art. 487 afetem apenas parte do que está sendo discutido no (mesmo e único) processo. O magistrado, por exemplo, entende que o autor é parte ilegítima para um dos pedidos e o processo prossegue para o julgamento dos demais; um dos pedidos cumulados é repetição de outro anteriormente já julgado (coisa julgada) e o processo prossegue para o julgamento dos demais, ou, ainda, as partes compõem-se com relação a um dos pedidos formulados e o processo prossegue para o julgamento dos demais. Em todos esses casos, o Estado-juiz deixará de atuar com relação à parte afetada. Nada ocorre, contudo, com o processo, que prosseguirá em direção à prestação da tutela jurisdicional relativa ao restante, que ainda pende de solução.

A previsão da recorribilidade *imediata* da decisão de extinção *parcial* do processo nos moldes do parágrafo único do art. 354 por agravo de instrumento é providência inerente ao sistema recursal do Código de Processo Civil, considerando o disposto no art. 1.015, em especial seu inciso XIII.

Independentemente do recurso cabível, é correto entender que se trata de decisão interlocutória porque ela *não* põe fim à etapa de conhecimento do processo na primeira instância, que prosseguirá, a despeito de ter como conteúdo uma das hipóteses do art. 485 ou dos incisos II ou III do art. 487. A incidência do § 2º do art. 203 à espécie, destarte, é irrecusável.

Tratando-se de extinção parcial determinada em julgamento proferido pelo Tribunal, o cabimento dos recursos observará as regras genéricas, não havendo nenhuma consideração peculiar a ser feita nesse momento da exposição.

3.2 Julgamento antecipado do mérito

Se o caso não comportar sua extinção nos moldes do art. 354, o magistrado verificará se o caso admite o julgamento antecipado do mérito. Se se tratar de extinção *parcial* (art. 354, parágrafo único), a atitude correta é que, com relação à parte não extinta, o magistrado proceda da mesma forma. Trata-se, nesse sentido, da viabilidade de o magistrado proferir, independentemente da fase instrutória, sentença com fundamento no inciso I do art. 487. Não por acaso a *única* hipótese não referida no precedente art. 354.

O art. 355 prevê as hipóteses em que o magistrado proferirá o "julgamento antecipado do *mérito*", expressão que vem para substituir o que, no CPC de 1973, era chamado de "julgamento antecipado da *lide*". A despeito da nomenclatura, contudo, não há nenhuma alteração substancial, embora a fórmula redacional adotada pelo novo dispositivo e, mais especificamente, em seus dois incisos seja preferível quando comparada com a de seu antecessor, a começar pelo nome do instituto.

A despeito dessa observação, não é correto entender que a palavra "lide" foi proscrita do Código de Processo Civil. A ideia, com certeza, era essa, como revela, inclusive, o Parecer n. 1.099/2014, adendo ao Parecer n. 956/2014, produzido na última etapa dos trabalhos legislativos[16]. Não obstante, o Código de Processo Civil ainda a emprega nove vezes, não tendo sido suficientes, pelo menos para isso, os mais de dois meses em que seu *texto* permaneceu em revisão antes de ser enviado à sanção presidencial[17].

O magistrado apreciará diretamente o mérito (isto é, o pedido de prestação de tutela jurisdicional) quando "não houver necessidade de produção de outras provas" e quando "o réu for revel, ocorrer o efeito previsto no art. 344 e não houver requerimento de prova, na forma do art. 349".

Questão interessante é saber se o magistrado precisa "consultar" ou, de alguma forma, "advertir" as partes de que proferirá julgamento antecipado do mérito por entender presente a situação autorizadora do art. 355. O entendimento positivo decorre dos arts. 5º, 6º e 10, consagrando o modelo de processo cooperativo[18].

É comum o dia a dia forense mostrar, embora sem previsão legal expressa, ao ensejo do instante procedimental aqui analisado, decisão do magistrado questionando expressamente as partes sobre seu intuito de produzir outras provas, justificando-as. Para total harmonia dessa prática com os precitados dispositivos legais, cabe esclarecer, na mesma oportunidade, que a falta de qualquer indicação em sentido contrário autoriza o julgamento antecipado do mérito, total ou parcial, diante da presença de seus respectivos pressupostos.

3.2.1 Suficiência de provas

A primeira hipótese de julgamento antecipado de mérito justifica-se quando não há necessidade de produção de outras provas (art. 355, I)[19].

---

16. Que pode ser encontrado no seguinte endereço eletrônico: http://www.senado.leg.br/atividade/rotinas/materia/getPDF.asp?t=158933&tp=1.

17. Como aduz o n. 6.1 do Capítulo 3 da Parte I do v. 1, o espaço de tempo que se seguiu à última deliberação do Projeto de Código de Processo Civil no Senado Federal em 2014, até ele ser enviado à Presidência da República para fins de sanção, o que se verificou em 24 de janeiro de 2015, foi usado muito mais para a *alteração* de seu texto do que, propriamente, para sua *revisão*.

18. Em sentido contrário é o Enunciado n. 27 da I Jornada de Direito Processual Civil do CJF: "Não é necessário o anúncio prévio do julgamento do pedido nas situações do art. 355 do CPC".

19. A comparação do inciso I do art. 355 com o inciso I do art. 330 do CPC/73 revela diferença redacional entre ambos. O *texto* do CPC de 2015 é mais adequado porque não permite a falsa impressão sobre a existência de questões "exclusivamente de direito", como sugeria o dispositivo anterior. Tais questões são, por definição, *predominantemente* de direito. Mais do que isso, contudo, o dispositivo mais recente trata do que é relevante para viabilizar o julgamento antecipado do mérito: não serem necessárias outras provas, além daquelas já produzidas na fase postulatória, ainda que, por qualquer razão, a prova necessária recaia sobre questão *jurídica*, assim, por exemplo, sobre a vigência de direito municipal, estadual, estrangeiro ou consuetudinário (art. 376).

As "outras provas" mencionadas pelo dispositivo são provas *não documentais*, além daquelas que o autor, com sua petição inicial (arts. 320 e 434), e o réu, com sua contestação (art. 434), já terão apresentado. Se se tratar de documentos *novos*, cabe ao interessado justificar por que o são e, consequentemente, por que podem ainda ser produzidas, o que deve fazer com fundamento no art. 435. Deferido o pedido de apresentação dos *novos* documentos, está afastada a juridicidade do julgamento antecipado do mérito.

Também é possível ocorrer o julgamento antecipado do mérito quando, desde a petição inicial ou a contestação, tenham sido produzidas outras provas, que não a documental, mas cuja suficiência sinalize a viabilidade do julgamento antecipado, sem necessidade de o processo ingressar na fase instrutória. Assim, por exemplo, no caso de provas produzidas antecipadamente (arts. 381 a 383), no caso de ser apresentada ata notarial (art. 384) ou laudos técnicos com vistas a dispensar a realização da perícia (art. 472).

Reversamente, afasta-se a viabilidade do julgamento antecipado do mérito com base no inciso I do art. 355, por justificar o início da fase instrutória, a necessidade de apresentação de outras provas, além daquelas já apresentadas pelo autor e pelo réu em consonância com os precitados dispositivos, inclusive as documentais, com base no art. 435[20].

Esse equilíbrio entre desnecessidade de outras provas e realização do julgamento antecipado do mérito e necessidade de outras provas e sua vedação é uma constante a ser observada pelo magistrado em cada caso concreto. É na desnecessidade de *fase instrutória*, porque *suficientes* as provas já produzidas na *fase postulatória*, viabilizando que o processo ingresse, de imediato, na *fase decisória*, que reside a razão de ser do instituto.

A hipótese vai além, contudo, da suficiência da prova já produzida. Fatos há que dispensam prova para que o magistrado se convença de sua ocorrência. São, por exemplo, os fatos notórios (art. 374, I), os afirmados por uma parte e confessados pela outra (art. 374, II), os fatos incontroversos (art. 374, III) e aqueles em que há alguma presunção legal (art. 374, IV). Em todas essas situações, a serem identificadas, caso a caso, pelo magistrado, o caso é de julgamento antecipado do mérito, como forma de evitar a prática de atos inúteis, iniciativa que, em última análise, conspiraria com o modelo constitucional do direito processual civil, em especial com o princípio da eficiência processual.

3.2.2 Revelia

O segundo caso previsto para o julgamento antecipado do mérito relaciona-se com a revelia (art. 355, II). Revel o réu, é possível (não necessário) que o magistrado se convença da veracidade dos fatos alegados pelo autor, o que é autorizado pelo art. 344. Caso o réu, a despeito

20. Uma vez mais tem aplicação a diretriz do Enunciado n. 297 do FPPC: "O juiz que promove julgamento antecipado do mérito por desnecessidade de outras provas não pode proferir sentença fundamentada em não atendimento ao ônus probatório".

de não ter apresentado contestação (ser revel), compareça ao processo – e sua admissão para atuar no processo em tais casos é, em primeiro lugar, decorrência natural do princípio constitucional do contraditório espelhado no parágrafo único do art. 346 – com o objetivo de produzir prova, o julgamento antecipado do mérito deixará de ter lugar, aplicando-se à hipótese o art. 349, cuja remissão expressa é pertinentemente feita pelo próprio inciso II do art. 355.

É correto entender, contudo, que, mesmo nesse caso, verificando o magistrado que a prova pretendida pelo réu é impertinente para afastar a presunção em seu desfavor, não há por que negar ser pertinente o julgamento antecipado.

O mérito da redação do inciso II do art. 355 quando comparado com seu equivalente do CPC de 1973 é que ele afasta a equivocada relação textual entre o julgamento antecipado e a revelia no sentido de, sendo o réu revel, deverem ser presumidos (necessariamente) verdadeiros os fatos alegados pelo autor a autorizar (necessariamente) o julgamento do pedido do autor em seu favor. A vinculação de uma hipótese à outra é equivocada, como sempre demonstrou este *Curso*[21]. Por causa do princípio constitucional do contraditório, sempre há espaço para que o próprio magistrado, de ofício, por intermédio do autor (art. 348) ou a pedido do réu (como evidencia o art. 349), determine ou permita a produção de provas, afastando aquela presunção, assim como qualquer outra presunção, tais as dos arts. 307, 341 e 344, o que conduz o processo à sua fase instrutória. Nessa exata medida, assim como se dá para a hipótese do inciso I do art. 355, não há lugar para o julgamento antecipado do mérito.

3.2.3 Relações com a tutela provisória

Importa, ainda que brevemente, tecer algumas considerações para distinguir o instituto sobre o qual se volta este número, o julgamento antecipado do mérito, disciplinado pelo art. 355, com outro, totalmente diverso, a tutela provisória *antecipada*, isto é, de viés *satisfativo*.

O julgamento antecipado do mérito é técnica para admitir que o magistrado possa acolher ou rejeitar o pedido do autor independentemente da fase instrutória do processo, dando-se satisfeito, quanto à formação de sua convicção, com as provas já anteriormente produzidas ou com a sua desnecessidade. Uma vez proferida a sentença, a produção de seus efeitos depende, como regra, do segmento recursal que ela desafia. A regra do Código de Processo Civil é que a sentença, quando recorrida, não produza efeitos (art. 1.012, *caput*).

A tutela provisória antecipada, por sua vez, é técnica que permite ao magistrado, consoante a presença de específicos pressupostos exigidos pelos arts. 300 e/ou 311[22], permitir que os efeitos da tutela jurisdicional sejam liberados de imediato. Não se trata, portanto, de permitir *só* o proferimento de decisão favorável a uma das partes, mas, mais que isso, de

21. Para as edições anteriores ao CPC de 2015, v. o n. 6 do Capítulo 1 da Parte III do v. 2, t. I.

22. A hipótese do inciso IV do art. 311, um dos casos em que a tutela provisória é concedida com fundamento na “evidência”, tem tudo para ser frequentemente empregada para o fim proposto no texto.

autorizar que os *efeitos* dessa decisão sejam sentidos desde logo, tutelando *antecipadamente* seu beneficiário. Não fosse pela tutela provisória, uma das partes até poderia ter decisão jurisdicional proferida em seu favor – a sentença, resultante do julgamento antecipado do mérito –, mas não os seus *efeitos*.

Considerando a diferença entre as finalidades de cada uma dessas técnicas, é perfeitamente possível (e desejável, na concepção deste *Curso*) que elas sejam empregadas concomitantemente no processo. A circunstância de o magistrado ver-se diante dos pressupostos que o conduzem ao julgamento antecipado do mérito (art. 355, I ou II) não inibe que, diante dos pressupostos dos arts. 300 e/ou 311, *também* conceda tutela provisória antecipada para permitir que aquele julgamento surta de imediato seus efeitos, independentemente do recurso cabível, que, em regra, inibiria sua produção.

O inciso V do § 1º do art. 1.012 trata da hipótese, ainda que de forma muito pouco clara, ao estabelecer que *não tem efeito suspensivo* a apelação interposta da sentença que *concede* tutela provisória, o que evoca as considerações feitas no n. 4.7.3 do Capítulo 5 da Parte II do v. 1.

3.3 Julgamento antecipado parcial do mérito

Não sendo o caso de extinção *total* ou *parcial* do processo (art. 354) nem de julgamento antecipado *total* do mérito (art. 355), cabe ao magistrado verificar se o caso concreto se amolda ao que o Código de Processo Civil chama de "julgamento antecipado *parcial* do mérito" (art. 356). Também nessa hipótese o que o magistrado objetiva, ainda que em *parte*, é o proferimento de sentença nos moldes do inciso I do art. 487[23]. Fosse a hipótese, ainda que parcialmente, alcançada pelo art. 485 ou pelos incisos II ou III do art. 487, o parágrafo único do art. 354 é que teria incidência.

O "julgamento antecipado *parcial* do mérito", tal qual disciplinado pelo art. 356, não encontra similar *textual* ou *expresso* no CPC de 1973. Não que não pudesse haver julgamentos parciais naquele Código, mormente depois das profundas reformas pelas quais ele passou desde meados dos anos 1990. Tais julgamentos poderiam ocorrer – e ocorriam –, mas não existia, e isto é incontestável, nenhum dispositivo que os autorizasse expressamente, explicitando a hipótese, tal qual o faz o atual art. 356. O entendimento era defendido por parcela da doutrina, inclusive pelas edições anteriores deste *Curso*, extraindo a hipótese do § 6º do art. 273 do CPC de 1973[24].

23. Para além da hipótese de julgamento, não há óbice nenhum para que autocomposição alcançada pelas partes em algum instante do processo, a começar pela audiência de conciliação ou de mediação, diga respeito apenas a *parte* do que foi deduzido em juízo. Nesse sentido é o Enunciado n. 576 do FPPC: "Admite-se a solução parcial do conflito em audiência de conciliação ou mediação".

24. Para a demonstração daquele entendimento, v., em especial, o n. 5 do Capítulo 5 da Parte I do v. 4 das edições anteriores ao CPC de 2015 deste *Curso*.

A importância do CPC de 2015, no particular, reside em tornar expressa aquela viabilidade, rompendo de vez, *e de lege lata*, com o que alguns chamam de "princípio da unicidade do julgamento" ou "da sentença"[25]. É técnica importante para, sempre viabilizando o inafastável diálogo entre os planos material e processual, *otimizar* o procedimento, flexibilizando-o na perspectiva de permitir a efetivação da tutela jurisdicional na medida em que ela *já* possa ser prestada, ainda que em parte. Não deixa de ser, nessa perspectiva, técnica concretizadora da eficiência processual.

3.3.1 Hipóteses

O julgamento antecipado parcial de mérito dar-se-á quando um ou mais dos pedidos formulados ou parcela deles mostrar-se incontroverso (art. 356, I) ou estiver em condições de imediato julgamento, observando-se, como parâmetro, o disposto nos dois incisos do art. 355 (art. 356, II).

As hipóteses dos incisos I e II do art. 356 não são cumulativas, isto é, o julgamento antecipado *parcial* pode ocorrer quando houver a incontrovérsia do inciso I *ou* se estiverem presentes, com relação a *parte* do pedido ou a pelo menos um dos pedidos cumulados, os pressupostos do art. 355 (inciso II). Entender a cumulatividade das exigências é conceber a existência de incontrovérsia que, por si só, não autorize o julgamento antecipado o que, diante do art. 355, não é alternativa possível.

Por tais razões é correto entender que as duas situações do art. 356 acabam se sobrepondo em alguma medida e, nesse sentido, são passíveis de serem compreendidas como aqueles casos em que um ou mais dos pedidos formulados ou parcela deles dispensam a produção de "outras provas", a viabilizar, ao menos com relação a eles, a desnecessidade da fase instrutória e, por isso, o julgamento antecipado[26]. Aqui também, o paralelo sugerido no n. 3.3, *supra*, é pertinente: o julgamento antecipado (ainda que parcial) é noção avessa à necessidade de fase instrutória. Ele pressupõe, por isso mesmo, a suficiência das provas já produzidas com relação ao pedido a ser julgado[27].

---

25. É o que propugnava, por exemplo, Cândido Rangel Dinamarco em edição anterior ao CPC de 2015 de suas *Instituições de direito processual civil*, v. III, p. 552-553. Reconhece-o o próprio Professor Titular da Faculdade de Direito da Universidade de São Paulo nas edições mais recentes do mesmo (colossal) trabalho, assim na 7ª edição, p. 234-235.

26. Hipótese que tem tudo para ser comuníssima na prática do CPC de 2015 é a do julgamento antecipado *parcial* nos casos em que, em um mesmo processo, convivem teses afetadas para julgamento no âmbito de IRDR ou de recursos repetitivos e outras que independem daquele julgamento. O Enunciado n. 126 da II Jornada de Direito Processual Civil do CJF trata do tema: "O juiz pode resolver parcialmente o mérito, em relação à matéria não afetada para julgamento, nos processos suspensos em razão de recursos repetitivos, repercussão geral, incidente de resolução de demandas repetitivas ou incidente de assunção de competência".

27. Ilustrativo do entendimento é o Enunciado n. 513 do FPPC: "Postulado o despejo em cumulação com outro(s) pedido(s), e estando presentes os requisitos exigidos pelo art. 356, o juiz deve julgar parcialmente o mérito de forma antecipada, para determinar a desocupação do imóvel locado".

Não é óbice para o julgamento antecipado parcial do mérito a impossibilidade de proferimento de decisão líquida. A situação é expressamente regrada pelo § 1º do art. 356, que autoriza que a decisão relativa ao julgamento antecipado parcial diga respeito a obrigação *líquida* ou *ilíquida*. Neste último caso, é o § 2º do mesmo dispositivo que estabelece, será necessária a *liquidação* respectiva, que observará o disposto nos arts. 509 a 512. É possível, destarte, o proferimento de julgamento antecipado *parcial* de mérito, ainda que não seja possível ao magistrado, desde logo, identificar o *valor* do que é devido.

Na hipótese, de qualquer sorte, devem incidir as considerações concernentes ao art. 491, no sentido de caber ao magistrado buscar ao máximo a expressão monetária da tutela jurisdicional pedida ao longo da etapa de conhecimento do processo, evitando postergar sua pesquisa para a de liquidação, sob pena de não ser atingido o grau de otimização e de eficiência do processo desejado pelo sistema, inclusive no que diz respeito à expressa autorização do julgamento antecipado parcial do mérito[28].

3.3.2 Cumprimento

Além de prever, quando for o caso, a liquidação da decisão que julgar antecipada e parcialmente o mérito, o § 2º do art. 356 refere-se a seu *cumprimento*. Estatui, a respeito, que a parte (aquele que, segundo a decisão, é o credor) poderá "executar, desde logo, a obrigação reconhecida na decisão que julgar parcialmente o mérito, independentemente de caução, ainda que haja recurso contra essa interposto".

A principal preocupação da regra é a de viabilizar o *cumprimento* (e não a *execução*, para ser coerente com a terminologia dicotômica que o próprio Código de Processo Civil quer estabelecer entre títulos executivos judiciais e extrajudiciais) *imediato* da decisão que julgar antecipada e parcialmente o mérito. Isso porque se poderia pensar que, à falta do julgamento dos demais pedidos ou da parcela ainda controvertida, não seria possível o início da etapa de *cumprimento* daquela decisão. Ainda que não houvesse previsão como a que está no § 2º do art. 356, não haveria como concordar com aquele entendimento. A questão merece ser tratada em contraponto à inexistência de efeito suspensivo *ope legis* ao recurso interponível da decisão que se pretende cumprir. Como, no caso, a decisão é agravável de instrumento – é o que expressamente estatui o § 5º do art. 356 –, não há *aprioristicamente* nenhum óbice para o cumprimento imediato porque aquele recurso é desprovido de efeito suspensivo legal (art. 995, *caput*)[29]. Coerentemente, se e quando concedido efeito suspensivo ao

28. Pertinente, nesse sentido, o Enunciado n. 512 do FPPC: "A decisão ilíquida referida no § 1º do art. 356 somente é permitida nos casos em que a sentença também puder sê-la".

29. Em sentido contrário, é o Enunciado n. 13 do CEAPRO: "O efeito suspensivo automático do recurso de apelação, aplica-se ao agravo de instrumento interposto contra a decisão parcial do mérito prevista no art. 356".

agravo de instrumento interposto da decisão que julga antecipada e parcialmente o mérito, eventual cumprimento da decisão será *sustado* (art. 995, parágrafo único, e art. 1.019, I)[30].

Por essas razões é que se mostra correto entender que a hipótese regulada no § 2º do art. 356 é de "cumprimento *provisório*". A diferença entre esse cumprimento provisório e a sua disciplina genérica (arts. 520 a 522) está em que, *nesse caso*, a *satisfação* do direito *não pressupõe* prestação de caução. A conclusão adequada a alcançar, destarte, é a de que, nos casos de julgamento antecipado e parcial do mérito, a regra do inciso IV do art. 520 é *excepcionada* pela do referido § 2º[31].

Não tem sentido entender que o § 2º do art. 356 se limita a permitir o *início* da fase de cumprimento provisório ou de liquidação, independentemente de caução[32], porque tal possibilidade é de todo o sistema, não havendo espaço para supor que o Código de Processo Civil tenha querido, no particular – e justamente em ponto que pretende inovar substancial e expressamente –, *regredir* na disciplina que vem sendo dada ao tema da então chamada execução provisória desde as reformas ocorridas no CPC de 1973 pela Lei n. 10.444/2002 e nas modificações que ela introduziu no art. 588 do CPC de 1973 então em vigor. Não faz sentido que a lei estabeleça uma exceção onde não existe – e isto, do ponto de vista *textual*, desde as modificações introduzidas pela precitada Lei n. 10.444/2002 – uma regra. A propósito do tema, cabe lembrar do *caput* do art. 523, que expressamente se refere à aplicação de sua disciplina ao cumprimento de "decisão sobre parcela incontroversa"[33].

Entendendo que a hipótese deriva de escolha feita expressa e legitimamente pelo Código de Processo Civil para incentivar o cumprimento decorrente do julgamento antecipado parcial – máxime diante de seus pressupostos autorizadores –, e, consequentemente, excepcionar a regra decorrente do inciso IV do art. 521, não sobra espaço para os questionamentos que vêm sendo levantados por parcela da doutrina que lamenta o que seria, na sua percepção, falta de congruência do dispositivo[34].

Importa sublinhar que, embora se trate de decisão de *mérito* e que, não fosse por força do julgamento antecipado *parcial*, a decisão proferida pelo magistrado seria uma *sentença*, da qual caberia o recurso de apelação que ainda ostenta efeito suspensivo *ope legis*, inibindo, portanto, o respectivo cumprimento provisório (art. 1.012, *caput*), a opção feita pelo legislador processual

30. Razão suficiente para afastar do art. 356 a necessidade de a tutela provisória ser empregada, caso a caso, para aquela mesma finalidade. A retirada *ope legis* do efeito suspensivo do agravo de instrumento é bastante para autorizar a eficácia imediata da decisão, sendo desnecessária a intervenção judicial para tanto.

31. É conclusão que o autor deste *Curso* alcança em outro trabalho seu, *Comentários ao Código de Processo Civil*, v. X, p. 179-180.

32. É o que sustenta, por exemplo, o Enunciado n. 49 da ENFAM: "No julgamento antecipado parcial de mérito, o cumprimento provisório da decisão inicia-se independentemente de caução (art. 356, § 2º, do CPC/2015), sendo aplicável, todavia, a regra do art. 520, IV".

33. O autor deste *Curso* dedicou-se mais profundamente ao tema, com ampla pesquisa doutrinária, em seus *Comentários ao Código de Processo Civil*, v. X, p. 209.

34. Como se lê, por exemplo, em José Rogério Cruz e Tucci, *Comentários ao Código de Processo Civil*, v. VIII, p. 286-287, e Beclaute Oliveira Silva, *Código de Processo Civil comentado*, p. 692.

civil a respeito é inequívoca e, como tal, à falta de qualquer questionamento que a ela possa ser feita com base no modelo constitucional do direito processual civil, deve ser respeitada.

Questão importante para o direito processual civil brasileiro a respeito dos desdobramentos dos parágrafos anteriores é saber se a decisão que julga antecipada e parcialmente o mérito em desfavor do Poder Público fica sujeita à remessa necessária (art. 496).

A resposta a ser dada, não obstante as críticas que merecem ser feitas à subsistência daquele instituto, de duvidosa constitucionalidade, no Código de Processo Civil, é positiva[35]. Não há como atrelar aquele reexame à *forma* da decisão desfavorável ao Poder Público, mas, bem diferentemente, ao seu *conteúdo*. Assim, a circunstância de o julgamento antecipado parcial dar-se por *interlocutória* e não por *sentença* é de todo indiferente para sustentar a conclusão aqui alcançada, que deriva da sistemática do Código.

Justamente por isso é que a remessa necessária deverá ser dispensada nas hipóteses dos §§ 3º e 4º do art. 496. Para os fins da dispensa autorizada pelo § 3º, os valores a serem levados em consideração são os constantes da própria decisão e não de todo o processo. A "condenação" e o "proveito econômico" referido no dispositivo atrela-se, inequivocamente, à decisão proferida e não ao que ainda não foi julgado que, ao menos em tese, pode até acabar por favorecer o Poder Público. Em se tratando de decisão ilíquida (art. 356, § 2º), é irrecusável o entendimento quanto à submissão da decisão parcial à remessa necessária.

Se, contudo, houver trânsito em julgado da decisão que julga antecipada *e parcialmente* o mérito – e isso ocorrerá quando não interposto o cabível agravo de instrumento a que se refere o § 5º do art. 356 ou, se interposto, quando julgado e esgotado eventual segmento recursal dele derivado –, a hipótese será de *cumprimento definitivo* daquela decisão. Nessa hipótese, está sistemática e completamente afastada a possibilidade de caução para a concretização do direito reconhecido no título executivo. Trata-se da expressa previsão do § 3º do art. 356, não obstante o dispositivo empregue a palavra "execução", quando o correto seria *cumprimento*.

Não há espaço para questionar a aptidão de a decisão que profere o julgamento antecipado e parcial de mérito fazer coisa julgada *material* (com eficácia externa), ainda que não houvesse, como há, regra como a do § 3º do art. 356. Trata-se de decisão de *mérito* e que é proferida com base em cognição *exauriente*. A circunstância de ela ser *interlocutória* não interfere nessa conclusão. O Código de Processo Civil admite – e o faz expressamente – hipóteses de decisões interlocutórias de mérito, aptas a transitar materialmente em julgado. Esta é uma delas.

O § 4º do art. 356, por sua vez, autoriza que a *liquidação* (em verdade, os atos de liquidação) e os atos relativos ao *cumprimento* da decisão sejam "processados em autos suplementares", seja porque a parte assim o requer, seja porque o magistrado assim o determina.

35. No mesmo sentido é o Enunciado n. 17 do FNPP: "A decisão parcial de mérito proferida contra a Fazenda Pública está sujeita ao regime da remessa necessária".

A preocupação da regra é a de separar, com a maior nitidez possível, as etapas de liquidação e/ou de cumprimento do processo com base na decisão que julga antecipada e parcialmente o mérito (título executivo) da etapa cognitiva do processo ainda em curso com vistas à formação de título executivo abrangendo o que ainda não foi julgado, a parte controversa do mérito, portanto.

Mesmo no ambiente eletrônico, a diretriz mostra-se salutar para que sejam visualizados e distinguidos quais atos processuais dizem respeito a que etapa do processo, que, embora uno, estará bifurcado. Por essa razão, a regra merece ser aplicada. De qualquer sorte, é certo que eventual inobservância do § 4º do art. 356 é incapaz, por si só, de causar nulidade aos atos praticados para fins de liquidação e/ou de cumprimento da decisão que julga antecipada e parcialmente o mérito.

3.3.3 Peculiaridades recursais

O § 5º do art. 356 prevê o cabimento do recurso de agravo de instrumento contra a *decisão* "proferida com base neste artigo".

O destaque dado à palavra em itálico, repetida ao longo do art. 356, não é por acaso. É que o dispositivo ora analisado, em nenhum momento, diz qual *é* o tipo de decisão que veiculará o "julgamento antecipado e parcial de mérito", isto é, se se trata de *decisão interlocutória* ou de *sentença*. O § 5º se limita a prescrever sua recorribilidade imediata por agravo de instrumento, o que se justifica diante da sistemática do Código de Processo Civil: só é recorrível imediatamente, isto é, por intermédio do agravo de instrumento, a decisão assim identificada em lei. É o que clara e inequivocamente decorre da interpretação do § 1º do art. 1.009 combinado com o *caput* do art. 1.015[36].

Não obstante o silêncio sobre a natureza jurídica da referida decisão, contudo, trata-se de decisão *interlocutória e de mérito*. Menos pelo que é possível extrair do § 5º do art. 356, que, no particular, limita-se a indicar o recurso cabível, mais por causa do *sistema processual civil*, cujos §§ 1º e 2º do art. 203 conduzem, com segurança, a essa conclusão. De acordo com aqueles dispositivos – e eles merecem ser interpretados em conjunto para o que interessa à presente discussão –, decisão interlocutória é todo pronunciamento judicial que *não* põe fim à fase cognitiva do procedimento comum, precisamente o caso.

Por tais razões, ainda que não houvesse a expressa previsão do § 5º do art. 356, poder-se-ia alcançar idêntica conclusão por força do inciso II do art. 1.015, que, coerente e pertinentemente, refere-se à recorribilidade *imediata* de decisões interlocutórias que versarem o *mérito* do processo. É típico caso em que o Código de Processo Civil preferiu tratar do sistema recursal em duplicidade para evitar questionamentos sobre o cabimento, ou não, do

36. O Enunciado n. 103 do FPPC trata do tema nos seguintes termos: "A decisão parcial proferida no curso do processo com fundamento no art. 487, I, sujeita-se a recurso de agravo de instrumento".

agravo de instrumento, como se dá, por exemplo, com relação às decisões relativas à incompetência absoluta ou relativa.

É pertinente questionar como deve operar a sistemática recursal das demais decisões interlocutórias que até então tenham sido proferidas no processo e que digam respeito à decisão que julgou antecipada e parcialmente o processo. A melhor interpretação é a de aplicar, para a hipótese, o regramento decorrente dos §§ 1º e 2º do art. 1.009, admitindo, com isso, que o agravo de instrumento ou, se for o caso, as respectivas contrarrazões *também* se ocupem delas, sob pena de preclusão. Outras decisões interlocutórias que não se relacionam com o julgamento antecipado e parcial do mérito serão recorridas se previstas no art. 1.015 e, se não, em preliminar de apelação ou de contrarrazões de apelo, com observância dos mesmos §§ 1º e 2º do art. 1.009[37]. Não há razão para excepcionar, para elas, a sistemática recursal.

Se do julgamento do agravo de instrumento resultar a "*reforma* da decisão que julgar parcialmente o mérito" sem unanimidade de votos, a hipótese é de *prosseguimento* do julgamento nos moldes e para os fins do art. 942, considerando a expressa previsão do inciso II do § 3º daquele dispositivo.

A despeito do silêncio do art. 937, é correto entender que é direito dos advogados e/ou procuradores atuantes no caso sustentar suas razões recursais ao ensejo do julgamento desse agravo de instrumento, dada a gravidade das questões nele versadas. Admitindo-a, com base na autorização do inciso IX do art. 937, cabe destacar o § 1º do art. 226 do Regimento Interno do Tribunal de Justiça do Estado do Paraná[38].

Na hipótese de o julgamento antecipado parcial de mérito ser resultado do próprio julgamento proferido pelo Tribunal, o cabimento dos recursos cabíveis observará as regras genéricas, não havendo nenhuma consideração peculiar a ser feita por ora.

A recorribilidade imediata da decisão que julga antecipada e parcialmente o mérito não guarda nenhuma relação com o prazo para a rescisória quando, esgotado o segmento recursal (ou não interposto o recurso cabível), transitar em julgado. O *caput* do art. 975 é claro quanto ao *término* do prazo para aquela iniciativa: dois anos contados do trânsito em julgado da última decisão proferida no processo, o que autoriza o entendimento de que antes disso é viável a rescisória, ainda que limitada, apenas, ao que já foi julgado e transitou em julgado. Tão mais correto esse entendimento diante do disposto no § 4º do art. 218 que recusa a pecha de "intempestivo" para os atos processuais praticados – embora este não seja o caso – *antes* do termo inicial do prazo.

---

37. O entendimento encontra eco no Enunciado n. 611 do FPPC: "Na hipótese de decisão parcial com fundamento no art. 485 ou no art. 487, as questões exclusivamente a ela relacionadas e resolvidas anteriormente, quando não recorríveis de imediato, devem ser impugnadas em preliminar do agravo de instrumento ou nas contrarrazões".

38. É orientação também sufragada pelo Enunciado n. 61 da I Jornada de Direito Processual Civil do CJF: "Deve ser franqueado às partes sustentar oralmente as suas razões, na forma e pelo prazo previsto no art. 937, *caput*, do CPC, no agravo de instrumento que impugne decisão de resolução parcial de mérito (art. 356, § 5º, do CPC)".

3.3.4 Dinâmica

Para além das hipóteses que autorizam o julgamento antecipado parcial do mérito, da sua eventual liquidação, de seu cumprimento e de sua recorribilidade, deve incidir para a decisão que julga antecipada e parcialmente o mérito o mesmo regime jurídico reservado pelo Código de Processo Civil às decisões que apreciam o mérito fora do contexto do art. 356.

Assim, por exemplo, deve ser observada para o julgamento antecipado parcial do mérito a mesma consideração do n. 3.2, *supra*, com relação ao julgamento antecipado do mérito. Cabe ao magistrado advertir as partes e eventuais terceiros de que, na sua perspectiva, o caso comporta a incidência do art. 356, consultando-os acerca de sua aplicação. Não que haja necessidade de acordo entre todos aqueles sujeitos processuais para que o magistrado julgue antecipada e parcialmente o processo nos moldes do art. 356. O que importa destacar é a indispensabilidade de as partes e eventuais terceiros terem clara aquela possibilidade e se manifestarem sobre o preenchimento ou não de seus respectivos pressupostos, tendo oportunidade, destarte, de influenciar a convicção do magistrado a respeito.

De outra parte, não há dúvida de que a decisão que julga antecipada e parcialmente o mérito deve dispor sobre a responsabilização das partes (e de eventuais terceiros) sobre despesas processuais e honorários advocatícios. A hipótese não é afastada pelo disposto no art. 82, que se ocupa do mesmo fenômeno em perspectiva diversa, qual seja, de as partes e eventuais terceiros *anteciparem* o pagamento das despesas dos atos que praticarem ou praticados a seu pedido até a "sentença final". Basta interpretar o termo "sentença" referido pelo § 2º do art. 82 como a decisão que julga antecipada e parcialmente o mérito.

O que pode ocorrer, na perspectiva analisada pelo n. 2.8 do Capítulo 3 da Parte II do v. 1, é que a decisão proferida com fundamento no art. 356 seja a "final" para um dos sujeitos do processo. É lembrar de uma das situações lá sugeridas de exclusão de um dos réus do processo por ilegitimidade passiva.

A peculiaridade é que a responsabilização deve se pautar levando em conta àquilo que conduziu ao proferimento da decisão de mérito e não aquilo que ainda está carente de decisão no processo e que poderá interferir, de alguma forma, no proferimento da sentença, dando por encerrada a etapa de conhecimento.

Com relação aos honorários advocatícios, sua fixação deve se dar na *proporção* dos valores já aferidos, sempre com observância dos limites máximo e mínimo dos §§ 2º e 3º do art. 85[39]. A verba sucumbencial a ser fixada na sentença deverá levar em conta a feita pela deci-

39. Nesse sentido é o Enunciado n. 5 da I Jornada de Direito Processual Civil do CJF: "Ao proferir decisão parcial de mérito ou decisão parcial fundada no art. 485 do CPC, condenar-se-á proporcionalmente o vencido a pagar honorários ao advogado do vencedor, nos termos do art. 85 do CPC".

são aqui examinada para evitar que sua soma ultrapasse os limites legais. Havendo fixação de honorária na decisão que julga antecipada e parcialmente o mérito, é correto entender que ela pode ser majorada em sede recursal, com observância do § 11 do art. 85. É indiferente, para tanto, como trata o n. 2.8 do Capítulo 3 da Parte II do v. 1, qual seja o recurso cabível. O exemplo lá proposto é elucidativo ao recordar do parágrafo único do art. 338, que prevê a fixação de honorários advocatícios entre 3% e 5% do valor da causa quando se tratar de excluir réu por ilegitimidade passiva. Se a decisão que o faz não responsabiliza o autor pelo percentual máximo de honorários advocatícios, há espaço para a verba ser majorada quando do julgamento do recurso cabível.

Também cabe destacar que, com o julgamento antecipado e parcial do mérito, todas as questões que a ele dizem respeito e que o viabilizam, inclusive as relativas à higidez do processo e ao desenvolvimento regular do direito de ação, ficarão a salvo de ulteriores discussões, ainda que o processo prossiga para o enfrentamento das questões ainda não decididas.

Assim, superado eventual segmento recursal, com as peculiaridades evidenciadas no n. 3.3.3, *supra*, não cabe mais, por exemplo, questionar se havia alguma irregularidade na representação do autor ou se o réu ostentava legitimidade[40]. A coisa julgada que se forma na decisão que julga antecipada e parcialmente o processo inibe aquela discussão, aplicando-se à hipótese o art. 508, tanto na sua perspectiva *processual* (como nas situações ilustrativas) como na sua perspectiva *material*.

Pode até ocorrer que aquelas mesmas questões sejam capazes de comprometer a regularidade do processo que prossegue, ainda na sua etapa de conhecimento, em direção ao proferimento da sentença e a seu respectivo segmento recursal. Eventual incompatibilidade de resultados decorrente dessa hipotética situação, a despeito de não ser desejável pelo sistema, é por ele suportada, justamente pela expressa adoção do instituto aqui analisado.

3.4 Saneamento e organização do processo

Se a hipótese não for de extinção do processo (art. 354), nem de julgamento antecipado do mérito (art. 355), e, ainda que seja de julgamento antecipado *parcial* do mérito (art. 356), com relação ao que ainda não foi julgado, passa-se à última hipótese de "julgamento conforme o estado do processo", que é o que a Seção IV do Capítulo X do Título I do Livro I da Parte Especial chama de "saneamento e organização do processo". Trata-se de o magistrado – em ampla *cooperação* com as partes e com eventuais terceiros – *preparar* o processo para início (ótimo) da fase instrutória, no que é claro o *caput* do art. 357, inclusive (e de maneira

40. É o sentido do Enunciado n. 125 da II Jornada de Direito Processual Civil do CJF: "A decisão parcial de mérito não pode ser modificada senão em decorrência do recurso que a impugna".

didática) quanto à hipótese de incidência do dispositivo quando não ocorrentes os eventos previstos nos arts. 354 a 356.

O art. 357, proveniente do Projeto da Câmara dos Deputados, vai muito além do tímido art. 331 do CPC de 1973, sabendo conservar o que de importante constava daquele dispositivo sobre a *ordenação* do processo, e propondo a prática de diversos atos no sentido de racionalizar a atividade jurisdicional incentivando a cooperação entre os variados sujeitos processuais (art. 6º), inclusive a depender da complexidade do caso, em audiência especialmente designada para tanto (§ 3º)[41]. É o mote que justifica a nomenclatura da Seção, "Saneamento e organização do processo", nome que em parte – e paradoxalmente – intitulava o art. 331 do CPC de 1973 desde sua entrada em vigor (redação dada pela Lei n. 5.925/73) até o advento da Lei n. 10.444/2002, que passou a rotulá-la de "audiência preliminar".

Ele permite, outrossim, que seja abandonada de vez a insuficiente nomenclatura empregada na versão original do CPC de 1973 – e subsistente até o advento da referida Lei de 2002 –, qual seja, "despacho saneador". Até porque, em rigor, o chamado "despacho saneador" do CPC de 1973 nada saneava. O que havia era o proferimento de uma *decisão*, não mero despacho, que determinava a prática de atos em prol do saneamento ou que reconhecia que o saneamento do processo havia sido realizado a contento o que na dinâmica procedimental eram atividades completamente distintas e definidas caso a caso, como descreve o n. 3, *supra*[42].

Para o sistema atual, idêntica orientação é plenamente válida em virtude, até mesmo, do quanto acenado no n. 2.1, *supra*, a propósito do art. 352: independentemente da iniciativa do réu, cabe ao magistrado não só detectar eventuais vícios do processo, mas, também, determinar a sua correção para viabilizar a apreciação do mérito, isto é, o reconhecimento de quem faz jus à tutela jurisdicional. O que há é o desenvolvimento de *atividade saneadora* do processo, que, em rigor, antecede o instante procedimental do art. 357. Tal atividade deve ser entendida, de acordo com o sistema do próprio Código de Processo Civil, como uma das diversas "providências preliminares" estudadas ao longo deste Capítulo. Também é "provi-

---

41. A ideia nuclear de uma atividade não só saneadora, mas também ordinatória para viabilizar o máximo de aproveitamento da fase instrutória, já era reclamada pela doutrina imediatamente anterior ao CPC de 2015. Para essa discussão, cabe mencionar as seguintes obras: Paulo Hoffman, *Saneamento compartilhado*; Paulo Eduardo Alves da Silva, *Gerenciamento de processos judiciais*, e Cláudia Elisabete Schwerz Cahali, *O gerenciamento de processos judiciais:* em busca da efetividade da prestação jurisdicional. Para o CPC de 2015, a leitura das teses de doutorado de Gustavo Gonçalves Gomes (*O saneamento cooperativo como roteiro de organização e de julgamento do processo*) e de Marcus Vinicius Kiyoshi Onodera (*Gerenciamento do processo ["case management"] no direito processual civil brasileiro*) é imprescindível.

42. A observação é pertinente, até mesmo, para os arts. 293 e 294 do CPC de 1939. Embora em perspectiva diversa, cabe colacionar a lição de Galeno Lacerda em seu clássico *Despacho saneador*, p. 7-8: "Podemos conceituar o despacho saneador como a decisão proferida logo após a fase postulatória, na qual o juiz, examinando a legitimidade da relação processual, nega ou admite a continuação do processo ou da ação, dispondo, se necessário, sobre a correção de vícios sanáveis. Como ato de decisão, possui conteúdo declaratório e volitivo. Tem por objeto matéria que exige pronunciamento de ofício, mas poderá versar também questões provocadas pela parte. De ofício, deverá o juiz investigar se coexistem as condições da ação e os pressupostos processuais que admitam exame oficioso, e ordenar o suprimento de nulidade sanáveis e irregularidades. (...)".

dência preliminar" o dever de o magistrado retirar do processo quaisquer nulidades ou defeitos que, de uma forma ou de outra, possam comprometer o exame do mérito.

O art. 352, a despeito de sua localização, não se relaciona, apenas e tão somente, a eventuais vícios arguidos pelo réu em preliminar de contestação. Sua função é mais genérica, cabendo ao próprio magistrado, inclusive de ofício, no que é clara a autorização do § 5º do art. 337, que interdita a atuação oficiosa apenas nos casos de incompetência *relativa* e convenção de arbitragem, e, de modo mais amplo, o inciso IX do art. 139, detectar eventuais vícios no processo, determinando sua correção, para direcionar o processo para o julgamento conforme seu estado, observando-se o disposto nos arts. 354 a 357.

É relevante sublinhar, ao ensejo da interpretação ampla do art. 352 aqui proposta – e que, de todo modo, decorre suficientemente do sistema processual civil quando analisado na perspectiva do princípio constitucional do contraditório –, que a determinação da correção de eventuais irregularidades ou de vícios sanáveis deve ser *especificada*, inclusive com a indicação de qual sujeito processual é responsável por tanto.

O art. 352 reserva, para tanto, o prazo "nunca superior" a *trinta* dias, em que, considerando sua natureza processual, devem ser contados apenas os úteis (art. 219, parágrafo único). A melhor compreensão para o dispositivo é a que flexibiliza a regra, sendo correta a postura do magistrado que, consoante as *necessidades* de cada caso concreto e as justificativas apresentadas pelo autor, pelo réu ou por terceiros, ultrapasse aquele prazo, dando oportunidade a que os vícios do processo sejam corrigidos mesmo a destempo, isto, negando, na hipótese, a consumação de qualquer preclusão.

É importante entender que a atividade aqui examinada, de saneamento do processo, é medida de ordem pública, impositiva para o magistrado e por envolver a higidez da própria atuação do estado-juiz deve ser buscada ampla e generalizadamente para evitar que, por questões de ordem formal, se frustre a viabilidade de prestação da tutela jurisdicional a quem a ela faz jus na perspectiva do plano material[43]. Ademais – a robustecer o entendimento quanto à possibilidade de ampliação daquele prazo –, cabe recordar do disposto no inciso VI do art. 139, segundo o qual incumbe ao magistrado "dilatar os prazos processuais (...) adequando-os às necessidades do conflito de modo a conferir maior efetividade à tutela do direito", observada, contudo, a ressalva do parágrafo único daquele dispositivo quanto à dilação somente poder "... ser determinada antes de encerrado o prazo regular".

Ainda tratando do art. 352, deve prevalecer, não obstante o texto do dispositivo, que se refere a "irregularidades ou nulidades *sanáveis*", o entendimento amplo, sustentado pelo n.

43. A fórmula redacional adotada pelo *caput* do art. 76 nesse particular e que, a despeito de sua localização no Código de Processo Civil, também se relaciona intimamente com as "providências preliminares" tratadas ao longo deste capítulo, é preferível. O dispositivo permite ao magistrado que conceda "prazo razoável para ser sanado o vício", assim entendido o prazo que, à luz das características concretas, tem o condão de viabilizar a tomada das providências tais quais determinadas.

4.1 do Capítulo 6 da Parte II do v. 1, no sentido de que toda "irregularidade" ou "nulidade" processual tende a ser *sanável* ou, quando menos esclarecida antes de o vício respectivo ser reconhecido pelo magistrado. Não se deve aceitar, destarte, rótulos apriorísticos para inibir que a atividade saneadora do magistrado possa alcançar qualquer vício processual.

O art. 352, nesse sentido, harmoniza-se com o inciso I do art. 357, segundo o qual, ao ensejo do instante procedimental aqui estudado, cabe ao magistrado "resolver as questões processuais pendentes, se houver", sempre com a indispensável ressalva de que, enquanto houver "questões processuais pendentes", o caso *não é de reconhecer o processo saneado*, até porque a falta de providências a seu respeito pode ensejar a extinção do processo nos moldes do art. 354.

É inegável que a função desempenhada pelo art. 352, mormente quando interpretada da maneira ampla tal qual propõe este *Curso*, e a previsão do art. 357, I, são coincidentes, não devendo ser tratadas como funções distintas do magistrado a serem desempenhadas em momentos processuais diversos. A bem da verdade, a sobreposição de regras descende diretamente da segunda parte do art. 327 e do § 2º do art. 331 do CPC de 1973, incluído pela Lei n. 8.952/94, e que conduzia as edições anteriores ao CPC de 2015 deste *Curso* a observações similares àquelas agora desenvolvidas[44].

Pertinente recordar uma vez mais, a propósito, do inciso IX do art. 139 e do sistema cooperativo do processo (art. 6º) no sentido de permitir ao magistrado estimular as partes para suprirem quaisquer vícios que possam comprometer (quiçá de maneira intransponível) o julgamento de mérito. Que importa viabilizar o julgamento do mérito, direcionando o processo para as funções previstas nos demais incisos, II a V, do art. 357.

O principal objetivo do art. 357, assim, é o de reconhecer que o processo está isento de nulidades ou irregularidades de qualquer ordem *e* prepará-lo, organizando as atividades respectivas para a fase instrutória, após o que será proferida sentença.

É no sentido e para os fins acima destacados – superado, pois, o exercício de eventual (e indispensável) atividade saneadora, tratada pelo inciso I do art. 357 – que o rol de atividades que ocupa os demais incisos, II a V, daquele dispositivo merece ser interpretado: delimitar

44. Merece transcrição integral a seguinte reflexão, extraída do n. 13 do Capítulo 1 da Parte III do v. 2, t. I: "Não obstante as considerações apresentadas até aqui, é importante não compreender o 'saneamento do processo' de forma rígida no que diz respeito ao seu instante procedimental. É que, embora a segunda parte do art. 327 volte-se, inequivocamente, a ele, o § 2º do art. 331, fruto de uma das 'Reformas do Código de Processo Civil', promovida pela Lei n. 8.952/1994, refere-se a 'questões processuais pendentes', menção bastante para que se possa admitir a existência de atividade saneadora do magistrado até a realização da 'audiência preliminar' de que trata aquele dispositivo (v. n. 4 do Capítulo 2) ou mesmo atividade saneadora que *independa* da realização daquele específico ato no que é bastante incisivo o § 3º do art. 331 (v. n. 4.2 do Capítulo 2), que expressamente se refere a 'sanear o processo'. Assim, em cada caso concreto, é importante verificar se o juiz declara saneado o processo *antes*, *durante* ou *independentemente* daquela audiência, porque tal verificação importa não só para fins de identificação do término da fase ordinatória e início da fase instrutória – preocupação que, em última análise, acarretaria consequências apenas teóricas –, mas, muito mais do que isto, porque é o saneamento o limite procedimental para que haja alteração nos elementos da demanda (v. n. 14, *infra*)".

as questões de fato sobre as quais recairá a atividade probatória, especificando os meios de prova admitidos; definir a distribuição do ônus da prova, com observância do art. 373[45]; delimitar as questões de direito relevantes para a decisão do mérito; e designar, se necessário, audiência de instrução e julgamento.

Com relação àquelas atividades, o seu caráter de preparar adequadamente o processo para a fase instrutória é indesmentível, pressupondo o término da atividade saneadora. Fosse desnecessária essa fase e a hipótese seria de julgamento antecipado (ainda que parcial) do mérito. A atividade neles prevista, outrossim, concretiza a aplicação do princípio da *cooperação* do art. 6º. Aquelas regras explicitam a *necessidade* de o magistrado especificar sobre quais questões de fato a atividade instrutória recairá, quais os meios de prova serão empregados para os devidos fins (e, se for o caso, audiência de instrução e julgamento será designada para colheita de prova oral), quem deverá produzir qual meio de prova, sobretudo quando houver modificação do ônus da prova nos moldes do § 1º do art. 373[46], sempre levando em consideração – e não haveria como ser diferente – a delimitação das questões de direito relevantes para a decisão do mérito.

É dispositivo que consegue conjugar o papel do magistrado como diretor do processo (art. 139, *caput*) e destinatário da prova para formação de sua convicção (art. 371), pressupondo e estimulando a participação ativa das partes (e de eventuais terceiros) na divisão de tarefas que conduzem ao proferimento da sentença.

3.4.1 Esclarecimentos e ajustes na decisão de saneamento e organização

Uma vez realizado o saneamento, é o que se lê do § 1º do art. 357, as partes têm o direito de pedir esclarecimentos ou solicitar ajustes, no prazo comum de cinco dias (úteis), findo o qual a decisão se torna *estável*.

Não se trata, a despeito da coincidência do prazo, do recurso de embargos de declaração (art. 1.022, *caput*). Trata-se, bem diferentemente, de pedido que as partes – e eventuais terceiros que tenham sido admitidos no processo – formularão ao magistrado para esclarecer ou ajustar a decisão que declara saneado o processo e que, nos termos do *caput* do art. 357, ordena-o para ingresso na fase instrutória e que, por isso mesmo, não se prendem às hipó-

45. A previsão, não obstante louvável, não deve ser interpretada como se em outras fases do processo não se justificasse eventual atribuição diversa do ônus da prova (art. 373, §§ 1º e 4º). Sendo esse o caso, é mister que o magistrado advirta previamente as partes da modificação, para que possam se desincumbir a contento dos seus respectivos ônus ou, quiçá, questionam o acerto da decisão, o que encontra fundamento no inciso XI do art. 1.015.

46. Havia Enunciado proposto à II Jornada de Direito Processual Civil do CJF segundo o qual: "Na decisão de saneamento e organização do processo, o juiz deve indicar qual a regra do ônus da prova aplicável ao caso". Ele não foi aprovado, contudo, na sessão plenária.

teses de cabimento daquele recurso que podem, até mesmo, não existir na decisão de saneamento e organização do processo.

O que se verifica nesse caso é mais uma clara manifestação do modelo de *processo cooperativo* ambicionado pelo art. 6º, permitindo às partes (e aos eventuais terceiros) que *participem* ativamente da construção daquela decisão indene de qualquer dúvida ou questionamento sobre sua função e alcance para viabilizar o ingresso e o desenvolvimento da fase instrutória (e oportunamente da decisória) sem necessidade de quaisquer retrocessos[47]. A lembrança do art. 5º e da boa-fé por ele irradiada conduz a esse entendimento, permitindo que os sujeitos do processo tenham prévia ciência e estejam concordes com os papéis a serem desempenhados e com os objetivos a serem perseguidos no processo a partir daquele instante procedimental.

Assim, ainda que haja naquela decisão algum dos pressupostos autorizadores dos embargos de declaração, importa entender o pedido de esclarecimento do § 1º do art. 357 como elemento cooperativo com vistas a uma prestação jurisdicional ótima, inclusive na perspectiva procedimental, e não como recurso[48]. Até porque, cabe reiterar, pode ocorrer, em sentido diametralmente oposto, de não haver, na decisão, nenhum autorizativo para os declaratórios e, mesmo assim, ela precisar ser esclarecida e/ou ajustada para tornar mais eficiente possível a fase instrutória do processo. A ideia do dispositivo, nesse sentido, é a de estimular o diálogo entre o magistrado e os procuradores e não a de viabilizar o *prevalecimento* de um entendimento sobre o outro, o que, em última análise, anima todo e qualquer recurso[49], inclusive os embargos de declaração.

A *estabilidade* referida no final do dispositivo deve ser compreendida como sinônimo de preclusão, não guardando nenhuma relação com a coisa julgada[50]. Preclusão no sentido de que aquilo que foi decidido *e esclarecido* não pode mais ser modificado, aplicando-se, à espécie a mesma diretriz do *caput* do art. 278 e do art. 507. Não há como sustentar, destarte, o cabimento de quaisquer recursos ou de sucedâneos recursais para modificar aquela decisão. Tampouco é correto entender que ela pode ser revista ou reanalisada em outra fase do processo[51] ou, até mesmo, em outra instância ou em grau recursal.

47. Correto, no particular, o entendimento externado pelo Enunciado n. 28 do TJMG, segundo o qual: "O pedido de esclarecimentos ou solicitação de ajustes em relação à decisão de saneamento autoriza o juiz a designar audiência, para ensejar cooperação entre as partes".

48. O Enunciado n. 27 do TJMG aponta a direção similar: "Cabe pedido de esclarecimentos e solicitação de ajustes em relação à decisão saneadora prevista no *caput* do artigo 357, sendo inadmissíveis os embargos de declaração".

49. Não obstante, cabe assinalar que, de acordo com o inciso XI do art. 1.015 a decisão que redistribui o ônus da prova nos termos do § 1º do art. 373 é imediatamente recorrível por agravo de instrumento. É correto entender, a propósito, que aquele recurso é cabível inclusive quando o magistrado se recusa a variar o ônus da prova, considerando que essa hipótese é também albergada pelo *caput* do art. 1.015. Nesse sentido é o Enunciado n. 72 da I Jornada de Direito Processual Civil: "É admissível a interposição de agravo de instrumento tanto para a decisão interlocutória que rejeita a inversão do ônus da prova, como para a que a defere".

50. Para o assunto, v., de Marcos de Araújo Cavalcanti, *Coisa julgada e questões prejudiciais: limites objetivos e subjetivos*, p. 327-332.

51. Ainda que tratando do tema em perspectiva diversa, cabe lembrar, a propósito, do Enunciado n. 30 do TJMG: "As questões suscitadas pelas partes e afastadas, por irrelevância para a decisão de mérito, na decisão saneadora não necessitam ser reapreciadas na sentença".

Trata-se, para além do modelo de processo cooperativo, de nítida aplicação escorreita da boa-fé objetiva do art. 5º e que, bem compreendida, gerará a indispensável segurança jurídica na condução da fase instrutória e na sua preservação, mesmo em ulteriores fases (inclusive recursais) do processo. A *estabilidade* referida pelo dispositivo, destarte, acarreta a *segurança* dos próprios atos que, a partir da decisão de saneamento e de organização e com fundamento nela, serão praticados. Um verdadeiro círculo *virtuoso*.

O entendimento não tem o condão, contudo, de evitar que fatos supervenientes, que surjam já na fase instrutória, autorizem a definição de novos rumos, até então desconhecidos e desnecessários, na condução do processo. O que a *estabilidade* da decisão em comento veda é o *retrocesso* dos atos processuais para infirmá-la e não seu desenvolvimento prospectivo ótimo, levando em conta, como não pode deixar de ser inclusive por força do *caput* do art. 493, eventuais novos fatos[52].

Tanto assim que é correto entender que na eventualidade de haver alguma modificação daquela decisão, mercê do pedido de esclarecimento as partes poderão, em igual medida, complementar ou alterar os meios de prova anteriormente deferidos, sempre em constante diálogo entre os sujeitos processuais[53].

3.4.2 Delimitação consensual das questões de fato e de direito

O § 2º do art. 357 aceita que as partes (e eventuais terceiros) apresentem ao magistrado "delimitação consensual das questões de fato e de direito a que se referem os incisos II e IV" para homologação. Isto é, as partes podem chegar a um acordo sobre como conduzir a fase instrutória do processo, ajustando, entre si, sobre quais fatos a prova recairá, quais serão os meios de prova empregados para esclarecê-los e também sobre quais questões jurídicas são relevantes ao processo, a merecer decisão. Se homologada a proposta, estarão vinculados àquela delimitação as partes *e também* o juiz, sendo correto entender a viabilidade de a homologação dar-se *parcialmente*[54].

A ideia é a de que as partes (e eventuais terceiros) podem, independentemente de qualquer determinação do magistrado nesse sentido, apresentar verdadeira *minuta* de "decisão de saneamento e de organização do processo" versando sobre os temas indicados nos precitados incisos II a IV do art. 357, e, até mesmo, sobre outros que reputem importantes para o desenvolvimento da fase instrutória do processo[55], a ser analisada e eventualmente homologa-

52. É a diretriz do Enunciado n. 29 da I Jornada de Direito Processual Civil do CJF: "A estabilidade do saneamento não impede a produção de outras provas, cuja necessidade se origine de circunstâncias ou fatos apurados na instrução".

53. Em sentido mais ou menos conforme é o Enunciado n. 694 do FPPC: "Modificada a decisão de saneamento quanto à delimitação das questões de fato sobre as quais recairá a produção de prova testemunhal, poderá a parte complementar ou alterar seu rol de testemunhas".

54. É a orientação do Enunciado n. 127 da II Jornada de Direito Processual Civil do CJF: "O juiz pode homologar parcialmente a delimitação consensual das questões de fato e de direito, após consulta às partes, na forma do art. 10 do CPC".

55. Nesse sentido é o Enunciado n. 28 da I Jornada de Direito Processual Civil do CJF: "Os incisos do art. 357 do CPC não exaurem o conteúdo possível da decisão de saneamento e organização do processo".

da pelo magistrado. É irrecusável que, para tanto, pode o magistrado formular eventuais esclarecimentos que entender necessários às partes (e eventuais terceiros) – o que deriva, se não da textualidade do § 1º do art. 357, do art. 6º –, e complementar a proposta submetida a seu exame, sempre colhida a prévia manifestação das partes e de eventuais terceiros a seu respeito, para viabilizar o início da fase instrutória[56].

A regra revela uma das tantas facetas do novel e interessantíssimo *caput* do art. 190 e dos "negócios processuais" nele previstos. Nada há que impeça, até mesmo por força da lembrança do parágrafo único daquele dispositivo, que o magistrado rejeite a homologação. Se a homologar, contudo, resta vinculado a ela tanto quanto às partes e eventuais terceiros que pratiquem, em conjunto, o ato. As razões são as mesmas que animam a *estabilidade* da decisão proferida com fundamento no § 1º do art. 357.

Também por força do precitado art. 190, não se pode recusar que as partes, nessa oportunidade, assumam os custos financeiros dos meios de prova e, voluntariamente, distribuam diferentemente o ônus da prova, a despeito da ausência de remissão expressa do § 2º do art. 357, observando-se, nesse caso, a autorização mais específica (e os limites) constantes do § 3º do art. 373.

Do mesmo modo e com fundamento no art. 191, nada há que impeça, ao ensejo das possibilidades do § 2º do art. 357, que as partes e o magistrado estabeleçam *calendário* a ser seguido ao longo de toda a fase instrutória. Não faz sentido restringir a hipótese ao caso de haver prova pericial, nos moldes do § 8º do art. 357.

Sobre a iniciativa das partes para os fins do § 2º do art. 357, é oportuna uma derradeira consideração: é certo que o ato das partes sempre pode ser questionado, a despeito da vinculação prevista pelo dispositivo, com fundamento no § 4º do art. 966. Não é menos verdadeiro, contudo, que não é essa a perspectiva adequada para o exame do dispositivo. Não, pelo menos, em um Código de Processo Civil que elege a boa-fé objetiva como uma das suas normas fundamentais (art. 5º).

3.4.3 Audiência de saneamento (saneamento cooperativo)

O § 3º do art. 357 *impõe* ao magistrado a designação de audiência para que o saneamento seja feito em cooperação com as partes quando "a causa apresentar complexidade em matéria de fato ou de direito".

A iniciativa é louvável quando analisada, também aqui, na perspectiva da cooperação (art. 6º), o que, em última análise, viabilizará uma mais adequada e mais correta percepção das questões fáticas e jurídicas pelo próprio magistrado. A parte final do § 3º do art. 357 é bem clara a esse respeito, ao viabilizar que o magistrado colha das partes os devidos esclarecimentos para compreender o alcance de suas alegações em interessantíssima inversão da

56. Em sentido similar é o Enunciado n. 26 do TJMG: "Pode o juiz, no saneamento do processo, trazer para exame outras matérias, ainda que não suscitadas pelas partes, para resolver as questões de direito relevantes para a decisão de mérito".

previsão constante do § 1º, típica de um modelo cooperativo de processo. A hipótese não é – e não deve ser tratada como se fosse – recurso; é, muito diferentemente, de *diálogo* entre magistrado e os procuradores. Diálogo que crie condições ótimas de conduzir a fase instrutória em direção ao proferimento da decisão de mérito.

É questionável, contudo, que a lei possa impor esse comportamento ao magistrado, como insinua o emprego do verbo *deverá*, empregado pelo dispositivo em comento, sobretudo quando a regra é analisada do ponto de vista do dia a dia do foro e do congestionamento forense. É verificar, com pesar, a pouca ou nenhuma utilidade da "audiência preliminar" do art. 331 do CPC de 1973 e, mais que isso, a sua própria modificação legislativa para evidenciar a *não obrigatoriedade* daquela audiência[57]. De resto, a complexidade fática e/ou jurídica que um caso pode apresentar a um magistrado pode não ser para outro e assim por diante.

O que parece ser de maior relevo é entender que a regra merece ser aplicada em prol do próprio serviço judiciário, viabilizando ao próprio magistrado uma mais adequada e concreta perspectiva do problema em suas diversas facetas, fáticas ou jurídicas, coisa que, por vezes, do exame dos autos, pura e simplesmente, sobretudo quando complexas as questões, pode não se mostrar tarefa tão simples. É pensar, destarte, na utilidade que a "audiência de saneamento" terá para o próprio magistrado na compreensão do problema em litígio.

Tanto assim que o texto do § 3º do art. 357, ao fazer referência expressa à complexidade das questões fáticas ou de direito, não tem o condão de afastar a realização de "audiência de saneamento" para questões menos ou nada complexas, seja do ponto de vista fático, seja do ponto de vista jurídico[58]. Essa *aproximação* do magistrado à causa e aos demais sujeitos processuais é desejável no modelo de processo cooperativo de que trata o art. 6º. Trata-se de (re) construir um modelo de processo que, inequivocamente, mostrar-se-á mais *eficiente*, concretizando o que, desde o modelo constitucional, *deve ser*.

Também não há por que impedir em casos complexos que as partes cheguem a consenso nos moldes do § 2º do art. 357 e apresentem ao magistrado proposta de delimitação da controvérsia. Ou, até mesmo, que elas alcancem o consenso, até com eventual auxílio do magistrado, na própria audiência designada para os fins do § 3º do art. 357. Não há como querer reduzir ou limitar o uso de meios alternativos incentivado desde os §§ 2º e 3º do art. 3º sempre e invariavelmente às questões de fundo, de mérito. É desejável pensá-

57. Para essa discussão, v. Cândido Rangel Dinamarco em *A reforma da reforma*, p. 108-109.

58. Nesse sentido é o Enunciado n. 29 do TJMG: "A audiência de saneamento e organização do processo em cooperação com as partes poderá ocorrer em qualquer tipo de demanda, independentemente de a causa ser complexa, a critério do juiz, visando à autocomposição das partes". É também o entendimento que prevaleceu no Enunciado n. 298 do FPPC: "A audiência de saneamento e organização do processo em cooperação com as partes poderá ocorrer independentemente de a causa ser complexa". Em perspectiva um pouco diversa, mas não menos correta, foi expedido o Enunciado n. 299 do mesmo Fórum, segundo o qual: "O juiz pode designar audiência também (ou só) com objetivo de ajustar com as partes a fixação de calendário para fase de instrução e decisão".

-las *também* na perspectiva de buscar o consenso possível na *condução do processo* e nos atos a serem praticados nele, ampliando e generalizando as possibilidades de emprego do § 2º do art. 357.

O § 5º do art. 357 prevê que, se designada a "audiência de saneamento", cabe às partes levar a ela o "respectivo rol de testemunhas". Essas testemunhas são as que, se necessárias, serão ouvidas para "esclarecer" ou para "integrar" as complexas questões de causa naquela específica audiência, e não aquelas que, *depois de saneado e organizado o processo*, serão ouvidas em audiência de instrução e julgamento, no prazo a que se refere o § 4º do mesmo art. 357.

Na ausência de regras específicas, deve prevalecer para eventuais testemunhas a serem ouvidas na audiência de saneamento as mesmas regras dos §§ 4º, 6º e 7º do art. 357, examinadas pelo n. 3.4.4, *infra*, sem prejuízo da disciplina genérica dos arts. 442 a 463.

É desejável espraiar para a audiência do § 3º do art. 357 o intervalo mínimo de uma hora entre as audiências de instrução e julgamento, tal qual impõe o § 9º do mesmo art. 357. É entendimento que cria condições de o magistrado, as partes e eventuais terceiros discutirem, com maior tranquilidade, as questões – e o Código as supõe invariavelmente complexas – que justificam a designação daquele ato. Correto entender, a esse propósito, que o intervalo pode ser alterado para mais ou para menos consoante se possa entrever com segurança a complexidade da matéria a ser tratada em cada audiência[59].

3.4.4 Prova testemunhal

As testemunhas serão ouvidas na audiência de instrução e julgamento (art. 361, III) a ser designada pela decisão que reconhecer saneado o processo e colocá-lo em ordem para a fase instrutória (art. 357, V).

A despeito de a disciplina daquela audiência estar nos arts. 358 a 368, os §§ 4º, 6º e 7º do art. 357 merecem ser interpretados, apesar de sua localização, no sentido de que tratam *também* daquele ato (e da própria prova testemunhal à qual se voltam os arts. 442 a 463) e não apenas (ou necessariamente) da audiência de *saneamento* prevista pelo § 3º do art. 357.

Prova segura do acerto desse entendimento, sem prejuízo do quanto apontado pelo número anterior, está em que o Capítulo dedicado àquela audiência, que segue imediatamente o art. 357, é silente sobre as regras aqui comentadas, inclusive sobre o intervalo mínimo de uma hora a ser observado entre a designação das audiências, objeto do § 9º do art. 357. Ademais, é o próprio *caput* do art. 451 que reitera que a oportunidade para a apresentação do rol de testemunhas é, naquilo que aqui interessa, o § 4º do art. 357.

---

59. Nesse sentido é o Enunciado n. 31 do TJMG: "O intervalo mínimo de 1 (uma) hora entre as audiências pode ser flexibilizado, a critério do juiz, consideradas a complexidade da causa, o número de testemunhas, dentre outras circunstâncias".

Esse dispositivo, com efeito, trata do prazo para apresentação do rol de testemunhas, qual seja, o máximo de quinze dias (úteis), comuns às partes, contados da decisão de saneamento e organização do processo[60].

Podem ser arroladas até dez testemunhas, sendo ouvidas, no máximo, três para cada fato (art. 357, § 6º). O § 7º do art. 357 prevê a possibilidade de *limitação* do número de testemunhas levando em consideração a complexidade da causa e os fatos individualmente considerados. É correto entender o dispositivo no sentido de *não ouvir* (por isso, *limitar*) mais de uma ou duas testemunhas por fato *já* provado, em harmonia, portanto, com o § 6º, e não para inibir que a parte possa arrolar mais de dez testemunhas.

Nada há que impeça, contudo, mesmo quando não houver a delimitação consensual do § 2º do art. 357, que o número de testemunhas seja ampliado ou, conforme o caso, mais de três testemunhas sejam ouvidas sobre o mesmo fato, levando em conta justamente a complexidade da causa[61]. A viabilidade de tal oitiva, contudo, dependerá sempre de deliberação do magistrado.

Eventuais substituições das testemunhas deverão observar o disposto no art. 451.

3.4.5 Prova pericial

Se o caso comportar realização de prova pericial, o magistrado, em sua decisão de saneamento e de ordenação do processo, nomeará o perito (art. 357, § 8º).

Ao fazê-lo, observará, além da regra genérica do art. 156, que determina que a nomeação do perito deve ser feita a partir de um cadastro de profissionais formado pelos Tribunais, o disposto no art. 465, nomeando perito com *expertise* relacionada ao objeto da perícia e fixará, desde logo, prazo para entrega do laudo. É dessa decisão que as partes terão quinze dias (úteis) para questionar a parcialidade do perito, indicar assistente técnico e formular quesitos (art. 465, § 1º).

O § 8º do art. 357 também estabelece que, no caso de perícia, cabe ao magistrado estabelecer, preferencialmente, calendário para sua realização, o que vai ao encontro do princípio da razoável duração do processo previsto no art. 5º, LXXVIII, da Constituição Federal, e que encontra eco seguro no art. 4º e, de forma mais ampla, também no art. 191.

Não há razão, pelo que consta do n. 3.4.2, *supra*, para restringir o estabelecimento de calendário para a prova pericial, a despeito da textualidade do § 8º do art. 357. Se houver consenso entre todos os sujeitos processuais atuantes ao ensejo do proferimento da decisão de

---

60. Não subsiste, no CPC de 2015, a regra do CPC de 1973 que tratava da apresentação do rol a partir da própria audiência, um caso em que o prazo devia ser contado retroativamente, isto é, considerando como *termo a quo* a data da audiência. A referência é feita ao art. 407 do CPC de 1973, que tinha a seguinte redação: "Incumbe às partes, no prazo que o juiz fixará ao designar a data da audiência, depositar em cartório o rol de testemunhas, precisando-lhes o nome, profissão, residência e o local de trabalho; omitindo-se o juiz, o rol será apresentado até 10 (dez) dias antes da audiência".

61. No mesmo sentido é o Enunciado n. 300 do FPPC: "O juiz poderá ampliar ou restringir o número de testemunhas a depender da complexidade da causa e dos fatos individualmente considerados".

saneamento e de organização do processo, a calendarização pode ser estabelecida para os demais meios de prova, levando em conta *também* a necessidade de realização de audiência de instrução e julgamento para a colheita da prova oral, a ser decidida na mesma oportunidade.

4. ESTABILIZAÇÃO DA DEMANDA

Embora seja inegável reconhecer que a atividade saneadora a ser desempenhada pelo magistrado se desenvolve ao longo de todo o processo (art. 139, IX), desde a análise da petição inicial (art. 321), importa ter presente que o proferimento da decisão a que se refere o art. 357 é instante procedimental que acarreta para o processo importante consequência.

Uma das consequências do "saneamento do processo", que corresponde ao estágio procedimental do art. 357, está na chamada "estabilização da demanda", isto é, o limite procedimental para que as partes, ainda que de comum acordo, alterem o pedido ou a causa de pedir (art. 329, II), os chamados "elementos da *ação*" ou da *demanda*.

As edições anteriores ao CPC de 2015 deste *Curso* defendiam, a despeito da regra similar que se encontrava no art. 264 do CPC de 1973[62], que poderia haveria flexibilização daqueles elementos por vontade das partes, buscando, com a iniciativa, maior eficiência processual[63].

As amplas e ricas discussões sobre o tema desde o Anteprojeto de novo Código de Processo Civil com a expressa conservação da regra no CPC de 2015 convidam, contudo, a alteração de posicionamento.

Qualquer alteração de pedido ou de causa de pedir *após* o proferimento da decisão a que se refere o art. 357 tem o condão de comprometer a fase instrutória e, consequentemente, a fase decisória a ela seguinte, que tem como pressuposto a sua *estabilidade*, ressaltada, ainda que em perspectivas diversas, pelos §§ 1º e 2º do dispositivo.

Nem mesmo a cláusula genérica de negócios processuais do art. 190 vem ao socorro da tese, considerando que a vedação para alterações nos "elementos da ação" após aquele instante procedimental afasta – e expressamente – consentimento das partes para aquele fim.

O entendimento ora sustentado não deve ser tratado ao lado de fenômeno diverso, decorrente do art. 493, ao permitir que fatos novos ou novas normas jurídicas interfiram no processo e no próprio julgamento a ser feito pelo magistrado[64]. Naqueles casos, o elemento volitivo, que caracteriza as alterações pretendidas nos termos do art. 329, são indiferentes.

---

62. Cuja redação era a seguinte: "Feita a citação, é defeso ao autor modificar o pedido ou a causa de pedir, sem o consentimento do réu, mantendo-se as mesmas partes, salvo as substituições permitidas por lei".

63. A referência é feita ao n. 14 do Capítulo 1 da Parte III do v. 2, t. I.

64. É entendimento defendido por José Roberto dos Santos Bedaque em seu *Efetividade do processo e técnica processual*, p. 135-140. Aqui também há alteração de posicionamento com o que as edições anteriores deste *Curso* sustentavam.

Capítulo 4

Fase instrutória

1. CONSIDERAÇÕES INICIAIS

Nos casos em que o processo é declarado saneado, isto é, quando reconhecido que não há nenhum vício que possa comprometer o seu "ser devido", e que não há nada que impeça o seu desenvolvimento, nem do exercício regular do direito de ação, e, de maneira mais ampla, nem que impossibilite o magistrado de apreciar o direito controvertido pelas partes, reconhecendo quem é merecedor de tutela jurisdicional, tem início a "fase instrutória".

Importa frisar, a respeito, que a fase instrutória do procedimento comum pressupõe o *saneamento* e a *organização* a que se refere o art. 357 e, antes disso, que o caso *não* era de extinção do processo, nos moldes do art. 354, nem de julgamento antecipado do mérito, como permite o art. 355. Nos casos em que tiver havido julgamento antecipado *parcial* do mérito (art. 356), a fase instrutória desenvolver-se-á com relação ao que ainda não foi julgado. Nesse caso, portanto, a adoção de uma das técnicas do "julgamento conforme o estado do processo" não impede a de outra, justamente pela sua razão de ser.

O art. 357 e as novidades por ele trazidas com relação às atividades não só de *saneamento*, mas, como interessa mais de perto para cá, de *organização* do processo com vistas ao desenvolvimento *ótimo* da fase instrutória, são dignas de destaque. A aplicação escorreita daquele dispositivo viabilizará que, de antemão, no limiar da fase instrutória, autor e réu saibam com precisão o que se espera deles (e reciprocamente) e do próprio magistrado e de eventuais terceiros ao longo da produção da prova e, se for o caso, na audiência de instrução e julgamento. Tudo para, otimizando o processo e seus atos, viabilizar ao juiz condições ótimas de proferir sentença com fundamento no art. 487, I, isto é, acolhendo ou rejeitando, no todo ou em parte, o(s) pedido(s) do autor e/ou do réu, quando este reconvém. Trata-se do Código de Processo Civil *aplicando em concreto* o "modelo de processo cooperativo" de seu art. 6º.

2. DIREITO PROBATÓRIO

O tema relativo às provas no direito processual civil, o "direito *probatório*", é assunto que merece ser estudado no contexto da fase instrutória. Não obstante, a iniciativa não significa que o tema não diga respeito a outras fases do processo, desde a primeira, a postulatória. Tanto assim que os "documentos indispensáveis" devem acompanhar a petição inicial, como exige o art. 320, tornando a observação tanto mais relevante na medida em este *Curso* propõe que seja interpretada de modo ampla a locução empregada por aquele dispositivo legal: documento indispensável é todo aquele que o autor tem condições de produzir quando da elaboração de sua petição inicial.

É por isso que o objetivo deste Capítulo, como os demais, é tratar do caráter *predominante* da atividade jurisdicional a ser desenvolvida em uma específica fase do processo, aqui, a *instrutória*. O objetivo é o de apresentar, de maneira *concentrada*, a disciplina que o Código de Processo Civil reserva ao tema das provas em todo o seu Capítulo XII do Título I do Livro I da Parte Especial, com os seus cento e quinze artigos distribuídos em onze seções. A primeira delas é dedicada às disposições gerais; a segunda, à "produção antecipada da prova", que vem para substituir, pertinentemente e com inegáveis vantagens, a "cautelar de produção antecipada de provas", e a "justificação", que no CPC de 1973 eram "procedimentos cautelares específicos". A Seção III e as seguintes voltam-se à disciplina de cada um dos *meios* de prova, isto é, das técnicas típicas destinadas à formação do convencimento do magistrado. O Capítulo fecha com a análise da audiência de instrução e julgamento, não obstante a escolha feita pelo Código de Processo Civil de dedicar a ela os arts. 358 a 368, que forma o Capítulo XI do mesmo Título I do Livro I de sua Parte Especial.

2.1 Prova: conceito, delimitação e classificações

"Prova" é palavra que deve ser compreendida para os fins que aqui interessam como tudo o que puder influenciar, de alguma maneira, na formação da convicção do magistrado para decidir acerca da existência, a extensão e as consequências dos fatos que lhe são narrados desde a petição inicial e que dão substrato à incidência de normas jurídicas. A prova, nesse sentido, pode dizer respeito a questões de índole processual (quem têm legitimidade para representar, em juízo, uma dada pessoa jurídica) ou material (que tipo de contrato foi celebrado entre as partes ou quais exigências constavam do edital de licitação).

O tema, contudo, não se refere a provar qualquer fato, mas apenas e tão somente os fatos que, direta ou indiretamente, relacionam-se com aquilo de que o magistrado precisa estar convencido para julgar. *Objeto da prova*, portanto, são os fatos *relevantes* e os *pertinentes* para aquilo que deve ser enfrentado pelo magistrado, seja no plano *processual (a regularidade do processo ou a higidez do desenvolvimento do direito de ação)* ou no plano *material* (quem faz jus à concretização da tutela jurisdicional e em que medida).

A distinção é importante para discernir as chamadas "provas *diretas*" das "provas *indiretas*", critério classificatório que leva em consideração justamente seu objeto. As *diretas* são as provas que apresentam relação imediata com o fato probando. As *indiretas* são as provas em que não há relação imediata com o fato probando, mas com fato distinto que permite, por meio de raciocínios e induções, concluir pela existência ou conformidade do fato probando. São os chamados "fatos *simples*".

A palavra "prova", contudo, não pode ser confundida com os *meios* de prova, que são as técnicas que a lei processual civil reconhece como hábeis para que o magistrado tenha conhecimento do *objeto* da prova.

Os meios de prova aceitam três classificações relevantes.

A primeira delas leva em consideração o seu sujeito, isto é, aquele ou o que produz a prova. Para esse critério, os meios de prova serão *pessoais* (declaração ou afirmação feita por alguém) ou *reais* (exame de uma pessoa ou de uma coisa).

A segunda delas diz respeito à sua *forma*, isto é, o método de sua produção. Os meios de prova serão *orais* ou *escritos*, consoante seja a palavra oral ou a escrita, respectivamente, empregada para a sua materialização.

Os meios de prova podem ser classificados também quanto ao *momento* de sua produção. Eles podem, para essa terceira classe, ser apresentados dentro ou fora da "fase instrutória" dos mais diversos procedimentos, inclusive do comum, paradigma de exposição deste *Curso*. O que importa destacar, por ora, é que o *momento* em que o meio de prova é produzido não é suficiente para descaracterizá-lo como *prova*.

Assim, um documento apresentado desde a petição inicial ou a contestação é o mesmo meio de prova ("documento") que, por qualquer razão, é exibido, apenas e tão somente, ao longo da fase instrutória, bem como o mesmo *meio* de prova que, pelas razões autorizadas pelo art. 372, pode ser *produzido* em processo anterior, voltado, única e exclusivamente, àquela finalidade, a de produzir (antecipadamente) a prova. Em todos esses casos, independentemente do *instante* procedimental, as normas que devem ser usadas para avaliar o documento apresentado e seu condão de produzir os efeitos desejados pelo sistema são as mesmas.

2.2 Prova e cognição judicial

O destinatário da prova é o magistrado – ou, em se tratando de órgão colegiado, como se dá no âmbito dos Tribunais, os magistrados – que dirige o processo na perspectiva de julgar prestando ou não a tutela jurisdicional, não às partes ou a eventuais terceiros intervenientes. Não que esses sujeitos processuais, os *parciais*, não tenham o direito (fundamental) de conhecer a prova produzida pelos demais, sobre ela se manifestar, e de produzir a prova que entendem necessária desde sua primeira manifestação no processo. O que ocorre, no entanto, é que sua atuação para aquele fim só faz sentido na perspectiva de atuar em prol da construção da cognição do(s) magistrado(s), o(s) sujeito(s) *imparcial(is)* do processo para viabilizar o julgamento do que foi posto para tanto desde a petição inicial apresentada pelo autor.

Dessa afirmação, que pode parecer despretensiosa, há diversos desdobramentos importantes para o tema cujo desenvolvimento interessa para o presente Capítulo. É que, na medida em que o magistrado (sempre entendido como a pessoa que ocupa o órgão jurisdicional) estiver convencido das alegações das partes ou de terceiros, não há razão para produzir qualquer outra prova. Inversamente, na medida em que o magistrado (com idêntica ressalva) não estiver convencido das alegações formuladas no processo, do que ocorreu ou deixou de ocorrer no plano a ele exterior, haverá necessidade de produção de provas. Como é o magistrado o destinatário da prova, é ele quem determinará a realização da "fase instrutória" porque é ele quem entende ser, ou não, possível o julgamento antecipado, total ou parcial, do mérito diante da presença dos pressupostos dos incisos do art. 355 ou do *caput* do art. 356, respectivamente.

Não que o magistrado não deva consultar as partes sobre as provas que elas pretendem produzir para provar cada uma de suas alegações, inclusive com vistas à realização do julgamento antecipado. Tal entendimento seria contrário, até mesmo, ao princípio do contraditório no sentido de *cooperação (art. 6º)*. É importante que o magistrado ouça sempre as partes (e, na normalidade dos casos, *antes*) para decidir (art. 9º). Até porque pode acontecer de o magistrado reputar-se convencido de um fato quando uma das partes pretende produzir prova precisamente sobre aquele mesmo fato e, com ela, a possibilidade de formação de uma nova e diversa convicção do magistrado é indesmentível.

Isso, contudo, não desautoriza a afirmação anterior: na medida em que o magistrado não verifica a *necessidade* de produção de provas além daquelas já produzidas, ele não fica adstrito ou vinculado a pedido eventualmente formulado pelas partes nesse sentido. Se a recusa da produção da prova pelo magistrado, o que pressupõe sempre e invariavelmente o exame de cada caso concreto, é, ou não, legítima, é questão diversa que pode, até mesmo, ser discutida em sede recursal, mas que, em si mesma, não afasta a conclusão lançada. O que importa é que o magistrado, ao decidir, diga por que se convenceu suficientemente das alegações que lhe foram apresentadas independentemente de outras provas, inclusive aquelas que as partes pretendiam ainda produzir.

Ao direito da parte (ou do terceiro) de produzir provas não segue o dever de o magistrado determinar sua produção. É o que decorre do *caput* do art. 370, que se refere a provas *necessárias* ao julgamento do mérito e de seu respectivo parágrafo único, que determina o indeferimento de diligências (probatórias) inúteis ou protelatórias. Eventual percepção de violação ao direito de produzir prova das partes (ou dos terceiros) – o que é comumente denominado de "cerceamento de defesa" – pressupõe indevida aplicação daquele dispositivo, o que se verifica, por exemplo, quando o magistrado entende que a prova não era necessária e o era. O exemplo clássico, passível de ser generalizado, é o de o magistrado julgar o pedido autoral *improcedente* em julgamento antecipado do mérito, a despeito de pedido de provas formulado tempestiva e adequadamente ao autor.

A recíproca é verdadeira. O magistrado como diretor do processo (art. 139, *caput*), como aquele que deve ter a sua convicção formada, tem iniciativa probatória reconhecida expressamente pelo *caput* do já mencionado art. 370. Assim, pode ocorrer de as partes entenderem suficientes as provas por elas já produzidas e que o julgamento antecipado do mérito ostente aquele vício quando o fundamento da decisão é a ausência de prova não cogitada até então. É decisão que macula, a um só tempo, o art. 6º e, mais especificamente, o *caput* do próprio art. 370. Cabe ao magistrado, destarte, determinar de ofício a produção da prova nas hipóteses em que as partes ou eventuais terceiros não o façam voluntariamente e, de maneira mais ampla, quando entender que as provas já produzidas são insuficientes para a formação da sua convicção.

O tema, embora controverso do ponto de vista axiológico[1], já era expressamente disciplinado pelo art. 117 do CPC de 1939[2], passando pelo art. 130 do CPC de 1973[3] e chegando ao *caput* do art. 370 do CPC de 2015[4]. A ele este *Curso* sempre se referiu como "*deveres*-poderes instrutórios", em função das considerações que, ao ensejo da reconstrução dogmática do *processo* como instituto fundamental da teoria geral do direito processual civil, são apresentadas pelo n. 4 do Capítulo 4 da Parte I do v. 1: a finalidade pública a ser alcançada pelo magistrado (o *dever*) pressupõe meios adequados e necessários para tanto (o *poder*)[5]. Às partes e aos eventuais terceiros cabe, como sempre, *colaborar* com a produção da prova determinada de ofício, no que é feliz a ampla previsão do art. 378.

O art. 378, com efeito, evidencia que ninguém, partes e terceiros, pode se escusar de colaborar com o Judiciário "para o descobrimento da verdade". Para tanto, o art. 379, resguardando o direito da parte de não produzir prova contra si mesma (direito que deriva do art. 5º, X e LXIII, da CF[6]), prescreve incumbir a ela (i) comparecer em juízo e responder ao que lhe for interrogado, previsão que se amolda ao inciso VIII do art. 139; (ii) colaborar com o magistrado nos casos de inspeção judicial; e (iii) praticar ato que lhe seja determinado. Similarmente, o art. 380 dirige-se aos terceiros, que deverão (i) "informar ao juiz os fatos e as circunstâncias de que tenha[m] conhecimento" e (ii) "exibir coisa ou documento que esteja em seu poder". Enfatizando tratar-se de verdadeiro *dever* imposto a eles, o parágrafo único do art. 380 – em es-

---

1. Para essa discussão, v. Marcelo José de Magalhães Bonizzi, *Fundamentos da prova civil*, p. 39-40.
2. "Art. 117. A requerimento, ou *ex officio*, o juiz poderá, em despacho motivado, ordenar as diligências necessárias à instrução do processo e indeferir as inúteis em relação ao seu objeto, ou requeridas com propósitos manifestamente protelatórios."
3. "Art. 130. Caberá ao juiz, de ofício ou a requerimento da parte, determinar as provas necessárias à instrução do processo, indeferindo as diligências inúteis ou meramente protelatórias."
4. "Art. 370. Caberá ao juiz, de ofício ou a requerimento da parte, determinar as provas necessárias ao julgamento do mérito."
5. William Santos Ferreira é autor que, além de abraçar aquela expressão, conduz sua exposição sobre o tema a locais que merecem ser visitados. A referência é feita ao seu *Princípios fundamentais da prova cível*, esp. p. 246-247.
6. De acordo com o Enunciado n. 31 da I Jornada de Direito Processual Civil do CJF e o Enunciado n. 51 do FPPC, "A compatibilização do disposto nos arts. 378 e 379 do CPC com o art. 5º, LXIII, da CF/1988, assegura à parte, exclusivamente, o direito de não produzir prova contra si quando houver reflexos no ambiente penal".

treita harmonia com o precitado inciso IV do art. 139 – prevê a aplicação de multas ou outras medidas indutivas, coercitivas, mandamentais ou sub-rogatórias. Não só para sancionar eventual descumprimento, mas para instar os terceiros a acatar a determinação do magistrado[7].

No mesmo contexto, cabe tecer alguma consideração sobre a clássica dicotomia entre a "verdade *real*" e a "verdade *material*". Esta seria característica do direito processual civil, conformada à produção de provas sem maior preocupação com aquilo que efetivamente ocorreu ou teria ocorrido no plano material. Aquela, a "verdade *real*", típica do direito processual penal, cuja preocupação seria aquela pesquisa, de buscar a maior coincidência possível entre o que efetivamente ocorreu (ou deixou de ocorrer) no plano material e o que deve ser posto para (e pelo) magistrado para julgamento.

Este *Curso* sempre recusou a separação, defendendo que também no direito processual civil é correto sustentar a busca pela "verdade real", justamente pela inequívoca iniciativa probatória que o sistema processual civil brasileiro reconhecer ao magistrado. A *qualidade* da prestação da tutela jurisdicional, em atenção ao modelo constitucional do direito processual civil, não pode tolerar qualquer outro comprometimento do magistrado que não a busca da "verdade real", isto é, a "verdade", que no seu íntimo corresponda àquilo que realmente aconteceu no plano exterior ao processo e, por ter acontecido, acabou por motivar a *necessidade* da atuação do Estado-juiz para prestar tutela jurisdicional. Assim, o que importa acentuar são os objetivos e os correlatos meios para os atingir, inclusive no que diz respeito à produção das provas que deve guiar a atuação do Estado-juiz, também no âmbito do direito processual civil[8].

Não é o caso de ir além nesta discussão e, tampouco, de colocar em pauta questão interessante, mas que iria além dos limites deste *Curso*, qual seja, a de que toda verdade "processual" não é, por definição, "real", porque ela é o resultado de técnicas regradas pelo sistema jurídico para a colheita e o transporte daqueles fatos do plano material para o processual e de uma série de presunções e verossimilhanças em variados aspectos que, de uma forma ou de outra, buscam retratar o que realmente deve ter acontecido no plano dos fatos para dar início ao *processo*. A verdade *processual*, destarte, seria (é) incapaz de corresponder ao que efetivamente ocorreu no plano dos fatos, como decorrência das limitações que o sistema, desde o modelo constitucional, impõe ao magistrado. O que importa destacar é que essa aproximação crítica do tema não é e nunca foi estranha para o próprio direito processual *penal*. O compromisso do magistrado de um

---

7. Do ponto de vista criminal e sempre atento aos possíveis sujeitos ativos, há previsão de tipificação criminal para quem "omitir dados ou informações ou divulgar dados ou informações incompletos para desviar o curso da investigação, da diligência ou do processo." (art. 23, II, da Lei n. 13.869/2019, a "Lei do abuso de autoridade").

8. Para essa discussão, v., com proveito, Michele Taruffo, *Uma simples verdade: o juiz e a construção dos fatos*, esp. p. 95-158 e 223-278, e Luiz Guilherme Marinoni e Sérgio Cruz Arenhart, *Prova e convicção*, p. 29-62. No âmbito da jurisprudência, v. os seguintes julgados: STJ, 3ª Turma, AgInt no REsp 1.686.433/RS, rel. Min. Marco Aurélio Bellizze, j.un. 20-3-2018, *DJe* 2-4-2018; STJ, 4ª Turma, REsp 1.229.905/MS, rel. Min. Luis Felipe Salomão, j.un. 5-8-2014, *DJe* 2-9-2014; STJ, 3ª Turma, REsp 1.109.357/RJ, rel. Min. Nancy Andrighi, j.un. 20-10-2009, *DJe* 1º-7-2010, e STJ, 3ª Turma, REsp 878.954/RS, rel. Min. Nancy Andrighi, j.un. 7.5-2007, *DJ* 28-5-2007, p. 339.

Estado Constitucional é o de buscar os elementos mais seguros para julgar de acordo com o seu próprio convencimento, em respeito às diversas variantes admitidas pelo sistema processual e que decorrem desde o modelo constitucional. Ele não pode julgar sem a busca segura e consciente desses elementos. E, se em algum momento da história tal iniciativa era possível, ela não pertence ao atual ordenamento jurídico brasileiro e ao sistema processual civil hoje vigente.

Para o procedimento comum, a formação da convicção do magistrado deve se dar em grau máximo. Todo o *procedimento*, desde a apresentação e análise da petição inicial (início da fase postulatória) até o proferimento da sentença (término da fase decisória), é voltado para que, respeitados os princípios da ampla defesa, do contraditório (sempre no sentido de cooperação) e do devido processo constitucional, o magistrado se convença sobre a veracidade das alegações do autor, do réu e de eventuais terceiros e em que medidas elas o são. É o que o n. 5 do Capítulo 5 da Parte I do v. 1 chama de cognição exauriente *e* total.

Em outros procedimentos e nos casos em que no próprio procedimento comum é legítimo ao magistrado valer-se de determinadas técnicas para o reconhecimento do direito à prestação da tutela jurisdicional que não pelo proferimento da sentença, em absoluta consonância com o modelo constitucional do direito processual civil – o exemplo mais eloquente da afirmação é a tutela provisória –, sendo adequada, sistematicamente, a decisão com base em cognição *sumária* ou, até mesmo, sem levar em conta determinados desdobramentos que a mesma questão de direito material pode comportar (cognição *parcial*). Nenhuma dessas possibilidades, contudo, afeta o desenvolvimento anterior. Também nesses casos o compromisso do magistrado é a busca da verdade na exata medida em que o sistema lhe permite, e seu julgamento pressupõe a formação *adequada* de sua convicção, de acordo com as *necessidades* da tutela jurisdicional de cada caso concreto.

2.3 Natureza jurídica das regras sobre provas

Há polêmica interessante sobre a natureza jurídica das regras de prova: se são normas de direito *material* ou de direito *processual*[9]. A questão não é tão teórica como pode parecer, porque o regime jurídico de uma e de outra espécie de norma é bastante diverso.

O tema ganha ainda mais interesse porque o Código Civil de 2002 trouxe uma série de normas relativas à prova dos atos jurídicos em geral, o que levou diversos autores a pesquisar em que medida aquelas normas teriam tido o condão de interferir no sistema probatório disciplinado pelo CPC de 1973, norma anterior. Com o advento do CPC de 2015, a questão permanece viva, embora invertida: de que maneira o CPC de 2015, norma mais recente,

9. Há duas monografias no direito brasileiro especialmente dedicadas ao assunto: a primeira é a de Hermenegildo de Souza Rego, *Natureza das normas sobre prova*; a segunda, de Maricí Giannico, *A prova no Código Civil: natureza jurídica*.

teria tido o condão de interferir nos dispositivos acerca do direito probatório constantes do Código Civil de 2002?

Rigorosamente, ao direito material cabe disciplinar as condições essenciais à prova dos atos e fatos jurídicos em geral e o seu respectivo valor probante. Ao direito processual civil, de seu turno, cabe a disciplina de como transportar aquelas provas para o plano do processo e de como viabilizar a sua *produção* em juízo em termos amplos.

Ocorre, contudo, que nem toda norma jurídica sobre prova que traz o Código Civil, como, de resto, outros diplomas legislativos, é de cunho "material" no sentido aqui proposto, e nem toda norma jurídica sobre prova que consta do Código de Processo Civil (já era assim com o CPC de 1973 e continua a ser com o CPC de 2015) é, ontologicamente, norma de direito processual civil, de acordo com o mesmo critério. Assim, melhor do que elaborar listas de normas de uma ou de outra espécie, a este *Curso* parece providência suficiente a compreensão das normas constantes do Código de Processo Civil à luz das normas de direito material, assim e principalmente as do Código Civil, com vistas a criar um *sistema* probatório que apresente condições mínimas de aplicação prática.

Assim, independentemente da natureza que as normas jurídicas sobre prova possam ter, não há como impedir que o Código Civil trate da *mesma* matéria de que, de uma forma ou de outra, já tratava – e continua a tratar – o Código de Processo Civil, rendendo ensejo ao que é chamado de "normas *heterotópicas*", isto é, aquelas normas que, sendo típicas de direito processual civil, são veiculadas por lei civil ou vice-versa. E, dessa forma, o que se põe em cada caso concreto é a necessidade de verificar qual das normas, ao disciplinar um *mesmo* assunto, deve prevalecer sobre a outra. De resto, se não houver primazia de uma norma sobre a outra, a solução correta é a de compatibilizar os diversos comandos.

Um exemplo aclarará a preocupação trazida pelos parágrafos anteriores: o art. 212 do Código Civil dispõe que, "salvo negócio jurídico a que se impõe forma especial, o fato jurídico pode ser provado mediante" os meios de prova lá descritos: confissão, documento, testemunha, presunção e perícia. Teria o rol da lei civil o condão de limitar os meios de prova? O que dizer dos demais meios de prova previstos pelo CPC de 2015 e, antes dele, pelo CPC de 1973, que não encontram referência naquele dispositivo, assim, por exemplo, a inspeção judicial e a exibição de documento ou coisa? Tendo em conta especificamente o CPC de 2015, como compreender a ata notarial diante do art. 212 do Código Civil?

A melhor resposta para todas essas questões é entender que os meios de prova previstos no art. 212 do Código Civil e os disciplinados pelo Código de Processo Civil convivem harmonicamente. A uma, porque nada há, no referido dispositivo do Código Civil, que renda ensejo ao entendimento de que ele pode ser interpretado de maneira taxativa. A duas, e principalmente, porque entendimento contrário atritaria com o princípio da atipicidade das provas, que deriva do modelo constitucional do direito processual civil. É incorreto sustentar, para o direito brasileiro, a existência de um rol taxativo de provas; não há, no direito brasileiro, *tipicidade* dos meios de prova. O que há, bem diferentemente, são provas que violam, ou não, o ordenamento jurídico. O que há é obtenção lícita ou ilícita de provas; de meios de prova que podem, ou não, ser utilizados em juízo.

2.4 Sistemas de avaliação da prova

Ao longo do desenvolvimento do direito processual civil (e penal), houve uma série de "sistemas" sobre o direito probatório, é dizer, variados conjuntos de normas jurídicas que regulavam, em última análise, a forma de o magistrado apreciar as provas e, com base nelas, julgar.

O sistema brasileiro, que representa o chamado "sistema da persuasão racional" ou "sistema do convencimento *motivado* do juiz", localiza-se entre os dois extremos usualmente identificados: o da "prova legal" ou "tarifada" ou "plena", em que é vedado ao magistrado a valoração da prova porque todo o seu valor probante e consequências jurídicas são prefixadas pelo ordenamento jurídico, e o da "convicção íntima do juiz", em que prevalece a orientação oposta, de plena liberdade do magistrado para análise e valoração da prova, sem qualquer vinculação às normas de direito positivo[10].

No CPC de 1973, a referência a esse sistema veiculava geralmente a palavra "livre", adjetivando o convencimento. Tratava-se, frequentemente, de um *livre* convencimento, embora motivado, do magistrado. Isso em função art. 131 daquele Código, que estava assim redigido: "O juiz apreciará *livremente* a prova, atendendo aos fatos e circunstâncias constantes dos autos, ainda que não alegados pelas partes; mas deverá indicar, na sentença, os motivos que lhe formaram o convencimento". O art. 371 do CPC de 2015, correspondente àquela regra, não reproduz o advérbio "livremente", dispondo que "O juiz apreciará a prova constante dos autos, independentemente do sujeito que a tiver promovido, e indicará na decisão as razões da formação de seu convencimento".

Como a ênfase do art. 131 do CPC de 1973 não recaía sobre a liberdade na avaliação das provas, mas, sim, no *dever* de motivação e consequente justificação na sua avaliação, é correto entender que o tema não sofreu, com o CPC de 2015, nenhuma alteração relevante. Também aqui o entendimento mais correto é no sentido de que a nova codificação se limitou a evidenciar, no plano da *textualidade*, o que já era corrente no pensamento jurídico nacional[11]. Até porque, na perspectiva do modelo constitucional do direito processual civil brasileiro, é errado supor que exista qualquer margem de liberdade a qualquer agente estatal, inclusive os magistrados de qualquer Tribunal ou grau de jurisdição.

---

10. Para esse panorama, v. as monografias de Ricardo Aronne, *O princípio do livre convencimento do juiz*, escrita sob a égide do CPC de 1973, e, para o atual, de Rodolfo Wild, *O princípio do livre convencimento no CPC/2015*.

11. Sobre o tema, v. as antagônicas visões de Lenio Luiz Streck "As provas e o novo CPC: a extinção do poder de livre convencimento", p. 113-120, e de Fernando da Fonseca Gajardoni, "O livre convencimento motivado não acabou no novo CPC", p. 231-234.

O "sistema da persuasão racional" ou "sistema do convencimento motivado do juiz" é, destarte, aquele em que o magistrado, observados os limites do sistema jurídico, pode dar a sua própria valoração à prova, sendo dever seu o de fundamentar, isto é, justificar a formação de sua convicção. É essa a melhor interpretação para o art. 371, mormente quando lido desde o art. 93, IX, da Constituição Federal e o princípio da motivação dele decorrente, que encontra sua disciplina infraconstitucional nos parágrafos do art. 489.

Mesmo quando o magistrado se valer de seu próprio convencimento, o "convencimento privado do juiz", o que lhe é expressamente autorizado pelo art. 375, é fundamental que ele justifique a formação de seu convencimento, levando em conta todas as circunstâncias que lhe pareceram relevantes para decidir de uma ou de outra forma. E, de resto, justamente por força do *sistema* adotado pelo direito brasileiro, a existência das chamadas "provas legais ou plenas" deve, consoante as circunstâncias de cada caso concreto, ser avaliada pelo magistrado à luz de outros *meios* de prova.

2.5 Presunções e indícios

Integram o sistema probatório do direito brasileiro as chamadas presunções, que permitem dialogar as tipificações legais com percepções de outra ordem que também devem ser levadas em consideração pelo magistrado em cada caso concreto.

As presunções devem ser entendidas não como meios de prova propriamente ditos mas, bem diferentemente, como métodos de raciocínio ou de convencimento que a lei pode assumir com maior ou menor intensidade em alguns casos para dispensar a produção da prova. Pelas presunções, independentemente de sua fonte, autoriza-se ao magistrado construir o seu pensamento a partir de atos e fatos auxiliares, isto é, que não guardam *direta* pertinência com o objeto de conhecimento do juiz – são os usualmente chamados de *indícios* –, mas que permitem a formulação de uma conclusão sobre o que ocorreu e/ou sobre as consequências daquilo que ocorreu. É como se dissesse que os fatos faltantes são assumidos como existentes pelo próprio ordenamento jurídico, sendo possível a sua construção a partir de outros, que são *indiretamente* relevantes para a formação da convicção do magistrado (os indícios). A presunção, assim compreendida, dispensa a produção da prova do ato, do fato ou de sua consequência, porque é legítimo assumi-los ou assumi-la como existente. É nesse sentido que deve ser interpretado o art. 374, IV[12].

É possível distinguir, dentre as presunções, duas classes diversas, a das presunções *simples* e *legais*.

12. Assim, por exemplo, a 3ª Turma do STJ no julgamento do REsp 1.438.432/GO, rel. Min. Nancy Andrighi, j.un. 22-4-2014, *DJe* 19-5-2014, reconhecendo existente o pagamento diante de quitação dada em escritura pública, levando em conta o disposto no art. 215 do Código Civil.

As presunções chamadas *simples* (também chamadas de "presunções comuns" ou "presunções *hominis*") são aquelas que não decorrem da própria lei, isto é, não são construídas por obra do legislador, mas que decorrem da própria observação do que usualmente ocorre pelo próprio magistrado, como pessoa inserta na sociedade com valores e conhecimentos próprios.

É para essas presunções que o Código de Processo Civil dedica o art. 375, que trata das chamadas "máximas de experiência", não substituindo a restrição imposta pelo art. 230 do Código Civil[13]. A regra do CPC deve ser interpretada com temperamentos, levando-se em conta não só o "princípio do convencimento motivado do juiz", mas também o princípio da *atipicidade* dos meios de prova e a reformulação das hipóteses de cabimento da prova testemunhal decorrente da não repetição do art. 401 do CPC de 1973 pelo CPC de 2015.

Não há dúvida sobre a viabilidade de as presunções *simples* admitirem prova em sentido contrário, isto é, elas admitem que o fato que se quer provado pela utilização desse método cognitivo possa ser controvertido. São, por isso mesmo, presunções *relativas* ou *juris tantum*. Elas prevalecem enquanto não demonstrada a não ocorrência dos fatos que por elas são assumidos como verdadeiros.

Já as presunções *legais* são aquelas construídas pelo legislador, sendo indiferente para os fins aqui discutidos a motivação política subjacente a tal escolha. Para elas, o que importa é verificar a ocorrência de um ato, de fato ou algum acontecimento que, existente, isto é, suficientemente provado, autoriza o juiz a *presumir* a ocorrência de outro ato, fato ou consequência jurídica.

Bons exemplos dessa espécie de presunção estão nos arts. 231 e 232 do Código Civil. De acordo com o primeiro dos dispositivos, "aquele que se nega a submeter-se a exame médico necessário não poderá aproveitar-se de sua recusa" e, consoante dispõe o art. 232, "a recusa à perícia médica ordenada pelo juiz poderá suprir a prova que se pretendia obter com o exame". Tanto em um como no outro caso, a não submissão da parte ao exame tal qual determinado poderá conduzir o magistrado a entender existente o fato que, com o exame, seria provado. Por se tratar, aqui também, de presunção *relativa*, contudo, é admissível a produção de prova em sentido contrário do fato assumido como verdadeiro, afastando a incidência dos dispositivos legais, portanto[14].

A própria regra do art. 344, de que a revelia do réu autoriza o magistrado a entender verdadeiros os fatos alegados pelo autor, é típico caso de *presunção* no mesmo sentido aqui

---

13. Que tinha a seguinte redação: "As presunções, que não as legais, não se admitem nos casos em que a lei exclui a prova testemunhal". O dispositivo foi expressamente revogado pelo inciso II do art. 1.072 do CPC.

14. É essa a melhor interpretação para a Súmula 301 do STJ, cujo enunciado é o seguinte: "Em ação investigatória, a recusa do suposto pai a submeter-se ao exame de DNA induz presunção *juris tantum* de paternidade". A 4ª Turma daquele Tribunal teve oportunidade de discutir a questão, bem aplicando ao caso concreto os referidos dispositivos legais no REsp 786.312/RJ, rel. p/ acórdão Min. Fernando Gonçalves, j.m.v. 21-5-2009, *DJe* 21-9-2009. Mais recentemente, o tema voltou à pauta da 2ª Seção do STJ na Rcl 37.521/SP, rel. Min. Nancy Andrighi, j.un. 13-5-2020, *DJe* 5-6-2020 que, aceitando a tese de inobservância de julgado anterior do próprio STJ, levando em conta, inclusive a orientação da referida Súmula, determinou a reabertura da fase instrutória do processo.

discutido: uma presunção que deve ceder diante das hipóteses do art. 345 e, de forma mais ampla, em função das peculiaridades de cada caso concreto.

As presunções *legais* são não só as *relativas* no sentido já indicado, mas também as *absolutas* ("presunções *juris et de jure*"), isto é, presunções que não admitem prova em sentido contrário porque, com o rigor (e a elegância) de Barbosa Moreira, é irrelevante, "... para a solução do litígio submetido à apreciação do juiz, a demonstração de que na realidade não ocorreu o fato legalmente presumido: com efeito, quando se diz que, na presunção absoluta, é inadmissível a prova em sentido contrário, o que no fundo se quer afirmar é que nada adiantaria ministrar tal prova, pois, a despeito dela, o órgão judicial continuaria adstrito a pôr, como fundamento fático de sua decisão, aquilo que a lei presume. Nessa perspectiva, olhando mais de perto o fenômeno, a inadmissibilidade da 'prova em sentido contrário' aparece como simples corolário de sua irrelevância, explicando-se pela razão óbvia de que no processo não se deve tolerar atividade inútil"[15].

2.6 Princípios relativos às provas

O modelo constitucional do direito processual civil revela a existência de princípios relativos à prova com sede constitucional, que encontram fundamento no inciso LVI do art. 5º, segundo o qual "são inadmissíveis, no processo, as provas obtidas por meios ilícitos".

É possível e desejável distinguir, a partir daquele dispositivo constitucional, entre "provas ilícitas" e "provas *obtidas* por meios ilícitos". Prova ilícita é aquela que, em si mesma considerada, fere o ordenamento jurídico. Assim, por exemplo, a tortura, expressamente proibida pelo art. 5º, III, da Constituição Federal. Prova obtida por meios ilícitos é aquela que, a despeito de ser admitida pelo sistema, foi obtida ou formada com violação ao sistema processual. Bem ilustra a situação eventual desrespeito ao sigilo de correspondência ou a oitiva de conversas telefônicas não autorizada nos termos da lei (art. 5º, XII, da CF, regulamentado pela Lei n. 9.296/96). Essa dicotomia dá fundamento à distinção entre a prova *ilícita* e a prova *ilegítima*, relacionando-se cada uma dessas figuras às duas hipóteses examinadas neste parágrafo, respectivamente[16].

Tanto em um como em outro caso, contudo, é como se as provas não tivessem sido produzidas e, consequentemente, não são aptas a serem consideradas pelo magistrado. Elas não podem fundamentar a formação da convicção do magistrado[17].

---

15. As presunções e a prova, p. 55.

16. Ada Pellegrini Grinover refere-se também à prova *ilegal*, nos seguintes termos: "... a prova é ilegal toda vez que caracterize violação de normas legais ou de princípios gerais do ordenamento, de natureza processual ou material. Quando a proibição for colocado por uma lei processual, a prova (*rectius*, o meio de prova) será ilegítima (ou ilegitimamente produzida), quando, pelo contrário, a proibição for de natureza material, a prova (*rectius*, os elementos de prova) será ilicitamente obtida" (*O processo em evolução*, p. 48).

17. Do ponto de vista criminal, cabe evidenciar as tipificações feitas pelos arts. 25 e 28 da Lei n. 13.869/2019, a "Lei do Abuso de Autoridade", envolvendo a prática daqueles atos pelos sujeitos ativos descritos em seu art. 2º. O art. 41 daquele diploma legislativo, por sua vez, dá nova redação ao art. 10 da Lei n. 9.296/96.

Tratando-se de *princípios constitucionais*, o exame de cada caso concreto pode conduzir a *necessários* temperamentos e mitigações da rigidez da afirmação do parágrafo anterior, pelo que a prova *obtida* por meios ilícitos pode acabar sendo admitida em juízo. Para tanto, faz-se necessário o emprego do chamado "princípio da proporcionalidade". Nunca, entretanto, a prova ilícita, que deve ser entendida como totalmente proscrita do ordenamento jurídico brasileiro.

O art. 157 e seus primeiros dois parágrafos do Código de Processo Penal, todos com a redação que lhes deu a Lei n. 11.690/2008, trazem, a propósito do tema, diretrizes que merecem ser empregadas no âmbito do direito processual civil[18]. De acordo com aqueles dispositivos: "Art. 157. São inadmissíveis, devendo ser desentranhadas do processo, as provas ilícitas, assim entendidas as obtidas em violação a normas constitucionais ou legais. § 1º São também inadmissíveis as provas derivadas das ilícitas, salvo quando não evidenciado o nexo de causalidade entre umas e outras, ou quando as derivadas puderem ser obtidas por uma fonte independente das primeiras. § 2º Considera-se fonte independente aquela que por si só, seguindo os trâmites típicos e de praxe, próprios da investigação ou instrução criminal, seria capaz de conduzir ao fato objeto da prova".

A mesma Lei n. 11.690/2008 introduzia ainda um § 4º no art. 157 do Código de Processo Penal, que foi, contudo, vetado. De acordo com o dispositivo, "O juiz que conhecer do conteúdo da prova declarada inadmissível não poderá proferir a sentença ou acórdão". Não obstante o veto, as edições anteriores deste Curso já sustentavam a viabilidade da aplicação daquela diretriz, escrevendo que: "Na medida em que o *conhecimento judicial* de dados fatos pelo magistrado só se fez possível mediante o emprego de provas ilícitas ou de meios de provas reputados ilegítimos, não há como afastar a viabilidade de se questionar a *imparcialidade* do magistrado. O tema, analisado dessa perspectiva, relaciona-se com o princípio constitucional do juiz natural e, por isso mesmo, dispensa lei expressa para ser aplicado consoante as circunstâncias de cada caso concreto".

A Lei n. 13.694/2019, que "aperfeiçoa a legislação penal e processual penal", acabou incorporando idêntica regra ao Código de Processo Penal no novo § 5º de seu art. 157[19], o que confirma o acerto daquela orientação que, ao encontrar raízes seguras no modelo constitucional, não pode deixar de ser observada *também* no âmbito do direito processual *civil*, ainda que sem regra expressa na respectiva codificação.

É também possível e desejável construir desde o modelo constitucional do direito processual civil uma categoria apartada dos princípios do "acesso à justiça", do "contraditório" e da "ampla defesa", que se relaciona intimamente com o que é comumente designado por

18. É entendimento que já era defendido pelo n. 6 do Capítulo 1 da Parte I do v. 2, t. I, das edições anteriores ao CPC de 2015 deste *Curso*. No mesmo sentido é o Enunciado n. 301 do FPPC: "Aplicam-se ao processo civil, por analogia, as exceções previstas nos §§ 1º e 2º do art. 157 do Código de Processo Penal, afastando a ilicitude da prova".

19. "O juiz que conhecer do conteúdo da prova declarada inadmissível não poderá proferir a sentença ou acórdão".

"direito *fundamental* à prova"[20]. Com efeito, de nada adiantaria viabilizar um amplo acesso à justiça e uma ampla participação ao longo da atuação do Estado-juiz se as alegações transportadas para o plano processual não pudessem ser acompanhadas de prova de sua veracidade, que fosse capaz e suficiente de influenciar a formação da convicção do magistrado, o destinatário da prova. O direito de afirmar um direito em juízo deve ser acompanhado do direito à sua prova. O "direito à prova", por sua vez, só se perfaz completo se assegurado o direito daquele que detém capacidade postulatória de ter acesso pleno a ela[21].

Formuladas tais considerações, forte nas lições de Italo Andolina e Giuseppe Vignera[22] e com base no mesmo art. 5º, LVI, da Constituição Federal, é irrecusável admitir que, no direito brasileiro, há outro princípio respeitante ao tema das provas, o da *atipicidade* das provas. Trata-se de princípio pelo qual qualquer *meio* de prova deve ser admitido, ainda quando não previsto expressamente, desde que não agrida os valores consagrados no ordenamento jurídico. Trata-se, com efeito, de fixação de premissa importante para extrair do art. 369 do Código de Processo Civil toda a sua potencialidade, levando em conta, como não poderia deixar de ser, o modelo constitucional do direito processual civil. É correto entender que aquele dispositivo consagra, no plano *infraconstitucional*, o princípio da *atipicidade* da prova ao estatuir que "As partes têm o direito de empregar todos os meios legais, bem como os moralmente legítimos, ainda que não especificados neste Código, para provar a verdade dos fatos em que se funda o pedido ou a defesa e influir eficazmente na convicção do juiz".

A prova atípica deve ser entendida como a que pode ser legitimamente obtida *e* produzida no processo e, como tal, ser analisada e valorada pelo magistrado, ainda que ela não se amolde a um dos *meios* de prova regulados pelo ordenamento jurídico nacional.

É o que se dá, por exemplo, com o "depoimento por iniciativa da própria parte", analisado pelo n. 3.2.3, *infra*, que para este *Curso*, desde suas edições anteriores ao CPC de 2015, merece ser compreendido como "prova *atípica*".

Outros exemplos, mencionados, dentre outros, por João Batista Lopes, forte nas lições de José Carlos Barbosa Moreira[23], são a análise do comportamento extraprocessual das partes ou de testemunhas e a declaração de terceiros que não sejam convocados a juízo para depor como testemunhas ou para atuar como peritos. A esse respeito cabe lembrar da prática bastante comum no foro de apresentação de "pareceres" ou "estudos jurídicos" sobre as questões discutidas no processo a pedido das partes assinadas por juristas e professores de direito.

---

20. É o que sustentam, por exemplo, Italo Andolina e Giuseppe Vignera, *Il modello costituzionale del processo civile italiano*, p. 90-99.

21. A situação é suficientemente ilustrada pela Súmula Vinculante 14 do STF, ainda que expedida para tratar do tema no direito processual penal: "É direito do defensor, no interesse do representado, ter acesso amplo aos elementos de prova que, já documentados em procedimento investigatório realizado por órgão com competência de polícia judiciária, digam respeito ao exercício do direito de defesa".

22. *Il modelo costituzionale del processo civile italiano*, p. 96-99.

23. *A prova no direito processual civil*, p. 169-172.

Também devem ser consideradas provas atípicas as provas por estatísticas ou por amostragem[24], ou, como prefere William Santos Ferreira, de forma mais ampla, a prova científica[25], a constatação feita por Oficial de Justiça, pelo juiz e por autoridade policial[26], o comportamento das partes[27], declarações escritas por terceiros[28], carta psicografada[29], perícias extrajudiciais[30] e reconstituição simulada dos fatos[31].

O chamado "princípio da atipicidade da prova", embora expresso no art. 369, tem inegáveis raízes constitucionais: qualquer método probatório é admitido no plano do processo civil *desde que* não sejam agredidos os valores superiores do ordenamento, expressos ou implícitos na Constituição Federal. As prescrições legais, estejam ou não presentes no Código de Processo Civil, não podem violar aquela diretriz mais ampla, de que a prova, ela mesma considerada, não pode contrariar o ordenamento jurídico e, mesmo quando lícita, em conformidade, pois, com o ordenamento jurídico nacional, não pode ser *obtida* de forma *ilícita*, contrária ao ordenamento jurídico ("prova *ilegítima*").

A conclusão exposta nos parágrafos anteriores é tão mais importante porque permite a migração do plano constitucional para o plano infraconstitucional em direção aos demais princípios, os infraconstitucionais, regentes do direito probatório.

Há dois princípios regentes do direito probatório, explícitos no Código de Processo Civil: "convencimento motivado do juiz" e "aquisição da prova".

O primeiro decorre do art. 371, segundo o qual: "O juiz apreciará a prova constante dos autos, independentemente do sujeito que a tiver promovido, e indicará na decisão as razões da formação de seu convencimento". Como exposto pelo n. 2.4, *supra*, o abandono da palavra "livre" e suas variantes não traz nenhuma alteração substancial para a compreensão do princípio no ordenamento jurídico nacional: Não há *liberdade* para o magistrado do Estado Constitucional. O exercício de sua função – sua "vontade *funcional*" – é todo regrado a partir dos elementos componentes do modelo constitucional do direito processual civil (arts. 8º e 140), e entre eles avulta em importância para cá o *dever* de fundamentação (art. 93, IX, da CF e art. 489, §§ 1º e 2º, do CPC). Não é por outra razão, aliás, que o art. 371 impõe ao

24. Nesse sentido é o Enunciado n. 8 da Carta de Tiradentes: "Para se atender aos fins sociais e às exigências do bem comum na aplicação do ordenamento jurídico, conforme estatui o art. 8º do Novo CPC, serão admissíveis todas as medidas e técnicas de tutelas jurídicas, inclusive a produção de provas atípicas legítimas, tais como as provas por estatísticas ou por amostragem".

25. William Santos Ferreira, *Princípios fundamentais da prova cível*, p. 84-94.

26. Assim, v.g.: Marcelo José Magalhães Bonizzi, *Fundamentos da prova civil*, p. 78-79, e Paulo Osternack Amaral, *Provas*, p. 88-89.

27. Assim, v.g.: William Santos Ferreira, *Princípios fundamentais da prova cível*, p. 77-82; Marcelo José Magalhães Bonizzi, *Fundamentos da prova civil*, p. 79-82, e Paulo Osternack Amaral, *Provas*, p. 98-100.

28. Assim, v.g.: Marcelo José Magalhães Bonizzi, *Fundamentos da prova civil*, p. 82-83, e Paulo Osternack Amaral, *Provas*, p. 89-91.

29. Assim, v.g.: Paulo Osternack Amaral, *Provas*, p. 87-88.

30. Assim, v.g.: Paulo Osternack Amaral, *Provas*, p. 91-92.

31. Assim, v.g.: Paulo Osternack Amaral, *Provas*, p. 94-97.

magistrado que indique "na decisão as razões da formação de seu convencimento", a exemplo do que já fazia o referido art. 131 do CPC de 1973.

O "princípio da aquisição da prova", por sua vez, merece ser entendido como aquele pelo qual a prova deve ser considerada, analisada e avaliada independentemente de quem a produziu em juízo, consoante se pode extrair do art. 371, segundo o qual: "O juiz apreciará a prova constante dos autos, independentemente do sujeito que a tiver promovido, e indicará na decisão as razões da formação de seu convencimento".

A prova, uma vez incorporada ao processo, passa a pertencer a ele, sendo indiferente quem a tenha produzido ou, até mesmo, se determinada de ofício pelo magistrado. É princípio que, nessa perspectiva, robustece o entendimento de que o destinatário da prova é o magistrado e não as próprias partes ou eventuais terceiros.

Na perspectiva dos princípios *implícitos* do direito probatório no âmbito do Código de Processo Civil, cabe fazer referência também ao "princípio *inquisitorial*", em contraposição ao "princípio *dispositivo*". Trata-se de inegável decorrência da iniciativa probatória do magistrado, expressamente agasalhada no *caput* do art. 370, e do *dever-poder geral* de instrução presente no sistema processual civil, denotando inegável interesse público na produção da prova, o que, por si só, afasta a concepção de que a prova dependeria única e exclusivamente de iniciativa (e do interesse) das partes, únicas interessadas na sua produção e, consequentemente, na formação do convencimento do magistrado[32]. O parágrafo único do art. 370 permite que o magistrado indefira as diligências inúteis ou protelatórias, fazendo-o em decisão fundamentada. Trata-se de *função* que merece ocupar detidamente o magistrado e as partes por ocasião do saneamento e organização do processo (art. 357), para viabilizar a necessária otimização da fase instrutória.

Nesse contexto, cabe lembrar e dar o devido destaque ao art. 139, IV, segundo o qual compete ao magistrado "determinar todas as medidas indutivas, coercitivas, mandamentais ou sub-rogatórias necessárias para assegurar o cumprimento de ordem judicial, inclusive nas ações que tenham por objeto prestação pecuniária". No ambiente do direito probatório, aquele *dever-poder*, máxime quando combinado com o precitado art. 370, na segura lição de William Santos Ferreira, merece ser compreendido como verdadeiro princípio, o "da máxima eficiência dos meios probatórios", a autorizar a adoção de técnicas *típicas* e também *atípicas* "na exata medida de sua necessidade para alcance do esclarecimento do fato probando". Essa "adequabilidade" das técnicas predispostas à produção da prova, segundo sustenta o mesmo autor, corresponde à necessidade de adoção de "medidas *atípicas* que permitam adequar as *técnicas instrutórias* às *especificidades do caso*"[33].

32. Expresso nesse sentido é o Enunciado n. 7 do CEAPRO: "O NCPC estabelece um dever-poder instrutório do magistrado".

33. Transições paradigmáticas, máxima eficiência e técnicas executivas típicas e atípicas no direito probatório, p. 577-589.

As edições anteriores ao CPC de 2015 deste *Curso* faziam referência[34], ainda, a outros dois princípios *infraconstitucionais* relacionados ao direito probatório, o da mediação ou imediatidade e da identidade física do juiz, ambos decorrentes da formulação original de Chiovenda do "princípio da oralidade"[35]. O CPC de 2015 mitigou o primeiro, e o silêncio quanto ao segundo enseja interessante discussão sobre sua subsistência.

Com relação ao princípio da *mediação* ou *imediatidade* – pelo qual é o magistrado que colhe *diretamente* a prova, iniciativa que, presume-se, é a mais adequada para formação de sua convicção –, cabe destacar que, ao mesmo tempo que o Código de Processo Civil preserva a posição do magistrado como condutor do processo (art. 139, *caput*) e, no que interessa para cá, o protagonismo da colheita da prova, inclusive na audiência de instrução e julgamento (art. 361, *caput*)[36], permite que os procuradores das partes que colham diretamente o depoimento das testemunhas (art. 459), substituindo a iniciativa, até então reservada exclusivamente para o magistrado (art. 416 do CPC de 1973). O que está reservado para o magistrado é o *dever-poder* de evitar perguntas impertinentes, capciosas ou vexatórias (459, § 2º). É o que basta para este *Curso* entender que o princípio está preservado pelo Código de Processo Civil, embora *mitigado* em prol de maior eficiência na colheita da prova testemunhal e, até mesmo, na condução da audiência de instrução e julgamento, local de excelência de produção daquele meio de prova.

O princípio da identidade física do juiz, que deriva do princípio da oralidade na sua concepção original, de inspiração Chiovendiana, como já evidenciado, deve ser entendido no sentido de que cabe ao magistrado que colhe as provas orais e coordena os trabalhos desenvolvidos em audiência de instrução e julgamento em que aquelas provas são colhidas profira sentença, isto é, decida. A despeito da falta de repetição de dispositivo como o art. 132 do CPC de 1973[37], é correto entender que o princípio subsiste *implicitamente no sistema*, a autorizar que compete ao magistrado que concluir a fase instrutória em que prova *oral* seja produzida proferir sentença. Isso porque é irrecusável que o magistrado mais bem preparado para proferir sentença após a produção oral de provas é o que presidiu a audiência de instrução e julgamento. Não há como fugir dessa realidade.

34. É o que se lia do n. 6 do Capítulo 1 da Parte IV do v. 2, t. I.

35. "O processo oral resolve-se na aplicação dos seguintes princípios: 1. Prevalência da palavra como meio de expressão combinada com uso de meios escritos de preparação e de documentação. (...) 2. Imediação da relação entre o juiz e as pessoas cujas declarações deva apreciar. (...) 3. Identidade das pessoas físicas que constituem o juiz durante a condução da causa. (...) 4. Concentração do conhecimento da causa num único período (debate) a desenvolver-se numa única audiência ou em poucas audiências contíguas. (...) 5. Irrecorribilidade em separado das interlocutórias em separado" (Giuseppe Chiovenda, *Instituições de direito processual civil*, v. III, p. 50-55).

36. Com efeito, é o magistrado que interroga as partes (art. 385, *caput*) e o perito judicial em audiência (art. 464, § 3º, e art. 477, § 3º). Também cabe a ele inquirir as testemunhas, independentemente da iniciativa das partes (art. 459, § 1º).

37. Que, com a Lei n. 8.637/93, passou a ter a seguinte redação: "Art. 132. O juiz, titular ou substituto, que concluir a audiência julgará a lide, salvo se estiver convocado, licenciado, afastado por qualquer motivo, promovido ou aposentado, casos em que passará os autos ao seu sucessor".

Se houve desvinculação funcional do magistrado do processo[38], o princípio da *eficiência* impõe que outro magistrado, analisando o caso (e tal qual documentado, independentemente da oralidade praticada na audiência de instrução e julgamento), profira a sentença. Não há por que recusar, contudo, que, nesse caso, o novo magistrado possa determinar a repetição de alguma prova (oral ou não) que, para a formação de sua convicção, entenda necessário (art. 370, *caput*). Era o que estava *expresso* no parágrafo único do art. 132 do CPC de 1973 e que merece ser compreendido, por idênticas razões ao aqui exposto, *implicitamente* no sistema atual.

2.7 Ônus da prova

As disposições gerais do Capítulo XII do Título I do Livro I da Parte Especial do Código de Processo Civil tratam também do ônus da prova, que merece ser compreendido de forma dupla.

Em primeiro lugar como regra dirigida às partes no sentido de estabelecer a elas como devem se comportar no processo acerca da produção da prova a respeito de suas alegações (que, em rigor, é o objeto do art. 373 aqui estudado). É perspectiva que se afina bem à compreensão clássica da expressão "ônus da prova", entendida como a indicação feita pela própria lei de quem deve produzir a prova em juízo. A palavra "ônus", com efeito, relaciona-se com a necessidade da prática de um ato para a assunção de uma específica posição de vantagem própria ao longo do processo e, na hipótese oposta, que haverá, muito provavelmente, um prejuízo para aquele que não praticou o ato ou o praticou insuficientemente.

Em segundo, como regra dirigida ao magistrado, no sentido de permitir a ele, no julgamento a ser proferido, verificar em que medida as partes desincumbiram-se adequadamente de seu ônus quando ainda não tenha se convencido acerca das alegações de fato relevantes para a prática daquele ato, em caráter verdadeiramente subsidiário, portanto, para vedar o *non liquet*. Nessa segunda acepção, o ônus da prova deve ser tratado como regra de *julgamento*; na primeira, como regra de *procedimento*. Não há razão para entender que uma perspectiva do ônus da prova exclua a outra e vice-versa.

O *caput* do art. 373 assegura a regra clássica de atribuição do ônus da prova: ao autor cabe o ônus da prova do fato *constitutivo* de seu direito. Fato constitutivo é o suporte fático a partir do qual pretende o autor a tutela jurisdicional de seu direito. Ele é extraído da causa de pedir apresentada na petição inicial.

Ao réu cabe o ônus da prova da existência de fato *impeditivo*, *modificativo* ou *extintivo* do direito do autor. São os *novos* fatos que o réu pode, em contestação, alegar em detrimento da posição jurídica sustentada pelo autor e que, uma vez acolhidos, têm o condão de levar à

38. O *caput* do art. 132 do CPC de 1973, na sua derradeira redação referia-se a magistrado "convocado, licenciado, afastado por qualquer motivo, promovido ou aposentado". A redação original era mais restritiva, fazendo menção apenas a transferência, promoção ou aposentadoria.

rejeição do pedido de tutela jurisdicional tal qual formulada pelo autor. São as "defesas *substanciais indiretas*" e que dão azo à "causa de resistir".

Havendo reconvenção, o réu passa a ser autor, e, nesse sentido, ele, como reconvinte, terá o ônus da prova do fato constitutivo, e o autor, na qualidade de reconvindo (réu na reconvenção), do fato modificativo, impeditivo e extintivo, naquilo que sejam novos em relação ao pedido do autor e ao seu respectivo fundamento e forneçam substrato ao pedido reconvencional.

O exame de ambos os incisos do art. 373, quando feito no seu devido contexto, acaba por revelar o que lhes é mais importante e fundamental: o ônus de cada alegação feita pelas partes compete a elas próprias: quem alega tem o *ônus* de provar o que alegou. Desincumbir-se do ônus da prova significa a produção adequada das provas em juízo, sempre com observância dos ditames constitucionais, legais e judiciais, com vistas à formação do convencimento do magistrado a favor da pretensão daquele que as produz.

O direito processual civil brasileiro admite, contudo, o que é geralmente chamado de "inversão" do ônus da prova, por convenção das partes ou por imposição legal. É assunto tratado pelos quatro parágrafos do art. 373. A análise daqueles dispositivos evidencia que a hipótese é muito mais de *modificação* ou *adequação* do ônus da prova consoante determinadas características de cada caso concreto do que, propriamente, *inversão* no sentido comum da palavra. Tanto assim que os §§ 1º e 3º do art. 373 e, antes deles, o inciso III do art. 357 valem-se de outros vocábulos para descrever a hipótese: "atribuir de modo diverso", no primeiro daqueles três dispositivos e "distribuição", nos dois últimos. Da mesma forma, o inciso XI do art. 1.015 reserva o cabimento do agravo de instrumento para a decisão que versar sobre a "*redistribuição* do ônus da prova nos termos do art. 373, § 1º".

Os §§ 1º e 2º do art. 373 admitem e disciplinam expressamente os casos em que pode haver *modificação* judicial das regras constantes dos incisos do *caput*. O § 1º deixa claro que deve haver decisão judicial *prévia* que determine a modificação e que crie condições para que a parte efetivamente se desincumba do ônus respectivo, com as condicionantes do § 2º, que veda o que usualmente é conhecido como "prova diabólica", isto é, aquela impossível ou excessivamente difícil para uma das partes (a prova negativa de um fato inespecífico, como, por exemplo, nunca ter estado em um determinado lugar).

De acordo com o § 1º do art. 373, nos casos previstos em lei[39] *ou* diante de peculiaridades da causa relacionadas à impossibilidade ou à excessiva dificuldade de produzir prova nos moldes do

39. O exemplo mais comumente referido é o do inciso VIII do art. 6º do Código do Consumidor, redigido nos seguintes termos: "Art. 6º São direitos básicos do consumidor: (...) VIII – a facilitação da defesa de seus direitos, inclusive com a inversão do ônus da prova, a seu favor, no processo civil, quando, a critério do juiz, for verossímil a alegação ou quando for ele hipossuficiente, segundo as regras ordinárias de experiências". Outro caso, menos discutido, de inversão *legal* do ônus da prova encontra-se na MP n. 2.172-32/2001, que "estabelece a nulidade das disposições contratuais que menciona e inverte, nas hipóteses que prevê, o ônus da prova nas ações intentadas para sua declaração", mantida em vigor pelo art. 2º da EC n. 32/2001: "Art. 3º Nas ações que visem à declaração de nulidade de estipulações com amparo no disposto nesta Medida Provisória, incumbirá ao credor ou beneficiário

caput, ou, ainda, considerando a maior facilidade de obtenção da prova do fato contrário, poderá o magistrado atribuir o ônus da prova de modo diverso, variando a regra derivada dos incisos I e II do art. 373[40]. Para tanto, deverá fazê-lo em decisão fundamentada (que justifique o porquê da incidência do § 1º e a inexistência dos óbices do § 2º), dando à parte a oportunidade de se desincumbir do ônus que lhe foi atribuído[41]. A recorribilidade imediata dessa decisão interlocutória por agravo de instrumento, seja porque atribui o ônus da prova de modo diverso ou porque a rejeita, é expressamente prevista pelo inciso XI do art. 1.015[42].

É importante entender que a modificação do ônus da prova referida nos dispositivos aqui analisados interfere no próprio *procedimento*. Tanto assim que o inciso III do art. 357, que trata do saneamento e da organização do processo, é expresso quanto à alteração aqui analisada *dever* ocorrer naquele instante por decisão que *antecede*, portanto, o início da fase instrutória e, mais especificamente, a produção daquela prova. É inegável, destarte, que o Código de Processo Civil trata o tema como regra de *procedimento*, e não, como pensaram muitos no âmbito do CPC de 1973, como regra (exclusiva) de *julgamento*[43]. É mais um caso em que o modelo de processo *cooperativo*, forte na devida compreensão do *contraditório*, é concretizado por regra do próprio Código de Processo Civil. Tanto assim que, na hipótese de a distribuição diversa do ônus da prova se justificar em outra fase do processo, ela terá de ser feita *previamente* à possibilidade de as partes (e eventuais terceiros) se desincumbirem a contento do que lhes for determinado pelo magistrado ou, até mesmo, ajustado entre si.

A adoção desse entendimento, enfatizando a diretriz *procedimental* decorrente da distribuição diversa do ônus da prova *antes* da produção dos meios de prova que lhe dizem res-

---

do negócio o ônus de provar a regularidade jurídica das correspondentes obrigações, sempre que demonstrada pelo prejudicado, ou pelas circunstâncias do caso, a verossimilhança da alegação". Os arts. 1º e 2º daquele ato normativo estabelecem uma série de nulidades de cláusulas contratuais voltadas a combater a prática da usura. A Lei n. 13.709/2018, com as modificações introduzidas pela Lei n. 13.853/2019, a chamada "Lei Geral de Proteção de Dados Pessoais (LGPD)", também contempla específica hipótese de inversão do ônus da prova no § 2º do seu art. 42, assim redigido: "§ 2º. O juiz, no processo civil, poderá inverter o ônus da prova a favor do titular dos dados quando, a seu juízo, for verossímil a alegação, houver hipossuficiência para fins de produção de prova ou quando a produção de prova pelo titular resultar-lhe excessivamente onerosa."

40. Nesse sentido é correta a orientação do Enunciado n. 6 do CEAPRO, para o qual "A hipossuficiência justificadora da atribuição do ônus da prova é a informativa e não a econômica". No mesmo contexto, cabe também dar destaque à Súmula 618 do STJ, assim enunciada: "A inversão do ônus da prova aplica-se às ações de degradação ambiental.".

41. Levando em conta, inclusive, aspectos financeiros relativos à produção da prova modificada pela decisão judicial, tal como se verifica no acórdão da 2ª Turma do STJ proferido no REsp 1.807.831/RO, rel. Min. Herman Benjamin, j.un. 7-11-2019, *DJe* 14-9-2020.

42. Concordando com esse entendimento é o Enunciado n. 72 da I Jornada de Direito Processual Civil do CJF: "É admissível a interposição de agravo de instrumento tanto para a decisão interlocutória que rejeita a inversão do ônus da prova, como para a que a defere".

43. É o entendimento que já era defendido pelas edições anteriores ao CPC de 2015 pelo v. 2, t. I, deste *Curso*, como se pode constatar do n. 8 do Capítulo 1 de sua Parte IV, em que se dava o devido enfrentamento das diferentes correntes de pensamento acerca do tema, destacando, pela sua importância, o quanto decidido pela 2ª Seção do STJ no REsp 802.832/MG, rel. Min. Paulo de Tarso Sanseverino, j.m.v. 13-4-2011, *DJe* 21-9-2011, e nos EREsp 422.778/SP, rel. p/ acórdão Min. Maria Isabel Gallotti, j.m.v. 29-2-2012, *DJe* 21-6-2012.

peito, não tem o alcance de retirar do magistrado a possibilidade de julgar contra aquele que não se desincumbiu a contento de seu ônus probatório, a despeito da modificação anterior. É o que, como enfatizado, constitui faceta diversa, verdadeiramente complementar, do tema do ônus da prova, que é a sua análise como regra de *julgamento*.

O § 3º do art. 373 trata da distribuição *convencional* do ônus da prova, admitindo-a, tanto quanto o fazia o art. 333, § 1º, do CPC de 1973, desde que a convenção não recaia sobre direito indisponível da parte ou quando não tornar excessivamente difícil a sua produção[44]. O § 4º esclarece que a convenção das partes sobre o ônus da prova pode se dar antes ou durante o processo, o que se harmoniza com o disposto no art. 190, fornecendo exemplo importante dos objetos *lícitos* passíveis de serem considerados pelas partes no âmbito dos negócios processuais. É correto entender que, havendo a convenção sobre o ônus da prova, esta se sobrepõe a eventual deliberação judicial ao mesmo respeito, a não ser que seja considerada inválida, nos moldes do disposto no parágrafo único do art. 190[45].

2.8 Objeto da prova

Não é qualquer fato que precisa ser provado em juízo. O objeto da prova recai sobre os fatos *relevantes* e os *pertinentes* para a formação da convicção do magistrado diante dos limites objetivos e subjetivos da postulação, estabilizada no momento do saneamento (art. 329, II). Esses fatos, não por acaso, são aqueles mesmos que, desde o saneamento e a organização do processo, devem ser explicitados nos termos do inciso II do art. 357.

Além de relevantes e pertinentes, cabe acentuar, ainda, de acordo com o art. 374, que *não* dependem de prova: (i) os fatos notórios, isto é, os fatos que, por sua própria natureza, são de conhecimento geral; (ii) os afirmados por uma parte e confessados por outra; (iii) os que forem incontroversos no processo, o que robustece a importância de o réu se desincumbir adequadamente da impugnação especificada a que se refere o *caput* do art. 341, e, por fim, (iv) também não dependem de prova os fatos em favor dos quais houver presunção legal de existência ou de veracidade, como, por exemplo, no caso de o réu ser revel (art. 344).

Embora silente o art. 374, cabe sublinhar que não dependem de prova os fatos irrelevantes, impertinentes ou intuitivos. Os dois primeiros porque indiferentes ao *objeto do conhecimento do magistrado*; o terceiro por ser desnecessária, por sua própria natureza, a sua comprovação.

44. Era a seguinte a redação daquele dispositivo: "Art. 333. (...) Parágrafo único. É nula a convenção que distribui de maneira diversa o ônus da prova quando: I – recair sobre direito indisponível da parte; II – tornar excessivamente difícil a uma parte o exercício do direito".

45. Neste sentido é o Enunciado n. 128 da II Jornada de Direito Processual Civil do CJF: "Exceto quando reconhecida sua nulidade, a convenção das partes sobre o ônus da prova afasta a redistribuição por parte do juiz".

É excepcional a necessidade de produção de provas sobre o *direito* porque a presunção é a de que o magistrado o conhece suficientemente bem.

Quando se tratar de legislação municipal, estadual – embora seja comumente esquecido, o Brasil é uma complexa federação de quatro níveis legislativos – ou estrangeira, e, ainda, quando se cuidar de direito consuetudinário, a prova pode ser necessária, tanto em termos de teor da norma jurídica como de sua vigência (art. 376). Para sua demonstração, o magistrado determinará a produção da prova cabível, aplicando-se as regras usuais do ônus da prova.

A distinção feita pelo próprio dispositivo sobre o teor do direito e a sua vigência é relevante. Pode ser que o magistrado tenha condições de conhecer as normas municipais, estaduais – e não há razão nenhuma para excluir o direito distrital também –, estrangeiras ou consuetudinárias envolvidas no processo que exige a sua atuação, até porque o acesso a esse tipo de informação é, na atualidade, bastante facilitado pela internet. Pode haver dúvida, contudo, quanto à vigência das normas, o que autoriza o magistrado a determinar a produção da prova correspondente.

Uma vez feita a prova do teor e/ou da vigência da norma jurídica, sua avaliação observará o disposto no art. 371, devendo ser cotejada diante dos meios probatórios[46].

2.9 Dinâmica da prova

A prova ou, mais propriamente, os *meios* de prova, não podem ser compreendidos como algo estático. É importante entender a sua dinâmica.

Com o meio de prova, em si mesmo considerado, não se deve confundir o requerimento ou a determinação de sua produção ("proposição"); o deferimento de sua produção ("deferimento"); a sua efetiva produção ("produção") e a sua análise, isto é, a sua *valoração* pelo magistrado.

Cada meio de prova tem suas próprias peculiaridades em relação a cada um desses estágios ou fases lógicas, e, por vezes, há sobreposição de dois ou mais deles. A prova documental, por exemplo, é *proposta* e *produzida* ao mesmo tempo, já com a petição inicial. Seu *deferimento*, no sentido de ela permanecer ou não nos autos, é questão a ser discutida posteriormente, tanto quanto a sua *valoração*.

A afirmação do parágrafo anterior é tanto mais pertinente quando se constata que nem todo meio de prova será *produzido* (no sentido técnico, acima indicado) na "fase *instrutória*".

46. Bastante elucidativa a respeito da afirmação é a Súmula 59 do TRF1, cujo enunciado é o seguinte: "A existência de lei municipal indicando a natureza urbana de determinada área é início de prova para se afastar a alegação de que o imóvel nela construído possui natureza rural, devendo ser cotejada com os demais elementos de prova acostados aos autos para fins de fixação da área de preservação permanente respectiva".

Essa fase lógica da etapa de conhecimento do procedimento comum é aquela em que se caracteriza *preponderantemente* pela produção (sempre no sentido técnico) de prova. Ela pode, contudo, ser desnecessária justamente porque já houve produção suficiente de provas. É o que ocorre quando há julgamento antecipado do mérito (art. 355). A realização da própria audiência de instrução e julgamento só se justifica quando houver necessidade de produção de prova *oral*. Pode até acontecer de a fase instrutória se justificar e se desenvolver independentemente da realização de audiência de instrução e julgamento. É supor que seja realizada prova pericial, sejam fornecidos por escritos eventuais esclarecimentos e, diante deles, o magistrado se sentir apto a proferir sentença.

2.9.1 Especialmente a produção da prova

Três situações relativas à produção da prova merecem especial destaque como desdobramento do número anterior porque interessam aos meios de prova em geral.

A primeira delas é a prova emprestada. A segunda diz respeito à chamada "prova fora de terra". A terceira, por seu turno, corresponde à produção antecipada da prova.

2.9.1.1 Prova emprestada

A prova emprestada é prevista no art. 372. O dispositivo, inovando em relação ao CPC de 1973, silente a respeito, refere-se, expressamente, ao uso da prova emprestada, nos seguintes termos: "O juiz poderá admitir a utilização de prova produzida em outro processo, atribuindo-lhe o valor que considerar adequado, observado o contraditório".

Mais que *meio* de prova, a chamada prova emprestada merece ser compreendida como técnica de *produção* da prova que já foi produzida em outro processo e cuja renovada produção pode se mostrar impossível ou, quando menos, pouco ou nada producente, inclusive, mas não só em termos econômicos ou de tempo.

A "importação da prova" produzida em outro processo, sempre respeitado o meio de prova original, é admitida desde que seja respeitado o contraditório não só na origem, onde produzida, mas *também* no processo em que ela será utilizada. Também nesse caso – e nem poderia ser diferente – incide o princípio do convencimento motivado do juiz (art. 371), cabendo a avaliação da prova emprestada independentemente da análise ocorrida no processo em que produzida. Não há, com efeito, nenhuma espécie de *vinculação* de um caso ao outro.

Justamente em face do que se acabou de acentuar é que não há maiores dificuldades em admitir o empréstimo da prova quando, na origem, ela é colhida entre as mesmas partes perante as quais se pretende sua nova utilização. Assim configurada a situação, é de se presumir a observância do contraditório na origem, sem prejuízo de franquear o exercício do contraditório no destino, inclusive para questionar de que maneira se deu a produção anterior da prova[47].

Dificuldade maior está quando há identidade parcial ou, ainda mais, quando não há identidade nenhuma entre as partes.

No primeiro caso, importa distinguir se a parte ausente é a que pretende produzir a prova emprestada ou aquela em face de quem se pretende a produção. Se a parte participou da produção da prova na origem, seu empréstimo não apresenta nenhuma peculiaridade. Se não, tanto quanto no caso em que nenhuma das partes colheu a prova, sua admissão deve ser reservada àquelas hipóteses em que, de outro modo, não será possível produzir a prova do fato, gerando lesão a direito mais relevante na perspectiva da ordem jurídica. É típico caso em que deve incidir o chamado princípio da proporcionalidade, permitindo ao magistrado ponderar os interesses em conflito em decisão fundamentada[48].

O que não pode ocorrer é generalizar indevidamente as hipóteses, o que significa, em última análise, dispensar, também de maneira indiscriminada, a necessidade do contraditório na origem o que, não fosse pela mácula ao modelo constitucional, atritaria com o próprio art. 372[49].

Exemplo importante do emprego da prova emprestada é o das escutas telefônicas obtidas mediante autorização judicial (art. 5º, XII, da CF, e Lei n. 9.296/96) para fins processuais *penais*[50], que podem ser relevantes para o deslinde de algum processo *civil* e, até mesmo, *administrativo*[51]. A valoração dessa prova deve levar em consideração o seu próprio

---

47. Por falta de contraditório na origem, é correto o entendimento quanto ao descarte da prova emprestada quando colhida em inquérito policial. Nesse sentido é o entendimento de Eduardo Talamini, Prova emprestada no processo civil e penal, p. 152, e de Paulo Osternack Amaral, *Provas*, p. 105.

48. Para a discussão do assunto, v.: Paulo Osternack Amaral, *Provas*, p. 104-140, e William Santos Ferreira, *Princípios fundamentais da prova cível*, p. 142-150.

49. Não há como concordar, em função da generalização, com o Enunciado n. 30 da I Jornada de Direito Processual Civil do CJF: "É admissível a prova emprestada, ainda que não haja identidade de partes, nos termos do art. 372 do CPC". É forçoso reconhecer, contudo, que aquela orientação encontra eco na jurisprudência mais recente do STJ, como faz prova o quanto decidido pela CE no EREsp 617.428/SP, rel. Min. Nancy Andrighi, j.un. 4-6-2014, *DJe* 17-6-2014, de cuja ementa se lê, de pertinente: "... 9. Em vista das reconhecidas vantagens da prova emprestada no processo civil, é recomendável que essa seja utilizada sempre que possível, desde que se mantenha hígida a garantia do contraditório. No entanto, a prova emprestada não pode se restringir a processos em que figurem partes idênticas, sob pena de se reduzir excessivamente sua aplicabilidade, sem justificativa razoável para tanto. 10. Independentemente de haver identidade de partes, o contraditório é o requisito primordial para o aproveitamento da prova emprestada, de maneira que, assegurado às partes o contraditório sobre a prova, isto é, o direito de se insurgir contra a prova e de refutá-la adequadamente, afigura-se válido o empréstimo".

50. O STF fixou a respeito a seguinte tese no RE 1.116.949/PR (Tema 1.041): "Sem autorização judicial ou fora das hipóteses legais, é ilícita a prova obtida mediante abertura de carta, telegrama, pacote ou meio análogo".

51. A 1ª Seção do STJ editou em 2017 a respeito sua Súmula 591, assim enunciada: "É permitida a prova emprestada no processo administrativo disciplinar, desde que devidamente autorizada pelo juízo competente e respeitados o contraditório e a ampla defesa". O tema, contudo, é controverso em sede de doutrina, como relatam amplamente William Santos Ferreira, *Princípios fundamentais da prova cível*, p. 110-112, e Paulo Osternack Amaral, *Provas*, p. 115-118.

valor probante no contexto em que colhida e produzida[52], devendo ser observado o contraditório prévio para essa finalidade quando de sua apresentação no processo em que se pretende ela seja utilizada[53].

2.9.1.2 *Prova "fora de terra"*

A depender do momento em que requerida, a prova tem o condão de suspender o processo. É o que se verifica no caso do art. 377: se a produção de prova *imprescindível*, por meio de carta precatória, carta rogatória ou auxílio direto, for requerida *antes* do saneamento (art. 357), o processo ficará suspenso, nos termos do art. 313, V, *b*, até a devolução ou efetivação daqueles atos de comunicação. São as chamadas "prova fora de terra", porque, em rigor, colhidas em juízo diverso, por um dos atos de comunicação referidos no art. 377.

A disciplina deve ser compreendida no sentido de constatar, de imediato, o grau de influência que a diligência requerida na carta precatória, rogatória ou no auxílio direto pode ter para o julgamento da demanda. Até por força da expressa remissão que o *caput* do art. 377 faz à alínea *b* do inciso V do art. 313, sua interpretação deve ser no sentido de que a suspensão do processo dependerá não apenas da necessidade de verificação de um determinado fato, ou da produção de certa prova, requisitada a outro juízo, mas do grau de *imprescindibilidade* dessa verificação ou desta constatação para o proferimento da sentença (que, nessa perspectiva, só pode ser de mérito)[54].

A regra, assim compreendida, diz respeito menos ao deferimento da prova do que ao seu impacto na suspensão do processo. É fundamental, para tanto, que a produção da prova seja considerada imprescindível, fundamental, portanto, à prolação da sentença. Importa discernir três hipóteses diversas.

A primeira é a do magistrado entender que a prova é supérflua ou desnecessária. Nesse caso, cabe a ele *indeferir* a produção da prova e, consequentemente, não expedir a carta precatória ou rogatória e nem pedir o auxílio direto.

A segunda é a do magistrado entender que a prova é pertinente, ele defere a expedição das cartas ou requer o auxílio. Tais iniciativas, entretanto, não serão, por si sós, óbices para o julgamento, embora o pedido de prova tenha sido formulado "antes do saneamento", isto

52. Assim, por exemplo, se as mensagens foram obtidas diretamente de computadores ou aplicativos de mensagem dos próprios investigados (a depender de prévia autorização judicial) ou nos computadores e aplicativos da própria empresa em que trabalhavam (a dispensar aquela iniciativa), como bem esclarecido no REsp 1.875.319/PR, julgado pela 6ª Turma do STJ, rel. Min. Nefi Cordeiro, j.un. 15-9-2020, *DJe* 23-9-2020.

53. STJ, CE, EREsp 617.428/SP, rel. Min. Nancy Andrighi, j.un. 4-6-2014, *DJe* 17-6-2014.

54. Cabe esclarecer, a propósito, que o art. 377 descende diretamente do art. 338 do CPC de 1973, na redação que lhe dera a Lei n. 11.280/2006. Antes daquela modificação, a suspensão do processo era determinada pelo mero pedido de produção de provas desde que formulado antes do saneamento, o que dava ensejo à formulação de requerimentos de caráter protelatório.

é, no início formal da fase instrutória. Não há, nesse caso, "automática" suspensão do processo, sempre dependente de decisão do magistrado nesse sentido[55].

A terceira e última hipótese diz respeito à suspensão do processo. A suspensão depende do caráter de imprescindibilidade da prova, assim considerada a prova sem a qual é inviável o julgamento de mérito.

Se se tratar de prova *útil*, *esclarecedora*, *complementar*, mas não *imprescindível*, não há como recusar que o processo mantenha a sua marcha e que ingresse na fase instrutória[56]. Em tais casos, em que não há suspensão do processo, a despeito da diligência que justificou a expedição da precatória ou da rogatória ou, ainda, a solicitação do auxílio direto, (a exemplo do que se dá naqueles outros em que finda o prazo de suspensão do processo), não há como recusar que o magistrado acabe, de uma forma ou de outra, convencendo-se de que uma das partes, mesmo o adversário daquela a quem, pelo menos em tese, a diligência que motivou a expedição da carta ou o pedido de auxílio poderia aproveitar, tem razão e, por isso, dando-se por satisfeito com a prova produzida até então, sentenciar.

Tal interpretação da regra afeiçoa-se não só ao limite de suspensão do processo estabelecido no § 4º do art. 313, mas também ao parágrafo único do art. 377, segundo o qual, não havendo suspensão do processo ou quando a devolução se der fora do prazo, a prova será juntada aos autos a qualquer momento, avaliando-a o magistrado consoante o caso, quiçá até mesmo em sede de apelação (art. 1.014).

Na impossibilidade da produção *e* avaliação da prova em sede recursal ou, ainda, porque já houve trânsito em julgado da decisão, a hipótese poderá autorizar ação rescisória a ser proposta com fundamento no inciso VII do art. 966, isto é, documento novo.

2.9.1.3 *Produção antecipada de prova*

Pode ocorrer, por fim, de a prova ser *antecipada*, no sentido de sua produção dar-se fora do instante procedimental que, como regra, é-lhe reservado pelas leis de processo.

O CPC de 2015 aboliu todos os procedimentos cautelares específicos, ou o que se mostra mais correto, o novo Código *desformalizou* muitos daqueles procedimentos, preservando a *substância* de determinados procedimentos cautelares específicos, sem a sua *forma exterior*, que, como a boa doutrina já reconhecia havia décadas, inclusive com o apoio das edições anteriores deste *Curso* nada contribuía para compreensão de determinados institutos, menos ainda sob as pesadas vestes de "cautelares". Entre as medidas afetas com essa iniciativa en-

55. A prática forense sempre se referiu à hipótese como de cartas precatórias ou rogatórias (e, agora, pedidos de auxílio direto) com ou sem efeito suspensivo.

56. É o que decidiu, com inteiro acerto, a 3ª Turma do STJ no REsp 1.132.818/SP, rel. Min. Nancy Andrighi, j.un. 3-5-2012, *DJe* 10-5-2012, com a honrosa menção às edições anteriores do v. 2, t. I, deste *Curso*.

contra-se o da produção de provas[57], que acabou ganhando disciplina diferenciada do Código de Processo Civil, que dedicou a ela a Seção II do Capítulo XII do Título I do Livro I da Parte Especial, arts. 381 a 383.

O art. 381 assegura o direito de a produção da prova ser antecipada nas condições indicadas em seus três incisos, dos quais somente o inciso I traz à mente a tradicional (e insubsistente) "cautelar de produção de provas", isto é, quando houver fundado receio de que venha a tornar-se impossível ou muito difícil a verificação de certos fatos na pendência do processo. É o caso, por exemplo, de serem feitas obras de recuperação da estrutura de um prédio que está para desabar, mas ser imprescindível a realização de perícia técnica para apurar as causas daquela falha estrutural ou da testemunha enferma que precisa ser ouvida o quanto antes porque essencial para esclarecer as circunstâncias de fato em que determinado acidente ocorreu.

Chama a atenção a expressa previsão do inciso II do art. 381, novidade para o direito processual civil brasileiro, que admite a medida com o ânimo de viabilizar a *autocomposição* ou outro meio adequado de solução do conflito, iniciativa que vai ao encontro do § 3º do art. 3º.

Também é digno de destaque o inciso III do mesmo dispositivo, que autoriza a produção da prova antecipada mesmo quando não há perigo na sua colheita e conservação, mas, bem diferentemente, porque o prévio conhecimento dos fatos pode justificar ou evitar o ingresso no Poder Judiciário.

Essas duas hipóteses, as dos incisos II e III do art. 381, não dependem, diferentemente do que exige o inciso I do mesmo dispositivo, de urgência para justificar sua *necessidade*. São situações que já eram conhecidas de parcela da doutrina brasileira e que traz à tona a discussão sobre existir (e existe) um direito autônomo à colheita da prova[58], valendo-se, para tanto, do Estado-juiz[59].

O § 1º do art. 381 reserva a mesma finalidade (e o mesmo *procedimento*) da produção antecipada de provas para o arrolamento de bens quando voltado à sua *documentação*, e não

57. Para o que aqui interessa, v. a discussão travada a respeito do antigo procedimento cautelar de produção antecipada de provas, regulado pelos arts. 846 a 851 do CPC de 1973, no Capítulo 7 da Parte III do v. 4 das edições anteriores ao CPC de 2015 deste *Curso*.

58. Os trabalhos monográficos pioneiros sobre o tema foram de Flávio Luiz Yarshell, *Antecipação da prova sem o requisito da urgência e direito autônomo à prova*, e de Daniel Amorim Assumpção Neves, *Ações probatórias autônomas*.

59. A ressalva se justifica porque não há óbice para que as próprias partes entrem em acordo quanto à necessidade e/ou comodidade de produzir prova antes ou durante o processo ou independentemente dele por iniciativa própria e sem a intermediação do Judiciário. É hipótese que merece ser compreendida como fundamento de negócio processual nos termos do art. 190. A possibilidade de *produção* de prova a partir do consenso, contudo, nada diz sobre a vinculação do magistrado em eventual processo judicial (ou arbitral) em que ela seja oportunamente produzida. Para a discussão do assunto, v., com proveito, as considerações de Júlio Guilherme Muller em seu *Negócios processuais e desjudicialização da produção da prova*, esp. p. 255-298.

à sua apreensão. Também aqui, a regra é significativa da abolição (*desformalização*) de mais um dos procedimentos cautelares específicos do CPC de 1973[60].

O arrolamento aí autorizado diz respeito à *pesquisa* sobre quais bens integram o patrimônio de alguém e dependem, na perspectiva do direito material, de ser demonstrada não só a *legitimidade*, mas também o *interesse* na sua realização.

O § 5º do art. 381, por seu turno, dá a mesma disciplina *desformalizada* à "justificação", que também (e coerentemente) deixou de ter disciplina própria, entre os "procedimentos cautelares específicos"[61]. Destarte, basta a quem pretender justificar a existência de algum fato ou relação jurídica, para simples documentação e sem caráter contencioso, expor sua intenção em petição dirigida ao juízo competente, explicando a razão de seu intuito.

De acordo com o § 2º do art. 381, é competente para apreciar o pedido de produção antecipada o "juízo do foro onde essa deva ser produzida ou do foro de domicílio do réu". Trata-se de hipótese de concorrência de foro, a impor escolha devidamente justificada pelo autor em sua petição inicial.

O § 3º do dispositivo afasta a prevenção do juízo perante o qual o pedido tramitou para o futuro (embora não necessário) processo em que a prova será efetivamente produzida[62]. Assim, independentemente da postulação a ser feita oportunamente e por maior importância que a prova colhida anteriormente possa ter para embasar o pedido de tutela jurisdicional, a petição inicial respectiva deverá ser dirigida ao órgão jurisdicional competente, assim entendido o que derivar das regras aplicáveis desde o modelo constitucional do direito processual civil. Pode até ocorrer que o novo processo seja distribuído para o mesmo juízo anterior, não, contudo, por força da prevenção, expressamente afastada.

O § 4º do art. 381 reconhece a competência da justiça estadual para a produção antecipada de provas requerida em face da União Federal, autarquia ou empresa pública federal, quando a localidade não for sede de vara federal. A previsão, que estava em consonância com a autorização prevista na redação original do § 3º do art. 109 da Constituição Federal, perdeu seu fundamento de validade com o advento da EC n. 103/2019, que limitou a possibilidade de atuação da Justiça Estadual em processos envolvendo entidades federais aos conflitos entre segurado e instituição de previdência social.

O art. 382 estabelece o *procedimento* a ser observado para formulação do pedido de antecipação de provas.

---

60. A referência é feita aos arts. 846 a 850 do CPC de 1973. Para sua análise, v. o Capítulo 9 da Parte III o v. 4 das edições anteriores ao CPC de 2015 deste *Curso*.
61. A justificação era disciplinada pelos arts. 861 a 866 do CPC de 1973. Para seu exame no direito anterior, v. o Capítulo 10 da Parte III do v. 4 das edições anteriores ao CPC de 2015 deste *Curso*.
62. Trata-se da mesma orientação que, para a produção antecipada de provas, já vigorava em sede de doutrina e de jurisprudência, como se pode ver do n. 3.1 do Capítulo 7 da Parte III do v. 4 das edições anteriores ao CPC de 2015 deste *Curso*.

Na petição inicial, o requerente indicará com precisão os fatos sobre os quais a atividade probatória recairá (art. 382, *caput*). Importa observar que a singeleza da regra não afasta a observância das exigências do art. 319, inclusive a relativa ao valor da causa.

De acordo com o § 1º do art. 382, o contraditório deve ser observado, a não ser que a medida não ostente caráter contencioso. A previsão merece ser compreendida com ressalvas mais amplas porque não há como a lei excepcionar o contraditório quando for possível identificar o interessado, a não ser que haja *urgência*, o que até pode ocorrer (art. 381, I), mas não é o que cogita o dispositivo em exame. A existência ou não de litígio ("caráter contencioso") é, ademais, questão relativa, que pode ser alterada a depender do resultado da colheita das provas (inclusive pela ausência de prévio contraditório na sua realização). Essa orientação, que decorre do modelo constitucional do direito processual civil, deve ser observada ainda por quem queira ver, no § 1º do art. 382, manifestação de "jurisdição voluntária", a ser desenvolvida em favor único do autor. Não há como a lei querer se desviar do modelo constitucional, já que se regula a atuação do Estado-juiz. Assim, é irrecusável, mesmo em tais hipóteses, que a parte contrária, quando indicada, tenha, quando menos, ciência da iniciativa do autor.

É possível a cumulação de pedidos para que mais de uma prova relativa ao mesmo fato seja antecipada (art. 382, § 3º). Como em qualquer caso de cumulação de pedidos, a eficiência processual é fator determinante, no que é claro o dispositivo ao vedar a iniciativa quando a "produção conjunta acarretar excessiva demora".

O § 4º do art. 382 veda defesa ou recurso, salvo contra o indeferimento total relativo à prova. O dispositivo, para não atritar com os princípios do contraditório e da ampla defesa, componentes do modelo constitucional do direito processual civil, deve ser interpretado no sentido de que o que está proscrito do procedimento são as discussões relativas à *avaliação* da prova, que serão feitas *a posteriori*. Do mesmo modo que não há como subtrair do magistrado o *dever* de agir, ainda que oficiosamente, quanto à regularidade do processo e da colheita da prova, não é dado impedir que o réu se manifeste em idêntico sentido[63].

Importa sublinhar a observância do contraditório, a despeito do *texto* do § 1º do art. 382, ressalvada a única hipótese da ocorrência de urgência, apta a justificar o pedido com fundamento no inciso I do art. 381. Para o que interessa sublinhar, o interessado (réu) na produção antecipada de provas tem o direito de constatar se as regras relativas a cada um dos meios de prova estão sendo suficientemente observadas.

Determinadas e produzidas as provas, o magistrado proferirá decisão que coloque fim ao processo. É vedado que ele se pronuncie sobre o fato cuja antecipação da prova recai (art. 382, § 2º), é dizer, a ele é vedado *avaliar* a prova, limitando-se a *deferir* o pedido relativo à sua *proposição* e a determinar sua respectiva *produção*. O limite é correto e se justifica pela própria finalidade da medida, que é a de *colher* a prova, sem que a iniciativa gere qualquer

63. É o entendimento do Enunciado n. 32 da I Jornada de Direito Processual Civil do CJF: "A vedação à apresentação de defesa prevista no art. 382, § 4º, do CPC, não impede a alegação pelo réu de matérias defensivas conhecíveis de ofício".

vinculação ao juízo (não só estatal, mas também o arbitral) que, eventualmente, venha a conhecer dela para fins de sua valoração.

Eventuais custas processuais deverão ser fixadas e correrão, se não adiantadas, por conta do autor.

Honorários advocatícios, por sua vez, serão fixados consoante as diretrizes do art. 85, quando houver o "caráter contencioso" a que faz referência o § 1º do art. 382[64]. É orientação que, além de se mostrar harmônica com as hipóteses em que a iniciativa pressupõe o consenso entre as partes (que, certamente, também estarão consertadas com relação aos honorários de seus advogados), traz à mente a distinção que já era bem aceita pela doutrina e pela jurisprudência à época do CPC de 1973[65].

O art. 383, por fim, estabelece que os autos em que a prova foi antecipada devem permanecer em cartório pelo prazo de um mês para extração de cópias e certidões pelos interessados. Com o término daquele período, eles serão entregues a quem formulou o pedido para os devidos fins, observando a própria razão de sua iniciativa à luz dos incisos do art. 381. A previsão pressupõe a existência de autos físicos, em papel.

Inexiste, no CPC de 2015, diferentemente do que a se poderia querer entender com relação à *cautelar* de produção antecipada de provas, prazo para que a prova colhida antecipadamente seja utilizada em juízo[66]. Até porque sua colheita pode ser fundamento suficiente para *evitar* qualquer outro processo, o que se harmoniza com os incisos II e III do art. 381.

2.10 Direito intertemporal

As modificações trazidas pelo CPC de 2015 a respeito do direito probatório – e não são poucas – só têm plena aplicação às provas que tenham sido requeridas (pelas partes e por eventuais intervenientes) ou determinadas de ofício (isto é, pelo próprio magistrado) a partir da data de início de sua vigência[67]. Não faz diferença, portanto, que o processo tenha tido início antes da entrada em vigor do Código de Processo Civil (art. 1.045), ou até, mesmo, que a fase instrutória já tenha ocorrido e, por exemplo, tenha sido determinada a sua *rea-*

---

64. Neste sentido é o Enunciado n. 118 da II Jornada de Direito Processual Civil do CJF: "É cabível a fixação de honorários advocatícios na ação de produção antecipada de provas na hipótese de resistência da parte requerida na produção da prova".

65. Para essa demonstração, v. o n. 6 do Capítulo 7 da Parte III do v. 4 das edições anteriores ao CPC de 2015 deste *Curso*.

66. Nesse sentido, ecoando a distinção entre "ação cautelar" e "ação principal", típica do CPC de 1973, é o Enunciado n. 50 da I Jornada de Direito Processual Civil do CJF: "A eficácia da produção antecipada de provas não está condicionada a prazo para a propositura de outra ação".

67. Quanto ao ponto, cabe lembrar a polêmica enfrentada no n. 3 do Capítulo 1 da Parte I do v. 1 sobre a exata data em que o CPC de 2015 entrou em vigor. A ampla maioria defende o dia 18 de março de 2016; este *Curso*, o dia anterior, 17 de março de 2016.

bertura por alguma razão, inclusive, para citar a situação mais corriqueira, de reconhecimento de nulidade do julgamento já efetuado por cerceamento de defesa. O que importa para a aplicação das regras de direito probatório do Código de Processo Civil é que a atividade probatória tenha início sob sua égide.

3. MEIOS DE PROVA

A expressão "meios de prova" quer designar as formas pelas quais se podem produzir provas em juízo, isto é, como as informações relevantes e pertinentes para a prestação da tutela jurisdicional são levadas ao processo e, consequentemente, à apreciação do magistrado.

Os chamados "meios" não se confundem com as *fontes* de provas, que são os elementos externos ao processo dos quais se retiram informações para compreensão do alegado.

Os meios de prova, todos eles, sem exceção, atuam no plano da *instrução*, no plano da formação da cognição judicial, buscando convencer o magistrado de que os fatos articulados pelas partes e por eventuais terceiros ocorreram ou não. São, por isso mesmo, técnicas processuais que têm como finalidade extrair das *fontes* de prova o que é relevante e pertinente para a formação da convicção judicial.

Os "meios de prova" expressamente disciplinados pelo Código de Processo Civil são os seguintes: ata notarial, depoimento pessoal, confissão, exibição de documento ou coisa, documentos (inclusive os eletrônicos), testemunhas, perícia e inspeção judicial. O art. 212 do Código Civil, como demonstra o n. 2.3, *supra*, não interfere na identificação de tais técnicas.

A respeito dos "meios de prova" é bastante frequente a questão sobre se existe, ou não, hierarquia entre eles. A melhor resposta é a negativa. Nenhum meio de prova é mais importante que o outro. O que pode ocorrer – e ocorre com alguma frequência – é que a própria lei (material ou processual) exija uma específica prova como inerente à própria substância do ato. Isso, contudo, não transforma um *meio* de prova, abstratamente considerado, em algo hierarquicamente superior a outro. O que ocorre, diferentemente, é que, para determinadas situações, o próprio direito exige, como da substância do ato, uma específica *forma*, que é, em última análise, a única maneira de comprovar a sua existência. É o que se dá, por exemplo, com a propriedade do bem imóvel (que se prova pelo registro, art. 1.245, §§ 1º e 2º, do CC); com o casamento (que se prova pela certidão respectiva, art. 1.543 do CC) e com a dívida ativa da Fazenda Pública (que se comprova pela certidão de dívida ativa devidamente inscrita, arts. 2º e 3º da Lei n. 6.830/80), apenas para dar alguns exemplos.

Para essas específicas situações é que se pode falar não em hierarquia de prova, mas de uma prova específica, uma "prova *legal*", ou, como referem os arts. 215, *caput*, e 225 do Código Civil, uma "prova *plena*". O art. 406 refere-se, para admiti-la, à hipótese.

O que ocorre é que o alcance do princípio do convencimento motivado do juiz tem aptidão para, mesmo diante desses casos, levar o magistrado a, valendo-se de outros meios de prova que se façam necessários diante das circunstâncias de cada caso concreto, relativizar o rigor que decorreria das chamadas "provas *legais*" (ou "plenas"), isto é, os meios de prova exigidos pela lei.

A existência de "meios de prova" expressamente previstas, isto é, *tipificadas* pelo legislador, não é óbice para que quaisquer outros meios, desde que respeitantes dos demais valores do ordenamento, possam ser utilizados pelas partes, pelos terceiros e, até mesmo, pelo próprio magistrado de ofício para idêntica finalidade. É consequência que decorre do princípio da *atipicidade* das provas.

Os números seguintes voltam-se ao estudo de cada um dos meios de prova disciplinados pelo Código de Processo Civil.

3.1 Ata notarial

A ata notarial é novidade desconhecida, como prova *típica*, pelo CPC de 1973.

De acordo com o art. 384, "A existência e o modo de existir de algum fato podem ser atestados ou documentados, a requerimento do interessado, mediante ata lavrada por tabelião". O parágrafo único, em complementação, admite que também "Dados representados por imagem ou som gravados em arquivos eletrônicos poderão constar da ata notarial".

A ata notarial merece ser compreendida como o meio de prova em que o tabelião atesta ou documenta a existência e/ou o modo de existir algum fato, mesmo que sejam dados representados por imagem ou som gravados em arquivos eletrônicos. Nesse caso, o que fará o tabelião é ver e/ou ouvir os tais arquivos eletrônicos e descrever, na ata, o que viu e/ou ouviu, vale dizer, descrever o conteúdo dos arquivos eletrônicos, imprimindo em papel, até mesmo, o que é passível de impressão, como, por exemplo, dá-se com páginas da internet, de redes sociais, de mensagens eletrônicas e assim por diante.

Trata-se de regra importante que o Código e Processo Civil evidencia e *tipifica* e que já vinha sendo usada, com inegável proveito, pela prática do foro. Seja porque o tabelião tem fé pública, e, nesse sentido, é correto *presumir* que o conteúdo da ata que lavra é verdadeiro, mas também porque as circunstâncias evidenciadas pelo *caput* de "atestar ou documentar" a existência de algum fato ou o modo de existir algum fato clamam, muitas vezes, por urgência que nem mesmo a "produção antecipada de provas" pode dar ao interessado.

É imaginar a situação em que alguém se sente ofendido por perfil em rede social, propaganda que se reputa enganosa publicada em página da internet e coisas do tipo, em que a velocidade e a possibilidade de alteração são diretamente proporcionais à velocidade de sua propagação.

A ata notarial também tem sido bastante utilizada em licitações públicas, a permitir que o tabelião coloque em ata tudo o que viu e/ou ouviu a respeito da abertura das propostas e do comportamento de todos os licitantes. Vez ou outra os jornais noticiam que resultados de licitações eram conhecidos previamente e que havia documentação disso em algum cartório. Coincidência? Vidência? É o magistrado que, avaliando a respectiva ata notarial e as demais provas relativas ao fato, responderá[68].

Importa destacar e enaltecer com relação a esse meio de prova o reconhecimento da importância desse suporte para levar ao magistrado os acontecimentos para os fins anunciados pelo dispositivo, inclusive quando extraídos do mundo eletrônico e/ou cibernético.

Silente o Código de Processo Civil a respeito do regime de seu deferimento, produção e avaliação, é correto entender o emprego, por analogia, do que a esse respeito os arts. 405 a 438 reservam para a prova documental. O entendimento é tanto mais correto porque a ata notarial não deixa de ser, em sentido amplo, um "documento *público*".

3.2 Depoimento pessoal

A Seção IV do Capítulo XII ("das provas") do Título I ("do procedimento comum") do Livro I ("do processo de conhecimento e do cumprimento de sentença") da Parte Especial do Código de Processo Civil, que compreende os arts. 385 a 388, disciplina o chamado "depoimento pessoal".

O "depoimento pessoal" referido genericamente quer significar o meio de prova segundo o qual as próprias *partes* são ouvidas pelo magistrado a respeito dos fatos controvertidos. E, a partir de uma leitura conjunta dos dispositivos já mencionados, a oitiva das partes sobre os fatos controvertidos acaba por poder favorecer uma delas na exata medida em que haja, por uma, o reconhecimento de que o fato (ou fatos) sobre o qual (os quais) depõe realmente ocorreu (ocorreram) (art. 389). É nesse contexto amplo que o art. 379, I, impõe como dever das partes o de "comparecer em juízo, respondendo ao que lhe for interrogado".

É meio de prova *pessoal* e, por isso mesmo, consiste na oitiva de alguém, em regra na audiência de instrução e julgamento (art. 361, *caput*). Para sua configuração, contudo, impõe-se que a oitiva seja do *autor* ou do *réu*. Se se tratar da oitiva de *terceiro*, isto é, todo aquele que não for nem autor nem réu, o *meio* de prova reservado pelo direito processual civil brasileiro para a sua ouvida no processo é o da prova testemunhal. Para o sistema processual

---

68. A Carta de Tiradentes traz dois enunciados que relacionam a ata notarial e o usucapião extrajudicial criado pelo art. 1.071. São eles: "Enunciado n. 29: A decisão proferida pelo Oficial Registrador é o título hábil a ser lançado na matrícula do imóvel no pedido de reconhecimento extrajudicial de usucapião. A ata notarial constitui um dos meios de prova, conforme o disposto no art. 216-A, I, da Lei n. 6.015, de 31 de dezembro de 1973, na redação dada pelo art. 1.071 do Novo CPC" e "Enunciado n. 31: A Ata Notarial para o procedimento extrajudicial da usucapião deve ser lavrada pelo Tabelião de Notas da comarca na qual estiver situado o imóvel usucapiendo".

civil brasileiro, nem o autor e nem o réu *testemunham* em juízo. Eles, diferentemente, prestam "depoimento pessoal", o que, do ponto de vista de seus respectivos regimes jurídicos, é bastante diverso.

Com relação aos terceiros cabe uma observação. Pode acontecer que um terceiro, ao intervir no processo, passe a ser *parte*. Uma vez admitido como tal, a atuação processual do interveniente, isto é, as posições que pode (ou, até mesmo, que *deve*) assumir são idênticas às das partes e, por isso, pode ele, o interveniente, porque passou a ser parte, prestar depoimento pessoal nas condições aqui examinadas[69].

A formulação tradicional, de prova prestada pela parte a pedido da outra (que, em verdade, busca a *confissão*, como se verifica do § 1º do art. 385 e se confirma com o art. 389), foi preservada pelo Código de Processo Civil. Em rigor, aliás, é a única com a qual a seção aqui estudada se ocupa. Importa distinguir, contudo, a despeito da falta de clareza dos arts. 385 a 388, três *meios* de prova que, embora gravitem em torno da figura do "depoimento pessoal", aceitam algumas consequências processuais diversas e que, por isso mesmo, devem ser apontadas separadamente: o interrogatório, o depoimento pessoal propriamente dito e o depoimento pessoal por iniciativa da própria parte.

3.2.1 Depoimento pessoal propriamente dito

O depoimento pessoal propriamente dito é o meio de prova em que se pretende obter da parte que depõe a *confissão* dos fatos relevantes e pertinentes para a causa, isto é, o reconhecimento de sua veracidade, assunto que o Código de Processo Civil acaba por regular nos arts. 389 a 395, para os quais se volta o n. 3.3, *infra*.

O depoimento pessoal, tal qual disciplinado pelo Código de Processo Civil, vai além da mera oitiva das partes sobre os fatos porque o trata como meio de prova voltado precipuamente à obtenção da *confissão* dos fatos, o que, nos termos do inciso II do art. 374, dispensa a parte contrária de provar aquele mesmo fato, já suficientemente provado pela confissão.

Tanto assim que, de acordo com o *caput* do art. 385, o depoimento pessoal é pedido pela parte contrária: é o autor que pretende ouvir o réu em depoimento pessoal e, inversamente, é o réu que pode pretender ouvir o depoimento pessoal do autor.

A parte deve ser pessoalmente intimada para prestar o "depoimento pessoal", devendo ser advertida desde então da "pena de confesso", isto é, que seu não comparecimento ou, se comparecer, sua recusa a depor, poderão ensejar a presunção de veracidade dos fatos contra ela alegados (art. 385, § 1º).

69. Correto entender, por isso mesmo, que um litisconsorte pode pedir o depoimento pessoal do outro. A hipótese é aplaudida pelo Enunciado n. 584 do FPPC: "É possível que um litisconsorte requeira o depoimento pessoal do outro".

O art. 386, a esse respeito, impõe ao magistrado o dever de avaliar o depoimento tal qual prestado, para verificar em que medida a hipótese comporta que o fato sobre o qual a parte depôs pode, ou não, ser considerado verdadeiro, isto é, em que medida houve, ou não, "recusa de depor". O dispositivo impõe que esse exame seja feito com "as demais circunstâncias e elementos de prova", enaltecendo, por isso mesmo, o princípio do convencimento motivado do juiz.

Se a hipótese for de produção do depoimento pessoal propriamente dito, importa destacar que a intimação da parte deve se dar pessoalmente, sendo insuficiente a sua intimação por intermédio do seu procurador, mesmo quando se tratar de advogado privado. Não há por que entender, contudo, que essa intimação seja feita necessariamente pelo oficial de justiça, porque ela pode preferencialmente ser feita pelo correio e, até mesmo, por meios eletrônicos (art. 270). A intimação será dirigida ao endereço que consta dos autos, que se presume o correto nos termos do parágrafo único do art. 274. A própria razão do não comparecimento da parte pode ser examinada pelo juiz para afastar as consequências dos §§ 1º e 2º do art. 385, levando em conta, até mesmo, o disposto no parágrafo único do art. 449.

O depoimento pessoal é realizado na audiência de instrução e julgamento (art. 361, II, e art. 385, *caput*). Quando a parte não puder, contudo, comparecer à audiência por motivo de doença ou outro motivo relevante, mas, nem por isso, estiver impossibilitada de depor, o juiz designará dia, hora e lugar para inquiri-la (art. 449, parágrafo único).

À falta de qualquer regra específica e ressalvada a fixação de prazo específico pelo próprio magistrado (de ofício ou a pedido das partes) na decisão que declara saneado o processo e que defere a produção do depoimento pessoal, deve prevalecer o entendimento de que a intimação da parte deve seguir a mesma regra estabelecida pelo § 4º do art. 357 para a prova testemunhal. Assim, cabe às partes requerer, providenciando o que for necessário, a intimação da parte nos quinze dias (úteis) que se seguirem à decisão de saneamento e organização do processo.

3.2.2 Interrogatório

O interrogatório, também chamado de "interrogatório *livre*" ou "interrogatório *informal*", de acordo com João Batista Lopes[70], deve ser entendido como a determinação de uma das partes, autor ou réu, ser questionada pelo magistrado sobre os fatos relevantes e pertinentes da causa. A convocação pode se dar de ofício ou a pedido das partes, nos termos do *caput* do art. 385, robustecido, na perspectiva que aqui cabe acentuar, pelo inciso VIII do art. 139.

O "interrogatório" pode ser determinado em qualquer instante do procedimento, não havendo necessidade de ele ser reservado apenas e tão somente à audiência de instrução e julgamento, embora seja aquela audiência o momento mais propício para que ele se realize.

70. *Curso de direito processual civil*, p. 110, e *A prova no direito processual civil*, p. 107-110, respectivamente.

Nesse formato – é este seu traço distintivo –, é vedada a aplicação da pena de confesso, no que é expresso o inciso VIII do referido art. 139.

3.2.3 Depoimento pessoal por iniciativa da parte

Há uma terceira maneira de compreender o depoimento pessoal, raramente tratada pela doutrina ou pela jurisprudência, que é a de permitir que a *própria* parte se dirija a juízo para narrar ou esclarecer o que ocorreu ou deixou de ocorrer.

A despeito de o *caput* do art. 385 referir-se ao depoimento pessoal (propriamente dito) a pedido da parte contrária e, até mesmo, de ofício, não há nenhum óbice sistemático para concluir pela admissão de a própria parte pretender depor em juízo, independentemente de determinação judicial ou de pedido formulado pela parte contrária, prestar seu depoimento em juízo para esclarecer os fatos relevantes e pertinentes sobre os quais versa o processo. Justamente porque a prova não é expressamente prevista pelas leis processuais civis brasileiras é que ela deve ser entendida como prova *atípica* e, nessa medida, admitida.

Porque a hipótese retratada não pressupõe o pedido da parte contrária – até porque, fosse assim, a hipótese seria a de depoimento pessoal propriamente dito –, não deve ser aplicada à hipótese a pena de confissão tal qual prevista nos §§ 1º e 2º do art. 385. À hipótese merece ter aplicação, destarte, a mesma ressalva constante do inciso VIII do art. 139.

Não há, com efeito, como emprestar à espécie o *mesmo* regime jurídico que a lei processual civil reserva para o depoimento pessoal propriamente dito, presumindo-se da não apresentação de qualquer resposta ou, por qualquer razão, da recusa de produzir a prova com a qual a parte voluntariamente se comprometeu, a confissão, já que se trata de prova atípica.

A conclusão não obsta, de qualquer sorte, a que o comportamento da parte, levando em conta, como deve ser, sua própria iniciativa, seja levada em consideração, analogicamente ao que prevê o art. 386 para, em conjunto com o restante do acervo probatório, viabilizar a formação da convicção do magistrado, que deverá motivar a sua decisão, considerando-o expressamente.

3.2.4 Produção

Não subsiste, no CPC de 2015, regra como a do *caput* do art. 344 do CPC de 1973, que direcionava à colheita do depoimento pessoal as mesmas regras então estabelecidas para a oitiva das testemunhas.

A falta de regra específica, contudo, não é óbice para emprestar ao depoimento pessoal a mesma técnica de inquirição, inclusive no que diz respeito – e essa é importante novidade do Código de Processo Civil – aos próprios procuradores formularem diretamente a pergunta ao depoente (art. 459)[71]. A autorização, contudo, não inibe que o próprio magistrado formule as perguntas que entenda relevantes e oportunas, independentemente de haver relação com o que anteriormente perguntado pelo procurador.

Superadas as questões sobre a regularidade da intimação da parte para depor pessoalmente, com a necessária advertência sobre em que situações pode ser aplicada a "pena de confesso", a regra é que o depoimento pessoal seja prestado na audiência de instrução e julgamento, *preferencialmente* após a eventual oitiva do perito e dos assistentes técnicos e antes da oitiva das testemunhas (art. 361, II).

Havendo pedido de depoimento pessoal de ambas as partes, primeiro será ouvido o autor (ou autores, em se tratando de litisconsórcio ativo) e depois o réu (ou réus, havendo litisconsórcio passivo), também aqui como estabelece o inciso II do art. 361.

O depoimento pessoal na sua formulação tradicional tem como objetivo precípuo obter da parte contrária a *confissão* dos atos, isto é, a admissão, como verdadeiros, de fatos que lhe são prejudiciais (art. 385, § 1º, e art. 389). A *avaliação* do depoimento para esse fim, contudo, é tarefa que cabe ao magistrado, que deverá, como sói ocorrer em função do princípio do convencimento motivado do juiz, analisar eventual recusa em responder ou o emprego de evasivas (art. 386) ou, até mesmo, o não comparecimento, a despeito de regular intimação, ou a recusa em responder às perguntas do magistrado (art. 385, § 1º).

A parte deverá responder às perguntas que lhe forem dirigidas pessoalmente. Não poderá servir-se de escritos preparados anteriormente, ressalvadas notas breves que possam *completar* os esclarecimentos por ela prestados. A regra, que está no art. 387, quer prestigiar a espontaneidade do depoimento pessoal e deve ser prestigiada, inclusive, para viabilizar a escorreita *avaliação* da prova.

Questão interessante a esse respeito é saber se a parte pode se fazer representar por procurador no depoimento pessoal, dada a pessoalidade que caracteriza esse meio de prova. A resposta é positiva, desde que o procurador tenha condições legítimas de se manifestar sobre os fatos subjacentes ao processo e, em se tratando de depoimento pessoal propriamente dito, tenha poderes expressos para confessar.

Em se tratando de pessoa jurídica, é comuníssima a hipótese de comparecerem para prestar o depoimento pessoal (independentemente da modalidade) não os seus "representantes", isto é, aqueles que, pelo contrato social ou pelos estatutos, podem agir em nome da sociedade, mas, diferentemente, pessoas (naturais) que, em nome da pessoa jurídica, agem negociando, vendendo, comprando e praticando os mais diversos negócios jurídicos. Essas pessoas, usualmente chamadas de "prepostos", devem ser admitidas para prestar o depoimento pessoal jus-

71. No mesmo sentido é o Enunciado n. 33 da I Jornada de Direito Processual Civil do CJF: "No depoimento pessoal, o advogado da contraparte formulará as perguntas diretamente ao depoente". A ressalva feita pelo Enunciado quanto às perguntas serem formuladas pelo "advogado da contraparte" pressupõe que a hipótese seja de depoimento pessoal propriamente dito, temeroso da viabilidade da aplicação da pena de confesso. Este *Curso* não aceita a restrição.

tamente porque são elas, comumente com mais riqueza de detalhes do que os próprios "representantes" da sociedade, que conhecem os fatos pertinentes e relevantes para a causa, e, consequentemente, que precisam ser esclarecidos. Os prepostos, nessas condições, podem, até mesmo, *confessar* – objetivo último do depoimento pessoal propriamente dito –, razão pela qual devem ser devidamente identificados como tais pelos representantes da sociedade e reconhecidos poderes expressos para a confissão (art. 661, § 1º, do CC). A não se pensar assim, a razão dessa específica modalidade de prova pode acabar restando esvaziada.

É importante frisar esta última observação. Por força da especial característica do "depoimento pessoal", é importante que o procurador, além do conhecimento dos fatos sobre os quais se manifestará, tenha poderes expressos para *confessar* porque é da essência daquele meio de prova a obtenção da confissão. Em sendo o advogado o procurador nomeado para essa finalidade, a procuração deve ter poderes expressos, nos termos do art. 105.

Com relação à produção do depoimento, cabe, ainda, destacar duas regras.

A primeira é a do § 2º do art. 385, segundo a qual a parte que não prestou depoimento não pode ouvir o da outra. Trata-se de regra que merece ser interpretada de maneira recíproca, mas na negativa: nenhuma parte deve ouvir depoimento da outra, sob pena de romper com a isonomia (art. 5º, *caput* e inciso I, da CF e art. 7º do CPC). Até porque é irrecusável que a presença de uma parte pode, de alguma forma, influir no depoimento da outra – por ter aptidão de causar temor, constrangimento ou outros sentimentos quaisquer –, o que deve ser obstaculizado pelo magistrado[72].

A segunda regra está no § 3º do art. 385. Trata-se de importante inovação em relação ao CPC de 1973, que passa a admitir expressamente a colheita do depoimento pessoal por meio de videoconferência ou recurso tecnológico equivalente, inclusive durante a audiência de instrução e julgamento. A disponibilização de tais meios pelo Poder Judiciário é garantida pelo § 2º do art. 453, que, a despeito de estar localizado na prova testemunhal, não tem o condão de *limitar* o meio de prova a ser produzido pelos avanços tecnológicos.

Durante a pandemia do coronavírus, a prática acabou sendo generalizada, por força de resoluções do CNJ e de atos expedidos pelos diversos Tribunais. Como as audiências realizadas em meio eletrônico buscam a realização de atos processuais em tempo *real*, o prejuízo para a *oralidade* que preside a prática daquele ato tende a ser reduzidíssimo, se não inexistente.

O grande desafio com relação ao tema – e que se harmoniza com o que está no referido § 2º do art. 453 e com a interpretação a ele dada por este *Curso* – é a disponibilização de aparelhos e de meios tecnológicos necessários para viabilizar a *efetiva* participação das partes

72. Em função da posição assumida no texto este *Curso* não pode concordar com o Enunciado n. 6 do CEAPRO, segundo o qual: "No depoimento pessoal, a parte contrária deve ter o mesmo tratamento da parte depoente, ou seja, cabe ao magistrado a definição prévia acerca da permanência das partes quando do depoimento da parte contrária".

e de seus procuradores em tais atos. Nem poderia ser diferente, sem causar atrito com o inciso XXXV do art. 5º da Constituição Federal.

3.2.5 Recusa

O *caput* do art. 388 indica as hipóteses em que é lícita a recusa da parte de responder, sem que se possa presumir, de seu silêncio, a veracidade dos fatos alegados.

As hipóteses que merecem ser aplicadas a quaisquer das modalidades de depoimento pessoal são as seguintes: (i) quando se tratar de fatos criminosos ou torpes que lhe sejam imputados; (ii) sobre os quais, em função de estado ou profissão, deva guardar sigilo[73]; (iii) acerca dos quais não possa responder sem desonra própria, de seu cônjuge ou companheiro ou de parente em grau sucessível[74], ou, por fim, (iv) quando os fatos sobre os quais a parte é questionada coloquem em perigo sua vida ou a de seu cônjuge, companheiro ou parente em grau sucessível.

O parágrafo único do art. 388 ressalva alguns casos em que aquelas escusas não devem prevalecer, porque, na visão do legislador, há interesses maiores em jogo que merecem ser prestigiados. São as situações que envolverem o estado das pessoas (separação, divórcio, reconhecimento ou desfazimento de união estável) e questões de família (filiação ou alimentos, por exemplo)[75].

3.3 Confissão

Há acesa discussão sobre se a confissão é, ou não, *meio* de prova, *status* que lhe dão, indubitavelmente, o Código de Processo Civil em seus arts. 389 a 395, e o Código Civil, no inciso I de seu art. 212. Isso porque, com a confissão, tornam-se desnecessárias outras provas, no que é claro o art. 374, II[76].

O melhor entendimento é o que reputa a confissão como *meio* de prova e, porque expressamente previsto no ordenamento jurídico, como prova *típica*. Não por força da classificação que lhe dão os próprios Códigos (que o fazem expressamente), mas por causa de sua própria

73. É o caso, por exemplo, de o advogado recusar-se a depor sobre a atitude de cliente seu quando sabe do ocorrido por força de sua atuação profissional nos termos do inciso XIX do art. 7º da Lei n. 8.906/94. Para o assunto, v. o interessante acórdão da 2ª Turma do STF, ainda que proferido no âmbito processual penal, na Rcl 37.235/RR, rel. Min. Gilmar Mendes, j.m.v. 18-2-2020, *DJe* 27-5-2020.

74. A regra, não referida no art. 347 do CPC de 1973, deriva do revogado art. 229, III, do CC, e merecia ser levada em conta para justificar a recusa do depoente, como já sustenta o n. 6 do Capítulo 2 da Parte IV do v. 2, t. I, das edições anteriores ao CPC de 2015 deste *Curso*.

75. Em tais situações, devidamente motivadas, é forçoso reconhecer que fica sistematicamente afastada a ocorrência do crime previsto no art. 15 da Lei n. 13.869/2019, a "Lei do Abuso de Autoridade", assim tipificado: "Constranger a depor, sob ameaça de prisão, pessoa que, em razão de função, ministério, ofício ou profissão, deva guardar segredo ou resguardar sigilo:".

76. Para essa discussão, v. Moacyr Amaral Santos, *Prova judiciária no cível e comercial*, v. 2, p. 15-30, e João Batista Lopes, *A prova no direito processual civil*, p. 99.

dinâmica e razão de ser. A confissão, quando verificada, é um elemento a mais que, com maior ou menor intensidade, influenciará na formação da convicção do magistrado a respeito da ocorrência de um fato relevante ou pertinente para a causa. A circunstância de outras provas se fazerem desnecessárias por causa da confissão é *consequência* de sua natureza jurídica como *meio* de prova e não a *causa* de sua identificação como tal.

É importante acentuar esse entendimento também porque, não fosse assim, a confissão acabaria por se sobrepor às demais provas – como, ao longo da evolução do direito processual, se verificou em determinados períodos –, o que, por força dos princípios regentes do direito probatório no direito brasileiro, os constitucionais e os infraconstitucionais, é impensável.

Mesmo que uma parte confesse um fato a outra, põe-se ao magistrado a *necessidade* de avaliar em que medida a confissão é, por si só, *suficiente* para a formação de sua convicção. Até porque nem todo fato enseja a confissão.

Não há, pois, nenhuma vinculação ou imediatismo entre a confissão de uma parte (o "confitente") e a prestação da tutela jurisdicional em favor da outra. Entre um e outro evento cabe, necessariamente, a pesquisa a ser conduzida pelo próprio magistrado sobre as demais provas já produzidas ou a produzir, bem assim, a *qualidade* das alegações de cada uma das partes. Um *fato* ser tido como verdadeiro – é esse o resultado último da confissão – não significa que as consequências *jurídicas* sobre o mesmo fato sejam inarredavelmente as pretendidas pela parte contrária àquela que confessou. Um exemplo que ilustra bem a hipótese é a do art. 1.602 do Código Civil, segundo o qual é insuficiente a confissão da mãe para excluir a paternidade. A lei, no caso, impõe que a confissão da mãe seja tratada como *um* dos diversos meios de prova que podem ser utilizados para identificação da paternidade, inclusive as "presunções" a que se referem os arts. 231 e 232 do mesmo Código.

É por tal razão que a confissão não guarda nenhuma relação com a "renúncia à pretensão" da alínea *c* do inciso III do art. 487 e nem com o "reconhecimento da procedência do pedido" da alínea *a* do mesmo dispositivo. Ademais, a confissão, por sua própria natureza, como um dos *meios* de prova admitidos pelo Código de Processo Civil brasileiro, pode ser praticada indistintamente pelo autor ou pelo réu.

O art. 389 é, mormente quando analisado a partir das considerações dos parágrafos anteriores, bastante feliz ao conceituar a confissão como a admissão, pela parte, da verdade de um fato contrário ao seu interesse e favorável ao adversário.

3.3.1 Classificação

É com fundamento no art. 389 que deriva a classificação da confissão em *judicial* ou *extrajudicial*.

A confissão é *judicial* quando feita pela parte em juízo e, pela própria dinâmica do processo e do sistema probatório, aceita duas outras classificações, apresentadas abaixo. A confissão é *extrajudicial* quando a admissão, pela parte, do fato contrário a seus interesses, verifica-se fora do processo, extraprocessualmente, portanto, embora os seus efeitos só possam ser sentidos no próprio plano do processo.

O art. 390, referindo-se à confissão *judicial*, autoriza a distinção entre a confissão *espontânea* ou *provocada*. A confissão judicial será *espontânea* quando a parte, por ato seu, ou por representante com poder especial, pratica-a, reconhecendo como verdadeiro fato contrário a seus interesses (art. 390, § 1º). Pouco importa como a manifestação da vontade da parte seja exteriorizada e chegue ao conhecimento do magistrado; é suficiente que ela exista e se materialize "dentro do processo", nem que seja lavrado um termo específico para tanto. A confissão judicial pode ser também *provocada* quando ela é o resultado do depoimento pessoal propriamente dito (art. 390, § 2º, e art. 385, § 1º), hipótese em que ela constará do respectivo termo (art. 390, § 2º).

Também é correto distinguir, na confissão judicial, duas outras espécies, "expressa" ou "ficta". A confissão *expressa* é aquela manifestada inequivocamente perante o juiz, *independentemente* do instante procedimental em que ela se realiza, inclusive como resultado do depoimento pessoal. A confissão judicial será *ficta*, diferentemente, quando o reconhecimento da veracidade do fato decorrer da recusa da parte em depor ou do seu não comparecimento à audiência, não obstante ter sido regularmente intimada para tanto (art. 385, § 1º).

A confissão *extrajudicial realizada oralmente* – é essa a única regra sobre ela no Código de Processo Civil – só produzirá efeitos quando a lei não exigir forma específica (o art. 394 refere-se a "prova *literal*") para a sua realização. No mais, aplica-se a ela o regime da confissão *judicial*, devendo o magistrado analisá-la ao lado dos meios de prova para a formação de sua convicção[77].

3.3.2 Produção

A confissão judicial *ou* extrajudicial pode ser feita pela própria parte ou por mandatário (procurador) munido de poderes especiais. É essa a regra do § 1º do art. 390, aplicável a ambos os casos, não obstante a sua literalidade. Também não há espaço para reduzir a confissão judicial à sua modalidade *espontânea*, já que ela pode ocorrer – e, comumente ocorre – como decorrência do depoimento pessoal requerido pela parte contrária, sendo, portanto, *provocada*.

3.3.3 Efeitos

A confissão judicial (espontânea ou provocada) faz prova contra o confitente, isto é, contra quem reconhece o fato em seu desfavor e favorável à parte contrária. Ela, contudo, não

77. O art. 353 do CPC de 1973 enunciava regra mais ampla em seu *caput*, mas que conduzia à mesma conclusão alcançada no texto: "Art. 353. A confissão extrajudicial, feita por escrito à parte ou a quem a represente, tem a mesma eficácia probatória da judicial; feita a terceiro, ou contida em testamento, será livremente apreciada pelo juiz. Parágrafo único. Todavia, quando feita verbalmente, só terá eficácia nos casos em que a lei não exija prova literal".

prejudica eventuais litisconsortes, trate-se de litisconsórcio *simples* ou de *unitário* (art. 391, *caput*). Em se tratando de litisconsórcio unitário, é o caso de lembrar o que decorre do art. 117: a confissão feita por apenas um dos litisconsortes não surte efeitos *processuais*, a não ser que haja concordância de todos.

Quando o litígio disser respeito a bens imóveis ou direitos reais sobre imóveis alheios, a confissão de um cônjuge ou companheiro não valerá sem a do outro (mesma noção indicada acima com relação ao litisconsórcio unitário), salvo se o regime de casamento (no primeiro caso) for de separação absoluta de bens (art. 391, parágrafo único). No caso de haver união estável, a incidência da regra pressupõe existência de eventual pacto de convivência entre os companheiros que distinga o patrimônio, o que pode conduzir ao mesmo resultado.

Embora o art. 391 faça menção à confissão *judicial* – certamente porque, no *caput*, pressupõe-se a formação de litisconsórcio, fenômeno de índole processual –, não há razão para negar a aplicação da regra como um todo para os casos de confissão *extrajudicial* porque a sua finalidade última (quando a relação de direito material contiver diversos sujeitos), para o que diz respeito a este *Curso*, é a de produção de efeitos "no" e "dentro" do processo.

Considerando que se trata de ato claro de disposição de direito, a confissão pressupõe que o *fato* sobre o qual ela recaia seja *disponível* para a parte, que não se trate, portanto, de norma de ordem pública (art. 392, *caput*, do CPC e art. 213 do CC). E mais: como ato de disposição de direito, é importante que a parte, para confessar, seja capaz civilmente. O direito, em si mesmo considerado, não admite "confissão" nos termos aqui discutidos; sua incidência nos casos concretos é sempre "indisponível". O que se admite é que os *fatos* sobre os quais incide o direito podem comportar alguma margem de disponibilidade, sempre em conformidade com o ordenamento jurídico, e, nessa perspectiva, acabar por acarretar a aplicação de uma ou de outra norma jurídica.

Coerentemente, a confissão é *ineficaz* quando feita por quem não for capaz de dispor do direito a que se refere o fato confessado (art. 392, § 1º). Havendo representante, a confissão só é eficaz nos limites da representação, isto é, em estreita consonância com os poderes dados por quem se fez representar (art. 392, § 2º)[78].

3.3.4 Indivisibilidade

A confissão é *indivisível* de acordo com o art. 395.

Assim, ainda quando a manifestação de vontade da parte puder ser dividida em várias partes – porque confessa um fato, mas deixa de confessar outro, por exemplo –, a confissão não o é. Como se trata de *meio* de prova a ser, como tal, examinado ao lado das demais provas já produzidas ou ainda a produzir no processo, caberá ao magistrado avaliar, em cada caso concreto, o

78. A previsão incorpora ao CPC de 2015 a regra que já era veiculada pelo art. 213 do CC.

significado daquela específica declaração da parte no que diz respeito à formação de sua convicção. É por isso que a confissão deve ser considerada como um todo pelo magistrado.

Quando, é ainda o art. 395 que prevê a hipótese, houver na confissão, isto é, na manifestação de vontade da parte em que há a confissão, a alegação de *novos* fatos capazes de constituir fundamento de defesa de direito material ou de reconvenção, eles podem ser considerados pelo juiz *independentemente* da confissão, isto é, eles estarão sujeitos ao disposto no art. 373, II, e ao ônus da prova lá disciplinado.

A hipótese não deve ser entendida como *exceção* à regra da indivisibilidade da confissão. A segunda parte do art. 395, bem entendida, não se refere ao fato (ou aos fatos) confessado, mas a fato (ou fatos) diverso, o "fato novo", sobre o qual não há confissão e, por isso, não é apanhado pela regra da indivisibilidade.

3.3.5 Irrevogabilidade e anulação

A confissão é meio de prova que depende, para produzir seus regulares efeitos, de uma manifestação de vontade livre e não comprometida da parte da qual emana. Seja feita *judicial* ou *extrajudicialmente*, a parte que confessa deve ter consciência do que faz e de quais podem ser as consequências daquele seu ato, mais ainda por se tratar de ato irretratável, isto é, uma vez que a manifestação de vontade tenha sido externada, não cabe mais ao confitente pretender sua desconsideração (art. 393, *caput*). Os *efeitos* que podem ser sentidos de uma confissão *válida* são, por assim dizer, indisponíveis para aquele que a pratica.

A despeito da irrevogabilidade da confissão, o *caput* do art. 393 prevê que a confissão, como ato jurídico que é, pode ser *anulada* se viciada a manifestação de vontade do confitente por erro de fato (arts. 138 a 144 do CC) ou coação (arts. 151 a 155 do CC). Não subsiste, no ordenamento jurídico, a possibilidade de ela ser anulada por *dolo* (arts. 145 a 150 do CC), seguindo o Código de Processo Civil o que, a esse respeito, já disciplinava o art. 214 do Código Civil[79].

A prestação de tutela jurisdicional respectiva, prossegue o parágrafo único do art. 393, só pode ser requerida pelo confitente (aquele que confessa) e pelos seus herdeiros, se ele falecer *após* o início do processo em que se pretende a anulação.

Não prevalece no CPC de 2015 a dicotomia estabelecida pelos incisos I e II do art. 352 CPC de 1973, que sugeria a necessidade de discernir os casos da chamada "ação anulatória" da "ação rescisória", a depender da ocorrência de trânsito em julgado no processo em que realizada a confissão reputada viciada. A anulação da confissão, destarte, será perseguida por postulação própria, em atenção ao direito material, que encontra reflexo, não mais que isso, no § 4º do art. 966 e que nenhuma relação guarda com a rescisória, salvo sua (infeliz) loca-

79. Era o entendimento que, a despeito da literalidade do art. 352 do CPC de 1973, já era defendido pelo n. 5 do Capítulo 3 da Parte IV do v. 2, t. I, das edições anteriores ao CPC de 2015 deste *Curso*.

lização no Código de Processo Civil. O novo processo pode, consoante o caso, gerar a suspensão do processo em que ocorreu a confissão, hipótese que é prevista no art. 313, V, *a*.

A depender dos vícios que a decisão transitada em julgado revelar, a rescisória será cabível, quiçá envolvendo a própria confissão. Assim, *v.g.*, quando a decisão resultar de dolo ou coação de uma parte em detrimento da outra ou de simulação ou colusão entre as partes (art. 966, III), ou quando a decisão se baseia nela, provada falsa nos termos do inciso VI do art. 966. Nesses casos, contudo, importa ter presente que o objetivo da tutela jurisdicional é o desfazimento da coisa julgada e não propriamente a invalidação da confissão pelos motivos autorizados pelo art. 393.

3.4 Exibição de documento ou coisa

Na normalidade dos casos, a própria parte apresenta, em juízo, os documentos ou quaisquer outros suportes *materiais* de prova que tenha em seu poder[80]. Pode ocorrer, contudo, que, por qualquer razão, tais substratos *materiais* estejam em poder da parte contrária e, até mesmo, de terceiros, isto é, com pessoas estranhas ao processo. É para disciplinar esses casos que se voltam os arts. 396 a 404 do Código de Processo Civil, sob a denominação de exibição de documento ou coisa. Didática a propósito a regra do art. 396: "O juiz pode ordenar que a parte exiba documento ou coisa que se encontre em seu poder".

A exibição de documento ou coisa, tal qual disciplinada pelo Código de Processo Civil, é, ao mesmo tempo, meio de (*produção* de) prova – a exemplo de todas as demais estudadas ao longo deste Capítulo – e meio de *obtenção* de prova.

Com relação a esta última observação, o Código de Processo Civil parece ter dado ouvido aos reclamos de parcela da doutrina de que era fundamental compreender o instituto nesse viés *híbrido*[81]. Isso porque se mostra inócuo querer presumir, em todo e em qualquer caso, indistintamente, verdadeiro o fato resultante da não exibição do documento ou coisa pela singela razão de que, sem o documento ou coisa, pode ocorrer de não haver condições mínimas para se saber sequer a informação essencial para o exercício de uma pretensão. Tratava-se, outrossim, de forma de dar máximo aproveitamento para o que, para o CPC de 1973, era (mais um) procedimento *cautelar* específico, previsto nos seus arts. 844 e 845, não por acaso intitulado "exibição".

Não por outra razão é que era (e continua a ser) criticável a Súmula 372 do STJ[82], que enaltece o lado "meio de prova" da exibição, sem atentar, todavia, como deveria, ao seu

80. Ilustrativo da afirmação é o Enunciado n. 283 do FPPC: "Aplicam-se os arts. 319, § 1º, 396 a 404 também quando o autor não dispuser de documentos indispensáveis à propositura da ação".

81. Era o que sustentavam as edições anteriores ao CPC de 2015 deste *Curso*. Tanto no n. 1 do Capítulo 4 da Parte IV do v. 2, t. I, ao tratar do tema na perspectiva do direito probatório, como no n. 1 do Capítulo 6 da Parte III do v. 4, ao analisá-lo com as vestes de procedimento cautelar específico, disciplinado pelos arts. 844 e 845 do CPC de 1973.

82. Cujo enunciado é o seguinte: "Na ação de exibição de documentos, não cabe a aplicação de multa cominatória".

uso também (e previamente) como meio de *obtenção* de prova[83]. Tudo a depender – é esse o ponto sensível da exposição – das peculiaridades de cada caso concreto, evitando descabidas generalizações[84].

O parágrafo único do art. 400 do CPC de 2015 é, nesse sentido, suficiente para embasar as conclusões aqui expostas, mesmo por quem não quisesse abraçá-las para o CPC de 1973. É lê-lo: "Sendo necessário, o juiz pode adotar medidas indutivas, coercitivas, mandamentais ou sub-rogatórias para que o documento seja exibido". O dispositivo, de resto, concretiza a contento um dos deveres-poderes do magistrado previsto no inciso IV do art. 139[85].

Sobre a abolição – sempre compreendida no sentido de *desformalização* – da dicotomia constante do CPC de 1973, entre a exibição como meio de prova e a exibição como "cautelar preparatória" (arts. 844 e 845 do CPC de 1973), surge uma questão importante. O que fazer nos casos em que a exibição de documento ou coisa precisar *anteceder* o início do processo? Trata-se de hipótese em que o direito (material) de *exibição* precisa ser exercitado independentemente de qualquer outra pretensão.

Há quatro respostas possíveis. A primeira se inclina à utilização dos procedimentos da tutela provisória antecedente constantes dos arts. 303 e 304 *ou* 305 a 310, cuja escolha deverá levar em conta o *maior* ou o *menor* viés satisfativo do pedido a ser apresentado pelo autor, respectivamente. A segunda é no sentido de o interessado lançar mão do *procedimento* relativo à "produção antecipada da prova", objeto do n. 2.9.1.3, *supra*, justificando sua *necessidade*, inclusive com base em urgência, nos muito bem desenhados incisos do art. 381[86]. A terceira entende que a parte deve se valer do *procedimento* reservado pelos arts. 397 a 400 ou 401 e 402 para a exibição pretendida contra a parte e em face do terceiro, respectivamente, sendo indiferente que se trate de pedido que *anteceda* o processo. A quarta é no sentido de que, à falta de previsão expressa, o procedimento a ser empregado é o *comum*[87].

83. Bem ilustra a afirmação do texto o quanto decidido pela 4ª Turma do STJ no REsp 1.560.976/RJ, rel. Min. Luis Felipe Salomão, j.un. 30-5-2019, *DJe* 1º-7-2019, para recusar a aplicação de multa coercitiva como forma de viabilizar o fornecimento de dados de usuário da internet com vistas ao futuro exercício de pretensão indenizatória.

84. Para a discussão no direito anterior, v. o n. 2 do Capítulo 4 da Parte IV do v. 2, t. I, e o n. 3 do Capítulo 6 da Parte III do v. 4. O autor deste *Curso* dedicou ao tema trabalho de maior fôlego intitulado "Exibição de documento ou coisa, a Súmula 372 do STJ e o novo Código de Processo Civil", publicado em coletânea especialmente dedicada ao direito probatório coordenada por Marco Félix Jobim e William Santos Ferreira.

85. Tal correlação é feita por William Santos Ferreira em seu artigo "Transições paradigmáticas, máxima eficiência e técnicas executivas típicas e atípicas no direito probatório", p. 589.

86 É a orientação do Enunciado n. 129 da II Jornada de Direito Processual Civil do CJF: "É admitida a exibição de documentos como objeto de produção antecipada de prova, nos termos do art. 381 do CPC".

87. Admitindo (não impondo) a observância do procedimento comum é o Enunciado n. 119 da II Jornada de Direito Processual Civil do CJF: "É admissível o ajuizamento de ação de exibição de documentos, de forma autônoma, inclusive pelo procedimento comum do CPC (art. 318 e seguintes)". No mesmo sentido, destacando a viabilidade de aquela pretensão assumir o procedimento comum: STJ, 3ª Turma, REsp 1.803.251/SC, rel. Min. Marco Aurélio Bellizze, j.m.v. 22-10-2019, *DJe* 8-11-2019.

Dentre as alternativas, a terceira é a preferível pela *especificidade* da hipótese[88]. Afinal, são aqueles artigos – e não os relativos à tutela provisória e à produção antecipada de provas – que conseguirão atender ao desiderato do interessado. A única adaptação que se faz necessária reside no *caput* do art. 398[89]. Mais do que a *intimação* lá prevista, a parte contrária deverá ser *citada*, a exemplo, aliás, do que, para o terceiro, exige (e pertinentemente) o art. 401, tanto quanto os arts. 303, § 1º, II, e 306, quando trata da tutela provisória *antecedente*, sendo indiferente para os fins da exposição que seu viés seja (predominantemente) satisfativo ou acautelatório. Para os casos em que ficar demonstrado, concretamente, que o tempo necessário ao prévio contraditório (citação) tem o condão de macular a pretensão relativa à exibição, o arsenal da "tutela provisória" será suficientemente amplo para os devidos fins, inclusive com relação à necessária *postergação* do contraditório.

3.4.1 Natureza jurídica

É bastante comum o entendimento de que a "exibição de documento ou coisa" é significativa do exercício de direito de *ação*, pelo menos nos casos em que ela se dirige a *terceiro*.

Para este *Curso* a hipótese se resume à formulação de um novo pedido, ainda que fundado em diferente causa de pedir e, se for o caso, em face de outro sujeito (até então terceiro) no *mesmo* processo, sem que isso seja significativo do exercício de um *novo* direito de ação. É certo que esses *novos* elementos acabam por influenciar, para todos os fins, a caracterização da ação que vem sendo exercida, mas isso não é capaz, como sempre sustentou este *Curso*, de dar margem ao nascimento de uma *nova* ação, apenas para demonstrar que a ação é direito que é exercido ao longo de todo o processo em variadas direções e de forma dinâmica[90]. Trata-se, isso sim, ainda que o pedido seja formulado em face de terceiro, de hipótese de cumulação de pedidos no mesmo processo, concretizando o princípio da eficiência processual, de estatura constitucional.

---

88. No julgamento do REsp 1.774.987/SP, a 4ª Turma do STJ, rel. Min. Maria Isabel Gallotti, j.un. 8-11-2018, *DJe* 13-11-2018, acentuou que "Admite-se o ajuizamento de ação autônoma para a exibição de documento, com base nos arts. 381 e 396 e seguintes do CPC, ou até mesmo pelo procedimento comum, previsto nos arts. 318 e seguintes do CPC". A orientação encontra eco em outros julgamentos da mesma 4ª Turma do STJ (AgInt no AREsp 1.376.693/SP, rel. Min. Raul Araújo, j.un. 28-5-2019, *DJe* 13-6-2019, e AgInt no AREsp 1.338.004/SP, rel. Min. Raul Araújo, j.un. 21-2-2019, *DJe* 13-3-2019).

89. Tratando do tema em perspectiva totalmente diversa, o Enunciado n. 518 do FPPC está assim redigido: "Em caso de exibição de documento ou coisa em caráter antecedente, a fim de que seja autorizada a produção, tem a parte autora o ônus de adiantar os gastos necessários, salvo hipóteses em que o custeio incumbir ao réu".

90. De outra parte, a exibição de documento ou coisa quando requerida *antecipadamente* é significativa do exercício de ação, uma vez que pressupõe o rompimento da inércia da jurisdição. Nessa hipótese, contudo, o que ocorre é que aquele mesmo direito de ação terá, a tempo e modo oportunos, agregados outros elementos (pedido, causa de pedir e, até mesmo, novas partes), tal qual se dá quando a hipótese é de tutela provisória formulada antecedentemente, como demonstra o n. 3.2 do Capítulo 5 da Parte II do v. 1. Para a formulação do raciocínio no direito anterior, tendo como pano de fundo a exibição "cautelar" dos arts. 844 e 845 do CPC de 1973, v. o Capítulo 6 da Parte III do v. 4 das edições anteriores ao CPC de 2015 deste *Curso*.

Ademais, nos casos em que a exibição é determinada de ofício pelo magistrado, não há espaço para entender que se trata de ação. Não faz sentido entender o exercício de um dever--poder do magistrado, que o exercita em nome do Estado-juiz naquele contexto.

A despeito de tais conclusões, é certo que a compreensão do instituto como "nova" ação ou como "novo" pedido significativo da *atuação* dos litigantes ao longo do processo, como prefere este *Curso*, não interfere na sua compreensão à qual se dedicam os números seguintes.

3.4.2 Exibição requerida em face da parte contrária

O CPC de 2015, sem inovar em relação ao CPC de 1973 no ponto, disciplina a exibição requerida em face da parte contrária e apresenta peculiaridades quando ela é requerida em face de terceiro. É o que basta para distinguir em tópicos diferentes seu exame. A viabilidade de exibição determinada de ofício pelo magistrado é objeto de exame pelo n. 3.4.4, *infra*.

O art. 397 indica os requisitos a serem observados na formulação do requerimento de exibição quando uma parte o formula em face da outra, sendo indiferente que a inciativa seja tomada pelo autor ou pelo réu: (i) a individuação, a mais completa possível, do documento ou da coisa pretendida; (ii) a finalidade da prova, com a indicação dos fatos que se relacionam com o documento ou coisa e (iii) as circunstâncias pelas quais o requerente (aquele que formula o pedido) entende que o documento ou a coisa existe e estão em poder do requerido (aquele em face de quem o pedido é formulado).

O requerido será *intimado* para responder em cinco dias (úteis). A previsão, que está no *caput* do art. 398, pressupõe processo em curso. Na eventualidade de a exibição assumir feição antecedente, a *citação* da parte contrária é indispensável.

Há quatro posturas que a parte pode assumir quando *intimada* para os fins do art. 398: entregar o documento ou a coisa, alegar que não possui nem um nem outra, recusar-se a entregar a coisa ou o documento valendo-se das escusas dos arts. 399 e 404 e, por fim, deixar passar *in albis* o prazo de resposta.

A primeira hipótese conduzirá ao término do incidente. Com a exibição do documento ou da coisa, cabe ao magistrado levá-lo(a) em consideração para o julgamento em conjunto com as demais provas já produzidas ou a produzir.

Se o requerido afirmar que não possui o documento ou a coisa, será possível produzir prova para demonstrar a veracidade dessa alegação (art. 398, parágrafo único), seguindo-se a decisão do magistrado acerca da defesa apresentada.

A terceira alternativa, de a parte requerida invocar alguma escusa para a exibição do documento ou coisa, levará o magistrado a verificar a legitimidade de sua invocação no caso concreto.

O art. 399, a propósito, lista diversos motivos que tornam *injusta* a recusa, assim, (i) quando o requerido tiver obrigação legal de exibir[91]; (ii) quando o requerido tiver se referido ao documento ou à coisa no processo com o objetivo de constituir prova ou, por fim, (iii) quando se tratar de documento comum às partes[92].

O rol deve ser lido ao lado do art. 404, que indica diversas situações que tornam lícita (*justa*, portanto) a escusa de exibir. São as seguintes: (i) quando se tratar de documento ou coisa concernente à vida pessoal ou familiar; (ii) quando puder haver violação a dever de honra ou (iii) gerar desonra a determinados sujeitos; (iv) quando for o caso de preservar sigilo profissional ou decorrente de estado da pessoa; (v) quando houver "motivos graves" (razão suficiente) que, de acordo com o magistrado, justifiquem a não exibição; e (vi) quando houver dispositivo legal que justifique a recusa. Se tais motivos disserem respeito a parcela do documento, o restante deverá ser exibido mediante cópias a serem extraídas pelo cartório e/ou secretaria judicial (art. 404, parágrafo único). O art. 421 ocupa-se com a mesma situação fazendo referência à exibição parcial de livros empresariais e documentos do arquivo. Em se tratando de coisa indivisível, não tem aplicação o parágrafo único do art. 404, por suas próprias características.

O juiz apreciará as escusas apresentadas, levando em conta o referencial dos arts. 399 e 404, para decidir, franqueada às partes a produção da prova pertinente para a demonstração de suas alegações ou, se for o caso, determinada a produção da prova de ofício pelo próprio magistrado[93].

A quarta e última alternativa que se põe à parte em face da qual se requereu a exibição de documento ou coisa é a sua omissão, isto é, deixar de responder ao pedido no prazo legal.

Não apresentado o documento ou coisa, quedando-se inerte ou sendo considerada injusta a recusa, o magistrado proferirá decisão na qual "admitirá como verdadeiros os fatos que, por meio do documento ou da coisa, a parte pretendia provar" (art. 400, *caput*).

A regra, claríssima, merece ser interpretada com os temperamentos já evidenciados: pode ser que essa presunção não tenha substrato fático mínimo de ser. Por isso é que importa reiterar a novidade do parágrafo único do art. 400, que permite ao magistrado "adotar medidas indutivas, coercitivas, mandamentais[94] ou sub-rogatórias para que o documento (e também a coisa) seja exibido(a)". Assim, é lícito ao magistrado estimular por meios lícitos a apresentação de documentos

---

91. Assim, por exemplo, quando se tratar de livros empresariais e demais documentos societários, hipótese regulada expressamente pelos arts. 420 e 421.

92. A 4ª Turma do STJ já teve oportunidade de decidir que não há formação de litisconsórcio necessário com relação a todos os participantes do contrato no pedido de exibição formulado em face de apenas aquele que o detenha. Trata-se do REsp 1.662.355/RJ, rel. Min. Raul Araújo, j.un. 11-9-2018, *DJe* 14-9-2018.

93. Aqui também cabe a mesma consideração sobre a inviabilidade de configuração do crime tipificado no art. 15 da Lei n. 13.869/2019.

94. As palavras "indutivas, coercitivas e mandamentais", que só surgiram na versão final do Código de Processo Civil – os Projetos do Senado e da Câmara, a esse respeito, limitavam-se ao emprego de "coercitivas" –, merecem ser entendidas como sinônimas, como mero reforço redacional para enfatizar a noção destacada acima que o Código de Processo Civil não necessariamente se contenta com a *presunção* decorrente da não exibição do documento ou coisa. De resto, tais técnicas derivam suficientemente do inciso IV do art. 139, que tem plena aplicação à hipótese aqui examinada, não havendo sentido prático, portanto, cogitar de sua inconstitucionalidade formal.

ou coisas para que ele próprio, examinando-os, forme sua convicção a respeito dos fatos, afastando a presunção aceita pelo *caput* do dispositivo. O magistrado também poderá, para tanto, valer-se de meios *sub-rogatórios*[95], que, em rigor, são aqueles em que a atuação jurisdicional tende a substituir a vontade (mesmo que omissiva) daquele que tinha o dever da apresentação. Como ocorre em todas as hipóteses do gênero, as técnicas coercitivas não devem ser aplicadas ou devem ser suspensas quando o magistrado verificar a impossibilidade do atendimento à sua determinação[96].

A ressalva feita pelo parágrafo único do art. 400, ao empregar a locução "sendo necessário", é tanto mais pertinente pelo afirmado desde o início. Pode ser que o caso comporte a presunção do *caput*. Pode ser que não. É o caso concreto que mostrará a regra pela qual deve ser regido.

Tais consequências, agora expressas no dispositivo em exame, já eram propugnadas pelas edições anteriores a CPC de 2015 deste *Curso*[97], que também criticava a Súmula 372 do Superior Tribunal de Justiça, que, em rigor, perde seu fundamento de validade diante da disciplina aqui exposta[98].

Em se tratando de decisão que resolve o incidente sem colocar fim à etapa de conhecimento do processo na primeira instância, isto é, *antes da sentença*, é forçoso entendê-la como decisão interlocutória (art. 203, § 2º). O cabimento do agravo de instrumento para a hipótese, mesmo para quem discordar da concepção daquela decisão aqui proposta, é previsto expressamente pelo inciso VI do art. 1.015[99].

Se o pedido de exibição for resolvido apenas na sentença, a interpretação mais acertada é a de que o recurso cabível é o de apelação, aplicando-se a regra geral do art. 1.009 ou, para quem preferir, a despeito de sua inconstitucionalidade *formal*, por força do § 3º daquele mesmo dispositivo.

3.4.3 Exibição requerida em face de terceiro

A exibição de documento ou coisa quando formulada em face de terceiro representa mais uma hipótese que o Código de Processo Civil regula de "intervenção de terceiros no proces-

95. A palavra estava nos Projetos do Senado e da Câmara, tendo sido preservada pela redação final do Código de Processo Civil.

96. Nesse sentido é o Enunciado n. 53 do FPPC: "Na ação de exibição não cabe a fixação, nem a manutenção de multa quando a exibição for reconhecida como impossível".

97. V. n. 2 do Capítulo 4 da Parte IV do v. 2, t. I.

98. É entendimento constante também do Enunciado n. 54 do FPPC: "Fica superado o Enunciado 372 da Súmula do STJ ("*Na ação de exibição de documentos, não cabe a aplicação de multa cominatória*") após a entrada em vigor do CPC de 2015, pela expressa possibilidade de fixação de multa de natureza coercitiva na ação de exibição de documento". O tema repetitivo 1.000 (REsp 1.763.462/MG, rel. Min. Paulo de Tarso Sanseverino), pendente de julgamento no STJ, diz respeito ao assunto, e está assim enunciado: "cabimento ou não de multa cominatória na exibição, incidental ou autônoma, de documento relativo a direito disponível, na vigência do CPC/2015", com aptidão de (corretamente) justificar o cancelamento da Súmula 372.

99. No Projeto da Câmara dos Deputados, a hipótese era ainda mais clara em seu art. 407, § 2º, assim redigido: "Contra a decisão que resolver o incidente antes da sentença cabe agravo de instrumento".

so", fora do Título dedicado expressamente ao tema em sua Parte Geral (arts. 119 a 138). A razão pela qual a intervenção de terceiro – sempre entendido como aquele que não é parte (autor ou réu) em que o pedido é formulado – justifica-se na espécie repousa na exibição, ou não, de um documento ou coisa que, de acordo com a afirmação de uma das partes, encontra-se em seu poder.

Cabe à parte interessada na exibição requerê-la com observância do disposto no art. 397, embora o Código de Processo Civil nada diga a esse respeito, e pedir que o terceiro seja *citado* (porque, até então, não participa do processo) para responder ao pedido no prazo de *quinze* dias úteis (art. 401)[100].

O terceiro, devidamente citado, tem, diante de si, as mesmas alternativas estudadas no número anterior, o que dispensa novas considerações. O art. 402, referindo-se à hipótese de o terceiro negar a obrigação de exibir ou a posse do documento ou da coisa, impõe que o magistrado designe uma "audiência especial" para tomar o depoimento do terceiro, das partes e de testemunhas. Trata-se, a despeito da nomenclatura da lei, de verdadeira "audiência de instrução e julgamento" que será designada desde que haja *necessidade* de produção de provas *orais* sobre as razões pelas quais o terceiro não exibe o documento ou a coisa.

À eventual instrução do *incidente* segue-se a decisão do juiz.

O art. 403 trata da hipótese de o terceiro, sem justo motivo – e as razões que o terceiro pode invocar para não exibir o documento ou a coisa são as mesmas do art. 404 –, recusar-se a exibir. Aqui, de maneira enérgica, o desiderato é viabilizar a *obtenção* do documento ou coisa, nada se falando sobre a presunção que a não exibição pode(ria) acarretar. Para tanto, o magistrado determinará o depósito do documento ou coisa no lugar que indicar. Se o terceiro não cumprir a determinação, será expedido mandado de apreensão, a ser cumprido, se necessário, com auxílio policial. Tudo sem prejuízo de o terceiro ser responsabilizado por crime de desobediência, pagamento de multa e de serem adotadas as medidas necessárias para garantir a efetiva exibição do que estabelecido (art. 403, parágrafo único).

Se, não obstante todas essas consequências, o documento ou a coisa não forem exibidos, põe-se ao magistrado o dever de julgar o processo em que requerida sua exibição, quando deverá avaliar as demais provas produzidas nos autos.

A decisão, também aqui, é imediatamente contrastável perante o Tribunal competente pelo recurso de agravo de instrumento (art. 1.015, VI), a não ser que proferida junto com a sentença, hipótese em que o recurso cabível é o de apelação[101].

---

100. Bem ilustra a hipótese a Súmula 514 do STJ, assim enunciada: "A CEF é responsável pelo fornecimento dos extratos das contas individualizadas vinculadas ao FGTS dos Trabalhadores participantes do Fundo de Garantia do Tempo de Serviço, inclusive para fins de exibição em juízo, independentemente do período em discussão".

101. Não subsiste no CPC de 2015 a dúvida decorrente do art. 361 do CPC de 1973 que se referia à hipótese, em qualquer situação, como *sentença*, denotativa, naquele sistema de apelação. A situação conduzia à aplicação do princípio da fungibilidade recursal, entendimento também defendido pelo n. 3 do Capítulo 4 da Parte IV do v. 2, t. I, das edições anteriores ao CPC de 2015 deste *Curso*.

3.4.4 Exibição determinada de ofício

Sem prejuízo das considerações que ocupam os números anteriores, a exibição de documento ou coisa pode *também* ser determinada de ofício pelo magistrado. Embora somente a textualidade dos arts. 421 (que autoriza a determinação da exibição parcial de livros e documentos empresariais) e 438 (que regula a requisição judicial dirigida às repartições públicas de certidões necessárias para provar as alegações das partes e dos autos dos processos administrativos que digam respeito à causa) dê margem suficiente para essa interpretação em situações análogas, trata-se de conclusão a que não se pode furtar quando bem compreendido o sistema processual civil.

A exibição é, antes de tudo, um ato voltado à própria *instrução* do processo. É insuficiente, por isso mesmo, entendê-la como mero *meio* de prova, como forma de se aplicar a "presunção" prevista no *caput* do art. 400. Trata-se, mais do que isso, de um meio pelo qual o próprio magistrado pode ter acesso aos elementos de prova disponíveis para a formação de sua convicção. A exibição é, nesse sentido, ínsita ao próprio exercício dos deveres-poderes instrutórios do magistrado e não depende, por isso mesmo, de qualquer iniciativa das partes ao longo do processo.

Assim, é indiferente a circunstância de o CPC de 2015 nada dizer a respeito dela, ao menos de forma expressa, limitando-se, como no CPC de 1973, a tratar de instituto na perspectiva da iniciativa da parte, que formula pedido para aquele fim ao Estado-juiz, dirigido à parte contrária ou a terceiro. Seja porque é possível e desejável interpretar ampliativamente os dois dispositivos evidenciados e também porque, em última análise, trata-se de entendimento que encontra fundamento bastante no art. 396 e na iniciativa probatória por ele reservada *também* ao magistrado de forma expressa. É lê-lo: "O juiz pode ordenar que a parte exiba documento ou coisa que se encontre em seu poder". De resto, o dever-poder instrutório previsto no *caput* do art. 370 não pode ser descartado para alcançar idêntica conclusão.

Aceita a iniciativa do magistrado para determinar a exibição de documento ou coisa em face de qualquer das partes ou de terceiro, o *procedimento* a ser observado nesses casos será o dos arts. 397 a 401, distinguindo-se, apenas, a necessária *intimação* da parte para que se manifeste em *cinco* dias (úteis), da *citação* do terceiro, que disporá de *quinze* dias (úteis) para, querendo, manifestar-se. O contraditório com a parte contrária ou com as partes, quando a determinação se der em face de terceiro é irrecusável, seguindo-se, após a instrução cabível, decisão com as mesmas alternativas e segmentos recursais anteriormente destacados.

3.5 Prova documental

É bastante frequente a compreensão de que a prova documental é a mais importante entre os demais *meios* de prova porque, diferentemente do que se dá com relação aos outros, ela permite uma compreensão *direta* do fato por ela retratado e, dessa forma, afasta as inevitáveis falhas da memória humana (depoimento pessoal ou testemunha) e, até mesmo, o inegável subjetivismo que pode existir, em maior ou em menor grau, na realização de uma prova pericial. Mais ainda quando o próprio Código de Processo Civil parece preferir expressamente a prova documental a outras, assim, por exemplo, nos arts. 443 e 444[102].

Analisada a prova documental no contexto do direito probatório, contudo, as observações do parágrafo anterior só podem ser recebidas com uma série de ressalvas. É que também a prova documental pode sofrer as mais variadas influências negativas desde o momento da confecção de seu *suporte* material, tanto assim que os arts. 430 e 433 reservam às partes a possibilidade de questionar a autenticidade dos documentos juntados ao processo desde a petição inicial.

De resto, não há razão para sustentar a existência de qualquer hierarquia entre os diversos *meios* de prova, mesmo entre os expressamente admitidos ("provas *típicas*") e os não ("provas *atípicas*"). O que ocorre, por vezes, é que a própria lei material exige, como prova da existência de um ato ou de um fato jurídico, um específico documento (um *instrumento* preconcebido para fazer prova do ato ou do fato no futuro), e, consequentemente, os demais meios de prova não têm o condão de comprová-lo. Não, pelo menos, com os olhos voltados apenas a uma leitura *isolada* e *estanque* do art. 406, que trata daquilo que é chamado de "prova legal" ou "tarifada" ou "plena".

Como todo *meio* de prova, o documento exige exame cuidadoso do magistrado sobre o que lhe é apresentado, tanto no que diz respeito ao seu *suporte* como ao seu *conteúdo*, que impõe, inequivocamente, a necessidade de sua *interpretação* – e quanto a isso é clara a regra do art. 426 – e sua *valoração* ao lado das demais provas produzidas ou a produzir, inclusive aquelas que podem entrar em confronto com parte do documento (art. 412, parágrafo único), típica manifestação do princípio do convencimento motivado do juiz.

De qualquer sorte, o documento é dos meios de prova mais comuns, e importantíssimo mesmo nos casos em que a lei (material ou processual) não o impõe expressamente. São tão ricas como variadas as formas de confecção de um documento e as vicissitudes de sua apresentação em juízo (produção). Não é por acaso que a longa Seção VII do Capítulo XII do Título I do Livro I da Parte Especial do Código de Processo Civil dedica ao tema o mais expressivo número de dispositivos legais quando comparados aos demais meios de prova. Ela se estende dos arts. 405 a 438, sendo dividida em três subseções distintas. A primeira trata da "força probante dos documentos". A segunda versa sobre a "arguição de falsidade" e a terceira e última disciplina a "produção da prova documental".

É importante entender a palavra *documento*, como meio de prova, de forma ampla. Documento é mais que prova *escrita*, abrangendo qualquer representação material de um fato ou de um ato. São documentos, por isso, não só o que é passível de representação em papel,

---

102. Também o art. 227 do Código Civil ia na mesma direção. O dispositivo, contudo, foi expressamente revogado pelo inciso II do art. 1.072 do CPC.

mas também, a fotografia, filmes, gravações, dentre quaisquer outras formas que hoje existem ou que podem vir a existir com aptidão para representar algum ato, algum fato, algum acontecimento ou alguma manifestação de vontade. É essa a melhor interpretação para o art. 422.

Tanto assim que, mesmo antes do advento de leis específicas para tratar do tema, como a Lei n. 11.419/2006, que "dispõe sobre a informatização o processo judicial" e que causou grande impacto sobre o CPC de 1973 (e ainda causa para o CPC de 2015), já era correto extrair daquele dispositivo a viabilidade do chamado "documento *eletrônico*"[103]. O Código de Processo Civil disciplina-o em Seção própria, a seguinte à aqui estudada, que compreende os arts. 439 e 441. Entendimento similar pode ser traçado para a ata notarial, que, com o CPC de 2015, ganha disciplina própria (art. 384), mas que, em rigor, já derivava suficientemente do disposto no art. 332 do CPC de 1973, que corresponde ao art. 369 do CPC de 2015.

Nesse contexto, cabe entender que os diferentes *suportes* que materializam o documento, isto é, que o tornam perceptível, não afetam sua substância embora, para ser considerado como documento para o direito processual civil brasileiro, seja imprescindível que haja um *suporte* (materialização ou corporificação) independentemente da técnica *utilizada* para aquele fim: papel, madeira, pedra, metal, reprodução mecânica, reprodução eletrônica, disquete, cd, dvd, *blu-ray, pen drive* ou o próprio ambiente virtual da internet.

A propósito da distinção colocada em relevo no parágrafo anterior, é importante discernir o *documento* da *declaração* que, eventualmente, pode estar contida nele. A declaração é a exteriorização da vontade de alguém. Ela, a *declaração*, pode, ou não, constar de *documento* que, por sua vez, será necessariamente materializado em algum suporte, ainda que virtual. Há *declarações*, contudo, que não são veiculadas em documentos e que chegarão ao conhecimento do juiz por outros *meios* de prova, assim a testemunhal ou o depoimento pessoal.

Todo documento, contudo, possui algum *conteúdo*, isto é, o objeto que pretende provar, o "objeto da prova" a que faz referência o n. 2.8, *supra*. O conteúdo do documento pode ser uma declaração, um fato, um ato, um acontecimento ou uma abstenção. Trata-se daquilo que o documento, como meio de prova, busca elucidar ao magistrado e que ensejará, uma vez interpretado, examinado, avaliado e sopesado inclusive com os demais meios de provas, que o magistrado forme a sua convicção sobre o que se pretende provar.

Todas essas distinções permitem a elaboração de uma derradeira quanto à *autoria* do documento. Nem sempre aquele que faz uma declaração ou tem condições de atestar um fato, um ato ou um acontecimento é quem o materializa, isto é, quem o *documenta*. É importante discernir, por isso mesmo, entre a autoria *material* e a autoria *intelectual* do documento. A autoria *material* relaciona-se com a confecção do *suporte* do documento; a autoria *intelectual*, com o seu *conteúdo*, independentemente de qual seja.

---

103. É o que sustentava o n. 1 do Capítulo 5 da Parte IV do v. 2, t. I, das edições anteriores ao CPC de 2015 deste *Curso*.

Os incisos do parágrafo único do art. 427 referem-se à hipótese, distinguindo entre a falsidade na *formação* do documento, isto é, a formação de seu suporte, e a falsidade consistente na alteração de documento verdadeiro, ou seja, no seu *conteúdo*. Em ambos os casos, o documento perde a sua força probante.

3.5.1 Força probante dos documentos

Toda a subseção dedicada à "força probante dos documentos" é voltada a estabelecer, nas diversas hipóteses referidas em seus vinte e cinco dispositivos, diferentes formas de compreender os mais variados documentos para fins probatórios, é dizer, o que cada tipo de documento tem o condão de provar. Os dispositivos querem indicar, outrossim, elementos que devem ser levados em conta pelo magistrado na avaliação da prova documental.

Para o estudo da prova documental, este *Curso* entende suficiente, a partir das considerações que fecham o número anterior, a indicação das classificações relativas à *autoria* dos documentos – autoria *material* e *intelectual* do documento – porque elas se mostram suficientes para a adequada e suficiente compreensão de diversos dispositivos do Código de Processo Civil e do Código Civil voltados a esse meio de prova, razão última de ser, aliás, de qualquer classificação.

Outros critérios classificatórios a partir dos mesmos dispositivos codificados estão expostos ao longo do texto, sendo desinteressante, pela sistematização da matéria, apresentá-los separadamente, isto é, sem se mostrarem, desde logo, aplicados consoante se justifiquem à luz das regras doravante examinadas.

Nesse sentido, levando em conta a autoria *material* (quem confecciona o *suporte* do documento) e a autoria *intelectual* (quem produziu o *conteúdo* do documento), são três as classificações pertinentes. A primeira delas é a que distingue documentos *públicos* dos documentos *particulares*; a segunda, documentos *autênticos* e os *não autênticos*, e a terceira distingue os documentos *autógrafos* dos documentos *heterógrafos*. É o caso de estudar cada uma dessas classes.

3.5.1.1 *Documentos públicos e privados*

Quanto à *autoria material*, os documentos podem ser classificados em *públicos* ou *privados*.

Serão públicos os documentos emanados de quaisquer autoridades públicas, independentemente da função por elas exercida (administrativa, legislativa ou jurisdicional). Serão *privados* os documentos cujo suporte tenha origem em pessoas particulares. Não se trata de sustentar que estes, ao contrário daqueles, são regidos pelo direito privado. Pessoas públicas, embora sujeitas em alguma medida ao direito privado, como as empresas públicas e as sociedades de economia mista, podem, como *autoridades*, produzir documentos *públicos* para os fins disciplinados pelo Código de Processo Civil. Em outras oportunidades, essas mesmas pessoas, embora públicas, produzirão documentos *privados* que, como tais, deverão ser tratados em juízo. Inversamente, pessoas regidas pelo direito privado, uma construtora, por exemplo, pode celebrar um contrato administrativo, que é inegavelmente regido pelo direito público (art. 54, *caput*, da Lei n. 8.666/93, por exemplo).

Os documentos públicos são albergados pelos arts. 405 e 406. Eles, de acordo com o primeiro daqueles dispositivos, fazem prova não só da sua formação, mas também dos fatos que o agente público, aí compreendido também o tabelião, declara que ocorreram em sua presença. O art. 406 dispõe que, quando a lei exigir o documento público como substância do ato – como se dá, por exemplo, nos casos de direito real ou de prova do casamento –, a sua apresentação é indispensável. Quando o documento público é confeccionado por oficial público incompetente ou sem as exigências legais, ele assume *status* de documento particular (art. 407).

Tangenciando o tema, o art. 438, forte na iniciativa probatória reconhecida pelos arts. 370, *caput*, e 396, permite ao magistrado requisitar às repartições públicas, em qualquer tempo ou grau de jurisdição, certidões necessárias à prova das alegações das partes e autos de *processos* administrativos nas causas em que forem interessadas as pessoas de direito público e os entes da administração indireta. Nesse caso, com o recebimento dos autos, serão extraídas as cópias e/ou certidões que indicar ou que forem indicadas pelas partes, devolvendo-os à repartição de origem (art. 438, § 1º). O fornecimento dos documentos por meio eletrônico é expressamente autorizado pelo § 2º do mesmo dispositivo.

Com relação aos documentos particulares, é correto entender que os diversos dispositivos do Código de Processo Civil que a eles dizem respeito querem estabelecer marcos de veracidade ora da *autoria* do documento (art. 410)[104], de seu *conteúdo* (art. 412)[105], de seus respectivos *limites* (art. 408, parágrafo único)[106], de sua *data* (art. 409)[107], ora para estabelecer alguma *presunção*, como, por exemplo, a do art. 408, *caput*, no sentido de que as declarações constantes do documento particular escrito e assinado ou só assinado se presumem verdadeiras em relação ao signatário.

Também são tratados como documentos *particulares* o telegrama, o radiograma ou qualquer outro meio de transmissão – expressão indeterminada que conserva o frescor da regra para os dias atuais –, desde que o original, que gerou a expedição da comunicação, seja assinado pelo remetente (art. 413), que pode ter sua firma reconhecida pelo tabelião (art. 413, parágrafo

---

104. Art. 410. "Considera-se autor do documento particular: I – aquele que o fez e o assinou; II – aquele por conta de quem ele foi feito, estando assinado; III – aquele que, mandando compô-lo, não o firmou porque, conforme a experiência comum, não se costuma assinar, como livros empresariais e assentos domésticos".

105. Art. 412. "O documento particular de cuja autenticidade não se duvida prova que o seu autor fez a declaração que lhe é atribuída. Parágrafo único. O documento particular admitindo expressa ou tacitamente é indivisível, sendo vedado à parte que pretende utilizar-se dele aceitar os fatos que lhe são favoráveis e recusar os que são contrários ao seu interesse, salvo se provar que estes não ocorreram".

106. Art. 408. "Parágrafo único. (...) As declarações constantes do documento particular escrito e assinado ou somente assinado presumem-se verdadeiras em relação ao signatário".

107. Art. 409. "A data do documento particular, quando a seu respeito surgir dúvida ou impugnação entre os litigantes, provar-se-á por todos os meios de direito".

único)[108]; as cartas e registros domésticos (art. 415); a anotação escrita pelo credor da obrigação mesmo que não assinada (art. 416); os livros empresariais, a escrituração contábil e os documentos de arquivo (arts. 417 a 421)[109], sendo certo que, com relação a estes, o magistrado pode determinar, até mesmo de ofício, sua exibição total ou parcial em juízo (arts. 420 e 421), iniciativa que conduz à aplicação da disciplina dos arts. 396 a 404, analisados pelo n. 3.4.4, *supra*.

Nesse contexto, cabe destacar também o art. 220 do Código Civil ao permitir que a anuência ou a autorização de alguém para a validade de um ato (assim, por exemplo, quando ela é necessária para a atuação processual de um dos cônjuges) prova-se da mesma forma que o fato, devendo constar, sempre que possível, do mesmo instrumento, e o art. 221 do mesmo Código, ao dispor que o instrumento particular feito e assinado ou somente assinado por quem tem capacidade prova as obrigações convencionais de qualquer, valor mas, perante terceiros, depende de ter sido registrado no registro público.

O documento, público ou particular, pode ser impugnado pela parte contra quem ele foi produzido, no que diz respeito à sua constituição, assinatura ou conteúdo (arts. 427 e 428). A impugnação pode, até mesmo, levar o magistrado a *declarar* a falsidade do documento com força de coisa julgada, desde que devidamente provocado pela parte interessada para tanto. O ônus da prova da falsidade ou do preenchimento abusivo é de quem a alega (art. 429, I) e da parte que produziu o documento quando se questionar a sua autenticidade (art. 429, II).

3.5.1.2 *Documentos autênticos e não autênticos. Cópias de documentos*

A autoria *material* do documento ainda permite a construção de outra classe que divide os documentos entre *autênticos* e *não autênticos*. Autênticos são os documentos em que se tem certeza quanto ao seu autor *material*, isto é, aquele que o confeccionou. Documentos não autênticos são aqueles em que não há condições de identificação de seu autor.

De acordo com o art. 411, é *autêntico* o documento quando o tabelião reconhecer a firma do signatário, quando a autoria estiver identificada por qualquer outro meio legal de certificação, inclusive eletrônico (observando-se, no caso, a Lei n. 11.419/2006), e quando não houver impugnação da parte contra quem foi produzido o documento.

Não deve ser confundida com essa classificação a distinção entre documento "original" e em "cópia". As "cópias" dos documentos nada mais são do que reproduções do suporte original. Na medida em que as cópias sejam "autenticadas", o documento, embora copiado,

108. Tais meios de comunicação se presumem conformes ao original e provam a data de sua expedição e do recebimento pelo destinatário (art. 414). Se lhes for contestada a autenticidade, impõe-se sua conferência com o original (art. 222 do CC).

109. Aos "livros e fichas dos empresários e sociedades" também se refere o art. 226 do CC, em total harmonia com a disciplina dada pelo art. 418.

é autêntico porque a *autenticação* da cópia tem o condão de revelar que há coincidência entre o original e a cópia em todos os fins.

O art. 423, a esse respeito, dispõe que as *cópias* (*"reproduções"*) do documento particular, independentemente do meio de sua produção ("processos de repetição"), têm o mesmo valor probante que o original, cabendo ao escrivão ou ao chefe de secretaria certifica sua conformidade com o original. Em perspectiva complementar, o art. 424 prescreve que "a cópia de documento particular tem o mesmo valor probante que o original, cabendo ao escrivão, intimadas as partes, proceder à conferência e certificar a conformidade entre a cópia e o original". Trata-se da mesma diretriz do art. 223 do Código Civil que, ao se referir à cópia fotográfica de documento, admite que ela valha como prova de declaração de vontade, desde que conferida por tabelião de notas. Se houver impugnação quanto à sua autenticidade, o original deve ser exibido[110]. Complementando a regra, o parágrafo único do mesmo art. 223 estabelece que, quando a lei exigir a apresentação do original, a prova mencionada não supre a sua falta.

O art. 425 refere-se a uma série de documentos (mais propriamente *suportes*) que fazem a mesma prova do documento (*suporte*) original. Assim, "as certidões textuais de qualquer peça dos autos, do protocolo das audiências ou de outro livro a cargo do escrivão ou do chefe de secretaria, se extraídas por ele ou sob sua vigilância e por ele subscritas" (inciso I); "os traslados e as certidões extraídas por oficial público de instrumentos ou documentos lançados em suas notas" (inciso II); "as reproduções dos documentos públicos, desde que autenticadas por oficial público ou conferidas em cartório com os respectivos originais" (inciso III); "as cópias reprográficas de peças do próprio processo judicial declaradas autênticas pelo advogado, sob sua responsabilidade pessoal, se não lhes for impugnada a autenticidade" (inciso IV); "os extratos digitais de bancos de dados públicos e privados, desde que atestado pelo seu emitente, sob as penas da lei, que as informações conferem com o que consta na origem" (inciso V) e "as reproduções digitalizadas de qualquer documento público ou particular, quando juntadas aos autos pelos órgãos da justiça e seus auxiliares, pelo Ministério Público e seus auxiliares, pela Defensoria Pública e seus auxiliares, pelas procuradorias, pelas repartições públicas em geral e por advogados, ressalvada a alegação motivada e fundamentada de adulteração" (inciso VI).

A respeito das hipóteses dos incisos IV e VI, importa esclarecer que não há nenhuma exigência *formal* para que a autenticidade seja certificada que pode se dar, assim, ainda que genericamente por petição, desde que faça menção a quais documentos são alcançados por aquela manifestação. Eventual arguição de falsidade desses documentos observará, ou não, o *incidente* dos arts. 430 a 433 à medida que a parte contrária pretenda imunizar de ulteriores discussões aquela *declaração*.

Os arts. 216 e 217 do Código Civil também se ocupam com o valor probantes das cópias, no mesmo sentido dos incisos I e II do art. 365 do Código de Processo Civil. O art. 218 do Código

110. Assim, *v.g.*: STJ, CE, EREsp 1.015.275/RS, rel. Min. Luiz Fux, j.un. 17-6-2009, *DJe* 6-8-2009.

Civil, por sua vez, prescreve que os traslados e certidões serão considerados instrumentos públicos quando os originais tiverem sido produzidos em juízo para prova de algum ato.

O art. 422 estabelece que "Qualquer reprodução mecânica, como a fotográfica, a cinematográfica, a fonográfica ou de outra espécie, tem aptidão para fazer prova dos fatos ou das coisas representadas, se a sua conformidade com o documento original não for impugnada por aquele contra quem foi produzida". Dois de seus parágrafos, embora tímidos, querem tratar das novidades tecnológicas, ponto em que, compreensivelmente, era silente o CPC de 1973. Assim é que o § 1º do art. 422, tratando da fotografia digital e as extraídas da internet, faz prova das imagens que reproduzem. Se forem impugnadas, deve ser apresentada a respectiva autenticação eletrônica ou, se não for possível, realizada perícia para constatar sua integridade[111]. O § 3º, por sua vez, reserva o mesmo regime para as mensagens eletrônicas quando impressas. O § 2º, por seu turno, ocupa-se com o jornal ou revista impresso. Se a fotografia apresentada em juízo for extraída de um deles, um exemplar deverá ser apresentado se for questionada a sua autenticidade.

3.5.1.3 Documentos autógrafos e heterógrafos

Levando em consideração a autoria *intelectual* e sua distinção com a autoria *material*, os documentos podem ser *autógrafos* ou *heterógrafos*. Serão *autógrafos* os documentos em que houver coincidência entre aquele que confecciona o *suporte* do documento e o autor de seu conteúdo, isto é, daquilo que é representado (atestado) pelo documento. Os documentos *heterógrafos* são aqueles em que não há essa coincidência: o autor *material* do documento não é o seu autor *intelectual*.

O art. 408 presume verdadeiras as declarações constantes do documento particular em relação ao signatário quando escrito e assinado ou somente assinado pelo seu autor *material*. A declaração da ciência de um fato, contudo, é prova de que a declaração foi feita pelo signatário do documento. Não, contudo, da existência do próprio fato (art. 408, parágrafo único). Quanto a ele, aplicam-se as regras relativas ao ônus da prova, inclusive no que diz respeito à necessidade de *produção* de outras provas[112].

O art. 410 indica algumas situações em que se presume a autoria *material* do documento. Para seus incisos, autor material do documento é "aquele que o fez e o assinou" (inciso I); "aquele por conta de quem ele foi feito, estando assinado" (inciso II) e "aquele que, mandando compô-lo, não o firmou porque, conforme a experiência comum, não se costuma assinar, como livros empresariais e assentos domésticos" (inciso III). Complementando a previsão, o art. 412 estabelece que o documento particular cuja autenticidade não é questionada prova que o autor fez a declaração contida no documento.

---

111. Era a solução que o n. 1 do Capítulo 5 da Parte IV do v. 2, t. I, das edições anteriores ao CPC de 2015 deste *Curso* já propugnava ser a mais apropriada, a despeito da inexistência de regras relativas ao tema no CPC de 1973.

112. Idêntica regra está no art. 219 do CC.

3.5.2 Produção

Os documentos são produzidos pelo autor com a petição inicial e pelo réu com sua contestação. É claro, a esse respeito, o art. 434, *caput*, o suficiente, aliás, para se contrapor à tão comum quanto equivocada interpretação isolada do art. 320 de que a inicial *só* deveria ser acompanhada dos documentos *indispensáveis*.

Com relação à contestação, importa recordar que, se o réu reconvier, sua *reconvenção* deve ser apresentada naquela mesma petição (art. 343, *caput*), pelo que é correto entender que as menções que o Código de Processo Civil faz à *contestação* no contexto ora estudado abrange também a reconvenção. Nesse sentido, a apresentação dos documentos relativos aos fatos que dão fundamento à reconvenção *deve* acompanhar a contestação, atraindo para a hipótese a mesma interpretação ampla do art. 320, ainda que não houvesse regra como a do *caput* do art. 434.

Cabe discernir a hipótese do parágrafo único do art. 434, segundo a qual: "Quando o documento consistir em reprodução cinematográfica ou fonográfica, a parte deverá trazê-lo nos termos do *caput*, mas sua exposição será realizada em audiência, intimando-se previamente as partes". A prática, cada vez mais comum em função das múltiplas funções que celulares, *tablets* e instrumentos do gênero ostentam, pressupõe que seja designada uma audiência para que a exposição do vídeo ou a oitiva do áudio. A regra precisa ser interpretada com flexibilidade para evitar maiores formalismos e prática de atos que, em rigor, não se justificam. Assim, por exemplo, quando a reprodução for indispensável para a tomada de decisão *urgente* ou, de forma mais ampla, quando a prática eletrônica dos atos processuais permitir, sem maiores formalidades, que o arquivo seja visualizado pelo magistrado, tanto quanto qualquer outro documento. O que importa nesses dois casos e em tantos outros similares que a prática forense terá o condão de apresentar é que a parte contrária, contra quem aquela informação for produzida, possa se manifestar a respeito, atraindo para a hipótese as regras gerais aqui analisadas.

Outros documentos podem ser apresentados ao longo do processo, mas, para tanto, eles precisam ser *novos* no sentido que lhes dá o *caput* do art. 435: eles devem ser vocacionados a fazer prova de fatos ocorridos depois dos "articulados", isto é, os fatos narrados pelo autor na petição inicial e pelo réu na contestação ou, ainda – e isso é imposição do princípio do contraditório –, para contrapô-los aos que foram produzidos nos autos.

A juntada de documentos após a petição inicial e/ou contestação é também tema do parágrafo único do art. 435, que se refere a documentos *novos* no sentido de serem aqueles cuja *formação* se deu após a prática daqueles atos postulatórios (inicial e contestação) *ou* os que só se tornaram conhecidos, acessíveis ou disponíveis após a prática daqueles mesmos atos. Em qualquer caso, cabe à parte que requerer a juntada do documento comprovar a ocorrência daqueles permissivos. O magistrado avaliará a questão levando em consideração também a boa-fé objetiva a que se refere o art. 5º.

Cabe à parte, quando intimada para se manifestar sobre os documentos (art. 436): (i) impugnar sua admissibilidade (hipótese em que os arts. 434 e 435 serão de enorme valia); (ii) impugnar sua autenticidade (arts. 411, III, e 428, I); (iii) suscitar sua falsidade, requerendo ou não a instauração do incidente respectivo para fins de obtenção de decisão sobre a questão apta a transitar materialmente em julgado (art. 430, parágrafo único, e art. 433); ou, ainda, (iv) manifestar-se sobre seu conteúdo. O parágrafo único do art. 436 veda, pertinentemente, que as alegações de autenticidade e/ou de falsidade sejam genéricas. A parte deverá indicar, especificadamente, por que entende o documento não autêntico e/ou falso. Não basta, destarte, afirmar a falsidade do documento. Há necessidade de justificá-la e indicar em que ela consiste, discernindo, inclusive, se se trata de falsidade *material* ou *ideológica*.

O art. 437 dispõe que o réu deve se manifestar sobre os documentos produzidos com a petição inicial em contestação e que o autor manifestar-se-á sobre os documentos produzidos com a contestação em réplica, ao ensejo das providências preliminares a que se referem os arts. 347 a 353. Havendo apresentação de documentos relativos a reconvenção, a réplica será o local adequado para que o autor/reconvindo se manifeste sobre eles.

O § 1º do art. 437 determina que, sempre que um documento for juntado aos autos, a parte contrária deve ser intimada para, querendo, manifestar-se nos termos do art. 436 no prazo de quinze dias (úteis). O § 2º do art. 437, pertinentemente, admite que o magistrado, levando em conta a complexidade e a quantidade de documentos e mediante pedido do interessado, *amplie* o prazo para manifestação para além dos quinze dias. Trata-se de escorreita aplicação da regra do inciso VI do art. 139, e que pressupõe, como esclarece o parágrafo único daquele dispositivo, que o pedido seja feito *antes* do esgotamento do prazo legal originalmente estabelecido.

Importa compreender de maneira ampla a necessidade da oitiva prévia da parte em face de quem se pretende produzir o documento. Assim, é correto sustentar que a parte contrária pode questionar, inclusive, a oportunidade procedimental da produção daquele documento, sem prejuízo (e por força do princípio da eventualidade) de voltar-se ao seu conteúdo e ao alcance pretendido pela parte que o produziu. É certo, outrossim, entender que o magistrado *não* pode apoiar suas razões de decidir em documentos que não tenham sido submetidos ao prévio contraditório[113], ressalvadas as hipóteses em que, legitimamente, é correto haver sua postergação.

3.5.3 Arguição de falsidade

O art. 427 dispõe que cessa a fé do documento público ou particular quando for declarada judicialmente a sua falsidade. A falsidade assume duas feições: formar documento não verdadeiro *e* alterar documento verdadeiro.

113. Assim, por exemplo: STJ, 2ª Turma, REsp 1.086.322/SC, rel. Min. Humberto Martins, j.un. 18-6-2009, *DJe* 1º-7-2009; STJ, 3ª Turma, REsp 785.360/DF, rel. Min. Nancy Andrighi, j.un. 16-10-2008, *DJe* 28-10-2008, e STJ, 3ª Turma, AgRg no REsp 729.281/SP, rel. Min. Humberto Gomes de Barros, j.un. 1º-3-2007, *DJ* 19-3-2007, p. 326.

É possível – e desejável, já que o Código de Processo Civil nada diz em sentido contrário – que a falsidade não seja restrita à falsidade *material* do documento, isto é, no que diz respeito ao reconhecimento de alteração indevida em seu *suporte*, e que ela também alcance a falsidade *ideológica*, isto é, no *conteúdo* do documento[114]. Trata-se de iniciativa que se afeiçoa melhor com o princípio da eficiência processual[115].

Os arts. 430 a 433 ocupam-se com o *procedimento* a ser observado para aquela finalidade, sendo correto observar que o CPC de 2015 acabou por *unificar* a dualidade de situações que, em rigor, estavam presentes no CPC de 1973 quando se voltava a disciplinar o assunto, elegendo como marco distintivo o instante em que questionamento sobre a falsidade documentar se dar antes ou depois de finda a fase instrutória[116].

É relevante destacar, outrossim, que o Código de Processo Civil, seguindo a linha do que já propunha o v. 2, t. I, deste *Curso* em suas edições anteriores ao seu advento, entendeu preferível tratar do assunto como mero *pedido* a ser feito na contestação (com relação aos documentos produzidos com a inicial), na réplica (com relação aos documentos produzidos com a contestação), ou, ainda, no prazo de quinze dias (úteis) da intimação da juntada, aos autos, de *novo* documento (art. 430, *caput*). Está abolida, destarte, a chamada "ação declaratória incidental de falsidade de documento", que, segundo a ampla maioria da doutrina, era exigida pelos arts. 390 a 395 do CPC de 1973[117].

Subsiste, contudo, uma distinção que, para o sistema do Código de Processo Civil, é excepcional diante do que estatuem os §§ 1º e 2º do art. 503 a respeito da abrangência da coisa julgada inclusive para as questões *prejudiciais*, desde que devida e previamente debatidas pelas partes em pleno contraditório. Assim é que a falsidade documental será discutida *incidentalmente*, a não ser que a parte requeira que ela seja decidida como questão *principal*, tal qual admite expressamente o inciso II do art. 19.

Assim, cabe entender que o art. 433, ao tratar da coisa julgada, só se refere à hipótese de a questão vir a ser decidida como "questão *principal*" e, ao assim fazer, excepcionou, para essa hipótese, o que decorre dos precitados §§ 1º e 2º do art. 503. A conclusão robustece a necessidade

---

114. O STJ já vinha sustentando o entendimento defendido no texto para admitir o reconhecimento da falsidade *ideológica* desde que a iniciativa não buscasse a desconstituição da situação jurídica representada no documento. Assim, *v.g.*: 3ª Turma, AgRg no Ag 354.529/MT, rel. Min. Castro Filho, j.un. 30-4-2002, *DJ* 3-6-2002, p. 202; 2ª Turma, REsp 257.263/PR, rel. Min. Franciulli Netto, j.un. 17-5-2001, *DJ* 1º-10-2001, p. 186; 4ª Turma, AgRg no Ag 204.657/SP, rel. Min. Sálvio de Figueiredo Teixeira, j.un. 23-11-1999, *DJ* 14-2-2000, p. 38; 3ª Turma, REsp 167.726/SP, rel. Min. Carlos Alberto Menezes Direito, j.un. 23-8-1999, *DJ* 18-10-1999, p. 228; e 4ª Turma, REsp 19.920/PR, rel. Min. Sálvio de Figueiredo Teixeira, j.m.v. 15-6-1993, *DJ* 25-10-1993, p. 22498.

115. É o que já sustentava o n. 4.1 do Capítulo 5 da Parte IV do v. 2, t. I, das edições anteriores ao CPC de 2015 deste *Curso*.

116. Para essa discussão, v. o n. 4.2 do Capítulo 5 da Parte IV do v. 2, t. I, das edições anteriores ao CPC de 2015 deste *Curso*.

117. Para a discussão do tema no âmbito daquele Código, v. o n. 4 do Capítulo 5 da Parte IV do v. 2, t. I, das edições anteriores ao CPC de 2015 deste *Curso*.

de a parte interessada no reconhecimento da falsidade tomar a iniciativa de maneira expressa e especificada, manifestando-se se pretende ou não que a decisão correspondente seja alcançada pela coisa julgada. Sem que a parte formule *pedido expresso a falsidade será decidida, mas sem ânimo de transitar em julgado. É esse o sentido da* distinção feita pelo inciso III do art. 436, que, ao se referir à hipótese, indica poder haver *ou não* o "incidente de arguição de falsidade".

Não obstante, não é porque a parte deve tomar a iniciativa da declaração no sentido destacado no parágrafo anterior que é correto sustentar que subsistiria em alguma medida a "ação declaratória incidental" ao menos para os fins de reconhecimento de falsidade documental apto a transitar materialmente em julgado. Menos que uma *nova* ação, ainda que no *mesmo* processo, a hipótese é de apresentação de novo *pedido*, apto a ampliar o objeto de *decisão* do magistrado para nele compreender *também* o que já seria objeto de seu *conhecimento*, uma vez que o documento produzido teria de ser valorado no contexto probatório do processo independentemente de qualquer iniciativa da parte contrária. A remissão que o parágrafo único do art. 430 faz ao inciso II do art. 19 significa, apenas e tão somente, que o sistema processual civil brasileiro reconhece *interesse* limitado ao reconhecimento da autenticidade ou da falsidade de documento, sendo possível verdadeira *cumulação de pedidos* no mesmo processo para o atingimento daquela *utilidade*. Não que, nesses casos, está sendo exercida uma *nova* ação, de maneira incidental, no mesmo processo.

De acordo com o art. 431, a parte arguirá a falsidade expondo as razões em que funda sua pretensão – é vedada a arguição genérica (art. 436, parágrafo único) – e indicando os meios de prova que pretende se valer. A parte contrária será *intimada* para se manifestar em quinze dias úteis (art. 432, *caput*). O mesmo dispositivo impõe a realização de prova pericial, a não ser que, isso está no seu parágrafo único, a parte que produziu o documento concorde em retirá-lo dos autos do processo.

Em rigor, não há por que o magistrado se prender ao comando da lei, por causa do princípio do convencimento motivado. A uma, porque, ao menos em tese, não há por que deixar de entender aplicável à hipótese outro meio de prova que não a perícia. A duas, porque, na medida em que o magistrado se incline para a falsidade, ele deve, a despeito da sua "retirada dos autos", determinar as providências cabíveis, inclusive, mas não só, as criminais[118], para apurar o ocorrido e para que as consequências previstas no ordenamento jurídico sejam aplicadas.

Diferentemente do que se dava em função do art. 394 do CPC de 1973, inexiste regra expressa sobre a suspensão do processo quando arguida a falsidade de documental. Ela pode ser estabelecida, contudo, em função da regra genérica do art. 313, cabendo, caso a caso, verificar de que maneira a iniciativa da parte tem o condão de interferir decisivamente na formação da convicção do magistrado.

118. Falsidade documental, mesmo que no plano material, é tipificada como crime nos arts. 296 a 305 do CP, e não pode o juiz desconsiderar o fato quando haja suficientes indícios de sua prática, sendo indiferente que o "documento seja retirado do processo".

Também não subsistem no CPC de 2015 as acaloradas discussões do CPC de 1973 sobre os recursos cabíveis da decisão que julgasse o incidente na primeira instância.

O correto é entender que a questão seja resolvida na *sentença*, não obstante a textualidade do art. 433, que só se refere à hipótese quando "suscitada como questão *principal*". Assim fazendo, o recurso cabível é a apelação (art. 1.009, *caput*). Se, contudo, por qualquer razão, houver decisão *interlocutória* sobre a questão, o regime recursal observará os §§ 1º e 2º do art. 1.009, considerando a ausência de previsão do agravo de instrumento para a hipótese no art. 1.015.

3.6 Documentos eletrônicos

A Seção VIII do Capítulo XII do Título I do Livro I da Parte Especial, que compreende os arts. 439 a 441, não encontra paralelo com o CPC de 1973. Interessante notar que ela, diferentemente do que a nomenclatura empregada pode sugerir, não se predispõe a revogar ou modificar a legislação específica sobre processo e atos processuais eletrônicos (Lei n. 11.419/2006). O intuito daqueles dispositivos codificados é dar resposta expressa a três específicas hipóteses e, nesse sentido, suas disposições convivem com o que, a respeito de atos eletrônicos, dispõe o CPC de 2015 e a com a disciplina da precitada Lei extravagante. Tivesse o legislador mais recente tratado do assunto como subseção da seção dedicada à prova documental e não haveria diferença nenhuma.

O art. 439 impõe a conversão do documento eletrônico à forma impressa para ser apresentado no "processo convencional", isto é, em papel, ressalvada a verificação de sua autenticidade. A exigência pressupõe, evidentemente, que os autos do processo não sejam eles próprios eletrônicos, por isso a referência a "processo *convencional*".

Dialogando com a previsão, o art. 441 dispõe que a produção e a conservação dos documentos eletrônicos serão admitidas desde que seja observado o disposto na legislação específica, em especial os arts. 11 e 12 da Lei n. 11.419/2006[119].

119. As redações daqueles dispositivos são as seguintes: "Art. 11. Os documentos produzidos eletronicamente e juntados aos processos eletrônicos com garantia da origem e de seu signatário, na forma estabelecida nesta Lei, serão considerados originais para todos os efeitos legais. § 1º Os extratos digitais e os documentos digitalizados e juntados aos autos pelos órgãos da Justiça e seus auxiliares, pelo Ministério Público e seus auxiliares, pelas procuradorias, pelas autoridades policiais, pelas repartições públicas em geral e por advogados públicos e privados têm a mesma força probante dos originais, ressalvada a alegação motivada e fundamentada de adulteração antes ou durante o processo de digitalização. § 2º A arguição de falsidade do documento original será processada eletronicamente na forma da lei processual em vigor. § 3º. Os originais dos documentos digitalizados, mencionados no § 2º deste artigo, deverão ser preservados pelo seu detentor até o trânsito em julgado da sentença ou, quando admitida, até o final do prazo para interposição de ação rescisória. § 4º (...) § 5º Os documentos cuja digitalização seja tecnicamente inviável devido ao grande volume ou por motivo de ilegibilidade deverão ser apresentados ao cartório ou secretaria no prazo de 10 (dez) dias contados do envio de petição eletrônica comunicando o fato, os quais serão devolvidos à parte após o trânsito em julgado. § 6º Os documentos digitalizados juntados em processo eletrônico somente estarão disponíveis para acesso por meio da rede externa para suas respectivas partes processuais e para o Ministério Público, respeitado o disposto em lei para as situações de sigilo e de segredo de justiça" e "Art. 12. A conservação

O art. 440, por sua vez, dispõe que o magistrado avaliará a força probante do documento eletrônico não convertido, assegurando às partes o acesso ao seu teor. O dispositivo parece supor que o "documento eletrônico" é um documento de diferente espécie e que, como tal, daria ensejo a sistemas avaliatórios diversos. A interpretação, contudo, deve ser descartada porque totalmente contrária ao sistema do direito probatório e à concepção, correta, de que o que distingue o documento eletrônico do não eletrônico é, apenas e tão somente, seu suporte, tal qual exposto pelo n. 3.5, *supra*.

3.7 Prova testemunhal

Um dos mais comuns meios de prova, se não *o* mais comum, é a prova testemunhal. Trata-se do meio de prova pelo qual as testemunhas relatam oralmente ao juiz as suas lembranças sobre os fatos ocorridos à medida que sejam questionados a seu respeito.

É clássica a crítica quanto à prova testemunhal por força da natural falibilidade humana e porque, pelas mais variadas razões, as experiências efetivamente vivenciadas, direta ou indiretamente, pelas testemunhas podem, quando relatadas, vir influenciadas por variados juízos de valor pessoal que em nada ajudam ao descobrimento da verdade. Pode até ser que os "testemunhos", isto é, o resultado da prova testemunhal, sejam fruto de mentira, de pura criação, de invencionismo mesmo[120].

Não obstante, o Código de Processo Civil aceita a prova testemunhal, e não há como recusar a ela o desempenho do mesmo papel reservado a todos os demais meios de prova, e, por isso, não é correto entendê-la como hierarquicamente inferior a qualquer outro. O que pode acontecer é o fato já ter sido *suficientemente* provado por outro *meio* probatório a dispensar, por isso mesmo, a necessidade da prova testemunhal. Tal circunstância, contudo, não tem o condão de tornar menos importante a prova testemunhal. Mais ainda porque, por

---

dos autos do processo poderá ser efetuada total ou parcialmente por meio eletrônico. § 1º Os autos dos processos eletrônicos deverão ser protegidos por meio de sistemas de segurança de acesso e armazenados em meio que garanta a preservação e integridade dos dados, sendo dispensada a formação de autos suplementares. § 2º Os autos de processos eletrônicos que tiverem de ser remetidos a outro juízo ou instância superior que não disponham de sistema compatível deverão ser impressos em papel, autuados na forma dos arts. 166 a 168 da Lei n. 5.869, de 11 de janeiro de 1973 – Código de Processo Civil, ainda que de natureza criminal ou trabalhista, ou pertinentes a juizado especial. § 3º No caso do § 2º deste artigo, o escrivão ou o chefe de secretaria certificará os autores ou a origem dos documentos produzidos nos autos, acrescentando, ressalvada a hipótese de existir segredo de justiça, a forma pela qual o banco de dados poderá ser acessado para aferir a autenticidade das peças e das respectivas assinaturas digitais. § 4º Feita a autuação na forma estabelecida no § 2º deste artigo, o processo seguirá a tramitação legalmente estabelecida para os processos físicos. § 5º A digitalização de autos em mídia não digital, em tramitação ou já arquivados, será precedida de publicação de editais de intimações ou da intimação pessoal das partes e de seus procuradores, para que, no prazo preclusivo de 30 (trinta) dias, se manifestem sobre o desejo de manterem pessoalmente a guarda de algum dos documentos originais". Os mencionados arts. 166 a 168 do CPC de 1973 correspondem aos arts. 206 a 208 do CPC de 2015.

120. Para esse panorama crítico, v. Moacyr Amaral Santos, *Prova judiciária no cível e comercial*, v. III, p. 61-122.

vezes, os relatos das testemunhas acabam sendo a única fonte de prova em que, de uma forma ou de outra, pode o magistrado se basear para formação de sua convicção além das alegações formuladas pelas próprias partes[121].

3.7.1 Admissibilidade

A prova testemunhal é admitida, a não ser que haja lei que imponha a *necessidade* de outro meio de prova (art. 442). A prova testemunhal, de outro lado, é desnecessária quando os fatos já estiverem provados por documento ou pela confissão, ou quando sua prova depender da apresentação de documentos ou de prova pericial (art. 443). Cada caso concreto impõe, destarte, o exame sobre a *necessidade* ou a *desnecessidade* da prova testemunhal consoante haja ou não a imposição legal de *outro* meio de prova, ou pelas próprias características do fato a ser provado, ou, mais precisamente, pelo *objeto* da prova, outro meio de prova seja o único capaz de revelá-lo adequadamente para o processo e, pois, ser apto para formação da convicção judicial.

O art. 401 do CPC de 1973, no que era acompanhado pelo *caput* do revogado art. 227 do Código Civil, continha vetusta regra pela qual a prova exclusivamente testemunhal *não era aceita* nos contratos cujo valor excedesse dez salários mínimos ao tempo em que celebrados. A limitação não subsistiu ao CPC de 2015, cujo art. 1.072, II, revogou expressamente o mencionado dispositivo do Código Civil. O que prevalece para o CPC de 2015 é que, mesmo para os casos em que a lei exija prova escrita da obrigação, será admissível a prova testemunhal quando houver começo de prova por escrito, elaborado pela parte contra a qual se pretende produzir a prova (art. 444). A regra, embora já estivesse prevista no art. 402, I, do CPC de 1973, ganha novos foros diante da insubsistência da que estava veiculada em seu art. 401 e que encontrava eco também no *caput* do revogado art. 227 do Código Civil[122].

O art. 445 admite a prova exclusivamente testemunhal "quando o credor não pode ou não podia, moral ou materialmente, obter a prova escrita da obrigação, em casos como o de parentesco, de depósito necessário ou de hospedagem em hotel ou em razão das práticas comerciais do local onde contraída a obrigação".

São casos que evocam o disposto no parágrafo único do art. 227 do Código Civil, não revogado pelo inciso II do art. 1.072, que admite a prova testemunhal como "subsidiária ou complementar da prova por escrito".

121. Bastante ilustrativa do acerto da afirmação do texto é a Súmula n. 577 do STJ, cujo enunciado é o seguinte: "É possível reconhecer o tempo de serviço rural anterior ao documento mais antigo apresentado, desde que amparado em convincente prova testemunhal colhida sob o contraditório".

122. O n. 2 do Capítulo 6 da Parte IV do v. 2, t. I, das edições anteriores ao CPC de 2015 deste *Curso* já propunha interpretação similar, recusando aplicação *literal* ao art. 401 do CPC de 1973 e ao então vigente art. 227, *caput*, do CC.

O art. 446, por sua vez, admite a prova testemunhal para a prova da divergência entre a vontade real e a declarada nos casos de simulação (art. 167 do CC) e, em geral, os vícios de consentimento (arts. 138 a 157 do CC).

O art. 230 do Código Civil também tratava do tema, só admitindo o uso das presunções *simples* nos casos em que a lei permitia o uso da prova unicamente testemunhal. O dispositivo perdeu sua razão de ser diante da nova sistemática trazida ao tema pelo CPC, razão pela qual foi expressamente revogado pelo inciso II de seu art. 1.072.

3.7.2 Testemunhas

As testemunhas são *terceiros* que concretizam ou que realizam, em juízo, um meio de prova, a prova testemunhal.

É importante acentuar que as testemunhas são terceiros porque a oitiva de uma *parte* em juízo sobre os fatos relevantes da demanda tem, para o direito processual civil brasileiro, regime jurídico totalmente diverso daquele que é emprestado para as testemunhas, consistindo em outro meio de prova, o depoimento pessoal.

Os peritos também são, quando analisados dessa mesma perspectiva, *terceiros*. Eles não se confundem com as testemunhas, no entanto, porque elas, as testemunhas, conhecem os fatos como eles ocorreram independentemente de qualquer avaliação *técnica* deles. As testemunhas levam o fato para o processo tal qual ele se realizou. Não cabe a elas valorá-los de nenhuma forma, muito menos tecnicamente ou cientificamente. Fosse esse o intuito, a hipótese seria de realização de prova pericial ou, quando menos, de oitiva de técnicos em audiência de instrução e julgamento como permite o art. 361, I.

As testemunhas são, não há razão para negar, verdadeiros auxiliares do juízo. Qualquer terceiro que, de alguma forma, possa contribuir para o "processo", é dizer, para o atingimento da *finalidade* do processo jurisdicional – a concretização da tutela jurisdicional à parte que tem, no plano do direito material, lesão ou ameaça a direito seu –, deve ser considerado como auxiliar do juízo (arts. 378 e 380). Tanto assim que o art. 463, referindo-se ao testemunho como "serviço público", impede que as testemunhas sujeitas às leis do trabalho possam sofrer qualquer tipo de perda, desconto ou redução nos seus salários pelo período que estão à disposição da justiça.

A regra, por isso mesmo, é que toda pessoa possa servir como testemunha (art. 447, *caput*), sendo os casos de inadmissibilidade aqueles expressamente previstos por seus §§ 1º a 3º, que se referem às testemunhas *incapazes*, *impedidas* e *suspeitas*.

São *incapazes* de testemunhar de acordo com o § 1º do art. 447: "I – o interdito por enfermidade ou deficiência mental; II – o que, acometido por enfermidade ou retardamento mental, ao tempo em que ocorreram os fatos, não podia discerni-los, ou, ao tempo em que deve depor, não está habilitado a transmitir as percepções; III – o que tiver menos de 16 (dezesseis) anos e IV – o cego e o surdo, quando a ciência do fato depender dos sentidos que lhes faltam".

É correto entender que as hipóteses previstas nos incisos I, II e IV, com relação à *incapacidade*, merecem ser interpretadas em conjunto com as regras estabelecidas pela Lei n. 13.146/2015, o Estatuto da Pessoa com Deficiência, no âmbito do art. 228 do Código Civil, para, superando a vedação do Código de Processo Civil, viabilizar à pessoa com deficiência que testemunhe em igualdade de condições com as demais pessoas, assegurando-lhe todos os recursos de tecnologia assistiva ou ajuda técnica.

Impedidas de testemunhar, de acordo com o § 2º do art. 447, são as seguintes pessoas: "I – o cônjuge, o companheiro, o ascendente e o descendente em qualquer grau e o colateral, até o terceiro grau, de alguma das partes, por consanguinidade ou afinidade, salvo se o exigir o interesse público ou, tratando-se de causa relativa ao estado da pessoa, não se puder obter de outro modo a prova que o juiz repute necessária ao julgamento do mérito; II – o que é parte na causa; III – o que intervém em nome de uma parte, como o tutor, o representante legal da pessoa jurídica, o juiz, o advogado e outros que assistam ou tenham assistido as partes".

Testemunhas *suspeitas* são, consoante a prescrição do § 3º do art. 447: "I – o inimigo da parte ou o seu amigo íntimo e II – o que tiver interesse no litígio"[123].

As vedações dos §§ 2º e 3º do art. 447 querem assegurar a imparcialidade das testemunhas, recusando a oitiva de quem pode ter, de alguma forma, interesse próprio no desfecho do processo, direto ou indireto. Há, nesse sentido, quase que uma presunção de que o testemunho seria favorável a uma das partes.

Independentemente da razão pela qual a vedação é estabelecida, a oitiva de testemunhas menores, impedidas ou suspeitas pode ser determinada quando ela se mostrar necessária (art. 447, § 4º, e art. 228, parágrafo único, do CC). Nesse caso, elas serão ouvidas como *informantes*, isto é, sem que prestem o compromisso de dizer a verdade nos moldes do art. 458, cabendo ao magistrado avaliar a prova, levando essa especial circunstância em consideração (art. 447, § 5º).

No caso de o próprio magistrado vir a ser arrolado como testemunha (art. 447, § 2º, III), cabe a ele, quando tiver conhecimento dos fatos relevantes para o julgamento da causa, declarar-se *impedido* (art. 144, I), e, passando os autos do processo a seu sucessor (art. 146, § 1º), prestar o depoimento. O inciso I do art. 452 veda, na hipótese, que a parte que tenha arrolado o magistrado desista do seu depoimento. Na hipótese oposta, em que o juiz desconhece os fatos da causa, ele determinará a retirada de seu nome do rol apresentado pela parte, não havendo necessidade, por esse fundamento, de dar-se por suspeito ou por impedido para continuar a presidir o processo (art. 452, II).

123. O rol é sensivelmente menor que o do art. 405 do CPC de 1973, considerando a subtração de hipóteses polêmicas e de duvidosa constitucionalidade lá previstas que dificilmente, tais como o condenado por crime de falso testemunho, havendo transitado em julgado a sentença, e aquele que, por seus costumes, não fosse digno de fé.

O art. 448, abrangendo as hipóteses previstas, na mesma diretriz, pelo revogado art. 229 do Código Civil, indica os fatos sobre os quais as testemunhas não precisam depor e que ecoam, coerentemente, os casos em que a parte e/ou o terceiro escusam-se legitimamente de exibir coisa ou documento. Esses fatos são os que acarretem à testemunha "grave dano, bem como ao seu cônjuge ou companheiro e aos seus parentes consanguíneos ou afins, em linha reta ou na colateral até o terceiro grau" e aqueles "a cujo respeito, por estado ou profissão, deva guardar sigilo".

3.7.3 Produção

As testemunhas, como regra, são ouvidas na sede do juízo (art. 449) *e* na audiência de instrução e julgamento (arts. 361, *caput*, e 453, *caput*). O parágrafo único do art. 449 permite sua oitiva em local diverso, a depender do estado de saúde ou se por outro motivo relevante não puder comparecer, *mas* puder depor. Importa acrescentar a essa previsão a viabilidade de a oitiva da testemunha ser *antecipada*, inclusive para os fins e segundo os pressupostos do art. 381 (art. 453, I) e as que são inquiridas por carta precatória, rogatória, de ordem e arbitral (art. 453, II). Nos casos em que a testemunha residir em local diverso da sede do juízo, a oitiva pode se dar por videoconferência ou outro recurso tecnológico similar, cabendo aos órgãos jurisdicionais disponibilizar os respectivos meios (art. 453, §§ 1º e 2º).

O rol de testemunhas será apresentado ao ensejo do "saneamento e organização do processo".

O § 6º do art. 357, cabe lembrar, limita seu número a dez, sendo ouvidas, no máximo, três testemunhas para cada fato, o que, em função do exposto pelo n. 3.7.1, *supra*, deve ser flexibilizado diante das peculiaridades de cada caso concreto.

Durante a pandemia do coronavírus, a realização de audiências de instrução e julgamento acabou sendo generalizada, por força de resoluções do CNJ e de atos expedidos pelos diversos Tribunais, o que ultrapassou os limites *textuais* referidos naqueles dois dispositivos.

Na exata medida em que as audiências realizadas de modo telepresencial garantem a produção de atos processuais em tempo *real* e com participação simultânea das partes, o prejuízo para a *oralidade* que preside a prática daquele ato tende a ser reduzidíssimo, se não inexistente.

O grande desafio com relação ao tema, como já destacado, é a disponibilização de aparelhos e de meios tecnológicos necessários para viabilizar a *efetiva* participação das partes e de seus procuradores em tais atos o que, em última análise, encontra fundamento bastante no inciso XXXV do art. 5º da Constituição Federal.

O rol, de acordo com o art. 450, deve conter, sempre que possível, o nome, a profissão, o estado civil, a idade, o número do cadastro de pessoa física e do registro de identidade e o endereço completo da residência e do local de trabalho das testemunhas.

A antecedência na apresentação do rol e as informações relativas a cada uma das testemunhas são indispensáveis porque é com base nelas que a parte contrária terá condições de "contraditar" a testemunha, isto é, de recusá-la em função da ocorrência de alguma das hipóteses dos §§ 1º a 3º do art. 447.

Uma vez apresentado, o rol só poderá ser alterado se a testemunha arrolada falecer, quando, por doença, não puder depor ou quando ela não for encontrada (art. 451). Sem prejuízo, é possível que *outras* testemunhas sejam ouvidas, por determinação do próprio magistrado ou por requerimento das partes, quando elas forem *referidas* nos depoimentos (art. 461, I) ou quando for caso de acareação, isto é, quando houver divergência entre elas sobre fato relevante para o julgamento (art. 461, II).

3.7.4 Intimação

A regra do CPC de 2015 – e aqui reside uma importante novidade em relação ao CPC de 1973 – é a de caber ao advogado da parte que arrolou a testemunha informá-la ou intimá-la do dia e do horário da audiência designada para sua oitiva, dispensando-se intimação do juízo para aquele fim (art. 455, *caput*). A intimação a ser feita pelo advogado deve se dar por carta com aviso de recebimento, cumprindo a ele juntar aos autos, com pelo menos três dias (úteis) de antecedência da data da audiência, cópia da correspondência de intimação e do comprovante de recebimento (art. 455, § 1º). A falta de intimação é significativa da desistência da oitiva da testemunha (art. 455, § 3º). A intimação por carta, nos moldes do § 1º do art. 455, pode ser dispensada quando a parte se comprometer a levar a testemunha à audiência independentemente de sua realização (art. 455, § 2º). Também aqui, contudo, consoante estatui o mesmo § 2º, o não comparecimento da testemunha é entendido como desistência na sua oitiva.

Excepcionalmente, a testemunha será intimada pelo órgão jurisdicional. Os casos são os do § 4º do art. 455: (i) quando frustrada a intimação pelo advogado realizada para os fins do § 1º do art. 455; (ii) quando sua necessidade for devidamente demonstrada pela parte ao magistrado (e, para isso, importa atentar ao prazo a que se refere o próprio § 1º do art. 455); (iii) quando figurar no rol de testemunhas servidor público ou militar, caso em que o magistrado o requisitará ao chefe da repartição ou ao comando do corpo em que servir; (iv) quando se tratar de testemunha arrolada pelo Ministério Público ou pela Defensoria Pública[124]; (v) ou, por fim, quando a testemunha for uma das autoridades previstas no art. 454.

Se a testemunha devidamente intimada na forma dos §§ 1º ou 4º do art. 455 não comparecer sem motivo justificado, será "conduzida", isto é, levada à sede do juízo mesmo contra a sua vontade – é a chamada "condução sob vara", iniciativa de discutível constituciona-

124. De acordo com o Enunciado n. 15 da I Jornada de Direito Processual Civil do CJF: "Aplicam-se às entidades referidas no § 3º do art. 186 do CPC as regras sobre intimação pessoal das partes e suas testemunhas (art. 186, § 2º; art. 455, § 4º, IV; art. 513, § 2º, II e art. 876, § 1º, II, todos do CPC)". Cumpre esclarecer que as entidades previstas no § 3º do art. 186 são os escritórios de prática jurídica das faculdades de Direito reconhecidas na forma da lei e as entidades que prestam assistência jurídica gratuita em razão de convênios firmados com a Defensoria Pública.

lidade –, sem prejuízo de responder pelas custas do adiamento da audiência de instrução e julgamento (art. 455, § 5º)[125].

3.7.5 Inquirição

A testemunha, antes de ser ouvida, será qualificada, declarando ou confirmando os dados existentes no rol apresentado anteriormente pelas partes. Também deverá informar se tem relações de parentesco com a parte ou algum interesse no processo (art. 457, *caput*). As informações são relevantíssimas para viabilizar, se for o caso, que a parte contrária *contradite* a testemunha, isto é, indique que há incapacidade, impedimento ou suspeição nos moldes do art. 447, cabendo, até mesmo, a produção de provas a esse respeito (art. 457, § 1º)[126]. Se a contradita for aceita, a testemunha será *dispensada*, ou seja, não será ouvida *ou* ouvida apenas como *informante*, isto é, ela não prestará o compromisso de dizer a verdade (art. 454, § 2º).

A própria testemunha, nesse primeiro momento, pode também requerer que seja dispensada, alegando as situações do art. 448. As partes serão ouvidas e o magistrado decidirá de plano, acatando as escusas e dispensando-a, ou, não obstante, ouvindo-a como informante ou rejeitando a justificativa, compromissando-a para ouvi-la (art. 457, § 3º).

Qualificada a testemunha e superada eventual contradita, ela prestará o compromisso de dizer a verdade sobre o que sabe e lhe for perguntado (art. 458, *caput*). Cabe ao magistrado advertir a testemunha da possibilidade de ocorrência de falso testemunho tipificado no art. 342 do Código Penal (art. 458, parágrafo único).

A inquirição das testemunhas é feita separada e sucessivamente. Primeiro serão ouvidas as arroladas pelo autor e depois as arroladas pelo réu. Uma não poderá ouvir o testemunho da outra (art. 456, *caput*). Eventual alteração de ordem pode ser posta em prática pelo magistrado, desde que com a concordância das partes (art. 456, parágrafo único). A expressa exigência de concordância das partes excepciona o dever-poder constante do inciso VI do art. 139, que, em geral, depende da avaliação judicial das "necessidades do conflito" com vistas "a conferir maior efetividade à tutela do direito".

O art. 459 inova em relação ao CPC de 1973 porque permite que os *procuradores* das partes (e não as partes elas próprias, como sugere o *texto* do dispositivo) formulem diretamente as perguntas às testemunhas[127]. A primeira inquirição será feita por quem arrolou a testemunha, passando-se, em seguida, ao *procurador* da parte contrária. Ao magistrado cabe indeferir as

125. Como há exigência de prévia intimação para comparecimento em juízo, fica descartada a ocorrência do crime previsto no art. 10 da Lei n. 13.869/2019, a "Lei do Abuso de Autoridade".

126. De acordo com o Enunciado n. 34 da I Jornada de Direito Processual Civil do CJF: "A qualificação incompleta da testemunha só impede a sua inquirição se houver demonstração de efetivo prejuízo".

127. O que não significa dizer que as testemunhas não são ouvidas perante o *juízo*, no sentido de órgão jurisdicional e perante o magistrado, necessariamente presente na audiência designada para tanto, o que traz à tona o disposto no *caput* do art. 453, não obstante faça menção apenas a *juiz*.

perguntas que possam induzir resposta, que não tiverem relação com as questões de fato sobre a qual recai a prova (art. 459, *caput*) ou que sejam repetição de outra já respondida. Evidentemente que todo cuidado com a letra do dispositivo é pouco: eventuais ênfases, contradições e fatos secundários, dentre outros elementos, são, por vezes, essenciais para a constatação do valor que merece o testemunho e, até mesmo, para fins de *acareação* (art. 461, II). O magistrado poderá também inquirir as testemunhas, antes ou depois da inquirição feita pelos procuradores das partes, no que é expresso não só o *caput* do art. 456, mas também o § 1º do art. 459.

As testemunhas devem ser tratadas com urbanidade, sendo vedadas perguntas ou considerações impertinentes, capciosas ou vexatórias (art. 459, § 2º), sempre a exigir do magistrado conduta firme na audiência de instrução e julgamento (art. 360, I e IV). Eventuais perguntas indeferidas, por essas ou quaisquer outras razões (art. 459, *caput*), serão transcritas no termo da audiência, desde que a parte o requeira (art. 459, § 3º).

Sobre a documentação do testemunho, o *caput* do art. 460 permite a sua gravação, e, quando for digitado ou registrado por qualquer outro meio idôneo (o dispositivo refere-se à taquigrafia e à estenotipia), ele será assinado pelo magistrado, pela testemunha e pelos procuradores. No caso de o testemunho ter sido gravado – e a redação do *caput* do dispositivo sugere que seja esse o meio de documentação preferido pelo Código de Processo Civil – e de os autos não serem eletrônicos, sua digitação depende da impossibilidade do envio dos arquivos em forma eletrônica ao Tribunal (art. 460, § 2º)[128]. Tratando-se de autos eletrônicos, prevalece o art. 193, sem prejuízo do disposto na Lei n. 11.419/2006.

Como o depoimento em juízo é considerado serviço público, tanto que é vedado descontar o dia ou período de trabalho do empregado celetista (art. 463), pode a testemunha requerer ao magistrado que lhe sejam pagas as despesas que efetuar para ir à audiência. A parte que a arrolou pagará os valores desde logo ou fará depósito judicial em três dias (art. 462)[129].

3.7.6 Casos excepcionais de oitiva das testemunhas

Há situações expressamente previstas no Código de Processo Civil em que as testemunhas não são ouvidas na audiência de instrução e julgamento, excepcionando, também para elas, a regra do *caput* do art. 449.

É o caso das testemunhas que prestam seu depoimento antecipadamente (art. 453, I), as que são ouvidas por carta precatória ou por carta rogatória porque não residem no *foro* em que tramita o processo (art. 453, II), ou nos casos do parágrafo único do art. 449, isto é, quando a testemunha, por enfermidade ou por outro motivo relevante, não puder compare-

128. Em se tratando de inquirição de testemunhas feita por carta precatória, eventual degravação compete ao juízo deprecante. Nesse sentido: STJ, 2ª Seção, CC 150.252/SP, rel. Min. Ricardo Villas Bôas Cueva, j.un. 10-6-2020, *DJe* 16-6-2020.

129. O prazo não é processual e, por isso, deve ser contado em dias corridos (art. 219, parágrafo único).

cer à audiência mas, nem por isso, estiver impossibilitada de depor. Nesse caso, o magistrado designará dia, hora e local para inquiri-la.

Também não são ouvidas em audiência de instrução e julgamento, embora não haja qualquer vedação para serem arrolados como testemunhas, as autoridades apontadas no art. 454, providência que se justifica em função do cargo que ocupam. Sua oitiva dá-se, por isso mesmo, na sua residência ou no local em que desempenham suas funções, em dia, hora e local a serem designados por ela própria, em atenção ao ofício que lhe enviará o magistrado, com cópia da petição inicial ou da defesa apresentada pela parte que a arrolou como testemunha (art. 454, § 1º). Se a autoridade não se manifestar em até um mês, o magistrado marcará dia, hora e local para o depoimento, de preferência na sede do juízo (art. 454, § 2º). Idêntica providência será tomada se a autoridade não comparecer injustificadamente à sessão agendada por ela mesma (art. 454, §3º).

As autoridades que ostentam essa prerrogativa são as seguintes: (i) o presidente e o vice-presidente da República; (ii) os ministros de Estado; (iii) os ministros do Supremo Tribunal Federal, os conselheiros do Conselho Nacional de Justiça e os ministros do Superior Tribunal de Justiça, do Superior Tribunal Militar, do Tribunal Superior Eleitoral, do Tribunal Superior do Trabalho e do Tribunal de Contas da União; (iv) o procurador-geral da República e os conselheiros do Conselho Nacional do Ministério Público; (v) o advogado-geral da União, o procurador-geral do Estado, o procurador-geral do Município, o defensor público-geral federal e o defensor público-geral do Estado; (vi) os senadores e os deputados federais; (vii) os governadores dos Estados e do Distrito Federal; (viii) o prefeito; (ix) os deputados estaduais e distritais; (x) os desembargadores dos Tribunais de Justiça, dos Tribunais Regionais Federais, dos Tribunais Regionais do Trabalho e dos Tribunais Regionais Eleitorais e os conselheiros dos Tribunais de Contas dos Estados e do Distrito Federal; (xi) o procurador-geral de justiça; (xii) o embaixador de país que, por lei ou tratado, concede idêntica prerrogativa a agente diplomático do Brasil.

O rol merece interpretação restritiva para que a prerrogativa nele prevista não seja estendida a outras autoridades não contempladas expressamente pelo legislador, prática incompatível com o princípio republicano (art. 1º da CF).

3.8 Prova pericial

A perícia é o meio de prova que pressupõe que a matéria sobre a qual recai o objeto de conhecimento do magistrado seja técnica, isto é, que se trate de matéria que, para sua adequada compreensão, exige conhecimentos especializados que o magistrado não possui ou que não domina. É até didático, nesse sentido, o inciso I do § 1º do art. 464, segundo o qual o magistrado indeferirá o pedido de perícia quando a prova do fato não depender do conhecimento *especial* de *técnico*.

Mesmo nos casos em que o magistrado tem aptidão para compreender fato técnico de área não jurídica que, usualmente, estaria fora de seu alcance, é imperativa a realização da prova pericial, com observância do procedimento previsto no Código de Processo Civil. É a forma pela qual as partes e eventuais terceiros terão condições efetivas de *participar* da formação da convicção judicial sobre aquele específico fato. Não é outra a razão pela qual o art. 375, ao autorizar o magistrado a se valer das "máximas de experiência", inclusive no que diz respeito às "regras de experiência técnica", exclui expressamente da incidência daquele dispositivo o "exame pericial". O conhecimento privado do magistrado, com efeito, não pode, por si só, ser bastante para a formação de sua convicção, o que significaria, em última análise, uma forma de alijar as partes (e eventuais terceiros) de seu direito de influência.

Como qualquer outro meio de prova, contudo, a perícia só se justifica se o fato a ser provado, além de demandar conhecimentos técnicos e especializados, não puder sê-lo suficientemente por outros meios ou se, circunstancialmente, ele já estiver provado nos autos (art. 464, § 1º, II), merecendo lembrança, a propósito, as hipóteses em que a perícia é colhida *antecipadamente* na forma dos arts. 381 a 383.

Sobre as outras provas que podem justificar a desnecessidade da prova pericial, cabe destacar novidade trazida pelo Código de Processo Civil e consistente na "prova técnica simplificada", admissível quando o ponto controvertido for de menor complexidade (art. 464, § 2º). A iniciativa, de acordo com o § 3º do mesmo dispositivo, consiste na inquirição pelo magistrado de especialista, que deverá ter formação acadêmica específica na área objeto de seu depoimento, sobre ponto controvertido da causa que demanda especial conhecimento científico ou técnico e na sua oitiva poderá ser empregado qualquer recurso tecnológico de transmissão de sons e imagens com o fim de esclarecer os pontos controvertidos da causa (art. 464, § 4º). É inovação que, trazendo à mente a *expert witness* dos direitos inglês e norte-americano, vem para substituir o art. 421, § 2º, do CPC de 1973, que se conformava com a oitiva do perito e dos assistentes técnicos na audiência de instrução e julgamento "a respeito das coisas que houverem informalmente examinado ou avaliado".

Em idêntico contexto, cabe o destaque do art. 472, segundo o qual a perícia pode ser dispensada quando as partes, na petição inicial e na contestação, apresentarem pareceres técnicos ou documentos suficientemente claros e elucidativos sobre as questões de fato que, normalmente, demandariam a realização daquele específico meio de prova. É fundamental o exame de cada caso concreto para verificar em que medida a documentação carreada aos autos pelas partes dispensa *ulterior* exame técnico sob as vestes da "prova pericial". Tudo dependerá da aptidão daqueles documentos para eliminar quaisquer dúvidas que o magistrado possa ter sobre as questões, inclusive do ponto de vista técnico, o que acaba por atrair a regra genérica do inciso II do § 1º do art. 464.

A prova pericial, por fim, não será realizada quando a perícia for impraticável, isto é, quando ela não puder ser realizada (art. 464, § 1º, III). É correto interpretar o dispositivo de modo amplo para descartar a perícia tanto quando houver limitações da própria técnica ou da especialização que a justificaria ou ainda, quando a pessoa ou coisa que seria periciada não mais permitir sua realização. Assim, por exemplo, diante do falecimento daquela ou da destruição desta[130].

O *caput* do art. 464 dá ensejo ao entendimento de que a prova pericial compreende, na verdade, três *espécies* diversas: o *exame*, a *vistoria* e a *avaliação*.

O *exame* tem como objeto pessoas ou coisas. A *vistoria* tem como objeto a constatação de imóveis. A *avaliação*, por seu turno, é a fixação do valor de determinado bem. Há quem distinga da avaliação uma quarta espécie, o *arbitramento*, que seria justificável nos casos em que não há condições de fixação *objetiva* do valor do bem[131].

A despeito da possibilidade da distinção entre aquelas espécies, ela é de reduzida importância porque a disciplina codificada não traz nenhuma distinção entre uma e outra. O que releva para fins da perícia é que o seu *objeto* seja satisfatoriamente fixado desde o instante em que esse meio de prova é entendido necessário e que o magistrado, por conseguinte, determina a sua realização.

3.8.1 Perito e sua nomeação

O perito é o sujeito ativo da perícia[132]. Ele é considerado auxiliar do juízo, expressamente referido no rol do art. 149, e, por isso mesmo, as partes podem, nos quinze dias (úteis) seguintes à intimação de sua nomeação, questionar sua *parcialidade*, arguindo seu impedimento ou suspeição (art. 465, § 1º, I, observando-se também, quando for o caso, o disposto no § 4º do art. 156). Se acolhido o questionamento, será nomeado novo perito (art. 467, parágrafo único).

A atuação do perito no processo independe de qualquer compromisso, devendo, de qualquer sorte, cumprir seu encargo com o zelo de um profissional sério e conhecedor da sua área de especialização (arts. 157 e 466, *caput*) e assegurando que os assistentes técnicos tenham acesso e acompanhem as diligências e os exames que realizar[133].

O perito será nomeado pelo magistrado a partir dos nomes e das instituições constantes do cadastro formado e mantido nos termos dos §§ 1º a 3º do art. 156. Somente nos casos em que não houver nenhum cadastrado junto ao Tribunal é que a nomeação será livre e, ainda assim, com observância das exigências do § 5º do art. 156, isto é, devendo "... recair sobre profissional ou órgão técnico ou científico comprovadamente detentor do conhecimento

130. É inegável que tais hipóteses podem justificar, consoante as exigências de cada caso concreto, a *antecipação* da prova nos moldes dos arts. 381 a 383, tendo presente, inclusive, a situação de *urgência* na sua realização.

131. É o entendimento de João Batista Lopes, *A prova no direito processual civil*, p. 131. Moacyr Amaral Santos, em seu *Prova judiciária no cível e comercial*, v. V, p. 145-162, disserta longamente sobre a diversidade das espécies de perícia.

132. Moacyr Amaral Santos, *Da prova judiciária no cível e comercial*, v. V, p. 43.

133. O compromisso de adequadamente desempenhar sua função era exigência formal do art. 422 do CPC de 1973, na sua forma original e que já havia sido suprimida pela Lei n. 8.455/92, que deu nova redação àquele dispositivo.

necessário à realização da perícia". Não subsiste no CPC de 2015 a regra que caracterizava a prova pericial no CPC de 1973 autorizando a nomeação livre do perito pelo magistrado, observando, apenas, a área de sua expertise[134].

O que não fica claro no art. 156 é o efetivo critério a ser empregado para a nomeação do perito. O § 1º do art. 9º da Resolução n. 233/2016 do CNJ, a esse propósito, autoriza que a escolha se dê "... entre os peritos cadastrados, por nomeação direta do profissional ou por sorteio eletrônico, a critério do magistrado". A previsão precisa ser interpretada à luz do § 2º do art. 157 do CPC de 2015, sob pena de desviar do padrão legal, deixando de lado, para fins de exposição, qualquer questionamento quanto à constitucionalidade do CNJ para regular o assunto. A regra codificada, ao tratar da organização de lista de peritos na vara ou na secretaria com a disponibilização dos documentos exigidos para habilitação à consulta de interessados, determina que "... a nomeação seja distribuída de modo equitativo, observadas a capacidade técnica e a área de conhecimento". Assim, frisando a diretriz de que a escolha só pode ser feita entre peritos cadastrados (ressalvada a hipótese do § 5º do art. 156), cabe ao magistrado atentar à distribuição *equitativa* das perícias, levando em conta a capacidade técnica e a área de conhecimento de cada perito. Destarte, a nomeação dos peritos deve observar "rigorosa igualdade", devendo ser "alternada e aleatória", da mesma forma que se deve dar com a própria distribuição de processos entre os vários juízos igualmente competentes (art. 285, *caput*) e, não é demais afirmar, também como o Código de Processo Civil exige para conciliadores e mediadores (arts. 167, § 2º; 168, § 2º; 170 e 171). Não há, destarte, levando em consideração o disposto no § 2º do art. 157, como chegar a conclusão diversa, devendo a "nomeação direta do profissional" ou o "sorteio eletrônico" observar aquelas balizas.

Reiterando que a especialidade no objeto da perícia deve ser levada em conta na nomeação do perito, o *caput* do art. 478 dispõe que, quando o exame tiver por objeto a autenticidade ou a falsidade de documento ou for de natureza médico-legal, o perito será escolhido, de preferência, entre os técnicos dos estabelecimentos oficiais especializados, cabendo ao magistrado autorizar a remessa dos autos, bem como do material sujeito a exame ao diretor do estabelecimento, observando-se, nos casos de gratuidade de justiça, o disposto nos §§ 1º e 2º[135].

Quando a complexidade do objeto o exigir, mais de um perito poderá ser nomeado, cada qual com sua própria especialidade, reservando-se idêntico direito às partes com relação à nomeação de mais de um assistente técnico (art. 475).

---

134. O cadastro a que se refere o art. 156 é objeto da Resolução n. 233, de 13 de julho de 2016, do CNJ, que o chamou de "Cadastro Eletrônico de Peritos e Órgãos Técnicos ou Científicos" (CPTEC). A regra, cabe destacar, é de discutível constitucionalidade diante da competência reconhecida pela CF ao CNJ, como demonstra o n. 3.6 do Capítulo 3 da Parte I do v. 1.

135. O Projeto de novo CPC da Câmara chegou a propor, similarmente, diretrizes adicionais a serem observadas no exame psicológico ou biopsicossocial (art. 486 do PL n. 8.046/2010). A regra, contudo, não foi aprovada pelo Senado Federal na última etapa dos trabalhos legislativos.

Na nomeação do perito, o magistrado fixará, desde logo, o prazo para entrega do laudo (art. 465, *caput*), que pode ser prorrogado uma vez, mediante pedido justificado, pela metade do prazo originário (art. 476). A viabilidade de ser estabelecido verdadeiro calendário para a realização da perícia – a impactar também o prazo de conclusão dos trabalhos – é expressamente prevista no § 8º do art. 357.

O perito, ciente de sua nomeação, pode, se for o caso, escusar-se de assumir o encargo (art. 157, *caput* e § 1º). Se não for esse o caso, terá o perito o prazo de cinco dias (úteis) para apresentar sua proposta de honorários, seu currículo e comprovação de sua especialização, e indicar seus contatos profissionais para fins de intimação (art. 465, § 2º).

As partes, intimadas da nomeação do perito, terão quinze dias (úteis) para, se for o caso, arguir sua suspeição ou impedimento, indicar assistente técnico e apresentar quesitos (art. 465, § 1º).

Se a perícia for realizada por carta (precatória, rogatória ou, até mesmo, arbitral), a nomeação do perito poderá ser feita pelo juízo a quem a perícia for requisitada (art. 465, § 6º).

O perito será substituído quando não possuir conhecimento técnico ou científico ou quando, sem justificativa, não cumprir o prazo que lhe foi fixado pelo magistrado, considerando, até mesmo, eventual dilação nos moldes do art. 476 (art. 468)[136]. Nesse caso, o perito arcará com as consequências profissionais e pessoais decorrentes do ocorrido, inclusive as relativas a seus honorários, consoante a disciplina dos três parágrafos do art. 468. De acordo com o § 1º do art. 468, cabe ao magistrado, na hipótese de o perito não entregar o laudo no prazo, comunicar a ocorrência à corporação profissional respectiva, podendo, ainda, impor multa ao perito, fixada tendo em vista o valor da causa e o possível prejuízo decorrente do atraso no processo. Se a hipótese for de substituição do perito, deve este restituir em 15 dias (corridos) os valores recebidos pelo trabalho não realizado, sob pena de ficar impedido de atuar como perito judicial pelo prazo de cinco anos (art. 468, § 2º). Se não houver a restituição voluntária, a parte que tiver adiantado e/ou pago os honorários poderá, valendo-se da decisão que a determinou, requerer o cumprimento em face do perito, valendo-se do disposto no art. 513 e seguintes (art. 468, § 3º).

3.8.2 Assistentes técnicos

O perito é auxiliar do juízo, e sua nomeação pressupõe a *necessidade* de alguém que tenha conhecimentos técnicos e especializados sobre um ou mais fatos cuja adequada compreensão é inafastável para a formação do convencimento do magistrado.

As mesmas razões que levam o magistrado a determinar a realização da prova pericial e nomear um perito que, por definição, atuará como verdadeiro auxiliar seu no que diz res-

136. Nesse sentido: STJ, 3ª Turma, REsp 1.726.227/SP, rel. Min. Marco Aurélio Bellizze, j.un. 5-6-2018, *DJe* 8-6-2018.

peito à análise daquele fato diferenciado verifica-se também com relação às partes e, mais precisamente, com relação a seus procuradores.

Para viabilizar que a prova pericial se desenvolva em amplo contraditório (sempre compreendido amplamente, como *cooperação*), o inciso II do § 1º do art. 465 permite que as partes nomeiem "assistentes técnicos", que são profissionais, igualmente técnicos e especializados, que secundarão a sua própria atuação processual com vistas a uma escorreita compreensão e análise do trabalho pericial.

Os "assistentes técnicos" não são auxiliares do juízo. São auxiliares das próprias partes, de exclusiva confiança delas, e, por isso mesmo, não estão sujeitos às regras de imparcialidade impostas pelos arts. 144 e 145 aos peritos (art. 466, § 1º). Sua indicação tampouco depende de qualquer aprovação do magistrado ou da parte contrária, sendo certo, contudo, que, uma vez nomeado, sua substituição só pode ser pleiteada quando fundada em justo motivo[137].

3.8.3 Produção

Uma vez nomeado o(s) perito(s) e indicado(s) o(s) assistente(s) técnico(s), tem início a produção da prova pericial. É fundamental, para tanto, que as partes tenham ciência formal da data, hora e local do início dos trabalhos, no que é expresso o art. 474. Havendo assistente(s) técnico(s), deve ser observada a antecedência mínima de cinco dias[138], estabelecida pelo § 2º do art. 466, cabendo ao perito comprovar nos autos que tomou as providências cabíveis para observar aquela regra.

Para o adequado desempenho de suas funções, o § 3º do art. 473 permite ao perito e aos assistentes técnicos valer-se de todos os meios necessários, ouvindo testemunhas, obtendo informações, solicitando documentos que estejam em poder da parte, de terceiros ou em repartições públicas, cabendo a ele (e a eles em seus respectivos pareceres técnicos) instruir o laudo com planilhas, mapas, plantas, desenhos, fotografias ou outros elementos necessários ao esclarecimento do objeto da perícia. Nos casos em que a perícia tiver por objeto a autenticidade da letra e da assinatura, o perito poderá requisitar, para efeito de comparação, documentos existentes em repartições públicas e, na falta destes, poderá requerer, por intermédio do magistrado, que a pessoa a quem se atribuir a autoria do documento forneça material para fins de comparação (art. 478, § 3º).

Durante a perícia, poderão as partes apresentar quesitos *suplementares, sem prejuízo, portanto, daqueles eventualmente apresentados desde a nomeação do perito (art. 465, § 1º, III)*, a serem

137. Nesse sentido: é firme o posicionamento da 4ª Turma do STJ como fazem prova os seguintes julgados: REsp 655.363/SC, rel. Min. Aldir Passarinho Jr., j.un. 4-12-2008, *DJe* 2-2-2009; AgRg no AREsp 142.066/SP, rel. Min. Luis Felipe Salomão, j.un. 12-11-2013, *DJe* 26-11-2013, e AgInt no AREsp 1.123.739/SP, rel. Min. Luis Felipe Salomão, j.un. 7-6-2018, *DJe* 13-6-2018.

138. Como não se trata de prazo processual (art. 219, parágrafo único), é correto entender que os cinco dias devem ser computados sem discernir dias úteis e feriados.

respondidos desde logo pelo perito ou na audiência de instrução e julgamento, devendo a parte contrária deles ter ciência (art. 469).

O magistrado, por sua vez, poderá também formular quesitos a serem respondidos pelo perito e pelos assistentes técnicos, cabendo-lhe indeferir os quesitos impertinentes (art. 470), assim entendidos aqueles que transbordam do objeto da perícia e os que não se relacionam aos conhecimentos técnicos que justificam a perícia. A esse propósito, cabe sublinhar não caber ao perito (e nem aos assistentes técnicos) qualquer manifestação sobre questões jurídicas ou sobre a valoração jurídica dos fatos, pessoas ou coisas que justificam a realização da prova pericial.

A conclusão do trabalho do perito será documentada em um laudo. Inova o Código de Processo Civil ao estabelecer expressamente o seu conteúdo.

De acordo com o art. 473, o laudo pericial conterá: (i) a identificação do objeto da perícia (com a observação do § 2º do art. 473 sobre lhe ser vedado ir além dos limites de sua designação e também emitir opiniões pessoais sobre a questão, que não guardem objeto com o exame técnico ou científico); (ii) a análise realizada pelo perito; (iii) a indicação do método utilizado na análise, com as devidas justificativas sobre sua pertinência e aceitação científica; e (iv) a resposta conclusiva a todos os quesitos apresentados. Também as diligências realizadas e os elementos colhidos com fundamento no § 3º do art. 473 deverão constar do laudo. O § 1º do dispositivo, em complementação, exige do perito linguagem simples na explicação de como alcançou suas conclusões, sendo claro o objetivo da regra de evitar o emprego de termos técnicos de pouca ou nenhuma compreensão por bacharéis de direito.

O laudo será protocolado no prazo fixado pelo magistrado, sempre com antecedência mínima de vinte dias (úteis) da audiência de instrução e julgamento (art. 477, *caput*).

Em seguida, serão as partes intimadas para, querendo, se manifestar sobre o laudo no prazo comum de quinze dias (úteis). O mesmo prazo poderá ser utilizado para que os assistentes técnicos apresentem suas próprias conclusões, chamadas pelo § 1º do art. 477 de "parecer".

Cabe ao perito esclarecer, no prazo de quinze dias (úteis), eventual divergência ou dúvida de qualquer das partes, do magistrado ou do Ministério Público ou, ainda, suscitado nos pareceres dos assistentes técnicos (art. 477, § 2º). Para tanto, embora o Código de Processo Civil não seja claro, o perito deverá ser intimado das manifestações apresentadas pelos sujeitos processuais referidos e também dos trabalhos apresentados pelos assistentes técnicos.

Se depois da manifestação do perito ainda houver necessidade de esclarecimentos, cabe à parte requerer o seu comparecimento (bem como dos assistentes técnicos) para prestá-los na audiência de instrução e julgamento, formulando as perguntas em forma de quesitos desde logo (art. 477, § 3º). Para tanto, o perito e os assistentes técnicos deverão ser intimados com a antecedência mínima de dez dias (úteis) da audiência (art. 477, § 4º).

Com relação à participação do perito em audiências de instrução e julgamento, cabem as mesmas considerações já lançadas anteriormente com relação ao depoimento pessoal das partes e à oitiva de testemunhas quanto à generalização de sua prática de modo telepresencial em função da pandemia do coronavírus.

O que há de específico para a prova pericial naquele período é a Resolução n. 317/2020 do CNJ, que passou a admitir, justamente em função da pandemia do coronavírus, a própria realização de perícias em meios eletrônicos ou virtuais em processos relativos a benefícios previdenciários por incapacidade ou assistenciais.

3.8.4 Avaliação

A avaliação do laudo pericial e dos pareceres apresentados pelos assistentes técnicos é feita pelo magistrado que a eles, a despeito do tecnicismo da questão, que justifica a perícia, não está adstrito. Aplica-se, também aqui, o princípio do convencimento motivado do juiz, mais ainda porque as conclusões *técnicas* apresentadas pelo perito podem ser objeto de crítica convincente pelos assistentes técnicos das partes cujos pareceres também integram a prova pericial, e, nessa qualidade, também devem ser objeto de cuidadosa análise pelo magistrado. Não é por outra razão que o art. 479 determina expressamente ao magistrado a observância do art. 371, sem prejuízo de indicar, na sentença, "os motivos que o levaram a considerar ou a deixar de considerar as conclusões do laudo, levando em conta o método utilizado pelo perito".

O que pode ocorrer, até mesmo em função dos elementos técnicos, é que o magistrado, de ofício ou a requerimento, entenda pertinente a realização de uma segunda perícia.

A hipótese, expressamente admitida pelo *caput* do art. 480, terá como objeto os mesmos fatos da primeira perícia e terá como finalidade precípua apontar eventual omissão ou inexatidão dos resultados daquela (art. 480, § 1º). As regras a serem observadas na segunda perícia são as mesmas da primeira (art. 480, § 2º).

Como a segunda perícia não substitui a primeira (art. 480, § 3º), ao magistrado caberá confrontar as conclusões de ambas, indicando, sempre motivadamente, as razões que, a final, levaram-no a formar sua convicção. Na medida em que conclusões dos dois trabalhos periciais puderam ser mescladas e combinadas, não há óbice alguma para que o magistrado deixe de fazê-lo, justificando, contudo, e invariavelmente, a sua decisão.

3.8.5 Perícia consensual

Novidade trazida pelo Código de Processo Civil está na possibilidade de as partes, de comum acordo, escolherem o perito quando elas forem plenamente capazes e quando o objeto do litígio admitir autocomposição (art. 471, *caput*). Essa escolha – chamada por aquele dispositivo de "perícia *consensual*" – substitui, para todos os fins, a prova pericial que seria realizada por perito nomeado pelo magistrado na forma "tradicional" (art. 471, § 3º).

Cabe às partes, nesse caso, indicar desde logo, concomitantemente à escolha do perito, seus assistentes técnicos, que acompanharão a perícia a ser realizada na data e no local previamente anunciados (art. 471, § 1º). Ao magistrado compete fixar o prazo para que o perito e os assistentes entreguem as conclusões de seus trabalhos (art. 471, § 2º), regra que não inibe que as partes e o magistrado ajustem calendário em conjunto para esse fim, o que é admitido pelo art. 191 e de forma mais específica pelo § 8º do art. 357.

Trata-se de mais um caso em que o Código de Processo Civil inova ao admitir, na prática dos atos processuais, ampla participação (e mais que isto, inegável protagonismo) das partes como verdadeiros condutores dos rumos do processo, aplicando, assim, a diretriz ampla do art. 190.

Tal protagonismo não impede, de qualquer sorte, o necessário (irrenunciável e inafastável) controle judicial sobre a regularidade da prática dos atos, a começar pela observância das exigências da hipótese de incidência do dispositivo: capacidade das partes e se tratar de causa que admita a autocomposição (incisos I e II do *caput* do art. 471), tanto quanto à avaliação da prova produzida nesses moldes. Não é possível, a esse respeito, que as partes, ainda que estejam de comum acordo, preestabeleçam o valor a ser dado *pelo* magistrado ao trabalho apresentado para os fins do art. 471. Assim, pode ocorrer de, não obstante a perícia consensual, o magistrado determinar, ainda que de ofício, a realização de prova pericial a ser desenvolvida de acordo com a disciplina respectiva.

3.8.6 Despesas com a perícia

As despesas com a realização da perícia, incluindo os honorários devidos ao perito, serão *adiantadas* pela parte que requereu. Quando ela for requerida por ambas as partes ou quando determinada de ofício pelo magistrado, as despesas serão rateadas pelas partes (art. 95, *caput*).

As custas são *adiantadas* porque a responsabilização por seu pagamento definitivo é fixada na sentença (art. 82, § 2º). É por isso que só a final os honorários devidos ao assistente técnico deverão ser levados em conta como verbas de sucumbência. Cada parte adiantará os valores respectivos (art. 95, *caput*), e uma vez demonstrado o pagamento em juízo, o seu reembolso é parte integrante daquelas verbas (art. 84).

O depósito dos honorários periciais deve observar o que for determinado pelo magistrado, com observância do § 3º do art. 465. De acordo com o dispositivo, pode ser autorizado o pagamento de até cinquenta por cento dos honorários arbitrados a favor do perito no início dos trabalhos, devendo o remanescente ser pago apenas ao final, depois de entregue o laudo e prestados todos os esclarecimentos necessários (art. 465, § 4º). Se a perícia for inconclusiva ou falha, os honorários inicialmente arbitrados podem ser reduzidos (art. 465, § 5º).

O não pagamento dos honorários periciais reclama análise bifurcada: se o que não for pago for o adiantamento permitido pelo § 4º do art. 465 – comumente chamados na prática forense de "honorários *provisórios*" –, o caso é de não realização da perícia. A recusa injustificada deve ser entendida como desistência da prova que tiver requerido[139]. Nesse caso, pode ser que a não realização da perícia acabe por resultar, pela avaliação dos demais meios de prova já produzidos ou a produzir, em julgamento desfavorável àquela parte. Trata-se de interpretação verdadeiramente impositiva porque, caso contrário, estar-se-ia a admitir que o perito trabalhasse gratuitamente e que ele acabasse por "financiar" o litígio entre as partes, conclusão que não pode ser aceita.

A conclusão deve ser preservada ainda quando a prova for determinada de ofício. Como, nesse caso, a responsabilidade pelo adiantamento é de ambas as partes (art. 95, *caput*), a parte contrária pode se responsabilizar pelo pagamento da integralidade da verba, como forma de viabilizar a realização da perícia.

Se o que não for pago forem os honorários finais, chamados na prática forense, de "definitivos", isto é, aqueles fixados com o término do trabalho pericial, a melhor solução é a de certificar o montante dos honorários, documento esse que constitui título executivo *judicial* para legitimar que o perito cobre aquele valor do responsável (art. 515, V)[140]. A hipótese não é de proferimento de sentença sem resolução de mérito nos moldes do inciso III do art. 485, a despeito da inércia da parte quanto a esse específico ato processual. Menos ainda de "nulidade" da perícia ou da impossibilidade de sua consideração como prova devidamente produzida para embasar o proferimento da decisão.

Em se tratando de beneficiário da justiça gratuita, sem prejuízo da especificidade das regras dos §§ 1º e 2º do art. 478, há previsão legal para isenção do pagamento dos honorários periciais (art. 98, § 1º, VI) e, se for o caso, para pagamento do exame de DNA, comuníssimo nas chamadas "ações de investigação de paternidade" e de outros exames que se mostre essenciais (art. 98, § 1º, V). Nesse caso, a forma de pagamento deve observar as regras dos §§ 3º a 5º do art. 95, que trata das possíveis fontes de custeio a serem empregadas para aquele fim[141].

3.9 Inspeção judicial

O último meio de prova regulado pelo Código de Processo Civil é a inspeção judicial.

139. Se a hipótese for de impossibilidade, total ou parcial, de arcar com os valores relativos à produção da prova pericial, inclusive dos honorários, cabe à parte requerer, demonstrando, os benefícios da gratuidade da justiça com fundamento no art. 98, § 1º, VI, e § 5º.

140. O CPC de 2015, no particular, inova em relação ao CPC de 1973 ao corretamente prever a hipótese como título executivo *judicial* (porque oriundo de decisão *judicial*) e não como título executivo *extrajudicial*, como fazia o inciso VI do art. 585 daquele Código. A hipótese, de resto, é harmônica com a previsão do § 3º do art. 468, relativa à falta de restituição dos valores adiantados pelo perito substituído durante a realização da perícia.

141. O CNJ editou a respeito a Resolução n. 232, de 13 de julho de 2016, que "Fixa os valores dos honorários a serem pagos aos peritos, no âmbito da Justiça de primeiro e segundo graus, nos termos do disposto no art. 95, § 3º, II, do Código de Processo Civil – Lei 13.105/2015".

O art. 481, que abre a Seção XI do Capítulo relativo às provas, preserva a finalidade e o objeto da inspeção judicial, tal qual já estabelecia o CPC de 1973. Assim é que o magistrado, de ofício ou a requerimento da parte, pode, em qualquer fase do processo, inspecionar *diretamente* pessoas ou coisas, a fim de se esclarecer sobre fato que interesse à decisão da causa.

Sua finalidade deixa entrever com clareza que esse meio de prova difere substancialmente dos demais. É que a inspeção judicial viabiliza que o magistrado tenha acesso aos fatos *diretamente* e não, como se dá nos outros, *indiretamente*, seja por intermédio de um documento, de uma ata notarial, de uma testemunha ou, até mesmo, por intermédio de um profissional técnico especializado, o perito. É meio de prova cuja produção dispensa intermediação por pessoa ou coisa. Trata-se de ato do próprio magistrado que, por observação *direta* de pessoas ou de coisas, tende a formar sua própria convicção para melhor compreensão do objeto de conhecimento e, consequentemente, viabilizar o proferimento de melhor decisão. A inspeção judicial, no dizer de Moacyr Amaral Santos, é a "percepção sensorial direta do juiz, a fim de se esclarecer quanto a fato, sobre qualidades ou circunstâncias corpóreas de pessoas ou coisas"[142].

É comum a referência de que a inspeção judicial seria um meio de prova *complementar*, que só deveria ser utilizada quando, a despeito da produção das demais provas, o magistrado ainda não tiver se convencido suficientemente sobre os fatos controvertidos. Tal interpretação toma como base o texto do art. 481, segundo o qual a inspeção judicial tem como objetivo o *esclarecimento* do fato "que interesse à decisão da causa". Como, rigorosamente, "esclarecer" pressupõe algum conhecimento prévio, estaria aí, imposta pela lei, a subsidiariedade desse meio de prova[143].

O entendimento não deve ser prestigiado. O art. 481 deve ser interpretado levando em conta o sistema probatório como um todo. Assim é que a admissão da inspeção judicial independe de qualquer avaliação prévia sobre o acervo probatório eventualmente constante dos autos. O que basta para tanto é que o magistrado, de ofício ou a requerimento, entenda que a forma mais adequada de *apreciar*, *avaliar*, *conhecer*, *convencer-se* de um fato controvertido (sempre considerado amplamente) é a sua percepção *pessoal* e *direta*. Não há por que recusar, diante disso, a possibilidade de o magistrado se valer de plano da inspeção judicial, *independentemente* da produção de quaisquer provas anteriores.

Coerentemente, é o próprio art. 481 que admite a realização da inspeção judicial "em qualquer fase do processo", isto é, *sempre* que o magistrado entender que aquele *meio* de prova é o mais adequado para a sua compreensão dos fatos controvertidos, sem qualquer vinculação à produção de quaisquer outros meios de prova.

142. *Da prova judiciária no cível e comercial*, v. 1, p. 87.

143. É o entendimento, por exemplo, que sustentava Moacyr Amaral Santos em seus *Comentários ao Código de Processo Civil*, v. IV, p. 350-351, afirmando, em seguida, p. 355, tratar-se de "prova *complementar*".

3.9.1 Objeto

O art. 481 admite que a inspeção judicial recaia sobre "pessoas" ou "coisas". É importante interpretar o vocábulo "coisas" amplamente para permitir que tudo o que não seja uma "pessoa" possa ser objeto do exame *direto* e *pessoal* do magistrado.

Assim, devem ser entendidos como "coisas" para os fins da inspeção judicial não só os bens *móveis* (aí incluídos os semoventes; art. 82 do CC) e os bens *imóveis*, mas, também, o lugar ou os lugares em que, segundo as alegações das partes (e de eventuais terceiros), os fatos relevantes e pertinentes ocorreram.

Com relação às pessoas, cabe destacar que, em se tratando de inspeção judicial que recaia sobre a *parte*, tem esta o *dever* de colaborar com o juízo na sua realização, no que é expresso o inciso II do art. 379[144].

3.9.1.1 *Confronto com a perícia*

Inspeção judicial e perícia não podem ser confundidas. São meios de prova diversos com regimes jurídicos bem distintos de acordo com as normas do Código de Processo Civil. A inspeção judicial se caracteriza pela percepção *direta* das coisas ou das pessoas pelo magistrado; a perícia pressupõe que o conhecimento do magistrado seja intermediado por um técnico, o perito.

A radical distinção entre uma e outra, contudo, não inibe que, na realização da inspeção judicial, o magistrado se valha de peritos que o ajudarão a compreender o fato controvertido, sempre que as circunstâncias concretas exigirem conhecimentos especializados. Não se trata de realizar perícia fora da disciplina dada pelo Código de Processo Civil e nem de permitir que, nesse caso, os peritos substituam o magistrado no elemento essencial da inspeção, que é a apreciação *direta* das pessoas ou coisas inspecionadas. Há casos em que a perícia formalmente considerada pode ser dispensada, como se dá com os arts. 464, § 2º, e 472. Aqui, contudo, o núcleo fundamental da inspeção judicial é preservado: trata-se de meio de prova pelo qual o magistrado, *direta* e *pessoalmente*, terá acesso aos fatos controvertidos para formação de sua convicção. A função dos peritos, para tanto, não é a de *substituir* a apreensão *direta* de quem ou do que é inspecionado, mas, bem diferentemente, auxiliar o juiz no que for necessário para a adequada colheita direta das informações tidas como importantes.

A hipótese é expressamente admitida pelo art. 482, que, ao fazer referência a "um ou mais peritos", deve ser entendido em consonância com o disposto no art. 475, isto é, quanto à

144. O art. 340, II, do CPC de 1973, ao tratar da mesma hipótese, prescrevia a *submissão* da parte "... à inspeção judicial, que for julgada necessária", interpretação que já precisava, corretamente, ser mitigada à luz do modelo constitucional do direito processual civil (art. 5º, LVI e LXIII, da CF). O verbo "colaborar" empregado pelo art. 379, II, do CPC de 2015, é, nesse aspecto, mais adequado, além de harmônico com o sistema do próprio Código, a partir do que dispõe seu art. 6º.

conveniência de, a depender das especialidades ou especificidades da pessoa ou da coisa a ser apreciada pelo magistrado, haver mais de um técnico a auxiliá-lo na colheita (e compreensão) da informação, sempre de maneira direta.

À falta de regra específica ou diversa, o(s) perito(s) deverá(ão) ser escolhido(s) levando em conta suas *expertises à luz das pessoas ou coisas a serem inspecionadas*.

É irrecusável que as partes podem acompanhar a inspeção judicial, devendo ser-lhes assegurada ampla participação. A diretriz, que decorre do modelo constitucional do direito processual civil, está expressa no parágrafo único do art. 483.

No contexto que importa destacar, importa entender que as partes podem se valer, se o caso reclamar, de assistentes técnicos que terão como meta ajudá-las a compreender os eventuais desdobramentos técnicos ou especializados de quem ou do que é inspecionado, máxime quando o próprio magistrado entender que a hipótese comporta a nomeação de um perito, nos termos do art. 482. Embora esse dispositivo e o parágrafo único do art. 483 nada digam a respeito da hipótese aqui ventilada, a solução é impositiva por força do princípio constitucional do contraditório.

3.9.2 Produção

Entendendo o magistrado, de ofício ou a pedido das partes, que a hipótese comporta a realização da inspeção judicial, é importante verificar se esse meio de prova significa necessariamente o deslocamento do magistrado ao local em que se encontram as pessoas ou as coisas (amplamente consideradas) a serem por ele *diretamente* examinadas.

Ao contrário do que poderia parecer, a inspeção judicial nem sempre acarreta o deslocamento do magistrado. Esse meio de prova pode ser, consoante as circunstâncias concretas, realizado no seu próprio gabinete, em audiência especificamente designada para esse fim ou na própria audiência de instrução e julgamento.

O deslocamento do magistrado ao local onde se encontra a pessoa ou a coisa a ser inspecionada justifica-se quando o magistrado reputá-lo necessário para "melhor verificação ou interpretação dos fatos que deve observar" (art. 483, I), assim, por exemplo, a visita a uma fábrica, a uma linha de produção, a um estabelecimento que se pretende fechar, a um imóvel que apresenta problemas de infiltração, a um condomínio em que se narra haver barulho e incômodo por parte de vizinhos.

Mas não só. O deslocamento do magistrado também é devido quando a apresentação da coisa em juízo for custosa ou difícil (art. 483, II), hipótese que deve ser estendida também às pessoas que, por qualquer razão, não puderem se deslocar para a sede do juízo (porque, por exemplo, estão doentes ou não têm condições de locomoção até o fórum), e, por fim, quando se tratar de reconstituição dos fatos, isto é, da determinação de que os fatos, tais quais alegados pelas partes, sejam encenados no local em que aconteceram para seu melhor exame (art. 483, III).

Durante a produção da inspeção judicial, seja ela feita em juízo (no fórum) ou fora dele, a participação das partes *e, se for o caso, de seus assistentes técnicos* deve ser assegurada (art. 483, parágrafo único), porque podem prestar esclarecimentos e fazer observações ou comentários que reputem importantes para a formação da convicção judicial. As partes têm o direito de *participar* ou, como prefere o Código de Processo Civil, de *cooperar* com a inspeção judicial. Por isso mesmo, há necessidade de as partes serem intimadas do dia, hora e local, da realização ou do início de realização da inspeção. Não fosse suficiente o que decorre diretamente do princípio constitucional do contraditório e do art. 6º do Código, cabe aplicar, por analogia, o disposto no art. 474, ainda quando o magistrado não se faça acompanhar por perito.

Realizada a inspeção, o magistrado determinará que seja lavrado "auto circunstanciado", isto é, que o escrivão documente todos os acontecimentos relevantes, inclusive as manifestações do perito, das partes e de seus assistentes técnicos, porque é a partir desse *documento* da inspeção judicial que o juiz fundamentará a sua decisão, deixando claras as razões de seu convencimento (art. 484, *caput*). O auto poderá ser instruído com desenho, gráfico ou fotografia, como esclarece o respectivo parágrafo único do art. 484, em rol que, claramente, não é exaustivo.

Sua lavratura não é só imposição do *caput* do art. 484 mas, superiormente, do princípio do convencimento motivado do juiz, mais ainda quando, como no caso da inspeção, a percepção do fato é *diretamente* apreendida pelo magistrado, sendo absolutamente necessário e indispensável que ele *exteriorize* e *documente* a formação de sua convicção pessoal. Não fosse assim e seria impossível às partes verificar as razões de convencimento do magistrado, e sequer teriam condições de confrontá-las para seu reexame em sede recursal.

3.9.2.1 *Incidência do princípio da identidade física do juiz*

Questão digna de destaque sobre a inspeção judicial é sobre se o magistrado que a realizou fica vinculado ao proferimento da decisão, aplicando-se à hipótese o chamado princípio da identidade física do juiz.

A melhor resposta é a positiva. Ainda quando documentada a prova no "auto circunstanciado" a que se refere o *caput* do art. 484, é de se destacar, uma vez mais, que a inspeção judicial caracteriza-se como tal, e se justifica em cada caso concreto porque o próprio *magistrado* entendeu que a melhor forma de apreender os fatos controvertidos e sobre eles formar sua convicção é o exame *direto* e *pessoal de pessoas e coisas*. Se assim é, nada mais coerente que o magistrado que tenha realizado a inspeção judicial seja aquele que venha a proferir a decisão que a considerará para fins de convicção.

O princípio, contudo, aceita os mesmos temperamentos colocados em evidência no n. 2.6, *supra*, hipótese em que cuidadoso exame do auto circunstanciado será providência inarredável pelo novo julgador, que, consoante o caso, poderá realizar nova inspeção judicial, o que encontra guarida suficiente no dever-poder previsto no *caput* do art. 370.

3.9.3 Contraditório prévio

Não obstante a total falta de novidades textuais do Código de Processo Civil acerca do assunto, seu compromisso assumido com o contraditório permite que sofisticada indagação seja revisitada. Tem o magistrado o dever de comunicar às partes que realizará a inspeção judicial *previamente* ou pode ele fazê-la independentemente de prévia comunicação?

A resposta correta, levando em conta, como não pode deixar de ser, o modelo constitucional do direito processual civil, é a de que a dispensa de prévia comunicação só é permitida se houver urgência *ínsita* à inspeção judicial ou quando a prévia comunicação puder, de alguma forma, prejudicar o exame a ser feito pelo próprio magistrado. Por isso – e também pelo *dever* de fundamentação extraído diretamente do art. 93, IX, da Constituição Federal – cabe ao magistrado, ao dispensar a prévia intimação, justificá-la pormenorizadamente no auto a que se refere o art. 484.

É igualmente correto entender que, nos casos em que a inspeção judicial dispensar a prévia intimação das partes, o magistrado deve dar ciência às partes das suas diligências, documentadas suficientemente no auto do art. 484. O proferimento de sua decisão levando em conta as impressões constantes naquele ato processual (a avaliação da prova, portanto) pressupõe prévia oportunidade de as partes manifestarem-se sobre o auto em si mesmo considerado e *também* sobre ter sido bem justificada ou justificável a dispensa da prévia intimação relativa às diligências da inspeção. Também aqui, a hipótese deve ser compreendida como de mero adiamento do contraditório e não de sua eliminação, iniciativa que se mostra incompatível com o modelo constitucional.

4. AUDIÊNCIA DE INSTRUÇÃO E JULGAMENTO

Não deixa de ser curioso constatar que o Código de Processo Civil comece o tratamento da fase instrutória disciplinando a audiência de instrução e julgamento, reservando para ela Capítulo próprio na disciplina do procedimento comum (arts. 358 a 368), deixando para o Capítulo seguinte tratar da prova em geral e de cada um dos meios de prova em específico, nas suas onze seções. No CPC de 1973, a audiência de instrução e julgamento era disciplinada pelos arts. 450 a 457, localizados *após* os dispositivos dedicados às disposições gerais dedicadas às provas (arts. 444 a 446) e a cada um dos meios de prova (art. 369). Em posição rigorosamente oposta à do CPC de 2015.

A observação é pertinente porque, ainda que se justifique a fase instrutória, a audiência de instrução e julgamento só será necessária quando houver necessidade de produção de provas *orais*. Não há, destarte, relação de causa e efeito entre a fase instrutória e a realização daquela audiência[145]. Mesmo em casos em que, por exemplo, a prova pericial se faz necessá-

145. O enunciado da Súmula 21 do TJSP ilustra suficientemente bem a ideia de sobreposição entre a fase instrutória e a audiência de instrução e julgamento nos seguintes termos: "Na chamada denúncia vazia, a retomada é deferida pela só conveniência do locador, sendo dispensável audiência de instrução e julgamento". A dispensa

ria, não é obrigatória a designação de audiência de instrução e julgamento, *salvo* se for determinada a oitiva *oral* do perito e/ou de assistentes técnicos (art. 361, I). Para além dessa observação, salvo determinação em contrário do magistrado com fundamento no inciso VI do art. 139, a ordem escolhida pelo Código de Processo Civil para a produção das provas reserva a realização da audiência de instrução e julgamento para *depois* da prova pericial (art. 477).

É essa a razão pela qual este *Curso* prefere tratar da audiência de instrução e julgamento *após* a exposição do direito probatório, como fecho do Capítulo dedicado à fase instrutória, solução que se mostra mais harmônica com o sistema do Código de Processo Civil e também mais didática[146].

É na audiência de instrução e julgamento que, frustrada tentativa de conciliação ou, sem prejuízo de as partes já terem sido instadas anteriormente a alcançarem, por outras técnicas, a autocomposição do litígio (art. 359), realizam-se as provas *orais* (art. 361), tempestivamente requeridas pelas partes ou determinadas pelo magistrado, que se permite o debate *oral* da causa (art. 364) e, se for o caso, o magistrado profere sentença (art. 366).

É comum, por isso mesmo, ser evidenciada, a propósito da audiência de instrução e julgamento, a concretização de alguns princípios derivados da *oralidade* (prevalecimento da palavra oral na prática dos atos processuais, o que não significa a impossibilidade ou a desnecessidade de sua documentação dar-se inclusive por escrito). A *concentração dos atos processuais* está inegavelmente preservada pelo Código de Processo Civil, como a descrição do parágrafo anterior evidencia por si só. A *imediatidade*, pela qual o magistrado colhe diretamente a prova, está mitigada, como demonstrado no n. 2.6, *supra*. A *identidade física do juiz*, princípio segundo o qual o magistrado que conclui a instrução deve julgar a causa, está preservada *implicitamente*, pelas razões apresentadas pelo n. 3.9.2.1, *supra*.

A audiência de instrução e julgamento é ato processual *complexo* em que diversas atividades são praticadas, ainda que todas elas voltadas a uma só e comum finalidade: a formação da convicção do magistrado com vistas ao julgamento, sempre compreendida a expressão no sentido de decidir quem, autor ou réu, faz jus à tutela jurisdicional.

A audiência, como todo ato jurisdicional, é pública. Trata-se de exigência feita desde o modelo constitucional do direito processual civil e expressamente reiterada pelo art. 368, que, afinado com aquele modelo, ressalva as "exceções legais", que se encontram nos arts. 11 e 189 e que têm fundamento no inciso LX do art. 5º e no inciso IX do art. 93, ambos da

---

da realização daquela audiência se justifica em função da dispensa da prova *oral*, que, em regra, mostra-se inútil dada a peculiaridade da causa de pedir (denúncia vazia) nos casos em que a tutela jurisdicional consiste no rompimento do vínculo do contrato de locação com a retomada da posse direta pelo locador (despejo).

146. O *Curso* coloca em prática o que seu irmão menor, o *Manual*, não faz em função da opção metodológica lá assumida. Tanto que, no n. 2 do seu Capítulo 10, se lê a respeito, após a mesma crítica desenvolvida no texto: "De qualquer sorte, como anunciado de início, a apresentação da matéria por este *Manual* guia-se pelas escolhas feitas pelo CPC de 2015, mesmo, como no caso, que elas não pareçam ser as melhores. O prezado leitor é que, devidamente advertido, ficará à vontade para ler sobre as provas em geral e em espécie para, depois, voltar para este número".

Constituição Federal. Naqueles casos, em que o justifica o interesse público ou social (art. 189, I); ou porque se versa sobre casamento, separação de corpos, divórcio, separação, união estável, filiação, alimentos e guarda de crianças e adolescentes (art. 189, II); quando constam dados protegidos pelo direito constitucional à intimidade (art. 189, III) ou, ainda, que se refiram a arbitragem, inclusive sobre cumprimento de carta arbitral, desde que a confidencialidade estipulada na arbitragem seja comprovada perante o juízo (art. 189, IV), a audiência será realizada, no jargão forense, "a portas fechadas", isto é, não será admitida a presença de quaisquer outras pessoas que não o magistrado, as partes, eventuais terceiros intervenientes, seus procuradores, o membro do Ministério Público e da Defensoria Pública, se a hipótese assim impuser, e os serventuários da justiça que se fizerem necessários para a documentação dos trabalhos a serem realizados naquele ato.

A audiência é *una* e *contínua (art. 365, caput)*, embora possa deixar de ser realizada num só dia quando não for possível a oitiva do perito e das testemunhas (o que pressupõe a concordância das partes).

A unidade e a continuidade da audiência devem ser entendidas no sentido de que, por mais adiamentos ou prorrogações que a audiência possa receber, uma vez iniciada, ela não *recomeça*, pelo que atos processuais que, antes de seu início, poderiam ter sido praticados pelas partes já não poderão mais sê-lo porque atingidos pela preclusão. A audiência de instrução e julgamento, destarte, é, em si mesma considerada, um só ato processual, embora passível de ser praticado em mais de um dia pelas *necessidades* do caso concreto. Tanto assim que o parágrafo único do art. 365 determina que, "Diante da impossibilidade de realização da instrução, do debate e do julgamento no mesmo dia, o juiz marcará seu prosseguimento para a data mais próxima possível, em pauta preferencial".

É o magistrado quem preside a audiência, exercendo o que o art. 360, *caput*, chama de "poder de polícia", especificando o que em perspectiva mais genérica prevê o inciso VII do art. 139. No exercício daquele *dever-poder* – a ênfase da atuação jurisdicional recai *invariavelmente* no *dever* (*finalidade* a ser atingida) e não no *poder* (*meios* adequados e suficientes para seu atingimento) –, compete-lhe: (i) manter a ordem e o decoro na audiência; (ii) ordenar que se retirem da sala de audiência os que se comportarem inconvenientemente; (iii) requisitar, quando necessário, a força policial; (iv) tratar com urbanidade as partes, os advogados, os membros do Ministério Público e da Defensoria Pública e qualquer outra pessoa que participe do processo e (v) registrar em ata, com exatidão, todos os requerimentos apresentados em audiência. Estas duas últimas prescrições são decorrência imediata do modelo de processo cooperativo a que se refere o art. 6º.

As audiências de instrução e julgamento devem ser marcadas com intervalo mínimo de uma hora entre uma e outra, diretriz que decorre do § 9º do art. 357. Também para tais audiências a advogada gestante, lactante, adotante ou que der à luz tem preferência na ordem de sua realização, nos termos do art. 7º-A, III e §§ 1º e 2º, da Lei n. 8.906/94, incluídos pela

Lei n. 13.363/2016, observando-se a discussão apresentada pelo n. 3.9 do Capítulo 6 da Parte II do v. 1.

Como já destacado a propósito da produção do depoimento testemunhal, da prova testemunhal e da prova pericial, Resoluções do CNJ e atos dos variados Tribunais brasileiros acabaram admitindo a realização de audiências de instrução e julgamento de maneira telepresencial em função da pandemia do coronavírus.

A prática, em si mesma considerada, não se mostra agressiva ao modelo constitucional do direito processual civil e nem aos princípios regentes daquele ato, em que prima a *oralidade*, desde que se garanta a realização de atos em tempo real com ampla participação de todos os sujeitos processuais.

O desafio que se põe em relação ao tema diz respeito à *efetiva* existência de meios que garantam o acesso àquela tecnologia de tal maneira que impeça a ocorrência *concreta* de qualquer perda de direitos consagrados e que não podem ser removidos, por mais justificáveis que se mostrem as razões que conduziram à mudança do paradigma da audiência do presencial para o virtual[147].

4.1 Abertura e adiamento da audiência

A audiência de instrução e julgamento deve ser aberta *formalmente* com observância do art. 358. Ela, no dia e hora designados, será *apregoada*, isto é, seu início será comunicado às partes e aos seus respectivos advogados, bem como ao membro do Ministério Público e da Defensoria Pública, na medida em que devam participar do ato e, bem assim, a todos os demais que nela intervirão, como perito, assistentes técnicos e testemunhas. Até então, a audiência pode ser adiada.

Uma vez declarada aberta a audiência, o magistrado, *sendo o caso*, tentará conciliar as partes ou, quando menos, convencê-las a buscar soluções alternativas para o conflito, como, por exemplo, a mediação, a arbitragem ou a negociação direta (art. 359). A ressalva é importante porque pode se tratar de direito que não aceita autocomposição. Pode ser também que as partes já tenham se manifestado ao magistrado no sentido de desinteresse por qualquer tentativa de autocomposição, reiterando, até mesmo, posicionamento similar constante da petição inicial e/ou da petição do réu apresentada para os fins do § 5º do art. 334. Em direção oposta, eventual realização anterior de audiência de conciliação e de mediação, ao ensejo da citação do réu, não interfere nessa *nova* tentativa de aproximação das partes (e eventuais

147. A propósito do tema e com declarada preocupação com o quanto levantado no texto, cabe o destaque da edição, pelo CNJ, da Resolução n. 337, de 29-9-2020, que "Dispõe sobre a utilização de sistemas de videoconferência no Poder Judiciário"; da Resolução n. 341, de 7-10-2020, que "Determina aos tribunais brasileiros a disponibilização de salas para depoimentos em audiências por sistema de videoconferência, a fim de evitar o contágio pela Covid-19" e da Resolução n. 358/2020 do CNJ, que "regulamenta a criação de soluções tecnológicas para a resolução de conflitos pelo Poder Judiciário por meio da conciliação e mediação".

terceiros) na busca autocompositiva do conflito. É interpretação que se harmoniza não apenas com os parágrafos do art. 3º, mas também com o inciso V do art. 139, que incentiva, para tanto, o auxílio de conciliadores e de mediadores judiciais.

Se a autocomposição restar frutífera, cabe ao magistrado, na própria audiência, proferir sentença com fundamento no art. 487, III, *b*, que, a despeito do silêncio do Código de Processo Civil, deverá constar do termo de audiência[148].

A audiência de instrução e julgamento pode ser *adiada* (antes de ser formalmente declarada aberta, isto é, *apregoada*) nas hipóteses do art. 362, quais sejam: (i) por convenção das partes[149]; (ii) se qualquer uma das pessoas que dela deva participar não puder justificadamente comparecer; e, ainda, (iii) quando o início da audiência atrasar injustificadamente por mais de trinta minutos do horário em que marcada, que é novidade trazida pelo Código de Processo Civil.

Com relação ao não comparecimento a que se refere o inciso II do art. 362, cabe destacar que ela diz respeito a quaisquer sujeitos do processo que devem praticar algum ato na audiência, assim as partes, as testemunhas (a não ser que a parte desista de sua oitiva, consoante lhe permite o art. 455, §§ 2º e 3º), perito e assistentes técnicos[150].

A justificativa deve ser apresentada até a abertura da audiência. Se não, a instrução será realizada sem a participação da pessoa faltosa (art. 362, § 1º). As provas requeridas pela parte cujo advogado ou defensor público não tiver comparecido à audiência (injustificadamente) podem ser dispensadas pelo magistrado, tanto quanto aquelas requeridas pelo Ministério Público e, por identidade de motivos, também pela Defensoria Pública, cujo membro também não compareça àquele ato (art. 362, § 2º). Cumpre notar que a escorreita incidência de tais regras pressupõe a regular intimação daqueles sujeitos para comparecimento à audiência (art. 269).

A nova hipótese do inciso III do art. 362, por sua vez, pressupõe que o atraso acima de trinta minutos do horário para o qual a audiência de instrução e julgamento tenha sido marcada seja *injustificado*. Para aferir sua ocorrência, importa levar em conta, entre outros fatores, o espaçamento de uma hora entre a designação de uma audiência e outra que é determinada pelo § 9º do art. 357. Não, contudo, quando o atraso se deveu, por exemplo, por desdobramentos ocorridos na audiência anterior na colheita da prova testemunhal, rendendo ensejo a contradita ou a acareação de testemunhas.

---

148. A ressalva é importante porque não subsiste no CPC de 2015 regra expressa naquele sentido, diferentemente do que se dava com os arts. 448 e 449 do CPC de 1973.

149. Não prevalece a regra do inciso I do art. 453 do CPC de 1973, que só autorizava o adiamento por convenção das partes uma única vez, o que vai ao encontro dos parágrafos do art. 3º do CPC de 2015 e do incentivo à busca de meios autocompositivos de solução de controvérsias e, de forma mais ampla, do próprio art. 190 e da cláusula geral de negociação processual lá prevista.

150. O inciso II do art. 453 do CPC de 1973 era silente quanto aos assistentes técnicos, embora já fosse mais correto entender para eles a aplicação da mesma diretriz, como fazia o n. 2 do Capítulo 9 da Parte IV do v. 2, t. I, das edições anteriores ao CPC de 2015 deste *Curso*.

Havendo adiamento da audiência, independentemente do motivo pelo qual ele se dê, as despesas dele decorrentes serão suportadas por quem lhe deu causa (art. 362, § 3º).

Sempre que houver antecipação ou adiamento da audiência de instrução e julgamento, os procuradores serão intimados da nova designação (art. 363).

4.2 Instrução e debates

Sendo necessária a instrução, o que pressupõe que a tentativa de autocomposição incentivada no art. 359, quando pertinente, tenha malogrado, terá início a instrução, isto é, a produção das provas (orais) que justificam a designação da audiência.

Essas provas e, também, sobre o que elas versam é matéria decidida anteriormente, ao ensejo do "saneamento e organização" do processo (art. 357, II a V), quiçá até mesmo em audiência realizada para aquele fim, uma verdadeira "audiência de saneamento" (art. 357, § 3º). É essa a razão pela qual não subsiste, no CPC de 2015, regra como a do art. 451 do CPC de 1973, pela qual, no início da audiência de instrução e julgamento, o juiz, ouvidas as partes, "fixará os pontos controvertidos sobre os quais incidirá a prova". Não há por que duvidar de que a diretriz do CPC de 2015 é preferível porque viabiliza que todos os envolvidos na audiência de instrução e julgamento saibam claramente – *e de antemão* – qual é a função de cada uma das partes (e de eventuais terceiros) na audiência *e* nas provas a serem nela produzidas. Tudo, importa não perder de vista, para convencer o magistrado de quem, autor ou o réu, é merecedor da tutela jurisdicional. É o modelo de processo cooperativo sendo posto em prática pelo Código de Processo Civil.

O art. 361 estabelece uma ordem *preferencial* para a produção da prova *oral* na audiência de instrução e julgamento: em primeiro lugar, se não tiverem feito antes e por escrito (o que é o mais comum na prática do foro), perito (ou peritos, nos casos em que houver nomeação múltipla nos termos do art. 475) e assistentes técnicos responderão aos quesitos de esclarecimentos requeridos no prazo e na forma do art. 477. Após o autor e o réu, nessa ordem, prestarão seus depoimentos pessoais, merecendo destaque que, para este *Curso*, as três formas de depoimento indicadas pelo n. 3.2, *supra*, estão compreendidas nesse dispositivo. Por fim, serão ouvidas as testemunhas. Primeiro, as do autor; depois, as do réu. A *contradita* deve ser apresentada após a identificação da testemunha, seguindo-se, desde logo, se for o caso, a colheita da prova acerca do fato que impede a sua oitiva. Se houver contradição entre testemunhos, a *acareação* deve ser determinada após a oitiva da testemunha que levou o magistrado a entendê-la pertinente.

É mister observar, durante a colheita da prova oral, o entendimento de que nenhuma parte ou testemunha pode ouvir o depoimento da outra, sendo insuficientes, a respeito, as regras do § 2º do art. 385 parágrafo único, e do art. 456, que dão ensejo à interpretação de que o óbice seria dirigido apenas a ainda quem não depôs ou testemunhou. Os princípios do contraditório, da ampla defesa e da isonomia impõem solução diversa.

Trata-se de ordem *preferencial* porque, consoante o caso, poderá o magistrado, sempre ouvidas as partes previamente, alterar a ordem a depender das peculiaridades e das circunstâncias do caso concreto, levando em conta, inclusive, a existência, ou não, de reconvenção apresentada pelo réu. Trata-se de aplicação segura do disposto no inciso VI do art. 139. Assim, por exemplo, quando o depoimento pessoal do autor não tiver em mira a obtenção de confissão, mas meros esclarecimentos sobre os fatos ocorridos, ele pode ser deixado para depois da oitiva das testemunhas. Ou, ainda, quando o depoimento do réu tiver declaradamente o intuito de fazer confessá-lo, é mais adequado que o réu deponha *antes* do autor, porque se trata de prova que, ao menos em tese, pode favorecer ao autor.

O parágrafo único do art. 361 estabelece que, enquanto as partes, o perito, os assistentes técnicos e as testemunhas estiverem se manifestando ou depondo, os advogados, o membro do Ministério Público e também o defensor público, a despeito do silêncio a seu respeito, não poderão se manifestar sem prévio consentimento do magistrado. Trata-se de regra que reflete o "dever-poder de polícia" listado no inciso I do art. 360 e que, mais amplamente, concretiza o princípio da imediatidade.

Colhidas as provas orais, têm início os debates, que, na audiência, serão orais. Primeiro, de acordo com o *caput* do art. 364, falará o procurador do autor, seguido pelo do réu. Nos casos em que o Ministério Público atuar no processo na qualidade de fiscal da ordem jurídica, seu representante falará por último. O prazo é de vinte minutos para cada um, prorrogáveis por mais dez minutos, a depender de decisão do magistrado, o que pressupõe, para ser deferido, complexidade do caso e/ou da própria audiência. Se houver litisconsortes (ativo ou passivo, não faz diferença) ou terceiros intervenientes, o prazo será de trinta minutos, dividindo-o por igual entre todos, salvo se houver acordo em outro sentido (art. 364, § 1º).

Os debates orais podem ser substituídos pela apresentação de memoriais escritos. O *texto* do § 2º do art. 364 condiciona a apresentação do que chama de "razões finais escritas" aos casos que apresentarem complexidade fática e/ou jurídica. A prática do foro demonstra que é comuníssima a apresentação das razões por escrito, mesmo fora das hipóteses mencionadas, iniciativa que não gera prejuízo e nulidade nenhuma. O prazo, para tanto, é o mesmo § 2º quem o prevê, é de quinze dias (úteis) *sucessivos*, assegurada, isto é fundamental, a vista dos autos fora do cartório ou secretaria. Se se tratar de processo (ou autos) eletrônico, não há razão nenhuma para a sucessividade do prazo, pois todos os interessados podem ter acesso a ele concomitantemente, e nem para vista dos autos fora do cartório ou secretaria porque o acesso àquele formato de processo (ou autos) pode ser realizado independentemente do local físico. Em tais situações, é correto entender que cabe ao magistrado fixar prazo *simultâneo* para apresentação dos memoriais. Dada a finalidade das alegações finais, não há razão para que as partes (ou eventuais terceiros) tenham ciência prévia delas, iniciativa que, se implementada, levaria ao absurdo de sempre ser necessário conceder vista à parte contrária para se pronunciar sobre a manifestação apresentada pela outra.

As "alegações finais" ou "memoriais", independentemente de sua apresentação *oral* ou *escrita*, devem ser entendidas como resumo de tudo aquilo que, na visão das partes (ou dos terceiros), é relevante para a formação da convicção do magistrado. Não só no que diz respeito aos *fatos* e às suas respectivas *provas*, mas também às *questões jurídicas*, com a indicação de entendimentos doutrinários e jurisprudenciais que corroborem o acolhimento ou a rejeição do pedido ou pedidos de cada um dos sujeitos processuais. Considerando que o recurso de apelação ainda ostenta, em regra, efeito *suspensivo* (art. 1.012, *caput*), trata-se de momento procedimental adequado para que seja formulado pedido de tutela provisória, tal qual a autorizada com base no inciso IV do art. 311 para inibir a produção daquele efeito e, consequentemente, viabilizar o cumprimento *provisório* da sentença.

4.3 Julgamento

Concluídos os debates ou, quando for o caso, apresentadas as "razões finais escritas", o magistrado proferirá sentença. Quando os debates forem travados na própria audiência, o magistrado poderá proferir a sentença desde logo. Se não o fizer, terá os trinta dias (úteis) seguintes para fazê-lo (art. 366). A despeito da literalidade do art. 366, não há razão para entender que o magistrado deverá retomar a audiência para proferir sua sentença nos casos em que as partes tenham prazo para apresentar suas razões finais por escrito. A oralidade que preside a audiência de instrução e julgamento não chega a tanto, menos ainda porque o entendimento conspiraria contra a eficiência processual.

Decorre do entendimento exposto pelo n. 2.6, *supra*, quanto à subsistência implícita, no Código de Processo Civil, do princípio da identidade física do juiz, que o magistrado que concluir a instrução, mormente quando a hipótese for de realização da audiência de instrução e julgamento, deve *preferencialmente* julgar o processo.

4.4 Documentação

A audiência será documentada por termo a ser lavrado pelo escrivão sob ditado do magistrado e conterá o resumo do que tiver ocorrido na audiência e, na íntegra, os despachos, as decisões e, se for o caso, a sentença nela proferida, inclusive quando houver autocomposição ao ensejo do início dos trabalhos (art. 367, *caput*).

O termo deve ser subscrito pelo magistrado, pelos advogados e/ou defensores públicos, pelo membro do Ministério Público (se for o caso de sua participação) e pelo escrivão. As partes não precisam assiná-lo, salvo quando praticarem ato de disposição de direito na própria audiência – um acordo, resultante do art. 359, por exemplo –, e, mesmo assim, desde que seu advogado não tenha poderes para tanto (art. 367, § 2º).

Se o registro do termo não for eletrônico, suas folhas respectivas serão rubricadas pelo magistrado e arquivadas em livro próprio (art. 367, § 1º), trasladando para os autos cópia autêntica (art. 367, § 3º). Quando se tratar de autos eletrônicos, observar-se-á o que a respeito dispõem o Código de Processo Civil, a Lei n. 11.419/2006, que disciplina (e continua a disciplinar) o "processo eletrônico" e as eventuais normas dos Tribunais (art. 367, § 4º).

A audiência poderá também ser gravada, no todo ou em parte, em áudio e/ou em vídeo, conquanto seja viável às partes e aos interessados acesso rápido às informações pertinentes, "observada a legislação específica" (art. 367, § 5º).

O § 6º do art. 367, pondo fim a interessante questão estabelece que qualquer das partes pode gravar a audiência nos moldes do § 5º e, para tanto, não há necessidade de prévia autorização do magistrado[151]. Da desnecessidade de *autorização* prévia, não deve seguir, contudo, que a gravação prescinde de *comunicação* prévia, atitude que se espera de todos os sujeitos processuais participantes da audiência de instrução e julgamento por força dos genéricos arts. 5º e 6º.

Ao registrar o ato, aquele que o fez torna-se pessoalmente responsável pela inteireza e integridade de seu conteúdo e pelas consequências de sua eventual divulgação, ainda mais, mas não só, nos casos em que houver sigilo. A "observância à legislação específica" do § 5º do art. 367, destarte, não tem como obstaculizar a eficácia plena da regra permissiva do § 6º do mesmo dispositivo.

Sobre as *decisões interlocutórias* eventualmente proferidas pelo magistrado ao longo da audiência de instrução e julgamento cabe uma palavra adicional.

São várias as decisões daquela espécie que podem ser proferidas durante aquele ato processual. Assim, por exemplo, o indeferimento da oitiva de testemunha sobre um mesmo fato; o indeferimento de reperguntas formuladas ao perito, à parte ou às testemunhas; o indeferimento da contradita de testemunha; a recusa de determinar a acareação de testemunhas ou o indeferimento da produção de documento que se reputa *novo* nos termos do art. 435. Nenhuma dessas hipóteses comporta recurso imediato, sendo indiferente, para fins recursais, qualquer manifestação de inconformismo da parte (ou do terceiro) a esse respeito no momento da audiência. Sua recorribilidade observará o disposto nos §§ 1º e 2º do art. 1.009, isto é, deverá dar-se, sob pena de preclusão, em sede de apelação ou de contrarrazões[152].

Se houver proferimento de *sentença* na audiência de instrução e julgamento, a aplicação do regime recursal para seu contraste – nesse caso, o recurso cabível é também a apelação (art. 1.009, *caput*) – não traz nenhuma peculiaridade.

---

151. A Associação dos Advogados de São Paulo teve oportunidade de dedicar trabalho importante acerca ao tema da viabilidade da gravação considerando a relutância encontrada na prática do foro. A referência é feita ao opúsculo "Gravação de audiência e o art. 417 do Código de Processo Civil", publicado em julho de 2011. O art. 417 do CPC de 1973, referido no título, corresponde ao art. 460 do CPC de 2015.

152. O CPC de 1973 tinha, no particular, regime recursal bastante diverso, impondo que as decisões proferidas em audiência desafiassem recurso imediato, o chamado agravo retido, que deveria ser interposto oral, imediata e sucintamente (art. 522, *caput*, na redação da Lei n. 11.187/2005). O regime daquele recurso gerava diversos questionamentos, que eram abordados nas edições anteriores ao CPC de 2015 deste *Curso*. Assim no n. 5 do Capítulo 9 da Parte IV do v. 2, t. I, e, com mais profundidade, no n. 2 do Capítulo 7 da Parte I do v. 5.

Capítulo 5

Fase decisória

1. CONSIDERAÇÕES INICIAIS

A fase decisória deve ser compreendida como a fase do processo em que o magistrado proferirá sentença. Em rigor, ela se limita (ou pode se limitar) à análise da sentença, idealmente proferida para colocar fim à etapa de conhecimento do processo na primeira instância, para adotar, ainda que em parte, a definição que dá àquela decisão o § 1º do art. 203[1].

É importante, contudo, ir além.

É certo que a coisa julgada, em si mesma considerada, não guarda relação com a fase decisória e, a depender do que for decidido pela sentença, pode até ser que não se forme. Seu estudo após a sentença, contudo, é medida que se mostra didática, máxime porque, no Código de Processo Civil, sua disciplina está compreendida no mesmo Capítulo XIII do Título I do Livro I da Parte Especial, intitulado, não por acaso, "Da sentença e da coisa julgada".

Com a atenção voltada às escolhas feitas pelo Código de Processo Civil, outrossim, temas que dizem respeito a alguns dos possíveis *conteúdos*, a alguns dos possíveis *efeitos* e à inaptidão, em outras situações, de a sentença produzir efeitos imediatamente, são também analisados neste Capítulo. Os efeitos da sentença, na perspectiva de *como* deve ser concretizada a tutela jurisdicional executiva, são objeto de exame do v. 3 deste *Curso*, dedicado ao *cumprimento* da sentença. A distinção é relevante porque permite discernir com clareza, bem ao gosto deste *Curso*, os casos de tutela jurisdicional *não executiva* dos de tutela jurisdicional *executiva*, evidenciando que não é correto confundir a sentença com a tutela jurisdicional, nem generalizar as hipóteses em que a própria sentença é suficiente para a concretização da tutela jurisdicional.

---

1. Para o momento presente da exposição, que toma o procedimento comum como referência, não cabe trazer à tona o proferimento de sentença que tende a encerrar a etapa de cumprimento de sentença ou o chamado "processo de execução" (art. 925), cujos conteúdos são os indicados no art. 924. Para ela se volta o v. 3 deste *Curso*.

Uma última palavra ainda se faz necessária à guisa introdutória.

Embora o termo "sentença" seja empregado ao longo do Capítulo, importa ter presente que o regime aqui estudado diz respeito, em grande parte, a qualquer decisão. Não só *sentenças*, mas também *decisões interlocutórias*, *acórdãos* e *decisões proferidas monocraticamente* no âmbito dos Tribunais devem extrair dos dispositivos aqui analisados muito de seu regime jurídico.

É verdade que o Código de Processo Civil é tímido a esse respeito, limitando-se a expressar essa ideia no § 1º do art. 489 no tocante à fundamentação de "qualquer decisão judicial, seja ela interlocutória, sentença ou acórdão". A sua *estrutura*, contudo, nada tem de tímida. É o Código que admite e regula explicitamente decisões interlocutórias de mérito (art. 356, por exemplo) e o proferimento das mais variadas decisões, inclusive de mérito, unipessoalmente nos Tribunais (art. 932). Importa, pois, que o regime jurídico a seguir delineado alcance *também* aquelas outras decisões, assumindo que a palavra "sentença" pelo Código de Processo Civil é verdadeira metonímia ou, para ser mais preciso, uma sinédoque. As referências são a *sentença*, mas, a bem da verdade, está a se tratar, junto com a opção do Código, de decisões *tout court*, independentemente de sua espécie.

2. SENTENÇA

O Código de Processo Civil conceitua sentença como "o pronunciamento por meio do qual o juiz, com fundamento nos arts. 485 e 487, põe fim à fase cognitiva do procedimento comum, bem como extingue a execução" (art. 203, § 1º), ressalvando, no mesmo dispositivo, "as disposições expressas dos procedimentos especiais".

O conceito, ao empregar concomitantemente critérios de *finalidade* (colocar fim à fase cognitiva do procedimento *em primeira instância e que extingue a fase de cumprimento de sentença*, ou, ainda, que extingue a execução) e de conteúdo (ter como fundamento uma das hipóteses dos arts. 485 ou 487) para caracterizar a sentença, contrapondo-a às decisões interlocutórias, quer responder às não poucas críticas que a Lei n. 11.232/2005, ao dar nova redação aos §§ 1º e 2º do art. 162 do CPC de 1973, recebeu[2].

É irrecusável, contudo, caber à doutrina refletir mais detidamente sobre a opção legislativa, analisando a presença (ou a ausência) dos elementos que parecem ser essenciais ao conceito (os colocados em itálico nos primeiros parênteses do parágrafo anterior) em cada

---

2. Os n. 1.1 e 1.2 do Capítulo 1 da Parte V do v. 2, t. I, das edições anteriores ao CPC de 2015 deste *Curso* dedicavam-se longamente ao tema, propondo que a interpretação mais correta era a de, não obstante a letra do § 1º do art. 162 do CPC de 1973, na redação que lhe dera a Lei n. 8.952/94, entender que a sentença deveria ser distinguida das decisões interlocutórias não só pela sua finalidade, mas também pelo seu conteúdo. Trata-se, não há por que duvidar, do que acabou sendo acolhido pelo art. 203, § 1º, do CPC de 2015. Para um panorama doutrinário amplo do assunto no CPC de 1973, v. Luciano Vianna Araújo, *Sentenças parciais?*, esp. p. 105-110.

caso. Também porque a ressalva feita pelo § 1º do art. 203 nada diz a não ser que, se algum procedimento especial disser que um determinado ato é sentença, sentença é, ainda que, eventualmente, não se amolde ao preceito legal. É o que se verifica, por exemplo, nos casos de divisão (arts. 572 e 597, § 2º) e de demarcação de terras (arts. 581, 582 e 587); no inventário (arts. 654 e 655); na habilitação (art. 692); nos embargos da "ação monitória" (art. 702, § 9º); na homologação de penhor legal (art. 706, § 2º); na regulação de avaria grossa (art. 710, § 1º); e, de forma genérica, nos procedimentos de jurisdição voluntária (art. 724).

De qualquer sorte, a conceituação do Código de Processo Civil (com os acréscimos sugeridos) é suficiente. E mais: no contexto da etapa cognitiva do procedimento comum – é nele que está inserida a "fase decisória" –, o conceito mostra-se exato. Sentença é mesmo o ato que encerra aquela etapa em função de uma das hipóteses dos incisos dos arts. 485 ou 487. Tanto que, apenas para ilustrar a afirmação, não há espaço para duvidar que o julgamento antecipado *parcial* de mérito é feito por decisão *interlocutória* (art. 356, § 5º), tanto quanto o é a rejeição *liminar* de eventual reconvenção apresentada pelo réu.

A afirmação do parágrafo anterior, contudo, merece ser devidamente compreendida, levando em conta as peculiaridades do procedimento comum. Importa, a este propósito, recordar que, desde o instante em que o autor, com sua petição inicial, rompeu a inércia jurisdicional, dando origem ao processo, sua iniciativa pode ser rejeitada com o proferimento de uma *sentença*. É o que ocorrerá, por exemplo, se a hipótese for de proferimento de juízo *negativo* de admissibilidade da petição inicial (art. 485, I).

De outra parte, a maior dificuldade da distinção entre sentenças e as decisões interlocutórias no CPC de 1973 residia em *consequência* sua, a do recurso cabível. No CPC de 2015, esse problema é minimizado, embora não eliminado, porque, nele, a recorribilidade imediata das interlocutórias por agravo de instrumento depende menos de uma decisão ser identificada pela doutrina ou pela jurisprudência como interlocutória e muito mais de ser sujeita àquele recurso por expressa disposição de lei, a começar pelo rol codificado do art. 1.015[3]. De resto, da sentença cabe (e continua cabendo, mesmo no CPC de 2015) o recurso de apelação (art. 1.009, *caput*).

2.1 Os possíveis conteúdos da sentença

Ainda que o *conteúdo*, em si mesmo considerado, não seja suficiente para discernir a sentença de outras decisões (as interlocutórias) proferidas na primeira instância, é irrecusável a necessidade, diante do § 1º do art. 203, do estudo detalhado de seus possíveis conteúdos.

3. No n. 2 do Capítulo 3 da Parte III, o tema volta à tona ao ensejo do estudo do agravo de instrumento, levando em conta a tese fixada pela CE do STJ sobre a interpretação do rol do art. 1.015 admitir temperamentos diante da urgência justificadora da revisão imediata da interlocutória.

Tendo presentes os referenciais dos arts. 485 e 487, é correto entender persistir, para o Código de Processo Civil, a distinção entre "sentenças *terminativas*" e "sentenças *definitivas*". Estas, às quais diz respeito o art. 487, em que há resolução de mérito; aquelas, as *terminativas*, relacionadas no art. 485, em que não há resolução de mérito.

2.1.1 Sentenças terminativas (art. 485)

As "sentenças *terminativas*" são aquelas em que, por alguma das hipóteses dos incisos do art. 485, o magistrado reconhece a inviabilidade de o processo prosseguir em direção ao reconhecimento de quem faz jus e em que medida à tutela jurisdicional. É essa a razão pela qual o *caput* do art. 485 refere-se a elas como situações em que não há resolução de *mérito*. A palavra "mérito", nesse sentido, deve ser compreendida como sinônimo de conflito de interesses levado ao Estado-juiz para solução. É aquilo sobre o que o autor e o réu querem que recaia a tutela jurisdicional.

O *caput* do art. 485 evita a associação do proferimento das sentenças cujos conteúdos estão previstos em seus incisos à ideia de *extinção* do processo, diferentemente, pois, do que se dava com o *caput* do art. 267 do CPC de 1973, que, mesmo após as profundas modificações que, a esse específico propósito, passou aquele Código a preservou[4].

Ainda que expressa aquela no CPC de 1973, já devia ser mitigada diante das alterações promovidas em outros dispositivos pela Lei n. 11.232/2005[5]. A extinção do processo lá prevista expressamente já merecia ser relativizada porque, em rigor, a sentença podia ser objeto de recurso de apelação, prosseguindo o processo em direção a uma etapa recursal e ser objeto de cumprimento de sentença ao menos com relação à fixação de verbas de sucumbência, o que também acarretava a preservação do (mesmo) processo, ainda que em nova etapa, de liquidação ou de cumprimento, conforme o caso. Não é diverso o entendimento que deve ser reservado para os subsistentes empregos da palavra "extinção" ou da expressão "extinção do processo" e suas variantes pelo CPC de 2015, como diversas passagens deste *Curso* evidenciam, em especial o n. 4 do Capítulo 6 da Parte II do v. 1 e o n. 3.1 do Capítulo 3 da Parte I deste volume.

De qualquer sorte, a supressão da locução "extingue-se o processo" no atual *caput* do art. 485 não pode desviar a atenção do intérprete daquilo que realmente importa. Cada uma das

4. O dispositivo tinha a seguinte redação: "Extingue-se o processo, sem resolução de mérito:".

5. Era ponto de vista longamente defendido pelo n. 3.1 do Capítulo 1 da Parte V do v. 2, t. I, das edições anteriores ao CPC de 2015 deste *Curso*, no qual estava escrito: "Talvez fosse melhor que o legislador, rente às considerações do n. 1.1, *supra*, fizesse menção à extinção da 'etapa *cognitiva* em primeira instância' ou o que, nesses casos, é o mesmo, 'em primeiro grau de jurisdição', na suposição de que sempre pode haver recursos da sentença quando proferida, e que a expressão 'extinção do processo', no sentido correto de que não há por que o Estado-juiz atuar e continuar atuando, fosse reservada aos casos em que não há mais recursos a serem interpostos ou julgados e que, consequentemente, não há mais qualquer necessidade de atuação jurisdicional. Contudo, não há razão para criticar a atual redação do *caput* do art. 267 que, no particular, apenas repete a fórmula anterior, que não despertou e não tem por que despertar nenhuma dificuldade, mesmo com o advento da Lei n. 11.232/2005".

hipóteses dos incisos daquele dispositivo tem o condão de impedir que o magistrado diga quem é merecedor da tutela jurisdicional pela inviabilidade de o processo prosseguir, por diversas razões, bastante diferentes entre si, naquela direção. Trata-se, nesse sentido, do reconhecimento feito pelo magistrado de que há algum óbice intransponível para o atingimento daquela finalidade. E, analisada a questão do ponto de vista de quem pede tutela jurisdicional, rompendo a inércia do Poder Judiciário, não há como negar que a ocorrência de qualquer uma das hipóteses dos incisos do art. 485 seja verdadeiramente indesejada. Não é para reconhecer que o Estado-juiz não pode se manifestar no caso concreto sobre conceder ou não a tutela jurisdicional que o autor rompeu a inércia jurisdicional, dando ensejo à formação e ao desenvolvimento de um *processo*.

De outra parte, o dispositivo emprega o verbo "resolver", em harmonia textual com o *caput* do art. 487, que usa o substantivo "resolução". Ambos os dispositivos evitam a palavra "julgamento", que era utilizado pelos *capi* dos arts. 267 e 269 do CPC de 1973 nas suas redações originais, anteriores à Lei n. 11.232/2005.

A explicação é que nas hipóteses disciplinadas pelo art. 485 do CPC de 2015 não há propriamente (e nunca houve, tendo presente o art. 267 do CPC de 1973) "julgamento", atividade que imporia ao magistrado o necessário enfrentamento do "mérito", isto é, do pedido do autor com os eventuais acréscimos incorporados ao longo do processo (a reconvenção, por exemplo) para que, uma vez apreciado, o magistrado resolvesse, ele próprio e por ato seu, o conflito de interesses. Como nos casos do art. 485 não há (e nem pode haver) aquela atividade intelectual por parte do magistrado, justifica-se o termo "resolução"[6].

O proferimento de sentença com fundamento no art. 485, ademais, não é óbice para que as *mesmas* partes venham a formular o *mesmo* pedido (de tutela jurisdicional) fundamentado na *mesma* causa de pedir oportunamente. É essa a consequência reservada pelo *caput* do art. 468 para a espécie, com a ressalva de que, nos casos de litispendência e nos previstos nos incisos I, IV, V, VI e VII do art. 485, "a propositura da nova ação", a nova postulação, como prefere este *Curso*, pressupõe a correção do vício que justificou o proferimento da sentença sem resolução de mérito[7]. É assunto ao qual se volta o n. 2.1.1.10, *infra*.

As hipóteses em que há prolação de sentença *sem* resolução de mérito, isto é, em que elas são *terminativas*, são as seguintes:

2.1.1.1 Indeferimento da petição inicial

O primeiro caso a que se refere o art. 485 é o do indeferimento da petição inicial.

6. Trata-se de entendimento defendido há tempos por Adroaldo Furtado Fabrício em seu artigo *Extinção do processo e mérito da causa*, p. 9-10.

7. Apensar de o art. 268 do CPC de 1973 ser menos abrangente a solução dada expressamente pelo § 1º do art. 486 do CPC de 2015 já era a defendida pelo n. 3.1 do Capítulo 1 da Parte V do v. 2, t. I, das edições anteriores ao CPC de 2015 deste *Curso*.

Em rigor, o indeferimento da petição inicial autorizado pelo dispositivo aqui examinado deve se dar preferencialmente no início do processo. É por essa razão que se faz tão importante o adequado exame de seu juízo de admissibilidade.

É fundamental, para a própria regularidade do processo, que a petição inicial seja apta, constituindo a aptidão da petição inicial um dos pressupostos processuais de validade. Também porque a petição inicial nada mais é um do que um "ato processual", e, como todo ato dessa espécie, é importante sua submissão às amplas linhas relativas à validade e à nulidade daqueles atos, sendo pertinente a lembrança do art. 321 quanto à *necessidade* de a petição inicial ser, naqueles casos em que isso é possível, emendada e complementada para surtir regularmente os seus efeitos sem comprometimento do direito do réu de se defender (e amplamente).

O indeferimento da inicial, contudo, nem sempre levará ao proferimento de uma sentença com fundamento no inciso I do art. 485. Isso é verdade nas situações em que o vício que leva ao indeferimento for de ordem processual. Assim, por exemplo, as hipóteses previstas no art. 330.

Há hipóteses, contudo, em que a rejeição da petição inicial, mesmo que liminarmente, dará ensejo ao proferimento de uma "sentença *definitiva*", isto é, de mérito, e que, por isso mesmo, tem conteúdo no art. 487. É o que se dá nos casos de aplicação do art. 332 em que a sentença é de rejeição (liminar) do pedido do autor (art. 487, I) e nos casos em que o magistrado declara, mesmo independentemente da prévia manifestação do réu, a ocorrência da prescrição ou da decadência (art. 287, II).

2.1.1.2 *Paralisação e abandono do processo*

Os incisos II e III do art. 485 merecem tratamento conjunto porque ambos dizem respeito ao desinteresse das partes ou pelo menos do autor no prosseguimento do processo, ainda que o processo "se desenvolva por impulso oficial", no que é expresso o art. 2º. Tal "impulso", a bem da verdade, pressupõe a ampla participação das partes, razão de ser do próprio princípio do contraditório, até porque o chamado "direito de ação" não deve ser entendido apenas como o romper da inércia jurisdicional (que é "iniciativa da parte", como se lê do mesmo art. 2º), mas também como o *atuar* ao longo do processo com vistas à concretização da tutela jurisdicional.

Diante da falta do *atuar*, o processo deve ser julgado extinto sem resolução de mérito quando "ficar parado durante mais de 1 (um) ano por negligência das partes" (art. 485, II) ou quando, "por não promover os atos e as diligências que lhe incumbir, o autor abandonar a causa por mais de 30 (trinta) dias" (art. 485, III).

Nessas duas hipóteses, a parte que der causa ao ocorrido deverá ser intimada *pessoalmente* (e, portanto, não por intermédio de seu procurador ou, tratando-se de advogado privado, da sociedade de advogados) para dar andamento regular ao processo no prazo de cinco dias (art. 485, § 1º)[8]. A

8. Trata-se de exigência que, para a hipótese de paralisação do processo por mais de trinta dias, já encontrava eco na vetusta Súmula 216 do STF, cujo enunciado é o seguinte: "Para decretação da absolvição de instância pela

exigência legal é expressa exceção à regra de que as intimações são dirigidas àquele que detém capacidade postulatória, é dizer, capacidade para atuar no processo praticando atos processuais. A intimação deverá observar o disposto nos arts. 269 a 275, sendo que o início do prazo de cinco coincide com a realização da própria intimação, já que se trata de ato a ser "... praticado diretamente pela parte (...), sem a intermediação de representante judicial" (art. 231, § 3º).

Até a 9ª edição, este *Curso* defendeu a necessária distinção entre os prazos de trinta e de cinco dias referidos nos dispositivos em exame, acentuando que "O trintídio a que se refere o inciso III do art. 485 deve ser contado em dias *corridos*, não apenas nos úteis, porque não se trata de prazo processual na esteira da distinção feita pelo parágrafo único do art. 219. É suficiente para o seu cômputo a paralisação do processo, fato objetivo, independentemente das razões pelas quais ela se dê e também sendo indiferente quais os atos que poderiam ou deixaram de ser praticados, se de cunho processual ou não. Já o prazo para que a *parte* dê andamento regular ao processo deve levar em conta apenas os dias úteis por se tratar de prazo *processual*, embora seja direcionado à parte. Trata-se, como em diversas outras passagens do Código de Processo Civil, de prazo fixado para cumprimento de determinação judicial e que pressupõe a prática de atos que têm significado para o processo, a serem implementados, inclusive, por agente detentor de capacidade postulatória".

Repensando o assunto, o melhor entendimento parece ser o de que ambos, tanto o prazo de trinta dias como o de cinco dias acima referidos, devem ser calculados levando em conta apenas os dias *úteis*, justamente diante da dicotomia estabelecida pelo parágrafo único do art. 219 do CPC. Isso porque o que se mostra relevante é o *significado* do transcurso daqueles espaços de tempo para o próprio *processo* (inclusive com relação ao tempestivo cumprimento de outras eventuais determinações *processuais*), critério suficiente para afastar a compreensão de que se trata de prazos de cunho *material*. Até porque, generalizando a nota de rodapé que acompanhava a conclusão anterior, pode até ocorrer que, diante dos fatos que impõem a necessidade de intimação pessoal da parte, ela passe a ser representada por outro profissional da advocacia.

Se, não obstante a intimação a que se refere o § 1º do art. 485, persistir a paralisação e/ou o abandono, o magistrado proferirá sentença. Nela, impor-se-á, nos casos do inciso II do art. 485, a responsabilização proporcional das partes pelas custas; nos casos do inciso III do art. 485, é o autor, sozinho, que responderá pelas verbas de sucumbência (art. 485, § 2º). A despeito de não haver óbice para a repropositura (art. 486, *caput*), ela depende de comprovação do recolhimento prévio daquelas verbas (art. 486, § 2º). A regra é de discutível constitucionalidade, por atritar com a amplitude do inciso XXXV do art. 5º da Constituição Federal, como suscita o n. 2.10 do Capítulo 3 da Parte II do v. 1.

---

paralisação do processo por mais de trinta dias, é necessário que o autor, previamente intimado, não promova o andamento da causa". A expressão "absolvição de instância", empregada à época do CPC de 1939, corresponde às sentenças terminativas (sem resolução de mérito) do art. 485 do CPC de 2015.

O § 6º do art. 485 explicita o entendimento de que o proferimento da sentença com fundamento no inciso III (abandono do autor) depende de requerimento do réu, quando ele já tiver ofertado a contestação. A razão é que pode interessar ao réu o proferimento de sentença *de mérito*, (sentença *definitiva*), posição processual mais vantajosa a ele do que a obtenível com o proferimento sentença *terminativa*[9]. A regra conduz ao entendimento de que eventual silêncio do réu a respeito do abandono do autor não pode ser interpretado pelo magistrado como significativo de sua concordância com o proferimento da sentença com aquele fundamento, ainda quando tenha sido prévia intimação do réu para se manifestar a respeito[10].

2.1.1.3 Ausência de pressupostos processuais de existência ou de validade e presença de pressupostos processuais negativos

Em três incisos diversos, o art. 485 refere-se ao que doutrinariamente é (bem) identificado como pressuposto processual: o inciso IV, ao tratar da "ausência de pressupostos de constituição e de desenvolvimento válido e regular do processo"; o inciso V, ao se referir à perempção, à litispendência e à coisa julgada; e o inciso VII, que traz à tona o acolhimento da alegação de existência de convenção de arbitragem ou, ainda, quando o juízo arbitral reconhecer sua competência.

Nesses casos, ainda que cada um dos institutos, em si mesmos considerados, seja inconfundível, como mostram os ns. 4.3 a 4.6 do Capítulo 4 da Parte I do vol. 1, seu *efeito* processual é idêntico: o processo *não* poderá prosseguir quando *não houver* pressupostos de existência e de validade e também *não* poderá prosseguir quando estiverem presentes quaisquer pressupostos negativos. Uns e outros inibem a higidez da atuação estatal e, por isso, justificam o proferimento de sentença a obstar o prosseguimento do processo.

2.1.1.4 Irregularidade no exercício do direito de ação

O inciso VI do art. 485 trata da constatação de irregularidade no exercício do direito de ação. É o que, no CPC de 1973, era chamado de "carência da ação" ou de falta de condições da ação e cujo *nome* o CPC de 2015 resolveu abolir[11]. É o que n. 3.2 do Capítulo 4 da Parte I do v. 1 deste *Curso* propõe seja chamado de "mínimo indispensável para o exercício do direito de ação".

9. É entendimento que já era espelhado na Súmula 240 do STJ, cujo enunciado é o seguinte: "A extinção do processo, por abandono da causa pelo autor, depende de requerimento do réu".

10. Nesse sentido havia Enunciado apresentado à II Jornada de Direito Processual Civil do CJF, com o seguinte teor: "O silêncio do réu quanto ao abandono da causa pelo autor não implicará concordância tácita com a extinção do processo, ainda que intimado pelo juiz". Ele não foi, contudo, aprovado, na sessão plenária.

11. Clara, no ponto, a redação do inciso VI do art. 267 do CPC de 1973, equivalente ao inciso VI do art. 485 do CPC de 2015: "VI – quando não concorrer qualquer das condições da ação, como a possibilidade jurídica, a legitimidade das partes e o interesse processual".

Em tais casos, verificando o magistrado a ausência de legitimidade de qualquer das partes, autor ou réu, ou quando constatar que falta interesse processual ao autor, deve proferir sentença *terminativa* com fundamento no inciso VI do art. 485.

É como se, na perspectiva do direito material, antevista pela ausência daquelas informações mínimas (mas essenciais), o magistrado revelasse que não tem condições de prestar tutela jurisdicional a ninguém. Não chegando a examinar o pedido, a sentença é incapaz de resolver o mérito, e a etapa cognitiva do processo, em que o direito de ação se desenvolveu até então, é encerrada. Nada há mais para ser dito no que tange à concretização da tutela jurisdicional.

Em tais situações, é importante ter presente que o que motiva o proferimento da sentença não reside no plano do processo e, sim, na ausência do mínimo indispensável para o exercício do direito de ação. De qualquer sorte, como a ação *desenvolve-se* ou, mais precisamente, como direito de ação é *exercitado* ao longo do processo, é mister que o magistrado obstaculize o seu desenvolvimento, com o proferimento de sentença que ponha fim à etapa cognitiva do processo. Sem haver aquele mínimo para o exercício do direito de ação, não há motivo para o Estado-juiz atuar, proferindo-se sentença que assim declare.

É correto entender que o ideal é que essa atitude do magistrado seja feita de pronto, resultando em juízo de admissibilidade *negativo* da petição inicial (art. 485, I). Nada há que obste, contudo, que o faça depois, inclusive, embora não exclusivamente, porque advertido pelo réu em preliminar de contestação (art. 337, IV).

No inciso X do art. 267 do CPC de 1973 havia a expressa previsão de que o processo seria extinto *sem* resolução de mérito "quando ocorrer confusão entre autor e réu". A despeito de o CPC de 2015 não ter repetido a previsão, é correto entender que a hipótese é de falta de interesse processual, ainda que superveniente, a justificar o proferimento de sentença com fundamento no inciso VI do art. 485.

Isso porque, ocorrendo a "confusão", as posições de credor e devedor, no plano material, de uma dada obrigação passam a ser as mesmas, conduzindo a obrigação à sua *extinção* no plano material nos termos do art. 381 do Código Civil. Nesse caso, diante da confusão e extinta a obrigação no plano material, não há mais *necessidade*, no plano processual, de prestação da tutela jurisdicional para a tutela jurisdicional de um direito (material) que deixou de existir (não há mais *utilidade* a ser perseguida em juízo)[12]. Se se tratar de confusão *parcial*, hipótese expressamente admitida pelo art. 382 do Código Civil, seu reconhecimento conduzirá ao descarte parcial da pretensão afetada pela confusão, cabendo ao magistrado proferir decisão interlocutória naquele sentido e fundamentada no mesmo art. 485, VI[13].

12. Há quem entenda que a hipótese é de julgamento de mérito, sendo essa a razão pela qual o art. 485 silenciou a respeito. É o entendimento do Enunciado n. 160 do FPPC: "A sentença que reconhece a extinção da obrigação pela confusão é de mérito", com o qual este *Curso* não pode concordar pelas razões apresentadas no texto.

13. Nessa hipótese, cabe destacar que a recorribilidade das interlocutórias não agraváveis de instrumento e relacionadas ao reconhecimento da confusão *parcial* devem ser levantadas no próprio agravo de instrumento ou nas contrarrazões

2.1.5 Desistência

O inciso VIII do art. 485 trata da sentença que "homologar a desistência da ação". A sentença, nesse caso, é essencial para a desistência do autor surta seus regulares efeitos, no que é claro o parágrafo único do art. 200.

Na verdade, o autor não desiste da "ação". O que, para os fins do dispositivo em destaque, ele faz é desistir de continuar a *exercer* o seu direito de ação, o que, até aquele momento, vem exercendo. Trata-se, portanto, da manifestação de vontade do autor no sentido de deixar de pretender, ao menos momentaneamente, que o Estado-juiz tutele o direito que afirma ter em face do réu. Nenhuma relação, portanto, com o direito *material* sobre o qual, até então, queria o autor recaísse a tutela jurisdicional. É o que basta para apartar essa hipótese da que é prevista na alínea *c* do inciso III do art. 487.

O § 4º do art. 485 veta a homologação sem o prévio consentimento do réu, sempre que ele tiver oferecido contestação. Isto porque, também aqui, o réu pode entender que o caso, na perspectiva do julgamento do pedido, tem tudo para lhe ser favorável e, por isso, tem o direito de se opor à disposição pretendida pelo autor, buscando, com a iniciativa, ver-se protegido pela coisa julgada que, oportunamente, será formada sobre a sentença de *rejeição* do pedido (art. 487, I). Tanto assim é que há julgados do Superior Tribunal de Justiça entendendo necessário que a discordância do réu sobre o pedido do autor seja *justificada*[14].

Questão interessante que é trazida pelo Código de Processo Civil acerca da interpretação do § 4º do art. 485 é se, na hipótese de o réu ser revel, eventual oposição sua ao pedido de desistência formulado pelo autor impedirá o magistrado de homologá-lo. A pergunta é tanto mais pertinente porque o CPC de 1973, tratando da mesma hipótese (art. 267, § 4º), contentava-se com o escoamento do prazo para apresentar a contestação, não exigindo que ela tivesse sido *oferecida*[15].

Não obstante a alteração textual entre os dispositivos, importa discernir três hipóteses[16].

---

a ele apresentadas, similarmente ao que se dá para o § 5º do art. 356 interpretado em conjunto com os §§ 1º e 2º do art. 1.009. Nesse sentido é o Enunciado n. 611 do FPPC: "Na hipótese de decisão parcial com fundamento no art. 485 ou no art. 487, as questões exclusivamente a ela relacionadas e resolvidas anteriormente, quando não recorríveis de imediato, devem ser impugnadas em preliminar do agravo de instrumento ou nas contrarrazões". Também se segue, nesses casos, a responsabilização parcial pelo pagamento de custas processuais e honorários advocatícios, entendimento consagrado no Enunciado n. 5 da I Jornada de Direito Processual Civil do CJF: "Ao proferir decisão parcial de mérito ou decisão parcial fundada no art. 485 do CPC, condenar-se-á proporcionalmente o vencido a pagar honorários ao advogado do vencedor, nos termos do art. 85 do CPC".

14. Assim, *v.g.*: 1ª Seção, REsp 1.267.995/PB, rel. Min. Mauro Campbell Marques, j.un. 27-6-2012, *DJe* 3-8-2012.

15. Era a seguinte a redação do § 4º do art. 267 do CPC de 1973: "Depois de decorrido o prazo para a resposta, o autor não poderá, sem o consentimento do réu, desistir da ação".

16. Até a 4ª edição de seu *Manual de direito processual civil*, o autor deste *Curso* sustentava o entendimento contrário quanto a esta segunda hipótese e diferentemente do que já sustentava no n. 3.1.6 do Capítulo 1 da Parte V do v. 2, t. I, das edições anteriores ao CPC de 2015 deste *Curso*. A posição ora tomada modifica o entendimento tomado naquela sede a partir de sua 5ª edição.

A primeira é a prevista no próprio § 4º do art. 485: tendo o réu contestado, sua oitiva prévia acerca do pedido de desistência formulado pelo autor é indispensável, cabendo a ele se manifestar favorável ou desfavoravelmente.

A segunda é coberta pelo art. 346: pode acontecer de o réu ser revel, mas ter constituído advogado. Nesse caso, é mister a sua intimação, por intermédio daquele profissional, para se manifestar sobre a desistência pretendida pelo autor.

A terceira e última hipótese se verifica quando à revelia se somar a inexistência de advogado constituído. Nesse caso, a solução decorrente do modelo constitucional é intimar pessoalmente o réu (já citado) para se manifestar sobre o pedido, permitindo que ele apresente, justificadamente, eventual oposição à desistência pelas razões já apresentadas. Eventual silêncio do réu que se seguir à sua intimação, contudo, não é óbice para o proferimento da sentença com fundamento no inciso VIII do art. 485[17].

Este entendimento é robustecido pela lembrança de que não há óbice para que o autor que tenha desistido volte à carga em face do réu novamente (art. 486, *caput*) com o *mesmo* pedido e com a *mesma* causa de pedir. Assim, o réu, em qualquer das situações acima indicadas, tem de ser consultado sobre querer, ou não, ver o pedido do autor analisado de pronto.

O § 5º do art. 485 também trata do tema e, inovando em relação ao CPC de 1973, limita a formulação do pedido de desistência ao proferimento da sentença. A regra merece ser compreendida no sentido de que, com a sentença prolatada, a desistência não deve ser homologada, ainda que com a concordância do réu. O que pode acontecer é não haver recurso e a sentença prevalecer, quiçá transitando em julgado, ou, havendo recurso, dele o recorrente vir a desistir, o que também significará a preservação da sentença.

Uma última consideração necessária é evidenciar que a disciplina derivada do inciso VIII do art. 485 e de seus §§ 4º e 5º aplica-se também à *reconvenção*. Não é óbice a esse entendimento a circunstância de este *Curso* guardar ressalvas quanto ao entendimento (amplamente majoritário) de que reconvenção é ação. Mesmo com as peculiaridades destacadas no n. 6.2.1 do Capítulo 2, o réu pode desistir de sua reconvenção no mesmo sentido destacado de início, isto é, deixar de pretender que sobre determinado direito material que afirma seu seja prestada tutela jurisdicional. Para tanto, precisa da concordância do autor, desde que ele, o autor, já tenha tido oportunidade de se contrapor àquela iniciativa do réu. A única adaptação que importa trazer à tona é a circunstância de, nesse caso, a homologação ser veiculada por decisão interlocutória e não por sentença, considerando que a etapa de conhecimento na primeira instância terá regular prosseguimento (art. 203, § 1º).

17. Nesse sentido: STJ, 3ª Turma, REsp 1.036.070/SP, rel. Min. Sidnei Beneti, j.un. 5-6-2012, *DJe* 14-6-2012.

2.1.1.6 Intransmissibilidade do direito

O inciso IX do art. 485 trata da hipótese de haver morte da parte nos casos em que a "ação for considerada intransmissível por disposição legal". É hipótese em que as influências do direito material no plano do processo e, consequentemente, na atuação do Estado-juiz são inescondíveis.

Em verdade, não é a "ação" que é considerada intransmissível, mas o *direito* (material) sobre o qual aquele *outro* direito, o de ação, refere-se. Como, com a morte da parte, desaparece o direito sobre o qual se pretende tutela jurisdicional, não há por que o processo prosseguir, a justificar a hipótese aqui indicada. É típica situação em que desaparece o *objeto* sobre o qual o autor (e também o réu, embora em perspectiva diversa) pretende que recaia a tutela jurisdicional. É o que se dá, por exemplo, com os direitos da personalidade, ressalvadas as hipóteses legais (art. 11 do CC).

Nas hipóteses em que o direito puder ser transmitido a herdeiros a despeito do falecimento de uma das partes, o processo prosseguirá em direção à concretização da tutela jurisdicional. Em tais casos, a peculiaridade é a de que deverá ocorrer a *sucessão processual* de que tratam os arts. 108 a 112.

2.1.1.7 Outros casos

O inciso X do art. 485 indica que há outros casos que também conduzem ao proferimento de sentenças sem resolução de mérito.

A título ilustrativo, cabe indicar as seguintes hipóteses do próprio Código de Processo Civil: (i) incapacidade processual ou irregularidade na representação da parte (art. 76, § 1º, I); (ii) revogação da gratuidade da justiça sem que haja recolhimento do numerário devido (art. 102, parágrafo único); (iii) falta de citação do litisconsorte passivo necessário faltante (art. 115, parágrafo único); (iv) ausência de aditamento da inicial nos casos de tutela antecipada requerida antecedentemente (art. 303, §§ 2º e 6º); e (v) falta de depósito ofertado na petição inicial em consignação em pagamento (art. 542, parágrafo único).

Fora do Código de Processo Civil são variadas as situações em que se pode proferir sentença *terminativa* pela inobservância de pressupostos específicos ou característicos de procedimentos especiais. É o que se dá, à guia de exemplo, quando o autor da chamada "ação de consignação em pagamento de aluguel e acessórios da locação" de imóveis urbanos deixa de depositar o valor que entende depositado, tal qual indicado na petição inicial, no prazo de cinco dias após a determinação da citação do réu (art. 67, II, da Lei n. 8.245/91); com o mandado de segurança, quando se entende que o impetrante não apresentou o chamado "direito líquido e certo", isto é, prova pré-constituída de suas alegações[18] e com e o art. 17, § 11, da Lei n. 8.429/92, quando se reconhece o descabimento da chamada ação de improbidade administrativa.

2.1.1.8 *Atuação oficiosa do magistrado*

O § 3º do art. 485 do CPC de 2015 ampliou a regra do § 3º do art. 267 do CPC de 1973 ao dispor que cabe ao magistrado conhecer "... de ofício da matéria constante dos incisos IV, V, VI e IX, em qualquer tempo e grau de jurisdição, enquanto não ocorrer o trânsito em julgado".

Os três primeiros incisos mencionados dizem respeito à regularidade do processo e do escorreito exercício do direito de ação ao longo do processo. O último deles, o inciso IX, novidade expressada pelo CPC de 2015, trata da intransmissibilidade do direito sobre o qual se pleiteia a tutela jurisdicional.

Há acesa polêmica com relação ao primeiro grupo (dos pressupostos e da ilegitimidade ou falta de interesse), sobre ser correta a interpretação ampla da locução "em qualquer tempo *e grau de jurisdição*" para nela estarem compreendidos também o Supremo Tribunal Federal e o Superior Tribunal de Justiça em sede de recurso extraordinário e especial, respectivamente. Sempre pareceu a este *Curso* que a lei *não* pode querer chegar a tanto, porque a matéria cognoscível por aqueles Tribunais, quando exercem sua competência recursal extraordinária e especial, é *limitada* pelos incisos III dos arts. 102 e 105 da Constituição Federal, respectivamente.

É certo que no texto do dispositivo, o § 3º do art. 485, há algo novo, que não constava de seu congênere, o art. 267, § 3º, do CPC de 1973. É lê-lo para verificar que, doravante, ele se refere a "enquanto não ocorrer o trânsito em julgado", e não mais a "enquanto não proferida a sentença de mérito".

Mesmo assim, o entendimento que já defendia este *Curso* deve ser preservado. E isto pela singela razão de que há limitação constitucional expressa, que não pode ser desconhecida e/ou ampliada pelo legislador. Assim, ainda que se queira entender que o § 3º do art. 485 quer evidenciar que o comando legal deve atingir os Tribunais Superiores no exercício da competência recursal extraordinária e especial, quiçá querendo passar para a lei o que muitos retiram da Súmula 456 do Supremo Tribunal Federal[19], a solução é inconstitucional. O § 3º e a atuação oficiosa nele prevista com relação aos pressupostos processuais e à ilegitimidade ou à falta de interesse devem ficar restritos aos órgãos jurisdicionais de primeiro e de segundo grau. Sendo pertinente

18. Apesar de haver alguma hesitação quanto ao entendimento, a ampla maioria da doutrina e da jurisprudência se posiciona no sentido do texto. Para essa demonstração, v., do autor, seu *A nova lei do mandado de segurança*, p. 54, e, anteriormente, seu *Mandado e segurança*, p. 15-18, bem como o n. 2.2 do Capítulo 1 da Parte I do v. 2, t. III, das edições anteriores ao CPC de 2015 deste *Curso*.

19. Cujo enunciado é o seguinte: "O Supremo Tribunal Federal, conhecendo do recurso extraordinário, julgará a causa, aplicando o direito à espécie".

lembrar, ainda, que qualquer pronunciamento de ofício pressupõe o estabelecimento de contraditório prévio a seu respeito (arts. 9º e 10). Não acode ao entendimento contrário, e pelas mesmíssimas razões derivadas do modelo constitucional, o disposto no *caput* do art. 1.034.

A segunda hipótese tratada pelo § 3º do art. 485, a do inciso IX, merece solução diversa. O problema aqui, como aponta o n. 2.1.1.6, *supra*, não é de direito processual nem de autorização para julgamento de "causas *não* decididas" pelos Tribunais Superiores, no exercício de sua competência recursal extraordinária e especial. Ele é, por mais paradoxal que possa parecer, de direito *material*. Sendo intransmissível o direito sobre o qual se pretende a tutela jurisdicional, a morte acarreta inexoravelmente a perda do objeto, e, por força do art. 485, IX, não há outra coisa a fazer, mesmo no âmbito de recursos extraordinário e especial, que não *reconhecê-la* (não *decidi-la*). A questão, eis a diferença, não é de julgar recurso fora dos lindes constitucionais (sempre a *causa decidida* dos incisos III dos arts. 102 e 105 da CF), mas de reconhecer fato superveniente que esvazia, por completo, a razão de ser da prestação da tutela jurisdicional.

2.1.1.9 Peculiaridade recursal

Novidade interessantíssima que o Código de Processo Civil traz para o regime das apelações interpostas das sentenças *terminativas*, isto é, aquelas em que não há resolução de mérito, está no § 7º do art. 485.

De acordo com o dispositivo, "interposta a apelação em qualquer dos casos de que tratam os incisos deste artigo, o juiz terá 5 (cinco) dias para retratar-se".

Trata-se, assim, de mais um caso, em que o CPC de 2015 – e aqui inovando sensivelmente em relação ao CPC de 1973 – reconhece o "efeito *regressivo*" à apelação, permitindo que o magistrado, analisando as razões de apelo, *redecida*, quiçá alterando seu entendimento anterior, para afastar a sentença sem resolução de mérito e, consequentemente, dar continuidade ao processo em direção ao reconhecimento e à concretização da tutela jurisdicional.

Não está claro no dispositivo, diferentemente do que se dá nos casos do art. 331 e do § 4º do art. 332, se o juízo de retratação se dá antes ou depois de oportunizada à parte contrária o prazo para apresentar contrarrazões à apelação. O melhor entendimento, forte no princípio constitucional do contraditório e na compreensão de processo cooperativo, é de o magistrado permitir a *prévia* apresentação das contrarrazões.

Com as contrarrazões ou, sem elas, mas após o transcurso do prazo que a parte teve para apresentá-las, o magistrado terá cinco dias (*úteis*, porque se trata de prazo de índole *processual*) para se retratar, o que pressupõe, excepcionalmente, proferimento de juízo *positivo* de admissibilidade da apelação[20]. Se voltar atrás, o processo prosseguirá em direção ao proferimento de sen-

20. Em sentido similar, embora se referindo, apenas, à tempestividade, é o Enunciado n. 68 da I Jornada de Direito Processual Civil do CJF: "A intempestividade da apelação desautoriza o órgão *a quo* a proferir juízo positivo de retratação".

tença de mérito, salvo se ocorrer ou surgir algum outro fato que impeça seu exame, justificando o proferimento de outra sentença com fundamento no art. 485. Na hipótese de a sentença ser mantida, os autos serão encaminhados ao Tribunal competente para julgamento do recurso.

Questão interessante é saber se, a propósito do § 7º do art. 485, o magistrado pode determinar o saneamento do vício que justificou o proferimento da sentença terminativa. A resposta mais harmônica com o sistema do Código de Processo Civil é a positiva. Não só por causa do dever-poder geral de saneamento previsto no inciso IX do art. 139, mas também por causa da possibilidade de a postulação ser reproduzida, *ainda que com a devida sanação dos vícios*, nos moldes do § 1º do art. 486. Admitir, destarte, que o processo seja *retomado* e prossiga de maneira *devida*, otimiza, em todos os sentidos, a prestação jurisdicional. É entendimento que se afina com a eficiência processual integrante do modelo constitucional do direito processual civil e enfatizada no art. 4º do Código de Processo Civil.

2.1.1.10 *Repropositura*

A decisão que não apreciar (resolver) o mérito não obsta que a parte demande novamente a outra. É o que preceitua o *caput* do art. 486, quando admite a possibilidade de que a parte "proponha de novo a ação", isto é, reapresente o mesmo pedido com base na mesma causa de pedir em face do mesmo réu.

O § 1º do art. 486 evidencia que a "propositura da nova ação", isto é, a reformulação do mesmo pedido fundada na mesma causa de pedir pelo mesmo autor em face do mesmo réu, pressupõe a "correção do vício que levou à extinção do processo sem resolução de mérito" nos casos em que ocorrer litispendência, rejeição da petição inicial, falta de pressupostos processuais de existência e/ou de validade, ilegitimidade ou falta de interesse processual e existência de convenção de arbitragem ou quando o juízo arbitral reconhecer a sua competência.

É importante ressalvar que a correção do "vício" em relação à ilegitimidade ou à falta de interesse conduzirá, muito provavelmente, à alteração da postulação inicial, o que é suficiente para viabilizar a sua propositura, a despeito da permissão do § 1º do art. 486. Isso porque, havendo alteração de algum dos "elementos da ação", não há como cogitar, do ponto de vista lógico, em identidade. Quando isso não ocorrer, como se dará, por exemplo, quando a dívida ainda não vencida se vencer, a observância do dispositivo aqui estudado supõe que o novo *fato* seja alegado e justificado na petição inicial, até como forma de evitar qualquer pecha de litigância de má-fé.

O § 2º do art. 486 estabelece que a petição inicial não será "despachada", isto é, não será proferido juízo de admissibilidade pelo magistrado sem a prova do pagamento ou do depósito das custas e dos honorários de advogado devidos pelo processo anterior. É regra que, trazendo à lembrança o art. 92, atrita com o inciso XXXV do art. 5º da Constituição Federal.

O § 3º do art. 486, por seu turno, trata da *perempção*, pressuposto processual negativo que também merece ser censurado diante do modelo constitucional de direito processual civil, pelas razões expostas pelo n. 4.3.3.3 do Capítulo 4 da Parte I do v. 1.

2.1.2 Sentenças definitivas

O rol das sentenças *definitivas*, isto é, daquelas em que há resolução de mérito ou, o que parece ser mais correto, que são consideradas de mérito pelo Código de Processo Civil, está no art. 487. A palavra *mérito*, nesse contexto, é sinônimo da análise, direta ou indireta, do(s) pedido(s) formulado(s) pelo autor e eventualmente pelo próprio réu ao longo do processo.

A ressalva quanto à análise poder ser direta ou indireta se justifica em função do emprego do termo *resolução* e não *julgamento*, como se dava no *caput* do art. 269 do CPC de 1973, até o advento da Lei n. 11.232/2005, aliada à disparidade de hipóteses arroladas nos incisos do art. 487 do CPC de 2015.

Como exposto pelo n. 2.1.1, *supra*, a palavra *julgamento* é denotativa de atividade intelectual do magistrado sobre quem tem e quem não tem direito a ser tutelado jurisdicionalmente. Essa atividade, assim compreendida a palavra, só existe em uma das hipóteses do art. 487, que é a do seu inciso I. Nas demais, a atividade do magistrado é de outra *qualidade*. Ele, propriamente, não diz quem é merecedor de tutela jurisdicional. Apenas reconhece a ocorrência de um *fato* suficientemente inibidor de sua própria apreciação sobre o pedido (ou os pedidos) de tutela jurisdicional. Mais ainda quando, como ocorre nas alíneas do inciso III do art. 487, esse fato é dispositivo ou autocompositivo, isto é, quando a *resolução* do processo depende, apenas e tão somente, da atitude de uma ou de ambas as partes que exteriorizam uma específica vontade perante o Estado-juiz[21].

Vale destacar a esse respeito que é correto distinguir as variadas hipóteses do art. 487 em duas classes. A do inciso I corresponde a uma delas: a das "verdadeiras" ou "típicas" sentenças de mérito, que ensejam *julgamento* por parte do magistrado. As dos incisos II e III são "falsas" ou "atípicas" sentenças de mérito; são sentenças de "mérito" por ficção legislativa e não por vocação, em que a atividade do magistrado não é, propriamente, de julgar[22].

Há, de outra parte, uma derradeira característica que une as sentenças a que se refere o art. 487 em um mesmo rol. Em todas as hipóteses nele previstas, não obstante as suas peculiaridades e diferenças, inclusive em termos de atividade intelectual a ser desenvolvida pelo magistrado, a sentença tende a transitar materialmente em julgado, cuja característica mais marcante, para o que aqui interessa sublinhar e sem prejuízo do que o n. 3.3, *infra*, expõe, é a de tornar imune a qualquer nova discussão aquilo que já foi decidido.

Por fim, uma palavra sobre também não haver, no *caput* do art. 487, nenhuma relação entre as sentenças indicadas em seus incisos e a *extinção* do processo. O que será extinto nesses casos, tanto quanto ocorre nos casos dos incisos do art. 485, é a *etapa cognitiva* do

21. Uma vez mais cabe lembrar das lições de Adroaldo Furtado Fabrício em seu *Extinção do processo e mérito da causa*, p. 9-10.

22. A distinção é cuidadosamente apresentada por Cândido Rangel Dinamarco em suas *Instituições de direito processual civil*, v. III, p. 310-311.

processo na primeira instância. O processo como um todo até poderá ser extinto quando não houver interposição de recursos ou quando não houver necessidade de desenvolvimento de etapa de cumprimento por se tratar de tutela jurisdicional *não executiva* ou, ainda, pela ausência ou desinteresse no perseguimento de verbas sucumbenciais.

Na perspectiva do legislador, contudo, o que há, como sublinhado, é o proferimento de uma decisão, a sentença, cuja finalidade é a de pôr fim à etapa de *conhecimento* do processo na primeira instância, em estreita harmonia com a conceituação que àquela decisão dá o § 1º do art. 203. O processo, considerado, como deve ser, como um todo, prosseguirá seja para o julgamento de recursos interpostos da sentença ou, ainda, para a *concretização* da tutela jurisdicional em sua etapa de *cumprimento* (arts. 513 a 538), que pode, consoante o caso, pressupor o desenvolvimento de outra etapa antecedente àquela, a de *liquidação* (art. 509 a 512).

Importa analisar, feitas as considerações dos parágrafos anteriores, cada uma das hipóteses do art. 487.

2.1.2.1 Acolhimento ou rejeição do pedido

A previsão do inciso I do art. 487 representa a clássica – "a", artigo definido, porque é a única – situação em que o magistrado *julga*, para acolher *ou* para rejeitar, no todo ou em parte, o(s) pedido(s) do autor e, se houver, também o(s) pedido(s) feito(s) pelo réu em reconvenção.

É o que, em geral, é denominado "procedência da *ação*", "improcedência da *ação*", "procedência parcial da *ação*" ou fórmulas similares. Para este *Curso*, a procedência (ou improcedência) total ou parcial não é (e não pode ser) da "ação", mas do *pedido* de tutela jurisdicional formulado pelo autor ou pelo réu. A ação não é (e não tem como ser) procedente ou improcedente. Ela reúne, ou não, o mínimo indispensável para ser devidamente exercida ao longo do processo, conduzindo, ou não, ao reconhecimento de quem faz jus à tutela jurisdicional. Na medida em que não se faça presente aquele mínimo indispensável, a hipótese é de proferimento de sentença *sem* resolução de mérito (art. 485, VI).

A ressalva do inciso I do art. 485 no sentido de acolher (ou rejeitar) "no todo ou em parte" deve ser entendida fora do contexto dos julgamentos parciais de mérito, autorizados pelo art. 356. Para cá, trata-se de o magistrado acolher, no todo ou em parte, o pedido do autor ou a reconvenção do réu. Se a hipótese for de decompor ou desacumular pedidos, terá incidência o referido art. 356. A hipótese, contudo, não será de sentença, mas de interlocutória de mérito, porque a etapa cognitiva do processo na primeira instância não terá fim.

A sentença que aprecia vários pedidos do autor e também do réu em reconvenção é sentença *objetivamente* complexa que possui tantos *capítulos* quantos sejam necessários para o exame de cada pedido, tenham eles sido formulados pelo autor ou pelo réu.

2.1.2.2 *Decadência ou prescrição*

A primeira das "falsas" sentenças de mérito é a prevista no inciso II do art. 487, quando o magistrado "decidir, de ofício ou a requerimento, sobre a ocorrência de decadência ou prescrição".

Aqui há clara equiparação de regime jurídico de decisão de mérito dada pelo CPC de 2015, seguindo, no particular, o regime do CPC de 1973, àquelas sentenças[23].

Sobre a apreciação de ofício, o parágrafo único do art. 487 dispõe que, com exceção da hipótese do § 1º do art. 332 (de improcedência *liminar* do pedido), é vedada a apreciação da prescrição e/ou da decadência sem que seja dada às partes prévia oportunidade para se manifestar. É o Código de Processo Civil, como ocorre em diversos artigos, pecando pelo excesso, já que é bastante, para isso, no plano infraconstitucional, o que consta dos seus arts. 9º e 10.

De qualquer sorte, o dispositivo tem o seu caráter didático, ao evidenciar que a atividade do magistrado de *conhecer* alguma matéria ainda que de ofício (como a prescrição ou a decadência) não significa que lhe seja possível *decidir* sem levar em consideração o que as partes, estimuladas para tanto, têm a dizer sobre a questão, inclusive a partir da base fática sobre a qual a decisão recairá. É supor o exemplo de o autor, intimado para se manifestar sobre eventual prescrição do direito, comprovar que recebeu do réu carta em que reconhecia o débito e, com a iniciativa, sustentar a interrupção do prazo prescricional com base no inciso VI do art. 202 do Código Civil. Mesmo que a matéria jurídica seja cognoscível de ofício, não há como o magistrado saber o que, na perspectiva dos fatos, ocorreu ou deixou de ocorrer com relação àquele específico ponto.

2.1.2.3 *Homologação de atos dispositivos ou autocompositivos*

O inciso III do art. 487 trata das hipóteses, todas elas "falsas sentenças de mérito", em que a sentença homologa o reconhecimento da procedência do pedido formulado pelo autor ou pelo réu (alínea *a*), a transação (alínea *b*), ou, ainda, a renúncia à pretensão formulada na ação ou na reconvenção (alínea *c*).

São todas hipóteses significativas de disposição de direito pelo autor, pelo réu ou por ambas as partes (que é o que ocorre na transação), que merecem ser compreendidas mais amplamente como qualquer ato autocompositivo praticado por elas, até porque o magistrado as incentivará a tanto, ao longo de todo o processo (art. 3º, § 3º, e art. 139, V).

Não obstante, cada uma das hipóteses merece considerações apartadas.

---

23. No CPC de 1939 pairava dúvida importante sobre se a sentença que reconhecesse a prescrição ou a decadência era ou não de mérito, discussão que se agravava naquele Código porque os recursos cabíveis contra sentenças terminativas e definitivas eram diversos (agravo de petição e apelação, respectivamente). Para o ponto, v., de Enrico Tullio Liebman, seu "Recurso da decisão que declara prescrita a ação", publicado em *Estudos sobre o processo civil brasileiro*, p. 189-196.

2.1.2.3.1 Reconhecimento da procedência do pedido

O reconhecimento da procedência do pedido é ato unilateral ora do autor (com relação à reconvenção), ora do réu representativo da vontade de deixar de se opor ao pedido de tutela jurisdicional formulado pela parte contrária, reconhecendo os fatos e as consequências jurídicas por ela pretendidas. Uma tal vontade, contudo, deve ser devidamente *exteriorizada* como tal perante o Estado-juiz, porque a figura aqui examinada não se confunde com qualquer atitude passiva que as partes podem acabar assumindo, geradora de consequências de outra ordem. Por suas próprias características, é pressuposto do reconhecimento da procedência do pedido a disponibilidade do direito controvertido.

Ao juiz cabe verificar a legitimidade do ato levando em conta apenas os seus aspectos *exteriores*. Não é o caso de investigar por que o autor ou o réu acabaram por ceder ao pedido formulado pela parte contrária. Por essa razão é que o ato, mesmo antes da homologação judicial, que justifica a sentença aqui examinada, tem o condão de surtir efeitos processuais (art. 200, *caput*). Eventuais vícios na própria manifestação de vontade da parte serão apurados, se for o caso, em processo distinto, por intermédio da chamada "ação anulatória" a que se refere o § 4º do art. 966, justamente por não estarem relacionados ao proferimento de decisão (ainda que homologatória) sobre o quanto ajustado entre as partes e, menos ainda, ao seu respectivo trânsito em julgado.

O *caput* do art. 90 impõe que as despesas processuais e os honorários de advogado sejam suportados por quem reconheceu o pedido da outra parte, sendo fixadas proporcionalmente, consoante o caso (art. 90, § 1º). Como verdadeiro incentivo a que se tome essa atitude, o § 4º do art. 90 dispõe que, se simultaneamente ao reconhecimento ocorrer o cumprimento integral da prestação respectiva, os honorários advocatícios (os sucumbenciais) serão reduzidos pela metade[24]. A restrição feita pelo dispositivo ao réu não merece prevalecer quando houver reconvenção e for o autor o interessado no reconhecimento e cumprimento, em estreita harmonia com a previsão, mais ampla, da alínea *a* do inciso III do art. 487.

2.1.2.3.2 Transação

A transação deve ser entendida amplamente como qualquer meio de autocomposição em que as partes, *com ou sem* a participação do magistrado, cheguem a um acordo quanto ao direito controvertido no processo e, até mesmo, como expressamente admitido pelo art. 515, III e § 2º, quanto a pessoas e a direitos que sequer foram levados à apreciação do Poder Judiciário.

Diferentemente do que se dá na hipótese do número anterior, a "transação" é ato bilateral das partes, que pressupõe, por isso mesmo, consenso entre os litigantes. A disponibilidade

24. De acordo com o Enunciado n. 9 da I Jornada de Direito Processual Civil do CJF: "Aplica-se o art. 90, § 4º, do CPC ao reconhecimento da procedência do pedido feito pela Fazenda Pública nas ações relativas às prestações de fazer e de não fazer".

do direito, contudo, é essencial à sua admissão. Tal disponibilidade, contudo, deve ser entendida de acordo com as regras de direito positivo. Assim, por exemplo, é possível haver transação quanto ao *valor* dos alimentos, embora aquele direito seja irrenunciável (art. 1.707 do CC), sendo certo que, de acordo com o inciso III do art. 156 do Código Tributário Nacional, a *transação* é modalidade extintiva do crédito tributário. Feito um acordo quanto ao pagamento da dívida entre o contribuinte e o Fisco, cabe ao magistrado, reconhecendo-o proferir a sentença aqui examinada.

No mais, têm cabimento aqui as mesmas considerações que fecharam o número anterior: a transação, mesmo antes de sua apreciação jurisdicional, tem o condão de gerar efeitos processuais (art. 200, *caput*), cabendo a "ação anulatória" do art. 966, § 4º, para contrastar eventual vício na própria manifestação de vontade das partes quanto à sua celebração.

Se nada de diferente for ajustado entre as partes, o pagamento das despesas processuais será dividido igualmente entre elas (art. 90, § 2º). O silêncio da regra a respeito dos honorários advocatícios é significativo de que a transação deve levá-los em conta, dispondo expressamente a seu respeito, o que pressupõe a participação e a anuência dos advogados das partes, que são os titulares daquelas verbas (art. 85, § 14).

O § 3º do art. 90, por sua vez, estabelece que, "se a transação ocorrer antes da sentença, as partes ficam dispensadas do pagamento das custas processuais remanescentes, se houver".

2.1.2.3.3 Renúncia à pretensão

A última hipótese de sentença de "resolução de mérito" é a da alínea *c* do inciso III do art. 487. Ela será proferida quando o magistrado homologar a "renúncia à pretensão formulada na ação ou na reconvenção".

A renúncia a que se refere o dispositivo merece ser entendida como a contraposição do que está previsto na alínea *a* do inciso III do mesmo art. 487, o reconhecimento da procedência do pedido. Aqui a hipótese é de o autor ou o réu abrirem mão do direito (material) sobre o qual pretenderam, até aquele instante procedimental, fosse prestada tutela jurisdicional. A ela, também por isso, são aplicáveis as considerações expostas no n. 2.1.2.3.1, *supra*, quanto à incidência, na espécie, dos arts. 200, *caput*, e 966, § 4º.

Questão interessante que se põe é saber se a renúncia exige prévia concordância da parte contrária da mesma forma que o § 4º do art. 485 exige para os casos de "desistência da ação". A resposta é negativa. A situação regulada na alínea *c* do inciso III do art. 487 não é, diferentemente daquela, de cunho processual, mas de cunho *material*. Aqui, ao contrário do que se dá para aquele outro caso, o óbice à atuação do Estado-juiz encontra-se fora do processo, no plano material, e desde que as regras materiais o permitam – o direito tem que ser disponível –, o juiz não pode impedir que o autor ou o réu renunciem a uma posição de vantagem sua. Se isso se der, o proferimento de sentença de mérito nos moldes do dispositivo aqui em exame é impositivo porque não há mais, no plano material, qualquer "direito" a ser tutelado jurisdicionalmente em prol de quem renunciou a ele, e, nessa condição, não há mais razão para o Estado-juiz atuar.

Um óbice que poderia ser levantado a essa conclusão diz respeito à posição da parte contrária e à sua busca de tutela jurisdicional. O óbice, ao contrário do que se dá para o art. 485, VIII, não existe aqui. É que a renúncia da pretensão acarreta, com o proferimento da sentença que a reconhece, a tutela jurisdicional que pretendia obter a parte contrária. Como a hipótese conduz *necessariamente* à obtenção daquela *mesma* tutela jurisdicional, não há razão para exigir oitiva da parte contrária.

Porque a hipótese aqui versada encontra seu fundamento exclusivamente no plano material, não é de se aplicar a ela o limite procedimental do § 5º do art. 485, que limite a "desistência da ação" até o proferimento da sentença. Assim, mesmo após a sentença (entendida como decisão que encerra a etapa cognitiva do processo em primeira instância) não há óbice para que o autor ou o réu (com relação à reconvenção) renunciem à pretensão, seja em fase recursal iniciada após o proferimento da sentença, na etapa de liquidação ou, ainda, na etapa de cumprimento de sentença. Ocorrendo, o caso é de ela ser homologada por sentença, com fundamento bastante na alínea *c* do inciso III do art. 485 e, se se tratar de renúncia ocorrida na etapa de cumprimento de sentença, no inciso IV do art. 924, seguindo-se o proferimento da sentença a que se refere o art. 925.

O *caput* e o § 1º do art. 90 disciplinam a responsabilização pelas verbas de sucumbência quando houver a renúncia à pretensão, total ou parcial, respectivamente.

2.2 Possibilidade de julgamento de mérito

Interessante novidade trazida pelo Código de Processo Civil, ao menos do ponto de vista textual, está no art. 488, segundo o qual, "desde que possível, o juiz resolverá o mérito sempre que a decisão for favorável à parte a quem aproveitaria eventual pronunciamento nos termos do art. 485".

Trata-se, não há por que duvidar, de aplicação clara do princípio segundo o qual não há nulidade sem prejuízo e, nesse sentido, traz à mente os arts. 277 e 283, parágrafo único.

Contudo, importa interpretar o dispositivo com temperamento para impedir que processos que apresentem problemas em sua regular constituição ou em seu desenvolvimento, até mesmo no escorreito exercício do direito de ação, rendam ensejo a decisões *definitivas* que, em última análise, possam comprometer as garantias inerentes ao devido processo constitucional. Em tais hipóteses, à falta de "prejuízo" do beneficiado pela decisão definitiva corresponde, em idêntica proporção, prejuízo para a outra parte, considerando o descumprimento do modelo constitucional, colocando em risco a higidez da atuação processual.

Para evitar essa situação, a escorreita aplicação do art. 488 pressupõe a análise das peculiaridades de cada caso concreto para que seja constatado se o vício que conduziria ao proferimento de sentença *sem* resolução de mérito pode ser superado em prol do proferimento de decisão meritória, sem gerar, inclusive do ponto de vista do processo (sempre *devido*, na perspectiva constitucional), prejuízo à parte contrária. Nesse sentido, cabe dar a necessária ênfase, como, aliás, faz o próprio texto do dispositivo, que a sua incidência dê-se "desde que possível".

Não pode prevalecer, não em um Estado Constitucional como o que decorre do modelo constitucional brasileiro, o entendimento de que os "fins" (prestar tutela jurisdicional) justificam os "meios", ou, como aqui parece ser mais preciso, a falta deles (a higidez do processo). Até porque, a se pensar assim, enaltecer-se-á o chamado (e corretamente criticado) "processo do autor", em detrimento do réu, que, insista-se, também é merecedor de tutela jurisdicional quando o pedido do autor for rejeitado, mas que é também (e antes disso) titular do direito (fundamental) ao devido processo constitucional. É *direito* seu, portanto, ver o proferimento de decisão nos moldes do art. 485 sempre que a solução de mérito lhe puder causar prejuízo.

A escorreita aplicação do art. 488 pressupõe, destarte, a inexistência de prejuízo para a parte contrária, no que é decisiva a observância dos contornos de um processo devido. Por isso mesmo é que, ao lado e independentemente daquele dispositivo, cabe rememorar o art. 317, segundo o qual o magistrado, antes de proferir sentença *sem* resolução de mérito, deve dar à parte a oportunidade de corrigir o vício, que, uma vez sanado, viabiliza o julgamento de mérito. Trata-se de solução – absolutamente harmônica com o dever-poder de saneamento previsto no inciso IX do art. 139 – que mais bem se afeiçoa ao modelo constitucional.

Para além da viabilidade de saneamento – o que, em rigor, afasta a incidência do art. 488, que quer desconsiderá-lo para viabilizar, de plano, o julgamento de mérito nas condições que especifica –, a escorreita aplicação daquele dispositivo parece pressupor distinção fundamental sobre se o vício a ser posto de lado compromete, ou não, a higidez do processo. Se sim, ele não pode ser aplicado. Se não, e ressalvada alguma peculiaridade do caso, não há razão para deixar de aplicá-lo.

A análise do dispositivo, portanto, parece reclamar casos concretos, sob pena de comprometer a sua boa aplicação com descabidas generalizações.

Bem ilustra essa preocupação imaginar o caso de, a despeito da inépcia da inicial (que justifica o proferimento de sentença com fundamento no inciso I do art. 485), o réu se defender a contento e, por isso – justamente por não haver prejuízo ao réu e ao exercício de sua defesa –, viabilizar o proferimento de sentença de *improcedência* do pedido (art. 487, I). Em outro caso, contudo, em que a inépcia da inicial seja de tal monta que comprometa a *ampla defesa* assegurada constitucionalmente, é irrecusável que se impõe o seu descarte nos moldes do inciso I do art. 485. Nesse caso, a inépcia compromete, desde sua origem, a formulação do pedido de tutela jurisdicional a inviabilizar a superação do vício nos moldes do art. 488.

2.3 Sentença como ato processual

O estudo da sentença vai muito além das considerações expostas nos números anteriores, que se voltam ao exame de sua *função* processual. Sentença é ato processual formal e, por isso, depende de elementos formais, tais quais exigidos pelo Código de Processo Civil, para que possa ter existência jurídica e validade e, consequentemente, pretender surtir seus regulares efeitos.

De acordo com o *caput* do art. 489, são "*elementos* essenciais da sentença" o relatório, os fundamentos e o dispositivo.

O *relatório* deverá conter os nomes das partes, a identificação do caso, com a suma do pedido e da contestação (e, se houver, também reconvenção), bem como o registro das principais ocorrências havidas no andamento do processo. É imprescindível que o relatório identifique as questões jurídicas aventadas pelas partes e por eventuais terceiros, inclusive aquelas que não constituem pedidos propriamente ditos, como se dá com a chamada "questão prejudicial", bem como as provas produzidas desde a petição inicial. Deve descrever, por exemplo, as preliminares levantadas quando da apresentação da contestação e a manifestação do autor sobre elas e a argumentação final desenvolvida nas alegações finais ou nos "memoriais". Tudo o que for relevante para a *decisão* deve ser exposto no relatório porque é nele que o julgador *demarcará* o que será discutido e resolvido pela sentença.

Os *fundamentos são a* parte da sentença na qual o magistrado analisará e discutirá *criticamente* as questões de fato e de direito, isto é, os pontos em que há controvérsia entre as partes e eventuais terceiros, que embasará a decisão. É nessa segunda parte "lógica" da sentença (a referente à *fundamentação* ou à *motivação*) que o magistrado desenvolve seu raciocínio à luz do material carreado aos autos, aplicando, sobre as premissas jurídicas e fáticas que estabelece no "relatório", as regras de direito. Tudo o que for relevante para o deslinde da causa deve ser apreciado *e resolvido* nessa *parte* da sentença.

O terceiro elemento, o *dispositivo*, é a parte da sentença na qual o magistrado resolve as questões que as partes lhe submeterem, exteriorizando a sua conclusão sobre elas. Trata-se da parte final da sentença que encerra ou que *conclui* as premissas lançadas nos relatórios e na fundamentação, evidenciando a regra aplicável ao caso concreto do ponto de vista do reconhecimento da tutela jurisdicional aplicável, indicando, portanto, quais são seus efeitos. Tratando-se de sentença de mérito, é o dispositivo que, julgados ou não interpostos os recursos cabíveis, transitará em julgado, com as ressalvas das hipóteses dos §§ 1º e 2º do art. 503 e do *caput* do art. 123 nos casos de assistência (simples ou litisconsorcial).

O inciso III do *caput* do art. 489 emprega ao lado do substantivo *questões* o adjetivo *principais*, querendo, com a iniciativa, estabelecer que só a decisão propriamente dita sobre questões principais e não sobre questões que não o seriam, tais como as prejudiciais. A exclusão genérica e abstrata é aleatória e deve ser desconsiderada consoante as peculiaridades de cada caso concreto. Pode ocorrer – e isso deverá constar do relatório e da fundamentação – que as partes controvertam aberta e expressamente sobre a questão prejudicial que, por isso, deverá ser não apenas *conhecida*, mas também *decidida*, com ânimo de fazer a chamada coisa julgada material se presentes as exigências do § 1º do art. 503, e desde que ausentes os óbices do § 2º do mesmo dispositivo. É correto, por isso, que a decisão sobre essa questão, ainda que não "principal", conste do dispositivo, até para que reste claro, também do ponto de vista da forma, que sobre ela tende a recair, esgotados ou não interpostos os recursos cabíveis, a chamada coisa julgada material. De qualquer sorte, seja por força dos princípios regentes das nulidades no âmbito do direito processual civil, seja com base na regra de interpretação do § 3º do art. 489, qualquer rigor a esse respeito tende a ser mitigado.

Os "elementos essenciais" da sentença devem ser compreendidos como o que a sentença deve conter, do ponto de vista formal, sob pena de invalidade[25]. Invalidade que sempre merece ser pensada, em direito processual civil, à luz dos seus princípios regentes, discutidos no n. 2 do Capítulo 1 da Parte II do v. 1.

A escorreita compreensão daqueles três elementos conduz ao entendimento de que a sentença encerra um silogismo composto de premissas necessárias para chegar a uma conclusão, cada uma dessas assertivas correspondendo a um dos elementos exigidos pelos três incisos do *caput* do art. 489. Assim, o *relatório* e a *fundamentação* (art. 489, I e II) corresponderiam às premissas, maior e menor, respectivamente, enquanto o *dispositivo* (art. 489, III) equivaleria à conclusão, aplicando a vontade *abstrata* do ordenamento jurídico no caso *concreto*.

Não só as sentenças deverão ter os elementos exigidos pelos três incisos do *caput* do art. 489. Na verdade, toda *decisão*, não só sentenças, deve observar o disposto nele. O artigo estabelece um verdadeiro "roteiro lógico" a ser seguido pelo magistrado em qualquer caso. É típico caso em que o texto legal se vale de uma *espécie* de decisão jurisdicional, a sentença, para traçar o regime aplicável a todo o *gênero*. É a sinédoque a que faz referência o n. 1, *supra*.

2.3.1 Especialmente o dever de fundamentação

Novidade importante é trazida pelo § 1º do art. 489, que quer concretizar, quase que didaticamente, a exigência do inciso IX do art. 93 da Constituição Federal, e, no plano codificado, a do art. 11[26]. O curioso é que aquele dispositivo não diz o que uma sentença – e, de resto, *qualquer outra decisão jurisdicional*, no que o dispositivo, diferentemente do *caput*, é expresso – precisa conter para se considerar *fundamentada*. Descreve-se o que se considera uma decisão *não fundamentada*.

Assim é que *não é considerada fundamentada* a decisão que: (i) limitar-se à indicação, à reprodução ou à paráfrase de ato normativo, sem explicar sua relação com a causa ou a questão decidida; (ii) empregar conceitos jurídicos indeterminados, sem explicar o motivo

25. O *caput* do art. 489 do CPC de 2015 corrigiu crítica histórica ao *caput* do art. 458 do CPC de 1973, que se referia a *requisitos*. Na verdade, relatório, fundamentos e dispositivos sempre foram *elementos*, porque constitutivos do todo, sem o que o todo (a sentença) não se perfaz.

Apesar da nomenclatura da lei, é mais correto fazer referência a "elementos" e não a "requisitos" das sentenças porque, por definição, são os *elementos* as partes constitutivas do todo.

26. A respeito do assunto, cabe ler o artigo de Luis Henrique Volpe Camargo intitulado "A motivação dos julgamentos dos Tribunais de 2º grau na visão do Superior Tribunal de Justiça: acórdão completo ou fundamentado?" e publicado no volume 162 da *Revista de Processo*, p. 197-227, que é uma das sementes do que acabou se tornando o § 1º do art. 489. Não se trata de mera coincidência, já que o eminente processualista sul mato-grossense integrou a Comissão do Senado para revisão do Anteprojeto de novo Código de Processo Civil.

concreto de sua incidência no caso; (iii) invocar motivos que se prestariam a justificar qualquer outra decisão; (iv) não enfrentar todos os argumentos deduzidos no processo capazes de, em tese, infirmar a conclusão adotada pelo julgador[27]; (v) limitar-se a invocar precedente ou enunciado de súmula, sem identificar seus fundamentos determinantes nem demonstrar que o caso sob julgamento se ajusta àqueles fundamentos e (vi) deixar de seguir enunciado de súmula, jurisprudência ou precedente invocado pela parte, sem demonstrar a existência de distinção no caso em julgamento ou a superação do entendimento.

Quanto aos referenciais dos incisos V e VI do § 1º do art. 489, cabe destacar a necessidade de eles serem interpretados de maneira ampla, levando em conta, necessária e sistematicamente, o que deve ser extraído dos arts. 926 a 928, em especial, do art. 927, os "indexadores jurisprudenciais"[28].

É correto entender, destarte, que cabe ao magistrado peculiarizar o caso e a respectiva fundamentação diante das especificidades que lhe são apresentadas para o proferimento da decisão. Fundamentações padronizadas, sem que sejam enfrentados *todos* os argumentos e as teses trazidas pelas partes e por eventuais terceiros, não podem ser aceitas, tanto quanto meras reproduções de texto de lei ou de enunciados de súmula da jurisprudência dos Tribu-

27. A exigência traz à tona importante lição de Michele Taruffo externada em seu clássico *A motivação da sentença civil*, p. 363-364, que, a despeito de longa, merece transcrição integral: "Em um plano mais geral, emerge outro perfil sob o qual o critério adotado pela jurisprudência parece ambíguo e substancialmente elusivo das exigências a que responde o dever de motivação. Ao afirmar que dos argumentos expressos são sempre deduzíveis implicitamente as razões de rejeição das deduções contrárias das partes, a jurisprudência funda-se em uma pressuposta incompatibilidade entre umas e outras: com isso, pressupõe ainda que, quanto à solução de uma questão, as alternativas possíveis sejam sempre apenas duas, uma das quais exclui necessariamente a outra, de modo que a escolha da primeira justificaria sempre implicitamente a rejeição da segunda. Trata-se, porém, de uma simplificação excessiva e, portanto, inaceitável do problema. De um lado, a contraposição lógica entre duas assertivas não é sempre de necessária alternatividade, de modo que é possível que uma não contenha em si as razões de exclusão da outra. De outro, nem sempre as soluções possíveis de uma questão são somente duas e, aliás, em linha de princípio, as escolhas do juiz recaem sobre um raio mais amplo de diferentes possibilidades não necessariamente contrapostas no plano lógico: então, também nesse caso a escolha de uma possibilidade não constitui a justificativa implícita (no sentido de logicamente derivada) da exclusão das outras. Chega-se assim a uma alternativa desse gênero: ou se admite que a rejeição de uma dedução da parte pode não ser em realidade justificada, mas as hipóteses em que isso é possível dependem, como se viu, do conteúdo ou da função jurídica da dedução e não das suas relações lógicas com aquilo que o juiz disse expressamente. Ou mesmo, nos casos em que se entende que a motivação seja necessária, o conceito genérico de motivação implícita por incompatibilidade é fictício (salvo em poucas hipóteses limitadas). Para que se possa falar de motivação implícita em sentido próprio não é de fato suficiente que o juiz declare de ter escolhido uma alternativa diferente daquela que a parte prospectou: importa pelo contrário, como requisito mínimo, que o juiz enuncie expressamente o critério de escolha ou de valoração a partir do qual, entre as diferentes possibilidades, escolheu uma em detrimento das outras. Somente satisfeita essa condição, de fato, pode-se entender que o contexto da motivação contenha os elementos mínimos necessários para que o intérprete possa reconstruir as razões que justificam a exclusão das possibilidades alternativas não acolhidas pelo juiz".

28. Interessante o quanto decidido pela 3ª Turma do STJ no REsp 1.698.764/RS, rel. Min. Nancy Andrighi, j.un. 1-9-2020, *DJe* 9-9-2020, em que prevaleceu o entendimento de que o dever de fundamentação exigido pelo inciso VI do art. 489 não se aplica a súmulas e/ou precedentes "não vinculantes", tais como "os acórdãos proferidos por Tribunais de 2º grau distintos daquele a que o julgar está vinculado". Não obstante, desde que o referencial jurisprudencial tenha sido alegado pela parte, a decisão deve enfrentá-lo expressamente, para justificar ou não sua aplicação ao caso concreto, que é, justamente, o objetivo inequívoco do § 1º do art. 489.

nais ou das teses fixadas pelas múltiplas técnicas idealizadas para a uniformização jurisprudencial pelo Código de Processo Civil, sem explicar por que se aplicam ou deixam de se aplicar ao caso, sem que se proceda, quando for o caso, portanto, à chamada *distinção*. O que o dispositivo exige do magistrado, em suma, é a escorreita e suficiente – mas sempre completa – *discussão* da tese jurídica, inclusive quando sobre ela houver indexadores jurisprudenciais, a incidir sobre as especificidades do caso em julgamento.

A regra, destarte, vem para evidenciar o que para este *Curso* já decorria suficientemente do modelo constitucional do direito processual civil, inclusive quanto à indispensabilidade de o magistrado se pronunciar de maneira expressa também sobre os argumentos ou teses que, *ao julgador*, pareçam ser de menor ou nenhuma relevância. Elas precisam ser só identificadas como tais, ainda que rejeitadas (de maneira expressa) *com essa fundamentação*. Também quando há mais de um argumento ou tese conducente a uma só conclusão. Todos precisam ser identificados como tais e enfrentados, ainda que para serem rejeitados. Caso contrário, não há como verificar em que condições o magistrado encontrou fundamentos *suficientes* para sua decisão.

O § 1º do art. 489 deve ser compreendido (e aplicado) como verdadeiro marco legislativo que quer alterar as costumeiras decisões que não davam (não dão) a suficiente resposta jurisdicional, estabelecendo regras a serem observadas para aquele fim[29].

A não observância do § 1º do art. 489 autoriza a apresentação de embargos de declaração com fundamento no inciso II do parágrafo único do art. 1.022, dispositivo que vem para *qualificar a omissão* consistente na não fundamentação ou, quando menos, na fundamentação inadequada à luz das exigências feitas pelo dispositivo aqui examinado[30].

29. Por essa razão é que este *Curso* não pode concordar com diversos Enunciados da ENFAM que acabam por atritar com o quanto é estabelecido pelo dispositivo. Ilustram suficientemente bem o acerto da afirmação os seguintes: "Enunciado n. 10: A fundamentação sucinta não se confunde com a ausência de fundamentação e não acarreta a nulidade da decisão se forem enfrentadas todas as questões cuja resolução, em tese, influencie a decisão da causa"; "Enunciado n. 12: Não ofende a norma extraível do inciso IV do § 1º do art. 489 do CPC/2015 a decisão que deixar de apreciar questões cujo exame tenha ficado prejudicado em razão da análise anterior de questão subordinante"; "Enunciado n. 13: O art. 489, § 1º, IV, do CPC/2015 não obriga o juiz a enfrentar os fundamentos jurídicos invocados pela parte, quando já tenham sido enfrentados na formação dos precedentes obrigatórios"; "Enunciado n. 40: Incumbe ao recorrente demonstrar que o argumento reputado omitido é capaz de infirmar a conclusão adotada pelo órgão julgador"; "Enunciado n. 42: Não será declarada a nulidade sem que tenha sido demonstrado o efetivo prejuízo por ausência de análise de argumento deduzido pela parte". Do mesmo modo e por idênticas razões, não há como concordar com o Enunciado n. 7 do TJMG ("Considera-se suficientemente fundamentada a decisão em que o juiz se manifesta sobre os argumentos relevantes e pertinentes alegados pelas partes") e com o Enunciado n. 19 da Carta de Tiradentes ("A regra do art. 489, § 1º, IV, do Novo CPC não obriga o juiz a apreciar todos os argumentos invocados pelas partes no processo, mas sim a analisar o núcleo central das questões colocadas em debate e relevantes para a decisão, observado o contraditório e o devido processo legal"). Cláudio Tessari escreveu interessante e crítico trabalho sobre os Enunciados da ENFAM ("As contradições entre os enunciados da Escola Nacional de Formação e Aperfeiçoamento de Magistrados [ENFAM] e os princípios do contraditório e não surpresa previstos no novo CPC", publicado no v. 279 da *Revista de Processo*), que, embora vá além das considerações aqui destacadas, merece ser lido.

30. O n. 4.1 do Capítulo 1 da Parte V do v. 2, t. I, das edições anteriores ao CPC de 2015 deste *Curso* já alcançava a mesma conclusão, fazendo um paralelo com a Súmula 211 do STJ, salientando que "... a jurisprudência do

O § 2º do art. 489, que também se volta especificamente ao tema, vai além quanto à *qualidade* da fundamentação exigida pelo Código de Processo Civil às decisões em geral, impondo que a decisão indique os critérios de ponderação que foram empregados pelo magistrado para solucionar eventual conflito entre normas jurídicas, o que se harmoniza com o art. 8º e também com o art. 140. Em sendo o caso, os critérios de ponderação impostos pelos arts. 20 a 24 da Lei de Introdução às Normas do Direito Brasileiro, acrescentados pela Lei n. 13.655/2018, e regulamentados pelo Decreto n. 9.830/2019, devem também ser levados em conta pelo magistrado. A negativa, em qualquer um desses casos, é omissão justificadora de embargos de declaração.

2.3.2 Interpretação

O § 3º do art. 489, que não encontra similar expresso no CPC de 1973, impõe o dever de a decisão judicial ser interpretada de boa-fé a partir de todos os seus elementos.

Trata-se de regra correlata à exigência que o § 2º do art. 322 impõe com relação à interpretação do pedido formulado pelo autor na petição inicial e que também alcança o pedido formulado pelo réu em sua contestação ao reconvir.

A regra também permite a compreensão de que o dispositivo merece ser interpretado à luz do que consta dos demais *elementos* da sentença, o relatório e a fundamentação, e não considerado isoladamente, do ponto de vista formal e estático. É regra que busca auxiliar a intelecção da decisão levando em consideração tudo o que consta em termos informativos da própria sentença.

De resto, não deve prevalecer nenhum exagero formalista na compreensão do alcance do que foi decidido, muito menos pretendendo isolar as informações características de cada um dos elementos essenciais da sentença. A preocupação, longe de ser meramente teórica, tem tudo para dar ensejo a importantes questões práticas, tal qual a ventilada pelo n. 2.3.1, *supra*.

2.3.3 Outros elementos da sentença

Não obstante o disposto no art. 489, há outros elementos que a sentença deve possuir sob pena de comprometer a sua existência jurídica, a sua validade e, consequentemente, a sua eficácia, isto é, a aptidão de produzir os seus regulares efeitos.

Aplica-se a elas, como, de resto, a qualquer outro pronunciamento judicial (despachos ou decisões), o disposto no art. 205: as sentenças devem ser redigidas, assinadas e datadas pelos magistrados que a proferem. Quando ditadas em audiência (art. 366), elas serão redu-

Superior Tribunal de Justiça, cristalizada na Súmula 211, admite a apresentação de embargos de declaração (art. 535, II) para suprir omissão relativa ao não enfrentamento *e* resolução de questão fundamental (essencial) para o deslinde do processo. Importante o enfrentamento explícito de todas as questões trazidas pelos sujeitos do processo, ademais, porque o magistrado não fica vinculado à fundamentação jurídica trazida pelas partes ao longo da fase postulatória. Pode o juiz valer-se de norma jurídica não ventilada até então nos autos para dar solução à controvérsia. É este o alcance que tem o brocardo *jura novit curia*".

zidas a termo pelo auxiliar competente, a ser assinado pelo magistrado, advogados, membro do Ministério Público e pelo escrivão ou chefe de secretaria (art. 367, *caput* e § 2º)[31].

Uma vez que a sentença seja *materialmente* existente, ela deve ser tornada pública, imposição decorrente do modelo constitucional de direito processual civil. Quando proferida em audiência, a sua publicidade é instantânea. Na exata medida em que é proferida, ela se torna pública. Quando a sentença for proferida fora de audiência, impõe-se que ela seja registrada e juntada aos autos (em papel ou eletrônicos), condição suficiente para a sua indispensável publicidade. É importante não confundir esse ato com a da *intimação* dos procuradores para início do prazo para apresentação de recursos à sentença. Para essa hipótese, volta-se o *caput* do art. 1.003 quando a sentença não é proferida na própria audiência de instrução e julgamento, e, quando o é, a disciplina da intimação é dada pelo § 1º do mesmo dispositivo.

Além dos elementos *estruturais* ou *intrínsecos* da sentença até aqui tratados, contudo, a doutrina indica outros, relativos à "inteligência do ato"[32], que também desempenham papel fundamental para a validade e eficácia daquele ato processual.

Toda sentença deverá ser *clara*. Por sentença *clara* deve ser entendida a ausência de ambiguidade ou equivocidade na sentença, não devendo haver espaço para qualquer forma de dúvida ou hesitação para verificar o que foi e o que não foi decidido, sobre seus efeitos e seu alcance, tanto no aspecto *subjetivo* como no *objetivo*. Eventuais obscuridades podem ser sanadas pelo recurso de embargos de declaração (art. 1.022, I).

A sentença deve ser *precisa*, o que decorre do art. 490, que exige que ela acolha ou rejeite, no todo ou em parte, os pedidos formulados pelas partes. Como o pedido deve ser, em regra, *certo e determinado* (arts. 322 e 324), não haveria como admitir que a sentença (que é a resposta jurisdicional ao pedido do autor) deixasse de observar, necessariamente, aquela mesma exigência. Daí a ideia de que a sentença, para ser precisa, deve conformar-se aos *limites* (quantitativos e qualitativos) dos pedidos do autor e, se for o caso, do réu.

A sentença, por fim, deve ser *completa*. Ela, como resposta ao(s) pedido(s) de tutela jurisdicional, deve enfrentar cada um dos pedidos que tiverem sido formulados, pelo autor e/ou pelo réu, hipótese que ganha maior interesse quando a lei permite a cumulação de pedidos desde a própria petição inicial ou ao longo do processo. Para conceder ou para negar, todos os pedidos formulados precisarão ser analisados e enfrentados pelo magistrado. Para sanar eventual *omissão* daí decorrente, também cabe o recurso de embargos de declaração (art. 1.022, II).

2.3.4 Ausência de elementos

O objeto de regramento do art. 489 são os elementos da sentença, assim entendidos os que devem estar sempre presentes para sua existência jurídica, validade e eficácia. Daí ser

31. De acordo com o § 2º do art. 367, as partes só assinam o termo quando houver ato de disposição sem que os advogados tenham poderes para tanto.

32. Expressão empregada por Moacyr Amaral Santos em suas *Primeiras linhas de direito processual civil*, v. III, p. 21.

correto entender que na ausência de algum elemento do art. 489 a sentença é *nula*, podendo ser declarada como tal, inclusive de ofício, até a segunda instância.

Justamente por seu caráter de essencialidade, são cabíveis embargos de declaração para suprir omissão de sentença consistente na não observância do art. 489 (art. 1.022, II). Superada a fase dos declaratórios e do julgamento de eventuais outros recursos, o trânsito em julgado de sentença, proferida sem observância das exigências feitas pelo art. 489, enseja a "ação rescisória" fundada no inciso V do art. 966.

Se a falta for de algum dos outros elementos relativos à *documentação* da sentença como ato processual, a ausência pode ser suprida de ofício pelo próprio magistrado, a pedido de uma das partes (ou, até mesmo, por ato do escrivão), como admite o inciso I do art. 494.

Em se tratando de elemento que diga respeito à *inteligência* da sentença, o caso reclama a apresentação dos recursos cabíveis, a começar pelos embargos de declaração pelos fundamentos dos incisos e dos parágrafos do art. 1.022.

2.4 Capítulos da sentença

Nem sempre a sentença resolverá um só pedido formulado por um só autor em face de um só réu e, mesmo em casos como estes, nem sempre haverá uma só *questão* a ser por ela decidida. Pode acontecer que o autor tenha formulado mais de um pedido em face de um mesmo réu; que vários autores tenham formulado diversos pedidos em face de um ou mais de um réu; que, por iniciativa do réu, outros pedidos tenham sido formulados valendo-se do mesmo processo (reconvenção e denunciação da lide, por exemplo). Mesmo em processos que não possuam objeto composto ou complexo, entretanto, não há como negar que o magistrado deverá enfrentar, sempre, outras questões que decorrem do próprio julgamento, como, por exemplo, a responsabilização pelas verbas de sucumbência. Em todos estes casos, a sentença deverá resolver *todas* as questões ou pedidos que foram suscitados, sob pena de ser omissa.

A teoria dos chamados "capítulos da sentença" tem o condão de viabilizar uma mais adequada e completa compreensão da sentença e de todos os julgamentos que nela deverão ser feitos pelo magistrado, permitindo distinguir, com maior objetividade, continente (sentença) do conteúdo (o que nela é decidido)[33].

Os capítulos da sentença correspondem às "partes em que ideologicamente se decompõe o decisório de uma sentença ou acórdão, cada uma delas contendo o julgamento de uma prestação distinta"[34].

33. Na doutrina brasileira, cumpre dar destaque ao pioneirismo na divulgação da teoria por Cândido Rangel Dinamarco em seu livro *Capítulos de sentença*.

34. Cândido Rangel Dinamarco, *Instituições de direito processual civil*, v. 3, p. 237.

É importante que a sentença analise as diferentes pretensões e os seus respectivos desdobramentos, indicando *individualmente* (inclusive na parte dispositiva) os resultados de cada operação lógica que o magistrado tenha desenvolvido. Mais do que técnica de racionalização de proferimento da sentença, a análise *compartimentada* de cada pretensão, de cada questão ou de cada desdobramento das diversas questões que devem ser resolvidas, indicando-os precisamente, é fundamental para se verificar o real alcance da sentença, seus efeitos, o que estará, ou não, acobertado pela chamada coisa julgada material e, bem assim, possibilitar a constatação do que, a final, foi concedido e negado pelo magistrado, até mesmo para fins de verificação de interesse recursal. Idealmente falando, embora a sentença seja, em qualquer caso, uma só do ponto de vista formal, é como se para cada questão resolvida pelo magistrado houvesse uma "parte" (um *capítulo*) própria, distinta da outra.

A existência de diversos capítulos *decididos* na sentença, contudo, não afeta o cabimento do recurso de apelação contra ela dirigida[35]. É dizer: independentemente da matéria contida em cada um desses capítulos da sentença, o recurso cabível contra ela é, sempre e em qualquer caso, o de apelação.

2.5 Correlação entre pedido e sentença

Em diversos dispositivos, o Código de Processo Civil faz uso de princípios basilares do direito processual civil, relacionados, inclusive, com o modelo constitucional, que podem ser resumidos no da vinculação da sentença ao pedido e à causa de pedir. A sentença não pode desviar-se do que foi pedido pelo autor e, havendo reconvenção, pelo réu nem na perspectiva *objetiva*, nem na *subjetiva*; nem na *qualidade*, nem na *quantidade* do que pedido.

O art. 490 é expresso nesse sentido: a sentença deve ser congruente ao(s) pedido(s) formulado(s) pelas partes, isto é, levando em conta não só o(s) pedido(s) formulado(s) na petição inicial, mas também na contestação, se o réu reconvier[36].

O art. 492, de seu turno, veda ao magistrado o proferimento de sentença além ou fora do pedido das partes (também levada em conta a ressalva da nota), tanto no que diz respeito aos aspectos qualitativos do que foi pedido quanto nos quantitativos.

Assim, por exemplo, se o autor, RC, formula pedido para que o réu, WQS, pague dívida no valor de R$ 682.003,00, o magistrado, enfrentando o mérito, só poderá condenar ou deixar de condenar o réu, WQS, no pagamento da totalidade da dívida ou de parte dela. É-

35. De forma restritiva é o que se colhe do § 3º do art. 1.009 e do § 5º do art. 1.013.

36. Como o CPC de 2015 trata a denunciação da lide como uma nova e distinta ação do autor e/ou do réu, os dispositivos estudados se limitam a se referir aos pedidos do autor e à reconvenção, dando por subentendido que eles também alcançam a denunciação da lide e o incidente de desconsideração da personalidade jurídica. Embora por fundamentação diversa, exposta por este *Curso* no n. 4.4 do Capítulo 3 da Parte II de seu v. 1, a diretriz é correta e deve ser observada. Também naqueles casos, há limitação objetiva (quantitativa e qualitativa) e subjetiva a ser observada.

-lhe vedado que apenas *declare* a existência da dívida em favor de RC (variação quanto à *natureza* do pedido e da sentença); que determine pagamento que supere os R$ 682.003,00 (ressalvados os acréscimos decorrentes da própria lei, tais como juros moratórios e correção monetária) ou que, em vez de impor o pagamento (*condenar* a *pagar, na linguagem comum*), determine que o autor, RC, fique, *como pagamento*, com um imóvel que pertence ao réu, WQS, de valor equivalente ao da dívida.

É certo, contudo, que, no atual estágio da ciência processual civil, cada caso concreto pode, à luz de suas próprias vicissitudes, comportar alguns temperamentos em relação à rigidez da afirmação constante dos parágrafos anteriores. Isso porque, na linha proposta pelo n. 4.5 do Capítulo 5 da Parte I do v. 1 deste *Curso*, é bastante tênue a distinção entre a "natureza" de algumas sentenças quando classificadas pelos *efeitos* da tutela jurisdicional nela veiculada, para empregar a nomenclatura adotada pelo *caput* do art. 492[37].

A mesma diretriz deve ser observada nos casos em que a própria lei permite que a sentença conceda "objeto diverso do demandado", ainda para aplicar a nomenclatura do *caput* do art. 492, como se verifica, por exemplo, quando o magistrado, verificando a impossibilidade da concessão de "tutela *específica*", impõe ao réu a responsabilidade pelas perdas e danos correspondentes, isto é, concede, em favor do autor, "tutela *genérica*", forte no que lhe permite expressamente o *caput* do art. 497.

Também não agride o dispositivo em análise a permissão *legal* de a sentença conceder pedido não formulado pelo autor. Assim, por exemplo, nos casos de prestações periódicas (art. 323), inclusão de correção monetária (art. 1º da Lei n. 6.899/81) e juros de mora (art. 322, § 1º). Também não viola o *caput* do art. 492 a sentença que impõe ao réu, sucumbente, a responsabilização pelo pagamento das verbas de sucumbência (art. 85), independentemente de pedido do autor. Em todos esses casos, a concessão daquelas verbas é medida imposta pela própria lei e, como tal, não pode deixar de constar da sentença. São exemplos de *efeitos anexos*, estudados pelo n. 2.9, *infra*.

Embora o *caput* do art. 492 trate de *pedido*, é importante destacar que também viola seu princípio norteador a sentença que se vale de *causa de pedir* estranha à formulada pelo autor (art. 319, III) ou que considere no julgamento *defesa* do réu ("causa de resistir") sobre a qual a *lei* exija sua iniciativa. Assim, a sentença deverá levar em conta não só os fatos *constitutivos* do direito do autor, mas também os fatos *modificativos*, *impeditivos* e *extintivos* trazidos pelo réu na exata medida em que alegados (e provados) pelas partes, salvo quando há autorização para atuação oficiosa do magistrado (art. 141)[38]. Nesse caso, a pressuposição é que as partes (e eventuais terceiros) tenham tido possibilidade de se pronunciar previamente sobre eles.

37. Bem ilustra a afirmação o quanto decidido pela 3ª Turma do STJ no REsp 1.286.144/MG, rel. Min. Paulo de Tarso Sanseverino, j.un. 7-3-2013, *DJe* 1º-4-2013.

38. Embora polêmica a questão, o art. 493 excepciona essas conclusões quando houver fatos *supervenientes* que possam ser apreciados de ofício. É assunto tratado no n. 2.6, *infra*.

Também contraria o *caput* do art. 492 a sentença que levar em conta quem não é *parte* no processo ou que nele não interveio a título algum.

2.5.1 Pedido certo e sentença ilíquida

O art. 491 inova em relação ao CPC de 1973, aprimorando iniciativa do Anteprojeto[39], ao tratar expressamente da hipótese *oposta* àquela que era regulada pelo parágrafo único do art. 459 do CPC de 1973[40], aproximando-se, para generalizá-la, da hipótese que era objeto do § 3º do art. 475-A do CPC de 1973, voltada exclusivamente ao procedimento *sumário*[41].

A regra veda o proferimento de sentença *ilíquida*, ainda quando tenha sido formulado pedido genérico (art. 491, *caput*), ressalvadas as hipóteses indicadas em seus incisos. É diretriz que este *Curso* sempre sustentou ser a mais correta como forma de atingir maior eficiência processual, impondo às partes desde logo que produzam a prova não só relativa ao *an debeatur* (a definição do direito merecedor da tutela jurisdicional; literalmente, "o que é devido"), mas também o *quantum debeatur* (a expressão monetária, o valor, daquele mesmo direito; literalmente, o "quanto é devido")[42].

A regra não atrita com a do art. 490 e, menos ainda, com o princípio da vinculação do juiz ao pedido. Trata-se, bem diferentemente, apenas de viabilizar maior eficiência da etapa cognitiva do processo para evitar, quando possível, a necessidade de desenvolvimento de outra etapa, a de liquidação. Nesse sentido, o art. 491 quer *antecipar* a discussão relativa ao *quantum debeatur*, já *embutido* no pedido formulado pelo autor e não se desviar dele. Por isso, sua total harmonia com o precitado princípio.

As exceções são as previstas nos incisos I e II do art. 491, quais sejam: quando não for possível determinar, de modo definitivo, o montante devido[43], e quando a apuração do valor

39. A referência é feita ao art. 473 do Anteprojeto, assim redigido: "Na ação que tenha por objeto o cumprimento de obrigação de pagar quantia certa, ainda que formulado pedido genérico, a sentença definirá desde logo a extensão da obrigação, salvo quando: I – não for possível determinar, de modo definitivo, o montante devido; II – a apuração do valor devido depender da produção de prova de realização demorada ou excessivamente dispendiosa do valor devido por liquidação".

40. Que tinha a seguinte redação: "Quando o autor tiver formulado pedido certo, é vedado ao juiz proferir sentença ilíquida". A regra era entendida como instituída em favor pelo autor, pelo que só ele poderia questionar sua eventual inobservância em sede recursal. Nesse sentido, a Súmula 318 do STJ, cujo enunciado é o seguinte: "Formulado pedido certo e determinado, somente o autor tem interesse recursal em arguir o vício da sentença ilíquida".

41. Cuja redação era a seguinte: "Nos processos sob procedimento comum sumário, referidos no at. 275, inciso II, alíneas 'd' e 'e' desta Lei, é defesa a sentença ilíquida, cumprindo ao juiz, se for o caso, fixar de plano, a seu prudente critério, o valor devido".

42. V. o n. 6.2 do Capítulo 1 da Parte V do v. 2, t. I, das edições anteriores ao CPC de 2015 deste *Curso*, com ampla fundamentação em diversos julgados do STJ naquele mesmo sentido.

43. A hipótese dialoga com o inciso II do § 1º do art. 324, que permite excepcionalmente a formulação de pedido genérico "quando não for possível determinar, desde logo, as consequências do ato ou do fato".

devido depender da produção de prova de realização demorada ou excessivamente dispendiosa, assim reconhecida na sentença.

Em ambas as hipóteses, a opção feita pelo legislador é justificável inclusive em termos de resguardar a *eficiência* processual. A necessidade de o magistrado explicar, na decisão, por que não indica, desde logo, o valor devido é exigência correta e cuja adoção deve ser incentivada. Nesses casos, a quantificação da obrigação imporá a realização da etapa de liquidação disciplinada pelos arts. 509 a 512, sobre o que é expresso o (didático) § 1º do art. 491.

O princípio da eficiência processual autoriza o entendimento de que eventual pedido genérico (art. 324, § 1º) não conduz necessária e inexoravelmente àquela etapa, destinada à pesquisa do valor devido. Também nesses casos, a eficiência processual autoriza que seja *antecipada* para a etapa de conhecimento a discussão relativa ao *quantum debeatur* na medida em que ela possa ser realizada sem prejuízo a nenhuma das partes e a eventuais terceiros intervenientes.

Além do proferimento preferencial de julgamento líquido, o *caput* do art. 491 impõe ao magistrado que a decisão defina desde logo a extensão da obrigação, o índice de correção monetária, a taxa de juros, o termo inicial de ambos e, se for o caso, a periodicidade da capitalização dos juros. São elementos que deverão estar espelhados na memória de cálculo que o exequente, no início da etapa de cumprimento de sentença, fará uso necessariamente (art. 524), viabilizando seu questionamento pelo executado ao ensejo da impugnação (art. 525, § 1º, V, e §§ 4º e 5º).

O § 2º do art. 491 determina que o disposto no *caput* seja observado também quando o acórdão alterar a sentença. Não deixa de ser mais uma aplicação das hipóteses em que o Tribunal, em sede de recurso, pode ir além da decisão recorrida – sempre com o fito de tornar mais eficiente o processo – e, nesse contexto, harmoniza-se com o disposto no § 3º do art. 1.013. A regra quer evitar que os autos voltem à primeira instância para a indicação dos elementos exigidos no *caput* quando ao Tribunal isso for possível de ser feito de imediato. Pode ocorrer, contudo, que faltem aqueles elementos ou a sua consideração tenha o condão de suprimir a ampla discussão sobre sua incidência em dois graus de jurisdição. Nesse caso, a interpretação mais harmônica com o modelo constitucional do direito processual civil é a de recusar a aplicação da regra, limitando-se o Tribunal a cassar a sentença, mandando a instância inferior proferir outra sem cometer o mesmo *error in procedendo*.

2.5.2 Sentença e relação jurídica condicional

A sentença deve ser sempre certa, além de determinada a exemplo do que os *capi* dos arts. 322 e 324 exigem para o pedido (inclusive quando assume as vestes de reconvenção).

O parágrafo único do art. 492, quando expressamente admite o proferimento de sentença que decida relação jurídica condicional, *não* excepciona aquela regra. Não se trata, aqui, de admissão do proferimento de *sentença condicional*. Muito pelo contrário. O que o parágrafo único do art. 492 prevê é a possibilidade de a sentença decidir e resolver *relação jurídica de direito material condicional* que, nos termos do art. 121 do Código Civil, é aquela cujos efeitos dependem da ocorrência de evento futuro e incerto.

Assim, atendendo a essa peculiaridade de *direito material*, é possível o proferimento de sentença que, não obstante relativa a relação *condicional*, seja *certa*. Não se trata, destarte, de sentença que dependa, ela mesma, de *condição* para surtir seus efeitos, o que é vedado. É a relação jurídica de direito material por ela decidida e julgada (reconhecida, portanto) que depende, por sua própria característica, da ocorrência de evento futuro e incerto. Entendimento diverso seria violar o art. 140 e a própria *ratio* da atuação jurisdicional, de eliminação de incertezas. A sentença, em si mesma, é certa quanto à existência da relação jurídica e quanto à circunstância de que se trata de relação jurídica condicional, que deverá descrever com a maior precisão possível.

Complementa o dispositivo em tela o art. 514, que exige a demonstração da ocorrência da condição para dar início à etapa executiva quando o título executivo respectivo disser respeito a relação jurídica condicional como a aqui destacada.

2.5.3 Vícios decorrentes da falta de correlação

Quando a sentença vai além do pedido, isto é, quando a sentença dá ao autor (ou ao réu, em reconvenção) mais do que pediu, quantitativa ou qualitativamente, é ela *ultra petita*. A sentença que concede ao autor (ou ao réu, em reconvenção) providência não pleiteada (de natureza ou objeto diverso do requerido) é *extra petita*[44]. Trata-se, nesse caso, de dar ao autor coisa *diversa* da que pediu ou, até mesmo, de julgar pedido diverso daquele trazido ao Estado-juiz pelo autor. Quando a sentença deixa de apreciar algum pedido formulado pelo autor, inclusive um dos pedidos *cumulados* ou parcela de pedido, é ela *infra* ou *citra petita*.

Todos esses casos são de nulidades, que, se não corrigidos no processo em curso, justificam seu contraste por "ação rescisória" (art. 966, V). Durante o processo, é possível a correção daqueles vícios por embargos de declaração (art. 1.022), que, reconhecido o vício, terão, inegavelmente, efeitos modificativos (art. 494, II). Ultrapassada a oportunidade de apresentação dos declaratórios, o vício é passível de correção por recurso de apelação ou, até mesmo, por recurso extraordinário e/ou especial.

Nos casos de *excesso* de sentença, isto é, de julgamentos *ultra* ou *extra petita*, sua correção significará, na medida do possível, e desde que isso não acarrete supressão de instância, a *redução* ao que e por que foi pedido pelas partes que participaram do contraditório. No caso de julgamento *infra* ou *citra petita*, a correção poderá ser efetivada pela *complementação* do

44. Assim, por exemplo, quando, a despeito da inexistência de pedido, o magistrado extingue relação contratual em sede de busca e apreensão de bem alienado fiduciariamente. Nesse sentido: STJ, 3ª Turma, REsp 1.779.751/DF, rel. Min. Ricardo Villas Bôas Cueva, j.un. 16-6-2020, *DJe* 19-6-2020.

julgado, desde que haja condições para tanto (prova produzida em contraditório). Ambas as hipóteses estão previstas nos incisos II e III do § 3º do art. 1.013, respectivamente.

Não há qualquer vício na sentença que acolhe, em parte, o pedido do autor (ou a reconvenção), rejeitando outra parte ou outro pedido. Uma tal sentença (e, mais amplamente, uma tal decisão) não deve ser considerada *infra petita* no sentido acima destacado. Embora ela fique *aquém* daquilo que foi pedido, a hipótese não é de nulidade, não havendo nenhum tipo de vício no julgamento. O caso, bem diferentemente, é de procedência *parcial* do pedido, de prestação parcial da tutela jurisdicional pedida, sujeitando as partes interessadas na obtenção do que lhes foi negado pela sentença a interporem os recursos cabíveis[45].

Cabe destacar que a ocorrência de decisão *extra* ou *ultra petita* no sentido discutido neste número pressupõe que o direito material imponha iniciativa da parte para formular, ao Estado-juiz, pedido de tutela jurisdicional, em situações em que prevalece, portanto, o "princípio dispositivo". Sempre que o plano material autorizar a atuação de ofício do magistrado ("princípio inquisitório"), os defeitos apontados devem ser afastados. O que se deve observar, em tais casos, é a prévia observância do *contraditório* para permitir que os sujeitos do processo se manifestem sobre a matéria, evitando o proferimento de decisões "surpresa" que levem em conta no julgamento questões *estranhas* ou *novas* ao debate ocorrido no processo até aquele instante. Decisão proferida ao arrepio dos princípios constitucionais destacados incide em *error in procedendo*, merecendo ser invalidada por infração aos arts. 6º e 10 e não por violação ao art. 460[46].

2.6 Fatos (e direito) novos

O art. 493 agasalha a diretriz de que a sentença deve refletir o estado de fato (e também de direito) vigente no momento do *julgamento* e não no início do processo, quando da elaboração e proferimento de juízo positivo de admissibilidade à petição inicial. Daí admitir expressamente que *novos* fatos podem (e *devem*, consoante a hipótese) ser levados em conta pelo magistrado quando do proferimento da sentença para que ela reflita o estado *atual* do conflito existente entre as partes.

A regra não trata da ocorrência de *quaisquer* fatos após o início do processo, mas, apenas e tão somente, dos fatos *relevantes* ao julgamento.

---

45. O substrato fático da hipótese ventilada no texto é o clássico para a interposição do chamado "recurso adesivo" nos moldes dos §§ 1º e 2º do art. 997.

46. Para a discussão, distinguindo os limites de atuação do magistrado desde o plano material, v. a decisão que a 4ª Turma do STJ proferiu no REsp 864.699/RS, rel. Min. João Otávio de Noronha, j.un. 19-6-2008, *DJe* 30-6-2008, com a honrosa citação da 1ª edição do v. 2, t. I, deste *Curso*. A diretriz daquele julgado acabou sendo agasalhada pela Súmula 381 daquele mesmo Tribunal, cujo enunciado é o seguinte: "Nos contratos bancários, é vedado ao julgador conhecer, de ofício, da abusividade das cláusulas".

Os fatos *novos* de que trata o art. 493 só podem ser entendidos como os que ocorrem *depois* do início do processo (art. 312) ou, quando menos, que eram desconhecidos das partes, embora tenham ocorrido antes. A regra não alcança fatos que, ocorridos anteriormente ao início do processo, não foram oportunamente arguidos pelo autor ou pelo réu. O dispositivo, dessa forma, não *excepciona* e não *desconsidera* eventuais preclusões já consumadas em desfavor do autor ou do réu em virtude da não alegação (e produção da prova correspondente) de fato pretérito, preexistente e do qual tivessem conhecimento. Aquele que alega o fato novo para os fins do art. 493, destarte, tem o ônus de provar sua *novidade*.

A admissibilidade da atuação oficiosa do magistrado para os fatos supervenientes deve ser entendida de acordo com o sistema processual civil. Somente quando houver autorização legal de sua atuação *sem* provocação das partes é que o "fato novo" poderá (deverá) ser levado em conta quando do proferimento da sentença. Não quando a iniciativa das partes for necessária para tal finalidade. Aplica-se, para o art. 493, dessa forma, o disposto no art. 141.

Em todos os casos, independentemente de quem tenha tomado a iniciativa de trazer o "fato novo" para o processo, o princípio do contraditório deverá ser respeitado, ouvindo-se a parte contrária sobre ele, inclusive no que diz respeito a sua "novidade" e consideração oportuna no processo. Considerando que o referido princípio deve reger a atividade do magistrado em relação a *ambas* as partes, é correto o entendimento segundo o qual as partes deverão ser *previamente* ouvidas acerca de fato (ou direito) novo quando invocado oficiosamente pelo magistrado. O entendimento, que sempre foi defendido por este *Curso*[47], está estampado expressamente no parágrafo único do art. 493, assim redigido: "Se constatar de ofício o fato novo, o juiz ouvirá as partes sobre ele antes de decidir".

É imperioso, de qualquer sorte ir além: o contraditório deve ser estabelecido *também* quando o fato novo é trazido ao processo por uma das partes, que deve ser ouvida a respeito não apenas de sua real novidade, mas também, acerca das consequências pretendidas por aquele que o traz para o processo.

2.6.1 Fato novo e autor

Os novos fatos constitutivos de seu direito possíveis de serem trazidos ao processo pelo autor (art. 493, *caput*) não podem ter o condão de alterar a causa de pedir, ao menos após a "estabilização da demanda", que decorre do art. 329, isto é, quando esses fatos novos forem trazidos após a citação do réu, *sem* o seu prévio consentimento ou, ainda que com sua concordância, após o saneamento do processo.

A clara diretriz do art. 329, máxime quando levadas em consideração as diversas discussões ocorridas a respeito da viabilidade ou não de alterações flexíveis de causa de pedir e de pedido

47. V. o n. 7 do Capítulo 1 da Parte V do v. 2, t. I, das edições anteriores ao CPC de 2015 deste *Curso*.

ao longo do processo, tal qual propunha o Anteprojeto de novo Código de Processo Civil[48], deve conduzir ao afastamento do abrandamento daquela regra, ainda quando invocado o princípio da eficiência, como faziam as edições anteriores ao CPC de 2015 deste *Curso*[49].

Destarte, os novos fatos constitutivos do direito do autor a que se refere o *caput* do art. 493 são aqueles que não têm aptidão para alterar a causa de pedir, mas, apenas e tão somente, para prová-la, confirmá-la ou delimitá-la, verdadeiros fatos *simples*, portanto. Assim, para exemplificar, o que o *caput* do art. 493 autoriza é que, vencida dívida, no curso do processo, não há como negar ao autor seu interesse de agir que, em rigor, inexistia anteriormente, devendo o magistrado considerar, no momento da sentença, aquele fato para aquele fim. Idêntico raciocínio merece ser dado à hipótese em que o autor pleiteia a reivindicação da propriedade de um dado bem tendo obtido, ao longo do processo, o registro imobiliário correspondente. Também quando, já iniciado o processo, completa-se o prazo da chamada "prescrição aquisitiva" para aquisição da propriedade por usucapião[50].

O dispositivo não admite, contudo, que se traga ao processo notícia de adultério cometido por um dos cônjuges se o pedido de divórcio toma como base (causa de pedir) a ocorrência de violação a outro dever conjugal.

Trazido o fato novo pelo autor, é imperiosa a oitiva do réu a seu respeito, a despeito de a literalidade do parágrafo único do art. 493 só se referir ao estabelecimento do contraditório quando o fato é constatado de ofício pelo magistrado[51]. Cabe ao réu, nessa oportunidade, manifestar-se não apenas sobre ser o fato *novo* ou não nos moldes destacados acima (sem o que ele não pode ser admitido) e *também* sobre as consequências jurídicas pretendidas pelo autor com sua internação.

---

48. Cujo art. 314, importa recordar, tinha a seguinte redação: "O autor poderá, enquanto não proferida a sentença, aditar ou alterar o pedido e a causa de pedir, desde que o faça de boa-fé e que não importe em prejuízo ao réu, assegurado o contraditório mediante a possibilidade de manifestação deste no prazo mínimo de quinze dias, facultada a produção de prova suplementar".

49. Para a defesa do entendimento contrário, v. o n. 7.1 do Capítulo 1 da Parte V do v. 2, t. I, deste *Curso* nas edições anteriores ao CPC de 2015, cuja conclusão era a seguinte: "O *autor* pode trazer ao magistrado fatos *constitutivos* do direito alegado que tenham ocorrido *após* o início do processo. Não há como deixar de admitir, portanto, que o *caput* do art. 462 *tempera* a rigidez do princípio da 'estabilização da demanda', decorrente dos arts. 264 e 294 (v. n. 14 do Capítulo 1 da Parte III), e, nesse sentido, afina-se ao princípio da *economia e da eficiência processuais (v. n. 15 do Capítulo 1 da Parte II do v. 1)*, já que torna desnecessária uma renovada iniciativa do autor em um novo e distinto processo para discutir questão que, embora superveniente, pode ser colocada para debate no processo já em curso. Até porque, mesmo a *coisa julgada material* não impediria que o autor discutisse em *novo e futuro* processo fato *constitutivo* diverso do que qualifica a causa de pedir já levada a exame perante o Estado-juiz porque, de acordo com o art. 468, a coisa julgada limita-se, *na perspectiva do direito do autor*, às questões por ele levadas a juízo (v. n. 4 do Capítulo 2)".

50. Nesse sentido: STJ, 3ª Turma, REsp 1.720.288/RS, rel. Min. Nancy Andrighi, j.un. 26-5-2020, *DJe* 29-5-2020.

51. Quanto à indispensabilidade do contraditório acerca da *novidade* do fato e de suas consequências, já era expressa a opinião do n. 7.1 do Capítulo 1 da Parte V do v. 2, t. I, das edições anteriores ao CPC de 2015 deste *Curso*.

2.6.2 Fato novo e réu

Também o réu pode tomar a iniciativa de alegar (e provar) fatos *novos*, ocorridos depois da apresentação de sua defesa, temperando, assim, o princípio da *eventualidade* (art. 336). Afinado com o inciso I do art. 342, o *caput* do art. 493 admite que o réu traga à consideração do juízo fatos *modificativos ou extintivos* do direito do autor que ocorreram posteriormente à apresentação de sua contestação e que são *relevantes* para o deslinde da controvérsia. A lei nada dispõe, a essa altura, acerca dos fatos *impeditivos* que poderiam ser alegados pelo réu. Certamente porque não há como conceber, por definição, fatos *impeditivos* (a *anulabilidade* ou *nulidade* do negócio jurídico, por exemplo), que não sejam *anteriores* ou *contemporâneos* à formação do negócio jurídico levado a juízo e que, por isso mesmo, de pleno conhecimento do réu.

Confirma-se, desse ângulo de análise da questão, que os fatos *novos* que poderão influenciar o julgamento da causa nos termos do *caput* do art. 493 são os *ocorridos depois* do início do processo e não aqueles ocorridos *antes* e que as partes, por um ou outro motivo, deixaram de alegar tempestivamente.

Também nesse caso, é imperioso que o autor seja ouvido a respeito do fato (sobre sua novidade e sobre as consequências pretendidas pelo réu), a despeito da restrição decorrente da literalidade do parágrafo único do art. 493.

2.6.3 Direito novo

Não só os *fatos* ocorridos *após* o início do processo, mas também *nova* norma jurídica, de qualquer escalão que, de alguma forma, tenha aptidão para influenciar o julgamento *devem* ser levados em conta quando do proferimento da sentença. Levando em conta a sistemática decorrente dos arts. 926 e 927, é correto entender nesse mesmo contexto o surgimento *após* o início do processo de algum indexador jurisprudencial cujo teor terá o condão e influenciar o resultado do processo. Não há como negar, para tais hipóteses, a atuação oficiosa do julgador, sempre respeitado o prévio contraditório com as partes a respeito da aplicabilidade da norma ou do indexador jurisprudencial no caso concreto, no que é claro o parágrafo único do art. 493.

A respeito do tema, importa atentar à proteção constitucional do ato jurídico perfeito e do direito adquirido (art. 5º, XXXVI, da CF) para, conforme o caso, afastar a incidência da nova norma jurídica.

2.6.4 Aplicação do art. 493 no âmbito dos Tribunais

O art. 493 tem aplicação irrestrita no âmbito da primeira e da segunda instâncias. Os Tribunais de Justiça e os Tribunais Regionais Federais deverão levar em conta *fato* ou *direito* novo que têm aptidão para influenciar o julgamento do pedido (ou pedidos) de tutela jurisdicional. Não necessariamente, entretanto, em sede de recurso *extraordinário* e *especial*, considerando o estreito âmbito de *devolutividade* que caracteriza aqueles recursos tais e que decorre da exigência constitucional constante dos arts. 102, III, e 105, III, da Constituição Federal, de que o Supremo Tribunal Federal e o Superior Tribunal de Justiça julguem, tão somente, *causas decididas*.

A viabilidade do acolhimento de tal alegação no âmbito dos Tribunais Superiores dependeria da tentativa de uma das partes alegar o fato ou direito superveniente perante a primeira ou segunda instâncias, mesmo que em sede de embargos declaratórios, e ver negado esse seu direito, que decorre do *caput* do art. 493. Nesses casos, não há como negar a viabilidade de interposição de recurso especial forte na violação àquele dispositivo legal. Seu provimento significará, contudo, a necessária *anulação* do julgamento do Tribunal e a determinação de realização de um *novo* sem que incorra naquele *error in procedendo*.

2.6.5 Art. 493 e sucumbência

Ainda que este *Curso* sustente que a sistemática da responsabilização pelas verbas de sucumbência tenha sido alterada pelo Código de Processo Civil, passando a ser guiada, como regra, pela noção de *sucumbência*, não deixa de reconhecer que há situações excepcionais em que a *causalidade* ainda é decisiva para aquele mesmo fim.

Assim, na exata medida em que o fato ou o direito novo acarretem a perda (superveniente) do objeto, tornando inócua ou desnecessária a prestação da tutela jurisdicional, as verbas de sucumbência devem ser suportadas por quem deu causa ao processo (art. 85, § 10). Nas demais hipóteses, não há como fugir da regra da *sucumbência*, responsabilizando-se aquele que, em virtude do julgamento, ainda que por força do fato ou direito novo acabou sendo derrotado.

2.7 Princípio da invariabilidade da sentença

O art. 494 preserva o "princípio da invariabilidade da sentença pelo juiz que a proferiu"[52]. Segundo o princípio, não pode o magistrado modificar a sentença quando ela tiver sido publicada.

A publicação da sentença pela sua entrega em cartório ou pela juntada aos autos é essencial para que ela adquira *existência jurídica*. Não existem *atos de direito público*, entre eles os atos jurisdicionais – atos significativos do exercício de uma das funções do Estado, a jurisdicional – que não sejam públicos (art. 93, IX, da CF). Enquanto a sentença não for tornada *pública*, pode ser alterada ou modificada pelo magistrado. Desde que o seja, entretanto, é vedado a seu prolator modificá-la, revogá-la ou, mais amplamente, redecidir.

A publicação, destarte, é óbice para que a cognição que levou o magistrado a prolatar a sentença seja retomada ou rediscutida por ele. A *publicação* da sentença significa, por isso

52. É expressão empregada por Moacyr Amaral Santos em *Primeiras linhas de direito processual civil*, 3º v., p. 26.

mesmo, a *estabilização* do quanto decidido. Ela não interfere na prática de outros atos que se seguem à publicação da sentença, relativas à preparação e ao encaminhamento de eventual recurso de apelação dela interposto ou para a sua *liquidação* e *cumprimento*, inclusive *provisório*, isto é, independentemente do trânsito em julgado da sentença[53].

O art. 494 exige tão só a *publicação* da sentença para os fins que regula. Indiferente, destarte, que as partes já tenham sido *intimadas* da sentença. A publicação da sentença na imprensa para fins de intimação das partes (art. 272, *caput*, c/c art. 1.003, *caput*) é ato *posterior* à sua publicação em cartório ou de seu proferimento *e* publicação na própria audiência nos termos dos arts. 366 e 367. Tanto que se proferida a sentença em audiência (e aí *publicada*), as partes dela sairão *intimadas* (art. 1.003, § 1º).

Há duas exceções expressas nos incisos do próprio art. 494 ao quanto escrito: correção de inexatidões materiais ou erros de cálculo e embargos de declaração. Os números seguintes analisam uma e outra.

2.7.1 Inexatidões materiais ou erros de cálculo

De acordo com o inciso I do art. 494, é possível ao magistrado, a despeito da publicação da sentença, corrigir, de ofício ou a requerimento da parte, inexatidões materiais ou erros de cálculo.

A *correção* admitida pela lei não significa e não pode significar rejulgamento, proferimento de *nova* decisão ou, de qualquer forma, um novo repensar ou refletir acerca da controvérsia apresentada para discussão e já *julgada*. Essa possibilidade é vedada ao magistrado. O que é admissível nos termos do inciso I do art. 494 é a *correção* de equívocos cometidos pelo magistrado, significativos da divergência entre a manifestação de vontade expressada ao julgar e o que se lê, material ou documentalmente, na sentença. São atos *involuntários*, *inconscientes* ou, de qualquer forma, não desejados pelo magistrado. Essa "discrepância" entre o que se pensou e o que se expressou ou se exteriorizou é que é passível de correção por intermédio do inciso I do art. 494. Tanto assim que alguns autores chegam a defender o entendimento de que somente o mesmo *juiz (o magistrado)*, e não o *juízo* (o órgão jurisdicional), que proferiu a sentença pode corrigi-la.

Os exemplos são vários: o magistrado faz menção no relatório e na fundamentação (art. 489, I e II, respectivamente) ao autor e ao réu e, na parte dispositiva (art. 489, III), menciona pessoa diversa. O magistrado impõe ao réu o pagamento de determinada soma em dinheiro,

53. A observação que pode parecer desnecessária foi motivo de muita discussão antes da Lei n. 11.232/2005, que também deu nova redação ao *caput* do art. 463 do CPC de 1973 para dele retirar a expressão "cumpre e acaba o seu ofício jurisdicional", que era denotativa da "extinção do processo" diante do exaurimento da cognição do magistrado na primeira instância. O n. 8.1 do Capítulo 1 da Parte V das edições anteriores ao CPC de 2015 do v. 2, t. I, deste *Curso* dedicou-se longamente sobre o assunto e, antes dele, do autor deste *Curso*, seu *A nova etapa da reforma do Código de Processo Civil*, v. 1, p. 27-32.

certa, em função do *caput* do art. 491, mas na parte dispositiva alude a valor totalmente estranho ao que consta do relatório. Rescinde-se contrato de locação de imóvel que não corresponde ao apontado nos autos. Proclama-se resultado incompatível com o conteúdo do acórdão[54].

O erro de cálculo que permite correção nos termos do art. 494, I, deve ser entendido como o mero *erro aritmético*. Critérios de cálculo, inclusão de verbas e quaisquer outras questões que necessitam de reexame de provas, quiçá técnicas, ou de alegações das partes estão excluídos da incidência do dispositivo, bem como discussões jurídicas sobre a adoção de tais critérios. O que se admite corrigir, para os fins do art. 494, I, é, pois, o *erro de conta*, não os *critérios* estabelecidos pelo magistrado para sua elaboração, independentemente de ter havido, ou não, controvérsia anterior a seu respeito. Estes são passíveis de modificação mediante recurso e, desde que não interposto, transitam em julgado, desafiando, consequentemente, sua desconstituição por "ação rescisória" nos casos do art. 966[55].

A correção autorizada pelo inciso I do art. 494 pressupõe que não se trate de um *novo* julgar ou de um *redecidir*. A hipótese de incidência do dispositivo limita-se aos casos em que há discrepância entre o pensamento e sua materialização tornada pública por intermédio da sentença. É muito mais um caso de *reexpressão* do magistrado[56].

2.7.2 Embargos de declaração

O inciso II do art. 494 admite uma segunda exceção ao "princípio da invariabilidade da sentença". A hipótese é a dos embargos de declaração, recurso que encontra suas hipóteses de cabimento indicadas no art. 1.022 e sua disciplina nos arts. 1.023 a 1.026.

Sem prejuízo do exame dos embargos de declaração dentre os demais recursos (art. 994, IV), cabe acentuar, por ora, que a possibilidade de *alteração* da sentença (e, sempre, de *qualquer decisão jurisdicional*) por intermédio daquele recurso é *expressamente* admitida pelo dispositivo aqui examinado. Não há como negar, à luz desse dispositivo, que a correção dos vícios e defeitos que autorizam a oposição dos declaratórios (art. 1.022) pode conduzir à modificação do quanto decidido na exata proporção em que eles existam e que o resultado da correção se manifeste inconciliável com o quanto decidido originariamente (ou não decidido, quando se tratar de embargos de declaração fundados no inciso II do art. 1.022). É correto dizer que os efeitos *modificativos* dos embargos de declaração (expressamente admitidos pelo inciso II do art. 492 e reiterados em contextos diversos pelo § 2º do art. 1.023 e pelo § 4º do art. 1.024) são *consequência* de seu acolhimento e não a *causa* de sua interposição.

---

54. Nesse sentido: STJ, 3ª Turma, REsp 1.685.092/RS, rel. Min. Nancy Andrighi, j.un. 18-2-2020, *DJe* 21-2-2020.
55. Nesse sentido, em sede de Recurso Especial Repetitivo: STJ, CE, REsp 1.143.471/PR, rel. Min. Luiz Fux, j.un. 3.2-2010, *DJe* 22-2-2010.
56. É o que ensinava Moacyr Amaral Santos em suas *Primeiras linhas de direito processual civil*, 3º v., p. 27 e 149.

2.7.3 Embargos de declaração e erros materiais ou de cálculo

Este *Curso* sempre entendeu ser desnecessária a apresentação de embargos de declaração para a correção de erros materiais ou os erros de cálculo (art. 494, I), a não ser que do erro material ou do erro de cálculo apontado decorresse alguma contradição, obscuridade ou omissão (art. 1.022, I e II). Nunca deixou de acentuar também a existência do entendimento de que os embargos de declaração seriam indispensáveis para aquela finalidade[57].

O inciso III do art. 1.022, novidade trazida pelo Código de Processo Civil, ao admitir os embargos de declaração também para "corrigir erro material", não infirma a viabilidade de erros de cálculo ou inexatidões materiais serem corrigidos independentemente daquele recurso. Isso em função do próprio elemento característico daqueles erros e inexatidões. Eles, porque o, são não estão sujeitos à preclusão e nem à coisa julgada, sendo pertinente sua correção a qualquer tempo, mesmo que de ofício (respeitado, nesse caso, o prévio contraditório com os demais sujeitos do processo).

De qualquer sorte, é forçoso reconhecer que a novel previsão do inciso III do art. 1.022 tem o condão de dar maior segurança jurídica às partes e a eventuais terceiros que podem, indubitavelmente, optar por aquele mecanismo recursal para corrigir erros de cálculo e inexatidões materiais (art. 494, I), atraindo a disciplina daquele recurso para a hipótese, inclusive a de interromper o prazo para apresentação de quaisquer recursos interponíveis da decisão enquanto não julgados os embargos de declaração.

2.7.4 Outras hipóteses

Além das hipóteses expressamente previstas nos incisos do *caput* do art. 494, cabe agregar àquele rol outras em que o Código de Processo Civil admite que o magistrado modifique sua sentença ao ensejo da interposição do recurso de apelação pela parte sucumbente.

É o que ocorre nos casos de indeferimento da petição inicial (art. 331), improcedência liminar do pedido (art. 332, § 3º) e, de forma mais genérica, sempre que se tratar de sentença *terminativa*, isto é, sem mérito (art. 485, § 7º). Em todos esses casos, estudados alhures neste volume, é correto identificar o que este *Curso* chama de "efeito *regressivo*" do recurso de apelação a justificar, nos precisos termos do art. 494, a *modificação* da sentença.

2.8 Efeitos principais da sentença

---

57. As referências são ao n. 8.4 do Capítulo 1 da Parte V do v. 2, t. I, das edições anteriores ao CPC de 2015 deste *Curso*.

Este *Curso*, desde a sua 1ª edição, sempre se valeu da expressão "*efeitos* principais da sentença" contrapondo-a a outra, um pouco mais empregada, "efeitos *anexos*" e também a uma terceira, "efeitos *reflexos*". A iniciativa é harmônica com a proposta de classificação da tutela jurisdicional levando em conta seus efeitos, apresentada no Capítulo 5 da Parte I do v. 1. Assim, os "efeitos *principais* da sentença" correspondem, de acordo com o neoconcretismo, aos efeitos da *tutela jurisdicional*: a tutela jurisdicional *executiva* e a *não executiva*.

O que este *Curso* propõe é entender que as sentenças, como quaisquer outras decisões jurisdicionais, *veiculam* tutela jurisdicional que pode *também* ser classificada de acordo com os efeitos que projetam para *fora* do processo, para o plano material, portanto. É o que, com o objetivo confessado de permitir que este *Curso* dialogue livremente com outras obras que se baseiam nas premissas da doutrina tradicional, é usualmente chamado de "sentenças *declaratórias*", "sentenças *constitutivas*", "sentenças *condenatórias*", "sentenças *executivas 'lato sensu'*" e "sentenças *mandamentais*". Na verdade, as sentenças não são declaratórias, nem constitutivas, nem condenatórias, nem executivas *lato sensu* e nem mandamentais. O que ostenta aqueles efeitos – se é que possível sustentar que eles são mesmo cinco e diversos ontologicamente, ao menos na perspectiva *processual*, uns dos outros – é a tutela jurisdicional reconhecida a uma das partes. De qualquer sorte, tanto quanto este *Curso* propõe para o estudo da "ação" e do "processo", nada há de errado em entender cada uma daquelas locuções como verdadeiras *expressões idiomáticas*, cada uma delas recheada de significados e significações construídos ao longo dos tempos, dos usos, dos costumes, da prática e, sobretudo, da falta de senso crítico na sua continua repetição, independentemente da substancial modificação operada no direito positivo brasileiro desde meados dos anos 1990.

Para cá, não há necessidade de enfrentar o que é uma "*sentença* declaratória", uma "*sentença* constitutiva", uma "*sentença* condenatória", uma "*sentença* executiva *lato sensu*" ou uma "*sentença* mandamental", bastando relembrar o que, a seu respeito, expõe o n. 4.5 do Capítulo 5 da Parte I do v. 1. O que importa sublinhar é que as chamadas "sentenças declaratórias" e "sentenças constitutivas", em contraposição às chamadas "sentenças condenatórias", "executivas *lato sensu*" e "mandamentais" prestam, por si sós, independentemente de qualquer atividade jurisdicional complementar a seu proferimento, tutela jurisdicional. Aquelas outras classes, diferentemente, impõem a *necessidade* da atuação jurisdicional toda vez que, por qualquer razão, o *comando* da sentença não for suficientemente observado por seu destinatário no plano material, isto é, quando não houver cumprimento *voluntário* e nem mesmo *espontâneo* da decisão judicial, assim compreendida a atuação livre de qualquer influência externa do réu para o acatamento do quanto decidido pelo Estado-juiz.

Apresentado esse contexto, não há como reconhecer que o tema e seus desdobramentos digam respeito ao exame das "sentenças" propriamente ditas. O que se verifica, bem diferentemente, é que eles se relacionam com a tutela jurisdicional em si mesma considerada e com as diversas *técnicas* de *concretização* desta tutela jurisdicional, a *executiva*, objeto de exame pelo v. 3 deste *Curso*.

Isto, contudo, não impede, muito pelo contrário, que, *por força do direito positivo brasileiro*, em especial o disposto nos arts. 497 a 501, algumas considerações sejam feitas às "sentenças" – em verdade, a seu *conteúdo* –, lá previstas.

A única exceção à ordem estabelecida pelo Código de Processo Civil nesse particular se dá com relação à remessa necessária (art. 496). Não fossem suficientes as severas críticas que o instituto merece quando analisado, como deve ser, na perspectiva do modelo constitucional do direito processual civil, e a sua alocação ao lado da disciplina codificada dedicada à sentença não se justifica a nenhum título. Remessa necessária não é nem *conteúdo* e nem, tampouco, *efeito* da sentença. Trata-se de técnica cuja finalidade é submeter compulsoriamente determinadas sentenças ao Tribunal de Justiça ou ao Tribunal Regional Federal, consoante o caso. É por isso que seu estudo merece ser feito ao ensejo de técnicas similares, de contraste de decisões jurisdicionais *sem* natureza recursal, os chamados "sucedâneos recursais"[58].

2.8.1 Julgamento das ações relativas às prestações de fazer, de não fazer e de entregar coisa

A disciplina dos arts. 497 a 500, pertencente à Seção IV do Capítulo XIII do Título I do Livro I da Parte Especial, intitulada "Do julgamento das ações relativas às prestações de fazer, de não fazer e de entregar coisa", deve ser compreendida genericamente como o *conteúdo* que as sentenças, naqueles casos, podem assumir. A produção concreta dos efeitos daquelas decisões, sua *eficácia*, portanto, é disciplinada no Título II do mesmo Livro I da Parte Especial, dedicado ao *cumprimento* da sentença, tema ao qual se volta o v. 3 deste *Curso*, rente às colocações do número anterior.

As "ações" que intitulam a precitada Seção devem ser entendidas como aqueles casos em que a *tutela jurisdicional* requerida pelo autor diz respeito a prestações de fazer, de não fazer e de entregar coisa. As prestações, por sua vez, são empregadas em sentido amplo para abranger quaisquer deveres de fazer, de não fazer ou de entrega de coisa, independentemente de a sua fonte ser obrigacional ou legal. É o que decorre do § 5º do art. 536, do § 5º do art. 537 e do § 3º do art. 538[59].

---

58. Não obstante tais considerações, é forçoso reconhecer que o art. 496 corresponde a Seção própria, apartada da Seção que lhe é anterior, intitulada "Dos elementos e dos efeitos da sentença".

59. São regras que se relacionam ao entendimento que, em sede de doutrina, já defendia Eduardo Talamini em seu livro *Tutela relativa aos deveres de fazer e de não fazer*, p. 125-167.

É correto entender que o CPC de 2015, diferentemente do que se dava com o CPC de 1973, distinguiu, tendo presentes aquelas modalidades obrigacionais (fazer, não fazer e entregar coisa), o possível *conteúdo* da sentença que acolhe o pedido de tutela jurisdicional da forma de produção de seus *efeitos*. O conteúdo, regulou-o, na parte relativa à sentença, sempre entendida como sinônimo de *toda e qualquer decisão* jurisdicional. À eficácia, o CPC de 2015 voltou-se mais adiante, ao ensejo de disciplinar o *cumprimento* da sentença, em especial nos seus arts. 536 a 538.

2.8.1.1 *Prestações de fazer ou não fazer*

O primeiro dos dispositivos a ser evidenciado nesse contexto é o art. 497, que preserva a segura diretriz do *caput* do art. 461 do CPC de 1973 e a preferência pela "tutela específica" ou, quando menos, o "resultado prático equivalente" quando se tratar de *obrigações* – o CPC de 2015 prefere, certamente porque entende a palavra mais genérica, "prestações" – de fazer ou de não fazer.

Sem prejuízo do que discorre o n. 3.1 do Capítulo 5 da Parte I do v. 1, "tutela específica" deve ser compreendida a busca da satisfação do direito desejado pelo autor tal qual se daria na hipótese de adimplemento da prestação no plano material. O "resultado prático equivalente" é um *minus* em relação àquele desiderato, mas é um estágio anterior à conversão da obrigação em perdas e danos. Trata-se da obtenção da satisfação, ainda que de maneira diversa da que decorreria do adimplemento integral da prestação.

O parágrafo único do art. 497 é novidade na perspectiva *textual*, espelhando a segura e correta orientação doutrinária capitaneada por Luiz Guilherme Marinoni[60]. O dispositivo evidencia a irrelevância da ocorrência de dano ou da existência de culpa ou dolo nos casos em que a tutela específica é dirigida a inibir a prática, a reiteração ou a continuação de ilícito, ou a sua remoção. Trata-se de escorreita concretização do que, de maneira suficiente, já decorre do inciso XXXV do art. 5º da Constituição Federal e integra, portanto, para todos e quaisquer fins, o modelo constitucional do direito processual civil.

As normas relativas ao *cumprimento* da decisão que tenha como *conteúdo* o disposto no art. 497, isto é, as *técnicas* de *concretização* da decisão que veicule aquela tutela, são as dos arts. 536 a 537.

2.8.1.2 *Prestações de entrega de coisa*

O art. 498, por seu turno, estabelece as regras a serem observadas quando se tratar de decisão que determine a entrega de coisa: "na ação que tenha por objeto a entrega de coisa, o juiz, ao conceder a tutela específica, fixará o prazo para o cumprimento da obrigação".

60. A referência é feita ao seu *Tutela inibitória*, p. 115-116.

O parágrafo único ocupa-se com a disciplina de quem tem o direito de individuar a coisa. O autor precisará fazer a escolha na petição inicial. Se couber ao réu – e essa é questão a ser resolvida na perspectiva do direito material e, se for o caso, de contrato existente entre as partes (art. 244 do CC) –, ele deverá entregá-la já individuada no prazo a ser fixado pelo magistrado para tanto, o que se encontra em harmonia com a regra do parágrafo único do art. 325, como demonstra o n. 3.4.6 do Capítulo 2.

As normas relativas ao *cumprimento* da decisão que tenha como *conteúdo* o disposto no art. 498, vale repetir, as *técnicas* de *concretização* da decisão que veicule aquela tutela, são as do art. 538.

2.8.1.3 Conversão em perdas e danos

O art. 499 relaciona-se aos dois dispositivos anteriores. De acordo com ele, a obrigação de fazer, não fazer ou entregar coisa só se converte em perdas e danos, isto é, seu equivalente monetário, se o autor o requerer ou se for impossível a tutela específica ou a obtenção da tutela pelo resultado prático equivalente.

Questão interessante é saber em que momento o autor pode formular o pedido respectivo, manifestando sua vontade (ainda que a título de conformismo) com as perdas e danos. Sem dúvida alguma, o pedido pode ser formulado desde logo na petição inicial, nem que seja em cumulação eventual, ou seja, o autor pedirá a tutela específica (o fazer, o não fazer ou a entrega de coisa, conforme o caso); se não for possível, pedirá o seu resultado prático equivalente (que, em rigor, depende das peculiaridades materiais de cada uma daquelas modalidades obrigacionais e, até mesmo, do que foi ajustado entre as partes). Por fim, poderá pedir, ainda em cúmulo eventual, o equivalente monetário daquelas obrigações na hipótese de nem a tutela específica nem o resultado prático equivalente serem possíveis. A hipótese encontra fundamento bastante não só no próprio art. 499, mas também no genérico *caput* do art. 326.

O autor pode, contudo, deixar para formular o pedido de perdas e danos quando da efetivação de tutela provisória concedida em seu favor ou na etapa de cumprimento (provisório ou definitivo) de sentença, justamente quando verifica que o que lhe foi reconhecido pela decisão restou frustrado: que se mostrou impossível a obtenção da tutela específica e/ou o resultado prático equivalente. Dito de outro modo: considerando que o seu direito em forma específica ou pelo resultado prático equivalente não pode ser satisfeito, cabe ao autor *pedir* a sua conversão em perdas e danos. Ouvida a parte contrária, o magistrado decidirá. Acolhido o pedido, a efetivação da tutela provisória ou a etapa de cumprimento (provisório ou definitivo) de sentença será reiniciada após esse incidente predominantemente *cognitivo*, em direção à satisfação do direito convertido em dinheiro. Se houver necessidade de apuração daquele valor, as regras relativas à liquidação deverão ser empregadas (arts. 509 a 512). Se o *quantum debeatur* não for além de mero cálculo aritmético, bastará ao autor o apresentar junto com a petição com a qual requererá o início da etapa de cumprimento de sentença com observância do art. 524.

A conversão em perdas e danos disciplinada pelo art. 499 *não se confunde* com a cobrança de eventuais multas impostas ao réu para compeli-lo ao cumprimento da obrigação na forma específica ou, quando menos, para obtenção do resultado prático equivalente. São verbas de natureza diversa – até porque pertencem a planos diversos – e, portanto, podem ser exigidas umas independentemente das outras.

É essa a razão de ser do art. 500, que permite verdadeira "cumulação" de cobranças: a da indenização (o resultado da conversão da tutela específica ou do resultado prático equivalente pelos motivos apanhados pelo art. 499, que pertence ao plano material) *e* a da multa fixada para compelir o réu à performance específica e que, justamente por força da conversão operada com fundamento naquele dispositivo, mostrou-se inócua (que pertence ao plano processual). Sua inocuidade, contudo, não significa que seu valor não seja exigível, no que o art. 500 é claro.

O art. 537 traz disciplina mais bem acabada que a do CPC de 1973 com relação à multa, enaltecendo seu caráter *coercitivo*, evidenciado pelo art. 500.

2.8.2 Sentença e emissão de declaração de vontade

O art. 501, embora tenha redação similar ao art. 466-A do CPC de 1973[61], quer regular, conjuntamente, as regras contidas também nos arts. 466-B e 466-C daquele Código[62].

Os arts. 466-A, 466-B e 466-C do CPC de 1973 sempre despertaram rica discussão na doutrina sobre sua melhor classificação. Seriam, para empregar as expressões consagradas, de "sentenças declaratórias", "constitutivas" ou "condenatórias"? Seria um tipo de "sentença executiva *lato sensu*"? A despeito de o texto empregado pelo art. 501 do CPC de 2015 convidar ao enfrentamento daquelas questões, este *Curso* não vê razão para insistir no ponto. Trata-se, cabe sublinhar, de tutela jurisdicional *não executiva*, a justificar seu tratamento neste instante e não no ambiente do v. 3, dedicado, todo ele, ao estudo e à sistematização da tutela jurisdicional *executiva*[63].

---

61. Cuja redação era a seguinte: "Condenado o devedor a emitir declaração de vontade, a sentença, uma vez transitada em julgado, produzirá todos os efeitos da declaração não emitida".

62. As redações daqueles dispositivos eram, respectivamente, as seguintes: "Se aquele que se comprometeu a concluir um contrato não cumprir a obrigação, a outra parte, sendo isso possível e não excluído pelo título, poderá obter uma sentença que produza o mesmo efeito do contrato a ser firmado" e "Tratando-se de contrato que tenha por objeto a transferência da propriedade de coisa determinada, ou de outro direito, a ação não será acolhida se a parte que a intentou não cumprir a sua prestação, nem a oferecer, nos casos e formas legais, salvo se ainda não exigível".

63. O que importa recordar é que os dispositivos legais do CPC de 1973, até o advento da Lei n. 11.232/2005, sequer faziam parte do "Livro I" daquele Código, voltado ao "processo de conhecimento". Eles correspondiam, respectivamente, aos arts. 641, 639 e 640, pertencentes, todos, originariamente, ao "Livro II" do CPC de 1973, que disciplinava o chamado "processo de execução", tendo sido expressamente revogados pelo art. 9º da Lei

De acordo com o art. 501, "Na ação que tenha por objeto a emissão de declaração de vontade, a sentença que julgar procedente o pedido, uma vez transitada em julgado, produzirá todos os efeitos da declaração não emitida", isto é: sempre que o pedido de tutela jurisdicional for o de emissão de declaração de vontade, a sentença de procedência transitada em julgado produzirá todos os efeitos da declaração não emitida. Trata-se de hipótese em que o caráter de *substitutividade* da jurisdição se mostra em toda sua plenitude, em total harmonia com a proposta classificatória por este *Curso* que a vê como caso de "tutela jurisdicional *não executiva*", isto é, que dispensa atividade jurisdicional para fins de concretização da tutela jurisdicional. É como se a sentença, em tais casos, correspondesse, ela própria, à tutela jurisdicional pretendida pela parte e à sua concretização.

Dificuldade "clássica" sobre o dispositivo e que remonta ao texto original do CPC de 1973, antes mesmo da Lei n. 11.232/2005, que a preservou, é a seguinte: já que a sentença produzirá todos os efeitos da declaração não emitida quando ela *transitar em julgado*, isto é, quando dela não forem interpostos os recursos cabíveis ou quando julgados os recursos interpostos, é possível que a sua *tutela* seja obtida *antecipadamente*? A resposta é positiva, malgrado o *texto* da lei. Desde que presentes, em cada caso concreto, os pressupostos legitimadores da tutela provisória (arts. 300 e 311) a serem identificados pelo magistrado, não há como recusar, sob pena de violação do modelo constitucional do direito processual civil, a sua concessão.

Assim, a partir do instante em que a sentença possa surtir os seus efeitos (*ope legis* ou *ope judicis*), o autor (ou o réu) obtém, consequentemente, a *satisfação* de seu direito no plano material. Nesses casos, o tão só proferimento da sentença pelo magistrado – o resultado de sua atividade cognitiva, portanto – corresponde à tutela jurisdicional que levou o autor a romper a inércia jurisdicional, e a *satisfação* daquele direito depende, apenas, da viabilidade dos efeitos daquela decisão serem sentidos de imediato ou não, tema que se relaciona intimamente com a sistemática recursal e os efeitos de recebimento dos recursos.

No máximo, como ocorre em qualquer sentença dessa classe, aliás, o "capítulo" da sentença relativa às custas processuais (honorários de advogado e despesas processuais) poderá conduzir o processo à etapa de cumprimento para o perseguimento daqueles valores.

2.9 Efeitos anexos

Ao lado dos "efeitos *principais* da sentença", importa examinar os "efeitos *anexos* da sentença", que, por vezes, são chamados de "efeitos *secundários*" ou "efeitos *acessórios*" da sentença, assim entendidos os que, em virtude de expressa previsão legal, decorrem do *fato* da sentença, isto é,

---

n. 11.232/2005. Tanto assim que o n. 9.1 do Capítulo 1 da Parte V do v. 2, t. I, das edições anteriores ao CPC de 2015 deste *Curso* se referia àqueles dispositivos da seguinte maneira: "A bem da verdade, os arts. 466-A, 466-B e 466-C não são 'novos'; são, apenas, os antigos arts. 639 a 641 em '*lugar* novo' e expostos em ordem diversa, alguns autores sustentam que mais clara, do 'geral' para o 'particular'".

pelo simples *fato* de sua prolação e que, por isso mesmo, independem de pedido da parte. Decorrer do *fato da sentença* significa dizer que sua mera prolação pode propiciar às partes a fruição de uma específica situação de vantagem ainda que não tenha formulado pedido para tanto. São, por assim dizer, efeitos *anexados* a determinadas sentenças por imposição legislativa.

É essa a razão, aliás, pela qual a doutrina tradicional sempre se referiu a alguns efeitos aqui discutidos, em especial aqueles previstos no § 1º do art. 322 e no art. 323 como verdadeiros "pedidos implícitos", iniciativa que não faz sentido à luz do modelo constitucional do direito processual civil, denotando descabida visão privatista do direito processual civil em que tudo dependeria da iniciativa da parte. Assim, preferível a continuar a propagar aquela visão sobre o tema é compreender que aquelas situações decorrem do próprio *fato* do julgamento, por expressa imposição legal, como meio de garantir àquele que faz jus à proteção do Estado-juiz uma mais ampla tutela jurisdicional.

Ademais, à luz do sistema processual civil atual não parece mais correto entender que os efeitos anexos da sentença possam ser sentidos com o tão só proferimento daquela decisão, independentemente de haver, ou não, recurso contra ela interposto e, mais do que isso, analisar se o recurso foi, ou não, recebido com o chamado "efeito suspensivo" (art. 1.012). Esse "efeito" impede que a sentença produza seus efeitos. Assim, é importante discernir os efeitos da sentença, quaisquer que sejam eles, do momento em que eles, os efeitos, poderão ser sentidos. Para a análise dos efeitos, principais ou anexos, é indiferente o *instante* em que os efeitos serão produzidos.

2.9.1 Hipoteca judiciária

Dentre os efeitos *anexos* da sentença merece destaque a "hipoteca judicial" ou "hipoteca judiciária" regulada pelo art. 495.

O instituto tem como finalidade garantir ao vencedor do processo a efetividade do cumprimento de sentença. Age diretamente sobre os bens imóveis do devedor, destacando-os de seu patrimônio para que, oportunamente, sobre eles recaiam as técnicas predispostas à concretização da tutela jurisdicional executiva (arts. 806, 824 e 831), independentemente de onde quer que eles se encontrem.

Em consonância com o *caput* do art. 495, é título constitutivo de hipoteca judiciária a decisão que impõe ao réu o pagamento em dinheiro ou que determina a conversão de obrigação de fazer, não fazer ou dar coisa em dinheiro. A ressalva é importante porque, naquelas outras modalidades obrigacionais, a sua conversão em *dinheiro* (perdas e danos, nos termos do art. 500), pode gerar interesse do credor na garantia decorrente da hipoteca judiciária.

De acordo com o § 1º do art. 495, a decisão produz hipoteca judiciária ainda que a condenação seja genérica, isto é, ilíquida, a despeito do *caput* do art. 491[64], independentemente de o credor poder iniciar o cumprimento *provisório* da sentença (o que pressupõe recurso sem efeito suspensivo) ou esteja pendente arresto sobre bem do devedor e, ainda, que a sentença seja impugnada por recurso com efeito suspensivo. A menção a "arresto" deve ser interpretada amplamente no sentido de existir, quando do proferimento da sentença, alguma medida de *indisponibilidade* que recaia sobre o patrimônio do réu, nos moldes do art. 301.

O registro da hipoteca judiciária no cartório competente independe de mandado judicial, de declaração expressa do juiz ou de demonstração de urgência. Basta, como se lê do § 2º do art. 495, apresentação da cópia da decisão que a justifica[65]. O registro pressupõe, de qualquer sorte, que o credor indique quais os bens que serão objeto da hipoteca e qual o valor a ser garantido (especialização).

O § 3º do art. 495 exige que o juízo seja informado da concretização da hipoteca no prazo de até quinze dias de sua realização para dar ciência à parte contrária[66].

O § 4º do art. 495 garante o direito de preferência em favor daquele que realiza a hipoteca judiciária, observada a prioridade do registro.

O § 5º do art. 495, por fim, prevê a responsabilidade objetiva (independentemente de culpa) a ser apurada e perseguida nos mesmos autos daquele que efetivou a hipoteca na hipótese de ser modificada a decisão que a justificou.

2.9.2 Outros efeitos anexos da sentença

Os efeitos anexos da sentença não se restringem à hipótese regulada pelo art. 495, a hipoteca judiciária. Pela própria definição de tais efeitos, tudo aquilo que a sentença, enquanto *fato processual*, tiver o condão de acarretar para o plano do processo e para o plano material independentemente de pedido das partes deve ser entendido como efeito anexo[67].

Sem pretender a exaustão dos casos em que isso se verifica, até porque o tema é corrente ao longo de todo o *Curso*, é pertinente a menção às hipóteses a seguir.

64. Nessa hipótese, o credor arbitrará o valor a ser garantido pela hipoteca, servindo o valor da causa, devidamente atualizado monetariamente, como parâmetro concreto. Nos casos em que o credor optar pela "liquidação *provisória* da sentença" (art. 512), o valor lá encontrado poderá ser utilizado como parâmetro do registro da hipoteca.

65. A hipótese é prevista expressamente pelo art. 167, I, n. 2, da Lei n. 6.015/73, a lei de Registros Públicos nos seguintes termos: "Art. 167. No Registro de Imóveis, além da matrícula, serão feitos: I – o registro: (...) II – das hipotecas legais, judiciais e convencionais".

66. Como o registro não depende de intervenção judicial, repousando unicamente no interesse do credor em promovê-lo, é correto entender que o prazo não ostenta natureza processual e, por isso, deve ser computado em dias corridos, nos termos do parágrafo único do art. 219.

67. Precisa nesse sentido é a lição de Ovídio Araújo Baptista da Silva em seu *Curso de processo civil*, v. I, p. 433.

A fixação da responsabilidade daquele que se beneficiou de tutela jurisdicional provisória é efeito anexo derivado da eliminação do título que legitimou aquela iniciativa (arts. 297, parágrafo único, 519, 520, I e II, e 302). Trata-se de situações em que a responsabilidade é objetiva, isto é, em que a responsabilidade se perfaz independentemente de culpa ou dolo, bastando, para sua configuração, a ocorrência de dano e de nexo causal.

A chamada "liquidação *provisória* da sentença", isto é, a pesquisa relativa ao *quantum debeatur* (a quantificação do valor devido) independentemente da interposição de recurso pela parte sucumbente, autorizada pelo art. 512 merece ser compreendida como efeito anexo. A regra deve ser entendida amplamente para viabilizar maior eficiência na prestação da tutela jurisdicional. Assim como é correto entender para a hipoteca judiciária que é indiferente que o recurso interposto da sentença tenha efeito suspensivo, para sua instituição, a existência daquele efeito não é óbice para o início da liquidação provisória. O efeito suspensivo *ope legis* – que é a regra em se tratando de recurso de apelação – interfere nos efeitos *principais*, mas não nos anexos, como os aqui referidos.

A incidência de correção monetária (art. 1º da Lei n. 6.899/81), o cômputo de juros moratórios (art. 322, § 1º) e as prestações vencidas ao longo do processo (art. 323) também são efeitos anexos da sentença. Sua imposição depende tão somente do proferimento da sentença independentemente de haver pedido a seu respeito. São verbas que, a bem da verdade, são impostas pela própria lei e que não podem ser recusadas pelo magistrado quando se vê diante de suas específicas hipóteses de incidência. Pelas razões já apresentadas, deve ser abandonada a referência a "pedidos implícitos" para descrever tais figuras. É preferível compreendê-las como efeitos *anexos* da sentença.

Pelas mesmas razões, também a responsabilização pelo pagamento das despesas processuais e dos honorários sucumbenciais de advogado deve ser entendida nesse mesmo contexto por força da sistemática processual civil. Tal fixação não depende de pedido da parte e deve ser fixada de acordo com os parâmetros estabelecidos pelos arts. 82 a 97[68].

As multas devidas pela litigância de má-fé são também efeitos anexos. A circunstância de elas poderem ser arbitradas desde logo ou posteriormente (art. 81) ou exigidas no "mesmo processo", ainda que em "autos em apenso" (art. 777), não inibe a sua colocação no mesmo contexto aqui analisado.

A Lei Complementar n. 135/2010, mais conhecida como "Lei da Ficha Limpa", que estabelece, de acordo com o § 9º do art. 14 da Constituição Federal, casos de inelegibilidade, prazos de cessação e determina outras providências, para incluir hipóteses de inelegibilida-

68. Nas edições anteriores ao CPC de 2015, o n. 10.2 do Capítulo 1 da Parte V do v. 2, t. I, tratava, no contexto dos efeitos anexos da sentença, da Súmula n. 453 do STJ segundo a qual "Os honorários sucumbenciais, quando omitidos em decisão transitada em julgado, não podem ser cobrados em execução ou em ação própria". A questão perdeu interesse (e a precitada Súmula, seu fundamento de validade) com o § 18 do art. 85 que expressamente recusa juridicidade àquele entendimento.

de que visam a proteger a probidade administrativa e a moralidade no exercício do mandato, ao incluir um novo dispositivo na Lei Complementar n. 64/90, acabou prevendo mais um interessante caso de efeito anexo. É ler aquele dispositivo: "Art. 15. Transitada em julgado ou publicada a decisão proferida por órgão colegiado que declarar a inelegibilidade do candidato, ser-lhe-á negado registro, ou cancelado, se já tiver sido feito, ou declarado nulo o diploma, se já expedido. Parágrafo único. A decisão a que se refere o *caput*, independentemente da apresentação de recurso, deverá ser comunicada, de imediato, ao Ministério Público Eleitoral e ao órgão da Justiça Eleitoral competente para o registro de candidatura e expedição de diploma do réu".

2.10 Efeitos reflexos

Existe, ainda, uma *terceira* categoria de efeitos da sentença, os chamados "efeitos *reflexos*"[69]. O aspecto relevante dessa categoria reside na constatação de que os efeitos das sentenças – como de qualquer outra decisão jurisdicional – podem afetar, em maior ou menor intensidade, *terceiros*, isto é, quem não foi e não é *parte* no processo.

Para os fins do capítulo presente, esses efeitos são os "principais" ou são os "anexos". As relações desses efeitos com os terceiros são analisadas no n. 4 do Capítulo 3 da Parte II do v. 1, todo ele voltado ao estudo da pluralidade de partes e da intervenção de terceiros. É naquele contexto que a ocorrência dos efeitos *reflexos* justifica que alguém que não é parte pretenda intervir em processo alheio ou seja obrigado a tanto.

3. COISA JULGADA

Um dos temas mais polêmicos do direito processual civil diz respeito à coisa julgada. Não só com relação aos seus ricos desdobramentos e aplicações práticas, mas, também, à sua própria definição e a de seus contornos.

À luz do modelo constitucional do direito processual civil, a coisa julgada é expressamente garantida como direito fundamental no inciso XXXVI do art. 5º da Constituição Federal. Trata-se, nesta ampla perspectiva do instituto, mais ainda quando o referido dispositivo se refere concomitantemente ao "direito adquirido" e ao "ato jurídico perfeito", de técnica adotada para garantir a *estabilidade* de determinadas manifestações do Estado-juiz, pondo-as a salvo inclusive dos efeitos de novas normas jurídicas que queiram eliminar decisões sobre as quais recai a coisa julgada ou, quando menos, os efeitos que dela decorrem. Nesse sentido, a coisa julgada é uma, dentre tantas, forma de garantir maior *segurança jurídica* aos jurisdicionados.

69. Pontes de Miranda é autor que se refere a essa categoria em seu *Tratado das ações*, t. I, p. 220.

Essa percepção, contudo, é insuficiente. A análise do direito infraconstitucional, da forma como o Código de Processo Civil disciplina a coisa julgada em seus arts. 502 a 508, é indispensável, até para colocar em evidência as novidades que, naquele plano, o infraconstitucional, foram trazidas (e em harmonia com o modelo constitucional) ao tema.

Antes de analisar a temática tal qual codificada, contudo, importa destacar que a coisa julgada não deve ser confundida com os *efeitos* ou com o *comando* das decisões jurisdicionais. Para essa demonstração, ao menos no direito brasileiro, é irrecusável a importância da contribuição de Enrico Tullio Liebman[70] e a influência que suas ideias, sobretudo as do processualista italiano, tiveram no CPC de 1973[71].

Para além da importante discussão doutrinária, importa dar destaque à opção feita, inequivocamente, pelo art. 502 do CPC de 2015, que distingue, com maior precisão que seu antecessor, o art. 467 do CPC de 1973, *coisa julgada* de seus *efeitos*. É ler o art. 502: "Denomina-se coisa julgada material a autoridade que torna imutável e indiscutível a decisão de mérito não mais sujeita a recurso". A substituição da palavra "eficácia" do dispositivo anterior pela "autoridade" do dispositivo atual é suficientemente clara do acolhimento da distinção (e do próprio vocabulário) empregada por Liebman.

A coisa julgada, destarte, não recai sobre os efeitos da decisão, mas é uma qualidade atribuída a ela e, portanto, não se confunde com os próprios efeitos da decisão.

Tanto assim que a sentença, mesmo antes de "transitar em julgado", isto é, antes de se revestir daquela especial qualidade (ou, como quer o art. 502, *autoridade*) que a imuniza de questionamentos futuros, pode produzir seus *efeitos* com maior ou com menor intensidade. É o que se dá nos casos do chamado "cumprimento provisório da sentença", expressamente admitido pelos arts. 520 a 522, em que a eficácia da sentença é irrecusável ainda que ela penda de ulterior revisão e confirmação em sede recursal, justamente porque ainda não transitou em julgado.

A hipótese inversa também merece menção nesta sede. É o que está disciplinado no art. 496, segundo o qual, dada a ocorrência das situações previstas em seus dois incisos, a sentença, mesmo que não seja objeto de recurso, não poderá surtir seus regulares efeitos porque

---

70. A referência é feita ao seu *Eficácia e autoridade da sentença e outros escritos sobre a coisa julgada, que foi traduzido para o português por Alfredo Buzaid e Benvindo Aires. Sobre a distinção destacada no texto, lê-se, na p. 54 daquela obra a seguinte lição:* "Nisso consiste, pois, a autoridade da coisa julgada, que se pode definir, com precisão, como a imutabilidade do *comando* emergente de uma sentença. Não se identifica ela simplesmente com a *definitividade* e intangibilidade do ato que pronuncia o comando; é, pelo contrário, uma qualidade mais intensa e mais profunda, que reveste o ato também em seu conteúdo e torna assim imutáveis, além do ato em sua existência formal, os efeitos, quaisquer que sejam, do próprio ato".

71. A Exposição de Motivos do CPC de 1973, redigida por seu elaborador, o então Ministro da Justiça, Alfredo Buzaid, célebre professor da Faculdade de Direito da Universidade de São Paulo e Ministro do Supremo Tribunal Federal, evidencia a proposta de adoção da doutrina de Liebman e a distinção entre os *efeitos* da sentença e a especial qualidade a eles atribuída de sua imutabilidade em nome de maior segurança jurídica. Ocorre que, não obstante as considerações lançadas no item 10 daquele Ato, o art. 467 daquele Código acabou por definir a coisa julgada como *efeito* da sentença nos termos seguintes: "Denomina-se coisa julgada material a eficácia, que torna imutável e indiscutível a sentença, não mais sujeita a recurso ordinário ou extraordinário".

sujeita à chamada "remessa necessária". Aqui, a sentença não é imutável porque sobre ela não recai, ainda, a coisa julgada. Seu estado de ineficácia, contudo, não deriva da interposição de um recurso, mas, bem diferentemente, de um estado de sujeição criado pela lei.

Analisada a questão desse prisma, não há como deixar de aderir à distinção enfatizada por Liebman: efeitos das decisões jurisdicionais não se vinculam à sua imutabilidade ou à vedação de seu questionamento em juízo[72]. É possível – e, de resto, expressamente admitido pelo direito brasileiro – a distinção entre uma e outra realidade. Aqui também, o que se põe para exame é como cada ordenamento jurídico realizou as suas opções políticas sobre determinados temas[73]. A tendência do direito brasileiro mais recente é a de admitir "efeitos" e, mais amplamente, "eficácias" *imediatas* independentemente de sua estabilização, merecendo destaque o que se dá com as decisões interlocutórias concessivas de tutela provisória. Elas geram efeitos imediatos que, em rigor, independem, de qualquer grau prévio de estabilidade[74]. O princípio da efetividade do direito material pelo e no processo, nesse sentido, acaba prevalecendo sobre o da segurança jurídica. A coisa julgada é instituto que se afina com esse valor; não com aquele.

A coisa julgada recai sobre determinadas decisões jurisdicionais. Nem sobre seus efeitos e nem sobre seu comando, mas, mais amplamente, sobre aquilo que foi decidido pelo magistrado.

Não que os efeitos (ou, mais amplamente, a aptidão de eles serem experimentados, sua *eficácia*) ou o comando das decisões não sejam temas relevantíssimos para o direito processual civil e guardem íntima relação com o instituto ora analisado. O que importa destacar aqui e agora, contudo, é que a coisa julgada tem campo de incidência mais genérico, recaindo sobre a própria decisão.

3.1 Indiscutibilidade (função negativa e positiva) e imutabilidade

Aceita a premissa desenvolvida no número anterior, resta saber no que consiste a coisa julgada, essa "qualidade" que recai sobre determinadas decisões jurisdicionais (e não apenas sobre *sentenças*). É o próprio art. 502 quem o responde, ao indicar que a decisão transitada em julgado se torna "indiscutível" e "imutável".

72. *Eficácia e autoridade da sentença e outros escritos sobre a coisa julgada*, esp. p. 37-40.

73. Essa ressalva é nodal no desenvolvimento da teoria de Liebman sobre a coisa julgada, quando nela se lê, dentre vários trechos símiles, que "... a autoridade da coisa julgada não é um caráter essencial e necessário dos atos jurisdicionais, mas somente um instituto disposto pela lei por motivos de oportunidade e de conveniência política e social" (*Eficácia e autoridade da sentença e outros escritos sobre a coisa julgada*, p. 122).

74. Exceção digna de ser lamentada é a da conservação do efeito suspensivo do recurso de apelação, que, como regra, impede o início da produção dos efeitos (principais) da sentença pelo simples fato de essa decisão estar sujeita àquele recurso (art. 1.012). O CPC, contudo, é expresso no *caput* de seu art. 995 quanto ao efeito suspensivo dos recursos constituir *exceção* e não a regra.

A *indiscutibilidade* relaciona-se com a impossibilidade de questionar o que já foi decidido e transitou, como se costuma afirmar, *materialmente* em julgado. Seja no que diz respeito a proibir que a mesma postulação seja levada mais uma vez ao Estado-juiz na perspectiva de obter resultado diverso, seja, ainda, no sentido de a coisa julgada anterior dever ser observada entre as partes em que proferida a decisão por ela alcançada.

A primeira faceta, de vedar a mesma postulação, é comumente identificada com a chamada "função *negativa*" da coisa julgada. Sem prejuízo da atuação oficiosa do magistrado nesse sentido (art. 337, § 5º), cabe ao réu alegar a ocorrência de coisa julgada anterior para obstar o desenvolvimento do novo processo, fazendo-o em preliminar de contestação (art. 337, VII). É nesse contexto que merece ser recordada a compreensão da coisa julgada com um dos pressupostos processuais *negativos*.

A segunda acepção, de a decisão revestida de coisa julgada deve ser observada por aqueles entre os quais ela foi proferida, é geralmente associada à função *positiva* da coisa julgada. Assim, se entre as partes há decisão transitada em julgado, ela deve ser observada em qualquer outra postulação ainda que visando a outra finalidade. Assim, por exemplo, quando o reconhecimento da paternidade já está decidido com trânsito em julgado e, a partir desse reconhecimento, o filho pretender alimentos do pai em processo ulterior ou quando o tributo foi reconhecido indevido em determinado processo e o contribuinte pretender em processo futuro repetir os valores pagos aos cofres públicos indevidamente.

A *imutabilidade, por sua vez,* refere-se à impossibilidade de a coisa julgada ser desfeita ou alterada. Ao menos é essa a regra, considerando que a "ação rescisória" dos arts. 966 a 975 é técnica típica conhecida pelo direito processual civil brasileiro para o desfazimento da coisa julgada. No contexto do art. 502, a "ação rescisória" é a técnica pela qual o próprio ordenamento jurídico brasileiro admite suplantar aquela *imutabilidade*. O n. 3.7, *infra*, discute outras formas de contraste da coisa julgada, excepcionando, destarte, a regra da imutabilidade.

O art. 502 adota adjetivo para rotular a coisa julgada, *material*, querendo, com isso, afastar as características que aponta da chamada coisa julgada *formal*. A distinção é clássica e conhecidíssima da doutrina, que comumente se refere à coisa julgada *material* como sinônimo de coisa julgada. O tema, interessantíssimo, é retomado pelo n. 3.3, *infra*, ao ensejo de demonstrar que, em verdade, aquelas características dizem respeito a apenas parte do fenômeno, que se relaciona à aptidão de a coisa julgada ostentar eficácia *externa* no sentido de vincular o conteúdo de decisões futuras ou impedir a rediscussão do quanto já decidido e transitado em julgado em outros processos.

3.2 Decisões sujeitas à coisa julgada

Há outra pertinente questão a ser enfrentada: quais decisões ficam sujeitas à coisa julgada? Parte da resposta está no próprio art. 502: as *decisões* de *mérito*, cujo referencial é, também para cá, o rol do art. 487. É importante repetir: *decisões* e não apenas *sentenças* de mérito podem transitar em julgado inclusive na concepção clássica da coisa julgada *material*. O Código de Processo Civil aceita expressamente que decisões *interlocutórias* sejam de mérito e que tenham aptidão para transitar em julgado e não é por razão diversa que o art. 502 refere-se ao *gênero* e a nenhuma decisão em espécie. É o que ocorre, por exemplo, com as decisões que julgam antecipada e *parcialmente* o mérito (art. 356, § 3º) ou as que rejeitam *liminarmente* a reconvenção nos casos de improcedência liminar do pedido (art. 332) ou com fundamento em algum dos incisos do art. 487.

Mas não é só. Este *Curso* continua a entender que somente decisões de mérito com cognição *exauriente* são aptas para o trânsito em julgado.

A ocorrência da coisa julgada pressupõe o exercício de cognição jurisdicional *exauriente* porque é ela, e não as demais classes da cognição no que diz respeito à sua profundidade, a única a representar o vetor subjacente ao instituto, o da *segurança jurídica*. Sem o desenvolvimento daquela cognição, o que pode haver é maior ou menor estabilidade na decisão jurisdicional, até mesmo a ocorrência de coisa julgada *formal*; não, contudo, a coisa julgada *material* de que trata este capítulo, empregadas ambas as expressões, nesse contexto, em sua acepção tradicional.

Não fosse assim e certamente o legislador não teria explicitado a hipótese do § 6º do art. 304 a respeito da estabilização da tutela provisória antecipada requerida em caráter antecedente, afastando-a da coisa julgada. Aquela decisão, como demonstra o n. 6.5 do Capítulo 5 da Parte II do v. 1, não ostenta cognição exauriente, a robustecer o entendimento aqui defendido[75].

Por fim, resta saber *quando* a decisão transita em julgado. De acordo com o art. 502, está preservada a relação entre a ausência (não interposição) ou o esgotamento dos recursos cabíveis de decisões de mérito fundadas em cognição exauriente.

3.3 Da coisa julgada formal e material à coisa julgada com eficácia interna e externa

É bastante comum a distinção entre a "coisa julgada *formal*" e a "coisa julgada *material*".

A coisa julgada *formal* é tradicionalmente entendida como a ocorrência da imutabilidade da sentença "dentro" do processo em que proferida. Nesse sentido, não há como recusar se tratar de instituto que se aproxima bastante da *preclusão*[76], se é que não se confunde com

75. É entendimento já externado no n. 4.3 do Capítulo 2 da Parte V do v. 2, t. I, das edições anteriores ao CPC de 2015 deste *Curso*, em que era discutida (e negada) a ocorrência de coisa julgada nas decisões antecipatórias da tutela (com exceção da hipótese o art. 273, § 6º, do CPC de 1973, verdadeiro julgamento antecipado parcial de mérito) e nas provenientes do "processo cautelar".

76. Este *Curso* se volta ao estudo da *preclusão* no n. 6 do Capítulo 4 da Parte II do v. 1.

ela[77], residindo a distinção entre ambos em aspecto exterior a eles, já que a coisa julgada *formal* tende a ser identificada com a decisão que encerra a "etapa *cognitiva*" do processo ou, quando menos, parte dele.

A chamada "coisa julgada *material*", por sua vez, representa a característica de indiscutibilidade e de imutabilidade do quanto decidido para "fora" do processo, com vistas a estabilizar as relações de direito material tais quais resolvidas perante o mesmo juízo ou qualquer outro. Trata-se, a bem da verdade, da concepção da coisa julgada a que geralmente se faz referência e que é a albergada pelo próprio art. 502. Tanto assim que o uso da expressão "coisa julgada" sem qualquer qualificativo sempre quis significar a identificação da coisa julgada *material* em contraposição à coisa julgada *formal*.

Nesse sentido, ainda seguindo os passos da tradição, coisa julgada *formal* é aquela que recai sobre decisão não mais sujeita a qualquer espécie de impugnação quando analisada na perspectiva *endoprocessual*. A coisa julgada *material, no mesmo contexto,* é aquela mesma característica de indiscutibilidade e imutabilidade, analisada *extraprocessualmente*, isto é, como característica da decisão de mérito do ponto de vista exterior ao processo em que formada.

Dúvida pertinente a cuja reflexão convida o Código de Processo Civil é a de saber se o *nome* "coisa julgada formal" pode ser dado para descrever realidades diversas daquelas descritas nos parágrafos anteriores. Assim, por exemplo, para se referir à hipótese da decisão *terminativa* que, não obstante o seja, impede a "propositura da nova ação", para fazer uso da expressão do § 1º do art. 486.

O que obstaria a nova "ação" naqueles casos, a despeito da inexistência de decisão de *mérito*, seria coisa julgada, ainda que *formal*?

As edições anteriores ao CPC de 2015 deste *Curso* propunham a resposta positiva à questão, seguindo diretriz doutrinária amplamente aceita[78].

Reflexões mais recentes, contudo, convidam a direção oposta. Não faz sentido emprestar à chamada coisa julgada *formal* característica que, em rigor, é típica da chamada coisa julgada *material*, a saber, sua eficácia *extraprocessual*, apta a impedir a nova postulação. Dessa impossibilidade ou, quando menos, inconveniência metodológica, surgem dois caminhos a seguir:

---

77. Precisa, no ponto, é a lição de Antonio do Passo Cabral: "Assim, pensamos que inexiste qualquer diferença, p. ex., entre a preclusão e a chamada coisa julgada formal. A coisa julgada formal é uma estabilidade, conferida à sentença, que impede que esta seja alterada dentro de um mesmo processo; ou seja, a coisa julgada formal é uma preclusão específica; uma preclusão aplicável à sentença extintiva do processo; uma preclusão a que a doutrina dá outro nome; mas, ainda assim, uma preclusão" (*Coisa julgada e preclusões dinâmicas*, p. 280).

78. É o que se pode ler do n. 2 do Capítulo 2 da Parte V do v. 2, t. I deste *Curso* em suas edições anteriores ao CPC de 2015. Para a defesa daquele entendimento, com proveito, o entendimento de Luiz Eduardo Ribeiro Mourão (*Coisa julgada*, p. 139-141), com a atenção voltada ao art. 268 do CPC de 1973, correspondente ao art. 486 do CPC de 2015.

O primeiro, que já era defendido por Renato Resende Beneduzi com fundamento na experiência jurídica do direito processual civil alemão[79], é o de entender que o que verdadeiramente ocorre nas hipóteses do § 1º do art. 486 é coisa julgada *material*, justamente por sua eficácia extraprocessual.

O segundo, proposto por Marcos de Araújo Cavalcanti[80], é o de desdobrar a tradicional compreensão da coisa julgada *formal* para nela passar a ver dois fenômenos diversos, levando em conta não apenas o *conteúdo* da decisão transitada em julgado, mas também "o grau de indiscutibilidade da decisão judicial" para distinguir o fenômeno: um de natureza *endoprocessual* (eficácia *interna*) e outro de natureza *extraprocessual* (eficácia *externa*).

De acordo com o referido autor: "... há necessidade de se reconstruir a tradicional divisão do fenômeno da coisa julgada, propondo denominações mais adequadas, com o objetivo de enquadrar corretamente todas as variações dos efeitos jurídicos do instituto. Sugere-se, então, a seguinte subdivisão conceitual: (a) *coisa julgada formal*, subdividida em (a.1) *coisa julgada formal com eficácia interna*, referente às decisões meramente processuais, isto é, que não examinam o mérito, excetuadas as hipóteses previstas no art. 486, § 1º, do CPC/2015; e (a.2) *coisa julgada formal com eficácia externa*, relativa às decisões de inadmissibilidade, cuja autoridade impede nova propositura da demanda, nos termos do art. 486, § 1º, do CPC/2015; e (b) *coisa julgada material*, a qual tem definição abrangente, que engloba as hipóteses de *coisa julgada com eficácia externa*, relativa às *decisões de mérito*, conforme art. 502 do CPC/2015, e às *questões prejudiciais*, nos termos do art. 503, §1º e 2º, do CPC/2015"[81].

Dessa premissa, Marcos de Araújo Cavalcanti propõe o seguinte em substituição à tradicional dicotomia coisa julgada *formal* e *material*, levando em conta não só o *conteúdo*, mas também a *extensão* da indiscutibilidade da decisão transitada em julgado:

> "(a) *coisa julgada com eficácia interna*: abrange as decisões cuja autoridade da coisa julgada impede a rediscussão da questão apenas no âmbito do próprio processo no qual foi proferida. Destarte, o *grau de estabilidade* ou de *indiscutibilidade* da decisão é apenas *endoprocessual*, de modo que, através de outra demanda autônoma, o seu conteúdo decisório pode ser normalmente rediscutido. Para além disso, a *coisa julgada com eficácia interna* é condição de formação da *coisa julgada com eficácia externa*, uma vez que, para uma decisão se tornar indiscutível em qualquer outro meio, primeiro é preciso que ela seja no próprio processo em que foi produzi-

79. "Sentenças terminativas e coisa julgada material no processo alemão", esp. p. 363-365 e 367-372.

80. A referência é feita à tese com que o jovem processualista conquistou o Título de Doutor em Direito pela Faculdade de Direito da Pontifícia Universidade Católica de São Paulo, sob orientação de Nelson Nery Jr., intitulada *Questões prejudiciais e coisa julgada material*: proposições conceituais, interpretativas e normativas para o enfrentamento da litigiosidade. A versão comercial, editada pela Revista dos Tribunais, recebeu o nome *Coisa julgada e questões prejudiciais: limites objetivos e subjetivos*.

81. *Questões prejudiciais e coisa julgada material:* proposições conceituais, interpretativas e normativas para o enfrentamento da litigiosidade, item 4.2, eloquentemente intitulado "Necessidade de reconstrução da clássica distinção entre a coisa julgada formal e material". Na versão comercial, v. p. 285/297.

da. Portanto, nesse grupo, incluem-se as decisões que extinguem o processo sem exame do mérito, com exceção das decisões de admissibilidade do art. 486, § 1º, do CPC/2015; e

(b) *coisa julgada com eficácia externa*: engloba as decisões transitadas em julgado, cuja coisa julgada produz efeitos jurídicos *extraprocessuais*, vedando a rediscussão da questão em qualquer outro processo. Tal grupo envolve as decisões de mérito (art. 502), as relativas às questões prejudiciais (art. 503, §§ 1º e 2º) e as referentes à inadmissibilidade do processo (art. 486, § 1º)"[82].

É o entendimento que passa a adotar este *Curso* porque permite distinguir o que, para o direito processual civil brasileiro ao menos, merece ainda ser distinguido com rigor diante da inequívoca opção feita pelo § 1º do art. 486, inclusive, mas não só, na perspectiva do que este *Curso* propõe seja estudado na perspectiva do "mínimo indispensável para o exercício do direito de ação".

Destarte, no lugar das tradicionais expressões "coisa julgada *formal*" e "coisa julgada *material*", mostra-se mais adequado ao sistema processual civil brasileiro, distinguir a coisa julgada com eficácia *interna* (que se limita às hipóteses cobertas pelo *caput* do art. 486) e a coisa julgada com eficácia *externa* (que compreende o § 1º do art. 486, o art. 502 e os §§ 1º e 2º do art. 503).

A afirmação é correta, a despeito do adjetivo ainda empregado pelo art. 502 para rotular a coisa julgada, distinguindo-a da coisa julgada *formal*. Não há como negar que aquele dispositivo enaltece as características tradicionalmente vinculadas à coisa julgada *material*, de *indiscutibilidade* e de *imutabilidade*, justamente porque somente aquela classe que guarda(ria) relação com a eficácia externa da decisão acobertada pela coisa julgada, portanto.

Forçoso reconhecer, não obstante, que não cabe à lei querer restringir, em *conceito*, o que decorre mais amplamente do sistema processual civil. Se o art. 502 fosse retirado do CPC de 2015, a concepção da coisa julgada não sofreria nenhum impacto, mesmo para quem entenda correta a preservação da tradicional classificação entre *formal* e *material*.

3.4 Limites objetivos

Por "limites *objetivos* da coisa julgada" deve ser entendido o que fica imunizado de ulteriores discussões, tornando-se imutável e indiscutível.

O *caput* do art. 503 dispõe, a respeito, que a decisão de mérito, total ou parcial, "tem força de lei nos limites da questão *principal* expressamente decidida". "Força de lei" no sentido de transitar em julgado e, por isso, estar imunizada de discussões posteriores, ressalvada, sistematicamente, a técnica típica da "ação rescisória" (arts. 966 a 975). "Força de lei" no

82. *Questões prejudiciais e coisa julgada material:* proposições conceituais, interpretativas e normativas para o enfrentamento da litigiosidade, item 4.2. Na versão comercial, o trecho transcrito está na p. 295/296.

sentido de enaltecer a compreensão de que a decisão é a norma jurídica que deve reger o caso concreto.

Embora o referido art. 503 empregue texto similar ao art. 468 do CPC de 1973[83], quando se refere a "julgar total ou parcialmente o mérito", lembrando sempre que as palavras *lide* e *mérito*, em contextos como o presente, devem ser compreendidas como sinônimas, não há como deixar de evidenciar o (novo) alcance que a expressão entre aspas assume no CPC de 2015.

O julgamento *total* do mérito deve ser compreendido como aquele que enfrenta de uma só vez o(s) pedido(s) do autor e/ou do réu-reconvinte. Ainda que se trate de decisão que acolha em parte o pedido do autor, por exemplo, reconhecendo o dever de o réu pagar danos materiais, mas recusando o pagamento em danos morais, o julgamento é *total* para os fins do dispositivo: a coisa julgada recairá, esgotados ou não interpostos os recursos, no que foi julgado, independentemente de ter sido acolhido ou rejeitado e na exata medida em que se deu o julgamento.

Aceitando essa compreensão, é possível concluir que o julgamento *parcial* referido no dispositivo vai além, relacionando-se também com a expressa previsão do art. 356, que admite o julgamento antecipado *parcial* de mérito no sentido de que o(s) pedido(s) pode(m) ser cindido(s) para julgamento em momentos diversos. É a hipótese de se mostrar viável reconhecer, desde logo, a responsabilidade por danos materiais e ainda ser necessária a dilação probatória relativa à identificação de danos morais. O julgamento ocorrido (no exemplo, com relação aos danos *materiais*) também tende a transitar em julgado se não recorrida a decisão respectiva ou se esgotados os recursos cabíveis. Não é por outra razão que o § 3º do precitado art. 356 assume – e corretamente – a possibilidade de a decisão (interlocutória) que julga antecipada e *parcialmente* o mérito transitar em julgado. Basta que o recurso dela cabível (o agravo de instrumento a que se refere o § 5º do mesmo dispositivo) não seja interposto ou, se interposto, julgado, rejeitado e não interpostos mais recursos.

O *caput* do art. 503 refere-se, ainda, a "questão *principal* expressamente decidida". A expressão deve ser compreendida em contraposição à "questão *prejudicial*", objeto de disciplina dos dois parágrafos daquele mesmo dispositivo[84]. Questão principal corresponde ao(s) pedido(s) formulado(s) pelo autor em sua petição inicial e/ou pelo réu em sua reconvenção. Não à causa de pedir e nem aos fundamentos, embora lógicos e indispensáveis, para concluir pela procedência ou pela improcedência, no todo ou em parte, do(s) pedido(s). O que transita em julgado para os fins aqui enaltecidos, pois, é a resposta jurisdicional

---

83. Cuja redação era a seguinte: "Art. 468. A sentença, que julgar total ou parcialmente a lide, tem força de lei nos limites da lide e das questões decididas".

84. Não é mera coincidência, como expõe o n. 2.3, *supra*, que o inciso III do art. 489, ao tratar da parte *dispositiva* das decisões, justamente onde se localiza o que tende a se revestir de coisa julgada, refere-se *também* à questão principal, ainda que no plural.

dada ao(s) pedido(s) formulado(s) pelo autor e/ou pelo réu, seja para acolhê-los ou para rejeitá-los, na íntegra ou não; tenha sido julgado todo o mérito ou apenas parte dele nos moldes do art. 356.

Para compreensão dos limites objetivos da coisa julgada merece ser levado em conta também o disposto no art. 504, que se refere ao que *não ficam* sujeitos à coisa julgada: "os motivos, ainda que importantes para determinar o alcance da parte dispositiva da sentença" e "a verdade dos fatos, estabelecida como fundamento da sentença". No CPC de 1973, estava indicado no rol equivalente (art. 469, III), que também não fazia coisa julgada "a apreciação da questão prejudicial, decidida incidentalmente no processo". Como, para o CPC de 2015, aquela questão, a "prejudicial", *faz* coisa julgada *desde que presentes as exigências do § 1º do art. 503*, não há razão para que a hipótese esteja prevista no dispositivo aqui analisado.

A circunstância de não haver coisa julgada sobre os "motivos" e a "verdade", tal qual se verifica dos incisos I e II do art. 504 – porque a coisa julgada recai sobre o que foi decidido e não sobre as razões pelas quais se decidiu –, não significa dizer que sua análise e devida compreensão não sejam essenciais para a compreensão do que foi (ou não foi) decidido pelo magistrado e, portanto, sujeito ao trânsito em julgado. Qualquer decisão jurisdicional não pode ser lida com a atenção voltada unicamente a seu dispositivo, merecendo que seus outros elementos (art. 489, *caput*) sejam levados em consideração para sua perfeita intelecção. Trata-se, de resto, o que decorre do § 3º do art. 489, que ainda se refere à boa-fé como vetor hermenêutico indispensável na interpretação das decisões.

3.4.1 Coisa julgada e questões prejudiciais. A insubsistência da chamada "ação declaratória incidental"

O § 1º do art. 503 ocupa-se com a tendência de as "questões *prejudiciais*", assim entendidas as afirmações controvertidas cuja resolução interfere na resolução de outras afirmações controvertidas dela dependentes, chamadas, pelo *caput* do dispositivo, de "questões *principais*"[85], transitarem em julgado.

Para o CPC de 1973, a questão prejudicial *não transitava em julgado*, a não ser que o réu em contestação ou o autor na réplica apresentassem a chamada "ação declaratória incidental". Sem essa iniciativa do réu ou do autor, a questão seria *conhecida e resolvida* pelo magistrado,

85. Para Thereza Alvim, célebre monografista sobre o tema, questão prejudicial deve ser entendida como "... toda aquela questão que, em sendo lógica e necessariamente antecedente de outra, terá sua decisão influenciando o teor da decisão proferida nessa outra questão", ou, ainda, "Prejudicial é (...) aquela questão que deve, lógica e necessariamente, ser decidida antes de outra, sendo que sua decisão influenciará o próprio teor da decisão vinculada" (*Questões prévias e os limites objetivos da coisa julgada*, p. 19 e 24, respectivamente).

mas *não seria decidida* e, por isso, era incapaz de transitar em julgado. Era o que decorria da conjugação dos arts. 5º[86]; 325[87]; 469, III[88], e 470[89] daquele Código.

Na afirmação do parágrafo anterior, absolutamente correta e precisa para o sistema do CPC de 1973, transparecem um inegável formalismo e o desperdício de atividade jurisdicional, a conflitar, até mesmo, com o princípio da eficiência, já que a falta de coisa julgada não obstaculizava novas postulações *idênticas* e que, pelo menos em tese, poderiam contrastar com a anterior, colocando em risco o próprio princípio da segurança jurídica. Sim, porque a diferença entre *conhecer* e *resolver*, embora justificável do ponto de vista técnico, nunca o foi do ponto de vista da atuação jurisdicional, rigorosamente idêntica em um e em outro caso.

Nesse sentido, é de ser aplaudida a iniciativa do Código de Processo Civil de eliminar a "ação declaratória incidental"[90]. Assim, mesmo sem qualquer iniciativa expressa ou formal do réu e/ou do autor, ou seja, mesmo sem *pedido*, a questão *prejudicial*, isto é, a questão de cuja resolução prévia dependa o julgamento do mérito (art. 503, § 1º, I) transitará em julgado *se* "a seu respeito tiver havido contraditório prévio e efetivo" (art. 503, § 1º, II) *e se* "o juízo tiver competência em razão da matéria e da pessoa para resolvê-la como questão principal" (art. 503, § 1º, III)[91].

O § 2º do art. 503 exclui o alcance da coisa julgada às questões prejudiciais decididas em processos em que há restrições probatórias ou em que existem limitações à cognição judicial aptas a impedir o aprofundamento da análise daquela questão.

As ressalvas merecem ser adequadamente entendidas para evitar incabíveis generalizações, considerando que o objetivo da regra é proteger o exercício da ampla defesa e do contraditório em cada caso concreto.

---

86. "Art. 5º Se, no curso do processo, se tornar litigiosa relação jurídica de cuja existência ou inexistência depender o julgamento da lide, qualquer das partes poderá requerer que o juiz a declare por sentença."

87. "Art. 325. Contestando o réu o direito que constitui fundamento do pedido, o autor poderá requerer, no prazo de 10 (dez) dias, que sobre ele o juiz profira sentença incidente, se da declaração da existência ou da inexistência do direito depender, no todo ou em parte, o julgamento da lide (art. 5º)."

88. "Art. 469. Não fazem coisa julgada: (...) III – a apreciação da questão prejudicial, decidida incidentemente no processo."

89. "Art. 470. Faz, todavia, coisa julgada a resolução da questão prejudicial, se a parte o requerer (arts. 5º e 325), o juiz for competente em razão da matéria e constituir pressuposto necessário para o julgamento da lide."

90. Já era o que propunha o Anteprojeto elaborado pela Comissão de Juristas e que foi preservado pelo PLS n. 166/2010 do Senado Federal. O Projeto da Câmara dos Deputados (PL n. 8.046/2010) trazia de volta a "ação declaratória incidental", que, felizmente, foi rejeitada quando da derradeira manifestação do Senado Federal.

91. Há quem critique a iniciativa do CPC de 2015 de eliminar qualquer traço formal da extinta "ação declaratória incidental", indicando problemas de toda ordem, inclusive o relativo a não haver condições claras de determinar as anotações a que se refere o parágrafo único do art. 286 no distribuidor para todos os fins. A solução para superar essa dificuldade é meramente pragmática: basta ao magistrado, ao se deparar com a discussão e com sua aptidão de transitar em julgado – o que será evidenciando, se não antes, ao ensejo do saneamento e da organização do processo (art. 357) –, determinar que sejam feitas as devidas anotações. Na hipótese de somente ao ensejo do proferimento da sentença aquela discussão vir à baila (e superado eventual questionamento sobre a necessidade de se estabelecer *prévio* contraditório entre as partes acerca da extensão da coisa julgada), será suficiente que o magistrado determine as anotações cabíveis.

Assim, por exemplo, em mandado de segurança (onde há, desde o modelo constitucional, restrição probatória, limitada a *prova preconstituída*), não existe razão para afastar o alcance da coisa julgada a eventual questão prejudicial se as provas apresentadas pelo impetrante não forem óbice para o julgamento de mérito e da própria questão prejudicial, independentemente de serem favoráveis ou desfavoráveis a ele. Naquilo que, justamente por aquela peculiaridade procedimental que caracteriza o mandado de segurança desde o inciso LXIX do art. 5º da CF, não puder haver pronunciamento judicial é que não faz sentido querer justificar a expansão da coisa julgada à questão prejudicial.

Da mesma forma, não há por que excluir aprioristicamente o alcance dado à questão prejudicial pelo § 1º do art. 503 dos procedimentos em que há limitação cognitiva no plano *horizontal*, isto é, que se caracterizam pela cognição *parcial*, tal qual, dentre tantos, a chamada "ação de consignação em pagamento". Aqui, também, a exclusão determinada pelo § 2º do art. 503 só faz sentido em relação ao que, justamente em função daquele corte cognitivo, não pode ser levado em consideração para o julgamento, nunca com relação aos temas discutidos naquela sede, em estreita harmonia com a cognição *parcial* apta a ser desenvolvida.

Diferentemente, eventual corte cognitivo na perspectiva *vertical* mostra-se bastante para afastar a expansão da coisa julgada à questão prejudicial. Assim, em se tratando de cognição *sumária*, não faz sentido querer permitir a incidência do § 1º do art. 503, ainda que estejam presentes seus requisitos, para a questão prejudicial se a própria questão prejudicada não é, ela mesma, capaz de transitar materialmente em julgado.

Ainda que em perspectiva diversa, a parte final do inciso II do § 1º do art. 503 exclui também a formação da coisa julgada da questão prejudicial nos casos de revelia, e, ao fazê-lo, reforça a necessidade da pressuposição de ter havido contraditório prévio e efetivo (real, não meramente a possibilidade de ele ter se desenvolvido) para ocorrer o trânsito em julgado, como exige a primeira parte do mesmo dispositivo, afastada, pois, a presunção de veracidade que a revelia autoriza alcançar (art. 344). E isto, cabe enfatizar, ainda que não haja qualquer restrição probatória ou corte cognitivo nos termos do § 2º do art. 503.

Justamente porque não há nenhum tipo de exigência formal para que a questão prejudicial acabe por transitar em julgado, é mister que o magistrado a identifique no relatório de sua decisão, indicando-a como tal e decidindo expressamente sobre a ocorrência ou não dos pressupostos que autorizam a formação da coisa julgada[92]. Não há por que descartar que *antes* do proferimento da decisão, as partes sejam consultadas (art. 6º) a esse respeito e que suas manifestações sejam levadas em conta *também* sobre estarem ou não presentes as condições exigidas pelos §§ 1º e 2º do art. 503 para a formação da coisa julgada ou não.

92. Nesse mesmo sentido é o Enunciado n. 8 do CEAPRO: "Deve o julgador enunciar expressamente no dispositivo quais questões prejudiciais serão acobertadas pela coisa julgada material, até por conta do disposto no inciso I do art. 505".

Embora mais correto diante do disposto no art. 489, III, a circunstância de a *decisão* sobre a questão prejudicial não constar da parte *dispositiva* não pode, por si só, ser óbice à sua aptidão de transitar materialmente em julgado. Trata-se de entendimento de viés meramente formal que atrita com o sistema processual civil de atos e nulidades processuais, não podendo prevalecer diante do real conteúdo da decisão (art. 489, § 3º).

É indiferente também que a questão prejudicada seja julgada em favor de uma das partes e a prejudicial em favor da outra. Contanto que se esteja diante de efetiva questão prejudicial, a disparidade de resultados é desimportante para tal finalidade. Tampouco obsta a formação da coisa julgada material sobre a prejudicial que o processo seja resolvido sem resolução de mérito em relação à questão prejudicada. A questão prejudicial o é independentemente do resultado do caso concreto e sim pela aptidão de interferir na sua solução (art. 503, § 1º, I). A eficiência processual que inspirou o legislador na nova sistemática não autoriza tais distinções a exemplo do que, expressamente, dispõe o § 2º do art. 343 quanto à reconvenção.

Na hipótese de a questão prejudicial não ser (ou não poder ser) alcançada pela coisa julgada, caberá ao interessado em emprestar a ela o regime de imutabilidade e indiscutibilidade característico daquele instituto tomar a iniciativa de começar um *novo* processo e formular o que seria (ou foi) "questão prejudicial" como *pedido* (como "questão *principal*", portanto). Havendo enfrentamento de mérito e esgotados ou não interpostos os recursos, forma-se a coisa julgada. A única ressalva que parece correta de ser anunciada acerca desta hipótese é a de o autor ter condições de *ampliar* o pedido, o que, de acordo com o art. 329, I, pressupõe que o réu não tenha sido citado ou, após a citação, mas antes do saneamento do processo, tenha dado a sua concordância (art. 329, II). Idêntica observação merece ser feita com relação aos casos em que o réu puder reconvir, fazendo-o com base no que consiste ser a questão prejudicial, tomando ele a iniciativa de ampliar o objeto de *decisão* do magistrado. As iniciativas devem ser aceitas, a despeito dos inegáveis avanços que, sobre o tema, ostenta o CPC de 2015, até mesmo em função do disposto no inciso I do art. 19 e no inegável *interesse* processual (de ambas as partes) de declarar a existência, a inexistência ou o modo de ser de uma relação jurídica[93].

As consequências da extinção da "ação declaratória incidental" e do trânsito em julgado da questão prejudicial, quando observados os pressupostos do § 1º do art. 503, são tão relevantes que o art. 1.054 excepcionou expressamente a nova sistemática dos processos em curso ao tempo da entrada em vigor do CPC de 2015, determinando sua aplicação somente aos processos iniciados após a sua vigência[94]. A providência deve ser prestigiada para evitar inúmeras discussões sobre os processos que se iniciaram sob a égide do CPC de 1973 sobre os limites objetivos da

93. É o sentido e o alcance do Enunciado n. 35 da I Jornada de Direito Processual Civil do CJF: "Considerando os princípios do acesso à justiça e da segurança jurídica, persiste o interesse de agir na propositura de ação declaratória a respeito da questão prejudicial incidental, a ser distribuída por dependência da ação preexistente, inexistindo litispendência entre ambas as demandas (arts. 329 e 503, § 1º, do CPC)".

94. Regra que traz à tona a discussão sobre o exato dia em que o CPC de 2015 entrou em vigor e que é analisada no n. 3 do Capítulo 1 da Parte II do v. 1.

coisa julgada e que em nada, absolutamente nada, contribuiriam à segurança jurídica. O que parece ser possível, para esses casos, a despeito do silêncio do CPC de 2015, é que autor e/ou o réu possam apresentar, nos termos dos arts. 5º e 325 do CPC de 1973 – e observados os prazos em curso, evidentemente –, a chamada "ação declaratória incidental", envolvendo, com sua iniciativa, a questão prejudicial sob o manto da coisa julgada, como era a sistemática então vigente.

3.4.2 Eficácia preclusiva da coisa julgada

Ainda sobre os limites objetivos da coisa julgada, cabe examinar o que é usualmente denominado de "princípio do deduzido e do dedutível" ou, mais precisamente a "eficácia preclusiva da coisa julgada".

Ao contrário do CPC de 1939, em que, por força do parágrafo único de seu art. 287, considerava-se cabível o princípio do julgamento implícito ("considerar-se-ão decididas todas as questões que constituam premissas necessárias da conclusão")[95], no atual, devido ao art. 508, não há mais espaço para aquele entendimento, mormente quando a interpretação de todo o Código de Processo Civil deve se dar a partir do modelo constitucional (art. 1º). Aquele dispositivo pretende criar maior estabilidade ao que foi efetivamente decidido sem necessidade do recurso a qualquer ficção, verdadeira técnica voltada a proteger a própria coisa julgada.

Para o direito processual civil brasileiro atual, "Transitada em julgado a decisão de mérito, considerar-se-ão deduzidas e repelidas todas as alegações e as defesas que a parte poderia opor tanto ao acolhimento quanto à rejeição do pedido" (art. 508), isto é: após o trânsito em julgado da decisão de mérito, nenhuma outra alegação ou defesa que *poderiam ter sido empregadas durante o processo em busca de resultado diverso* pode ser feita.

Trata-se de um complemento necessário para a compreensão do próprio fenômeno da coisa julgada e para a máxima eficiência dessa opção *política*, que realiza o princípio da segurança jurídica, expressamente consagrado no art. 5º, XXXVI, da Constituição Federal. Não se pode conceber *imutabilidade* ou *indiscutibilidade* de uma decisão se fosse possível levar ao Judiciário, a cada novo instante, novos *argumentos* das questões já soberanamente julgadas, iniciativa que, em última análise, teria o condão de desestabilizar o que, por definição, não pode ser mais questionados.

As "alegações" e "defesas" referidas no art. 508 não se confundem com "causa de pedir" que identifica o pedido (e a reconvenção, se for o caso) como tal. Bem diferentemente, elas se relacionam, muito mais, com os "argumentos", isto é, com a "retórica" utilizada para fins de convencimento e formação da cognição judicial a partir de um fato jurídico, vale dizer, da própria causa de pedir. O que o dispositivo proíbe é que *argumentos* ou *defesas* que poderiam ser levantados pelo autor e/ou pelo réu para secundar o acolhimento do(s) pedido(s) diante de dada(s)

---

95. Para a discussão sobre o alcance daqueles dois dispositivos, há duas monografias clássicas. A primeira, escrita ainda no tempo do CPC de 1939, é de José Carlos Barbosa Moreira, *Questões prejudiciais e coisa julgada*; a segunda, escrita no início da vigência do CPC de 1973, é de Thereza Alvim, *Questões prévias e os limites objetivos da coisa julgada*.

causa(s) de *pedir* ou sua rejeição diante de dada(s) causa(s) de *resistir* sejam utilizados para dar ares de nova a postulação idêntica (mesmas partes, mesmo pedido e mesma causa de pedir).

Causa de pedir e argumentos podem até conviver, mas não se confundem. Para que o magistrado se convença da existência de uma dada causa de pedir, é dado ao interessado valer-se dos mais diversos *argumentos*, além da produção da prova que se faça relevante e pertinente. Mas a causa de pedir, em si mesma considerada, não é o mesmo que os argumentos de que se vale para seu enfrentamento e vice-versa. Os elementos apontados no art. 508 devem, pois, ser compreendidos como identificadores ou como elementos de *comprovação* de uma *mesma* causa de pedir.

É importante insistir na distinção. Causa de pedir é aquele fato ou conjunto de fatos (causa de pedir composta) significativo suficientemente de uma determinada consequência jurídica no mundo do direito. Os motivos, as razões, os *argumentos* (as "alegações" e as "defesas") que sustentam a causa de pedir (ou as causas de pedir) não se confundem com ela(s).

Alterando-se a causa de pedir, não há óbice para um *novo* processo. Trata-se, a bem da verdade, de uma postulação diversa, por força do que dispõe expressamente o § 2º do art. 337[96]. Não, contudo, quando a causa de pedir for a mesma e novos forem os *argumentos*, as "alegações e defesas", quando novos forem os motivos para infirmar as razões de decidir que levaram ao proferimento da decisão acobertada pela coisa julgada. É esse o objetivo visado pelo art. 508, que, em última análise, desempenha papel bastante relevante na conservação e na imunização do que transita em julgado[97].

Vale a pena ir além com relação ao dispositivo, contudo. Na perspectiva anunciada acima, que é a mais comum de abordagem do tema, a vedação decorrente do dispositivo relaciona-se a situações de direito material. No entanto, idêntico raciocínio deve ser empregado para coibir que argumentos de ordem processual possam querer infirmar o quanto já decidido e transitado em julgado ou, menos que isso, que tenham sido alcançadas pela preclusão ao longo do processo, máxime quando se recorda da vedação decorrente do art. 507.

3.4.3 Justiça da decisão

Sem prejuízo do exame que, sobre o tema, faz o n. 4.3.5.2 do Capítulo 3 da Parte II do v. 1, cabe, no momento presente, fazer uma menção à chamada "justiça da decisão" ou "eficácia da intervenção".

96. Nesse sentido, interessante o acórdão da 3ª Turma do STJ no REsp 1.878.043/SP, rel. Min. Nancy Andrighi, j.un. 8-9-2020, *DJe* 16-9-2020, reconhecendo a juridicidade de "ação de guarda" fundamentada em novo e superveniente contexto fático de outro processo em que se julgara procedente pedido de afastamento de convívio familiar.

97. Em correto julgado, a 4ª Turma do STJ (REsp 1.090.847/RS, rel. Min. Luis Felipe Salomão, j.un. 23-4-2013, *DJe* 10-5-2013) admitiu o usucapião de imóvel que a União afirmava ser terreno de marinha à falta de prévio processo demarcatório que o reconhecesse como tal. Frisou-se que a decisão não impediria, por causa do então art. 474 do CPC de 1973 (equivalente ao art. 508 do CPC de 2015), que se reputasse dedutível questão que exige, no âmbito administrativo, processo próprio.

A figura, que tem fundamento no art. 123, caracteriza-se como uma decorrência necessária da intervenção de um específico terceiro no processo, o "assistente", que nada mais é do que aquele que pretende atuar em processo existente entre outras partes buscando o proferimento de uma decisão favorável a uma delas e que, de modo mais ou menos intenso, também lhe seja favorável.

Toda vez que uma tal intervenção se verifica, as razões de decidir ficam imunizadas de qualquer questionamento ulterior por parte do assistente, isto é, do terceiro interveniente, o que se justifica para dar maior estabilidade e segurança jurídica ao que foi decidido no processo em que o assistente acabou por atuar. Até porque, em alguns casos, é nas razões de decidir que fica evidenciada a razão (o "interesse jurídico") da intervenção daquele terceiro. Não é por outro motivo que outro nome usualmente empregado para descrever essa figura é "eficácia da intervenção".

As exceções a essa ampliação *objetiva* do que se transita em julgado, a justificar sua menção também nessa sede, são as expressas nos incisos do art. 123[98]. Elas pressupõem que a atuação processual do assistente, marcada desde o instante em que interveio no processo, não tenha se relevado útil o suficiente para afastar o proferimento de uma decisão que, em última análise, é contrária a seus próprios interesses.

3.5 Limites subjetivos

Não só o *objeto* da decisão interessa ao estudo da coisa julgada, isto é, o exame "do *que*" torna-se imutável e indiscutível, mas também a análise "de *quem*" fica vinculado ao que foi decidido. É o que a doutrina usualmente identifica como limites *subjetivos* da coisa julgada. Limites subjetivos porque relacionados aos *sujeitos* que não podem pretender tomar a iniciativa de rediscutir o que já foi soberanamente decidido pelo Estado-juiz porque vinculados à decisão anterior.

O CPC de 2015 inova substancialmente na questão[99]. Abandonando a orientação adotada pela primeira parte do art. 472 do CPC de 1973[100], de que a coisa julgada se limitava às *partes*, não prejudicando *e* nem beneficiando *terceiros*, o art. 506 dispõe que "a sentença faz coisa julgada às partes entre as quais é dada, não *prejudicando* terceiros".

---

98. Que são as seguintes: "I – pelo estado em que recebeu o processo ou pelas declarações e pelos atos do assistido, foi impedido de produzir provas suscetíveis de influir na sentença; II – desconhecia a existência de alegações ou de provas das quais o assistido, por dolo ou culpa, não se valeu".

99. O entendimento que o autor deste *Curso* vem sustentando desde a 1ª edição de seu *Novo Código de Processo Civil anotado*, p. 337, e desde a 1ª edição de seu *Manual de direito processual civil*, p. 366-367, ganhou monografia de fôlego de Luis Guilherme Marinoni intitulada *Coisa julgada sobre questão*, que trata do ponto, em especial, nas p. 311-323.

100. O dispositivo tinha a seguinte redação: "A sentença faz coisa julgada às partes entre as quais é dada, não beneficiando, nem prejudicando terceiros. Nas causas relativas ao estado de pessoa, se houverem sido citados no processo, em litisconsórcio necessário, todos os interessados, a sentença produz coisa julgada em relação a terceiros".

Antes de enfrentar o alcance que o art. 506 merece receber, cabe frisar que o conceito de "partes" é contraposto ao de "terceiros" no plano do direito processual civil. É parte todo aquele que pede ou em face de quem se pede tutela jurisdicional. São terceiros, por exclusão, todos aqueles que não são partes. A imutabilidade e a indiscutibilidade do que for decidido (observados, sempre, os limites *objetivos* da coisa julgada) volta-se em primeiro plano – e quanto a isto não há espaço para nenhuma dúvida – às *partes*, bem assim, se for o caso, a seus sucessores. Também não se coloca em questionamento que os terceiros estão sujeitos, em quaisquer casos, aos *efeitos* ou, menos amplamente, à *eficácia* daquilo que for decidido, os chamados "efeitos reflexos" de que trata o n. 2.10, *supra*. É, aliás, em função disso que há diversas modalidades de intervenção de terceiro no processo.

O que é novo no art. 506 é que ele não imuniza mais os terceiros de qualquer resultado da decisão trânsita em julgado. Doravante, é ler o artigo, os terceiros podem ser *beneficiados* por ela.

Para este *Curso*, a regra deve ser entendida na sua literalidade, no sentido de que, com o advento do Código de Processo Civil, acabou sendo consagrado, mesmo nos "processos *individuais*", a possibilidade de transporte *in utilibus* da coisa julgada. Como o terceiro será *beneficiado* pela coisa julgada (não podendo ser *prejudicado*), não há razão para questionar a opção feita pelo Código de Processo Civil na perspectiva constitucional.

A propósito do assunto, e para ilustrá-lo, cabe dar destaque à nova redação que o art. 1.068 deu ao art. 274 do Código Civil. De acordo com aquele dispositivo, "O julgamento contrário a um dos credores solidários não atinge os demais, mas o julgamento favorável aproveita-lhes, sem prejuízo de exceção pessoal que o devedor tenha direito de invocar em relação a qualquer deles".

Tendo presente aquele dispositivo, cabe perguntar, para o que aqui interessa, o que ocorre se o pedido do credor solidário é julgado *improcedente*. Nesse caso, é correto entender que todos os devedores solidários podem se beneficiar do que julgado, por causa do art. 506, conquanto o fundamento da improcedência não seja alguma defesa pessoal, isto por causa do próprio art. 274.

As aplicações da novidade do art. 506, contudo, não se esgotam e não se limitam às hipóteses apanhadas pelo art. 274 do Código Civil. Não deixa de ser interessante sugerir que, nos casos de assistência *simples*, o assistente possa, doravante invocar, para si, a decisão *favorável* ao assistido em processo futuro, promovido pelo adversário do assistido ou por ele próprio. A admissão da hipótese, de resto, tem o condão de incentivar e favorecer as intervenções de terceiro em processos alheios em busca, justamente, de decisões que lhe sejam favoráveis não apenas na perspectiva de seus efeitos, mas também – e aqui reside a novidade extraível do art. 506 – quanto à sua imutabilidade e indiscutibilidade.

Também não há por que deixar de entender, a despeito da novidade trazida pelo dispositivo, que, havendo substituição processual, o *substituído*, isto é, aquele que *não* agiu fica sujeito à coisa julgada, recaia ela sobre decisão a ele *favorável* ou *prejudicial*. É essa, com efeito, uma das consequências da substituição processual. Idêntica orientação deve ser reservada para os casos em que há assistência litisconsorcial, ainda quando o assistente não intervém no processo, justamente em face da substituição processual ocorrida nesse caso.

Eventuais críticas a tais possibilidades – e, reflexamente, às escolhas feitas pelo ordenamento jurídico sobre quem pode, ou não, ser substituto processual – tendem a ser mitigadas se ao parágrafo único do art. 18 for dado o rendimento que este *Curso* sustenta ser possível no n. 4.3.6 do Capítulo 3 da Parte II do v. 1.

Por fim, a circunstância de o art. 506 do CPC de 2015 nada dizer sobre as "ações de estado", tal qual fazia a segunda parte do seu par, o art. 472, no CPC de 1973, é de nenhuma importância. Isto porque aquela regra está suficientemente atendida pela atual: eventuais litisconsortes ficam sujeitos à coisa julgada, porque são *partes*[101].

O casuísmo forense revelará, não há razão para duvidar, outras diversas aplicações dessa extensão da coisa julgada para o *benefício* de terceiros, embora, este *Curso* não o nega, seja majoritário o entendimento contrário ao quanto aqui exposto[102].

3.6 Limites temporais

Os limites *temporais* da coisa julgada, tema nem sempre abordado sob essa nomenclatura pela doutrina em geral[103], dizem respeito a como a imutabilidade e a indiscutibilidade, que caracterizam a coisa julgada, comportam-se ao longo do tempo.

O *caput* do art. 505, a esse propósito, veda que o magistrado decida novamente as questões já decididas, com a expressa ressalva das hipóteses que indica em seus dois incisos.

As "questões" a que se refere o dispositivo devem ser entendidas como toda matéria controvertida que deve ser resolvida antes do julgamento do pedido (ou pedidos). São verdadeiros antecedentes lógicos da decisão, sobre os quais paira controvérsia entre as partes. São, nesse sentido, "questões *prévias*".

A vedação da rediscussão de uma mesma *questão* ao longo do processo, contudo, deve ser distinguida de outra hipótese, que é a possibilidade de, à luz de *novos* fatos ou do apro-

---

101. Era a interpretação que o n. 5 do Capítulo 2 da Parte V do v. 2, t. I, das edições anteriores ao CPC de 2015 deste *Curso* propunha à segunda parte do art. 472 do CPC de 1973.

102. Para as críticas ao entendimento do texto, v. José Rogério Cruz e Tucci, *Comentários ao Código de Processo Civil*, v. VIII, p. 220-227, que defende que a interpretação do art. 506 deve se limitar a situações em que "... o terceiro, no plano do direito material, situa-se na mesma posição jurídica de um dos demandantes ou então é titular de relação conexa com a *res de qua agitur*", tal qual já propugnava para o art. 472 do CPC de 1973 em seu *Limites subjetivos da eficácia da sentença e da coisa julgada civil*. Na mesma linha de pensamento se manifestou João Francisco N. da Fonseca, *Comentários ao Código de Processo Civil*, v. IX, p. 157-160, e a já referida tese de Marcos de Araújo Cavalcanti, item 5.3.4. (na versão comercial, esp. p. 513/535). O Enunciado n. 36 da I Jornada de Direito Processual Civil da CJF aponta para a mesma direção: "O disposto no art. 506 do CPC não permite que se incluam, dentre os beneficiados pela coisa julgada, litigantes de outras demandas em que se discuta a mesma tese jurídica".

103. Exceção digna de destaque é a iniciativa de Eduardo Talamini, *Coisa julgada e sua revisão*, p. 87.

fundamento da cognição jurisdicional, fazer-se necessário o proferimento de *nova* decisão, diferente da anterior, mesmo que seja para confirmar o que já havia sido decidido.

É nesse contexto que o tema relativo à chamada "preclusão *pro judicato*" merece nova menção, sem prejuízo das considerações feitas pelo n. 6 do Capítulo 4 da Parte II do v. 1. Não é porque determinados institutos, por expressa disposição de lei, aceitam seu reexame de ofício "em qualquer tempo e grau de jurisdição, enquanto não ocorrer o trânsito em julgado" (é o que expressamente dispõe o § 3º do art. 485), que o magistrado pode, independentemente da provocação das partes, redecidir o que já havia decidido. A não ocorrência de preclusão, nesses casos, depende da inexistência de decisão anterior ou, quando menos, da alteração do substrato fático-jurídico dela, o que permite, na forma já aventada, o proferimento de *nova* decisão, situação bem diversa.

O art. 505, contudo, vai além, dando ensejo ao enfrentamento do tema no contexto que para cá diz respeito, isto é, da coisa julgada.

O *caput* do dispositivo aplica a regra dos limites *objetivos* da coisa julgada ao longo do tempo, apresentando os contornos bem aceitos do tema: não se rediscutem mais as "questões já decididas relativas à mesma lide", isto é, as questões (de mérito e proferidas com base em cognição exauriente) sobre as quais se operou a coisa julgada, em outros processos. Trata-se da *indiscutibilidade* da coisa julgada na sua função *negativa*, sua concepção como verdadeiro *pressuposto processual negativo*. A coisa julgada, pela sua própria razão de ser, tende a projetar o caráter de indiscutibilidade e imutabilidade do que foi decidido ao longo do tempo e para fora do processo em que proferida a decisão por ela acobertada. É o que caracteriza a eficácia *externa* da coisa julgada destacada no n. 3.3, *supra*.

Pode ocorrer, contudo, que haja motivos para decidir novamente o que já foi objeto de decisão, mesmo quando ela esteja acobertada pela coisa julgada. Aqui, uma vez mais, é verificar se e em que situações há razões de política legislativa que mitiguem o instituto, fazendo com que outros princípios de idêntica envergadura prevaleçam sobre a segurança jurídica.

Os incisos do art. 505 ocupam-se com as hipóteses em que o legislador fez expressamente tal escolha.

A primeira, prevista no inciso I daquele dispositivo, diz respeito às relações jurídicas de trato continuado, isto é, aquelas que se desenvolvem ao longo do tempo.

O exemplo clássico é o da prestação alimentícia: a obrigação de prestar alimentos desenvolve-se ao longo do tempo, não obstante, as mais diversas ocorrências poderem interferir na continuidade daquela prestação, tanto no que diz respeito à *necessidade* do alimentando quanto na *possibilidade* do alimentante. É supor que o devedor de alimentos seja despedido e não tenha mais condições de manter os padrões da prestação à qual estava obrigado ou, inversamente, de ele passar a ter um salário melhor. Esses *fatos*, que ocorrem, todos, no plano material, interferem, necessariamente, no que já foi julgado (no plano do processo) e, por força do dispositivo em análise, é permitida uma *nova* decisão.

É bastante comum a afirmação de que na hipótese ventilada, de alimentos, não haveria coisa julgada, justamente pela possibilidade de sua alteração. Não há como concordar com o entendimento. Coisa julgada há. O que existe, contudo, é expressa previsão legislativa para que o que foi decidido anteriormente à luz de específica situação de fato ou de direito seja reexaminado por força da alteração destes fatos ou do próprio direito. A coisa julgada opera nesses casos *rebus sic stantibus*, isto é, ela prevalece enquanto a situação a ela subjacente permanecer igual.

À mesma conclusão é possível chegar tendo presente que a alteração dos fatos ou do direito é, por si só, suficiente para alterar a *causa de pedir* e, nesse sentido, viabilizar o início de um *novo* processo, porque *qualitativamente* diverso do anterior, em cuja decisão recaiu a coisa julgada. O mesmo raciocínio deve ser empregado para os casos em que houver alteração do *pedido* ou das *partes* sobre as quais se operou a coisa julgada anterior. Em todas essas situações, porque de nova postulação se trata, não há como entender que a coisa julgada anterior seja óbice a uma *nova* e *diversa* manifestação do Estado-juiz.

De uma forma ou de outra, contudo, o que releva destacar é a existência de uma *prévia* coisa julgada que, pelas necessárias comunicações dos planos material e processual, pode vir a ser mitigada por força de variações ocorridas ao longo do tempo. Trata-se, vale enfatizar, de combinar, à luz das vicissitudes de cada caso concreto, os diversos valores antagônicos que compõem o modelo constitucional do direito processual civil.

Destarte, sempre que sobrevier modificação no estado de fato ou de direito, a parte poderá pedir a revisão do que foi decidido. Nesses casos, considerando que novos fatos e, até mesmo, nova situação de direito, ainda que relacionados a uma mesma relação jurídica, podem ensejar nova causa de pedir, há espaço suficiente para o novo questionamento da questão, ainda que não fosse expressa a previsão normativa ora evidenciada.

O inciso II do art. 505, ao se referir aos "demais casos prescritos em lei", traz à mente a sistemática da coisa julgada do chamado "processo coletivo". No âmbito da "ação popular" (art. 18 da Lei n. 4.717/65[104]), da "ação civil pública" (art. 16 da Lei n. 7.347/85[105]) e do próprio Código do Consumidor (art. 103, I e II, da Lei n. 8.078/90[106]), a identificação de "nova

104. "Art. 18. A sentença terá eficácia de coisa julgada oponível 'erga omnes', exceto no caso de haver sido a ação julgada improcedente por deficiência de prova; nesse caso, qualquer cidadão poderá intentar outra ação com idêntico fundamento, valendo-se de nova prova."

105. "Art. 16. A sentença civil fará coisa julgada erga omnes, nos limites da competência territorial do órgão prolator, exceto se o pedido for julgado improcedente por insuficiência de provas, hipótese em que qualquer legitimado poderá intentar outra ação com idêntico fundamento, valendo-se de nova prova."

106. "Art. 103. Nas ações coletivas de que trata este código, a sentença fará coisa julgada: I – *erga omnes*, exceto se o pedido for julgado improcedente por insuficiência de provas, hipótese em que qualquer legitimado poderá intentar outra ação, com idêntico fundamento valendo-se de nova prova, na hipótese do inciso I do parágrafo único do art. 81; II – *ultra partes*, mas limitadamente ao grupo, categoria ou classe, salvo improcedência por insuficiência de provas, nos termos do inciso anterior, quando se tratar da hipótese prevista no inciso II do parágrafo único do art. 81."

prova" tem o condão de viabilizar postulação idêntica desde que a sentença de improcedência tenha como fundamento a insuficiência de provas.

Outro exemplo que se localiza fora do Código de Processo Civil reside na Súmula 239 do Supremo Tribunal Federal, que tem o seguinte enunciado: "Decisão que declara indevida a cobrança do imposto em determinado exercício não faz coisa julgada em relação aos posteriores".

A análise dos respectivos julgados que lhe dão fundamento autoriza concluir que coisa julgada que afasta a cobrança de determinado tributo de trato continuado ou sucessivo deve ser preservada enquanto não forem alteradas as condições fáticas e/ou jurídicas que dão sustento àquela decisão[107].

3.7 Técnicas de contraste

A coisa julgada aceita impugnação. Embora sua proteção tenha assento constitucional expresso no inciso XXXVI do art. 5º da Constituição Federal, é possível e, mais do que isso, desejável que o legislador possa estabelecer padrões de seu contraste diante do necessário prevalecimento de outros valores ou de outros ideais do mesmo ordenamento jurídico. Trata-se, em última análise, de conclusão da qual não se pode arredar aceitando as premissas que fundam o desenvolvimento deste *Curso* a partir do modelo constitucional do direito processual civil e, tendo presentes os princípios constitucionais do direito processual civil, o estado conflitante que os caracteriza como tais.

Não deve prevalecer, por isso mesmo, o entendimento de que a coisa julgada é, ela própria, uma espécie de "sanatória" geral de qualquer vício ou nulidade do processo. Que, uma vez julgados os recursos interpostos ou não cabível mais qualquer forma de impugnação da decisão, e formada a coisa julgada, o que foi decidido torna-se imutável e imune a qualquer discussão. Há situações em que tal discussão ainda é possível como forma de admitir que se busque desfazer a própria coisa julgada, seja questionando a regularidade do processo, isto é, da atuação jurisdicional, que redundou no proferimento da decisão sobre a qual ela recai, seja a própria decisão independentemente de qualquer vício no processo em que proferida.

Há diversos meios de contraste da coisa julgada. Para os fins presentes, é suficiente a sua indicação, deixando para o momento oportuno o seu exame, rente à metodologia empregada por este *Curso*.

O principal deles é a "ação rescisória" (arts. 966 a 975), pela qual a coisa julgada pode ser desconstituída quando presente uma ou mais de uma das hipóteses arroladas nos diversos incisos do

107. A esse assunto o autor deste *Curso* dedicou-se longamente em outros trabalhos. O de maior fôlego é intitulado "Coisa julgada em matéria tributária e o CPC de 2015: considerações em torno da Súmula 239 do STF", p. 295-330.

art. 966. Também a impugnação ao cumprimento de sentença pode desempenhar esse papel quando seu fundamento for a falta ou nulidade de citação para o processo que correu à revelia (art. 525, § 1º, I) ou a declaração de inconstitucionalidade da lei sobre a qual se funda o título executivo (art. 525, §§ 12 e 15), seguindo o mesmo modelo a hipótese de a impugnação ser apresentada pelo Poder Público quando o cumprimento de sentença é dirigido a ele (art. 535, I, e §§ 5º a 8º).

Tais mecanismos, que são estudados ao longo deste *Curso*, buscam, de uma forma ou de outra, *desconstituir* a coisa julgada já existente e, consequentemente, viabilizar a reabertura do processo no qual a decisão havia sido proferida ou, quando menos, o proferimento de uma *nova* decisão para *substituir* a anterior.

Sobre os meios de controle da coisa julgada, é importante destacar que o sistema processual civil brasileiro admite outros que, embora não se voltem especificamente a ela, dirigem-se a decisões que transitaram em julgado.

A sua admissão, bem assim o seu respectivo regime jurídico, dependem, fundamentalmente, da compreensão do tipo de vício de que padece a decisão e que, a depender de sua intensidade, sequer fica imunizado com a formação da coisa julgada. É o que se dá, por exemplo, com a classe das "inexistências processuais". Para quem as admite, não é correto sustentar a *desnecessidade* da "ação rescisória" para reconhecê-las jurisdicionalmente. Elas, por sua própria natureza, afastam aquela iniciativa, admitindo que, até mesmo de ofício, isto é, sem provocação das partes ou de eventuais interessados, elas sejam identificadas pelo Estado-juiz. Quando menos, que seu reconhecimento jurisdicional se dê ao ensejo das chamadas "ações declaratórias de inexistência de ato processual" ou "ações declaratórias de inexistência de relação jurídica processual".

O § 4º do art. 966, por seu turno, admite a iniciativa de se pretender a declaração de nulidade ou a desconstituição de um ato, ainda que homologado judicialmente e transitado em julgado. São as hipóteses da chamada "ação anulatória", que se voltam não à decisão jurisdicional propriamente dita, mas ao ato que praticado pelas próprias partes e que, apresentado ao Estado-juiz, deu ensejo à sua homologação.

3.7.1 Relativização

A respeito dos mecanismos processuais voltados ao contraste da coisa julgada, é importante fazer menção ao que é chamado de "relativização da coisa julgada" ou "coisa julgada *inconstitucional*".

Parcela da doutrina, capitaneada por considerações de José Augusto Delgado[108] e Humberto Theodoro Júnior[109], desenvolveu a tese de uma necessária *relativização da coisa julgada*

108. A referência é feita ao seu "Efeitos da coisa julgada e os princípios constitucionais", publicada em coletânea coordenada por Carlos Valder do Nascimento intitulada *Coisa julgada inconstitucional*.

109. O trabalho pioneiro, escrito em coautoria com Juliana Cordeiro de Faria, é intitulado "A coisa julgada inconstitucional e os instrumentos processuais para seu controle" e foi publicado na mesma coletânea referida na nota anterior.

em casos em que houver, *flagrantemente*, alguma injustiça ou, de forma mais ampla, algum *flagrante* erro de julgamento[110]. É o que ocorre, por exemplo, em casos em que o reconhecimento jurisdicional da filiação se dá em contraste ao que, em função dos avanços tecnológicos, é possível, com precisão, estabelecer[111] ou em que a decisão foi proferida com base em variadas formas de corrupção, envolvendo inclusive o perito responsável pela elaboração do laudo avaliatório do bem, que só é apurada depois de longo espaço de tempo.

Em situações como essas, sustenta-se a necessidade de o *princípio da segurança jurídica*, que, em última análise, dá sustento à coisa julgada, ceder espaço a outros valores, igualmente consagrados pela Constituição Federal (como a "dignidade da pessoa humana" e o da "probidade administrativa" para fazer referência aos exemplos dados no parágrafo anterior) e, consequentemente, admitir um novo julgamento como se não houvesse a coisa julgada anterior. É como se dissesse que uma verdade *materialmente* constatável não pudesse deixar de ser jurisdicionalmente reconhecida em virtude de uma anterior decisão jurisdicional ainda que transitada em julgado.

A corrente tem opositores ferrenhos, dentre os quais vale o destaque do pensamento de Nelson Nery Jr.[112], Leonardo Greco[113] e Luiz Guilherme Marinoni[114]. Para essa corrente, a estabilização da coisa julgada, mormente porque expressamente consagrada pela Constituição Federal, ao contrário do que se dá em outros países, não admite, fora das situações expressamente previstas pela própria Constituição ou pela lei, ser mitigada.

No âmbito do Supremo Tribunal Federal, embora votando em harmonia com o entendimento prevalecente naquela Corte em sentido contrário – fazendo-o, expressamente, por força do princípio da colegialidade –, o Ministro Celso de Mello já teve oportunidade de justificar sua discordância com a teoria, que "... mostra-se apta a provocar consequências altamente lesivas à estabilidade das relações intersubjetivas, à exigência de certeza e de segurança jurídicas e à preservação do equilíbrio social. A invulnerabilidade da coisa julgada deve ser preservada em razão de exigências de ordem político-social que impõem a preponderância do valor constitucional da segurança jurídica, que representa, em nosso ordenamento positivo, um dos subprincípios da própria ordem democrática"[115].

Partindo das premissas eleitas para seu desenvolvimento, este *Curso* não pode deixar de acompanhar a corrente que sustenta a necessidade da *relativização* da coisa julgada. Sua aceitação, contudo, depende invariavelmente do devido exame das especificidades de cada caso

110. O organizador da coletânea referida nas notas anteriores e de suas sucessivas reedições, Carlos Valder do Nascimento, acabou dedicando monografia de sua exclusiva lavra ao tema intitulada *Por uma teoria da coisa julgada inconstitucional*.

111. Acolhendo essa tese, merece ser lido o voto-vista proferido pelo Min. Luiz Fux no RE 363.889/DF, STF, Pleno, rel. Min. Dias Toffoli, j.m.v. 2-6-2011, *DJe* 10-6-2011.

112. *Princípios do processo na Constituição Federal*, p. 64-104.

113. "Eficácia da declaração *erga omnes* de constitucionalidade ou inconstitucionalidade em relação à coisa julgada anterior", esp. p. 205-207.

114. *Coisa julgada inconstitucional*, p. 55-92 e 177-206.

115. RE 649.154/MG, rel. Min. Celso de Mello, j. 23-11-2011, *DJe* 29-11-2011.

concreto – vedada, por definição, a generalização de situações e de hipóteses em que ela pode se dar –, em que se possa contrastar, frente a frente, o conflito dos *valores envolvidos* e verificar em que medida e por quais razões a segurança jurídica, valor predominantemente protegido pela coisa julgada, deve ceder espaço a outros valores ou a outros princípios também existentes no ordenamento jurídico. É dizer de forma bem direta: não se pode, justamente por causa da influência do modelo constitucional do direito processual civil, sustentar a aplicação generalizada e abstrata da tese da "relativização da coisa julgada". Tal aplicação não pode ser aceita.

É por essa razão que a crítica feita à relativização da coisa julgada não pode ser simplesmente aceita ou ignorada. O tema não permite enfrentamento que descarte a busca do ponto de *equilíbrio* do sistema justamente porque se trata, em última análise, de conflito explícito entre valores constitucionais igualmente protegidos pela ordem jurídica. Assim, é importante ter presente a crítica à tese se não para guiar uma mais radical transformação do direito legislado com a criação de *outros* mecanismos de controle da coisa julgada, mais flexíveis que aqueles mencionados no número anterior, para, ao menos, nortear que a aplicação da tese aos casos concretos, independentemente de novas modificações legislativas, seja feita com bastante parcimônia para evitar a desestruturação do sistema jurídico e a instauração de insegurança jurídica.

Uma das formas de obter esse resultado sem necessidade de alteração legislativa é admitir uma leitura ampliativa, extensiva, até mesmo *criativa*, dos diversos incisos do art. 966, que, em grande parte, apenas repete o que já estabeleciam os incisos do art. 485 do CPC de 1973, flexibilizando-se, com isso, os casos de cabimento da "ação rescisória". Quando menos, em alguns casos, sendo *necessária* uma fluência diferenciada do prazo *decadencial* para ajuizamento da "ação rescisória", para além das hipóteses que os §§ 1º, 2º e 3º do art. 975, cônscios dessa forma de pensar criticamente o tema, já flexibilizaram[116].

Cabe precisar melhor as considerações anteriores. Elas, em rigor, não se voltam, propriamente, a "relativizar a coisa julgada", mas, bem diferentemente, "relativiza" ou "flexibilizar" os *meios* de seu controle independentemente de qualquer alteração legislativa, até porque foram tímidos os avanços trazidos a esse respeito pelo Código de Processo Civil.

A proposta defendida por este *Curso*, destarte, é submeter a ação rescisória e os demais mecanismos típicos de contraste da coisa julgada à "filtragem constitucional" de que trata o n. 1 do Capítulo 3 da Parte I do v. 1 para, em nome de *outros* valores e princípios constitucionalmente exigidos, permitir o controle das decisões jurisdicionais, mesmo quando transitadas em julgado, para sua adequação às realidades subjacentes ao processo ou, mais amplamente, do próprio ordenamento jurídico e, nessas condições, possam, elas próprias, restar imunes a novos questionamentos.

116. Era a proposta que era feita pelo n. 7.1 do Capítulo 2 da Parte V do v. 2, t. I, das edições anteriores ao CPC de 2015 deste *Curso*, enaltecendo, na oportunidade, as considerações então feitas por Eduardo Talamini (*Coisa julgada e sua revisão*, esp. p. 376-422) e por Teresa Arruda Alvim e José Miguel Garcia Medina (*O dogma da coisa julgada: hipóteses de relativização*, esp. p. 170-209).

Parte II

Ordem dos processos e processos de competência originária dos Tribunais

Capítulo 1

Direito jurisprudencial

1. CONSIDERAÇÕES INICIAIS

O Livro III da Parte Especial do Código de Processo Civil é intitulado "Dos processos nos Tribunais e dos meios de impugnação das decisões judiciais". Ele é dividido em dois Títulos. O primeiro, que ocupa os arts. 926 a 993, disciplina a ordem dos processos nos Tribunais e os processos de competência originária dos Tribunais. O segundo, que se estende dos arts. 994 a 1.044, é dedicado aos recursos.

A nomenclatura dada ao Título I do Livro III da Parte Especial, bem como a primeira parte do nome do próprio Livro III, embora consagradíssima, não é indene a críticas. A razão principal é a heterogeneidade dos temas nela tratados.

As "disposições gerais", dos arts. 926 a 928, por exemplo, dizem respeito, em rigor, às decisões jurisdicionais em geral, e não ao modo pelo qual (o processo) elas são produzidas.

Tão verdadeira a observação que os arts. 520 a 522 do Projeto da Câmara, mais pertinentemente, trazia-as ao lado da disciplina da sentença que, àquela altura do processo legislativo, era regulada nos arts. 495 a 505. A iniciativa se justificava porque a matéria refere-se a qualquer *decisão jurisdicional*, não apenas ao que ocorre no âmbito dos tribunais, pretendendo o então Capítulo XIV tratar do modo mais completo possível a temática das decisões jurisdicionais em geral. Mas não só: os arts. 926 a 928 não tratam do *processo de produção* das decisões que querem fazer as vezes dos *indexadores jurisprudenciais* previstos no art. 927, mas, apenas, dos seus *efeitos*. Por isso, mostrou-se preferível aquela mudança de local para a matéria, empregando a disciplina da sentença e de seus efeitos como paradigma de qualquer decisão jurisdicional – típico caso de sinédoque –, inclusive, nessa perspectiva, daquelas proferidas no âmbito dos Tribunais, similarmente ao que o § 1º do art. 489 faz (e pertinentemente) com o dever de fundamentação, que diz respeito, desde o modelo constitucional do direito processual civil a toda e qualquer decisão, não apenas, às *sentenças*.

Os arts. 929 a 946, por sua vez, dizem respeito mais à atividade organizacional e administrativa dos Tribunais do que, propriamente, a qualquer processo em si mesmo considerado. Não tratam, propriamente, de ordem dos processos nos Tribunais; não todos eles, pelo menos.

Mesmo com relação à matéria que poderia se amoldar mais adequadamente à compreensão de "processos" (Capítulos III a IX do Título I), é imperioso entendê-la a partir do substrato jurídico imposto desde o modelo constitucional do direito processual civil para formar a base de atuação nos Tribunais. Boa parte da disciplina, contudo, nada mais é do que verdadeiro desdobramento do que ocorre – e concomitantemente – na primeira instância. Merecem, por isso, ser tratados muito mais como *incidentes* do que como *processos*.

Independentemente das justificativas das escolhas feitas pelo legislador e da concordância ou da discordância com elas, a proposta deste *Curso* com relação à exposição da matéria observa, para ser a mais didática possível, a ordem crescente dos artigos do Código de Processo Civil, dedicando cada Capítulo a determinado instituto, dedicando aos recursos, contudo, a Parte III deste volume.

2. ALCANCE DOS ARTS. 926 A 928

As disposições gerais, que correspondem ao Capítulo I do Título I do Livro III da Parte Especial, compreendem três dispositivos. Os dois primeiros (arts. 926 e 927) ocupam-se com o papel esperado, pelo Código de Processo Civil, da "jurisprudência" e com as diversas formas de sua manifestação e respectivo regime jurídico. É o que este *Curso* propõe seja denominado de "direito jurisprudencial" e, tendo presente a diversidade de situações previstas nos incisos do art. 927, de "indexadores jurisprudenciais". O terceiro daqueles dispositivos, o art. 928, limita-se a indicar o que, para o Código de Processo Civil, deve ser compreendido como "julgamento de casos repetitivos", que é uma das técnicas – apenas uma – que ele elege como produtora de decisões judiciais que merecem ser compreendidas no contexto e para os fins dos arts. 926 e 927.

Os arts. 926 e 927, considerados como um todo, têm como missão substituir o mal aplicado e desconhecido, verdadeiramente ignorado e pouco estudado, "incidente de uniformização de jurisprudência" dos arts. 476 a 479 do CPC de 1973. É o típico caso de instituto jurídico que não encontrou, nos pouco mais de quarenta anos de vigência daquele Código, seu espaço, caindo em esquecimento quase que completo[1]. Por essa razão é importante compreender aqueles dois dispositivos (como, de resto, todos os que, ao longo do CPC de 2015, direta ou indiretamente com eles se relacionam, e não são poucos) como normas diretivas de maior otimização de decisões paradigmáticas no âmbito dos Tribunais e dos

1. Como sempre, há louváveis exceções, cabendo a lembrança de duas monografias que se dedicaram ao tema. A primeira, de José de Albuquerque Rocha, *O procedimento da uniformização da jurisprudência*, e a segunda, de José Marcelo Menezes Vigliar, *Uniformização de jurisprudência:* segurança jurídica e dever de uniformizar. Este *Curso* dedicava-se ao tema no Capítulo 2 da Parte II do v. 5 de suas edições anteriores ao CPC de 2015.

efeitos que o próprio Código de Processo Civil quer que essas decisões, as paradigmáticas, devam surtir nos demais casos em todos os graus de jurisdição, a começar por aquelas produzidas pelo Supremo Tribunal Federal.

Saber se o Código de Processo Civil pode estabelecer que os efeitos de determinadas decisões paradigmáticas *devam* ser acatados pelos órgãos jurisdicionais em geral, no sentido de torná-las *vinculantes* de maneira generalizada aos demais órgãos jurisdicionais, é questão que foi, pouco a pouco, tomando corpo em variadas e constantes modificações experimentadas pelo CPC de 1973 e, mais amplamente, pela própria legislação processual civil em vigor, e que não pode mais ser evitada[2].

Diante do modelo constitucional do direito processual civil, importa acentuar que não há espaço para que o legislador possa chegar a tanto. A opção depende de prévia e expressa autorização *constitucional*, tal qual a feita – de modo restritivo e não sem duras críticas que a antecederam[3] – pela Emenda Constitucional n. 45/2004, e, portanto, está fora da esfera de disponibilidade do legislador infraconstitucional.

Ademais, diferentemente do que muitos sustentam, não há nenhuma obviedade ou imanência em negar genericamente o caráter vinculante às decisões jurisdicionais, mesmo àquelas emitidas pelos Tribunais Superiores[4]. Isso porque a tradição do direito brasileiro *não é de common law, no sentido de reconhecer ao direito dos Tribunais fonte imediata ou originária de direito, a ser multiplicado a partir de precedentes*. É analisar criticamente, não fosse o cipoal de leis editadas diariamente pelas esferas de poder legislativo dos entes federados, o real alcan-

---

2. Há importante obra de José Carlos Barbosa Moreira acerca do assunto, publicado na 9ª série de seus *Temas de direito processual*, p. 301-302, tendo como pano de fundo a Lei n. 9.756/98, em que o saudoso processualista escreve: "Reformas sucessivas, levadas a cabo por diversas leis, foram acentuando, com intensidade crescente, o valor da jurisprudência, paralelamente alargando – registre-se *a latere* – a competência do relator para apreciar, sozinho, a matéria *sub iudice*. A Lei n. 8.038, de 28-5-1990, tornou-o competente, no Supremo Tribunal Federal e no Superior Tribunal de Justiça, para negar seguimento a pedido ou recurso que contrariasse, 'nas questões predominantemente de direito, *Súmula* do respectivo tribunal'. Sobreveio a Lei n. 9.139, de 30-11-1995, que, mediante alteração do art. 557 do Código, estendeu aos tribunais em geral a atribuição de competência ao relator para negar seguimento a qualquer recurso 'contrário à súmula do respectivo tribunal ou de tribunal superior'. Novos e largos passos daria no mesmo sentido a Lei n. 9.756, de 17-12-1998. Fez ela competente o relator, em certos casos, não apenas para 'negar seguimento' a recurso, quando 'em confronto com súmula ou com jurisprudência predominante do respectivo tribunal, do Supremo Tribunal Federal ou de Tribunal Superior', senão para dar-lhe provimento, por decisão monocrática, sempre que a recorrida se achasse 'em manifesto confronto com súmula ou jurisprudência dominante do Supremo Tribunal Federal, ou de Tribunal Superior' (arts. 544, § 3º, e 557, *caput* e § 1º-A, na redação dada pelo citado diploma legal). Também autorizou o relator do conflito de competência a decidi-lo de plano, sempre que exista 'jurisprudência dominante do tribunal sobre a questão suscitada' (parágrafo único acrescentado ao art. 120 do CPC)". Outro trabalho importante sobre o assunto editado ainda sob égide do CPC de 1973 é o de Tiago Asfor Rocha Lima, *Precedentes judiciais civis no Brasil*.
3. Para um panorama delas, v.: Lenio Luiz Streck e Georges Abboud, *O que é isto – o precedente judicial e as súmulas vinculantes?*, p. 99-104, e José Luís Fischer Dias, *O efeito vinculante: dos precedentes jurisprudenciais: das súmulas dos tribunais*, p. 105-107.
4. Assim, por exemplo, Luiz Guilherme Marinoni, *A ética dos precedentes*, p. 80-87.

ce das mais que cinquentenárias Súmulas (não vinculantes) do Supremo Tribunal Federal e sua cotidiana aplicação totalmente alheia a uma ou qualquer teoria sobre precedentes, sejam os do *common law* ou não, para chegar a essa conclusão. Não é diversa a experiência, embora mais recente, das próprias Súmulas vinculantes daquele Tribunal e, desde sua instalação, em 1989, das Súmulas do Superior Tribunal Federal.

Aliás, o art. 8º da mencionada Emenda Constitucional n. 45/2004, completamente esquecido, é claro quanto ao ponto: para que as Súmulas do Supremo Tribunal Federal editadas antes daquela Emenda alcancem o *status* de "vinculantes", elas precisam passar pelo *procedimento* imposto pelo art. 103-A da Constituição Federal, com o elevado crivo de dois terços dos membros daquele Tribunal, que, querendo, deverão confrontar cada uma delas – e são 736, as últimas delas editadas em 2003 – com as alterações experimentadas no direito brasileiro desde a sua edição, "confirmando-as", como quer aquele dispositivo normativo, ou não[5]. É o que, no plano infraconstitucional, impõe, pertinentemente, o art. 5º da Lei n. 11.417/2006, que regulamenta o precitado dispositivo constitucional. É correto afirmar, portanto, que não só o *processo* exigido por aquele diploma legislativo – com as considerações propostas pelo n. 5, *infra* –, mas também o *quorum* estabelecido pela própria Constituição Federal para o reconhecimento e efeitos vinculantes àquelas Súmulas preexistentes é indispensável. Diferentemente do que sugerem muitos, nada há de automático nessa operação, que não decorre (e não pode decorrer) da mera vontade legislativa.

Previsibilidade, isonomia e segurança jurídica – valores tão caros a quaisquer ordens jurídicas estáveis, como quer ser a brasileira, pouco importando de onde elas nasceram e como se desenvolveram – devem ser metas a serem atingidas, inclusive pela atuação jurisdicional. Não há por que duvidar disso, tanto quanto não há espaço para questionar que o sistema de precedentes do *common law* é forma de lidar com aqueles ideais.

Há, contudo, limites para o legislador *infraconstitucional* alcançar aqueles objetivos. Fossem suficientes para tanto Súmulas dos Tribunais (a começar pelas dos Tribunais Superiores) e técnicas de julgamento de recursos extraordinários ou especiais repetitivos, e as experiências mais recentes, ainda sob a égide do CPC de 1973, teriam surtido efeitos bem melhores do que estatísticas sobre a redução de casos julgados pelos Tribunais Superiores.

Não há como concordar, destarte, com qualquer entendimento que sugira que o direito brasileiro tem migrado para o *common law* ou algo similar, representando o CPC de 2015 o ápice dessa escalada de emprestar normatividade vinculante a variadas decisões judiciais.

O que há – e é muito diferente – é uma aposta que o legislador infraconstitucional vem fazendo desde as primeiras reformas estruturais pelas quais passou o CPC de 1973 (abandonando a já mencionada e sempre esquecida "uniformização de jurisprudência") no senti-

5. É a seguinte a redação daquele dispositivo: "Art. 8º As atuais súmulas do Supremo Tribunal Federal somente produzirão efeito vinculante após sua confirmação por dois terços de seus integrantes e publicação na imprensa oficial".

do de que, se as decisões proferidas pelos Tribunais Superiores e aquelas proferidas pelos Tribunais de Justiça e pelos Regionais Federais forem observadas (acatadas) pelos demais órgãos jurisdicionais, haverá redução sensível do número de processos e maior previsibilidade, maior segurança e tratamento isonômico entre os jurisdicionados. É o que os incisos do art. 927 bem demonstram e o que inquestionavelmente querem. Nada mais do que isso.

O que ocorre é que o legislador poderia aprimorar *outras* técnicas já conhecidas pelo direito brasileiro para concretizar os ideais de previsibilidade, isonomia e segurança jurídica.

A própria lei *legislada*, típica de países de tradição do *civil law*, como é o caso do Brasil, também quer alcançar aqueles mesmos desideratos. Eventual dispersão de possíveis interpretações sobre a lei legislada não representa algo ontologicamente diverso do que a indispensável interpretação dos *textos* dos enunciados das Súmulas dos Tribunais e o que eles pouco dizem sobre seu verdadeiro alcance para perseguir aqueles fins, tanto quanto as "teses" fixadas em sede de recursos repetitivos ou dos incidentes de assunção de competência e de resolução de demandas repetitivas disciplinados pelo Código de Processo Civil.

Outra técnica que poderia ser utilizada, com inegáveis benefícios, relaciona-se com o "direito processual coletivo". As chamadas "ações coletivas" são, com efeito, técnica apropriada para lidar com dispersão de interesses e direitos canalizando e otimizando o acesso à justiça[6].

O Código de Processo Civil, contudo, desde seu Anteprojeto elaborado pela Comissão de Juristas, preferiu o caminho que, embora muito modificado, acabou por prevalecer: a adoção de um sistema verticalizado, de cima para baixo, de eficácia *expansiva* (para evitar, por ora, a palavra mais polêmica, *vinculante*) de decisões dos Tribunais, tiradas a partir de casos individuais[7]. É o que está nos arts. 926 a 928.

---

6. Para essa discussão, no contexto que aqui interessa, inclusive pelo viés crítico quanto às técnicas de "demandas repetitivas", que já se mostravam no horizonte, consultar, com proveito, as considerações de Rodolfo de Camargo Mancuso, *Incidente de resolução de demandas repetitivas*, p. 34-44 e 155-168.

7. A Exposição de Motivos que acompanhou o Anteprojeto no limiar do processo legislativo perante o Senado Federal é expressa quanto ao ponto nos seguintes trechos: "Prestigiou-se, seguindo-se direção já abertamente seguida pelo ordenamento jurídico brasileiro, expressado na criação da Súmula Vinculante do Supremo Tribunal Federal (STF) e do regime de julgamento conjunto de recursos especiais e extraordinários repetitivos (que foi mantido e aperfeiçoado) tendência a criar estímulos para que a jurisprudência se uniformize, à luz do que venham a decidir tribunais superiores e até de segundo grau, e se estabilize. Essa é a função e a razão de ser dos tribunais superiores: proferir decisões que moldem o ordenamento jurídico, objetivamente considerado. A função paradigmática que devem desempenhar é inerente ao sistema" e "Evidentemente, porém, para que tenha eficácia a recomendação no sentido de que seja a jurisprudência do STF e dos Tribunais superiores, efetivamente, norte para os demais órgãos integrantes do Poder Judiciário, é necessário que aqueles Tribunais mantenham jurisprudência razoavelmente estável. A segurança jurídica fica comprometida com a brusca e integral alteração do entendimento dos tribunais sobre questões de direito. Encampou-se, por isso, expressamente princípio no sentido de que, uma vez firmada jurisprudência em certo sentido, esta deve, como norma, ser mantida, salvo se houver relevantes razões recomendando sua alteração. Trata-se, na verdade, de um outro viés do princípio da segurança jurídica, que recomendaria que a jurisprudência, uma vez pacificada ou sumulada, tendesse a ser mais estável".

Não obstante a necessária discussão sobre a constitucionalidade de o legislador generalizar as hipóteses em que a própria Constituição Federal empresta efeitos vinculantes a determinadas situações, não há como deixar de analisar o potencial desses três dispositivos e dos demais que com eles se relacionam por todo o Código de Processo Civil.

Até porque, mesmo para quem nega, como este *Curso*, a viabilidade de efeitos *vinculantes a quaisquer decisões judiciais* fora dos casos previstos na Constituição Federal, isto é, para além das decisões proferidas pelo Supremo Tribunal Federal no controle concentrado de constitucionalidade (art. 102, § 2º, da CF) e de suas súmulas vinculantes (art. 103-A da CF), não há razão para desconsiderar a sua força *persuasiva* e a necessidade de ser estabelecida verdadeira política pública para implementar maior racionalização nas decisões e na observância das decisões dos Tribunais brasileiros, viabilizando, com isso, inclusive, mas não só, o estatuído no inciso LXXVIII do art. 5º da Constituição Federal, o princípio da eficiência processual. Não por coincidência, o (também nunca lembrado) art. 7º da Emenda Constitucional n. 45/2004 já prescrevia que as alterações legislativas sentidas desde sua promulgação tinham em mira "tornar mais amplo o acesso à Justiça e mais célere a prestação jurisdicional". Trata-se, como salientando, de *uma* forma de atingir a previsibilidade, a segurança jurídica e a isonomia.

De resto, o discurso em torno da existência de efeitos vinculantes como sendo eles os responsáveis pelo cumprimento dos indexadores jurisprudenciais do art. 927 não deixa de mostrar um certo caráter autoritário, que não pode ser aceito justamente em face do modelo constitucional brasileiro. Não há espaço para que as decisões em geral sejam pura e simplesmente *impostas*, não obstante a forma de organização judiciária. É mister analisar a temática levando em conta as razões pelas quais o ordenamento jurídico como um todo deve ser respeitado e acatado, inclusive pelos diversos órgãos estatais (jurisdicionais ou não) e pela própria sociedade civil. É discussão que vai muito além daquilo ao que se propõe este *Curso*.

Justamente por isso é que importa extrair do Código de Processo Civil o máximo de eficácia do sistema proposto pelos seus arts. 926 a 928, independentemente de reconhecer a generalização do efeito *vinculante* a quaisquer outras decisões judiciais para além dos casos expressamente previstos nos arts. 102, § 2º, e 103-A, *caput*, da Constituição Federal. Até porque, cabe insistir, este *Curso* não aceita que a *lei* ou outro ato normativo infraconstitucional possa disciplinar o assunto.

É essa a razão pela qual atentar não apenas aos *efeitos* dos indexadores jurisprudenciais do art. 927 mas também – e em idêntica medida – aos mecanismos de sua produção é tão importante. Trata-se de buscar a legitimação daquele ato de maneira institucionalizada, viabilizando a ampla participação no *processo* de produção daqueles enunciados o que, por definição, gera maior adesão ao entendimento fixado e, consequentemente, ao seu valor (ou efeito) *persuasivo*. No lugar da *vinculação*, de viés autoritário, até porque pressupõe verticalização e imposição, a *persuasão* é atingível a partir de processos decisórios horizontalizados e gradativos. É nisso que deve repousar a "observância" aos indexadores jurisprudenciais prevista no *caput* do art. 927 e que conduz, não é demais repetir, à busca das próprias razões que o ordenamento jurídico deve ser observado, cumprido e aplicado (se for o caso mediante a intervenção jurisdicional) por todas as parcelas do Estado e da sociedade civil.

Para essa iniciativa há vasto material no Código de Processo Civil, não sendo desnecessário recordar de seu art. 1º, que impõe (como não poderia deixar de ser) a interpretação de todas as suas opções políticas e de suas técnicas à luz do modelo constitucional. Na medida em que o *processo de produção* dessas decisões, que querem ser paradigmáticas, observar aquilo que é *imposto* aos Tribunais para tanto, e o seu emprego, no cotidiano forense, também seguir as prescrições do Código de Processo Civil – que em nada se assemelham à experiência mais que cinquentenária das Súmulas do Supremo Tribunal Federal –, nada há de errado em entender que a "jurisprudência" sumulada ou repetitiva dos Tribunais, de qualquer um deles, é norte seguro na *interpretação* das normas jurídicas em geral. Tudo para dar maior *previsibilidade* e *segurança jurídica* aos jurisdicionados, tratando-os de forma *isonômica*, sem precisar recorrer, para dar fundamento a essa busca a qualquer ordenamento jurídico estrangeiro, menos ainda àqueles que têm como base e desenvolvimento histórico realidades completamente diversas das do direito brasileiro.

É certo que o Código de Processo Civil evita o emprego da palavra "vinculante" para se referir ao fenômeno aqui versado, reservando-a apenas para se referir às Súmulas *vinculantes* do Supremo Tribunal, o que, em rigor, não traz novidade nenhuma diante do acréscimo do art. 103-A da Constituição Federal pela Emenda Constitucional n. 45/2004. Há um caso isolado, o do § 3º do art. 947, a propósito do incidente de assunção de competência, ao estabelecer que o acórdão proferido *vinculará* todos os juízes e órgãos fracionários, exceto se houver revisão de tese. Fora desses casos, a palavra não é empregada – e não há razão para deixar de entender que de forma consciente –, para se furtar a polêmicas tal qual a aqui proposta.

Não obstante, aquele elemento, de *vinculação*, parece ser necessário pressuposto de funcionamento do sistema, decorrendo dos afirmativos imperativos empregados sempre que a temática da "jurisprudência" vem à tona ao longo de todo o Código de Processo Civil. É o próprio *caput* do art. 927 que, de forma categórica, dispõe que "Os juízes e os tribunais *observarão*" os referenciais de seus incisos. Prevê-se, até mesmo – e de forma contundente –, o uso da reclamação para afirmar e reafirmar a "observância" do que for decidido no incidente de resolução de demandas repetitivas e no incidente de assunção de competência (art. 988, IV, na redação da Lei n. 13.256/2016).

Não obstante, reiterando o entendimento de que fora dos casos constitucionalmente previstos não há espaço para o legislador dispor sobre efeitos vinculantes a quaisquer decisões judiciais, é indispensável entender que o controle adequado da produção dos indexadores jurisprudenciais, derivem eles da própria Constituição Federal (as decisões tomadas pelo STF em controle concentrado de constitucionalidade) ou do próprio Código de Processo Civil (e a fonte é, em especial, seu art. 927), é indispensável para a obtenção de *consenso* quanto à sua desejável e necessária aplicação em cada caso concreto. Em suma: a percepção de que os indexadores jurisprudenciais devem ser *observados* prescinde da compreensão de que seus "efeitos" sejam *vinculantes*, justamente porque são técnicas dispostas, embora não exclusivamente, para alcançar a previsibilidade, a segurança jurídica e a isonomia.

Além disso, importa dar o destaque devido à circunstância de que em qualquer caso – e aqui não há espaço para distinguir o que tem e o que não tem (e não pode ter) efeito vinculante – a incidência dos indexadores jurisprudenciais do art. 927 pressupõe a devida discussão dos fatos determinantes de cada caso concreto. Inexiste qualquer margem de automatismo entre a existência, por exemplo, de uma tese fixada em recurso especial repetitivo ou uma súmula do Superior Tribunal de Justiça e sua escorreita aplicação ao caso concreto. A devida aplicação daqueles indexadores pressupõe, invariavelmente, a devida análise do caso concreto e dos fundamentos determinantes do que foi estabelecido nos indexadores para verificar em que medida a incidência é ou não justificável. É assunto ao qual retorna o n. 4, *infra*.

3. NOMENCLATURA EMPREGADA E NOMENCLATURA PROPOSTA

Uma consideração preambular se mostra importante sobre a nomenclatura empregada pelo Código de Processo Civil acerca daquilo que interessa para o momento.

O *caput* do art. 926 emprega o termo "jurisprudência". O § 1º do mesmo dispositivo repete a palavra, adjetivando-a de *dominante*, expressão que também aparece no § 3º do art. 927 e no inciso I do § 3º do art. 1.035. O § 4º do art. 927, contudo, emprega o adjetivo *pacificada* para tratar da jurisprudência.

O § 1º do art. 926 ainda faz menção à expressão "enunciado de súmula", que é a mais comum ao longo de todo o Código de Processo Civil, com onze ocorrências (oito no singular e três no plural)[8]. Há diversos outros casos, contudo, em que a palavra "súmula" é empregada sem qualquer menção ao enunciado[9].

Em quatro momentos, o Código de Processo Civil emprega a palavra "precedente"[10].

Em diversas outras oportunidades a referência é a *acórdão* ou a *entendimento* de determinado Tribunal proferido em recursos repetitivos ou "firmado" em incidente de resolução de demandas repetitivas ou de assunção de competência[11]. Em dois casos, a referência é à apli-

8. As referências, no singular, são: art. 332, I; art. 332, IV; art. 489, V e VI; art. 927, §§ 2º e 4º; art. 966, § 5º, e art. 988, III. No plural: art. 926, § 1º; art. 926, § 2º, e art. 927, II.

9. A referência é feita aos seguintes dispositivos: art. 496, § 4º, I e IV; art. 521, IV; art. 932, IV, *a*; art. 932, V, *a*; art. 955, parágrafo único, I; art. 1.035, § 3º, I; e art. 1.035, § 11.

10. Como se pode ler dos seguintes dispositivos: art. 489, § 1º, V e VI; art. 926, § 2º e art. 927, § 5º.

11. É o que se lê nos incisos II e III do art. 332, respectivamente; nos incisos II e III do § 4º do art. 496; nas alíneas *c* dos incisos IV e V do art. 932 e, com a redação que lhe deu a Lei n. 13.256/2016, também no inciso IV do art. 988 e no inciso II do § 5º do mesmo dispositivo.

cação do "entendimento firmado em regime de repercussão geral ou em julgamento de recursos repetitivos"[12].

Mais do que querer teorizar a respeito de cada uma daquelas palavras para tentar justificar que cada uma delas tem um significado próprio, específico e técnico, parece ser suficiente entender que o Código de Processo Civil, a despeito dos mais de dois meses em que seu texto ficou sendo revisado antes do envio à sanção presidencial, não conseguiu encontrar uma fórmula redacional adequada que pudesse albergar de modo minimamente uniforme as situações em que ele próprio quer que determinadas decisões, sumuladas ou não, sejam observadas pelos órgãos do Poder Judiciário para os fins por ele generalizadamente pretendidos.

Não que aquelas palavras possam ser usadas indistintamente ou como sinônimas, evidentemente que não. Importa, contudo, resistir à tentação de querer extrair do Código de Processo Civil maior rigor de linguagem que não faz diferença quanto à aplicação das técnicas que se relacionam com aquelas decisões, sejam elas sumuladas, sumuláveis, repetitivas ou não. Mais que o *nome* a ser dado ao resultado do emprego daquelas técnicas para os fins do art. 926 e, sobretudo, art. 927, importa estudar, em substância, as próprias técnicas e o seu próprio resultado, sem descurar, evidentemente, do *processo* de criação das teses a serem observadas.

Assim é que afirmar, como na maioria das vezes faz o Código de Processo Civil, que é mais correto referir-se a *enunciado* de súmula, e não, como há mais de cinquenta anos se faz, a *súmula*, nada acrescenta ao assunto. Mais importante do que a súmula e seu enunciado é entender o que os casos que lhes dão fundamento (os seus *precedentes*) decidiram concreta e precisamente e de que maneira é correto dizer que aquelas decisões podem querer ser empregadas em casos futuros. Sim, porque súmulas nada mais são do que a consolidação formalizada, em verbetes (ou enunciados), da jurisprudência dos Tribunais em decorrência da reiteração de decisões idênticas proferidas a partir de casos substancialmente iguais. Elas, em si mesmas consideradas, revelam bem menos do que os seus "precedentes" têm capacidade de revelar. Até porque, como formulados invariavelmente em forma de enunciados, põe-se a inafastável necessidade de interpretação de seus respectivos textos, o que, em rigor, aproxima-os das mesmas dificuldades hermenêuticas reservadas para a interpretação e aplicação das próprias leis e demais atos normativos que, para o direito brasileiro, são *escritos*[13].

Distinguir jurisprudência de jurisprudência *dominante* (ou *pacificada*) parece ser tarefa inglória. Não consta que um punhado de julgados aleatoriamente identificados (e em tempos de internet, eles são achados com extrema facilidade) possam querer fazer as vezes do que sempre se disse sobre a jurisprudência e que, por isso, jurisprudência *dominante* ou *pacifica-*

12. É o que se lê do § 7º do art. 1.035 e do *caput* do art. 1.042, na redação que lhes deu a Lei n. 13.256/2016.

13. A crítica é desenvolvida por Lenio Luiz Streck e Georges Abboud ao comentarem o art. 927 em *Comentários ao Código de Processo Civil*, p. 1220.

da é a *verdadeira* jurisprudência, representativa de uma inconteste *tendência* de determinado Tribunal sobre como decidir em um e em outro caso. O que parece ser mais correto é identificar (o que vai muito além do que com critérios eletrônicos de pesquisa se consegue) o que os Tribunais vêm decidindo a respeito de determinados temas e constatar a estabilidade (no sentido de duração) dessa tendência. Até porque, para esse fim, eventual existência de súmulas dos Tribunais, tais como a dos Tribunais Superiores e dos Tribunais de Justiça e Tribunais Regionais Federais, é indicativa do caminho assumido *objetivamente* pela jurisprudência (que, porque o é, só pode ser dominante ou pacificada).

Por fim, não há como, aplicando o que aqui está escrito, querer enxergar, no Código de Processo Civil e nas quatro vezes em que a palavra "precedente" é empregada, algo próximo ao sistema de precedentes do *common law*. A palavra é empregada, nos dispositivos indicados, como sinônimo de decisão proferida (por Tribunal) que o Código de Processo Civil quer que seja vinculante (*paradigmática*, como prefere este *Curso*). Nada além disso. É o que basta para evitar a importação de termos e técnicas daqueles sistemas para compreender o que aparece de forma tão clara e evidente, quase que didática, em determinados dispositivos do próprio Código de Processo Civil.

Nada de *distinguishing*, portanto, bastando que o interessado demonstre a *distinção* (diferença, seja do ponto de vista fático, seja do ponto de vista jurídico, seja de ambos) de seu caso com aquele anteriormente julgado[14]. Nada de *overrulling*, para mencionar outro termo sempre lembrado a propósito do assunto; mas o ônus de verificar de que maneira que anterior decisão paradigmática está ou não *superada*[15], inclusive pelo advento de nova legislação, como é o caso do próprio Código de Processo Civil, que quer se sobrepor a inúmeras e diversas súmulas dos Tribunais Superiores e sua jurisprudência *repetitiva*, notadamente no processamento dos recursos especiais e extraordinários, um dos diversos paradoxos trazidos por ele. Isso é típico de países de *civil law*, em que prepondera a norma jurídica *legislada*, não a *judicada*[16].

O Código de Processo Civil, que tanto enaltece o sistema de "precedentes", traz incontáveis regras *legisladas* que vão de encontro a dezenas de Súmulas do Supremo Tribunal Federal e do Superior Tribunal de Justiça e também de recursos repetitivos, que preexistiam à sua entrada em vigor. Trata-se de verdadeiro paradoxo, que *não pode* deixar de ser levado em

14. É o que se vê, de maneira expressa do art. 489, § 1º, VI, e do art. 1.037, §§ 9º e 12.

15. Tal qual prevê o art. 489, § 1º, VI; o art. 947, § 3º; o art. 985, II; e o art. 986.

16. Na mesma toada, não há justificativa para trazer para o direito brasileiro a distinção comumente feita por ingleses e norte-americanos entre *ratio decidendi* (embora o latim sempre soe melhor aos nossos ouvidos) e *holding*. Para a devida compreensão do direito brasileiro, importa dar destaque à circunstância de que o que quer *vincular* (sempre com a nota crítica já exposta) é o *fundamento relevante* de dada decisão a ser devidamente explicitada e não outras razões – *obiter dictum*, no singular; *obiter dicta*, no plural – que até podem constar dela, mas que não são determinantes para o resultado obtido. Até porque os indexadores do art. 927 e todos aqueles que já existiam décadas antes do advento do CPC e 2015 não permitem a pesquisa em torno daqueles elementos dada a sua enunciação como se fossem dispositivos de lei.

conta na reflexão sobre o sistema proposto pelo Código para o direito jurisprudencial, tal qual o proposto por este *Curso*. Reforça a importância da necessária reflexão sobre esse ponto a lembrança do art. 5º da Lei n. 11.417/2006, que disciplina o art. 103-A da Constituição Federal e a edição, revisão e cancelamento das súmulas vinculantes, que já prescrevia, pertinentemente, que, "revogada ou modificada a lei em que se fundou a edição de enunciado de súmula vinculante, o Supremo Tribunal Federal, de ofício ou por provocação, procederá à sua revisão ou cancelamento, conforme o caso". O necessário prevalecimento das normas *legisladas*, destarte, é inquestionável no direito brasileiro. Ainda quando se trate de súmulas vinculantes, a despeito de sua expressa previsão *constitucional*.

Não há por que legitimar as escolhas feitas pelo Código de Processo Civil porque elas teriam vindo de institutos do direito estrangeiro. Não há necessidade de migrar para o *common law* para ter um direito processual civil mais efetivo ou, para empregar as palavras do *caput* do art. 926, maior *estabilidade*, *integridade* e *coerência* na jurisprudência dos Tribunais brasileiros e na sua adoção nos casos concretos em busca de maior isonomia. O que se tem a fazer, um desafio hercúleo, é criar condições legítimas de aplicar adequadamente decisões proferidas em casos bem julgados antecedentemente – por isso, aliás, é tão importante dar o necessário destaque ao *processo* de criação das decisões a serem "observadas" para os fins do art. 927 – a casos futuros enquanto não há razões objetivas de alteração do que foi julgado, como se justifica, inclusive, com a entrada em vigor do próprio Código de Processo Civil.

Também não há razão para ver interesse no que é novo, ou, quando menos, que tem aparência (ainda que superficial) de novo. Por isso, a *jurisprudência* disciplinada pelo Código de Processo Civil ainda que sob signos diversos, continua sendo o que sempre foi: o entendimento *dominante* de determinado Tribunal sobre certos temas em determinado período de tempo. As *súmulas* também continuam a ser o que sempre foram para o direito brasileiro: os enunciados indicativos da jurisprudência indexada sobre variadas questões. E, por sua vez, *precedentes* são e serão as decisões que, originárias dos julgamentos de casos concretos, inclusive pelas técnicas do art. 928, ou do incidente de assunção de competência, querem ser aplicadas também em casos futuros quando seu substrato fático e jurídico autorizar.

São precedentes não porque vieram de países de *common law ou se relacionam com os precedents de lá*, e sim porque foram julgados com *antecedência* a outros casos – quiçá antes de haver dispersão de entendimento sobre uma dada questão jurídica pelos diversos Tribunais que compõem a complexa organização judiciária brasileira –, e, de acordo com o *caput* do art. 927, é *desejável* que aquilo que expressam seja observado em casos que serão julgados posteriormente, gerando, em inúmeras situações, inquestionáveis impactos procedimentais. São, nessa perspectiva, casos paradigmáticos, inclusive pela primazia de seu julgamento. Se o Código de Processo Civil os tivesse nominado de *antecedentes andaria muito bem*, não obstante a maior dificuldade de legitimá-los à luz do que não é (e continua a não ser) tipicamente brasileiro. Nada de novidades, portanto, como se elas, por serem (ou parecerem ser) novidades, pudessem legitimar eventuais tomadas de posição para além dos *limites* do modelo constitucional do direito processual civil brasileiro.

Nada de novo também porque, cabe insistir, bem analisado o CPC de 1973 desde a sua "uniformização da jurisprudência" (arts. 476 a 479), as múltiplas redações dadas ao então art. 557 (deveres-poderes do relator no âmbito dos Tribunais), passando pela Emenda Constitucional n. 45/2004, para chegar à disciplina dada à repercussão geral em recursos extraordinários pela Lei n. 11.418/2006 (arts. 543-A e 543-B do CPC de 1973) e aos recursos especiais repetitivos (art. 543-C do CPC de 1973, fruto da Lei n. 11.672/2008), importa perceber que o que está no CPC de 2015 merece ser compreendido, antes de tudo, como desenvolvimento de escolhas que vêm sendo feitas pelo direito brasileiro. Nessa perspectiva, aliás, as dificuldades residem mais nas justificativas que alguns entendem que precisam ser dadas para legitimar as escolhas feitas pela nova codificação (como se dá, eloquentemente, com um "efeito vinculante" generalizado) do que, propriamente, nelas próprias ou, ao menos, em muitas delas.

Todas essas considerações precisam ser lembradas e levadas em conta na interpretação e na aplicação não só dos arts. 926 e 927, mas também de tudo aquilo a que eles dizem respeito, inclusive das técnicas que produzem aquelas decisões paradigmáticas, verdadeiros indexadores jurisprudenciais, dentre elas, mas não só, as referidas pelo art. 928.

É certo que a existência dos tais indexadores jurisprudenciais assume no Código de Processo Civil notável papel de impactar o procedimento para fins variados e, em última análise, para concretizar a *estabilidade*, a *integridade* e a *coerência* a que se refere o *caput* do art. 926. É o que se constata para a concessão da tutela provisória da evidência (art. 311, II), com a improcedência liminar do pedido (art. 332), com a dispensa da remessa necessária (art. 496, § 4º), com a dispensa de caução para cumprimento provisório (art. 521, IV), com a atuação monocrática do relator (art. 932), com o julgamento monocrático de conflito de competência (art. 955, parágrafo único) e para fins de cabimento da reclamação (art. 988), sem falar, evidentemente, nos resultados obteníveis com o julgamento do próprio incidente de assunção de competência (art. 947, § 3º), do incidente de resolução de demandas repetitivas (art. 985) e dos recursos extraordinário e especial repetitivos (art. 1.040), inclusive para fins de desistência do processo (art. 1.040, §§ 1º a 3º). Não é diverso o que se dá com relação ao dever de fundamentação das decisões jurisdicionais no contexto que ora interessa à exposição (art. 489, § 1º, V e VI) e, não por coincidência, com os embargos de declaração para suprir a específica omissão consistente em aplicar ou deixar de aplicar justificadamente o indexador jurisprudencial no caso concreto (art. 1.022, parágrafo único, I)[17].

Contudo, a falta de critérios uniformes nas designações empregadas ao longo do Código de Processo Civil para se referir àquilo que, para os fins dos arts. 926 a 928, deve ser "ob-

17. Correto o Enunciado n. 40 da ENFAM ao exigir, a propósito, que "Incumbe ao recorrente demonstrar que o argumento reputado omitido é capaz de infirmar a conclusão adotada pelo órgão julgador". Trata-se de decorrência necessária do princípio da dialeticidade recursal. A 1ª Turma do STF já teve oportunidade de entender que os embargos de declaração servem também para permitir que a jurisprudência superveniente seja aplicada ao caso concreto. Trata-se da Rcl 15.724 AgR-ED/PR, rel. p./acórdão Min. Alexandre de Moraes, j.m.v. 5.5.2020, *DJe* 18-6-2020.

servado" pelos demais órgãos jurisdicionais merece ser solucionada no sentido de que todas as técnicas derivadas dos incisos do art. 927, eventuais súmulas dos Tribunais de Justiça e dos Tribunais Regionais Federais (art. 926, § 1º) e, superiormente, as decisões proferidas no controle *concentrado de constitucionalidade* perante o Supremo Tribunal Federal, e as Súmulas vinculantes do Supremo Tribunal Federal – as únicas que, na perspectiva do modelo constitucional ostentam efeitos vinculantes – conduzem àquele regime jurídico.

Assim, apenas para ilustrar a pertinência desse entendimento, é indiferente que o inciso II do art. 311 não faça menção a eventual tese fixada em incidente de assunção de competência[18] ou a julgamento derivado do controle concentrado de constitucionalidade pelo Supremo Tribunal Federal para autorizar a tutela provisória fundamentada na evidência[19]. Havendo aquelas decisões, não há razão para afastar a incidência do dispositivo para os fins nele regrados.

Destarte, mais que fazer a merecida crítica à redação final do Código de Processo Civil e à falta de uniformização das expressões por ele utilizadas para designar identidade de regime jurídico ou tentar justificar, a cada caso, as razões para a referência a um e não a outro indexador, importa *interpretar* os dispositivos de maneira *sistemática* de forma a alcançar aquela finalidade. O ideal é que os precitados dispositivos se limitassem a fazer remissão aos arts. 926 a 928 ou que adotassem alguma fórmula redacional homogênea para aquele fim, razão de ser da sugestão aqui feita: "indexador jurisprudencial". A falta de uniformização do texto empregado ao longo do Código de Processo Civil, contudo, não pode ser óbice à escorreita compreensão de *seu* sistema[20].

Importa ressaltar, de outra parte, que a heterogeneidade no trato da matéria pelo Código de Processo Civil *não* autoriza que qualquer "julgado" ou qualquer "jurisprudência", ainda que "dominante" ou "pacificada", seja empregada para aqueles fins. Ainda que esse entendimento pudesse ter algum sentido no âmbito do CPC de 1973, máxime diante das sucessivas redações

18. Nesse sentido é o Enunciado n. 135 da II Jornada de Direito Processual Civil do CJF: "É admissível a concessão de tutela da evidência fundada em tese firmada em incidente de assunção de competência". Coerentemente, o Enunciado n. 136 daquele mesmo conclave, fazendo referência o art. 521, IV, dispõe que: "A caução exigível em cumprimento provisório de sentença poderá ser dispensada se o julgado a ser cumprido estiver em consonância com tese firmada em incidente de assunção de competência".

19. Nesse sentido é o Enunciado n. 30 da ENFAM: "É possível a concessão da tutela de evidência prevista no art. 311, II, do CPC/2015 quando a pretensão autoral estiver de acordo com orientação firmada pelo Supremo Tribunal Federal em sede de controle abstrato de constitucionalidade ou com tese prevista em súmula dos tribunais, independentemente de caráter vinculante".

20. Em sentido contrário, o Enunciado n. 11 da ENFAM propõe que: "Os precedentes a que se referem os incisos V e VI do § 1º do art. 489 do CPC/2015 são apenas os mencionados no art. 927 e no inciso IV do art. 332". Em perspectiva diferente, mas em sentido harmônico com o que defendido no texto, dando primazia ao direito jurisprudencial do CPC de 2015 em detrimento da ausência de eventuais orientações administrativas é o Enunciado n. 22 do FNPP: "A existência de precedente formado em recurso especial ou extraordinário repetitivos ou de súmula do STF ou STJ, em matéria constitucional e infraconstitucional respectivamente, autoriza a não interposição de recurso pela Fazenda Pública ainda que não haja súmula administrativa ou orientação normativa expressa no âmbito do respectivo órgão da Advocacia Pública".

dadas ao *caput* de seu art. 557[21], ele não merece guarida no CPC de 2015. Os *indexadores jurisprudenciais* a serem empregados devem ser uma das técnicas dispostas para tanto pelo CPC de 2015, observando-se como referencial as diversas hipóteses do art. 927, além das súmulas dos Tribunais de Justiça e dos Tribunais Regionais Federais. É forma de garantir não só os *resultados* desejados pelo sistema processual, mas também – e com idêntica gravidade e importância – a sua escorreita *produção* dentro de padrões decisórios legítimos. O que cabe admitir para essa mesma finalidade, não obstante o silêncio do art. 927 a seu respeito, são os acórdãos proferidos pelo Supremo Tribunal Federal e pelo Superior Tribunal de Justiça em sede de embargos de divergência, dada a própria razão daquele recurso (uniformizar a jurisprudência dos órgãos fracionários daqueles Tribunais). Nesse caso, contudo, tanto quanto das Súmulas pelos Tribunais de segunda instância, o processo decisório deve ser precedido de todo os cuidados enfatizados pelo sistema processual civil e analisados no n. 5, *infra*.

Não há espaço para entender subsistente, portanto, a Súmula 568 do Superior Tribunal de Justiça, editada pouco tempo antes de o CPC de 2015 entrar em vigor[22], tendo como pano de fundo o precitado art. 557 do CPC de 1973, cujo enunciado autoriza que "o relator, monocraticamente e no Superior Tribunal de Justiça, poderá dar ou negar provimento ao recurso quando houver entendimento dominante acerca do tema".

Não é o suficiente. O "entendimento dominante", destacado em itálico na transcrição, precisa ser *objetivamente constatado* nos termos e para os fins dos arts. 926 a 928, consoante as técnicas disciplinadas pelo próprio Código de Processo Civil para aqueles fins. A súmula, tal qual redigida, transborda dos limites dos incisos IV e V do art. 932 e do rol dos deveres-poderes do relator nele estabelecido, sendo indiferente, para legitimá-la, a previsão ampla dos parágrafos do art. 926.

3.1 Direito jurisprudencial

Expressão adequada para descrever o conteúdo, o alcance e os objetivos dos arts. 926 e 927 do CPC de 2015, sem precisar retomar, a toda hora, a discussão, as questões, as distinções, as dúvidas e as críticas apresentadas no número anterior, é "direito jurisprudencial"[23].

---

21. A derradeira redação daquele dispositivo, alcançado pela Lei n. 9.756/98, após a modificação que havia sido feita pela Lei n. 9.139/95, era a seguinte: "O relator negará seguimento a recurso manifestamente inadmissível, improcedente, prejudicado ou em confronto com súmula ou com jurisprudência dominante do respectivo tribunal, do Supremo Tribunal Federal, ou de Tribunal Superior".

22. A publicação da Súmula deu-se no *DJe* do dia 17 de março de 2016, dia em que, para este *Curso*, o CPC de 2015 entrou em vigor, a despeito da polêmica existente sobre o ponto, sendo majoritário o entendimento de que sua entrada em vigor se deu no dia seguinte, 18 de março de 2016. Dos oito "precedentes" indicados como fonte daquela Súmula, o mais antigo foi julgado em junho de 2004 e o mais recente foi julgado em novembro de 2015, todos, portanto, sob a égide do CPC de 1973.

23. No *Manual de direito processual civil*, o autor deste *Curso* presta as devidas homenagens à Professora Teresa Arruda Alvim pelo pioneirismo no emprego daquela locução para nominar importante obra coletiva sob sua coordenação

Trata-se de expressão ampla o suficiente para albergar as diversas situações previstas naqueles dispositivos e ao longo de todo o Código de Processo Civil sobre o "valor" e a "eficácia" que determinadas decisões de determinados Tribunais podem ou querem assumir na perspectiva do próprio Código[24].

O *caput* do art. 926 quer evidenciar qual é o papel que o Código de Processo Civil quer emprestar à *jurisprudência* dos Tribunais a título de racionalização e uniformização dos entendimentos obteníveis como resultado da prestação jurisdicional. "Jurisprudência" parece, aí, ter sido empregada como palavra genérica o suficiente para albergar as súmulas e também os "precedentes".

Os Tribunais *devem* uniformizar sua jurisprudência e mantê-la *estável*[25], íntegra[26] e *coerente*[27], palavras que merecem ser compreendidas como forma de concretização da segurança jurídica, inclusive na perspectiva da previsibilidade e da isonomia[28]. Não é por outra razão,

---

em que se examinam problemas correlatos aos aqui enfrentados, ainda sob o manto do CPC de 1973. A referência é feita ao seu *Direito jurisprudencial* publicado em 2012. Houve um segundo volume da coleção, publicado em 2014, com idêntico título, figurando como cocoordenadores Aluisio Gonçalves de Castro Mendes e Luiz Guilherme Marinoni.

24. Na primeira oportunidade em que o autor deste *Curso* se voltou ao tema (*Novo Código de Processo Civil anotado*, p. 817), descreveu o sistema derivado dos arts. 926 a 928, não sem ironia, de "precedentes à brasileira". Sem prejuízo, desde então, já propunha que a designação mais adequada seria "direito jurisprudencial". A partir da 4ª edição de seu *Manual*, passou a denominar os referenciais do art. 927 de indexadores jurisprudenciais, tal qual adota este *Curso*.

25. A propósito, cabe colacionar o Enunciado n. 453 do FPPC: "A estabilidade a que se refere o *caput* do art. 926 consiste no dever de os tribunais observarem os próprios precedentes".

26. A respeito da *integridade*, cabe mencionar os seguintes Enunciados do FPPC: 456: "Uma das dimensões do dever de integridade consiste em os tribunais decidirem em conformidade com a unidade do ordenamento jurídico" e 457: "Uma das dimensões do dever de integridade previsto no *caput* do art. 926 consiste na observância das técnicas de distinção e superação dos precedentes, sempre que necessário para adequar esse entendimento à interpretação contemporânea do ordenamento jurídico".

27. Sobre a *coerência*, são colacionáveis os seguintes Enunciados do FPPC: 431: "O julgador, que aderir aos fundamentos do voto-vencedor do relator, há de seguir, por coerência, o precedente que ajudou a construir no julgamento da mesma questão em processos subsequentes, salvo se demonstrar a existência de distinção ou superação"; 453: "Uma das dimensões da coerência a que se refere o *caput* do art. 926 consiste em os tribunais não ignorarem seus próprios precedentes (dever de autorreferência)"; 455: "Uma das dimensões do dever de coerência significa o dever de não contradição, ou seja, o dever de os tribunais não decidirem casos análogos contrariamente às decisões anteriores, salvo distinção ou superação";

28. De acordo com Lenio Luiz Streck, "... haverá *coerência* se os mesmos preceitos e princípios que foram aplicados nas decisões o forem para os casos idênticos; mais do que isto, estará assegurada a *integridade* do direito a partir da *força normativa* da Constituição. Coerência e integridade são elementos da igualdade. No caso específico da decisão judicial, isso significa: os diversos casos terão a igual consideração. Analiticamente: a) *Coerência* liga-se à consistência lógica que o julgamento de casos semelhantes deve guardar entre si. Trata-se de um ajuste que as circunstâncias fáticas do caso deve guardar com os elementos normativos que o Direito impõe ao seu desdobramento; b) *Integridade* exige que os juízes construam seus argumentos de forma integrada ao conjunto do Direito, numa perspectiva de ajuste de substância. De algum modo, a integridade refere-se a um freio ao estabelecimento de dois pesos e duas medidas nas decisões judiciais, constituindo-se em uma garantia contra arbitrariedades interpretativas, vale dizer, coloca efetivos freios às atitudes solipsistas-voluntaristas. A igualdade política exige que coerência e integridade sejam faces da mesma moeda" (*Comentários ao Código de Processo Civil*, p. 1186).

aliás, que a alteração da "jurisprudência" tem de ser fundamentada a partir de elementos concretos e submetida a processo próprio nos moldes em que, a propósito do § 2º do art. 927, é discutido pelo n. 5, *infra*.

O § 1º do art. 926 dedica-se à edição, na forma estabelecida e segundo os pressupostos fixados no regimento interno, de "enunciados de súmula correspondente a (...) jurisprudência dominante" nos Tribunais. O trecho entre aspas é a expressão correta do que, no dia a dia do foro, da doutrina e da própria jurisprudência, é chamado de "súmula". Na verdade, o que se lê e se chama de súmulas são os *enunciados* da súmula, isto é, da *suma*, no sentido de *síntese*, da jurisprudência (dominante, por definição) dos Tribunais. Tais enunciados (ou as Súmulas, a pressupor que a prática se imponha, aqui também como metonímia, ao texto legal) serão editados de acordo com a disciplina dos regimentos internos dos Tribunais.

A iniciativa é de discutível constitucionalidade. A edição de tais enunciados não guarda simetria com o que a alínea *a* do inciso I do art. 96 da Constituição Federal autoriza seja regulado pelos regimentos internos dos Tribunais brasileiros, inclusive o do Supremo Tribunal Federal. Seria preferível que o próprio Código de Processo Civil, levando a sério seu próprio art. 1º, dissesse qual é a "forma" e quais são os "pressupostos" a serem observados para aquele fim. Até para que houvesse uniformidade no trato da matéria por todos os Tribunais brasileiros.

A esse propósito – e mesmo para quem, passivamente, entenda que a matéria se amolda ao precitado dispositivo constitucional –, cabe colocar em destaque que o *procedimento* estabelecido pela Lei n. 11.417/2006 para a *edição* (e também para a *modificação* ou para o *cancelamento*) das súmulas vinculantes do Supremo Tribunal Federal representa importante repertório legislativo a ser adotado para tanto, até porque viabiliza o inafastável diálogo entre a sociedade civil, as demais funções estatais e o próprio Judiciário para aquele mister, desde a iniciativa até a produção final do enunciado[29]. Também as diretrizes decorrentes dos §§ 1º a 5º do art. 927 devem ser necessariamente consideradas para aquela finalidade, máxime quando a iniciativa de produção, modificação ou cancelamento se der incidentalmente ao processo[30].

O *processo* para formação das Súmulas como, de resto, de toda e qualquer decisão que queira assumir o papel de indexador jurisprudencial para os fins dos arts. 926 a 928, deve

29. De acordo com o Enunciado n. 20 do FNPP: "A Fazenda Pública tem legitimidade para propor a edição, revisão ou cancelamento de enunciado de súmula de jurisprudência dominante relacionado às matérias de seu interesse".

30. Similarmente é o Enunciado n. 321 do FPPC: "A modificação do entendimento sedimentado poderá ser realizada nos termos da Lei n. 11.417, de 19 de dezembro de 2006, quando se tratar de enunciado de súmula vinculante; do regimento interno dos tribunais, quando se tratar de enunciado de súmula ou jurisprudência dominante; e, incidentalmente, no julgamento de recurso, na remessa necessária ou causa de competência originária do tribunal".

ser tão *devido* do ponto de vista do modelo constitucional quanto de qualquer outro. E, na exata medida em que seus efeitos querem atingir quem não participou de sua gênese, o diálogo institucional destacado é sempre e invariavelmente inafastável. É essa a razão pela qual a interpretação de artigos como os arts. 982, II e III, e 983 (para o incidente de resolução de demandas repetitivas), e o art. 1.038 (para os recursos extraordinário e especial repetitivos), deve ser necessariamente ampla, tanto quanto a ênfase na participação paritária de *amici curiae* na fixação da tese a ser *observada*[31].

Um dos pressupostos (legais) para a edição dos enunciados da súmula é dado pelo § 2º do art. 926: os Tribunais devem se limitar às circunstâncias fáticas dos precedentes, isto é, dos casos concretamente julgados, que sejam considerados como justificadores da edição dos enunciados. A iniciativa quer combater a edição das comuníssimas "súmulas" que fazem paráfrase de textos legais ou que, mais amplamente, querem assumir verdadeiro viés normativo genérico e abstrato, dando pouco (ou nenhum) destaque às peculiaridades fáticas que justificam o decidir em um ou em outro sentido.

Nessa perspectiva, a regra apresenta-se absolutamente harmônica com os §§ 1º e 4º do art. 927, que merecem ser bem compreendidos como elementos necessários do direito jurisprudencial desejado pelo Código de Processo Civil e, mais genericamente, também se harmonizam plenamente com o dever de fundamentação das decisões jurisdicionais cuja disciplina está no § 1º do art. 489, especialmente em seus incisos V e VI. A falta de consideração sobre a existência do adequado padrão decisório derivado de uma das técnicas do art. 927 para a solução do caso concreto é motivo justificador de embargos de declaração – verdadeiro caso de omissão *qualificada* para justificar a adoção daquele recurso –, o que encontra fundamento bastante no inciso I do parágrafo único do art. 1.022.

Até porque sem que o enunciado revele, com clareza, o fundamento determinante do que foi julgado não há, em rigor, como se saber de que maneira se pode alcançar o efeito desejado pelo art. 927[32].

Importa recordar que a palavra "precedente" empregada no § 2º do art. 926 deve ser compreendida no sentido aqui proposto e não como os precedentes típicos (e inerentes) ao *common law*. O que o dispositivo quer, nesse caso, é que os enunciados de Súmula guardem correspondência com o que foi efetivamente julgado nos casos concretos que lhe deram

31. A propósito, cabe o destaque do Enunciado n. 82 da I Jornada de Direito Processual Civil do CJF: "Quando houver pluralidade de pedidos de admissão de *amicus curiae*, o relator deve observar, como critério para definição daqueles que serão admitidos, o equilíbrio na representatividade dos diversos interesses jurídicos contrapostos no litígio, velando, assim, pelo respeito à amplitude do contraditório, paridade de tratamento e isonomia entre todos os potencialmente atingidos pela decisão".

32. Correto, a respeito, é o Enunciado n. 8 da ENFAM: "Os enunciados das súmulas devem reproduzir os fundamentos determinantes do precedente".

origem. Trata-se, pois, de mera palavra que está sendo empregada como sinônimo de caso(s) julgado(s) para coibir a prática comuníssima em sentido diverso.

4. A DINÂMICA DOS INDEXADORES JURISPRUDENCIAIS

O art. 927 quer implementar a política pública judiciária delineada pelo art. 926 no que diz respeito à *observância* das decisões jurisdicionais pelos variados órgãos jurisdicionais, levando em consideração suas respectivas áreas de atuação originária e recursal.

O *caput* do dispositivo, ao se valer do verbo "observar" conjugado no imperativo afirmativo, insinua que não há escolha entre adotar e deixar de adotar as diferentes manifestações das decisões jurisdicionais estabelecidas em seus cinco incisos quando o caso, na perspectiva fática, o reclamar. Não serão poucos, destarte, que verão nele a imposição de caráter *vinculante* genérico àquelas decisões e, nessa exata proporção, haverá espaço para questionar se esse efeito vinculante é, ou não, harmônico ao "modelo constitucional do direito processual civil", fora das hipóteses em que a própria Constituição Federal o admite, como ocorre nos incisos I e II (e só neles) do art. 927[33]. A ressalva é ainda mais evidente ao analisar o cabimento da reclamação, nos casos do inciso IV do art. 988, na redação da Lei n. 13.256/2016, para "garantir a observância de acórdão proferido em julgamento de incidente de resolução de demandas repetitivas ou de incidente de assunção de competência".

É difícil verificar a existência de verdadeira gradação das hipóteses dos incisos do art. 927 em relação aos juízes (a referência é aos órgãos jurisdicionais da primeira instância) e aos tribunais em geral (STF, STJ, TJs e TRFs) referidos no *caput*. Simplesmente há, nos cinco incisos do *caput* do art. 927, a previsão de que determinadas decisões ou, como quer Alexandre Freitas Câmara, *padrões decisórios*[34] devam ser observadas pelos órgãos jurisdicionais em geral. São elas: (i) decisões do Supremo Tribunal Federal tomadas no controle concentrado de constitucionalidade; (ii) enunciados de súmulas vinculantes, que só podem ser, em consonância com o modelo constitucional, expedidos pelo Supremo Tribunal Federal; (iii) acórdãos em incidente de assunção de competência e em julgamento de casos repetitivos, assim entendidos o incidente de resolução de demandas repetitivas e os recursos extraordinário e especial repetitivos; (iv) enunciados de súmulas do Supremo Tribunal Federal em matéria constitucional e do Superior Tribunal de Justiça em matéria infracons-

---

33. Bem ilustra o acerto da afirmação o pensamento dos seguintes autores: José Rogério Cruz e Tucci, *Precedente judicial como fonte de direito*, esp. p. 268-275 e 279-284, e também em *O regime do precedente judicial no novo CPC*, p. 454-455; Luiz Guilherme Marinoni e Daniel Mitidiero, *Comentários ao Código de Processo Civil*, v. XV, p. 63-67; Zulmar Duarte de Oliveira Jr., *Execução e recursos:* comentários ao CPC de 2015, p. 589-594, e Luis Eduardo Simardi Fernandes, *Código de Processo Civil anotado*, p. 1273-1274.

34. A referência é feita à versão comercial com que o processualista e Desembargador do TJRJ conquistou seu título de Doutor em Direito Processual Civil pela PUC-Minas, *Levando os padrões decisórios a sério*.

titucional; e, por fim, (v) orientação do plenário ou do órgão especial aos quais juízes e Tribunais estiverem vinculados[35].

Tanto mais correta a observação do parágrafo anterior, sobre inexistir propriamente nenhuma gradação nas hipóteses do dispositivo anotado, porque, nos incisos do art. 927, não há nenhuma referência às Súmulas dos Tribunais de Justiça e dos Tribunais Regionais Federais, prática que já era comum em muitos daqueles Tribunais à época do CPC de 1973 e que continua sendo, até porque *incentivada* pelo § 1º do art. 926. Elas também merecem ser entendidas e empregadas como indexadores jurisprudenciais para os mesmos fins[36].

De acordo com o § 1º do art. 927, cabe aos juízes e aos tribunais observar o disposto no art. 10 e no § 1º do art. 489 "quando decidirem com fundamento neste artigo".

A previsão deve ser compreendida, em primeiro lugar, no sentido de ser viabilizada oportunidade *prévia* para manifestação das partes (e de eventuais terceiros) acerca da aplicação (ou não) do julgado anterior (o que o CPC quer que seja chamado de "precedente") no caso concreto.

É desejável ir além. A aplicação (ou não) do julgado anterior exige do magistrado adequada e completa fundamentação apta a justificar a sua incidência (ou não) ao caso presente. A importância da fundamentação é tanto mais importante na medida em que o ônus argumentativo da pertinência (ou não) do julgado anterior é também do magistrado, máxime porque deve ser oportunizado às partes que se manifestem, previamente, acerca do assunto. E não basta, como sempre foi frequentíssimo, que seja mencionado o "precedente" ou a Súmula, quando muito a parafraseando, ou, mais precisamente, parafraseando o *texto* de seu *enunciado*, sem fazer qualquer alusão ao que, de concreto, está sendo julgado na espécie e às razões pelas quais aquele "precedente" ou súmula aplica-se ao caso presente. É exatamente esse tipo de experiência, das mais comuns, que a remissão feita pelo § 1º do art. 927 ao art. 10 e ao § 1º do art. 489 quer coibir.

Os incisos V e VI do § 1º do art. 489, não por acaso, são expressos ao rotularem de carente de fundamentação a decisão que "se limitar a invocar precedente ou enunciado de súmula, sem identificar seus fundamentos determinantes nem demonstrar que o caso sob julgamento se ajusta àqueles fundamentos" e a que "deixar de seguir enunciado de súmula, jurisprudência ou precedente invocado pela parte, sem demonstrar a existência de distinção no caso em julgamento ou a superação do entendimento".

Destarte, embora não haja, no Código de Processo Civil, previsão expressa como a que havia no § 5º do art. 521 do Projeto da Câmara, que não foi mantida pelo Senado na última

35. É típico caso do que ocorre, em função do art. 97 da CF (a "reserva de plenário"), no âmbito dos Tribunais, no incidente de arguição de inconstitucionalidade (arts. 948 a 950): há, naquele caso, verdadeiro desmembramento de competências entre dois órgãos jurisdicionais distintos a acarretar a necessária observância do que foi decidido pelo Plenário ou pelo órgão especial (a tese relativa à inconstitucionalidade) pelo órgão julgador do caso concreto.

36. Para fins ilustrativos, cabe destacar a Súmula 165 do TJSP, aprovada pelo Órgão Especial daquele Tribunal em fevereiro de 2020, cujo enunciado é o seguinte: "Compete à Seção de Direito Público o julgamento dos recursos referentes às ações de reparação de dano, em acidente de veículo, que envolva falta ou deficiência do serviço público".

etapa do processo legislativo[37], é inegável que a observância dos "precedentes" referidos nos incisos do art. 927 (mesmo por quem queira dar a eles caráter vinculante) pressupõe a similaridade do caso (na perspectiva fática e jurídica) e a correlata demonstração dessa similaridade. É esse o alcance da fundamentação exigida para a espécie, nos termos dos incisos V e VI do § 1º do art. 489, aplicáveis à espécie por força do § 1º do art. 927. A existência de *distinção* do caso para justificar a não observância do precedente é elemento inerente ao direito jurisprudencial[38]. Tanto quanto a demonstração fundamentada de que o precedente se aplica por causa das peculiaridades do caso concreto, exigindo, destarte, resposta isonômica do Estado-juiz. Nunca foi diverso, de resto, o que se dá para aplicação (ou não aplicação) de determinada regra jurídica constante de lei a um dado caso concreto.

O § 2º do art. 927 estabelece que a alteração de tese jurídica adotada em enunciado de súmula ou em julgamento de casos repetitivos poderá ser precedida de audiências públicas e da participação de pessoas, órgãos ou entidades que possam contribuir para a rediscussão da matéria. A previsão evoca a *necessária* participação de *amici curiae* no *processo* de alteração dos precedentes, legitimando-o. A realização de audiências públicas, também mencionada no dispositivo, é palco adequado e pertinentíssimo para a oitiva de *amici curiae*, não havendo razão para entender que se trate de institutos diversos ou que um exclua o outro.

A possibilidade de modulação temporal na hipótese de haver alteração da jurisprudência dominante do Supremo Tribunal Federal e dos tribunais superiores ou, ainda, da jurisprudência derivada dos "casos repetitivos"[39], em nome do "interesse social" e da "segurança jurídica", é objeto de regulação pelo § 3º do art. 927[40]. A regra é que a alteração não tenha efeitos retroativos que deve, consoante as circunstâncias e as peculiaridades de cada caso concreto, ser expressamente reconhecida *e* justificada[41]. É correto entender pertinentes embargos de declaração para suprir eventual omissão acerca da questão[42].

37. Cuja redação era a seguinte: "O precedente ou jurisprudência dotado do efeito previsto nos incisos do *caput* deste artigo poderá não ser seguido, quando o órgão jurisdicional distinguir o caso sob julgamento. Demonstrando fundamentadamente se tratar de situação particularizada por hipótese fática distinta ou questão jurídica não examinada, por impor situação jurídica diversa".

38. Correto a propósito o Enunciado n. 23 do FNPP segundo o qual: "A existência de pronunciamento elencado no art. 927 não impede que o órgão da Advocacia Pública oriente a continuidade da discussão judicial da tese até o esgotamento das instâncias ou para arguir superação ou distinção".

39. O Plenário do STF entendeu que o *quorum* para modulação dos efeitos de decisão em julgamento de recursos extraordinários repetitivos, com repercussão geral, nos quais não tenha havido declaração de inconstitucionalidade de ato normativo, é o da maioria absoluta dos membros daquele Tribunal. Trata-se do RE 638.115 ED-ED/CE, rel. Min. Gilmar Mendes, j.m.v. 18-12-2019, *DJe* 8-5-2020.

40 Monografia indispensável sobre o assunto é a de Teresa Arruda Alvim, *Modulação na alteração da jurisprudência firme ou de precedentes vinculantes*.

41. Pertinente, a esse respeito, o Enunciado n. 55 do FPPC: "Pelos pressupostos do § 3º do art. 927, a modificação do precedente tem, como regra, eficácia temporal prospectiva. No entanto, pode haver modulação temporal, no caso concreto".

42. Entendimento compartilhado pelo Enunciado n. 76 da I Jornada de Direito Processual Civil do CJF: "É considerada omissa, para efeitos do cabimento dos embargos de declaração, a decisão que, na superação de precedente, não se manifesta sobre a modulação de efeitos".

A modulação, tal qual a prevista pelo art. 27 da Lei n. 9.868/99, para as "ações diretas de inconstitucionalidade" e "ações declaratórias de constitucionalidade", pressupõe a ocorrência de "interesse social" e a busca da "segurança jurídica", não por acaso mencionados expressamente no referido dispositivo codificado. Tais elementos devem ser suficiente e adequadamente justificados no caso concreto, não fosse pelo art. 93, IX, da Constituição Federal, por força do § 1º do mesmo art. 927, não existindo motivo para negar aprioristicamente a viabilidade da modulação ocorrer, sempre levando em conta as peculiaridades de cada caso concreto, nas mais variadas áreas do direito[43].

A menção a "tribunais superiores" com iniciais minúsculas merece ser interpretada para albergar também os Tribunais de Justiça dos Estados, o do Distrito Federal e Territórios e os Tribunais Regionais Federais. Como destacado acima, o silêncio dos incisos do *caput* do art. 927 sobre a *sua* jurisprudência ou os *seus* enunciados de súmula não é impeditivo de que eles sejam devidamente editados (e modificados ou cancelados) de acordo com a disciplina aqui estudada, máxime diante do que está no § 1º do art. 926.

O § 4º do art. 927, relacionando-se com o disposto no § 2º do mesmo art. 927, condiciona a alteração de modificação de enunciado de súmula, de "jurisprudência *pacificada*" (e ela sempre é, sem o que não é jurisprudência) ou de tese adotada em julgamento de casos repetitivos (sempre entendidos como tais aqueles previstos no art. 928) à observância da fundamentação "adequada e específica", que leve em conta "os princípios da segurança jurídica, da proteção da confiança e da isonomia"[44]. São os princípios que querem, desde a Exposição de Motivos do Anteprojeto, justificar a adoção de um sistema de precedentes, ainda que com toques brasileiros, o direito jurisprudencial aqui analisado. Nada que não mereça ser extraído dos arts. 5º a 10.

A publicidade dos "precedentes" (sempre entendidos como o resultado daquilo que foi julgado) é determinada pelo § 5º do art. 927, que impõe aos Tribunais que os organize por questão jurídica decidida e divulgue-os, de preferência, na rede mundial de computadores. É o que o Supremo Tribunal, o Superior Tribunal de Justiça e a maioria dos Tribunais já vinham fazendo e continuam a fazer em seus próprios *sites*, iniciativas que merecem servir de modelo para outros Tribunais que ainda não o fazem, sempre com os necessários aperfeiçoamentos de qualquer prática humana e de seus avanços tecnológicos.

---

43. Nesse sentido é o Enunciado n. 21 do FNPP: "Na decisão que supera precedente, é cabível a modulação de efeitos em favor da Fazenda Pública, inclusive em matéria tributária". Sobre o tema cabe também destacar o julgamento da 2ª Turma do STF no ARE 951.533/ES, rel. p/ acórdão Min. Dias Toffoli, j.m.v. 12-6-2018, *DJe* 5-11-2018, em que prevaleceu o entendimento de que alteração brusca de jurisprudência (como a detectada, no caso, em relação ao entendimento do STJ sobre prazo prescricional para repetição do indébito tributário) deve ser acompanhada da devida modulação, sob pena de comprometer os princípios "... da segurança jurídica, da lealdade, da boa-fé e da confiança legítima, sobre os quais se assenta o próprio Estado Democrático de Direito".

44. Hipótese interessante de modulação em virtude das peculiaridades do caso concreto diante da "mudança traumática da jurisprudência" se deu no julgamento do REsp 1.721.716/PR pela 3ª Turma do STJ, rel. Min. Nancy Andrighi, j.un. 10-12-2019, *DJe* 17-12-2019.

A determinação é louvável também na perspectiva de a ampla divulgação das decisões dos Tribunais ser passo decisivo não só para o *conhecimento*, mas também da necessária *observância* do que vem sendo por eles decidido, *sempre levando* em conta as peculiaridades de cada caso concreto e a ciência do que efetivamente e por que foi decidido no julgado anterior para viabilizar sua escorreita aplicação (ou não) aos casos futuros[45]. Tudo por força dos incisos V e VI do § 1º do art. 489 aplicáveis, à espécie, em função do § 1º do art. 927.

A Resolução n. 235/2016 do CNJ, com as alterações promovidas pela Resolução n. 286/2019, volta-se ao assunto não só ao criar, em seu art. 5º, o banco nacional de dados de casos repetitivos e de incidentes de assunção de competência, mas também ao determinar que os Tribunais nela mencionados organizem, como unidade permanente, o Núcleo de Gerenciamento de Precedentes – Nugep (arts. 6º e 7º). De resto, os arts. 8º a 12 daquela Resolução tratam da padronização na coleta, divulgação e atualização dos precedentes nas páginas dos Tribunais.

A ENFAM, a propósito, estabeleceu o que chamou de "Corpus 927", uma importante ferramenta de pesquisa que, segundo informações prestadas por ela própria, pretende: "Reunir as decisões vinculantes, os enunciados e as orientações de que trata o art. 927 do CPC; Centralizar as jurisprudências do STF e do STJ; Exibir posicionamentos similares, no intuito de identificar correntes jurisprudenciais"[46].

Tem se mostrado frequente no Supremo Tribunal Federal o entendimento de que a utilização do julgado para os fins do art. 927 independe de sua publicação[47]. A iniciativa não pode ser aceita diante não só da clareza do § 5º daquele dispositivo, mas também da própria razão de ser do sistema processual civil dos indexadores jurisprudenciais de criar condições de segurança e de previsibilidade, inatingíveis sem que se tenha prévio conhecimento e *estabilidade* da própria decisão que tende a desempenhar o papel de indexador jurisprudencial. Essa ressalva é fundamental de ser feita porque sem a prévia publicação não teve início o prazo para interposição de eventuais recursos da decisão, que podem, ainda que se trate de embargos de declaração, comprometer não só sua eficácia imediata, mas também o seu próprio conteúdo. É imaginar, sem nenhum esforço, que venham a ser providos embargos de declaração visando à *modulação* dos efeitos daquela decisão.

4.1 Lembrando de regras descartadas

45. Nesse contexto, cabe a lembrança do Enunciado n. 26 do FNPP: "Cabe à Advocacia Pública orientar formalmente os órgãos da Administração sobre os pronunciamentos previstos no art. 927, com a finalidade de prevenir litigiosidade e promover isonomia, segurança jurídica e eficiência".

46. O acesso àquele portal se dá pelo seguinte endereço eletrônico: http://corpus927.enfam.jus.br/.

47. Assim, v.g.: STF, 2ª Turma, RE-AgR 1.097.569/DF, rel. Min. Dias Toffoli, j.un. 27-4-2018, *DJe* 28-5-2018, e STF, 2ª Turma, RE-AgR 471.264/DF, rel. Min. Eros Grau, j.un. 10-6-2008, *DJe* 27-6-2008.

O Projeto de Código de Processo Civil da Câmara dos Deputados ia além das previsões legislativas preservadas pelo Senado Federal no final do processo legislativo a respeito do tema, que correspondem aos dispositivos do Código de Processo Civil até aqui estudados. Se, em primeira análise, aqueles dispositivos poderiam parecer desnecessários, a prática tem tudo para mostrar que fazem falta no estabelecimento da vivência (e compreensão) do direito jurisprudencial.

O problema não se resume ao plano teórico, em nada contribuindo para a sua compreensão as múltiplas tentativas de importar para o direito brasileiro as vicissitudes do estudo dos precedentes no direito inglês e no direito norte-americano[48]. A questão tem reflexos *práticos* indisfarçáveis e que, em rigor, afetam o processo e o procedimento desde o romper da inércia da jurisdição com a elaboração de uma petição inicial que quer justificar que o pedido de tutela jurisdicional nela formulado *não* esbarra em algum dos indexadores jurisprudenciais cuja presença conduzirá ao juízo *negativo* de admissibilidade (art. 332, *caput*)[49].

O legislador, no particular, acabou, nas escolhas que fez, desconsiderando uma das propostas enunciadas na Exposição de Motivos do Anteprojeto de novo Código de Processo Civil elaborada pela Comissão de Juristas presidida pelo Ministro Luiz Fux, de *facilitar* o acesso à Justiça, fazendo o próprio Código o mais compreensível para o seu usuário diuturno[50].

Por tais razões é importante trazer à tona o que, a despeito de não estar expresso no Código de Processo Civil – porque não foi aprovado pelo Senado Federal na última etapa do processo legislativo –, merece ser considerado implícito, em prol de uma mais adequada compreensão sua e de seus usos e práticas, não só dos arts. 927 e 928, mas, mais amplamente, de tudo aquilo que diga respeito ao seu direito jurisprudencial. Tudo com vistas a evitar

---

48. Para o ponto, é proveitosa a leitura dos seguintes autores: Ronaldo Cramer, *Precedentes judiciais: teoria e dinâmica*, p. 13-49 e 51-66, e Peter Panutto, *Precedentes judiciais vinculantes:* o sistema jurídico-processual brasileiro antes e depois do Código de Processo Civil de 2015 (Lei n. 13.105, de 16 de março de 2015), p. 159-172.

49. Na perspectiva do texto é pertinente a lembrança do Enunciado n. 9 da ENFAM: "É ônus da parte, para os fins do disposto no art. 489, § 1º, V e VI, do CPC/2015, identificar os fundamentos determinantes ou demonstrar a existência de distinção no caso em julgamento ou a superação do entendimento, sempre que invocar jurisprudência, precedente ou enunciado de súmula". Não há como concordar, contudo, com o entendimento de que o magistrado não teria o *dever* de proceder de idêntica maneira, justamente por causa daquelas regras, no que é claro o § 1º do art. 927.

50. É o que se lê daquele texto: "O novo Código de Processo Civil tem o potencial de gerar um processo mais célere, mais justo, porque mais rente às necessidades sociais e muito menos complexo. A simplificação do sistema, além de proporcionar-lhe coesão mais visível, permite ao juiz centrar sua atenção, de modo mais intenso, no mérito da causa. Com evidente redução da complexidade inerente ao processo de criação de um novo Código de Processo Civil, poder-se-ia dizer que os trabalhos da Comissão se orientaram precipuamente por cinco objetivos: 1) estabelecer expressa e implicitamente verdadeira sintonia fina com a Constituição Federal; 2) criar condições para que o juiz possa proferir decisão de forma mais rente à realidade fática subjacente à causa; 3) simplificar, resolvendo problemas e reduzindo a complexidade de subsistemas, como, por exemplo, o recursal; 4) dar todo o rendimento possível a cada processo em si mesmo considerado; e, 5) finalmente, sendo talvez este último objetivo parcialmente alcançado pela realização daqueles mencionados antes, imprimir maior grau de organicidade ao sistema, dando-lhe, assim, mais coesão".

os erros e os equívocos tão comuns quando o assunto é "jurisprudência" e o que ela quer ou pode significar, máxime quando a nomenclatura adotada pelo Código de Processo Civil não é tão precisa quanto o tempo de revisão final de seu texto poderia sugerir.

O § 3º do art. 521 do Projeto da Câmara (que, em rigor, correspondia ao art. 927 do CPC) estabelecia que "o efeito previsto nos incisos do *caput* deste artigo decorre dos fundamentos determinantes adotados pela maioria dos membros do colegiado, cujo entendimento tenha ou não sido sumulado". Sobre a qual efeito o dispositivo referia-se, são bastantes as colocações lançadas de início: efeito vinculante só os autorizados expressamente pelo modelo constitucional. O que importa – e isso deve ser evidenciado na *compreensão do direito jurisprudencial construído a partir dos artigos ora estudados* – é que o precedente o é pelo que se decidiu à luz do caso concreto e de suas especificidades, pela sua *ratio decidendi*, portanto, que é chamada pelo dispositivo referido de "fundamentos determinantes". Por isso, aliás, a importância da *fundamentação* exigida pelo § 1º do art. 927, máxime quando interpretado, como deve ser, em conjunto com os incisos V e VI do § 1º do art. 489. À luz desses dispositivos, aliás, é correto sustentar que aquela diretriz projetada subsiste íntegra, embora implicitamente, no Código de Processo Civil[51].

O § 4º do art. 521 do Projeto da Câmara complementava o anterior, deixando mais claro o seu alcance: não possuem o referido "efeito" (a vinculação) os fundamentos não indispensáveis para a conclusão alcançada pelo precedente – o que a doutrina em geral rotula, com base na experiência de *common law*, de argumentos *obter dicta* – e aqueles não adotados ou referendados pela maioria dos membros do órgão julgador, ainda que relevantes para a conclusão. A obviedade da regra pressupõe algo que as Súmulas do Supremo Tribunal Federal, há mais de cinquenta anos, não permitem enxergar por força da patente *insuficiência* da textualização de "precedentes" em meros enunciados. Era preferível, por isso mesmo, sua manutenção de forma clara e explícita na forma final do Código de Processo Civil.

O § 5º do art. 521 do Projeto da Câmara admitia a não observância do precedente (a despeito do "efeito previsto nos incisos do *caput*") "quando o órgão jurisdicional distinguir o caso sob julgamento, demonstrando fundamentadamente se tratar de situação particularizada por hipótese fática distinta ou questão jurídica não examinada, a impor solução jurídica diversa". Trata-se, como já sublinhado, de regra que merece ser extraída não só do § 2º do art. 926, mas também do § 1º do art. 927, até como forma de evitar a prática dos dias de hoje em que a aplicação do "precedente" ou da "súmula" não guarda nenhuma correspondência (ao menos justificada) com o caso julgado. Aqui também é correto entender implícita a regra por causa da remissão que o § 1º do art. 927 faz ao § 1º do art. 489, em especial a seus incisos V e VI.

No âmbito da Lei n. 11.417/2006, que trata da edição, revisão e cancelamento das súmulas vinculantes do Supremo Tribunal Federal, essa diretriz – o *distinguishing* ou, em bom

51. Correto, no particular, o Enunciado n. 59 da I Jornada de Direito Processual Civil do CJF: "Não é exigível identidade absoluta entre casos para a aplicação de um precedente, seja ele vinculante ou não, bastando que ambos possam compartilhar os mesmos fundamentos determinantes".

português, a *distinção* – é enaltecida pelo *caput* de seu art. 7º e pelas modificações feitas na Lei n. 9.784/99, que disciplina o *processo* administrativo no âmbito federal (arts. 56, § 3º, e 64-A), ao tratar da aplicabilidade ou da inaplicabilidade da súmula vinculante no caso concreto. O próprio § 3º do art. 103-A da Constituição Federal, que introduziu no modelo constitucional as tais súmulas, ecoa essa necessária diretriz ao prever o cabimento da reclamação "do ato administrativo ou decisão judicial que contrariar a súmula aplicável ou que indevidamente a aplicar". Nada de novo e nada de lacuna no nosso *sistema processual civil*, portanto.

O § 6º do art. 521 do Projeto da Câmara voltava-se à modificação do entendimento identificado como precedente. Fazia expressa menção ao procedimento previsto na Lei n. 11.417/2006, quando se tratasse de súmula vinculante (dispositivo, este sim, inócuo, porque aquela lei, por ser especial, subsiste incólume, a despeito do advento do CPC de 2015), pelo procedimento previsto no regimento interno do tribunal respectivo nos demais casos ou, ainda, incidentalmente, no julgamento de recurso, na remessa necessária ou na causa de competência originária do tribunal, nas demais hipóteses. A tímida previsão subsistente no § 1º do art. 926 merece ser interpretada amplamente, como já indicado, para albergar *também* a hipótese de *modificação* e de *cancelamento*, não só de *edição*, dos precedentes ou enunciados de súmula. De resto, o § 2º do art. 927 merece ser compreendido no sentido de o contraditório legitimamente nele estabelecido ser observado não só nos casos de *alteração* da tese jurídica, mas também nos casos de sua *fixação* ou *revogação*.

O § 7º do art. 521 do Projeto da Câmara era dedicado também à possibilidade da modificação do "entendimento sedimentado". De acordo com ele, a modificação poderia fundar-se, entre outras alegações, na revogação ou modificação de norma em que se fundou a tese ou em alteração econômica, política ou social referente à matéria decidida. Não há espaço para duvidar de que o entendimento deve ser considerado implícito. O que é de se lamentar é que, também aqui, a obviedade da regra contrasta com o trato diuturno das Súmulas e dos julgamentos repetitivos.

O § 8º do art. 521 do Projeto da Câmara indicava os fundamentos que não ficavam sujeitos ao "efeito previsto nos incisos do *caput* deste artigo", quais sejam: "I – prescindíveis para o alcance do resultado fixado em seu dispositivo, ainda que presentes no acórdão; II – não adotadas ou referendados pela maioria dos membros do órgão julgador, ainda que relevantes e contidos no acórdão".

O § 9º do art. 521 do Projeto da Câmara, por fim, estabelecia que "o órgão jurisdicional que tiver firmado a tese a ser rediscutida será preferencialmente competente para a revisão do precedente formado em incidente de assunção de competência ou de resolução de demandas repetitivas, ou em julgamento de recursos extraordinários e especiais repetitivos". É previsão que merece, ao menos como diretriz, ser considerada nos regimentos internos para a implementação dos fins desejados pelo § 1º do art. 926. De qualquer sorte, são os próprios Tribunais que têm competência *privativa*, derivada da alínea *a* do inciso I do art. 96 da Constituição Federal, para fixar qual será o órgão jurisdicional competente para aquela finalidade.

5. EM ESPECIAL O PROCESSO DE FORMAÇÃO DOS INDEXADORES JURISPRUDENCIAIS

Preocupação que este *Curso* sempre teve, desde a 1ª edição de seu volume 1, foi com o *processo* de formação do que, pelas razões expostas, propõe seja chamado de indexadores jurisprudenciais. Para tanto, a propósito da apresentação do modelo constitucional do direito processual civil, tratava dos procedimentos jurisdicionais constitucionalmente diferenciados e, entre eles, tratava das "Súmulas vinculantes do STF"[52].

Não era por outro motivo que o volume 5 daquelas edições deste *Curso* ocupava-se, especificamente com o processo de edição daquelas Súmulas, analisando, para tanto, a disciplina estabelecida pela Lei n. 11.417/2006, que regulamentou no plano infraconstitucional o art. 103-A da Constituição Federal, dedicando ao tema todo um Capítulo[53] e também, no âmbito do próprio CPC de 1973, com seus arts. 476 a 479 e da "uniformização de jurisprudência" neles regulada[54] que, bem entendida, era o *modus procedendi*, na perspectiva codificada, para a criação de súmulas pelos Tribunais em geral[55].

O CPC de 2015 é pouco claro quanto ao necessário, indispensável e prévio processo de formação dos indexadores jurisprudenciais como um todo – para todos os referenciais constantes do art. 927 –, embora existam, no âmbito do IRDR e do julgamento dos recursos especiais e extraordinários repetitivos, importantes elementos para aquele fim que, a seu tempo, são objeto da devida análise. Nesse sentido, cabe recordar que há previsão genérica que incentiva a edição de Súmulas pelos Tribunais (art. 926, §§ 1º e 2º, e art. 927, IV). Inexiste, contudo, qualquer referência ao *processo* a ser observado para tanto[56].

Para cá, partindo da premissa, indisputável, quando à indispensabilidade de prévio (e devido) processo para aquele fim, é necessário construí-lo a partir dos elementos dispersos que, a esse respeito, estão no próprio Código de Processo Civil, respeitando, pela especificidade, o que consta da legislação extravagante. Assim, para "as decisões do Supremo Tribunal Federal em controle concentrado de constitucionalidade" (art. 927, I), o referencial obrigatório é o disposto na Lei n. 9.868/99 (para as ações diretas de inconstitucionalidade e

52. A referência é feita ao n. 4 do Capítulo 2 da Parte II do v. 1 das edições anteriores ao CPC de 2015 deste *Curso*. Nas edições posteriores, a indicação do tema está no n. 5.3 do Capítulo 3 da Parte I do v. 1.

53. Trata-se do Capítulo 3 da Parte II.

54. Trata-se do Capítulo 2 da Parte II intitulado "uniformização de jurisprudência e súmulas".

55. Eloquente, a esse propósito, o art. 479 do CPC de 1973: "Art. 479. O julgamento, tomado pelo voto da maioria absoluta dos membros que integram o tribunal, será objeto de súmula e constituirá precedente na uniformização da jurisprudência. Parágrafo único. Os regimentos internos disporão sobre a publicação no órgão oficial das súmulas de jurisprudência predominante".

56. No particular, importa trazer à tona o quanto destacado no n. 2, *supra*, acerca do art. 8º da EC n. 45/2004 e a necessidade de o STF adotar o *mesmo* processo de edição de súmulas vinculantes, que acabou sendo disciplinado pela Lei n. 11.417/2006 para emprestar aos enunciados anteriores aquela mesma qualidade.

as ações declaratórias de constitucionalidade) e na Lei n. 9.882/99 (para as arguições de preceito fundamental)[57]. Para as edições dos "enunciados de súmulas vinculantes" (art. 927, II), prevalece o disposto na precitada Lei n. 11.417/2016[58].

Para o que interessa para o momento e tendo como contexto normativo o próprio Código de Processo Civil, cabe interpretar o § 2º do art. 927 de maneira ampla. A realização de audiências públicas e a participação de pessoas, órgãos ou entidades que possam contribuir para a discussão da tese lá referida não devem ser amesquinhadas apenas para os casos de *revisão* do indexador jurisprudencial ou, como lá se lê, de "*alteração* de tese jurídica". Aquelas providências são também indispensáveis para a *formação* do próprio indexador jurisprudencial[59].

Assim, as audiências públicas e os *amici curiae* devem ter participação generosa (e paritária) também na *formação* das "teses jurídicas" a serem corporificadas em "enunciados de súmula" ou como resultado de julgamento de casos repetitivos ou do incidente de assunção de competência. É forma inarredável de promover o diálogo institucional mencionado anteriormente e que, em rigor, já justificava os usos do instituto do *amicus curiae* no direito brasileiro mais de uma década antes do advento do Código de Processo Civil e da generalização por ele proposta ao assunto[60].

É inconcebível, portanto, reconhecer possível aos indexadores jurisprudenciais desempenharem o papel que deles espera o art. 927 e todos os demais artigos que em volta dele gravitam, sem que se conceba, em idêntica medida, processo prévio de formação daqueles mesmos indexadores jurisprudenciais ou, o que é o mesmo, no processo decisório da "tese" que quer, em última análise, ter efeitos *ultra partes*.

Por tais razões, é importante *interpretar* que a convocação de *amici curiae* nos processos destinados à formação dos referenciais do art. 927, quaisquer que sejam eles, é medida verdadeiramente *imperativa* para o relator e que *deve ser determinada* no ambiente dos processos ou dos incidentes destinados à formação dos indexadores jurisprudenciais, sendo indiferente previsão legislativa expressa ou em sentido contrário. Exceção digna de destaque é o *caput* do art. 983, único dispositivo a empregar o imperativo "ouvirá" "as partes e os demais interessados, inclusive pessoas, órgãos e entidades com interesse na controvérsia" no ambiente do incidente de resolução de demandas repetitivas.

Não fosse pelo quanto já colocado em destaque, e esse *dever* de convocação decorreria, senão da própria concepção de contraditório tal qual previsto no modelo constitucional, do

57. Ambas as leis foram objeto de exame nos Capítulos 4, 5 e 6 da Parte II do v. 2, t. III, das edições anteriores ao CPC de 2015 deste *Curso*.

58. Que foi objeto de exame no Capítulo 3 da Parte II do v. 5 das edições anteriores ao CPC de 2015 deste *Curso*.

59. Trabalho importante acerca do tema é o de Fabio Victor da Fonte Monnerat, *Súmulas e precedentes qualificados: técnicas de formação e aplicação*, publicado pela Editora Saraiva.

60. A essa demonstração o autor deste *Curso* voltou-se em trabalho monográfico intitulado Amicus curiae *no processo civil brasileiro: um terceiro enigmático*, p. 560-568, e já sob a égide do CPC de 2015, em seu *Amicus curiae* no IRDR, no RE e REsp repetitivos: suíte em homenagem à Professora Teresa Arruda Alvim", p. 435-558.

princípio da cooperação explicitado pelo art. 6º e da vedação da decisão surpresa evidenciado pelo art. 10 e, não por acaso, também mencionado expressamente, ao lado do § 1º do art. 489 no § 1º do art. 927.

É indiferente, portanto, que a maior parte dos dispositivos do CPC de 2015 que se ocupam do assunto justamente quando tratam do processo prévio à fixação dos indexadores jurisprudenciais insinue, na sua textualidade, ser meramente *facultativa* a prévia oitiva de *amici curiae* e a realização de audiências públicas. É o que se lê do § 2º do art. 927 (na parte geral dedicada à disciplina do "direito jurisprudencial"); dos três parágrafos do art. 950 (com relação ao incidente de arguição de inconstitucionalidade); do inciso II do art. 982 e do § 1º do art. 983 (com relação ao incidente de resolução de demandas repetitivas); do § 4º do art. 1.035 (com relação à repercussão geral do recurso extraordinário); do inciso III do art. 1.037 e do *caput* do art. 1.038 (com relação aos recursos extraordinários e especiais repetitivos).

No inciso III do art. 1.037, há uma peculiaridade que merece destaque. Como o autor deste *Curso* demonstra em outro trabalho seu[61], há flagrante inconstitucionalidade *formal* na regra (até porque constatável de forma objetiva) porque o texto aprovado na última etapa do processo legislativo no Senado Federal continha o verbo "requisitará" enquanto que o texto enviado à sanção presidencial após os mais de dois meses do "limbo revisional" passou a ostentar a expressão "poderá requisitar".

Indiferente, por idênticas razões, o silêncio do art. 947 e da disciplina por ele reservado ao incidente de assunção de competência a esse propósito: instaurado aquele incidente, a convocação de *amici curiae* e a realização de audiências públicas é necessária dado o objetivo da "tese" a ser fixada naquela sede.

Idêntica observação merece ser feita com relação à designação de audiências públicas para a oitiva das manifestações sobre o que está em discussão e suas diversas facetas e pontos de vista. Aquelas audiências e a oitiva de *amici curiae* merecem ser tratadas como as duas faces de uma mesma moeda, isto é, como técnicas que permitem a *democratização* (e, consequentemente, a *legitimação*) das decisões jurisdicionais tomadas em casos que, por definição, tendem a atingir uma infinidade de pessoas que não necessariamente far-se-ão representar pessoal e diretamente no processo e nos quais será fixada a interpretação de dadas questões jurídicas. A audiência pública, é essa a verdade, é um local apropriado para que a participação do *amicus curiae* seja efetivada[62].

É este o sentido da *legitimação* da decisão que quer servir de indexador jurisprudencial tão enfatizada por todos aqueles que, mesmo antes do advento do CPC de 2015, já voltavam sua atenção ao *amicus curiae*.

---

61. A referência é feita ao seu *Novo Código de Processo Civil anotado*, p. 983-984.

62. O autor deste *Curso* voltou-se especificamente a essa necessária relação em seu *Amicus curiae* e audiências públicas na jurisdição constitucional: reflexões de um processualista civil, p. 1021-1025.

Correlato a esse processo prévio, que viabiliza a discussão dos diversos pontos de vista inerente à formação dos indexadores jurisprudenciais – e o pluralismo é um dos princípios fundantes da República Federativa brasileira (art. 1º, V, da CF) –, é o *dever* de motivação das decisões subjacentes à *fixação* (e não apenas alteração) de cada uma das teses jurídicas. Para o ponto, é bastante recordar do próprio § 1º do art. 927 e da razão de ser de sua expressa remissão ao § 1º do art. 489, em especial ao seu inciso IV, segundo o qual: "não enfrentar todos os argumentos deduzidos no processo capazes de, em tese, infirmar a conclusão adotada pelo julgador".

Pertinente, a propósito, destacar o § 2º do art. 984, que, a propósito do julgamento do IRDR, exige que "O conteúdo do acórdão abrangerá a análise de todos os fundamentos suscitados concernentes à tese jurídica discutida, sejam favoráveis ou contrários". A circunstância de a Lei n. 13.256/2016 ter alterado a redação original do § 3º do art. 1.038, que trata do tema na perspectiva dos recursos repetitivos, para reduzir sua textualidade "... à análise dos fundamentos relevantes da tese jurídica discutida", é, por isso mesmo, indiferente[63]. O dever de fundamentação é inerente ao processo formador do indexador jurisprudencial e está acima de quaisquer casuísmos legais.

6. JULGAMENTO DE CASOS REPETITIVOS

O art. 928 indica o que deve ser compreendido, no contexto do Código de Processo Civil, como "julgamento de casos repetitivos". São as decisões proferidas no âmbito do novel incidente de resolução de demandas repetitivas, o recurso extraordinário repetitivo e o recurso especial repetitivo, que merecem ser tratados como verdadeiro microssistema dentro do Código, a despeito da diversidade de suas disciplinas[64].

O referido incidente de resolução de demandas repetitivas é objeto dos arts. 976 a 987 e é estudado pelo Capítulo 8.

Em rigor, também é novidade, ao menos no *texto* do Código de Processo Civil, o tratamento do recurso *extraordinário* como repetitivo. O CPC de 1973 limitava-se a disciplinar, em seu art. 543-B, a repercussão geral *repetitiva*, ou, como acabou ficando mais conhecida, a identificação da repercussão geral a partir de casos múltiplos ou por amostragem.

---

63. A redação original daquele dispositivo era idêntica à do § 2º do art. 984. Cabe lê-la: "§ 3º O conteúdo do acórdão abrangerá a análise de todos os fundamentos da tese jurídica discutida, favoráveis ou contrários".

64. Nesse sentido é o Enunciado n. 345 do FPPC: "O incidente de resolução de demandas repetitivas e o julgamento dos recursos extraordinários e especiais repetitivos formam um microssistema de solução de casos repetitivos, cujas normas de regência se complementam reciprocamente e devem ser interpretadas conjuntamente".

Sendo certo que a *prática* do art. 543-B foi além da *identificação* da repercussão geral a partir de casos repetitivos, passando-se, também, ao *julgamento* dos recursos extraordinários repetitivos, é preferível o reconhecimento expresso daquela disciplina, como acabou fazendo o Código de Processo Civil. Tanto assim que os arts. 1.036 a 1.041 disciplinam, ao lado do recurso *especial* repetitivo (art. 543-C do CPC de 1973), também o recurso *extraordinário* repetitivo, dando concretude à presente observação.

O parágrafo único do art. 928 admite que o julgamento de casos repetitivos (nas três formas indicadas nos incisos do dispositivo) verse sobre questões de ordem *material* e de ordem *processual*. A regra quer eliminar aprioristicamente discussões sobre o alcance daqueles julgamentos, iniciativa bem-vinda para evitar situações como a representada pela interpretação dada pelo Superior Tribunal de Justiça ao art. 1º da sua (felizmente revogada) Resolução n. 12/2009, que, a propósito de disciplinar as reclamações voltadas a dirimir controvérsia entre acórdão prolatado por turma recursal no âmbito dos Juizados Especiais e a jurisprudência daquele Tribunal, acabou restringindo a possibilidade de a divergência dizer respeito a questões de ordem processual.

Além de inexistir no modelo constitucional do direito processual civil competência para o Superior Tribunal de Justiça editar ato como aquele, não há qualquer critério jurídico que justifique aquela distinção de tratamento. Ademais, se o objetivo daquele ato era garantir uniformidade jurisprudencial, seria importante que ela viabilizasse seu combate com relação também ao direito processual[65].

O art. 928 não trata o incidente de assunção de competência como caso repetitivo.

A justificativa está na compreensão dada pelo próprio Código de Processo Civil àquele mecanismo, analisado pelo Capítulo 3l

Não obstante – e isso não deixa de ser um (dos vários) paradoxos encontrados ao longo de todo o Código de Processo Civil –, são diversas as hipóteses em que o incidente de assunção de competência é tratado ao lado do incidente de resolução de demandas repetitivas, para o atingimento do *mesmo* objetivo, tão querido pelo Código, que é o de *observância* da tese nele fixada[66]. Por isso, lembrando do quanto sustenta o n. 4, *supra*, a melhor interpretação para os dispositivos do Código de Processo Civil que querem espelhar os efeitos pretendidos pelo art. 927 é, não obstante as críticas feitas, a ampla para albergar, indistintamente, todas as técnicas referidas em seus incisos.

65. Ilustra suficientemente bem a pertinência da afirmação a dúvida sobre a contagem em dias úteis ou não dos prazos processuais (art. 219, parágrafo único) no âmbito dos Juizados Especiais.

66. Não será por outra razão, aliás, que a Emenda Regimental n. 24/2016 do STJ refere-se indistintamente aos acórdãos proferidos em incidente de assunção de competência e em recursos especiais repetitivos, além dos enunciados de suas súmulas, como "precedentes qualificados de estrita observância pelos Juízes e Tribunais", fazendo expressa menção ao art. 927 (art. 121-A do RISTJ).

Capítulo 2

Ordem dos processos nos Tribunais

1. CONSIDERAÇÕES INICIAIS

O Capítulo II do Título I do Livro III da Parte Especial é intitulado "Da ordem dos processos nos Tribunais", estendendo sua disciplina dos arts. 929 a 946.

A despeito do nome dado ao Capítulo – que repete, no particular, o de seu par no CPC de 1973 –, é preferível compreender a maior parte de seu conteúdo como a disciplina do que ocorre, do ponto de vista organizacional e administrativo, no âmbito dos Tribunais quando exercem função jurisdicional para julgamento de processos ou incidentes de sua competência originária ou recursos. As subdivisões feitas ao longo da exposição querem ter apelo didático, buscando agrupar determinados grupos de artigos pelo seu objetivo.

2. REGISTRO, DISTRIBUIÇÃO E CONCLUSÃO

Tão logo os autos (físicos ou eletrônicos) cheguem ao Tribunal, eles devem ser registrados no protocolo no dia de sua entrada, e, após a ordenação cabível, ser realizada sua *imediata* distribuição (art. 929, *caput*), dispositivo que repete o comando do inciso XV do art. 93 da Constituição Federal.

O protocolo – que permite as mais variadas petições e manifestações para os processos que estão no âmbito dos Tribunais – pode ser descentralizado, com delegação a ofícios de justiça de primeira instância. A iniciativa, que está no parágrafo único do art. 929 – e que já funcionava (e muito bem) em diversos Estados e Regiões antes do advento do CPC de 2015 –, evita o necessário deslocamento para a sede dos tribunais para a prática de atos processuais em papel. No âmbito do processo eletrônico, a previsão não faz sentido nenhum.

A *imediata* distribuição, determinada pelo *caput* do art. 929 (e, superiormente, pelo inciso XV do art. 93 da CF), significa a atribuição do processo ou do recurso a um dos integrantes dos Tribunais, que passa a ser identificado como *relator* do caso. É quem atuará como verdadeiro diretor do processo em nome do colegiado a que pertence.

Além da imediata *distribuição*, o art. 931 impõe a imediata *conclusão* dos autos ao relator, isto é, o envio ou a disponibilização dos autos para o relator, que terá o prazo de trinta dias (úteis) para estudá-lo e preparar o seu voto, após o que os devolverá à secretaria (ou cartório) com o respectivo relatório. O relatório é o resumo do que trata o caso. O *voto* do relator só será conhecido quando do julgamento, que se dá em sessão pública (arts. 934 e 941). Exceção a esse *iter* reside nas hipóteses em que o relator vale-se do disposto no art. 932 para julgar *monocraticamente*, isto é, sem submeter seu voto ao colegiado. O tema é desenvolvido pelo n. 3, *infra*.

A determinação do art. 931 não revela, mas cabe evidenciar, que o CPC de 2015 eliminou a figura do *revisor*, que era o magistrado que, após a análise do caso pelo relator, também tinha acesso integral aos autos para estudá-lo e redigir voto *antes* do julgamento (art. 551, *caput*, do CPC de 1973)[1], querendo, com a iniciativa, imprimir maior celeridade à tramitação do processo antes de seu julgamento[2]. De acordo com o § 1º do art. 551 do CPC de 1973, o revisor era o magistrado seguinte ao relator na ordem descendente de antiguidade no órgão colegiado. Era o revisor, de acordo com o § 2º do art. 551 do CPC de 1973, quem, após a devida análise do caso, pedia data para julgamento por intermédio do Presidente do órgão colegiado.

De acordo com o *caput* do art. 930, a distribuição será feita de acordo com o regimento interno do Tribunal, levando em conta a *alternatividade*, o *sorteio eletrônico* e a *publicidade*. O dispositivo espelha, pertinentemente, a regra geral do art. 285 para o âmbito dos Tribunais.

O parágrafo único do art. 930 determina que o primeiro recurso protocolado no tribunal torna *prevento* o relator para eventual recurso subsequente interposto no mesmo processo ou em processo conexo. Trata-se de regra que já era, mesmo antes do CPC de 2015, encontrada em diversos regimentos internos dos Tribunais e que aplica, para o grau recursal, as diretrizes genéricas dos incisos I e II do art. 286[3], inclusive no que diz respeito à possibilidade de a prevenção não se justificar no âmbito recursal em virtude de peculiaridades do caso concreto. Assim, por exemplo, quando os processos já não haviam sido reunidos para julgamento conjunto na primeira instância ou diante da inexistência de prejuízo quando o julgamento não for realizado em conjunto[4].

---

1. O revisor atuava, de acordo com aquele dispositivo, nos recursos de apelação, embargos infringentes e de ação rescisória. O § 3º do art. 551 já excluía sua participação nos recursos interpostos contra decisões proferidas no procedimento sumário, quando a tutela jurisdicional pretendida era o despejo e nos casos de indeferimento liminar do pedido.
2. A CE do STJ teve oportunidade de decidir, por maioria, que a figura do revisor subsistiu no âmbito da ação rescisória ajuizada originariamente perante aquele Tribunal, considerando que o art. 40 da Lei n. 8.038/90 não foi revogado expressamente pelo inciso IV do art. 1.072 do CPC de 2015. Trata-se da Questão de Ordem levantada na AR 5.241/DF, rel. Min. Mauro Campbell Marques, j.m.v. 5-4-2017, *DJe* 12-5-2017.
3. Bem ilustra o acerto da afirmação a Súmula 158 do TJSP: "A distribuição de recurso anterior, ainda que não conhecido, gera prevenção, salvo na hipótese de incompetência em razão da matéria, cuja natureza é absoluta".
4. Nesse sentido: STJ, 3ª Turma, 1.834.036/SP, rel. Min. Nancy Andrighi, j.un. 28-4-2020, *DJe* 27-5-2020.

3. DEVERES-PODERES DO RELATOR

O art. 932 disciplina os "deveres-poderes" a serem exercitados pelo relator, dentre eles o de julgar monocraticamente, isto é, sem submeter seu voto previamente ao colegiado.

A lista dos deveres-poderes está disposta nos incisos do art. 932, que deve ser interpretada de forma não taxativa, considerando que o inciso VIII do dispositivo permite que o exercício de outros lhe pode ser confiado pelo regimento interno do Tribunal, o que não afasta (e nem pode afastar) a observância do art. 139 também no âmbito dos Tribunais. Cabe ao relator:

(i) Dirigir e ordenar o processo no tribunal, inclusive em relação à produção de prova, e, sendo o caso, homologar autocomposição das partes.

(ii) Analisar pedido de tutela provisória nos recursos e nos processos de competência originária do tribunal, concedendo-os ou negando-os. A previsão compreende a análise dos pedidos de *concessão* ou de *retirada* de efeito suspensivo aos recursos.

(iii) Não conhecer de recurso inadmissível, prejudicado ou que não tenha impugnado especificamente os fundamentos da decisão recorrida.

(iv) Negar provimento a recurso contrário a Súmula do Supremo Tribunal Federal, do Superior Tribunal de Justiça ou do próprio tribunal, ou a acórdão proferido pelo Supremo Tribunal Federal ou pelo Superior Tribunal de Justiça em julgamento de recursos repetitivos ou, ainda, a entendimento firmado em incidente de resolução de demandas repetitivas ou de assunção de competência. A previsão se harmoniza com o § 1º do art. 926 e com o art. 927, devendo os "indexadores jurisprudenciais" referidos ser interpretados amplamente.

(v) Dar provimento a recurso se a decisão recorrida contrariar algum indexador jurisprudencial. Nesse caso, diferentemente do anterior, em que não há prejuízo, é necessário que seja viabilizada a apresentação de contrarrazões ou manifestação da parte contrária, se elas já não tiverem sido apresentadas, para evitar o proferimento de "decisão-surpresa" (art. 10). Não obstante a diferença entre o previsto nos incisos IV e V do art. 932, importa evidenciar que a ausência de contraditório específico sobre a incidência do indexador jurisprudencial no caso deve conduzir o relator a colher previamente das partes sua manifestação a este respeito.

(vi) Decidir o incidente de desconsideração da personalidade jurídica (arts. 133 a 137), quando ele for instaurado perante o tribunal.

(vii) Determinar a intimação do Ministério Público, quando for o caso de sua intervenção. A previsão deve ser interpretada amplamente para permitir ao relator também convocar outros intervenientes ao processo, em especial na qualidade de *amicus curiae*, ainda quando não se trata de processo destinado à formação de indexador jurisprudencial.

Além disso, o parágrafo único do art. 932 generaliza (corretamente) o *dever* de o relator criar oportunidade de o recorrente sanar vício – qualquer vício, é sempre importante evidenciar –, concretizando, com a iniciativa, o comando do inciso IX do art. 139.

Entendimentos radicais (e errados, mesmo à luz do CPC de 1973) como os da Súmula 115 do Superior Tribunal de Justiça[5], que não permitem a emenda ou a correção de atos processuais no âmbito dos Tribunais, não podem subsistir no CPC de 2015. O dispositivo refere-se ao prazo de cinco dias (úteis) para que o interessado promova a sanação do ato, para evitar que o relator entenda inadmissível o recurso (art. 932, III).

A determinação autorizada pelo parágrafo único do art. 932 deve especificar o vício detectado e a forma de sua sanação, orientação que deriva não apenas, por analogia, do *caput* do art. 321, mas do modelo de processo cooperativo do art. 6º e, superiormente, do próprio princípio constitucional do contraditório[6]. Se devidamente justificada a necessidade, não há óbice apriorístico para a prorrogação do prazo, o que encontra eco no inciso VI e no parágrafo único do art. 139.

As decisões proferidas pelo relator com base no art. 932 são, todas elas, sem exceção, recorríveis. É o papel desempenhado pelo agravo interno a que se refere o art. 1.021. Trata-se de decorrência inequívoca do princípio constitucional da *colegialidade* e que, não obstante, encontrava, no CPC de 1973, algumas restrições que, a seu tempo, foram objeto da devida crítica por parte deste *Curso*[7].

Embora silente a respeito, não há óbice para que o relator valha-se do art. 932 para o proferimento de decisões *parciais* de mérito, com fundamento no art. 356, submetendo ao colegiado o que não foi passível de julgamento parcial[8].

O art. 933, querendo evitar violação ao art. 10, proibindo o proferimento das chamadas "decisões-surpresa" no âmbito recursal e nos casos em que o Tribunal atua como primeiro grau de jurisdição, impõe ao relator que constatar a ocorrência de fato superveniente à decisão recorrida ou a existência de questão apreciável de ofício ainda não examinada que devam ser considerados no julgamento do recurso que intime as partes para que se manifestem a respeito no prazo de cinco dias (úteis).

Se a constatação daqueles fatos ocorrer durante a sessão de julgamento, este deverá ser suspenso para que as partes se manifestem a seu respeito por escrito (art. 933, § 1º). A despeito do texto legal, nada há que impeça, muito pelo contrário, que, presentes os procura-

---

5. Cujo enunciado é o seguinte: "Na instancia especial é inexistente recurso interposto por advogado sem procuração nos autos".

6. Assim, por exemplo, para esclarecer a ocorrência de feriados locais e, consequentemente, a tempestividade do recurso. Nesse sentido é o Enunciado n. 66 da I Jornada de Direito Processual Civil do CJF: "Admite-se a correção da falta de comprovação do feriado local ou da suspensão do expediente forense, posteriormente à interposição do recurso, com fundamento no art. 932, parágrafo único, do CPC". O tema é retomado no n. 5.2 do Capítulo 7 da Parte III a propósito do mais restritivo § 3º do art. 1.029.

7. A referência é feita, em especial, ao parágrafo único do art. 527 do CPC de 1973, incluído pela Lei n. 11.187/2005.

8. Embora sem fazer referência ao art. 932, cabe a menção, nesse contexto, do Enunciado n. 117 da II Jornada de Direito Processual Civil do CJF: "O art. 356 do CPC pode ser aplicado nos julgamentos dos tribunais".

dores, seja, na própria sessão, colhida a manifestação oral para que, se todos estiverem de acordo, o julgamento seja retomado de imediato, prestados os esclarecimentos cabíveis[9].

Na hipótese de a questão surgir durante o período do que é chamado de pedido de vista formulado por um dos julgadores (art. 940), será determinada, por intermédio do relator, a intimação das partes para que se manifestem em cinco dias (art. 933, § 1º). Após, o processo deverá ser pautado novamente (com a devida publicação da pauta com observância da antecedência determinada pelo *caput* do art. 935) e, na retomada do julgamento, submetida a questão (com o contraditório sobre ela já exercitado ou, quando menos, devidamente facultado) aos demais julgadores (art. 933, § 2º).

4. PREPARATIVOS PARA O JULGAMENTO

Em não sendo hipótese de julgamento monocrático (art. 932, III, IV e V), findo o exame do caso pelo relator, que devolverá os autos, com relatório, à secretaria ou cartório (art. 931), o presidente do órgão julgador (câmara ou turma, consoante o Tribunal) designará dia para julgamento, determinando a adoção das providências cartorárias e administrativas para tanto, com especial destaque à publicação da pauta no órgão oficial "em todas as hipóteses previstas neste Livro", tema ao qual se volta o art. 935. É o que determina o art. 934.

O *caput* do art. 935 impõe as seguintes regras: a sessão de julgamento só poderá ser realizada depois de, pelo menos, cinco dias (úteis) da publicação da pauta no *Diário Oficial*. Não há necessidade de nova pauta para os casos em que o julgamento for *expressamente* adiado para a sessão seguinte. Apenas para estes. Os processos que não tiveram adiamento expresso e que não foram julgados dependem de nova inclusão em pauta, precedida da necessária intimação no quinquídio legal. Dentre eles, também carecem de inclusão em nova pauta (a ser publicada com a antecedência do *caput* do art. 935) o que, na prática do foro, é rotulado de "sobra": são os processos que, por variadas razões, não são julgados na sessão em que pautados, mas, que não têm previsão de julgamento na "sessão seguinte". A ausência de inclusão (art. 934) e publicação da pauta, com a antecedência imposta pelo *caput* do art. 935, é causa de nulidade do julgamento[10].

O § 1º do art. 935 franqueia às partes a vista dos autos em cartório (ou secretaria) após a publicação da pauta de julgamento, o que pressupõe se tratar de autos físicos (em papel).

---

9. Nesse sentido é o Enunciado n. 60 da I Jornada de Direito Processual Civil do CJF: "É direito das partes a manifestação por escrito, no prazo de cinco dias, sobre fato superveniente ou questão de ofício na hipótese do art. 933, § 1º, do CPC, ressalvada a concordância expressa com a forma oral em sessão".

10. Nesse sentido, consta decisão da 2ª Turma do STF assim ementada: "Questão de ordem – Agravo interno julgado sem prévia inclusão em pauta – Inobservância dos preceitos inscritos no art. 934 e no art. 1.021, § 2°, ambos do CPC – Consequente invalidação do julgamento realizado pela Turma – Magistério da doutrina – Questão de ordem resolvida no sentido de invalidar-se o julgamento" (STF, 2ª Turma, Rel. Min. Celso de Mello, ARE 748.206 AgR-QO/SC, j.un. 18-4-2017, *DJe* 8-5-2017.

Sendo autos eletrônicos, não pode haver, nesse ínterim, nenhuma restrição a seu acesso. O § 2º do art. 935 determina que a pauta seja afixada na entrada da sala em que se der a sessão de julgamento. A exigência deve ser cumprida indiferentemente de se tratar de autos físicos ou eletrônicos, porque o objetivo da regra é o de dar a devida publicidade aos processos que serão apreciados em dada sessão de julgamento.

5. SUSTENTAÇÃO ORAL

A sustentação oral é a possibilidade de o recorrente, o recorrido e eventuais intervenientes, assim entendidos também, quando for caso de sua intervenção, o Ministério Público, a Defensoria Pública e terceiros em geral, inclusive eventuais *amici curiae*, fazerem uso da palavra oral durante o julgamento, por intermédio de seus procuradores.

A iniciativa, comuníssima na prática do foro e extremamente importante para a formação do convencimento dos julgadores, máxime em um sistema que dispensa a figura do revisor, é disciplinada pelo art. 937, que a ampliou bastante quando comparada com as regras equivalentes no CPC de 1973[11].

O prazo da sustentação oral é de quinze minutos, e sua realização depende de expresso pedido do procurador, a ser formulado até o início da respectiva sessão de julgamento (art. 937, § 2º). Diante da clareza da hipótese legal, não devem prevalecer quaisquer atos regulamentares dos Tribunais que pretendem disciplinar o pedido diferentemente, exigindo de quem pretende fazer a sustentação oral, por exemplo, que apresente pedido com antecedência maior àquela prevista no precitado dispositivo codificado. A advogada gestante, lactante, adotante ou que der à luz tem preferência na ordem da sustentação oral, desde que comprove essa condição enquanto perdurar o estado gravídico ou o período de amamentação e, tratando-se das duas últimas hipóteses, pelo mesmo prazo da licença-maternidade do art. 392 da CLT (art. 7º-A, III e §§ 1º e 2º, da Lei n. 8.906/94, incluídos pela Lei n. 13.363/2016).

As hipóteses de cabimento da sustentação oral são as seguintes: (i) no recurso de apelação; (ii) no recurso ordinário; (iii) no recurso especial; (iv) no recurso extraordinário; (v) nos embargos de divergência; (vi) na ação rescisória, no mandado de segurança, na reclamação (inclusive, quanto a estes três casos, no agravo interno interposto contra sua extinção mo-

11. Tão importante que a maioria da CE do STJ entendeu que o Ministro que não está presente quando da realização da sustentação oral não pode participar do julgamento. A referência é feita à Questão de Ordem nos EREsp 1.447.624/SP, rel. p/ acórdão Min. Maria Thereza de Assis Moura, j.m.v. 15-8-2018, *DJe* 11-10-2018. Aquele entendimento resultou em alteração no RI do STJ pela Emenda Regimental n. 32/2019, que introduziu, dentre outros, o § 4º do art. 162 do RISTJ. Os §§ 5º e 6º do mesmo dispositivo, também introduzidos pela ER 32/2019, pertinentemente, preveem a possibilidade de repetição da sustentação oral para viabilizar a participação do Ministro quando isto se justificar para fins de formação de *quorum*, desempate de julgamento ou, ainda, quando se tratar de julgamento de recurso repetitivo.

nocrática, como expressamente prevê o § 3º do art. 937)[12]; (vii) no agravo de instrumento tirado contra decisões interlocutórias que versem sobre tutelas provisórias, tanto as fundamentadas em urgência como aquelas fundadas em evidência; e, ainda, (viii) em outras hipóteses admitidas por leis esparsas ou pelo regimento interno de cada Tribunal. Também cabe, de acordo com o § 1º do art. 937, sustentação oral no incidente de resolução de demandas repetitivas, observando-se, nesse caso, o disposto no art. 984.

O § 4º do art. 937 permite a sustentação oral por meio de videoconferência ou recurso tecnológico equivalente quando o advogado tiver domicílio profissional diverso daquele onde o Tribunal é sediado. Que prevaleça, a esse respeito, o correto entendimento quanto ao *dever* de os Tribunais disponibilizarem o que for necessário para a realização do ato a distância, nos mesmos moldes do que este *Curso* sustenta para o § 2º do art. 453.

Em razão da pandemia do coronavírus, tais sistemas acabaram sendo implementados generalizadamente em todos os Tribunais brasileiros, viabilizando a realização de sustentação oral nas sessões telepresenciais (e *síncronas*) de julgamento, isto é, sessões em que a prática dos atos processuais se desenvolve em tempo real entre todos os participantes, conquanto de maneira não presencial, com o emprego de plataformas criadas e desenvolvidas para esse fim[13].

Assim como já evidenciado em outras momentos deste *Curso*, a realização de julgamentos em ambiente virtual não se mostra, em si mesma, agressiva a nenhum aspecto do modelo constitucional do direito processual civil, justamente porque permite a prática de atos em tempo real com amplo exercício do contraditório e da ampla defesa com o predomínio da palavra oral. O desafio que se põe no exame de cada caso concreto é verificar se há *efetivo* acesso dos procuradores e das partes à tecnologia indispensável para a prática daqueles atos, sem o que a sua *participação* fica interditada em termos concretos. É essa a razão pela qual o tema deve ser compreendido na perspectiva do acesso à justiça agasalhado no inciso XXXV do art. 5º da Constituição Federal.

A parte final do *caput* do art. 937 remete à "parte final do *caput* do art. 1.021". O acréscimo, surgido na revisão final do texto do CPC de 2015 sugere que os regimentos internos dos tribunais poderão regrar a sustentação oral. Para evitar a inconstitucionalidade formal do dispositivo, importa entender que o regimento interno não poderá, em nenhuma hipótese, sobrepor-se ao comando legal; não, ao menos para restringi-lo, mas, tão somente, para *ampliá-lo*, nos precisos termos, aliás, do que permite o inciso IX do art. 937. De resto, questões de processamento administrativo, e que são de competência dos regimentos internos, o são diretamente por força da alínea *a* do inciso I do art. 96 da Constituição Federal, sendo indiferente, a esse

12. Pende de exame no Pleno do STF a possibilidade da sustentação oral se dar no agravo interno interposto da decisão monocrática que denega *habeas corpus*. Trata-se da QO no HC 164.593/AM, rel. Min. Edson Fachin, j.un. 11-6-2019.

13. A Resolução n. 314/2020 do CNJ ocupou-se do assunto principalmente em seu art. 5º.

respeito, as previsões legislativas, como a que foi acrescentada a destempo no *caput* do art. 937 durante o processo legislativo que culminou na promulgação do Código.

6. DINÂMICA E DOCUMENTAÇÃO DOS JULGAMENTOS

Os arts. 936 e 938 a 941 e 943 a 946 cuidam da dinâmica e da documentação dos julgamentos. A técnica de colegiamento do art. 942 merece exame apartado, objeto do n. 7, *infra*.

O art. 936 ocupa-se com a ordem a ser observada no julgamento dos recursos, da remessa necessária e dos processos de competência originária dos tribunais. Após as preferências legais (como, por exemplo, o incidente de resolução de demandas repetitivas, recurso extraordinário com repercussão geral reconhecida, ou os recursos repetitivos, nos termos dos arts. 980, 1.035, § 9º, e 1.037, § 4º, respectivamente) e regimentais, serão julgados os casos em que haverá sustentação oral, observando-se a ordem dos pedidos respectivos, previsão que se harmoniza com o disposto no § 2º do art. 937. Após, consoante sua ordem de apresentação, os casos em que não haverá sustentação oral (o que a prática forense costuma chamar de "preferência simples"). Em seguida, serão apreciados os casos cujos julgamentos já tenham sido iniciados. Por fim, os demais casos.

Apregoado o processo e realizada, se for o caso, a sustentação oral, o relator faz uso da palavra para expor o seu voto.

O *caput* do art. 938 dispõe que a questão preliminar suscitada no julgamento será decidida antes do mérito, deste não se conhecendo caso seja incompatível com a decisão. De acordo com o § 1º do dispositivo, cabe ao relator determinar providências com vistas a sanear eventual ato processual viciado no âmbito do próprio Tribunal para prosseguir no julgamento (art. 938, § 2º), previsão que se harmoniza não só com o parágrafo único do art. 932, mas também (e de forma mais ampla) com o inciso IX do art. 139. Se for o caso, o relator converterá o julgamento em diligência, determinando a produção da prova que entender cabível (arts. 932, I, e 370) no próprio Tribunal ou no órgão jurisdicional da primeira instância, retomando-se, após o contraditório pertinente, o julgamento (art. 938, § 3º). As providências dos §§ 1º e 3º do art. 938 podem ser adotadas também pelo entendimento do próprio colegiado, como prevê o § 4º do mesmo art. 938, não constituindo nenhum impedimento para tanto a circunstância de elas não terem sido tomadas, como podem sê-lo, desde logo, pelo relator (art. 932).

Superada a preliminar que poderia comprometer o julgamento (ou superado o vício ou a deficiência instrutória nos moldes e pelas formas dos parágrafos do art. 938), todos os integrantes do colegiado discutirão e julgarão o que o art. 939 chama de "matéria principal", que é o mérito do recurso ou do processo de competência originária do Tribunal.

No contexto narrado nos parágrafos anteriores, há espaço para entender que o julgamento possa ser cindido, com fundamento no art. 356, viabilizando o julgamento *parcial* do que não exige nenhum tipo de providência[14].

O chamado "pedido de vista" é disciplinado pelo art. 940. Trata-se da possibilidade de um dos membros do órgão colegiado pedir durante o julgamento para examinar, em gabinete, os autos do processo. Terá o prazo máximo de dez dias (úteis) para tanto, findos os quais o recurso ou o processo será reincluído em pauta para julgamento na sessão seguinte à data da devolução. Na hipótese de os autos não serem devolvidos no decêndio ou se o magistrado que formulou o pedido não solicitar sua prorrogação, o presidente do colegiado requisitará os autos para julgamento do recurso na sessão ordinária subsequente, publicando a pauta em que ele for incluído (art. 940, § 1º)[15]. A inserção e a publicação da pauta em ambos os casos, isto é, na hipótese de os autos não serem devolvidos após os dez dias para exame *ou* se a prorrogação de prazo não for solicitada pelo julgador, deverão observar o que dispõe o *caput* do art. 935, dando especial destaque à antecedência de cinco dias (úteis) entre a data da publicação da pauta e a sessão em que será retomado o julgamento, sob pena de nulidade. Se, a despeito do pedido de prorrogação, o magistrado não se sentir habilitado a julgar, o presidente do colegiado convocará substituto para aquele fim, observando-se o que o regimento do tribunal disser a respeito (art. 940, § 2º).

É indiferente para justificar o pedido de vista que os autos sejam físicos (em papel) ou eletrônicos. Como não há mais previsão de análise do caso por *revisor* antes do julgamento, não há como esperar que todos os componentes do órgão colegiado possam examinar todos os casos antes das respectivas sessões de julgamento. A perspectiva do art. 940 é que, a partir do voto do relator (único magistrado que analisou o caso previamente) e de eventuais discussões motivadas por sustentações orais, os demais magistrados façam uso daquela prerrogativa. O que pode se dar com os autos eletrônicos é que o pedido de vista formulado por um magistrado acarrete, desde logo, que outros julgadores tenham acesso aos autos *concomitantemente*, iniciativa que acaba imprimindo ao processo maior celeridade[16].

Uma vez concluído o julgamento, seu resultado deve ser proclamado. É o objeto do art. 941, que indica o relator quando seu voto for o vencedor para redigir o acórdão. Na hipótese de o relator restar vencido, o primeiro que dele dissentir será responsável por aquela tarefa.

Até que o resultado seja proclamado, é possível ao magistrado que já proferiu voto alterar seu entendimento, a não ser que tenha sido substituído ou afastado (art. 941, § 1º).

---

14. Nesse sentido é o Enunciado n. 117 da II Jornada de Direito Processual Civil do CJF: "O art. 356 do CPC pode ser aplicado nos julgamentos dos tribunais".
15. Nem por isso, necessária e invariavelmente, ocorrerá a tipificação do crime previsto no art. 37 da Lei n. 13.869/2019, a "Lei do Abuso de Autoridade", previsto nos seguintes termos: "Art. 37. Demorar demasiada e injustificadamente no exame de processo de que tenha requerido vista em órgão colegiado, com o intuito de procrastinar seu andamento ou retardar o julgamento".
16. No âmbito do STJ, esta possibilidade acabou sendo rotulada de "pedido de vista coletiva" dos autos e hoje é disciplinada expressamente nos §§ 2º e 3º do art. 161 de seu RI, fruto da Emenda Regimental n. 33/2019.

O quórum do julgamento é de três magistrados em se tratando de recursos de apelação e agravo de instrumento (art. 941, § 2º). Por força do disposto no *caput* do art. 1.028, é esse o número a ser observado também para os recursos ordinários.

Para os Tribunais Superiores, cabe observar as regras próprias. Assim é que as Turmas do Supremo Tribunal Federal se reúnem com a presença de, pelo menos, três Ministros (art. 147 do RISTF). A votação dá-se por maioria, e, em caso de empate, a decisão será adiada até que seja tomado o voto do Ministro ausente (art. 150, § 1º, do RISTF). As decisões das Turmas do Superior Tribunal de Justiça, por sua vez, são tomadas pela maioria absoluta dos Ministros que a compõem (art. 41-A da Lei n. 8.038/90 e art. 181, *caput*, do RISTJ).

O § 3º do art. 941, por sua vez, contrariando frontalmente a Súmula 320 do Superior Tribunal de Justiça[17], determina que o voto vencido deverá ser declarado, isto é, redigido e considerado parte integrante do acórdão para todos os fins, inclusive do chamado "prequestionamento", assunto ao qual se dedica o n. 2.1 do Capítulo 7 da Parte III. É indubitável, a despeito da crítica que o dispositivo merece na perspectiva do modelo constitucional do direito processual civil, no que diz respeito ao chamado "prequestionamento", que a referida Súmula perde, com o CPC de 2015, seu fundamento de validade. A exigência feita pelo § 3º do art. 941 deve ser aplaudida até porque absolutamente harmônica com a imposição feita, desde o art. 93, IX, da CF, com relação à motivação das decisões judiciais. Na perspectiva que aqui importa sublinhar, a fundamentação só estará completa se todos os votos vencidos estiverem devidamente declarados. É o conjunto de todos os votos, vencedores e vencidos, que perfaz o acórdão. Sua inobservância, por isso mesmo, acarreta *error in procedendo* que, devidamente reconhecido, conduz à nova publicação do acórdão com os votos faltantes e fluência de novo prazo recursal[18].

O art. 943 volta-se à documentação (inclusive eletrônica) dos acórdãos e sua publicação, exigindo, no seu § 1º, que todo acórdão contenha ementa, isto é, a indicação, sintética, dos temas nele tratados e da conclusão alcançada. Essa ementa – e não apenas o resultado do julgamento ou sua parte dispositiva – deve ser publicada no órgão oficial no prazo (máximo) de dez dias após o julgamento (art. 943, § 2º). O decêndio, de índole meramente administrativa, deve fluir em dias corridos.

O art. 944, derivado da Lei n. 12.016/2009, a Lei do Mandado de Segurança, autoriza que, se não publicado o acórdão em trinta dias (corridos) contados da sessão de julgamento – três vezes mais do que o § 2º do art. 943 prevê –, o presidente do tribunal lavrará, de imediato, as conclusões e a ementa, mandando publicar o acórdão. Faltará para a plena aplicabilidade do dispositivo, evidentemente, que todos os tribunais tenham suas sessões de julgamento registradas por taquígrafos, iniciativa que vai na contramão da tecnologia de documentação dos atos processuais. Até porque, é irrecusável que *também* as sessões de julgamento possam ser registradas por dispositi-

17. Que tem o seguinte enunciado: "A questão federal somente ventilada no voto vencido não atende ao requisito do prequestionamento".

18. Nesse sentido: STJ, 3ª Turma, 1.729.143/PR, rel. Min. Nancy Andrighi, j.un. 12-2-2019, *DJe* 15-5-2019.

vos eletrônicos de todas as gerações, como faculta o § 6º do art. 367, iniciativa que *não depende* de prévia autorização judicial, e que se harmoniza plenamente com o disposto no art. 93, IX, da Constituição Federal, segundo o qual todos os julgamentos do Judiciário são públicos[19]. Havendo o registro, ainda que obtido de outra forma – e a lembrança da ata notarial (art. 384) nesse contexto é também pertinentíssima –, viabiliza-se, de forma plena, a lavratura da ementa e do acórdão nos termos determinados pelo parágrafo único do dispositivo.

O art. 945 espelhava-se em iniciativa pioneira do Tribunal de Justiça do Estado de São Paulo, aprimorando-a, e autorizava a realização eletrônica, isto é, independentemente de sessão *presencial*, de julgamentos dos recursos e dos processos de competência originária que não admitissem sustentação oral. O dispositivo, contudo, foi expressa e totalmente revogado pela Lei n. 13.256/2016[20].

Questão que merece ser posta diante do modelo constitucional do direito processual civil é se, a despeito da revogação daquele artigo, podem os regimentos internos do Tribunal ou, de forma mais ampla, atos normativos seus autorizar que os julgamentos, respeitados os limites do Código de Processo Civil, inclusive sobre a sustentação oral (art. 937), sejam realizados *eletronicamente*.

A resposta mais correta é a positiva, diante da alínea *a* do inciso I do art. 96 da Constituição Federal. Máxime porque é irrecusável o entendimento de as partes, com fundamento no art. 190, abrirem mão consensualmente da sustentação oral mesmo nos casos autorizados por lei. O que é imprescindível é que as partes, por intermédio de seus procuradores, possam se manifestar a respeito da sua concordância com o julgamento do recurso ou processo de competência originária independentemente de sessão presencial.

Importa destacar que, por força da pandemia do coronavírus, a realização não presencial de sessões de julgamento – os chamados "julgamentos virtuais" ou "sessões *virtuais* de julgamento" –, de modo assíncrono, isto é, sem a prática de atos processuais em tempo real, tal como a idealizada pelo revogado art. 945, acabou sendo generalizada com apoio nas Resoluções n. 314/2020 e n. 329/2020 do CNJ, assegurada, de qualquer sorte (e nem poderia ser diferente) a viabilidade de sustentação oral nos casos previstos no art. 937. Neste modelo de julgamento, a sustentação oral acabou se tornando um vídeo gravado pelo procurador desejoso de realizá-la e enviado aos julgadores que participarão do julgamento.

---

19. Tão verdadeira a observação que o RISTJ foi alterado pela Emenda Regimental n. 35/2019 para substituir a taquigrafia como forma de documentar as sessões de julgamento daquele Tribunal por captação em mídia audiovisual.

20. Era a seguinte a redação daquele dispositivo: "Art. 945. A critério do órgão julgador, o julgamento dos recursos e dos processos de competência originária que não admitem sustentação oral poderá realizar-se por meio eletrônico. § 1º O relator cientificará as partes, pelo Diário da Justiça, de que o julgamento se fará por meio eletrônico. § 2º Qualquer das partes poderá, no prazo de 5 (cinco) dias, apresentar memoriais ou discordância do julgamento por meio eletrônico. § 3º A discordância não necessita de motivação, sendo apta a determinar o julgamento em sessão presencial. § 4º Caso surja alguma divergência entre os integrantes do órgão julgador durante o julgamento eletrônico, este ficará imediatamente suspenso, devendo a causa ser apreciada em sessão presencial".

O art. 946 impõe que o agravo de instrumento seja julgado antes da apelação e, tratando-se da mesma sessão de julgamento, com precedência.

7. TÉCNICA DE COLEGIAMENTO DA DECISÃO NÃO UNÂNIME (ART. 942)

Discussão intensa ao longo do processo legislativo – e que durou até os últimos instantes da votação do CPC de 2015 na Sessão Plenária do Senado que se realizou no dia 17 de dezembro de 2014 – foi sobre a manutenção ou não do recurso de embargos infringentes, disciplinado pelos arts. 530 a 534 do CPC de 1973, um recurso voltado à rediscussão de causa ou recurso em que o julgamento se dera por maioria, e não por unanimidade. O Anteprojeto não previu aquele recurso, tampouco o Projeto aprovado no Senado.

O Projeto da Câmara optou por transformar o que, na tradição do direito brasileiro, era *recurso* em *técnica de julgamento*, verdadeira ampliação do colegiado em determinadas hipóteses, e foi nesse formato que o instituto passou para o CPC de 2015. Foi uma das inúmeras contribuições formuladas pelo chamado Substitutivo dos Diretores do Instituto Brasileiro de Direito Processual, apresentado à Câmara dos Deputados tão logo o Projeto do Senado chegou àquela Casa Legislativa[21].

A compreensão de que não se trata de recurso, mas de mera técnica de ampliação do colegiado, para viabilizar maior discussão do quanto julgado no âmbito dos Tribunais de Justiça e dos Tribunais Regionais Federais, é indispensável para a devida compreensão do instituto. É o que basta para afastar da técnica do art. 942 um sem-número de questões que faziam sentido no julgamento dos embargos infringentes, que ostentava natureza recursal.

Ademais, como o dispositivo quer viabilizar o colegiamento mais amplo do quanto julgado, é errado querer estreitar sua interpretação e aplicação com qualquer invocação alusiva a *celeridade*. O que garante o modelo constitucional, desde o inciso LXXVIII do art. 5º da Constituição Federal, é a *eficiência* processual, inclusive na perspectiva de gerenciamento de processos, não a rapidez. A esse respeito, cabe lembrar que os recursos extraordinário e especial não são vocacionados ao mero reexame de provas ou de cláusulas contratuais, a justificar, também nessa perspectiva, que, havendo divergência, possa o colegiado ampliado aprofundar seu exame do caso também nessa perspectiva[22]. Tanto assim que o *caput* do art.

---

21. A íntegra daquele documento, elaborado pela saudosa Professora Ada Pellegrini Grinover, Paulo Henrique dos Santos Lucon, Carlos Alberto Carmona e pelo autor deste *Curso*, com sua respectiva Exposição de Motivos, está publicada em obra coletiva intitulada *O novo processo civil*, coordenada por José Anchieta da Silva.

22. A 5ª Turma do STJ entendeu aplicável a técnica do art. 942 à Lei n. 8.069/90, ao sistema recursal do Estatuto da Criança e do Adolescente, em função do quanto previsto no caput de seu art. 198, na redação da Lei n. 12.594/2012. Trata-se do AgRg no REsp 1.673.215/RJ, rel. Min. Reynaldo Soares da Fonseca, j.un. 17-5-2018, DJe 30-5-2018. A 6ª Turma daquele Tribunal, diferentemente, entendeu que é incabível a aplicação do art. 942 quando em prejuízo do menor (REsp 1.694.248/RJ, rel. Min. Maria Thereza de Assis Moura, j.un. 3-5-2018, *DJe* 15-5-2018). Admitindo a aplicação da técnica na apelação em mandado de segurança é o Enunciado n. 62 da I Jornada de Direito Processual Civil do CJF: "Aplica-se a técnica prevista no art. 942 do CPC no julgamento de recurso de apelação interposto

942 assegura o direito de serem sustentadas oralmente as razões do recurso original perante os novos julgadores[23].

De acordo com o art. 942, nas hipóteses especificadas no *caput* e no § 3º, há *prosseguimento* do julgamento de apelações, ações rescisórias e agravos de instrumento quando não houver unanimidade na votação.

Na apelação, lê-se do *caput* do art. 942, basta a não unanimidade para o prosseguimento do julgamento. É indiferente, portanto, que a divergência entre os julgados se dê em questões relativas à *admissibilidade* ou ao *mérito* do recurso[24]. E quanto ao *mérito*, é indiferente que a divergência se verifique no sentido de se confirmar ou de reformar a sentença[25].

Havendo divergência quanto à *admissibilidade* da apelação, a aplicação do art. 942 deve ser significativa de seu prosseguimento "em número suficiente para garantir a possibilidade de inversão do *resultado inicial*". O "resultado inicial" referido no *caput* do art. 942 só pode ser o relativo à *admissibilidade* recursal, no qual se constatou a divergência. Superada a questão e, desde que a conclusão do colegiado ampliado seja no sentido de que o mérito recursal deve ser apreciado, inicia-se nova etapa do julgamento. Se nela houver divergência, o art. 942 deve ser aplicado uma vez mais, com vistas à "inversão do resultado inicial", agora o relativo ao mérito. Trata-se de interpretação que se harmoniza com o disposto no art. 939, segundo o qual, superadas eventuais questões preliminares, todos os julgadores nela vencidos devem se manifestar sobre o mérito recursal.

Na ação rescisória, diferentemente, a aplicação do art. 942 pressupõe que a falta de unanimidade signifique a rescisão da sentença (art. 942, § 3º, I), o que pressupõe, por definição, a superação do juízo de admissibilidade da rescisória. É correto entender, por isso mesmo, que o art. 942 deve ser aplicado *também* aos casos em que o julgamento divergente concluir pela rescisão *parcial* da decisão rescindenda[26].

A incidência da regra é igualmente mais restritiva em se tratando de agravo de instrumento. Nesse caso, a técnica será aplicada somente quando houver *reforma* da decisão que julgar parcial-

---

em mandado de segurança" e o quanto decidido monocraticamente pelo Min. Og Fernandes da 2ª Turma do STJ no REsp 1.837.582/RJ, rel. Min. Og Fernandes, j. 10-12-2019, *DJe* 12-12-2019.

23. Na hipótese de não ter havido sustentação oral no julgamento primevo, nem por isso está afastado o direito expressamente garantido pelo dispositivo em exame. Nesse sentido é o Enunciado n. 682 do FPPC: "É assegurado o direito à sustentação oral para o colegiado ampliado pela aplicação da técnica do art. 942, ainda que não tenha sido realizada perante o órgão originário".

24. Não prevalece, destarte, a restrição que, para o art. 530 do CPC de 1973, na redação dada pela Lei n. 10.352/2001, existia para o cabimento dos embargos infringentes. Expressa, quanto ao ponto, decretando a nulidade do acórdão que não observou o art. 942 diante da divergência verificada quanto à admissibilidade do apelo, é a decisão proferida pela 3ª Turma do STJ no Resp 1.798.705/SC, rel. Min. Paulo de Tarso Sanseverinho, j.un. 22-10-2019, *DJe* 28-10-2019.

25. Correto, no ponto, e justamente pelo não prevalecimento da diretriz do art. 530 do CPC de 1973, o quanto decidido pela 4ª Turma do STJ no REsp 1.733.820/SC, rel. Min. Luis Felipe Salomão, j.m.v. 2-10-2018, *DJe* 10-12-2018.

26. Nesse sentido é o Enunciado n. 63 da I Jornada de Direito Processual Civil do CJF: "A técnica de que trata o art. 942, § 3º, I, do CPC aplica-se à hipótese de rescisão parcial do julgado".

mente o mérito, hipótese cuja recorribilidade está genericamente prevista no inciso II do art. 1.015 e, de maneira mais específica, no § 5º do art. 356 (art. 942, § 3º, II)[27]. A divergência nesse caso, destarte, pressupõe a superação do juízo *positivo* de admissibilidade do recurso, afastando as considerações anteriores sobre a dinâmica da técnica quando se tratar de julgamento de apelação.

Há decisões, corretas, entendendo que o art. 942 deve ser aplicado quando a divergência só aparecer no voto vencido dos embargos de declaração apresentados de acórdão unânime de apelação, mas que modifica o resultado do julgamento anterior[28] e também nos embargos declaratórios apresentados ao acórdão que julgou o agravo de instrumento interposto da decisão de mérito desde que seu acolhimento, com efeito regressivo, modifique a decisão da primeira instância[29].

Preceitua o § 1º do art. 942 que, sendo possível, o prosseguimento do julgamento dar-se-á na mesma sessão que teve início, com a colheita do voto de outros componentes da Câmara ou Turma, sempre em "número suficiente para garantir a possibilidade de inversão do resultado inicial" (art. 942, *caput*)[30]. No caso da ação rescisória, importa observar a ressalva feita pelo inciso I do § 3º, que determina o prosseguimento do julgamento perante o "órgão de maior composição previsto no regimento interno". A regra merece ser interpretada à luz da alínea *a* do inciso I do art. 96 da Constituição Federal: aquele órgão "de maior composição" deve ter competência para o julgamento ampliado do art. 942, a ser identificada pelo próprio regimento[31]. Entendimento contrário conduziria a rescisória invariavelmente ao plenário do Tribunal.

O § 2º do art. 942 permite que aqueles que já tenham votado possam, no prosseguimento do julgamento, rever seu posicionamento anterior. É o bastante para permitir que, mesmo

27. Qualquer decisão interlocutória relativa ao mérito atrai a incidência do art. 942 na hipótese de ela ser, majoritariamente, reformada. Assim, *v.g.*, quando se tratar de agravo de instrumento interposto para discutir se determinado bem é ou não passível de penhora, como bem decidiu a 2ª Seção do STJ nos EREsp 1.131.917/MG, rel. p./acórdão Min. Marco Aurélio Bellizze, j.m.v. 10-10-2018, *DJe* 31-10-2018. Embora o acórdão se refira ao recurso de embargos infringentes do CPC de 1973, o quanto nele decidido se aplica para a hipótese do art. 942, § 3º, II. É correto entender que o art. 942 se aplica ao agravo de instrumento interposto para discutir impugnação de crédito no âmbito de recuperação judicial (STJ, 3ª Turma, REsp 1.797.866/SP, rel. Min. Ricardo Villas Bôas Cueva, j.un. 14-5-2019, *DJe* 24-5-2019), entendimento compartilhado também pelo Enunciado V do Grupo Reservado de Direito Empresarial do TJSP, assim redigido: "A extensão do julgamento com base no art. 942, § 3º, II, do CPC, em processo de recuperação judicial, se restringe à hipótese em que, por maioria, for reformada decisão de mérito relativa à homologação do plano de recuperação judicial ou que deliberar sobre seu encerramento, não sendo aplicável às questões meramente incidentais". A orientação merece ser preservada mesmo diante das modificações introduzidas na Lei n. 11.101/2005 pela Lei n. 14.112/2020.

28. Nesse sentido: STJ, 3ª Turma, REsp 1.786.158/PR, rel. p./acórdão Min. Marco Aurélio Bellizze, j.m.v. 25-8-2020, *DJe* 1-9-2020.

29. Assim: STJ, 3ª Turma, REsp 1.841.584/SP, rel. Min. Ricardo Villas Bôas Cueva, j.un. 10-12-2019, *DJe* 13-12-2019.

30. Interessante e correto acórdão da 2ª Turma do STJ destaca que se não houve oposição ao julgamento virtual a aplicação do art. 942 deve observar aquele mesmo modelo e observada a mesma sessão já iniciada. Trata-se do REsp 1.811.599/SP, rel. Min. Herman Benjamin, j.un. 7-11-2019, *DJe* 19-12-2019.

31. Correto, por isso mesmo, o Enunciado n. 684 do FPPC: "Ofende o juiz natural a convocação de julgadores no caso do art. 942, ou no de qualquer substituição, sem critério objetivo estabelecido previamente em ato normativo".

na parte em que não tenha havido, inicialmente, divergência, haja alteração de posicionamento por quem já tenha proferido seu voto. A técnica em exame não tem natureza recursal, motivo pelo qual não faz sentido atrair para cá restrições ínsitas ao *efeito devolutivo*. É essa a razão pela qual questões de ordem pública e, mais amplamente, passíveis de cognição de ofício levantadas, inclusive, mas não só, pelos novos julgadores devem ser consideradas pelos julgadores pretéritos, respeitado, sempre, o prévio contraditório com as partes e com eventuais terceiros, quiçá para alterar o posicionamento já externado. Afinal, o julgamento só se considera concluído com a proclamação de seu resultado (art. 941, *caput*), sendo legítima, até então, a alteração dos votos já proferidos (art. 941, § 1º). A hipótese do art. 942, como se extrai de seu *caput*, é de *prosseguimento* do julgamento, não sendo possível, destarte, querer vincular os novos julgadores ao que já foi decidido, da mesma forma que o segundo ou o terceiro magistrado a votar não se vincula ao que decidido pelo relator[32]. Tanto assim – e coerentemente – que eventuais embargos de declaração apresentados daquele acórdão devem ser julgados pela composição ampliada, que passou a ser o órgão julgador do caso[33].

A técnica de colegiamento não se aplica no julgamento do incidente de assunção de competência, nem no de resolução de demandas repetitivas (art. 942, § 4º, I) e nem na remessa necessária (art. 942, § 4º, II). A vedação, contudo, não alcança, ao menos no incidente de resolução de demandas repetitivas, o julgamento concreto da *causa* a partir do qual ele foi instaurado (art. 978, parágrafo único, a despeito das críticas que à constitucionalidade daquela regra merecem ser feitas), desde que essa "causa" seja apelação, ação rescisória ou agravo de instrumento, sempre observadas as exigências do *caput* e do § 3º do art. 942.

Preocupações com pedidos de vista, observando-se, invariavelmente, o disposto no art. 940, e sobre qual órgão do tribunal prosseguirá no julgamento ampliado devem ser objeto de regulação expressa pelos regimentos internos, buscando, com a iniciativa, criar condições de plena aplicabilidade da regra aos diversos tribunais. É iniciativa que, harmônica com o papel que a alínea *a* do inciso I do art. 96 da Constituição Federal reserva para aquelas normas, viabiliza a devida regulamentação do instituto de acordo com as peculiaridades de cada um dos Tribunais brasileiros, inclusive na perspectiva do número de seus integrantes e da composição de cada colegiado.

Tendo a afirmação do parágrafo anterior como pano de fundo, cabe analisar o inciso III do § 4º do art. 942. Segundo o dispositivo, não se aplica a técnica de colegiamento quando o órgão que proferir o julgamento não unânime for o plenário ou a corte (ou órgão) especial.

---

32. Nesse sentido: STJ, 3ª Turma, REsp 1.771.815/SP, rel. Min. Nancy Andrighi, j.un. 13-11-2018, *DJe* 21-11-2018 e STJ, 3ª Turma, AgInt no REsp 1.783.569/MG, rel. Min. Moura Ribeiro, j.un. 19-8-2019, *DJe* 21-8-2019.

33. Nesse sentido são o Enunciado n. 137 da II Jornada de Direito Processual Civil do CJF: ("Se o recurso do qual se originou a decisão embargada comportou a aplicação da técnica do art. 942 do CPC, os declaratórios eventualmente opostos serão julgados com a composição ampliada") e o Enunciado n. 700 do FPPC ("O julgamento dos embargos de declaração contra o acórdão proferido pelo colegiado ampliado será feito pelo mesmo órgão com colegiado ampliado").

É compreensível que, no primeiro caso, não se aplique o instituto: não haveria, no Tribunal, *quorum* bastante para a modificação do julgado com o prevalecimento da minoria. Não, contudo, quando a maioria se formar em apelações, rescisórias ou agravos de instrumento porventura julgados pela corte ou órgão especial. É que, nesses casos, na medida das possibilidades numéricas dos integrantes de cada Tribunal, é o seu regimento interno que disporá sobre sua competência, o que é garantido pelo precitado dispositivo constitucional. Assim, é plena a possibilidade de o regimento interno decidir diferentemente da vedação legal, sempre de acordo com as peculiaridades de cada Tribunal, dispondo, nos precisos ditames constitucionais, “sobre a competência e o funcionamento dos respectivos órgãos jurisdicionais e administrativos”.

Capítulo 3

Incidente de assunção de competência

1. CONSIDERAÇÕES INICIAIS

O art. 947 disciplina o que chama de "incidente de assunção de competência".

Não obstante a novidade da nomenclatura, trata-se de instituto que já era conhecido pelo § 1º do art. 555 do CPC de 1973, incluído pela Lei n. 10.352/2001, que tinha a seguinte redação: "Ocorrendo relevante questão de direito, que faça conveniente prevenir ou compor divergência entre câmaras ou turmas do tribunal, poderá o relator propor seja o recurso julgado pelo órgão colegiado que o regimento indicar; reconhecendo o interesse público na assunção de competência, esse órgão colegiado julgará o recurso".

É correto constatar que o cerne da disciplina do art. 947 já estava previsto na regra revogada, como técnica voltada, naquele Código, à uniformização de jurisprudência, ao lado de outra, que já constava da versão original do CPC de 1973, o incidente disciplinado por seus arts. 476 a 479, denominado eloquentemente de "incidente de uniformização de jurisprudência"[1].

2. PRESSUPOSTOS E FINALIDADE

O incidente de assunção de competência permite ao colegiado competente para uniformização de jurisprudência avocar para julgamento recurso, remessa necessária ou processo de competência originária[2] de outro órgão jurisdicional de menor composição quando, ha-

1. Era no contexto da uniformização de jurisprudência que o n. 3 do Capítulo 2 da Parte II do v. 5 das edições anteriores ao CPC de 2015 deste *Curso* estudavam o antigo § 1º do art. 555, propondo que o incidente fosse chamado de "uniformização de jurisprudência *preventiva*".

2. No texto aprovado pelo Senado Federal em dezembro de 2014, o *caput* e os parágrafos do então art. 957 referiam-se ao julgamento de "*causa* de competência originária". Após a revisão ao que o texto foi submetido antes de seu envio à sanção presidencial, a palavra foi substituída por "*processo* de competência originária", que é o que se lê do *caput* do art. 947. Para afastar qualquer alegação de inconstitucionalidade formal, por violação ao (devido) processo

vendo relevante questão de direito (material ou processual[3]) com grande repercussão social, sem repetição em múltiplos processos (art. 947, *caput*), reconhecer "interesse público na assunção de competência" (art. 947, § 2º)[4].

A avocação autorizada pelo dispositivo, somada ao julgamento referido no § 2º do art. 947, deve ser entendida no sentido de haver julgamento do caso concreto, e não, apenas, de fixação ou enunciação da tese relativa à "relevante questão de direito". Ressalva a esse entendimento se justifica quando houver desistência do recurso originalmente interposto. Nesse caso, é correto entender que a desistência não interfere na fixação da tese a ser observada para os casos futuros[5], recusando sua aplicação para o caso concreto, cuja sorte está selada com o não conhecimento do recurso. Justamente pela necessidade de prosseguimento do incidente em direção à fixação da tese, independentemente do desfecho do caso concreto, é que se faz imperioso o entendimento de que o Ministério Público assumirá a condução do processo, o que encontra fundamento, no âmbito do incidente de resolução de demandas repetitivas no § 2º do art. 976.

Trata-se, nesse sentido, de técnica voltada a evitar dispersão jurisprudencial. É essa a razão pela qual se lê, do § 4º do art. 947, que a aplicação do incidente se justifica "quando ocorrer relevante questão de direito a respeito da qual seja conveniente a prevenção ou a composição de divergência entre câmaras ou turmas do tribunal". É o que basta para que esse incidente não seja considerado, pelo Código de Processo Civil, como uma das técnicas de julgamento de "casos repetitivos", nos moldes do art. 928. Para tanto, a exemplo do incidente de resolução de demandas repetitivas e dos recursos extraordinários ou especiais repetitivos, precisaria haver "múltiplos processos" julgados em sentidos diversos, o que o *caput* e o § 4º do art. 947, cada um do seu modo, expressamente dispensam.

De qualquer sorte, é irrecusável que a instauração desse incidente pressupõe a possibilidade de existirem decisões diferentes sobre uma mesma tese jurídica. A sua feição *preventiva* (para evitar a dispersão jurisdicional, sendo indiferente que ela exista ou seja presumível da multiplicidade de processos), nesse sentido, é inegável[6]. Não obstante essa ressalva, é o

---

legislativo, é imperativo entender, ao menos nesse caso (porque, em variadas outras situações, idêntica alteração foi promovida), que *causa* e *processo* sejam considerados sinônimos. Na exata proporção em que se pretender indicar diferença entre um e outro vocábulo, o reconhecimento da inconstitucionalidade formal é de rigor.

3. Assim também é o entendimento do Enunciado n. 600 do FPPC: "O incidente de assunção de competência pode ter por objeto a solução de relevante questão de direito material ou processual".

4. Não se tratando de "recurso, remessa necessária ou processo de competência originária", não cabe a instauração do IAC. Nesse sentido, a decisão da 1ª Seção do STJ no AgInt na Pet 12.642/SP, rel. Min. Og Fernandes, j.un. 14-8-2019, *DJe* 19-8-2019, negando a pertinência do IAC para discutir a tese de que competiria aos Colégios Recursais o julgamento de ações rescisórias no âmbito dos Juizados Especiais estaduais.

5. Nesse sentido é o Enunciado n. 65 da I Jornada de Direito Processual Civil do CJF: "A desistência do recurso pela parte não impede a análise da questão objeto do incidente de assunção de competência".

6. Tal qual se dava para o § 1º do art. 555 do CPC de 1973, como destacava o n. 3 do Capítulo 2 da Parte II do v. 5 das edições anteriores ao CPC de 2015 deste *Curso*.

próprio Código de Processo Civil que o coloca, em diversas passagens, ao lado dos casos que ele considera como repetitivos, inclusive a partir da regra genérica do inciso III do art. 927.

Para que a linha divisória entre o incidente de assunção de competência e o incidente de resolução de demandas repetitivas não seja um problema para a sua instauração e para o atingimento de suas finalidades, tão enfatizadas pelo CPC de 2015, importa que as discussões quanto à presença de seus característicos elementos de deflagração sejam travadas mais em termos funcionais e menos teóricos e abstratos. De resto – e até mesmo pela escassez de regras típicas do incidente de assunção de competência –, é inegável querer emprestar para aquelas duas técnicas traços de *fungibilidade* quanto ao seu cabimento e à sua disciplina, considerando que ambas conduzem, em última análise, à mesma direção, que é a criação de um indexador jurisprudencial[7].

3. COMPETÊNCIA

Dentro da sistemática do Código de Processo Civil, é correto entender que o órgão colegiado que julgará o incidente de assunção de competência deve ter competência para uniformizar a jurisprudência no âmbito do Tribunal, aplicando-se, por analogia, o que, para o incidente de resolução de demandas repetitivas, prevê expressamente o *caput* do art. 978.

A diretriz, mais que justificável, precisa ser concretamente implementada pelos diversos Tribunais. São eles, e não lei federal, que têm autonomia para disciplinar a organização e a competência de seus órgãos. Assim, para não macular o modelo constitucional do direito processual civil, aquela competência só deverá ser observada se for estabelecida pelos regimentos internos de cada Tribunal (art. 96, I, *a*, da CF).

4. LEGITIMIDADE E INSTAURAÇÃO

O incidente será instaurado de ofício ou a requerimento da parte, do Ministério Público ou da Defensoria Pública (art. 947, § 1º), quando o julgamento de recurso, de remessa necessária ou de processo de competência originária envolver relevante questão de direito, com grande repercussão social, *mas sem que haja repetição em diversos processos* (art. 947, *caput*).

Sobre a legitimidade do Ministério Público e da Defensoria Pública, é correto entender que o § 1º do art. 947 merece ser interpretado amplamente para admitir que a legitimidade

7. O entendimento encontra eco no Enunciado n. 141 da II Jornada de Direito Processual Civil do CJF, com o seguinte teor: "É possível a conversão de Incidente de Assunção de Competência em Incidente de Resolução de Demandas Repetitivas, se demonstrada a efetiva repetição de processos em que se discute a mesma questão de direito". Também no âmbito do FPPC, como faz prova seu Enunciado n. 702: "É possível a conversão de incidente de assunção de competência em incidente de resolução de demandas repetitivas e vice-versa, garantida a adequação do procedimento". O autor deste *Curso* dedicou-se ao assunto em artigo intitulado "Incidente de Assunção de Competência: reflexões sobre seu cabimento, suspensão de processos e fungibilidade".

daqueles órgãos se dê tanto quando atuam como *parte* (em processos coletivos, portanto) como também quando o Ministério Público atuar na qualidade de fiscal da ordem jurídica e a intervenção da Defensoria se justificar na qualidade de *custos vulnerabilis*. É interpretação que se harmoniza com a proposta pelo n. 4 do Capítulo 8 para o inciso III do art. 977 com relação ao incidente de resolução de demandas repetitivas.

Quando se tratar da atuação da Defensoria Pública como representante de necessitado ou como curador especial, é correto extrair sua legitimidade para a instauração do incidente de assunção de competência do inciso II do art. 947.

5. JULGAMENTO

O Código de Processo Civil não traz nenhuma regra própria para o julgamento do incidente de assunção de competência.

Sem prejuízo da aplicação das regras genéricas que se encontram dispersas nos arts. 929 a 946 e que terão aplicação consoante se trate de recurso, remessa necessária ou processo de competência originária, seu caráter de formação de "indexador jurisprudencial" impõe que sejam observadas as regras dos arts. 979 (ampla divulgação e publicidade prévias ao julgamento, inclusive por intermédio do CNJ); 980 (julgamento no prazo máximo de um ano); 982, II e III, e 983 (oitiva de *amici curiae*, do Ministério Público na qualidade de fiscal da ordem jurídica e realização de audiências públicas); 984, *caput* e § 1º (sustentação oral com prazo ampliado), e 984, § 2º (análise de todos os fundamentos, favoráveis ou contrários, relativos à tese discutida)[8]. Trata-se do que o n. 5 do Capítulo 1 propõe seja tratado como os elementos mínimos para o estabelecimento do devido, prévio e indispensável *processo* de formação de quaisquer dos indexadores jurisprudenciais referidos no art. 927, dentre eles o incidente de assunção de competência.

A suspensão de processos prevista para o incidente de resolução de demandas repetitivas pelo inciso I do art. 982 deve ser, ao menos como regra, descartada para a espécie, considerando que a instauração do incidente de assunção de competência não pressupõe, diferentemente do que ocorre para aquele, multiplicidade de processos que versem sobre a mesma questão jurídica. Não obstante, na medida em que eventual repetição de processos seja constatada ou, de forma mais ampla, que se justifique a suspensão de processos que possam comprometer a segurança jurídica e o manejo de soluções díspares, é irrecusável a possibilidade – não a obrigatoriedade – de ser determinada a suspensão dos processos que versam sobre a mesma tese[9].

8. Em sentido similar é o Enunciado n. 44 do TJMG ("Aplica-se ao procedimento de assunção de competência o disposto nos artigos 983 e 984") e o Enunciado n. 201 do FPPC ("Aplicam-se ao incidente de assunção de competência as regras previstas nos arts. 983 e 984").

9. Nesse caso, é pertinente a lembrança do Enunciado n. 126 da II Jornada de Direito Processual Civil do CJF, que evoca o art. 356 e os casos de julgamento antecipado parcial de mérito: "O juiz pode resolver parcialmente o mérito, em relação à matéria não afetada para julgamento, nos processos suspensos em razão de recursos repetitivos, repercussão geral, incidente de resolução de demandas repetitivas ou incidente de assunção de competência".

6. CONSEQUÊNCIAS DO JULGAMENTO

O § 3º do art. 947 deixa expresso o efeito *vinculante* que a decisão tomada no âmbito do incidente de assunção de competência tem em relação aos demais órgãos *fracionários* do mesmo Tribunal. A *tese* nele fixada, sem prejuízo de sua aplicação ao próprio caso concreto do qual ela foi extraída, desempenha o papel de *indexador jurisprudencial* nos moldes e para os fins dos arts. 926 e 927[10].

Trata-se do único caso em que o Código de Processo Civil emprega a palavra *vinculante* e não outras formulações redacionais para indicar a (necessária) observância da tese fixada ao ensejo do julgamento do incidente de assunção de competência nos casos cujo substrato fático justifique sua incidência.

O inciso IV do art. 988, na redação que lhe deu a Lei n. 13.256/2016, prevê, a propósito, o cabimento de *reclamação* para "garantir a observância de acórdão proferido em julgamento de incidente de resolução de demandas repetitivas ou", como interessa para cá, "de incidente de assunção de competência".

É o que basta para evidenciar a importância de o julgamento do incidente de assunção de competência ser precedido da devida instrução (devido processo) que permita a ampla discussão da tese jurídica a ser nele fixada, levando em consideração seus prós e contras e, bem assim, as consequências de sua adoção com as respectivas ponderações acerca de eventual modulação. É essa a razão pela qual, como destacado no número anterior, é indispensável que todas as técnicas de legitimação dos indexadores jurisprudenciais prevista alhures no Código de Processo Civil (oitiva de *amicus curiae*, realização de audiências públicas e fundamentação específica, para destacar as principais) sejam devidamente observadas também no âmbito do incidente aqui estudado.

Até porque, sem prejuízo do comando do disposto no § 3º do art. 947, é inquestionável que, em consonância com a "necessária observância" decorrente do genérico inciso III do art. 927, a tese fixada no incidente de assunção de competência autoriza a improcedência liminar do pedido (art. 332, III); a dispensa de remessa necessária (art. 496, § 4º, III), além da atuação monocrática do relator para negar ou dar provimento a recursos (art. 932, IV, *c*, e V, *c*) e conflitos de competência (art. 955, parágrafo único, II). Também é causa de omissão qualificada nas decisões jurisdicionais (art. 489, § 1º, V e VI), a justificar os embargos de declaração com fundamento no inciso I do parágrafo único do art. 1.022.

Para além daquelas hipóteses expressas, é correto entender que a tese fixada no incidente de assunção de competência deve ser observada também como *indexador jurisprudencial* para outros casos, dispersos no Código de Processo Civil, por força do comando do inciso III do art. 927. Assim, por exemplo, a despeito de não haver menção expressa a ele, para dar

10. É nesse contexto, e levadas em conta as considerações desenvolvidas pelo n. 4 do Capítulo 1, que merece destaque o Enunciado n. 40 do TJMG: "A tese jurídica e seus fundamentos determinantes e dispositivos a ela relativos, fixados em acórdãos proferidos em Incidente de Assunção de Competência e Incidente de Resolução de Demandas Repetitivas, consideram-se precedentes".

fundamento a tutela provisória de evidência (art. 311, II)[11], para dispensar caução para a satisfação do exequente em sede de cumprimento provisório da sentença (art. 521, IV)[12] e para autorizar ação rescisória com fundamento no inciso V do art. 966, isto é, quando a decisão rescindenda "violar manifestamente norma jurídica" (art. 966, § 5º).

O art. 11 da Resolução n. 235/2016 do CNJ determina ao Superior Tribunal de Justiça, ao Tribunal Superior do Trabalho, ao Tribunal Superior Eleitoral, ao Superior Tribunal Militar, aos Tribunais Regionais Federais, aos Tribunais Regionais do Trabalho e aos Tribunais de Justiça que mantenham, em suas páginas na internet, banco de dados pesquisável com os registros eletrônicos dos temas relativos aos incidentes de assunção de competência neles ajuizados, para consulta pública, com informações padronizadas de todas as fases percorridas. É determinação que bem realiza a diretriz do § 5º do art. 927.

7. REVISÃO DA TESE

A parte final do § 3º do art. 947 ressalva expressamente a possibilidade de revisão de tese, tal qual tenha sido fixada no âmbito do incidente de assunção de competência.

À falta de qualquer regra em sentido diverso, a hipótese é alcançada pela disciplina dos §§ 2º a 4º do art. 927, cuja análise ocupa o n. 4 do Capítulo 1, interpretada em conjunto com o disposto no art. 986, assegurada, em qualquer caso, a legitimidade das partes para a iniciativa pelas razões expostas pelo n. 9 do Capítulo 8[13].

8. RECURSOS

Como o julgamento do incidente de assunção de competência envolve não só a fixação da tese jurídica em abstrato, mas também, o julgamento do caso concreto, com a sua aplicação a ele, não há nenhuma peculiaridade nos recursos cabíveis do acórdão respectivo.

Ademais, à falta de qualquer crítica que possa ser tecida com relação ao processo legislativo envolvendo a redação final do art. 947, não merecem ser transportadas para cá as considerações do n. 10 do Capítulo 8 sobre a duvidosa constitucionalidade do parágrafo único do art. 978, que torna ainda mais interessante a discussão acerca do cabimento de recurso extraordinário e/ou especial do "julgamento do mérito" do incidente de resolução de demandas repetitivas.

11. É entendimento que prevaleceu na II Jornada de Direito Processual Civil do CJF, segundo seu Enunciado n. 135: "É admissível a concessão de tutela da evidência fundada em tese firmada em incidente de assunção de competência".

12. A II Jornada de Direito Processual Civil do CJF aprovou, a respeito, o Enunciado n. 136, assim redigido: "A caução exigível em cumprimento provisório de sentença poderá ser dispensada se o julgado a ser cumprido estiver em consonância com tese firmada em incidente de assunção de competência".

13. Nesse sentido é o Enunciado n. 701 do FPPC: "O pedido de revisão da tese jurídica firmada no incidente de assunção de competência pode ser feito pelas partes".

Capítulo 4

Incidente de arguição de inconstitucionalidade

1. CONSIDERAÇÕES INICIAIS

Os arts. 948 a 950 disciplinam o "incidente de arguição de inconstitucionalidade", isto é, o *procedimento* que, por força do art. 97 da Constituição Federal, os tribunais devem instaurar para afastar do caso concreto a incidência de lei reputada inconstitucional, exercendo o chamado controle *incidental* ou *difuso* da constitucionalidade inerente, no sistema processual civil brasileiro, a todos e quaisquer órgãos jurisdicionais, inclusive no âmbito do Superior Tribunal de Justiça, como revelam os arts. 199 a 200 de seu Regimento Interno. Trata-se, nessa perspectiva, de um dos componentes do modelo constitucional do direito processual civil, e que é bem conhecido pelo nome "reserva do plenário".

O controle *abstrato, direto* e *concentrado* da constitucionalidade de leis e atos normativos em geral só pode ser exercido pela chamada "ação direta de inconstitucionalidade" ou "ação declaratória de constitucionalidade", regulamentadas pela Lei n. 9.868/99 e pela chamada "arguição de descumprimento de preceito fundamental", disciplinada pela Lei n. 9.882/99, todas de competência originária do Supremo Tribunal Federal (art. 102, I, *a*, e § 1º, da CF). É correto entender, outrossim, que aquela modalidade de controle de constitucionalidade é exercida também perante os Tribunais de Justiça dos Estados-membros ou do Distrito Federal (art. 125, § 2º, da CF), verdadeiros "procedimentos jurisdicionais constitucionalmente diferenciados"[1].

A técnica tratada pelos arts. 948 a 950 é um *incidente* processual que impõe o *sobrestamento* do julgamento e o "destaque" da questão sobre se determinada lei ou ato normativo é, ou não, constitucional, que deverá ser apreciada *independentemente da causa* em julgamento.

1. As edições anteriores ao CPC de 2015 deste *Curso* voltaram-se ao exame do controle *concentrado* de constitucionalidade nos Capítulos 4 a 6 da Parte II de seu v. 2, t. III.

Antes de apreciar a *tese de inconstitucionalidade*, no entanto, o órgão colegiado deliberará acerca da instauração ou não do incidente. Somente será enviada a questão para resolução perante o órgão competente do Tribunal quando for aprovada pelo *quorum* regimentalmente exigível para o julgamento da proposta de instauração do incidente (art. 948). É correto entender, destarte, que a instauração depende da tendência de o relator de reconhecer a inconstitucionalidade da norma. É nessa perspectiva que submete a seus pares a questão, que, se aprovada, dará ensejo ao incidente.

Para a efetivação do art. 97 da Constituição Federal, ocorre, destarte, um verdadeiro *desmembramento* momentâneo do processo ou do recurso em que, na visão dos julgadores, há norma que merece ter a sua constitucionalidade reconhecida, o que decorre, em última análise, da competência atribuída pelo precitado dispositivo constitucional: como os órgãos colegiados julgadores não têm competência para a declaração de constitucionalidade, é mister que o julgamento seja suspenso e que o plenário do Tribunal ou, a depender de previsão regimental, seu órgão especial (art. 93, XI, da CF) se manifeste a respeito do tema. Após sua deliberação, seja no sentido do reconhecimento da constitucionalidade ou no sentido oposto, o julgamento é retomado, cabendo ao órgão colegiado, que suscitou o incidente, aplicar a decisão anterior.

Importante destacar que a competência do Plenário ou órgão especial, nos termos do art. 97 da Constituição Federal, limita-se à apreciação da *inconstitucionalidade* da lei ou ato normativo. Se o relator e o órgão fracionário entenderem que a norma é *constitucional*, não há lugar para instauração do incidente. Tanto assim que o inciso I do art. 949, regulando a hipótese de a arguição ser rejeitada, determina o prosseguimento do processo ou recurso. Se acolhida, contudo, o inciso II do mesmo dispositivo determina sua submissão ao plenário do tribunal ou ao seu órgão especial, onde houver.

É correto, portanto, entender que o princípio da reserva de plenário "atua como verdadeira condição de eficácia jurídica da própria declaração de inconstitucionalidade dos atos do Poder Público", como bem destacado pelo Ministro Celso de Mello, do Supremo Tribunal Federal[2].

Uma vez julgada a *questão*, declarando, ou não, a inconstitucionalidade da norma, o julgamento anteriormente sobrestado deverá ser *retomado* pelo órgão fracionário competente (Câmara, Turma, Grupo de Câmaras, Seção etc., consoante o caso) e *aplicado* o resultado do julgamento do incidente na causa concreta. Imediata a percepção, destarte, de que a *questão* relativa à constitucionalidade ou inconstitucionalidade da norma é verdadeira *prejudicial* ao julgamento a ser feito pelo órgão fracionário, pelo que sua *anterior* resolução é medida im-

2. A referência é feita à decisão monocrática proferida no RE 535.133/SP, j. 31-8-2007, *DJ* 21-9-2007, p. 164. A diretriz ecoa em julgamentos mais recentes, dentre os quais: STF, 2ª Turma, Rcl-AgR 18.165/RR, rel. Min. Teori Zavascki, j.un. 18-10-2016, *DJe* 10-5-2017, e STF, 1ª Turma, RE-AgR 952.100/SC, rel. Min. Rosa Weber, j.un. 31-5-2016 *DJe* 14-6-2016.

positiva. Trata-se de questão *prejudicial,* porque o *conteúdo* de sua solução afeta necessariamente o julgamento que se seguirá.

Uma situação concreta pode esclarecer melhor o que é tratado no incidente aqui discutido. Impetra-se mandado de segurança alegando a inconstitucionalidade de determinada exação tributária. Denegada a segurança em primeira instância, isto é, não acolhido o pedido de tutela jurisdicional formulado pelo autor (usualmente denominado, em se tratando de mandado de segurança, "impetrante"), sua apelação fortalece a argumentação da inconstitucionalidade da norma tributária e, consequentemente, a de concessão da ordem, ou seja, a prestação de tutela jurisdicional em seu favor. O relator, verificando o teor da alegação (que, em rigor, corresponde à *causa de pedir* do mandado de segurança), deverá instaurar o *incidente* de inconstitucionalidade, *destacando* a questão relativa à inconstitucionalidade da lei ou do ato normativo impugnado, para que o órgão competente do Tribunal a aprecie, em consonância com os arts. 948 a 950. Uma vez decidida *essa* questão, sobre ser ou não a norma que fundamenta o pedido de tutela jurisdicional constitucional, o entendimento respectivo deverá ser aplicado ao caso concreto pelo órgão competente para apreciação da apelação.

A inobservância da instauração do incidente nos casos em que o sistema processual civil o impõe é causa de *nulidade* do julgamento[3].

Importa destacar, ainda, que a participação do Ministério Público para a *instauração* do incidente é indispensável mesmo que ele não tenha funcionado como parte ou como fiscal da ordem jurídica até então, de acordo com o *caput* do art. 948. A ausência de sua participação gera nulidade processual, sempre observados os parâmetros do art. 279 e seus respectivos parágrafos.

2. LEGITIMIDADE E OPORTUNIDADE PARA ARGUIÇÃO DO INCIDENTE

Qualquer das partes, autor ou réu, recorrente ou recorrido, pode suscitar a inconstitucionalidade de lei ou de ato do Poder Público para os fins dos arts. 948 a 950.

A prévia oitiva do Ministério Público para a *instauração* do incidente imposta pelo *caput* do art. 948 não se confunde com e não elimina a sua legitimidade para, como parte ou como fiscal da ordem jurídica que já atue no processo, requerer a sua instauração.

A qualquer dos julgadores, também, é dado, independentemente de provocação dos interessados, suscitar a questão, admitindo, contudo, que as partes e eventuais terceiros ma-

3. Assim, v.g.: STF, 1ª Turma, ARE-AgR 988.133/PR, rel. Min. Luiz Fux, j.un. 22-6-2018, *DJe* 1º-8-2018; STF, 2ª Turma, RE-AgR 463.278/RS, rel. Min. Cezar Peluso, j.un. 14-8-2007, *DJ* 14-9-2007, p. 80; STJ, 1ª Turma, REsp 931.373/RJ, rel. Min. Luiz Fux, j.un. 26-10-2010, *DJe* 18-11-2010, e STJ, 5ª Turma, REsp 792.600/MS, rel. Min. Arnaldo Esteves Lima, j.un. 18-10-2007, *DJ* 5-11-2007, p. 349.

nifestem-se acerca da iniciativa (art. 10). É vedado, contudo, que o relator decida monocraticamente pela instauração do incidente, devendo, se for esse o seu entendimento, submetê-lo ao colegiado respectivo para deliberação.

Quando a iniciativa é das partes, de terceiros ou do Ministério Público, a arguição pode ser feita em petição elaborada especificamente para essa finalidade, em razões de recurso, em contrarrazões ou em sustentação oral por ocasião do julgamento.

Os julgadores podem provocar a formação do incidente por ocasião do proferimento de seus votos, sendo vedado às partes, aos terceiros e ao Ministério Público, contudo, que o suscitem durante o julgamento, *após* o proferimento do voto do relator[4]. Não há razão para afastar os embargos de declaração como veículo processual apto a suscitá-lo, desde que se façam presentes suas hipóteses de admissibilidade, a mais provável delas, a de *omissão* da decisão relativa à questão de saber se determinada norma é, ou não, inconstitucional (art. 1.022, II). Os embargos declaratórios para esse fim são pertinentes mesmo quando não houve, ainda, alegação de inconstitucionalidade da lei que fundamenta a decisão, visto que se trata de matéria de ordem pública, razão suficiente para entender aplicável à espécie o seu "efeito *translativo*".

3. ADMISSÃO OU INADMISSÃO DO INCIDENTE

Desde que o relator verifique ser o caso de enfrentamento necessário do contraste da constitucionalidade de lei ou de outro ato normativo infralegal, deve ouvir a esse respeito o Ministério Público e submeter ao órgão fracionário indicado pelo Regimento Interno do Tribunal a decisão relativa à instauração, ou não, do incidente. Se a proposta de instauração for rejeitada, o julgamento será retomado, como se não tivesse sido sobrestado (art. 949, I). Caso contrário, deverá ser lavrado acórdão relativo à instauração do incidente para que a *questão constitucional* seja levada ao "plenário do tribunal ou ao seu órgão especial, onde houver" (art. 949, II)[5].

A rejeição de abertura do incidente de inconstitucionalidade pode dar-se por diversas razões: porque não se trata de arguição de inconstitucionalidade de lei ou de ato do Poder Público; porque a lei eventualmente questionada não guarda relevância para o deslinde do julgamento (assim, *v.g.*, quando, não obstante haver tese de inconstitucionalidade de lei, o processo deve ser extinto sem resolução de mérito nos moldes do art. 485) ou, ainda, porque, na análise desenvolvida pelo órgão fracionário do Tribunal, não há qualquer suspeita de

4. STJ, 1ª Seção, MS 10.595/DF, rel. Min. Eliana Calmon, j.un. 24-10-2007, *DJ* 19-11-2007, p. 178. A CE do STJ, ao julgar a QO na PET no CC 140.456/RS, rel. Min. Jorge Mussi, j.un. 19-9-2018, *DJe* 5-11-2018, reiterou seu entendimento de que não cabe suscitar o incidente após o início do julgamento.

5. Importa entender que o julgamento pelo órgão especial pressupõe que o plenário do Tribunal lhe tenha delegado tal competência nos termos do inciso XI do art. 93 da CF, não sendo suficiente, para tanto, extrair a competência daquele órgão do inciso II do art. 949. Em suma: não basta existir órgão especial em dado Tribunal; é mister que ele tenha competência para apreciar a inconstitucionalidade incidental de lei ou ato normativo.

inconstitucionalidade da lei ou do ato normativo, limitando-se a aplicar, por isso mesmo, o ato infraconstitucional à espécie[6]. O acolhimento do incidente, destarte, pressupõe juízo deliberativo *tendente* à declaração de *inconstitucionalidade* da lei ou do ato do Poder Público, indiferente, para tanto, a origem do ato questionado.

Quando o Tribunal se limita a interpretar o dispositivo à luz da Constituição Federal, não há também espaço para instauração do incidente de inconstitucionalidade[7]. A hipótese, no entanto, não se confunde com a de o órgão fracionário deixar de aplicar a norma ao caso concreto, reputando-a inconstitucional, sem, contudo, declará-la formal, expressa ou fundamentadamente, de acordo com o procedimento dos arts. 948 a 950 do Código de Processo Civil ou, ainda, quando o afastamento da norma legal pelo órgão fracionário acaba por "(...) revelar o esvaziamento da eficácia do preceito"[8], práticas que, de tão comuns (embora erradas), renderam ensejo à Súmula Vinculante n. 10 do Supremo Tribunal Federal[9], inclusive quando é realizada a chamada "interpretação conforme"[10]. Para essas hipóteses, não há como dispensar o *procedimento* dos arts. 948 a 950, sob pena de *nulidade* do acórdão respectivo[11].

O parágrafo único do art. 949 dispensa a instauração do incidente nos casos em que especifica e que merecem exame apartado, tarefa realizada pelo número seguinte.

3.1 Dispensa

O parágrafo único do art. 949 dispensa a instauração do incidente quando "... já houver pronunciamento destes [do plenário ou do órgão especial do tribunal] ou do plenário do Supremo Tribunal Federal sobre a questão".

6. Assim, *v.g.*: STJ, CE, AI nos EREsp 727.716/CE, rel. p/ acórdão Min. Teori Albino Zavascki, j.m.v. 16-2-2011, *DJe* 23-5-2011.

7. Nesse sentido: STF, 1ª Turma, Rcl-AgR 30-242/SP, rel. Min. Rosa Weber, j.un. 17-9-2018, *DJe* 25-9-2018, e STF, 2ª Turma, ARE-AgR 1.134.141/SP, rel. Min. Ricardo Lewandowski, j.un. 24-8-2018, *DJe* 31-8-2018. No âmbito do STJ: 1ª Turma, AgInt no REsp 1.728.465/RS, rel. Min. Gurgel de Faria, j.un. 28-8-2018, *DJe* 20-9-2018, e 2ª Turma, AgInt no AREsp 641.185/RS, rel. Min. Og Fernandes, j.un. 7-8-2018, *DJe* 13-8-2018.

8. STF, 1ª Turma, RE 635.088 AgR-segundo/DF, rel. Min. Marco Aurélio, j.un. 4-2-2020, *DJe* 9-3-2020.

9. Cujo enunciado é o seguinte: "Viola a cláusula de reserva de plenário (CF, artigo 97) a decisão de órgão fracionário de tribunal que, embora não declare expressamente a inconstitucionalidade de lei ou ato normativo do poder público, afasta sua incidência, no todo ou em parte".

10. Expressas, nesse sentido, são as seguintes decisões: STF, 1ª Turma, Rcl-AgR 23.343/DF, rel. Min. Luiz Fux, j.un. 5-5-2017, *DJe* 19-5-2017, e STF, 2ª Turma, Rcl 14.872/DF, rel. Min. Gilmar Mendes, j.un. 31-5-2016, *DJe* 29-6-2016.

11. A orientação é observada por diversas decisões do STJ: 4ª Turma, AgInt no REsp 1.367.924/SC, rel. Min. Antonio Carlos Ferreira, j.un. 19-6-2018, *DJe* 29-6-2018; 2ª Turma, AgRg no REsp 1.534.756/ES, rel. Min. Mauro Campbell Marques, j.un. 27-10-2015, *DJe* 5-11-2015; CE, AgRg no REsp 899.302/SP, rel. Min. Luiz Fux, j.un. 16-9-2009, *DJe* 8-10-2009; 2ª Turma, REsp 938.839/RJ, rel. Min. Mauro Campbell Marques, j.un. 5-4-2011, *DJe* 29-4-2011; 1ª Turma, AgRg no REsp 1.209.414/MG, rel. Min. Hamilton Carvalhido, j.un. 16-11-2010, *DJe* 17-12-2010. O entendimento foi assentado pela 1ª Turma do STF no julgamento da Rcl-AgR 14.786/SP, rel. p/ acórdão Min. Marco Aurélio, j.m.v. 5-12-2017, *DJe* 30-4-2018.

Este *Curso* sempre defendeu – e nada de novo é trazido pelo Código de Processo Civil para convidar a entendimento diverso – que a eficiência processual embutida no referido dispositivo, que reproduz o parágrafo único do art. 481 do CPC de 1973[12], precisa ser compreendida com as mesmas ressalvas e com as mesmas considerações expostas no n. 4 do Capítulo 1. Para a demonstração desse ponto de vista, é importante discernir as duas hipóteses previstas no dispositivo aqui examinado.

Em consonância com a primeira delas, o incidente não precisa ser instaurado quando houver prévio pronunciamento do próprio Tribunal (pleno) ou de seu órgão especial.

Nessas hipóteses, a aplicação do anterior julgamento (da *tese* relativa à inconstitucionalidade da lei ou do ato normativo) ao caso concreto não agride o "modelo constitucional do direito processual civil" porque se trata de permitir, apenas e tão somente, a adoção de uma técnica de aceleração dos atos procedimentais. A pressuposição da hipótese de incidência do parágrafo único do art. 949 em tais situações é a de que, em determinado momento, o *incidente* de que cuidam os arts. 948 a 950 tenha sido legitimamente instaurado e decidido, dando concretude, assim, ao comando do art. 97 da Constituição Federal[13]. Em tais casos, contudo, havendo predisposição para *rever* o anterior posicionamento do Tribunal ou do órgão especial a respeito do tema, é fundamental a instauração do incidente, nos termos dos dispositivos aqui analisados. É o pleno ou o órgão especial do Tribunal o espaço adequado para a discussão (e a rediscussão, como ora sugerido) sobre a inconstitucionalidade de uma dada lei ou ato normativo. É deles, por força do precitado dispositivo constitucional, a competência para tanto. É essa a opção do modelo constitucional do direito processual civil, que, salvo alguma legítima exceção, deve ser observada.

O mesmo, contudo, não pode ser dito, ao menos sem maiores ressalvas, com relação à outra hipótese em que o parágrafo único do art. 949 dispensa a instauração do incidente perante o tribunal pleno ou órgão especial, qual seja, a prévia existência de manifestação do plenário do Supremo Tribunal Federal acerca da questão.

Além de o art. 97 da Constituição Federal reservar aos *próprios* Tribunais a competência para declaração da *inconstitucionalidade* de lei ou de ato normativo, as únicas decisões do Supremo Tribunal Federal que têm efeito *vinculante* são as proferidas nas "ações diretas de inconstitucionalidade" e nas "ações declaratórias de constitucionalidade" (art. 102, § 2º, da CF), além de suas súmulas expedidas nos termos do art. 103-A da Constituição Federal, isto é, suas súmulas vinculantes. Fora desses casos, sem desconsiderar, evidentemente, o efeito

12. Que tinha a seguinte redação: "Os órgãos fracionários dos tribunais não submeterão ao plenário ou ao órgão especial, a arguição de inconstitucionalidade, quando já houver pronunciamento destes ou do plenário do Supremo Tribunal Federal sobre a questão".

13. É o que se verifica, a título de ilustração, dos seguintes acórdãos do STJ: 6ª Turma, REsp 415.435/SC, rel. Min. Alderita Ramos de Oliveira, j.un. 4-4-2013, *DJe* 18-4-2013; 2ª Turma, EDcl no AgRg no Ag 847.155/RS, rel. Min. Herman Benjamin, j.un. 25-8-2009, *DJe* 31-8-2009; 2ª Turma, AgRg no REsp 872.704/SP, rel. Min. Humberto Martins, j.un. 11-12-2007, *DJ* 19-12-2007, p. 1215; e 5ª Turma, REsp 792.600/MS, rel. Min. Arnaldo Esteves Lima, j.un. 18-10-2007, *DJ* 5-11-2007, p. 349.

persuasivo – embora, por vezes, decisivo – da decisão do Supremo Tribunal Federal, não tem ele, para a ordem constitucional vigente, o condão de se *impor* às instâncias inferiores.

Assim, para evitar qualquer agressão ao modelo constitucional do direito processual civil, importa distinguir em que sede se verificou o pronunciamento anterior do Supremo Tribunal Federal acerca da inconstitucionalidade da lei ou do ato normativo que reclama incidência no caso concreto. Se o julgamento daquele Tribunal tiver efeito *vinculante*, isto é, for de observância *compulsória* pelos demais órgãos jurisdicionais, o caso é de aplicação do parágrafo único do art. 949, dispensando-se a necessidade de instauração do incidente. Idêntica conclusão se dá quando, mercê de prévia manifestação do Supremo Tribunal Federal, o Senado Federal tiver editado a Resolução a que se refere o art. 52, X, da Constituição Federal, determinando a retirada da norma jurídica reputada inconstitucional do ordenamento jurídico, verdadeiro "efeito *anexo*" da manifestação daquele Tribunal[14].

Caso contrário, contudo, a não adoção daquele procedimento não pode resultar de uma *imposição*, muito menos de fundamento legal – ainda que se queira se socorrer dos arts. 926 e 927 –, mas, antes e bem diferentemente, de um juízo de conveniência a ser feito pelo próprio Tribunal *a quo*, que *poderá* adotar, ou não, a orientação anterior do Supremo Tribunal Federal, para dar solução aos casos que lhe são submetidos para julgamento. O imperativo negativo que se lê do parágrafo único do art. 949 ("não submeterão") deve ceder espaço, portanto, à interpretação que compatibiliza os diversos princípios e demais componentes do modelo constitucional do direito processual civil a serem aferidos em cada caso concreto.

Não há, portanto, como interpretar o parágrafo único do art. 949 como se, em todo e qualquer caso, qualquer pronunciamento anterior do Supremo Tribunal Federal *vinculasse* o entendimento dos demais órgãos jurisdicionais, tornando desnecessária a instauração do incidente exigido não só pelos arts. 948 a 950 mas, superiormente, pelo próprio art. 97 da Constituição Federal. A sua dispensa é legítima quando, desde a Constituição Federal, a manifestação do Supremo Tribunal Federal tiver efeitos vinculantes, ou seja, quando ela emanar do controle *concentrado* da constitucionalidade ou de súmulas que tenham aquela característica. Em todos os demais casos, cabe ao próprio órgão fracionário constatar se o caso concreto reclama, ou não, a instauração do incidente. Se a tendência for a de observar o precedente do Supremo Tribunal Federal, ele é desnecessário[15]. Na hipótese inversa, ele

14. Sobre o assunto, v.: Teori Albino Zavascki, *Eficácia das decisões na jurisdição constitucional*, p. 30-31 e 153-154, e Ovídio Baptista da Silva, *Sentença e coisa julgada*, p. 108.

15. Nesse sentido, consta interessante recurso especial repetitivo da 1ª Seção do STJ que, embora anterior ao CPC de 2015, merece lembrança nesta sede porque, de alguma forma, antecipa o que desde o Anteprojeto do CPC de 2015 já estava previsto. Trata-se do REsp 894.060/SP, rel. Min. Luiz Fux, j.un. 22-10-2008, *DJe* 10-11-2008, cuja ementa é a seguinte: "PROCESSUAL CIVIL. RECURSO ESPECIAL. TRIBUTÁRIO. PROCESSO ADMINISTRATIVO FISCAL. RECURSO ADMINISTRATIVO. EXIGÊNCIA DE DEPÓSITO PRÉVIO. GARANTIA DA AMPLA DEFESA. DIREITO DE PETIÇÃO INDEPENDENTEMENTE DO PAGAMENTO DE TAXAS. NOVEL JURISPRUDÊNCIA DO SUPREMO TRIBUNAL FEDERAL. 1. O depósito prévio ao recurso administrativo, para a discussão de crédito

será instaurado com observância das considerações aqui feitas para que o órgão do Tribunal, constitucionalmente competente para tanto, decida sobre a constitucionalidade ou a inconstitucionalidade do ato normativo, quiçá se limitando ao entendimento anteriormente externado pelo próprio Supremo Tribunal Federal[16].

Em qualquer caso, porém, desde que o órgão fracionário deixe de instaurar o incidente de inconstitucionalidade, impõe-se que o anterior acórdão em que o Plenário ou o órgão especial teve oportunidade de decidir acerca da *inconstitucionalidade* da lei ou do ato do Poder Público seja juntado aos autos. É assente, no Supremo Tribunal Federal, o entendimento de que esse acórdão (integral) é peça essencial para julgamento de eventual recurso extraordinário a ser interposto pelo interessado, viabilizando, com a sua juntada, o contraste da tese relativa à constitucionalidade ou à inconstitucionalidade da lei ou do ato normativo em questão[17]. É como se o acórdão que resolve o incidente de arguição de inconstitucionalidade passasse a fazer parte do acórdão que julga o recurso, o que se afina ao procedimento disciplinado pelos arts. 948 a 950. Não, contudo, quando o acórdão que declara a inconstitucionalidade da norma que dá ensejo ao recurso extraordinário é do próprio Supremo Tribunal Federal[18].

3.1.1 Oitiva do Ministério Público

Questão interessante que a dispensa da instauração do incidente de arguição de inconstitucionalidade suscita é a necessidade de prévia oitiva do Ministério Público a esse respeito.

---

previdenciário, ante o flagrante desrespeito à garantia constitucional da ampla defesa (artigo 5º, LV, da CF/88) e ao direito de petição independentemente do pagamento de taxas (artigo 5º, XXXIV, 'a', da CF/88) é inexigível, consoante decisão do Supremo Tribunal Federal, na sessão plenária ocorrida em 28.03.2007, nos autos do Recurso Extraordinário 389.383-1/SP, na qual declarou, por maioria, a inconstitucionalidade dos §§ 1º e 2º, do artigo 126, da Lei 8.213/91, com a redação dada pela Medida Provisória 1.608-14/98, convertida na Lei 9.639/82. 2. O artigo 481, do *Codex* Processual, no seu parágrafo único, por influxo do princípio da economia processual, determina que 'os órgãos fracionários dos tribunais não submeterão ao plenário, ou ao órgão especial, a arguição de inconstitucionalidade, quando já houver pronunciamento destes ou do plenário, do Supremo Tribunal Federal sobre a questão'. 3. Consectariamente, impõe-se a submissão desta Corte ao julgado proferido pelo plenário do STF que proclamou a inconstitucionalidade da norma jurídica em tela, como técnica de uniformização jurisprudencial, instrumento oriundo do Sistema da *Common Law* e que tem como desígnio a consagração da Isonomia Fiscal no caso *sub examine*. 4. Recurso especial desprovido". O parágrafo único do art. 481 do CPC de 1973 mencionado corresponde ao parágrafo único do art. 949 do CPC de 2015.

16. A jurisprudência dos Tribunais Superiores, contudo, tem se manifestado enfaticamente no sentido da constitucionalidade da dispensa de instauração do incidente quando já houver prévia manifestação do STF sem as ressalvas que ocupam os parágrafos anteriores. É o que se lê, por exemplo, dos seguintes julgados: STF, 2ª Turma, RE-AgR 491.653/MG, rel. Min. Ricardo Lewandowski, j.un. 8-5-2012, *DJe* 21-5-2012; STF, 1ª Turma, RE-AgR 440.458/RS, rel. Min. Sepúlveda Pertence, j.un. 19-4-2005, *DJ* 6-5-2005, p. 25, e STJ, 2ª Turma, AgRg no AgRg no REsp 760.305/SC, rel. Min. Humberto Martins, j.un. 13-11-2007, *DJ* 26-11-2007, p. 154.

17. Nesse sentido: STF, 1ª Turma, RE-AgR 158.540/RJ, rel. Min. Celso de Mello, j.un. 6-4-1993, *DJ* 23-5-1997, p. 21735; STF, 2ª Turma, RE-AgR 192.882/MG, rel. Min. Marco Aurélio, j.un. 17-11-1995, *DJ* 16-2-1996, p. 3015, e STJ, 2ª Turma, EDcl no REsp 932.369/SP, rel. Min. João Otávio de Noronha, j.un. 23-10-2007, *DJ* 22-11-2007, p. 234.

18. Nesse sentido: STF, Pleno, RE-AgR 196.752/MG, rel. p/ acórdão Min. Gilmar Mendes, j.mv. 5-11-2015, *DJe* 4-5-2016.

O melhor entendimento, na perspectiva de um modelo cooperativo de processo, é o de defender a manifestação prévia do Ministério Público, na qualidade de fiscal da ordem jurídica, até para que tenha oportunidade de externar sua posição quanto aos prós e os contras da necessidade ou não da instauração, quiçá levando em conta as considerações e as distinções propostas no número anterior.

4. PROCEDIMENTO

Uma vez instaurado o incidente de arguição de inconstitucionalidade, o *caput* do art. 950 determina que cópia do acórdão respectivo seja enviado a todos os julgadores que compõem o tribunal pleno ou, se for o caso, o órgão especial. Ainda de acordo com o mesmo dispositivo, o Presidente do Tribunal designará data para julgamento do incidente, quando serão observadas as regras codificadas (arts. 929 a 931 e 934 e 935) e as regimentais respectivas.

4.1 Instrução

Para o julgamento, importa dar relevo ao quanto disposto nos três parágrafos do art. 950. São regras que, na origem, foram introduzidas também como três parágrafos no art. 482 do CPC de 1973 pela Lei n. 9.868/99, que regula o procedimento da "ação direta de inconstitucionalidade" e da "ação declaratória de constitucionalidade". Trata-se de verdadeira *instrução* a ser determinada no âmbito do incidente para fomentar e pluralizar o debate acerca da constitucionalidade ou da inconstitucionalidade da regra jurídica questionada.

Seguindo a mesma diretriz daquelas técnicas (arts. 7º, § 2º, e 20, § 1º, respectivamente, da Lei n. 9.868/99), os dispositivos codificados admitem amplo *contraditório* no incidente *já instaurado* pela manifestação não só dos editores do ato questionado se assim o requererem, observados os prazos e as condições previstos no regimento interno do tribunal (art. 950, § 1º), mas, também, de órgãos públicos e privados representativos e com legitimidade para instauração do controle *abstrato* e *direto* de lei ou ato normativo do Poder Público perante o Supremo Tribunal Federal (art. 103 da CF), nos termos do § 2º do art. 950. Em se tratando de lei ou ato estadual ou local, correto o entendimento de que os órgãos e entidades legitimados pelas Constituições estaduais para as "ações diretas de inconstitucionalidade", nos termos do art. 125, § 2º, da Constituição Federal, possam também desempenhar a *mesma* função no âmbito do incidente de arguição de inconstitucionalidade. O § 2º do art. 950, a propósito, assegura-lhes a manifestação por escrito sobre a questão constitucional objeto de apreciação, no prazo previsto pelo regimento interno, sendo-lhe assegurado o direito de apresentar memoriais ou de requerer a juntada de documentos.

Em busca da colheita do maior número de informações possíveis e desejáveis para *bem* decidir acerca da constitucionalidade ou inconstitucionalidade do ato impugnado, o § 3º do art. 950 admite que o relator do incidente determine a prévia oitiva de outros órgãos ou entidades, mesmo que não detenham legitimidade para o controle abstrato de constitucionalidade. Tudo a depender da relevância da matéria e da representatividade das partes envolvidas no incidente. Trata-se de hipótese clássica de intervenção de *amici curiae*, com o objetivo de pluralizar perante os mais diversos setores da sociedade e do próprio Estado, para além dos editores do ato questionado, o debate acerca da constitucionalidade ou inconstitucionalidade da lei ou do ato normativo. Essa prévia oitiva é fator de legitimação da decisão e, por isso, deve ser entendida no sentido de que o franqueamento da intervenção ou, ainda, a designação de audiências públicas são medidas impositivas ao relator do incidente. A *irrecorribilidade* da decisão prevista no § 3º do art. 950, que se refere à hipótese, erradamente, como mero despacho, atinge, por isso mesmo, apenas a da admissão da oitiva, nunca o seu indeferimento. Trata-se da mesma solução que deve ser dada ao *caput* do art. 138 quando disciplina a intervenção do *amicus curiae*.

5. JULGAMENTO E CONSEQUÊNCIAS

Instaurado, instruído e julgado o incidente, a tese fixada pelo pleno ou, se for o caso, pelo órgão especial deverá ser aplicada pelo órgão fracionário que entendeu pela necessidade de sua instauração. O processo ou a causa concreta, destarte, não são julgados pelo plenário ou pelo órgão especial, que se limita a fixar o entendimento (a *tese*) sobre a constitucionalidade ou a inconstitucionalidade. O efetivo julgamento, no sentido de aplicação da *tese jurídica* ao caso concreto, levando em conta todas as suas peculiaridades, é tarefa do órgão fracionário. O desmembramento de competências decorrente do art. 97 da Constituição Federal justifica esse entendimento, razão suficiente para afastar da hipótese algum arremedo de "vinculação", tal qual a sugerida pelo inciso V do art. 927.

Nos casos em que for observado o disposto no parágrafo único do art. 950, dispensando-se a instauração do incidente de arguição de inconstitucionalidade (sem prejuízo das considerações do n. 3.1, *supra*), o órgão fracionário também deverá se limitar a aplicar ao caso concreto o precedente do Supremo Tribunal Federal ou do pleno ou órgão especial do próprio Tribunal[19].

É unânime o entendimento quanto à *irrecorribilidade* do acórdão relativo ao enfrentamento da *questão constitucional* pelo tribunal pleno ou pelo órgão especial. Considerando que o julgamento da *tese* relativa à constitucionalidade ou não da lei ou ato normativo precisa ser *aplicado ao caso concreto* pelo órgão julgador competente (o que decide pela instauração do

19. Assim, *v.g.*: STJ, 1ª Turma, AgRg no Ag 1.063.022/PR, rel. Min. Luiz Fux, j.un. 10-2-2009, *DJe* 25-3-2009; STJ, 1ª Turma, REsp 895.297/SP, rel. Min. Teori Albino Zavascki, j.un. 19-6-2007, *DJ* 28-6-2007, p. 882; e STJ, 1ª Turma, REsp 844.136/DF, rel. Min. Teori Albino Zavascki, j.un. 17-5-2007, *DJ* 31-5-2007, p. 374.

incidente em função do art. 948, *caput*), o julgamento do pleno ou do órgão especial não tem força jurídica suficiente e, pois, aptidão, para causar qualquer prejuízo a qualquer dos litigantes. É o que se extrai da Súmula 513 do Supremo Tribunal Federal[20], orientação que encontra eco no âmbito do Superior Tribunal de Justiça[21].

Assim, é somente do acórdão que julgar a causa – que aplica *concretamente*, destarte, a orientação fixada no incidente – é que caberá, se o caso, recurso especial e/ou recurso extraordinário[22].

O inciso III do § 4º do art. 942 afasta o cabimento da técnica de colegiamento de toda a decisão proferida no âmbito do plenário ou do órgão especial, o que, sem prejuízo da ressalva do n. 7 do Capítulo 2, merece ser aplicado na espécie. Por outro lado, eventual divergência no momento de aplicação da tese de constitucionalidade ao caso concreto pode ensejar a necessária incidência daquela técnica, quando presentes seus respectivos pressupostos. Nesse caso, contudo, é mister respeitar a decisão sobre a constitucionalidade tomada pelo pleno ou pelo órgão especial, cingindo o art. 942 às peculiaridades de sua consideração ao caso concreto ou, de forma mais ampla, a outras peculiaridades do caso então em julgamento[23].

Dada a sua finalidade, contudo, não há razão para afastar do acórdão que julga o incidente o cabimento dos embargos de declaração. Trata-se de recurso que visa ao aclaramento ou à complementação da decisão tal qual proferida, e não, como causa de sua interposição, a sua reforma ou modificação.

Também eventual ação rescisória caberá do acórdão que *aplica* o resultado do julgamento do incidente ao caso concreto, e não da manifestação do tribunal pleno ou de seu órgão especial, não obstante a firme convicção de Egas Moniz de Aragão no sentido de que a competência para a rescisória é do órgão julgador do próprio incidente de inconstitucionalidade[24].

---

20. Cujo enunciado é o seguinte: "A decisão que enseja a interposição de recurso ordinário ou extraordinário não é a do plenário, que resolve o incidente de inconstitucionalidade, mas a do órgão (Câmaras, Grupos ou Turmas) que completa o julgamento do feito".

21. Assim, *v.g.*: 2ª Turma, AgRg no REsp 1.427.621/RJ, rel. Min. Humberto Martins, j.un. 8-9-2015, *DJe* 16-9-2015, e 1ª Turma, REsp 866.997/PB, pela 1ª Turma do STJ, rel. Min. Luiz Fux, j.un. 16-6-2009, *DJe* 5-8-2009.

22. É a ausência desse desdobramento de atividades judicantes – e que se justifica única e exclusivamente por força do art. 97 da CF, a afastar qualquer crítica quanto à necessária observância, pelo órgão fracionário, do que o órgão plural disser a respeito do tema – que, dentre outros fatores, levanta as suspeitas de inconstitucionalidade sobre o incidente de resolução de demandas repetitivas, tendo em vista as prescrições do parágrafo único do art. 978 e do art. 987, tema ao qual se voltam os n. 8.1 e 10 do Capítulo 8.

23. Havia duas Súmulas do STF que afastavam os embargos infringentes do acórdão relativo ao incidente de inconstitucionalidade, que convergem ao entendimento do texto, embora por fundamentos diversos: de acordo com a Súmula 293, "São inadmissíveis embargos infringentes contra decisão em matéria constitucional submetida ao plenário dos Tribunais" e, consoante a Súmula 455, "Da decisão que se seguir ao julgamento de constitucionalidade pelo Tribunal Pleno, são inadmissíveis embargos infringentes quanto à matéria constitucional".

24. Competência para rescindir o julgamento previsto no art. 97 da Constituição Federal, p. 141-150.

Em tais casos, quando a rescisória se fundamentar no inciso V do art. 966, é correto o entendimento de que o acórdão que declarou a inconstitucionalidade da lei ou ato normativo no Tribunal *a quo* deve ser juntado aos autos, viabilizando o escorreito reexame das razões que levaram o pleno ou o órgão especial a entendê-lo inconstitucional.

Capítulo 5

Conflito de competência

1. CONSIDERAÇÕES INICIAIS

O CPC de 2015, na trilha do Anteprojeto, optou por distinguir as regras relativas à *identificação*, à *fixação e à modificação* da competência das que dizem respeito ao julgamento dos casos em que há conflito entre os variados órgãos envolvidos sobre quem é e quem não é competente. Aquela matéria está na Parte Geral (arts. 43 a 66); esta, no Capítulo V do Título I do Livro III da Parte Especial, voltado aos "processos" de sua competência originária (arts. 951 a 959).

Conflito de competência deve ser compreendido como a discussão existente entre os próprios órgãos jurisdicionais acerca de qual deles deve ou não deve apreciar e julgar determinada questão seja quando dois ou mais órgãos reputam-se *competentes* para o mesmo processo, o chamado "conflito *positivo*" (art. 66, I), ou, inversamente, reputam-se *incompetentes* para o mesmo processo, o chamado "conflito *negativo*" (art. 66, II).

O incidente também tem lugar quando a dúvida sobre a competência tem origem na reunião ou na separação dos processos, consoante previsão expressa do inciso III do art. 66, tema que ganha ainda maior interesse diante do § 3º do art. 55, segundo o qual: "§ 3º Serão reunidos para julgamento conjunto os processos que possam gerar risco de prolação de decisões conflitantes ou contraditórias caso decididos separadamente, mesmo sem conexão entre eles", o que, ademais, enseja a distribuição por dependência nos termos do inciso III do art. 286 ao juízo prevento, não obstante a crítica que, na perspectiva formal, mereça ser feita a esta última regra[1].

1. Mesmo antes do advento do CPC de 2015, o Pleno do STF teve oportunidade de decidir que: "1. Em regra, a admissão do conflito de competência com base no art. 115, III, do CPC exige que haja divergência entre juízos diversos quanto à reunião ou separação dos feitos, consoante expressa previsão do dispositivo. 2. Cabível, todavia, por meio de interpretação extensiva do art. 115, do CPC, o acolhimento do incidente, mesmo ausente a apontada divergência, quando se tratar de ações conexas (com possibilidade, portanto, de prolação de decisões conflitantes) em trâmite perante Justiças distintas e no bojo das quais o apontamento de conexão não se mostrar suficiente à definição da competência para seu processo e julgamento. 3. No caso, trata-se de demandas em

Nesse sentido, é verdadeiramente didático o art. 66, segundo o qual: "Há conflito de competência quando: I – 2 (dois) ou mais juízes se declaram competentes; II – 2 (dois) ou mais juízes se consideram incompetentes, atribuindo um ao outro a competência; III – entre 2 (dois) ou mais juízes surge controvérsia acerca da reunião ou separação de processos". Complementa-o o parágrafo único, que determina ao juízo que não acolher a competência para ele designada suscitar desde logo o conflito e não devolver o processo, a não ser que entenda que seja outro juízo o competente.

Quando o conflito envolver órgãos fracionários dos tribunais, desembargadores e juízes em exercício no tribunal, deverá ser observado o que dispuser o regimento interno, naquilo que não colidir com as previsões legais, ressalva que, em rigor, é desnecessária (art. 958).

Pode ocorrer também conflito de atribuição entre autoridade judiciária e autoridade administrativa. Também aqui, de acordo com o art. 959, deve-se observar, sem prejuízo dos dispositivos examinados, o que dispõem os regimentos internos dos Tribunais a seu respeito.

2. INSTAURAÇÃO E LEGITIMIDADE

O conflito pode ser suscitado de ofício pelo próprio magistrado, independentemente do grau de jurisdição em que atua, pelas partes e pelo Ministério Público (art. 951). O parágrafo único do mesmo dispositivo distingue, a propósito do Ministério Público, sua participação como parte ou como fiscal da ordem jurídica. É correto entender que aquela instituição tem legitimidade para suscitar o conflito também quando atua, no processo de origem, na qualidade de fiscal da ordem jurídica.

Nos casos em que o Ministério Público não suscitar o conflito, ele será ouvido no próprio incidente como fiscal da ordem jurídica, mesmo que no processo em que instaurado não haja razão para a sua atuação naquela qualidade (art. 951, parágrafo único). Também o juízo que não suscitar o conflito será ouvido nos termos do *caput* do art. 954.

O *caput* do art. 952 interdita a quem tiver arguido a incompetência relativa suscitar o conflito. Contudo, de acordo com o parágrafo único do dispositivo, o conflito não obsta a que o réu argua a incompetência relativa, quando não for ele o suscitante.

A melhor interpretação para o dispositivo é a que veda a iniciativa *simultânea* das duas medidas para evitar que o conflito de competência seja utilizado como *atalho* ao Tribunal que tem competência para julgá-lo, tornando verdadeiramente inócua a alegação da incompetência na primeira instância, o que se dá em preliminar de contestação (art. 337, II)[2].

---

trâmite perante a Justiça comum e a justiça trabalhista, em que se discute complementação de aposentadoria, com decisões conflitantes já proferidas, a justificar o conhecimento do conflito". Trata-se do CC-AgR-Segundo-Terceiro-ED 7706/SP, rel. Min. Dias Toffoli, j.un. 12-3-2015, *DJe* 20-4-2015. O art. 115, III, do CPC de 1973 corresponde ao art. 66, III, do CPC de 2015.

2. Ainda que com fundamento no CPC de 1973, há interessante acórdão da 3ª Seção do STJ em que se decidiu o seguinte: "Consentâneo com o raciocínio de que o conflito de competência não pode ser utilizado como

Tanto mais correto o entendimento anterior quando se destaca que, no CPC de 2015, a alegação da incompetência relativa não traz mais o "efeito suspensivo automático" que a *exceção* de incompetência do CPC de 1973 gerava em função do disposto no art. 306 daquele Código[3].

Pertinente lembrar, a propósito, o entendimento de que "o fundamento do dispositivo (art. 117 do CPC) é substancialmente ético, criado para impedir que a parte beneficiada pela suspensão do processo, com a apresentação da exceção, fosse sucessivamente favorecida com a suspensão permitida quando suscitado o conflito"[4].

A lição é tanto mais correta para o CPC de 2015 porque não há como aceitar que a suscitação do conflito acarrete o efeito suspensivo, que, na sistemática atual, é afastado da alegação da incompetência. Além do mais, a decisão relativa à incompetência não comporta recurso imediato quando decidida antes da sentença. Justamente por isso, aliás, é que, a despeito da textualidade do *caput* do art. 952, é correto interpretá-lo para abranger na sua vedação *também* aquele que alegar a incompetência *absoluta* como preliminar de contestação, nos precisos termos do inciso II do art. 337.

Tais conclusões, de qualquer sorte, não devem ser entendidas no sentido de que após resolvida a alegação de incompetência não possa ocorrer algum fato *novo* que passe a justificar a apresentação do conflito de competência. Nesse caso, já que não se trata de uso concomitante das duas vias, mas sucessiva, diante de fato novo, não há por que negar legitimidade àquele que, anteriormente, arguiu a incompetência relativa. Aceitando que também quem arguiu a incompetência absoluta fica obstado de suscitar o conflito de competência, importa evitar que, diante do fato novo, se faça uso concomitantemente das duas vias.

O conflito deve ser suscitado perante o tribunal competente, com atenção, inclusive, aos casos de competência *constitucionalmente* fixada, mediante ofício (quando o suscitante for o magistrado) ou petição (quando a parte ou o Ministério Público for o suscitante) devidamente instruída (art. 953).

Embora o Código de Processo Civil não preveja a hipótese de forma expressa, o conflito de competência pode ser suscitado até o trânsito em julgado da respectiva decisão[5]. Não depois, quando a situação poderá, consoante o caso, ensejar o questionamento da decisão já transitada em julgado pela ação rescisória fundada no inciso II do art. 966.

---

sucedâneo do recurso cabível que a parte deixou de interpor, o art. 117 do Código de Processo Civil estabelece que 'Não pode suscitar conflito a parte que, no processo, ofereceu exceção de incompetência'". Trata-se do AgRg nos EDcl no CC 140/589/RS, rel. Min. Reynaldo Soares da Fonseca, j.un. 25-11-2015, *DJe* 1º-12-2015.

3. Era a seguinte a redação daquele dispositivo: "Recebida a exceção, o processo ficará suspenso (art. 265, III), até que seja definitivamente julgada".

4. O trecho entre aspas é da autoria de Cândido Rangel Dinamarco e é mencionado pelo Ministro Paulo de Tarso Sanseverino no julgamento do CC 127.109/AM perante a 2ª Seção do STJ, j.un. 26-6-2013, *DJe* 1º-7-2013.

5. É a orientação, válida para o CPC de 2015, da Súmula 59 do STJ, assim enunciada: "Não há conflito de competência se já existe sentença com trânsito em julgado, proferida por um dos juízos conflitantes".

3. COMPETÊNCIA

A competência para julgamento do conflito de competência varia de acordo com o *status* do órgão jurisdicional que o suscita ou perante quem ele é suscitado. A pesquisa em busca do Tribunal competente para julgá-lo observa os critérios propostos por este *Curso* desde o n. 6.2 do Capítulo 2 da Parte II do v. 1: o ponto de partida é invariavelmente a Constituição Federal, que prevê três hipóteses que dizem respeito ao direito processual civil.

Ao Supremo Tribunal Federal compete *originariamente* o julgamento dos "conflitos de competência entre o Superior Tribunal de Justiça e quaisquer tribunais, entre Tribunais Superiores, ou entre estes e qualquer outro tribunal" (art. 102, I, *o*, da CF).

Ao Superior Tribunal de Justiça compete *originariamente* o julgamento dos "conflitos de competência entre quaisquer tribunais, ressalvado o disposto no art. 102, I, *o*, bem como entre tribunal e juízes a ele não vinculados e entre juízes vinculados a tribunais diversos" (art. 105, I, *d*, da CF), excetuados, portanto, os conflitos verificados entre juizados especiais federais e juízos federais da mesma Seção Judiciária[6].

Não está compreendida na alínea *d* do inciso I do art. 105 da Constituição Federal a competência do Superior Tribunal de Justiça para julgar conflito de competência entre Câmaras de Arbitragem[7]. É daquele Tribunal, contudo, a competência para julgar conflito de competência entre juízo *arbitral* e juízo *estatal*[8].

Compete, por fim, ao Superior Tribunal de Justiça (art. 105, I, *g*) o julgamento dos conflitos de *atribuição* entre autoridades judiciárias e *administrativas* da União ou entre autoridades judiciárias de um Estado e *administrativas* de outro ou do Distrito Federal, ou entre as deste e da União, consoante as regras de procedimento constantes de seus respectivos Regimentos Internos (art. 959).

Por fim, de acordo com o art. 108, I, *e*, da Constituição Federal, a competência para os "conflitos de competência entre juízes federais vinculados ao Tribunal" é originariamente reservada para os Tribunais Regionais Federais nas suas respectivas áreas de atuação.

---

6. Nesse sentido é a Súmula 428 do STJ ("Compete ao Tribunal Regional Federal decidir os conflitos de competência entre juizado especial federal e juízo federal da mesma seção judiciária"), que se sobrepõe à Súmula 348 do STJ ("Compete ao Superior Tribunal de Justiça decidir os conflitos de competência entre juizado especial federal e juízo federal, ainda que da mesma seção judiciária"), que acabou sendo cancelada por aquele mesmo tribunal. Também compete ao STJ julgar os conflitos de competência entre juízes de direito e juízes militares, quando a segunda instância militar é exercida, nos termos do § 3º do art. 125 da CF, por Tribunal de Justiça Militar, como se dá, por exemplo, no Estado de São Paulo (arts. 80 e 81 da CESP).
7. Nesse sentido: STJ, 2ª Seção, CC 113.260/SP, rel. p/ acórdão Min. João Otávio de Noronha, j.m.v. 8-9-2010, *DJe* 7-4-2011.
8. É o entendimento assente na do STJ, como fazem prova, dentre outros, os seguintes julgados: 2ª Seção, AgInt no CC 153.498/RJ, rel. Min. Moura Ribeiro, j.m.v. 23-5-2018, *DJe* 14-6-2018; 2ª Seção, CC 148.932/RJ, rel. Min. Ricardo Villas Bôas Cueva, j.un. 13-12-2017, *DJe* 1º-2-2018; 1ª Seção, CC 139.519/RJ, rel. p/ acórdão Regina Helena Costa, j.m.v. 11-10-2017, *DJe* 10-11-2017; 2ª Seção, CC 146.939/PA, rel. Min. Marco Aurélio Bellizze, j.un. 23-11-2016, *DJe* 30-11-2016, e CC 111.230/DF, rel. Min. Nancy Andrighi, j.m.v. 8-5-2013, *DJe* 3-4-2014.

Para os casos de conflito de competência entre os diversos órgãos que compõem os Tribunais, assim, por exemplo, entre suas câmaras, turmas, seções etc., o procedimento do incidente levará em conta as regras dos respectivos Regimentos Internos (art. 123).

4. CONTRADITÓRIO

O conflito de competência será distribuído no Tribunal competente a um de seus magistrados, o "relator" (art. 931), que determinará a oitiva dos juízos envolvidos ou, se se tratar de conflito suscitado pelo próprio juízo (o "suscitante"), apenas a do outro (o "suscitado"), que prestarão informações no prazo que lhes for dado (art. 954). Findo o prazo, deve o Ministério Público, na qualidade de fiscal da lei (art. 116, parágrafo único), manifestar-se no prazo de cinco dias, após o que o incidente será julgado pelo órgão competente de acordo com o Regimento Interno de cada Tribunal (arts. 121 e 124).

É pena que o CPC de 2015, tal qual o CPC de 1973, nada diga sobre a possibilidade de as *partes ou eventuais terceiros* – e não os magistrados em nome dos respectivos órgãos jurisdicionais – manifestarem-se no conflito. É correto entender, de qualquer sorte, a necessidade de sua prévia oitiva, o que, não decorresse suficientemente do modelo constitucional, encontra fundamento bastante nos arts. 6º e 10.

5. SUSPENSÃO

A instauração do conflito não afeta obrigatoriamente o andamento do(s) processo(s) em que ela se dá. Não há previsão para efeito suspensivo *ope legis*. Pode ocorrer, contudo, que a suspensão seja determinada pelo relator de ofício ou atendendo a pedido das partes, típico caso, portanto, de concessão de efeito suspensivo *ope judicis*. O fundamento de um tal pedido deve ser encontrado no dever-poder geral de cautela (art. 301) e no dever-poder geral de antecipação (art. 297, *caput*), sendo indiferente que a hipótese concreta justifica a concessão de tutela provisória de urgência (art. 300, *caput*) ou da evidência (art. 311).

Sem prejuízo, o *caput* do art. 955 autoriza o relator do conflito a designar um dos juízos, o suscitante ou o suscitado, para tratar de casos urgentes, independentemente de se tratar de conflito positivo (quando dois órgãos jurisdicionais afirmam concomitantemente sua competência) ou conflito negativo (quando dois órgãos jurisdicionais negam concomitantemente sua competência), na esteira da distinção decorrente dos incisos I e II do art. 66. A atuação do relator para tal finalidade pode (e deve) se dar de ofício.

6. JULGAMENTO E CONSEQUÊNCIAS

O parágrafo único do art. 955 autoriza o julgamento *monocrático* do conflito quando a decisão do relator encontrar fundamento em súmula do Supremo Tribunal Federal, do Superior Tribunal de Justiça ou do próprio Tribunal ou, ainda, em julgamento de casos repetitivos ou em incidente de assunção de competência. Trata-se de regra que deve se harmonizar ao disposto no art. 927 (e à interpretação ampla a ele proposta por este *Curso*) e aos próprios incisos IV e V do art. 932.

Da decisão cabe agravo interno, observando-se o disposto no art. 1.021.

Não havendo espaço para julgamento monocrático – o que pressupõe a inexistência dos referidos "indexadores jurisprudenciais" –, será determinada a oitiva do Ministério Público, aqui na função de fiscal da ordem jurídica (art. 951 e parágrafo único), e o conflito será julgado pelo órgão colegiado competente, ainda que as informações não tenham sido prestadas (art. 956).

A decisão relativa ao conflito significará a declaração do órgão jurisdicional competente e o exame da validade dos atos processuais praticados pelo juízo que se entendeu incompetente. Assim, decidido o conflito, o Tribunal indicará quem é o *juízo* (órgão jurisdicional) competente (art. 957, *caput*). Também, e com base na mesma regra, manifestar-se-á sobre a validade dos atos eventualmente praticados pelo juízo incompetente, observando, para tanto, o disposto no § 4º do art. 64. Mesmo nos casos em que se tratar de incompetência *absoluta*, a nulidade dos atos decisórios não é impositiva, diferentemente do que se dava no âmbito do CPC de 1973, em função do § 2º de seu art. 113[9].

Embora silente a respeito o art. 957, é correto o entendimento que também se impõe a manifestação expressa sobre a regularidade dos atos praticados nos casos de "urgência" nos termos do *caput* do art. 955.

O parágrafo único do art. 957 determina, em complementação, a remessa dos autos respectivos ao *juízo* declarado competente (e não ao *juiz*, como nele se lê no dispositivo), o que pressupõe, evidentemente, que se trate de autos em papel, e não eletrônicos.

Do acórdão que julgar o conflito de competência, são cabíveis, sem nenhuma peculiaridade, embargos de declaração, recurso especial e recurso extraordinário. Se se tratar de julgamento feito originalmente pelo Supremo Tribunal Federal ou pelo Superior Tribunal de Justiça, não há como descartar aprioristicamente também o cabimento de embargos de divergência.

---

9. Que tinha a seguinte redação: "Declarada a incompetência absoluta, somente os atos decisórios serão nulos, remetendo-se os autos ao juiz competente".

Capítulo 6

Homologação de decisão estrangeira e *exequatur*

1. CONSIDERAÇÕES INICIAIS

Os arts. 960 a 965 disciplinam o procedimento que deve ser observado para a homologação de sentença estrangeira e da concessão de *exequatur* à carta rogatória, isto é, dispõem sobre as regras a serem seguidas para a constatação de que uma decisão jurisdicional proferida por outro país pode surtir seus efeitos no território nacional. Tratando-se de decisão interlocutória estrangeira, a concessão do *exequatur* constitui título executivo *judicial* nos moldes do inciso IX do art. 515. Por sua vez, a sentença estrangeira é título executivo judicial (art. 515, VIII).

A competência para a homologação e para a concessão de *exequatur* é do Superior Tribunal de Justiça, novidade trazida pela Emenda Constitucional n. 45/2004, que introduziu uma alínea *i* no inciso I do art. 105 da Constituição Federal, revogando a alínea *h* do inciso I do art. 102 da mesma Carta, que previa, de acordo com a tradição brasileira estabelecida desde a Lei n. 221/1894, aquela mesma competência para o Supremo Tribunal Federal[1].

O art. 40 dispõe que "a cooperação jurídica internacional para execução de decisão estrangeira dar-se-á por meio de carta rogatória ou de ação de homologação de sentença estrangeira, de acordo com o art. 960".

1. Quando entrou em vigor, aquela EC suscitou diversas questões. Para cá, basta noticiar o entendimento que acabou prevalecendo no STF quanto à incidência imediata da alteração, devendo a nova competência do STJ ser observada desde a sua publicação, que se deu em 31 de dezembro de 2004, não se aplicando à espécie o princípio da *perpetuatio jurisdictionis* (art. 43), consoante decidiu reiteradamente, sobre a específica hipótese, o STF (SEC 5.778/EU, rel. Min. Celso de Mello, j. 10-2-2005, *DJ* 24-2-2005, p. 295, e SEC 6.282/UK, rel. Min. Ellen Gracie, j. 3-2-2005, *DJ* 21-2-2005, p. 13). Assim, todos os pedidos de homologação de sentenças estrangeiras pendentes de apreciação naquele Tribunal quando da promulgação da EC n. 45/2004, contestados ou não, foram enviados ao STJ, que passou a deter, desde então, competência para sua apreciação, com exclusividade.

A carta rogatória é forma de comunicação para que órgão jurisdicional estrangeiro pratique ato de cooperação jurídica internacional, relativo a processo em curso perante órgão jurisdicional brasileiro (art. 237, II). De acordo com o *caput* do art. 36, seu procedimento é de jurisdição contenciosa, devendo assegurar às partes as garantias do devido processo legal. Os parágrafos do dispositivo limitam a defesa à discussão quanto ao atendimento dos requisitos para que o pronunciamento judicial estrangeiro produza efeitos no Brasil (inclusive os de cunho formal, tais como os do art. 260), sendo expressamente vedada a revisão do mérito do pronunciamento judicial estrangeiro pela autoridade judiciária brasileira.

2. ABRANGÊNCIA

O *procedimento* para a homologação da carta rogatória e da sentença estrangeira – que equivale ao que os precitados artigos chamam de "concessão do *exequatur*" – é o objeto da disciplina dos arts. 960 a 965, que, nesse sentido, complementam e concretizam o comando do precitado art. 40 e, mais especificamente, também do art. 36 para a carta rogatória.

O art. 960, além de estabelecer o *procedimento* da homologação das sentenças estrangeiras perante aquele tribunal – chamando-o de "ação" no *caput*[2]–, quando ela não for dispensada em função de tratado, disciplina também a concessão de *exequatur* a cartas rogatórias e resolve, expressamente, diversas questões que as lacunas do CPC de 1973 e da regulamentação infralegislativa do Supremo Tribunal Federal e, desde a atribuição de sua nova competência pela EC n. 45/2004, do próprio Superior Tribunal de Justiça sugeriam. Trata-se, nesse sentido, de iniciativa importante e que se compatibiliza plenamente com os avanços e as inovações importantes que o CPC de 2015 traz em seus arts. 26 a 41, voltados especificamente – e em capítulo próprio na Parte Geral – à "cooperação internacional".

Assim é que o § 1º do art. 960 dispõe que "a decisão interlocutória estrangeira poderá ser executada no Brasil por meio de carta rogatória". O § 2º do mesmo dispositivo, por sua vez, prescreve que "a homologação obedecerá ao que dispuserem os tratados em vigor no Brasil e o Regimento Interno do Superior Tribunal de Justiça"[3]. São os arts. 216-A a 216-X, incluídos pela Emenda Regimental n. 18/2014 no RISTJ (com modificações de texto promovidas pela ER n. 24/2016), em novo Capítulo, intitulado "Dos processos oriundos de estados

---

2. Compreender o "pedido de homologação de sentença estrangeira" ou de "concessão de *exequatur*", como "ação" não atrita com a concepção que este *Curso* sustenta para aquele instituto fundamental do direito processual civil, já que significativa do rompimento da inércia do Estado-juiz (brasileiro) para determinado fim, que se desenvolve mediante regular "processo". Tampouco interfere na exposição que ocupa este Capítulo, cujo foco principal é a descrição do *procedimento* a ser observado para o atingimento daqueles objetivos.

3. Diferentemente do que afirmava o n. 2 do Capítulo 5 da Parte II do v. 5 das edições anteriores ao CPC de 2015 deste *Curso*, é questionável que a lei, tal qual o faz o § 2º do art. 960, delegue para os regimentos internos dos tribunais a possibilidade de estabelecimento de regras relativas ao estabelecimento de *procedimentos* (v. n. 3.3 do Capítulo 3 da Parte I do v. 1). É assunto desenvolvido ao longo deste Capítulo.

estrangeiros", que tratam especificamente sobre o assunto. Também a homologação de decisão *arbitral* estrangeira fica sujeita ao mesmo regime jurídico, ainda que subsidiariamente (art. 960, § 3º).

Nesse sentido, em caráter verdadeiramente didático, o *caput* do art. 961 acentua que "a decisão estrangeira somente terá eficácia no Brasil após a homologação de sentença estrangeira ou a concessão do *exequatur* às cartas rogatórias, salvo disposição em sentido contrário de lei ou tratado" (art. 216-B do RISTJ). A homologação, de acordo com o § 2º do art. 961, pode ser apenas *parcial* (art. 216-A, § 2º, do RISTJ).

Deve ser homologada para aqueles fins não só a decisão judicial definitiva, mas também a decisão não judicial no exterior, quando ela assumir, para o sistema brasileiro, feição jurisdicional (art. 961, § 1º, e art. 216-A, § 1º, do RISTJ).

O § 3º do art. 961, tanto quanto o art. 216-G do RISTJ, permite ao Superior Tribunal de Justiça deferir pedidos de urgência e realizar atos de execução (em rigor, *cumprimento, porque fundada em título executivo judicial*) provisória no "processo de homologação de decisão estrangeira", situação que não se confunde com a disciplinada pelo art. 962, que trata do cumprimento, em território brasileiro, de decisão concessiva de medida de urgência no exterior.

Importante exceção está no § 5º do art. 961, que exclui a necessidade de homologação das sentenças estrangeiras de divórcio consensual. Mesmo em tais casos – que merecem interpretação restritiva, para constranger a incidência da regra aos casos do chamado "divórcio consensual *puro* ou *simples*" e não do chamado "divórcio consensual *qualificado*", que dispõe sobre a guarda, alimentos e/ou partilhas de bens[4] –, contudo, compete a qualquer magistrado examinar a validade da decisão, em caráter incidental ou principal, quando a questão surgir em processo de sua competência (art. 961, § 6º).

De acordo com o § 4º do art. 961, quando prevista em tratado ou em promessa de reciprocidade apresentada à autoridade brasileira, haverá homologação de decisão estrangeira para fins de execução fiscal.

3. HOMOLOGAÇÃO DE MEDIDAS DE URGÊNCIA

O art. 962 cuida das hipóteses de homologação de decisão estrangeira concessiva a medidas de urgência, verdadeiros títulos executivos *judiciais* para os fins do inciso IX do art. 515. A hipótese, cabe frisar, não se confunde com a do § 3º do art. 961, em que a medida de urgência é adotada pelo próprio Superior Tribunal de Justiça no âmbito do processo voltado à homologação da decisão estrangeira.

4. É o que decidiu a CE do STJ na SEC 14.525/EX, rel. Min. Benedito Gonçalves, j.un. 7-6-2017, *DJe* 14-6-2017, colacionando os arts. 1º e 2º do Provimento n. 53/2016 do CNJ, que "Dispõe sobre a averbação direta por Oficial de Registro Civil das Pessoas Naturais da sentença estrangeira de divórcio consensual simples ou puro, no assento de casamento, independentemente de homologação judicial".

A execução da decisão estrangeira a que se refere o *caput* do art. 962 pressupõe homologação de carta rogatória (art. 962, § 1º), previsão que se harmoniza com o art. 40. A concessão da medida sem prévio contraditório no país estrangeiro de origem não é óbice para a homologação desde que o contraditório seja garantido em momento posterior (art. 962, § 2º). É legítimo, à luz do modelo constitucional, *postergar* o contraditório, e não eliminá-lo, entendimento que encontra eco no § 1º do art. 216-Q do RISTJ.

Ao dispor que a análise da urgência da medida compete exclusivamente à autoridade estrangeira, o § 3º do art. 962 confirma o sistema do direito brasileiro nessa matéria, de limitar a atuação do Superior Tribunal de Justiça ao chamado "juízo de delibação" (arts. 36, § 2º e 963). A previsão harmoniza-se com o disposto no parágrafo único do art. 216-H e no § 2º do art. 216-Q do RISTJ.

O § 4º do art. 962 trata dos casos em que, por ser dispensada a homologação da sentença estrangeira para que ela surta efeitos no Brasil, não é exigida prévia homologação da medida de urgência pelo Superior Tribunal de Justiça. Contudo, é o próprio dispositivo que prescreve que a eficácia daquela decisão depende de expresso reconhecimento de sua validade pelo juízo competente para lhe dar cumprimento.

4. ELEMENTOS PARA A HOMOLOGAÇÃO

Os elementos que devem ser examinados pelo Superior Tribunal de Justiça para a homologação da decisão estrangeira, inclusive para concessão do *exequatur* às cartas rogatórias, são os indicados no art. 963, sem prejuízo, para estas, da observância do já examinado § 2º do art. 962. Trata-se do que é conhecido por "juízo de delibação". Ao mesmo tempo que não é reconhecida à autoridade brasileira competência para reanalisar o mérito da decisão que quer surtir efeitos em território nacional (art. 36, § 2º), há exigências *extrínsecas* a ela que devem ser aferidas para tanto, no que cabe lembrar, também aqui, do parágrafo único do art. 216-H e do § 2º do art. 216-Q do RISTJ[5].

A decisão estrangeira só será homologada no Brasil se: (i) for proferida por autoridade competente (o que pressupõe, também, o exame do art. 964); (ii) tiver havido regular citação no processo em que foi proferida, mesmo que ocorrida a revelia; (iii) a decisão for eficaz no país em que proferida; (iv) não ofender a coisa julgada brasileira; (v) estiver acompanhada de tradução oficial, salvo se houver dispensa por força de tratado; e (vi) não contiver manifesta ofensa à ordem pública.

---

5. É por esta razão que a CE do STJ (SEC 8.542/EX, rel. Min. Luis Felipe Salomão, j.un. 29-11-2017, *DJe* 15-3-2018) recusou, no âmbito do processo de homologação de sentença estrangeira, homologar pedido de renúncia ao direito material apresentado pela parte requerente, acentuando que a ela cabia, se assim desejasse, limitar-se a requerer a desistência do pedido de homologação.

Sobre a previsão do inciso III do art. 963, cabe destacar a importante novidade que foi trazida pelo CPC de 2015 para a matéria, sobrepondo-se, destarte, ao que era exigido pela letra *c* do art. 15 da LINDB e ao próprio inciso III do art. 216-D do Regimento Interno do Superior Tribunal de Justiça, que exigiam o trânsito em julgado da decisão como requisito de sua homologação. Doravante, basta que a decisão seja eficaz no país de origem, independentemente de seu trânsito em julgado, eis que eficácia da decisão (aptidão de produzir desde logo seus regulares efeitos) não se confunde com o seu trânsito em julgado (qualidade de imutabilidade e de indiscutibilidade do quanto decidido). É aquele estado, não este, que é exigido pelo novo regramento codificado[6].

A hipótese do inciso I do art. 963, por sua vez, conduz ao art. 964. De acordo com ele, não será homologada a decisão estrangeira nem concedido *exequatur* a carta rogatória, na hipótese de competência exclusiva da autoridade judiciária brasileira. Trata-se da consequência irrefutável do descumprimento do art. 23. Naqueles casos, a "autoridade competente", na perspectiva do direito nacional, é a *brasileira*, com exclusão de qualquer outra.

A previsão codificada harmoniza-se com o disposto nos arts. 216-C, 216-D, 216-F, 216-H, parágrafo único, e 216-P, que, em última análise, também impedem, no mesmo sentido, a homologação da sentença estrangeira ou a concessão do *exequatur* à rogatória naqueles casos, dando destaque aos casos de soberania nacional, de dignidade da pessoa humana e de ordem pública.

Todas essas regras convergem ao que já estava (e continua a estar) nos arts. 15[7] e 17[8] da Lei de Introdução às Normas do Direito Brasileiro, à exceção da exigência então feita pela letra *c* do referido art. 15, diante do inciso III do art. 963.

Antes da homologação da sentença estrangeira, tem plena aplicabilidade o *caput* do art. 24, sendo indiferente para a *justiça brasileira* a existência de *idêntica* postulação em curso ou já julgada perante Tribunal estrangeiro. Do mesmo modo, não é óbice para a homologação a existência, no Brasil, da pendência de postulação idêntica àquela cuja sentença se pretende executar em território nacional. Tanto assim que o parágrafo único do art. 24 estabelece que "A pendência e causa perante a jurisdição brasileira não impede a homologação de sentença judicial estrangeira quando exigida para produzir efeitos no Brasil".

---

6. Sobre o assunto, há importante acórdão da CE do STJ, na SEC 14.812/EX, rel. Min. Nancy Andrighi, j.un. 16-5-2018, *DJe* 23-5-2018. Não subsiste, destarte, a Súmula 420 do STF, segundo a qual: "Não se homologa sentença estrangeira proferida no estrangeiro sem prova do trânsito em julgado".

7. "Art. 15. Será executada no Brasil a sentença proferida no estrangeiro, que reúna os seguintes requisitos: a) haver sido proferida por juiz competente; b) terem sido as partes citadas ou haver-se legalmente verificado à revelia; c) ter passado em julgado e estar revestida das formalidades necessárias para a execução no lugar em que foi proferida; d) estar traduzida por intérprete autorizado; e) ter sido homologada pelo Supremo Tribunal Federal."

8. "Art. 17. As leis, atos e sentenças de outro país, bem como quaisquer declarações de vontade, não terão eficácia no Brasil, quando ofenderem a soberania nacional, a ordem pública e os bons costumes."

Obstáculo surge quando se homologa a sentença *antes* do julgamento final do processo ou quando decisão proferida no processo que tramita na justiça brasileira transita em julgado *antes* da homologação. Em qualquer uma dessas duas hipóteses o processo que ainda estiver em curso deverá ser extinto. Em todos os casos, entretanto, é mister que a justiça brasileira seja competente, isto é, tenha *jurisdição*, nos termos dos arts. 21 e 23[9].

É correto, destarte, o indeferimento do pedido homologatório se a hipótese acarreta ofensa à soberania nacional por causa da existência de litispendência ou coisa julgada com processo em curso ou que já foi julgado pelo Judiciário brasileiro[10].

De outra parte, não ofende o inciso I do art. 23 e, consequentemente, a ordem pública nacional a homologação de sentença estrangeira que se limita a ratificar acordo das partes sobre imóvel localizado em território nacional[11].

5. PROCEDIMENTO

O CPC de 2015 nada dispõe sobre o procedimento a ser adotado no Superior Tribunal de Justiça para a homologação da sentença estrangeira ou a concessão de *exequatur* a carta rogatória. A lacuna é preenchida pelas disposições pertinentes o Regimento Interno daquele Tribunal, nos termos do § 2º do art. 960, não obstante a crítica que merece ser reiterada acerca dessa iniciativa (comum) no Código de Processo Civil, que atrita com os limites que, desde o art. 96, I, *a*, da Constituição Federal, são estabelecidos pelas matérias aptas a serem disciplinadas pelos próprios Tribunais[12].

---

9. É o que decidiu a CE do STJ nos seguintes casos: SEC 8.542/EX, rel. Min. Luis Felipe Salomão, j.un. 29.11.2017, *DJe* 15-3-2018; SEC 9.021/EX, rel. Min. Felix Fischer, j.un. 4-3-2015, *DJe* 23-3-2015 e SEC 9.714/EX, rel. Min. Maria Thereza de Assis Moura, j.un. 21-5-2014, *DJe* 27-5-2014.

10. Assim, *v.g.*: STJ, CE, SEC 14.994/NL, rel. Min. Felix Fischer, j.un. 19-4-2017, *DJe* 25-4-2017; STJ, CE, SEC 12.116/EX, rel. Min. Felix Fischer, j.un. 7-10-2015, *DJe* 20-10-2015; STJ, CE, SEC 8.451/EX, rel. Min. João Otávio de Noronha, j.un. 15-5-2013, *DJe* 29-5-2013; STJ, CE, SEC 819/EX, rel. Min. Humberto Gomes de Barros, j.un. 30-6-2006, *DJ* 14-8-2006, p. 247; STJ, CE, SEC 841/EX, rel. Min. José Arnaldo da Fonseca, j.un. 15-6-2005, *DJ* 29-8-2005, p. 134; e STJ, CE, SEC 832/EX, rel. Min. Barros Monteiro, j.un. 15-6-2005, *DJ* 1º-8-2005, p. 296.

11. É o que foi decidido, dentre outros, nos seguintes casos, todos decididos pela CE do STJ: SEC 9.877/EX, rel. Min. Benedito Gonçalves, j.un. 16-12-2015, *DJe* 18-12-2015; SEC 8.106/EX, rel. Min. Raul Araújo, j.un. 3-6-2015, *DJe* 4-8-2015; SEC 6.894/EX, rel. Min. Castro Meira, j.un. 20-2-2013, *DJe* 4-3-2013; SEC 7.241/EX, rel. Min. Felix Fischer, j.un. 29-3-2012, *DJe* 17-4-2012; SEC 421/EX, rel. Min. Felix Fischer, j.un. 16-5-2007, *DJ* 3-9-2007, p. 110; SEC 979/EX, rel. Min. Fernando Gonçalves, j.un. 1º-8-2005, *DJ* 29-8-2005, p. 134; e SEC 878/EX, rel. Min. Carlos Alberto Menezes Direito, j.un. 18-5-2005, *DJ* 27-6-2005, p. 203.

12. Trata-se de hipótese de aplicação do quinto grupo do modelo constitucional do direito processual civil, voltado às "normas de concretização do direito processual civil", tal qual expõe o n. 6 do Capítulo 3 da Parte I do v. 1. Importa, pois, dar "interpretação conforme" aos dispositivos do Regimento Interno do Superior Tribunal de Justiça que se ocupam do tema, para destacar o estabelecimento de competências e outros assuntos afins que são os temas que, nos termos do precitado dispositivo constitucional, estão compreendidos na competência regulamentadora dos Tribunais, sendo verdadeiramente inócuas quaisquer disposições que se limitam a repetir ou parafrasear o que já é regrado pelo próprio CPC.

A competência para ambos os casos é do presidente do Superior Tribunal de Justiça a não ser que o pedido seja contestado, quando a competência passa a ser da Corte Especial daquele Tribunal (arts. 216-A, *caput*; 216-K, *caput*; 216-O, *caput*; e 216-T do RISTJ).

A petição inicial observará o disposto no art. 216-C do RISTJ, que remete ao art. 963 e ao precitado art. 216-D do RISTJ, e deverá ser instruída com o original ou cópia autenticada da decisão homologanda e de outros documentos indispensáveis, devidamente traduzidos por tradutor oficial ou juramentado no Brasil e chancelados pela autoridade consular brasileira competente, quando for o caso. O art. 216-E do RISTJ admite a emenda da inicial, que, se não acolhida, conduz à extinção do processo. A indicação específica de quais vícios devem ser sanados é obrigatória, em atenção ao disposto no art. 321.

Se positivo o juízo de admissibilidade, no qual pode ser concedida tutela de urgência, a parte interessada será citada para se manifestar no prazo de quinze dias (úteis), podendo contestar o pedido (art. 216-H, *caput*, do RISTJ). Na hipótese de revelia, será nomeado curador especial (art. 216-I do RISTJ). Se houver contestação, é possível nova manifestação do requerente (réplica) seguida de ulterior manifestação do requerido (tréplica), ambas em cinco dias úteis (art. 216-J do RISTJ). Após, manifestar-se-á, como fiscal da ordem jurídica, o Ministério Público. Terá dez dias (úteis) para tanto, sendo reconhecida sua legitimidade para impugnar o pedido (art. 216-L do RISTJ).

Em seguida, o pedido será julgado perante a Corte Especial (art. 216-K, *caput*, do RISTJ), a não ser que haja jurisprudência a respeito do tema, o que autoriza o julgamento monocrático pelo relator (art. 216-K, parágrafo único, do RISTJ). Das decisões monocráticas, inclusive do relator, cabe agravo (art. 216-M do RISTJ, previsão que se amolda – e nem poderia ser diferente – ao comando do art. 1.021 do CPC de 2015).

A Corte Especial do Superior Tribunal de Justiça já teve oportunidade de entender que não cabem honorários advocatícios quando a parte, a despeito de sua citação, não contesta o pedido de homologação de sentença estrangeira[13]. O entendimento mais correto, contudo, é no sentido de serem fixados os honorários, com observância do art. 85 e da razão de ser de seu arbitramento[14].

O procedimento para a concessão de *exequatur* a carta rogatória é idêntico, com duas exceções. A primeira é que não há previsão regimental para a réplica nem para a tréplica, o que não significa que elas não possam se justificar por força do princípio do contraditório, sempre a depender do que é alegado pelas partes e do que por elas é apresentado em suas manifestações. A segunda é a expressa previsão quanto à possibilidade de concretização da

---

13. Assim, *v.g.*: STJ, CE, SEC 13.571/EX, rel. Min. Herman Benjamin, j.un. 5-4-2017, *DJe* 3-5-2017.

14. Para o assunto, nessa perspectiva: STJ, CE, SEC 14.385/EX, rel. Min. Nancy Andrighi, j.un. 15-8-2018, *DJe* 21-8-2018 e, embora anterior ao CPC de 2015: STJ, CE, SEC 12.846/EX, rel. Min. Jorge Mussi, j.un. 16-11-2016, *DJe* 25-11-2016.

medida antes da oitiva da parte contrária quando a providência puder comprometer a sua efetividade (art. 216-Q, § 1º, do RISTJ).

Do *acórdão* proferido pelo Superior Tribunal de Justiça no âmbito dos procedimentos aqui estudados cabem, consoante estejam presentes seus respectivos pressupostos, embargos de declaração perante o próprio Superior Tribunal de Justiça e recurso extraordinário para o Supremo Tribunal Federal[15].

6. CUMPRIMENTO

Uma vez homologada a sentença estrangeira ou concedido *exequatur* à carta rogatória, é competente para o cumprimento da decisão estrangeira, título executivo judicial, de acordo com os incisos VIII e IX do art. 515, a Justiça Federal (art. 109, X, da CF).

O art. 965, além de refletir adequadamente a precitada regra constitucional, impõe, em seu parágrafo único, requisito a ser observado na formulação do pedido respectivo: a apresentação de cópia autenticada da decisão homologatória ou do *exequatur*, conforme o caso. É irrecusável que a autenticação pode ser feita pelo próprio advogado ou procurador da parte, nos moldes do inciso IV do art. 425.

Tratando-se de cumprimento de sentença estrangeira[16], o executado será *citado* para pagar, fazer, não fazer ou entregar a coisa em quinze dias (úteis) ou, se for o caso – e previamente –, para a liquidação, exigência feita, pertinentemente, pelo § 1º do art. 515. A *citação* se justifica em casos que tais, porque se trata de *novo* processo e *novo* exercício do direito de ação, que não se confundem com o que se justificou perante o Superior Tribunal de Justiça, cuja atuação é voltada única e exclusivamente para a homologação da sentença estrangeira ou a concessão do *exequatur*, sem o que os efeitos do quanto decidido por tribunais estrangeiros não podem ser experimentados no território brasileiro.

As normas jurídicas a serem observadas no *cumprimento* da decisão estrangeira são as nacionais, no que também é claro o *caput* do precitado art. 965. Elas são as dos arts. 509 a 512 para a liquidação e dos arts. 513 ao art. 538 para o cumprimento de sentença, observadas, em complementação, as regras pertinentes constantes do Livro II da Parte Especial do Código de Processo Civil (art. 513, *caput*, e art. 771, *caput*).

---

15. Sobre os limites de revisão a serem observados nesta última hipótese, dada a peculiaridade da atuação do Judiciário brasileiro, v. a erudita decisão monocrática proferida pelo Min. Celso de Mello no AI 650.743/df, j. 27-5-2009, *DJe* 4-6-2009.

16. O art. 216-N do RISTJ emprega, a propósito, a vetusta expressão "carta de sentença", que deve ser compreendida como o conjunto de decisões e de documentos (inclusive eletrônicos) que viabilizam o cumprimento da decisão perante o juízo competente. Referencial seguro para tanto, quando não se tratar de processo eletrônico, está no parágrafo único do art. 522 do CPC de 2015.

Quando se tratar de efetivação da carta homologatória, além das mesmas prescrições legais, merece consideração o disposto nos arts. 216-V a 216-X do RISTJ.

De acordo com o primeiro daqueles dispositivos, "Após a concessão do *exequatur*, a carta rogatória será remetida ao Juízo Federal competente para cumprimento". O § 1º do art. 216-V do RISTJ estabelece que "Das decisões proferidas pelo Juiz Federal competente no cumprimento da carta rogatória caberão embargos, que poderão ser opostos pela parte interessada ou pelo Ministério Público Federal no prazo de dez dias, julgando-os o Presidente deste Tribunal", sendo certo, de acordo com o § 2º do mesmo dispositivo, que "Os embargos de que trata o parágrafo anterior poderão versar sobre qualquer ato referente ao cumprimento da carta rogatória, exceto sobre a própria concessão da medida ou o seu mérito".

Segundo o *caput* do art. 216-W do RISTJ, "Da decisão que julgar os embargos cabe agravo", sem prejuízo, como se lê de seu parágrafo único, de "O Presidente ou o relator do agravo, quando possível, poderá ordenar diretamente o atendimento à medida solicitada".

O art. 216-X do RISTJ, por sua vez, tem a seguinte redação: "Cumprida a carta rogatória ou verificada a impossibilidade de seu cumprimento, será devolvida ao Presidente deste Tribunal no prazo de dez dias, e ele a remeterá, em igual prazo, por meio do Ministério da Justiça ou do Ministério das Relações Exteriores, à autoridade estrangeira de origem".

É difícil reconhecer a constitucionalidade formal das regras dos arts. 216-V e 216-W, que acabaram por criar livremente regras de procedimento, meios de defesa e/ou impugnação, competências recursais e recursos a serem exercitados ao longo do processo de cumprimento do *exequatur*[17].

O mais correto é entender que aquele cumprimento se dá, tanto quanto ocorre com o da sentença estrangeira já homologada, pelas regras dos arts. 513 a 538 – e se houver necessidade de prévia liquidação, também levando em conta o disposto nos arts. 509 a 512 –, cabendo ao réu, devidamente *citado* perante o juízo federal competente (art. 109, X, da CF), opor-se à pretensão do autor por *impugnação*, a ser apresentada no prazo de quinze dias úteis (art. 525, *caput*). Da decisão da impugnação cabe apelação ou, consoante o caso, agravo de instrumento ao Tribunal Regional Federal competente, sendo o acesso ao Superior Tribunal de Justiça restrito aos casos de interposição (e conhecimento) do recurso especial.

Qualquer alteração desse modelo procedimental pressupõe a existência de lei, não havendo espaço constitucional para ela ser alterada por ato infralegal, como são os regimentos internos dos Tribunais, inclusive o do Superior Tribunal de Justiça, não havendo como chegar a conclusão diversa sem atritar com o modelo constitucional do direito processual civil, a partir do precitado § 2º do art. 960.

17. O disposto no art. 216-X do RISTJ é mero ato de comunicação e, por isso, está a salvo da crítica lançada no desenvolvimento do texto.

Quando se tratar de decisão estrangeira veiculadora do que este *Curso* chama de tutela jurisdicional *não executiva*, o cumprimento no sentido acima destacado é desnecessário. Nesse caso, se muito, é suficiente que seja expedido algum ofício ou determinação para que se proceda a algum registro ou prática de ato similar.

Capítulo 7

Ação rescisória

1. CONSIDERAÇÕES INICIAIS

A ação rescisória deve ser compreendida como a viabilidade de os legitimados indicados no art. 967 pleitearem, perante o Tribunal competente, o desfazimento (a rescisão) da chamada coisa julgada material (coisa julgada com eficácia *externa*, como propõe este *Curso*) diante da presença de, ao menos, uma das hipóteses dos incisos do art. 966.

Inovando, o CPC de 2015 amplia o objeto da ação rescisória, passando a admitir expressamente seu cabimento contra decisão transitada em julgado mesmo que não se trate de decisão de mérito, sempre pelos fundamentos dos incisos do *caput* (art. 966, § 2º).

As razões pelas quais uma decisão transitada em julgado pode ser rescindida é variada, e, por isso, não há maior interesse, ao menos na perspectiva deste *Curso*, para propor alguma classificação com relação a cada uma das situações autorizadoras da iniciativa no referido dispositivo codificado. O que importa ter presente é que a ação rescisória não se volta, única e exclusivamente, a desfazer a coisa julgada que recai sobre decisões que ostentem algum vício de ordem processual ou que tenham sido proferidas em processos viciados. Isso é verdade para situações como a dos incisos II e IV do art. 966, mas não é uma constante. Há situações em que a rescisória está autorizada por elementos estranhos ao processo em que foi proferida a decisão transitada em julgado e à própria decisão. É o que se dá, apenas a título de exemplo, com a hipótese mais comum, que é a do inciso V do art. 966.

2. NATUREZA JURÍDICA

Não há dúvida quanto a consistir a ação rescisória uma nova *ação*, que não se confunde com aquela que foi exercida ao longo do processo em que se formou a decisão transitada em julgado que se pretende rescindir. Para o direito brasileiro, a iniciativa não ostenta natureza recursal.

Trata-se, para fazer uso da expressão consagrada, de "*ação desconstitutiva*" (constitutiva negativa) porque seu objeto precípuo é o *desfazimento* de anterior coisa julgada. Se for o caso, a rescisória terá também, sempre com o emprego das expressões tradicionais, natureza *de-*

claratória, *constitutiva*, *condenatória*, *executiva* ou *mandamental*, consoante o pedido a ser apreciado após o desfazimento da coisa julgada. Para fazer uso da proposta classificatória deste *Curso*, a ação rescisória veicula sempre tutela jurisdicional *não executiva* (no que diz respeito ao desfazimento da coisa julgada) e, conforme o pretendido pelo autor, pode veicular, em seguida, tutela jurisdicional não executiva ou executiva.

Como toda "ação", seu exercício deve observar o mínimo indispensável para tanto, dando ensejo à formação de um novo *processo*, que terá de preencher os pressupostos processuais,

Entender que a rescisória é uma *ação* não atrita com as considerações que este *Curso* sustenta a respeito daquele instituto fundamental do direito processual civil. Na hipótese, há necessidade de uma *renovada* provocação do Estado-juiz, com o *renovado* rompimento de sua inércia inaugural com a formulação de um *novo* e *distinto* pedido de tutela jurisdicional consistente, em primeiro lugar, no desfazimento de anterior coisa julgada diante de ao menos um dos permissivos do art. 966. Trata-se, assim, de uma *nova* ação, que em hipótese nenhuma se confunde com aquela já suficientemente exercida e exercitada e que deu ensejo à decisão que acabou por transitar em julgado.

De resto, a expressão "ação rescisória", consagrada pela lei, pela doutrina, pela jurisprudência, pelos usos e costumes forenses e pela própria tradição, pode e deve ser entendida com as mesmas ressalvas e considerações já feitas ao ensejo do estudo da "ação". Está-se diante de mais uma expressão idiomática, que deve ser entendida no sentido de que o autor exercerá o seu direito fundamental de provocar o Estado-juiz para obter tutela jurisdicional consistente, primeiro, na remoção de coisa julgada já formada, nos casos admitidos pelo sistema processual civil, e, se for o caso, na obtenção de um novo julgamento sobre o conflito de interesses de direito material que passa a poder ser reexaminado justamente porque não mais imunizado pelo trânsito em julgado.

Para o desenvolvimento deste Capítulo, destarte, "ajuizar uma ação rescisória" significa formular, perante o órgão jurisdicional competente, pedido de tutela jurisdicional consistente no desfazimento da coisa julgada formada ao arrepio de uma das hipóteses do art. 966 e, se for o caso, de rejulgamento do pedido originalmente feito.

É nesse sentido e com essas ressalvas, recorrentes ao longo do *Curso*, que a expressão é empregada no Capítulo e, de forma mais ampla, em todo o volume.

3. REQUISITO GENÉRICO

Ao tempo do CPC de 1973, era correto associar a ação rescisória a decisões de mérito porque somente elas eram aptas a transitar em julgado e justificar o emprego daquela técnica para seu desfazimento quando presente ao menos uma das hipóteses do então art. 485[1].

1. Tanto assim que se lia no n. 3 do Capítulo 1 da Parte II do v. 5 das edições anteriores ao CPC de 2015 deste *Curso*: "Importante destacar que, para o sistema processual brasileiro, a noção de 'decisão de mérito' é correlata

O § 2º do art. 966 do CPC de 2015 superou essa relação, uma vez que passou a admitir que a ação rescisória se dirija também a decisões que não são de mérito, embora sejam aptas para transitar em julgado. O que é bastante, para empregar as palavras daquele dispositivo, é que a decisão "... impeça: I – nova propósitura da demanda; ou II – admissibilidade do recurso correspondente".

Importa fazer a seguinte consideração acerca daquela previsão codificada, remontando ao (in)devido processo legislativo que resultou no CPC de 2015.

O § 2º do art. 966, tal qual aprovado no Senado Federal na última etapa do processo legislativo, aceitava a rescisória "da decisão transitada em julgado que, embora não seja de mérito, não permita a repropositura da demanda ou impeça o reexame do mérito". A redação daquele dispositivo, contudo, foi alterada na revisão final a que o texto do CPC de 2015 foi submetido antes de ser enviado à sanção presidencial.

Ocorre que, ao revisar o texto para nele fazer constar que "será rescindível a decisão transitada em julgado que, embora não seja de mérito, impeça: I – nova propositura da demanda; ou II – admissibilidade do recurso correspondente", acabou por criar regra nova, que não encontra correspondência no Projeto da Câmara (art. 978, § 2º)[2] e, tampouco, no texto aprovado pelo Senado Federal na sessão deliberativa de 17 de dezembro de 2014 (art. 963, § 2º)[3]. Com efeito, o texto anterior não fazia nenhuma menção ao que acabou por prevalecer no inciso II do § 2º do art. 966, apenas ao impedimento da repropositura da demanda ou o reexame de mérito. Nenhuma referência a admissibilidade de recurso. É o caso, portanto, de restringir a hipótese de rescindibilidade ao inciso I do § 2º do art. 966, desconsiderando, por inconstitucionalidade formal (por violação aos limites do art. 65 da CF), a do inciso II.

A submissão daquelas duas hipóteses diversas ao regime da ação rescisória dependia de devido processo legislativo prévio, o que não ocorreu. Destarte, a única equiparação legítima é a feita pelo inciso I do § 2º do art. 966, que quer viabilizar o contraste, pela ação rescisória, da decisão que, não sendo mais recorrível no *mesmo* processo, impede a repropositura da *mesma* demanda. Trata-se, pois, de regra diversa daquela constante do § 1º do art. 486, que permite a repropositura da demanda após a "correção do vício". O inciso I do § 2º do art. 966 quer, nesse sentido, viabilizar o controle, por ação rescisória, de decisão que extingue o processo sem resolução de mérito por falta de interesse de agir ou por ilegitimidade de

---

à de 'trânsito em julgado'. Somente as decisões que apreciam o mérito é que serão acobertadas pela 'coisa julgada *material*' (v. n. 2 do Capítulo 2 da Parte V do v. 2, t. I). Não cabe ação rescisória, por falta de *interesse de agir*, se não coexistirem estes dois requisitos".

2. Cuja redação era a seguinte: "Nas hipóteses previstas no *caput*, será rescindível a decisão transitada em julgado que, embora não seja de mérito, não permita a repropositura da demanda ou impeça o reexame do mérito".

3. Que tinha a seguinte redação, derivada do PL n. 8.046/2010, já que não havia regra similar àquela no Anteprojeto e nem no PLS n. 166/2010: "da decisão transitada em julgado que, embora não seja de mérito, não permita a repropositura da demanda ou impeça o reexame do mérito".

uma das partes (art. 485, VI), por exemplo, *sem* que haja qualquer alteração dos elementos da demanda.

Não obstante as considerações dos últimos parágrafos, é correto concluir que, como requisito genérico da rescisória, é bastante que a decisão tenha transitado em julgado, ainda que ela não seja de mérito. A nova sistemática justifica, ainda que de perspectiva diversa, o acerto da proposta deste *Curso* em superar a clássica dicotomia entre coisa julgada *formal* e *material*, passando a adotar, em seu lugar, a de coisa julgada com eficácia *interna* e coisa julgada com eficácia *externa*, que se amolda melhor ao papel ocupado pela ação rescisória na nova codificação.

Embora as referências do CPC de 2015 sejam mais claras que as do CPC de 1973[4], a começar, como já destacado pelo texto do *caput* do art. 966, importa evidenciar que a rescisória não é destinada, única e exclusivamente, a remover a coisa julgada de *sentenças*. Quaisquer outras decisões, sejam elas interlocutórias, acórdãos e decisões monocráticas e unipessoais no âmbito dos Tribunais, pode ensejar ação rescisória, desde que tenha transitado em julgado.

Destarte, é correto fazer referência e um único requisito genérico para a ação rescisória: o trânsito em julgado da decisão. Seja trânsito em julgado *material*, para quem pretender dialogar com a tradição, seja trânsito em julgado com eficácia *externa*, como propõe este *Curso* pelas razões expostas no n. 3.3 do Capítulo 5 da Parte I.

3.1 Esgotamento da esfera recursal

Não é óbice para o cabimento da ação rescisória que seu autor, por qualquer motivo, não tenha esgotado todos os recursos eventualmente cabíveis da decisão que pretende rescindir[5].

Assim, mesmo que o autor da rescisória tenha, por exemplo, perdido o prazo de interposição de apelação de sentença que lhe foi desfavorável, pode ingressar com a rescisória

4. É ressalva que já fazia o n. 3.1 do Capítulo 1 da Parte II do v. 5 das edições anteriores ao CPC de 2015 deste *Curso* nos seguintes termos: "'*Decisão* de mérito', contudo, não deve ser entendida como '*sentença* de mérito'. Na exata medida em que uma decisão interlocutória tenha apreciado o *mérito* – como ocorre, por exemplo, no caso de julgamento compartimentado de pedidos cumulados (art. 273, § 6º; v. n. 8.2 do Capítulo 1 da Parte III do v. 1), na rejeição de prescrição ou decadência por ocasião do saneamento do processo (v. n. 4 do Capítulo 2 da Parte III do v. 2, t. I) ou, até mesmo, no julgamento dos incidentes processuais que ensejam o proferimento de decisões meritórias com base em cognição exauriente, como se dá, por exemplo, na chamada 'liquidação de sentença' (v. n. 6.3 do Capítulo 5 da Parte I do v. 3) – é irrecusável o cabimento da rescisória, desde que presentes as demais exigências legais. Nesse sentido: STJ, 3ª Seção, AR 2.099/SE, rel. Min. Arnaldo Esteves Lima, j.un. 22-8-2007, *DJ* 24-9-2007, p. 243; STJ, 3ª Turma, REsp 711.794/SP, rel. Min. Nancy Andrighi, j.un. 5-10-2006, *DJ* 23-10-2006, p. 305; STJ, 3ª Turma, REsp 628.464/GO, rel. Min. Nancy Andrighi, j.un. 5-10-2006, *DJ* 27-11-2006, p. 275; e STJ, 4ª Turma, REsp 100.902/BA, rel. Min. Cesar Asfor Rocha, j.un. 10-6-1997, *DJ* 29-9-1997, p. 48212".

5. A referência é antiga (e ainda adequada ao sistema do CPC de 2015), como faz prova a Súmula 514 do STF, cujo enunciado é o seguinte: "Admite-se ação rescisória contra sentença transitada em julgado, ainda que contra ela não se tenham esgotados todos os recursos".

perante o Tribunal competente. Mister que observe o prazo para tanto (art. 975) e que aponte pelo menos um dos fundamentos do art. 966. O que é essencial, para fins de *cabimento* da rescisória, nessa perspectiva, é o *fato objetivo* do trânsito em julgado da decisão que se pretende rescindir e não a razão pela qual ele se formou.

Na hipótese ventilada pelo parágrafo anterior, contudo, o objetivo da "ação rescisória" é a desconstituição da coisa julgada que recai sobre a sentença, devendo ser distinguida de outra finalidade sua, criada pelo CPC de 2015 (art. 966, § 2º, II), que é a de desfazer a decisão que não admitiu o próprio recurso. Embora ambas as iniciativas tenham como referência a ocorrência de ao menos uma das hipóteses dos incisos do *caput* do art. 966, seus desideratos são bastante diversos.

4. LEGITIMIDADE

Por se tratar de "ação", põe-se o problema de saber quem está legitimado ativa e passivamente ao seu exercício.

O art. 967 cuida, especificamente, da legitimidade para agir, isto é, daqueles que podem ajuizar a "ação rescisória" na qualidade de autores.

De acordo com o inciso I do dispositivo, as *partes* no processo, assim como seus sucessores a título universal ou singular, detêm legitimidade *ativa*. Nem poderia ser diferente, na exata medida em que as partes (e seus sucessores) ficam adstritas à coisa julgada nos precisos termos do art. 506.

Demandada em rescisória por uma das partes, a outra, que também participou do processo que rendeu ensejo à decisão que se pretende rescindir, será citada na qualidade de *ré* (art. 970). Sendo o caso, aplicar-se-ão à rescisória as regras relativas ao *litisconsórcio*[6].

O inciso II do art. 967 admite que o "terceiro juridicamente interessado" seja autor da rescisória. A previsão merece ser compreendida mais na perspectiva da *eficácia* da decisão que se pretende rescindir do que, propriamente, de a coisa julgada afetar terceiros, ainda que este *Curso* entenda que o tema mereça ser revisto (para ser ampliado) diante do disposto no art. 506, que passou a admitir que a coisa julgada possa *beneficiar* terceiros.

Destarte, na exata medida em que o sistema processual civil admite, durante a pendência do processo, o ingresso de terceiros pelos mais variados motivos, admite, quando transitadas

6. Sobre o assunto: STJ, 3ª Turma, REsp 1.651.057/CE, rel. Min. Moura Ribeiro, j. un. 16-5-2017, *DJe* 26-5-2017; STJ, 4ª Turma, AgInt no REsp 1.131.113/SC, rel. Min. Raul Araújo, j. un. 14-6-2016, *DJe* 1º-7-2016; STJ, 3ª Turma, AgRg no REsp 617.072/SP, rel. Min. Humberto Gomes de Barros, j.un. 9-8-2007, *DJ* 27-8-2007, p. 221; STJ, 2ª Turma, REsp 785.666/DF, rel. Min. Eliana Calmon, j.un. 17-4-2007, *DJ* 30-4-2007, p. 303; STJ, 4ª Turma, REsp 689.321/DF, rel. Min. Jorge Scartezzini, j.un. 25-10-2005, *DJ* 21-11-2005, p. 252; STJ, 1ª Seção, AR 2.009/PB, rel. Min. Teori Albino Zavascki, j.un. 14-4-2004, *DJ* 3-5-2004, p. 86; e STJ, 2ª Turma, REsp 115.075/DF, rel. Min. Castro Meira, j.un. 5-4-2005, *DJ* 23-5-2005, p. 185.

em julgado, que eventuais terceiros possam pleitear a rescisão das decisões respectivas e, com isso, buscar melhoria em sua própria situação jurídica.

Analogicamente ao que se verifica no caso de recurso de *terceiro prejudicado* (art. 996, parágrafo único), deve ser prestigiado o entendimento de que o terceiro que venha a ajuizar a "ação rescisória" demonstre, com a petição inicial, o "nexo de interdependência entre o seu interesse de intervir e a relação jurídica submetida à apreciação judicial", é dizer: que ele, terceiro, demonstre no que a decisão que pretende rescindir afeta posição jurídica sua, direta ou indiretamente.

Sendo autor da rescisória um *terceiro* em relação ao processo originário, o autor e o réu daquele processo deverão ser citados na qualidade de litisconsortes passivos *necessários*.

Não há qualquer óbice, outrossim, para que eventuais terceiros pretendam intervir, na qualidade de assistentes (simples ou litisconsorciais), ao longo do processo em que é pedida a rescisão de decisão transitada em julgado, aplicando-se à espécie as regras dos arts. 119 a 123[7].

Também ostenta legitimidade ativa para a ação rescisória o Ministério Público. Seja quando atuou no processo em que proferida a decisão trânsita em julgado e que pretende rescindir na qualidade de *parte* (art. 967, I), seja quando deixou de intervir naquele processo, porque obrigatório, na qualidade de fiscal da ordem jurídica (art. 967, III, *a*), ou, ainda, nos casos em que o fundamento da rescisória for o de simulação ou de colusão das partes para o fim de fraudar a lei (arts. 967, III, *b*), ou, ainda, em outros casos em que "se imponha a sua atuação" (art. 967, III, *c*).

Quanto à legitimidade do Ministério Público para a hipótese do inciso III do art. 966, cabe reconhecê-la independentemente de eventual intervenção daquele órgão no processo em que foi proferida a decisão questionada. Sendo o Ministério Público o autor da rescisória em tais casos, o autor e o réu que contribuíram para a fraude devem ser citados como litisconsortes passivos *necessários* da rescisória (art. 114).

A legitimidade do Ministério Público para a hipótese não exclui a legitimidade de outras pessoas para o mesmo fim, situação que pode ocorrer quando houver, no processo originário, pluralidade de autores e/ou de réus e o ato tiver sido praticado por alguns deles, ou, ainda, quando houver algum *terceiro* prejudicado com o proferimento da decisão.

Sem prejuízo da legitimidade ativa, o Ministério Público atuará na rescisória, se for o caso, na qualidade de fiscal da ordem jurídica, observando-se o disposto no art. 178 (art. 967, parágrafo único).

O inciso IV do art. 967, por fim, ainda reconhece a legitimidade para a ação rescisória daquele que "... não foi ouvido no processo em que lhe era obrigatória a intervenção". Trata-se de inovação textual do CPC de 2015, sem correspondência no CPC de 1973.

---

7. Nesse sentido, aceitando a intervenção de pessoa jurídica de direito público em rescisória para os fins do art. 5º, parágrafo único, da Lei n. 9.469/97, o que este *Curso* entende como um caso de *amicus curiae*, v.: STJ, 4ª Turma, REsp 620.438/RJ, rel. Min. Cesar Asfor Rocha, j.un. 15-12-2005, *DJ* 27-3-2006, p. 280.

Exemplo do próprio Código de Processo Civil que se amolda com perfeição àquele dispositivo é o do litisconsorte necessário preterido no processo anterior (art. 115).

Na legislação processual extravagante, há quatro casos que merecem ser trazidos à baila a propósito do inciso IV do art. 967. A referência é feita ao *caput* do art. 31 da Lei n. 6.385/76 com relação à CVM, aos arts. 57, 118 e 175 da Lei n. 9.279/96, ao art. 5º da Lei n. 9.469/97 com relação à União Federal com relação ao INPI e ao art. 118 da Lei n. 12.529/2011 com relação ao CADE[8].

5. PETIÇÃO INICIAL

O processo em que se desenvolve a ação rescisória deve observar todos os pressupostos processuais. De relevo para o Capítulo presente, à luz do que se lê do art. 968, cabe analisar mais de perto os aspectos característicos de sua petição inicial, tomando como referência o art. 319.

A primeira exigência de qualquer petição inicial é a indicação do tribunal ao qual ela é dirigida (art. 319, I). A regra é a de que cada tribunal tem competência para rescindir seus próprios julgados, como expressamente preveem os arts. 102, I, *j*; 105, I, *e*, e 108, I, *b*, todos da Constituição Federal, para o Supremo Tribunal Federal, Superior Tribunal de Justiça e Tribunais Regionais Federais, respectivamente. A identificação do órgão competente para a rescisória é determinada pelo regimento interno de cada tribunal. As sentenças de primeira instância transitadas em julgado são passíveis de rescisão perante o tribunal competente recursal. Assim, é competência do Tribunal Regional Federal a rescisória ajuizada contra as sentenças dos juízes federais de sua região, tanto quanto é competência do Tribunal de Justiça de cada Estado e do Distrito Federal a rescisória contra as sentenças proferidas pelos juízes de direito de sua jurisdição. Os Tribunais de Justiça são, por sua vez, competentes para julgar as rescisórias de seus próprios acórdãos.

Quando o recurso extraordinário ou o recurso especial não for *conhecido* pelo Supremo Tribunal Federal e pelo Superior Tribunal de Justiça, respectivamente, a competência para a "ação rescisória" permanece no Tribunal *a quo*, prolator do acórdão do qual se pretendeu, sem sucesso, recorrer extraordinária ou especialmente. Justifica-se o entendimento porque na hipótese não se operou o "efeito *substitutivo*" previsto no art. 1.008. Quando, a despeito do não conhecimento daqueles recursos, a "questão *constitucional*" ou a "questão *federal*" tiver

8. O autor deste *Curso* se ocupou daquelas hipóteses em seu Amicus curiae *no processo civil brasileiro: um terceiro enigmático*, esp. p. 533-538, concluindo, embora com fundamentos que distinguiam as hipóteses da CVM e do CADE das do INPI e da União Federal (todas de "intervenção *vinculada*"), no mesmo sentido do que, com o CPC de 2015, foi convertido em lei. Trazendo à tona duas daquelas quatros hipóteses com expressa menção ao dispositivo codificado é o Enunciado n. 339 do FPPC: "O CADE e a CVM, caso não tenham sido intimados, quando obrigatório, para participar do processo (art. 118, Lei n. 12.529/2011; art. 31, Lei n. 6.385/1976), têm legitimidade para propor ação rescisória contra a decisão ali proferida, nos termos do inciso IV do art. 967".

sido *apreciada* pelos Tribunais Superiores – prática bastante comum, como dá notícia o n. 3.1 do Capítulo 7 da Parte III –, é deles a competência para a "ação rescisória"[9].

Por identidade de motivos, é competente o Supremo Tribunal Federal ou o Superior Tribunal de Justiça quando o indeferimento do agravo interposto com a finalidade de dar trânsito ao recurso extraordinário ou ao recurso especial (art. 1.042) dá-se por razões de mérito, enfrentando, destarte, a "questão *constitucional*" ou a "questão *federal*", respectivamente[10].

Em última análise, a fixação da competência para a "ação rescisória" pressupõe o proferimento de decisão *substitutiva* em sede recursal, vale dizer, de *conhecimento* do recurso então interposto[11], sendo indiferente, para tanto, que o recurso tenha sido provido ou improvido.

Como nem sempre é fácil discernir as situações, o § 5º do art. 968 traz importante (e nova) disposição a esse respeito, objeto de análise no n. 5.3, *infra*.

Os nomes, prenomes, estado civil, profissão, domicílio e residência do autor e réu (art. 319, II) correspondem à identificação e qualificação dos legitimados ativos e passivos da ação rescisória.

A causa de pedir referida pelo art. 319, III, corresponde à demonstração da ocorrência de um ou mais de um dos fundamentos do art. 966. É correto o entendimento quanto à plena aplicação, para a rescisória, dos princípios *jura novit curia* e *da mihi factum, dabo tibi jus*, é dizer: desde que a hipótese ou hipóteses de rescindibilidade se amoldem ao art. 966, é indiferente que o autor deixe de invocar o dispositivo que fundamenta sua iniciativa ou que o faça erradamente. Dada a sua importância para o tema, as hipóteses de rescindibilidade são estudadas destacadamente, no n. 6, *infra*.

O pedido (art. 319, IV) será invariavelmente o de desconstituição da coisa julgada que recai sobre a decisão rescindenda e, consequentemente, a decisão por ela protegida. Em algumas situações, é possível *cumular* a esse pedido outro – típica hipótese de cumulação *sucessiva* de pedidos –, de proferimento de *novo* julgamento, observando-se a natureza e os limites do pedido originariamente formulado no processo em que foi proferida a decisão que se pretende rescindir. Tanto o pedido relativo ao *judicium rescindens* como o relativo ao *judicium rescissorium*, quando for o caso, devem ser *expressamente* formulados ao autor, o que não autoriza o entendimento de que sua formulação deva observar desnecessários rigorismos formais[12].

---

9. É o que se lê da Súmula 249 do STF: "É competente o Supremo Tribunal Federal para a ação rescisória quando, embora não tendo conhecido do recurso extraordinário, ou havendo negado provimento ao agravo, tiver apreciado a questão federal controvertida". Similarmente, a Súmula 515 do mesmo Tribunal enuncia: "A competência para a ação rescisória não é do Supremo Tribunal Federal, quando a questão federal, apreciada no recurso extraordinário ou no agravo de instrumento, seja diversa da que foi suscitada no pedido rescisório".
10. Nesse sentido: STJ, 1ª Seção, AR 5078/AL, rel. Min. Mauro Campbell Marques, j.un. 13-12-2017, *DJe* 19-12-2017; STJ, 3ª Seção, AR 3.182/MG, rel. Min. Paulo Medina, j.un. 14-3-2007, *DJ* 30-4-2007, p. 279, e STJ, 1ª Turma, REsp 712.285/PR, rel. Min. Luiz Fux, j.un. 4-8-2005, *DJ* 29-8-2005, p. 194.
11. Assim, *v.g.*: STJ, 1ª Turma, REsp 778.537/RS, rel. Min. Luiz Fux, j.un. 13-12-2005, *DJ* 13-2-2006, p. 710.
12. Nesse sentido: STJ, 2ª Turma, REsp 783.516/PB, rel. Min. Eliana Calmon, j.un. 19-6-2007, *DJ* 29-6-2007, p. 541.

O valor da causa (art. 319, V) deve corresponder ao da causa em que proferida a decisão que se pretende rescindir ou, quando o pedido da rescisória não envolver a totalidade da pretensão originária, o equivalente monetário ao que o autor pretende obter com sua nova investida jurisdicional, ou seja, aquele valor deve corresponder ao proveito econômico ambicionado pelo autor da rescisória[13]. Para tanto, o valor do processo originário deve ser atualizado monetariamente para representar o real (e atual) conteúdo econômico pretendido pelo autor da rescisória.

Eventuais provas a serem produzidas ao longo da instrução (art. 319, VI, c/c o art. 973) também deverão ser indicadas com a petição inicial, sendo correto entender que os documentos referidos na petição inicial, a começar pela decisão transitada em julgado (e comprovação de seu trânsito em julgado e data respectiva), os elementos indispensáveis à sua compreensão (e ao contexto narrativo e jurídico que justifica a rescisória[14]) sejam, desde logo, produzidos com a petição inicial e, sem prejuízo da crítica do n. 5.2, *infra*, a guia comprobatória do recolhimento da multa do inciso II do art. 988. É aplicação à ação rescisória do entendimento proposto por este *Curso* ao art. 320 e ao art. 434.

A opção do autor pela realização ou não de audiência de conciliação ou de mediação (art. 319, VII) não faz sentido na rescisória porque a higidez do julgado e as razões de rescisão do quanto transitado em julgado são indisponíveis, a justificar, desde logo, o afastamento daquela exigência (art. 334, § 4º, II) sem qualquer consideração a seu respeito a cargo do autor.

5.1 Cumulação de pedidos

É possível a cumulação *sucessiva* de dois pedidos de prestação de tutela jurisdicional em sede de rescisória: o de desconstituição (anulação) da decisão trânsita em julgado e, desde que acolhido, o de proferimento de *nova* decisão. Este, o *judicium rescissorium* ("juízo rescisório"); aquele, o *judicium rescindens* ("juízo rescindendo").

Nem todos os fundamentos hábeis para fundamentar a rescisória permitem a cumulação dos pedidos, como se dá, por exemplo, com a hipótese do inciso IV do art. 966. Para esse dispositivo, o objetivo a ser alcançado pela rescisória é alcançado com a desconstituição da coisa julgada que se formou ao arrepio do sistema processual civil.

Também não há como conceber, de imediato, o *judicium rescissorium* quando o fundamento da rescisória é a incompetência absoluta (art. 966, II) e o Tribunal não tiver competência para prosseguir no julgamento. Nesse caso, o processo deverá ser enviado ao juízo competente para que a nova decisão, isenta daquele vício, seja proferida. Eventual rejulga-

13. Expresso quanto ao ponto: STJ, 3ª Turma, REsp 1.811.781/MS, rel. Min. Nancy Andrighi, j.un. 18-2-2020, *DJe* 20-2-2020.

14. Apenas para ilustrar, é o caso de apresentar, desde logo com a petição inicial, o "documento novo" que justifica a rescisória para os fins do inciso VII do art. 966.

mento imediato poderia, até mesmo, consistir em supressão de instância e, consequentemente, agredir o "princípio do juiz natural".

Noutras hipóteses, entretanto, a cumulação de pedidos é plenamente justificável, como se dá, por exemplo, quando a rescisória se fundamenta na manifesta violação a norma jurídica (art. 966, V). Em tal hipótese, além do desfazimento da coisa julgada anterior, o autor da rescisória tem direito a um novo julgamento.

Mas não só. A cumulação de pedidos mostra-se viável sempre que o autor tomar como fundamento de sua pretensão rescisória alguma hipótese que diga respeito ao proferimento de uma decisão *diferente* daquela que pretende ver rescindida no que diz respeito ao enfrentamento do próprio conflito de interesses, é dizer, do "mérito" do primeiro processo. É o que se dá para as hipóteses dos incisos VI, VII e IX do art. 966.

A formulação de pedido quanto ao *judicium rescindens*, isto é, de pedido de rescisão da decisão trânsita em julgado, é sempre e em qualquer caso de rigor porque caracteriza, em última análise, a "ação rescisória" como tal. Se for o caso (é essa a expressão empregada pelo inciso I do art. 968), cumular-se-á a ele outro pedido, voltado ao *novo* julgamento da causa. É correto, a respeito, o entendimento de que, se o pedido de *novo* julgamento não for formulado, é defeso seu enfrentamento de ofício, sob pena de violação dos arts. 2º, 141 e 492, e, mais amplamente, do "princípio da inércia da jurisdição".

5.2 Recolhimento de multa prévia

O inciso II do art. 968 impõe o prévio recolhimento de cinco por cento sobre o valor da causa quando da propositura da ação rescisória.

Aquele valor, de acordo com o mesmo dispositivo, "... se converterá em multa caso a ação seja, por unanimidade de votos, declarada inadmissível ou improcedente".

Esse depósito está limitado a mil salários mínimos (art. 968, § 2º), sendo certo que o § 1º do mesmo dispositivo dispensa a União, os Estados, o Distrito Federal, os Municípios, suas respectivas autarquias e fundações de direito público[15], o Ministério Público, a De-

15. Fora do ambiente do direito administrativo, sempre se questionou se autarquias e fundações de direito público se beneficiariam das prerrogativas (privilégios) típicos do Poder Público em juízo. Não obstante as fundadas críticas que o tratamento recebe à luz dos princípios da isonomia e da eficiência (inclusive de ordem administrativa, mercê do art. 37, *caput*, da CF), este *Curso* nunca deixou de assinalar que a extensão era medida impositiva do modelo constitucional administrativo. Ademais, quanto às autarquias, já havia posicionamento expresso do STJ, consubstanciado na sua Súmula 175 ("Descabe o depósito prévio nas ações rescisórias propostas pelo INSS"), que se sobrepunha a vetusta orientação em sentido contrário da Súmula 129 do TFR e, de forma mais ampla, no *caput* do art. 24-A da Lei n. 9.028/95, acrescentado pelo art. 3º da Medida Provisória n. 2.180-35/2001, segundo o qual: "A União, suas autarquias e fundações públicas são isentas de custas e emolumentos e demais taxas judiciárias, bem como depósito prévio e multa em ação rescisória, em quaisquer foros e instâncias". Em rigor, destarte, a inovação trazida para o CPC de 2015 diz respeito, apenas às autarquias e às fundações públicas das demais pessoas políticas.

fensoria Pública e os que tenham obtido o benefício da gratuidade de justiça, de sua realização[16].

Chama a atenção a circunstância de o valor não ser mais rotulado, diferentemente do que se lia do inciso II do art. 488 do CPC de 1973, como *multa*. O que ocorre, como se lê do inciso II do art. 968, é que ele será *convertido* em multa caso a rescisória seja, por unanimidade de votos, declarada inadmissível ou improcedente. A redação do CPC de 2015 quer evitar a fundada pecha de inconstitucionalidade que merece pairar sobre a regra, que contrasta, a olhos vistos, com o inciso XXXV do art. 5º da Constituição Federal, e também com o princípio da isonomia, ao afastá-la das pessoas de direito público nele mencionadas.

Não convence a usual explicação de que o depósito prévio é forma de preservar a coisa julgada, que também é objeto de proteção constitucional, no inciso XXXVI do art. 5º da Constituição Federal. A se pensar dessa forma, inconstitucional seria a própria rescisória que tem como objetivo desfazer o que a Constituição está a tutelar.

Do ponto de vista formal, contudo, há um agravante na questão quanto à inconstitucionalidade daquele dispositivo. Sua redação só foi alcançada na última etapa do processo legislativo, na votação plenária do Senado de dezembro de 2014. Se o intuito foi, realmente, o de *alterar* a natureza jurídica daquele depósito, há, nisso, flagrante inconstitucionalidade formal, porque o inciso II do art. 921 do Projeto do Senado[17] e o inciso II do art. 980 do Projeto da Câmara[18] preservavam, no particular, a mesma redação do inciso II do art. 488 do CPC de 1973[19], rotulando, inequivocamente, aquele valor de *multa*, e não, como hoje se lê do *texto* do CPC de 2015, em algo que multa não é, justamente porque nela se converte, a depender do resultado da rescisória.

Assim, ainda que não haja maior adesão ao entendimento, é irrecusável o entendimento de que a pura e simples exigência do recolhimento de um depósito prévio para o ajuizamento da ação rescisória (ainda que se queira admitir que ele não ostenta a natureza de multa) é inconstitucional porque fere o princípio do acesso à justiça (art. 5º, XXXV, da CF),

16. A previsão, que é novidade trazida pelo CPC de 2015, afina-se com a jurisprudência do STJ, que já destacava a incidência do art. 9º da Lei n. 1.060/50 à espécie e continua a prevalecer sob a égide do CPC de 2015. Assim, dentre outros: 3ª Seção, AR 4.152/SP, rel. Min. Jorge Mussi, j.un. 22-8-2018, *DJe* 3-9-2018; 1ª Seção, AR 5.343/PB, rel. Min. Regina Helena Costa, j.un. 11-4-2018, *DJe* 16-5-2018; 3ª Seção, AR 2.628/RJ, rel. Min. Nefi Cordeiro, j.un. 13-8-2014, *DJe* 22-8-2014 e 3ª Seção, AR 4.255/SP, rel. Min. Moura Ribeiro, j.un. 11-6-2014, *DJe* 17-6-2014.

17. Que tinha a seguinte redação: "Art. 921. A petição inicial será elaborada com observância dos requisitos essenciais do art. 293, devendo o autor: (...) II – depositar a importância de cinco por cento sobre o valor da causa, a título de multa, caso a ação seja, por unanimidade de votos, declarada inadmissível ou improcedente".

18. Assim redigido: "Art. 980. A petição inicial será elaborada com observância dos requisitos essenciais do art. 320, devendo o autor: (...) II – depositar a importância de cinco por cento sobre o valor da causa, a título de multa, caso a ação seja, por unanimidade de votos, declarada inadmissível ou improcedente".

19. No qual se lia: "Art. 488. A petição inicial será elaborada com observância dos requisitos essenciais do art. 282, devendo o autor: (...) II – depositar a importância de 5% (cinco por cento) sobre o valor da causa, a título de multa, caso a ação seja, por unanimidade de votos, declarada inadmissível, ou improcedente".

independentemente de o autor da rescisória ter ou não condições financeiras de fazer o respectivo depósito judicial e sendo indiferente, no particular, a limitação estabelecida pelo § 2º do art. 968.

Este *Curso* também não aceita o argumento de que o depósito prévio se justificaria para evitar a atuação temerária das partes em juízo após o trânsito em julgado, evidenciando, também dessa perspectiva, tratar-se a "ação rescisória" de medida excepcional em nosso ordenamento jurídico. É que a apenação da litigância de má-fé é aceita em diversos pontos do Código de Processo Civil (v., em especial, os arts. 80 e 81), e não há razão para *pressupor* que o autor da rescisória, só porque se volta a uma decisão que já transitou em julgado, atuará fora dos padrões exigidos de qualquer litigante. E, caso atue, não há qualquer óbice, muito pelo contrário, a que seja devidamente sancionado pelo seu comportamento ímprobo.

A questão é tanto mais interessante quando analisada a partir do precitado § 1º do art. 968, ao dispensar as pessoas de direito público do depósito prévio, o que, à falta de justificativa que se afine com o modelo constitucional do direito processual civil, acaba por violar o princípio da isonomia, diferentemente do que se dá com relação à atuação do Ministério Público, da Defensoria Pública e, sobretudo, do beneficiário da justiça gratuita.

Esse ponto de vista é tão mais correto quando se constata que a dispensa do depósito *prévio* acaba por querer justificar a *dispensa* de seu pagamento a final, ainda que "convertida em multa", como se lê de uma série de julgados do Superior Tribunal de Justiça, entendimento que encontra eco no destacado art. 24-A, *caput*, da Lei n. 9.028/95[20]. O entendimento é simplista: como determinadas pessoas não estão obrigadas a recolher aquele valor *antecipadamente*, não haveria como justificar sua *reversão* ou *restituição* a depender do resultado da rescisória e porque a presunção, para elas, é a de que não atuarão de forma temerária em juízo a afastar a *ratio* daquela multa.

Para quem discordar dos argumentos expostos e da conclusão de que o depósito prévio é inconstitucional, seja na perspectiva formal ou na substancial, cumpre entender que sua base de cálculo, o valor da causa da rescisória, deve corresponder ao valor da causa cuja decisão se pretende rescindir, atualizada monetariamente, salvo se o benefício econômico pretendido pela rescisória discrepar daquele, cabendo ao autor a justificativa[21].

---

20. Dentre tantos, cabe mencionar os seguintes: STJ, 1ª Turma, REsp 978.976/ES, rel. Min. Luiz Fux, j.un. 9-12-2008, *DJe* 19-2-2009; STJ, 2ª Turma, EDcl no REsp 585.273/RS, rel. Min. Castro Meira, j.un. 17-6-2004, *DJ* 30-8-2004, p. 262; STJ, 1ª Seção, AR 419/DF, rel. Min. Franciulli Netto, j.un. 24-10-2001, *DJ* 13-5-2002, p. 138; STJ, 1ª Seção, EAR 568/SP, rel. Min. Francisco Falcão, j.un. 4-11-2001, *DJ* 18-2-2002, p. 211; STJ, 1ª Turma, REsp 4.999/SP, rel. Min. Milton Luiz Pereira, j.m.v. 1º-6-1995, *DJ* 19-6-1995, p. 18634. O autor deste *Curso* se voltou ao tema mais demoradamente em seu *O poder público em juízo*, p. 259-274.

21. É o que, com acerto, já decidiram os seguintes julgados: STJ, 4ª Turma, AgInt do REsp 1.675.609/ES, rel. Min. Lázaro Guimarães, j.un. 3-5-2018, *DJe* 10-5-2018; STJ, 3ª Turma, AgRg no REsp 1.424.425/GO, rel. Min. Moura Ribeiro, j.un. 27-6-2017. *DJe* 14-8-2017; STJ, 4ª Turma, AgInt no Ag 1.409.061/RJ, rel. Min. Marco Buzzi, j.un. 16-5-2017, *DJe* 23-5-2017; STJ, 3ª Turma, AgRg no AREsp 136.378/SP, rel. Min. Sidnei Beneti, j.un. 24-4-2012, *DJe* 10-5-2012.

5.3 Juízo de admissibilidade

Se todas as exigências acima indicadas forem devidamente observadas pelo autor, compete ao relator proferir juízo *positivo* de admissibilidade, determinando a citação do réu para responder (art. 970), sem prejuízo, consoante o caso, de analisar pedido de tutela provisória que tenha sido formulado na mesma oportunidade (art. 969).

Ausentes as exigências, o caso é de proferimento de juízo *negativo* de admissibilidade, que, com expressa remissão aos arts. 330 (indeferimento da petição inicial) e 332 (improcedência liminar do pedido), é referido expressamente pelos §§ 3º e 4º do art. 968. O primeiro daqueles parágrafos acrescenta ao rol de indeferimento da petição inicial a ausência do depósito exigido pelo inciso II do art. 968.

O rigor com que a hipótese é tratada na perspectiva textual não é bastante para afastar da ação rescisória a viabilidade de se proferir juízo *neutro* de admissibilidade, aplicando-se à espécie, em toda a sua plenitude, o disposto no art. 321, para permitir ao autor que emende a petição inicial, com a identificação do(s) vício(s) que justifica a iniciativa[22]. Inclusive (caso seja rejeitada a proposta deste *Curso* quanto à sua inconstitucionalidade, formal e substancial) para que seja efetuado o depósito prévio do precitado inciso II do art. 968.

O § 5º do art. 968, novidade trazida pelo CPC de 2015, sem correspondência no CPC de 1973, regula uma distinta hipótese de emenda da petição inicial da ação rescisória, quando for reconhecida a incompetência do órgão julgador, obviando, com isso, as complexas questões que, como acentua o n. 5, *supra*, se colocam com frequência sobre o caráter substitutivo das decisões e, consequentemente, sobre o efetivo órgão competente para processamento e julgamento da rescisória[23].

Nesse caso, o autor será intimado para emendar a petição inicial, a fim de adequar o objeto da ação rescisória, quando a decisão apontada como rescindenda não tiver apreciado o mérito e não se enquadrar na situação prevista no § 2º do art. 966 ou, ainda, quando tiver sido substituída por decisão posterior. Em todos esses casos, o defeito na identificação da decisão rescindenda compromete a competência no julgamento da rescisória. A emenda determinada a partir daquela identificação – nítida concretização do modelo cooperativo de

22. Nesse sentido: STJ, 1ª Seção, AgInt na AR 5.303/BA, rel. Min. Assusete Magalhães, j.un. 11-10-2017, *DJe* 24-10-2017; STJ, 3ª Turma, REsp 846.227/MS, rel. Min. Nancy Andrighi, j.un. 22-5-2007, *DJ* 18-6-2007, p. 263.

23. Tanto assim que, a despeito das vozes contrárias, inclusive a do n. 7 do Capítulo 1 da Parte II do v. 5 das edições anteriores ao CPC de 2015 deste *Curso*, prevalecia o entendimento contrário no âmbito do STJ, como fazem prova os seguintes julgados: STJ, 3ª Seção, AgRg na AR 3.806/SP, rel. Min. Paulo Gallotti, j.m.v., 12-9-2007, *DJ* 6-12-2007, p. 287; STJ, 1ª Turma, REsp 753.194/SC, rel. Min. José Delgado, j.un. 4-8-2005, *DJ* 5-12-2005, p. 240; e STJ, 2ª Turma, AgRg no REsp 733.722/PR, rel. Min. Castro Meira, j.un. 16-6-2005, *DJ* 12-12-2005, p. 322.

processo do art. 6º – viabiliza que o autor reformule o pedido, identificando, corretamente, a decisão rescindenda e o respectivo órgão jurisdicional competente[24].

A regra é complementada pela também novidade do § 6º do art. 968, ao estabelecer que, após a emenda da inicial, o réu será intimado para complementar os fundamentos da defesa, seguindo-se a remessa dos autos ao órgão jurisdicional competente. Trata-se de típico caso de escorreita aplicação dos princípios da isonomia e do contraditório.

Questão interessante que surge a esse respeito reside na hipótese de o novo órgão jurisdicional se reputar incompetente para a rescisória. Nesse caso, cabe a ele suscitar conflito *negativo* de competência nos precisos termos do parágrafo único do art. 66, a não ser que entenda como competente um terceiro órgão jurisdicional, hipótese em que, com base naquele mesmo dispositivo, determina o envio do processo. Em qualquer caso, a identificação do juízo competente deve viabilizar, se for o caso, nova emenda da inicial e, correlatamente, nova complementação na defesa.

5.3.1 Recurso diante do juízo negativo de admissibilidade

Da decisão que proferir juízo negativo de admissibilidade da ação rescisória cabe agravo interno, se se tratar de decisão monocrática do relator, independentemente do Tribunal perante o qual a rescisória foi ajuizada.

Há fundamento legal, contudo, para discernir o *prazo* para interposição do agravo interno consoante se trate de decisão proferida por integrante dos Tribunais de Justiça ou Regionais Federais, do Supremo Tribunal Federal ou do Superior Tribunal de Justiça. É que o inciso IV do art. 1.072 do CPC de 2015, apesar de ter revogado expressamente diversos dispositivos da Lei n. 8.038/90, que disciplina recursos e processos de competência originária perante os Tribunais Superiores, conservou incólume o art. 39 daquele diploma legal. Segundo aquele dispositivo, "Da decisão do Presidente do Tribunal, de Seção, de Turma ou de Relator que causar gravame à parte, caberá agravo para o órgão especial, Seção ou Turma, conforme o caso, no prazo de 5 (cinco) dias". A especialidade da regra, embora prevista em Capítulo da referida Lei dedicado à "ação penal originária", estaria a afastar a regra genérica do CPC de 2015 de que o prazo dos recursos, inclusive o agravo interno, é de quinze dias (art. 1.003, § 5º)[25].

---

24. Quando houver mero erro formal na identificação da decisão rescindenda, o problema ao qual se volta o § 5º do art. 968 não se põe. Assim, por exemplo, quando a rescisória é inequivocamente dirigida a acórdão, a despeito de a petição inicial fazer referência a sentença, como bem decidiu a 3ª Turma do STJ no REsp 1.569.948/AM, rel. Min. Paulo de Tarso Sansverino, j.un. 11-12-2018, *DJe* 14-12-2018.

25. É o que vem decidindo o STJ em inúmeros casos. Apenas para fins ilustrativos, cabe destacar os seguintes: 3ª Seção, AgRg nos EAREsp 882.640/SC, rel. Min. Jorge Mussi, j.un. 13-6-2018, *DJe* 19-6-2018; 3ª Seção, AgRg na RvCr 4.276/SP, rel. Min. Maria Thereza de Assis Moura, j.un. 14-3-2018, *DJe* 19-3-2018, todos indicando para o AgRg na Rcl 30.714/PB, também da 3ª Seção, rel. Min. Reynaldo Soares da Fonseca, j.un. 27-4-2016, *DJe* 4-5-2016.

Este *Curso* discorda do entendimento. Se é certo que o CPC de 2015 deixou de revogar *expressamente* o precitado art. 39 da Lei n. 8.038/90, ele o fez de maneira tácita ao estabelecer, de maneira suficiente, em seu art. 1.070, que: "É de 15 (quinze) dias o prazo para a interposição de *qualquer* agravo, *previsto em lei ou em regimento interno de tribunal*, contra decisão de relator ou outra decisão unipessoal proferida em tribunal".

Se a rescisória for de competência originária de Tribunal de Justiça ou de Tribunal Regional Federal e a decisão for de colegiado, cabível é o recurso especial, fundamentado na contrariedade a algumas das exigências feitas pelo Código de Processo Civil para a higidez da petição inicial, sendo difícil visualizar, ao menos em abstrato, alguma hipótese que justifique a interposição de recurso extraordinário. Essa mesma razão deve ser aplicada aos casos em que a rescisória é de competência originária do Superior Tribunal de Justiça: embora não se possa descartar generalizadamente o recurso extraordinário, é difícil imaginar uma situação concreta em que ele possa se mostrar cabível.

Também não há como afastar aprioristicamente o cabimento de embargos de declaração, desde que se mostrem presentes seus pressupostos, de cada uma daquelas decisões.

O regime de cada um daqueles recursos tem aplicação à espécie, sem nenhuma peculiaridade.

Devem ser afastadas, pela especialidade, as peculiaridades recursais do art. 331 e dos §§ 3º e 4º do art. 332, ínsitas ao recurso de apelação, incogitáveis para a espécie.

6. HIPÓTESES DE CABIMENTO

O art. 966 cuida das hipóteses de cabimento, isto é, dos fundamentos da ação rescisória. Cada uma delas corresponde a seus requisitos *específicos*, que podem, consoante o caso, ser *cumuladas* (art. 327), isto é: nada impede que uma mesma ação rescisória pretenda rescindir decisão transitada em julgado porque proferida por juízo absolutamente incompetente (art. 966, II) *e* porque violou manifestamente norma jurídica (art. 966, V). Não aceito um dos fundamentos, passa-se à análise do outro, e assim sucessivamente. Também não existe qualquer óbice na propositura *sucessiva* de "ações rescisórias". Basta que causa de pedir *diversa* fundamente a *nova* investida jurisdicional e que o art. 975 seja observado desde o trânsito em julgado da decisão que se pretende rescindir.

Cada um dos *fundamentos* descritos nos incisos do art. 966 corresponde às possíveis *causas de pedir* daquela postulação, e, portanto, devem elas estar claramente identificadas na inicial (art. 319, III). A exigência, contudo, não significa dizer que o autor deva indicar qual inciso do art. 966 fundamenta sua iniciativa, o que seria rigor formal desnecessário. Basta que a inicial faça referência e delimite ao menos uma das causas de rescindibilidade descritas no dispositivo para que ela seja *apta* a produzir regularmente os seus efeitos.

É comum o entendimento de que o rol do art. 966 é taxativo, não comportando interpretação ampliativa ou analógica, entendimento que se afinaria com a proteção constitucional da coisa julgada (art. 5º, XXXVI, da CF).

Cabe destacar, recordando do quanto exposto no n. 3.4 do Capítulo 5 da Parte I, o entendimento quanto a uma necessária *relativização da coisa julgada* em casos em que há, *flagrantemente*, alguma injustiça ou, de forma mais ampla, algum *flagrante* erro de julgamento. Assim, por exemplo, em casos em que não houve reconhecimento da filiação por deficiência de provas e que hoje, em virtude dos avanços tecnológicos, é dado, com precisão, saber quem é o pai da criança, e assim por diante. Nesses casos, sustenta-se a necessidade de o *princípio da segurança jurídica*, que deriva, especificamente, do dispositivo constitucional precitado, ceder espaço a outros valores, igualmente consagrados pela Constituição brasileira (por exemplo, a dignidade da pessoa humana) e, consequentemente, admitir-se um novo julgamento da causa.

Uma das formas de obter esse resultado é admitir uma leitura ampliativa, extensiva, quiçá *criativa*, dos diversos incisos do art. 966, flexibilizando-se, com isso, as hipóteses de cabimento da rescisória. Quando menos que, em alguns casos, seja tolerada contagem diversa para a fluência do prazo a que se refere o art. 975, além das situações que, com o CPC de 2015, passaram a ser expressamente admitidas.

A orientação, ainda que aceita, não dispensa a escorreita análise de cada um dos fundamentos que, de acordo com o art. 966, autorizam o pedido de rescisão de anterior decisão transitada em julgado.

Antes da análise dos fundamentos da ação rescisória, cabe dar destaque ao § 3º do art. 966, que admite a rescisória *parcial*, isto é, voltada a apenas um dos capítulos da decisão rescindenda.

6.1 Prevaricação, concussão ou corrupção do juiz

A primeira causa de pedir que fundamenta o pedido de rescisão do julgado (art. 966, I) é a ocorrência de *prevaricação*, *concussão* ou *corrupção* do juiz. Essas figuras são tipos criminais e, como tais, devem ser entendidas de acordo com o Código Penal.

Prevaricação, de acordo com o art. 319 do Código Penal, é "retardar ou deixar de praticar, indevidamente, ato de ofício, ou praticá-lo contra disposição expressa de lei, para satisfazer interesse ou sentimento pessoal".

Concussão, em conformidade com o art. 316 do mesmo Código, é "exigir, para si ou para outrem, direta ou indiretamente, ainda que fora da função ou antes de assumi-la, mas em razão dela, vantagem indevida".

A *corrupção*, na letra do art. 317, ainda do Código Penal, cuja pena foi majorada pela Lei n. 10.763/2003, caracteriza-se quando o juiz "solicitar ou receber, para si ou para outrem, direta ou indiretamente, ainda que fora da função ou antes de assumi-la, mas em razão dela, vantagem indevida, ou acertar promessa de tal vantagem".

Em todos esses casos é desnecessário aguardar o desfecho de eventual persecução criminal para habilitar o ajuizamento da ação rescisória. Independentemente, pois, da prévia declaração judicial de que o juiz cometeu qualquer um daqueles crimes, tem cabimento a ação rescisória. O deslinde penal não é "questão *prejudicial*" da rescisória, portanto.

É também correto entender que é suficiente a prática de ato definido como *prevaricação*, *concussão* ou *corrupção* por um de seus integrantes quando a decisão que se pretende rescindir for proveniente de órgãos colegiados. A justificativa está em que, nos órgãos colegiados, o julgamento é a reunião das vontades individuais. Se uma delas está contaminada por um dos vícios repudiados pela lei, o resultado da reunião dessas vontades também estará.

6.2 Juiz impedido ou juízo absolutamente incompetente

O inciso II do art. 966 trata de dois fundamentos diversos para a rescisória. É rescindível a decisão de mérito proferida por *juiz* impedido ou por *juízo* absolutamente incompetente.

Juiz impedido (a referência é à pessoa *física do magistrado* e não ao *órgão* jurisdicional por ela ocupado) não pode atuar no processo por falta de *imparcialidade objetiva*, necessária ao desenvolvimento da jurisdição e que deve estar presente em todas as etapas e fases do processo. Os casos de impedimento são descritos no art. 144, que é expresso quanto à vedação de o magistrado funcionar no processo.

O impedimento é vício que não se convalida. Mesmo que o magistrado, de ofício, não se dê por impedido e ainda que as partes não se oponham à atuação do magistrado nos moldes do art. 146, a decisão proferida por magistrado impedido é nula e, sendo de mérito e tendo transitado em julgado, é *rescindível*. Fundamental, portanto, que a decisão a ser rescindida tenha sido proferida pelo juiz impedido, sendo indiferente, para esse fim, a atuação anterior ou posterior do magistrado no mesmo processo.

O inciso II do art. 966 não se ocupa com a "suspeição" (art. 145) como causa de rescindibilidade da sentença. A omissão é justificada porque, diferentemente do impedimento, não há causa *objetiva* para afastamento do magistrado em tais casos. Se não houve tempestivo reconhecimento, pelo próprio magistrado, de sua suspeição nem pedido de reconhecimento formulado pelas partes (art. 146), não é dado a estas questionar o acerto da decisão daquela perspectiva, em sede de rescisória. A opção do legislador, no particular, é clara (como já o era no CPC de 1973) e deve ser respeitada pelo intérprete e aplicador do direito processual civil.

A "incompetência *absoluta*" do *juízo* (o defeito diz respeito ao órgão jurisdicional e não à pessoa física que nele atua), segunda hipótese referida no inciso II do art. 966, é também pressuposto processual de *validade* do processo. Embora caiba ao réu alegá-la em preliminar de contestação (art. 337, II), a incompetência absoluta pode ser arguida (e reconhecida) "em qualquer tempo e grau de jurisdição, enquanto não ocorrer o trânsito em julgado" (art. 485, § 3º), característica sua que a distingue, com nitidez, dos casos de incompetência *relativa* que, se não arguida a tempo oportuno pelo réu, não pode mais ser questionada (art. 337, § 5º).

Ainda que o CPC de 2015 tenha passado a autorizar que, *durante o processo*, as decisões proferidas por juízo absolutamente incompetente possam ser preservadas (art. 64, § 4º), não as pressupondo, em todo e em qualquer caso, nulas, como fazia o § 2º do art. 113 do CPC de 1973, o vício continua a ensejar a pertinência da ação rescisória, subsistindo, portanto, ao trânsito em julgado.

É indiferente, para fins de cabimento da rescisória lastreada nesses fundamentos, que o impedimento ou a incompetência absoluta tenham sido levantados e resolvidos no processo originário.

6.3 Dolo ou coação da parte vencedora em detrimento da vencida ou simulação ou colusão das partes a fim de fraudar a lei

A prática de atos dolosos por uma das partes visando ao proferimento de decisão que lhe seja favorável conduz à rescindibilidade da decisão, de acordo com o inciso III do art. 966.

Para identificação de tais atos, devem ser levadas em consideração não só as hipóteses capituladas no art. 80[26], mas também qualquer outro ato ou fato criado pela parte que prejudique intencional e deliberadamente o adversário, diminuindo, ilicitamente, as chances de acolhimento de sua pretensão (ou de sua resistência) em juízo. De forma ampla, o descumprimento dos deveres impostos pelo art. 77, bem como do próprio art. 5º, poderá dar ensejo à rescisória fundada no art. 966, III.

Da mesma forma, quando a parte vencedora tenha coagido a parte vencida para obter o resultado alcançado. A coação, de acordo com o *caput* do art. 151 do Código Civil, deve ser entendida como o comportamento que "há de ser tal que incuta ao paciente fundado temor de dano iminente e considerável à sua pessoa, à sua família, ou aos seus bens".

É fundamental para que a decisão seja rescindida pela ocorrência de dolo ou coação da parte vencedora que haja nexo de causalidade entre sua atividade e o resultado do processo em que proferida. Se os atos ilícitos que tiver praticado não influenciarem o resultado daquele processo, a rescisória, por esse fundamento, é descabida.

---

26. Assim, *v.g.*: STJ, 2ª Seção, AR 3.785/RJ, rel. Min. João Otávio de Noronha, j.un. 12-2-2014, *DJe* 10-3-2014; STJ, 3ª Seção, AR 4.560/SC, rel. Min. Reynaldo Soares da Fonseca, j.un. 23-9-2015, *DJe* 29-9-2015 e STJ, 3ª Seção, AR 1.619/MT, rel. Min. Nefi Cordeiro, j.un. 25-2-2015, *DJe* 5-3-2015.

A segunda parte do inciso III do art. 966 alude à "simulação ou colusão entre as partes, a fim de fraudar a lei" como causa para a rescisão da decisão de mérito. *Simulação*, segundo o § 1º do art. 167 do Código Civil, se dá quando (i) os negócios jurídicos aparentarem conferir ou transmitir direitos a pessoas diversas daquelas às quais realmente se conferem, ou transmitem; (ii) contiverem declaração, confissão, condição ou cláusula não verdadeira e (iii) os instrumentos particulares forem antedatados, ou pós-datados. *Colusão, por sua vez,* é a combinação das partes de usar do processo para obtenção de fins ilícitos. Desde que o magistrado não tenha notado o intuito das partes e proferido sentença contrária a seus interesses, nos termos do art. 142, cabe a rescisória com fundamento no dispositivo aqui examinado contra a decisão que acabar sendo proferida.

A repulsa do ordenamento com esta última hipótese é tamanha que a alínea *b* do inciso III do art. 967 se preocupou em legitimar *expressamente* o Ministério Público para a ação rescisória "quando a decisão rescindenda é o efeito de simulação ou de colusão das partes, a fim de fraudar a lei". A rescisória também pode ser ajuizada pelo terceiro prejudicado (art. 967, II) e tem prazo diferenciado nos termos do § 3º do art. 975.

6.4 Ofensa à coisa julgada

Em rigor, a existência de coisa julgada anterior repele nova postulação com as mesmas partes, mesma causa de pedir e mesmo pedido (art. 337, §§ 1º a 3º). Pode ocorrer, no entanto – não obstante a presença daquele pressuposto processual *negativo* –, que uma segunda postulação, *idêntica à primeira*, seja proposta e sua decisão venha a transitar em julgado. Pelo critério empregado pelo inciso IV do art. 966, a *segunda* decisão, que *não deveria ter sido proferida*, pode ser rescindida, por violar a coisa julgada que, soberanamente, já se formou no *primeiro* processo. A orientação prevalece mesmo quando o trânsito em julgado se dá por particularidades experimentadas ao longo dos segmentos recursais de cada um dos processos[27].

Embora a lei e o sistema processual tenham sido cuidadosos a respeito do tema, pode ocorrer que o segundo processo, que *reproduz* a postulação de processo em curso, receba decisão em primeiro lugar e que essa decisão venha, pela não interposição de recursos ou porque interpostos e julgados todos os cabíveis, transitar em julgado. Em tal situação, qual decisão será passível de rescisão à luz do inciso IV do art. 966?

Há quem sustente que a coisa julgada que se formar em primeiro lugar, ainda que proveniente do segundo processo, deve ser prestigiada. Isso porque a *finalidade última* da vedação da repetição de postulações idênticas é evitar o proferimento de julgamentos colidentes e

27. Como já teve oportunidade de decidir a 2ª Seção do STJ na AR 3.688/MT, rel. Min. Luis Felipe Salomão, j.un. 29-2-2012, *DJe* 24-4-2012.

contraditórios entre si para uma *mesma* relação jurídica de direito material[28]. De outra parte, há o entendimento de que, em qualquer caso, a coisa julgada que se formar sobre a decisão proferida no "segundo processo" é que deve ser rescindida com fundamento no art. 966, IV, diante da vedação da litispendência (art. 337, §§ 1º e 3º), independentemente da circunstância de seu desfecho se dar em primeiro lugar[29].

Dada a proteção *constitucional* da coisa julgada (art. 5º, XXXVI, da CF), é mais acertada a corrente que sustenta o prevalecimento da *primeira coisa julgada*, independentemente de ela decorrer do primeiro ou do segundo processo[30].

É indiferente, de qualquer sorte, que tenha havido, no processo anterior, suscitação e rejeição da ocorrência de coisa julgada.

6.5 Violação manifesta a norma jurídica

A mais comum das rescisórias é a que está prevista no inciso V do art. 966. Ela é cabível quando a decisão rescindenda "violar manifestamente norma jurídica", fórmula redacional que aperfeiçoa a redação do inciso V do art. 485 do CPC de 1973 que a ela se referia como a "violação a *literal dispositivo de lei*", previsão que, em tempos de técnicas hermenêuticas de embasamento constitucional (art. 8º), não tinha mais sentido de ser preservada. A despeito da alteração textual, contudo, a interpretação e, consequentemente, o alcance da norma são idênticos.

A hipótese merece ser compreendida como aquela decisão que destoa do padrão interpretativo do texto que veicula norma jurídica (de qualquer escalão) em que a decisão se baseia. Isto é, tanto se pode conceber a rescisória para impugnar decisão que violou a Constituição Federal, Constituições Estaduais ou Leis Orgânicas dos Municípios, leis propriamente ditas, medidas provisórias, que têm força de lei, como atos normativos infralegais, por exemplo, decretos e regulamentos.

O "destoar do padrão interpretativo do texto que veicula norma jurídica", por sua vez, é expressão que merece ser compreendida no sentido de a decisão rescindenda atritar com o que comumente é aceito como a (mais) *correta* interpretação a ser dada a espécie. É caso que, em rigor, deve ser tratado na mesma perspectiva da "violação" e da "contrariedade" que, na perspectiva os incisos III dos arts. 102 e 105 da Constituição Federal, autorizam o recurso extraordinário e o recurso especial, respectivamente[31]. Por essa mesma razão é que se mostra correto

---

28. Assim, *v.g.*: Luiz Guilherme Marinoni e Daniel Mitidiero, *Ação rescisória: do juízo rescindente ao juízo rescisório*, p. 168.

29. É o entendimento de Flávio Luiz Yarshell, *Comentários ao Código de Processo Civil*, v. 4, p. 170-171.

30. Por apertada maioria entendeu a CE do STJ nos EAREsp 600.811/SP, rel. Min. Og Fernandes, j.m.v. 4-12-2019, *DJe* 7-2-2020, que deve prevalecer a segunda coisa julgada, ao menos enquanto ela não for rescindida.

31. O que não significa dizer que a questão constitucional ou federal deva ter sido "prequestionada" pela decisão rescindenda, sob pena de inadmissibilidade da rescisória, exigência que, mesmo no âmbito dos recursos extraordinário e especial, merece a devida crítica por parte deste *Curso*.

entender que o cabimento da rescisória pressupõe que a norma invocada pelo autor para lhe emprestar fundamento tenha sido efetivamente *decidida* pela decisão rescindenda[32]. Também o é o entendimento de que não faz sentido que a rescisória fundamentada no inciso V do art. 966 permita ao órgão julgador reapreciar questões não suscitadas pelo autor ainda que fossem, no processo originário, passíveis de apreciação oficiosa ou de ordem pública[33].

Fora dessa hipótese, em que se descreve que a interpretação da norma jurídica (*rectius*, do texto) é *manifestamente* equivocada e apta, por si só, a justificar a rescisória com fundamento no inciso V do art. 966, cabe trazer à tona a clássica Súmula 343 do Supremo Tribunal Federal, cujo enunciado é o seguinte: "Não cabe ação rescisória contra ofensa a literal dispositivo de lei, quando a decisão rescindenda se tiver baseado em texto legal de interpretação controvertida nos tribunais".

O que a compreensão daquele enunciado quer evidenciar é que, toda vez que a interpretação do texto da norma, que dá substrato jurídico à decisão que se pretende rescindir for controvertida na jurisprudência, é impossível identificar-se a *manifesta* violação exigida pelo inciso V do art. 966. É como se a divergência jurisprudencial fosse capaz de transformar as diferentes interpretações em um indiferente jurídico, a desautorizar a rescisória com vistas à aplicação (à escolha) de uma daquelas vertentes e, quiçá, de uma diversa[34].

Questão semelhante norteou, por longo espaço de tempo, a jurisprudência do Supremo Tribunal Federal (e, por alguns anos, após a promulgação da Constituição de 1988, também a jurisprudência do Superior Tribunal de Justiça) relativamente à interpretação *razoável* de norma jurídica para fins de recurso extraordinário e especial[35]: havendo, à época do julgamento, duas ou mais correntes acerca da interpretação da *mesma* norma jurídica, a aplicação de qualquer uma delas teria aptidão para gerar quase que um *indiferente* jurídico. Nesse sentido, violação manifesta a norma jurídica é aquela que resulta em interpretação estranha aos cânones interpretativos existentes sobre a mesma questão.

O próprio Supremo Tribunal Federal, contudo, sempre excluiu do alcance da precitada Súmula 343 decisões com substrato no direito *constitucional*, admitindo a rescisória ainda que, à época do proferimento da decisão rescindenda, houvesse controvérsia sobre sua in-

32. Assim, *v.g.*: STJ, 3ª Turma, REsp 1.749.812/PR, rel. Min. Marco Aurélio Bellizze, j.un. 17-9-2019, *DJe* 19-9-2019.

33. Nesse sentido: STJ, 3ª Turma, REsp 1.663.326/RN, rel. Min. Nancy Andrighi, j.un. 11-2-2020, *DJe* 13-2-2020.

34. A reafirmação daquele entendimento foi efetuada pelo Pleno do STF no julgamento do RE 590.809/RS, rel. Min. Marco Aurélio, j.m.v. 22-10-2014, *DJe* 24-11-2014, em que foi fixada a seguinte tese: "Não cabe ação rescisória quando o julgado estiver em harmonia com o entendimento firmado pelo Plenário do Supremo à época da formalização do acórdão rescindendo, ainda que ocorra posterior superação do precedente".

35. A referência é feita à Súmula 400 do STF, cujo enunciado é o seguinte: "Decisão que deu razoável interpretação à lei, ainda que não seja a melhor, não autoriza recurso extraordinário pela letra 'a' do art. 101, III, da Constituição Federal". Cumpre esclarecer que o art. 101, III, *a*, da CF de 1946 corresponde ao art. 102, III, *a*, da CF de 1988, embora abrangesse, também, a hipótese de a decisão ser "contrária (...) à letra de tratado ou lei federal".

terpretação nos Tribunais[36]. Isso em função de sua missão uniformizadora do entendimento do direito constitucional federal em todo o território brasileiro.

O n. 6.5 do Capítulo 1 da Parte II do v. 5 das edições anteriores ao CPC de 2015 deste *Curso* manifestava seu apoio ao entendimento de que aquela mesma diretriz deveria ser observada pelo Superior Tribunal de Justiça para aceitar a rescisória ainda que houvesse divergência jurisprudencial acerca da devida interpretação e normas infraconstitucionais federais, considerando suas competências constitucionalmente traçadas[37]. Tanto assim que a divergência jurisprudencial acerca de dada questão infraconstitucional federal entre diversos Tribunais é pressuposto bastante para o cabimento de recurso especial (art. 105, III, *c*, da CF).

Diante da função que o Código de Processo Civil quer emprestar à jurisprudência dos Tribunais (v., em especial, os arts. 926 e 927), aquele entendimento merece, de vez, ser acatado. Tanto para a admissão de rescisórias ajuizadas a partir de divergência jurisprudencial de questões de ordem constitucional como para as de ordem infraconstitucional. Disso decorre o entendimento, correto, de que deixa de existir fundamento de validade para a precitada Súmula 343 do Supremo Tribunal Federal.

Tanto mais correto aquele entendimento porque o § 5º do art. 966, introduzido pela Lei n. 13.256/2016, durante a *vacatio legis* do Código de Processo Civil, passou a admitir expressamente a rescisória fundada no inciso V do art. 966 quando a decisão rescindenda basear-se em enunciado de súmula ou acórdão proferido em julgamento de casos repetitivos sem observar a distinção entre as questões envolvidas, isto é, quando a decisão rescindenda aplicar equivocadamente um daqueles referenciais jurisprudenciais[38].

Há, contudo, uma importante ressalva a ser feita em relação ao § 5º do art. 966, levando em conta o processo legislativo prévio à sua promulgação. O Projeto aprovado na Câmara dos Deputados – Casa iniciadora do processo legislativo daquele diploma legal – admitia a rescisória "contra decisão baseada em enunciado de súmula, acórdão ou precedente previsto no art. 927". A versão aprovada no Senado Federal, que é a que prevaleceu na Lei n. 13.256/2016, admite-a, como visto, "contra decisão baseada em enunciado de súmula ou acórdão proferido em julgamento de casos repetitivos". A alteração de significado e a restrição do alcance de um texto quando contrastado com o outro é evidente. Os indexadores jurisprudenciais do art. 927 vão muito além dos "casos repetitivos" do art. 928,

36. No plano dos TRFs o entendimento encontra eco como fazem prova a Súmula 27 do TRF3 ("É inaplicável a Súmula 343 do Supremo Tribunal Federal em ação rescisória de competência da Segunda Seção, quando implicar exclusivamente interpretação de texto constitucional") e a Súmula 63 do TRF4 ("Não é aplicável a Súmula 343 do Supremo Tribunal Federal nas ações rescisórias versando matéria constitucional").

37. Na doutrina, v. Teresa Arruda Alvim, *Recurso especial, recurso extraordinário e ação rescisória*, p. 536-539.

38. Para a discussão do tema, inclusive na perspectiva anterior ao advento das modificações implementadas pela Lei n. 13.256/20016, v. a tese que rendeu a Welder Queiroz dos Santos o título de Doutor em Direito Processual Civil pela Faculdade de Direito da PUC-SP sob orientação de Teresa Arruda Alvim. O trabalho é intitulado *Ação rescisória por violação a precedente*.

ainda que não se queira entender seu rol de maneira exemplificativa. A despeito da modificação *substancial* do texto, o Senado não devolveu o Projeto à Câmara dos Deputados, o que lhe era imposto pelo parágrafo único do art. 65 da Constituição Federal, enviando-o diretamente à sanção presidencial.

Que há vício no processo legislativo, não há por que duvidar. A questão que se põe é se há como superá-lo ou se a inovação deve ser irremediavelmente descartada porque formalmente inconstitucional. A melhor resposta é a de dar ao dispositivo interpretação ampliativa, para aproximá-la à versão textual do Projeto da Câmara, iniciativa que, segundo propõe este *Curso*, mais bem se harmoniza com o *sistema* de indexadores jurisprudenciais desejado pelo próprio Código de Processo Civil, inclusive, mas não só, pelo art. 927.

Aqui também, destarte, deve prevalecer a interpretação ampliativa defendida pelo n. 4 do Capítulo 1 no sentido de não haver razão para distinguir, no plano do Código de Processo Civil, entre os diversos indexadores jurisprudenciais referidos no art. 927.

O § 6º do art. 966, também fruto da Lei n. 13.256/2016, complementa a previsão do § 5º para exigir naqueles casos que a petição inicial da rescisória traga, fundamentadamente, a demonstração da distinção não observada pela decisão rescindenda e que impunha solução jurídica diversa da que foi tomada e transitou em julgado, sob pena de ser considerada inepta. Embora corretíssima a exigência, o rigor do texto tem de ceder espaço diante da regra do art. 321 e, superiormente, do modelo cooperativo de processo derivado do art. 6º, a impor a concessão de oportunidade para que o autor adite a petição inicial para o atendimento daquela exigência.

Para o devido alcance do inciso V e do § 5º do art. 966 é indiferente o momento de formação do indexador jurisprudencial que dá fundamento à rescisória. Não há espaço para maiores polêmicas quando, à época do proferimento da decisão, o indexador já tivesse sido editado[39].

Ainda quando o referencial do art. 927 vier a ser editado posteriormente àquela decisão, contudo, é correto entender pelo cabimento da rescisória buscando o atingimento da *integridade* e da *coerência* da jurisprudência nos termos do *caput* do art. 926. O que pode ocorrer é que a definição do indexador não possa atingir situações pretéritas, em virtude de *modulação* (art. 927, § 3º). Nesses casos, o cabimento da rescisória deve ser sistematicamente afastado, o que não deixa de encontrar harmonia com o disposto no inciso XXXVI do art. 5º da Constituição Federal[40].

---

39. Tanto assim que a 1ª Seção do próprio STJ já havia admitido em sede de recurso especial repetitivo, pela inaplicabilidade da Súmula 343 quando, à época do proferimento da decisão rescindenda, já não havia mais controvérsia jurisprudencial. Trata-se do REsp repetitivo 1.001.779/DF, rel. Min. Luiz Fux, j.un. 25-11-2009, *DJe* 18-12-2009.

40. É a linha de entendimento adotada pelo Pleno do STF no RE 730.462/SP, rel. Min. Teori Albino Zavascki, j.un. 28-5-2015, *DJe* 9-9-2015, assim ementado: "CONSTITUCIONAL E PROCESSUAL CIVIL. DECLARAÇÃO DE INCONSTITUCIONALIDADE DE PRECEITO NORMATIVO PELO SUPREMO TRIBUNAL FEDERAL. EFICÁCIA NORMATIVA E EFICÁCIA EXECUTIVA DA DECISÃO: DISTINÇÕES. INEXISTÊNCIA DE EFEITOS AUTOMÁTICOS SOBRE AS SENTENÇAS JUDICIAIS ANTERIORMENTE PROFERIDAS EM SENTIDO CONTRÁRIO. INDISPENSABILIDADE DE INTERPOSIÇÃO DE RECURSO OU PROPOSITURA DE AÇÃO RESCISÓRIA PARA SUA REFORMA OU DESFAZIMENTO. 1. A sentença do Supremo Tribunal Federal que afirma a constitucionalidade ou a inconstitucionalidade de preceito normativo gera, no plano do ordenamento jurídico,

Polêmica maior existe, sobretudo na perspectiva da segurança jurídica, quando o *prazo* para a rescisória tem início a partir da fixação de um dos indexadores do art. 927. É o que, no contexto da impugnação ao cumprimento da sentença, dispõem expressamente os §§ 12 e 15 do art. 525 e os §§ 5º e 8º do art. 535, quanto ao reconhecimento de inconstitucionalidade, incidental ou concentradamente, pelo Supremo Tribunal Federal, tirando o substrato de título executivo. O tema, embora dialogue intimamente com o inciso V do art. 966 e com o seu § 5º, é tratado pelo v. 3 deste *Curso*, ao ensejo do exame da tutela jurisdicional executiva.

6.6 Falsidade de prova

O inciso VI do art. 966 traz como fundamento da ação rescisória a circunstância de a decisão rescindenda ser "fundada em prova cuja falsidade tenha sido apurada em processo criminal ou venha a ser demonstrada na própria ação rescisória".

É fundamental para a hipótese que a falsidade da prova seja o sustentáculo da decisão e que, sem ela, a decisão teria outro conteúdo. A exemplo do que se dá para a primeira parte do inciso III do art. 966, deve haver relação de causa e efeito entre a prova falsa e o conteúdo da decisão que se pretende rescindir. Se a prova não for *fundamento suficiente e bastante* da decisão, não cabe a rescisória.

A despeito dos termos do dispositivo – que sugere que a falsidade da prova só pode ser apurada em processo criminal ou ao longo do processo da própria rescisória[41] –, não há

---

a consequência (= eficácia normativa) de manter ou excluir a referida norma do sistema de direito. 2. Dessa sentença decorre também o efeito vinculante, consistente em atribuir ao julgado uma qualificada força impositiva e obrigatória em relação a supervenientes atos administrativos ou judiciais (= eficácia executiva ou instrumental), que, para viabilizar-se, tem como instrumento próprio, embora não único, o da reclamação prevista no art. 102, I, 'l', da Carta Constitucional. 3. A eficácia executiva, por decorrer da sentença (e não da vigência da norma examinada), tem como termo inicial a data da publicação do acórdão do Supremo no Diário Oficial (art. 28 da Lei 9.868/99). É, consequentemente, eficácia que atinge atos administrativos e decisões judiciais supervenientes a essa publicação, não os pretéritos, ainda que formados com suporte em norma posteriormente declarada inconstitucional. 4. Afirma-se, portanto, como tese de repercussão geral que a decisão do Supremo Tribunal Federal declarando a constitucionalidade ou a inconstitucionalidade de preceito normativo não produz a automática reforma ou rescisão das sentenças anteriores que tenham adotado entendimento diferente; para que tal ocorra, será indispensável a interposição do recurso próprio ou, se for o caso, a propositura da ação rescisória própria, nos termos do art. 485, V, do CPC, observado o respectivo prazo decadencial (CPC, art. 495). Ressalva-se desse entendimento, quanto à indispensabilidade da ação rescisória, a questão relacionada à execução de efeitos futuros da sentença proferida em caso concreto sobre relações jurídicas de trato continuado. 5. No caso, mais de dois anos se passaram entre o trânsito em julgado da sentença no caso concreto reconhecendo, incidentalmente, a constitucionalidade do artigo 9º da Medida Provisória 2.164-41 (que acrescentou o artigo 29-C na Lei 8.036/90) e a superveniente decisão do STF que, em controle concentrado, declarou a inconstitucionalidade daquele preceito normativo, a significar, portanto, que aquela sentença é insuscetível de rescisão. 6. Recurso extraordinário a que se nega provimento".

41. Entendimento que encontra eco nos seguintes julgados: STJ, 3ª Turma, AgInt no AREsp 1.134.410/SP rel. Min. Marco Aurélio Bellizze, j.un. 6-2-2018, *DJe* 26-2-2018; STJ, 4ª Turma, AgInt no AREsp 842.500/ DF, rel. Min Lázaro Guimarães, j. un. 24-10-2017, *DJe* 31-10-2017; STJ, 3ª Turma, REsp 885.352/MT, rel. Min. Paulo de Tarso Sanseverino, j.un. 7-4-2011, *DJe* 14-4-2011 e STJ, 1ª Turma, REsp 471.732/MA, rel. Min. Luiz Fux, j.un. 18-3-2004, *DJ* 19-4-2004, p. 154.

razão para deixar de entender que a falsidade também pode ser apurada alhures, como, por exemplo, em "ação declaratória" ajuizada para tal fim nos termos do inciso II do art. 19 ou, até mesmo, que provenha de "incidente de falsidade" a que se refere o art. 430. A própria utilização de "prova emprestada" para essa finalidade não pode ser aprioristicamente afastada, observando-se, ao longo da própria ação rescisória, a correção da sua colheita e produção a partir das diretrizes do art. 372.

Não há, no entanto, necessidade do desfecho da persecução criminal para o ajuizamento da rescisória. A exemplo do que ocorre na hipótese do inciso I do art. 966, o melhor entendimento é quanto à independência das esferas cível e criminal.

É indiferente, para fins de rescisão, que a falsidade detectada na prova seja *material* ou *ideológica*. É a razão pela qual deve ser prestigiado o entendimento que equipara à prova falsa referida no inciso em comento "o laudo técnico incorreto, incompleto ou inadequado que tenha servido de base para a decisão rescindenda", sendo certo que "a falsidade da prova pode ser atribuída tanto à perícia grafotécnica (falsidade ideológica) como às duas notas promissórias (falsidade documental), sendo possível perquirir a ocorrência da prova falsa, sem adentrar na intenção de quem a produziu, quer inserindo declaração não verdadeira em documento público ou particular (falsidade ideológica), quer forjando no todo ou em parte, documento particular (falsidade material)"[42].

6.7 Prova nova

O inciso VII do art. 966 admite a rescisória quando o autor obtiver, "... posteriormente ao trânsito em julgado, prova nova cuja existência ignorava ou de que não pôde fazer uso, capaz, por si só, de lhe assegurar pronunciamento favorável". A descoberta da prova, nesses casos, tem o condão de alterar o prazo para a rescisória, como se lê do § 2º do art. 975.

A própria textualidade do dispositivo revela que o CPC de 2015 foi além da ideia de *documento* que autorizava, similarmente, a rescisória com base no inciso VII do art. 485 do CPC de 1973, admitindo-a com fundamento de *qualquer* meio de prova, não apenas a documental[43]. Também inova porque admite que a obtenção da nova prova se dê "posteriormente ao trânsito em julgado" e não até a sentença, como estabelecia seu par no CPC de 1973[44].

42. Nesse sentido: STJ, 1ª Seção, AR 4.486/RJ, rel. Min. Humberto Martins, j.un. 25-11-2015, *DJe* 17-2-2016; STJ, 1ª Seção, AR 1.291/SP, rel. Min. Luiz Fux, j.un. 23-4-2008, *DJe* 2-6-2008; e STJ, 3ª Turma, REsp 331.550/RS, rel. Min. Nancy Andrighi, j.un. 26-2-2002, *DJ* 25-3-2002, p. 278.

43. Nesse sentido: STJ, 3ª Turma, REsp 1.770.123/SP, rel. Min. Ricardo Villas Bôas Cueva, j.un. 26-3-2019, *DJe* 2-4-2019, de cuja ementa se lê: "5. No novo ordenamento jurídico processual, qualquer modalidade de prova, inclusive a testemunhal, é apta a amparar o pedido de desconstituição do julgado rescindendo".

44. O n. 6.7 do Capítulo 1 da Parte II do v. 5 das edições anteriores ao CPC de 2015 deste *Curso* já sustentava interpretação sistemática do dispositivo para admitir a rescisória mesmo quando o documento fosse obtido em sede de apelação, diante das regras dos arts. 397 e 517 do CPC de 1973, equivalentes às dos arts. 435 e

O que importa para o cabimento da rescisória por esse fundamento é que a parte que pretende fazer uso do novo meio de prova ignorava a sua existência[45] ou, quando menos, não pode fazer uso dele no processo que resultou na decisão que transitou em julgado[46]. A impossibilidade pode decorrer das mais variadas razões, assim, por exemplo, porque não conseguiu que o adversário ou terceiro a apresentasse em juízo (arts. 396 a 404) e deve ser alegada e comprovada pelo autor para viabilizar a ação rescisória.

O que não pode ocorrer é a parte simplesmente deixar de produzir a prova em juízo e, diante do resultado desfavorável do processo, querer fazer uso dela para embasar a rescisória.

O inciso VII, a exemplo dos incisos II e VI, todos do art. 966, exige também o "nexo causal" entre o conteúdo da prova nova e o do desfecho da rescisória. A prova *nova* deve ter aptidão de assegurar, por si só, resultado favorável àquele que pretende fazer uso dele[47]. Por "pronunciamento favorável" deve ser entendida a obtenção de um resultado *mais* benéfico ao autor da rescisória do que o que deriva da decisão rescindenda. Não se trata, assim, necessariamente, do acolhimento *total* do pedido feito na rescisória. A petição inicial da rescisória deverá descrever, consequentemente, a aptidão de o documento novo gerar resultado mais favorável ao autor do que o que provém da decisão rescindenda[48].

6.8 Erro de fato

O inciso VIII do art. 966 refere-se à ocorrência de "erro de fato verificável do exame dos autos" como fundamento bastante para rescisão da decisão de mérito. Essa hipótese deve ser

---

1.014 do CPC de 2015. Trazia, em prol do entendimento, o quanto havia sido decidido pela 3ª Turma do STJ no REsp 255.077/MG, rel. Min. Carlos Alberto Menezes Direito, j.un. 16-3-2004, *DJ* 3-5-2004, p. 146.

45. Importa mitigar a exigência quando se tratar de pessoa hipossuficiente, como corretamente se decidiu nos seguintes casos: STJ, 3ª Seção, AR 4078/SP, rel. Min. Newton Trisotto, j.un. 23-9-2015, *DJe* 29-9-2015; STJ, 3ª Seção, AR 3567/SP, rel. Min. Gurgel de Faria, j.un. 24-6-2015, *DJe* 4-8-2015, e STJ, 3ª Seção, AR 3.921/SP, rel. Min. Sebastião Reis Junior, j.un. 24-4-2013, *DJe* 7-5-2013, e STJ, 3ª Seção, AR 800/SP, rel. Min. Hamilton Carvalhido, j.un. 23-4-2008, *DJe* 6-8-2008.

46. Antes do CPC de 1973, a 2ª Seção do STJ teve oportunidade de assentar, em recurso especial repetitivo, a tese de que: "Em sede de ação rescisória, microfilmes de cheques nominais emitidos por empresa de consórcio configuram documentos novos, nos termos do art. 485, VII, do CPC [art. 966, VII, do CPC de 2015], aptos a respaldar o pedido rescisório por comprovarem que a restituição das parcelas pagas pelo consorciado desistente já havia ocorrido antes do julgamento do processo originário". Trata-se do REsp repetitivo 1.135.563/PR e do REsp repetitivo 1.114.605/PR, rel. Min. Paulo de Tarso Sanseverino, j.un. 12-6-2013, *DJe* 17-6-2013.

47. Assim, *v.g.*: STJ, 2ª Seção, rel. Min. Marco Buzzi, j.un. 17-12-2019, *DJe* 19-12-2019; STJ, 1ª Seção, AR 5.340/DF, rel. Min. Og Fernandes, j.un. 11-4-2018, *DJe* 18-4-2018; STJ, 3ª Turma, REsp 1.533.784/DF, rel. Min. Ricardo Villas Bôas Cueva, j.un. 15-3-2016, *DJe* 28-3-2016; STJ, 3ª Seção, AR 2.928/CE, rel. Min. Ericson Maranho, j. un. 25-3-2015, *DJe* 7-4-2015, e STJ, 3ª Turma, AgRg no Ag 569.546/RS, rel. Min. Antônio de Pádua Ribeiro, j.un. 24-8-2004, *DJ* 11-10-2004, p. 318.

48. Nesse sentido: STJ, 2ª Seção, AR 5.238/RS, rel. Min. Paulo de Tarso Sanseverino, j. un. 27-6-2018, *DJe* 1º-8-2018; STJ, 3ª Turma, REsp 1.293.837/DF, rel. Min. Paulo de Tarso Sanseverino, j.un. 2-4-2013, *DJe* 6-5-2013; e STJ, 1ª Turma, REsp 906.740/MT, rel. Min. Francisco Falcão, j.un. 6-9-2007, *DJ* 11-10-2007, p. 314.

entendida em conjunto com § 1º do mesmo dispositivo, que assim estabelece: "Há erro de fato quando a decisão rescindenda admitir fato inexistente ou quando considerar inexistente fato efetivamente ocorrido, sendo indispensável, em ambos os casos, que o fato não represente ponto controvertido sobre o qual o juiz deveria ter se pronunciado".

O erro de fato não autoriza a rescisão da decisão de mérito e o proferimento de uma nova decisão por má avaliação da prova ou da matéria controvertida[49]. Não se trata da possibilidade de ser realizado novo julgamento, que pudesse fazer as vezes de verdadeiro recurso dirigido à decisão rescindenda. Muito diferentemente, o erro de fato que autoriza a rescisão do julgado anterior é o que se verifica quando a decisão leva em consideração fato inexistente nos autos ou desconsidera fato cuja existência nos autos é inconteste. Erro de fato se dá, por outras palavras, quando existe nos autos elemento capaz, por si só, de modificar o teor da decisão que se pretende rescindir, embora ele não tenha sido considerado quando de seu proferimento[50] ou, inversamente, quando a decisão, tal qual proferida, levou em consideração elemento que não consta dos autos. Em qualquer situação, contudo, não pode ter havido controvérsia nem pronunciamento judicial a seu respeito[51], razão pela qual não há como concordar com o entendimento de que se a parte pudesse ter suprido o equívoco com embargos de declaração não seria cabível a rescisória pelo fundamento ora analisado[52].

Não diverge a doutrina na indicação dos pressupostos que devem estar presentes para fundamentar o pedido de rescisão com base no inciso VIII do art. 966. Seguindo os passos de José Carlos Barbosa Moreira, em lição plenamente válida para o CPC de 2015, eles são os seguintes: (a) o "erro" deve ser o fundamento *suficiente* e *bastante* da decisão que se quer ver rescindida porque sem ele a decisão seria diversa; (b) a apuração do "erro" deve prescindir de qualquer atividade probatória complementar, inclusive na ação rescisória; ele deve ser detectado *primu icto oculi* a partir do exame dos *autos* em que proferida a decisão que se pretende rescindir; (c) não pode ter havido qualquer controvérsia entre as partes ou com o julgador a respeito do que se entende pelo erro; (d) não pode, por fim, ter havido pronunciamento judicial acerca do "erro"[53].

---

49. Assim, *v.g.*: STJ, 3ª Turma, AgInt no REsp 1.658.067/RJ, rel. Min. Paulo de Tarso Sanseverino, j.un. 14-8-2018, e STJ, 3ª Turma, REsp 225.309/SP, rel. p/ acórdão Min. Nancy Andrighi, j.m.v. 6-12-2005, *DJ* 22-5-2006, p. 190.

50. Assim, *v.g.*: STJ, 2ª Seção, AR 5.385/BA, rel. Min. Paulo de Tarso Sanseverino, j.un. 27-6-2018, *DJe* 1º-8-2016, e STJ, 3ª Seção, AR 4.060/SP, rel. Min. Joel Ilan Paciornik, j.un. 28-9-2016, *DJe* 4-10-2016.

51. Claros quanto ao ponto os seguintes acórdãos: STJ, 4ª Turma, AgInt no REsp 1.665.045/PR, rel. Min. Antonio Carlos Ferreira, j.un. 26-6-2018, *DJe* 1º-8-2018; STJ, 1ª Seção, AR 5.032/SP, rel. Min. Mauro Campbell Marques, j.un. 13-6-2018, *DJe* 27-6-2018; STJ, 2ª Seção, AR 5.064/ES, rel. Min. Luis Felipe Salomão, j.un. 11-2-2015, *DJe* 3-3-2015; STJ, 1ª Seção, AR 4.456/SC, rel. Min. Herman Benjamin, j.un. 11-12-2013, *DJe* 7-3-2014, e STJ, 2ª Seção, AR 1.421/PB, rel. Min. Massami Uyeda, j.m.v. 26-5-2010, *DJe* 8-10-2010.

52. Sustentando o não cabimento porque o equívoco poderia ter sido suprido por embargos de declaração: STF, Pleno, AR 2.107/SP, rel. p/acórdão Min. Alexandre de Moraes, j.m.v. 16-9-2020, *DJe* 5-11-2020.

53. *Comentários ao Código de Processo Civil*, v. V, p. 149-150. Acolhendo integralmente aquela lição é a seguinte decisão do STJ: 1ª Turma, REsp 839.499/MT, rel. Min. Luiz Fux, j.un. 28-8-2007, *DJ* 20-9-2007, p. 234.

Não se trata, vale a ênfase, de caso de rejulgamento porque mal apreciada a prova que embasa a decisão que se pretende rescindir[54]. Trata-se, diferentemente, de rejulgamento calcado na circunstância de que dado indispensável para o deslinde da causa não foi *adequadamente* constatado quando do proferimento da decisão e, ao que tudo indica, que esse dado tem aptidão, por si só, de alterar a decisão. O material carreado aos autos até o trânsito em julgado da decisão rescindenda deve ser *suficiente* para a identificação do erro de fato. Tanto assim que a rescisória embasada exclusivamente nesse fundamento não enseja qualquer instrução processual, nos termos do art. 972.

A correção de eventuais "erros *materiais*" não dá ensejo à rescisão do julgado. Sua correção pode verificar-se a qualquer tempo ou mediante provocação específica no curso do processo, inclusive com o uso dos embargos declaratórios (art. 1.022, III).

6.9 Fundamentos insubsistentes

Apenas a título de notícia, cabe destacar que o CPC de 2015 acabou por suprimir a rescisória quando houver fundamento para invalidar confissão, desistência ou transação, que dê fundamento à sentença (art. 485, VIII, do CPC de 1973). Em rigor, a hipótese sempre foi de "ação anulatória", doravante disciplinada no § 4º do mesmo art. 966, objeto do n. 3 do Capítulo 10 da Parte III, embora a doutrina, dentre ela as edições anteriores ao CPC de 2015 deste *Curso*, se esforçasse para estabelecer hipóteses que pudessem ser alcançadas para a rescisória em detrimento da anulatória[55].

Também houve época, não muito remota, em que era fundamento da ação rescisória "quando a indenização fixada em ação de desapropriação, em ação ordinária de indenização por apossamento administrativo ou desapropriação indireta, e também em ação que vise a indenização por restrições decorrentes de atos do Poder Público, em especial aqueles destinados à proteção ambiental, for flagrantemente superior ao preço de mercado do bem objeto da ação judicial". A regra foi introduzida pelo parágrafo único do art. 4º da Medida Pro-

---

54. STJ, 2ª Seção, AR 4.878/DF, rel. Min. Moura Ribeiro, j.un. 24-5-2018, *DJe* 7-6-2018; STJ, 3ª Turma, AgInt no REsp 1.520.297/RS, rel. Min. Ricardo Villas Bôas Cueva, j.un. 23-8-2018, *DJe* 1º-9-2016; STJ, 5ª Turma, REsp 924.012/RS, rel. Min. Arnaldo Esteves Lima, j.un. 20-11-2008, *DJe* 9-12-2008; STJ, 2ª Seção, AR 1.470/SP, rel. Min. Castro Filho, j.un. 10-5-2006, *DJ* 14-12-2006, p. 245; STJ, 4ª Turma, REsp 136.254/SP, rel. Min. Aldir Passarinho Junior, j.un. 3-2-2005, *DJ* 9-5-2005, p. 407; STJ, 3ª Seção, AR 972/SP, rel. Min. Edson Vidigal, j.un. 25-10-2000, *DJ* 19-2-2001, p. 131; STJ, 4ª Turma, REsp 147.796/MA, rel. Min. Sálvio de Figueiredo Teixeira, j.un. 25-5-1999, *DJ* 28-6-1999, p. 117.

55. Para essa discussão, no âmbito do CPC de 1973, v. o n. 6.8 do Capítulo 1 da Parte II das edições anteriores ao CPC de 2015 deste *Curso*, que propunha como critério de discernimento entre as duas hipóteses "... a identificação do ato que se quer impugnar. Se se voltar, apenas e tão somente, à atividade das partes, o pedido de tutela jurisdicional é o de anulação com base no art. 486; caso contrário, a hipótese é de 'ação rescisória', que pressupõe, invariavelmente, trânsito em julgado da decisão que se pretende rescindir". O art. 486 do CPC de 1973 corresponde ao art. 966, § 4º, do CPC de 2015.

visória n. 1.577, de 10-7-1997, que foi repetida até a Medida Provisória n. 1.632-11, de 9-4-1998.

Aquela nova hipótese de rescindibilidade foi impugnada por ação direta de inconstitucionalidade promovida pelo Conselho Federal da Ordem dos Advogados do Brasil, que teve concedida a medida cautelar então requerida[56]. O Plenário do Supremo Tribunal entendeu, à unanimidade, inconstitucional a inovação processual considerando a ausência dos requisitos constitucionalmente exigidos para edição de medida provisória (urgência e relevância), bem assim por violar o princípio da isonomia[57].

A partir da 12ª reedição da referida Medida Provisória, então com o número 1.658-12, de 5-5-1998, convertida na Medida Provisória n. 1.703, posteriormente n. 1.774, acrescentou-se um novo inciso X ao art. 485 do CPC de 1973, mais amplo do que a anterior previsão, com a seguinte redação: "a indenização fixada em ação de desapropriação direta ou indireta for flagrantemente superior ou manifestamente inferior ao preço de mercado objeto da ação judicial". A partir de 11-2-1999, essa nova causa de rescindibilidade passou a ser objeto de regulação pela Medida Provisória n. 1.798, o que perdurou até a edição da Medida Provisória n. 1.798-5, de 2-6-1999, que não tratou mais do tema. Em resposta àquela nítida burla à decisão plenária do Supremo Tribunal Federal na ADI 1.753/DF, o Conselho Federal da Ordem dos Advogados do Brasil ajuizou nova ação direta de inconstitucionalidade contra aquela regra, que teve, por maioria, a medida cautelar deferida.[58].

---

56. A referência é feita à ADI 1.753/DF, rel. Min. Sepúlveda Pertence, j.un. 16-4-1998, *DJ* 12-6-1998, p. 51.

57. O acórdão foi assim ementado: "Ação rescisória: MProv. 1577-6/97, arts. 4º e parág. único: a) ampliação do prazo de decadência de dois para cinco anos, quando proposta a ação rescisória pela União, os Estados, o DF ou os Municípios e suas respectivas autarquias e fundações públicas (art. 4º) e b) criação, em favor das mesmas entidades públicas, de uma nova hipótese de rescindibilidade das sentenças – indenizações expropriatórias ou similares flagrantemente superior ao preço de mercado (art. 4º, parág. único): arguição plausível de afronta aos arts. 62 e 5º, I e LIV, da Constituição: conveniência da suspensão cautelar: medida liminar deferida. 1. Medida provisória: excepcionalidade da censura jurisdicional da ausência dos pressupostos de relevância e urgência à sua edição: raia, no entanto, pela irrisão a afirmação de urgência para as alterações questionadas à disciplina legal da ação rescisória, quando, segundo a doutrina e a jurisprudência, sua aplicação à rescisão de sentenças já transitadas em julgado, quanto a uma delas – a criação de novo caso de rescindibilidade – é pacificamente inadmissível e quanto à outra – a ampliação do prazo de decadência - é pelo menos duvidosa. 2. A igualdade das partes é imanente ao *procedural due process of law*; quando uma das partes é o Estado, a jurisprudência tem transigido com alguns favores legais que, além da vetustez, têm sido reputados não arbitrários por visarem a compensar dificuldades da defesa em juízo das entidades públicas; se, ao contrário, desafiam a medida da razoabilidade ou da proporcionalidade, caracterizam privilégios inconstitucionais: parece ser esse o caso das inovações discutidas, de favorecimento unilateral aparentemente não explicável por diferenças reais entre as partes e que, somadas a outras vantagens processuais da Fazenda Pública, agravam a consequência perversa de retardar sem limites a satisfação do direito do particular já reconhecido em juízo. 3. Razões de conveniência da suspensão cautelar até em favor do interesse público".

58. A referência é feita à ADI 1.910/DF, rel. Min. Sepúlveda Pertence, j.m.v. 22-4-1999, *DJ* 27-2-2004. a decisão foi assim ementada: "Ação rescisória: arguição de inconstitucionalidade de medidas provisórias (MPr 1.703/98 a MPr 1798-3/99) editadas e reeditadas para a) alterar o art. 188, I, CPC, a fim de duplicar o prazo para ajuizar ação rescisória, quando proposta pela União, os Estados, o DF, os Municípios ou o Ministério Público; b) acrescentar o inciso X no art. 485 CPC, de modo a tornar rescindível a sentença,

O tema não foi retomado por nenhuma via legislativa desde então, não tendo sido sequer cogitado ao longo do processo legislativo que culminou no CPC de 2015.

7. TUTELA PROVISÓRIA

De acordo com o art. 969, a propositura da rescisória não impede o cumprimento (definitivo) da decisão rescindenda, salvo quando for concedida tutela provisória.

O dispositivo consolida importante alteração do CPC de 1973 estabelecida apenas com a Lei n. 11.280/2006, que encerrava calorosa discussão doutrinária com reflexo nos Tribunais sobre a viabilidade, ou não, de o exercício do dever-poder geral de cautela (art. 798 do CPC de 1973) ou do dever-poder geral de antecipação (art. 273 do CPC de 1973) ter aptidão de interferir nos atos executivos que tinham como base a decisão rescindenda[59].

Os elementos de concessão da tutela provisória e sua disciplina constam dos arts. 294 a 311, não havendo razão nenhuma para negar que ela possa assumir viés *cautelar* ou *antecipado*; de *urgência*[60] ou da *evidência*[61]; *antecedente* ou *incidente*, tudo a depender das peculiari-

---

quando 'a indenização fixada em ação de desapropriação direta ou indireta for flagrantemente superior ou manifestamente inferior ao preço de mercado objeto da ação judicial': preceitos que adoçam a pílula do edito anterior sem lhe extrair, contudo, o veneno da essência: medida cautelar deferida. 1. Medida provisória: excepcionalidade da censura jurisdicional da ausência dos pressupostos de relevância e urgência à sua edição: raia, no entanto, pela irrisão a afirmação de urgência para as alterações questionadas à disciplina legal da ação rescisória, quando, segundo a doutrina e a jurisprudência, sua aplicação à rescisão de sentenças já transitadas em julgado, quanto a uma delas – a criação de novo caso de rescindibilidade – é pacificamente inadmissível e quanto à outra - a ampliação do prazo de decadência - é pelo menos duvidosa: razões da medida cautelar na ADIn 1753, que persistem na presente. 2. Plausibilidade, ademais, da impugnação da utilização de medidas provisórias para alterar a disciplina legal do processo, à vista da definitividade dos atos nele praticados, em particular, de sentença coberta pela coisa julgada. 3. A igualdade das partes é imanente ao *procedural due process of law*; quando uma das partes é o Estado, a jurisprudência tem transigido com alguns favores legais que, além da vetustez, tem sido reputados não arbitrários por visarem a compensar dificuldades da defesa em juízo das entidades públicas; se, ao contrário, desafiam a medida da razoabilidade ou da proporcionalidade, caracterizam privilégios inconstitucionais: parece ser esse o caso na parte em que a nova medida provisória insiste, quanto ao prazo de decadência da ação rescisória, no favorecimento unilateral das entidades estatais, aparentemente não explicável por diferenças reais entre as partes e que, somadas a outras vantagens processuais da Fazenda Pública, agravam a consequência perversa de retardar sem limites a satisfação do direito do particular já reconhecido em juízo. 4. No caminho da efetivação *do due process of law* – que tem particular relevo na construção sempre inacabada do Estado de direito democrático – a tendência há de ser a da gradativa superação dos privilégios processuais do Estado, à custa da melhoria de suas instituições de defesa em juízo, e nunca a da ampliação deles ou a da criação de outros, como – é preciso dizê-lo – se tem observado neste decênio no Brasil".

59. Para o tema, v. os n. 8 e 8.1 do Capítulo 1 da Parte II do v. 5 das edições anteriores ao CPC de 2015 deste *Curso*.

60. No julgamento do REsp 1.455.908/RS, a 3ª Turma do STJ, rel. Min. Nancy Andrighi, j.un. 28-8-2018, *DJe* 31-8-2018, debateu o papel assumindo pela tutela provisória fundamentada na urgência no âmbito da rescisória, inclusive para obstar levantamento de dinheiro por credores e obstar de maneira generalizada o andamento do cumprimento da sentença rescindenda.

61. Sobre a tutela provisória fundamentada na evidência, cabe dar destaque à hipótese em que a rescisória for fundamentada no § 5º do art. 966, que justifica a incidência do disposto no inciso II do art. 311.

dades do caso concreto. O que sistematicamente deve ser afastado do regime da tutela provisória requerida em caráter antecedente é a viabilidade de sua estabilização, ainda que se façam presentes os pressupostos do art. 304. Não faz sentido que uma decisão fundada em cognição sumária possa se contrapor a uma decisão que tem como base cognição exauriente *e* transitada em julgado[62].

O pedido relativo à tutela provisória deve ser formulado ao *relator* da rescisória e, se for o caso – o que muito comumente ocorrerá, mormente quando seu fundamento for a *urgência* –, constar da petição inicial. A decisão do relator é contrastável perante o órgão colegiado respectivo pelo recurso de agravo *interno*.

Não há como negar, contudo, que pedido similar seja *também* formulado diretamente ao juízo da causa, em que se processa o cumprimento de sentença e que sua decisão seja contrastada pelo recurso de agravo de instrumento (art. 1.015, I). O ajuizamento da rescisória pode até ser empregado como fundamento para justificar a concessão de efeito suspensivo para a impugnação ao cumprimento de sentença (art. 525, § 6º).

8. CITAÇÃO E DEFESA

Proferido o juízo de admissibilidade *positivo* na petição inicial, o réu será citado para apresentar resposta no prazo a ser fixado pelo relator. Esse prazo, excepcionalmente, não é fixo, podendo variar de quinze a trinta dias consoante o caso. Considerando que compete ao relator dosar o prazo de defesa consoante as necessidades do caso concreto, deve ser descartada a incidência das dobras legais previstas nos *capi* dos arts. 180, 183, 186 e no art. 220 na espécie.

Importa destacar na *interpretação* do texto do art. 970 que os dias nele mencionados só podem ser considerados os *úteis* (art. 219, *caput*). Também, que a citação do réu *não se dá* para comparecimento em audiência de conciliação ou de mediação, mas, bem diferentemente, para, querendo, contestar ao pedido do autor.

Além da contestação, pode o réu reconvir. Para tanto, importa que mostre o preenchimento de seus pressupostos específicos (art. 343), partindo do pressuposto de que o réu da rescisória tenha sofrido alguma desvantagem com o proferimento da decisão que se quer rescindir ("sucumbência recíproca"), além da demonstração da ocorrência de pelo menos um dos fundamentos dos incisos do art. 966. É possível que o réu se volte contra o autor no mesmo processo, destarte, cumulando sucessivamente ao pedido que é formulado em seu desfavor outro *pedido de tutela jurisdicional*, de cunho rescisório, a assumir feição *reconvencional*.

---

62. Nesse sentido é o Enunciado n. 43 da I Jornada de Direito Processual Civil do CJF: "Não ocorre a estabilização da tutela antecipada requerida em caráter antecedente, quando deferida em ação rescisória".

9. PROCEDIMENTO

Após a fluência do prazo fixado para a resposta do réu, ainda que ele não se manifeste, observar-se-á o procedimento comum, no que couber, superada, portanto (até pela inocuidade de sua realização diante do objeto que caracteriza a ação rescisória), a audiência de conciliação ou de mediação (art. 970).

Assim, a depender do teor da resposta oferecida pelo réu, deverá o relator ouvir o autor em réplica (arts. 347, 350 e 351); se o réu não apresentar contestação, será ele considerado revel, e, consoante o direito posto em causa (não no que diz às próprias razões invocadas para a rescisão da decisão), poderá ser presumida a veracidade de algum fato narrado na petição inicial, ouvindo-se o autor a respeito das provas que ele ainda pretende produzir (art. 348).

Ouvido o autor, o relator "proferirá julgamento conforme o estado do processo", é dizer: desde que se convença da suficiência do material probatório trazido pelas partes com a petição inicial e com a contestação ("fase postulatória"), julgará o pedido nos termos do art. 355. Caso contrário, abrirá a instrução, observando o disposto no art. 972.

Em tais casos, porém, o julgamento da rescisória deverá ser colegiado. É correto ao relator indeferir a inicial, proferindo, na oportunidade, julgamento meritório monocraticamente, à luz dos arts. 330 ou 332, no que são expressos os §§ 3º e 4º do art. 968. Se não o fez, a deliberação acerca da rescisória e seu julgamento só poderão ser realizados pelo órgão colegiado competente.

9.1 Saneamento e organização do processo

Na hipótese de o pedido não comportar julgamento antecipado (art. 355), impõe-se a colheita das provas que se fizerem necessárias para a formação da convicção dos magistrados que julgarão a rescisória.

Antes, contudo, é irrecusável que seja proferida a decisão a que se refere o art. 357, de saneamento e organização do processo, cabendo destacar que as questões controvertidas e carentes de prova devem ser devidamente indicadas nos moldes dos incisos II e IV daquele dispositivo, bem como eventuais modificações na distribuição do ônus da prova (art. 357, III), determinando-se, também – e por força da peculiaridade da rescisória – o que será delegado para os juízos de primeira instância no que diz respeito à colheita da prova (art. 972).

9.2 Fase instrutória

O art. 972 trata da fase instrutória, que, se for o caso, será desenvolvida, inclusive com a possibilidade de delegação de competência ao juízo proferidor da decisão rescindenda – e, se for o caso, para outro órgão jurisdicional a ser indicado consoante as necessidades de cada caso concreto, inclusive o local de produção da prova – para a colheita de provas.

O dispositivo refere-se ao prazo de um a três meses para o cumprimento das diligências probatórias e devolução dos autos ao Tribunal, que pode ser majorado, mediante as devidas justificativas, diante da regra do inciso VI do art. 139, sempre com observância da anterioridade imposta pelo seu parágrafo único.

A oitiva de *amici curiae* ao longo da instrução da ação rescisória não deve ser aprioristicamente descartada, sendo plenamente aplicável à espécie o disposto no art. 138[63].

9.3 Fase decisória

Finda a fase instrutória (ou quando ela for desnecessária), as partes terão vista dos autos para suas alegações finais no prazo sucessivo de dez dias úteis (art. 973, *caput*), seguindo-se seu envio para o relator elaborar seu voto, submetendo-o ao julgamento pelo colegiado competente (art. 973, parágrafo único)[64].

Como ato prévio ao julgamento, o art. 971 determina que, com a devolução dos autos pelo relator, a secretaria do tribunal expedirá cópias do relatório e as distribuirá entre os magistrados que compuserem o órgão competente para o julgamento.

A despeito do silêncio, é irrecusável que o Ministério Público terá vista dos autos nos casos em que se justificar sua intervenção (art. 179, I).

O parágrafo único do art. 971 contém importante regra programática a ser implementada, em concreto, pelos regimentos internos dos Tribunais, de acordo com suas possibilidades de composição: o relator, sempre que possível, será magistrado que *não* participou do julgamento que ensejou a decisão rescindenda[65].

9.3.1 *Judicium rescindens* e *judicium rescissorium*

O art. 974 determina que o julgamento da "ação rescisória" seja dividido em dois momentos diversos. O primeiro, destinado à *desconstituição da coisa julgada* (*judicium rescindens*), é sempre necessário. O segundo, o *novo* julgamento da causa (*judicium rescissorium*), eventual, isto é, quando for o caso. Embora silente o dispositivo de lei, o órgão julgador só passará à

---

63. Era o posicionamento que o autor deste *Curso* já sustentava em seu Amicus curiae *no processo civil brasileiro: um terceiro enigmático*, p. 537-538, hipótese que, por definição, não se confunde com o reconhecimento da legitimidade ativa do *amicus curiae* para ajuizar a rescisória.

64. A despeito de o CPC de 2015 ter extinto a figura do revisor, há entendimento do STJ que defende a sua preservação nas rescisórias originárias daquele Tribunal, diante da preservação incólume do art. 40 da Lei n. 8.038/90, não revogado expressamente pelo inciso V do art. 1.072 do Código. A referência é feita à Questão de Ordem levantada na AR 5.241/DF, rel. Min. Mauro Campbell Marques, j.m.v. 5-4-2017, *DJe* 12-5-2017.

65. Não obstante, de acordo com a Súmula 252 do STF: "Na ação rescisória, não estão impedidos juízes que participaram do julgamento rescindendo".

análise do *judicium rescindens* quando o mínimo indispensável para o exercício do direito de ação e os "pressupostos processuais" respectivos estiverem presentes.

Importa destacar que, antes do proferimento de novo julgamento (se a hipótese o comportar), o órgão julgador deverá, necessariamente, deliberar acerca da *prévia* desconstituição da coisa julgada, sem o que não se instaura o *judicium rescissorium*. Assim, é correto o entendimento de que *todos* os componentes do órgão julgador, superadas as questões relativas ao mínimo indispensável do exercício do direito de ação e aos pressupostos processuais, deverão votar, *primeiramente*, sobre o acolhimento do *judicium rescindens*, isto é, se o pedido de rescisão deve, ou não, ser acolhido, diante da presença de ao menos um dos fundamentos do art. 966 julgando-o *procedente* com a *consequente* desconstituição da coisa julgada. Após esse momento e, se for o caso, inclusive no que diz respeito à existência de pedido nesse sentido, o órgão julgador deliberará acerca do *novo* julgamento, observando-se, na ocasião, os mesmos limites do julgamento anterior, que, originariamente, rendeu ensejo à decisão que se acabou de rescindir.

9.3.2 Destinação do depósito prévio

A despeito das críticas que, na perspectiva de sua inconstitucionalidade formal e substancial, merecem ser feitas ao depósito prévio, importa dar destaque ao seu destino diante do julgamento da ação rescisória.

Se julgada procedente, lê-se do *caput* do 974, o tribunal rescindirá a decisão, proferirá, se for o caso, novo julgamento e determinará a restituição do depósito a que se refere o inciso II do art. 968 ao autor.

Se, por unanimidade, é o que está no parágrafo único do art. 974, o pedido for considerado *inadmissível* (não superado o juízo de admissibilidade da própria rescisória, como ocorre, por exemplo, quando não se verificar a presença de nenhuma das hipóteses do art. 966) ou *improcedente* (hipótese de rejeição do pedido de rescisão formulado pelo autor), o Tribunal determinará a reversão do depósito em favor do réu.

A *improcedência* do pedido rescisório referida pelo parágrafo único do art. 974 só pode dizer respeito ao *judicium rescindens*, isto é, à desconstituição da coisa julgada. É indiferente, para fins de reversão do depósito prévio, o resultado do *judicium rescissorium*, ou seja, relativo ao rejulgamento da causa após a desconstituição da coisa julgada.

Quando o pedido for julgado procedente, o réu é que deverá suportar os ônus da sucumbência, sempre considerados em conjunto as custas processuais e os honorários advocatícios. Se improcedente, é o autor o responsável pelo seu pagamento.

Pode ocorrer também que o juízo rescindendo seja positivo (a coisa julgada vir a ser desconstituída, portanto), mas o autor ser desfavorecido com o proferimento do juízo rescisório, isto é, o *novo* julgamento proferido pelo órgão julgado, isento das razões que justificam a rescisória, ser contrário a seus interesses. Nesse caso, é correto o entendimento de que cada uma das partes suporte, proporcionalmente, as custas processuais e os honorários de advogado (art. 86).

9.3.3 Rescisão e honorários advocatícios arbitrados anteriormente

Questão interessante sobre os honorários advocatícios na rescisória diz respeito à necessária desconstituição do capítulo da sentença que impõe seu pagamento no processo anterior.

Ressalvada a hipótese em que a rescisória se voltar àquela fixação – quando, aliás, os advogados beneficiados por aquela verba serão réus da rescisória –, não há espaço para entender que aquela verba seja também alcançada necessária e invariavelmente por eventual desconstituição[66].

Ainda que o fundamento da rescisória seja o de invalidar o processo anterior por incompetência absoluta do juízo prolator da decisão rescindenda (art. 966, II) ou porque violador de anterior coisa julgada (art. 966, IV), não há como desconsiderar a atividade das partes e de seus procuradores naquela oportunidade gerando os devidos encargos financeiros. Seria o mesmo que entender que o acolhimento da rescisória gerará invariavelmente a devolução das custas processuais pagas com relação ao processo em que proferida a decisão rescindenda e dos honorários de eventual perito que tenha realizado prova pericial que se mostrará, ainda que futuramente, inócua.

A hipótese, destarte, não deve ser examinada na perspectiva de que, rescindida a decisão, devem ser desfeitos (com efeitos retroativos) todos os seus capítulos, inclusive aqueles que não guardam qualquer relação direta com o fundamento que justifica a rescisão[67].

Desse entendimento decorre outro no sentido de que os honorários fixados no processo em que proferida a decisão rescindenda – e sempre ressalvada a hipótese em que se pretende rescindir o próprio capítulo da decisão rescindenda que dispõe sobre honorários advocatícios (ou só ele) – não inibem e nem interferem na fixação de *novos* honorários advocatícios que se justificam para a própria rescisória, a serem fixados com observância do art. 85, na forma evidenciada pelo número anterior.

10. RECURSOS CABÍVEIS

Do acórdão que julga a rescisória caberão, consoante o caso, embargos de declaração (art. 1.022), recurso extraordinário (art. 102, III, da CF) e recurso especial (art. 105, III, da CF).

66. É a orientação sufragada pela 2ª Seção do STJ a propósito do julgamento AR 5.160/RJ, rel. p/ acórdão Min. Paulo de Tarso Sanseverino, j.m.v. 28-2-2018, *DJe* 18-4-2018.

67. Não há como concordar, destarte, com o entendimento alcançado pela 3ª Turma do STJ no REsp 1.457.328/SC, rel. Min. Paulo de Tarso Sanseverino, j.un. 26-6-2018, *DJe* 29-6-2018. Importa assinalar, contudo, que, naquele caso concreto, houve pedido expresso para a rescisão *também* do capítulo da decisão relativa aos honorários advocatícios, a justificar, na hipótese, inclusive (e por aquele fundamento), a legitimidade passiva dos advogados.

Os pressupostos de admissibilidade de cada um desses recursos não sofrem qualquer modificação diante da rescisória. O que importa, contudo, é constatar em que capítulo do julgamento há a sucumbência que autoriza a interposição do recurso: se na sua admissibilidade, se no *judicium rescindens* ou se no *judicium rescissorium*. Também se o pedido rescisório foi acolhido integral ou parcialmente e em que medida.

Ainda que não ostente natureza recursal, a técnica de colegiamento do art. 942 tem aplicação nos casos em que houver julgamento majoritário que resultar na rescisão da sentença, caso em que deve prosseguir perante órgão de maior composição previsto no regimento interno (art. 942, § 3º, I). A maioria deve residir, destarte, no *judicium rescindens*, sendo indiferente que a maioria votante se forme apenas nos casos em que houver rejulgamento da causa (*judicium rescissorium*).

11. PRAZO

O art. 975 disciplina o prazo para ajuizamento da rescisória.

Prevaleceu, no CPC de 2015, a proposta constante do Projeto da Câmara no sentido de conservar o prazo de dois anos do CPC de 1973. O Anteprojeto e o Projeto do Senado o reduziam para *um* ano[68].

Embora mantido o prazo bienal, chama a atenção o *texto* empregado pelo CPC de 2015 no *caput* do art. 975. Nele, lê-se que o direito à rescisão se extingue em dois anos contados do trânsito em julgado da *última* decisão proferida no processo. Regula-se, destarte, o prazo *máximo* para a rescisória, nada sendo dito acerca do *início* do prazo. Desse modo, havendo julgamento *parcial de mérito* (art. 356), nada há que impeça ao interessado ajuizar a rescisória tão logo a decisão respectiva transite em julgado (art. 356, § 3º), não havendo razão para aguardar o encerramento do processo e o trânsito em julgado da sentença. O que não pode ocorrer em tais casos é a superação dos dois anos *após* o trânsito em julgado desta última decisão.

A previsão do CPC de 2015, destarte, tem tudo para se sobrepor ao entendimento que, com base na Súmula 401 do Superior Tribunal de Justiça[69], é, em geral, aceito, no sentido de não serem admitidos prazos diferenciados, sucessivos, à medida que decisões forem, ao longo do processo, transitando em julgado[70]. Tanto mais interessante o tema porque a 1ª

68. De acordo com o art. 893 do Anteprojeto: "O direito de propor ação rescisória se extingue em um ano contado do trânsito em julgado da decisão". Seguia-o de perto o art. 928 do Projeto do Senado, com a seguinte redação: "O direito de propor ação rescisória se extingue em um ano contado do trânsito em julgado da decisão".

69. Cujo enunciado é o seguinte: "O prazo decadencial da ação rescisória só se inicia quando não for cabível qualquer recurso do último pronunciamento judicial".

70. Era esse o entendimento que já defendiam as edições anteriores ao CPC de 2015 deste *Curso*, como se pode ler do n. 13.2 do Capítulo 1 da Parte II de seu v. 5.

Turma do STF já teve oportunidade de aceitar a tese do trânsito em julgado *parcial* e dos diferentes prazos para rescisória[71].

Afora essa polêmica, cabe evidenciar que "O termo *a quo* para o ajuizamento da ação rescisória coincide com a data do trânsito em julgado da decisão rescindenda. O trânsito em julgado, por sua vez, se dá no dia imediatamente subsequente ao último dia do prazo para o recurso em tese cabível" [72]. Importa distinguir, outrossim, a data em que se dá o trânsito em julgado da data que ele é certificado nos autos, o que encontra fundamento bastante no art. 1.006. A certificação, em si mesma considerada, é indiferente para fluência do prazo para ajuizamento da rescisória.

O § 1º do art. 975 admite que o prazo seja prorrogado para o primeiro dia útil imediatamente seguinte quando seu vencimento se der durante férias forenses, recesso, feriados ou em dia em que não houver expediente forense[73].

11.1 Prazos diferenciados

No caso de a rescisória fundar-se em prova nova, o prazo de dois anos tem início com a respectiva descoberta (art. 975, § 2º). De qualquer sorte, deve ser observado o prazo máximo de cinco anos "contado do trânsito em julgado da última decisão proferida no processo"[74]. A ressalva faz incidir, aqui, a mesma consideração que, a propósito do *caput*, merece ser feita.

Pode acontecer, de qualquer sorte, que a descoberta da prova nova pouco antes da consumação do prazo de cinco anos – limite, para esse fim, expressamente previsto no § 2º do art. 975 – signifique, em termos práticos, que a rescisória seja ajuizada até *sete* anos após o trânsito em julgado da última decisão do processo: cinco anos para a descoberta da prova e mais dois anos para o ajuizamento da rescisória.

Outra hipótese de prazo diferenciado está no § 3º do art. 975. De acordo com a regra, o prazo de dois anos, no caso de a rescisória fundamentar-se em simulação ou colusão das

---

71. A referência é feita ao RE 666.589/DF, rel. Min. Marco Aurélio, j. un. 25-3-2014, *DJe* 3-6-2014, encimado da seguinte ementa: "COISA JULGADA – ENVERGADURA. A coisa julgada possui envergadura constitucional. COISA JULGADA – PRONUNCIAMENTO JUDICIAL – CAPÍTULOS AUTÔNOMOS. Os capítulos autônomos do pronunciamento judicial precluem no que não atacados por meio de recurso, surgindo, ante o fenômeno, o termo inicial do biênio decadencial para a propositura da rescisória".

72. Nesse sentido: STJ, CE, REsp repetitivo 1.112.864/MG, rel. Min. Laurita Vaz, j.un. 19-11-2014, *DJe* 17-12-2014.

73. Trata-se de orientação que já constava do mesmo REsp repetitivo 1.112.864/MG, rel. Min. Laurita Vaz, j.un. 19-11-2004, *DJe* 17-12-2004.

74. A previsão, novidade do CPC de 2015, atende a reclamos da doutrina que já pregavam a necessidade de flexibilização do prazo em determinadas hipóteses, a começar pela da descoberta da prova nova. Para essa discussão, v. o n. 13 do Capítulo 1 da Parte II do v. 5 deste *Curso* em suas edições anteriores ao CPC de 2015.

partes, conta-se, para o terceiro prejudicado com aquele ato e para o Ministério Público, que não interveio no processo, da ciência da simulação ou da colusão.

Além das hipóteses previstas no art. 975, merecem lembrança, nessa sede, a despeito das críticas que a eles merecem ser feitas, o § 15 do art. 525 e o § 8º do art. 535, que determinam a fluência do prazo para a rescisória – que, à falta de qualquer regra em sentido diverso, só pode ser o de dois anos – do trânsito em julgado da decisão do Supremo Tribunal Federal que declarar a inconstitucionalidade da norma jurídica que dá fundamento ao título executivo.

Pergunta pertinente a respeito daqueles dispositivos é saber se é correta a aplicação, por analogia, do limite de cinco anos previsto no § 2º do art. 975. A resposta positiva tem em seu favor a redução do impacto da insegurança jurídica provocada por aquelas regras.

Sem prejuízo de tais variações que afetam indistintamente quaisquer legitimados para a ação rescisória, não se aplica para ela as dobras de prazo previstas nos *capi* dos arts. 180, 183 e 186, para o Ministério Público, para a advocacia pública e para a Defensoria Pública, respectivamente.

Para as pessoas de direito público, houve tempo em que havia distinção do prazo.

Com efeito, o *caput* do art. 4º da Medida Provisória n. 1.577/97, reeditado até a Medida Provisória n. 1.632-11/98, pretendeu alterar o prazo para as pessoas jurídicas de direito público. Segundo o dispositivo, "o direito de propor ação rescisória por parte da União dos Estados, do Distrito Federal, dos Municípios, bem como das autarquias e das fundações instituídas pelo Poder Público extingue-se em cinco anos, contados do trânsito em julgado da decisão". Anote-se que a primeira redação do dispositivo fazia menção ao prazo de *quatro anos* para a rescisória. O prazo de *cinco anos* foi inovação trazida pela quinta reedição da Medida Provisória, então com o número 1.577-5, de 30-10-1997.

O dispositivo teve sua eficácia suspensa em virtude de cautelar deferida por unanimidade de votos pelo Plenário do Supremo Tribunal Federal[75].

A Medida Provisória n. 1.658-12/98 – que se seguiu à de n. 1.632-11 e à decisão do STF na referida ADI – modificou a redação do art. 188 do CPC e 1973, que encontra seu par no *caput* do art. 183 do CPC de 2015, concedendo prazo em dobro para as rescisórias da União, Estados, Distrito Federal, Municípios, suas autarquias e fundações. O texto foi repetido nas sucessivas reedições da mesma Medida Provisória (1.703 e 1.774), passando a ser objeto de disciplina, em 11-2-1999, da Medida Provisória n. 1.798, situação que durou até a Medida Provisória n. 1.798-5, de 2-6-1999, a primeira da série que deixou de tratar do assunto. A inovação foi impugnada pelo Conselho Federal da Ordem dos Advogados do Brasil na ADI 1.910-1/DF, quando teve sua vigência suspensa por unanimidade de votos.

Sem Medida Provisória e sem que o CPC de 2015 tenha se aventurado no assunto, a única exceção hoje vigente quanto ao prazo bienal para a ação rescisória diz respeito aos casos regulados pela Lei n. 6.739/79, que dispõe sobre a matrícula e o registro de imóveis

75. A referência é feita à já mencionada ADI 1.753/DF, rel. Min. Sepúlveda Pertence.

rurais, em virtude do art. 8º-C, que lhe foi acrescentado pelo art. 4º da Lei n. 10.267/2001. De acordo com o dispositivo: "É de oito anos, contados do trânsito em julgado da decisão, o prazo para ajuizamento de ação rescisória relativa a processos que digam respeito a transferência de terras públicas rurais".

11.2 Natureza do prazo

É correto entender que o biênio para ajuizamento da ação rescisória, ainda quando prevista a flexibilização quanto ao início de sua fluência, é *decadencial*. Seu não exercício, destarte, acarreta a perda do direito de rescindir decisão trânsita em julgado nos casos admitidos pelo Código de Processo Civil.

Diante da precitada regra do § 1º do art. 975, contudo, fica superada a impossibilidade de prorrogação do prazo para o primeiro dia útil seguinte ao seu término, quando "expirar durante férias forenses, recesso, feriados ou em dia em que não houver expediente forense".

À hipótese, por força do § 4º do 240, aplicam-se os §§ 1º a 3º do mesmo art. 240, quanto à retroação dos efeitos da citação "... à data da propositura da ação". Destarte, desde que o autor tome as providências que lhe cabem para viabilizar a citação do réu, eventual demora na efetivação daquele ato, por razões imputáveis *exclusivamente* ao serviço judiciário, não podem resultar em prejuízo seu, aqui, a consumação do prazo decadencial para a ação rescisória[76].

Sendo decadencial, aplica-se a exceção do art. 208 do Código Civil, e, portanto, o biênio não flui em detrimento de incapazes[77].

11.3 Fluência

Embora a redação do *caput* do art. 975 seja clara para fixar o trânsito em julgado da última decisão proferida no processo como *dies a quo* do prazo para a rescisória, há polêmica sobre quando ocorre aquele momento.

A discussão funda-se principalmente na circunstância, amplamente reconhecida, de que o juízo de admissibilidade recursal é *declaratório* e que, por isso, com efeitos *retroativos*. O julgador, nessa perspectiva, quando *conhece* do recurso, afirma estarem presentes seus pressupostos de admissibilidade desde sua interposição. Aplicando-se essa orientação, é imediata a percepção de que, uma vez não conhecido o recurso, a preclusão ou, o que interessa para

76. É entendimento que se colhe do Pleno do STF nos seguintes casos: AR-AgR 2.375/PR, rel. Min. Celso de Mello, j.un. 17-3-2016, *DJe* 8-6-2016, e STF, Pleno, AR-AgR 1.561/SC, rel. Min. Dias Toffoli, j.un. 10-4-2014, *DJe* 30-5-2014.

77. Nesse sentido: STJ 3ª Turma, REsp 1.403.256/MG, rel. Min. Ricardo Villas Bôas Cueva, j.un. 7-10-2014, *DJe* 10-10-2014, e STJ, 4ª Turma, REsp 1.165.735/MG, rel. Min. Luis Felipe Salomão, j.un. 6-9-2011, *DJe* 6-10-2011.

o tema presente, o *trânsito em julgado* da decisão que se pretendeu impugnar já terá ocorrido anteriormente, desde sua interposição.

A questão é tanto mais importante porque, no intervalo que existe entre a apresentação do recurso e seu não conhecimento pelo órgão julgador, podem transcorrer os dois anos do art. 975, vedando-se, consequentemente, a possibilidade do questionamento da decisão pela "ação rescisória". Pode-se consumar, enquanto se aguarda o julgamento do recurso, o prazo *decadencial* aqui discutido. Seria o caso de entender, para obviar tal situação, necessário que o interessado, antes do julgamento do recurso, propusesse a rescisória em até dois anos contados do provável momento em que, se não conhecido o recurso, transitaria em julgado a decisão recorrida? E, se sim, é o caso de suspender a rescisória até o julgamento do recurso porque, para seu cabimento, é indispensável o trânsito em julgado da decisão que se pretende rescindir?

Para evitar, dentre outras, as situações idealizadas pelo parágrafo anterior, de todo indesejáveis e violadoras do princípio da segurança jurídica e do princípio da eficiência processual é que, para este *Curso*, o juízo de admissibilidade recursal, não obstante ser *declaratório*, não tem, *processualmente*, efeitos retroativos (v. n. 6.1 do Capítulo 1 da Parte III). A decisão que *não conhece* do recurso, que entende não preenchidos ou não subsistentes as condições e os pressupostos componentes do "juízo de admissibilidade recursal", não retroage, devendo seus efeitos, no plano processual, ser experimentados desde então, *ex nunc*, portanto.

Assim, se VMF interpõe recurso especial de acórdão de Tribunal de Justiça do Estado do Amazonas, mesmo que ele não seja *conhecido*, o início do prazo de dois anos do art. 975 se dá quando estiver esgotada a fase recursal voltada a questionar o acerto daquela decisão, com o julgamento, por exemplo, de eventual agravo *interno* (art. 1.021), de eventuais embargos de declaração (art. 1.022) e, até mesmo, de eventual recurso extraordinário do acórdão do próprio Superior Tribunal de Justiça, com os desdobramentos recursais cabíveis em busca de sua admissibilidade.

Aceito o entendimento, é indiferente a razão pela qual não se conheceu do recurso. Assim, mesmo em se tratando de recurso *intempestivo* ou *deserto*, o prazo da rescisória fluirá de quando esgotados os recursos cabíveis da decisão que não o conheceu ou do transcurso *in albis* do prazo recursal contra aquela decisão, isto é, sem interposição de nenhum recurso da decisão relativa ao juízo *negativo* de admissibilidade. Para o litigante de má-fé, as consequências cabíveis são as apenações reservadas pelo sistema processual civil (art. 81) e não a inviabilidade de superação do juízo de admissibilidade positivo da ação rescisória.

O problema não se põe, outrossim, nos casos de *conhecimento do recurso*. Para eles, não há dúvida de que o prazo para a rescisória terá início a partir do trânsito em julgado do acórdão, que, por força do art. 1.008, substitui a decisão anterior.

Ainda sobre a fluência do prazo para a "ação rescisória", não há espaço para confundir o trânsito em julgado da decisão que se pretende rescindir com a certificação daquele evento pela secretaria ou cartório judiciais. Esta, providência meramente burocrática e administrativa, não interfere – e não pode interferir – naquele, o único relevante para a aferição da tempestividade nos moldes do art. 975[78].

11.4 Decadência intercorrente

Sobrevive, no CPC de 1973, antiga orientação jurisprudencial do Supremo Tribunal Federal, consubstanciada na Súmula 264: "Verifica-se a prescrição intercorrente pela paralisação da ação rescisória por mais de cinco anos".

Com o necessário reparo de que o prazo, desde a edição do CPC de 1973 e chegando ao de 2015, só pode ser o de *dois anos*, referido no art. 975, a orientação tem o significado de que, paralisado o andamento do processo em que se pleiteia a rescisão por mais de *dois* anos, consumar-se-á a decadência do direito, devendo ser proferida decisão que reconheça aquela situação, passível, inclusive, de reconhecimento de ofício, que encontra fundamento no inciso II do art. 487.

É suficiente para afastar a incidência daquela diretriz, contudo, que não possa ser o autor responsabilizado pela demora no julgamento, analogicamente ao que disciplina o § 2º do art. 240[79].

11.5 Sucessivas ações rescisórias

É plenamente admissível o ajuizamento de mais de uma ação rescisória contra uma *mesma* decisão de mérito. Fundamental, apenas, que não haja repetição de causas de pedir, isto é, de uma das causas de rescisão do art. 966, e que se observe o prazo decadencial de dois anos, contado desde o trânsito em julgado da decisão rescindenda. Se a hipótese for de rescisória do acórdão que julgou anterior pedido rescisório, o prazo do art. 975 fluirá a partir de seu próprio trânsito em julgado.

---

78. Correto, nesse sentido, o seguinte julgado da 2ª Seção do STJ: AR 4.374/MA, rel. Min. Paulo de Tarso Sanseverino, j.m.v. 9-5-2012, *DJe* 5-6-2012.

79. Nesse sentido: STJ, 3ª Seção, AR 3.983/GO, rel. Min. Ribeiro Dantas, j.un. 12-9-2018, *DJe* 19-9-2018; STJ, 3ª Turma, AgRg no AgRg no AREsp 787.252/SP, rel. Min. Ricardo Villas Bôas Cueva, j.un. 26-4-2016, *DJe* 10-5-2016; STJ, 1ª Turma, AgRg no AREsp 150.759/SP, rel. Min. Benedito Gonçalves, j.un. 18-9-2014, *DJe* 30-9-2014, e STJ, 3ª Seção, AR 3.200/SP, rel. Min. José Arnaldo da Fonseca, j.un. 26-10-2005, *DJ* 28-11-2005, p. 181.

Capítulo 8

Incidente de resolução de demandas repetitivas

1. CONSIDERAÇÕES INICIAIS

O incidente de resolução de demandas repetitivas, proposto desde o Anteprojeto de novo Código de Processo Civil elaborado pela Comissão de Juristas[1], com confessada inspiração no *Musterverfahren* (procedimentos-modelo ou representativos) do direito alemão[2], é, sem dúvida alguma, uma das mais profundas (e autênticas) modificações sugeridas desde o início dos trabalhos relativos ao novo Código.

O instituto quer viabilizar uma verdadeira concentração de processos que versem sobre uma mesma questão de direito no âmbito dos Tribunais Regionais Federais ou Tribunais de Justiça e permitir que a decisão a ser proferida nele seja aplicada a todos os demais casos que estejam sob a competência territorial do Tribunal competente para julgá-lo. Pode até ocorrer de haver recurso especial e/ou extraordinário para o Superior Tribunal de Justiça e/ou para o Supremo Tribunal Federal, respectivamente, viabilizando que aquela decisão alcance todo o território nacional sendo observada de maneira generalizada[3].

Trata-se, nessa perspectiva de uma das técnicas que o CPC de 2015 traz para a *criação* de indexadores jurisprudenciais, expressamente referidos no inciso III do art. 927, estabelecendo complexa disciplina, um verdadeiro *processo*, para aquele mister e que vem para ocupar, ainda

1. No Anteprojeto, o instituto ocupava os arts. 895 a 906, já com o nome que prevaleceu até o término dos trabalhos legislativos.

2. Para a análise daquele instituto no direito alemão e seu contraste com o modelo adotado pelo CPC de 2015, v. Aluísio Gonçalves de Castro Mendes, *Incidente de resolução de demandas repetitivas*, p. 30-53.

3 É questionável, do ponto de vista do CPC e, sobretudo, na perspectiva do modelo constitucional, que o IRDR possa ser instaurado originariamente no STF ou no STJ. A CE do STJ já teve oportunidade de entender pela viabilidade nos casos em que aquele Tribunal exerce competência *originária ou recursal ordinária*. Trata-se do AgInt na Pet 11.838/MS, rel. Min. João Otávio de Noronha, j.m.v. 7-8-2019, *DJe* 10-9-2019. Na Pet 8.245/AM, j. 11-10-2019, *DJe* 15-10-2019, o Min. Dias Toffoli, do STF, negou a viabilidade de instauração originária do IRDR no âmbito daquele Tribunal.

que apresente inúmeras diferenças, o lugar desempenhado (ou que deveria ter sido desempenhado) pelo extinto incidente de uniformização de jurisprudência do CPC de 1973 (arts. 476 a 479).

2. NOTAS DE PROCESSO LEGISLATIVO

O *texto* dos arts. 976 a 987, que correspondem ao Capítulo VIII do Título I do Livro III da Parte Especial, não encontra correspondência exata no Projeto de novo Código de Processo Civil do Senado Federal e nem no da Câmara dos Deputados. A redação de cada um daqueles dispositivos foi bastante alterada na derradeira etapa do processo legislativo quando da devolução do Projeto da Câmara ao Senado. Nisto não reside automática violação ao art. 65, parágrafo único, da Constituição Federal, na medida em que seja possível encontrar as regras correspondentes nos trabalhos legislativos.

Há casos, contudo, em que qualquer tentativa de justificar alterações sofridas pelo *texto* do que veio a ser convertido em Código de Processo Civil é tarefa vã. Uma delas é o parágrafo único do art. 978, que determina ao órgão colegiado competente para julgamento do incidente e também para a fixação da "tese jurídica", que julgue o recurso, a remessa necessária ou a causa de competência originária do qual o incidente teve origem. Outra decorre do desdobramento do inciso II do art. 977 no âmbito da revisão a que o texto do Código de Processo Civil passou antes de ser enviado à sanção presidencial. O novo inciso III que acabou surgindo no art. 977 gerou a restrição dos legitimados para a revisão da tese firmada no incidente, como se pode verificar do art. 986.

A análise destas questões, capazes de gerar inconstitucionalidades de índole *formal*, é desenvolvida ao longo do presente Capítulo, tanto quanto a indicação de eventuais inconstitucionalidades *substanciais* encontradas nas escolhas feitas pelo legislador, dando aplicação escorreita, destarte, a um dos componentes do modelo constitucional do direito processual civil, o relativo à suas normas de concretização.

3. FEIÇÃO E PRESSUPOSTOS DE ADMISSIBILIDADE

O Projeto do Senado, rente ao Anteprojeto do novo Código de Processo Civil elaborado pela Comissão de Juristas, admitia a instauração do incidente com finalidade claramente *preventiva*, isto é, como forma de evitar a multiplicação de processos que envolvessem questões de direito idênticas e os malefícios desta pulverização. Claro, nesse sentido, era o *caput* do art. 930 do Projeto respectivo, ao admitir a instauração "sempre que identificada controvérsia com *potencial* de gerar relevante multiplicação de processos fundados em idêntica questão de direito e de causar grave insegurança jurídica, decorrente do risco de coexistência de decisões conflitantes"[4].

4. A redação é idêntica à do *caput* do art. 895 do Anteprojeto de novo Código de Processo Civil.

O Projeto da Câmara alterou a finalidade do instituto, ao menos em parte, porque passou a exigir que a instauração dependesse de pendência de causa no tribunal (art. 988, § 2º, do Projeto da Câmara[5]), o que pressupunha que o tribunal já tivesse recebido algum caso anterior relativo à questão de direito, em grau recursal ou de sua competência originária.

Feita essa observação inicial, é correto afirmar que o incidente de resolução de demandas repetitivas, com a feição que lhe acabou dando o Código de Processo Civil, acabou se conformando com o caráter que o Anteprojeto e o Projeto do Senado lhe davam. Isto porque, embora sua instauração dependa da "*efetiva repetição de processos* que contenham controvérsia sobre a mesma questão unicamente de direito" (art. 976, I), nada há de similar à exigência do Projeto da Câmara (o precitado § 2º do art. 988 daquele Projeto) sobre o incidente somente poder ser suscitado na pendência de qualquer causa de competência do tribunal. Destarte, a conclusão a ser alcançada é a de que o incidente pode ser instaurado independentemente da existência de processos de competência originária ou recursos pendentes no Tribunal, sendo bastante, consequentemente, que "a efetiva repetição de processos que contenham controvérsia sobre a mesma questão unicamente de direito" seja constatada na primeira instância[6]. É certo, contudo, que julgado o processo que poderia dar ensejo à instauração o IRDR, já não há mais espaço para tanto, ainda que em sede de embargos de declaração[7].

É correto observar que a nova redação do texto final do Código de Processo Civil (art. 976, I) e a supressão do referido § 2º do art. 988 do Projeto da Câmara acabaram criando nova *regra*, que não encontra similar no Projeto do Senado nem no da Câmara, a indicar violação do parágrafo único do art. 65, da Constituição Federal e, consequentemente, de inconstitucionalidade formal.

A conclusão, a despeito de ser correta na perspectiva *textual*, não o é necessariamente na interpretação do que pode(ria) ser extraído de cada um daqueles dispositivos. Por essa razão, é mais apropriado negar a ocorrência de qualquer vício no processo legislativo neste ponto, entendendo que a instauração do incidente de resolução de demandas repetitivas se contenta com a efetiva existência de processos que versem sobre a mesma questão na primeira instância[8]. Algo similar ao que se dá para as "ações declaratórias de constitucionalidade",

5. Que tinha a seguinte redação: "O incidente somente pode ser suscitado na pendência de qualquer causa de competência do tribunal".

6. Na exata medida em que houver dúvida acerca dos pressupostos de admissibilidade do IRDR, mormente quando contrastado com o que autoriza o IAC, é irrecusável que as duas técnicas possam ser conhecidas com certa dose de fungibilidade. É orientação que ganhou força com o Enunciado n. 141 da II Jornada de Direito Processual Civil do CJF: "É possível a conversão de Incidente de Assunção de Competência em Incidente de Resolução de Demandas Repetitivas, se demonstrada a efetiva repetição de processos em que se discute a mesma questão de direito", repetido pelo FPPC em seu Enunciado n. 702: "É possível a conversão de incidente de assunção de competência em incidente de resolução de demandas repetitivas e vice-versa, garantida a adequação do procedimento". O autor deste *Curso* dedicou-se ao assunto em artigo intitulado "Incidente de Assunção de Competência: reflexões sobre seu cabimento, suspensão de processos e fungibilidade".

7. Nesse sentido: STJ, 2ª Turma, AREsp 1.470.017/SP, rel. Min. Francisco Falcão, j.un. 15-10-2019, *DJe* 18-10-2019.

8. É o entendimento do Enunciado n. 22 da ENFAM ("A instauração do IRDR não pressupõe a existência de processo pendente no respectivo tribunal") e do Enunciado n. 46 do TJMG ("O juiz poderá suscitar o Incidente

consoante exigência feita pelo inciso III do art. 14 da Lei n. 9.868/99[9], e que, importa repetir, já era possível de ser extraído do Projeto do Senado.

Além desta repetição de processos – e o inciso I do art. 976 exige que eles "contenham controvérsia sobre a mesma questão unicamente (isto é, *predominantemente*) de direito" –, a instauração do incidente pressupõe também "risco de ofensa à isonomia e à segurança jurídica" (art. 976, II).

O dispositivo evidencia que o *objetivo* do instituto é o de obter *decisões* iguais para *casos* (predominantemente) iguais. Não é por acaso, aliás, que o incidente é considerado, pelo inciso I do art. 928, como hipótese de "julgamento de casos repetitivos". O incidente, destarte, é vocacionado a desempenhar, na tutela dos princípios da isonomia e da segurança jurídica, papel próximo e complementar ao dos recursos extraordinários e especiais *repetitivos* (art. 928, II). Não é por outra razão o destaque que a ele dá o inciso III do art. 927, que dispensa a menção aos diversos casos em que, naquele contexto, o incidente é referido ao longo de todo o Código de Processo Civil.

4. LEGITIMADOS

Os legitimados para a instauração do incidente de resolução de demandas repetitivas são os indicados no art. 977.

O pedido será dirigido ao presidente do Tribunal (de Justiça ou Regional Federal) pelo magistrado (de primeira instância) ou pelo relator (na hipótese de já haver processos ou recursos no âmbito do Tribunal), que se valerão de *ofícios* para tanto (art. 977, I), não havendo óbice algum para que ajam independentemente de provocação naquele mesmo sentido.

Também têm legitimidade para requerer a instauração as partes, o Ministério Público e a Defensoria Pública, que, para tanto, farão uso de *petições* (art. 977, II e III).

A menção feita pelo inciso III do art. 977 ao Ministério Público e à Defensoria Pública merece ser interpretada amplamente, tanto quanto a do § 1º do art. 947, que trata do incidente de assunção de competência. A legitimidade daqueles órgãos se dá tanto quando atuam como *parte* (em processos coletivos, inclusive) como, também, quando o Ministério Público atuar na qualidade de fiscal da ordem jurídica e a Defensoria Pública no exercício de sua função como *custos vulnerabilis*. Quando a Defensoria Pública atuar em prol de algum indivíduo ou como curador especial, sua legitimidade encontra fundamento bastante no inciso II do mesmo art. 977.

Se o Ministério Público não for o requerente atuará necessariamente no incidente, fazendo-o na qualidade de fiscal da ordem jurídica (art. 976, § 2º; art. 982, III; art. 983, *caput*, e

---

de Resolução de Demandas Repetitivas após completada a relação processual em primeiro grau, independentemente da existência de recurso em trâmite no respectivo Tribunal").

9. Cuja redação é a seguinte: "Art. 14. A petição inicial indicará: (...) III – a existência de controvérsia judicial relevante sobre a aplicação da disposição objeto da ação declaratória".

art. 984, II, *a*). Nesta qualidade, deve assumir sua condução em caso de desistência ou de abandono do processo, nos termos do precitado § 2º do art. 976. Trata-se de mister absolutamente harmônico com as finalidades institucionais daquela instituição que derivam do *caput* do art. 127 e do inciso XI do art. 129 da Constituição Federal.

Uma palavra merece ser destinada às previsões dos incisos II e III do *caput* do art. 977. A diferenciação entre a legitimidade das partes (inciso II) e do Ministério Público e da Defensoria Pública (inciso III) para a instauração do incidente é obra da (indevida) revisão a que o texto do Código de Processo Civil passou antes de ser enviado à sanção presidencial. Ela até poderia ser compreendida como meramente redacional ou justificada por apuro de técnica legislativa, visando à distinção de hipóteses em que o atuar daquelas entidades se justifica em função do cumprimento de suas finalidades institucionais. Contudo, a modificação acarreta sensível *redução* no rol de legitimados para a *revisão* da tese jurídica a ser fixada no incidente (art. 986) e, por isso, deve ser entendida como formalmente inconstitucional.

5. OFÍCIO OU PETIÇÃO DE INSTAURAÇÃO

O parágrafo único do art. 977 exige que o ofício ou a petição contenham prova da ocorrência dos pressupostos exigidos pelo art. 976, o que traz à lembrança, uma vez mais, o disposto no inciso III do art. 14 da Lei n. 9.868/99 para a "ação declaratória de constitucionalidade".

O *caput* do art. 978 dispõe que é o regimento interno de cada Tribunal que indicará o órgão que tem competência para julgamento do incidente de resolução de demandas repetitivas. É para ele que o ofício ou a petição a que se refere o parágrafo único do art. 977 deverá ser encaminhado(a).

A solução dada pelo Código de Processo Civil a este respeito é adequada porque permite que cada tribunal decida, de acordo com suas peculiaridades, a questão, levando em consideração que o órgão jurisdicional tenha competência também para a uniformização de jurisprudência do tribunal como um todo, para além, portanto, da técnica aqui analisada. Trata-se de exigência plenamente justificável, dada a razão última de ser do incidente, que é a de formar a jurisprudência do Tribunal sobre as questões que, de acordo com o art. 976, justificam sua instauração. E não menos importante: a regra, programática, não atrita com o papel que o modelo constitucional do direito processual civil dá aos regimentos internos dos Tribunais (art. 96, I, *a*, da CF).

Não subsistiu, no Código de Processo Civil, a expressa preservação da competência do Plenário ou, se for o caso, do órgão especial, quando a hipótese envolver a declaração incidental da constitucionalidade, que constava do § 3º do art. 991 do Projeto da Câmara[10]. A

10. Que tinha a seguinte redação: "A competência será do plenário ou do órgão especial do tribunal quando ocorrer a hipótese do art. 960 no julgamento do incidente". O art. 960 daquele Projeto era o primeiro dos três a tratar do incidente de arguição de inconstitucionalidade.

competência neste caso, todavia, deriva *diretamente* do art. 97 da Constituição Federal. O que os regimentos internos dos Tribunais poderão dispor, a este respeito, é que a atuação do órgão competente para julgamento do incidente de resolução de demandas repetitivas seja *conjugado* com a do Plenário ou do órgão especial, nos termos do inciso II do art. 949. Nunca, contudo, prever competência que esbarre no precitado dispositivo constitucional ou, o que é o mesmo, negá-la. Nem a lei e nem o regimento interno podem dispor contra aquela previsão constitucional e o princípio por ele irradiado.

O § 5º do art. 976 isenta o incidente do pagamento de custas processuais. Por se tratar de norma *federal*, sempre há espaço para a importante (e comumente olvidada) discussão sobre sua constitucionalidade, já que as custas processuais relativas aos processos que tramitam na Justiça dos Estados são fixadas por *leis estaduais*. A melhor interpretação para a regra, destarte, é a de limitar sua incidência aos incidentes de resolução de demandas repetitivas que tramitem perante a Justiça Federal, podendo os Estados, se assim quiserem, estabelecer custas para a tramitação do incidente em seus próprios Tribunais de Justiça.

De acordo com o § 1º do art. 976, a desistência ou o abandono da causa não impede o exame de mérito do incidente. Trata-se de regra similar à que existe para os recursos extraordinários e especiais repetitivos pelo parágrafo único do art. 998, buscando conciliar o interesse privado das partes (que desistem ou abandonam a causa) e o interesse público que reside na fixação de determinada tese jurídica e que justifica, até mesmo, a condução do processo pelo Ministério Público quando ocorrente a hipótese do § 2º do art. 976.

Para cá, contudo, há uma questão peculiar, que reside na inconstitucionalidade formal do parágrafo único do art. 978, demonstrada pelo n. 8.1, *infra*, que inviabiliza, *em qualquer caso*, que a causa concreta seja julgada pelo mesmo órgão que fixa a tese ao julgar o incidente de resolução de demandas repetitivas.

6. ADMISSIBILIDADE

O art. 981 estabelece que, distribuído o incidente de resolução de demandas repetitivas, caberá ao órgão colegiado analisar o seu juízo de admissibilidade, considerando a ocorrência dos pressupostos do art. 976, isto é, sobre ocorrer, *simultaneamente*, a "efetiva repetição de processos que contenham controvérsia sobre a mesma questão unicamente de direito" *e* o "risco de ofensa à isonomia e à segurança jurídica".

A regra convida também ao entendimento de que a admissibilidade do incidente não deve ser aferida *monocraticamente*. Trata-se de ato necessariamente *colegiado*. Ao relator, singularmente considerado, caberá a tomada de outras providências, tais quais as previstas no art. 982. Todas elas, todavia, pressupõem a prévia admissão, necessariamente *colegiada*, do incidente.

Questão interessante é saber se cabe recurso da decisão relativa à admissão (ou inadmissão) do incidente.

Se for proferida decisão monocrática em um ou em outro sentido, a despeito da expressa indicação legal no sentido acima evidenciado, é irrecusável a pertinência do agravo interno para o colegiado competente, a ser indicado pelo regimento interno de cada Tribunal (art. 1.021). O *error in procedendo*, na hipótese será evidente a justificar não só o cabimento (já que se trata de decisão monocrática), mas também o *provimento* do recurso (já que viola, às escâncaras, o art. 981).

Da decisão colegiada, a hipótese poderá, ao menos em tese, ensejar seu desafio por recurso especial (por violação ao art. 976) e, menos provavelmente, recurso extraordinário (por violação a algum princípio constitucional, quiçá o da isonomia, o da eficiência processual ou, ainda, o da razoável duração do processo). A pertinência dos recursos especial e extraordinário, todavia, pressupõe que o incidente (e, no particular, a sua admissibilidade) seja considerado *causa* para os fins dos incisos III dos arts. 105 e 102 da Constituição Federal, respectivamente[11].

Entendê-lo como *causa*, contudo, conduz o intérprete a outras indagações, inclusive sobre caber a lei federal, de iniciativa do Legislativo Federal, fixar *competência originária* para os Tribunais Regionais Federais e para os Tribunais de Justiça, o que conduz à discussão que ocupa o n. 8.1, *infra*, a propósito do parágrafo único do art. 978 e do art. 985.

Há duas regras importantes relativas à admissibilidade e à sua contraface, a inadmissibilidade, do incidente dispersas.

A primeira está no § 3º do art. 976. O dispositivo prevê que a rejeição da instauração do incidente por ausência de seus pressupostos de admissibilidade não impede que seja ele instaurado quando a ausência daquele pressuposto for sanada. Trata-se de escorreita aplicação, ao incidente de resolução de demandas repetitivas, da sistemática extraída do *caput* e do § 1º do art. 486, a autorizar o entendimento de que, em casos como este, o pedido pode ser reformulado conquanto superado o vício que determinou sua inadmissibilidade anterior. Nada impede, a este propósito, que se determine àquele que formulou o pedido de instauração do incidente que supra o vício ou complemente as informações faltantes para, desde logo, viabilizar sua admissibilidade. É diretriz que decorre suficientemente dos arts. 6º e 321, aplicáveis à espécie.

A segunda delas reside no § 4º do mesmo art. 976, que veda a instauração do incidente quando já houver afetação de recurso extraordinário ou recurso especial *repetitivo* sobre a mesma questão, seja ela de direito material ou de direito processual, perante o Supremo Tribunal Federal ou o Superior Tribunal de Justiça, respectivamente. O que ocorrerá, nestes casos, é que a decisão a ser proferida por aqueles Tribunais no âmbito daqueles recursos preponderará perante todos os demais Tribunais e magistrados da primeira

11. Negando a recorribilidade da decisão que inadmite a instauração do IRDR, inclusive naquela perspectiva, e também porque é viável nova instauração perante os Tribunais de Justiça e Regionais Federais nos termos do art. 976, § 3º, é o entendimento da 3ª Turma do STJ no bem fundamentado acórdão proferido no REsp 1.631.846/DF, rel. p./acórdão Min. Nancy Andrighi, j.m.v. 5-11-2019, *DJe* 22-11-2019.

instância, nos termos da parte final do inciso III do art. 927, tornando *desnecessário* e *ineficiente* outro segmento recursal a ser tirado do próprio incidente (art. 987) para atingir o mesmo objetivo. Ainda mais porque a tese fixada no incidente de resolução de demandas repetitivas é, por definição, limitada à competência territorial de cada um dos Tribunais Regionais Federais e dos Tribunais de Justiça, a ensejar que o trato único da mesma tese no âmbito dos Tribunais Superiores, que têm competência em todo território nacional, seja preferível.

O óbice criado pelo § 4º do art. 976, ademais, tem enorme vantagem sobre o cabimento de recurso extraordinário e/ou especial do "mérito" do incidente de resolução de demandas repetitivas, tal qual previsto pelo art. 987, em função das críticas que aquele dispositivo merece receber, o que é objeto do n. 10, *infra*.

7. ATITUDES DO RELATOR

O art. 982 indica os atos a serem praticados pelo relator *após* a admissão *colegiada* do incidente de resolução de demandas repetitivas (art. 981).

De acordo com o inciso I, será determinada a suspensão dos processos pendentes, individuais ou coletivos, que tramitam no Estado ou na região, conforme o caso.

O inciso II autoriza a requisição de informações a órgãos em cujo juízo tramita processo no qual se discute o objeto do incidente, que as prestarão no prazo de quinze dias.

O inciso III, por fim, impõe a intimação do Ministério Público para, querendo, manifestar-se no prazo de quinze dias.

As previsões merecem exame mais aprofundado e ao lado de outros dispositivos que tratam de temas afins, razão de ser dos próximos números.

7.1 Suspensão dos processos

De acordo com o inciso I do art. 982, admitido o incidente, o relator suspenderá os processos individuais e coletivos no âmbito da jurisdição do Tribunal (no Estado ou na Região, consoante se trate de TJ ou TRF, respectivamente).

A despeito de seu texto, importa interpretar o dispositivo para recusar a ele qualquer pecha de obrigatoriedade, como se a admissão do incidente de resolução de demandas repetitivas resultasse sempre e invariavelmente na suspensão dos processos que tratem da mesma questão jurídica[12]. Cabe ao relator ponderar, diante das peculiaridades do caso concreto, os prós e os contras da sus-

12. Nesse sentido é o Enunciado n. 140 da II Jornada de Direito Processual Civil do CJF: "A suspensão de processos pendentes, individuais ou coletivos, que tramitam no Estado ou na região prevista no art. 982, I, do CPC não

pensão e, bem assim, verificar medidas que possam ser implementadas para dar maior segurança jurídica ao jurisdicionado enquanto tramita o incidente, assim, por exemplo, a suspensão parcial de processos[13] ou a admissão de sua tramitação até determinada fase processual[14].

É correto entender, de qualquer sorte, que eventual suspensão determinada pelo incidente de resolução de demandas repetitivas não pode interferir no cumprimento de sentença, ainda que o título executivo transitado em julgado tenha como supedâneo a questão jurídica que justifica a sua instauração[15].

O inciso I do art. 985 autoriza o entendimento de que a suspensão também abrange os processos em trâmite nos respectivos Juizados Especiais, a despeito da nota crítica que o dispositivo merece, objeto do n. 8.2, *infra*.

Sobre a suspensão dos processos prevista no inciso I do art. 982, cabe acrescentar, com base no que, para o recurso extraordinário ou especial repetitivo, dispõem os §§ 8º a 13 do art. 1.037, que, da intimação respectiva, poderá a parte requerer o reexame da decisão respectiva, apresentando elementos que permitam a *distinção* entre o caso concreto e o que está sujeito ao tratamento no incidente de resolução de demandas repetitivas, requerendo, consequentemente, o prosseguimento do processo. A iniciativa é harmônica com o que o CPC de 2015 trata como "casos repetitivos" (art. 928) e mostra-se indispensável na compreensão do direito jurisprudencial. É indiferente, portanto, que ela não seja expressamente regrada no âmbito do incidente aqui examinado[16]. Da decisão de primeira instância que decide o requerimento, aceitando ou não a distinção, cabe o recurso de agravo de instrumento previsto no inciso I do § 13 do art. 1.037[17].

Sobre a suspensão, cabe destacar também o disposto no § 1º do art. 982. O dispositivo estabelece que a suspensão dos processos seja comunicada "aos órgãos jurisdicionais competentes". Trata-se de alteração realizada na revisão a que foi submetido o texto do CPC de 2015 antes de ser enviado à sanção presidencial. A redação aprovada no Plenário do Senado

---

é decorrência automática e necessária da admissão do IRDR, competindo ao relator ou ao colegiado decidir acerca da sua conveniência".

13. O que pode ensejar, consoante o caso, o próprio julgamento antecipado parcial do mérito nos termos do art. 356. Nesse sentido é o Enunciado n. 126 da II Jornada de Direito Processual Civil do CJF: "O juiz pode resolver parcialmente o mérito, em relação à matéria não afetada para julgamento, nos processos suspensos em razão de recursos repetitivos, repercussão geral, incidente de resolução de demandas repetitivas ou incidente de assunção de competência".

14. Com isso, o autor deste *Curso* reformula, em parte, entendimento externado anteriormente até a 4ª edição de seu *Manual de direito processual civil*.

15. Nesse sentido é o Enunciado n. 107 da I Jornada de Direito Processual Civil do CJF: "Não se aplica a suspensão do art. 982, I, do CPC ao cumprimento de sentença anteriormente transitada em julgado e que tenha decidido questão objeto de posterior incidente de resolução de demandas repetitivas".

16. Nesse mesmo sentido é o Enunciado n. 142 da II Jornada de Direito Processual Civil do CJF: "Determinada a suspensão decorrente da admissão do IRDR (art. 982, I), a alegação de distinção entre a questão jurídica versada em uma demanda em curso e aquela a ser julgada no incidente será veiculada por meio do requerimento previsto no art. 1.037, § 10".

17. Nesse exato sentido: STJ, 3ª Turma, REsp 1.864.109/SP, rel. Min. Nancy Andrighi, j.un. 10-12-2019, *DJe* 13-12-2019 e STJ, 3ª Turma, REsp 1.717.387/PB, rel. Min. Paulo de Tarso Sanseverino, j.un. 8-10-2019, *DJe* 15-10-2019.

em dezembro de 2014 era diversa: exigia-se a comunicação, por ofício, aos juízes diretores dos fóruns de cada comarca ou seção judiciária, tratando-se de justiça estadual ou federal, respectivamente. A fórmula original era muito mais ampla e deve prevalecer, porque as alterações extrapoladoras dos limites redacionais naquele estágio do processo legislativo devem ser consideradas formalmente inconstitucionais.

Oportuno, a esse propósito, noticiar que o Projeto da Câmara trazia um dispositivo (art. 994, § 4º) que impunha a *suspensão* da prescrição das pretensões "nos casos em que se repete a questão de direito", isto é, naqueles casos em que estivesse em discussão o que, na perspectiva do inciso I do art. 976, justifica a instauração do incidente. A suspensão devia perdurar até o "trânsito em julgado do incidente", instante em que os processos suspensos voltariam a tramitar normalmente. A despeito de a regra não ter sido preservada na última etapa do processo legislativo, é possível (e desejável) chegar a ela por construção sistemática, sob pena de tornar o incidente uma forma (qualificadíssima) de eliminar processos, cujas pretensões seriam fulminadas pela prescrição, sem qualquer comprometimento com sua atuação prática e concreta[18]. Mormente se o prazo a que se refere o art. 980 não for cumprido à risca.

O § 2º do art. 982, pertinentíssimo diante do inciso XXXV do art. 5º da Constituição Federal, estabelece que eventual pedido de tutela de urgência (arts. 300 e ss.) que se justifique durante a suspensão do processo seja formulado perante o juízo onde tramita o processo suspenso. Assim, nos casos dos processos afetados e que estão na primeira instância, é correto entender que o Tribunal é incompetente para apreciação daqueles pedidos, a não ser em eventual segmento recursal (art. 1.015, I) que se siga ao pedido apresentado na primeira instância, sendo indiferente, para tanto, que o pedido seja concedido ou negado. Para os casos suspensos no próprio Tribunal, a competência do relator é inconteste diante da regra genérica do inciso II do art. 932[19].

A exclusão ou, quando menos, a falta de referência expressa, da tutela provisória fundamentada na *evidência* pelo § 2º do art. 982 parece pressupor que, com o incidente, não se fariam presentes seus pressupostos, ao menos aqueles que se relacionam a essa técnica de julgamento de casos repetitivos. Não obstante, caso ocorra no foro algum caso de tutela da evidência que infirme essa pressuposição, é irrecusável a aplicação, por extensão, daquela regra.

7.1.1 A suspensão requerida ao STJ ou ao STF

Qualquer dos legitimados mencionados nos incisos II e III do art. 977 (as partes, o Ministério Público e a Defensoria Pública) pode requerer ao Supremo Tribunal Federal ou ao

18. A propósito, cabe lembrar do Enunciado n. 452 do FPPC: "Durante a suspensão do processo prevista no art. 982 não corre o prazo de prescrição intercorrente".

19. No mesmo sentido é o Enunciado n. 41 da I Jornada de Direito Processual Civil do CJF: "Nos processos sobrestados por força do regime repetitivo, é possível a apreciação e a efetivação de tutela provisória de urgência, cuja competência será do órgão jurisdicional onde estiverem os autos".

Superior Tribunal de Justiça, com base no § 3º do art. 982, a suspensão de todos os processos individuais ou coletivos em curso no território nacional que versem sobre a questão objeto do incidente já instaurado. O objetivo da iniciativa é garantir a "segurança jurídica". Também, a parte no processo em curso no qual se discuta a mesma questão objeto do incidente (a "tese jurídica") é legitimada, pelo § 4º do art. 982, para requerer a suspensão, "independentemente dos limites da competência territorial". É dizer: o jurisdicionado de Vitória pode requerer, perante o Superior Tribunal de Justiça, a suspensão de todos os processos em trâmite em território nacional, mesmo que o incidente tenha sido instaurado pelo Tribunal de Justiça do Estado de São Paulo, porque a "tese jurídica" de seu caso particular é coincidente com aquela que justificou a formação do incidente perante o Tribunal paulista. Ambos têm como fundamento a inobservância de determinada lei federal por contrato de consumo celebrado em massa por usuários de determinado serviço.

Como o pedido de suspensão é medida que antecipa em alguma medida futuro recurso extraordinário e recurso especial é correto entender que a competência daqueles Tribunais se justifica consoante se avente com a interposição de um e de outro recurso. Na hipótese de se cogitar da oportuna interposição de ambos, deve se aplicar à espécie o critério de processamento do art. 1.031. Também as diretrizes dos arts. 1.032 e 1.033 merecem ter incidência na espécie, porque ínsitas ao processamento (e conhecimento) daqueles recursos e, consequentemente, ao pedido ora analisado.

Os §§ 3º e 4º do art. 982 não tratam da instauração de um *novo* incidente no âmbito dos Tribunais Superiores, ainda que a questão objeto do incidente possa ser comum a todo o território nacional (e, sendo de direito federal, muito provavelmente o será, graças às peculiaridades da Federação brasileira). Seu objetivo é, apenas, o de obter a suspensão dos processos individuais ou coletivos[20].

O § 5º do art. 982 dispõe que "cessa a suspensão a que se refere o inciso I do *caput* deste artigo se não for interposto recurso especial ou recurso extraordinário contra a decisão proferida no incidente". A remissão parece estar equivocada, já que a suspensão de que trata o inciso I do *caput* não tem abrangência nacional, apenas estadual ou regional. Assim, mostra-se correto entender que o § 5º do art. 982 disciplina o período da suspensão derivado do pedido feito com fundamento no § 3º, ainda que pelos legitimados do § 4º, isto é, o pedido de suspensão de todos os processos, individuais e coletivos em todo o território nacional, perante o Supremo Tribunal Federal e/ou o Superior Tribunal de Justiça. É regra que, nessa perspectiva, harmoniza-se com o que, no âmbito dos recursos extraordinários e especiais repetitivos, está previsto no § 4º do art. 1.029 e que pressupõe a interposição do recur-

20. Não fosse por inúmeras outras questões decorrentes do modelo constitucional do direito processual civil, o entendimento tem o condão de afastar do Supremo Tribunal Federal e do Superior Tribunal de Justiça competência *originária* para o processamento de incidentes de resolução de demandas repetitivas.

so especial e/ou do recurso extraordinário "do julgamento do mérito do incidente" nos moldes do art. 987.

Não fica claro nos dispositivos mencionados, contudo, qual será o *mérito* do recurso extraordinário e/ou especial que acaba justificando ou condicionando a suspensão dos processos no território nacional: trata-se de recurso contra a não instauração por qualquer razão de ordem formal? Trata-se de recurso a ser interposto do acórdão que "fixar a tese"? Ou, ainda, a referência é a recurso a ser interposto do julgamento que aplicar a tese no caso concreto, observando-se, neste último caso, a criticável regra do parágrafo único do art. 978? A segunda interpretação, com os olhos voltados *exclusivamente* ao CPC de 2015, parece ser a que faz mais sentido, até porque o *caput* do art. 987 refere-se a "mérito do incidente". Ela esbarra, contudo, em questões insuperáveis de inconstitucionalidade evidenciadas pelo n. 10, *infra*, a sugerir que as duas outras alternativas mereçam ser consideradas para aplicação da regra.

Como aqueles recursos têm (excepcionalmente) efeito suspensivo *ope legis*, por força do § 1º do art. 987, e, ainda de acordo com o § 2º daquele dispositivo, a decisão do Supremo Tribunal Federal ou do Superior Tribunal de Justiça deverá ser aplicada a todo território nacional, a iniciativa prevista no § 3º do art. 982 é predisposta a atuar como verdadeira antecipação e expansão daquele efeito (para todo território nacional), apto a tutelar a eficácia plena do que vier, finalmente, a ser decidido por aqueles Tribunais.

Por isso que, se aqueles recursos não forem interpostos, não há razão para a suspensão generalizada dos processos admitida pelo § 3º do art. 982, justificando a regra do § 5º do mesmo art. 982. Em última análise, faltaria competência para o Supremo Tribunal Federal e para o Superior Tribunal de Justiça para apreciação do pedido, inclusive na perspectiva do CPC de 2015, como se pode constatar do § 5º de seu art. 1.029, mesmo com as modificações promovidas pela Lei n. 13.256/2016. O próprio § 4º do art. 1.029, no particular, é extremamente claro ao referir que a extensão da suspensão perdurará "até ulterior decisão do recurso extraordinário ou do recurso especial *a ser interposto*", embora, naquele caso, a suspensão dos processos possa se fundamentar também (o dispositivo emprega a conjunção "ou") em "excepcional interesse social".

O que chama a atenção na previsão legislativa, contudo, é a circunstância de ser concedido efeito suspensivo a recurso ainda não interposto. Quais os benefícios concretos de medida como esta? O que ela traz de positivo para a *eficiência* processual, inclusive na perspectiva de evitar novos processos e novos recursos?

A dificuldade em responder tais questões recomenda parcimônia na suspensão dos processos prevista no § 3º do art. 982 para não transformar o julgamento do incidente de resolução de demandas repetitivas perante os Tribunais de Justiça e perante os Tribunais Regionais Federais em mero rito de passagem até que o Supremo Tribunal Federal ou o Superior Tribunal de Justiça julguem o recurso extraordinário ou o recurso especial interponível de seu "mérito" com base no art. 987. Também para não transformá-lo (se é que já não é) em verdadeira avocação de processos, com inegável supressão (dupla) de instância. Uma razão a mais, portanto, para recusar que o efeito suspensivo relativo ao processamento do incidente de resolução de demandas repetitivas seja consequência correlata à sua admissibilidade e, neste caso, da formulação do pedido aqui examinado.

7.2 Instrução

O relator poderá, com base no inciso II do art. 982, requisitar informações aos órgãos jurisdicionais em que tramitam os processos que se relacionam com o incidente, a serem prestadas em quinze dias (úteis). Também é sua incumbência intimar o Ministério Público para, na qualidade de fiscal da ordem jurídica, pronunciar-se no prazo de quinze dias úteis (art. 982, III). A circunstância de o Ministério Público ter requerido a instauração do incidente (art. 977, III) não deve inibir sua atuação na qualidade de fiscal da ordem jurídica, o que viabilizará debate mais amplo da questão inclusive no âmbito daquela Instituição.

Aqui, o verbo *poderá* deve ser interpretado como *deverá* pelas razões expostas no n. 5 do Capítulo 1. Não há como conceber, sem agressão ao modelo constitucional do direito processual civil, que um processo de formação de indexadores jurisprudenciais (no caso, o incidente de resolução de demandas repetitivas) tenha curso sem viabilizar a ampla e paritária daqueles que serão, em maior ou menor grau, afetados, ainda que institucionalmente, pelo que vier a ser decidido naquela sede.

Além dessas atividades que assumem caráter de nítida instrução (de preparação) do incidente, o *caput* do art. 983 permite a oitiva das partes e de outros interessados – inclusive a Ordem dos Advogados do Brasil e a Defensoria Pública – para se manifestarem acerca da questão jurídica que justificou a instauração do incidente e, bem assim, cabe complementar, sobre as consequências de sua definição em um e em outro sentido, suscitando, inclusive, questões relativas à necessidade de modulação, observando o que dispõe, a este respeito, o § 3º do art. 927.

A menção a "partes" deve ser entendida amplamente para aceitar também que qualquer parte *individualmente* considerada que tenha processo seu suspenso, mercê da instauração do incidente (art. 982, I) possa se manifestar diretamente no Tribunal para expor suas razões sobre a resolução da questão de direito. Importa observar que a iniciativa das partes neste sentido não as transforma em *amici curiae* ou, mais genericamente, em *terceiros intervenientes*. Elas continuam a ser as mesmas partes dos processos suspensos que, não obstante, querem que suas razões sejam consideradas no julgamento da questão jurídica que fundamente a instauração do incidente.

O dispositivo menciona que os "outros interessados" podem ser "pessoas, órgãos e entidades com interesse na controvérsia". Aqui sim a hipótese é de oitiva de *amicus curiae, hipótese que foi* generalizada pelo art. 138. O *interesse* na manifestação em tais casos, importa destacar, é necessariamente o *institucional* e, portanto, inconfundível com o usual "interesse jurídico", que caracteriza as demais modalidades de intervenção de terceiro, tradicionais e novas, disciplinadas pelo CPC de 2015 e, no que interessa para cá, também a manifestação das próprias partes como acima aventado.

Também a oitiva do Ministério Público, na qualidade de fiscal da ordem jurídica, é assegurada pelo mesmo dispositivo, reforçando o que consta do inciso III do art. 982.

As manifestações admitidas pelo *caput* do art. 983 devem ser efetuadas no prazo comum de quinze dias (úteis) e não se confundem com outras informações que, a propósito do inciso II do art. 982, tenham sido requeridas pelo relator. É correto entender que esse prazo pode ser dilargado com base no inciso VI do art. 139.

O § 1º do art. 983 menciona a realização de audiências públicas para "ouvir depoimentos de pessoas com experiência e conhecimento na matéria", com a finalidade de "instruir o incidente". A regra traz para o incidente de resolução de demandas repetitivas a mesma prática que se consolidou no âmbito do exercício do controle concentrado de constitucionalidade no Supremo Tribunal Federal e, mais recentemente, também no Superior Tribunal de Justiça, ao ensejo do julgamento de recursos especiais repetitivos e que deve ser aplaudida e aplicadas generosamente. É importante, por isto mesmo e em função do que já foi destacado, interpretar o § 1º do art. 983 no sentido de que as audiências públicas *devam* ser designadas para viabilizar a prévia, ampla e paritária discussão da tese jurídica e das consequências de sua fixação em um e em outro sentido.

As audiências públicas e a oitiva do *amicus curiae* merecem ser tratadas como as duas faces de uma mesma moeda, isto é, como técnicas que permitem a democratização (e, consequentemente, a legitimação) das decisões jurisdicionais tomadas em casos que, por definição, tendem a atingir uma infinidade de pessoas que não necessariamente far-se-ão representar pessoal e diretamente no processo em que será fixada a interpretação da questão jurídica que justifica a instauração do incidente. A audiência pública, essa é a verdade, é um local apropriado para que a participação do *amicus curiae* seja efetivada. Os *amici curiae*, por sua vez, fazem o papel de verdadeiros *representantes* ou *substitutos* das próprias teses que serão discutidas, na perspectiva da apresentação e na defesa de seus argumentos, favoráveis e contrários, e de seus impactos nos mais variados campos. A *paridade* na sua oitiva, destarte, é irrecusável para preservar o equilíbrio do contraditório no âmbito do processo de índole cooperativa decorrente do modelo constitucional e do art. 6º do CPC de 2015[21].

21. Expresso nesse sentido é o Enunciado n. 82 da I Jornada de Direito Processual Civil do CJF: "Quando houver pluralidade de pedidos de admissão de *amicus curiae*, o relator deve observar, como critério para definição daqueles que serão admitidos, o equilíbrio na representatividade dos diversos interesses jurídicos contrapostos no litígio, velando, assim, pelo respeito à amplitude do contraditório, paridade de tratamento e isonomia entre todos os potencialmente atingidos pela decisão".

Cabe, a este propósito, reiterar o entendimento quanto à indispensabilidade de oitiva de *amici curiae* e pela realização de audiências públicas no ambiente do incidente de resolução de demandas repetitivas, tendo presente a gravidade das consequências derivadas da *tese* a ser fixada, com destaque aos diversos impactos procedimentais dispersos por todo o Código de Processo Civil a partir do art. 927. Aquelas providências, destarte, devem ser compreendidas como medidas *impositivas* para o hígido desenvolvimento do incidente de resolução de demandas repetitivas e cuja inobservância tem tudo para gerar a *nulidade* na decisão respectiva, ao menos no que tange à sua aptidão de servir de indexador jurisprudencial nos moldes do art. 985 e afastar, consequentemente, a sua necessária "observância" nos moldes do art. 927.

8. JULGAMENTO

Findas as diligências dos incisos II e III do art. 982 e do *caput* e do § 1º do art. 983, compete ao relator solicitar dia para julgamento (art. 983, § 2º).

As regras a serem observadas na sessão de julgamento do incidente de resolução de demandas repetitivas estão no art. 984.

Naquela sessão, o relator exporá o objeto do incidente (que deve estar devidamente delineado no relatório de seu voto), após o que terão lugar, se assim os interessados quiserem, as sustentações orais do autor e do réu do processo originário e do Ministério Público (na qualidade de fiscal da ordem jurídica), pelo prazo de trinta minutos. À falta de restrição, diferentemente do que se dá na alínea *b* do inciso II do art. 984, aquele prazo deve ser entendido para cada um dos indicados, isto é, uma hora e meia de sustentação oral ao todo, trinta minutos para cada um. Havendo mais de um autor e/ou réu no processo originário, aí sim o prazo será dividido entre os integrantes de cada grupo.

Também os demais *interessados* (art. 983, *caput*) poderão sustentar oralmente suas razões. Para tanto, devem ser inscrever dois dias (úteis) antes do julgamento. Disporão de trinta minutos para aquele mister, divididos entre todos. O prazo para a sustentação oral pode ser *ampliado* a depender do número de inscritos, em conformidade com o § 1º do art. 984.

O § 2º do art. 984 é nevrálgico para o adequado funcionamento do incidente e para o papel que o Código de Processo Civil quer (e espera) dele e, de forma mais ampla, de todo o direito jurisprudencial espraiado nele a partir dos arts. 926 e 927. De acordo com o dispositivo, o "conteúdo do acórdão abrangerá a análise de todos os fundamentos suscitados concernentes à tese jurídica discutida, sejam favoráveis ou contrários".

O acórdão do incidente deve analisar – sempre fundamentadamente – *todas* as teses que foram apresentadas para dar solução à questão de direito que enseja a sua instauração, independentemente de elas serem favoráveis ou desfavoráveis a um ou a outro ponto de vista.

Trata-se, neste sentido, de ênfase do que consta do § 1º do art. 489, em especial de seu inciso IV, e que deve presidir concretamente a construção e a vivência do direito jurisprudencial.

Não se pode tolerar – e o Código de Processo Civil é bastante enfático quanto a isto – a experiência cotidiana de os órgãos jurisdicionais não se sentirem obrigados a responder, uma a uma, as teses aptas a sustentar o entendimento a favor e o entendimento contra. Se essas teses não são convincentes, se elas merecem ser repelidas, quiçá até por serem impertinentes, é importante que tudo isto seja expressamente enfrentado e escrito como justificativa apta à sua rejeição. Tanto quanto as razões, todas elas, que dão sustento ao entendimento que acabou por prevalecer no julgamento do incidente[22].

Importa acentuar, outrossim, que os argumentos trazidos pelos *interessados em geral* (e aí estão incluídos todos os *amici curiae* que tenham se manifestado no incidente) também estão sujeitos àquela regra: eles *devem* ser identificados e analisados um a um para que reste claro de que maneira elas foram consideradas ou não e suficientes ou não para embasar a conclusão a ser alcançada no julgamento do incidente de resolução de demandas repetitivas. Não é por outra razão que, coerentemente, o § 1º do art. 138 reconhece ao *amicus curiae* legitimidade para apresentação de embargos de declaração (o que traz à lembrança o inciso II do parágrafo único do art. 1.022), sem prejuízo de prever, também de maneira expressa, a legitimidade do *amicus* para "... recorrer da decisão que julgar o incidente de resolução de demandas repetitivas" (art. 138, § 3º).

8.1 Abrangência

O parágrafo único do art. 978 dispõe que o órgão colegiado competente, além de julgar o incidente e "fixar" a tese jurídica, "julgará igualmente o recurso, a remessa necessária ou o processo de competência originária" de onde ele se originou. Trata-se de regra que veio eliminar fundada dúvida que, desde o início, o novel instituto vinha suscitando, sobre qual o papel a ser desempenhado pelo órgão do Tribunal competente para fixar a tese jurídica justificadora do incidente: apenas fixá-la ou, indo além, julgar, desde logo, o processo no qual ela, a tese, teve nascimento, aplicando-a *in concreto*.

Ambas as alternativas eram inequivocamente sustentáveis e ambas tinham, nas suas respectivas defesas, prós e contras de variadas ordens[23].

---

22. É essa a razão pela qual não há como concordar com o Enunciado n. 41 do TJMG, segundo o qual: "Nos Incidentes de Resolução de Demandas Repetitivas e no de Assunção de Competência o relatório conterá os fundamentos determinantes da controvérsia, possuindo função preparatória para a formação do precedente". A questão não se resume à circunstância de aqueles fundamentos estarem contemplados no *relatório* do acórdão. É mister que eles sejam efetivamente enfrentados, analisados, repelidos ou acolhidos, consoante o caso, na *fundamentação* do acórdão.

23. E que tem dado ensejo a discussão sobre a própria natureza do IRDR, inclusive sobre se tratar de "causa-piloto" ou "procedimento-modelo". A esse respeito, v.: Aluísio Gonçalves de Castro Mendes, *Incidente de resolução de demandas repetitivas*, p. 101-108; Marcos de Araújo Cavalcanti, *Incidente de resolução de demandas repetitivas*

O que ocorre, no entanto, é que o parágrafo único do art. 978, ao fazer escolha *expressa* sobre a controvérsia, violou o devido processo legislativo. Trata-se de regra que, por não ter correspondência com o Projeto aprovado pelo Senado Federal nem com o Projeto aprovado pela Câmara dos Deputados, contraria o parágrafo único do art. 65 da Constituição Federal. Deve, consequentemente, ser considerado *inconstitucional* formalmente[24].

O entendimento quanto à inconstitucionalidade formal do parágrafo único do art. 978 é tanto mais correto porque quaisquer tentativas de dar "interpretação conforme" àquele dispositivo esbarra nos limites *substanciais* do modelo constitucional do direito processual civil. Isto porque não cabe à *lei federal* definir a competência dos órgãos dos Tribunais Regionais Federais nem dos Tribunais de Justiça[25]. A iniciativa viola, a um só tempo, os arts. 108 e 125, § 1º, da Constituição Federal. Aquilo que o *caput* do art. 978 tem de virtuoso, o seu parágrafo único tem de vicioso.

Trata-se de entendimento que, na dúvida noticiada, levava diversos estudiosos do tema – e o autor deste *Curso* se inclui entre eles – a criticar a compreensão de que o incidente pudesse autorizar o Tribunal a julgar, desde logo, a *causa* de onde originada a tese jurídica. No máximo, caberia a ele fixar a tese, deixando-a para ser *aplicada* pelos órgãos jurisdicionais competentes para julgar os processos afetados pela questão jurídica (similarmente ao que, no âmbito dos recursos extraordinário ou especial repetitivos, acabou prevalecendo, não sem críticas, no inciso III do art. 1.040) e de forma similar ao que, no contexto do incidente de arguição de inconstitucionalidade, verifica-se, de forma justificada desde o art. 97 da Constituição Federal, que reparte a competência dos órgãos dos Tribunais para o reconhecimento da inconstitucionalidade.

Por essa razão, a inconstitucionalidade formal e a substancial do parágrafo único do art. 978 acaba conduzindo o intérprete à compreensão de que a aplicação da tese jurídica deve ser feita pelos juízos perante os quais tramitam os "casos repetitivos", que ensejaram a instauração do incidente, vedado ao Tribunal o exercício de competência que não detém.

Se a Constituição Federal e cada uma das Constituições dos Estados forem modificadas para albergar, dentre as competências dos Tribunais Regionais Federais e de seus respectivos Tribunais de Justiça, o julgamento *originário* do incidente de resolução de demandas repeti-

---

(IRDR), p. 171-180; Sofia Temer, *Incidente de resolução de demandas repetitivas*, p. 65-100, e Rodolfo de Camargo Mancuso, *Incidente de resolução de demandas repetitivas*, p. 224-227.

24. O entendimento já foi sufragado pelo TRF2 no julgamento do Conflito de Competência n. 0004214-80.2016.4.02.0000, rel. Des. Federal Poul Erik Dyrlund, j.m.v. 5-4-2018. O autor deste *Curso* foi o pioneiro na sustentação daquele entendimento (e, em rigor, de todas as outras relativas aos problemas derivados do *indevido* processo legislativo do CPC de 2015), tendo dedicado boa parte das sucessivas edições de seu *Novo Código de Processo Civil anotado* para tratar dele.

25. A única exceção a esse entendimento, que reside – nem poderia ser diferente – na própria CF, se dá com relação ao Tribunal de Justiça do Distrito Federal e Territórios. Nesse caso, é a União Federal, por *lei federal*, que tem competência para sua *organização judiciária* (art. 22, XVII, da CF) e, consequentemente, para estabelecer regra como a do parágrafo único do art. 978.

tivas, darão fundamento normativo genérico para o parágrafo único do art. 978, tornando, até mesmo, menos decisiva a crítica que cabe à inconstitucionalidade formal do dispositivo. É saber se haverá vontade política para essa alteração. Se sim, é esperar que aquelas modificações sejam feitas em consonância com o devido processo legislativo relativo a propostas de emenda à Constituição, tanto no âmbito federal como nos estaduais.

8.2 Consequências

O art. 985 prescreve que, julgado o incidente de resolução de demandas repetitivas, a tese jurídica "será aplicada" em todos os casos *presentes* (inciso I) e *futuros* (inciso II) que tratem da mesma questão em todo o território em que o Tribunal que o julgou exerce sua competência, inclusive no âmbito dos Juizados Especiais, independentemente de serem os processos individuais ou coletivos. A ressalva com relação aos casos futuros reside, única e exclusivamente, na hipótese de haver revisão do entendimento, objeto do art. 986.

A aplicação determinada pelos dois incisos do *caput* do art. 985 pressupõe que, nos casos concretos, seja permitida a manifestação das partes (e de eventuais terceiros) a este respeito, inclusive para demonstrar alguma distinção apta a afastar a incidência pretendida. É iniciativa que encontra guarida bastante no § 1º do art. 927[26].

Antes do advento do (inconstitucional) parágrafo único do art. 978, era pouco claro como devia ser compreendido o *caput* do art. 985, quando se refere a "julgado o incidente". Como está escrito no n. 3, *supra*, nunca ficou claro no Anteprojeto, no Projeto do Senado nem no da Câmara o alcance que aquele julgamento teria: tratava-se apenas da fixação da "tese" sobre a questão de direito decidida ou o Tribunal, além disto, julgaria também o caso concreto a partir do qual o incidente foi instaurado?

A redação final do Código de Processo Civil acabou tomando partido sobre a questão, adotando a segunda orientação, a despeito de a novidade violar o art. 65, parágrafo único, da Constituição Federal. Assim, no que diz respeito à tese jurídica alcançada no âmbito do incidente – descolada, portanto, do caso concreto de onde ela surgiu e que, como quer o parágrafo único do art. 978, será julgado, desde logo, pelo Tribunal –, ela será aplicada "a todos os processos individuais ou coletivos que versem sobre idêntica questão de direito e que tramitem na área de jurisdição do tribunal, inclusive àqueles que tramitem nos juizados especiais do respectivo Estado ou região" (art. 985, I) e também "aos casos futuros que ver-

26. No sentido do texto é Enunciado n. 20 da ENFAM: "O pedido fundado em tese aprovada em IRDR deverá ser julgado procedente, respeitados o contraditório e a ampla defesa, salvo se for o caso de distinção ou se houver superação do entendimento pelo tribunal competente" e o Enunciado n. 49 do TJMG: "A decisão que, em julgamento de procedência, aplicar a tese firmada em Incidente de Resolução de Demandas Repetitivas deverá respeitar previamente o contraditório e a ampla defesa".

sem idêntica questão de direito e que venham a tramitar no território de competência do tribunal, salvo revisão na forma do art. 986" (art. 985, II).

É certo que o *caput* do art. 985 não emprega – como, tampouco, o Código de Processo Civil considerado em seu todo, com a única exceção do § 3º do art. 947, quando trata do incidente de assunção de competência – a palavra *vinculante*, preferindo o imperativo "será aplicada". A eficácia vinculante do "julgamento dos casos repetitivos" (art. 928), contudo, é uma constante no *sistema* do Código de processo Civil e ela fica ainda mais evidenciada por causa do § 1º do art. 985, ao prever o cabimento da reclamação quando "não observada a tese adotada no incidente", regra reiterada pelo inciso IV do art. 988, mesmo na redação que lhe deu a Lei n. 13.256/2016.

O inciso I do art. 985 estabelece que a aplicação da tese definida no incidente se dará também no âmbito dos Juizados Especiais. A questão merece reflexão mais demorada porque, em rigor, o órgão de segundo grau de jurisdição dos Juizados Especiais *não são* os Tribunais de Justiça, tampouco os Tribunais Regionais Federais, e sim as Turmas ou Colégios Recursais.

A solução dada pelo Código de Processo Civil é, inquestionavelmente, a mais prática e "lógica" e, à época de sua *promulgação*, harmonizava-se com a Resolução n. 12/2009 do STJ, que, em última análise, permitia que aquele Tribunal controlasse o conteúdo das decisões proferidas no âmbito dos Juizados Especiais de todo o país por intermédio de reclamações. Aquela Resolução foi expressamente revogada pelo art. 4º da Emenda Regimental n. 22/2016, que entrou em vigor junto com o CPC de 2015, seguindo-se a Resolução n. 3/2016 do STJ cujo art. 1º reconhece aos próprios Tribunais de Justiça o julgamento de reclamações para "... dirimir divergência entre acórdão prolatado por Turma Recursal Estadual e do Distrito Federal e a jurisprudência do Superior Tribunal de Justiça, consolidada em incidente de assunção de competência e de resolução de demandas repetitivas, em julgamento de recurso especial repetitivo e em enunciados das Súmulas do STJ, bem como para garantir a observância de precedentes".

O encaminhamento dado pela Resolução n. 3/2016, contudo, deve ser criticado porque extrapola os limites do modelo constitucional, inclusive por faltar competência ao Superior Tribunal de Justiça para disciplinar, por ato infralegal, o tema, tanto quanto já não lhe competia nos moldes da Resolução n. 12/2009[27]. Não fosse suficiente, e não há como deixar de lado a configuração dada aos Juizados Especiais pelo inciso I do art. 98 da Constituição Federal, a impor, destarte, necessária (e prévia) revisão daquele modelo constitucional e do sistema de competência dele extraível para, depois, viabilizar que a lei (e quaisquer outros atos normativos infralegais) estabeleça técnicas de uniformização de

27. Isso a despeito do quanto decidido no RE-EDcl RE 571.572-8/BA pelo Pleno STF, rel. Min. Ellen Gracie, j.m.v. 26-8-2009, *DJe* 27-11-2009, que daria fundamento àquele ato normativo, destacando seu caráter transitório "enquanto não criado, por lei federal, o órgão uniformizador" no âmbito dos Juizados Especiais Estaduais, dando ênfase à existência, no âmbito dos Juizados Federais, da Turma de Uniformização de Jurisprudência (art. 14 da Lei n. 10.259/2001).

jurisprudência aplicáveis também aos Juizados Especiais a partir de órgãos que estão fora de sua estrutura[28]. Por isso, é irrecusável a conclusão quanto à inconstitucionalidade do alcance pretendido pelo inciso I do art. 985 aos Juizados Especiais e, consequentemente, a eventual suspensão dos processos que nele tramitam, a despeito do que é possível extrair do inciso I do art. 982[29].

O § 2º do art. 985, harmônico com o inciso IV do art. 1.040, que trata do julgamento de recursos extraordinário e especial *repetitivos*, prevê que, se "o incidente tiver por objeto questão relativa a prestação de serviço concedido, permitido ou autorizado, o resultado do julgamento será comunicado ao órgão, ao ente ou à agência reguladora competente para fiscalização da efetiva aplicação, por parte dos entes sujeitos a regulação, da tese adotada".

Trata-se de iniciativa importante que, ao estabelecer indispensável *cooperação* entre o órgão jurisdicional e as pessoas, os entes e/ou órgãos administrativos, cria condições de *efetividade* do quanto decidido no âmbito jurisdicional e, nesse sentido, traz à mente o disposto no art. 4º que, pertinentemente, não se contenta tão só com a *declaração* do direito, mas também com sua *concretização*. Ademais, se essa fiscalização for *efetiva*, como se espera, reduzem-se os riscos de nova judicialização do conflito, o que viabiliza passo importante em direção a um mecanismo mais racional de distribuição de justiça, inclusive na perspectiva dos meios alternativos/adequados difundidos desde o art. 3º. A observação é tanto mais pertinente diante do *caput* do art. 30 que a Lei n. 13.655/2018 introduziu na LINDB pelo qual: "As autoridades públicas devem atuar para aumentar a segurança jurídica na aplicação das normas, inclusive por meio de regulamentos, súmulas administrativas e respostas a consultas". Que os entes administrativos façam, como *devem fazer*, a *sua* parte – até porque para eles também a *eficiência* é um princípio (art. 37, *caput*, da CF) – e que o Código de Processo Civil, com o reforço do art. 30 da LINDB, sirvam de mola propulsora para tanto[30].

8.3 Divulgação

O *caput* e o § 1º do art. 979 impõem ampla e específica divulgação não só da *instauração*, mas também do *julgamento* do incidente de resolução de demandas repetitivas. Além disso, os mesmos dispositivos impõem a criação e manutenção de bancos de dados a seu respeito, inclusive, mas não só, perante o Conselho Nacional de Justiça[31].

28. Como se dá com os arts. 18 a 20 da Lei n. 12.153/2009, que dispõe sobre o Juizados Especiais da Fazenda Pública no âmbito dos Estados, do Distrito Federal, dos Territórios e dos Municípios.

29. Nesse sentido: Marcos de Araújo Cavalcanti, *Incidente de resolução de demandas repetitivas (IRDR)*, p. 391-395.

30. Preciso, no ponto, é o Enunciado n. 26 do FNPP: "Cabe à Advocacia Pública orientar formalmente os órgãos da Administração sobre os pronunciamentos previstos no art. 927, com a finalidade de prevenir litigiosidade e promover isonomia, segurança jurídica e eficiência".

31. O § 3º do art. 979 determina que a exigência seja aplicada também ao julgamento dos recursos extraordinário e especial repetitivos. Sobre o dispositivo, pertinentíssimo, contudo, fica a curiosidade de saber por que a regra

A providência louvável, até para viabilizar o maior número possível de intervenções para os fins do art. 983 e, consequentemente, da discussão mais aprofundada possível da *tese* a ser fixada, levando em conta todos os seus argumentos, favoráveis ou contrários, bem assim as *consequências* de seu acolhimento ou de sua rejeição.

O § 2º do art. 979 é fundamental para que o objetivo desses bancos de dados e da divulgação imposta pelo *caput* e pelo § 1º seja alcançado, porque determina que o cadastro contenha, no mínimo, os fundamentos determinantes da decisão e os dispositivos normativos a ela relacionados. Assim, não é suficiente que haja menção à "tese" que justifica a instauração do incidente. O que a regra quer – e a exigência é absolutamente pertinente com o direito jurisprudencial extraível dos arts. 926 e 927 – é a *contextualização jurídica e fática* daquela tese, ao estilo que, pertinentemente, determina o § 1º do art. 927 e sua expressa remissão ao § 1º do art. 489. É essa discussão, não apenas a menção a uma tese jurídica descontextualizada de seus fundamentos e de seus fatos determinantes, que será capaz de viabilizar o funcionamento adequado dos indexadores jurisprudenciais, inclusive do produto do incidente de resolução de demandas repetitivas.

Para dar cumprimento ao disposto no art. 979, o Conselho Nacional de Justiça editou a Resolução n. 235/2016, cujo art. 5º determina a criação do "banco nacional de dados de casos repetitivos e de incidentes de assunção de competência" no âmbito daquele Conselho. Aquele ato quer implementar a padronização de procedimentos administrativos decorrentes dos casos repetitivos, de repercussão geral e de incidentes de assunção de competência no âmbito dos Tribunais brasileiros, à exceção do Supremo Tribunal Federal.

Nesse mesmo contexto, cabe lembrar do "Corpus 927", de iniciativa da ENFAM, que pretende formar banco de dados para os fins do dispositivo aqui examinado[32].

8.4 Prazo

O art. 980 estabelece o prazo de um ano para julgamento do incidente de resolução de demandas repetitivas. O artigo não esclarece, mas é correto entender, que o prazo deve ser contado desde a decisão que *admite* sua instauração.

O mesmo dispositivo estabelece também que o incidente seja julgado com preferência aos demais "feitos" (palavra que merece ser interpretada como outras causas de competência originária dos Tribunais, recursos e incidentes de sua competência, ou, como quis a revisão a que o texto do Código de Processo Civil antes de seu envio à sanção presidencial, *processos*), ressalvados os pedidos de *habeas corpus* e aqueles que envolvam réu preso. Dadas a natureza

nele contida não está, como deveria estar, na disciplina reservada à identificação da repercussão geral e aos recursos extraordinário e especial repetitivos.

32. Seu endereço eletrônico é o seguinte: http://corpus927.enfam.jus.br/.

e a importância do mandado de segurança como um dos "procedimentos jurisdicionais constitucionalmente diferenciados" do modelo constitucional do direito processual civil, seu julgamento, máxime quando impetrado *coletivamente*, deve *também* ter preferência sobre o dos incidentes de resolução de demandas repetitivas, a despeito do silêncio do artigo.

Caso seja ultrapassado o prazo de um ano estabelecido pelo *caput do art. 980*, cessa, de acordo com o seu parágrafo único, a eventual suspensão dos processos estabelecida pelo inciso I do art. 982, a não ser que haja decisão fundamentada em sentido contrário do relator.

A despeito da ressalva (e da "contrarressalva") constante do parágrafo único do art. 980, é importante que a regra nele veiculada seja interpretada no sentido de serem criadas condições concretas e objetivas para o julgamento do incidente de resolução de demandas repetitivas no prazo de um ano para que, nele, sejam efetivamente resolvidos os processos que têm, como fundamento, a discussão jurídica que justifica sua instauração.

De nada adiantará ser determinada eventual suspensão de centenas ou milhares de processos para que "um seja julgado por todos" se o julgamento do incidente não se realizar dentro de um prazo preestabelecido. Até porque o § 2º do art. 982 – e nem poderia ser diferente diante do inciso XXXV do art. 5º da Constituição Federal – admite que, durante a suspensão, sejam concedidas tutelas de urgência pelo juízo onde tramita o processo suspenso.

Em termos práticos tais decisões podem colidir com o que vai ser decidido no âmbito do incidente e, antes disso, dar origem a diversos (quiçá, às centenas ou aos milhares) desdobramentos dos processos de origem, inclusive em grau recursal (porque cabe agravo de instrumento da decisão que versa sobre tutela provisória nos termos do inciso I do art. 1.015), ensejando o que a instauração do incidente quer evitar. Nesse sentido, há perigo, até mesmo, de violação do inciso LXXVIIII do art. 5º da Constituição Federal diante da possibilidade (concreta) de duplicação de trabalho no aguardo do desfecho do incidente.

Todos estes elementos devem ser pesados e sopesados na decisão a que se refere o parágrafo único do art. 980. Sua justificação, destarte, deve evidenciar não só a razão do não julgamento do incidente no prazo dado pelo Código, mas, também, a *necessidade* de manutenção da eventual suspensão dos processos. Será necessário confrontar os (eventuais) benefícios que decorrerão (e quando) do julgamento incidente com os (eventuais) prejuízos que decorrem da suspensão dos processos, levando em conta, mas não só, o número de tutelas provisórias requeridas com fundamento no precitado § 2º do art. 982.

9. REVISÃO DA TESE

O art. 986 prevê a possibilidade de o Tribunal, de ofício, ou a pedido dos legitimados referidos pelo inciso III do art. 977 (Ministério Público e Defensoria Pública), revisar "a tese jurídica firmada no incidente" que julgou.

O dispositivo é pertinentíssimo para a construção e para a vivência do direito jurisprudencial (art. 927, §§ 2º a 4º). Para tanto, é imperativo que as questões jurídicas, ainda que fixadas para aplicação presente e futura (art. 985, I e II), possam ser revistas consoante se alterem as circunstâncias fáticas e/ou jurídicas subjacentes à decisão proferida. É o que se dá com a edição de novas leis e não haveria razão para ser diverso com os indexadores jurisprudenciais.

Peca o artigo, contudo, ao não esclarecer nada sobre *como* a revisão será efetivada. Destarte, tanto quanto escrito a propósito do § 2º do art. 927 nos n. 4 e 5 do Capítulo 1, importa entender aplicável, ao menos por analogia, o disposto na Lei n. 11.417/2006, que deve guiar, embora não exclusivamente, a disciplina regimental que venha a ser dada a essa iniciativa, sempre franqueada a ampla participação de *amici curiae* nesta empreitada, ainda que no ambiente das audiências públicas (art. 3º, § 2º, da Lei n. 11.417/2006).

Há, contudo, inconstitucionalidade formal na regra, que decorre da revisão a que o texto do Código de Processo Civil foi submetido antes de ser enviado à sanção presidencial. A remissão por ele feita ao inciso III do art. 977 só surgiu naquela etapa do processo legislativo e se justifica por força do desdobramento que, na mesma oportunidade, foi efetuado no art. 977, até então – e em consonância com o § 1º do art. 930 do Projeto do Senado[33] e com o § 3º do art. 988 do Projeto da Câmara[34] – com apenas *dois* incisos. O resultado da distinção entre a legitimidade das *partes* (inciso II do art. 977) e do *Ministério Público e da Defensoria Pública* (o novo e só então criado inciso III do art. 977) é o de que somente essas entidades passaram a ter legitimidade para o pedido de revisão do art. 986, com exclusão das partes. Ocorre que – e é isto que precisa ser evidenciado – as partes ostentavam, até então, legitimidade para aquele mesmo fim.

O exemplo é mais que suficiente para demonstrar que mero desdobramento de artigo, de inciso, de alínea ou de parágrafo tem o condão, por si só, de *alterar* a norma jurídica – e, no ponto, para reduzir enormemente sua abrangência – votada e aprovada pelo Congresso Nacional. Não há como tolerar essa prática, que representa verdadeira subversão do processo legislativo, tampouco compactuar com ela.

Por essa razão – e para contornar aquele vício –, é imperioso entender que as partes *também* ostentam legitimidade para o pedido de revisão, nos termos do texto aprovado pelo

33. Que tinha a seguinte redação: "§ 1º O pedido de instauração do incidente será dirigido ao Presidente do Tribunal: I – pelo juiz ou relator, por ofício; II – pelas partes, pelo Ministério Público ou pela Defensoria Pública, por petição".

34. Que tinha a seguinte redação: "§ 3º O pedido de instauração do incidente será dirigido ao presidente do tribunal: I – pelo relator ou órgão colegiado, por ofício; II – pelas partes, pelo Ministério Público, pela Defensoria Pública, pela pessoa jurídica de direito público ou por associação civil cuja finalidade institucional inclua a defesa do interesse ou direito objeto do incidente, por petição".

Senado Federal na sessão de 17 de dezembro de 2014, considerando-se não escrita, porque formalmente inconstitucional, a restrição contida no art. 986[35].

10. RECURSO EXTRAORDINÁRIO E RECURSO ESPECIAL

O art. 987 trata dos recursos extraordinário e/ou especial a serem interpostos contra o acórdão que julga o "mérito" do incidente de resolução de demandas repetitivas, consoante se mostrem presentes os pressupostos constitucionais dos incisos III dos arts. 102 e 105 da Constituição Federal, respectivamente.

A primeira questão a ser enfrentada, referida desde o n. 8.2, *supra*, diz respeito à constitucionalidade da previsão: pode a lei federal admitir o cabimento de recursos extraordinário e especial como o faz o *caput* do art. 987? A resposta depende de a previsão legislativa amoldar-se às exigências constitucionais. Recursos extraordinários e especiais dependem de *causa decidida em única ou última instância*.

A admissão de tais recursos pressupõe, portanto, a compreensão do incidente de resolução de demandas repetitivas como *causa* decidida pelos Tribunais de Justiça ou pelos Tribunais Regionais Federais.

Para aqueles que entenderem que o incidente é *causa*, surge problema de ordem diversa que, se não compromete o cabimento dos recursos extraordinário e especial, coloca em xeque a constitucionalidade de lei federal que *cria* competência para Tribunais Regionais Federais e Tribunais de Justiça julgarem *causa* não prevista na Constituição Federal (art. 108) nem nas Constituições dos Estados (art. 125, § 1º, da CF)[36].

A eliminação destes entraves pressupõe necessárias alterações na Constituição Federal e nas dos Estados, não havendo elementos, no plano infraconstitucional nem no Código de Processo Civil, para afastar as críticas já expostas.

Há mais: ainda que se quisesse desconsiderar a regra introduzida, no último instante do processo legislativo, como parágrafo único do art. 978 – o que, por si só, já a macula de inarredável inconstitucionalidade formal –, seria difícil entender cabível o recurso extraordinário

35. É entendimento que sensibilizou a Plenária da II Jornada de Direito Processual Civil do CJF, que acabou aprovando o Enunciado n. 143, com o seguinte teor: "A revisão da tese jurídica firmada no incidente de resolução de demandas repetitivas pode ser feita pelas partes, nos termos do art. 977, II, do CPC/2015". O Enunciado n. 25 do FNPP também indica idêntica direção: "A modificação redacional dos arts. 977 e 986 do projeto aprovado pelo Congresso Nacional não afeta a legitimidade da Fazenda Pública para propor a revisão da tese no julgamento de casos repetitivos". Embora com fundamentação diversa, a conclusão também é compartilhada pelo Enunciado n. 473 do FPPC: "A possibilidade de o tribunal revisar de ofício a tese jurídica do incidente de resolução de demandas repetitivas autoriza as partes a requerê-la".

36. A exceção, já declinada, é relativa ao Tribunal de Justiça do Distrito Federal e Territórios.

e/ou especial do acórdão do Tribunal que fixasse a tese jurídica a propósito do julgamento do incidente, ainda que não julgasse, como quer aquele dispositivo, o caso concreto.

É que, naquela perspectiva, a admissão do incidente faz com que ele se descole de qualquer caso concreto – o que não significa dizer que informações dos casos concretos não sejam essenciais para a solução ser tomada, no que são expressos e oportuníssimos os arts. 982, II, e 983 –, cabendo ao Tribunal se limitar a definir a tese aplicável à hipótese. Tese esta que são os próprios incisos I e II do art. 985 que determinam, serão aplicados a *todos* os casos presentes e futuros.

A hipótese, nesta perspectiva, assemelha-se ao que o CPC de 1973 conhecia como *incidente* de uniformização de jurisprudência (arts. 476 a 479 daquele Código), que não foi reproduzido no CPC de 2015 de forma proposital, justamente porque foi substituído por outros mecanismos, que querem se mostrar mais eficientes para a formação (e uniformização) de jurisprudência, dentre eles o incidente de resolução de demandas repetitivas.

A concordância com essa exposição gera, todavia, um efeito colateral colidente com a previsão de cabimento dos recursos extraordinário e especial do art. 987. Se inexiste caso concreto a ser julgado, apenas um *incidente* formado a partir de um (em rigor, de vários) processo concreto destinado à fixação de uma tese jurídica, não há *causa* a legitimar, na perspectiva constitucional (arts. 102, III, e 105, III, da CF), o *cabimento* daqueles recursos.

Trata-se de escorreita aplicação de jurisprudência sumulada no Supremo Tribunal Federal a propósito do incidente de inconstitucionalidade dos arts. 480 a 482 do CPC de 1973, que correspondem aos arts. 948 a 950 do CPC de 2015, como se constata da Súmula 513 do Supremo Tribunal Federal, cujo enunciado é o seguinte: "A decisão que enseja a interposição de recurso ordinário ou extraordinário não é a do plenário, que resolve o incidente de inconstitucionalidade, mas a do órgão (Câmaras, Grupos ou Turmas) que completa o julgamento do feito".

Assim, mesmo que se entenda que o "mérito" do incidente é a "tese jurídica" (e não, como quer o parágrafo único do art. 978, sua aplicação ao caso concreto), há *também dessa perspectiva*, irremediável inconstitucionalidade, a justificar que, diferentemente do que prescreve o art. 987, o acesso ao Supremo Tribunal Federal e ao Superior Tribunal de Justiça dependa, sempre, de recursos extraordinários e especiais a serem interpostos em cada caso concreto[37].

---

37. Embora sem a concordância deste *Curso* pelas razões expostas no texto, cabe destacar o entendimento do Pleno do STF no RE 647.827/PR, rel. Min. Gilmar Mendes, j.un. 15-2-2017, *DJe* 1º-2-2018, destacando a tendência de "objetivação" do recurso extraordinário apta a sugerir uma superação da orientação da sua Súmula 513. O ponto foi bem destacado pelo Min. Raul Araújo do STJ em decisão monocrática proferida no SIRDR 9/SC, *DJe* 17-8-2016, que também traz à tona entendimento da 1ª Seção do STJ, tomada no AgInt no CC 147.784/PR, rel. Min. Napoleão Nunes Maia Filho, j.m.v. 25-10-2017, *DJe* 2-2-2018, tendente a considerar o IRDR um procedimento-modelo.

Importa evidenciar que não é possível desconhecer estes problemas, até porque é a partir de seu conhecimento que se pode pretender buscar soluções compatíveis com o modelo constitucional do direito processual civil que se mostrem aptas a revelar a real face e o objetivo do incidente de resolução de demandas repetitivas.

Feitas essas considerações prévias, cabe ir além para examinar as distinções que o art. 987 traz aos recursos extraordinário e especial interpostos do acórdão que julga o "mérito" do incidente em exame, sem prejuízo do que para a disciplina daqueles recursos é tratado pelo Capítulo 7 da Parte III.

Tais recursos, de acordo com o § 1º daquele dispositivo, têm, excepcionalmente (art. 995, *caput*), efeito *suspensivo* e, no que toca ao extraordinário, a repercussão geral da questão constitucional é *presumida*, tornando inócua, dada a especialidade da previsão, a revogação do inciso II do § 3º do art. 1.035 pela Lei n. 13.256/2016[38]. Cabe lembrar, a propósito, até por causa da interpretação que merece ser dada ao § 5º do art. 982, que a suspensão dos processos "que versem sobre a questão objeto do incidente já instaurado" pode ter sido concedida com fundamento no § 3º do art. 982, o que se compatibiliza também com o § 4º do art. 1.029.

Sobre a legitimidade recursal, cabe destacar que o § 3º do art. 138 reconhece-a, expressamente, ao *amicus curiae* para recorrer daquele acórdão – no que diz respeito à fixação da tese (que é apta a servir de indexador jurisprudencial nos termos do inciso III do art. 927), não ao julgamento do caso concreto –, excepcionando, no particular, a regra do § 1º daquele mesmo dispositivo, que quer restringir a legitimidade recursal daquele interveniente aos embargos de declaração, a merecer a crítica feita pelo n. 4.7.7 do Capítulo 3 da Parte II do v. 1.

O § 2º do art. 987 preceitua que, julgado o mérito do recurso, a tese jurídica adotada pelo Supremo Tribunal Federal ou pelo Superior Tribunal de Justiça "será aplicada no território nacional a todos os processos individuais ou coletivos que versem sobre idêntica questão de direito"[39]. A previsão guarda relação íntima com a do inciso I do art. 985 e merece ser harmonizada com ela, alcançando, para quem não concordar com a ressalva feita no n. 7.1, *supra*, os Juizados Especiais.

38. Era a seguinte a redação daquele dispositivo: "§ 3º Haverá repercussão geral sempre que o recurso impugnar acórdão que: (...) II – tenha sido proferido em julgamento de casos repetitivos".

39. Interessante consequência da regra é estampada no Enunciado n. 25 da Carta de Tiradentes: "Ainda que vitoriosa a tese do Ministério Público, o órgão de execução poderá avaliar, diante de sua missão constitucional de defesa da ordem jurídica, a possibilidade de recorrer da decisão final proferida no Incidente de Resolução de Demandas Repetitivas, a fim de dar abrangência nacional aos efeitos do julgamento (§ 2º do art. 987 do Novo CPC)".

Capítulo 9

Reclamação

1. CONSIDERAÇÕES INICIAIS

O CPC de 2015 entendeu oportuno regulamentar expressamente a reclamação, indo além da disciplina que, para os Tribunais Superiores, era-lhe dada pela Lei n. 8.038/90. A ela dedicou todo um Capítulo, o último do Título I do Livro III da Parte Especial, encarregando-se, ainda, no inciso IV de seu art. 1.072, de revogar expressamente os arts. 13 a 18 do referido diploma legal, que disciplinavam a reclamação perante o Supremo Tribunal Federal e o Superior Tribunal de Justiça, exclusivamente.

2. NATUREZA JURÍDICA

É majoritário o entendimento de que a reclamação é verdadeira "ação" voltada a preservar a competência e/ou a autoridade das decisões dos Tribunais[1]. Verdadeira ação, cujo exercício rende ensejo ao surgimento de um novo processo perante o Tribunal competente para julgá-la. É o que basta para atrair para ela tudo a respeito das exigências que o Código de Processo Civil ainda faz com relação à regularidade do exercício do direito da ação, o mínimo indispensável para o exercício daquele direito, e à constituição e ao desenvolvimento válido do processo.

Essa compreensão é suficiente também para afastar da reclamação a censura que, a propósito do incidente de resolução de demandas repetitivas, faz o n. 8.1 do Capítulo 8, quanto a lei federal criar competência *originária* no âmbito dos Tribunais de Justiça e dos Tribunais Regionais Federais.

1. É a posição sustentada, classicamente, por Pontes de Miranda (*Comentários ao Código de Processo Civil*, t. V, p. 286-287), profunda e exaustivamente desenvolvida por Marcelo Navarro Ribeiro Dantas (*Reclamação constitucional no direito brasileiro*, p. 459-462) e, posteriormente, por Leonardo L. Morato (*Reclamação e sua aplicação para o respeito da súmula vinculante*, p. 109-112).

No caso da reclamação, o mais correto é entender, rente ao entendimento do Supremo Tribunal Federal e do próprio Superior Tribunal de Justiça, que essa técnica de salvaguarda da competência da atuação e das decisões dos Tribunais decorre, antes de tudo, da chamada "teoria dos poderes implícitos", em plena consonância, pois, com o modelo constitucional do direito processual civil. Nesse sentido, é correto (e desejável) entender que o Código de Processo Civil se limita a *explicitar* o que, *implicitamente*, já estava (e continua a estar) contido no sistema processual civil e, mais amplamente, no próprio modelo constitucional[2].

Ademais, nos Estados em que a reclamação é prevista por suas respectivas Constituições como uma das competências dos seus respectivos Tribunais de Justiça, inexiste espaço para o questionamento que acabei de lançar. É o caso, por exemplo, do inciso X do art. 74 da Constituição do Estado de São Paulo. O problema também não se põe para o STF e para o STJ, considerando as expressas previsões constantes das alíneas *l* e *f* do inciso I dos arts. 102 e 105 da Constituição Federal, respectivamente.

Não terá sido por outra razão, aliás, que a EC n. 92/2016 acabou por acrescentar um § 3º ao art. 111-A da Constituição Federal, que trata da competência do Tribunal Superior do Trabalho, para evidenciar competir àquele Tribunal "... processar e julgar, originariamente, a reclamação para a preservação de sua competência e garantia da autoridade de suas decisões". Tanto mais interessante a lembrança acerca daquele novo dispositivo diante do § 1º do mesmo art. 111-A, segundo o qual "A lei disporá sobre a competência do Tribunal Superior do Trabalho".

É correto recordar, para o que aqui interessa destacar, que a reclamação é um dos casos em que, na perspectiva do modelo constitucional do direito processual civil, se está diante de um procedimento jurisdicional constitucionalmente diferenciado.

---

2. A 1ª edição do v. 5 deste *Curso*, em suas edições anteriores ao CPC de 2015, chegou a defender entendimento contrário, alterado desde a 2ª edição daquele volume, publicada em 2010, assinalando, na oportunidade, o seguinte: "Questão interessante diz respeito ao cabimento da reclamação perante os Tribunais de Justiça dos Estados e os Tribunais Regionais Federais. A melhor resposta é a *positiva* a despeito da opinião de Marcelo Navarro Ribeiro Dantas, em seu *Reclamação constitucional no direito brasileiro*, p. 271-315, com o que se altera posicionamento firmado na 1ª edição deste trabalho. É que uma mais profunda reflexão sobre o tema revela que a 'teoria dos poderes implícitos' está em consonância com o 'modelo constitucional do direito processual civil', inclusive para os Tribunais de Justiça e os Regionais Federais. A admissibilidade da reclamação perante os Tribunais de Justiça Estaduais, desde que prevista na Constituição respectiva, já foi reconhecida pelo Plenário do Supremo Tribunal Federal na ADI 2.480/DF, rel. Min. Sepúlveda Pertence, j.m.v. 2-4-2007, *DJe* 15-6-2007 e na ADI 2.212/CE, rel. Min. Ellen Gracie, j.m.v. 2-10-2003, *DJ* 14-11-2003, p. 11, vedada, contudo, sua criação por regimento interno (STF, Pleno, RE 405.301/AL, rel. Min. Marco Aurélio, j.un. 15-10-2008, *DJe* 17-4-2009, e também pela 1ª Seção do Superior Tribunal de Justiça, a partir de Questão de Ordem levantada no âmbito da 2ª Turma daquela Corte no REsp 863.055/GO, rel. Min. Herman Benjamin, j.un. 27-2-2008, *DJe* 18-9-2009, prevalecendo o entendimento quanto ao *cabimento* da reclamação para garantir a autoridade das decisões dos Tribunais diante de atos de juízes a eles vinculados; não, contudo, contra atos de autoridades administrativas, orientação que, no particular, foi seguida pela mesma 1ª Seção no julgamento do AgRg na Rcl 2.918/MG, rel. Min. Denise Arruda, j.un. 8-10-2008, *DJe* 28-10-2008".

3. HIPÓTESES DE CABIMENTO

As hipóteses de cabimento da reclamação estão previstas no art. 988.

É correto entendê-las a partir do que está escrito no número anterior girando, cada uma daquelas situações, em torno de duas preocupações comuns, a preservação da competência do Tribunal e a autoridade de suas decisões, que não por acaso, remetem, no plano federal, à competência originária do Supremo Tribunal Federal e do Superior Tribunal de Justiça para julgá-las nos termos dos já mencionados dispositivos constitucionais. Qualquer outra competência que fosse além daquele núcleo estaria a violar o modelo constitucional.

A reclamação tem como finalidade: (i) preservar a competência do tribunal; (ii) garantir a autoridade das decisões do tribunal[3]; (iii) garantir a observância de enunciado de súmula vinculante e de decisão do Supremo Tribunal Federal em controle concentrado de constitucionalidade; e (iv) garantir a observância de acórdão proferido em julgamento de incidente de resolução de demandas repetitivas ou de incidente de assunção de competência.

Os incisos III e IV receberam nova redação dada pela Lei n. 13.256/2016, ainda durante a *vacatio legis* do Código de Processo Civil. Comparando-os com os que haviam sido originalmente promulgados[4], ressai evidente *restrição*, na hipótese do inciso IV, consistente no não cabimento da reclamação para contrastar a aplicação da tese alcançada em sede de recurso extraordinário e recurso especial repetitivo, que, tanto quanto o incidente de resolução de demandas repetitivas, é tratado, pelo Código, como hipótese de "julgamento de casos repetitivos" (art. 928, II).

Trata-se da característica mais sensível daquela lei modificadora: de evitar, ao máximo, o acesso ao Supremo Tribunal Federal e ao Superior Tribunal de Justiça, bem ao estilo da jurisprudência (defensiva) daqueles Tribunais[5]. Como tal vedação, contudo, é inviável por normas infraconstitucionais – a competência daqueles Tribunais é imposta exaustivamente pela Constituição Federal –, a restrição merece ser considerada não escrita, máxime porque

---

3. O que pressupõe decisão proferida antes da prática do ato que justifica a reclamação. Nesse sentido: STF, 2ª Turma, Rcl-AgR 32.655/PR, rel. Min. Edson Fachin, j.m.v. 23-4-2019.

4. Cujos textos eram os seguintes: "III – garantir a observância de decisão do Supremo Tribunal Federal em controle concentrado de constitucionalidade; IV – garantir a observância de enunciado de súmula vinculante e de precedente proferido em julgamento de casos repetitivos ou em incidente de assunção de competência".

5. É o que as edições anteriores ao CPC de 2015 deste *Curso* já debatiam no n. 2 do Capítulo 3 da Parte III de seu v. 5 a respeito da viabilidade da reclamação para efetuar o controle das decisões a partir da chamada "teoria da transcendência dos motivos determinantes" quando inexistentes efeitos vinculantes e *erga omnes* para além dos casos específicos da CF. Sobre o tema, v. o quanto decidido pelo STF nos seguintes casos: Rcl-AgR 25.880/RJ, rel. Min. Dias Toffoli, j.un. 4-4-2018, *DJe* 27-4-2018; Rcl-AgR 22.470/MA, rel. Min. Rosa Weber, j.un. 24-11-2017, *DJe* 6-12-2017; Rcl-AgR 21.884/SP, rel. Min. Edson Fachin, j.un. 15-3-2016, *DJe* 8-4-2016; Rcl-AgR 16.619/SC, rel. Min. Edson Fachin, j.un. 6-10-2015, *DJe* 20-10-2015; Rcl-AgR 5.963/GO, rel. Min. Roberto Barroso, j.un. 18-11-2014, *DJe* 12-12-2014; Rcl 4.335/AC, rel. Min. Gilmar Mendes, j.m.v. 20-3-2014, *DJe* 22-10-2014, e Rcl-AgR 11.478/CE rel. Min. Marco Aurélio, j.un. 5-6-2012, *DJe* 21-6-2012.

a hipótese do inciso IV está prevista de maneira suficiente no inciso II do mesmo art. 988 e decorre, superiormente, do próprio modelo constitucional.

Ainda que se queira discordar do argumento – não sendo surpresa o prevalecimento da posição contrária a ele[6] –, importa destacar que o inciso II do § 5º do art. 988 autoriza o entendimento de que a reclamação para aquela finalidade (e também para garantir a observância de acórdão de recurso extraordinário com repercussão geral reconhecida) é plenamente cabível após "esgotadas as instâncias ordinárias". É compreensão que se mostra harmônica com outras modificações trazidas pela Lei n. 13.256/2016, que reserva o agravo *interno* (art. 1.021) para controle das decisões proferidas pelos presidentes ou vice-presidentes, no âmbito dos Tribunais de Justiça e Regionais Federais, relativas à admissibilidade de recursos extraordinários e especiais quando já houver sua afetação como repetitivos. É o que se extrai das duas alíneas do inciso I, da alínea *a* do inciso V e do § 2º, todos do art. 1.030, e também do *caput* do art. 1.042. Assim, do acórdão do agravo interno cabe a reclamação, o que encontra previsão suficiente no inciso II do § 5º do art. 988[7], sem prejuízo de sustentar a pertinência também – até como forma de evitar o trânsito em julgado daquele acórdão e incidir no óbice do inciso I do § 5º do art. 988 – de *novo* recurso extraordinário ou especial daquele mesmo acórdão[8].

Feita essa observação sobre o *texto* do inciso IV do art. 988, cabe observar que todas as hipóteses de cabimento da reclamação harmonizam-se (e têm de se harmonizar) com o que o Código de Processo Civil pretende desde o seu art. 927: que determinadas decisões dos Tribunais, dentre elas as tomadas nos julgamentos dos chamados casos repetitivos (art. 928) e no incidente de assunção de competência, *sejam observadas* pelos demais órgãos jurisdicionais. É o que basta para trazer à tona as reflexões críticas e as possibilidades interpretativas do n. 2 do Capítulo 1 a propósito do precitado art. 927. A primeira parte da hipótese do inciso III do art. 988, na redação que lhe deu a Lei n. 13.256/2016, de qualquer sorte, é supérflua porque, mesmo sem ela, a reclamação para garantia da observância das chamadas súmulas vinculantes é expressa e diretamente prevista pelo § 3º do art. 103-A da Constituição Federal e, como se a previsão constitucional não fosse suficiente, também pelo art. 7º da Lei n. 11.417/2006, que é

6. Tal como prevaleceu no julgamento pela CE do STJ da Rcl 36.476/SP, rel. Min. Nancy Andrighi, j.m.v. 5-2-2020. *DJe* 6-3-2020.

7. Segundo o voto proferido pelo Min. Marco Aurélio na Rcl-AgR 26.874/SP, julgada pela 1ª Turma do STF, é cabível a reclamação interposta de decisão que aplicou indevidamente, nos autos de recurso extraordinário, tese fixada pelo STF em sede de repercussão geral. Para Sua Excelência, o cabimento da reclamação pressupõe o esgotamento da jurisdição local, assim considerado o julgamento do agravo interposto contra a inadmissão do recurso extraordinário. No mesmo sentido, não conhecendo da reclamação, contudo, justamente pela inexistência de esgotamento das instâncias ordinárias, é o quanto decidido pela 1ª Seção do STJ no AgInt na Rcl 39.155/SP, rel. Min. Mauro Campbell Marques, j.un. 1-9-2020, *DJe* 4-9-2020.

8. O tema é retomado naquela perspectiva pelo n. 6 do Capítulo 7 da Parte III.

a lei que regulamenta aquele dispositivo constitucional, "disciplinando a edição, a revisão e o cancelamento de enunciado de súmula vinculante pelo Supremo Tribunal Federal"[9].

Tanto mais verdadeira a consideração do último parágrafo porque o § 4º do art. 988 indica que, nas hipóteses dos incisos III e IV, está compreendida não só a aplicação indevida da tese jurídica como também a sua não aplicação aos casos que a ela correspondam[10]. O necessário diálogo dessas duas situações com as dos incisos V e VI do § 1º do art. 489 é também indesmentível, e devem ser levadas em conta na construção do direito jurisprudencial de que trata o n. 3.1 do Capítulo 1.

O § 5º do art. 988, também alterado pela Lei n. 13.256/2016, prescreve, em seu inciso I, a inadmissibilidade da propositura da reclamação após o trânsito em julgado da decisão reclamada, texto que corresponde ao que constava originalmente do dispositivo. A regra quer vedar o emprego da reclamação para os mesmos fins da ação rescisória, visando à desconstituição da coisa julgada[11].

A novidade expressa trazida pela precitada lei está no inciso II do mesmo § 5º, que prescreve a inadmissibilidade da reclamação quando proposta para garantir a observância de acórdão de recurso extraordinário com repercussão geral reconhecida ou de acórdão proferido em julgamento de recursos extraordinário ou especial repetitivos, *quando não esgotadas as instâncias ordinárias*. A ressalva em itálico quer se harmonizar com a *restrição* decorrente do inciso IV do *caput* e, nesse sentido, atrai para si a mesma crítica já lançada. A regra autoriza, de qualquer sorte, a interpretação aventada acima, que, em última análise, conduz à menor importância daquela restrição, decorrente da Lei n. 13.256/2016, quanto ao uso da reclamação para garantir a observância do que for julgado em sede de recursos extraordinário e especial repetitivos.

O § 6º do art. 988, complementando as duas previsões do parágrafo anterior, estatui que a inadmissibilidade ou o julgamento do recurso interposto contra a decisão proferida pelo órgão reclamado não prejudica a reclamação. A autonomia entre aquelas duas técnicas de controle das decisões jurisdicionais é inconteste, porque seus fundamentos são diversos, e, no particular, a regra está em consonância com o que, para as súmulas vinculantes, está

9. É a seguinte a redação daquele dispositivo: "Art. 7º Da decisão judicial ou do ato administrativo que contrariar enunciado de súmula vinculante, negar-lhe vigência ou aplicá-lo indevidamente caberá reclamação ao Supremo Tribunal Federal, sem prejuízo dos recursos ou outros meios admissíveis de impugnação. § 1º Contra omissão ou ato da administração pública, o uso da reclamação só será admitido após esgotamento das vias administrativas. § 2º Ao julgar procedente a reclamação, o Supremo Tribunal Federal anulará o ato administrativo ou cassará a decisão judicial impugnada, determinando que outra seja proferida com ou sem aplicação da súmula, conforme o caso".

10. A respeito do tema, cabe mencionar o Enunciado n. 138 da II Jornada de Direito Processual Civil do CJF, assim redigido: "É cabível reclamação contra acórdão que aplicou indevidamente tese jurídica firmada em acórdão proferido em julgamento de recursos extraordinário ou especial repetitivos, após o esgotamento das instâncias ordinárias, por analogia ao quanto previsto no art. 988, § 4º, do CPC".

11. A diretriz já era consagrada na diretriz estampada na Súmula 734 do STF ("Não cabe reclamação quando já houver transitado em julgado o ato judicial que se alega tenha desrespeitado decisão do Supremo Tribunal Federal") e foi observada pela 1ª Seção do STJ no julgamento dos EDcl na Rcl 9.172/DF, rel. Min. Gurgel de Faria, j.un. 22-8-2018, *DJe* 21-9-2018.

prescrito no *caput* do art. 7º da Lei n. 11.417/2006. Importa frisar, portanto, que a reclamação não pode ser empregada para contrastar decisão já transitada em julgado quando de sua apresentação, no que é claro o inciso I do § 5º do mesmo art. 966. Contudo, na hipótese de o recurso apto a evitar aquela situação acabar sendo julgado *antes* da reclamação, já apresentada anteriormente, essa circunstância não afastará a pertinência dessa medida, razão de ser do § 6º aqui analisado[12].

Uma última palavra justifica-se acerca das modificações trazidas pela Lei n. 13.256/2016 para o tema. Similarmente ao que se dá para o § 5º do art. 966 (v. n. 6.5 do Capítulo 7), o inciso II do § 5º do art. 988 porta uma importante questão relativa a eventual vício de processo legislativo, tão mais importante porque se repete, ainda que com variações redacionais, nos arts. 1.030, 1.035 e 1.042, como demonstra o n. 6 do Capítulo 7 da Parte III.

No texto aprovado pela Câmara dos Deputados, no qual teve início o Projeto que se converteu na Lei n. 13.256/2016, o dispositivo inadmitia a reclamação "proposta perante o Supremo Tribunal Federal ou o Superior Tribunal de Justiça para garantir a observância de precedente de repercussão geral *ou de recurso especial em questão repetitiva*, quando não esgotadas as instâncias ordinárias"[13]. O texto que se lê no Código de Processo Civil, introduzido pelo referido diploma legislativo, decorre do Projeto aprovado no Senado Federal, *verbis*: "proposta para garantir a observância de acórdão de recurso extraordinário com repercussão geral reconhecida *ou de acórdão proferido em julgamento de recursos extraordinário ou especial repetitivos*, quando não esgotadas as instâncias ordinárias"[14].

A questão que não pode deixar de ser posta é se existe diferença *substancial* – porque redacional há, basta ler os dois textos – entre as previsões normativas. A resposta afirmativa conduz à inconstitucionalidade *formal* do dispositivo, por afronta ao parágrafo único do art. 65 da Constituição Federal, considerando que, a despeito da alteração (substancial), o Senado não devolveu o Projeto à Câmara dos Deputados, enviando-o diretamente à sanção presidencial.

Na hipótese, contudo, há fundamento sistemático para a opção do Projeto do Senado de generalizar a expressão "recurso especial em questão repetitiva", substituindo-a por "recursos extraordinário ou especial repetitivos". É o que decorre do inciso II do art. 928 do Código de Processo Civil. Por isso, à falta de qualquer mácula no processo legislativo, não há razão para sustentar a inconstitucionalidade formal do dispositivo.

O entendimento contrário de que o Projeto da Câmara tenha realizado opção consciente ao discernir o regime jurídico aplicável aos recursos *extraordinários* repetitivos do dos recur-

12. O Enunciado n. 9 do CEAPRO propõe interpretação mais liberal dos dispositivos acentuando que "A reclamação, quando ajuizada dentro do prazo recursal, impede, por si só, o trânsito em julgado da decisão reclamada".
13. Os itálicos são da transcrição.
14. Os itálicos são da transcrição.

sos *especiais* repetitivos, para além da repercussão geral, característica constitucional daqueles, mas não destes, contudo, não merece ser descartado, aprioristicamente.

Justamente por isso – e a despeito da conclusão que também deve prevalecer para os já referidos arts. 1.030, 1.035 e 1.042 –, importa não fechar os olhos ao ocorrido e, em idêntica medida, fomentar o debate acerca da questão sobre a inconstitucionalidade formal das expressões prevalecentes, por violação ao parágrafo único do art. 65 da Constituição Federal[15].

3.1 Relação com outros recursos ou técnicas de impugnação a decisões judiciais

Sem prejuízo das considerações que ocupam o número anterior, importa acentuar que a reclamação não pode ser empregada como sucedâneo de outras medidas impugnativas das decisões jurisdicionais, tenham natureza de "recurso" ou de "ação". Nesse sentido é pacífica (e correta) a jurisprudência dos Tribunais Superiores[16].

Tanto assim que não cabe reclamação para contrastar ato de Ministro do Superior Tribunal de Justiça que indefere pedido de imediato cumprimento de decisão proferida em mandado de segurança já julgado[17] ou para solucionar questões surgidas ao longo da "etapa *executiva*"[18], considerando a expressa previsão de recursos para o devido contraste daquelas mesmas decisões.

4. COMPETÊNCIA, LEGITIMIDADE E PETIÇÃO INICIAL

O § 1º do art. 988 evidencia que a reclamação pode ser proposta perante qualquer Tribunal, não apenas perante o Supremo Tribunal Federal e o Superior Tribunal de Justiça, sendo a competência para tanto a do órgão cuja decisão justifica a medida.

Têm legitimidade para tanto "a parte interessada" e o Ministério Público, consoante se lê do *caput* do art. 988. O legitimado ativo recebe, na prática do foro, o nome de *reclamante*.

---

15. A iniciativa deriva da consciente aplicação das diretrizes do quinto grupo do modelo constitucional do direito processual civil, as "normas de concretização do direito processual civil".

16. Nesse sentido: STF, 1ª Turma, Rcl-AgR 29.971/RS, rel. Min. Luiz Fux, j.m.v. 31-8-2018, *DJe* 17-9-2018; STF, 2ª Turma, Rcl-AgR 27.685/SP, rel. Min. Dias Toffoli, j.un. 1º-12-2017, *DJe* 18-12-2017; STF, 1ª Turma, Rcl-AgR 10.257/GO, rel. Min. Rosa Weber, j.un. 27-10-2015, *DJe* 16-11-2015, e STF, Pleno, Rcl-AgR 11.755/DF, rel. Min. Ricardo Lewandowski, v. un. 1º-7-2011, *DJe* 12-8-2011; STJ, 3ª Seção, AgRg na Rcl 35.938/SP, rel. Min. Felix Fischer, j.un. 22-8-2018, *DJe* 28-8-2018; STJ, 1ª Seção, AgInt na Rcl 34.438/MA, rel. Min. Sérgio Kukina, j.un. 13-6-2018, *DJe* 19-6-2018; STJ, 2ª Seção, AgInt na Rcl 34.919/SP, rel. Min. Lázaro Guimarães, j.un. 28-2-2018, *DJe* 6-3-2018, e STJ, 2ª Seção, AgRg na Rcl 22.459/MG, rel. Min. Moura Ribeiro, j.un. 25-3-2015, *DJe* 6-4-2015.

17. Assim, *v.g.*: STJ, 1ª Seção, Rcl 2.148/DF, rel. Min. Luiz Fux, j.un. 14-2-2007, *DJ* 12-3-2007, p. 185, e STJ, 3ª Seção, AgRg na Rcl 2.148/DF, rel. Min. Arnaldo Esteves Lima, j.un. 14-6-2006, *DJ* 2-8-2006, p. 213.

18. Assim, *v.g.*: STJ, 1ª Seção, REsp 863.055/GO, rel. Min. Herman Benjamin, j.un. 27-2-2008; STJ, 1ª Seção, Rcl 2.207/SP, rel. p/ acórdão Min. João Otávio de Noronha, j.m.v. 24-10-2007, *DJ* 7-2-2008, p. 1, e STJ, 1ª Seção, Rcl 1.806/RJ, rel. Min. Denise Arruda, j.un. 8-6-2005, *DJ* 1º-8-2005, p. 298.

Não há espaço para duvidar que parte interessada é a que, em dado processo concreto, vê o proferimento de decisão em colidência com as hipóteses que justificam a reclamação[19]. É possível, contudo, ir além, para sustentar que também ostenta legitimidade para a reclamação aquele que porta interesse jurídico para além do interesse do caso concreto. É o entendimento que se mostra mais harmônico e isonômico com a previsão do art. 990.

A legitimidade ativa do Ministério Público deve ser reconhecida tanto nos casos em que ele atua como parte (e nisso, bastaria a previsão genérica do *caput* do art. 988) como também quando ele atuar como fiscal da ordem jurídica.

Parte *passiva* da reclamação, o *reclamado*, na prática do foro, é aquela a quem se imputa a prática do ato que justifica o seu uso, isto é, aquele que, de acordo com a narrativa do *reclamante*, incide em alguma das hipóteses do art. 988.

A petição inicial será dirigida ao presidente do tribunal competente nos moldes do § 1º do art. 988 e deverá ser instruída com prova documental – o mais correto é entender *pré-constituída* – da presença da ocorrência de uma das hipóteses do *caput* do mesmo art. 988 (art. 988, § 2º). Autuada, a inicial será distribuída, sempre que possível, ao relator do processo originário (art. 988, § 3º).

A representação por advogado (público ou privado) ou defensor público, ressalvada a hipótese em que o reclamante é o Ministério Público, é inarredável para a reclamação[20].

5. ATITUDES DO RELATOR E PROCEDIMENTO

O art. 989 prevê as providências a cargo do relator (art. 988, § 3º) ao proferir o juízo *positivo* de admissibilidade na petição inicial e, consequentemente, admitir o processamento da reclamação[21]: (i) requisitar à autoridade judiciária que praticou o ato nela questionado que preste informações no prazo de dez dias (úteis); (ii) suspender o processo ou a eficácia do ato impugnado para evitar dano irreparável[22]; e (iii) determinar a *citação* do beneficiário da decisão questionada para, querendo, contestar o pedido no prazo de quinze dias (úteis).

19. A 1ª Turma do STF teve oportunidade de entender na Rcl-AgR 31.937/ES, rel. Min. Alexandre de Moraes, j.m.v. 13-8-2019, *DJe* 4-10-2019, ser legitimado para a reclamação aquele que, tendo participado como terceiro interessado em dado processo, pretende ver observada decisão trânsita em julgado anteriormente.

20. É o que já decidiu o STJ nos seguintes casos: 3ª Seção, AgRg no AgRg na Rcl 2.483/BA, rel. Min. Maria Thereza de Assis Moura, j.un. 12-12-2007, *DJ* 1º-2-2008, p. 1; STJ, 3ª Seção, AgRg na Rcl 2.457/BA, rel. Min. Maria Thereza de Assis Moura, j.un. 27-6-2007, *DJ* 6-8-2007, p. 458.

21. Pode acontecer de o caso reclamar o proferimento de juízo negativo ou neutro de admissibilidade, seguindo-se as respectivas regras, sem quaisquer peculiaridades dignas de destaque.

22. De acordo com o enunciado n. 64 da I Jornada de Direito Processual Civil do CJF: "Ao despachar a reclamação, deferida a suspensão do ato impugnado, o relator pode conceder tutela provisória satisfativa correspondente à decisão originária cuja autoridade foi violada".

Aprimorando o contraditório, o art. 990 garante que qualquer interessado tem legitimidade para impugnar o pedido do reclamante.

Assim, para além daquele que é indicado como incurso em algum comportamento dos incisos do art. 988, a previsão merece interpretação ampla porque, em rigor, as hipóteses de cabimento da reclamação, em especial a dos incisos III e IV do art. 988, mesmo com a *textual restrição* decorrente da redação que a este último dispositivo deu a Lei n. 13.256/2016, dizem respeito a um sem-número de pessoas que, em muito, extrapolam as partes do processo em que praticado o ato concreto que ensejou o questionamento.

A demonstração do interesse que justifica a intervenção é de rigor, não sendo despropositado lembrar, a propósito, do que, para o recurso de terceiro prejudicado, exige o parágrafo único do art. 996, mas com uma importante diferença: aqui, o interesse a ser demonstrado deve ser pautado em diretrizes mais amplas do que as clássicas intervenções de terceiro tomam como base, já que pressupõem, em geral, relações envolvendo duas ou poucas mais pessoas. É irrecusável, assim, a compreensão de que alguém que poderia até ostentar legitimidade a atuar como *amicus curiae* possa se manifestar na reclamação pugnando pela preservação da decisão questionada.

O Ministério Público atuará nas reclamações na qualidade de fiscal da ordem jurídica, quando não for ele próprio o reclamante. Naquele caso, terá vista dos autos por cinco dias (úteis) após o estabelecimento do contraditório com a autoridade reclamada e com a parte beneficiária da decisão questionada (art. 991).

6. JULGAMENTO E SUA EFETIVAÇÃO

Se julgada procedente a reclamação, o tribunal cassará a decisão exorbitante de seu julgado, reduzindo-a ou adequando-a aos limites de sua competência – o que ocorrerá mais frequentemente nas hipóteses do inciso I do art. 988 –, ou determinará medida adequada à solução da controvérsia.

A perspectiva desta última previsão é a de que o Tribunal determine ao órgão jurisdicional que proferiu a decisão que ensejou a reclamação que profira outra levando em consideração o padrão jurisdicional cabível, conforme o caso. É o que, no âmbito da súmula vinculante, encontra previsão expressa no § 3º do art. 103-A da Constituição Federal e também no § 2º do art. 7º da Lei n. 11.417/2006, que o regulamenta.

A efetivação do que decidido na reclamação é imediata. Tanto que o art. 993 permite que o acórdão seja lavrado posteriormente. O dispositivo merece, contudo, atenção à luz do modelo constitucional, não merecendo interpretação literal, máxime para quem tem dúvidas sobre a eficácia vinculante generalizada a partir do art. 927. Eventual celeridade ou agilidade na implementação do julgado na reclamação não pode ser confundida com atropelo às garantias do processo.

Questão interessante que se põe acerca do acolhimento da reclamação, isto é, do acolhimento do pedido de tutela jurisdicional formulado por aquela via, é saber o que pode ser feito na hipótese de, a despeito do acolhimento do pedido do *reclamante e não obstante a previsão do art. 993*, o *reclamado* não praticar o ato que lhe foi *imposto*.

O caso tem tudo para ser dos mais delicados, porque, pela própria natureza do instituto aqui examinado, evidencia-se o patente conflito entre poderes e atribuições. Para superar o impasse é irrecusável que o magistrado valha-se do arsenal de técnicas executivas, inclusive atípicas (art. 139, IV), para compelir à prática do ato desejado, ou, independentemente da participação do reclamado, pratique o ato para ajustá-lo ao quanto decidido.

Havendo relutância ao acatamento do que determinado, há espaço para apuração de responsabilidades e para aplicação das sanções cabíveis, de ordem processual civil, correicional, administrativa e penal, sempre observado (e nem pode ser diverso), o *prévio* devido processo constitucional.

Sobre o julgamento, cabe destacar ser correto o entendimento de que na reclamação cabe a condenação do vencido no pagamento de custas processuais e honorários advocatícios, aplicando-se à hipótese as regras gerais do Código de Processo Civil[23].

7. RECURSOS

É irrecusável o entendimento de que do julgamento da reclamação cabem embargos de declaração consoante se façam presentes as hipóteses do art. 1.022.

Se se tratar de atuação *monocrática*, o agravo *interno* é instrumento apto a viabilizar o controle da decisão, tal qual proferida, perante o órgão colegiado respectivo[24].

Em se tratando de reclamação julgada no âmbito dos Tribunais de Justiça e dos Tribunais Regionais Federais, também cabem recursos extraordinários e especiais para o Supremo Tribunal Federal e para o Superior Tribunal de Justiça, respectivamente, consoante se façam presentes os autorizativos dos incisos III dos arts. 102 e 105 da Constituição Federal.

23. A respeito do assunto, v. as seguintes decisões, todas acentuando, contudo, que a incidência da honorária depende da "angularização da relação processual", isto é, da participação da parte contrária no processo: STF, 2ª Turma, Rcl-AgR 24.464/RS, rel. p/ acórdão Min. Dias Toffoli, j.m.v. 27-10-2017, *DJe* 8-2-2018; STF, 2ª Turma, Rcl-AgR-ED 25.160/SP, rel. p/ acórdão Min. Dias Toffoli, j.m.v. 6-10-2017, *DJe* 8-2-2018; STF, 1ª Turma, Rcl-AgR 24.417/SP, rel. Min. Roberto Barroso, j.un. 7-3-20127, *DJe* 24-4-2017; e STJ, 1ª Seção, EDcl nos EDcl na Rcl 28.431/DF, rel. Min. Francisco Falcão, j.un. 12-9-2018, *DJe* 20-9-2018.

24. O Pleno do STF (Rcl-ED-AgR 23.045/SP, rel. Min. Edson Fachin, j.m.v. 9-5-2019) entendeu que agravos internos interpostos em reclamações ajuizadas no âmbito processual penal não estão sujeitos à contagem de prazos em dias úteis prevista no art. 219, parágrafo único, do CPC, em função da regra específica do art. 798 do CPP.

Parte III

Recursos

Capítulo 1

Teoria geral dos recursos

1. CONSIDERAÇÕES INICIAIS

O Título II do Livro III da Parte Especial do Código de Processo Civil é todo voltado à disciplina dos recursos. Após as disposições gerais, que ocupam seu Capítulo I, cada um dos recursos, de acordo com e na ordem estabelecida pelo rol do art. 994, encontra seu regramento em capítulo próprio.

Antes de analisar as disposições gerais dos arts. 994 a 1.008, que formam o Capítulo I do precitado Título, contudo, é necessário apresentar os elementos que se mostram pertinentes para a construção de (uma) teoria geral dos recursos.

A iniciativa é tanto mais importante porque o CPC de 2015, seguindo, no particular, os mesmos passos do CPC de 1973 veicula uma série de regras no âmbito de um específico recurso que, em rigor, merecem ser consideradas para os demais. Se é certo que, por razões históricas, o recurso de apelação desempenhou o papel de recurso por excelência, sendo, por esse motivo, apto a embasar a construção de uma teoria geral dos recursos que o considerasse como verdadeiro e insuprimível paradigma, essa não é – há tempos – a realidade normativa vigente, inclusive no sistema processual civil brasileiro.

De outra parte, muito da disciplina que o CPC de 2015 traz sob o rótulo "Da ordem dos processos nos Tribunais e dos processos de competência originária dos tribunais", influencia não só a construção da teoria geral dos recursos, mas também a compreensão de uma série de questões que cada um dos recursos coloca para o intérprete e para o aplicador do direito processual civil.

E, por fim, mas não menos importante, não há como tratar do tema sem levar em conta, a cada passo, o modelo constitucional do direito processual civil e suas múltiplas influências nas escolhas feitas pelo legislador processual civil mais recente.

2. NATUREZA JURÍDICA

É intensa a discussão sobre a "natureza jurídica" dos recursos, isto é, sobre o que eles são para e no próprio direito positivo.

Para este *Curso*, os recursos representam prova segura do acerto da percepção de que o direito de ação e o direito de defesa ensejam verdadeiros desdobramentos de seu exercício durante o processo. Os recursos são, assim, direito fundamental exercitado em face do Estado-juiz com vistas à revisão, em sentido amplo, de uma dada decisão jurisdicional.

Também aqui é importante discernir a "ação" e, por identidade de motivos, a "defesa", do *pedido de tutela jurisdicional*, a exemplo do demonstram diversas outras passagens deste *Curso*. No plano dos recursos, não há novo pedido com vistas à *concessão* de tutela jurisdicional ou à sua *negação*. O que há, bem diferentemente, é pedido para que o órgão jurisdicional competente reaprecie, para *anular*, *reformar* ou *integrar*, uma decisão jurisdicional já proferida nos casos admitidos pelo sistema processual civil. É certo que, a depender do resultado do recurso, a decisão proferida pelo órgão julgador, porque *substitui* a anterior (art. 1.008), concederá, ela própria, a tutela jurisdicional pedida pela parte. Isso, contudo, é *consequência* do julgamento do recurso; não a *causa* de sua interposição.

É importante desenvolver as considerações dos parágrafos anteriores.

Este *Curso*, desde o n. 3 do Capítulo 4 da Parte I do v. 1, propõe o entendimento de que o "direito de *ação*" não é tão somente *exercitado* quando da ruptura da inércia da jurisdição. Ele também é *exercitável* ao longo de todo o processo até que seja prestada, ao autor, a tutela jurisdicional que requereu e que, em última análise, é a razão de ele ter se dirigido ao Estado-juiz. O réu, por sua vez, sem prejuízo de exercitar o direito de ação ao longo do processo, exerce, em nítida contraposição àquele, seu "direito de *defesa*", que, de acordo com o modelo constitucional do direito processual civil, deve ser tido como verdadeira contraposição ao "direito de ação", na medida em que exercido e exercitado pelo autor (v. n. 5 do Capítulo 4 da Parte I do v. 1).

Decorre do entendimento sumariado pelos parágrafos anteriores a conclusão de que os "direitos", "deveres", "ônus", "faculdades" e "obrigações" que as partes têm ou desfrutam ao longo do processo decorrem daqueles direitos, de inspiração constitucional, e não de alguma peculiaridade do próprio plano do processo. Entre esses direitos, exercitados tanto pelo autor como pelo réu e, até mesmo, por terceiros intervenientes a qualquer título, encontra-se o de recorrer das decisões que criam embaraços às legítimas expectativas obtidas ou obteníveis no plano do processo e, consequentemente, no plano material.

O recurso é, assim, um *direito* – um direito fundamental – exercitado pelas partes (autor e réu) e pelos terceiros, representando verdadeiro *desdobramento* do direito de ação (e do direito de defesa) que permeia o desenvolvimento de todo o processo – do *mesmo* processo –, até a obtenção da tutela jurisdicional para aquele que, na ótica dos órgãos jurisdicionais, detém em face de outrem posição jurídica de vantagem no plano material. Não se trata, destarte, de uma *nova* ação, mas da mesma, originalmente exercitada, que é renovada, desdobrada, *exercitada* ao longo do processo com vistas à obtenção de uma específica situação de vantagem e que é também exercitável pelo réu, ainda que sob as vestes de um "direito de defesa", e por eventuais terceiros intervenientes.

3. DEFINIÇÃO

Há consenso quanto à definição de recurso. Para demonstrar isso, é pertinente colacionar a definição dada por dois dos maiores processualistas brasileiros e profundos conhecedores do tema.

Para o saudoso José Carlos Barbosa Moreira, recurso é "o remédio voluntário idôneo a ensejar, dentro do mesmo processo, a reforma, a invalidação, o esclarecimento ou a integração de decisão judicial que se impugna"[1].

Para Nelson Nery Jr., recurso é o "meio processual que a lei coloca à disposição das partes, do Ministério Público e de um terceiro, a viabilizar, dentro da mesma relação jurídica processual, a anulação, a reforma, a integração ou o aclaramento da decisão judicial impugnada"[2].

As definições reúnem os elementos importantes para a caracterização dos recursos como tais. A sua *voluntariedade* (é preciso que haja manifestação de vontade para recorrer), a circunstância de o recurso desenvolver-se no *mesmo* processo e suas *finalidades*: reformar, invalidar, esclarecer ou integrar decisões jurisdicionais. Elas, como enfatizam seus elaboradores, são voltadas a descrever a figura aqui examinada tendo presentes as peculiaridades do direito brasileiro e as opções feitas pela legislação processual civil nacional. Em outros sistemas jurídicos, pode haver outros recursos que, para nós, não têm essa natureza e vice-versa. O desenvolvimento da questão é desinteressante para este *Curso*, que se limita, neste volume, a descrever e a oferecer uma proposta de ampla compreensão e operatividade dos recursos e de outras técnicas de controle das decisões jurisdicionais, para o direito processual civil brasileiro.

Sobre a exigência de que os recursos sejam interpostos no *mesmo processo* (Nery emprega, no particular, a expressão "relação processual" no mesmo sentido), importa destacar que se trata de característica do direito positivo brasileiro. Os recursos, para nós, não dão ensejo ao nascimento de *novos* processos, porque é suficiente, para o seu regular exercício, o *processo* já existente e que se desenvolve desde a provocação inicial do autor, com a ruptura originária da inércia da jurisdição. Trata-se, ainda que de diversa perspectiva de análise, de confirmação segura do acerto das considerações que ocupam o número anterior: os recursos nada mais são do que o exercício do (mesmo) "direito de *ação*" (ou, da perspectiva do réu, do "direito de *defesa*") ao longo de um *mesmo* processo, consoante seja necessária ao autor, ao réu e a eventuais terceiros, a ocupação de determinadas posições de vantagem em busca da obtenção da tutela jurisdicional em seu favor, a eles negada por anterior decisão jurisdicional.

1. *Comentários ao Código de Processo Civil*, v. V, p. 233.
2. *Teoria geral dos recursos*, p. 212.

Significativa, no particular, a lição de José Frederico Marques, para quem "O direito de recorrer é um direito que se insere nos desdobramentos dos atos processuais cuja prática resulta do direito de ação ou do direito de defesa"[3].

Naqueles casos em que o contraste de uma dada decisão jurisdicional impuser ao legitimado a necessidade de um *novo* rompimento da inércia jurisdicional, a hipótese não pode ser entendida, estudada e sistematizada como recurso. É essa a razão pela qual a Parte II e o Capítulo 10 se voltam ao estudo de outros mecanismos que, a despeito de questionarem decisões jurisdicionais, não podem ser tratados como recursos, de acordo com o direito processual civil brasileiro.

Ainda que no CPC de 2015, seguindo tendência das mudanças iniciadas com o advento da Lei n. 11.418/2006 e seguida pela Lei n. 11.672/2008 (responsáveis pelos arts. 543-A, 543-B e 543-C do CPC de 1973), os recursos extraordinários e especiais possam assumir feição *repetitiva* e, nesse sentido, querer desempenhar a função de decisões paradigmáticas ou de verdadeiros "indexadores jurisprudenciais", como se dá a partir da devida interpretação do inciso III do art. 927, aquela função não afeta a caracterização dos recursos como tais no nosso direito. É correto entender que os recursos repetitivos são mera *técnica de julgamento* (no que é claro, aliás, o art. 928), inaptos, destarte, a interferir na visão consagrada de recursos, mesmo os extraordinários e os especiais, entre nós.

4. CLASSIFICAÇÃO

É usual a apresentação de alguns critérios classificatórios sobre os recursos, que, como tais, têm como finalidade viabilizar uma melhor e mais didática aproximação da matéria.

É esse o objetivo dos números seguintes, reservando-se os demais Capítulos ao longo do volume a *aplicar* os critérios aqui expostos.

4.1 Recursos totais ou parciais

O primeiro classificatório leva em conta a extensão do inconformismo do recorrente quando comparado com a decisão que lhe é desfavorável. Para esse fim, o grau de inconformismo do recorrente pode ser total ou parcial, consoante ele impugne toda a decisão ou apenas parte dela.

O próprio art. 1.002 admite a distinção quando prevê que "a decisão pode ser impugnada no todo ou em parte"[4]. A primeira hipótese é a do recurso *total*; a segunda, do *parcial*.

---

3. *Instituições de direito processual civil*, v. IV, p. 2-3.

4. O art. 505 do CPC de 1973 referia-se exclusivamente à *sentença*. Não obstante, já era correto entender que se tratava de regra que extrapolava os limites do recurso de apelação.

Como todos os recursos, no direito positivo brasileiro, pressupõem o elemento *volitivo*, não há imposição para que as partes ou eventuais terceiros interponham das decisões que lhe são desfavoráveis quaisquer recursos, e, caso o façam, também não existe nenhuma obrigatoriedade de que toda decisão, em todas as partes (capítulos) que lhes sejam desfavoráveis, seja questionada.

Importa saber se o recurso é *total* ou *parcial* para verificar se a decisão, ou parte dela, precluiu ou transitou em julgado, o que é relevante para fins de sua concretização, ou seja, para a verificação de qual regime jurídico dará supedâneo à realização prática de seus efeitos: cumprimento *provisório* ou cumprimento *definitivo*, consoante haja ou não prévio trânsito em julgado da decisão a supedanear a concretização da tutela jurisdicional executiva.

4.2 Recursos de fundamentação livre ou de fundamentação vinculada

Levando em conta os tipos de vícios que uma decisão possui e que desafiam seu contraste por recursos, eles podem ser distinguidos em "recursos de fundamentação *livre*" e "recursos de fundamentação *vinculada*".

Os "recursos de fundamentação *livre*" são aqueles em que o interesse do recorrente toma como base, apenas e tão somente, o gravame experimentado pela decisão. O seu mero inconformismo com a decisão, tal qual proferida, é suficiente para o cabimento do seu recurso. Basta que a decisão tenha acarretado a alguém, em alguma medida, prejuízo, para que caiba o recurso.

Os "recursos de fundamentação *vinculada*", diferentemente, impõem que o recorrente demonstre, além do (genérico) interesse recursal, um prejuízo específico, previamente valorado pelo legislador, sem o que não se abre a via recursal. As razões do inconformismo são, por assim dizer, somente aquelas tipificadas pelo sistema processual civil. São, portanto, recursos que têm como finalidade a correção de específicos vícios de atividade ou de julgamento, os quais, se ausentes, não dão margem ao contraste da decisão.

De fundamentação *vinculada* são o recurso de embargos de declaração, o recurso extraordinário e o recurso especial; todos os demais são de fundamentação *livre*. Os recursos de fundamentação *vinculada* só cabem na medida em que estejam presentes, na decisão recorrida, determinados vícios exigidos pelo sistema processual civil. Não são recursos, por isso mesmo, que buscam reparar qualquer tipo de prejuízo experimentado pelas partes ou por eventuais terceiros, mas, apenas e tão somente, aqueles previamente idealizados, isto é, tornados *típicos*.

Essa característica de tais recursos acarreta interessante questão no que diz respeito à superação de seu juízo de *admissibilidade* e ao enfrentamento de seu juízo de *mérito*, que é, a seu tempo, abordada com relação a cada um dos três recursos mencionados.

4.3 Recursos ordinários ou extraordinários

A distinção entre "recursos *ordinários*" e "recursos *extraordinários*", no sistema processual civil brasileiro, é útil para distinguir os recursos que viabilizam o total e amplo reexame da causa, tanto em termos de quantidade como de qualidade de matéria versada pela decisão recorrida, admitindo, portanto, amplo reexame de provas, e os que não admitem aquela iniciativa porque voltados, em última análise, ao atingimento de outra finalidade, qual seja, a uniformização da interpretação do direito constitucional federal e do direito infraconstitucional federal em todo o território brasileiro.

São "recursos *extraordinários*", de acordo com o critério classificatório aqui proposto, o recurso extraordinário para o Supremo Tribunal Federal, o recurso especial para o Superior Tribunal de Justiça e os embargos de divergência, que são cabíveis, apenas, de alguns acórdãos proferidos por aqueles mesmos Tribunais.

Todos os demais são, na consonância desse critério classificatório, "recursos *ordinários*".

4.4 Recursos principal ou adesivo

O critério classificatório elege como paradigma a *forma* de interposição do recurso, se "principal" ou se "adesiva".

O "recurso *principal*", ou, como se lê do § 2º do art. 997, "independente", é aquele interposto pelas partes e por eventuais terceiros tão logo tenham ciência da decisão, valendo-se, para tanto, do prazo pertinente. É manifestação imediata, por assim dizer, do inconformismo com uma decisão proferida contra os seus interesses.

O "recurso *adesivo*", por sua vez, é recurso interposto se a outra *parte* também prejudicada pela mesma decisão tiver manifestado seu inconformismo imediato contra ela, apresentando seu recurso no prazo que tiver para tanto. É o que se lê do § 1º do art. 997: "Sendo vencidos autor e réu, ao recurso interposto por qualquer deles poderá aderir o outro". Trata-se, nesse sentido, de interposição do recurso *diferida* no tempo, a depender do comportamento da outra parte ou de um terceiro.

A melhor compreensão do instituto pressupõe um aclaramento quanto ao nome pelo qual a figura é conhecida. "Recurso adesivo" não é, em rigor, a denominação mais correta para descrever o fenômeno em pauta. Não é o recurso, em si mesmo, que difere dos demais, embora existam algumas peculiaridades procedimentais, abaixo examinadas, mas, notadamente, a sua *forma de interposição*. É ela, a interposição do recurso, que é, como quer a lei, *adesiva*, ou, como prefere, com acerto, José Afonso da Silva, *subordinada* ou *dependente*[5].

5. *Do recurso adesivo no processo civil brasileiro*, p. XVI.

Não se trata, pois, de um recurso diferenciado dos demais, com diferente hipótese de cabimento[6], mas de uma maneira diferenciada de *interposição* do recurso de apelação, do recurso extraordinário e do recurso especial (art. 997, § 2º, II) nos casos em que há "sucumbência *recíproca*", isto é, em que a decisão gera gravame ao autor e ao réu concomitantemente, inclusive no que diz respeito a questões de ordem processual[7]. Em tais casos, como se lê do § 1º e do inciso I do § 2º do art. 947, a *parte* que não recorreu poderá, no prazo que dispõe para apresentar contrarrazões, interpor o seu próprio recurso. A chamada sucumbência recíproca, portanto, é verdadeiro pressuposto para essa diferente forma de *interposição* do recurso[8].

A justificativa usualmente dada para sustentar a previsão do recurso adesivo é a de que, com a possibilidade da sua *interposição subordinada*, o sucumbente tende a se conformar com aquilo que a decisão lhe concedeu, já que não é impositivo que ele, desde logo, apresente recurso seu, independentemente da postura a ser tomada pelo adversário afetado também pela *mesma* decisão. No aguardo da postura a ser tomada pela parte contrária, a tendência é que nenhuma delas recorra, precluindo ou, se for o caso, transitando em julgado a decisão tal qual proferida, mesmo que *parcialmente* contrária a seus interesses.

É a hipótese, para figurar um exemplo, daquele que, tendo seu pedido de tutela jurisdicional acolhido pela sentença, vê o réu apelar dela e resolver, por isto, apresentar apelação adesiva para a majoração dos honorários de advogado. Não fosse pela iniciativa do réu, o autor teria se conformado, desde logo, com a sentença tal qual proferida, inclusive com a fixação das verbas de sucumbência[9].

Também é comum o entendimento de que a previsão legislativa expressa do recurso adesivo confirma a vedação da *reformatio in pejus*, uma vez que o agravamento da situação jurídica do recorrente "principal" depende da iniciativa do "recorrido", que, querendo, interporá o recurso adesivo, tornando-se, por isso, também *recorrente*, embora de forma subordinada.

A disciplina do "recurso adesivo" não difere da do "recurso *independente*" (art. 997, § 2º), que só pode ser o de apelação, o recurso extraordinário e o recurso especial, a não ser por alguns pontos expressamente previstos, que são os seguintes:

---

6. Preciso, no ponto, o quanto decidido pela 3ª Turma do STJ no REsp 1.675.996/SP, rel. Min. Paulo de Tarso Sanseverino, j.un. 27-8-2019, *DJe* 3-9-2019.

7. Nesse sentido: STJ, 4ª Turma, REsp 1.109.249/RJ, rel. Min. Luis Felipe Salomão, j.un. 7-3-2013, *DJe* 19-3-2013.

8. Ilustrativa da afirmação é a Súmula 326 do STJ ("Na ação de indenização por dano moral, a condenação em montante inferior ao postulado na inicial não implica sucumbência recíproca"), que, no contexto aqui discutido, é significativa do não cabimento do recurso *adesivo* para majorar o valor imposto pela sentença àquele título. A orientação, contudo, só pode prevalecer quando o autor não houver formulado, como deve fazer, pedido *determinado (líquido)* quanto ao valor da indenização pelos danos morais, ressalvada alguma hipótese excepcional nos termos do § 1º do art. 324.

9. Para a pertinência do recurso adesivo voltado apenas à majoração dos honorários advocatícios, v.: STJ, 4ª Turma, AgRg no AREsp 364.820/DF, rel. Min Marco Buzzi, j.un 27-2-2018, *DJe* 2-3-2018; STJ, 3ª Turma, REsp 1.660.201/PE rel. Min. Ricardo Villas Bôas Cueva, j.un. 23-5-2017, *DJe* 31-5-2017; e STJ, 4ª Turma, REsp 1.056.985/RS, rel. Min. Aldir Passarinho Jr., j. un. 12-8-2008, *DJe* 29-9-2008.

Como decorrência da sua própria finalidade, o prazo para sua interposição não tem início com a intimação da decisão nos moldes do art. 1.003. A fluência do prazo recursal dá-se quando da intimação da parte que não recorreu para apresentar suas contrarrazões ao "recurso *principal*". O órgão jurisdicional perante o qual o "recurso adesivo" deve ser interposto é o mesmo do "recurso *independente*" (art. 997, § 2º, I), que, exercendo "juízo *positivo* de admissibilidade", determinará a oitiva do recorrido (o recorrente principal) a seu respeito, quando terá prazo para apresentação de contrarrazões ao recurso adesivo.

Cabe uma consideração sobre o conteúdo do parágrafo anterior. Por força da teoria geral dos recursos, é irrecusável que também ao recurso interposto na forma adesiva apliquem-se as exigências relativas à "regularidade formal", é dizer, ele deverá evidenciar o pedido de reforma com fundamentação que lhe dê sustento. Isso, contudo, não quer dizer que necessariamente o recurso adesivo tenha de ser apresentado em petição distinta das contrarrazões, o que, no máximo, poderia ser compreendido como rigorismo formal, sem maiores consequências substanciais para a admissibilidade do recurso. Ademais, mesmo nos casos em que se constatar a ocorrência de algum prejuízo para a parte contrária, é impositiva a concessão de prazo para sua regularização, o que encontra fundamento bastante no parágrafo único do art. 932.

Também por força de sua interposição derivada, os recursos "adesivos" tornam-se "subordinados", verdadeiramente dependentes, ao "recurso *principal*". É essa a razão pela qual, de acordo com o inciso III do § 2º do art. 997, o "recurso adesivo" "não será conhecido, se houver desistência do recurso principal, ou se for ele considerado inadmissível". O juízo de admissibilidade *positivo* do "recurso principal", destarte, é fator decisivo, verdadeira questão *prejudicial*, para o conhecimento e, se for o caso, para o julgamento do *mérito* do "adesivo".

E porque se trata do *mesmo* recurso, embora interposto em prazo diferenciado, é amplamente vencedor o entendimento no sentido de que a parte que interpôs o "recurso *principal*" não pode valer-se do prazo para contrarrazões para recorrer novamente, quiçá complementando as razões recursais anteriormente apresentadas, ou, no caso de haver algum fato *impeditivo* ou *extintivo* do direito de recorrer, pretender burlar a consumação daqueles pressupostos recursais *negativos* com a apresentação de um "recurso *adesivo*".

Além das que ocupam os parágrafos anteriores, o recurso interposto adesivamente não tem nenhuma outra peculiaridade a distingui-lo das demais apelações, recursos extraordinários ou recursos especiais, sendo desnecessários outros comentários a seu respeito a seu respeito por ora.

5. PRINCÍPIOS

Há uma série de princípios que animam o tema dos recursos e que merecem ser extraídos diretamente do "modelo constitucional do processo civil". Outros derivam das escolhas técnicas feitas pelo legislador e são mais variáveis e que compõem o que este *Curso* rotula de "modelo *infraconstitucional* de direito processual civil"[10].

Como sói acontecer, em se tratando de *princípios jurídicos*, sua lembrança e *aplicação prática* são medidas inafastáveis ao longo da exposição e do tratamento da matéria com vistas à construção de um verdadeiro *sistema* processual civil.

5.1 Duplo grau de jurisdição

No âmbito do modelo constitucional, o primeiro princípio a ser destacado é o *duplo grau de jurisdição*. Princípio *implícito* – embora o inciso II do art. 102 e o inciso II do art. 105 da Constituição Federal prevejam *um* duplo grau quando tratam do recurso ordinário para o Supremo Tribunal Federal e para o Superior Tribunal de Justiça, respectivamente –, decorre da constatação da existência e da competência dos Tribunais, em especial dos Tribunais de Justiça e dos Tribunais Regionais Federais. Também não há como desconsiderar a influência normativa que a Convenção Interamericana dos Direitos Humanos deve ter no direito positivo brasileiro com relação ao tema, objeto de análise do n. 2.8 do Capítulo 3 da Parte I do v. 1.

O princípio do *duplo grau de jurisdição*, para além de sua expressa previsão constitucional, merece ser compreendido no sentido de a sentença ser passível de reexame amplo por outro órgão jurisdicional. É o que, no CPC de 2015, é desempenhado suficientemente pelo recurso de apelação. Contrabalanceando esse princípio com outros, também de índole constitucional, em especial o da efetividade do direito material pelo processo, é possível criar regras como a dos §§ 3º e 4º do art. 1.013, que permitem o julgamento direto pelo Tribunal após a superação da sentença, sem necessidade de ser, em todo e qualquer caso, determinado o proferimento de outra e a renovação do segmento recursal desde a primeira instância.

5.2 Colegialidade

Também com fundamento constitucional implícito, o princípio da *colegialidade* significa que o "juiz natural" das decisões proferidas no âmbito dos Tribunais componentes da organização judiciária brasileira é o órgão colegiado competente.

Também aqui, as variadas relações entre os princípios de porte constitucional acabam por justificar regras como a do art. 932, que permitem que o relator, aquele que tem contato em primeiro lugar com o recurso, manifeste-se isoladamente (monocraticamente) em nome do colegiado. Trata-se, nesse sentido, de verdadeira técnica de delegação de competência para

---

10. Trata-se da aplicação da premissa metodológica anunciada desde o n. 2.1 do Capítulo 3 da Parte I do v. 1 deste *Curso*.

permitir que determinado magistrado antecipe-se à decisão do colegiado nas condições autorizadas pelo sistema.

Como há expressa previsão de recurso para o colegiado competente, que poderá revisar o acerto ou o desacerto daquela decisão (art. 1.021), está atendido o núcleo essencial do princípio aqui destacado.

Tão importante esse princípio, ademais, que, mesmo antes da generalização do cabimento do agravo interno para *toda* decisão monocrática no âmbito dos Tribunais, este *Curso* já defendia a necessidade de se conceber recurso com aquela finalidade, que se sobrepunha, ademais, a qualquer regra que sugerisse a irrecorribilidade da decisão[11].

5.3 Reserva de plenário

Também é princípio extraível diretamente do modelo constitucional do direito processual civil a reserva de plenário, que encontra fundamento no art. 97 da Constituição Federal.

De acordo com aquele dispositivo, só o Tribunal Pleno ou, onde existir – e desde que haja delegação regimental nesse sentido (art. 93, XI, da CF) –, o órgão especial é que tem competência para declarar a *inconstitucionalidade* de lei ou ato normativo. Em tais hipóteses, a *colegialidade* é exigida expressamente pela Constituição Federal.

O incidente de arguição de inconstitucionalidade dos arts. 948 a 950 do CPC de 2015 procedimentaliza aquela exigência constitucional.

Também por se tratar de *princípio*, o art. 97 da Constituição Federal aceita mitigações legítimas. É o que se dá com o parágrafo único do art. 949 do CPC de 2015, que torna desnecessária a manifestação do Pleno ou, se for o caso, do órgão especial quando o Supremo Tribunal Federal ou o próprio Tribunal já tiverem se manifestado sobre a inconstitucionalidade da lei aplicável ao caso concreto. Trata-se de regra nitidamente inspirada no princípio da eficiência processual e que, com as ressalvas feitas pelo n. 3.1 do Capítulo 4 da Parte I, deve ser observada.

O art. 97 da Constituição Federal, contudo, não pode ser afastado para legitimar decisão de Tribunal que deixe de aplicar lei sob o fundamento de sua inconstitucionalidade, mesmo que não expressamente reconhecida de acordo com o procedimento anunciado pelo parágrafo anterior. É a diretriz agasalhada na Súmula Vinculante 10 do STF[12].

---

11. Para essa demonstração, v. o n. 2.1 do Capítulo 2 da Parte I do v. 5 das edições anteriores ao CPC de 2015 deste *Curso*, sustentando a inconstitucionalidade do parágrafo único do art. 527 do CPC de 1973 com relação à retenção compulsória do agravo de instrumento e do indeferimento do pedido de efeito suspensivo.

12. Cujo enunciado é o seguinte: "Viola a cláusula de reserva de plenário (CF, artigo 97) a decisão de órgão fracionário de tribunal que, embora não declare expressamente a inconstitucionalidade de lei ou ato normativo do poder público, afasta sua incidência no todo ou em parte".

5.4 Taxatividade

No plano infraconstitucional, o primeiro princípio a ser destacado é o da *taxatividade*, que deve ser entendido no sentido de que somente a Constituição Federal ou a lei podem criar recursos no sistema processual civil brasileiro. E mais: no plano infraconstitucional, não se trata de qualquer lei, mas de lei *federal*, por força do que dispõe o inciso I do art. 22 da Constituição Federal. No ponto, mesmo o inciso XI do art. 24 da Constituição Federal, que reconhece aos Estados-membros e ao Distrito Federal competência para criar regras de *procedimento*, não pode inovar o sistema no que diz respeito à existência, criação ou revogação de recursos.

Há consenso quanto ao entendimento de que os recursos e suas hipóteses de cabimento são matéria de direito *processual*, a afastar, consequentemente, a competência estadual e distrital da disciplina do tema. Matéria procedimental, apta, portanto, a ser *criada* por lei estadual, em tema de recursos diz respeito, por exemplo, à *forma* do exercício do direito de recorrer, o que convida os tímidos legisladores estaduais e o distrital a irem muito além da previsão do § 3º do art. 1.003, que se limita a permitir que normas de organização judiciária disciplinem formas diferenciadas de *interposição* dos recursos.

O rol de referência, para tanto, é o do art. 994 do Código de Processo Civil. De acordo com o dispositivo: "São cabíveis os seguintes recursos: I – apelação; II – agravo de instrumento; III – agravo interno; IV – embargos de declaração; V – recurso ordinário; VI – recurso especial; VII – recurso extraordinário; VIII – agravo em recurso especial ou extraordinário; IX – embargos de divergência".

O extenso rol do art. 994 não significa, contudo, que não existam outros mecanismos de impugnação das decisões jurisdicionais. Eles existem, mas não são recursos porque não têm natureza recursal e, consequentemente, guiam-se por disciplina diversa, a eles não se aplicando a teoria geral ora exposta. É o caso da "ação rescisória", da "reclamação", da "ação anulatória", da "remessa necessária", dos "mandados de segurança contra atos jurisdicionais", do "pedido de suspensão de segurança" e, até mesmo, dos "embargos de terceiro". Embora merecedores de críticas contundentes, inclusive quanto à viabilidade de sua alocação no sistema processual civil em vigor, a "correição parcial" e o "pedido de consideração" não deixam de ter como função o contraste de decisões judiciais sem ostentar, contudo, natureza recursal.

O princípio aqui examinado não pode ser compreendido, outrossim, como se só fosse recurso o que está no referido art. 994. Outros recursos existem que não são incluídos naquele rol, mas, por serem previstos, como tal, em legislação processual civil extravagante, é irrecusável entendê-los também como recursos. É o caso dos "embargos infringentes" a que faz referência o art. 34 da Lei n. 6.830/80, a chamada "Lei da Execução Fiscal"[13].

13. E justamente porque se trata de recurso, embora previsto fora do CPC, é descabida a impugnação da decisão a ele sujeita por mandado de segurança contra ato judicial. Nesse sentido é o IAC 3 julgado pela 1ª Seção do

O chamado "recurso adesivo", cabe frisar o que já destacado, não é um recurso distinto dos demais, mas, bem diferentemente, *forma* diferenciada de interposição da apelação, do recurso extraordinário e do recurso especial. Por essa razão, a ausência de sua menção no rol do art. 994 é de nenhuma importância para os fins aqui discutidos.

5.5 Unirrecorribilidade

O segundo princípio infraconstitucional relativo aos recursos a ser destacado é o da *unirrecorribilidade*, por vezes também chamado de *singularidade* ou de *unicidade*.

Seu significado é o de que cada decisão jurisdicional desafia o seu contraste por um e só por um recurso. Cada recurso, por assim dizer, tem aptidão para viabilizar o controle de determinadas decisões jurisdicionais com exclusão dos demais, sendo vedada – é esse o ponto nodal do princípio – a interposição *concomitante* de mais de um recurso para o atingimento de uma *mesma* finalidade.

Até porque cada recurso, bem compreendido, tem finalidade, por mais estreita que seja, própria, que o justifica (e o tipifica) como tal. É o que justifica, como exceção, a eventual interposição de concomitante de recurso especial *e* de recurso extraordinário de um mesmo acórdão. Nesse caso, contudo, a fortalecer a identidade de cada recurso e sua correlata finalidade, importa destacar que, por definição, a decisão recorrida ostentará fundamentação dupla, constitucional e infraconstitucional, a impor a recorribilidade conjunta. É assunto disciplinado expressamente pelo art. 1.031 do CPC.

Não viola o princípio aqui discutido a circunstância de um mesmo recurso de agravo de instrumento impugnar, ao mesmo tempo, mais de uma decisão interlocutória[14]. A hipótese merece ser compreendida como concretização do princípio da eficiência processual, verdadeira ocorrência de cúmulo de pretensões recursais, aproveitando-se de um mesmo veículo.

5.6 Correlação

É importante discernir do princípio tratado pelo número anterior o que este *Curso* chama de "princípio da *correlação*", embora a larga maioria doutrinária trate de ambos indistintamente, sob o rótulo da "unirrecorribilidade", "singularidade" ou "unicidade", como duas facetas de uma mesma realidade jurídica.

Se de cada decisão cabe um recurso – e é essa a noção suficiente do "princípio da unirrecorribilidade" –, impõe-se saber qual é o recurso cabível em cada caso. Cabível a propósi-

---

STJ, que fixou a seguinte ementa: "Não é cabível mandado de segurança contra decisão proferida em execução fiscal no contexto do art. 34 da Lei n. 6.830/80".

14. É o que decidiu a 3ª Turma do STJ no julgamento do REsp 1.628.773/GO, rel. Min. Nancy Andrighi, j.un. 21-5-2019, *DJe* 24-5-2019.

to a lembrança do art. 809 do CPC de 1939, expresso na vedação de a parte "usar, ao mesmo tempo, de mais de um recurso"[15].

Destarte, mais do que acentuar o descabimento concomitante de recursos para o atingimento de uma mesma finalidade, importa entender que, a depender do tipo de decisão *ou* do vício que ela contém, há um recurso predisposto a seu contraste e a seu controle.

É insuficiente, contudo, limitar-se a afirmar que das sentenças cabe apelação (art. 1.009, *caput*) e que de decisões interlocutórias cabe o agravo de instrumento, observando, no particular, as restrições que decorrem do rol do art. 1.015. O princípio vai além, estabelecendo a razão de ser de cada um dos recursos indicados no art. 994, para além daquela dicotomia, levando em conta também, mas não só, as decisões proferidas pelo juízo da primeira instância, como se pode extrair da leitura de diversos dispositivos que tratam de cada espécie recursal: arts. 1.009, 1.015, 1.021, 1.022, 1.027, 1.029, 1.042 e 1.043.

Assim, para os fins presentes, é correto acentuar o seguinte:

A sentença é recorrível pelo recurso de apelação, independentemente de seu conteúdo (art. 203, § 1º, e 1.009, *caput*).

As decisões interlocutórias (art. 203, § 2º) proferidas na primeira instância ao longo da etapa de conhecimento do processo são recorríveis por agravo de instrumento nos casos em que houver autorização legal (art. 1.015, *caput*). As interlocutórias proferidas na etapa de liquidação, de cumprimento de sentença, no "processo de execução" e no "processo de inventário" são imediatamente recorríveis pelo agravo de instrumento, nos termos do parágrafo único do art. 1.015.

A decisão interlocutória que não aceita imediato contraste pelo agravo de instrumento deve ser recorrida, sob pena de preclusão, em razões ou contrarrazões de apelo (art. 1.009, §§ 1º e 2º).

Em se tratando de decisão, qualquer decisão, que ostente algum dos vícios do art. 1.022, o recurso cabível é de embargos de declaração.

Acórdãos (art. 204) desafiam, consoante sua fundamentação, recursos *ordinários* (arts. 102, II, *a*, e 105, II, *b* e *c*, da CF, e art. 1.027, I e II, do CPC), *extraordinários* (art. 102, III, da CF) ou *especiais* (art. 105, III, da CF). Em se tratando de acórdãos proferidos pelo Supremo Tribunal Federal ou pelo Superior Tribunal de Justiça, pode haver razão para a interposição do recurso de embargos de divergência (art. 1.043).

Decisões monocráticas proferidas no âmbito dos Tribunais desafiam, como regra, o recurso de agravo interno (art. 1.021). Em sendo o caso de negativa de seguimento de recurso

---

15. Correta a lição de Araken de Assis em seu *Manual dos recursos*, p. 108, nesse sentido: "Omisso que era o CPC 1973 quanto à enunciação do princípio, entendia-se que esse estatuto adotara a regra implicitamente, por intermédio da correlação entre os atos decisórios do primeiro grau. Além disso, recordava-se a vigência do princípio da consumação, segundo o qual, interposto o recurso, esgota-se o prazo e não se mostra mais admissível corrigi-lo ou emendá-lo. Em outras palavras, 'a regra geral era e continua a ser a de que, para cada caso, há um recurso adequado, e somente um'. Por exemplo: não cabe agravo e apelação da sentença que indefere certo meio de prova e julga a causa".

extraordinário e/ou especial fora do regime dos repetitivos, a hipótese é de agravo em recurso especial ou extraordinário (art. 1.042).

Por fim, vale recordar que os "despachos", tenham eles sido praticados pelo magistrado diretamente (art. 203, § 3º) ou pelos serventuários da justiça, por delegação sua (art. 93, XIV, da CF e art. 203, § 4º, do CPC), não estão sujeitos a recursos. É o que estabelece o art. 1.001. A pressuposição de irrecorribilidade daqueles pronunciamentos assumida pelo legislador é a de que despachos não têm aptidão para causar prejuízos, por se tratar de atos de mero impulso processual, inaptos, destarte, a resolver *questões* e causar gravame a quem quer que seja. Na exata medida em que criem, contudo – e a riqueza do foro revela que isso pode acontecer com muito mais frequência que se pode supor –, são recorríveis, deles cabendo o recurso cabível, consoante a especificação acima.

A bem da verdade, todo despacho que tem aptidão para causar prejuízo para qualquer uma das partes ou para eventuais terceiros é "despacho" apenas no nome; ele deve ser tratado juridicamente como verdadeira *decisão*, afastando de sua regência, consequentemente, o art. 1.001, e aplicando-lhe, consequentemente, a mesma disciplina reservada para o recurso cabível para a espécie.

Nos casos em que os despachos são praticados pelos serventuários, a constatação do prejuízo para fins de recorribilidade a que se referiu o parágrafo anterior depende de prévia manifestação do juiz. Assim, por força do que dispõem o inciso XIV do art. 93 da Constituição Federal e o § 4º do art. 203, é impositivo que a parte (ou, se for o caso, o terceiro) questione o acerto do ato do serventuário ao magistrado para que do ato deste, que eventualmente cause alguma espécie de gravame, caiba o recurso apropriado, afastando-se, consequentemente, a vedação do art. 1.001.

5.7 Fungibilidade

O princípio da fungibilidade recursal deriva diretamente de outro princípio *infraconstitucional* do direito processual civil, o princípio da instrumentalidade das formas. Trata-se, destarte, de princípio *implícito*, diferentemente do que se dava ao tempo do CPC de 1939, cujo art. 810 o agasalhava expressamente: "Salvo a hipótese de má-fé ou erro grosseiro, a parte não será prejudicada pela interposição de um recurso por outro, devendo os autos ser enviados à Câmara ou turma, a que competir o julgamento".

O princípio justifica-se no sistema processual civil sempre que a *correlação* entre as decisões jurisdicionais e o recurso cabível, prescrita pelo legislador, gerar algum tipo de dúvida no caso concreto. Os usos e as aplicações do CPC de 2015 já fizeram aparecer fundadas dúvidas quanto à natureza jurídica de certas decisões e, consequentemente, quanto ao recurso delas cabível[16]. É o que

16. Assim, por exemplo, com relação à natureza jurídica da decisão que conclui a primeira fase da "ação de exigir contas". Sobre o assunto, expressos quanto à viabilidade de aplicação do princípio da fungibilidade, v.: STJ, 4ª

basta para justificar a incidência do princípio da fungibilidade para franquear a admissão de um recurso no lugar do outro, independentemente de qualquer consideração ou reparo de ordem formal

A existência de fundada *dúvida* sobre o recurso cabível conduz a uma necessária flexibilização do sistema recursal, para admitir, dentre as alternativas que dão ensejo à formação da dúvida, o uso de quaisquer dos recursos abrangidos pela dúvida. A *forma* assumida pelo inconformismo (o tipo de recurso efetivamente interposto, destarte) passa a ser menos importante que o desejo inequívoco de recorrer, de exteriorização de inconformismo com a decisão tal qual proferida.

A aplicação da fungibilidade como *princípio* jurídico – diferentemente do que se passava sob a égide do CPC de 1939, que continha dispositivo como o precitado art. 810 – deve ser entendida em todas as suas consequências. Nesse sentido, a "inexistência de erro grosseiro" referida por aquele artigo é redutível ao que o parágrafo anterior denominou "dúvida" sobre cabimento do recurso ou, o que é o mesmo na perspectiva do princípio da correlação, "dúvida" sobre a natureza jurídica da decisão. É correto entender, portanto, que, por força do princípio da fungibilidade, o recurso interposto é conhecido (e julgado) no lugar do que deveria ter sido interposto na percepção do julgador sem necessidade de qualquer modificação em suas razões ou na sua apresentação formal. Deve haver, destarte, verdadeira *indiferença* entre um recurso e o outro, valorizando-se de maneira suficiente o inconformismo já externado pelo recorrente sem nenhuma consideração de ordem formal.

Não há, por isso mesmo, como acolher o entendimento, que acabou sendo herdado do CPC de 1939 e que prevaleceu largamente durante toda a vigência do CPC de 1973, de que o recurso, para ser aceito, precisa ser interposto, havendo dualidade de prazos, no menor, medida apta para afastar qualquer pecha de má-fé. É que não há meio-termo entre existir, ou não, fundada e justificada dúvida sobre o cabimento de um dado recurso de uma dada decisão. Ou há dúvida e, por isso, os recursos que a ensejam devem ser admitidos, como se fossem os corretos, ou, inversamente, não há dúvida e, por esse fundamento, bastante, o princípio não se aplica independentemente da disciplina reservada pelo sistema processual civil ao recurso tal qual interposto, a começar pelo seu prazo. Assim, não há como compactuar com uma espécie de "fungibilidade híbrida", que se presta a dar fundamento ao cabimento do recurso em si mesmo considerado, mas não para o seu regime jurídico correlato. Se a hipótese de interpor um recurso no lugar do outro denotar má-fé, ela deve ser sancionada como tal (art. 80, VII). Para tanto, contudo, não pode deixar o magistrado, diante da dúvida em sede de doutrina e jurisprudência acerca do cabimento do recurso, de conhecê-lo por esse fundamento.

Embora a questão aventada pelo parágrafo anterior tenha sido mitigada pelo CPC de 2015, que unificou em larga escala o prazo para interposição dos recursos, pode subsistir com relação aos embargos de declaração, que continuam a ser interponíveis no prazo de cinco dias (art. 1.003, § 3º). Também reduz o risco que a fungibilidade quer evitar a circunstância de o § 3º do art. 1.024

Turma, REsp 1.680.168/SP, rel. Min. Raul Araújo, j.un. 9-4-2019, *DJe* 10-6-2019, e STJ, 3ª Turma, REsp 1.746.337/SP, rel. Min. Nancy Andrighi, j.un. 9-4-2019, *DJe* 12-4-2019.

aceitar os embargos de declaração como agravo interno "... se entender ser este o recurso cabível, desde que determine previamente a intimação do recorrente para, no prazo de 5 (cinco) dias, complementar as razões recursais, de modo a ajustá-las às exigências do art. 1.021, § 1º"[17]. Essa hipótese, contudo, merece ser examinada, dada a necessidade de adequação a ser feita no recurso já interposto em perspectiva diversa, de *complementariedade*, tal qual propõe o n. 5.12, *infra*.

5.8 Voluntariedade

O princípio da *voluntariedade* é significativo da necessidade de o recorrente, isto é, aquele que detém legitimidade *e* interesse em recorrer (porque a decisão, tal qual proferida, trouxe-lhe algum gravame), exteriorizar o seu inconformismo com vistas a afastar o prejuízo que a decisão lhe acarreta. Para que o recurso seja compreendido como tal, é inarredável que o recorrente manifeste o desejo de recorrer e, além disso, que exponha a extensão de seu inconformismo.

É o que basta para afastar da remessa necessária (art. 496) natureza recursal. A ela falta elemento essencial à caracterização de um recurso, ao menos para o sistema brasileiro. Idêntica observação merece ser dita com relação à técnica de colegiamento do art. 942.

O princípio em análise relaciona-se ao chamado efeito *devolutivo* e, mais amplamente, encontra eco seguro em princípio geral do direito processual civil, o princípio *dispositivo*.

Também se relaciona ao princípio da voluntariedade o critério classificatório que distingue o recurso *parcial* do recurso *total*, consoante a manifestação de inconformismo do recorrente diante de a decisão ser, respectivamente, parcial ou total (art. 1.002).

5.9 Dialeticidade

O princípio da *dialeticidade* relaciona-se, em alguma medida, com o princípio da voluntariedade. Se este princípio se manifesta mediante a indispensável exteriorização do inconformismo do recorrente diante de dada decisão, aquele, o princípio da *dialeticidade*, atrela-se à necessidade de o recorrente demonstrar fundamentadamente as *razões* de seu inconformismo, relevando por que a decisão lhe traz algum gravame e por que a decisão deve ser anulada ou reformada.

Há várias Súmulas dos Tribunais Superiores que fazem, ainda que implicitamente, menção a esse princípio, como cabe constatar, *v.g.*, da Súmula 182 do Superior Tribunal de Justiça[18] e das Súmulas 287[19] e 284[20] do Supremo Tribunal Federal.

---

17. A hipótese, como demonstrava o n. 6 do Capítulo 2 da Parte I do v. 5 das edições anteriores ao CPC de 2015 deste *Curso* já era largamente aceita pela jurisprudência os Tribunais Superiores.
18. "É inviável o agravo do art. 545 do CPC que deixa de atacar especificamente os fundamentos da decisão agravada."
19. "Nega-se provimento ao agravo, quando a deficiência na sua fundamentação, ou na do recurso extraordinário, não permitir a exata compreensão da controvérsia."
20. "É inadmissível o recurso extraordinário, quando a deficiência na sua fundamentação não permitir a exata compreensão da controvérsia."

O CPC de 2015 o acolheu pertinentemente e de maneira expressa em diversas ocasiões, como se pode verificar dos seguintes dispositivos: arts. 1.010, II; 1.016 II; 1.021, § 1º; 1.023, *caput*; e 1.029, I a III. O inciso III do art. 932 volta-se ao princípio ao permitir que o relator, monocraticamente, não conheça de recurso "que não tenha impugnado especificamente os fundamentos da decisão recorrida".

Importa frisar, a respeito desse princípio, que o recurso deve evidenciar as razões pelas quais a decisão precisa ser anulada, reformada, integrada ou completada, e não que o recorrente tem razão. O recurso tem de combater a decisão jurisdicional naquilo que ela o prejudica, naquilo em que ela lhe nega pedido ou posição de vantagem processual, demonstrando o seu desacerto, do ponto de vista *procedimental* (*error in procedendo*) ou do ponto de vista do próprio julgamento (*error in judicando*). Não atende ao princípio aqui examinado o recurso que se limita a afirmar (ou reafirmar) a sua posição jurídica como a mais correta. Na perspectiva recursal, é a decisão que deve ser confrontada, motivo pelo qual, com o devido respeito, este *Curso* não pode concordar com o entendimento de que a necessidade de apresentação de *novos* fundamentos para infirmar a decisão recorrida representa descabido rigor formal[21].

Em suma, é inepto o recurso que se limita a reiterar as razões anteriormente expostas e que, com o proferimento da decisão, ainda que erradamente e sem fundamentação suficiente, foram rejeitadas. A tônica do recurso é remover o obstáculo criado pela decisão e não reavivar razões já repelidas, devendo o recorrente desincumbir-se a contento do respectivo ônus argumentativo.

Quando a decisão contiver mais de um capítulo, é importante discernir se todos ou apenas parte deles será objeto de recurso. Sendo o caso de recurso parcial (art. 1.002), as razões recursais a serem apresentadas para atendimento do princípio da dialeticidade são as relativas ao capítulo impugnado e não de toda a decisão[22].

---

21. É o que decidiu, *v.g.*, nos seguintes casos: STJ, 4ª Turma, REsp 999.649/AC, rel. Min. Raul Araújo, j.un. 4-10-2016, *DJe* 11-10-2016; STJ, 2ª Turma, AgRg no AREsp 694.714/AM, rel. Min. Mauro Campbell Marques, j.un. 27-10-2015, *DJe* 6-11-2015; STJ, 4ª Turma, AgRg no AREsp 97.905/PB, rel. Min. Maria Isabel Gallotti, j.un. 14-5-2013, *DJe* 21-5-2013; STJ, 2ª Turma, AgRg no REsp 1.224.292/PR, rel. Min. Herman Benjamin, j.un. 22-3-2011, *DJe* 1º-4-2011; STJ, 3ª Turma, AgRg no Ag 784.710/RJ , rel. Min. Paulo de Tarso Sanseverino, j.un. 21-9-2010, *DJe* 6-10-2010; STJ, 1ª Turma, REsp 976.287/MG, rel. Min. Luiz Fux, j.un. 8-9-2009, *DJe* 8-10-2009, STJ, 1ª Turma, AgRg no REsp 989.631/SP, rel. Min. Denise Arruda, j.un. 19-2-2009, *DJe* 26-3-2009; e STJ, 2ª Turma, REsp 707.776/MS, rel. Min. Mauro Campbell Marques, j.un. 6-11-2008, *DJe* 1º-12-2008.

22. A CE do STJ, no julgamento dos EAREsp 746.775/PR, rel. p/ acórdão Min. Luis Felipe Salomão, j.m.v. 19-9-2018, *DJe* 30-11-2018, entendeu que a impugnação específica exigida pela Súmula 182 do STJ e pelo inciso III do art. 932 do CPC de 2015 deve alcançar a totalidade dos argumentos empregados pela decisão recorrida quando se tratar de decisão incindível, isto é, que não comportar a sua divisão em capítulos. A orientação, que é correta, não pode, contudo, ser generalizada partindo do pressuposto de que determinadas decisões (tal como a que nega trânsito a recurso especial e extraordinário, dando ensejo ao agravo de que trata o art. 1.042) são, sempre e invariavelmente, incindíveis. O exame casuístico de cada caso é indispensável para verificar se e de que maneira houve impugnação suficiente dos motivos da decisão recorrida, máxime quando o art. 1.002 admite que o recurso seja interposto de apenas *parte* da decisão.

5.10 Recorribilidade temperada das interlocutórias

Princípio usualmente lembrado acerca do sistema processual civil brasileiro é o da *irrecorribilidade em separado das interlocutórias*, que guarda relação, em suas raízes, com os princípios da *oralidade*, da *concentração dos atos processuais* e da *imediatidade*, na busca de um processo mais célere, vedando, para o atingimento daquela finalidade, a interposição imediata e "em separado" de recursos das decisões interlocutórias (no que é pertinente lembrar dos §§ 1º e 2º do art. 1.009) e, muito menos, que esses recursos possam comprometer o andamento dos processos[23].

O CPC de 2015, contudo, não acolhe o princípio com tal magnitude. Embora de forma muito menos ampla que o CPC de 1973, diversas decisões interlocutórias são *imediatamente* recorríveis, pelo recurso de agravo de instrumento (art. 1.015). E, se é certo que aquele recurso não tem efeito suspensivo por força de lei, pode o relator, caso a caso, concedê-lo (art. 1.019, I). Por isso parece ser mais apropriado sustentar que o sistema processual civil hoje consagra um princípio diverso daquele clássico, de inspiração Chiovendiana, que merece ser enunciado como *recorribilidade temperada das interlocutórias*, no sentido de sua recorribilidade imediata depender de prévia previsão legislativa e a concessão de efeito suspensivo depender da avaliação concreta do magistrado.

5.11 Consumação

O princípio da consumação relaciona-se, no plano recursal, com a noção da chamada "preclusão *consumativa*", sendo pertinente a lembrança do *caput* do art. 200.

O legitimado recursal deve, no prazo do respectivo recurso, manifestar o seu inconformismo e apresentar, desde logo, as respectivas razões. Se, por qualquer motivo, deixar de apresentar suas razões recursais, não poderá fazê-lo depois, porque a interposição do recurso, isto é, a mera manifestação de inconformismo com a decisão, tal qual proferida, é suficiente para *consumar* o prazo recursal. Assim, por exemplo, se o réu interpõe, em dez dias úteis, apelação da sentença que acolheu integralmente o pedido de tutela jurisdicional formulado pelo autor, não poderá apresentar razões nem complementar as já apresentadas no décimo quinto dia útil. O seu prazo para o recurso, vale repetir, esgotou-se no décimo dia útil, quando apresentou, ainda que de maneira incompleta ou defeituosa (na perspectiva *substancial*) seu apelo. É indiferente, por isso mesmo, que o legitimado tenha se valido, para manifestar o seu inconformismo, de um prazo *menor* que aquele reservado pela lei.

Também não é lícito à parte ou ao terceiro desistir do recurso tal qual interposto e apresentar outro em eventual prazo que lhe sobeja ou valendo-se da faculdade que lhe é reconhecida pelo § 1º do art. 997, recorrendo *adesivamente*. As duas posturas são interditadas pelo princípio

23. É princípio defendido, nesse contexto, por Giuseppe Chiovenda em suas *Instituições de direito processual civil*, v. 3, p. 236.

aqui examinado, não tendo sobrevivido ao sistema atual o art. 809 do CPC de 1939, que permitia à parte "variar de recurso dentro do prazo legal". Em uma e em outra há *consumação* do prazo recursal, com a apresentação do "primeiro recurso". Não há, assim, qualquer sobra de "prazo legal" a ser aproveitada por aquele a quem a decisão causa algum prejuízo.

Ademais, a desistência do recurso deve ser entendida como óbice ao cabimento de *outro* recurso (mesmo que qualitativamente diverso) em virtude do que dispõe o art. 998. Trata-se de verdadeiro pressuposto de admissibilidade *negativo* dos recursos.

5.12 Complementariedade

A formulação tradicional do princípio da *complementaridade* é no sentido de se permitir a complementação (e até mesmo a modificação, consoante o caso) das razões recursais *se* após a apresentação do recurso tenha havido alteração da decisão recorrida. Trata-se, assim, de uma adequação do recurso anteriormente interposto com o novo padrão decisório.

Esta hipótese passou a ser expressamente prevista com o § 4º do art. 1.024, ainda que especificamente para o recurso de embargos de declaração. Tratando-se de princípio, contudo, não há razão para deixar de aplicar a mesma iniciativa para outros recursos.

É possível e desejável, contudo, ir além, dando ao princípio da complementariedade rendimento maior diante de outras novidades trazidas pelo CPC de 2015.

Assim é que também se mostra correto aceitar a complementação do recurso para ajustar, ainda que do ponto de vista *formal*, o inconformismo anteriormente manifestado ao entendimento do julgador sobre o recurso cabível. É o que se colhe do § 3º do art. 1.024 para o conhecimento dos embargos de declaração como agravo interno, do art. 1.032, para o recurso especial enviado pelo Superior Tribunal de Justiça ao Supremo Tribunal Federal na expectativa de que seja conhecido e julgado como recurso extraordinário e, embora sem maior explicitude, do art. 1.033 para a hipótese inversa, de envio do recurso extraordinário para que o Superior Tribunal de Justiça o julgue como recurso especial.

São hipóteses que não se confundem e, portanto, não podem ser alcançadas pelo princípio da fungibilidade, o que pressuporia verdadeira *indiferença* entre o recurso efetivamente interposto do ponto de vista formal e do ponto de vista substancial e aquele que será conhecido e julgado. A complementariedade no aspecto destacado no parágrafo anterior é no sentido de dever ser franqueado ao recorrente que proceda aos ajustes formais e às complementações que se justifiquem na expectativa de que um recurso seja julgado no lugar do outro.

5.13 Proibição da *reformatio in pejus*

A noção de *reformatio in pejus*, ou, no vernáculo, "reforma para pior", reside na descrição da situação jurídica de uma das partes ser piorada pelo julgamento de um recurso mesmo sem pedido do recorrente. O agravamento da situação, destarte, deriva da atuação oficiosa do órgão *ad quem*, e não na resposta dada ao pedido respectivo formulado pelo recorrente.

A reforma para pior, consequentemente, vincula-se intimamente ao efeito *devolutivo* dos recursos e, consequentemente, de forma mais ampla, ao princípio *dispositivo* (art. 2º).

Não subsiste regra que havia nas Ordenações Filipinas, admitida subsidiariamente pelo Regulamento n. 737/1850 e por alguns Códigos Estaduais, e de discutível subsistência no CPC de 1939, a qual estabelecia o que é chamado de "benefício (ou apelação) comum" e que, de acordo com a doutrina[24], legitimava a *reformatio in pejus* ao reconhecer suficiente o recurso (a *apelação*, para ser mais exato) de apenas uma das partes para viabilizar ampla análise da decisão recorrida e, se for o caso, a piora da situação do próprio recorrente ou a melhora da parte que não recorrera.

O sistema processual civil brasileiro atual, por isso mesmo, nega a possibilidade da *reformatio in pejus*. Sem pedido do recorrente (parte ou terceiro, consoante o caso), o julgamento do recurso não pode ser modificado para prejudicar o recorrido. Se não há pedido para o agravamento de sua situação, é necessário entender que houve, em idêntica medida, *aquiescência* com a decisão e, por isso, fica afastada a possibilidade de atuação oficiosa do órgão *ad quem*.

O que pode ocorrer sem violação ao princípio aqui discutido e com observância ao sistema processual civil é que, nos casos em que incide o efeito *translativo* do recurso, manifestação do mais amplo princípio *inquisitório*, o órgão *ad quem* profira decisão mais gravosa ao recorrente, a despeito da ausência de recurso do recorrido, quando a hipótese admitir a sua atuação oficiosa. Para tanto, contudo – e para interditar proferimento de verdadeira "decisão-surpresa" –, é inafastável o estabelecimento de contraditório prévio, observando-se o art. 10 e, menos genericamente, o parágrafo único do art. 932.

É essa a razão pela qual é correta a lição de Nelson Nery Jr.[25], ao criticar a Súmula 45 do Superior Tribunal de Justiça por emprestar ao reexame necessário típica manifestação do "princípio *inquisitório*", característica ínsita ao "princípio *dispositivo*", manifestado no efeito *devolutivo* dos recursos, ao vedar agravamento dos honorários de advogado contra a Fazenda Pública sem pedido expresso, em recurso apresentado pelo interessado.

6. JUÍZO DE ADMISSIBILIDADE E JUÍZO DE MÉRITO

Recursos devem ser entendidos como inegáveis desdobramentos do exercício do direito de ação ao longo do processo. Direito de ação que pode ser exercitado não só pelo autor, mas também pelo réu e pelos terceiros intervenientes.

---

24. Assim, por exemplo, Alfredo de Araújo Lopes da Costa, *Direito processual civil brasileiro*, v. III, p. 189.
25. *Teoria geral dos recursos*, p. 190-191.

Por tal razão, o direito ao recurso depende da análise de diversos elementos que têm como finalidade verificar não só a sua *existência,* mas também a *regularidade* de seu exercício ao longo do processo.

As coincidências com a regularidade do exercício da ação (o mínimo indispensável para tanto) e do próprio processo (pressupostos processuais) são inegáveis e devem ser sublinhadas nessa sede. Até porque, tanto quanto se dá com relação àqueles temas, é correto destacar que a existência e a regularidade do exercício de recorrer nada diz sobre o recorrente ser merecedor da tutela jurisdicional que busca, isto é, o direito ao recurso e a regularidade de seu exercício não garantem direito à reforma, à invalidação ou à complementação da decisão recorrida.

Destarte, importa evidenciar que uma coisa é verificar de que maneira o recorrente tem direito ao recurso e de que maneira ele o exerce até o instante em que o recurso é julgado: direito à revisão, à invalidação ou à complementação da decisão recorrida. Outra, que supõe aquela, é verificar se há direito à reforma, à invalidação ou à complementação da decisão recorrida.

A estes dois instantes diversos de atuação judicial a doutrina dá, respectivamente, o nome de "juízo de *admissibilidade* recursal" e "juízo de *mérito* recursal", em nítido paralelo com a reunião do exame do mínimo indispensável ao exercício do direito de ação e dos pressupostos processuais em contraposição ao "mérito", isto é, ao pedido de tutela jurisdicional.

Somente se preenchidos os pressupostos atinentes ao "juízo de *admissibilidade*" – reconhecendo-se, consequentemente, que o recorrente tem o *direito* de recorrer e que o *exerceu* e que vem o exercendo devidamente – é que será possível passar ao "juízo de *mérito*", voltado a saber se o recorrente tem, ou não, razão, isto é, se a decisão impugnada deve ou não prevalecer e em que medida.

A questão é tanto mais importante quando se reconhece, como o faz este *Curso*, que os recursos são indicativos seguros dos *desdobramentos* do direito de ação e do direito de defesa pelo autor, pelo réu e, se for o caso, pelos terceiros intervenientes, ao longo do processo, de seu efetivo *exercício* durante todo o processo, portanto. Todo e qualquer ato praticado pelas partes e pelos terceiros no processo pressupõe a reunião de elementos mínimos e diversos pressupostos cujo exame consubstancia o juízo de *admissibilidade* recursal com o qual se ocupa este Capítulo.

O objeto do juízo de *admissibilidade* reside no exame dos pressupostos necessários para que se possa apreciar o *mérito* do recurso, viabilizando, assim, que ele seja acolhido (*provido*) ou rejeitado (*improvido*). Não é porque se entende *cabível* um recurso que ele será *provido*. O juízo de admissibilidade não interfere no juízo de mérito, embora a superação daquele seja indispensável para o enfrentamento deste. O paralelismo com o mínimo indispensável para o exercício do direito de ação, os pressupostos processuais e o julgamento do "mérito", isto é, a análise sobre conceder ou não a tutela jurisdicional e para quem, vale a ênfase, é irrecusável.

No juízo de *admissibilidade*, reconhece-se a presença do direito de recorrer, se estão, ou não, presentes as exigências impostas pelo sistema processual civil para que o Estado-juiz possa examinar o inconformismo do recorrente. É o que, no contexto da admissibilidade da petição inicial, este *Curso* denomina "juízo *positivo* de admissibilidade", em contraposição ao "juízo *negativo* de admissibilidade", dando ensejo ao "conhecimento" e ao "não conhecimento" do recurso, respectivamente. No juízo de *mérito*, por seu turno, verifica-se se o recorrente tem razão, se o seu inconformismo deve ou não ser acolhido, e, por isso, em que medida a decisão recorrida deve ser *anulada, reformada ou integrada*, consoante o caso. "Dar provimento ao recurso" é a expressão usualmente empregada para descrever que o recurso foi acolhido pelo órgão julgador, enquanto "negar provimento ao recurso" indica a hipótese oposta, de manutenção da decisão recorrida.

A distinção entre o "juízo de *admissibilidade*" e o "juízo de *mérito*" dos recursos é questão que tem aplicações práticas importantes.

Quando o mérito do recurso for apreciado, a decisão a ser proferida pelo órgão que o julgado (órgão *ad quem*), qualquer que seja o seu conteúdo, *substituirá* a decisão recorrida (art. 1.008) e, consequentemente, será sua a competência para julgamento de eventual ação rescisória quando presentes os seus respectivos pressupostos (art. 966). O prévio *conhecimento* do "recurso *principal*", outrossim, é pressuposto para a admissão do "recurso *adesivo*", nos termos do inciso III do § 2º do art. 997.

Ainda que não haja interposição adesiva do recurso, se houver interposição de mais de um recurso (principal) contra uma mesma decisão – o que se dá em casos da chamada sucumbência recíproca –, cada um dos recursos deve preencher as exigências relativas à sua própria admissibilidade para ser *conhecido*[26].

Por fim, cabe destacar que o órgão jurisdicional competente para o exercício do juízo de admissibilidade varia de acordo com a espécie recursal. Novidade trazida pelo CPC de 2015, mercê da profunda modificação por ele sofrida ainda ao tempo de sua *vacatio legis* por força da Lei n. 13.256/2016, é que subsiste um único caso de *duplicidade* de juízos de admissibilidade recursal, que se dá no âmbito do recurso extraordinário e do recurso especial (art. 1.030, *caput*)[27].

6.1 Natureza declaratória do juízo de admissibilidade

Por causa da função desempenhada pelo juízo de admissibilidade recursal, é amplo o entendimento, também compartilhado por este *Curso*, de que a decisão que o profere tem

26. Nesse sentido, fazendo referência à autonomia de cada um dos recursos: STJ, 1ª Turma, REsp 1.003.179/RO, rel. Min. Teori Albino Zavascki, j. un. 5-8-2008, *DJe* 18-8-2008.

27. A redação original do art. 1.030, antes da Lei n. 13.256/2016, era a seguinte: "Art. 1030. Recebida a petição do recurso pela secretaria do tribunal, o recorrido será intimado para apresentar contrarrazões no prazo de 15 (quinze) dias, findo o qual os autos serão remetidos ao respectivo tribunal superior. Parágrafo único. A remessa de que trata o *caput* dar-se-á independentemente de juízo de admissibilidade".

natureza eminentemente *declaratória*. Ela reconhece estarem presentes ("juízo *positivo* de admissibilidade": conhecimento do recurso) ou ausentes ("juízo *negativo* de admissibilidade": não conhecimento do recurso) as exigências impostas pelo sistema processual civil quanto à *existência* do direito de recorrer e ao modo de seu *exercício* desde o momento em que o recurso é interposto até seu proferimento, que habilita o órgão *ad quem* ao enfrentamento do *mérito* recursal.

Afirmada a natureza *declaratória* desse juízo, a tendência é entendê-lo *retroativo*, isto é, apto a produzir efeitos *ex tunc* porque o reconhecimento de seus pressupostos são, na perspectiva de quem conhece para julgar o recurso, fatos pretéritos. Para este *Curso* importa discernir duas hipóteses diversas, trazendo à tona a distinção entre os planos *material* e *processual*.

Na perspectiva do plano *material*, isto é, extraprocessual, a retroação da decisão relativa ao juízo de admissibilidade recursal é plena, assim como o é qualquer outro reconhecimento jurisdicional de uma situação material preexistente, não decorrendo desse entendimento nenhum problema interpretativo digno de nota. Para fins de responsabilização daquele que, a despeito de ter recorrido, não poderia tê-lo feito, é importante entender que, desde o instante em que interpôs o recurso, ou em outro momento posterior, mas antes de ele ser julgado, não havia ou deixou de haver o mínimo exigido pelo sistema processual civil que o autorizasse à prática daquele ato processual.

Do ponto de vista do plano *processual*, contudo, a melhor solução é recusar ao juízo de admissibilidade recursal caráter retroativo. Por imperativo de segurança jurídica, é mister entendê-lo *não retroativo*, surtindo efeitos a partir de seu proferimento – efeitos *ex nunc*, portanto –, sob pena de serem criadas situações que, se não são insolúveis, têm aptidão para gerar situações jurídicas indesejáveis para as partes, eventuais terceiros e, superiormente, à própria função jurisdicional, contrariando, assim, o princípio insculpido no inciso LXXVIII do art. 5º da Constituição Federal. Só assim o chamado "efeito *obstativo*" dos recursos terá aptidão de desempenhar sua escorreita função processual.

Até porque os elementos que compõem o juízo de admissibilidade recursal, tanto quanto o mínimo indispensável para o exercício do direito de ação e os pressupostos processuais, não são categorias *estáticas*, mas eminentemente *dinâmicas*. Não é suficiente que elas se façam presentes em um específico momento processual porque sua presença é imperativa ao longo de todo o processo, inclusive, como aqui interessa, na fase recursal. O juízo de admissibilidade recursal reconhece ou deixa de reconhecer, a um só tempo, a *existência* das imposições legais para conhecimento do recurso no momento em que ele é interposto, mas também reconhece a sua *subsistência* no momento em que ele se apresenta para julgamento. É importante, por isso mesmo, reconhecer que seus efeitos não retroagem e não podem retroagir do ponto de vista *processual*. Eles têm de ser *contemporâneos* ao momento processual em que o órgão julgador reconhece sua presença ou atesta sua ausência, derivando desse reconhecimento efeitos para o futuro.

A questão, que pode parecer meramente teórica, é das mais práticas e tormentosas porque, ao entender retroativa a decisão relativa ao não conhecimento de um recurso, seu significado é o de que a preclusão ou o trânsito em julgado da decisão recorrida operou no passado e, com isso, rigorosamente, não há mais prazo para apresentação de outros recursos ou, até mesmo, da ação rescisória.

Assim, para o plano do direito processual civil, é dizer, no que respeita aos possíveis comportamentos processuais que as partes e eventuais terceiros podem adotar diante do proferimento do juízo negativo de admissibilidade recursal, importa frisar que seus efeitos não retroagem.

A solução aqui proposta não diferencia a razão pela qual se entende que o recurso não deve ser *conhecido*. É indiferente que ele tenha sido apresentado por quem não detém legitimidade para tanto, a destempo, se não foi preparado ou se anteriormente houvera sido interposto recurso não cabível, apenas para mencionar quatro das várias situações possíveis, estudadas abaixo. Processualmente, a decisão que não conhece do recurso por quaisquer dos fundamentos que fazem parte de seu juízo de admissibilidade não deve, processualmente, surtir efeitos para o passado, apenas para o presente e para o futuro, sob pena de restar comprometida a segurança jurídica.

Se, por qualquer razão, o recorrente abusou de seu direito, recorrendo de má-fé ou adotando comportamentos similares igualmente repelidos pelo ordenamento, a hipótese deve conduzir o magistrado à aplicação das sanções previstas no sistema processual civil[28]. O manifesto propósito protelatório do recorrente pode, até mesmo, legitimar a concessão de tutela provisória fundamentada na evidência (art. 311, I), viabilizando, até mesmo, o cumprimento *provisório* da decisão recorrida. Não há, contudo, como admitir que eventual comportamento ímprobo possa justificar a retroação para fins processuais.

Destarte, não é correto que o magistrado acabe por sancionar o recorrente com o não conhecimento do seu recurso de forma retroativa, vedando, em última análise, que ele questione o acerto ou o desacerto da decisão relativa ao não conhecimento do recurso ou, mais amplamente, a decisão recorrida no *mesmo* ou em *outro* processo. A adoção de critérios *objetivos para tanto é* a única que se afina com o princípio da segurança jurídica[29].

---

28. Além da genérica previsão do art. 80, VII, cabe lembrar das específicas constantes para determinados recursos, tais como a do agravo interno (art. 1.021, § 4º) e dos embargos de declaração (art. 1.026, § 2º).

29. É o que basta para discordar da prática de determinar a baixa dos autos à instância inferior após a rejeição de terceiros embargos declaratórios tidos como protelatórios independentemente da lavratura do acórdão respectivo, com a intenção, declarada, de evitar novos recursos. Nesse sentido: STF, 2ª Turma, ARE 1.005.365/RJ, j.un. 9-3-2018, *DJe* 20-3-2018; STF, 2ª Turma, RMS 33.489/DF, j.un. 6-9-2016, *DJe* 24-10-2016; STF, 2ª Turma, ARE 685.079/RS, j.un. 27-11-2012, *DJe* 17-12-2012, e STF, 2ª Turma, AI 587.285/RJ, j.un. 7-6-2011, *DJe* 3-10-2011.

6.2 Juízo de admissibilidade

Não há unanimidade sobre a *classificação* dos pressupostos atinentes ao juízo de admissibilidade recursal.

Há aqueles, como José Carlos Barbosa Moreira, que propõem que o conteúdo do juízo de admissibilidade seja classificado em dois grupos, correspondentes aos "requisitos *intrínsecos*" (concernentes à *existência* do direito de recorrer) e aos "requisitos *extrínsecos*" (concernentes ao modo de *exercício* do direito de recorrer). "Alinham-se no primeiro grupo: o cabimento, a legitimação para recorrer, o interesse em recorrer e a inexistência de fato impeditivo (*v.g.*, os previstos no art. 881, *caput*, *fine*) ou extintivo (*v.g.*, os contemplados nos arts. 502 e 503) do poder de recorrer. O segundo grupo compreende: a tempestividade, a regularidade formal e o preparo"[30].

Nelson Nery Jr., embora aderindo à classificação proposta por Barbosa Moreira, prefere levar em consideração "a decisão judicial, que é objeto do recurso, para nominar os pressupostos de *intrínsecos* e *extrínsecos*"[31]. Assim é que "os pressupostos *intrínsecos* são aqueles que dizem respeito à decisão recorrida em si mesma considerada. Para serem aferidos, leva-se em consideração o conteúdo e a forma da decisão impugnada. De tal modo que, para proferir-se o juízo de admissibilidade, toma-se o ato judicial impugnado no momento e da maneira como foi prolatado. São eles o cabimento, a legitimação para recorrer e o interesse em recorrer"[32]. "Os pressupostos *extrínsecos* respeitam aos fatores externos à decisão judicial que se pretende impugnar, sendo normalmente posteriores a ela. Nesse sentido, para serem aferidos não são relevantes dados que compõem o conteúdo da decisão recorrida, mas sim fatos a ela supervenientes. Deles fazem parte a *tempestividade*, *a regularidade formal*, *a inexistência de fato impeditivo ou extintivo do poder de recorrer e o preparo*"[33].

Moacyr Amaral Santos, de seu turno, vale-se de critério totalmente diverso, que leva em consideração o recurso considerado em si mesmo ou a pessoa do recorrente. Ele distingue os pressupostos de admissibilidade recursal em *objetivos* (recorribilidade do ato decisório, tempestividade, singularidade do recurso, adequação do recurso e preparo do recurso, e, com variações dignas de destaque a depender de cada recurso, a motivação e a regularidade procedimental) e *subjetivos* (legitimidade, renúncia e aquiescência)[34].

---

30. *Comentários ao Código de Processo Civil*, v. V, p. 263. Os dispositivos mencionados são do CPC de 1973 e encontram correspondência, respectivamente, com os seguintes do CPC de 2015: art. 77, § 7º, art. 999 e art. 1000.
31. *Teoria geral dos recursos*, p. 273, nota 176.
32. *Teoria geral dos recursos*, p. 273-274.
33. *Teoria geral dos recursos*, p. 274.
34. *Primeiras linhas de direito processual civil*, 3º v., p. 85-93.

Adotando a mesma postura que este *Curso* elegeu especificamente para os pressupostos processuais, mais do que buscar a mais "correta" ou "adequada" classificação – o que não faz maior sentido, dada a razão de ser de qualquer critério classificatório –, importa o exame dos pressupostos em si mesmos considerados, até porque eles são dados de direito positivo, verdadeiramente impostos pelo sistema processual civil, e não há como fugir deles. É para essa finalidade que se voltam os números seguintes.

6.2.1 Cabimento

O recurso, para ser admitido, deve ser previsto em lei e, mais do que isso, tem de ser, pelo menos em tese, o recurso adequado para contratar a específica decisão que causa gravame ao recorrente ou, conforme o caso, o recurso adequado para remoção de um específico gravame. Trata-se de reflexo decorrente dos princípios da *taxatividade* e da *correlação*, respectivamente[35].

O rol recursal é o que consta do art. 994: (i) apelação; (ii) agravo de instrumento; (iii) agravo interno; (iv) embargos de declaração; (v) recurso ordinário; (vi) recurso especial; (vii) recurso extraordinário; (viii) agravo em recurso especial ou extraordinário; e (ix) embargos de divergência.

A apelação é o recurso cabível da sentença. Também as decisões interlocutórias não imediatamente recorríveis por agravo de instrumento são impugnáveis por apelação ou por suas contrarrazões, consoante preveem os §§ 1º e 2º do art. 1.009. Sua disciplina está nos arts. 1.009 a 1.014.

O agravo de instrumento é o recurso cabível das decisões interlocutórias indicadas pelo art. 1.015, tanto quanto todas as outras cuja recorribilidade for estabelecida em lei (art. 1.015, XIII). Sua disciplina está nos arts. 1.015 a 1.020.

O agravo interno é o recurso voltado ao *colegiamento* de decisões monocráticas proferidas no âmbito dos tribunais. É o que dispõe o art. 1.021.

Os embargos de declaração são o recurso voltado para esclarecer e integrar quaisquer decisões, independentemente de sua natureza. Seu tratamento é dado pelos arts. 1.022 a 1.026.

O recurso ordinário, cabível nas hipóteses constitucionalmente previstas – sentença proferida nas causas em que forem partes, de um lado, Estado estrangeiro ou organismo internacional e, do outro, Município ou pessoa residente ou domiciliada no País, cabe recurso ordinário ao Superior Tribunal de Justiça ou acórdão proferido em mandado de seguran-

35. O n. 2.1 do Capítulo 3 da Parte I do v. 5 das edições anteriores ao CPC de 2015 deste *Curso* fazia uma correlação entre o "cabimento dos recursos" e a "possibilidade jurídica do pedido", uma das condições da ação no âmbito do CPC de 1973, que, não sem as críticas feitas pelo n. 3.2 do Capítulo 4 da Parte I do v. 1, não subsistem no CPC de 2015.

ça, *habeas data* e mandados de injunção for *denegatório* (art. 105, II, *c*, e arts. 102, II, *a*, e 105, II, *b*, da CF, respectivamente) –, encontra seu regramento nos arts. 1.027 e 1.028.

O recurso extraordinário e o recurso especial também encontram suas hipóteses de cabimento na Constituição Federal, nos incisos III dos arts. 102 e 105, respectivamente. Seu objetivo é viabilizar a interpretação e a aplicação uniforme do direito constitucional federal e do direito infraconstitucional federal em todo o território nacional a partir de decisões que, ao menos alegadamente, violam a Constituição Federal ou a lei federal. Seu procedimento está nos arts. 1.029 a 1.041.

O agravo em recurso especial e em recurso extraordinário é o nome dado ao recurso que quer viabilizar o trânsito do recurso extraordinário ou especial inadmitido perante os Tribunais em que aqueles recursos são interpostos, com a ressalva constante do *caput* do art. 1.042 quanto à repercussão geral e aos recursos extraordinários e especiais submetidos ao regime de repetitivos.

Por fim, os embargos de divergência querem viabilizar a uniformização da jurisprudência entre os órgãos fracionários que compõem o Supremo Tribunal Federal e o Superior Tribunal de Justiça. A eles se dedicam os arts. 1.043 e 1.044.

É importante recordar que no rol do art. 994 do CPC de 2015 não constam dois recursos, quando comparado com o do art. 496 do CPC de 1973: o "agravo retido" e os "embargos infringentes".

O agravo retido era o recurso destinado às decisões interlocutórias proferidas na primeira instância que não comportavam agravo de instrumento. Era um recurso que, apesar de poder viabilizar a retratação do prolator da decisão (efeito regressivo), era muito mais empregado para evitar a preclusão daquelas decisões, viabilizando, por isso mesmo, seu reexame quando do julgamento de eventual apelação. O CPC de 2015, ao eliminar o agravo retido, permitiu que, independentemente de qualquer manifestação de vontade do prejudicado, a apelação ou sua resposta (contrarrazões) possam voltar à discussão das decisões interlocutórias que não comportam o agravo de instrumento. É o que autorizam os §§ 1º e 2º do art. 1.009.

O recurso de embargos infringentes, por sua vez, foi eliminado. O que sobrou deles, de forma residual, a técnica de colegiamento do art. 942, não deve ser considerado recurso porque não depende de manifestação de vontade dos interessados.

O rol acerca do *cabimento* dos recursos não estaria completo sem menção ao art. 1.001. De acordo com aquele dispositivo, não cabe recurso dos *despachos*. Despachos são os pronunciamentos judiciais sem conteúdo decisório. Por isso, a pressuposição é que eles não têm o condão de causar prejuízo a qualquer das partes dos terceiros intervenientes.

Na eventualidade de um "despacho" ter aptidão para causar algum prejuízo é mais correto entender que de mero despacho já não se trata, e sim de verdadeira *decisão,* cuja recorribilidade repousará em um dos tipos do art. 994. A circunstância de os despachos serem praticados pelo escrivão ou chefe de secretaria por delegação judicial, o que é expressamente admitido pelo § 1º do art. 152, que disciplina a autorização do inciso XIV do art. 93 da Constituição Federal, não infirma essas considerações.

Uma última palavra sobre o cabimento dos recursos é necessária.

Na medida em que o *cabimento* do recurso gerar dúvida doutrinária e/ou jurisprudencial, deve ter incidência o princípio da fungibilidade para que o recurso interposto supere o juízo de admissibilidade (seja *conhecido)* para que seu juízo de mérito seja apreciado independentemente de qualquer complemento ou adendo de ordem substancial ou formal nele à luz do recurso que, na perspectiva do órgão julgador, seria o cabível.

6.2.2 Legitimidade

A "legitimidade para recorrer" corresponde à legitimidade ampla prevista no art. 17. Trata-se do reflexo daquela exigência relativa ao exercício do direito de ação, ao longo do processo, inaugurando uma nova fase, dedicada aos recursos.

De acordo com o *caput* do art. 996, têm legitimidade para recorrer a "parte vencida", o "terceiro prejudicado" e o Ministério Público.

6.2.2.1 *Partes*

Mais que ser legitimada como um todo nos termos do precitado art. 17, a legitimidade para recorrer depende do qualificativo feito pelo *caput* do art 996, isto é, que se trate da parte *vencida*.

É necessário, destarte, que haja *prejuízo* ocasionado pela decisão e que o recurso tenha aptidão para removê-lo. Para fins recursais, também é insuficiente a mera legitimação para a prática do ato. Faz-se indispensável que o legitimado pretenda alguma melhora na sua própria posição jurídica. É o que o n. 6.2.3, *infra*, trata como "interesse", sendo certo que, a depender da situação concreta, há uma inegável sobreposição entre *legitimidade* e *interesse* recursal, como faz prova, por exemplo, o enunciado da Súmula 318 do Superior Tribunal de Justiça, segundo o qual: "Formulado pedido certo e determinado, somente o autor tem interesse recursal em arguir o vício da sentença ilíquida".

É correto, nesse sentido, afirmar que a legitimidade recursal da parte depende, como o próprio dispositivo destaca, de seu interesse. Não basta ser parte para recorrer: ela tem de ser *prejudicada* em alguma medida para tanto. Sem o interesse recursal – a *necessidade* de recorrer para remover o prejuízo causado por decisão judicial –, é insuficiente que a parte ostente legitimidade para a prática de outros atos do processo.

6.2.2.2 *Terceiro*

O "terceiro prejudicado", ao qual se refere o *caput* do art. 996, é o terceiro que ainda não interveio no processo. Se já o tiver feito, sua legitimidade para recorrer deriva da sua anterior intervenção, mesmo quando ele conserva a condição de terceiro, como se dá no caso do assistente simples, do assistente litisconsorcial e do *amicus curiae*, e não do dispositivo aqui examinado.

A hipótese, por isso mesmo, merece ser compreendida como mais uma modalidade de intervenção de terceiros, para além daquelas que, sob aquele rótulo, disciplina o Capítulo I do Título III da Parte Geral do Código de Processo Civil. Nesse caso, o terceiro intervém *depois* do proferimento de decisão que lhe é desfavorável, e não, como naqueles casos, *antes* e com vistas ao proferimento de decisão que lhe seja, direta ou indiretamente, benéfica.

De acordo com o parágrafo único do art. 996, "Cumpre ao terceiro demonstrar a possibilidade de a decisão sobre a relação jurídica submetida à apreciação judicial atingir direito de que se afirme titular ou que possa discutir em juízo como substituto processual". É ônus do recorrente, portanto, indicar a situação legitimante que autoriza o seu recurso, seja porque se trata de direito *seu* o afetado pela decisão, seja, quando se tratar de direito de outrem, mas para o qual está legitimado a atuar na qualidade de substituto processual (art. 18).

O direito do terceiro (que, em substância, não difere daquele que autoriza a intervenção do assistente *simples* ou *litisconsorcial*, embora a ele não se restrinja, dependendo do exame de cada caso concreto para ser devidamente aferido) que direta ou indiretamente foi prejudicado pela decisão recorrida enseja o *interesse* que motiva a interposição de quaisquer recursos.

Cabe destacar que o terceiro que intervém no processo com fundamento no parágrafo único do art. 996 busca *afastar* a decisão que, já proferida, contrariou posição jurídica sua, enquanto os terceiros que já intervieram no processo *antes* do proferimento de qualquer decisão ou, até mesmo, independentemente delas buscam que as decisões a serem proferidas sejam-lhes favoráveis direta ou indiretamente. Nesse sentido, é correto acentuar, para os fins do dispositivo aqui examinado, que a verificação do *interesse* do terceiro recorrente, do qual exsurgirá o reconhecimento de sua legitimidade, é *retrospectiva*, e não, como nos demais casos, *prospectiva*. O terceiro intervém com a apresentação de recurso seu porque quer remover gravame que já se concretizou em detrimento de posição jurídica sua.

O terceiro, contudo, não tem legitimidade para recorrer "adesivamente". Não só pela letra do § 1º do art. 997, mas também como decorrência do parágrafo único do art. 996, a hipótese deve ser afastada. Antes da intervenção do terceiro no processo, é inviável verificar qual a sua pretensão e, consequentemente, verificar de que maneira ela foi ou não acolhida e, consequentemente, não há condições de ser aferida a ocorrência, ou não, de "sucumbência recíproca", pressuposto inarredável do "recurso adesivo" nos casos em que o sistema processual civil o admite.

Ressalvadas as questões aqui tratadas, o recurso de terceiro prejudicado não apresenta nenhuma outra peculiaridade. Até o prazo para sua interposição é o mesmo reservado para as partes, já que não foi repetido, no CPC de 2015 – e já não era pelo CPC de 1973 –, o quanto previsto no § 1º do art. 815 do CPC de 1939, que trazia prazo diferenciado para o terceiro com residência ou domicílio fora dos limites territoriais do juízo da causa[36].

6.2.2.3 *Ministério Público*

A legitimidade para recorrer do Ministério Público verifica-se quando atua como *parte* ou como fiscal da ordem jurídico *custos legis*, expresso, no particular, o *caput* do art. 996. Nesta última hipótese, dá-se a legitimidade para o Ministério Público mesmo quando as partes não tenham apresentado recurso[37], sendo indiferente que a parte esteja, ou não, representada por advogado. A atuação do Ministério Público na qualidade de fiscal da ordem jurídica é verdadeiramente *complementar* à atuação das partes e, assim, ela deve ser compreendida amplamente[38].

Se o caso não reclama ou deixa de reclamar a intervenção do Ministério Público na qualidade de fiscal da ordem jurídica, não há como reconhecer legitimidade recursal àquele órgão. Assim, por exemplo, quando o alimentando (isto é, aquele que formula pedido de tutela jurisdicional para pagamento de verba de natureza alimentar) alcança, durante o processo, a maioridade[39].

6.2.2.3.1 Defensoria Pública

O Código de Processo Civil não traz nenhuma disciplina diferenciada para a atuação da Defensoria Pública quando atua na qualidade de *custos vulnerabilis*.

Em tais casos, contudo, é irrecusável reconhecer sua legitimidade recursal da mesma forma que o *caput* do art. 996 a reconhece para o Ministério Público na qualidade de fiscal da ordem jurídica, (*custos iuris*) tanto quanto – e de forma convergente para o entendimento sustentando por este *Curso* – se dá para o reconhecimento da legitimidade aos terceiros em geral pelo mesmo dispositivo. O cumprimento do parágrafo do art. 996, nesta hipótese, dar-se-á com a indicação do *interesse institucional* que justifica a intervenção da Defensoria Pública naquela qualidade, ainda que somente a partir do segmento recursal.

---

36. Era a seguinte a redação daquele dispositivo: "§ 1º Será de três (3) meses o prazo, se o terceiro prejudicado não tiver domicílio ou residência na jurisdição do juiz da causa".
37. É a orientação agasalhada pela Súmula 99 do STJ ("O Ministério Público tem legitimidade para recorrer no processo que oficiou como fiscal da lei, ainda que não haja recurso da parte"), que se mantém incólume para o CPC de 2015.
38. Nesse sentido é a Súmula 226 do STJ: "O Ministério Público tem legitimidade para recorrer na ação de acidente do trabalho, ainda que o segurado esteja assistido por advogado".
39. Assim, *v.g.*: STJ, 4ª Turma, REsp 982.410/DF, rel. Min. Fernando Gonçalves, j.un. 6-12-2007, *DJ* 17-12-2007, p. 217, e STJ, 4ª Turma, REsp 712.175/DF, j.m.v. 18-10-2005, *DJ* 8-5-2006, p. 222.

6.2.3 Interesse

O interesse em recorrer, a exemplo do interesse de agir, repousa na reunião do binômio utilidade e necessidade. A *utilidade* é apurada pelo gravame – também designado por prejuízo ou sucumbência – experimentado pela parte ou pelo terceiro com o proferimento da decisão. A *necessidade*, por sua vez, justifica-se porque só com a interposição do recurso a remoção do gravame será alcançada.

O interesse recursal precisa ser analisado a partir de uma visão *retrospectiva* (a sua posição processual *antes* do proferimento da decisão) e *prospectiva* (a posição processual que poderá alcançar com a modificação da decisão que lhe causa algum gravame). É da vantagem processual resultante da comparação desses dois momentos processuais que decorre o interesse recursal.

A cumulação de pedidos apresenta, a propósito, interessantes situações, que merecem ser examinadas nesta sede.

Toda vez que os pedidos formulados pelo *autor* forem *alternativos* (art. 325), o acolhimento de *qualquer um deles* significará a satisfação de sua pretensão. Assim, não há, para ele, interesse em recorrer. Se, por exemplo, APS pede em juízo que seja imposto a HVMS o comportamento "A" *ou* "B", sem que manifeste preferência quanto a um ou a outro – e nem poderia fazê-lo, pois ambas as prestações correspondem ao adimplemento da obrigação assumida no plano material –, qualquer dos dois bens da vida que seja reconhecido a APS satisfaz a sua pretensão e, por isso mesmo, inviabiliza inconformismo seu com a decisão. Não há como conceber, nesses casos, com efeito, alguma *utilidade prática* em recurso a ser interposto por APS, já que ele se *conformou*, ao formular o pedido, com o bem da vida "A" *ou* "B", mera tradução, para o plano do processo, de uma realidade material. Assim, outorgando a decisão o bem "A" *ou* "B", não há *gravame* para APS, que, consequentemente, não tem *interesse* em dela recorrer. Nesses casos, a concessão de um dos pedidos exclui e impossibilita a tutela dos demais pedidos.

Em qualquer situação, o gravame experimentado pelo réu é inequívoco, a denotar interesse para interposição de recurso seu.

Diferentemente, nos casos de cumulação *eventual* ou *subsidiária* (art. 326), é correto afirmar que há *interesse recursal* para o autor quando não for acolhido o "primeiro pedido", o "pedido principal". Aqui, diferentemente do que ocorre com relação à cumulação *alternativa* de pedidos, o *interesse em recorrer* do autor, isto é, a *utilidade* a ser por ele perseguida em juízo, subsiste mesmo quando a decisão acolhe o pedido *secundário* (ou o que é mesmo: *subsidiário* ou *eventual*), na exata medida em que ele pode, mercê da interposição do recurso, atingir situação jurídica mais confortável (mais útil) que aquela objeto de concessão judicial. Tanto assim – e aqui reside importante diferença com o regime da cumulação alternativa – que o autor, quando da formulação da petição inicial, faz clara sua opção entre os pedidos, alocando-os em nítida ordem de preferência. O *interesse em recorrer* manifesta-se, pois, na exata proporção em que o autor, ao pedir, evidenciou *preferência* por determinado bem da vida em detrimento de outro. Ainda que a decisão tenha dado ao autor algo que ele pediu (pedido *secundário*), é possível imaginar que o autor consiga, mercê da interposição de seu recurso, o atingimento de situação jurídica mais confortável, que representa o acolhimento do bem a que, na inicial, manifestou *preferência* (pedido "principal").

Da decisão que acolhe o pedido secundário, não só o autor, mas também o réu tem interesse em recorrer, dada a existência de sucumbência própria.

Por ocorrer, ainda, o seguinte desdobramento: a sentença acolhe o "primeiro" pedido formulado pelo autor. O réu apela, silente o autor, porque, *nessa situação*, não tem interesse em recorrer. Pode o Tribunal, ao julgar a apelação, afastar o "primeiro pedido" e acolher, de imediato, o "segundo"? A resposta é positiva, desde que o contexto fático e jurídico relativo ao segundo pedido já esteja suficientemente debatido pelas partes e não tenha sido apreciado pela sentença unicamente pela circunstância do acolhimento do primeiro pedido. É hipótese que se assemelha, nessa perspectiva, à previsão do inciso III do § 3º do art. 1.013 Ademais, como houve inconformismo do réu com a sentença (tanto que dela apelou), não há como admitir que a hipótese significaria *reformatio in pejus* para o autor. Providência inarredável, contudo, é que ambas as partes sejam *previamente* ouvidas a respeito daquela proposta de encaminhamento da questão, para evitar a chamada "decisão-surpresa" (art. 10).

6.2.4 Tempestividade

O art. 1.003 cuida das regras relativas à tempestividade dos recursos e à forma de sua interposição.

O prazo para interposição dos recursos e para sua resposta foi unificado pelo CPC de 2015, colocando fim à diversidade de prazos para diferentes espécies recursais que caracterizava o CPC de 1973. Doravante, o prazo padrão para recorrer e responder é de *quinze* dias, que, nos termos do art. 219, são contados apenas nos dias úteis (art. 1.003, § 5º), por se tratar, inequivocamente, de ato de natureza *processual*. A única exceção é a do recurso de embargos de declaração, em que o prazo de interposição e de resposta é de cinco dias (também úteis), como se verifica do § 2º do art. 1.023.

Tratando-se do Ministério Público, de advogados públicos ou da Defensoria Pública, os prazos são de trinta e de dez dias, sempre contados apenas os dias úteis (arts. 180, *caput*, 183, *caput*, e 186, *caput*, respectivamente)[40].

40. A Súmula 116 do STJ já dispunha sobre a dobra do prazo para advogados públicos e para o Ministério Público apresentarem, no âmbito daquele Tribunal, o que hoje é chamado de agravo interno. É o seguinte o seu enunciado: "A Fazenda Pública e o Ministério Público têm prazo em dobro para interpor agravo regimental no STJ".

O prazo também será dobrado quando os litisconsortes tiverem procuradores diversos *e* se os autos não forem eletrônicos (art. 229). Questão interessante sobre o ponto se dá quando a decisão recorrida causar gravame a apenas um dos litisconsortes. É o caso, por exemplo, de um dos litisconsortes passivos facultativos acabar sendo reconhecido como parte ilegítima na sentença. O melhor entendimento para a hipótese é o de admitir o prazo recursal em dobro quando, ao menos em tese, a decisão puder causar prejuízos a todos os litisconsortes, porque, enquanto ela não estiver estabilizada, é irrecusável que permanecem incólumes as razões que levaram o legislador a instituir aquele benefício em prol dos litigantes. Não é de ser aplicada à hipótese, destarte, a diretriz do § 1º do art. 229, que pressupõe o conhecimento *objetivo* quanto a não haver defesa manifestada por um dos litisconsortes, a afastar, desde então, a regra da dobra do prazo. O que pode ocorrer em harmonia com aquela regra é que, interposto o recurso por apenas um dos litisconsortes, os prazos seguintes serem contados de maneira simples.

Diversamente, quando a decisão claramente disser respeito a apenas um dos litigantes, não há por que aplicar o disposto no art. 229[41].

O prazo recursal tem início na data em que os detentores de capacidade postulatória, ou, se for o caso, a sociedade de advogados (art. 272, § 1º) são intimados da decisão (art. 1.003, *caput*)[42]. Se a decisão for proferida em audiência, é nela que se reputa realizada a intimação e deflagrado o prazo recursal (art. 1.003, § 1º).

Importa destacar que a fluência do prazo recursal pressupõe que a decisão esteja disponível para as partes e eventuais terceiros, independentemente de se tratar de autos em papel (físicos) ou eletrônicos. Por isso é que eventual intimação do *resultado* do julgamento do recurso não pode ser confundida com a abertura do prazo para apresentação dos recursos cabíveis.

Apresentado o recurso a destempo, a hipótese é de preclusão temporal, a não ser que o recorrente consiga demonstrar a ocorrência de "justa causa" nos termos do art. 223[43].

41. O entendimento predominante no âmbito dos Tribunais Superiores é no sentido de afastar a aplicação do então art. 191 do CPC de 1973 (correspondente ao *caput* do art. 229 do CPC de 2015) quando a sucumbência seja de apenas um dos litisconsortes, como bem evidencia a Súmula 641 do STF, assim enunciada: "Não se conta em dobro o prazo para recorrer, quando só um dos litisconsortes haja sucumbido". Nesse sentido, sob a vigência do CPC de 2015: STJ, 3ª Turma, REsp 1.709.562/RS, rel. Min. Nancy Andrighi, j.un. 16-10-2018, *DJe* 18-10-2018.

42. Se o recurso for interposto por advogado *sem* procuração nos autos, é necessária a intimação da *parte* para que o vício seja sanado, sendo insuficiente a intimação do próprio profissional. Nesse sentido, no STJ, as seguintes decisões, embora limitando a incidência da regra aos recursos ordinários (o que, no CPC de 2015, não pode prevalecer): 1ª Turma, AgInt no REsp 1.632.805/RS, rel. Min. Benedito Gonçalves, j.un. 28-9-2017, *DJe* 13-10-2017; 4ª Turma, AgInt no REsp 1.605.687/SP, rel. Min. Raul Araújo, j.un. 17-11-2016, *DJe* 7-12-2016; 3ª Turma, AgRg no REsp 1.119.836/PR, rel. Min. Paulo de Tarso Sanseverino, j.un. 7-8-2012, *DJe* 13-8-2012; 4ª Turma, AgRg no Ag 1.068.880/SP, rel. Min. João Otávio de Noronha, j.un. 7-6-2011, *DJe* 15-6-2011, e 3ª Turma, REsp 887.656/RS, rel. Min. Sidnei Beneti, j.un. 9-6-2009, *DJe* 18-6-2009.

43. Assim, por exemplo, se a única advogada constituída nos autos comprova o não cumprimento do prazo recursal pela impossibilidade de exercício profissional decorrente de enfermidade. É o que decidiu a 2ª Turma do STJ no AgRg no REsp 1.015.392/RJ, rel. Min. Castro Meira, j.un. 6-5-2008, *DJe* 16-5-2008.

Em se tratando de réu revel sem advogado constituído nos autos, o prazo recursal tem início quando a decisão a ser recorrida torna-se pública, rente ao que dispõe o art. 346, regra que viabiliza a ampla participação do revel nos termos do parágrafo único do dispositivo[44].

Tratando-se de recurso a ser interposto antes da citação do réu, a fluência do prazo para o réu observará o disposto nos incisos I a VI do art. 231, objeto de considerações no n. 5.1 do Capítulo 4 da Parte II do v. 1. Com relação àquela disciplina, importa destacar nesta sede que os prazos para eventuais litisconsortes fluirão independentemente uns dos outros (art. 231, § 2º), não se aplicando, de qualquer sorte, o disposto no § 3º do mesmo art. 231, dada a obrigatoriedade de o recurso ser firmado por detentor de capacidade postulatória.

A petição de recurso será protocolada em cartório ou conforme as normas de organização judiciária – como, por exemplo, nos locais onde há o chamado protocolo descentralizado ou integrado –, ressalvado o disposto em regra especial (art. 1.003, § 3º, dispositivo harmônico com a regra geral do § 3º do art. 212).

Sendo a interposição do recurso efetivada pelo correio, a data a ser considerada, para fins de tempestividade, é a data da postagem (art. 1.003, § 4º) e não do recebimento, pelo ofício ou secretaria judicial, do recurso[45].

O art. 1.003, em seu § 6º, ainda impõe ao recorrente o ônus de comprovar, na petição do recurso, a ocorrência de feriado local, isto é, municipal e, tratando-se de recurso para os Tribunais Superiores, também estadual, no ato de interposição do recurso. A exigência deve ser compreendida de forma ampla para compreender não só o feriado, que, ocorrendo no que seria o último dia do prazo, desloca-o para o primeiro dia seguinte, mas também da ocorrência de qualquer feriado ao longo de todo o prazo recursal, já que somente nos dias úteis é que ele fluirá (art. 219). A falta de comprovação do feriado local, sua insuficiência ou quaisquer dúvidas que possam ocorrer acerca da tempestividade recursal são vícios sanáveis, atraindo a aplicação do parágrafo único do art. 932[46], que deve prevalecer sobre a regra específica para os recursos especiais e extraordinários (e textualmente restritiva) do § 3º do art. 1.029[47]. A atuação do dever-poder geral de saneamento nessa perspectiva é aplicação correta do princípio da cooperação previsto no art. 6º.

---

44. Nesse sentido: STJ, 3ª Turma, REsp 1.454.632/CE, rel. Min. Paulo de Tarso Sanseverino, j.un. 25-10-2016, *DJe* 9-11-2016 e STJ, 3ª Turma, REsp 799.965/RN, rel. Min. Sidnei Beneti, j.un. 7-10-2008, *DJe* 28-10-2008.

45. Perde fundamento, com isso, a orientação contida na Súmula 216 do STJ, assim enunciada: "A tempestividade de recurso interposto no Superior Tribunal de Justiça é aferida pelo registro no protocolo da Secretaria e não pela data da entrega na agência do correio". No mesmo sentido é o Enunciado n. 96 do FPPC.

46. Já era essa a posição defendida pelo n. 2.5 do Capítulo 3 da Parte I do v. 5 das edições anteriores ao CPC de 2015 deste *Curso*. A I Jornada de Direito Processual Civil do CJF aprovou a propósito enunciado com o seguinte teor: "Admite-se a correção da falta de comprovação do feriado local ou da suspensão do expediente forense, posteriormente à interposição do recurso, com fundamento no art. 932, parágrafo único, do CPC".

47. Não há como concordar, destarte, com o entendimento contrário do STJ, como fazem prova os seguintes casos: 3ª Turma, AgInt no AREsp 1.417.701/PR, rel. Min. Moura Ribeiro, j.un. 12-8-2019, *DJe* 14-8-2019; 3ª Turma, AgInt no AREsp 1.270.351/CE, rel. Min. Ricardo Villas Bôas Cueva, j.un. 17-9-2018, *DJe* 21-9-2018; 4ª Turma,

Cabe destacar que não há razão nenhuma para deixar de aplicar, para os recursos, o disposto no § 4º do art. 218 sobre a tempestividade do ato (inclusive a interposição de recurso) mesmo *antes* do termo inicial do prazo respectivo.

Se, durante o prazo recursal, falecer a parte ou o seu advogado ou ocorrer motivo de força maior que suspenda a tramitação do processo, deve haver restituição de prazo em proveito do interessado, que começará a correr (desde o início) após a respectiva intimação (art. 1.004).

6.2.5 Regularidade formal

A regularidade formal dos recursos é exigência multifacetada porque trata de uma série de questões diversas que, em conjunto, viabilizam a escorreita exteriorização da manifestação de inconformismo do recorrente.

Todo recurso deve refletir concomitantemente o pedido do proferimento de nova decisão (seja de caráter *rescindente, substitutiva ou integradora*) e estar estribado em razões pelas quais se pode verificar o porquê da invalidação, da reforma ou da integração da decisão recorrida, respectivamente. É decorrência inarredável do princípio da dialeticidade.

O direito processual civil brasileiro, diferentemente do que se dá com o direito processual penal, não conhece na atualidade recursos em que razões de inconformismo e desejo do proferimento de uma nova decisão sejam apresentados em prazos distintos (art. 600 do CPP[48]). É esse o motivo pelo qual a "petição de interposição do recurso" e a suas "razões" devem, no sistema processual civil, ser apresentados conjuntamente, sob pena de "preclusão *consumativa*".

Isso não significa, contudo, que haja alguma exigência legal para que a "interposição" e as "razões" respectivas sejam apresentadas, *embora ao mesmo tempo*, em petições diversas, como a prática forense consagra com a apresentação "em anexo" das razões ou "consoante as razões apresentadas em anexo", e fórmulas similares. Não há qualquer irregularidade em que inconformismo, razões de recurso e pedido de nova decisão ocupem a mesma petição, sem solução de continuidade. Até porque, ainda que houvesse tal exigência, à falta de prejuízo na sua não observância, não haveria qualquer nulidade para o ato processual passível de reconhecimento.

A análise das exigências feitas para a formulação e para a interposição dos diversos recursos é feita a propósito do exame de cada qual.

AgInt no AREsp 1.292.412/MT, rel. Min Luis Felipe Salomão, j.un. 11-9-2018, *DJe* 17-9-2018; 2ª Turma, AgInt no AREsp 1.233.411/SE, rel. Min. Og Fernandes, j.un. 6-9-2018, *DJe* 13-9-2018, e 3ª Turma, AgInt no REsp 1.665.808/DF, rel. Min. Ricardo Villas Bôas Cueva, j.un. 10-10-2017, *DJe* 24-10-2017. Também tem prevalecido no STJ o entendimento de que a comprovação do feriado é necessária ainda quando se trate de feriado previsto em regimento interno do Tribunal ou no Código de Organização Judiciária do Estado (3ª Turma, REsp 1.763.167/GO rel. p./acórdão Min. Nancy Andrighi, j.m.v. 18-2-2020, *DJe* 26-2-2020) ou decorrente de ponto facultativo autorizado pelo Poder Executivo Estadual (3ª Turma, Edcl no AgInt no AREsp 1.510.568/RJ, rel. Min. Marco Aurélio Bellizze, j.un. 23-3-2020, *DJe* 30-3-2020).

48. Cuja redação é a seguinte: "Art. 600. Assinado o termo de apelação, o apelante e, depois dele, o apelado terão o prazo de oito dias cada um para oferecer razões, salvo nos processos de contravenção, em que o prazo será de três dias".

6.2.6 Preparo

O preparo é o pagamento prévio e imediato a cargo do recorrente dos valores das custas processuais relativas ao processamento do recurso e, se for o caso, do porte de remessa e retorno dos autos.

As custas processuais são as taxas tributárias estabelecidas pela lei federal para os processos que tramitam perante a Justiça Federal e pelas leis estaduais para os processos que tramitam nas Justiças dos Estados. Não deve merece guarida o entendimento de que o Código de Processo Civil, lei ordinária federal, pode isentar quaisquer custas estabelecidas por leis estaduais, a despeito do que disponham diversos de seus dispositivos.

O porte de remessa e retorno dos autos é o custo do envio e da devolução dos autos (físicos) do órgão jurisdicional em que o processo tramita e em que, eventualmente, o recurso é interposto, para o órgão jurisdicional que o julgará e vice-versa. Em geral, essa atividade é feita pelo correio, e é por isso que o valor daquelas despesas varia consoante o peso ou, por estimativa, a quantidade de páginas e/ou de volume dos autos[49]. É essa a razão pela qual o § 3º do art. 1.007 afasta essa cobrança em se tratando de "processo em autos eletrônicos".

De acordo com a regra do *caput* do art. 1.007, o recorrente deve comprovar, no ato de interposição do recurso, o preparo, inclusive o porte de remessa e retorno dos autos, sempre que exigido pela legislação pertinente. A pena de *deserção*, isto é, o não conhecimento do recurso (não superação de seu juízo de admissibilidade) pelo não recolhimento do preparo, é expressamente prevista pelo dispositivo.

Cabe lembrar que, em rigor, esses valores são recolhidos aos cofres públicos na perspectiva de mero *adiantamento*, já que sua responsabilidade será decidida na decisão final, nos termos do § 2º do art. 82.

---

49. A distinção entre as duas verbas foi considerada, para fins tributários, pelo Pleno do STF no julgamento do RE 594.116/SP, rel. Min. Edson Fachin, j.m.v. 3-12-2015, cuja ementa merece transcrição: "RECURSO EXTRAORDINÁRIO COM REPERCUSSÃO GERAL. DIREITO TRIBUTÁRIO. DIREITO PROCESSUAL CIVIL. TAXA JUDICIÁRIA. PREPARO RECURSAL. PORTE DE REMESSA E RETORNO. ISENÇÃO. INSS. JUSTIÇA ESTADUAL. 1. A despesa com porte de remessa e retorno não se enquadra no conceito de taxa judiciária, uma vez que as custas dos serviços forenses se dividem em taxa judiciária e custas em sentido estrito. Precedente: AI-ED 309.883, de relatoria do Ministro Moreira Alves, Primeira Turma, *DJ* 14.06-2002. 2. O porte de remessa e retorno é típica despesa de um serviço postal, prestado por empresa pública monopolística e, assim, remunerado mediante tarifas ou preço público. Precedente: AI-QO 351.360, de relatoria do Ministro Sepúlveda Pertence, Primeira Turma, *DJ* 07.06.2002. 3. O art. 511 do Código de Processo Civil dispensa o recolhimento dessa despesa processual por parte do INSS, pois se trata de norma válida editada pela União, a quem compete dispor sobre as receitas públicas oriundas da prestação do serviço público postal. 4. A lei estadual, ora impugnada, apenas reproduziu o entendimento esposado no próprio CPC de que as despesas com o porte de remessa e retorno não se incluem no gênero taxa judiciária, de modo que não há vício de inconstitucionalidade no particular. 5. Verifica-se que o art. 2º, parágrafo único, II, *in fine*, da Lei paulista 11.608/2003, é inconstitucional, uma vez que o Conselho Superior da Magistratura, como órgão de nível estadual, não possui competência para tratar das despesas com o porte de remessa e retorno. Declaração incidental de inconstitucionalidade da expressão 'cujo valor será estabelecido por ato do Conselho Superior da Magistratura'. 6. Recurso extraordinário a que se dá provimento, para cassar o acórdão recorrido e determinar o processamento da apelação no Tribunal de origem".

A "legislação pertinente" referida pelo *caput* do art. 1.007 corresponde às normas federais e as de cada um dos Estados que disciplinam quais recursos dão ensejo a que custas e qual é o seu respectivo valor, sempre respeitado o modelo constitucional tributário para sua instituição e cobrança.

No âmbito da Justiça Federal, o tema é regido pela Lei n. 9.289/96, a chamada "lei de custas da Justiça Federal"[50]. Os recursos para o Superior Tribunal de Justiça têm disciplina legislativa própria, a Lei n. 11.636/2007. No âmbito do Estado de São Paulo, o tema é tratado pela Lei Estadual n. 11.608/2003, que recebeu alterações promovidas pelas Leis n. 14.838/2012, 15.760/2015, 15.855/2015 e 16.788/2018[51].

6.2.6.1 Dispensa de preparo

De acordo com o § 1º do art. 1.007, "são dispensados de preparo, inclusive porte de remessa e de retorno, os recursos interpostos pelo Ministério Público, pela União, pelo Distrito Federal, pelos Estados, pelos Municípios, e respectivas autarquias, e pelos que gozam de isenção legal"[52].

A lei processual merece ser interpretada na perspectiva de que ela pretende capturar regime jurídico de direito tributário que deriva da Constituição Federal (de *imunidade*, portanto) e de leis esparsas. Em rigor, não pode lei ordinária federal querer isentar pessoas de direito público do recolhimento de custas que não são estabelecidas por ela, apenas pressupor que há imunidade ou isenção preexistente e aplicar o regime processual correlato, que é a dispensa do preparo e o eventual porte de remessa e retorno dos autos. E isso mesmo quando entes federais atuam fora da Justiça Federal, como ocorre na hipótese do § 3º do art. 109 da Constituição Federal, mesmo antes da nova redação restritiva que lhe deu a EC n. 103/2019[53].

A não se pensar dessa forma, o § 1º, para além da inconstitucionalidade de ordem tributária, acaba por agredir o princípio constitucional da isonomia[54].

---

50. O art. 1.060 do CPC de 2015 deu nova redação ao inciso II do art. 14 da referida Lei n. 9.289/96 para estabelecer que "aquele que recorrer da sentença adiantará a outra metade das custas, comprovando o adiantamento no ato de interposição do recurso, sob pena de deserção, observado o disposto nos §§ 1º a 7º do art. 1.007 do Código de Processo Civil".

51. André Pagani de Souza teve oportunidade de comentar a versão original daquela Lei tão logo ela foi publicada. A referência é feita ao seu O novo regime da taxa judiciária do Estado de São Paulo, publicado no v. 115 da *Revista de Processo*.

52. Já havia regras específicas no mesmo sentido para as autarquias federais, como o INSS (assim, v.g., o art. 1º-A da Lei n. 9.494/97, acrescentado pela MP n. 2.180/2001, e o art. 8º, § 1º, da Lei n. 8.620/93), o que acabou rendendo ensejo à expedição da Súmula 483 do STJ, segundo a qual "O INSS não está obrigado a efetuar depósito prévio do preparo por gozar das prerrogativas e privilégios da Fazenda Pública".

53. Razão pela qual não há como concordar com a Súmula 178 do STJ, cujo enunciado é o seguinte: "O INSS não goza de isenção do pagamento de custas e emolumentos, nas ações acidentárias e de benefícios, propostas na Justiça Estadual". Mais recentemente, o assunto foi revisitado no Tema 1.001 daquele mesmo Tribunal, com a enunciação da seguinte tese: "A teor dos arts. 27 e 511, § 1º, do revogado CPC/73 (arts. 91 e 1.007, § 1º, do vigente CPC/15), o Instituto Nacional do Seguro Social – INSS, nos recursos de competência dos Tribunais de Justiça, está dispensado do prévio pagamento do porte de remessa e de retorno, enquanto parcela integrante do preparo, devendo recolher o respectivo valor somente ao final da demanda, acaso vencido".

54. É o entendimento que sustentava o n. 2.7 do Capítulo 3 da Parte I do v. 5 das edições anteriores ao CPC de 2015 deste *Curso* e que, pelas razões expostas no texto, fica, doravante, alterado.

O inciso I do art. 4º da precitada Lei n. 9.289/96 reconhece, por sua vez, isenção de custas à União, aos Estados, aos Municípios, aos Territórios Federais, ao Distrito Federal e às respectivas autarquias e fundações (públicas)[55]. O inciso III do mesmo dispositivo assegura-a também para o Ministério Público. O parágrafo único do referido art. 4º, por sua vez, dispõe que "A isenção prevista neste artigo não alcança as entidades fiscalizadoras do exercício profissional, nem exime as pessoas jurídicas referidas no inciso I da obrigação de reembolsar as despesas judiciais feitas pela parte vencedora"[56].

Além das pessoas de direito público mencionadas, cabe dar destaque, nesse contexto, aos beneficiários da justiça gratuita[57]. Pode ser que a necessidade da gratuidade só se justifique no momento de interpor o recurso, o que deverá ser formulado na própria petição de interposição (art. 99, *caput*)[58], seguindo-se, nas contrarrazões (art. 100, *caput*), eventual impugnação da outra parte. Em qualquer caso, a formulação do pedido dispensa, momentaneamente, a necessidade do recolhimento das custas e/ou do porte de remessa e retorno até a decisão do órgão julgador, que, se indeferir o pedido, concederá prazo para o devido recolhimento, sob pena de não conhecer o recurso (art. 99, § 7º, e art. 101, §§ 1º e 2º)[59]. O prazo é de cinco dias (úteis), tal qual disposto no § 2º do art. 101, que acaba por colmatar a lacuna do § 7º do art. 99.

Também é expressamente dispensado de preparo o recurso de embargos de declaração (art. 1.023, *caput*), inclusive no âmbito da Justiça Eleitoral[60].

6.2.6.2 *Preparo insuficiente e não recolhimento*

Os §§ 2º a 6º do art. 1.007, com exceção do § 3º, que trata de assunto diverso, tratam da ocorrência de recolhimento *insuficiente* do preparo (§ 2º) e do não recolhimento do preparo (§ 4º).

De acordo com o § 2º, a insuficiência do valor recolhido a título de preparo (incluído o porte de retorno e remessa dos autos, quando for o caso) pode ser completada no prazo de

55. Em se tratando de fundações *privadas*, não há razão para isenção das custas. É o que decidiu, *v.g.*, a 4ª Turma do STJ no REsp 1.409.199/SC, rel. Min. Luis Felipe Salomão, j.un. 10-3-2020, *DJe* 4-8-2020.
56. Os Conselhos de Fiscalização Profissional devem recolher preparo no ato de interposição do recurso. Nesse sentido: STJ, 2ª Turma, REsp 1.693.950/MG, j.un. 3-10-2017, *DJe* 16-10-2017; STJ, 2ª Turma, REsp 1.530.185/SP, rel. Min. Herman Benjamin, j.un. 2-6-2015, *DJe* 18-11-2015; e STJ, 1ª Seção, Recurso Especial Repetitivo 1.338.247/RS, rel. Min. Herman Benjamin, j.un. 10-10-2012, *DJe* 19-12-2012.
57. Que também são mencionadas no inciso II do art. 4º da Lei n. 9.289/96. A Defensoria Pública, quando atua na qualidade de curador especial, também atrai a incidência da regra, ficando dispensada do pagamento de preparo. Nesse sentido: STJ, CE, EAREsp 978.895/SP, rel. Min. Maria Thereza de Assis Moura, j.un. 18-12-2018, *Dje* 4-2-2019.
58. Mesmo antes do CPC de 2015, a oportunidade do pedido naquele instante processual já era aceito pelo STF, que destacava, contudo, que ele não poderia pretender burlar eventual deserção previamente aplicada. Trata-se do AI-AgR 652.139/MG da 1ª Turma, rel. Min. Marco Aurélio, j.m.v. 22-5-2012, *DJe* 30-5-2012.
59 Nesse sentido: STJ, CE, EAREsp 742.240/MG, rel. Min. Herman Benjamin, j.un. 19-9-2018, *DJe* 27-2-2019 e STJ, 4ª Turma, AgInt no AREsp 1.616.996/SP, rel. Min. Luis Felipe Salomão, j.un. 11-5-2020, *DJe* 13-5-2020.
60. Trata-se de modificação operada no art. 275 da Lei n. 4.737/65, o chamado Código Eleitoral, pelo art. 1.067 do CPC de 2015.

cinco dias (úteis) que se seguir à intimação para tanto. Se não houver a complementação, o caso é de deserção.

O não recolhimento do preparo no ato de interposição do recurso deve ser suprido com o recolhimento dos valores em dobro sob pena de deserção (art. 1.007, § 4º), sendo vedada, nessa hipótese, complementação, caso o recolhimento não seja total (art. 1.007, § 5º). A hipótese difere da prevista pelo § 2º, que pressupõe preparo *insuficiente*; aqui, o recurso foi interposto *sem nenhum* preparo e, à falta de qualquer justificativa (que faria incidir o § 6º), acarreta o recolhimento em dobro do valor originariamente devido, a afastar a deserção.

O § 6º do art. 1.007, por sua vez, permite a relevação da pena de deserção quando o recorrente provar a ocorrência de "justo impedimento", como ocorre, por exemplo, com o fechamento antes do horário habitual das agências bancárias no último dia de prazo para interposição do recurso[61]. Nesse caso, o relator do recurso fixará prazo de cinco dias (úteis) para que o preparo seja recolhido, independentemente da dobra do § 4º, que rege situação diversa.

O pagamento do preparo e do porte de remessa e retorno é feito por guias de arrecadação tributária, típicas da burocracia brasileira. Há diversos espaços para serem preenchidos, muitos números, muitos campos e códigos. Não é difícil que o menos experiente cometa algum equívoco no seu preenchimento. O § 7º do art. 1.007, em socorro, afasta peremptoriamente a aplicação da pena de deserção nesses casos. Aplicando escorreitamente o modelo de processo cooperativo do art. 6º, especificado no parágrafo único do art. 932, a regra prevê que o relator, tendo dúvidas sobre o recolhimento, intime o recorrente para sanar o vício no prazo de cinco dias (úteis).

Trata-se de um dos vários dispositivos do Código de Processo Civil que querem combater o que acabou sendo conhecido na prática forense como "jurisprudência defensiva" dos Tribunais, assim compreendido o conjunto de decisões que criavam os mais variados óbices, mormente de cunho formal, para inviabilizar a superação do juízo de admissibilidade recursal[62].

6.2.7 Inexistência de fato impeditivo ou extintivo

Para serem admitidos, os recursos não podem esbarrar no que pode ser denominado, sempre com vistas ao paralelo anunciado pelo n. 6, *supra*, "pressupostos *negativos* de admissibilidade". Não pode haver fato *impeditivo* nem fato *extintivo* do direito de recorrer.

---

61. A respeito do assunto, cabe lembrar da Súmula 484 do STJ, que permanece hígida para o CPC de 2015. É o seguinte o seu enunciado: "Admite-se que o preparo seja efetuado no primeiro dia útil subsequente, quando a interposição do recurso ocorrer após o encerramento do expediente bancário".

62. Suficientemente ilustrativa a esse respeito a Súmula 187 do STJ ("*É deserto o recurso interposto para o Superior Tribunal de Justiça, quando o recorrente não recolhe, na origem, a importância das despesas de remessa e retorno dos autos*"), que perde seu fundamento de validade com o advento do CPC de 2015. É também o entendimento do Enunciado n. 215 do FPPC.

Exemplo de fato *impeditivo* é a desistência do recurso quando ele já tiver sido interposto. Em tal caso, de acordo com o art. 998, o recorrente não precisa da concordância do recorrido ou dos litisconsortes para concretizar a sua vontade. A exteriorização de sua vontade, aliás, produz efeitos imediatos no processo e independe de homologação judicial (art. 200), não se aplicando o disposto no § 4º do art. 485, que exige, para a desistência da "ação", concordância do réu, quando já citado[63]. A distinção justifica-se porque na desistência do recurso o que passa a vigorar é a decisão recorrida, que, na extensão em que proferida, impõe-se, substituindo a vontade das partes. Antes de seu proferimento – é essa a perspectiva do § 4º do art. 485 –, ao réu interessa que a decisão seja proferida em seu favor. De qualquer sorte, nos casos em que houve desistência da "ação" ou, mais do que isso, renúncia ao próprio direito controvertido pelo autor (art. 485, VIII, e art. 487, III, *c*, respectivamente) ou reconhecimento do pedido pelo réu (art. 487, III, *a*), tais fatos, em si mesmos considerados, afastam a apresentação do recurso por quem o praticou. São também, nessa perspectiva, *impeditivos* do direito de recorrer.

A desistência do recurso pode se verificar desde o instante em que o recurso é interposto até o início de seu julgamento[64], que se dá com o seu pregão na sessão respectiva (art. 937)[65].

O parágrafo único do art. 998 quer compatibilizar o interesse público subjacente ao julgamento de recurso extraordinário com repercussão geral reconhecida e os recursos extraordinários e especiais repetitivos já afetados como tais com o interesse das partes. A melhor interpretação para a regra é a de que a *questão jurídica* derivada do recurso poderá ser julgada, a despeito da desistência; não o *recurso* do qual se desistiu, cujo processo terá sorte apartada daquele outro julgamento, ocasionando que a decisão recorrida – se for este o caso – transite em julgado ou, quando menos, preclua para a parte que havia interposto o recurso.

Entre os fatos *extintivos* deve-se incluir a renúncia ao direito de recorrer e a aquiescência à decisão.

O art. 999 trata da renúncia ao direito de recorrer. Nesse caso, a manifestação de vontade é no sentido de não interpor o recurso cujo direito respectivo nasce com o proferimento da decisão. Também aqui, de acordo com o dispositivo, o exercício do direito não depende da concordância da parte contrária e da homologação judicial[66].

---

63. Nesse sentido: STJ, 1ª Turma, DESIS nos EDcl no AgRG no Ag 1.134.674/GO, j.un. 28-9-2010, *DJe* 20-10-2010, e STJ, 1ª Turma, AgRg nos EDcl no REsp 1.014.200/SP, rel. Min. Denise Arruda, j.un. 7-10-2008, *DJe* 29-10-2008.
64. Assim, *v.g.*: STF, Pleno, Rcl-QO 1.503/DF, rel. Min. Ricardo Lewandowski, j.un. 26-3-2009, *DJe* 5-6-2009.
65. Há julgado da 1ª Turma do STF que entende como termo final para a desistência o pronunciamento final do julgamento. Trata-se do AI-AgR-ED 773.754/RJ, rel. Min. Dias Toffoli, j.un. 10-4-2012, *DJe* 21-5-2012.
66. A 1ª Turma do STJ no REsp 1.344.716/RS, rel. Min. Gurgel Faria, j.un. 5-5-2020, *DJe* 12-5-2020, entendeu, contudo, que, não havendo homologação do ato, a fluência do prazo para eventual ação rescisória depende da intimação da parte contrária quanto ao trânsito em julgado consequente à prática da renúncia.

No CPC de 1973, predominou o entendimento de que a renúncia pressupunha o proferimento da decisão, sendo vedada a renúncia anterior àquele momento. O assunto ganha novos foros com o art. 190 do CPC de 2015, sendo típico caso em que a possibilidade de disposição (material) das partes convida para a conclusão em sentido contrário[67]. Eventual descompasso entre os quadros fático e jurídico assumidos pela parte (ou, no caso do art. 190, pelas partes) que tenham justificado a renúncia não é capaz de inibir a viabilidade do recurso sobre a parte não concordante e, à falta de acordo entre os litigantes, pode até ensejar sua anulação judicial com fundamento nos vícios dos atos jurídicos em geral.

A aquiescência, isto é, a concordância com a decisão, tal qual proferida, é significativa de algum comportamento do recorrente incompatível com o direito de recorrer, que pode ser expresso ou tácito, como se lê do *caput* do art. 1.000.

A aquiescência será *expressa* quando a parte ou terceiro que experimentou gravame com a decisão se manifestar, de maneira inequívoca, concorde com a decisão. É o caso, por exemplo, de o sucumbente peticionar nos autos aceitando a decisão tal qual proferida e manifestando seu interesse em cumpri-la sem ressalvas.

Ela será *tácita*, lê-se do parágrafo único do art. 1.000, quando o recorrente praticar atos que demonstrem, sem nenhuma reserva, o seu propósito de não recorrer, mas que não revelem ser esta a sua vontade manifesta. Assim, por exemplo, quando aquele que tem interesse em recorrer paga o valor reconhecido como devido na sentença à parte contrária para não incidir na multa do *caput* do art. 523, sem fazer nenhuma ressalva quanto ao seu propósito de contrastar a decisão. Os casos alcançados pelo dispositivo ora examinado impõem interpretação *restritiva* e que se deixe de reconhecer a ocorrência do pressuposto recursal *negativo* em caso de dúvidas sobre a real intenção daquele que poderia recorrer[68].

6.2.8 Certificação da não interposição de recurso ou de juízo negativo de admissibilidade

Independentemente da discussão travada nos números anteriores, importa acentuar que, sendo o juízo de admissibilidade recursal *negativo* ou, ainda, quando não interposto recurso da decisão que, ao menos em tese, o desafiaria, tais circunstâncias devem ser documentadas nos autos.

A esse propósito, o art. 1.006 traz a determinação administrativa para baixa dos autos para o juízo de origem do processo pelo escrivão ou chefe de secretaria diante do trânsito em julgado do acórdão.

67. É o entendimento de Nelson Nery Jr. e Rosa Maria de Andrade Nery, *Código de Processo Civil comentado*, p. 2175, rotulando a hipótese de "cláusula sem recurso".

68. Correta, por isso mesmo, a decisão da 3ª Turma do STJ no REsp 1.655.655/SP, rel. Min. Ricardo Villas Bôas Cueva, j.un. 25-6-2019, *DJe* 1-7-2019, que rejeitou a tese de que a apresentação de embargos à execução fosse capaz de comprometer o recurso interposto contra a decisão que incluíra o devedor no processo de execução.

É regra que, na sua literalidade, pressupõe autos em papel, mas que também merece ser aplicada em se tratando de autos eletrônicos, eis que documenta, para os devidos fins, o instante em que a decisão passou em julgado. Por isso, importa certificar a data do trânsito em julgado (ou a preclusão), que não necessariamente se confunde com a data em que sua certificação é feita e nem com a data em que a baixa é determinada. O tema dá ensejo a questões importantes, a principal delas sendo a discussão sobre a tempestividade da ação rescisória (art. 975).

6.3 Juízo de mérito

Além do juízo de admissibilidade que lhes é próprio, os recursos têm também um "juízo de *mérito*", a ser entendido como o *pedido* que faz o recorrente ao órgão competente para julgamento do recurso.

Reflexo do princípio da inércia da jurisdição no plano dos recursos é que o órgão *ad quem* somente pode apreciar a matéria impugnada pelo recurso. O *pedido recursal* (a impugnação formulada no recurso interposto) formulado pelo recorrente é que provoca e delimita a atividade judicante do órgão *ad quem*. Tanto assim que é plenamente possível que o recorrente impugne apenas em parte a decisão que lhe é desfavorável, circunstância que enseja a construção dos "recursos *parciais*" em contraposição aos "recursos *totais*" e que encontra previsão expressa no art. 1.002.

Os mesmos temperos que o direito público impõe àquele princípio, contudo, também se fazem presentes no âmbito recursal, sendo legítima a atuação oficiosa do órgão *ad quem* nos casos de matérias de ordem pública, desde que tenha havido proferimento de juízo *positivo* de admissibilidade. Essa dicotomia assume foros importantes no contexto dos efeitos dos recursos, dando ensejo à construção dos chamados efeito *devolutivo* e efeito *translativo*.

O mérito recursal pode consistir na *reforma* da decisão recorrida e, também, na sua *invalidação*. No específico caso dos embargos de declaração, o mérito se relaciona com a eliminação das contradições, obscuridades, omissões ou erros materiais portados pela decisão embargada (art. 1.022).

O exame do "mérito" que importa para o estudo dos recursos é, por conseguinte, a constatação do que o recorrente pretende com o seu recurso. O mérito recursal corresponde ao próprio conteúdo da impugnação dirigida à decisão recorrida, e, por essa razão, é irrecusável sua relação com o "efeito *devolutivo*". A matéria que, legitimamente pode ser enfrentada de ofício pelo órgão *ad quem*, ainda que vá além do que foi pedido pelo recorrente, relaciona-se com fenômeno diverso, parelho ao "princípio inquisitório", o "efeito *translativo*".

Não há necessária coincidência entre o "mérito *recursal*" e o "mérito do processo". Pode até ser que ela se verifique, quando, por exemplo, o autor volta-se à sentença que rejeitou o seu pedido de tutela jurisdicional e pretende aquela outorga com o acolhimento de seu recurso, mas não se trata de uma constante teórica ou prática. O mérito do recurso pode ser o reconhecimento da ilegitimidade de uma das partes, o que, para o plano do processo, é questão *preliminar*.

6.3.1 *Errores in procedendo* e *errores in judicando*

São duas as espécies de vícios que podem ensejar a interposição de um recurso, a partir de clássica distinção largamente empregada: o chamado vício de *juízo* (ou de julgamento), comumente identificado pela expressão latina *error in judicando*, e o vício de *atividade*, designado em geral pela expressão latina *error in procedendo*, cada qual correspondendo a uma diversa operação mental a ser desempenhada pelo órgão *ad quem* quando do julgamento do recurso.

O vício de juízo (ou de julgamento) denota que o recorrente pretende que o órgão *ad quem* reexamine a decisão recorrida porque ela apreciou e aplicou mal o direito e/ou o fato no caso concreto, e essa circunstância enseja o proferimento de uma *nova* decisão, capaz de se impor à anterior, reformando-a. Em tais casos, o mérito do recurso é a obtenção de uma decisão a ser proferida, desde logo, pelo órgão competente para tanto, prevalecendo o entendimento do órgão *ad quem* sobre o tema, que a substitui.

O vício de atividade, por sua vez, significa que o recurso se volta a questionar não, propriamente, a decisão, em si mesma considerada, é dizer, a sua *qualidade*, mas o *procedimento* que foi observado até o seu proferimento; a decisão é, nesse sentido, *formalmente* e não *materialmente* errada, de forma diversa do que se dá nos casos de vício de juízo. Por exemplo, um magistrado, indeferindo o pedido de produção de provas feito pelo réu, acolhe integralmente o pedido de tutela jurisdicional feito pelo autor. Nesse caso, pode o recorrente buscar não o proferimento de nova decisão que se sobreponha a outra no que diz respeito ao juízo sobre a prova já produzida, mas, diferentemente, a sua anulação (ou invalidação) pelo órgão *ad quem*, viabilizando, com isso, que nova decisão seja proferida pelo órgão *a quo* com a correção de sua atividade, isto é, com a consideração da prova até então não produzida. A função do recurso, em tais casos, é *rescindente*[69].

É desejável, por isso mesmo, um paralelo entre o julgamento *substitutivo* e os *errores in judicando* e entre o julgamento *rescindente* e os *errores in procedendo* de que tratam os parágrafos anteriores. É essa a segura lição de José Carlos Barbosa Moreira, plenamente preservada para o CPC de 2015: "A função substitutiva corresponde aos casos de recurso interposto com fundamento em *error in iudicando*; a puramente rescindente, aos casos de recurso interposto com fundamento em *error in procedendo*"[70].

---

69. A distinção é acolhida pela jurisprudência do STJ, como demonstram ilustrativamente as seguintes decisões: 3ª Turma, RCD no AREsp 679.067/SP, rel. Min. Paulo de Tarso Sanseverino, j.un. 17-5-2016, *DJe* 255-2016; 4ª Turma, REsp 1.236.732/PR, rel. Min. João Otávio de Noronha, j.un. 16-6-2011, *DJe* 24-6-2011, e 1ª Turma, REsp 915.805/SC, rel. Min. Denise Arruda, j.un. 2-6-2009, *DJe* 1º-7-2009.

70. *Comentários ao Código de Processo Civil*, v. V, p. 406.

Diversamente do que se poderia supor, contudo, nada há que impeça, muito pelo contrário, que o recorrente se volte a uma decisão questionando, ao mesmo tempo, vícios de *atividade* e de *julgamento*, isto é, *errores in procedendo* e *errores in judicando*, respectivamente. Em tais casos, o exame dos *errores in procedendo* deve anteceder à avaliação dos *errores in judicando* porque aqueles, diferentemente destes, têm o condão de interferir na própria regularidade do processo e da subsistência *formal* da decisão recorrida. Se, contudo, rejeitadas as alegações do recorrente ou, a depender do vício levantado, caso seja possível, de imediato, a sua correção (art. 932, parágrafo único, art. 933 e art. 938), o órgão *ad quem* passará ao exame dos demais vícios, acolhendo-os ou rejeitando-os e, por conseguinte, reformando ou mantendo a decisão recorrida. A diretriz é agasalhada pelo *caput* do art. 938 e pelo parágrafo único do art. 946, ao impor que, havendo recurso de agravo e apelação a serem julgados na mesma sessão de julgamento, a apreciação daquele preceda a deste.

7. EFEITOS DOS RECURSOS

Não há uniformidade sobre quais são os efeitos dos recursos.

A proposta deste *Curso, seguindo os passos das edições anteriores ao CPC de 2015*[71], é apresentar um rol o mais completo possível para viabilizar maiores questionamentos sobre as várias facetas da *interposição* e do *julgamento* dos recursos.

A exposição seguinte observa o seguinte critério: os números 7.1 a 7.4 voltam-se à apresentação e ao exame dos efeitos relativos à *interposição* dos recursos: efeitos *obstativo, suspensivo, regressivo* e *diferido.* Em seguida, os números 7.5 a 7.8 tratam dos efeitos relativos ao *julgamento* dos recursos: efeitos *devolutivo, translativo, expansivo* e *substitutivo.* Um tal critério de exposição, embora não usual, mostra-se bastante didático e apto a criar melhores condições para compreender algumas das reflexões constantes em cada um dos pontos aqui estudados.

7.1 Efeito obstativo

A *interposição* de todo e qualquer recurso cria um primeiro efeito, que é o de obstar a ocorrência de *preclusão* e, a depender da decisão, a ocorrência de coisa julgada, o que encontra eco seguro no art. 502. Trata-se do efeito *obstativo.*

Este, que poderia parecer um "efeito" desnecessário de ser expressamente apontado para os recursos, mostra-se importante pela própria concepção do que é recurso para o direito positivo brasileiro. Como expõe o n. 2, *supra*, o caráter recursal se relaciona intimamente com o incon-

71. A primeira vez que o autor deste *Curso* se voltou a essa abordagem foi na prova escrita de seu concurso de livre-docência em Direito Processual Civil, no ano de 2005, na Faculdade de Direito da PUC-SP. O original da prova acabou sendo publicado na sua íntegra, por indicação da banca, com o título "Efeitos dos recursos", no v. 1 dos *Aspectos polêmicos e atuais dos recursos cíveis*, publicado em 2006, p. 66-90.

formismo manifestado no *mesmo* processo. Não basta, assim, que haja o inconformismo de alguém diante de decisão jurisdicional causadora de algum gravame para se ter um *recurso*. Para que a manifestação do prejudicado assuma foros recursais, é mister que seu inconformismo – a par, evidentemente, de outros tantos pressupostos amplamente estudados e sistematizados sob o rótulo de "juízo de admissibilidade recursal" – seja manifestado no *mesmo* processo.

Outro desdobramento importante do efeito aqui estudado reside no entendimento proposto por este *Curso* de que os efeitos *declaratórios*, típicos do juízo de admissibilidade recursal, não podem retroagir no plano processual. Assim, é suficiente a *interposição* do recurso para que a preclusão ou a coisa julgada não ocorram. Se o recurso será, a final, *conhecido*, é questão diversa, que não modifica o alcance desse efeito, verdadeira consequência da interposição do recurso. A pensar diferentemente, o efeito *obstativo* dependeria, em qualquer situação, do *conhecimento* do recurso, o que não se coaduna com o princípio da segurança jurídica.

7.2 Efeito suspensivo

O efeito suspensivo deve ser entendido no sentido de a *interposição* do recurso impedir, por disposição legal ou por decisão judicial, o início da eficácia da decisão recorrida, prolongando seu estado de ineficácia, ou sustar, também por disposição legal ou por decisão judicial, a eficácia da decisão recorrida até então experimentada.

A distinção acima é importante porque a nomenclatura pela qual esse efeito é conhecido tende a dar a (falsa) impressão de que o efeito suspensivo significaria, em todo e em qualquer caso, a *suspensão* dos efeitos da decisão recorrida, os quais, nessa perspectiva, estariam em plena operação. Essa percepção, contudo, só é correta quando a própria lei *retira* de antemão o efeito suspensivo e ele é atribuído, consoante determinadas circunstâncias do caso concreto judicialmente. É o que se dá, por exemplo, com o agravo de instrumento (art. 1.019, I).

Pode ocorrer, contudo, de o efeito suspensivo previsto em lei para determinado recurso significar que a interposição do recurso e, mais do que isso, a mera sujeição de uma dada decisão à interposição de um recurso que tenha efeito suspensivo previsto em lei não poder surtir seus regulares efeitos até que se confirme que o recurso não foi interposto ou, se o foi, tenha sido julgado. É como se dissesse que o efeito suspensivo, nesses casos, prolongasse o estado de ineficácia da decisão, que se dá desde a publicação da decisão sujeita ao recurso até o julgamento do recurso e publicação da decisão que julgá-lo, momento em que se deve observar o que o sistema reserva para os eventuais novos recursos porventura cabíveis. O exemplo dessa hipótese é a apelação, único recurso que continua a ostentar, como regra, efeito suspensivo (art. 1.012, *caput*)[72].

72. Para além da apelação, os únicos recursos que ostentam efeito suspensivo *ope legis*, de acordo com o CPC de 2015, são o recurso extraordinário e o especial interpostos contra o acórdão que julgar o IRDR (art. 987, § 1º), regra que convida à reflexão crítica feita no n. 10 do Capítulo 8 da Parte II.

Não obstante a dicotomia, ambas as hipóteses merecem ser tratadas como efeito *suspensivo* e, bem entendida, ela é decorrência da opção legal sobre determinados recursos terem ou não efeito suspensivo legal (efeito suspensivo *ope legis*). Sempre que a própria lei emprestar efeito suspensivo a um recurso, a decisão a ele sujeita não surte efeitos imediatos desde quando publicada (tornada pública) e enquanto o recurso não for julgado. Mesmo que o recurso não seja interposto, a ineficácia da decisão dura ao longo do prazo recursal correspondente. Se a opção legal é a de não atribuir efeito suspensivo ao recurso a consequência é que a decisão, tão logo publicada, surta seus regulares efeitos, ainda que sua eficácia possa ser *suspensa* pela atribuição do efeito suspensivo.

A despeito da dualidade de facetas do efeito suspensivo, é correto entender que ele é significativo da inviabilidade de a decisão recorrida ser cumprida provisoriamente. Seja porque ela já é ineficaz desde seu proferimento e publicação, seja porque sua eficácia é sustada *a posteriori*. A relação entre efeito suspensivo e a eficácia imediata da decisão recorrida é o que o caracteriza como tal, sendo expresso a esse respeito o § 2º do art. 1.012, ainda que especificamente para o recurso de apelação.

A eficácia imediata das decisões, importa destacar, engloba indistintamente o que este *Curso* rotula de efeitos *executivos* e *não executivos* da tutela jurisdicional. É ultrapassado querer vincular efeito suspensivo apenas aos efeitos executivos (ou condenatórios, executivos *lato sensu* ou mandamentais, de acordo com a doutrina tradicional), como se os não executivos (ou declaratórios ou constitutivos, consoante a doutrina tradicional) não pudessem ser experimentados desde logo, independentemente do desfecho definitivo da fase recursal. O referencial para a *concretização* daqueles efeitos, em qualquer caso, é o dos arts. 520 a 522.

Tecidas tais considerações, cabe analisar mais de perto o art. 995 e, a partir dele, apresentar as diversas possibilidades do efeito suspensivo em outros dispositivos do Código de Processo Civil, sem prejuízo de voltar ao tema quando do estudo de cada uma das espécies recursais.

O *caput* do art. 995 estabelece que a interposição do recurso não impede, como regra, a eficácia imediata da decisão recorrida, "salvo disposição *legal* ou decisão *judicial* em sentido diverso". O parágrafo único, por sua vez, prescreve que "A eficácia da decisão recorrida poderá ser suspensa por decisão do relator, se da imediata produção de seus efeitos houver risco de dano grave, de difícil ou impossível reparação, e ficar demonstrada a probabilidade de provimento do recurso".

O dispositivo permite afirmar com segurança que, no CPC de 2015, a regra é a de que os recursos não têm efeito suspensivo *ope legis*, isto é, por força de lei, e, por isso, as decisões recorridas, em geral, surtem seus efeitos de imediato, tão logo publicadas, isto é, tornadas públicas.

A principal exceção do CPC de 2015 acerca da imediata eficácia da decisão recorrida é a do recurso de apelação, como se verifica do *caput* do art. 1.012, que acabou por preservar, na linha do que sustentou o Projeto da Câmara, a regra prevista no *caput* do art. 520 do CPC de 1973[73]. É um caso que excepciona a regra do *caput* do art. 995, em que a própria lei impede a eficácia imediata da decisão recorrida. A apelação tem efeito suspensivo *ope legis*.

O parágrafo único do art. 995 generaliza a hipótese sobre a possibilidade de concessão *ope judicis*, isto é, pelo próprio magistrado, do efeito suspensivo. Trata-se da segunda exceção referida no *caput* do dispositivo, em que "decisão *judicial* em sentido diverso" tem como finalidade impedir a eficácia imediata da decisão recorrida. A concessão caso a caso do efeito suspensivo encontra, em diversos recursos, regras próprias que buscam precisar o órgão jurisdicional ao qual o pedido deve ser dirigido, que não é necessária e invariavelmente o relator, como insinua o dispositivo.

Os elementos para a concessão *ope judicis* do efeito suspensivo são, de acordo com o parágrafo único do art. 995: (i) o risco de dano grave, de difícil ou impossível reparação (o que, na prática do foro, é usualmente identificado pela expressão latina *periculum in mora*), e (ii) a probabilidade de provimento do recurso (o que deve ser compreendido como o ônus de o recorrente demonstrar as reais e objetivas chances de acolhimento de seu recurso). Nada de diverso, portanto, do que, para a concessão da tutela provisória fundamentada em urgência, faz-se necessário diante do *caput* do art. 300.

É importante ir além para ampliar os horizontes do parágrafo único do art. 995, sistematizando-o com outros dispositivos legais que, não obstante tratarem especificamente de determinados recursos, também se voltam à disciplina do efeito suspensivo.

Assim é que o § 4º do art. 1.012 e o § 1º do art. 1.026 permitem interpretação no sentido de que a concessão *ope judicis* de efeito suspensivo aos recursos de apelação e de embargos de declaração, respectivamente, pode se dar *independentemente* da ocorrência de *urgência* que justifique sua concessão. Algo muito próximo, destarte, à tutela da *evidência* nos moldes do art. 311.

É correto interpretar amplamente aqueles dispositivos. Não só para reconhecer que, quanto maiores sejam as reais e objetivas chances de êxito da pretensão recursal, menor pode ser o risco de dano grave, de difícil ou impossível reparação a ser demonstrado, admitindo, até, que não haja risco nenhum, mas também para espraiar a possibilidade de concessão da tutela da *evidência* no plano recursal para todo o sistema, isto é, para todos os recursos, diferentemente da textualidade do parágrafo único do art. 995, que parece exigir, indistintamente, a probabilidade de êxito *e* o risco de dano grave, ainda que não seja irreparável, mas, apenas, de difícil reparação para aquele fim.

73. O Anteprojeto de novo Código de Processo Civil elaborado pela Comissão de Juristas e o PLS n. 166/2010 propunham que a apelação *não* tivesse efeito suspensivo, passando, destarte, ser regra, no direito processual civil brasileiro, o cumprimento *provisório* da sentença. A regra genérica do cumprimento provisório das decisões em geral estava presente nos arts. 908 e 949 daqueles trabalhos, que correspondem ao art. 995 do CPC de 2015. Quanto à apelação, o PLS n. 166/2010 trazia regra específica para a concessão do efeito suspensivo em seu art. 968, com a seguinte redação: "A atribuição de efeito suspensivo à apelação obsta a eficácia da sentença".

De outro lado, é importante interpretar o parágrafo único do art. 995 – e também o efeito suspensivo referido nos outros precitados dispositivos – no sentido de que aquele efeito suspensivo tem não só o condão de *suspender* os efeitos da decisão recorrida, efeitos estes que, na falta dele, vinham sendo experimentados no plano dos fatos, inclusive (ou, tratando-se de apelo, de prolongar o estado de ineficácia da sentença), mas também como técnica apta a conceder, de imediato, a providência negada pela decisão recorrida.

É supor o exemplo, comuníssimo, do indeferimento da tutela provisória requerida ao juízo da primeira instância. O agravante poderá requerer que o relator, ao apreciar o agravo de instrumento, conceda efeito suspensivo consistente não propriamente na suspensão dos efeitos da decisão agravada (já que não há o que suspender por se tratar de decisão negativa), mas na concessão, no âmbito do Tribunal, da providência indeferida na primeira instância, isto é, da própria tutela provisória. É o chamado "efeito suspensivo dos efeitos negativos do desprovimento", apelidado de "efeito suspensivo ativo" e, mais frequentemente, chamado, simplesmente, de "efeito *ativo*"[74].

O inciso I do art. 1.019, a respeito do agravo de instrumento, acabou por manter textualmente a previsão do inciso III do art. 527 do CPC de 1973, estatuindo caber ao relator "deferir, em antecipação de tutela, total ou parcialmente, a pretensão recursal", o que, para o CPC de 2015, não deixa de ser uma das variadíssimas formas de expressão e de concretização da tutela provisória antecipada, bem ao estilo do *caput* do art. 297 e do "dever-geral de antecipação" nele agasalhado[75].

Essa dupla concepção do efeito suspensivo, aplicável a todos os recursos, harmoniza-se, importa frisar, com a dicotomia que o CPC de 2015 preservou ao disciplinar a tutela provisória. O efeito suspensivo, no sentido de *suspender* os efeitos da decisão recorrida (que já estão sendo experimentados), traz à lembrança a função da tutela *cautelar*, de evitar riscos, assegurando a fruição futura da pretensão, ainda que recursal, nos moldes do art. 301. O efeito suspensivo *ativo*, por seu turno, é inequívoca manifestação de tutela *antecipada*, no sentido de viabilizar a fruição imediata da pretensão recursal, nos termos do art. 297.

Assim, é correto sustentar que o CPC de 2015 admite que o próprio magistrado possa retirar o efeito suspensivo da apelação, para admitir o cumprimento provisório da sentença. A técnica a ser empregada para tanto é a tutela provisória, seja ela fundamentada na urgência ou na evidência, de viés antecipatório, isto é, satisfativo, verdadeiro caso de cumprimento provisório *ope judicis*.

A tímida previsão do inciso V do § 1º do art. 1.012, que acaba por prever a apelação sem efeito suspensivo quando interposta de sentença que *concede* a tutela provisória, merece receber interpretação ampla para permitir que não só o magistrado sentenciante autorize o

74. A questão é conhecida da doutrina que se debruçou sobre o mandado de segurança há décadas, como o autor deste *Curso* teve oportunidade de demonstrar em seu *Liminar em mandado de segurança: um tema com variações*, p. 280-297.

75. Acerca do assunto, há o Enunciado n. 39 da I Jornada de Direito Processual Civil do CJF: "Cassada ou modificada a tutela de urgência na sentença, a parte poderá, além de interpor recurso, pleitear o respectivo restabelecimento na instância superior, na petição de recurso ou em via autônoma".

cumprimento provisório, mas também, que, no âmbito do Tribunal, antes ou depois da distribuição da apelação, requerimento como aquele seja formulado para *retirar* o efeito suspensivo do apelo (art. 1.012, § 3º). O instrumental para tanto é a tutela provisória[76].

Uma última palavra sobre o efeito suspensivo merece ser dada, não obstante o CPC de 2015 não repetir, no particular, o equívoco cometido pelo CPC de 1973 em diversos dispositivos que sugeriam haver verdadeira contraposição entre os efeitos *suspensivo* e *devolutivo*[77].

É errado entender o efeito suspensivo como a contraface do efeito devolutivo ou querer, de alguma forma, vincular um efeito ao outro. Dizer que um recurso tem efeito suspensivo nada esclarece sobre ele possuir ou não efeito devolutivo. Afirmar que um recurso tem "só" efeito devolutivo, como faziam alguns dispositivos do CPC de 1973, não revela nada sobre a viabilidade de os efeitos da decisão recorrida poderem ser experimentados de imediato.

Correta, nesse sentido, a observação feita por Marcelo de Olmo, com base nas lições de Manuel Ibañez Frocham, de que "*Considerar como opuestos el efecto devolutivo y el suspensivo es un equívoco terminológico en que incurren algunos Códigos Procesales modernos. Es necesario diferenciar, como dos categorías distintas, el efecto no suspensivo y el devolutivo*" (...) "*Al efecto devolutivo no se lo opone el efecto suspensivo, sino el no devolutivo*"[78].

Para este *Curso* a questão é ainda mais importante considerando a relação que faz entre o efeito suspensivo e a interposição dos recursos e entre o efeito devolutivo e seu julgamento, e também a oposição entre o efeito devolutivo e o efeito translativo.

7.3 Efeito regressivo

Efeito *regressivo* (também chamado de *modificativo)* é a possibilidade de o próprio prolator da decisão julgar o recurso, retratando-se, no todo ou em parte, alterando a decisão recorrida[79].

Trata-se de efeito que acabou sendo ampliado no CPC de 2015, indo além das hipóteses por ele alcançadas no CPC de 1973. É o que se dá no *caput* do art. 331, com a apelação interposta da sentença que indefere liminarmente a petição inicial; no § 3º do art. 332, com a

76. É entendimento que o n. 3 do Capítulo 4 da Parte I do v. 5 das edições anteriores ao CPC de 2015 deste *Curso* já sustentava e que seu autor já sustentava desde 1998, quando defendeu sua tese de doutorado, argumentando em favor daquela flexibilização como forma de dar maior rendimento ao então recém-introduzido instituto da "tutela antecipada" no CPC de 1973. A versão comercial daquele trabalho foi publicada como *Execução provisória e antecipação da tutela*, e a temática versada no texto está abordada na p. 299-373.

77. É o que se dava, por exemplo, no *caput* do art. 520, no art. 521 e no § 2º do art. 542, todos do CPC de 1973, em que a ausência do efeito suspensivo dos recursos de apelação, especial e extraordinário era identificada com a expressão "recebimento *só no efeito devolutivo*".

78. *La apelación en el juicio ejecutivo y en la ejecución de sentencia*, p. 18 e 20, respectivamente.

79. É de Alcides de Mendonça Lima, *Introdução aos recursos cíveis*, p. 288, a apresentação original desse efeito. O processualista gaúcho já o tratava também sob a égide do CPC de 1939 em seu *Sistema de normas gerais dos recursos cíveis*, p. 255.

apelação interposta da sentença que julga improcedente liminarmente o pedido; no § 7º do art. 485, com a sentença interposta contra a sentença proferida sem resolução de mérito; no § 1º do art. 1.018, a propósito da interposição do agravo de instrumento; no § 2º do art. 1.021, com o agravo interno; no § 2º do art. 1.023, com os embargos de declaração; no inciso II do art. 1.040, no âmbito dos Tribunais de Justiça e Regionais Federais, a partir da fixação da tese em sede de recurso especial ou extraordinário repetitivo, e no § 4º do art. 1.042, a propósito do agravo em recurso especial e em recurso extraordinário.

7.4 Efeito diferido

O efeito *diferido* é aquele em que o processamento de um recurso depende da interposição e do recebimento de outro recurso[80]. Assim se dá, para fazer referência ao exemplo clássico, com o "recurso adesivo", regulado pelos §§ 1º e 2º do art. 997.

O recurso adesivo, que pode ser interposto nos casos de apelação, recurso especial e recurso extraordinário (art. 997, § 2º, II), depende, para ser conhecido e julgado, do conhecimento do "recurso *principal*" ao qual o recorrente adesivo adere (art. 997, § 2º). Nesse sentido, seu juízo de admissibilidade definitivo fica *diferido*, isto é, *postergado* para momento procedimental futuro, quando declarado admissível o outro recurso, o chamado "principal".

Outro exemplo de aplicação desse efeito está no art. 1.031, quando trata da interposição conjunta de recurso especial e de recurso extraordinário em que, em rigor, a admissibilidade do recurso fica na dependência da compreensão de que ele não é prejudicial ao outro.

7.5 Efeito devolutivo

O efeito devolutivo é característica essencial aos recursos. É da própria essência do recurso que ele se exteriorize no inconformismo de alguém diante de uma situação mais prejudicial ou menos benéfica do que poderia esperar, criada por uma decisão judicial no mesmo processo.

É nesse sentido que o efeito devolutivo é entendido como uma projeção, no plano do segmento recursal, do princípio *dispositivo*, que, ainda hoje, é basilar do sistema processual civil codificado (arts. 2º e 492) e, nessas condições, opõe-se ao chamando princípio *inquisitório, que se relaciona ao* chamado "efeito *translativo*" dos recursos.

A própria nomenclatura, efeito *devolutivo,* acaba por denotar essa ideia, já que a "devolução" aí retratada se relaciona aos tempos antigos, em que a função jurisdicional era delegação do mo-

80. Também aqui a apresentação original desse recurso é de Alcides de Mendonça Lima, *Introdução aos recursos cíveis*, p. 289, desenvolvendo o que já propunha desde o tempo do CPC de 1939 em seu *Sistema de normas gerais dos recursos cíveis*, p. 255.

narca a delegados seus e em que os recursos interpostos de suas decisões *devolviam*, no sentido próprio do termo, a ele a possibilidade de exercício do poder delegado. É essa a razão pela qual Alcides de Mendonça Lima prefere o nome "efeito de *transferência*", que descreve com maior exatidão o fenômeno no sistema processual civil moderno. De qualquer sorte, a denominação "efeito *devolutivo*", consagrada pelo uso e pela legislação, é a adotada por este *Curso*, até porque, como acaba por sugerir o próprio processualista gaúcho, "a devolução (...) deve ser entendida em face do Poder Judiciário, em sua estrutura e em sua unidade: o recorrente provoca, novamente a manifestação do Poder Judiciário a respeito da matéria controvertida, por via do recurso hábil. Com essa solução, simples e prática, afastam-se as digressões e divergências, doutrinárias e técnicas, sobre quais os recursos que ensejam, ou não, a devolução. Todos, por este raciocínio, devolvem o conhecimento nos limites estabelecidos em lei para cada espécie"[81].

O efeito devolutivo é estudado, em geral, a partir de dois ângulos diversos: com relação à sua *extensão* e com relação à sua *profundidade*.

A *extensão* do efeito devolutivo relaciona-se com a ideia do que é e do que não é impugnado pelo recorrente. Trata-se, portanto, da *quantidade* de matéria questionada em sede recursal e que será, consequentemente, apreciada pelo órgão *ad quem*. O *caput* do art. 1.013, embora inserido como regra da apelação, dá a exata compreensão da *extensão* do efeito devolutivo para todos os recursos.

De acordo com o primeiro, o sistema processual civil adotou de forma expressa a concepção usualmente descrita pela expressão latina "*tantum devolutum quantum appellatum*", já que determina que o objeto da "devolução" se vincula ao que foi objeto de impugnação pelo recorrente. Tanto assim que o art. 1.002 admite que o recurso seja *total* ou *parcial*, isto é, que a decisão desfavorável ao recorrente seja questionada na sua integralidade ou, apenas, em uma ou mais de uma de suas partes, a depender da *vontade* (e, consequentemente, do próprio interesse) do recorrente. Mesmo o art. 1.008, que se ocupa do "efeito *substitutivo*", refere-se a que essa *substituição* se dê em relação ao que "tiver sido objeto do recurso".

A *profundidade* do efeito devolutivo diz respeito aos fundamentos e às questões que foram, ou não, analisados pela decisão recorrida e que viabilizam seu contraste em sede recursal, relacionando-se, assim, com a *qualidade* da matéria impugnada em sede de recurso e que poderá ser reapreciada pelo órgão *ad quem*. Dele se ocupam os §§ 1º e 2º do art. 1.013, que, a despeito de sua localização no Código de Processo Civil, também não se restringem ao recurso de apelação[82]. De acordo com os dispositivos, "Serão, porém, objeto de apreciação e

81. *Introdução aos recursos cíveis*, p. 286 e, anteriormente, em seu *Sistema de normas gerais dos recursos cíveis*, p. 252.

82. Não subsiste, no CPC de 2015, a discussão travada entre José Carlos Barbosa Moreira e Nelson Nery Jr., retratada no n. 6 do Capítulo 4 da Parte I do v. 5 das edições anteriores ao CPC de 2015 deste *Curso* sobre haver ou não antinomia, complementariedade ou simples inocuidade entre as regras do § 1º do art. 515 e do art. 516 do CPC de 1973. A fusão daquelas regras nos atuais §§ 1º e 2º do art. 1.013 acabam por sugerir que a posição de Nelson Nery Jr., adotada por este *Curso*, era a mais correta.

julgamento pelo tribunal todas as questões suscitadas e discutidas no processo, ainda que não tenham sido solucionadas, desde que relativas ao capítulo impugnado" e "Quando o pedido ou a defesa tiver mais de um fundamento e o juiz acolher apenas um deles, a apelação devolverá ao tribunal o conhecimento dos demais"[83].

A palavra "fundamentos" empregada pelo § 2º do art. 1.013 é empregada como sinônima de "causas de pedir", e não, apenas, como argumentos retóricos dos litigantes ou do próprio prolator da decisão que, em rigor, é tema regrado pelo *caput* do art. 1.013[84]. Assim, se o pedido do autor é de despejo fundado na falta de pagamento *e* na infração contratual (distúrbios ao direito de vizinhança, por exemplo), o acolhimento do pedido relativo à falta de pagamento não impede que o Tribunal reexamine também a questão relativa à infração contratual[85].

Como, contudo, este *Curso* entende que a aplicação dos §§ 1º e 2º do art. 1.013 se justifica *independentemente de pedido* do recorrente, entende que seu estudo deve se dar *fora* do ambiente do efeito devolutivo (que se caracteriza pela vinculação entre a matéria a ser decidida em âmbito recursal e o pedido do recorrente) e, sim, no contexto do efeito translativo, objeto do número seguinte. Para cá, portanto, a análise do efeito devolutivo se esgota no exame de *extensão*, que corresponde ao que foi objetivamente questionado pelo recorrente e que, portanto, demarca a atuação do órgão *ad quem*.

7.6 Efeito translativo

Se o "efeito *devolutivo*", para o qual se volta o número anterior, é projeção, na fase recursal, do "princípio *dispositivo*", o efeito *translativo*, doravante examinado, é projeção do chamado "princípio *inquisitório*", que, como aquele, também anima o desenvolvimento do procedimento no processo civil brasileiro. O próprio art. 2º evidencia a sua presença ao dispor que, posto o processo começar pela "iniciativa da parte", seu desenvolvimento se dá por "impulso *oficial*", ressalvadas as exceções legais.

Dessa sorte, todas as questões passíveis de conhecimento de ofício, isto é, sem provocação de qualquer das partes (ou dos eventuais intervenientes, inclusive o Ministério Público, naqueles casos em que deve atuar na qualidade de *custos legis*), ao longo do processo podem e *devem* ser apreciadas igualmente de ofício na fase recursal.

Nesse sentido, o efeito translativo corresponde à matéria que poderá ser examinada pelo órgão julgador do recurso independentemente da impugnação do recorrente, que é, nesse

83. Antes do CPC de 2015, a 1ª Turma do STJ chegou a tratar do tema em ambiente de recurso especial repetitivo. Trata-se do REsp 1.030.817/DF, rel. Min. Luiz Fux, j.un. 25-11-2009, *DJe* 18-12-2009.

84. STJ, 2ª Turma, REsp 1.352.497/DF, rel. Min. Og Fernandes, j.un. 4-2-2014, *DJe* 14-2-2014.

85. Nesse sentido: STJ, 2ª Turma, AgRg no AREsp 1.042.252/SE, rel. Min. Assusete Magalhães, j.un. 21-6-2016, *DJe* 28-6-2016, e STJ, 1ª Turma REsp 1.201.359/AC, rel. Min. Teori Albino Zavascki, j.un. 5-4-2011, *DJe* 15-4-2011.

sentido, transferida para apreciação e, se for o caso, para rejulgamento, por força do ordenamento jurídico.

É o que se dá com relação ao mínimo indispensável para o exercício do direito de ação, os pressupostos processuais e a intransmissibilidade do direito sobre o qual se pretende a concretização da tutela jurisdicional (art. 485, § 3º), à exceção, apenas da convenção de arbitragem, por força do § 5º do art. 337. Também o que, pelas razões expostas no número anterior, se dá com relação aos §§ 1º e 2º do art. 1.013, que afastam a necessidade de iniciativa do recorrente para permitir que o órgão *ad quem* aprecie a matéria neles prevista.

Um exemplo pode aclarar o alcance do efeito aqui examinado: DLMM formula pedido em face de MCPC para pagamento de indenização por serviços prestados e não pagos. O pedido é julgado procedente. O juízo de primeira instância, no entanto, não atenta à ilegitimidade de MCPC para figurar na qualidade de ré porque o contrato questionado por DLMM foi assinado com MCPC Participações Ltda., empresa da qual MCPC é a sócia majoritária, e não com ela, MPCP, pessoa natural. Mesmo sem qualquer questionamento nesse sentido, é dado ao Tribunal – a bem da verdade, é *dever seu*, como já o era com relação ao juízo *a quo* – reconhecer a ilegitimidade passiva e proferir decisão sem resolução de mérito nos moldes do inciso VI do art. 485, ainda que – e é nisso que reside a ocorrência do chamado "efeito *translativo*" – não haja *pedido* da própria MCPC ou de quem quer que seja.

Decorrência interessante desse efeito *translativo* – o que justifica, dentre outras circunstâncias, catalogá-lo à parte, de forma distinta do efeito devolutivo, seguindo a trilha aberta, na literatura processual civil brasileira, por Nelson Nery Jr.[86] – diz respeito à possibilidade de ocorrência de *reformatio in pejus* nos casos de sua incidência. Aqui, diferentemente do que se dá relativamente ao efeito *devolutivo*, que se atrela ao princípio dispositivo, isto é, à formulação de pedido recursal a autorizar reforma da decisão em detrimento do recorrido, não há espaço para questionamento da viabilidade de haver "reforma para pior", por força da atuação oficiosa do órgão *ad quem*, quando do julgamento do recurso. O que deve ocorrer em tais casos é a oitiva *prévia* das partes e de eventuais terceiros, caso não tenham se manifestado acerca da questão com anterioridade, o que decorre do princípio do contraditório para evitar a chamada "decisão-surpresa" (art. 10)[87].

É possível, por exemplo, que em remessa necessária prevista no art. 496 seja majorada a condenação em honorários de advogado imposta ao Poder Público, ainda que não tenha havido recurso de apelação do interessado, não obstante a Súmula 45 do Superior Tribunal

86. *Teoria geral dos recursos*, p. 482-488.

87. É entendimento que o n. 7 do Capítulo 4 da Parte I do v. 5 das edições anteriores ao CPC de 2015 deste *Curso* já sustentava: "A aplicação do 'efeito translativo' não afasta, contudo, que o órgão *ad quem*, constatando a possibilidade de sua atuação oficiosa, determine a oitiva das partes e de eventuais terceiros para que se manifestem *previamente* sobre a questão a ser enfrentada. Trata-se de providência inafastável à luz do modelo constitucional do processo civil".

de Justiça negar a possibilidade[88]. Como a remessa necessária não ostenta natureza recursal, não faz sentido ver nela qualquer manifestação do efeito *devolutivo*. Ela, não obstante a natureza crítica que o instituto merece, é manifestação do princípio *inquisitório* e, consequentemente, do efeito *translativo*, a permitir ampla atuação do órgão *ad quem* em grau recursal independentemente de qualquer pedido das partes e dos interessados.

O campo de abrangência do efeito translativo se limita aos chamados recursos *ordinários*. Pelas peculiaridades do sistema processual civil, o "efeito *translativo*" não se aplica ao recurso extraordinário e ao recurso especial. Para aqueles dois recursos, a exigência *constitucional* de prévia "causa decidida" afasta a incidência das regras codificadas que permitem a atuação oficiosa dos Tribunais "em qualquer tempo e grau de jurisdição". A constatação é suficiente para receber com ressalvas a autorização contida no art. 1.034, objeto de análise do n. 7.1 do Capítulo 7.

7.7 Efeito expansivo

A proposta deste *Curso* é fornecer o panorama mais amplo possível no que diz respeito aos efeitos dos recursos, razão pela qual o "efeito *expansivo*" deve também ser estudado, a despeito de serem poucos os seus defensores, o primeiro e o principal deles sendo Nelson Nery Jr.[89].

A crítica feita comumente com relação a esse efeito recursal é a de que o "efeito *expansivo*" nada mais é do que a análise das *consequências* do julgamento do recurso e que se relacionam, por isso mesmo, àquilo que foi impugnado e àquilo que pode ou deve ser decidido em grau recursal, em simetria, ou não, ao questionamento do recurso ("efeito devolutivo" e "efeito translativo", respectivamente). Contudo, o exame de certas peculiaridades no *julgamento* dos recursos é o bastante para justificar o destaque aqui pretendido, máxime para compreender, no seu devido contexto, os §§ 3º e 4º do art. 1.013, que não se amolda às concepções difundidas de "efeito devolutivo" e de "efeito translativo". Também, no âmbito *subjetivo*, para compreender adequadamente o que se dá por força do art. 1.005.

O "efeito *expansivo*" deve ser entendido como as consequências que o julgamento do recurso tem aptidão de acarretar à própria decisão recorrida, a outros atos ou decisões do processo e, ainda, a eventuais outros sujeitos processuais, que não o recorrente, razão que levou Nelson Nery Jr. a distinguir um "efeito expansivo *objetivo interno*" de um "efeito expansivo *objetivo externo*" e a distinguir ambos de um "efeito expansivo *subjetivo*", respectivamen-

88. É o seguinte o enunciado daquela Súmula: "No reexame necessário, é defeso, ao Tribunal, agravar a condenação imposta à Fazenda Pública".

89. *Teoria geral dos recursos*, p. 477-482.

te[90]. O efeito aqui examinado, destarte, corresponde às consequências do julgamento do recurso com relação à decisão, a outros atos do processo e/ou a outros sujeitos processuais.

O "efeito expansivo *objetivo*" recebe esse nome porque os efeitos acarretados pelo *julgamento* do recurso – e não pela sua *interposição* – fazem-se sentir no plano *processual*, interferindo na manutenção de determinados atos processuais.

Será *interno* quando o julgamento acarretar modificação da própria decisão recorrida, ensejando que a nova decisão seja incompatível com a anterior. Assim, por exemplo, quando se dá provimento a apelação para *invalidar* sentença proferida a despeito de não estarem presentes determinados pressupostos processuais ou quando se dá provimento para julgar improcedente o pedido do autor que havia sido acolhido em primeira instância, restando prejudicado, com isso, o valor a ser pago pelo réu, que já havia sido fixado pela sentença com fundamento no *caput* do art. 491.

Será *externo* quando os efeitos a serem sentidos pelo julgamento atingirem outros atos do processo que não a própria decisão recorrida. É o que se verifica, para ilustrar, quando se dá provimento a agravo de instrumento tirado contra decisão que indeferira, por ocasião do inciso III do art. 357, a inversão do ônus da prova (art. 1.015, XI) e que tramitou sem efeito suspensivo. Nesse caso, tendo sido proferida a sentença, o acolhimento do agravo de instrumento terá função verdadeiramente *rescindente* da sentença, com o desfazimento de todos os atos processuais praticados desde então. Idêntico raciocínio deve ser feito com relação ao cumprimento provisório em que o provimento do recurso que, não obstante interposto, não tinha ou não teve condições de impedir o início da eficácia da decisão recorrida, porque não tinha ou ao qual não foi atribuído efeito suspensivo, significa o desfazimento dos atos praticados pelo exequente-recorrido e sua responsabilização *objetiva* pela reparação dos eventuais danos sofridos pelo executado-recorrente, nos termos dos incisos I a III do art. 520.

Nesse contexto, merece lembrança importante novidade trazida pelo CPC de 2015[91], os chamados honorários recursais (art. 85, § 11, tratados com o vagar necessário no n. 2.9 do Capítulo 3 da Parte II do v. 1)[92]. Tanto quanto os honorários sucumbenciais, consistem em verdadeiro efeito *anexo* das decisões jurisdicionais, que decorrem do julgamento do recurso acarretando a majoração feita anteriormente, sempre com respeito aos limites estabelecidos por aquele dispositivo[93].

---

90. *Teoria geral dos recursos*, p. 477.

91. Tanto assim que a 1ª Seção do STJ no EAREsp 1.402.331/PE, rel. Min. Mauro Campbell Marques, j.un. 9-9-2020, *DJe* 15-9-2020, entendeu que aplicação do art. 85, § 11, é limitada aos casos em que a *publicação* da decisão se deu durante a vigência do CPC, sendo indiferente, para tanto, que o *proferimento* da decisão fosse anterior a ela.

92. Cabe acentuar que, no âmbito da jurisprudência dos Tribunais Superiores, tem prevalecido o entendimento de que a majoração dos honorários para os fins do art. 85, § 11, independe da apresentação de contrarrazões pelo recorrido. Assim, v.g.: STF, Pleno, AO 2.063 AgR/CE, rel. p./acórdão Min. Luiz Fux, j.m.v. 18.5.2017, *DJe* 14-9-217; STJ, 4ª Turma, AgInt nos EDcl no AREsp 1.569.596/SP, rel. Min. Luis Felipe Salomão, j.un. 8-6-2020, *DJe* 12-6-2020 e STJ, 1ª Turma, AgInt no AREsp 1.542.214/SP, rel. Min. Gurgel de Faria, j.un. 1-6-2020, *DJe* 9-6-2020.

93. Para ilustrar as múltiplas aplicações daquele dispositivo, cabe mencionar o Enunciado n. 8 da I Jornada de Direito Processual Civil do CJF: "Não cabe majoração de honorários advocatícios em agravo de instrumento,

O "efeito expansivo *subjetivo*", por sua vez, diz respeito às consequências do provimento do recurso quanto aos *sujeitos* do processo e não aos *atos* processuais.

O exemplo clássico que bem o ilustra é o do *caput* do art. 1.005. De acordo com o dispositivo, o recurso interposto por um só dos litisconsortes aproveita a todos os demais, mesmo que não tenham recorrido, a não ser que sejam diferentes ou opostos seus interesses. Ainda que seja restringida a aplicação do dispositivo para os casos de litisconsórcio *unitário, como propõe o n. 3.3.1 do Capítulo 3 da Parte II do v. 1*, não há como olvidar que a *consequência* do provimento do recurso interposto por um dos litisconsortes é o atingimento da situação do outro, que não recorreu. É essa a razão pela qual José Carlos Barbosa Moreira, ao examinar o fenômeno, a ele se refere como "extensão *subjetiva* dos efeitos do recurso interposto apenas por um (ou por alguns) dos litisconsortes"[94].

O parágrafo único do art. 1.005 também trata do mesmo efeito, ao reconhecer que, na solidariedade passiva, o recurso interposto por um dos devedores aproveita aos demais codevedores na medida em que as defesas sejam comuns. A menção ao dispositivo é oportuna até para demonstrar que a ocorrência do efeito expansivo *subjetivo* não é fenômeno exclusivo do litisconsórcio *unitário*, mas, circunstancialmente (e por força das vicissitudes do direito material), pode ser verificado também nas hipóteses de litisconsórcio *simples*, como se dá nos casos de solidariedade[95].

Os efeitos pretendidos pelo Código de Processo Civil a partir do julgamento de recursos extraordinários e especiais repetitivos e, quanto àqueles, com o reconhecimento ou não da repercussão geral não deixam de ter elementos que permitem sua alocação ao ensejo do efeito expansivo *subjetivo*. Pela especificidade do tema, contudo, seu exame se dá ao ensejo da exposição da disciplina daqueles recursos, levando em consideração não só a regra genérica do inciso III do art. 927, mas, também, as dos arts. 1.035 a 1.041.

7.7.1 O art. 1.013, §§ 3º e 4º

Os §§ 3º e 4º do art. 1.013 descendem do § 3º do art. 515 do CPC de 1973, objeto das reformas empreendidas naquele Código pela Lei n. 10.352/2001[96]. Este *Curso* sempre entendeu que o contexto mais adequado para exame daquelas regras era o efeito *expansivo*, para

salvo se interposto contra decisão interlocutória que tenha fixado honorários na origem, respeitados os limites estabelecidos no art. 85, §§ 2º, 3º e 8º, do CPC".

94. *Comentários ao Código de Processo Civil*, v. V, p. 380, sem o itálico. O saudoso autor se referia ao art. 509 do CPC de 1973, que equivale, inclusive na sua textualidade, ao art. 1.005 do CPC de 2015.

95. Merece lembrança a propósito o art. 1.068, que dá nova redação ao art. 274 do CC. Isso porque, de acordo com a nova redação da regra civil, "O julgamento contrário a um dos credores solidários não atinge os demais, mas o julgamento favorável aproveita-lhes, sem prejuízo de exceção pessoal que o devedor tenha direito de invocar em relação a qualquer deles". A nova regra, embora em perspectiva diversa, harmoniza-se com as previsões constantes do art. 1.005 e, mais amplamente, com a dos limites subjetivos da coisa julgada do art. 506.

96. Inspiração doutrinária àquela regra, doravante aperfeiçoada e ampliada pelo CPC de 2015, é a obra pioneira de Antonio Carlos de Araújo Cintra, *Sobre os limites objetivos da apelação civil*, que é quem chegou a propor a expressão "teoria causa madura" (p. 106) para descrever a viabilidade ora admitida pelo sistema recursal.

distingui-lo do efeito *devolutivo* e, até mesmo, do efeito *translativo*[97], como forma de dar o devido destaque ao dispositivo.

Trata-se da hipótese de o órgão julgador do recurso julgar o mérito (sempre compreendido no sentido de pedido de tutela jurisdicional formulado pelas partes na fase postulatória do processo), afastando a decisão que, pelas variadas razões dos incisos do § 3º e do § 4º do art. 1.013, impediram que seu julgamento fosse efetivado. Para tanto, importa que o órgão julgador entenda que o processo esteja em "condições de imediato julgamento", expressão que merece ser compreendida em simetria com as condições fáticas que autorizam o julgamento antecipado do mérito (total ou parcial) nos moldes do art. 355.

Assim é que, de acordo com o § 3º do art. 1.013, "se o processo estiver em condições de imediato julgamento, o tribunal deve decidir desde logo o mérito quando: I – reformar sentença fundada no art. 485; II – decretar a nulidade da sentença por não ser ela congruente com os limites do pedido ou da causa de pedir; III – constatar a omissão no exame de um dos pedidos, hipótese em que poderá julgá-lo; IV – decretar a nulidade de sentença por falta de fundamentação".

Complementando aquelas previsões, o § 4º do mesmo dispositivo estatui que, "Quando reformar sentença que reconheça a decadência ou a prescrição, o tribunal, se possível, julgará o mérito, examinando as demais questões, sem determinar o retorno do processo ao juízo de primeiro grau".

Trata-se de regra inspirada na maior eficiência processual, evitando, nas condições que especifica, que o julgamento do Tribunal se limite a ter caráter meramente *rescindente*, isto é, que a decisão do órgão *ad quem* se contente em remover o óbice de cunho processual que inibiu o juízo *a quo* de enfrentar o mérito, determinando que aquele órgão profira outra decisão em seu lugar. Não havendo condições de pronto julgamento meritório – o que se mostra mais sensível nas hipóteses dos incisos I e III do § 3º e do § 4º do art. 1.013 –, não há alternativa que não a de o Tribunal anular a sentença, determinando que o processo seja retomado a partir de sua fase instrutória. Destarte, o verbo *dever* empregado no § 3º do art. 1.013 merece ser interpretado levando em conta as peculiaridades do caso concreto, vedado qualquer automatismo na aplicação da regra de julgamento nele prevista.

A aplicação dos §§ 3º e 4º do art. 1.013 impõe, por isso mesmo, determinados cuidados, para não agredir o modelo constitucional do direito processual civil, máxime para quem, como este *Curso*, reconhece como sua parte integrante, embora implicitamente, o princípio do duplo grau de jurisdição. O dispositivo, posto estar claramente inspirado em outros princípios componentes daquele mesmo modelo, mormente o da eficiência processual, não descarta que o órgão *ad quem* verifique em que medida o *amplo* e *prévio* contraditório tenha se realizado sobre a questão que ele enfrentará. Para tanto, é importante discernir duas hipóteses.

97. Para o direito anterior, v. o n. 8.1 do Capítulo 4 da Parte I do v. 5 deste *Curso*.

A primeira é a da existência de o recorrente formular pedido expresso – verdadeiro "pedido *sucessivo*" – no sentido de ser dado provimento ao recurso para invalidar a decisão *a quo* e, desde logo, o órgão *ad quem* passar ao enfrentamento do mérito. O recorrido, em tais casos, teve oportunidade de se manifestar sobre esse específico pedido em suas contrarrazões, pelo que, entendendo o Tribunal aplicáveis os §§ 3º e 4º do art. 1.013, é legítimo que se dê provimento integral ao recurso, acolhendo-se os dois pedidos do recorrente.

A segunda hipótese é oposta à do parágrafo anterior. O recorrente não formula pedido de julgamento de mérito, mas, mesmo assim, o Tribunal entende que o caso reclama a incidência dos dispositivos em exame, justamente porque sua aplicação não fica vinculada a prévio pedido do recorrente. Em tais casos, é impositivo que o relator, desde que não iniciado ainda o julgamento, intime as partes (e eventuais terceiros), dando-lhes ciência do seu propósito, permitindo que amplo e *prévio* contraditório sobre a questão a ser decidida seja exercitado. Até para que as partes (e eventuais terceiros) possam, se for o caso, buscar persuadi-lo de não aplicar os §§ 3º e 4º do art. 1.013, comprovando não ser o caso em julgamento hipótese de sua incidência. Se a questão relativa à aplicação daqueles parágrafos surgir com o julgamento já iniciado, a hipótese é de sua suspensão para que as partes (e eventuais terceiros) possam manifestar-se sobre a questão, "convertendo-se o julgamento em diligência" (art. 938).

Destarte, nos casos em que o contraditório amplo e suficiente sobre as questões *jurídicas* e *fáticas* não houver sido exercitado previamente pelas partes e, se for o caso, por terceiros intervenientes, os §§ 3º e 4º do art. 1.013 não podem ser aplicados. Até porque eventual recurso extraordinário e recurso especial interpostos do acórdão não terão o condão de viabilizar reexame da matéria fática subjacente à decisão[98], o que compromete, a olhos vistos, a compreensão que este *Curso* tem do princípio do duplo grau de jurisdição.

O que importa para que os dispositivos sejam adequadamente aplicados, portanto, é que o órgão *ad quem*, verificando que a hipótese concreta admite a incidência dos §§ 3º 4º do art. 1.013, ateste em que medida as partes (recorrente e recorrido) e eventuais terceiros se manifestaram adequadamente sobre o *mérito* da postulação.

Justamente por essa peculiaridade do sistema recursal é que a aplicação do §§ 3º e 4º do art. 1.013 deve ser afastada dos "recursos *extraordinários*". Assim, a anulação da decisão proferida pelo Tribunal *a quo* em sede de recurso extraordinário e recurso especial, quando ela não tiver apreciado o mérito, deve conduzir ao reenvio dos autos à instância inferior para que outra seja proferida, enfrentando o mérito como lhe parecer mais adequado. A nova decisão sujeitar-se-á, consoante o caso, a novos recursos extraordinário e especial[99].

---

98. É o que decorre, suficientemente, da orientação das Súmulas 279 do STF ("Para simples reexame de prova não cabe recurso extraordinário") e 7 do STJ ("A pretensão de simples reexame de prova não enseja recurso especial").

99. No STJ, contudo, predomina o entendimento contrário, entendendo viável o julgamento de pronto do Recurso Especial quando não houver necessidade de reexame de prova. Nesse sentido: 1ª Turma, AgInt nos EDcl no

Feita essa ressalva, é correto admitir a aplicação dos §§ 3º e 4º do art. 1.015 aos demais recursos, a despeito de sua redação e localização darem ensejo ao entendimento de que ele diz respeito, exclusivamente, ao recurso de apelação. Trata-se de interpretação que viabiliza uma mais racional e célere prestação jurisdicional também em sede recursal, afinada, portanto, ao modelo constitucional do direito processual civil[100].

7.8 Efeito substitutivo

O último efeito dos recursos é o chamado efeito substitutivo.

Para ele o que também está em evidência são as consequências de seu *julgamento*, e não as consequências sentidas no plano do processo ou fora dele pela simples *interposição* do recurso.

Por efeito substitutivo deve ser entendida a possibilidade de a decisão que julgar o recurso, desde que *conhecido*, isto é, conquanto seja superado o juízo *positivo* de admissibilidade recursal, prevalecer sobre a decisão anterior, a decisão recorrida, tomando o seu lugar, independentemente de seu conteúdo. É o que estatui expressamente o art. 1.008.

O caráter *substitutivo* dos recursos prende-se umbilicalmente à matéria passível de reexame pelo órgão *ad quem*. Seja em função dos desdobramentos do efeito devolutivo, do efeito translativo e, até mesmo, do efeito expansivo, o que deve ser destacado é que a nova decisão que vier a ser proferida – e na extensão em que seja proferida – põe-se no lugar da decisão anterior, da decisão recorrida, que, por isso mesmo, não mais subsiste.

O efeito substitutivo, contudo, deixa de operar naqueles casos em que a decisão recorrida é anulada pelo reconhecimento de *error in procedendo*. Em tais situações, porque a função do órgão *ad quem* é *rescindente*, a sua própria decisão não prevalece sobre a anterior, que deixa de existir juridicamente. É essa a razão pela qual, à exceção das hipóteses em que se possa cogitar da aplicação dos §§ 3º e 4º do art. 1.013, o órgão *ad quem* se limita a anular a decisão recorrida, determinando que outra seja proferida, pelo próprio órgão *a quo*, em seu lugar. Na hipótese de ser viável o julgamento de mérito pelo próprio órgão *ad quem*, por força dos precitados dispositivos legais, a decisão respectiva tem "efeito substitutivo", aplicando-se a ela as considerações aqui expostas.

A questão, que pode parecer extremante teórica, tem variadas aplicações práticas.

AREsp 1.170.322/SP, rel. Min. Sérgio Kukina, j.un. 5-6-2018, *DJe* 8-6-2018, e 3ª Turma, AgInt no REsp 1.641.348/SP, rel. Min. Moura Ribeiro, j.un. 27-6-2017, *DJe* 14-8-2017.

100. Referindo-se expressamente à aplicação daquelas regras ao agravo de instrumento interposto contra decisão que julga parcialmente o mérito é o Enunciado n. 705 do FPPC: "Aplicam-se os §§ 3º e 4º do art. 1.013 ao agravo de instrumento interposto contra decisão parcial de mérito".

Uma delas, bem sensível, diz respeito à competência para a ação rescisória. A depender da ocorrência, ou não, do efeito substitutivo é que a "ação rescisória" será ajuizada perante um ou outro órgão jurisdicional.

Assim, por exemplo, se recurso especial interposto de acórdão de Tribunal de Justiça não é conhecido porque intempestivo, a decisão do Superior Tribunal de Justiça não tem o condão de *substituir* o acórdão recorrido, e isso porque o juízo de admissibilidade do recurso foi negativo. Nesse caso, não terá o Superior Tribunal de Justiça competência para julgamento da rescisória, que permanece no próprio Tribunal de Justiça prolator da decisão que se pretende rescindir. Diferentemente, na medida em que o recurso seja *conhecido*, mesmo que a ele se negue provimento (juízo de admissibilidade recursal *positivo* e juízo de mérito recursal *negativo*), a competência é do Superior Tribunal de Justiça.

Importa destacar duas consequências interessantes do que acabou de afirmar o parágrafo anterior.

A primeira: é cediço que nem sempre o Supremo Tribunal Federal e o Superior Tribunal de Justiça primam pela técnica na *admissibilidade* dos recursos extraordinários e especiais a eles dirigidos. Nessas circunstâncias, é mister identificar, caso a caso, se o não conhecimento do recurso por falta de contrariedade à Constituição Federal ou à lei federal não significa, em substância, o *conhecimento* e o *desprovimento* do recurso. Nesses casos, malgrado a técnica de julgamento daqueles Tribunais – para empregar, aqui, expressão corrente na sua própria jurisprudência –, terá havido o efeito *substitutivo* do qual se ocupa o número presente.

A segunda consequência diz respeito ao entendimento de que, por força do efeito substitutivo, ficam *prejudicados* recursos extraordinários como decorrência do proferimento da decisão do Superior Tribunal de Justiça que *conhece*, isto é, que aprecia o *mérito* do recurso especial, naqueles casos abrangidos pelo art. 1.031, quais sejam, em que um mesmo acórdão impõe a interposição concomitante de recurso extraordinário e de recurso especial[101].

Em tais casos, para ser conhecido o recurso extraordinário anteriormente interposto do mesmo acórdão, importa verificar e discernir em que medida subsiste o interesse recursal do recorrente no que diz respeito ao enfrentamento da "questão *constitucional*". Se a pretensão recursal foi acolhida, é irrecusável que o recurso extraordinário fica prejudicado. Isso não significa, contudo, que um *novo* recurso extraordinário não possa ser interposto, destarte dirigido ao acórdão do Superior Tribunal de Justiça, quando a "questão *constitucional*" surgir com a manifestação daquele Tribunal.

101. Trata-se de entendimento que ganhou fôlego em função de decisões pioneiras do Ministro Marco Aurélio, do STF, e que acabou sendo compartilhada por outros Ministros daquele Tribunal. Assim, *v.g.*: STF, 1ª Turma, rel. Min. Cármen Lúcia, RE-ED 594.739/PR, j.un. 22-2-2011, *DJe* 25-3-2011; STF, 1ª Turma, AI-AgR 723.690/MG, rel. Min. Ricardo Lewandowski, j.un. 5-5-2009, *DJe* 5-6-2009; STF, 1ª Turma, rel. Min. Marco Aurélio, RE-AgR 429.799/PE, j.un. 28-6-2005, *DJ* 26-8-2005; p. 25, e STF, 2ª Turma, rel. Min. Marco Aurélio, RE-AgR 276.868/RJ, j.un. 22-5-2001, *DJ* 29-6-2001, p. 50.

Capítulo 2

Apelação

1. CONSIDERAÇÕES INICIAIS

A apelação é tida como o "recurso por excelência". Certamente por força de seu desenvolvimento histórico, é a partir dela que a própria teoria geral dos recursos foi e pode ser construída. O Código de Processo Civil brasileiro, aliás, embora distinga as normas gerais (arts. 994 a 1.008) sobre recursos de suas variadas espécies, inclusive no que diz respeito à apelação (arts. 1.009 a 1.014), parece, por vezes, se esquecer disso e prever uma série de regras, claramente afetas à teoria geral, exclusivamente dentro do Capítulo dedicado à apelação.

A iniciativa codificada, contudo, não obsta, muito pelo contrário, o esforço doutrinário de distinguir as regras características de cada um dos recursos e de discutir em que medida que determinada disciplina, a despeito de estar reservada para um determinado recurso pode ser aplicada a outras modalidades. É papel que desempenha o Capítulo anterior, a propósito da construção da teoria geral dos recursos, este e os próximos.

2. CABIMENTO

O CPC de 2015 preservou, no essencial, a sistemática recursal do CPC de 1973, correlacionando o recurso de apelação a quaisquer sentenças, deixando de lado distinção que fazia o CPC de 1939 entre sentenças terminativas e definitivas que desafiavam, naquele Código, seu contraste por recursos diversos, o agravo de petição e a apelação, respectivamente[1].

Assim, é correto afirmar que a apelação é o recurso cabível de sentenças, independentemente de seu conteúdo. É o que prescreve expressamente o *caput* do art. 1.009, máxime quando interpretado ao lado do § 1º do art. 203, que define sentença, buscando distingui-la,

1. A distinção tem fundamento nos arts. 820 e 846 do CPC de 1939.

não só na perspectiva de seu conteúdo, mas também na de sua funcionalidade processual, das decisões interlocutórias (art. 203, § 2º).

Mas não só. Afastando-se muito do sistema do CPC de 1973, o CPC de 2015 também prevê a apelação (e, se for o caso, suas contrarrazões) como o recurso cabível para as decisões interlocutórias não agraváveis de instrumento, isto é, não sujeitas a revisão recursal imediata, que corresponde ao rol dos incisos do *caput* e das hipóteses previstas no parágrafo único do art. 1.015. É o que dispõem os §§ 1º e 2º do art. 1.009.

O § 1º do art. 1.009 só faz sentido pela supressão do agravo retido. Insubsistente aquele recurso no sistema recursal do CPC de 2015, as decisões interlocutórias não passíveis de agravo de instrumento não ficam sujeitas à preclusão até o proferimento da sentença, cabendo à parte, se assim entender necessário, suscitá-las em preliminar de apelação ou em contrarrazões. Se o apelante ou, consoante o caso, o apelado não questionar aquelas decisões em suas razões ou contrarrazões de apelo, a decisão estará preclusa.

Acerca da suscitação dessas decisões em razões ou em contrarrazões de apelo, cabe destacar que não há necessidade de a parte (ou terceiro) que se prejudique com elas tomar qualquer providência tão logo elas sejam proferidas. Não prevaleceu, na versão final do CPC de 2015, exigência que chegou a ser aprovada no Projeto da Câmara, que estabelecia figura desconhecida no direito processual civil brasileiro, um "protesto", apenas para evitar que a questão precluísse, permitindo que ela fosse reavivada em apelo ou em contrarrazões[2].

Felizmente, o Senado Federal, na última etapa do processo legislativo, recusou a proposta que, bem entendida, tornava a extinção do agravo retido mais nominal do que substancial, formalizando, desnecessariamente, o processo e comprometendo, até mesmo, um dos pontos altos anunciados desde a Exposição de Motivos do Anteprojeto para a elaboração de um novo Código de Processo Civil. No sistema que prevaleceu, basta que o interessado, na apelação ou nas contrarrazões, suscite a decisão não agravável de instrumento – que não estará, até então, atingida pela preclusão – para permitir sua revisão pelo Tribunal competente.

Contra esse entendimento, há quem traga à tona o *caput* do art. 278, segundo o qual "a nulidade dos atos deve ser alegada na primeira oportunidade em que couber à parte falar nos autos, sob pena de preclusão", a exigir do prejudicado pela decisão que se manifeste em juízo de imediato, sob pena de ser tardia a manifestação do inconformismo nos moldes dos §§ 1º e 2º do art. 1.009[3].

A proposta deve ser refutada. Não há como querer interpretar aquele dispositivo fora do sistema recursal das interlocutórias adotado pelo CPC de 2015. Basta, para tanto, entender

2. A referência é feita ao art. 1.022, § 2º, do PL n. 8.046/2010: "A impugnação prevista no § 1º pressupõe a prévia apresentação de protesto específico contra a decisão no primeiro momento que couber à parte falar nos autos, sob pena e preclusão; as razões do protesto têm de ser apresentadas na apelação ou nas contrarrazões de apelação, nos termos do § 1º".

3. É o caso, por exemplo, de Fredie Didier Jr. e de Leonardo Carneiro da Cunha em seu *Direito processual civil*, v. 3, p. 164-165.

que, tratando-se de decisão não sujeita ao agravo de instrumento, a "primeira oportunidade" para a parte manifestar seu inconformismo é, justamente, o apelo ou as contrarrazões, consoante o caso.

É essa a razão pela qual é forçoso reconhecer que as contrarrazões assumem, com o CPC de 2015, natureza verdadeiramente recursal, embora qualquer tentativa de sua aproximação ao recurso adesivo deva ser afastada. Que há interesse recursal daquele que apresenta as contrarrazões condicionado ao julgamento da apelação, não já por que duvidar. No entanto, a técnica recursal decorrente dos §§ 1º e 2º do art. 1.009 não se confundem com a prevista pelos §§ 1º e 2º do art. 997. Assim, ainda que o apelante venha a desistir do recurso interposto ou se a apelação não superar o juízo positivo de admissibilidade por qualquer outro fundamento, as contrarrazões devem ser analisadas para controlar a higidez de eventuais interlocutórias nelas questionadas e julgadas se – é este o ponto sensível – subsistente o interesse recursal daquele que as apresentou quanto ao ponto[4].

À falta de regras próprias, deve se exigir, das contrarrazões, que superem o juízo de admissibilidade típico da apelação, inclusive com relação a eventuais custas que sejam devidas, a pressupor lei específica que a institua, vedada a analogia para legitimar sua cobrança, porque contrária aos cânones do direito tributário.

De outra perspectiva, considerando o papel a ser desempenhado pela apelação ou pelas contrarrazões de apelo por força dos §§ 1º e 2º do art. 1.009, é irrecusável reconhecer interesse recursal a quem, embora integralmente vencedor na sentença, ostente algum prejuízo derivado de decisão interlocutória não agravável de instrumento a ela anterior. É lembrar da eloquente hipótese de aplicação da multa pelo não comparecimento injustificado à audiência de conciliação ou de mediação nos moldes do § 8º do art. 334[5] ou, de maneira mais ampla, qualquer outra multa que seja imputada àquele que acabou por receber sentença plenamente favorável. A falta de interposição de apelo, em tais casos, ainda que para questionar *apenas* a interlocutória não agravável de instrumento, gerará sua preclusão.

Uma palavra sobre o § 3º do art. 1.009 é necessária nesta sede.

A regra reafirma o cabimento da apelação das decisões que, embora mencionadas no art. 1.015 (que prevê o rol das interlocutórias sujeitas ao agravo de instrumento), "integrarem capítulo da sentença". A questão, quando analisada na perspectiva da doutrina dos capítulos da sentença, isto é, das partes estruturantes e/ou lógicas daquela decisão, não oferta maiores dificuldades, tendo aquela previsão, se muito, mero valor didático.

4. Não há como concordar, destarte, com o Enunciado n. 51 do TJMG, segundo o qual: "Análise de matéria impreclusa, suscitada em contrarrazões, ficará condicionada ao provimento da apelação" por generalizar indevidamente hipóteses.

5. Específico quanto ao ponto é o Enunciado n. 67 da I Jornada de Direito Processual Civil do CJF: "Há interesse recursal no pleito da parte para impugnar a multa do art. 334, § 8º, do CPC por meio de apelação, embora tenha sido vitoriosa na demanda".

Por essa razão – e somente por essa – é que se mostra inócua a discussão sobre a irrecusável inconstitucionalidade *formal* do § 3º do art. 1.009, por não guardar relação com nenhuma regra constante dos Projetos de novo Código de Processo Civil elaborados pelo Senado Federal nem pela Câmara dos Deputados e, nesse sentido, violar os limites da atuação do Senado na derradeira etapa do processo legislativo (art. 65 da CF). Sequer a lembrança do § 5º do art. 1.013, que reserva o cabimento da apelação contra "o capítulo da sentença que confirma, concede ou revoga a tutela provisória" – e nem poderia ser diferente à luz da teoria dos capítulos da sentença –, sana o vício apontado relativo ao processo legislativo, porque se trata de indevida *generalização* de *particularíssima* hipótese e, assim, criação de *nova* regra interditada naquele instante da atuação do Senado Federal, que pressuporia, para ser hígida à luz do devido processo legislativo, reenvio à Câmara dos Deputados.

2.1 Fungibilidade

O autor deste *Curso* chegou a externar posição que a sistemática recursal do CPC de 2015 teria o condão de afastar, justamente diante das previsões dos §§ 1º e 2º do art. 203 e dos arts. 1.009 e 1.015, maiores dúvidas quanto a se estar diante de uma sentença e de uma decisão interlocutória imediatamente agravável e, consequentemente, afastar qualquer questionamento acerca do recurso cabível, apelação e agravo de instrumento, respectivamente[6].

Contudo, a evolução doutrinária e jurisprudencial mostrou encaminhamento diverso, o que é bastante para justificar a aplicação do "princípio da fungibilidade", advertência que o autor deste *Curso* já fazia, forte na percepção de que aquele princípio se encontrava em estado latente no âmbito da sistemática das nulidades processuais, forte na compreensão de que a *forma* pela qual se manifesta determinado inconformismo (ainda que em sede recursal) não pode se sobrepor ao *conteúdo* da própria manifestação de inconformismo.

Assim é que dúvida que já apareceu bem documentada na doutrina acerca da questão diz respeito ao recurso cabível da decisão que julga a liquidação. Embora a hipótese pareça reclamar suficientemente a regência pelo parágrafo único do art. 1.015 e, consequentemente, seu contraste por agravo de instrumento[7], há quem identifique na hipótese, ao menos nos casos de liquidação pelo procedimento comum, *sentença* e, diante do *caput* do art. 1.009, *apelável*[8].

---

6. A referência é feita ao n. 4 do Capítulo 17 de seu *Manual de direito processual civil* até sua 3ª edição, publicada no ano de 2017. A partir da 4ª edição, de 2018, a posição foi alterada, harmonizando-se com o que é sustentado neste *Curso*.

7. É o que prevaleceu (de maneira correta) no Enunciado n. 145 da II Jornada de Direito Processual Civil do CJF: "O recurso cabível contra a decisão que julga a liquidação de sentença é o Agravo de Instrumento". O autor deste *Curso* se voltou ao tema em seus *Comentários ao Código de Processo Civil*, v. X, p. 64-69.

8. Assim, *v.g.*: Araken de Assis, *Manual da execução*, p. 465; Fredie Didier Jr., Leonardo Carneiro da Cunha, Paula Sarno Braga e Rafael Alexandria de Oliveira, *Curso de direito processual civil*, v. 5, p. 251-252, e Daniel Assumpção Neves, *Manual de direito processual civil*, p. 863.

O mesmo parágrafo único do art. 1.015 rende ensejo a discussão sobre qual é a natureza jurídica da decisão proferida em sede de impugnação ao cumprimento de sentença e, consequentemente, sobre o alcance do agravo de instrumento lá previsto[9].

No âmbito dos procedimentos especiais, há polêmica acerca da natureza jurídica das decisões mencionadas no art. 552 para a "ação de exigir contas"[10], nos arts. 581, 587, 592, § 2º, e 597, § 2º, para a "ação de divisão e demarcação de terras" e no art. 692 com relação à "habilitação": se são, em verdade, *sentenças* (como sugere a textualidade dos dispositivos indicados, com exceção do § 2º do art. 592) ou *interlocutórias*; se elas são *apeláveis* ou *agraváveis de instrumento*. No particular, a ampla previsão do § 1º do art. 203 auxilia muito pouco na pesquisa quanto à natureza de cada uma daquelas decisões, dada a ressalva por ele feita aos "procedimentos especiais".

É o que basta para aplicar a fungibilidade recursal para não prejudicar o recorrente diante de sofisticada discussão teórica e acadêmica[11]. Seria negar, em última análise, o atual estágio de evolução do pensamento do direito processual civil, o neoconcretismo e, de forma mais específica, a própria razão de ser do sistema de nulidades processuais decorrente do sistema processual civil.

3. REGULARIDADE FORMAL

De acordo com o art. 1.010, a apelação será interposta por petição dirigida ao juízo de primeiro grau (o órgão prolator da sentença) e deve conter: "I – os nomes e a qualificação das partes; II – a exposição do fato e do direito; III – as razões do pedido de reforma ou de decretação de nulidade; IV – o pedido de nova decisão".

9. O autor deste *Curso* voltou-se ao tema em seus *Comentários ao Código de Processo Civil*, v. X, p. 261-262, sustentando que a decisão que acolhe integralmente a impugnação e extingue o processo é sentença e, consequentemente, apelação. Todas as demais são interlocutórias, agraváveis de instrumento por força do parágrafo único do art. 1.015. Sobre o tema já teve oportunidade de se pronunciar a 4ª Turma do STJ no REsp 1.698.344/MG, rel. Min. Luis Felipe Salomão, j.un. 22-5-2018, *DJe* 1º-8-2018, em idêntico sentido. Da ementa daquele julgado, lê-se, de pertinente: "6. No sistema regido pelo NCPC, o recurso cabível da decisão que acolhe impugnação ao cumprimento de sentença e extingue a execução é a apelação. As decisões que acolherem parcialmente a impugnação ou a ela negarem provimento, por não acarretarem a extinção da fase executiva em andamento, tem natureza jurídica de decisão interlocutória, sendo o agravo de instrumento o recurso adequado ao seu enfrentamento".

10. Assim, apenas para fins ilustrativos: STJ, 4ª Turma, AgInt no AREsp 1.576.551/SP, rel. Min. Raul Araújo, j.un. 4-5-2020, *DJe* 18-5-2020 e STJ, 4ª Turma, AgInt nos EDcl no REsp 1.831.900/PR, rel. Min. Maria Isabel Gallotti, j.un. 20-4-2020, *DJe* 24-4-2020.

11. Quanto à decisão proferida na "habilitação", há o Enunciado n. 55 da I Jornada de Direito Processual Civil do CJF, segundo o qual: "É cabível apelação contra sentença proferida no procedimento especial de habilitação (arts. 687 a 692 do CPC)".

As exigências são plenamente compatíveis e justificáveis à luz do que o n. 6.2.5 do Capítulo 1 chama de "regularidade formal", devendo ser exteriorizadas de uma só vez, em uma única petição.

A exigência do inciso I do art. 1.010, quanto ao recurso de apelação indicar os nomes e a qualificação das partes, serve para evidenciar quem é apelante (aquele que apresenta o recurso de apelação) e quem é apelado (em face de quem se apresenta o recurso de apelação). A imposição legislativa não deve ser compreendida sem levar em conta os princípios regentes da nulidade dos atos processuais: é suficiente que apelante e apelado sejam identificados como tais, desnecessária a sua qualificação quando ela já constar dos autos e não houver nenhuma modificação a ser feita.

Em se tratando de recurso de apelação apresentado por *terceiro* (art. 996, parágrafo único), contudo, a exigência é indispensável, porque é pela apresentação do apelo que o terceiro requer a sua intervenção no processo pendente.

A "exposição do fato e do direito", exigência feita pelo inciso II do art. 1.010, deve ser compreendida como a exposição, mais detalhada possível, do contexto decisório, levando em conta as alegações das partes e de eventuais intervenientes, bem assim o acervo probatório que foi (ou que deveria ser) levado em conta pela própria decisão. Sendo o caso, as decisões interlocutórias irrecorríveis por agravo de instrumento devem ser expressamente identificadas.

O inciso III do art. 1.010 ao exigir a demonstração das "razões do pedido de reforma ou de decretação de nulidade", são o cerne do recurso, fazendo as vezes de verdadeira "causa de *recorrer*", paralela ao que, na petição inicial, dá-se com a "causa de pedir". Tais razões consistem na apresentação dos motivos e dos fundamentos – fáticos e legais – para que a sentença seja reexaminada, sendo invalidada ou reformada, consoante o caso. Os fundamentos podem ser fáticos e legais porque a apelação, recurso de "fundamentação livre", tem aptidão para contrastar, das mais diversas perspectivas, os *errores in procedendo* e *in judicando* da atividade jurisdicional da primeira instância, inclusive das interlocutórias não recorríveis por agravo de instrumento. Não há restrição, no sistema, para a produção, inclusive, de novas provas na apelação, desde que observadas as exigências do art. 1.014.

Tais razões dão embasamento à formulação do "pedido de nova decisão", tal qual exige o inciso IV do art. 1.010. Trata-se, aqui, da revelação do que pretende o apelante com o seu recurso: *anulação* da sentença e/ou *reforma* da sentença e, se for o caso, anulação ou reforma das decisões interlocutórias não agraváveis de instrumento. Como todo pedido, é fundamental que ele decorra logicamente das razões recursais, sob pena de a apelação não receber crivo positivo no que diz respeito ao seu juízo de admissibilidade, inclusive monocraticamente (art. 932, III). É decorrência inarredável do princípio da dialeticidade recursal. Não é vedado, muito pelo contrário, que o apelante formule pedido para aplicação dos §§ 3º e 4º do art. 1.013, na expectativa de ser julgado, desde logo, o mérito da postulação, quando (e se possível) superado o óbice para tanto constante da sentença.

No caso de o apelante pedir a reformulação total da sentença, pode ocorrer de o Tribunal *ad quem*, conhecendo da apelação, dar a ela *parcial* provimento para reformar, apenas em parte, a sentença proferida pelo juízo da primeira instância, reduzindo, por exemplo, o valor da indenização. Inversamente, quando se tratar de apelo *parcial* (art. 1.002), a atividade jurisdicional do órgão *ad quem* fica adstrita ao quanto impugnado (efeito devolutivo), ressalvada, sempre, a legitimidade de atuação oficiosa (efeito translativo).

O pedido de nova decisão deve ser expresso, devendo ser aplicáveis à sua interpretação o contexto da postulação e a boa-fé (art. 323, § 2º). Honorários recursais, embora possam (e a boa técnica recomenda que o sejam) ser objeto de pedido expresso e devidamente justificado, decorrem do julgamento do próprio recurso, observando-se, a respeito, o disposto no § 11 do art. 85.

O prazo para interposição do apelo é quinze dias (úteis), devendo ser dobrado nos casos dos *capi* dos arts. 180, 183, 186 e 229, observando-se, quanto à interposição, o que as normas locais dispõem acerca do local do protocolo (art. 1.003, § 3º).

Se for o caso, o apelante deverá comprovar de imediato a ocorrência de eventuais feriados que podem interferir na fluência do prazo (art. 1.003, § 6º).

Também cabe ao apelante, desde logo, demonstrar o recolhimento de eventuais custas e do porte de remessa e retorno dos autos (art. 1.007). Se for o caso, o apelante requererá, na petição de interposição do apelo, a concessão, total ou parcial, dos benefícios da justiça gratuita para afastar aquelas exigências (art. 98).

3.1 Apresentação de novos fatos

De acordo com o art. 1.014, "As questões de fato não propostas no juízo inferior poderão ser suscitadas na apelação, se a parte provar que deixou de fazê-lo por motivo de força maior". É o que se dá quando o fato não tiver acontecido antes do proferimento da sentença ou quando, a despeito de ter ocorrido, for desconhecido pelo apelante ou, ainda, nos casos em que, por motivos justificados, o fato era de conhecimento da parte, mas ela não tinha condições de aportá-lo ao processo por intermédio de seu procurador.

Embora o texto do art. 1.014 não se refira a eles, não há como recusar a correção de, depois da interposição do recurso de apelação, e enquanto se aguarda o seu julgamento, as partes (ou eventuais terceiros) comuniquem novo fato, tido como indispensável para o julgamento do recurso, justificando a razão de o fazer só naquele instante. Desde que haja pleno e suficiente contraditório *prévio* a seu respeito, o Tribunal poderá se manifestar sobre ele, proferindo, a seu respeito, o julgamento que entender pertinente. Entendimento diverso seria agredir o princípio da eficiência processual.

Em contrapartida, sempre que se mostrar impossível a produção *e* a avaliação da prova em sede recursal, assim entendida também a ressalva do parágrafo anterior, uma vez transitada em julgado a decisão, a hipótese poderá comportar, conforme o caso, ação rescisória fundada no inciso VII do art. 966.

Por sua vez, as novas questões de *direito* que poderão ser suscitadas pelos recorrentes amoldam-se ao conceito de *jus superveniens* adotado pelo art. 493, indiscutivelmente aplicável à fase recursal, a despeito do silêncio do art. 1.014. Também com relação a elas é indispensável *prévio* contraditório das partes e de eventuais terceiros, para legitimar a decisão a ser proferida, sem agressão ao modelo constitucional do direito processual civil.

4. PROCEDIMENTO

Os § 1º a 3º do art. 1.010 estabelecem o *procedimento* da apelação perante o juízo de interposição, que é o mesmo juízo que proferiu a sentença: (i) o apelado será intimado para ofertar, querendo, contrarrazões em quinze dias (úteis), sempre ressalvadas as dobras legais; (ii) se o apelado, no prazo que dispõe para responder, interpuser apelação adesiva, o apelante será intimado para apresentar suas contrarrazões a esse novo recurso, tendo quinze dias (úteis) para tanto, também ressalvadas as hipóteses de dobra legal; e (iii) envio dos autos ao Tribunal competente para julgamento da apelação independentemente do juízo de admissibilidade.

Embora sejam silentes os três parágrafos do art. 1.010, importa recordar que, se for o caso, cabe ao apelado, ao ofertar suas contrarrazões, impugnar especificamente as decisões interlocutórias que lhe são desfavoráveis, sob pena de preclusão. Nesse caso, antes do envio dos autos ao órgão *ad quem*, deverá o apelante ser intimado para se manifestar sobre aquele recurso, veiculado nas contrarrazões, tendo o prazo de quinze dias (úteis) para tanto, aplicando à hipótese, quando for o caso, as dobras legais.

A previsão constante do § 3º do art. 1.010, segundo a qual a apelação será enviada ao Tribunal competente para seu julgamento "independentemente do juízo de admissibilidade", merece ser destacada porque nela reside importante modificação do CPC de 2015: o juízo de admissibilidade da apelação será realizado uma única vez perante o Tribunal competente para julgá-la, não estando mais submetido ao duplo exame do CPC de 1973, primeiro, perante o juízo de primeira instância, órgão de interposição do recurso, e depois, perante o Tribunal, órgão de julgamento do recurso.

A iniciativa quer imprimir maior celeridade ao processo, eliminando etapa que, em rigor, nenhuma eficiência processual trazia, já que eventual óbice à admissibilidade do apelo na primeira instância era passível de questionamento por recurso de agravo de instrumento, no que era expresso o art. 522 do CPC de 1973.

Se, não obstante a clareza do § 3º do art. 1.010, houver algum óbice ao envio dos autos ao Tribunal competente tão logo superados os atos previstos nos seus §§ 1º e 2º, cabe *recla-*

mação pelo interessado com fundamento no inciso I do art. 988. A hipótese é de *usurpação* de competência daquele órgão jurisdicional pelo juízo da primeira instância[12].

Importa ressalvar, contudo, as hipóteses em que o próprio CPC de 2015 agregou à apelação o efeito *regressivo* (art. 331, *caput*; art. 332, § 3º, e art. 485, § 7º). Naqueles casos, por imperativo sistemático, não há como recusar que o juízo de admissibilidade do apelo seja efetuado de imediato, sem o que não faz sentido a viabilidade expressa de o magistrado modificar o entendimento externado na sua sentença, que estaria alcançada por preclusão ou pela coisa julgada.

Se, a despeito da possibilidade de retratação, o entendimento do juízo de primeira instância for no sentido de que o apelo não deve superar o juízo de admissibilidade e, para tanto, é irrecusável a incidência, se for o caso, da diretriz do parágrafo único do art. 932, suficientemente estampada no inciso IX do art. 139, não lhe resta outra solução que não a de enviar (disponibilizar) os autos para o Tribunal para exame do recurso, inclusive na perspectiva de sua admissibilidade, observando o disposto no § 3º do art. 1.010.

A compatibilização aqui proposta entre o efeito regressivo e o excepcional exercício do juízo de admissibilidade pelo juízo da primeira instância não faz diferença – e não se vê razão para fazer – entre quaisquer dos elementos relativos àquele juízo. Assim, não se trata apenas de intempestividade, mas também da verificação de que as demais exigências legais se fazem presentes para viabilizar o *conhecimento* do apelo, sem o que não há espaço para a retratação prevista nos precitados dispositivos legais[13].

5. EFEITOS

Sem prejuízo das considerações genéricas que ocupam o n. 7 do Capítulo 1, há algumas peculiaridades nos efeitos da apelação que exigem o desdobramento da matéria, assunto ao qual se voltam os números seguintes.

Antes, contudo, cabe ressalvar que, extinto o juízo de admissibilidade da apelação perante o juízo de primeira instância, prolator da sentença, não cabe mais a ele se pronunciar sobre a admissibilidade do apelo – salvo na excepcionalíssima hipótese de ser possível o efeito regressivo – e, tampouco, com relação aos efeitos em que a apelação é recebida[14]. Não subsiste, no

12. Nesse sentido é o Enunciado n. 207 do FPPC: "Cabe reclamação, por usurpação da competência do tribunal de justiça ou tribunal regional federal, contra a decisão de juiz de primeiro grau que inadmitir recurso de apelação".

13. O Enunciado n. 68 da I Jornada de Direito Processual Civil é restritivo, fazendo referência apenas à tempestividade, nos seguintes termos: "A intempestividade da apelação desautoriza o órgão *a quo* a proferir juízo positivo de retratação".

14. No mesmo sentido é o Enunciado n. 10 do CEAPRO: "No processamento da apelação em primeiro grau não haverá decisão sobre a admissibilidade e nem sobre os efeitos do recurso".

CPC de 2015, regra como a do *caput* do art. 518 do CPC de 1973, que previa aquela competência ao juízo *a quo*, por ocasião do processamento da apelação na primeira instância[15].

5.1 Efeito suspensivo

O *caput* do art. 1.012 preserva a regra do CPC de 1973 de que o recurso de apelação tem efeito suspensivo (efeito suspensivo *ope legis*, portanto), o que merece ser compreendido no sentido de que a sentença é ineficaz desde seu proferimento, não surtindo efeitos senão depois de transcorrido *in albis* o prazo de apelo ou depois que ele for julgado[16]. Os únicos efeitos que podem ser sentidos, nesse ínterim, são os expressamente previstos em lei, tais como os do art. 495 e a hipoteca judiciária lá disciplinada, efeitos *anexos* da sentença.

Como a apelação tem, como regra, efeito suspensivo, é vedado, em igual medida, o seu cumprimento provisório. É essa uma decorrência do sistema do CPC de 2015 e que independe de qualquer pronunciamento judicial.

O § 1º do art. 1.012 prevê as hipóteses em que a apelação não tem efeito suspensivo e, consequentemente, em que a sentença produz efeitos "imediatamente após a sua publicação", o que permite ao apelado requerer seu cumprimento provisório (art. 1.012, § 2º). Nesse caso, a viabilidade do cumprimento provisório decorre diretamente do sistema processual civil e independe de qualquer autorização ou concordância do magistrado perante o qual eventual pedido será apresentado e implementado.

Os casos em que a apelação *não* tem efeito suspensivo no sistema codificado – e que na sua perspectiva são excepcionais – dizem respeito a sentença que: (i) homologar divisão ou demarcação de terras; (ii) determinar o pagamento de alimentos; (iii) extinguir sem resolução do mérito ou julgar improcedentes os embargos do executado; (iv) julgar procedente o pedido de instituição de arbitragem; (v) confirmar, conceder ou revogar tutela provisória; e (vi) decretar a interdição.

Os números seguintes se voltam ao estudo mais detalhado de cada uma dessas hipóteses.

5.1.1 Homologação de divisão e demarcação

O primeiro caso em que a lei processual civil retira expressamente o efeito suspensivo da apelação é o do inciso I do § 1º do art. 1.012. É o caso da apelação dirigida à sentença que "homologa divisão ou demarcação de terras".

15. Era a seguinte a redação do dispositivo, após a Lei n. 8.950/94: "Interposta a apelação, o juiz, declarando os efeitos em que a recebe, mandará dar vista ao apelado para responder".

16. A preservação dessa regra representa um dos grandes retrocessos do CPC de 2015, máxime porque conflita frontalmente com o que, a esse respeito, propuseram o Anteprojeto e o Projeto do Senado. Infelizmente, o Senado Federal, na derradeira fase do processo legislativo, não recuperou a sua própria proposta (art. 968 do Projeto do Senado), mantendo, em última análise, a regra de que a apelação, no direito processual civil brasileiro, tem (e continua a ter) efeito suspensivo.

As chamadas "ação de divisão" e "ação de demarcação de terras" são procedimentos especiais regulados pelos arts. 569 a 598, que visam a obrigar os condôminos a partilhar a coisa comum e a definir os limites de propriedade entre dois confinantes, consoante se lê dos incisos II e I do art. 569, respectivamente. São procedimentos que, na etapa *cognitiva* do processo, aceitam dois momentos diversos e subsequentes, verdadeiramente complementares, antecedentes da etapa *executiva*. No primeiro, decide-se acerca da existência do direito de dividir ou de demarcar (art. 592, § 2º, e art. 581). O segundo, por sua vez, destina-se à homologação da divisão ou da demarcação (art. 597, § 2º, e art. 587, respectivamente).

O que se põe para a interpretação do inciso I do § 1º do art. 1.012 é saber a qual dos momentos noticiados pelo parágrafo anterior diz respeito a sentença a que ele se refere. O melhor entendimento é o de que a subtração do efeito suspensivo se dá somente com relação ao apelo dirigido à sentença que *homologa* a divisão ou a demarcação. À falta de previsão específica, que excepcione a regra do *caput* do art. 1.012, a apelação dirigida à sentença proferida no primeiro momento da etapa cognitiva do processo (vocacionada ao reconhecimento da existência do direito de dividir ou de demarcar) deve ser recebida com efeito suspensivo[17].

A orientação é tanto mais correta em se tratando de demarcação porque o art. 582 exige o trânsito em julgado da sentença a que se refere o art. 581 para a demarcação e colocação dos marcos necessários. No âmbito da divisão, por sua vez, a referência ao cumprimento *provisório* da sentença homologatória interfere na sua concretização, no que são claros os §§ 1º e 2º do art. 594, o que também corrobora o acerto do entendimento aqui proposto[18].

Na hipótese, comuníssima, de cumulação dos pedidos de demarcação e divisão, importa distinguir os dois capítulos que, neste caso, a sentença contém. Com relação ao capítulo homologatório, a retirada do efeito suspensivo se dá por força do inciso I do § 1º do art. 1.012. Quanto ao pedido de reconhecimento do direito à divisão, deve prevalecer a regra geral reconhecendo o efeito suspensivo à apelação interposta contra a sentença referida no § 2º do art. 592[19].

---

17. Sempre com a ressalva do n. 5.7 do Capítulo 1 quanto a haver entendimento que nega àquelas decisões a natureza de sentença reservando para elas, consequentemente, o recurso de agravo de instrumento, com fundamento no inciso II do art. 1.015, recurso que não tem efeito suspensivo *ope legis*.

18. Que já era o externado pelo autor deste *Curso* ao tempo do CPC de 1973 em seu *Execução provisória e antecipação da tutela*, p. 99-100, e nos n. 2.5 e 3.4 do Capítulo 8 da Parte I do v. 2, t. II, das edições anteriores ao CPC de 2015 deste *Curso*.

19. Também aqui a orientação já estava estampada no *Execução provisória e antecipação da tutela*, p. 100, e no n. 2.6 do Capítulo 8 da Parte I do v. 2, t. II, das edições anteriores ao CPC de 1973 deste *Curso*.

5.1.2 Pagamento de alimentos

A segunda hipótese prevista pelo inciso II do § 1º do art. 1.012 é da sentença que "condena a pagar alimentos". A apelação não tem efeito suspensivo, destarte, quando pedido de prestação alimentícia – que deverá observar o *procedimento* especial regulado pela Lei n. 5.478/68 – for julgado procedente, admitindo-se, como consequência, o cumprimento provisório. Nada mais coerente, aliás, considerando que aquele "procedimento especial" admite que o magistrado, diante dos pressupostos do art. 4º do mesmo diploma legal, antecipe, em prol do autor, os efeitos da tutela jurisdicional pretendida. Quando o pedido de alimentos for *rejeitado*, não tem aplicação o inciso II do § 1º do art. 1.012.

Dúvida pertinente diz respeito a saber se a apelação interposta de sentença que *majora* ou *reduz* a pensão alimentícia ou que *exonera* o alimentante desse dever fica sujeita ao dispositivo aqui examinado. Considerando a finalidade do inciso II do § 1º do art. 1.012, é irrecusável admitir o cumprimento provisório em todas essas hipóteses[20].

Quando cumulado o pedido de alimentos com o de investigação de paternidade, o recurso dirigido contra a sentença que os julga procedentes não pode ter o condão de impedir a exigibilidade, desde pronto, dos alimentos reconhecidos na sentença, devendo ser aplicado à hipótese o dispositivo aqui examinado[21].

A hipótese, verdadeiramente, equipara-se ao julgamento *conjunto* de duas postulações, reunidas em um mesmo processo, cada qual reclamando regime dos efeitos recursais diverso. Quanto ao capítulo da sentença que julga os alimentos (fixando-os), tem plena incidência a regra codificada.

De outro lado, quando *negada* a relação de filiação, não é possível a concessão de alimentos enquanto pende de exame e julgamento pela instância superior o recurso de apelação interposto pela parte prejudicada. É que, negada a relação de parentesco, inviável a concessão de alimentos, donde seguir-se a *rejeição* da pretensão alimentícia e o consequente afastamento da regra do inciso II do § 1º do art. 1.012.

É irrecusável a aplicação do dispositivo para quaisquer verbas alimentares, inclusive para as que são devidas pelo reconhecimento da prática de ato ilícito (art. 948, II, do CC), de caráter de subsistência, tais quais salários e honorários profissionais (art. 85, § 14, embora se refira apenas a honorários advocatícios) e não somente para aquelas derivadas do direito das famílias. É que, em quaisquer dessas situações, faz-se presente a mesma finalidade nas regras de direito material a serem filtradas de igual forma pela regra pro-

20. Nesse sentido: STJ, 4ª Turma, AgRg no REsp 1236324/SP, Rel. Min. Antonio Carlos Ferreira, j. un. 11-11-2014, *DJe* 14-11-2014; STJ, 3ª Turma, REsp 1.280.171/SP, rel. Min. Massami Uyeda, j.un. 2-8-2012, *DJe* 15-8-2012, e 2ª Seção, AgRg nos EREsp 1.138.898/PR, rel. Min. João Otávio de Noronha, j.un. 25-2-2011, *DJe* 2-6-2011.

21. Nesse sentido: STJ, 4ª Turma, REsp 595.746/SP, rel. Min. Aldir Passarinho Jr., j.un. 2-12-2010, *DJe* 15-12-2010, e STJ, 4ª Turma, REsp 819.729/CE, rel. Min. Aldir Passarinho Jr., j.un. 9-12-2008, *DJe* 2-2-2009.

cessual: o credor da verba alimentar, independentemente do específico motivo de sua fixação, tem *necessidade* de seu recebimento imediato, e, por isso, a subtração do efeito suspensivo da apelação, com a consequente admissão do cumprimento provisório, mostra-se verdadeiramente imperativa. A discordância quanto a esse entendimento conduz ao quanto exposto pelo n. 5.1.8, *infra*, acerca da viabilidade de o magistrado, por força da específica situação concreta que julga, admitir, ele próprio, o cumprimento provisório da sentença mediante a concessão de tutela provisória.

5.1.3 Embargos à execução

De acordo com o inciso III do § 1º do art. 1.012, não tem efeito suspensivo a sentença que "extingue sem resolução do mérito ou julga improcedentes os embargos do executado".

Os embargos do executado são o mecanismo de *defesa* deste nos processos que têm como fundamento para a prestação da tutela jurisdicional executiva títulos executivos *extrajudiciais*. Sua disciplina está nos arts. 914 a 920.

A sentença que os rejeita nos moldes do art. 485 (sem resolução de mérito) ou do art. 487 (rejeitando os pedidos de mérito nele formulados) desafia sentença que, por força do dispositivo aqui analisado, não tem efeito suspensivo.

A perspectiva do legislador é a de autorizar a prática dos atos destinados à concretização da tutela jurisdicional, sendo indiferente, para tanto, que os embargos tenham tido a aptidão de suspender a sua prática quando interpostos, o que encontra fundamento no § 1º do art. 919.

A Lei n. 11.382/2006 chegou a introduzir no CPC de 1973 regra que permitia a compreensão de que a retomada dos embargos que haviam sido recebidos com efeito suspensivo deveria observar os limites do cumprimento provisório. Tratava-se do art. 587, assim redigido: "é definitiva a execução fundada em título extrajudicial; é provisória enquanto pendente apelação da sentença de improcedência dos embargos do executado, quando recebidos com efeito suspensivo (art. 739)[22].

A insubsistência daquela regra é significativa de que, rejeitados os embargos, independentemente de seu fundamento, a apelação não é óbice para que o exequente satisfaça seu direito *independentemente* de caução, não havendo razão sistemática para imprimir àquela execução a natureza de provisória. Caberá ao executado requerer (e obter) efeito suspensivo

22. O tema era tratado no n. 4.2.4 do Capítulo 6 da Parte I do v. 5 das edições anteriores deste *Curso* e, mais longamente, no n. 5 do Capítulo 2 da Parte V de seu v. 3, propugnando, inclusive, que a Súmula 317 do STJ ("É definitiva a execução de título extrajudicial, ainda que pendente apelação contra sentença que julgue improcedentes os embargos") teria perdido, mercê da precitada Lei n. 11.382/2006, seu fundamento de validade. Antes, o autor deste *Curso* já se debruçara sobre o tema em seu *A nova reforma do Código de Processo Civil*, v. 3, p. 25-28.

ao seu apelo para obstar aquele desiderato ou, ainda mais, impedir a prática, total ou parcial, de atos executivos.

Não subsistem, no CPC de 2015, os embargos à arrematação e à adjudicação, em geral denominados de "embargos de segunda fase" (art. 746 do CPC de 1973, que recebeu nova redação, dada pela Lei n. 11.382/2006), já que substituídos pela petição a que se refere o § 2º do art. 903. Desnecessário debater, portanto, tal qual se dava para o CPC de 1973, se a sentença proferida naqueles embargos estava ou não sujeita a efeito suspensivo e de que maneira a interpretação do dispositivo aqui analisado influenciava na resposta[23].

5.1.3.1 *Embargos à ação monitória*

No que diz respeito aos embargos à ação monitória (art. 702), o encaminhamento é diverso, dispensando qualquer consideração ou equiparação com relação aos embargos à execução e sobre sua hipotética aplicação por analogia para o caso.

Isso porque o § 4º do art. 702 é suficientemente claro quanto aos embargos suspenderem a eficácia do mandado monitório "até o julgamento em primeiro grau" o que significa que inexiste previsão legislativa para a suspensão posterior àquele instante[24], sendo o bastante para afastar a regência do caso daquela que o Código de Processo Civil reserva para os embargos à execução[25]. Assim, da sentença que rejeitar os embargos à ação monitória, caberá ao embargante apelante requerer a suspensão da prática dos atos executivos, valendo-se do disposto nos §§ 3º e 4º do art. 1.012 perante o Tribunal competente para o julgamento do recurso.

5.1.4 Pedido de instituição de arbitragem

O inciso IV do § 1º do art. 1.012 retira o efeito suspensivo da apelação interposta da sentença que "julga procedente o pedido de instituição de arbitragem". Trata-se de regra que foi introduzida pela Lei n. 9.307/96, que disciplina o chamado "processo arbitral".

O dispositivo refere-se ao julgamento do processo *jurisdicional* de que trata o art. 7º daquele diploma legislativo, que tem cabimento quando qualquer das partes signatárias da

---

23. Sobre o tema, cabe lembrar da Súmula 331 do STJ, assim enunciada: "A apelação interposta contra sentença que julga embargos à arrematação tem efeito meramente devolutivo".

24. Diante da especificidade da regra, inexistente no CPC de 1973, este *Curso* modifica a opinião externada em sentido contrário no n. 6 do Capítulo 14 da Parte I do v. 2, t. II, e que remonta a trabalho mais antigo de seu autor, seu *Execução provisória e antecipação da tutela*, p. 138-142.

25. No mesmo sentido do texto, embora com fundamentação mais ampla (e aqui criticada), é o Enunciado n. 134 da II Jornada de Direito Processual Civil do CJF: "A apelação contra a sentença que julga improcedentes os embargos ao mandado monitório não é dotada de efeito suspensivo automático (art. 702, § 4º, e 1.012, § 1º, V, CPC)".

"cláusula compromissória" recusar-se a instituir a arbitragem. A tutela jurisdicional, nesses casos, é para que um dos contratantes se sujeite à arbitragem.

Julgado procedente o pedido, a sentença judicial fará as vezes do compromisso não firmado (art. 7º, § 7º, da Lei n. 9.307/96). É o recurso de apelação interposto dessa sentença que não tem efeito suspensivo, o que significa admitir que os efeitos daquela decisão – a instituição *forçada* da arbitragem – podem ser experimentados desde logo, sendo de todo indiferente, para esse fim, que se trate de tutela jurisdicional *não executiva* ou, para empregar a nomenclatura tradicional, *constitutivos*.

5.1.5 Confirmação, concessão ou revogação de tutela provisória

De acordo com o inciso V do § 1º do art. 1.012m também não tem efeito suspensivo a apelação interposta de sentença que "confirma, concede ou revoga tutela provisória".

A primeira hipótese prevista no dispositivo quer estabelecer paralelo entre a eficácia imediata de decisão concessiva da tutela provisória *antes* da sentença e a da própria sentença, quando a *confirma*. Se a decisão concessiva da tutela provisória em primeira instância é eficaz de imediato porque o recurso dela cabível, o agravo de instrumento, não tem efeito suspensivo *ope legis* (arts. 995, *caput*, c/c 1.019, I), não faz sentido que a sentença que a confirma pudesse ter obstada sua eficácia, mercê do efeito suspensivo do apelo. Máxime quando se lembra que a decisão concessiva da tutela provisória é concedida, por definição, com fundamento em cognição jurisdicional mais débil (sumária) que a da sentença (exauriente).

Dada a expressa previsão legislativa, ademais, é correto entender que também não ostenta efeito suspensivo a apelação interposta de sentença que confirma anterior tutela provisória mesmo quando ao recurso interposto daquela decisão, o agravo de instrumento, for concedido efeito suspensivo *ope judicis* (arts. 995, parágrafo único c/c 1.019, I), e até mesmo quando ela, mercê da fase recursal, tiver sido reformada. O que importa, para a incidência do inciso V do § 1º do art. 1.012, é a identidade entre as decisões proferidas no âmbito da primeira instância.

A segunda hipótese referida no inciso V do § 1º do art. 1.012, de a tutela provisória ser concedida *na* sentença[26], significa impor a ela a possibilidade de sua eficácia imediata e, portanto, retirá-la do manto do efeito suspensivo do *caput* do art. 1.012. É possível, ao menos caso a caso, que o magistrado conceda cláusula de cumprimento provisório às sentenças, sempre quando estiver diante dos pressupostos respectivos da tutela provisória, seja de ur-

26. Das três hipóteses previstas no inciso V do § 1º do art. 1.012, era essa a única prevista pelo inciso VII do art. 520 do CPC de 1973, incluído pela Lei n. 10.352/2001. Tanto que o n. 4.2.8 do Capítulo 6 da Parte I do v. 5 das edições anteriores ao CPC de 2015 deste *Curso* buscava, a despeito do silêncio legislativo, construir sistematicamente outras hipóteses dignas de ocorrência, tais quais a de a tutela provisória ser concedida *na* ou *após* a sentença ou a oposta, de ela ser *revogada* pela sentença.

gência, seja de evidência. Cabe lembrar, a propósito, que as hipóteses do art. 311, em especial a de seu inciso IV, assumem, para esse fim, fértil campo de aplicação. É um caso em que a *retirada* do efeito suspensivo se dá *ope judicis, seguindo-se, a partir de então, o cumprimento provisório da sentença*[27].

A terceira e última hipótese do inciso V do § 1º do art. 1.012 diz respeito à revogação da tutela provisória com o proferimento da sentença. A situação só pode ser compreendida como a pronta cessação dos efeitos da tutela anteriormente antecipada com o proferimento de sentença desfavorável ao seu benefício. Algo que, na clássica jurisprudência do Supremo Tribunal Federal, já ocupava a sua Súmula 405[28] e que, em tempos mais recentes, motivou a edição do § 3º do art. 7º da Lei n. 12.016/2009, a "nova lei do mandado de segurança"[29].

O dispositivo vem para se sobrepor ao entendimento defendido por este *Curso* e que remonta a trabalhos anteriores de seu autor de que não havia incompatibilidade entre o proferimento de sentença contrária e a manutenção dos efeitos de anterior tutela provisória. Não que a sentença, ato posterior, não tivesse o condão de revogar o anterior, a decisão concessiva da tutela provisória. A revogação, contudo, era ineficaz justamente pela carência de regra genérica que afastasse da apelação cabível da sentença seu efeito suspensivo, que tinha o condão de conservar o estado de ineficácia da liminar. A questão, destarte, não devia ser enfrentada na perspectiva de eventual incompatibilidade lógica entre os dois comandos jurisdicionais, e nem mesmo na perspectiva de sua validade e, sim, no âmbito de sua eficácia. Como quer que a questão merecesse ser tratada, de qualquer sorte, ela ficou superada com a expressa previsão do inciso V do § 1º do art. 1.012[30].

Nesse caso, caberá ao interessado que, até o proferimento da sentença, se beneficiava dos efeitos da anterior tutela provisória, buscar perante o relator a concessão de nova medida que faça as vezes da anterior tutela provisória (art. 932, II), valendo-se do disposto nos §§ 3º e 4º do art. 1.012[31].

---

27. Trata-se do núcleo da tese com que o autor deste *Curso* defendeu (e obteve) seu título de doutor em Direito das Relações Sociais na Faculdade de Direito da Pontifícia Universidade Católica de São Paulo em 1998. A versão comercial do trabalho foi publicada com o título *Execução provisória e antecipação da tutela*.

28. Que tem o seguinte enunciado: "Denegado o mandado de segurança pela sentença, ou no julgamento do agravo, dela interposto, fica sem efeito a liminar concedida, retroagindo os efeitos da decisão contrária".

29. Cujo teor é o seguinte: "Os efeitos da medida liminar, salvo se revogada ou cassada, persistirão até a prolação da sentença".

30. Para a exposição original daquele entendimento, v., do autor deste *Curso*, seu *Liminar em mandado de segurança: um tema com variações*, p. 268-280 e, posteriormente, ao comentar a Lei n. 1.533/51 em seu *Mandado de segurança*, p. 147-149. Com o advento da Lei n. 12.016/2009, o autor teve oportunidade de advertir que o precitado § 3º do art. 7º daquele Lei gerava verdadeiro efeito anexo no sentido da revogação imediata da liminar pela sentença denegatória, tornando indiferente a questão sobre a apelação cabível ter ou não efeito suspensivo. Para tanto, v. seu *A nova lei do mandado de segurança*, p. 40-46.

31. Nesse sentido é o Enunciado n. 39 da I Jornada de Direito Processual Civil do CJF: "Cassada ou modificada a tutela de urgência na sentença, a parte poderá, além de interpor recurso, pleitear o respectivo restabelecimento na instância superior, na petição de recurso ou em via autônoma".

Em todos os casos previstos no inciso V do § 1º do art. 1.012 – *confirmação, concessão* ou *revogação* da tutela provisória na sentença – é correto entender que a retirada *ope legis* do efeito suspensivo só diz respeito à parte relativa à tutela provisória e não necessária e generalizadamente a todos os capítulos da sentença[32].

Importa lembrar a respeito das três hipóteses previstas no inciso V do § 1º do art. 1.012 que o § 5º do art. 1.013 (claramente colocada fora de lugar) é expresso ao estabelecer que o capítulo da sentença que confirma, concede ou revoga a tutela provisória é impugnável *na* apelação, afastando-se, com isso, eventual entendimento quanto à sua recorribilidade por agravo de instrumento, mercê da genérica previsão do inciso I do art. 1.015.

5.1.6 Interdição

A hipótese do inciso VI do § 1º do art. 1.012 traz ao lado das demais previsão que, no CPC de 1973, localizava-se no art. 1.184.

A interdição é procedimento especial disciplinado (não sem fundadas críticas) entre os de jurisdição voluntária cuja finalidade é o reconhecimento de causas que justificam a interdição e a nomeação do curador ao interditado (arts. 747 a 758).

A sentença que "decreta a interdição" (art. 1.767 do CC), isto é, que acolhe o pedido para, reconhecendo o estado incapacitante do interditando, submete-o a regime de curatela, total ou parcial, sempre levando em conta as peculiaridades do caso e os cuidados que a drástica medida recomenda, fica sujeita a apelo, despido, contudo, de efeito suspensivo.

A previsão significa que o registro da sentença e que a tomada de todas as providências que ela deve estabelecer (art. 755) são imediatamente exigíveis, independentemente do julgamento do apelo. É típico caso em que tutela jurisdicional não executiva (ou, para empregar a nomenclatura tradicional, *constitutiva*), típica do reconhecimento da interdição, surte efeitos imediatamente, independentemente de seu trânsito em julgado.

5.1.7 Atribuição *ope judicis* do efeito suspensivo

O § 3º do art. 1.012 prevê a possibilidade de ser atribuído efeito suspensivo à apelação que não o tem, inclusive àquelas previstas pela legislação processual extravagante, observando-se os referenciais contidos no § 4º do art. 1.012.

O precitado § 3º tem o mérito de solucionar importante discussão sobre o órgão jurisdicional competente para apreciar o pedido de atribuição *ope judicis* do efeito suspensivo, o

---

32. É o que, embora de perspectiva diversa e mais restritiva, preleciona o Enunciado n. 144 da II Jornada de Direito Processual Civil do CJF: "No caso de apelação, o deferimento de tutela provisória em sentença retira-lhe o efeito suspensivo referente ao capítulo atingido pela tutela".

que, no CPC de 1973, suscitava importantes debates[33]. Desde a interposição do apelo (o que se dá na primeira instância) e sua distribuição (o que pressupõe seu recebimento, física ou eletronicamente, pelo Tribunal), o requerimento será dirigido ao Tribunal, que, de acordo com o seu regimento interno, indicará o órgão competente para sua apreciação (art. 1.012, § 3º, I). A partir do instante em que a apelação tiver sido distribuída, o relator passa a ser o competente, o que se harmoniza com o disposto no inciso II do art. 932 (art. 1.012, § 3º, II). A *prevenção* do relator, na primeira hipótese, prevista pelo inciso I do § 3º do art. 1.012, depende de previsão regimental específica, não cabendo ao CPC de 2015 se imiscuir em tal disciplina, iniciativa que afrontaria a alínea *a* do inciso I do art. 96 da Constituição Federal.

Sobre os referenciais a serem observados para a atribuição *ope judicis* do efeito suspensivo do apelo, o § 4º do art. 1.012 refere-se à "probabilidade de provimento do recurso ou se, sendo relevante a fundamentação, houver risco de dano grave ou de difícil reparação". É previsão que autoriza, como exposto pelo n. 7.2 do Capítulo 1, interpretação ampla para discernir os casos em que prepondera a probabilidade de êxito do apelo como fundamento suficiente para a concessão *ope judicis* do efeito suspensivo dos casos em que a concessão desse efeito depende também "de dano grave ou de difícil reparação", os quais não dispensam, todavia, a análise da relevância da fundamentação recursal[34].

Cabe sublinhar, a propósito, e em prol de maior sistematização da matéria, que a dicotomia decorrente do § 4º do art. 1.012 assemelha-se em tudo com a que faz o Livro V da Parte Geral do Código de Processo Civil a propósito da disciplina dada à tutela provisória e à sua dupla fundamentação, a tutela provisória de *urgência* (art. 300, *caput*) e a tutela provisória de *evidência* (art. 311).

Também é irrecusável, com base no desenvolvimento apresentado no mesmo n. 7.2 do Capítulo 1, que o apelante possa buscar, com o requerimento a que faz menção o § 3º do art. 1.012, o chamado "efeito ativo" a seu apelo, significando sua iniciativa o proferimento de decisão não concedida na primeira instância *e* a viabilidade de sua fruição imediatamente. É o tema do número seguinte.

5.1.8 Retirada *ope judicis* do efeito suspensivo

O apelado pode se dirigir ao Tribunal para requerer a *retirada* do efeito suspensivo da apelação naqueles casos – e eles são a regra – em que a lei o prevê (art. 1.012, *caput*).

---

33. O n. 4.2.10 do Capítulo 6 da Parte I do v. 5 das edições anteriores ao CPC de 2015 deste *Curso* sustentava que a competência era tanto do juízo de interposição do apelo como do juízo competente para julgá-lo, tirando o máximo de proveito do então duplo juízo de admissibilidade recursal feito por aqueles dois órgãos jurisdicionais.

34. De acordo com o Enunciado n. 52 do TJMG: "A probabilidade prevista no § 4º do artigo 1.012, por se tratar de conceito jurídico indeterminado, sujeita-se a fundamentação adequada no caso concreto, sob pena de nulidade".

A hipótese, por isso mesmo, não se confunde com o que é alcançado pelo inciso V do § 1º do art. 1012: não se trata de *confirmar*, *conceder* ou *revogar* a tutela provisória *na* sentença, atitudes que pressupõem pedido anterior à prolação da sentença. Aqui, diferentemente, a tutela provisória é *posterior* à sentença e quer permitir que o magistrado, à luz das peculiaridades do caso concreto, interfira nas escolhas abstratas feitas pelo legislador para *retirar* o efeito suspensivo do apelo (que é a regra), admitindo, consequentemente, a viabilidade de cumprimento provisório da sentença.

Nesse sentido, trata-se da hipótese rigorosamente oposta à apresentada no número anterior e que, não obstante a menor clareza do Código de Processo Civil, deriva de sua devida interpretação sistemática com base nos mesmos dispositivos já analisados: o § 3º do art. 1.012, que fixa a competência do pedido com aquela finalidade, e o § 4º do art. 1.012, que revela os fundamentos aptos a autorizar a iniciativa do apelado[35].

A admissibilidade da iniciativa, ademais, repousa no próprio papel que a tutela provisória desempenha no sistema processual civil, como verdadeira técnica de *antecipação* dos efeitos da tutela jurisdicional por determinação judicial, tal qual propõe o n. 4.2 do Capítulo 5 da Parte I do v. 1, e, por isso mesmo, é irrecusável recordar de todo o referencial que embasam aqueles pedidos em sede recursal, com especial destaque à do inciso IV do art. 311 e a aptidão para se admitir o cumprimento provisório da sentença sempre que a prova que embasa a sentença não se mostrar apta a infirmar o quanto decidido, a despeito das razões de apelo.

5.2 Efeito devolutivo

De acordo com o *caput* do art. 1.013, a apelação devolverá, isto é, *transferirá*, ao tribunal o conhecimento da matéria impugnada. Trata-se de expressão adequada do chamado efeito devolutivo, que merece ser entendido no sentido de haver necessária vinculação da atuação do órgão julgador ao que foi objeto do recurso, limitação que é admitida inclusive pelo art. 1.002, ao tratar do recurso parcial. É o que está consagrado na máxima latina *tantum devolutum quantum appellatum*.

5.3 Efeito translativo

Aspecto diferente é a possibilidade de atuação oficiosa do órgão julgador recursal, isto é, independentemente de manifestação do recorrente, o efeito translativo.

35. Aqui também cabe destacar a proposta feita pelo autor deste *Curso* em seu *Execução provisória e antecipação da tutela*, esp. 407-409, e desenvolvida no n. 4.2.10 do Capítulo 6 da Parte I do v. 5 das edições anteriores ao CPC de 2015 deste *Curso*.

Os §§ 1º e 2º do art. 1.013 ocupam-se com o efeito translativo do apelo.

De acordo com o primeiro deles, cabe ao Tribunal apreciar as questões suscitadas e discutidas no processo ainda que não tenham sido solucionadas. No CPC de 2015, inovando em relação à previsão equivalente do CPC de 1973, o § 1º de seu art. 515, há uma ressalva no sentido de que essas questões precisam ser "relativas ao capítulo impugnado", o que faz crescer em importância a distinção entre recursos *parciais* e *totais (art. 1.002)*. Se um dado capítulo da sentença não é impugnado no apelo, não cabe ao Tribunal decidir nada a seu respeito, cedendo espaço o efeito translativo à preclusão ou ao trânsito em julgado daquela parte da decisão.

O § 2º do art. 1.013, por sua vez, refere-se à transferência dos fundamentos não analisados na sentença ao Tribunal, que se contentou com apenas um deles. Também aqui, independentemente de expressa manifestação do apelante, o Tribunal poderá, entendendo ser o caso, analisar o outro fundamento.

A higidez da atuação oficiosa nesses casos pressupõe que o órgão jurisdicional providencie que as partes e eventuais terceiros possam se manifestar sobre os fundamentos não tocados nas razões e nas contrarrazões de apelo. Trata-se de inquestionável imposição dos arts. 6º e 10.

Para além desses casos, o efeito translativo da apelação também viabiliza que o Tribunal, de ofício (e sempre respeitado o contraditório), aprecie quaisquer questões relativas à regularidade do exercício do direito de ação e do processo. Tem plena aplicação ao recurso de apelação o disposto no § 3º do art. 485.

5.4 Efeito expansivo

O § 3º art. 1.013 cuida da viabilidade de julgamento de mérito pelo tribunal, independentemente de reenvio dos autos à primeira instância. A previsão, que é expressão do efeito expansivo, quer viabilizar maior eficiência do processo em grau recursal.

Chama a atenção, a propósito, o emprego do verbo "deve" elo dispositivo, a sugerir que o Tribunal, diante de uma daquelas situações, não tem alternativa que não a de, desde logo, apreciar o mérito. É interpretação que se afina com a busca pelo CPC de 2015 do julgamento de mérito e que encontra eco em diversos outros dispositivos, embora tratem do ponto na perspectiva formal, tais como o inciso IX do art. 139, o art. 317 e o próprio parágrafo único do art. 932.

Para tanto, o processo precisa estar em condições de imediato julgamento, isto é, quando o acervo probatório for suficiente para embasar a decisão de mérito (o referencial é o do art. 355) e o Tribunal: (i) reformar sentença que tiver como base o art. 485 (típico caso de aplicação, diante de uma sentença terminativa, das regras que acabei de colacionar); (ii) decretar a nulidade da sentença por não ser ela congruente com os limites do pedido ou da causa de pedir (quando *reduzirá* a sentença para confiná-la aos limites do pedido ou da causa de pedir); (iii) constatar omissão no exame de um dos pedidos, julgando-o desde logo (o que pressupõe que o acervo probatório relativo a esse pedido viabilize o julgamento imediato)[36]; e (iv) decretar a nulidade de sentença por falta de fundamentação (o que pode fazer ruir as exigências feitas pelos §§ 1º e 2º do art. 489, já que a celeridade pretendida pode, consoante o caso, comprometer a garantia constitucional da fundamentação).

O § 4º do art. 1.013 trata especificamente das situações em que a reforma for de sentença que tiver reconhecido, em primeira instância, a decadência ou a prescrição. Nesses casos, o Tribunal julgará o mérito, examinando as demais questões obstadas pelo anterior reconhecimento da decadência ou da prescrição, sem determinar o retorno do processo ao juízo de primeiro grau, desde que – a remissão ao § 3º é necessária – o processo esteja em condições de julgamento imediato.

A escorreita aplicação dos §§ 3º e 4º do art. 1.013, como acentua o n. 7.7.1 do Capítulo 1, depende de prévio contraditório acerca das condições de sua aplicação. Se houver pedido da parte sobre a viabilidade de sua incidência em apelo, as contrarrazões já terão se ocupado suficientemente do assunto ou, quando menos, tido oportunidade para tanto. Caso contrário, o magistrado que, de ofício, entender ser o caso do julgamento imediato de mérito intimará as partes previamente para que se manifestem sobre a questão, quer do ponto de vista de o caso comportar, ou não, a incidência do dispositivo, quer do ponto de vista do que deve prevalecer no julgamento a ser proferido.

6. PROCESSAMENTO NO TRIBUNAL

Chegando os autos ao Tribunal ou em se tratando de processo eletrônico, estando disponibilizado o recurso de apelação, deve-se proceder ao seu imediato registro (art. 930) e à sua imediata distribuição (art. 1.011, *caput*), o que, no particular, acaba por repetir o comando do inciso XV do art. 93 da Constituição Federal.

Sendo caso de decisão monocrática, o relator a proferirá, observando o que, a propósito, dispõe o art. 932, inclusive com relação ao proferimento do juízo de *admissibilidade* recursal (art. 1.011, I).

A propósito, a restrição estabelecida pelo inciso I do art. 1.011 às hipóteses dos incisos III a V do art. 932 precisa ser compreendida no sentido de evidenciar as hipóteses em que o relator, monocraticamente, pode proferir decisão sobre o recurso de apelação, seja ela relativa a seu juízo de *admissibilidade*, até então não efetuado (inciso III), seja com relação ao seu juízo de *mérito* (incisos IV e V). Ela não infirma, portanto, que o relator, consoante o caso,

---

36. Sob a égide do CPC de 1973 já havia repetitivo do STJ que apontava para essa solução. A referência é feita ao REsp repetitivo 1.030.817/DF, da 1ª Seção, rel. Min. Luiz Fux, j.m.v. 25-11-2009, *DJe* 18-12-2009.

tome monocraticamente outras providências estabelecidas naquele dispositivo, como, por exemplo, apreciar pedido de tutela provisória (art. 932, II), ouvir o Ministério Público (art. 932, VII) ou, ainda, determinar às partes que saneiem eventual vício que, na sua visão, compromete a higidez do processo ou da própria apelação (art. 932, parágrafo único).

Se a hipótese não comportar o julgamento monocrático ou o relator não o realizar, cabe a ele elaborar o seu voto e tomar as providências administrativas cabíveis para o julgamento colegiado (art. 1.011, II), cabendo lembrar que o quórum de julgamento da apelação é de três Desembargadores (art. 941, § 2º) e que é possível a realização de sustentação oral (art. 937, I).

De eventual julgamento monocrático cabem, conforme o caso, embargos de declaração e agravo interno. Do julgamento colegiado, pode-se seguir a aplicação da técnica do art. 942 – e, para tanto, importa recordar que o julgamento não seja unânime independentemente de seu conteúdo – e os recursos cabíveis, embargos de declaração, recurso especial e extraordinário, sem nenhuma peculiaridade digna de destaque nesta sede.

7. APELAÇÃO E JUÍZO NEGATIVO DE ADMISSIBILIDADE DA PETIÇÃO INICIAL

Há regras específicas para os recursos de apelação interponíveis das sentenças que proferem juízos *negativos* de admissibilidade de petições iniciais com fundamento no art. 330 (indeferimento da petição inicial) e no art. 332 (improcedência liminar do pedido).

A análise daquela disciplina, contudo, extraível dos arts. 331 e dos §§ 3º e 4º do art. 332, ocupa os n. 4.2 e 4.3 do Capítulo 2 da Parte I, sendo desnecessária sua repetição nesta sede.

Capítulo 3

Agravo de instrumento

1. CONSIDERAÇÕES INICIAIS

O agravo de instrumento é o recurso apropriado para o contraste de determinadas decisões interlocutórias.

O CPC de 2015 traz incontáveis modificações com relação ao recurso, tendo prevalecido a orientação restritiva que de forma ainda mais contundente já se mostrava presente no Anteprojeto de novo Código de Processo Civil elaborado pela Comissão de Juristas[1], quanto às suas hipóteses de cabimento.

É correto entender que a opção restritiva, que acabou sendo acolhida, não obstante as modificações experimentadas ao longo do processo legislativo[2], já era sentida nas leis que

1. Era o seguinte o art. 929 do Anteprojeto: "Cabe agravo de instrumento contra as decisões interlocutórias: I – que versarem sobre tutelas de urgência ou da evidência; II – que versarem sobre o mérito da causa; III – proferidas na fase de cumprimento de sentença ou no processo de execução; e IV – em outros casos expressamente referidos neste Código ou na lei. Parágrafo único. As questões resolvidas por outras decisões interlocutórias proferidas antes da sentença não ficam acobertadas pela preclusão, podendo ser impugnadas pela parte, em preliminar, nas razões ou contrarrazões de apelação".

2. No Projeto do Senado, o rol das interlocutórias sujeitas ao agravo de instrumento era o seguinte: "Art. 969: I – tutelas de urgência ou da evidência; II – o mérito da causa; III – rejeição da alegação de convenção de arbitragem; IV – o incidente de resolução de desconsideração da personalidade jurídica; V – a gratuidade de justiça; VI – a exibição ou posse de documento ou coisa; VII – exclusão de litisconsorte por ilegitimidade; VIII – a limitação de litisconsórcio; IX – a admissão ou inadmissão de intervenção de terceiros; X – outros casos expressamente referidos em lei. Parágrafo único. Também caberá agravo de instrumento contra decisões interlocutórias proferidas na fase de liquidação de sentença, cumprimento de sentença, no processo de execução e no processo de inventário". No Projeto da Câmara, bem mais amplo, o tema era tratado pelo art. 1.028, que tinha a seguinte redação: "Além das hipóteses previstas em lei, cabe agravo de instrumento contra decisão interlocutória que: I – conceder, negar, modificar ou revogar a tutela antecipada; II – versar sobre o mérito da causa; III – rejeitar a alegação de convenção de arbitragem; IV – decidir o incidente de desconsideração da personalidade jurídica; V – negar o pedido de gratuidade da justiça ou acolher o pedido de sua revogação; VI – determinar a exibição ou posse de documento ou coisa; VII – excluir litisconsorte; VIII – indeferir o pedido de limitação do litisconsórcio; IX – admitir ou não admitir a intervenção de terceiros; X – versar sobre competência; XI – determinar a abertura de procedimento de avaria grossa; XII – indeferir a petição inicial da

reformaram o CPC de 1973, mormente após a reconfiguração completa da dinâmica do recurso de agravo de instrumento, que se deu com a Lei n. 9.139/95 e que foram implementadas pela Lei n. 10.352/2001 e pela Lei n. 11.187/2005. Nada, contudo, comparado com o verdadeiro *corte* efetuado pelo CPC de 2015 nas hipóteses de cabimento daquele recurso[3].

As edições anteriores ao CPC de 2015 estudavam lado a lado as variadas espécies do recurso de agravo que estavam disciplinadas no CPC de 1973. Além do agravo de instrumento e do agravo retido, elas se voltavam, em um mesmo Capítulo, ao exame do agravo interno e do agravo de decisão denegatória de recurso especial e recurso extraordinário, que, com o CPC de 2015, passou a ser chamado de agravo em recurso especial e em recurso extraordinário. Na sua reformulação, devida pelo advento da nova codificação, mostrou-se mais didático analisar cada uma das três espécies de agravo restantes em Capítulos diversos, observando, no particular, a disciplina específica que o próprio CPC de 2015 dá a cada uma delas.

De sua parte, o agravo retido que, em rigor, passou a ser a regra de interposição do recurso de agravo dirigido às interlocutórias proferidas pelos órgãos jurisdicionais da primeira instância no CPC de 1973 após suas sucessivas modificações[4], foi eliminado, não restando, a seu respeito, nenhum resquício. Tanto assim que, no CPC de 2015, as decisões interlocutórias não agraváveis de instrumento são recorríveis em sede de apelação (em suas razões ou em suas contrarrazões), no que são claros os §§ 1º e 2º do art. 1.009. É para tanto que se volta o n. 2 do Capítulo 2.

2. CABIMENTO

Coerentemente com a proposta destacada pelo número anterior – e trazendo à lembrança o critério que também era empregado pelo art. 842 do CPC de 1939[5] –, o art. 1.015 indi-

---

reconvenção ou a julgar liminarmente improcedente; XIII – redistribuir o ônus da prova nos termos do art. 380, § 1º; XIV – converter a ação individual em ação coletiva; XV – alterar o valor da causa antes da sentença; XVI – decidir o requerimento de distinção na hipótese do art. 1.050, § 13, inciso I; XVII – tenha sido proferida na fase de liquidação ou de cumprimento de sentença e nos processos de execução e de inventário; XVIII – resolver o requerimento previsto no art. 990, § 4º; XIX – indeferir prova pericial; XX – não homologar ou recusar aplicação a negócio processual celebrado pelas partes".

3. Sem prejuízo da incursão do autor deste *Curso* naquele tema (*A nova etapa da Reforma do Código de Processo Civil*, v. 1, p. 237-239), cabe lembrar de interessante artigo da autoria de Heitor Vitor Mendonça Sica a respeito do assunto, intitulado O agravo e o "mito de Prometeu": considerações sobre a Lei 11.187/2005.

4. Essa demonstração era feita pelo n. 3 do Capítulo 7 da Parte I do v. 5 das edições anteriores ao CPC de 2015 deste *Curso*.

5. Que tinha a seguinte redação: "Art. 842. Além dos casos em que a lei expressamente o permite, dar-se-á agravo de instrumento das decisões; I – que não admitirem a intervenção de terceiro na causa; II – que julgarem a exceção de incompetência; III – que denegarem ou concederem medidas requeridas como preparatórias da ação; IV – que não concederem vista para embargos de terceiro, ou que os julgarem; V – que denegarem ou revogarem o benefício de gratuidade; VI – que ordenarem a prisão; VII – que nomearem, ou destituirem

ca os casos em que o agravo de instrumento é cabível sem prejuízo de outras hipóteses existentes no próprio Código (v. n. 2.10, *infra*) e nas leis extravagantes (art. 1.015, XIII).

Cabe agravo de instrumento de decisões interlocutórias que versarem sobre: (i) tutelas provisórias; (ii) mérito do processo; (iii) rejeição da alegação de convenção de arbitragem; (iv) incidente de desconsideração da personalidade jurídica; (v) rejeição do pedido de gratuidade da justiça ou acolhimento do pedido de sua revogação; (vi) exibição ou posse de documento ou coisa; (vii) exclusão de litisconsorte; (viii) rejeição do pedido de limitação do litisconsórcio; (ix) admissão ou inadmissão de intervenção de terceiros; (x) concessão, modificação ou revogação do efeito suspensivo aos embargos à execução; e (xi) redistribuição do ônus da prova nos termos do § 1º do art. 373.

O parágrafo único do art. 1.015 complementa o rol com a indicação de que *também* cabe agravo de instrumento contra decisões interlocutórias proferidas na fase de liquidação, na fase de cumprimento de sentença, no processo de execução e no processo de inventário.

Não obstante a clareza da enunciação, o dispositivo vem recebendo diversas críticas quanto à sua devida interpretação, a principal delas sobre ser taxativo o rol do *caput* do art. 1.015 e se não, de que maneira cabe interpretá-lo de forma a prever outras hipóteses não previstas expressamente ou, quando menos, com pouca clareza, pelo CPC de 2015 e pela legislação processual civil extravagante.

A melhor compreensão é a de entender taxativa a enunciação, não obstante ser viável (e desejável) dar o máximo rendimento às hipóteses nele previstas, como forma adequada de atingir à inequívoca opção legislativa decorrente não só do CPC de 2015, mas também das (não poucas) reformas operadas no CPC de 1973 a respeito do tema.

Para esse fim, é fundamental ler cada um dos incisos do dispositivo levando em conta o verbo "versar" constante de seu *caput*, o que resulta, sem necessidade de qualquer analogia ou artifícios hermenêuticos, dar sentido mais amplo à grande maioria das hipóteses previstas nos incisos daquele dispositivo. É o que os números seguintes, voltados ao exame de cada uma daquelas hipóteses, quer demonstrar.

Não obstante ser esta a interpretação proposta por este *Curso*, é certo que a CE do STJ entendeu, por apertada maioria, em sede de recurso especial repetitivo, que o rol do art.

---

inventariante, tutor, curador, testamenteiro ou liquidante; VIII – que arbitrarem, ou deixarem de arbitrar a remuneração dos liquidantes ou a vintena dos testamenteiros; IX – que denegarem a apelação, inclusive a de terceiro prejudicado, a julgarem deserta, ou a relevarem da deserção; X – que decidirem a respeito de êrro de conta; XI – que concederem, ou não, a adjudicação ou a remissão de bens; XII – que anularem a arrematação, adjudicação ou remissão cujos efeitos legais já se tenham produzido; XIII – que admitirem, ou não, o concurso de credores. ou ordenarem a inclusão ou exclusão de créditos; XIV – que julgarem, ou não, prestadas as contas; XV – que julgarem os processos de que tratam os Títulos XV a XXII do Livro V, ou os respectivos incidentes, ressalvadas as exceções expressas; XVI – que negarem alimentos provisionais; XVII – que, sem caução idônea, ou independentemente de sentença anterior, autorizarem a entrega de dinheiro ou quaisquer outros bens, ou a alienação, hipoteca, permuta, sub-rogação ou arrendamento de bens".

1.015 é de "taxatividade mitigada", sendo cabível o agravo de instrumento sempre que houver urgência na revisão imediata da decisão interlocutória[6].

O tema, não obstante a excelência de argumentação dos votos vencedores, que encontra reforço em festejadas lições doutrinárias de William Santos Ferreira, da PUCSP[7], acaba por gerar dificuldades de toda a ordem no que diz respeito à necessidade de *(re)interpretação* do que seja *urgência* para fins de admissibilidade do agravo de instrumento, ao mesmo tempo que, em rigor, a recusa da aplicação do critério eleito pelo legislador seria mais apropriada em sede de controle *incidental* de inconstitucionalidade, oportunidade na qual ele seria desafiado com o modelo constitucional do direito processual civil, no bojo do incidente regrado pelos arts. 948 a 950.

Seja como for, mesmo diante e após a fixação daquela tese em sede de recurso especial repetitivo, continuam a ser frequentes os recursos que discutem o cabimento ou não de agravos de instrumento que alcançam o STJ. Bem ilustra o acerto desta afirmação a colação das seguintes hipóteses: decisão relativa à competência[8]; decisão que afasta a ocorrência de prescrição e decadência[9]; decisão sobre deferimento ou indeferimento da distribuição dinâmica e atribuição diversa de ônus da prova da regra geral[10]; decisão que fixa a data de separação de fato do casal para fins de partilha[11]; decisão que indefere a concessão de efeito suspensivo a embargos à execução[12]; decisão que fixa guarda provisória de menor[13]; decisão que pleiteia o reconhecimento de nulidade de intimações posteriores à sentença[14]; decisão que defere imissão provisória na posse em desapropriação[15]; decisão relativa à ilegitimidade de parte e alteração do polo passivo[16]; decisões proferidas no âmbito do processo de falência

---

6. A referência é feita ao REsp 1.696.396/MT e ao REsp 1.704.520/MT, tema 988, onde se fixou a seguinte tese: "O rol do art. 1.015 do CPC é de taxatividade mitigada, por isso admite a interposição de agravo de instrumento quando verificada a urgência decorrente da inutilidade do julgamento da questão no recurso de apelação".

7. A referência é feita aos seus Comentários ao art. 1.015, publicados em obra coletiva coordenada pelo autor deste *Curso* e ao artigo "Cabimento do agravo de instrumento e a ótica prospectiva da utilidade – O direito ao interesse na recorribilidade de decisões interlocutórias", publicado no vol. 263 da *Revista de Processo*.

8. 4ª Turma, AgInt no AREsp 1.370.605/SP, rel. Min. Raul Araújo, j.un. 28-3-2019, *DJe* 11-4-2019 e 3ª Turma, AgInt no REsp 1.761.696/DF, rel. Min. Ricardo Villas Bôas Cueva, j.un. 24-8-2020, *DJe* 31-8-2020.

9. 4ª Turma, REsp 1.778.237/RS, rel. Min. Luis Felipe Salomão, j.un. 19-2-2019, *DJe* 28-3-2019 e 3ª Turma, REsp 1.738.756/MG, rel. Min. Nancy Andrighi, j.un. 19-2-2019, *DJe* 22-2-2019; 4ª Turma, REsp 1.772.839/SP, rel. Min. Antonio Carlos Ferreira, j.un. 14-5-2019, *DJe* 23-5-2019; 3ª Turma, REsp 1.831.257/SC, rel. Min. Nancy Andrighi, j.un. 19-11-2019, *DJe* 22-11-2019 e 1ª Turma, AgInt no REsp 1.863.039/RS, rel. Min. Sergio Kukina, j.un. 14-9-2020, *DJe* 18-9-2020.

10. 3ª Turma, REsp 1.729.110/CE, rel. Min. Nancy Andrighi, j.un. 2-4-2019, *DJe* 4-4-2019 e 3ª Turma, REsp 1.831.257/SC, rel. Min. Nancy Andrighi, j.un. 19-11-2019, *DJe* 22-11-2019.

11. 3ª Turma, REsp 1.798.975/SP, rel. Min. Nancy Andrighi, j.un. 2-4-2019, *DJe* 4-4-2019.

12. 3ª Turma, REsp 1.745.358/SP, rel. Min. Nancy Andrighi, j.un. 26-2-2019, *DJe* 1-3-2019 e 3ª Turma, AgInt no REsp 1.848.009/SP, rel. Min. Paulo de Tarso Sanseverino, j.un. 15-6-2020, *DJe* 19-6-2020.

13. 3ª Turma, REsp 1.744.011/RS, rel. Min. Ricardo Villas Bôas Cueva, j.un. 26-3-2019, *DJe* 2-4-2019.

14. 3ª Turma, REsp 1.736.285/MT, rel. Min. Nancy Andrighi, j.un. 21-5-2019, *DJe* 24-5-2019.

15. 2ª Turma, AREsp 1.389.967/SP, rel. Min. Mauro Campbell Marques, j.un. 19-3-2019, *DJe* 22-3-2019.

16. 4ª Turma, REsp 1.772.839/SP, rel. Min. Antonio Carlos Ferreira, j.un. 14-5-2019, *DJe* 23-5-2019.

e/ou recuperação judicial[17]; decisão que acolhe ou afasta a arguição de impossibilidade jurídica do pedido[18]; decisão que trata de intervenção de terceiro e consequente deslocamento de competência[19]; decisão que define a lei aplicável ao caso para afastar a prescrição[20]; e decisão que indefere pedido de revogação imediata da gratuidade da justiça em execução[21].

Por outro lado, o STJ negou cabimento ao agravo de instrumento nas seguintes situações: determinação de emenda à petição inicial de embargos à execução[22]; decisão sobre o valor da causa[23]; decisão que não acolhe preliminar de ilegitimidade passiva de litisconsorte[24]; decisão que dispõe sobre necessidade de recolhimento de despesas decorrentes do cumprimento da tutela provisória[25]; decisão que fixa ponto controvertido e defere produção da prova, indeferindo julgamento antecipado do mérito[26]; deferimento de prova na segunda fase da "ação de exigir contas"[27]; decisão que determina pagamento de custas iniciais e de taxa previdenciária em pedido de habilitação de crédito em inventário[28]; decisão que defere prova pericial quando inconclusivas as provas técnicas anteriores, mesmo quando não suficientemente esclarecida a matéria fática indispensável ao julgamento do mérito[29]; decisão que indefere pedido de suspensão do processo por força de prejudicialidade externa[30] e decisão que aplica a multa prevista no art. 334, § 8º, pelo não comparecimento injustificado a audiência de conciliação ou de mediação[31].

---

17. 4ª Turma, REsp 1.722.866/MT, rel. Min. Luis Felipe Salomão, j. un. 25-9-2018, *DJe* 19-10-2018, e 3ª Turma, REsp 1.786.524/SE, rel. Min. Ricardo Villas Bôas Cueva, j.un. 23-4-2019, *DJe* 29-4-2019. A discussão acabou rendendo ensejo à afetação de recursos especiais repetitivos perante a 2ª Seção do STJ que fixaram a seguinte tese: "É cabível agravo de instrumento contra todas as decisões interlocutórias proferidas nos processos de recuperação judicial e nos processos de falência, por força do art. 1.015, parágrafo único, CPC" (Tema Repetitivo 1.022). A orientação está em absoluta harmonia com o art. 189, § 1º, II, da Lei n. 11.101/2005 introduzido pela Lei n. 14.112/2020.
18. 3ª Turma, REsp 1.757.123/SP, rel. Min. Nancy Andrighi, j.un. 13-8-2019, *DJe* 15-8-2019 e 2ª Turma, REsp 1.864.430/MG, rel. Min. Mauro Campbell Marques, j. un. 26-5-2020, *DJe* 1-6-2020.
19. 3ª Turma, REsp 1.797.991/PR, rel. Min. Nancy Andrighi, j.un. 18-6-2019, *DJe* 21-6-2019.
20. 3ª Turma, REsp 1.702.725/RJ, rel. Min. Nancy Andrighi, j.un. 23-4-2019, *DJe* 28-6-2019.
21. CE, REsp 1.803.925/SP, rel. Min. Nancy Andrighi, j.un. 1-8-2019, *DJe* 6-8-2019.
22. 3ª Turma, REsp 1.682.120/RS, rel. Min. Nancy Andrighi, j.un. 26-2-2019, *DJe* 1-3-2019.
23. 3ª Turma, AgInt no RMS 59.734/SP, rel. Min. Ricardo Villas Bôas Cueva, j.un. 8-4-2019, *DJe* 12-4-2019. O Enunciado XII do Grupo Reservado de Direito Empresarial do TJSP é em sentido contrário. É lê-lo: "Aplica-se a tese firmada pelo C. STJ quanto à taxatividade mitigada do rol do art. 1.015, do CPC, aos agravos de instrumento interpostos contra decisão que resulta em aumento do valor da causa.".
24. 3ª Turma, REsp 1.724.453/SP, rel. Min. Nancy Andrighi, j.un. 19-3-2019, *DJe* 22-3-2019.
25. 3ª Turma, REsp 1.752.049/PR, rel. Min. Nancy Andrighi, j.un. 12-3-2019, *DJe* 15-3-2019.
26. 3ª Turma, AgInt no AREsp 1.411.485/SP, rel. Min. Marco Aurélio Bellizze, j.un. 1º-7-2019, *DJe* 6-8-2019.
27. 3ªTurma, REsp 1.821.793/RJ, rel. Min. Nancy Andrghi, j.un. 20-8-2019, *DJe* 22-8-2019.
28. 3ª Turma, AgInt no REsp 1.794.606/SP, rel. Min. Ricardo Villas Bôas Cueva, j.un. 19-8-2019, *DJe* 27-8-2019.
29. 3ª Turma, RMS 60.641/MG, rel. Min. Nancy Andrighi, j.un. 5-11-2019, *DJe* 7-11-2019.
30. STJ, 3ª Turma, REsp 1.759.015/RS, rel. Min. Nancy Andrighi, j.un. 17-9-2019, *DJe* 20-9-2019.
31. STJ, 3ª Turma, REsp 1.762.957/MG, rel. Min. Paulo de Tarso Sanseverino, j.un. 10-3-2020, *DJe* 18-3-2020. Há acórdão da 30ª Câmara de Direito Privado do TJSP (Processo n. 2286556-26.2019.8.26.0000, rel. Des. Marcos Ramos, j.m.v. 11-5-2020, *DJe* 15-5-2020) que, acentuando o descabimento do agravo de instrumento, admitiu a impetração de mandado de segurança contra ato judicial para questionar aquela decisão.

2.1 Tutela provisória

A primeira hipótese de agravo de instrumento é a da decisão interlocutória que *versar* sobre tutela provisória.

É indiferente, para tanto, qual seja seu fundamento, de urgência ou da evidência (art. 937, VIII), e, tampouco, que se trate de decisão que deferiu o pedido, que o indeferiu, que postergou sua análise para outro instante do processo, quiçá para depois de estabelecido o contraditório como réu (hipótese que, em rigor, deve ser compreendida como *indeferimento*, ao menos quando o caso for de urgência) ou que condicionou a concessão a algum comportamento de seu beneficiário (um depósito judicial do valor controvertido, por exemplo)[32].

Também é indiferente que a interlocutória verse sobre quaisquer questões relativas ao *cumprimento* da tutela provisória. Nesta hipótese, aliás, o cabimento do agravo de instrumento decorre não só da devida interpretação do *caput* e do inciso I do art. 1.015 proposta por este *Curso*, mas, também, de seu parágrafo único, que traz à mente o disposto nos arts. 297, 519, 520, 521 e 527, todas elas passíveis de contraste imediato pelo recurso aqui analisado[33].

2.2 Mérito do processo

As decisões interlocutórias que versam sobre o mérito do processo são as mais variadas possíveis, cabendo destacar que o Código de Processo Civil reconhece expressamente o julgamento antecipado parcial do mérito no art. 356, reiterando, em seu § 5º, o cabimento do agravo de instrumento.

Também o art. 354 permite que a "extinção do processo" nele prevista seja *parcial*, e, diante das hipóteses dos incisos II e III do art. 487 – que fazem menção a decisões de mérito –, é cabível o agravo de instrumento, o que é reiterado pelo parágrafo único daquele

32. Nesse sentido é o Enunciado n. 70 da I Jornada de Direito Processual Civil do CJF: "É agravável o pronunciamento judicial que postergar a análise de pedido de tutela provisória ou condicioná-la a qualquer exigência".

33. A respeito do tema, cabe dar destaque ao quanto decidido pela 3ª Turma do STJ no REsp 1.827.553/RJ, rel. Min. Nancy Andrighi, j.un. 27-8-2019, *DJe* 29-8-2019, de cuja ementa se lê o seguinte: "O conceito de 'decisão interlocutória que versa sobre tutela provisória' abrange as decisões que examinam a presença ou não dos pressupostos que justificam o deferimento, indeferimento, revogação ou alteração da tutela provisória e, também, as decisões que dizem respeito ao prazo e ao modo de cumprimento da tutela, a adequação, suficiência, proporcionalidade ou razoabilidade da técnica de efetivação da tutela provisória e, ainda, a necessidade ou dispensa de garantias para a concessão, revogação ou alteração da tutela provisória, motivo pelo qual o art. 1.015, I, do CPC/15, deve ser lido e interpretado como uma cláusula de cabimento de amplo espectro, de modo a permitir a recorribilidade imediata das decisões interlocutórias que digam respeito não apenas ao núcleo essencial da tutela provisória, mas também que se refiram aos aspectos acessórios que estão umbilicalmente vinculados a ela". Não obstante, a mesma 3ª Turma do STJ já teve oportunidade de recusar agravo de instrumento para contrastar de imediato custos de depósito derivado do cumprimento da tutela provisória (REsp 1.752.049/PR, rel. Min. Nancy Andrighi, *DJe* 15-3-30219).

dispositivo. É entendimento que deve guiar a recorribilidade imediata da decisão que rejeitar liminarmente a reconvenção, como propõe o n. 6.2.5 do Capítulo 2 da Parte I[34].

Na hipótese do inciso II do art. 1.015 está compreendida também a hipótese de o magistrado indeferir a homologação de acordo que lhe é apresentado pelas partes, determinando o prosseguimento do processo. Trata-se de decisão que *versa* o mérito do processo, em função de seu conteúdo (art. 487, III, *b*), mas, como não põe fim à etapa de conhecimento na primeira instância, deve ser compreendida como interlocutória (art. 203, § 2º).

Nos casos em que o agravo de instrumento é interposto contra decisões *parciais*, é correto entender que as interlocutórias anteriores relacionadas as elas devam ser recorridas na mesma oportunidade ou nas contrarrazões a serem apresentadas ao próprio agravo de instrumento, aplicando-se, por analogia, o disposto nos §§ 1º e 2º do art. 1.009[35].

Para quem defende a ambiguidade de algumas previsões dos procedimentos especiais acerca da natureza jurídica das decisões neles proferidas, a despeito da ressalva feita pelo § 1º do art. 203, que sugere se tratar, quando o Código de Processo Civil assim as qualifica, de *sentenças*, a sua recorribilidade imediata encontra fundamento no inciso II do art. 1.015[36]. Eventuais dúvidas acerca daquela temática e do recurso cabível, mormente diante da amplitude do dispositivo aqui analisado dão ensejo ao princípio da fungibilidade recursal, como propõe o n. 2.1 do Capítulo 2.

2.3 Rejeição da alegação de convenção de arbitragem

De acordo com o inciso III do art. 1.015, cabe agravo de instrumento das interlocutórias que versarem sobre rejeição da alegação de convenção de arbitragem.

Aqui, o verbo "versar" empregado pelo *caput* do art. 1.015 não permite entender indiferente o conteúdo da decisão. É que, pela sistemática processual, a hipótese só pode ser de afastamento da alegação feita pelo réu em sede de contestação (art. 337, X) e não de seu acolhimento. Fosse essa a hipótese, de acolhimento, o processo receberia a sentença prevista no inciso VII do art. 485, expresso a seu respeito – trata-se, inequivocamente, de sentença à luz do § 1º do art. 203 –, e seu contraste desafiaria o recurso de apelação (art. 1.009, *caput*).

Como a rejeição daquela preliminar significa o *prosseguimento* do processo perante a jurisdição estatal em detrimento da jurisdição arbitral – a hipótese é incontestavelmente de decisão interlocutória (art. 203, § 2º) –, justifica-se o agravo de instrumento.

34. Nesse sentido é o Enunciado n. 154 do FPPC: "É cabível agravo de instrumento contra ato decisório que indefere parcialmente a petição inicial ou a reconvenção".

35. Nesse sentido é o Enunciado n. 611 do FPPC: "Na hipótese de decisão parcial com fundamento no art. 485 ou no art. 487, as questões exclusivamente a ela relacionadas e resolvidas anteriormente, quando não recorríveis de imediato, devem ser impugnadas em preliminar do agravo de instrumento ou nas contrarrazões".

36. Bem ilustra o quanto afirmado o Enunciado n. 177 do FPPC: "A decisão interlocutória que julga procedente o pedido para condenar o réu a prestar contas, por ser de mérito, é recorrível por agravo de instrumento".

Não há espaço para interpretar o inciso III do art. 1.015 para admitir o agravo de instrumento contra *outras* hipóteses que versem sobre *competência jurisdicional, como se dá com a incompetência relativa ou absoluta*[37]. A hipótese do inciso é restrita aos casos em que a incompetência do juízo *estatal* é desafiada em função de convenção de arbitragem[38].

Para estes últimos casos, o descabimento do agravo de instrumento é significativo da aplicação do sistema do CPC de 2015: o prejudicado com a decisão deve aguardar o proferimento da sentença e, consoante o caso, submeter a questão à segunda instância em sede de recurso de apelação ou de contrarrazões de apelação (art. 1.009, §§ 1º e 2º). Se o inconformismo for aceito, põe-se a questão de saber até que ponto o processo ou alguns de seus atos podem ser aproveitados (inclusive, em se tratando de competência, com fundamento no § 4º do art. 64) ou têm de ser praticados novamente. É o risco que, ao descartar o contraste imediato de um sem-fim de interlocutórias, foi assumido pelo CPC de 2015 e deve ser respeitado pelo intérprete e pelo aplicador do direito.

2.4 Rejeição do pedido de gratuidade da justiça ou acolhimento do pedido de sua revogação

Levando em conta o verbo "versar", a hipótese do inciso V do art. 1.015 conduz à indiferença de seu conteúdo.

Assim, é admissível o agravo de instrumento da decisão que, *versando* sobre a *rejeição* do pedido de gratuidade da justiça, indefere-o para conceder os benefícios, total ou parcialmente (art. 98, §§ 5º e 6º), ou o defere para negá-los.

Também da interlocutória que, *versando* sobre o *acolhimento* do pedido de sua *revogação*, defere-o para *retirar*, total ou parcialmente, os benefícios anteriormente concedidos ou o indefere para *preservá-los*[39].

É o que se extrai do inciso V do art. 1.015, levando em conta, como deve ser, os elementos textuais do *caput* do dispositivo e a necessária dinâmica do pedido de concessão e de revogação dos benefícios da justiça gratuita, nos termos do art. 100.

Ademais, a mesma diretriz pode ser extraída do *caput* do art. 101.

37. Diante da afirmação, fica alterado o entendimento que o autor deste *Curso* chegou a sugerir até a 3ª edição de seu *Novo Código de processo Civil anotado*, p. 939, de 2017.

38. Diferentemente do que já pareceu possível à 4ª Turma do STJ, sob relatoria do Ministro Luis Felipe Salomão, no julgamento do REsp 1.679.909/RS, j. un. 14-11-2017, *DJe* 1º-2-2018, ainda que, naquele caso, houvesse razões de direito intertemporal que poderiam conduzir a entendimento diverso.

39. Nesse sentido é o Enunciado n. 612 do FPPC: "Cabe agravo de instrumento contra decisão interlocutória que, apreciando pedido de concessão integral da gratuidade da Justiça, defere a redução percentual ou o parcelamento das despesas processuais".

2.5 Exibição ou posse de documento ou coisa

O inciso VI do art. 1015 prevê o cabimento do agravo de instrumento da decisão que *versar* sobre exibição ou posse de documento ou coisa.

Aqui o verbo do *caput* viabiliza a interpretação de que é indiferente o conteúdo e o sentido da interlocutória. Também permite entender que quaisquer decisões interlocutórias proferidas no âmbito daquele incidente (arts. 396 a 404), independentemente de ele ser instaurado em face da parte contrária ou de terceiro, sejam indistintamente agraváveis de instrumento[40].

2.6 Litisconsórcio

O máximo rendimento das hipóteses previstas nos incisos do art. 1.015 a partir do verbo "versar" constante de seu *caput*, outrossim, conduz ao entendimento de que cabe agravo de instrumento indistintamente contra a decisão que *deferir* ou a que *indeferir* a *exclusão de litisconsorte* (art. 1.015, VII), tanto quanto contra a decisão que *deferir* ou a que *indeferir* o pedido de limitação do litisconsórcio (art. 1.015, VIII).

O ângulo de análise da hipótese feita pelos incisos VII e VIII do art. 1.015 (haver pedido de exclusão de litisconsorte ou pedido de desmembramento de litisconsórcio) parece pressupor atividade do réu. Nada mais do que isso. O magistrado, estabelecido o contraditório, decidirá, *versando* sobre o pedido e, nos termos do *caput* do art. 1.015, é inquestionável a admissão do agravo de instrumento independentemente de qual seja o conteúdo da decisão, de acolhimento ou de rejeição.

Se a *inclusão* do litisconsorte for determinada oficiosamente pelo magistrado, o que encontra fundamento no parágrafo único do art. 115, é também correto entender pela pertinência do agravo de instrumento contra a decisão que o faz. O que ocorre, em tais hipóteses, é que o agravo de instrumento se vincula ao contraditório (antecipado, como regra ou postecipado, excepcionalmente) em que ao menos uma das partes se manifeste contra a inclusão do litisconsorte. A decisão, nessa perspectiva, ainda que praticada oficiosamente, terá versado sobre o tema, sendo indiferente seu conteúdo para os fins do inciso VII do art. 1.015.

Ademais, não há como recusar o cabimento do agravo de instrumento na hipótese de se *acolher* o pedido de limitação do litisconsórcio, ao contrário do que a interpretação isolada

40 Defendendo a amplitude do cabimento do agravo de instrumento para a hipótese é o REsp 1.798.939/SP da 3ª Turma do STJ, rel. Min. Nancy Andrighi, j.un. 12-11-2019, *DJe* 21-22-2019, de cuja ementa se lê: "5- Partindo dessa premissa, a referida hipótese de cabimento abrange a decisão que resolve o incidente processual de exibição instaurado em face de parte, a decisão que resolve a ação incidental de exibição instaurada em face de terceiro e, ainda, a decisão interlocutória que versou sobre a exibição ou a posse de documento ou coisa, ainda que fora do modelo procedimental delineado pelos arts. 396 e 404 do CPC/15, ou seja, deferindo ou indeferindo a exibição por simples requerimento de expedição de ofício feito pela parte no próprio processo, sem a instauração de incidente processual ou de ação incidental."

do inciso VIII do art. 1.015 pode sugerir. Como, nesse caso, haverá consequente *exclusão* de litisconsorte, a incidência do inciso VII do mesmo artigo é inquestionável.

2.7 Admissão ou inadmissão de intervenção de terceiros

Os incisos IV e IX do art. 1.015 tratam de intervenções de terceiro e, por isso, merecem exame conjunto. O inciso IV destaca o incidente de desconsideração da personalidade jurídica, novidade expressada pelos arts. 133 a 137 e o inciso IX refere-se à "admissão ou inadmissão de intervenção de terceiros".

A despeito da fórmula redacional distinta, o entendimento correto, diante do *caput* do art. 1.015, é que o cabimento do agravo de instrumento se justifica independentemente do conteúdo da decisão interlocutória, isto é, sobre admitir ou não a intervenção de *quaisquer modalidades de intervenção de terceiro*, incluindo a instauração (ou não) do incidente de desconsideração da personalidade jurídica diante de seus respectivos pressupostos autorizadores.

Sobre a desconsideração de personalidade jurídica, é correto entender que a falta de referência à sua admissão ou inadmissão significa que as decisões interlocutórias proferidas no bojo do próprio incidente que se instaura para os fins de redirecionamento dos atos executivos são recorríveis de imediato, ainda que isso se dê na etapa de conhecimento do processo. Exceção é a hipótese do § 2º do art. 134, em que, rigorosamente, não há motivo para a instauração do incidente.

O agravo de instrumento previsto no *caput* do art. 136 só se justifica quando a decisão for interlocutória. Na hipótese de o incidente, instaurado na etapa de conhecimento do processo, acabar sendo julgado quando do proferimento da sentença, o recurso cabível é a apelação (art. 1.009, *caput*), não sendo desnecessário recordar, a propósito, do disposto no § 3º do art. 1.009: "O disposto no *caput* deste artigo aplica-se mesmo quando as questões mencionadas no art. 1.015 integrarem capítulo da sentença".

A respeito do *amicus curiae*, cabe destacar a exceção contida no *caput* do art. 138, que recusa a recorribilidade imediata da decisão que *admitir* sua oitiva ou que a determinar. Não, contudo, das decisões que negarem a participação daquele terceiro, o que faz atrair a regra geral do inciso IX aqui comentado.

2.8 Concessão, modificação ou revogação do efeito suspensivo aos embargos à execução

A decisão que *versa* sobre *concessão*, *modificação* ou *revogação* do efeito suspensivo aos embargos à execução (art. 1.015, X) é, diante de sua própria *textualidade*, tanto a positiva como a negativa, a neutra ou a condicionante: *indeferir* o efeito suspensivo aos embargos à execução é, sem dúvida, hipótese que está compreendida entre as alternativas possíveis de uma decisão que *versa* sobre a sua concessão, tal qual requerida pelo embargante[41].

Até porque, nessa específica situação, é irrecusável que a hipótese também se amolda com perfeição à hipótese do inciso I do art. 1.015: o pedido de efeito suspensivo nos embargos à execução é manifestação inequívoca de "tutela provisória" ou, mais corretamente, de exercício do dever-poder geral de antecipação ou de cautela pelo magistrado.

De resto, não há razão para restringir o cabimento do agravo de instrumento àqueles acontecimentos nos *embargos* à *execução*. Não fosse por tudo o que decorre das próprias previsões legislativas, a começar pelo próprio inciso X do art. 1.015, a pertinência daquele recurso, por identidade de razões, dá-se também quando se tratar de pedido de efeito suspensivo a *impugnação* ao cumprimento de sentença (art. 525, § 6º), o que se justifica diante da sistemática decorrente dos *capi* dos arts. 513 e 771.

2.9 Redistribuição do ônus da prova

O inciso XI do art. 1.015 admite o agravo de instrumento que *versar* sobre a "redistribuição do ônus da prova nos termos do art. 373, § 1º".

O recurso é pertinente independentemente do conteúdo da decisão que tenha como objeto aquela importante regra de flexibilização do ônus da prova. Assim, por exemplo, quando a redistribuição é determinada, inclusive oficiosamente, quando ela não é negada e quando ela acarretar o quadro desautorizado pelo § 2º do mesmo art. 373[42]. É indiferente, para tal fim, que a inversão do ônus da prova tenha sido determinada com fundamento no art. 6º, VIII, do Código do Consumidor[43]. Também é correto entender que o agravo de instrumento seja tirado quando a decisão que redistribuir o ônus da prova o faça apenas na sua perspectiva econômica, determinando, assim, que a parte que não requereu a produção do meio de prova antecipe o custeio correspondente, inclusive eventuais honorários periciais.

Não é correto interpretar o dispositivo amplamente, contudo, para dele extrair o cabimento do agravo de instrumento para quaisquer outras hipóteses relativas ao direito probatório, inclusive as que dizem respeito ao deferimento ou ao indeferimento de sua produção.

O que importa sublinhar para esses casos é que o descabimento do agravo de instrumento não é impeditivo para que o prejudicado com a decisão tome outras providências previstas no

41. No mesmo sentido é o Enunciado n 71 da I Jornada de Direito Processual Civil do CJF: "É cabível o recurso de agravo de instrumento contra a decisão que indefere o pedido de atribuição de efeito suspensivo a Embargos à Execução, nos termos do art. 1.015, X, do CPC".

42. Nesse sentido, com relação à hipótese do inciso XI do art. 1.015 é o Enunciado n. 72 da II Jornada de Direito Processual Civil do CJF: "É admissível a interposição de agravo de instrumento tanto para a decisão interlocutória que rejeita a inversão do ônus da prova, como para a que a defere".

43. STJ, 3ª Turma, REsp 1.802.025/RJ, rel. Min. Nancy Andrighi, j.un. 17-9-2019, *DJe* 20-9-2019.

sistema do próprio CPC de 2015. Assim, além de poder aguardar o proferimento da sentença e, consoante o caso, submeter a questão à segunda instância em sede de recurso de apelação ou de contrarrazões de apelação (art. 1.009, §§ 1º e 2º), poderá tomar a iniciativa de colher as provas de imediato, valendo-se do disposto nos arts. 381 a 383, pretendendo, em seguida, seu transporte para o processo em que originalmente sua produção foi indeferida.

2.10 Outros casos

O inciso XIII do art. 1.015, por fim, estabelece que cabe agravo de instrumento em "outros casos expressamente referidos em lei"[44].

A referência é feita não só para os diversos dispositivos do próprio Código de Processo Civil que se referem ao cabimento do agravo de instrumento[45], mas também aos casos em que o cabimento daquele recurso é previsto pela legislação extravagante[46].

2.11 Liquidação, cumprimento de sentença, processo de execução e inventário

De acordo com o parágrafo único do art. 1.015, "Também caberá agravo de instrumento contra decisões interlocutórias proferidas na fase de liquidação de sentença ou de cumprimento de sentença, no processo de execução e no processo de inventário".

A melhor interpretação para o dispositivo é a de não vincular a recorribilidade imediata às hipóteses do *caput* do dispositivo. Assim, é bastante o proferimento da interlo-

44. O veto presidencial que recaiu sobre o inciso XII do art. 1.015 relacionava-se à decisão que convertia a "ação individual" em "ação coletiva" nos termos do art. 333 do CPC de 2015, também vetado.

45. Que são os seguintes: art. 101, *caput* (agravo de instrumento contra decisão que indefere gratuidade ou que acolhe pedido de sua revogação); art. 354, parágrafo único (decisão de extinção parcial do processo); 356, § 5º (decisão que julga antecipada e parcialmente o mérito); e art. 1.037, § 13, I (decisão de primeira instância que se pronuncia sobre a submissão ou não do caso ao regime de recursos extraordinário e especial repetitivos e, por identidade de motivos, a IRDR; v.: STJ, 3ª Turma, REsp 1.717.387/PB, rel. Min. Paulo de Tarso Sanseverino, j.un. 8-10-2019, *DJe* 15-10-2019 e STJ, 3ª Turma, REsp 1.846.109/SP, rel. Min. Nancy Andrighi, j.un. 10-12-2019, *DJe* 13-12-2019). Além disso, o § 1º do art. 1.027 se refere ao agravo de instrumento no contexto do recurso ordinário para o STJ, ainda que seu cabimento fique adstrito às hipóteses do art. 1.015.

46. A título de ilustração, cabe a lembrança do § 1º do art. 7º da Lei n. 12.016/2009 para as decisões que concedem ou que negam liminar em mandado de segurança impetrado na primeira instância; do § 10 do art. 17 da Lei n. 8.429/92 (incluído pela MP n. 2.225-45/2001) para as decisões que recebem a petição inicial das chamadas "ações de improbidade administrativa" e, no âmbito da Lei n. 11.101/2005, dos seguintes dispositivos: art. 17 para a decisão que julga impugnações de crédito; do § 2º do art. 59, que prevê o agravo de instrumento contra a decisão que defere a recuperação judicial, e do art. 100 para a sentença que decreta a falência, todos preservados incólumes, a despeito das modificações incorporadas àquele diploma pela Lei n. 14.112/2020. Sobre o tema cabe lembrar do Enunciado n. 69 da I Jornada de Direito Processual Civil, que propõe interpretação ampla da referência feita pelo parágrafo único a "processo de execução" para abranger as decisões interlocutórias proferidas em geral nos "processos concursais, de falência e recuperação".

cutória nas situações nele mencionadas, independentemente de seu conteúdo ou de sua compreensão à luz das hipóteses dos incisos do *caput*, para que sua recorribilidade imediata seja reconhecida[47].

Um exemplo tem o condão de ilustrar o alcance do quanto afirmado: proferida interlocutória que indefere produção de determinada prova na liquidação pelo procedimento comum (arts. 509, II, e 511), cabe agravo de instrumento. Se o indeferimento ocorrer, contudo, por ocasião do saneamento e organização do processo na etapa de conhecimento do processo (art. 357, II), não há previsão para o cabimento daquele mesmo recurso.

O entendimento aqui defendido é tão mais sistemático quando se verifica na disciplina codificada para o recurso ordinário que o cabimento do agravo de instrumento para o Superior Tribunal de Justiça nos processos em que são partes, de um lado, Estado estrangeiro ou organismo internacional e, de outro, Município ou pessoa residente ou domiciliada no País (art. 105, II, *c*, da CF e art. 1.027, II, *b*, do CPC de 2015) há referência expressa a que o cabimento daquele recurso se dará "nas hipóteses do art. 1.015" (art. 1.027, § 1º, do CPC de 2015).

O parágrafo único do art. 1.015 também convida ao entendimento de que as decisões que põem fim à etapa de *liquidação*, seja ela por arbitramento ou pelo procedimento comum, são invariavelmente *interlocutórias* e, consequentemente, agraváveis de instrumento[48].

Serão, contudo, sentenças as decisões que põem fim à etapa de cumprimento de sentença e ao "processo de execução", o que encontra fundamento bastante no § 1º do art. 203[49]. Seu contraste perante a instância recursal, destarte, deve se dar por apelação (art. 1.009, *caput*), embora todas as interlocutórias proferidas naquelas sedes sejam agraváveis de instrumento, a afastar a aplicação dos §§ 1º e 2º daquele dispositivo para a espécie.

---

47. A CE do STJ teve oportunidade de se manifestar sobre o tema no exato sentido do texto. A referência é feita ao REsp 1.803.925/SP, rel. Min. Nancy Andrighi, j.un. 1º-8-2019, *DJe* 6-8-2019, de cuja ementa se lê o seguinte: "4- Para as decisões interlocutórias proferidas em fases subsequentes à cognitiva – liquidação e cumprimento de sentença –, no processo de execução e na ação de inventário, o legislador optou conscientemente por um regime recursal distinto, prevendo o art. 1.015, parágrafo único, do CPC/2015, que haverá ampla e irrestrita recorribilidade de todas as decisões interlocutórias, quer seja porque a maioria dessas fases ou processos não se findam por sentença e, consequentemente, não haverá a interposição de futura apelação, quer seja em razão de as decisões interlocutórias proferidas nessas fases ou processos possuírem aptidão para atingir, imediata e severamente, a esfera jurídica das partes, sendo absolutamente irrelevante investigar, nessas hipóteses, se o conteúdo da decisão interlocutória se amolda ou não às hipóteses previstas no *caput* e incisos do art. 1.015 do CPC/2015". Há julgados do STJ entendendo o cabimento do agravo de instrumento contra a decisão que, na fase de cumprimento de sentença, determina a intimação do executado na pessoa de seu advogado, para cumprir obrigação de fazer sob pena de multa (3ª Turma, REsp 1.758.800/MG, rel. Min. Nancy Andrighi, j.un. 18-2-2020, *DJe* 21-2-2020 e 4ª Turma, AgInt no AREsp 1.257.439/SP, rel. Min. Antonio Carlos Ferreira, j.un. 24-8-2020, *DJe* 28-8-2020).

48. É tema a que o autor deste *Curso* se voltou em seus *Comentários ao Código de Processo Civil*, v. X, p. 64-69. No mesmo sentido é o Enunciado n. 154 da II Jornada de Direito Processual Civil do CJF: "O recurso cabível contra a decisão que julga a liquidação de sentença é o Agravo de Instrumento".

49. É a conclusão que o autor deste *Curso* expõe, com relação à impugnação ao cumprimento de sentença, em seus *Comentários ao Código de Processo Civil*, v. X, p. 261-262. A 4ª Turma do STJ já teve oportunidade de se manifestar sobre o assunto no julgamento do REsp 1.698.344/MG, rel. Min. Luis Felipe Salomão, j.un. 22-5-2018, *DJe* 1º-8-2018.

Indevida, por fim, a generalização partir da previsão do cabimento de agravo de instrumento nas interlocutórias proferidas no "processo de inventário" para concluir que todas as interlocutórias de quaisquer outros procedimentos especiais são igualmente contrastáveis de imediato por aquela espécie recursal. Cada procedimento especial, por sê-lo, tem sua especificidade, inclusive com relação à natureza jurídica das decisões neles proferidas ao longo do processo, o que traz à tona, inclusive, a expressa ressalva feita pelo já mencionado § 1º do art. 203.

Não obstante tais considerações, havendo, como há, dúvida sobre a natureza jurídica quanto à natureza jurídica da decisão que encerra a etapa de liquidação ou do cumprimento de sentença, do processo de execução e, mais amplamente, de alguma decisão proferida nos diversos procedimentos especiais, e, consequentemente, sendo controvertido o cabimento do recurso correspondente, a hipótese é de aplicação do princípio da fungibilidade, como propõe o n. 2.1 do Capítulo 2.

2.12 Uma reflexão necessária

A única forma de recusar a interpretação defendida pelos números anteriores, que, em última análise, busca dar o máximo rendimento às hipóteses previstas pelo legislador, sempre levando em conta os elementos textuais disponibilizados no próprio dispositivo, seria a de entender que a taxatividade decorrente do rol do *caput* do art. 1.015 agrediria o modelo constitucional do direito processual civil.

A proposta é sedutora, máxime para quem, como este *Curso*, defende o princípio do duplo grau de jurisdição, mas não deve ser aceita[50]. O duplo grau não tem a abrangência de viabilizar o controle imediato de toda e de qualquer decisão interlocutória em grau recursal, mas sim de viabilizar o exame amplo (e irrestrito) do que foi julgado por uma instância e por outra, com composição diversa.

Como as decisões interlocutórias não agraváveis de instrumento na etapa de conhecimento do processo são recorríveis com a apelação (ou nas contrarrazões a elas apresentadas), não há qualquer crítica que possa ser feita, dessa perspectiva, à escolha do CPC de 2015. Não havendo inconstitucionalidade, a escolha do legislador, ainda que possa não ser do agrado do intérprete e do aplicador do direito processual civil, que, se pudesse, faria outra, ela deve ser acatada.

Assim, ainda que a opção feita pelo CPC de 2015 possa não atender todas as necessidades do foro – e é inconteste que a não recorribilidade imediata de uma série de interlocutórias pode causar algum prejuízo imediato ao desfavorecido –, é importante criar outros mecanismos e outras técnicas para a tutela jurisdicional adequada e tempestiva de quaisquer informações de direito, ameaçados ou lesionados, dentro do sistema processual civil posto. É o que o número

50. Outra formulação, não menos interessante, é a de William Santos Ferreira, para quem o cabimento do agravo de instrumento deveria ser extraído da necessidade premente de revisão da decisão interlocutória, sob pena de inocuidade daquele segmento recursal, que é a orientação que acabou sendo acolhida pela maioria da CE do STJ quando da fixação da tese 988 em sede de recurso especial repetitivo. Sua apresentação e desenvolvimento estão nos *Comentários ao Código de Processo Civil*, v. 4, que o autor deste *Curso* teve o privilégio de coordenar. Pelas razões expostas no texto, contudo, não há como concordar com o eminente processualista da PUC-SP.

anterior propõe seja feito com relação à produção antecipada de provas. Com relação a questões relacionadas à competência, superada a discussão no âmbito do próprio processo, a decisão pode, consoante o caso, gerar, até mesmo, a rescisória com fundamento no inciso II do art. 966.

Generalizar o uso do mandado de segurança contra ato judicial, medida que, na década de 1980 até meados da década de 1990, consagrou-se como *sucedâneo recursal* para fazer as vezes do que, naquela época, o regime do agravo de instrumento não permitia, é iniciativa paradoxal e que deve ser repelida[51]. Isso porque, em rigor, o cabimento do mandado de segurança contra ato judicial para aquele fim pressupõe a inviabilidade de o cabimento do agravo de instrumento ser restritivo como o é. Ocorre que, nessa hipótese, o adequado não é tolerar o uso daquele sucedâneo recursal e, sim, reconhecer, caso a caso, a inconstitucionalidade da restrição e, consequentemente, admitir o cabimento (e o processamento, sem quaisquer ressalvas) do próprio agravo de instrumento[52].

Embora em contexto diverso, era o que já propugnava este *Curso* com relação às restrições quanto ao cabimento do agravo interno nas hipóteses do parágrafo único do art. 527 do CPC de 1973. A questão não podia se limitar a uma solução prática de admitir o mandado de segurança contra ato judicial contra texto expresso de lei (que vedava o colegiamento da decisão monocrática), mas o de reconhecer o cabimento do próprio agravo interno diante da inconstitucionalidade da restrição feita pelo legislador de então. Quando menos – e, por força de uma especificidade do sistema recursal decorrente diretamente do modelo constitucional –, admitir, ao menos naqueles casos, que a decisão monocrática irrecorrível era o bastante para abrir a competência recursal *extraordinária* do Supremo Tribunal Federal e a competência recursal *especial* do Superior Tribunal de Justiça[53].

3. INTERPOSIÇÃO

Os arts. 1.016 e 1.017 tratam dos requisitos formais das razões de agravo de instrumento e parecem partir do pressuposto de que os autos do processo em que proferida a decisão agravada são físicos, isto é, de papel, dando ensejo à interposição de um recurso também físico, em

---

51. Para um panorama do mandado de segurança contra ato judicial, v., com proveito, as seguintes obras: Kazuo Watanabe, *Controle jurisdicional: princípio da inafastabilidade do controle jurisdicional no sistema jurídico brasileiro e mandado de segurança contra atos judiciais*; Teresa Arruda Alvim, *Medida cautelar, mandado de segurança e ato judicial*, e Carlos Alberto de Salles, Mandado de segurança contra atos judiciais: as Súmulas 267 e 268 do STF revisitadas. O autor deste *Curso* também se voltou ao assunto em seu *Liminar em mandado de segurança: um tema com variações*, p. 299-300; *Mandado de segurança*, p. 64-69; *A nova lei do mandado de segurança*, p. 20-22, e em artigo escrito em homenagem ao saudoso Professor Donaldo Armelin, O mandado de segurança contra ato judicial e o parágrafo único do art. 527 do Código de Processo Civil, p. 83-99.

52. Bem ilustra o acerto da afirmação o quanto decidido pela 4ª Turma do STJ no julgamento do RMS 58.578/SP, rel. Min. Raul Araújo, j.un. 18-10-2018, *DJe* 25-10-2018, antes do enfrentamento do tema pela CE do STJ, acentuando, na oportunidade, a "dúvida razoável" relativa ao cabimento do agravo de instrumento contra decisão sobre competência.

53. Para a exposição do tema, v. o n. 4 do Capítulo 7 da Parte I do v. 5 das edições anteriores ao CPC de 2015.

papel, a ensejar novos autos perante o Tribunal competente. É o que explica uma série de exigências feitas por aqueles dispositivos que, em rigor, são desnecessárias em se tratando de processo *eletrônico* como, aliás, não deixa de reconhecer o § 5º do próprio art. 1.017.

A petição será dirigida ao Tribunal competente no prazo de quinze dias (úteis) – e, se for o caso, com as dobras pertinentes –, cabendo ao agravante demonstrar a ocorrência de eventuais feriados que possam interferir na fluência (e não só no vencimento) do prazo. Também cabe ao agravante demonstrar o recolhimento das custas e do porte de remessa e retorno dos autos, consoante o caso (art. 1.017, § 1º).

A identificação do Tribunal competente não apresenta nenhuma peculiaridade: em se tratando de Justiça Estadual ou distrital, competente é o Tribunal de Justiça do respectivo Estado ou do Distrito Federal; em se tratando de Justiça Federal, é o Tribunal Regional Federal da respectiva Região.

Quando se tratar de exercício de competência *federal* delegada a juízo *estadual* – o que se dá apenas na hipótese do § 3º do art. 109 da Constituição Federal, na redação da EC n. 103/2019 – competente é o Tribunal Regional Federal da respectiva Região, aplicando-se o disposto no § 4º do art. 109 da Constituição Federal[54].

A entrega da petição observará o disposto no § 2º do art. 1.017: (i) será realizada, mediante protocolo, diretamente no tribunal competente para julgá-la; ou (ii) será realizada, mediante protocolo, na própria comarca, seção ou subseção judiciárias; ou (iii) será enviada pelo correio em carta registrada com aviso de recebimento[55]; ou (iv) será transmitida por fac-símile (fax), observando-se, nesse caso, o disposto na Lei n. 9.800/99, específica para o tema, sendo certo que as peças de formação do instrumento só devem ser apresentadas quando do protocolo da via original, despicienda, portanto, que elas também sejam enviadas por fax (art. 1.017, § 4º)[56]; ou (v) observará outras soluções das leis locais, previsão que se harmoniza com o § 3º do art. 1.003.

As razões recursais devem indicar, de acordo com o art. 1.016: (i) os nomes das partes (agravante a agravado); (ii) a exposição do fato e do direito; (iii) as razões do pedido de reforma ou de invalidação da decisão e o próprio pedido; e (iv) o nome e o endereço completo dos procuradores constantes do processo.

54. A orientação encontra eco seguro na jurisprudência do STJ, que subsiste ao CPC de 2015. A referência é feita à Súmula 55 daquele Tribunal, assim enunciada: "Tribunal Regional Federal não é competente para julgar recurso de decisão proferida por juiz estadual não investido de jurisdição federal".

55. Lembrando que, nesse caso, o prazo de quinze (ou trinta) dias úteis é para a postagem do agravo de instrumento no correio e não para que o correio entregue as razões recursais e seus documentos de instrução na sede do Tribunal. É o que decorre do § 4º do art. 1.003.

56. Sobre o emprego de aparelhos de fax para a prática de atos processuais, há acórdão da 3ª Turma do STJ que afasta do art. 2º da Lei n. 9.800/99, que concede o prazo de cinco dias para a juntada dos originais perante o órgão jurisdicional competente, sua fluência apenas nos dias úteis (art. 219, parágrafo único, do CPC de 2015), em razão de sua especificidade. Trata-se do AgInt no AREsp 1.046.954/SC, rel. Min. Marco Aurélio Bellizze, j.un. 27-6-2017, *DJe* 3-8-2017.

A exigência do inciso I do art. 1.016 quer viabilizar a identificação de quem é o agravante e de quem é o agravado, com a devida correlação de seu papel no processo de origem, se autores, réus ou terceiros intervenientes. Se sua qualificação já constar dos autos, é desnecessária sua reapresentação, ainda que sua indicação seja sempre oportuna.

De acordo com o inciso II do art. 1.016, cabe ao agravante descrever com exatidão a decisão recorrida e o contexto fático e jurídico em que ela foi proferida, fornecendo ao Tribunal os elementos necessários e suficientes para compreender adequadamente a controvérsia, inclusive na perspectiva dos documentos de formação do agravo, quando eles forem necessários.

O conteúdo do inciso III do art. 1.016 traz à tona o princípio da dialeticidade. O agravo de instrumento, como todo recurso, deve ser fundamentado. Não é suficiente que o agravante demonstre o seu inconformismo com a decisão que lhe causa, em alguma medida, *prejuízo*. É indispensável que ele justifique por que aquele prejuízo deve ser afastado com o acolhimento de seu recurso.

A exigência do inciso IV do art. 1.016, por fim, se justifica pela necessidade de as intimações do Tribunal serem feitas a quem representa as partes. Isso porque os autos (quando físicos) do processo estão na primeira instância. O que está no Tribunal e viabiliza o julgamento da decisão interlocutória questionada é o "instrumento" (art. 1.017), daí o ônus da alegação do agravante. Tratando-se de autos eletrônicos, em que o instrumento é pertinentemente dispensado (art. 1.017, § 5º), essa exigência, correlatamente, tende a ser meramente formal.

Nos casos em que o réu ainda não foi citado ou em que, mais amplamente, ele não está representado nos autos do processo, importa que o agravante comprove essa situação para dar cumprimento às exigências da regra aqui comentada. Pode fazê-lo com mera declaração naquele sentido, o que encontra respaldo bastante no inciso II do art. 1.017, desnecessária qualquer certidão cartorária ou exigências formais similares para tanto.

O art. 1.016 é silente a respeito, mas o agravante pode, consoante o caso, requerer a atribuição de efeito suspensivo ao recurso, valendo-se do disposto dos referenciais do parágrafo único do art. 995. Também poderá requerer o que a prática forense consagrou com o nome de efeito *ativo*, no sentido de pedir, de imediato, a concessão da medida negada na primeira instância e que motivou o agravo de instrumento, adotando-se a interpretação ampla que propõe o n. 7.2 do Capítulo 1.

O fundamento do pedido daquele efeito, concessível *ope judicis*, ainda que no âmbito recursal, é o mesmo da providência negada e decorre dos genéricos arts. 297, 300 e do próprio parágrafo único do art. 995. A hipótese, ademais, ainda que com a nomenclatura defasada, copiada do CPC de 1973, é prevista expressamente no inciso I do art. 1.019[57].

---

57. O dispositivo é reprodução literal do inciso III do art. 527 do CPC de 1973, na redação que lhe deu a Lei n. 10.352/2001: "poderá atribuir efeito suspensivo ao recurso (art. 558), ou deferir, em antecipação de tutela, total ou parcialmente, a pretensão recursal, comunicando ao juiz sua decisão".

3.1 Formação do instrumento

O agravo de instrumento tem esse nome porque historicamente ele se desenvolve em autos próprios, formados a partir dos elementos dos autos da primeira instância em que proferida a decisão interlocutória recorrida, viabilizando seu contraste de imediato perante o Tribunal competente. Os autos do processo continuam na primeira instância. O Tribunal conhecerá deles por intermédio do instrumento que será formado pelo agravante e que deverá ser apresentado com as razões do recurso[58].

Como já destacado, a percepção é a de que o CPC de 2015 trata do assunto na perspectiva de que os autos em que proferida a decisão agravada são físicos, o que justifica a formação do instrumento. Contudo – e pertinentemente –, o § 5º do art. 1.017 (após o estabelecimento de todas as regras relativas à escorreita formação do instrumento, analisadas em seguida) dispensa de maneira expressa a formação do instrumento quando se tratar de autos eletrônicos. Mesmo nesse caso, cabe ao agravante, em harmonia com a previsão do inciso III do art. 1.017, juntar, com a petição de interposição do agravo de instrumento, outros documentos que entenda úteis para a compreensão da controvérsia.

Sendo autos físicos, o instrumento do agravo deve documentar suficientemente o que este *Curso* sempre chamou de *contexto decisório*.

O CPC de 2015, no particular, segue os passos do CPC de 1973 e distingue as peças de formação do instrumento em *obrigatórias* (art. 1.017, I) e *facultativas* (art. 1.017, III). É indispensável considerar, contudo, que existem peças *essenciais* à compreensão do referido contexto decisório e que, por isso, não podem deixar de ser apresentadas.

O inciso I do art. 1.017 impõe que o instrumento seja formado por cópia das seguintes peças, consideradas, por isso mesmo, *obrigatórias*: (i) petição inicial; (ii) contestação; (iii) petição que ensejou a decisão agravada; (iv) decisão agravada; (v) certidão da respectiva intimação ou outro documento oficial que comprove a tempestividade do recurso[59]; e (vi)

---

58. Para a visão histórica e desenvolvimento do instituto, v. Teresa Arruda Alvim, em seu *Os agravos no CPC brasileiro*, p. 25-101.

59. Ainda sob a vigência do CPC de 1973, a CE do STJ teve oportunidade de decidir em sede de recurso especial repetitivo, em entendimento que permanece íntegro para o CPC de 2015, que, "Considerando a prerrogativa que possui a Fazenda Nacional de ser intimada das decisões, por meio da concessão de vista pessoal e, em atenção ao princípio da instrumentalidade das formas, pode a certidão de concessão de vistas dos autos ser considerada elemento suficiente à demonstração da tempestividade do agravo de instrumento, substituindo a certidão de intimação legalmente prevista". Trata-se do REsp repetitivo n. 1.383.500/SP, rel. Min. Benedito Gonçalves, j.un. 17-2-2016, *DJe* 26-2-2016. Anteriormente, a 2ª Seção daquele mesmo Tribunal, também em sede de repetitivo, já havia assentado (em orientação válida para o CPC de 2015) que: "A ausência da cópia da certidão de intimação da decisão agravada não é óbice ao conhecimento do Agravo de Instrumento quando, por outros meios inequívocos, for possível aferir a tempestividade do recurso, em atendimento ao princípio da instrumentalidade das formas". A referência é feita ao REsp repetitivo n. 1.409.357/SC, rel. Min. Sidnei Beneti, j.m.v. 14-5-2014, *DJe* 22-5-2014.

procurações outorgadas aos advogados do agravante e do agravado, que devem ser dispensadas em se tratando de advogados públicos, membros do Ministério Público e da Defensoria Pública, sendo suficiente, nesses casos, declinar tal condição.

Se não houver possibilidade de apresentação de alguma dessas peças, cabe ao agravante, por intermédio de seu procurador, declarar a circunstância, "sob pena de sua responsabilidade pessoal" (art. 1.017, II).

O inciso III do art. 1.017 admite que o agravante apresente, para formação do instrumento, outras peças que entenda úteis, deixando claro que sua juntada é *facultativa*.

O dispositivo precisa ser lido com cuidado pela própria razão de ser do recurso em exame, mormente quando processado em autos físicos. Se a formação do instrumento se justifica para que o Tribunal tenha acesso a todas as informações importantes para averiguação do contexto fático e jurídico no qual foi proferida a decisão que se pretende ver reexaminada, nada mais coerente do que entender que todas as peças que disserem respeito àquele contexto – o já referido "contexto decisório" – precisam ser apresentadas ao Tribunal para que ele tenha ciência do que é e do que não é *essencial* à compreensão da controvérsia.

Embora formulada originalmente para o agravo do art. 544 do CPC de 1973, quando ainda se processava por instrumento, antes, portanto, do advento da Lei n. 12.322/2010, a diretriz da Súmula 288 do Supremo Tribunal Federal deve ser aplicada também aos agravos de instrumento interpostos das interlocutórias da primeira instância[60]. Sempre que uma peça processual for mencionada pelo agravante e seu exame for indispensável à compreensão das razões de inconformismo com o agravante, nada mais coerente que exigir, do próprio agravante, que cópia daquela peça seja apresentada para exame[61].

O agravo de instrumento dirigido, por exemplo, ao indeferimento de antecipação dos efeitos da tutela provisória diante da ausência dos pressupostos autorizadores (arts. 300 e/ou 311), precisa *documentar* ao Tribunal não só o indeferimento, a tempestividade do recurso, a regular representação processual das partes e a petição em que se formulou aquele pedido (peças *obrigatórias*), mas também os documentos que foram apresentados e que, não obstante, não sensibilizaram o magistrado, que proferiu a decisão que enseja o agravo de instrumento.

Outro exemplo é o de agravo de instrumento interposto contra a decisão que se nega a redistribuir o ônus da prova, ao ensejo do saneamento e organização do processo (art. 357, III). Nesse caso, além da decisão saneadora, considerada peça obrigatória, eventuais pedidos de esclarecimentos podem se mostrar essenciais à compreensão da controvérsia.

---

60. O enunciado daquela Súmula é o seguinte: "Nega-se provimento a agravo para subida de recurso extraordinário, quando faltar no traslado o despacho agravado, a decisão recorrida, a petição de recurso extraordinário ou qualquer peça essencial à compreensão da controvérsia".

61. O autor deste *Curso* teve oportunidade de se voltar ao assunto em artigo intitulado: "Súmulas 288, 282 e 356 do STF: uma visão crítica de sua (re)interpretação mais recente pelos tribunais superiores".

Destarte, o inciso III do art. 1.016 merece ser interpretado amplamente para entender que a referência nele feita a "peças úteis" compreenda não só as "peças facultativas", assim consideradas as que *podem* ser apresentadas pelo agravante para robustecer o desacerto da decisão agravada e a necessidade de sua anulação ou reforma, mas também as "peças *essenciais*" à compreensão da controvérsia, assim entendido o adequado "contexto decisório" a partir do qual o agravante requer o provimento de seu recurso.

Tais peças podem consistir em outras extraídas do processo além daquelas mencionadas no inciso I do art. 1.017, ou podem ser peças ainda não trazidas a conhecimento do juízo da primeira instância, mas cuja apresentação acaba por se justificar ao ensejo da interposição do agravo de instrumento.

O § 3º do art. 1.017 cuida da possibilidade de eventuais vícios na formação do instrumento serem sanados por determinação do relator, não fazendo qualquer discriminação entre peças *obrigatórias* ou *essenciais*. É previsão que decorreria, de forma suficiente, do parágrafo único do art. 932, mas cuja especificidade é bem-vinda para eliminar qualquer dúvida acerca de sua ocorrência[62]. Com a iniciativa, caem por terra os entendimentos que, sob a égide do CPC de 1973, sustentavam diferentemente e que já mereciam crítica, tal qual a faziam as edições anteriores ao CPC de 2015 deste *Curso*[63]. Se, contudo, a determinação não for atendida ou, quando menos, não for devidamente justificada a inércia na prática da providência, o caso é de não conhecimento do agravo de instrumento[64].

A falta de apresentação de "peças *facultativas*", de seu turno, só interfere na formação do agravo de instrumento, reclamando o mesmo regime quando se tratar de peça referida nas razões recursais, mas não apresentadas pelo agravante.

Todas as peças podem ser apresentadas em cópias, bastando, nesse caso, que o procurador (do agravante ou do agravado, conforme o caso) declare sua autenticidade. A iniciativa encontra fundamento bastante no inciso IV do art. 425.

4. APRESENTAÇÃO NA PRIMEIRA INSTÂNCIA

Considerando que o agravo de instrumento é interposto diretamente no Tribunal competente para julgá-lo, que realizará seu juízo de admissibilidade, põe-se o problema de como o agravado terá acesso a ele.

62. Nesse sentido: STJ, 3ª Turma, REsp 1.810.437/RS, rel. Min. Paulo de Tarso Sanseverino, j.un. 25-6-2019, *DJe* 1º-7-2019.

63. A referência é feita ao n. 3.2 do Capítulo 7 da Parte I do v. 5. De se destacar, contudo, orientação da CE do STJ no sentido de se admitir a complementação das peças de formação do instrumento, ainda que obrigatórias. A referência é feita ao REsp repetitivo n. 1.102.467/RJ, rel. Min. Massami Uyeda, j.m.v. 2-5-2012, *DJe* 29-8-2012, no qual foi estabelecida a seguinte tese: "no agravo do artigo 522 do CPC, entendendo o Julgador ausente peças necessárias para a compreensão da controvérsia, deverá ser indicado quais são elas, para que o recorrente complemente o instrumento".

64. Nesse sentido, antes do CPC de 2015, já havia decidido a 2ª Seção do STJ no REsp repetitivo 1.102.467/RJ, rel. Min. Massami Uyeda, j.un. 2-5-2012, *DJe* 29-8-2012.

Para obviar a necessidade de o agravado deslocar-se até a sede do Tribunal, o *caput* e os §§ 2º e 3º do art. 1.018 impõem que o agravante junte cópia do agravo, da comprovação de sua interposição, e a relação de documentos segundo instrução na primeira instância, em três dias (úteis) contados da interposição do agravo de instrumento. A despeito do silêncio da regra, é importante entender que eventual documento *novo* apresentado pelo agravante como lhe permite o inciso III do art. 1.017, deva ser apresentado também, exigência necessária para viabilizar o exercício de pleno contraditório pelo agravado, inclusive na perspectiva do art. 435.

A despeito da utilização do verbo "poder" pelo *caput* do art. 1.018, que poderia sugerir que a juntada na primeira instância é mera faculdade do agravante, trata-se de verdadeiro ônus, porque a não apresentação é expressamente sancionada pelo § 3º do dispositivo. Para tanto, contudo, o agravado deverá arguir e provar o descumprimento do preceito, como estatui o mesmo dispositivo[65].

O § 2º do art. 1.018 contém também regra mais do que justificável, que dispensa a juntada do agravo de instrumento na primeira instância quando se tratar de autos eletrônicos. Nesse caso, diante da própria sistemática do processo eletrônico, a providência é dispensável, tanto quanto o próprio instrumento (art. 1.017, § 5º)[66]. Caso, contudo, a despeito do sistema eletrônico, não seja viável ao agravado ter acesso *imediato* ao agravo de instrumento *e* a eventuais documentos novos com ele juntados, o agravante deve apresentá-los na primeira instância (ainda que eletronicamente), sob pena de não conhecimento prevista no § 3º do art. 1.018.

Importa entender o dispositivo, por isso mesmo, no sentido de que a dispensa da apresentação em primeira instância pressupõe mais que a existência de autos eletrônicos em primeira e em segunda instâncias. É mister que os sistemas apresentem indispensável *interoperabilidade*, isto é, que a diversidade de sistemas eventualmente operante não obste, por razões tecnológicas, a consulta eletrônica dos autos com plena integração de informações[67].

De qualquer sorte, antes de deixar de conhecer o agravo de instrumento por inobservância da exigência feita pelo § 3º do art. 1.018, compete ao relator intimar o agravante para suprir sua falta ou, se for o caso, complementar a comunicação efetuada em parte[68].

---

65. Há julgados do STJ entendendo que cabe ao agravado indicar não só o descumprimento da regra, mas também o prejuízo experimentado com a inércia do agravante. Assim, *v.g.*: 2ª Seção, AgInt nos EREsp 1.727.899/DF, rel. Min. Ricardo Villas Bôas Cueva, j.un. 18-8-2020, *DJe* 24-8-2020 e 3ª Turma, REsp 1.758.943/SP, rel. Min. Ricardo Villas Bôas Cueva, j.un. 23-6-2020, *DJe* 26-6-2020.

66. Reiterando a regra legal é o Enunciado n. 15 do CEAPRO: "A exigência de juntada aos autos do processo de cópia da petição do agravo de instrumento se aplica exclusivamente quando os autos do agravo não forem eletrônicos".

67. Nesse sentido é o Enunciado n. 53 do TJMG: "Até que sejam unificados os sistemas eletrônicos de 1º e 2º graus, deverão ser juntadas as peças para a formação do instrumento de agravo".

68. É o entendimento sufragado pelo Enunciado n. 73 da I Jornada de Direito Processual Civil do CJF: "Para efeito de não conhecimento do agravo de instrumento por força da regra prevista no § 3º do art. 1.018 do CPC, deve

A comunicação ou, consoante o caso, a juntada do agravo de instrumento perante o juízo prolator da decisão agravada quer também viabilizar que ela seja revista. Trata-se de manifestação clara do efeito *regressivo* do recurso de agravo de instrumento. É essa a razão pela qual o § 1º do art. 1.018 estabelece que, se houver reforma integral da decisão, o relator considerará prejudicado o agravo de instrumento (art. 932, III). Na hipótese de o efeito regressivo operar apenas em parte, com a reforma parcial da decisão agravada, o agravo de instrumento será julgado quanto ao capítulo subsistente da decisão, ficando prejudicado apenas em parte.

Inexiste regra no CPC de 2015, tal qual a que constava na versão original do recurso de agravo de instrumento no CPC de 1973, ainda antes das profundas reformas introduzidas àquela espécie recursal pela Lei n. 9.139/95, de o agravado requerer, na hipótese de retratação (total ou parcial), o prosseguimento do agravo de instrumento para fins de julgamento[69].

A despeito do silêncio do atual regime, o rigor do § 1º do art. 1.018 merece ser amenizado quando, sendo hipótese alcançada pelo art. 1.015, houver manifestação expressa do agravado para que o agravo seja julgado e desde que seja estabelecido, com o agravante, o cabível contraditório na espécie a partir da nova decisão. É solução que se harmoniza com o princípio da eficiência processual, impondo-se o pagamento das custas eventualmente já pagas pela interposição (e, se o caso, porte de remessa) do agravo na sucumbência final. Se a nova decisão não se amoldar ao art. 1.015, não resta ao agravado outra alternativa que não se voltar a ela, oportunamente, em suas razões ou contrarrazões de apelação nos termos dos §§ 1º e 2º do art. 1.009.

5. PROCESSAMENTO E JULGAMENTO

O art. 1.019 trata das providências a serem tomadas pelo relator quando do recebimento do agravo de instrumento.

Se o caso não comportar rejeição monocrática pela não superação do juízo de admissibilidade recursal (art. 932, III) ou porque a hipótese é de improvimento liminar (art. 932, IV), o relator tomará as seguintes providências no prazo de cinco dias (úteis): (i) poderá atribuir efeito suspensivo ao recurso ou deferir o que a prática do foro conhece como efeito *ativo*, comunicando sua decisão ao juízo da primeira instância; (ii) determi-

o juiz, previamente, atender ao art. 932, parágrafo único, e art. 1.017, § 3º, do CPC, intimando o agravante para sanar o vício ou complementar a documentação exigível".

69. Era o que decorria do § 6º do art. 527 do CPC de 1973, na redação dada pela Lei n. 5.925/73, ainda na *vacatio legis* daquele Código: "Não se conformando o agravado com a nova decisão poderá requerer, dentro de cinco (5) dias, a remessa do instrumento ao tribunal, consignando em cartório a importância de preparo feito pela parte contrária, para ser levantado por esta, se o tribunal negar provimento ao recurso".

nará a intimação do agravado pessoalmente, por carta com aviso de recebimento, quando não tiver procurador constituído, pelo *Diário da Justiça*, ou por carta com aviso de recebimento dirigida ao seu advogado, para que apresente contrarrazões no prazo de quinze dias (úteis), facultando-lhe juntar a documentação que entender necessária ao julgamento do recurso; (iii) determinará a intimação do Ministério Público, preferencialmente por meio eletrônico, para que se manifeste no prazo de quinze dias (úteis), quando for o caso de sua intervenção.

Para além das hipóteses previstas no *caput* e nos incisos do art. 1.019, caberá ao relator também, se for o caso, determinar ao agravante que *complemente* o instrumento ou, de forma mais ampla, pratique algum ato que permita sanar eventuais irregularidades capazes de comprometer o conhecimento do recurso (arts. 1.017, § 3º, e 932, parágrafo único).

O CPC de 2015 suprimiu a irrecorribilidade da decisão relativa ao efeito suspensivo, inclusive o *ativo*, pleiteado pelo agravante na petição de interposição do agravo de instrumento (art. 1.019, I), o que decorria do (inconstitucional) parágrafo único do art. 527 do CPC de 1973, na redação que lhe havia dado a Lei n. 11.187/2005. A decisão está sujeita ao controle do colegiado competente nos termos do art. 1.021.

Também não há – nem teria sentido que houvesse, dada a supressão daquela espécie recursal – possibilidade de o relator converter o agravo de instrumento em agravo retido, tal qual previa o inciso II do art. 527 do CPC de 1973. Aquela modalidade recursal não foi preservada pelo CPC de 2015.

Uma terceira diferença perceptível na comparação do regime do agravo de instrumento entre o CPC de 2015 e o CPC de 1973 está na ausência de previsão para que o relator colha informações do juízo prolator da decisão agravada, o que era previsto expressamente pelo inciso V do art. 527, do CPC de 1973. A medida quer impor maior agilidade ao processamento do agravo de instrumento, sendo certo, outrossim, que a prática demonstrava que aquelas informações nada ou pouco acrescentavam às razões já expostas na própria decisão agravada. Sendo o modelo de processo desejado pelo CPC de 2015 *cooperativo (art. 6º)*, contudo, nada há que impeça que, consoante as peculiaridades do caso, o relator determine a prévia oitiva do prolator da decisão agravada para mais bem decidir.

O quórum do julgamento colegiado é de três Desembargadores (art. 941, § 2º).

O julgamento do agravo de instrumento deve sempre preferir o da apelação interposta no mesmo processo (art. 946, *caput*). Se coincidir de ambos os recursos serem julgados na mesma sessão, o agravo de instrumento terá precedência (art. 946, parágrafo único).

Questão que deriva do disposto no *caput* do art. 946 consiste em saber se, já proferida, em primeira instância, sentença, subsiste interesse recursal ao agravo de instrumento ainda não julgado.

Nos casos em que haja apelação interposta da sentença, não há como recusar o entendimento de que subsiste o interesse, situação à qual se aplica, em sua inteireza, o disposto no precitado parágrafo único do art. 946.

Nas hipóteses em que não há interposição de apelação e que, por isso mesmo, a sentença tende a transitar em julgado, a questão ganha maior interesse.

Há duas formas de analisar o tema. A primeira rejeita o entendimento de que o agravo de instrumento fique prejudicado, subsistindo o interesse em seu julgamento, a despeito do proferimento da sentença irrecorrida. A segunda, diferentemente, entende que a não interposição do apelo deve ser entendida como indicativo de que o agravante não tem mais interesse jurídico no julgamento do agravo de instrumento, comprometendo, portanto, a subsistência do recurso.

O Superior Tribunal de Justiça já teve oportunidade de analisar a questão quando entendeu que o proferimento da sentença, por si só, não impede necessariamente, e em qualquer caso, o julgamento do agravo de instrumento e, se for o caso, a manutenção de seus efeitos, quando já julgado. Para tanto, é mister examinar o teor da decisão impugnada no agravo de instrumento e o da sentença, comparando-os. Na medida em que eles tratem da mesma questão sem aprofundamento da cognição jurisdicional, não há qualquer óbice para que o Tribunal julgue o agravo de instrumento, prevalecendo a decisão a ser proferida naquela sede sobre a sentença por força da hierarquia que existe entre aqueles órgãos jurisdicionais. Quando houver alteração do quadro fático subjacente à decisão agravada e à sentença, contudo, a solução é diversa, prevalecendo, por força do *aprofundamento* da cognição jurisdicional, o quanto decidido pela primeira instância e, consequentemente, a subsistência no *interesse* do julgamento do agravo de instrumento[70]. A orientação é correta e merece subsistir para o CPC de 2015.

É cabível sustentação oral nos casos em que o agravo de instrumento for dirigido a decisões interlocutórias relativas à tutela provisória de urgência ou da evidência (art. 937, VIII), sem prejuízo de cada Tribunal, por intermédio de seu regimento interno, admitir outras hipóteses de sustentação naquele recurso (art. 937, IX).

No agravo de instrumento tirado contra a decisão que julga antecipadamente o mérito (art. 356, § 5º), ressalvada expressa previsão regimental que a preveja, sua admissibilidade pressupõe interpretação ampla e *substancial* da hipótese do inciso I do art. 937, ao se referir

---

70. É o que se verifica, por exemplo, dos seguintes julgados: 3ª Turma, AgRg no REsp 1.382.254/SP, rel. Min. João Otávio de Noronha, j.un. 10-3-2016, *DJe* 28-3-2016; CE, EAREsp 488.188/SP, rel. Min. Luis Felipe Salomão, j.un. 7-10-2015, *DJe* 19-11-2015, e 4ª Turma, AgRg no AgRg no REsp 1.107.955/DF, rel. Min. Marco Buzzi, j.un. 15-12-2015, *DJe* 1º-2-2016. É certo, contudo, que a 3ª Turma do STJ, mais recentemente, teve oportunidade de decidir que a não interposição do apelo é fator suficiente para prejudicar o recurso especial interposto de acórdão que julgara recurso especial. Trata-se do Resp 1.750.079/SP, rel. Min. Nancy Andrighi, j.un. 13-8-2019, *DJe* 15-8-2019.

à apelação[71]. A especificidade da regra deve ser respeitada, sob pena de querer atribuir àquele recurso de agravo de instrumento todo o regime jurídico da apelação, o que tem o condão de comprometer a eficiência processual que justifica o julgamento antecipado e parcial de mérito, inclusive o regime jurídico de seu cumprimento provisório (art. 356, § 3º)[72].

De qualquer sorte, em se tratando de agravo de instrumento interposto contra aquela decisão (art. 356, § 5º), a técnica de colegiamento deverá ser aplicada sempre que o agravo for provido, por maioria, para *reformar* aquela decisão (art. 942, § 3º, II)[73]. Nesse caso, é irrecusável, dada a especificidade da previsão, que haja sustentação oral perante os novos julgadores, que compõem o colegiado ampliado (art. 942, *caput*).

O agravo de instrumento deverá ser julgado em, no máximo, um mês, contado da intimação do agravado. Tratando-se de prazo em mês e não em dias, ele não se beneficia da contagem somente em dias úteis do *caput* do art. 219. É verificar as condições estruturais e organizacionais dos nossos Tribunais para conseguirem cumprir esse prazo.

71. É o sentido do Enunciado n. 61 da I Jornada de Direito Processual Civil do CJF: "Deve ser franqueado às partes sustentar oralmente as suas razões, na forma e pelo prazo previsto no art. 937, *caput*, do CPC, no agravo de instrumento que impugne decisão de resolução parcial de mérito (art. 356, § 5º, do CPC)".

72. É o que propõe o Enunciado n. 13 do CEAPRO: "O efeito suspensivo automático do recurso de apelação, aplica-se ao agravo de instrumento interposto contra a decisão parcial do mérito prevista no art. 356". O autor deste *Curso* voltou-se ao tema em outro trabalho seu, *Comentários ao Código de Processo Civil*, v. X, p. 261/262, para criticar aquele entendimento.

73. Também se aquele resultado (a reforma da decisão parcial de mérito) for obtido pelo julgamento, por maioria, de embargos de declaração apresentados do acórdão do agravo de instrumento. Nesse sentido: STJ, 3ª Turma, REsp 1.841.584/SP, rel. Min. Ricardo Villas Bôas Cueva, j.un. 10-12-2019, *DJe* 13-12-2019.

Capítulo 4

Agravo interno

1. CONSIDERAÇÕES INICIAIS

Para este *Curso,* é parte integrante do modelo constitucional do direito processual civil o chamado princípio da colegialidade. Tal princípio, no que interessa para cá, deve ser entendido como significativo de que todas as decisões dos Tribunais devem ser colegiadas, diferentemente do que ocorre no âmbito da primeira instância, estruturada a partir de um órgão jurisdicional formado por um único magistrado[1]. O colegiado é, destarte, o "juiz natural" no âmbito dos Tribunais.

Isso não significa afirmar, já que se trata de princípio jurídico, que a lei não possa, como faz, forte na concretização de outros princípios processuais civis, admitir o proferimento de decisões monocráticas pelos membros dos Tribunais. No entanto – e a ressalva é característica da operação com quaisquer princípios jurídicos –, a admissão só é legítima na medida em que se possa assegurar a manifestação colegiada.

O relator, destarte, pode decidir isoladamente em determinados casos *desde que* sua decisão possa ser reexaminada pelo órgão colegiado. O Tribunal, como órgão colegiado, é que tem competência para a apreciação dos recursos e, mais amplamente, das causas que lhe são dirigidas. O que a lei pode, legitimamente, fazer é *delegar* aos membros isolados dos Tribunais a prática de alguns atos, inclusive decisórios, tal como faz o art. 932, sempre resguardada, contudo, a possibilidade de manifestação do colegiado competente.

O agravo interno é o recurso que viabiliza o controle de decisão proferida monocraticamente no âmbito dos Tribunais pelo colegiado competente de acordo com as normas regimentais aplicáveis à espécie.

---

1. Embora peculiar ao direito do trabalho, importa recordar que, até o advento da EC n. 24/99, os órgãos de primeira instância trabalhista eram formados por três magistrados: um de carreira e dois classistas, que representavam empregadores e empregados. Aquela configuração foi extinta com a referida Emenda, que deu nova redação aos arts. 112 e 113 da CF. Posteriormente, a EC n. 45/2004 acabou por alterar novamente o texto do art. 112.

As edições deste *Curso* anteriores ao CPC de 2015 sempre defenderam o entendimento de que o agravo interno decorria do sistema processual civil analisado a partir do modelo constitucional, sendo, por isso, inconstitucional qualquer restrição com relação ao colegiamento de *toda e qualquer* decisão proferida no âmbito dos Tribunais. Também que era inconstitucional querer extrair recurso para fins de colegiamento de normas regimentais porque a iniciativa era (e continua a ser) violadora do inciso I do art. 22 da Constituição Federal e da competência da União Federal para legislar sobre *processo* civil, aí incluídas, como para cá interessa, as espécies recursais[2].

O art. 1.021, ao prever, genericamente, o cabimento do agravo interno contra *todas* as decisões monocráticas, acabou solucionando questão tormentosa existente à época do CPC, de 1973 que, de um lado, aceitava restrições ao agravo interno contra determinadas decisões[3] e, de outro, parecia pressupor que existência ou não daquele recurso era matéria passível de regulamentação pelos regimentos internos dos Tribunais, dando ensejo ao que a prática consagrou com o nome de agravos *regimentais*. É iniciativa que, nessa perspectiva, deve ser exaltada e que se mostra absolutamente harmônica com o que, mesmo antes do CPC de 2015, já se mostrava ser o entendimento mais correto.

Há uma exceção quanto a esse entendimento e que é expressa no CPC de 2015. A decisão monocrática proferida pelo Presidente dos Tribunais de Justiça e Regionais Federais (ou por quem, de acordo com as disposições regimentais aplicáveis) que negar seguimento a recurso especial ou a recurso extraordinário *não submetido ao regime da repercussão geral ou dos repetitivos* não comporta agravo interno. A hipótese, por força de sua especificidade, é de agravo em recurso especial e em recurso extraordinário, cuja disciplina se encontra no art. 1.042.

2. CABIMENTO

Embora a anunciação feita pelo *caput* do art. 1.021 seja suficientemente ampla para atestar a hipótese de cabimento do agravo interno – ele cabe de toda e qualquer decisão monocrática no âmbito dos Tribunais –, é irrecusável deixar de verificar que, em diversas outras passagens, o CPC de 2015 prevê o cabimento daquele recurso a partir de hipóteses específicas.

É o que se dá, por exemplo, nas seguintes situações: art. 136, parágrafo único (agravo interno da decisão monocrática que conclui a instrução, no âmbito do Tribunal, do inciden-

---

2. É o que ocupava, no contexto dos recursos, o n. 5 do Capítulo 7 da Parte I do v. 5 das edições anteriores ao CPC de 2015 deste *Curso*.

3. As mais polêmicas delas estavam no parágrafo único do art. 527 do CPC de 1973, na redação da Lei n. 11.187/2005, que, em última análise, proibiam o colegiamento das decisões monocráticas que determinavam a retenção do agravo de instrumento e que indeferiam efeito suspensivo a agravo de instrumento. Para além do *Curso*, seu autor se voltou ao tema mais demoradamente em outra obra, *A nova reforma do Código de Processo Civil*, v. 1, p. 224-242.

te de desconsideração da personalidade jurídica); art. 1.030, § 2º (agravo interno da decisão monocrática que nega seguimento a recurso extraordinário ou especial sem repercussão geral ou contrário a tese fixada em sede de repetitivos e também que sobresta o andamento de recurso extraordinário e especial submetido ao regime dos repetitivos)[4]; art. 1.035, § 7º (agravo interno da decisão monocrática que não exclui recurso extraordinário sobrestado em razão do regime de repercussão geral, que deixar de inadmitir recurso extraordinário intempestivo naquela mesma situação ou que aplicar o entendimento firmado no âmbito da repercussão geral ou dos recursos repetitivos); art. 1.036, § 3º (agravo interno da decisão monocrática que indeferir requerimento para exclusão da decisão de sobrestamento e indeferimento de recurso especial ou extraordinário intempestivo) e art. 1.037, § 13, II (agravo interno da decisão monocrática relativa ao prosseguimento do processo diante da distinção entre a questão do caso e aquela a ser julgada no âmbito do recurso especial ou extraordinário repetitivo).

A iniciativa, que acaba, de qualquer sorte, a transformar o art. 1.021 em verdadeira regra genérica da disciplina daquele recurso, merece ser vista como uma tentativa de o Código de Processo Civil evidenciar o cabimento daquele recurso e evitar, com isso, qualquer tentativa de interpretação restritiva quanto às hipóteses de seu manejo, o que esbarraria, não obstante, no modelo constitucional.

Sem prejuízo das diversas previsões codificadas, cabe recordar que o recurso é também previsto no subsistente art. 39 da Lei n. n. 8.038/90, a chamada lei dos recursos, segundo o qual "Da decisão do Presidente do Tribunal, de Seção, de Turma ou de Relator que causar gravame à parte, caberá agravo para o órgão especial, Seção ou Turma, conforme o caso, no prazo de 5 (cinco) dias" e em diversos outros diplomas legislativos processuais civis extravagantes.

3. PETIÇÃO DE INTERPOSIÇÃO

A petição do agravo interno deve impugnar especificadamente os fundamentos da decisão recorrida. A exigência, feita expressamente pelo § 1º do art. 1.021, é manifestação pertinente do princípio da dialeticidade recursal. A falta da impugnação específica leva ao juízo *negativo* de admissibilidade do recurso, o que encontra fundamento no inciso III do art. 932.

---

4. A respeito daquela hipótese, a I Jornada de Direito Processual Civil do CJF editou o Enunciado n. 77, assim redigido: "Para impugnar decisão que obsta trânsito a recurso excepcional e que contenha simultaneamente fundamento relacionado à sistemática dos recursos repetitivos ou da repercussão geral (art. 1.030, I, do CPC) e fundamento relacionado à análise dos pressupostos de admissibilidade recursais (art. 1.030, V, do CPC), a parte sucumbente deve interpor, simultaneamente, agravo interno (art. 1.021 do CPC) caso queira impugnar a parte relativa aos recursos repetitivos ou repercussão geral e agravo em recurso especial/extraordinário (art. 1.042 do CPC) caso queira impugnar a parte relativa aos fundamentos de inadmissão por ausência dos pressupostos recursais".

O agravo interno será dirigido ao relator da decisão agravada, que intimará o agravado para manifestar-se sobre o recurso no prazo de quinze dias úteis (art. 1.021, § 2º), sem prejuízo, consoante o caso, de o prazo vir a ser dobrado diante das mencionadas hipóteses codificadas.

O agravo interno tem efeito *regressivo*, pelo que é possível que o relator volte atrás em sua decisão. Para tanto, contudo, deve ouvir previamente o agravado, no que é claro o § 2º do art. 1.021. Ainda que não houvesse a previsão, o estabelecimento do prévio contraditório decorreria suficientemente do modelo constitucional e, no plano infraconstitucional, do art. 10 e do inciso V do art. 932.

Não havendo retratação, o que pressupõe, cabe frisar, a oportunidade de exercício do contraditório pelo agravado, o relator apresentará o recurso para julgamento pelo órgão colegiado. A prévia inclusão em pauta é expressamente prevista pela parte final do § 2º do art. 1.021, que, no particular, enfatiza a regra genérica do art. 934, e, diante da clareza da regra, não aceita qualquer exceção. A pauta deve ser publicada com antecedência mínima de cinco dias (úteis) em relação à sessão de julgamento (art. 935, *caput*), sob pena de nulidade[5].

4. PRAZO

O prazo para interposição do agravo interno é de quinze dias (úteis), regra geral prevista no § 5º do art. 1.003.

Em se tratando de membro do Ministério Público (art. 180, *caput*), da advocacia pública (art. art. 183, *caput*), e da Defensoria Pública (art. 186, *caput*), o prazo é dobrado para *trinta* dias úteis. Havendo litisconsortes com advogados de escritórios diversos e sendo os autos não eletrônicos, incide a dobra autorizada pelo art. 229, com as ressalvas dele decorrentes.

Ainda que seja certo o entendimento de que o art. 39 da Lei n. 8.038/90 não foi revogado pelo CPC de 2015 – o que fica claro com a leitura do inciso IV do art. 1.072 que não o menciona –, é correto entender que o prazo nele referido também foi ampliado para quinze dias, contados apenas nos dias úteis. Não fosse por força da regra genérica do precitado § 5º do art. 1.003 e do parágrafo único do art. 219, não há como escapar daquela conclusão diante da clareza do art. 1.070, assim redigido: "É de 15 (quinze) dias o prazo para a interposição de qualquer agravo, previsto em lei ou em regimento interno de tribunal, contra decisão de relator ou outra decisão unipessoal proferida em tribunal"[6].

---

5. Assim já teve oportunidade de decidir o STF: "Questão de ordem – Agravo interno julgado sem prévia inclusão em pauta – Inobservância dos preceitos inscritos no art. 934 e no art. 1.021, § 2°, ambos do CPC – Consequente invalidação do julgamento realizado pela Turma – Magistério da doutrina – Questão de ordem resolvida no sentido de invalidar-se o julgamento" (2ª Turma, Rel. Min. Celso de Mello, ARE 748.206 AgR-QO/SC, j.un. 18-4-2017, *DJe* 8-5-2017.

6. A respeito do assunto, cabe destacar o Enunciado n. 58 da I Jornada de Direito Processual Civil do CJF: "O prazo para interposição do agravo previsto na Lei n. 8.437/92 é de quinze dias, conforme o disposto no art. 1.070 do CPC".

Destarte, mesmo no âmbito do direito processual *penal*, é correto dizer que o prazo do agravo interno, inclusive quando interposto perante os Tribunais Superiores, é de quinze dias (úteis) e não de cinco dias, sempre observadas as dobras mencionadas, tendo sido *derrogado* o art. 39 da Lei n. 8.038/90 no que diz respeito ao estabelecimento do prazo recursal.

5. JULGAMENTO

O § 3º do art. 1.021 veda ao relator negar provimento pelas mesmas razões da decisão que proferiu (prática infelizmente comuníssima), o que é exigência decorrente não só da mesma dialeticidade recursal, mas também – e superiormente, porque imposição constitucional – da necessária motivação especificada de *todas* as decisões jurisdicionais (art. 93, IX, da CF e art. 489, § 1º, IV, do CPC de 2015).

5.1 Sustentação oral

O agravo interno só aceita sustentação oral nas hipóteses do § 3º do art. 937, isto é, quando interposto de decisão monocrática proferida em sede de ação rescisória, mandado de segurança e reclamação quando se tratar de decisão relativa a juízo de admissibilidade *negativo* da petição inicial, nos moldes dos arts. 330 e 332. A restrição deve ser enfatizada porque o texto do precitado § 3º só admite a sustentação oral "no agravo interno interposto contra a decisão de relator que o extinga". A *extinção* aí referida conduz sistematicamente às hipóteses do art. 330 (indeferimento da petição inicial) e art. 332 (improcedência liminar do pedido).

Foi vetada a previsão do inciso VII daquele mesmo dispositivo, que previa a realização da sustentação oral de maneira generalizada em quaisquer agravos internos, o que não inibe, contudo, na perspectiva do próprio Código de Processo Civil, que haja autorização regimental naquele sentido, por força não só do inciso IX do mesmo art. 937, mas também por força do *caput* do art. 1.021, que permite que os regimentos internos dos Tribunais complementem, quanto ao processamento, a disciplina relativa ao recurso aqui examinado.

Se o agravo interno for provido para viabilizar recurso que comporte sustentação oral, contudo, não há como deixar de viabilizar a sua realização por ocasião do julgamento do próprio recurso, ultrapassado, por definição, o anterior julgamento do agravo interno.

5.2 Aplicação de multa

Nas hipóteses em que o agravo interno for declarado manifestamente inadmissível (juízo negativo de admissibilidade) ou quando sua improcedência for manifesta (juízo de mérito), em ambas as hipóteses por votação unânime, o órgão colegiado, fundamentadamente, imporá ao agravante o pagamento de multa em favor do agravado a ser fixada entre um e cinco por cento do valor atualizado da causa (art. 1.021, § 4º).

É importante entender que o advérbio "manifestamente" empregado pelo dispositivo se refere tanto à inadmissibilidade como à improcedência[7], e que o órgão julgador reconheça essa situação para aplicação da multa. Deve haver, portanto, uma valoração negativa quanto ao descabimento ou à rejeição do agravo para autorizar a apenação a ser demonstrada em fundamentação específica relativa ao ponto. Por tal razão é que se mostra correto entender que a aplicação da multa não decorre tão somente da inadmissibilidade ou do improvimento do agravo interno[8].

O § 5º do art. 1.021 complementa a previsão prescrevendo que a interposição de qualquer outro recurso fica condicionada ao depósito prévio do valor daquela multa, excepcionando, de sua incidência, a Fazenda Pública e o beneficiário de gratuidade da justiça, que farão o pagamento ao final.

Não há espaço para criticar a possibilidade de apenar o litigante de má-fé pelo abusivo exercício do direito de recorrer, muito pelo contrário. O que é intolerável, sob pena de atritar com o modelo constitucional, é condicionar a interposição de qualquer outro recurso ao recolhimento prévio da multa, nos termos do § 5º do art. 1.021.

Ainda mais intolerável a censura diante da exceção feita por aquele dispositivo ao permitir ao Poder Público e ao beneficiário da justiça gratuita o pagamento da multa a final. Considerando o motivo que autoriza a multa (em última análise, litigância de má-fé), nada há que permita justificar o tratamento diferenciado. E, mesmo que se queira justificar o tratamento diferenciado com relação ao beneficiário da justiça gratuita – lembrando da genérica previsão do § 4º do art. 98 –, não há nada que explique o tratamento diferenciado dado às pessoas de direito público.

O fato é que a exigência do pagamento prévio de multa para recorrer atrita com o modelo constitucional do direito processual civil e não pode ser aceita. Ela interfere, indevidamente, na atuação das partes ao longo do processo e, consequentemente, atrita com o exercício do próprio direito de ação, que encontra no direito de recorrer desdobramento seu. A própria razão de um duplo grau de jurisdição, componente do modelo constitucional, fica apequenada diante da diretriz legal.

---

7. Expresso nesse sentido é o Enunciado n. 74 da I Jornada de Direito Processual Civil do CJF: "O termo 'manifestamente' previsto no § 4º do art. 1.021 do CPC se refere tanto à improcedência quanto à inadmissibilidade do agravo".

8. Nesse sentido: STJ, 2ª Seção, AgInt nos EREsp 1.120.356/RS, rel. Min. Marco Aurélio Bellizze, j.un. 24-8-2016, *DJe* 29-8-2016. A orientação vem sendo seguida por outros órgãos do STJ, como se pode constatar, por exemplo, dos seguintes julgados: CE, AgInt nos EDcl nos EDV nos EREsp 1.615.774/MG, rel. Min. Maria Thereza de Assis Moura, j.un. 25-8-2020, *DJe* 28-8-2020 e 1ª Turma, AgInt no AREsp 1.654.473/MG, rel. Min. Regina Helena Costa, j.un. 21-9-2020, *DJe* 23-9-2020.

O que é legítimo naquela perspectiva é que eventuais penas de litigância de má-fé sejam aplicadas ao longo do processo, inclusive na fase recursal, e, até mesmo, exigíveis de plano. Nunca, contudo, *condicionar* a prática de um ato processual ao pagamento do valor correspondente a uma sanção, máxime quando o recurso a ser interposto pretende questionar o acerto ou o desacerto do apenamento. Destarte, o melhor entendimento é considerar a exigência feita pelo § 5º do art. 1.021 como não escrita.

A se rejeitar o entendimento quanto à inconstitucionalidade da regra, cabe, quando menos, interpretar o § 5º do art. 1.021 à luz do princípio *constitucional* da isonomia, para que *todos* os sancionados pela multa fiquem sujeitos ao pagamento a final da multa – não somente o Poder Público e os beneficiários da Justiça gratuita –, sem prejuízo de, independentemente dela, recorrer, até para viabilizar a revisão das razões que justificam a sua incidência.

É supor, sem nenhum esforço, a circunstância de o acórdão que julga o agravo interno não ser fundamentado quanto às hipóteses que justificam a incidência da multa, ao arrepio, portanto, da expressa exigência do § 4º do art. 1.021 e, superiormente, de todo o arcabouço derivado diretamente do modelo constitucional que impõe o *dever* de motivação de qualquer decisão jurisdicional.

Não é suficiente, destarte, não obstante decisões do Superior Tribunal de Justiça nesse sentido, entender que o depósito prévio somente se justificaria para recursos que tenham como objetivo "discutir matéria já apreciada e com relação à qual tenha ficado reconhecida a existência de abuso no direito de recorrer", isto é, restringir a exigibilidade da multa ao segmento recursal que decorre da decisão que a aplica[9]. Embora o entendimento seja correto para extirpar do alcance do § 5º do art. 1.021 a interposição de outros recursos que não guardam nenhuma relação com a decisão apenadora, o mais correto é entender, pelas razões expostas acima, senão pela inconstitucionalidade da regra, pelo menos pela exigibilidade a final da multa para qualquer sujeito processual.

6. RECURSOS CABÍVEIS E OUTROS MEIOS DE CONTROLE

Do acórdão que julga o agravo interno caberá, conforme se façam presentes os seus respectivos pressupostos, embargos de declaração, recurso especial e recurso extraordinário.

No âmbito do Supremo Tribunal Federal e do Superior Tribunal de Justiça, não há como descartar o cabimento dos embargos de divergência, desde que presentes os pressupostos autorizadores do *caput* do art. 1.043. Por outro lado, o acórdão do agravo interno pode ser

9. Assim, *v.g.*: 3ª Turma, EDcl no AgInt no AREsp 966.430/SP, rel. Min. Moura Ribeiro, j.un.21-9-2020, *DJe* 24-9-2020; 3ª Turma, EDcl no AgInt no REsp 1.450.225/RJ, rel. Min. Moura Ribeiro, j.un. 21-8-2018, *DJe* 30-8-2018; 3ª Turma, EDcl no AgInt no REsp 1.554.992/DF, rel. Min. Moura Ribeiro, j.un. 24-4-2018, *DJe* 30-4-2018; 3ª Turma, REsp 1.675.915/MG, rel. Min. Moura Ribeiro, j.un. 24-4-2018, *DJe* 30-4-2018; 3ª Turma, AgRg no REsp 1.279.588/SP, rel. p/ acórdão Min. Marco Aurélio Bellizze, j.m.v. 15-9-2016, *DJe* 20-10-2016, e 4ª Turma, REsp 1.354.977/RS, rel. Min. Luis Felipe Salomão, j.un. 2-5-2013, *DJe* 20-5-2013.

utilizado como paradigma dos embargos de divergência perante aqueles Tribunais, o que encontra respaldo no § 1º do art. 1.043.

No que diz respeito aos recursos especial e extraordinário, cabe mencionar que a Corte Especial do Superior Tribunal de Justiça teve oportunidade de decidir, sob a égide do CPC de 1973, ser incabível a multa hoje prevista no § 4º do art. 1.021 quando a interposição do agravo interno se justifica no intuito de colegiamento da decisão monocrática e, pois, de exaurimento da instância local para fins de admissibilidade dos recursos extraordinário e especial[10]. A diretriz mantém-se hígida para o CPC de 2015 e deve ser prestigiada.

Fora do ambiente recursal, questão interessante que se coloca é sobre a aplicação da técnica de colegiamento do art. 942 por ocasião do julgamento do agravo interno. É supor a hipótese de haver decisão monocrática julgando apelação, rendendo ensejo à interposição de agravo interno perante o colegiado competente. No julgamento do agravo interno, há divergência entre os votantes. Aplica-se, nesse caso, o disposto no art. 942? A melhor resposta é *negativa*, considerando que, em rigor, a falta de unanimidade não se deu no julgamento da apelação (que foi julgada monocraticamente) e, sim, quando do julgamento do agravo interno. Entendimento diverso acabaria por conduzir ao entendimento de que o agravo interno é um prolongamento do recurso anterior, o que não condiz com o sistema recursal do Código de Processo Civil.

Pode ocorrer, contudo, de o julgamento do agravo interno se limitar a viabilizar o julgamento da própria apelação. Nesse caso, é irrecusável que no julgamento da própria apelação, seja observada a técnica do art. 942. Também quando o agravo interno se limitar a viabilizar o julgamento de ação rescisória e de agravo de instrumento interposto contra decisão que julga parcialmente o mérito (art. 942, § 3º).

De outra parte, o julgamento do agravo interno pode ensejar seu contraste por ação rescisória, desde que se façam presentes os respectivos pressupostos autorizadores nos termos do art. 966.

---

10. A referência é feita ao REsp repetitivo 1.198.108/RJ, rel. Min. Mauro Campbell Marques, j.un. 17-10-2012, *DJe* 21-11-2012, assim ementado: "PROCESSUAL CIVIL. RECURSO ESPECIAL REPRESENTATIVO DE CONTROVÉRSIA (ARTIGO 543-C DO CPC). VIOLAÇÃO DO ART. 557, § 2º, DO CPC. INTERPOSIÇÃO DE AGRAVO INTERNO CONTRA DECISÃO MONOCRÁTICA. NECESSIDADE DE JULGAMENTO COLEGIADO PARA ESGOTAMENTO DA INSTÂNCIA. VIABILIZAÇÃO DAS INSTÂNCIAS ORDINÁRIAS. INEXISTÊNCIA DE CARÁTER PROTELATÓRIO OU MANIFESTAMENTE IMPROCEDENTE. IMPOSIÇÃO DE MULTA INADEQUADA. SANÇÃO PROCESSUAL AFASTADA. PRECEDENTES DO STJ. RECURSO ESPECIAL PROVIDO. 1. A controvérsia do presente recurso especial, submetido à sistemática do art. 543-C do CPC e da Res. STJ n. 8/2008, está limitada à possibilidade da imposição da multa prevista no art. 557, § 2º, do CPC em razão da interposição de agravo interno contra decisão monocrática proferida no Tribunal de origem, nos casos em que é necessário o esgotamento da instância para o fim de acesso aos Tribunais Superiores. 2. É amplamente majoritário o entendimento desta Corte Superior no sentido de que o agravo interposto contra decisão monocrática do Tribunal de origem, com o objetivo de exaurir a instância recursal ordinária, a fim de permitir a interposição de recurso especial e do extraordinário, não é manifestamente inadmissível ou infundado, o que torna inaplicável a multa prevista no art. 557, § 2º, do Código de Processo Civil. (...) 4. No caso concreto, não há falar em recurso de agravo manifestamente infundado ou inadmissível, em razão da interposição visar o esgotamento da instância para acesso aos Tribunais Superiores, uma vez que a demanda somente foi julgada por meio de precedentes do próprio Tribunal de origem. Assim, é manifesto que a multa imposta com fundamento no art. 557, § 2º, do CPC deve ser afastada. 5. Recurso especial provido. Acórdão submetido ao regime do artigo 543-C, do CPC, e da Resolução STJ 08/2008".

Capítulo 5

Embargos de declaração

1. CONSIDERAÇÕES INICIAIS

Os embargos de declaração são o recurso que tem como objetivo o esclarecimento ou a integração da decisão recorrida, tornando-a mais clara, mais coesa e mais completa. Também se prestam, de acordo com o inciso III do art. 1.022, a corrigir erros materiais.

A doutrina sempre foi convicta no sentido de que qualquer decisão era passível de embargos de declaração[1], o que foi superado, ao menos para os mais céticos, com o CPC de 2015, já que o *caput* de seu art. 1.022 é expresso quanto ao cabimento desse recurso "contra qualquer decisão judicial"[2].

É correto o entendimento que relaciona os embargos de declaração ao princípio da motivação (art. 93, IX, da CF) porque, de acordo com o modelo constitucional do direito processual civil, todos têm direito a que a prestação jurisdicional seja não só *completa* (art. 1.022, II) mas também *clara* e *inteligível* (art. 1.022, I e III), viabilizando, com isso, a possibilidade de as partes e eventuais terceiros saberem com exatidão as razões e o alcance da decisão proferida em seu favor ou contra, até mesmo para verificar a existência de *interesse* recursal visando à sua reforma ou anulação.

Nesse contexto, é correto entender que também os despachos, a despeito do disposto no art. 1.001, podem ser alvo de embargos de declaração considerando a sua finalidade, que é esclarecer ou suprir, complementando, integrando, verdadeiramente aperfeiçoando a manifestação judicial. Assim, ainda quando o ato judicial não tiver conteúdo decisório, nem por isso os declaratórios devem ser descartados, porque o *prejuízo* que eles pretendem remover

---

1. Já era esse o entendimento sustentando pelo n. 1 do Capítulo 8 da Parte I do v. 5 das edições anteriores ao CPC de 2015 deste *Curso*.
2. Cabe destacar, a propósito, o Enunciado n. 75 da I Jornada de Direito Processual Civil do CJF: "Cabem embargos declaratórios contra decisão que não admite recurso especial ou extraordinário, no tribunal de origem ou no tribunal superior, com a consequente interrupção do prazo recursal".

deve ser entendido de maneira ampla para permitir uma adequada prestação da tutela jurisdicional, quiçá (e simplesmente) para que o despacho, tal qual proferido, possa ser devidamente compreendido e acatado por seus destinatários.

2. HIPÓTESES DE CABIMENTO

Os embargos de declaração são recurso de fundamentação *vinculada*. Seu cabimento, destarte, relaciona-se com a alegação de ao menos uma das hipóteses indicadas nos três incisos do art. 1.022: (i) esclarecimento de obscuridade ou eliminação de contradição; (ii) supressão de omissão de ponto ou questão sobre o qual o magistrado deveria ter se pronunciado, de ofício ou a requerimento; e (iii) correção de erro material.

A hipótese do inciso I do art. 1.022 relaciona-se à intelecção da decisão, aquilo que ela quis dizer, mas que não ficou suficiente claro, devido até mesmo a afirmações inconciliáveis entre si.

A *obscuridade* relaciona-se com a falta de clareza ou de precisão da decisão jurisdicional. Trata-se de hipótese em que a forma como o prolator da decisão se exprime é pouco clara, comprometendo o seu entendimento e, consequentemente, o seu alcance.

A *contradição* é a presença de conclusões inconciliáveis entre si na decisão. É indiferente que a contradição se localize na parte decisória (o "dispositivo" da sentença) propriamente dita ou na *motivação* ou que ela se apresente entre a *ementa* da decisão e o *corpo* do acórdão[3]. O que importa para fins de cabimento dos embargos de declaração, nessa perspectiva, é a concomitância de ideias inconciliáveis ter condições de influir na intelecção da decisão, comprometendo, consequentemente, a produção de seus regulares efeitos e seu alcance.

Ambos os vícios, a *obscuridade* e a *contradição*, devem ser encontrados na *própria* decisão, sendo descabido pretender confrontar a decisão com elementos a ela externos para justificar a pertinência dos embargos de declaração.

A *omissão* relaciona-se à falta de manifestação sobre ponto controvertido, isto é, sobre *questão* relevante para o julgamento, pouco importando que essa questão dependa de manifestação da parte ou de terceiro para ser conhecida ou se se trata de questão apreciável de ofício.

A previsão relaciona-se com o efeito *translativo* do recurso, a permitir que, mesmo em sede de embargos declaratórios, questões até então não enfrentadas sejam arguidas e decididas. O prévio contraditório, em tais situações, é de rigor.

---

3. Nesse sentido: STJ, 5ª Turma, EDcl no AgRg nos EDcl no REsp 1.369.010/SC, rel. Min. Jorge Mussi, j.un. 15-3-2016, *DJe* 28-3-2016; STJ, 1ª Seção, EDcl no AgRg nos EREsp 769.419/SP, rel. Min. Humberto Martins, j.un. 11-2-2009, *DJe* 20-2-2009; STJ, 3ª Turma, REsp 849.500/CE, rel. Min. Nancy Andrighi, j.un. 5-2-2009, *DJe* 12-2-2009; e STJ, 3ª Turma, AgRg no Ag 786.048/MG, rel. Min. Sidnei Beneti, j.un. 25-11-2008, *DJe* 19-12-2008.

O parágrafo único do art. 1.022 qualifica algumas situações de omissão a serem resolvidas pelo julgamento dos embargos de declaração. Assim é que é omissa a decisão que deixa de se manifestar sobre tese firmada em julgamento de casos repetitivos ou em incidente de assunção de competência, que se afirma aplicável ao caso sob julgamento (inciso I) e quando ela deixar de observar as exigências feitas pelo § 1º do art. 489, com relação ao dever de fundamentação das decisões jurisdicionais.

Importa acentuar a respeito do inciso I do parágrafo único do art. 1.022 que ele merece ser interpretado ampliativamente nos moldes propostos pelo n. 4 do Capítulo 1 da Parte II para albergar todos os "indexadores jurisprudenciais" do art. 927, indo além, destarte, das técnicas nele referidas expressamente. Na perspectiva do "direito jurisprudencial", de outra parte, importa entender que os declaratórios são instrumento hábil para suprir eventual omissão da decisão sobre a modulação dos efeitos dos indexadores do referido art. 927, inclusive para os fins de seu § 3º[4]. Também para viabilizar que se aplique no caso concreto a orientação jurisprudencial que acabou se consolidando[5].

Mesmo para quem discordar do entendimento, a amplitude do inciso II do mesmo parágrafo único mostra-se suficiente para chegar à mesma conclusão, considerando que os incisos V e VI do § 1º do art. 489 referem-se, genericamente, a "precedente", "enunciado de súmula" e "jurisprudência", todos sugerindo aqueles mesmos referenciais.

Sobre a expressa correlação entre o *dever* de fundamentação do § 1º do art. 489 e a omissão a ser suprida por intermédio dos declaratórios, importa sublinhar que as regras – como se não fosse suficiente o quanto decorre *diretamente* do inciso IX do art. 93 da Constituição Federal – querem impedir a prática de rejeição dos declaratórios com as comuníssimas decisões, afirmando, com variadas fórmulas redacionais, que o magistrado não é obrigado a responder uma a uma as questões levantadas pelas partes ou que basta, ao magistrado, um argumento para embasar a sua decisão, sendo desnecessário o exame dos demais[6].

Somente com a resposta jurisdicional *completa* é que se terá condições de saber por que o fundamento que uma das partes ou terceiro reputa essencial não o é e em que medida o fundamento ou os fundamentos empregados pela decisão são realmente suficientes para embasá-la. A necessidade de *motivação* das decisões jurisdicionais não pode ser pensada de

---

4. Nesse sentido é o Enunciado n. 76 da I Jornada de Direito Processual Civil do CJF: "É considerada omissa, para efeitos do cabimento dos embargos de declaração, a decisão que, na superação de precedente, não se manifesta sobre a modulação de efeitos".

5. Nesse sentido: STF, 1ª Turma, Rcl 15.724 Ag-R-ED/PR, rel. p./acórdão Alexandre de Moraes, j.m.v. 5-5-2020, *DJe* 18-6-2020.

6. Bem ilustra o acerto da afirmação o quanto decidido pela 1ª Seção do STJ no julgamento do REsp repetitivo 1.030.817/DF, rel. Min. Luiz Fux, j.m.v. 25-11-2009, *DJe* 18-12-2009: "... 4. O art. 535 do CPC resta incólume se o Tribunal de origem, embora sucintamente, pronuncia-se de forma clara e suficiente sobre a questão posta nos autos. Ademais, o magistrado não está obrigado a rebater, um a um, os argumentos trazidos pela parte, desde que os fundamentos utilizados tenham sido suficientes para embasar a decisão".

forma diversa, e, nesse sentido, o inciso II do parágrafo único do art. 1.022 é regra que merece ser devidamente aplicada[7].

A *obscuridade* e a *contradição*, diferentemente do que se dá com a *omissão*, denotam, inequivocamente, juízo *subjetivo* do prolator da sua decisão. Não há como negar que o uso do vernáculo (art. 192) pode, muitas vezes, ensejar obscuridade ou contradição para o leitor da decisão e não para aquele que a proferiu. É essa a razão pela qual é correto entender que, para o julgamento dos declaratórios, aplica-se o "princípio da identidade física do juiz", reservando ao *mesmo* magistrado prolator da decisão a competência para julgamento do recurso. A solução deve ser prestigiada considerando a própria razão de ser dos declaratórios e, em especial, os motivos que levam, nessas hipóteses, à sua interposição, que, em última análise, não buscam um *redecidir*, mas, apenas, um *reexprimir*[8]. A incidência do princípio, contudo, deve ser afastada toda vez que o magistrado prolator da decisão não puder atuar em função de questões funcionais que poderiam comprometer a eficiência processual.

O inciso III do *caput* do art. 1.022 evidencia que também o erro material pode ensejar a apresentação dos embargos de declaração.

Erro material deve ser compreendido como aquelas situações em que a decisão não se harmoniza, objetivamente, com o entendimento de que se pretendia exprimir ou que não condiz, também objetivamente, com os elementos constantes dos autos. Justamente pela natureza desse vício, a melhor interpretação sempre se mostrou no sentido de admitir os embargos de declaração para aquele fim, no que o CPC de 2015, diferentemente do CPC de 1973, acabou sendo expresso[9].

A previsão, contudo, não pode impedir que, a qualquer tempo, o erro material seja alegado e, se for o caso, seja corrigido. Não há como, sem deixar de conceber como *material* o erro, entender que a falta de sua alegação em embargos declaratórios daria ensejo à preclusão de qualquer espécie.

De qualquer sorte, é forçoso reconhecer que a previsão do inciso III do art. 1.022 tem o condão de dar maior segurança jurídica às partes e a eventuais terceiros que podem, indubitavelmente, optar por aquele mecanismo recursal para corrigir erros de cálculo e inexatidões materiais (art. 494, I), atraindo a disciplina daquele recurso para a hipótese, inclusive a de interromper o prazo para apresentação de quaisquer recursos interponíveis da decisão enquanto não julgados os embargos de declaração.

---

7. A prática já era criticada pelo n. 2 do Capítulo 8 da Parte I do v. 5 das edições anteriores ao CPC de 2015 deste *Curso*.

8. São as lições de José Frederico Marques, *Instituições de direito processual civil*, v. IV, p. 240-241, e de Moacyr Amaral Santos, *Primeiras linhas de direito processual civil*, v. 3, p. 154-155.

9. Era o entendimento já propugnado pelo n. 4 do Capítulo 8 do v. 5 das edições anteriores ao CPC de 2015 deste *Curso*. Há importante trabalho sobre o assunto, que merece ser consultado. A referência é feita a *Os limites do juiz para correção do erro material*, da autoria de Estefânia Viveiros, esp. p. 177-214.

3. INTERPOSIÇÃO

Os embargos de declaração, em consonância com o *caput* do art. 1.023, são apresentados em petição dirigida ao prolator da decisão embargada que indique a *obscuridade* a ser esclarecida, a *contradição* a ser eliminada, a *omissão* a ser suprida e o *erro material* a ser corrigido.

A descrição de ao menos um daqueles vícios na decisão recorrida é indispensável para o *conhecimento* dos embargos de declaração, já que se trata de recurso de fundamentação vinculada. Qualquer outro vício diferente daqueles exigidos pelos incisos I a III do art. 1.022 deve acarretar o não conhecimento dos declaratórios. A questão não se resume a evidente inadequação formal do recurso, mas, também, à inobservância dos princípios do cabimento e da própria correlação.

Os embargos de declaração não estão sujeitos a preparo, consoante se verifica do *caput* do art. 1.023. A regra é de discutível constitucionalidade no âmbito dos processos que tramitam perante as justiças estaduais. Como o preparo recursal envolve o recolhimento de valores aos cofres públicos pela contraprestação do serviço público judiciário, é questionável que lei ordinária federal possa inibir a sua cobrança por eventual legislação estadual[10].

Há uma peculiaridade digna de destaque na interposição dos embargos de declaração.

De acordo com o *caput* do art. 1.026, os embargos "... interrompem o prazo para interposição de recurso".

Embora o dispositivo trate do assunto lado a lado com a ausência de efeito suspensivo daquele recurso, importa distinguir os dois fenômenos.

A *interrupção* do prazo, comumente designada de "efeito *interruptivo*" dos embargos de declaração, deve ser compreendida como a devolução integral do prazo para apresentar o recurso cabível da decisão embargada – de toda ela, não apenas do capítulo que justificou a apresentação dos embargos de declaração[11] – após a intimação do julgamento dos declaratórios. Assim, se o réu apresentar embargos de declaração da sentença que acolheu parcialmente o pedido do autor, o prazo (integral) para apresentação da apelação por ambas as partes (a hipótese é de "sucumbência recíproca") começa a fluir a partir da intimação da decisão que julgar os embargos de declaração[12].

---

10. Com a afirmação, fica reformulada posição contrária externada no n. 3 do Capítulo 8 da Parte I do v. 5 das edições anteriores ao CPC de 2015 deste *Curso*.

11. Expresso nesse sentido, destacando também o "retardamento da formação da preclusão em torno da decisão embargada", é o entendimento de Luis Guilherme Bondioli, *Comentários ao Código de Processo Civil*, v. XX, p. 193.

12. Desde as modificações introduzidas pela Lei n. 8.950/94 no CPC de 1973, a interposição dos embargos de declaração deixou de *suspender* o prazo para interposição de outros recursos, o que dava ensejo a dificuldades enormes quanto à verificação da tempestividade daquele recurso. O sistema da *suspensão* de prazos prevaleceu no âmbito dos Juizados Especiais (art. 50 da Lei n. 9.099/95 e art. 1º da Lei n. 10.259/2001), e só foi modificado

A *interrupção, merece* ser entendida apenas e tão somente como a circunstância de o prazo para apresentação de outros recursos dever ser *integralmente aberto* para os interessados após o julgamento *e* a intimação do julgamento dos embargos de declaração. Ela não interfere na discussão da eficácia *imediata* ou não da decisão embargada, tema versado no n. 6.1, *infra*, no seu adequado contexto, que é o da ausência de efeito suspensivo legal para os declaratórios, que decorre do mesmo art. 1.026, *caput*.

O que não está claro no dispositivo, diferentemente do que se dava no CPC de 1973, é quem é o beneficiário da interrupção do prazo gerada pela interposição dos declaratórios[13]. O melhor entendimento é o amplo: a interrupção do prazo para interposição de eventuais recursos afeta o próprio embargante e o embargado, independentemente de serem partes ou terceiros e sendo indiferente também a que título a intervenção de terceiro se justifica. É critério que pretende dar segurança jurídica à prática dos atos processuais[14].

No âmbito dos embargos de divergência, há regra similar, o § 1º do art. 1.044, que, ao tratar da interposição daquele recurso no STJ, dispõe, expressamente, sobre a interrupção do "... prazo para interposição de recurso extraordinário por qualquer das partes". Não é errado, para quem não entender suficiente o entendimento anterior, aplicar essa diretriz por analogia também aos embargos de declaração.

Ademais, a interrupção do prazo recursal deve se justificar independentemente de os embargos de declaração serem ou não *conhecidos*, isto é, independentemente de seu juízo de admissibilidade ser *positivo* ou *negativo*, mesmo quando intempestivos. Como sustentado pelo n. 6.1 do Capítulo 1, o juízo de admissibilidade recursal, não obstante ter natureza declaratória, não pode produzir, no plano do processo, efeitos *retroativos*.

É importante, por isso mesmo, distinguir, com a maior nitidez possível, o juízo de *admissibilidade* do juízo de *mérito* dos embargos de declaração, lembrando que se trata de recurso de fundamentação *vinculada*. Para a superação do juízo de *admissibilidade* dos declaratórios no que diz respeito ao ponto aqui examinado, basta a *afirmação* do embargante de que, na decisão questionada, há contradição, obscuridade, omissão e/ou erro material. Entender que a decisão não padece de quaisquer daqueles vícios é proferir juízo de mérito desfavorável ao embargante, é *negar provimento* ao recurso, o que pressupõe, por definição, juízo de admissibilidade *positivo*.

---

com o advento do CPC de 2015, mercê da alteração determinada no primeiro daqueles diplomas legais por seu art. 1.066.

13. É ler o art. 538 do CPC de 1973: "Os embargos de declaração interrompem o prazo para a interposição de outros recursos, por qualquer das partes".

14. Expressa, no mesmo sentido, é a lição de Luis Guilherme Bondioli (*Comentários ao Código de Processo Civil*, v. XX, p. 193), que merece transcrição: "Outro aspecto da amplitude do efeito interruptivo dos embargos de declaração diz respeito à sua dimensão subjetiva todos os possíveis recorrentes são alcançados por esse efeito, inclusive o Ministério Público atuante na condição de fiscal da ordem jurídica, o *amicus curiae* e até mesmo o terceiro prejudicado. Tudo isso e afina com a já anunciada diretriz de concentração das impugnações. Nessas condições, afigura-se irrelevante a ausência da expressão 'por qualquer das partes' (art. 538, *caput*, do CPC de 1973) no *caput* do art. 1.026 do CPC".

São bastante comuns, não obstante, decisões que, à míngua dos pressupostos autorizadores dos embargos de declaração, não os conhecem e, consequentemente, entendem *intempestivos* novos recursos apresentados contra a mesma decisão por entender que, não conhecidos, os embargos não tiveram aptidão para *interromper* o prazo recursal nos moldes do *caput* do art. 1.026. O entendimento não pode prevalecer. O juízo de *admissibilidade* dos embargos no particular supera-se, tão somente, com a *afirmação* de que há, na decisão recorrida, os vícios previstos nos incisos I a III do art. 1.022. A efetiva existência de obscuridade, contradição, omissão ou erro material é, vale a ênfase, juízo de *mérito*, relativo ao *julgamento* dos embargos de declaração para acolhê-los ou para rejeitá-los.

Ainda que a hipótese seja de uso dos embargos de declaração com ânimo procrastinador, a solução deve ser a ora propugnada. Para sancionar o litigante ímprobo que pretende se beneficiar da interrupção dos prazos para a apresentação de outros recursos, é suficiente a pena prevista nos §§ 2º e 3º do art. 1.026[15]. Idêntica orientação deve ser observada, não obstante vozes em sentido contrário, para as hipóteses em que os embargos declaratórios são apresentados fora do prazo.

Entendimento diverso tem aptidão de comprometer o princípio maior da segurança jurídica. É supor, uma vez mais, para fins de ilustração, hipótese de sucumbência *recíproca*, em que o não conhecimento dos declaratórios pela não superação do juízo de admissibilidade acarretaria inegável prejuízo inclusive para a parte ou para o terceiro que entendeu não ser o caso de apresentá-los mas que, diante da regra do *caput* do art. 1.026, deixou de interpor o recurso cabível da decisão embargada. Para evitar a perda do prazo recursal para quem não embargou, é preferível o entendimento de que o juízo de admissibilidade, mesmo que negativo, não tenha, *processualmente*, efeitos *retroativos*. A interrupção do prazo, assim, dá-se diante do fato *objetivo* da interposição dos embargos declaratórios, sendo indiferente o resultado de seu juízo de admissibilidade, se positivo ou negativo. E vale repetir: para o litigante que age em detrimento do princípio da lealdade processual (art. 80), a consequência *processual* é a aplicação da multa disciplinada pelos §§ 2º e 3º do art. 1.026, com as observações do n. 8, *infra*.

O assunto é retomado no n. 6.4.1, *infra*, a propósito dos §§ 4º e 5º do art. 1.024, que versam sobre o assunto de perspectiva diversa.

4. PRAZO

Os embargos de declaração são o único recurso que, no Código de Processo Civil, não é interposto (e nem respondido) no prazo de quinze dias (art. 1.003, § 5º).

Para eles, o prazo, estabelecido pelo *caput* e pelo § 2º do art. 1.023, para ambas as atividades, é de *cinco* dias, contados somente os úteis.

---

15. Sob a égide do CPC de 1973, v. o seguinte julgado: STJ, 3ª Turma, REsp 1.171.682/GO, rel. Min. Luis Felipe Salomão, j.un. 6-9-2011, *DJe* 7-10-2011.

O § 1º do art. 1.023 é expresso sobre a duplicação do prazo quando houver procuradores diversos de diferentes escritórios de advocacia para os litisconsortes. A expressa remissão ao art. 229 deve ser compreendida também no sentido de que, tratando-se de autos eletrônicos, a dobra de prazo não tem incidência nos exatos termos do § 2º daquele dispositivo.

Se se tratar de Ministério Público, advocacia pública ou Defensoria Pública, os prazos para interpor e responder são dobrados (e contados apenas em dias úteis) por força dos *capi* dos arts. 180, 183 e 186, respectivamente.

5. CONTRADITÓRIO

O § 2º do art. 1.023 consagra de maneira expressa o correto entendimento sobre a necessidade de, também nos embargos de declaração, ser observado o prévio contraditório[16]. O embargado terá *cinco* dias (úteis) para manifestar-se a respeito do recurso, sendo cabíveis as dobras legais, consoante o caso.

A redação do dispositivo convida ao entendimento de que o contraditório só se justificaria quando o magistrado, analisando o recurso, tenda a acolhê-lo *e* modificar a decisão embargada, sendo dispensado na hipótese oposta. É iniciativa que, à falta de prejuízo do embargado, imprimiria maior celeridade ao processo.

A despeito do texto legal, contudo, é preferível entender que o prévio contraditório com o embargado seja observado invariavelmente, ainda que o embargante não expresse, nas suas razões recursais, que a hipótese comporta o efeito regressivo, visando à modificação da decisão embargada. É esse o comportamento que decorre, em primeiro lugar, do modelo constitucional do direito processual civil e, em segundo, do próprio sistema codificado, em especial de seus arts. 9º, 10 e, ainda que circunscrito ao âmbito dos Tribunais, do inciso V do art. 932.

O contraditório prévio, destarte, tem o condão de permitir que o embargado tenha possibilidade de exercer a contraforça argumentativa nos vícios apontados pelo embargante, viabilizando, com isso, o proferimento de decisão que possa levar ambos os lados em consideração.

6. EFEITOS

O Código de Processo Civil não apresenta disciplina completa acerca dos efeitos relativos ao recurso de embargos de declaração.

16. Trata-se de posição já defendida pelo n. 3 do Capítulo 8 da Parte I do v. 5 das edições anteriores ao CPC de 2015 deste *Curso*. Embora silente a respeito o CPC de 1973, o mais correto era extrair a necessidade do prévio contraditório do modelo constitucional do direito processual civil.

Sem prejuízo das considerações genéricas expostas pelo n. 7 do Capítulo 1, importa destacar, aqui, os seguintes: *suspensivo*, *devolutivo*, *translativo* e *regressivo*.

6.1 Efeito suspensivo

Os embargos de declaração não possuem efeito suspensivo. O *caput* do art. 1.026 é claro quanto ao tema – harmonizando-se com a regra que emana do *caput* do art. 995 –, colocando o ponto-final em dúvida que gerava interessantes discussões sob a égide do CPC de 1973[17].

Como o recurso não tem efeito suspensivo legal (*ope legis*), o § 1º do art. 1.026 permite a atribuição judicial (*ope judicis*) daquele efeito aos declaratórios. Para tanto, o juiz (tratando-se de embargos de declaração na primeira instância) ou o relator (tratando-se de embargos de declaração no âmbito dos Tribunais) precisa se convencer da demonstração a ser feita pelo embargante quanto à probabilidade de provimento (acolhimento) dos declaratórios ou de que, sendo relevante a fundamentação, há risco de dano grave ou de difícil reparação. A interpretação do dispositivo deve ser feita de maneira ampla, como proposto no n. 7.2 do Capítulo 1, a propósito do parágrafo único do art. 995.

Da opção tomada pelo CPC de 2015 sobre a questão, surge um desdobramento importante em se tratando de embargos de declaração a serem apresentados de sentença. É que a ausência legal de efeito suspensivo significa que a decisão embargada surte seus efeitos imediatamente desde quando publicada, em plena harmonia com a regra geral do *caput* do art. 995.

Contudo, como a apelação ainda tem (infelizmente), como regra, efeito suspensivo (art. 1.009, *caput*), não há como admitir eficácia da sentença embargada por causa de sua sujeição, ao menos em tese, ao apelo munido daquele efeito. Nesse sentido, é correto entender que o efeito suspensivo da apelação se sobrepõe, prevalecendo, à ausência de efeito suspensivo dos embargos de declaração[18]. De resto, nos casos do § 1º do art. 1.012, em que a própria apelação não ostenta o efeito suspensivo legal, os embargos de declaração não têm o condão de interferir na eficácia imediata da sentença e, consequentemente, na viabilidade de seu cumprimento provisório. Quaisquer dúvidas sobre o acerto de tais entendimentos serão mais que suficientes para justificar o pedido de atribuição expresso do efeito suspensivo aos declaratórios, fazendo uso do § 1º do art. 1.026, ao próprio prolator da sentença.

---

17. A posição defendida pelo n. 4 do Capítulo 8 da Parte I do v. 5 das edições anteriores ao CPC de 2015 deste *Curso* era a de que os embargos de declaração só teriam efeito suspensivo se o recurso cabível da decisão *depois* de seu julgamento também o tivesse. O efeito suspensivo dos declaratórios, destarte, dependia da previsão que a *lei* reservasse para o recurso seguinte. Era entendimento que tinha o apoio de Flávio Cheim Jorge (*Teoria geral dos recursos cíveis*, p. 263-264) e de Teresa Arruda Alvim (*Omissão judicial e embargos de declaração*, p. 83-94).

18. Nesse sentido é o Enunciado n. 218 do FPPC: “A inexistência de efeito suspensivo dos embargos de declaração não autoriza o cumprimento provisório da sentença nos casos em que a apelação tenha efeito suspensivo”.

6.2 Efeito devolutivo

O efeito *devolutivo* dos embargos de declaração não enseja maiores dificuldades de interpretação. O próprio *caput* do art. 1.022 interpretado em conjunto com o *caput* do art. 1.023, sugere, pertinentemente, vinculação entre a obscuridade, a contradição, a omissão e o erro material e o que é objeto de exame e de decisão por ocasião dos embargos de declaração.

6.3 Efeito translativo

É irrecusável, de outra parte, que o efeito *translativo* tenha, nos embargos de declaração, ampla aplicabilidade. Assim, qualquer questão de ordem pública pode e deve ser levantada ao ensejo da apresentação dos declaratórios, já que se traduz em *omissão* a falta de seu exame pelo órgão julgador. Aplica-se a eles o disposto no § 3º do art. 485, excepcionados desse entendimento, no entanto, os recursos *extraordinários*, pelas razões expostas pelo n. 7.1 do Capítulo 7.

Idêntica orientação, com a mesma restrição, deve ser reservada para eventuais omissões quanto ao *dever* de determinar o saneamento de irregularidade ao longo do processo que possam ser incompatíveis com a decisão. É decorrência do inciso IX do art. 139 e do dever-poder geral de saneamento nele previsto, sem prejuízo dos diversos outros dispositivos que tratam do tema ao longo do Código de Processo Civil, inclusive na esfera recursal, como se verifica do parágrafo único do art. 932, ainda que limitado ao plano dos Tribunais[19].

Em todos esses casos, é inegável, *ainda que o magistrado não tenda a reformar sua decisão*, que deve ser franqueada a manifestação do embargado para tratar de matéria que, na perspectiva da omissão que justifica a interposição dos embargos, é nova no processo. É providência que, em última análise, interdita o proferimento das chamadas "decisões-surpresa".

6.4 Efeito regressivo

O § 2º do art. 1.023 evidencia que os embargos de declaração podem ter efeito regressivo, usualmente denominado de *modificativo. Trata-se da viabilidade de o julgamento dos embargos de declaração justificarem a modificação da decisão embargada.*

Importa sublinhar que os embargos não são apresentados com o objetivo de reformar a decisão embargada. O que pode acontecer – e é isso que o precitado dispositivo captura pertinentemente – é que o acolhimento dos declaratórios e o afastamento do vício que jus-

19. É entendimento que, com base no § 4º do art. 515 do CPC de 1973, levava as edições anteriores ao CPC de 2015 do v. 5 deste *Curso* a dedicar todo um número (o n. 6 do Capítulo 8 da Parte I) ao tema.

tificou a sua apresentação acarretem inexoravelmente a modificação do julgado. Nesse sentido, a modificação é *efeito* do acolhimento dos declaratórios e não a sua *causa*, que deve limitar-se a um (ou mais de um) dos fundamentos dos incisos do *caput* do art. 1.022.

É, para dar um exemplo, a situação de a decisão ter acolhido integralmente o pedido de tutela jurisdicional formulado pelo autor, mas não ter se pronunciado sobre a prescrição alegada pelo réu em contestação. O réu embarga de declaração alegando a omissão (art. 1.022, II), e, superado o necessário contraditório do § 2º do art. 1.023, o magistrado profere nova decisão, desta vez reconhecendo a prescrição, o que o impede de apreciar se o autor tinha ou não o direito que afirmava ter. A sentença, nesse caso, deve ser revista, ficando *prejudicado* o exame de mérito em função do reconhecimento, ainda que tardio, da prescrição.

Não obstante, é errado entender que os embargos de declaração possam ser interpostos para rever, pura e simplesmente, decisões jurisdicionais. A *causa* dos declaratórios nunca é o reexame da decisão, embora ele possa ocorrer como *consequência* de seu provimento, quando há situação de incompatibilidade entre o seu acolhimento e a decisão embargada. O pedido *principal* dos declaratórios é, por definição, o de ser saneada a obscuridade ou a contradição, suprida a omissão ou corrigido o erro material. O eventual rejulgamento, com a modificação da decisão embargada, é, apenas e tão somente, circunstancial, verdadeiro pedido *sucessivo*, no sentido de ele só poder ser apreciado se o pedido *principal* for acolhido; nunca o inverso. Nos casos em que o embargante pretende o reexame da decisão, e não nos que há afirmação de obscuridade, contradição, omissão ou erro material, os declaratórios devem ser rejeitados de plano, isto é, não conhecidos, à falta de seus pressupostos típicos de cabimento.

Nesse contexto, cabe frisar que a previsão do § 2º do art. 1.023 está em plena harmonia com o inciso II do art. 494, que, com redação diversa, também permite ao magistrado alterar a decisão por intermédio dos embargos de declaração nas condições e nos limites aqui destacados.

6.4.1 Um desdobramento

Os §§ 4º e 5º do art. 1.024 merecem ser tratados na perspectiva do (eventual) efeito regressivo dos embargos de declaração. São dispositivos que, cada um a seu modo, regem duas hipóteses específicas tendo presente a possibilidade de modificação da decisão embargada.

A primeira é a de ser possível a complementação ou alteração do recurso já interposto pelo embargado se os embargos da outra parte forem acolhidos gerando modificação da decisão embargada. É o que, mesmo sem texto expresso, já era plenamente sustentável com base no chamado princípio da *complementaridade recursal*[20]. O prazo para tanto será de quin-

20. Tal qual fazia o n. 4.1 do Capítulo 8 da Parte I do v. 5 das edições anteriores ao CPC de 2015 deste *Curso*.

ze dias (úteis e, se for o caso, com as dobras legais), que fluirão da intimação da decisão dos embargos declaratórios, devendo ser observada a ressalva do dispositivo: a complementação do recurso anteriormente interposto deve se dar "nos exatos limites da modificação" da decisão que julgou os embargos de declaração.

A segunda regra, veiculada no § 5º do art. 1.024, é a da desnecessidade de ratificação do recurso já interposto se os embargos de declaração da parte contrária forem rejeitados ou não alterarem a conclusão da decisão embargada. A regra, contrária à (criticável) Súmula 418 do Superior Tribunal de Justiça[21], acabou por justificar o cancelamento daquela súmula pela Corte Especial do mesmo Tribunal, que editou, em seu lugar, a Súmula 579, com o seguinte enunciado: "Não é necessário ratificar o recurso especial interposto na pendência do julgamento dos embargos de declaração, quando inalterado o resultado anterior", plenamente harmônica com o CPC de 2015.

Esses dois dispositivos, como já exposto, são prova segura de que a *interposição* dos declaratórios é suficiente para a *interrupção* do prazo para quaisquer das partes e até para terceiros, que, não obstante, podem apresentar recurso da decisão embargada por desconhecerem a iniciativa da outra parte.

7. JULGAMENTO

O *caput* do art. 1.024 estabelece o prazo de cinco dias (úteis) para que os embargos de declaração apresentados contra decisões proferidas pelos órgãos jurisdicionais de primeira instância sejam julgados. A referência a *juiz* na regra deve conduzir a essa interpretação, máxime diante da disciplina dos parágrafos, que, claramente, reservam prazos diversos para os embargos apresentados no âmbito dos Tribunais.

Com efeito, tratando-se de declaratórios apresentados de decisões proferidas no âmbito dos Tribunais, cabe ao relator, como determina o § 1º do art. 1.024, apresentá-los para julgamento na sessão subsequente, proferindo voto. Nada há que garanta que a "sessão subsequente" seja realizada em cinco dias. Pode até ser que o prazo seja inferior a isso.

O dispositivo emprega a expressão "em mesa". A expressão, frequentíssima na prática do foro, significa que os embargos, quando julgados na sessão subsequente à sua interposição, não precisam entrar em pauta de julgamento, viabilizando, assim, julgamento mais célere.

---

21. Cujo teor era o seguinte: "é inadmissível o recurso especial interposto antes da publicação do acórdão dos embargos de declaração, sem posterior ratificação". O n. 3 do Capítulo 8 da Parte I do v. 5 das edições anteriores deste *Curso* já criticava aquele entendimento. A Súmula 67 do TJPR também era em sentido contrário: "É tempestivo o recurso interposto antes da publicação oficial da decisão recorrida ou da decisão que a mantiver em sede de Embargos de Declaração, exigindo-se ratificação das razões recursais somente em caso de alteração do julgado no âmbito aclaratório".

Se, contudo, o recurso não for julgado na sessão subsequente, deverá ser incluído em pauta automaticamente, tudo como se lê do mesmo § 1º do art. 1.024, que se harmoniza plenamente com as regras genéricas dos arts. 934 e 935.

É importante destacar que o prazo de cinco dias, referido no *caput* do art. 1.024, e a sessão subsequente a que se refere o § 1º do dispositivo devem ser contados com a conclusão dos autos ao magistrado, isto é, da entrega do recurso, encartado aos autos, para apreciação do magistrado, o que, em se tratando de processo eletrônico, é imediato. Antes disso, não há como entender deflagrado o prazo.

O procedimento estabelecido por aquelas regras dá a certeza de que, sempre que for estabelecido o prévio contraditório com o embargado – como *deve-ser* observado –, o prazo de cinco dias não terá como ser cumprido e, consequentemente, os embargos de declaração deverão entrar em pauta (art. 934), que deverá ser publicada com a antecedência mínima de cinco dias úteis (art. 935), tudo sob pena de nulidade[22].

Tratando-se de embargos de declaração apresentados de decisões monocráticas no âmbito dos tribunais, de relator ou não (aqui também chamadas de *unipessoais*), seu julgamento dar-se-á também monocraticamente (art. 1.024, § 2º).

Complementando a previsão anterior, o § 3º do art. 1.024 prevê o recebimento dos embargos como agravo interno (o que não é prática incomum nos Tribunais Superiores), permitindo, isso é o mais importante, ao recorrente a adaptação do recurso para os fins do § 1º do art. 1.021, sendo intimado, para tanto, em cinco dias (úteis). A despeito do silêncio da regra, o recorrido também precisará ser intimado para, querendo, completar ou adaptar suas contrarrazões, observadas as modificações experimentadas nas razões recursais. Terá o prazo de cinco dias para esse fim, por força da isonomia processual (art. 7º).

A previsão do § 3º do art. 1.024 trata menos de um caso de *fungibilidade* recursal do que de necessária adaptação *formal* do recurso, embora traços daquele princípio possam ser encontrados na medida em que os vícios que ensejam o questionamento da decisão monocrática podem, ao mesmo tempo, viabilizar, desde logo, a necessidade de seu colegiamento, surgindo, disso, dúvida suficiente, porque objetivamente constatável, sobre o recurso cabível: os declaratórios ou o agravo interno. É essa a razão pela qual o n. 5.12 do Capítulo 1 propõe que a hipótese seja entendida como de *complementariedade*. Mais importante do que debater sobre qual princípio se harmoniza melhor à hipótese é aplaudir a regra – inexistente no CPC de 1973 – que permite o máximo aproveitamento do inconformismo manifestado pelo recorrente ainda que à custa de rearranjos de forma e um (indispensável) renovado contraditório com a parte contrária.

22. Nesse sentido é o Enunciado n. 84 do FPPC: "A ausência de publicação da pauta gera nulidade do acórdão que decidiu o recurso, ainda que não haja previsão de sustentação oral, ressalvada, apenas, a hipótese da primeira parte do art. 1.024, na qual a publicação da pauta é dispensável".

8. MULTA

De acordo com o § 2º do art. 1.026, quando considerados manifestamente protelatórios os embargos de declaração, ao embargante será imposto o pagamento de multa não excedente a dois por cento sobre o valor atualizado da causa em decisão fundamentada.

Em continuação, o § 3º do mesmo dispositivo dispõe que, havendo reiteração de embargos de declaração manifestamente protelatórios, a multa será elevada a até dez por cento sobre o valor atualizado da causa, sendo que a interposição de qualquer recurso ficará condicionada ao depósito prévio do valor da multa. Excetuados estão a Fazenda Pública[23] e o beneficiário de gratuidade da justiça, que recolherão o valor da multa ao final.

A previsão impõe exame mais detido em múltiplas perspectivas.

É irrecusável a pertinência da apresentação de embargos declaratórios sucessivos quando os vícios que o fundamentam mostrem-se presentes na decisão que julga os embargos. É supor, por exemplo, que a decisão embargada pode ter deixado de analisar algum pedido formulado nos primeiros embargos declaratórios. O que é inadmissível é que os novos embargos de declaração busquem confrontar obscuridade, contradição, omissão ou erro material que já residiam na decisão anteriormente embargada, porque a superação de tais vícios já estará atingida pela preclusão.

Por isso, importa entender que o comportamento sancionado pelo § 3º do art. 1.026 é a reapresentação, ainda que sob roupagem diversa, dos declaratórios já considerados protelatórios, e não de novos declaratórios, ainda que incabíveis e, até mesmo, protelatórios. Se o forem, pode o magistrado, reconhecendo a circunstância, apenar o embargante em mais 1% do valor da causa corrigido, mas não aplicar, porque de *outros* embargos se trata, a parte final do dispositivo.

A previsão da multa e de sua majoração para a litigância de má-fé que se exteriorize sob forma recursal é medida louvável e, pela especialidade, deve prevalecer sobre as multas genéricas previstas no § 2º do art. 77 e no art. 81.

O que é intolerável, tanto quanto o que se dá com o § 5º do art. 1.021, é a exigência do recolhimento prévio da multa como condicionante à interposição de outros recursos (art. 1.026, § 3º). A crítica não é nova, porque o art. 538 do CPC de 1973 já veiculava a mesma regra[24].

A vinculação da interposição de novos recursos ao depósito prévio da multa fixada em até 10% do valor da causa, monetariamente corrigido, é flagrantemente inconstitucional.

---

23. De acordo com o Enunciado n. 28 da Carta de Tiradentes: "Na expressão Fazenda Pública contida no § 3º do art. 1.026 do Novo CPC, inclui-se o Ministério Público".

24. O que levava o n. 5 do Capítulo 8 da Parte I do v. 5 das edições anteriores ao CPC de 2015 deste *Curso* a sustentar a inconstitucionalidade da regra.

Embora sustentado no âmbito do processo *administrativo*, é o entendimento que se mostra vencedor no Supremo Tribunal Federal e também no Superior Tribunal de Justiça, que editaram, a respeito, a Súmula Vinculante 21[25] e a Súmula 373[26], respectivamente. Aquelas orientações devem ser prestigiadas também para o processo *jurisdicional*, como faz prova bastante a Súmula Vinculante 28 do Supremo Tribunal Federal[27].

Ainda que em perspectiva diversa, a Súmula 98 do Superior Tribunal de Justiça revela diretriz que deve ser aplicada para a hipótese aqui examinada, ao afastar a multa que hoje está prevista nos §§ 2º e 3º do art. 1.026 dos embargos de declaração que buscam "prequestionar" a matéria e, com isso, viabilizar o conhecimento do recurso especial e do recurso extraordinário (art. 1.025). Não há como a lei negar ou, quando menos, pretender obstaculizar o exercício de um direito que é assegurado pelo modelo constitucional do direito processual civil.

Novidade presente no § 3º do art. 1.026 é permitir que a Fazenda Pública e o beneficiário da gratuidade da justiça recolham o valor da multa a final. É previsão que conduz à mesma observação crítica feita a propósito do § 5º do art. 1.021 no n. 5.2 do Capítulo 4: como não há correlação lógica entre a razão de ser do seu recolhimento a final e a situação daquelas pessoas, seria preferível adotar aquele modelo de recolhimento da pena generalizadamente, sem o comprometimento do recurso e sua sempre fundada suspeita de inconstitucionalidade[28].

De outra parte, exagera o § 4º do art. 1.026 ao "limitar" o número de embargos declaratórios quando protelatórios, dando a entender que o terceiro recurso depois de dois outros considerados protelatórios será indeferido de plano. As sanções aplicáveis em casos como esses devem ser pensadas severamente, em perspectiva diversa, e disciplinar até mesmo, observando, nesse caso, também a parte final do disposto no § 6º do art. 77; nunca, contudo, criando obstáculos processuais. É regra que, na visão deste *Curso*, viola o inciso XXXV do art. 5º da Constituição Federal e deve ser considerada como não escrita.

Superadas todas essas questões, inclusive as relativas à inconstitucionalidade da vinculação dos novos recursos ao pagamento prévio da multa excetuados o Poder Público e o

25. Cujo enunciado é o seguinte: "É inconstitucional a exigência de depósito ou arrolamento prévios de dinheiro ou bens para admissibilidade de recurso administrativo".

26. Cujo enunciado é o seguinte: "É ilegítima a exigência de depósito prévio para admissibilidade de recurso administrativo".

27. Cujo enunciado é o seguinte: "É inconstitucional a exigência de depósito prévio como requisito de admissibilidade de ação judicial na qual se pretenda discutir a exigibilidade de crédito tributário".

28. Antes mesmo do CPC de 2015, a dispensa (ou isenção) do pagamento de prévio de multa, mesmo como as dos atuais §§ 2º e 3º do art. 1.026, pelo Poder Público buscava encontrar fundamento no art. 1º-A da Lei n. 9.494/97 e no art. 24-A da Lei n. 9.028/95, ambos introduzidos pela Medida Provisória n. 2.180-35/2001. Era entendimento que já era criticado pelo n. 5 do Capítulo 8 da Parte I do v. 5 das edições deste *Curso* anteriores ao CPC de 2015 e, como mais espaço, de seu autor, em seu *O poder público em juízo*, p. 259-270.

beneficiário da justiça gratuita, importa entender que sua cobrança pode se dar nos mesmos autos, consoante autoriza expressamente o art. 777.

De resto, dada a natureza jurídica da multa, é inviável que ela seja cumulada com outras multas que busquem também sancionar o litigante ímprobo, assim as do § 2º do art. 77, e do art. 81. Isso não quer dizer, entretanto, que por *outros* maus comportamentos processuais não possa o embargante vir a ser apenado também com base naqueles ou em outros dispositivos do Código de Processo Civil que concretizam o princípio da lealdade, robustecido pela previsão do art. 5º[29].

9. EMBARGOS DE DECLARAÇÃO E PREQUESTIONAMENTO

O art. 1.025, novidade trazida pelo CPC de 2015, quer consagrar o que parcela da doutrina e da jurisprudência chama de "prequestionamento ficto", com base na costumeira interpretação do enunciado da Súmula 356 do Supremo Tribunal Federal[30]. É ler o dispositivo codificado: "Consideram-se incluídos no acórdão os elementos que o embargante suscitou, para fins de prequestionamento, ainda que os embargos de declaração sejam inadmitidos ou rejeitados, caso o tribunal superior considere existentes erro, omissão, contradição ou obscuridade".

A regra, bem entendida a razão de ser do recurso extraordinário e do recurso especial a partir do modelo constitucional do direito processual civil, nos termos expostos pelo n. 2.1 do Capítulo 7, não faz nenhum sentido e apenas cria formalidade totalmente estéril, que nada acrescenta ao *conhecimento* daqueles recursos pelos Tribunais Superiores a não ser a repetição de um verdadeiro *ritual de passagem*, que é cultuado pela má compreensão e pelo mau uso do enunciado da precitada Súmula 356 e pela colocação em segundo plano da Súmula 282 do mesmo Tribunal[31] e do esquecimento da Súmula 211 do Superior Tribunal de Justiça[32]. Mas, sobretudo, pela ausência de uma discussão séria e centrada sobre o que *pode* e o que

29. Não obstante, cabe a notícia de que, antes do CPC de 2015, a CE do STJ decidiu contrariamente em sede de Recurso Especial Repetitivo. Trata-se do REsp 1.250.739/PA, rel. Min. Luis Felipe Salomão, j.m.v. 4-12-2014, *DJe* 17-3-2014, em que foi fixada a seguinte tese: "A multa prevista no art. 538, parágrafo único, do Código de Processo Civil tem caráter eminentemente administrativo – punindo conduta que ofende a dignidade do tribunal e a função pública do processo –, sendo possível sua cumulação com a sanção prevista nos arts. 17, VII, e 18, § 2º, do Código de Processo Civil, de natureza reparatória". Os dispositivos referidos, todos do CPC de 1973, encontram correspondência, respectivamente, com os seguintes do CPC de 2015: art. 1.026, §§ 2º e 3º; art. 80, VII, e art. 81.

30. Que tem o seguinte enunciado: "O ponto omisso da decisão, sobre o qual não foram opostos embargos declaratórios, não pode ser objeto de recurso extraordinário, por faltar o requisito do prequestionamento".

31. Súmula 282 do STF: "É inadmissível o recurso extraordinário, quando não ventilada, na decisão recorrida, a questão federal suscitada".

32. Cujo enunciado é o seguinte: "Inadmissível recurso especial quanto à questão que, a despeito da oposição de embargos declaratórios, não foi apreciada pelo Tribunal *a quo*".

não pode ser compreendido como *prequestionamento*, tendo presente a sua inescondível fonte normativa, qual seja o modelo que a Constituição Federal dá aos recursos extraordinário e especial, e, para ir direto ao ponto, à interpretação da expressão "causa decidida" empregada pelos incisos III dos arts. 102 e 105 da Constituição Federal.

A objeção às considerações anteriores é no sentido de que o art. 1.025 só tem aplicação quando o Supremo Tribunal Federal ou o Superior Tribunal de Justiça considerarem existentes os vícios que motivaram a apresentação dos declaratórios e, nesse sentido, que os embargos de declaração foram indevidamente inadmitidos ou rejeitados. Não há como deixar de reconhecer que é o que está escrito, com todas as letras no dispositivo aqui examinado. Contudo, em tais casos, o mais adequado é que o recurso especial (ou, até mesmo, o recurso extraordinário) fosse acolhido por violação a algum inciso do art. 1.022, por haver nele *error in procedendo*, e que houvesse determinação para que outra decisão fosse proferida com a superação ou a correção daqueles vícios.

É que a *causa* tem de ser efetivamente *decidida* para o cabimento dos recursos especial e extraordinário (sempre os incisos III do art. 102 e 105 da CF), não bastando que seja suposto, no acórdão recorrido, o que deveria ter sido decidido, mas não foi. Tanto o acórdão não decidiu, como deveria ter decidido, que a aplicação do art. 1.025 supõe que o Supremo Tribunal Federal ou o Superior Tribunal de Justiça "considere existentes erro, omissão, contradição ou obscuridade", isto é, ao menos um dos vícios que motivaram a apresentação dos declaratórios.

Importa, pois, analisar o recurso especial e o recurso extraordinário no seu ambiente adequado, para afastar a concepção, errada, de que os Tribunais Superiores, quando o julgam, agem (ou podem agir) como se fossem mera nova instância recursal. Eles não são – e não podem ser tratados como se fossem – uma terceira ou quarta instância.

É por isso, para dar cumprimento à estrita regra de competência constante dos incisos III dos arts. 102 e 105 da Constituição Federal, que não faz sentido o disposto no art. 1.025 e que, por identidade de motivos, é mais adequada a compreensão constante da precitada Súmula 211 do Superior Tribunal de Justiça. O acolhimento do recurso extraordinário ou especial voltado à mera cassação do acórdão que incida em um dos erros reputados existentes nos termos do art. 1.025 não pode ser compreendido como medida que atrita com a eficiência processual. O que há é aplicação de regra de competência restrita que quer preservar o papel institucional do Supremo Tribunal Federal e do Superior Tribunal de Justiça no exercício de sua competência recursal extraordinária ou especial.

Sobre o ponto, aliás, cabe evidenciar que, na revisão final a que o texto do CPC de 2015 foi submetido antes de seu envio à sanção presidencial, a palavra "pleiteou", constante do art. 1.022 do Parecer n. 956/2014, texto final submetido à aprovação do Senado em dezembro de 2014, foi substituída por "suscitou". A diferença, em termos do chamado "prequestionamento", já que é disso que o art. 1.025 quer tratar, é patente. *Pleitear* sugere que haja nos embargos de declaração pedido "para fins de prequestionamento", o que é, aliás, o que a prática forense consagra. *Suscitar*, por sua vez, que é o verbo afinal empregado, dá margem a entendimento mais brando no sentido de ser suficiente que o tema tenha sido tratado *en passant*, *ventilado*, como se costuma dizer, nos embargos de declaração.

A redação final do art. 1.025, mesmo para quem não queira ver nela alteração que justifique sua inconstitucionalidade *formal*, destarte, só acaba por aprimorar o ritual de passagem a que já houve referência, transportando indevidamente para os Tribunais Superiores o ônus de definir o que foi e o que não foi *suscitado* para, verificando o que *não foi* decidido, embora indevidamente, entender cabíveis recursos que, de acordo com a Constituição Federal, pressupõem "causa *decidida*".

Longe de querer sugerir um mero jogo de palavras, este *Curso* não tem a menor dúvida de que a prática forense aplaudirá a iniciativa na expectativa (ingênua), somada à previsão do § 3º do art. 941, de que boa parte dos problemas relativos ao prequestionamento – a começar pela demonstração de sua ocorrência –, senão todos eles, estará superada pela apresentação dos tais "embargos de declaração prequestionadores", doravante "legitimados" pelo art. 1.025. Para um Código que queria reduzir o número de recursos inúteis, é (mais) um verdadeiro paradoxo.

Para os que realmente acreditarem que o tema está à mercê do legislador infraconstitucional, a lembrança do § 3º do art. 941 traz outro alento: como o voto vencido terá de ser necessariamente declarado "e considerado parte integrante do acórdão para todos os fins legais, *inclusive de prequestionamento*", resta torcer para que seu conteúdo auxilie a identificar o que foi e o que não foi objeto de *decisão* ou, como a prática forense consagra, o que foi, ou não, *prequestionado*.

Capítulo 6

Recurso ordinário

1. CONSIDERAÇÕES INICIAIS

O recurso ordinário, não obstante o nome, assemelha-se à apelação, mas, diferentemente dela, é julgado pelo Supremo Tribunal Federal ou pelo Superior Tribunal de Justiça, que funcionam como verdadeiros órgãos de segundo grau de jurisdição, e não como órgãos de sobreposição, de controle da inteireza do direito federal constitucional e infraconstitucional, respectivamente.

Trata-se de "recurso de fundamentação *livre*", isto é, presta-se a discutir qualquer espécie de vício ou de erro contido no julgamento. Nesse sentido, o recurso faz as vezes de verdadeira apelação, para revisão ampla do quanto assentado na decisão recorrida, podendo o recorrente impugná-la valendo-se de qualquer fundamento, independentemente da ocorrência de questão constitucional ou legal especificamente decidida, como seria o caso se se tratasse de recurso extraordinário ou de recurso especial. Tampouco é necessária a demonstração de divergência jurisprudencial para o recurso ordinário, exigida pela letra *c* do art. 105, III, da Constituição Federal, para o recurso especial.

O CPC de 2015, similarmente ao CPC de 1973, reserva um capítulo próprio para tratar dos "recursos para o Supremo Tribunal Federal e para o Superior Tribunal de Justiça", dividindo-o em quatro seções, uma para cada recurso dirigido àqueles Tribunais, sendo o primeiro a ser disciplinado, o recurso ordinário, que ocupa os arts. 1.027 e 1.028.

2. HIPÓTESES DE CABIMENTO

As hipóteses de cabimento do recurso ordinário são previstas expressamente pela Constituição Federal, por ocasião da indicação da competência do Supremo Tribunal Federal (art. 102, II, da CF) e do Superior Tribunal de Justiça (art. 105, II, da CF).

Dispõe o art. 102, II, da Constituição Federal:

"Art. 102. Compete ao Supremo Tribunal Federal, precipuamente, a guarda da Constituição, cabendo-lhe: (...) II – julgar, em recurso ordinário: *a*) o *habeas corpus*, o mandado de segurança, o *habeas data* e o mandado de injunção decididos em única instância pelos Tribunais Superiores, se denegatória a decisão; *b*) o crime político".

De acordo com o art. 105, II, da Constituição Federal:

"Art. 105. Compete ao Superior Tribunal de Justiça: (...) II – julgar em recurso ordinário: *a*) os *habeas corpus* decididos em única ou última instância pelos Tribunais Regionais Federais ou pelos tribunais dos Estados, do Distrito Federal e Territórios, quando a decisão for denegatória; *b*) os mandados de segurança decididos em única instância pelos Tribunais Regionais Federais ou pelos tribunais dos Estados, do Distrito Federal e Territórios, quando denegatória a decisão; *c*) as causas em que forem partes Estado estrangeiro ou organismo internacional, de um lado, e, do outro, Município ou pessoa residente ou domiciliada no País".

Dentre as várias hipóteses acima indicadas, importa, para o presente *Curso*, o exame daquelas que dizem respeito ao direito processual civil, excluídos, portanto, o "crime político" (art. 102, II, *b*, da CF) e o *habeas corpus* (parte da alínea *b* do art. 102, e art. 105, II, *a*, ambos da CF). Trata-se do que, espelhando o modelo constitucional, se extrai dos incisos I e II do art. 1.027 do Código de Processo Civil, os quais, no particular, são quase que uma cópia do texto constitucional quanto às hipóteses de cabimento do recurso ordinário. Nem poderia ser diferente, aliás, sob pena de inconstitucionalidade, por ser *taxativa* a competência reconhecida, pela Constituição Federal, ao Supremo Tribunal Federal e ao Superior Tribunal de Justiça.

A harmonia com as já mencionadas previsões constitucionais só não é irretorquível porque a revisão final a que o texto do CPC de 2015 foi submetido antes do envio à sanção presidencial trocou a palavra "causa" na alínea *b* do inciso II do art. 1.027 pela palavra "processo". Sem prejuízo do reconhecimento de sua inconstitucionalidade formal – porque não se trata de mero apuro redacional –, importa, aqui, destacar que, como o *texto* constitucional refere-se – e continua a se referir – a *causa*, a modificação deve ser considerada não escrita.

2.1 Recurso ordinário e a "tutela jurisdicional das liberdades públicas das diversas gerações"

Tanto a alínea *a* do inciso II do art. 102 como a alínea *b* do inciso II do art. 105 da Constituição Federal referem-se ao que o n. 5.1 do Capítulo 3 da Parte I do v. 1 propõe seja denominado de "tutela jurisdicional das liberdades públicas das diversas gerações".

A finalidade do mandado de segurança é proteger direito líquido e certo (isto é, direito comprovado de plano, sem necessidade de dilação probatória) não amparado por *habeas corpus* (que se volta à tutela jurisdicional do direito de locomoção) ou por *habeas data (que tem como objetivo a tutela jurisdicional do direito de informação)*. Ele é previsto nos incisos LXIX e LXX do art. 5º da Constituição Federal, e a sua disciplina atual encontra-se na Lei n. 12.016/2009.

O *habeas data*, criação do art. 5º, LXXII, da Constituição Federal, volta-se a "assegurar o conhecimento de informações relativas à pessoa do impetrante, constantes de registros ou bancos de dados de entidades governamentais ou de caráter público" e "para retificação de dados, quando não se prefira fazê-lo por processo sigiloso, judicial ou administrativo". A sua lei regulamentadora, a Lei n. 9.507/97, ampliou (legitimamente) suas hipóteses de cabimento para admiti-lo também, como se lê do inciso III de seu art. 7º, "para a anotação nos assentamentos do interessado, de contestação ou explicação sobre dado verdadeiro, mas justificável e que esteja sob pendência judicial ou amigável".

De seu turno, o mandado de injunção, tal qual o prevê o inciso LXXI do art. 5º da Constituição Federal, tem cabimento "sempre que a falta de norma regulamentadora torne inviável o exercício dos direitos e liberdades constitucionais e das prerrogativas inerentes à nacionalidade, à soberania e à cidadania". Sua disciplina é dada pela Lei n. 13.300/2016.

O recurso ordinário para o Supremo Tribunal Federal tem cabimento para contrastar as decisões *denegatórias* proferidas em sede de mandado de segurança, *habeas data* ou mandado de injunção impetrados originariamente nos Tribunais Superiores (art. 102, II, *a*, da CF). O recurso ordinário para o Superior Tribunal de Justiça, por sua vez, cabe quando a hipótese é de decisão *denegatória* de mandado de segurança impetrado originariamente nos Tribunais de Justiça dos Estados e do Distrito Federal e Territórios ou nos Tribunais Regionais Federais. Não há previsão para o recurso ordinário quando o *habeas data* ou o mandado de injunção for impetrado diretamente nos Tribunais Regionais Federais ou nos Tribunais de Justiça dos Estados e do Distrito Federal e dos Territórios.

"Decisão *denegatória*" é a decisão *desfavorável* ao impetrante, isto é, aquele que provoca, rompendo sua inércia, a jurisdição, o *autor* do mandado de segurança, do *habeas data* ou do mandado de injunção, sendo indiferente, para tanto, tratar-se de decisão que tenha apreciado o mérito (art. 487) ou não (art. 485). É esse o entendimento amplamente vencedor em sede de doutrina e na jurisprudência[1].

Considerando que o recurso ordinário é recurso de "fundamentação *livre*", ele pode voltar-se, por exemplo, à discussão sobre a existência, ou não, de "direito líquido e certo" em favor do impetrante, que é matéria substancialmente de *fato*. Assim, o recurso ordinário, não obstante julgado pelo Supremo Tribunal Federal ou pelo Superior Tribunal de Justiça, consoante a hipótese, pode-se voltar ao reexame de provas, não se lhe aplicando a Súmula 279 do Supremo Tribunal Federal[2] e nem a Súmula 7 do Superior Tribunal de Justiça[3] e, por

1. Para essa demonstração, v., do autor deste *Curso*, seu *Mandado de segurança*, p. 185, e seu *A nova lei do mandado de segurança*, p. 55-56. Os n. 14, 4.7 e 6 dos Capítulos 1, 2 e 3 do volume 2, t. III, das edições anteriores ao CPC de 2015 deste *Curso* também se voltam ao assunto.
2. Que tem o seguinte enunciado: "Para simples reexame de prova não cabe recurso extraordinário".
3. Que tem o seguinte enunciado: "A pretensão de simples reexame de prova não enseja recurso especial".

identidade de motivos, nem a Súmula 454 do Supremo Tribunal Federal[4] e a Súmula 5 do Superior Tribunal de Justiça[5].

Da decisão que *concede* o mandado de segurança, o *habeas data* ou o mandado de injunção não há previsão constitucional ou legal para sua "remessa necessária" pelo Superior Tribunal de Justiça ou pelo Supremo Tribunal Federal, inaplicando-se, por isso mesmo, o disposto no § 1º do art. 14, da Lei n. 12.016/2009, específico para o mandado de segurança, que subsidia a disciplina do mandado de injunção (art. 14 da Lei n. 13.300/2016) nem o disposto no art. 496 do Código de Processo Civil.

A previsão do recurso ordinário só em benefício do impetrante não significa qualquer violação ao princípio constitucional da isonomia. O mandado de segurança, o *habeas data* e o mandado de injunção são medidas judiciais instituídas contra os desmandos do Poder Público ou entidade a ele equiparada (exercício de *função pública*). Destarte, não há agressão ao modelo constitucional do direito processual civil na previsão de recurso de fundamentação livre e, por isso mesmo, mais propício para o reexame da decisão recorrida, somente para a parte intrinsecamente mais fraca do processo, o impetrante.

Como o recurso ordinário só cabe quando a decisão for *denegatória*, o *réu* do mandado de segurança, o do *habeas data* e o do mandado de injunção só poderão contrastar a decisão que lhes é desfavorável, isto é, a decisão *concessiva*, por recurso extraordinário e por recurso especial, quando presentes os pressupostos dos arts. 102, III, e 105, III, da Constituição Federal, respectivamente.

O cabimento dos embargos de declaração não pode ser afastado aprioristicamente, quando a decisão incorrer em um dos vícios do art. 1.022. A técnica de colegiamento do art. 942, por sua vez, não é aplicável nos casos aqui discutidos por falta de previsão legislativa: as impetrações que ensejam o recurso ordinário ou, consoante o caso os recursos extraordinários ou especiais, são de competência originária dos Tribunais, a afastar a viabilidade de eventual divergência dar-se em sede de apelação.

Havendo, em um mesmo processo, interposição de recursos ordinário, especial e extraordinário – o que pode ocorrer quando a denegação for *parcial*, havendo sucumbência *recíproca* –, eles devem ser julgados levando-se em conta a diretriz da Súmula 299 do Supremo Tribunal Federal, que se mostra hígida para o sistema processual atual: "O recurso ordinário e o extraordinário interpostos no mesmo processo de mandado de segurança, ou de *habeas corpus*, serão julgados conjuntamente pelo Tribunal Pleno".

Tão diversos o recurso ordinário e o recurso extraordinário ou o recurso especial, a começar pelas suas hipóteses de cabimento, passando pelas regras relativas à sua tramitação e

4. Que tem o seguinte enunciado: "Simples interpretação de cláusulas contratuais não dá lugar a recurso extraordinário".

5. Que tem o seguinte enunciado: "A simples interpretação de clausula contratual não enseja recurso especial".

finalizando com a disciplina relativa a seu julgamento, que a jurisprudência, assente no âmbito do Supremo Tribunal Federal e do Superior Tribunal de Justiça, é no sentido de que a interposição do recurso errado (por exemplo, especial quando a hipótese era de ordinário) significa sua inadmissibilidade. Inaplicável à espécie o princípio da *fungibilidade*[6].

O inciso II do art. 20 da Lei n. 9.507/97, que disciplina o *habeas data*, prevê que compete ao Superior Tribunal de Justiça julgar, em recurso ordinário, o *habeas data* "quando a decisão for proferida em única instância pelos Tribunais Regionais Federais".

O dispositivo é inconstitucional porque a competência daquele Tribunal é taxativamente estabelecida pela Constituição Federal, sendo vedado o seu alargamento por lei federal. Assim, nos casos em que o *habeas data* for impetrado originariamente perante os Tribunais Regionais Federais ou os Tribunais de Justiças dos Estados e do Distrito Federal (art. 108, I, *c*, da CF e art. 20, I, *a*, *b*, *c* e *e*, da Lei n. 9.507/97), os recursos cabíveis serão o extraordinário e o especial, consoante se façam presentes os pressupostos do art. 102, III, e do art. 105, III, da Constituição Federal, respectivamente. Nesse caso, é correto entender que aquele acórdão é, para os fins daqueles dispositivos constitucionais, "causas decididas em *única* instância".

O Superior Tribunal de Justiça, vale frisar, só tem competência para julgar em recurso ordinário os acórdãos denegatórios de *mandados de segurança* impetrados originariamente naqueles Tribunais; impensável, pois, que, por analogia, reconheça-se àquele Tribunal competência similar àquela que o art. 102, II, *a*, da Constituição expressamente reservou ao Supremo Tribunal Federal em se tratando de *habeas data* ou de mandado de injunção.

Inexiste regra expressa similar ao mandado de injunção. A subsidiariedade determinada pelo art. 14 da Lei n. 13.300/2016 à disciplina dada ao mandado de segurança pela Lei n. 12.016/2009 deve ser entendida de forma a *afastar* do mandado de injunção o recurso ordinário de eventual impetração perante os Tribunais de Justiça e dos Tribunais Regionais Federais[7]. Também aqui deve imperar a conclusão anterior: o acórdão, concessivo ou denegatório, será considerado "causa decidida em única instância", a desafiar, consoante seu fundamento, recurso extraordinário e/ou recurso especial.

2.2 Causas que envolvem Estado estrangeiro ou organismo internacional e Município ou pessoa residente ou domiciliada no País

A alínea *c* do inciso II do art. 105 da Constituição Federal prevê a competência do Supremo Tribunal Federal para o recurso ordinário nas "causas em que forem partes Estado es-

6. Correta, no ponto, a orientação da Súmula 272 do STF, cujo enunciado é o seguinte: "Não se admite como recurso ordinário recurso extraordinário de decisão denegatória de mandado de segurança".

7. A referência é feita ao art. 18 da Lei n. 12.106/2009: "Art. 18. Das decisões em mandado de segurança proferidas em única instância pelos tribunais cabe recurso especial e extraordinário, nos casos legalmente previstos, e recurso ordinário, quando a ordem for denegada".

trangeiro ou organismo internacional, de um lado, e, do outro, Município ou pessoa residente ou domiciliada no País".

O dispositivo deve ser entendido por exclusão, levando-se em conta a lembrança da alínea *e* do inciso I do art. 102 da Constituição Federal, segundo a qual compete ao Supremo Tribunal Federal processar e julgar "o litígio entre Estado estrangeiro ou organismo internacional e a União, o Estado, o Distrito Federal ou o Território".

A distinção entre uma e outra é visível: a hipótese que enseja a interposição do recurso ordinário para o Superior Tribunal de Justiça envolve apenas o litígio entre o Município – descartados a União, os Estados-membros, o Distrito Federal e, embora não existam na federação brasileira da atualidade, os Territórios – e Estado estrangeiro ou organismo internacional. Também quando o litígio promovido pelo ou em face do Estado estrangeiro ou o organismo internacional envolver pessoa residente ou domiciliada no Brasil, a competência recursal (ordinária) é do Superior Tribunal de Justiça.

Em primeiro grau de jurisdição, a competência para essas causas é da Justiça Federal de primeira instância (e não dos Tribunais Regionais Federais), como se lê do inciso II do art. 109 da Constituição Federal: "Aos juízes federais compete processar e julgar: (...) II – as causas entre Estado estrangeiro ou organismo internacional e Município ou pessoa domiciliada ou residente no País".

É indiferente para a fixação da competência originária como para a identificação da competência recursal saber se o Estado estrangeiro, o organismo internacional, o Município ou a pessoa residente ou domiciliada no Brasil são autores ou réus. O que basta é que o litígio se dê entre uns e outros, que aquelas pessoas ocupem polos opostos do processo. Para o cabimento do recurso ordinário nesses casos, é indiferente que a decisão seja favorável ou prejudicial ao autor.

Naqueles processos, também há previsão de cabimento do recurso de agravo de instrumento das decisões interlocutórias, observando-se as mesmas restrições do art. 1.015, bem como o que a Corte Especial do Superior Tribunal de Justiça entendeu a respeito de sua interpretação no Tema 988 de sua jurisprudência repetitiva[8]. É a regra do § 1º do art. 1.027[9], que deve ser interpretada ao lado do § 1º do art. 1.028, segundo o qual devem ser aplicadas as regras de processamento daquela espécie recursal à hipótese, sem prejuízo, subsidiaria-

8. A tese então fixada é a seguinte: "O rol do art. 1.015 do CPC é de taxatividade mitigada, por isso admite a interposição de agravo de instrumento quando verificada a urgência decorrente da inutilidade do julgamento da questão no recurso de apelação".

9. Acerca daquela previsão, cabe evidenciar que também nele foi indevidamente substituída a palavra "causa" por "processo" na "revisão" a que submetido o texto do CPC de 2015 antes de seu envio à sanção presidencial. A modificação deve ser considerada não escrita, não só porque formalmente inconstitucional, mas também porque atrita, substancialmente, com o quanto reservado pelo inciso II do art. 105 para a competência do STJ.

mente, do quanto disciplinado a respeito pelo Regimento Interno do Superior Tribunal de Justiça.

A previsão legislativa não atrita com o entendimento de que a competência do Superior Tribunal de Justiça não pode ser alargada pela lei federal. Para tanto, é bastante entender que o "agravo de instrumento" previsto no § 1º do art. 1.027 é "recurso *ordinário*" e, nesse sentido, suficientemente previsto albergado pela alínea *c* do inciso II do art. 105 da Constituição Federal[10].

3. EFEITOS

As particularidades dos efeitos do recurso ordinário são as seguintes.

Tratando-se de recurso de fundamentação *livre*, aplicam-se ao recurso ordinário as mesmas considerações que o n. 5.2 do Capítulo 2 faz para a apelação e seu efeito *devolutivo* (art. 1.013, *caput*).

Os §§ 1º e 2º do art. 1.013 e o efeito *translativo* neles disciplinado também devem ser aplicados sem nenhuma ressalva.

A hipótese de efeito expansivo do § 3º do art. 1.013 tem aplicação ao recurso ordinário, quando presentes os seus respectivos pressupostos, sendo expresso, nesse sentido, o § 2º do art. 1.027.

Não obstante a previsão, o Supremo Tribunal Federal, no que é seguido pelo Superior Tribunal de Justiça, tem o entendimento de que a regra similar no CPC de 1973, o § 3º do art. 515, *não se aplica* ao recurso ordinário interposto nos procedimentos jurisdicionais constitucionalmente diferenciados por violar a competência constitucionalmente prevista para aqueles Tribunais pelos incisos II dos arts. 102 e 105 da Constituição Federal[11].

Este *Curso* entende diferentemente, não divisando nenhuma inconstitucionalidade naquela previsão legislativa. É que o efeito translativo autorizado pelo § 3º do art. 1.013 não impõe que o Supremo Tribunal Federal ou que o Superior Tribunal de Justiça vá além dos limites de sua competência constitucional: eles continuarão a julgar o recurso ordinário, cujo

10. O art. 36 da Lei n. 8.038/90 já dispunha que "Art. 36. Nas causas em que forem partes, de um lado, Estado estrangeiro ou organismo internacional e, de outro, município ou pessoa domiciliada ou residente no País, caberá: I – apelação da sentença; II – agravo de instrumento, das decisões interlocutórias", sugerindo que a expressão *recurso ordinário* pode ser compreendida como gênero a abranger aquelas duas espécies recursais.

11. Nesse sentido, apenas para fins ilustrativos, os seguintes julgados: STF, 2ª Turma, AC-MC-ED 3.545/DF rel. Min. Celso de Mello, j.un. 8-4-2014, *DJe* 24-4-2014; STF, 2ª Turma, RE-AgR 638.057/PR, rel. Min. Ricardo Lewandowski, j.un. 28-2-2012, *DJe* 12-3-2012; STF, 1ª Turma, RE 621.473/DF, rel. Min. Marco Aurélio, j.un. 23-11-2010, *DJe* 23-3-2011; STJ, 1ª Turma, AgInt nos EDcl no RMS 32.601/SP, rel. Min. Napoleão Nunes Maia Filho, j.un. 16-2-2017, *DJe* 6-3-2017; STJ, 6ª Turma, AgRg no RMS 19.261/MA, rel. Min. Nefi Cordeiro, j.un. 21-8-2014, *DJe* 4-9-2014, e STJ, 6ª Turma, AgRg no RMS 27.278/RS, rel. Min. Sebastião Reis Júnior, j.un. 6-8-2013, *DJe* 21-8-2013.

pressuposto é acórdão *denegatório*. Diferentemente do que se dá para o recurso extraordinário e para o recurso especial, não há nada na Constituição Federal que queira limitar ou preestabelecer o conteúdo desse acórdão, apenas que ele seja contrário ao impetrante.

Ademais, quando a hipótese for de recurso ordinário para o Superior Tribunal de Justiça tirado de causas em que, de um lado, forem partes Estado estrangeiro ou organismo internacional e, do outro, Município ou pessoa residente ou domiciliada no País, a inexistência daquela possível restrição é ainda mais clara.

É a razão pela qual, a despeito do silêncio do § 2º do art. 1.027, é correto entender aplicável à espécie *também* o disposto no § 4º do art. 1.013 para permitir que, tendo havido reconhecimento perante o Tribunal *a quo* de prescrição ou de decadência (que dão ensejo a acórdãos *denegatórios*), que possa o Superior Tribunal de Justiça ou o Supremo Tribunal Federal remover aquele entendimento e, presentes os pressupostos do § 3º do art. 1.013, apreciar desde logo o mérito.

A falta de regra específica em sentido contrário sobre o efeito suspensivo convida para o entendimento de que a sua presença variará consoante a hipótese.

Nos casos em que o recurso ordinário é interposto em mandado de segurança, *habeas data* e mandado de injunção, a melhor interpretação é a de que o recurso ordinário *tem* efeito suspensivo pelo prevalecimento da regra específica do mandado de segurança, qual seja, a do § 1º do art. 14, da Lei n. 12.016/2009[12], que tem aplicação também para o mandado de injunção, em face do art. 14 da Lei n. 13.300/2016, e do *habeas data*, o art. 15, parágrafo único, da Lei n. 9.507/97[13]. Nesses dispositivos, a ausência do efeito suspensivo se dá na hipótese de decisão *concessiva* da ordem, admitindo-se, consequentemente, o cumprimento provisório do julgado, situação oposta àquela que rende ensejo ao recurso ordinário, que pressupõe decisão *denegatória* ao impetrante.

Não obstante a presença do efeito suspensivo ao recurso ordinário quando *denegatória* a decisão, não subsiste no sistema a discussão sobre a subsistência, ou não, de eventual tutela provisória concedida liminarmente[14]. Em função do disposto no § 3º do art. 7º da Lei n. 12.106/2009, é *imediata* a revogação daquela medida em se tratando de mandado de segurança e, em função do disposto no art. 14 da Lei n. 13.300/20016, também para o mandado de injunção. Trata-se de verdadeiro *efeito anexo* ao proferimento da decisão naqueles processos, indene, portanto, ao efeito suspensivo[15].

12. Para essa discussão, v., do autor deste *Curso*, seu *A nova lei do mandado de segurança*, p. 110-111.

13. É entendimento defendido pelo autor deste *Curso* desde seu "*Habeas data*: *efeitos da apelação, liminar e suspensão de sentença*, esp. p. 45-52 e também em estudo sobre o tema publicado na obra coletiva *Ações constitucionais*, p. 100-102.

14. O tema era desenvolvido no n. 3 do Capítulo 10 da Parte I do v. 5 das edições anteriores ao CPC de 2015 deste *Curso*.

15. Para essa demonstração, v., do autor deste *Curso*, seu *A nova lei do mandado de segurança*, p. 80-83.

A Lei n. 9.507/97 não trata expressamente do assunto, o que acaba por atrair a sistemática do recurso do próprio Código de Processo Civil, em específico, do inciso V do § 1º do art. 1.012, que retira o efeito suspensivo do *recurso ordinário* ao menos com relação àquele capítulo, fazendo com que eventual tutela provisória liminarmente concedida também perca imediatamente sua eficácia.

Com relação às causas que envolvem Estados estrangeiros ou organismos internacionais e Municípios ou pessoas domiciliadas ou residentes no País, a melhor interpretação é a de aplicar ao recurso ordinário o *caput* do art. 1.012, isto é: em regra, há efeito suspensivo ao recurso ordinário, exceto se ocorrer alguma das hipóteses dos incisos daquele dispositivo ou, se for o caso, da legislação processual civil extravagante.

Não obstante tais considerações, é irrecusável a aplicação, ao recurso ordinário, do quanto exposto nos n. 5.1.7 e 5.1.8 do Capítulo 2 sobre a *concessão* ou a *retirada* do efeito suspensivo *ope judicis* ao recurso ordinário, inclusive para a obtenção de nova medida, perante a instância recursal, que faça as vezes de eventual tutela provisória concedida anteriormente, o que traz à mente a remissão que o já mencionado § 2º do art. 1.027 faz também ao § 5º do art. 1.029.

De acordo com aquele dispositivo, cujos incisos receberam nova redação pela Lei n. 13.256/2016, a competência para apreciar o pedido de efeito suspensivo ao recurso *ordinário* – ou de retirada dele, consoante o caso – é do tribunal superior respectivo, no período compreendido entre a publicação da decisão de admissão do recurso e sua distribuição, ficando o relator designado para seu exame prevento para julgá-lo (art. 1.029, § 5º, I); do relator, se o recurso já tiver sido distribuído (art. 1.029, § 5º, II) ou do presidente ou do vice-presidente do tribunal recorrido, no período compreendido entre a interposição do recurso e a publicação da decisão de admissão do recurso, assim como no caso de o recurso ter sido sobrestado, nos termos do art. 1.037 (art. 1.029, § 5º, III).

Esta última hipótese não tem aplicação ao recurso ordinário e deve ser sistematicamente afastada. As demais, são suficientemente amplas para albergar a hipótese, em estreita harmonia com o § 3º do art. 1.012, que cuida da mesma temática no contexto do recurso de apelação[16].

4. PROCEDIMENTO

O art. 1.028 trata do procedimento a ser observado pelo recurso ordinário, distinguindo as hipóteses em que ele é interposto, bem assim em se tratando de agravo de instrumento.

16. É essa a razão pela qual o autor deste *Curso*, desde a 1ª edição de seu *Manual de direito processual civil* e desde a 1ª edição de seu *Novo Código de Processo Civil anotado*, sempre defendeu que, em rigor, havia, desde sua redação original, um erro de remissão no CPC de 2015, que não foi corrido pela Lei n. 13.256/2016.

Em consonância com o *caput* do art. 1.028, quando forem partes, de um lado, Estado estrangeiro ou organismo internacional e, de outro, Município ou pessoa residente ou domiciliada no País, os requisitos de admissibilidade e o procedimento do recurso ordinário são os mesmos da apelação, subsidiados pelo regimento interno do Superior Tribunal de Justiça[17].

Similarmente, as regras codificadas do agravo de instrumento, também subsidiadas por aquele regimento interno[18], disciplinam aquele recurso naquelas mesmas situações (art. 1.028, § 1º). São regras que se sobrepõem ao disposto, a esse respeito, no art. 37 da Lei n. 8.038/90, que fica, com o CPC de 2015, implicitamente revogado[19].

O § 2º do art. 1.028 trata das demais hipóteses de recurso ordinário, isto é, os dirigidos ao Supremo Tribunal Federal e ao Superior Tribunal de Justiça, tendo presente a impetração originária, nos Tribunais, dos procedimentos jurisdicionais constitucionalmente diferenciados, mencionados no inciso I e na alínea *a* do inciso II do art. 1.027.

Nesses casos, o recurso ordinário deve ser interposto perante o Tribunal de origem, cabendo ao seu presidente ou ao seu vice-presidente determinar a intimação do recorrido para, em quinze dias (úteis), apresentar as contrarrazões. Após aquele prazo, complementa o § 3º do art. 1.028, os autos serão remetidos ao Tribunal Superior competente – e aqui reside importante novidade trazida pelo CPC de 2015, não alterada pela Lei n. 13.256/2016 –, *independentemente* de juízo de admissibilidade, a exemplo do que se dá para a apelação (art. 1.010, § 3º). O juízo de admissibilidade será feito, em grau único, pelo próprio Supremo Tribunal Federal ou Superior Tribunal de Justiça, consoante o caso[20].

O CPC de 2015 não reproduz a regra genérica do art. 540 do CPC de 1973, sobre a aplicabilidade, ao recurso ordinário, dos requisitos de admissibilidade e ao procedimento no juízo de origem relativos à apelação, limitando-se a afastar a duplicidade do juízo de admissibilidade[21]. É correto entender, por isso, que subsiste, no ordenamento jurídico nacional, o disposto no art. 34 da Lei n. 8.038/90, que também não foi revogado pelo inciso IV do art. 1.072[22].

---

17. A referência é feita aos arts. 249 a 252 do RISTJ, na redação que lhes deu a ER 22/2016.
18. É o que se verifica do art. 254 do RISTJ.
19. O dispositivo tinha a seguinte redação: "Art. 37. Os recursos mencionados no artigo anterior serão interpostos para o Superior Tribunal de Justiça, aplicando-se-lhes, quanto aos requisitos de admissibilidade e ao procedimento, o disposto no Código de Processo Civil".
20. A nova sistemática recursal e a eliminação do duplo juízo de admissibilidade do recurso ordinário faz desaparecer uma série de questionamentos que, à falta de regras claras, existiam ao tempo do CPC de 1973. Elas eram analisadas no n. 4.1 do Capítulo 10 da Parte I do v. 5 das edições anteriores ao CPC de 2015 deste *Curso*.
21. A redação daquele dispositivo era a seguinte: "Art. 540. Aos recursos mencionados no artigo anterior aplica-se, quanto aos requisitos de admissibilidade e ao procedimento no juízo de origem, o disposto nos Capítulos II e III deste Título, observando-se, no Supremo Tribunal Federal e no Superior Tribunal de Justiça, o disposto nos seus regimentos internos".
22. Que tem a seguinte redação: "Art. 1.072. Revogam-se: IV – os arts. 13 a 18, 26 a 29 e 38 da Lei n. 8.038, de 28 de maio de 1990".

Também prevalece, pelas mesmas razões (falta de regra nova com ele incompatível e ausência de revogação expressa), o disposto no art. 35 da Lei n. 8.038/90, segundo o qual, distribuído o recurso ordinário no Superior Tribunal de Justiça ou no Supremo Tribunal Federal, a Secretaria dará vista ao Ministério Público, que atuará na qualidade de fiscal da ordem jurídica, pelo prazo de cinco dias (úteis). Conclusos os autos ao relator, caberá a ele pedir dia para julgamento, inexistindo previsão para a ocorrência de análise do recurso por um *revisor*.

5. JULGAMENTO

Não há óbice para o recurso ordinário ser julgado *monocraticamente* pela aplicação dos incisos III a V do art. 932. Da decisão respectiva, cabe o agravo interno do art. 1.021.

O julgamento *colegiado* no Superior Tribunal de Justiça, por sua vez, depende da maioria absoluta da Turma, nos termos do art. 41-A da Lei n. 8.038/90 (repetida pelo art. 181, *caput*, do seu Regimento Interno), regra que se afina à genérica do § 2º do art. 941 do Código de Processo Civil, aplicável ao recurso ordinário por força do que dispõe o art. 1.028.

No Supremo Tribunal Federal, rente ao mesmo § 2º do art. 941, prevalece a diretriz do art. 147 de seu Regimento Interno, segundo o qual as Turmas reúnem-se com a presença de, pelo menos, três Ministros.

No mais, o julgamento do recurso ordinário não apresenta nenhuma peculiaridade digna de destaque, não se aplicando, contudo, ainda que haja divergência na votação, a técnica de colegiamento do art. 942, à falta de previsão legal nesse sentido.

Do acórdão caberão embargos de declaração (art. 1.022), não sendo descartável o cabimento do recurso extraordinário da decisão que julgar o recurso ordinário no âmbito do Superior Tribunal de Justiça, observando-se as regras aplicáveis de cada um desses recursos.

Capítulo 7

Recurso extraordinário e recurso especial

1. CONSIDERAÇÕES INICIAIS

O recurso extraordinário e o recurso especial, de acordo com a classificação proposta no n. 3 do Capítulo 1, são "recursos *extraordinários*", em contraposição aos chamados "recursos *ordinários*". Recursos *extraordinários*, nesse contexto, são aqueles que têm como finalidade primeira a aplicação do direito positivo na espécie em julgamento, e não, propriamente, a busca da melhor solução para o caso concreto. É essa a razão pela qual neles não há como produzir provas ou buscar o reexame daquelas já produzidas. A aplicação do direito positivo, mormente para fins de *uniformização de sua interpretação*, pressupõe que os fatos da causa estejam consolidados e não gerem mais qualquer controvérsia.

O Supremo Tribunal Federal, ao julgar recursos extraordinários, e o Superior Tribunal de Justiça, ao julgar recursos especiais, destarte, desempenham papel diferenciado de quando eles próprios ou os demais Tribunais julgam "recursos *ordinários*". Sua missão fundamental, ao julgar esses recursos, é buscar a inteireza da interpretação do direito constitucional federal e do direito infraconstitucional federal em todo o território brasileiro. Trata-se, a bem da verdade, de uma consequência inarredável ao sistema político nacional: a federação pressupõe uniformidade na aplicação e na interpretação das normas de direito *federal* em todo o território, até mesmo por força da isonomia e da impessoalidade que deve presidir as relações entre Estado e particulares (arts. 5º, *caput*, 37, *caput*, e 150, II, da CF). Não é outra a razão pela qual o modelo que inspirou, historicamente, o nosso legislador a conceber um recurso extraordinário nos moldes alinhavados foi o norte-americano e o seu *writ of error*[1].

A circunstância de se tratar de "recursos *extraordinários*", contudo, não inibe a aplicação da teoria geral dos recursos, exposta pelo Capítulo 1. O que se deve ter presente, todavia, é que, mercê da *finalidade* a que são destinados, o recurso extraordinário e o recurso especial

1. Para essa exposição, v. José Afonso da Silva, *Do recurso extraordinário no direito processual brasileiro*, p. 26-38.

apresentam algumas peculiaridades, sobretudo nas suas hipóteses de cabimento, que acabam por se refletir na própria jurisprudência do Supremo Tribunal Federal e do Superior Tribunal de Justiça, tema recorrente ao longo do presente Capítulo.

Os recursos aqui examinados também são recursos de "fundamentação *vinculada*". O acesso ao Supremo Tribunal Federal e ao Superior Tribunal de Justiça, pelo recurso extraordinário e pelo recurso especial, dependem, sempre, de um específico gravame, previamente indicado na própria Constituição Federal. Não basta ao recorrente demonstrar que a decisão é contrária aos seus interesses para que esteja aberta a via do recurso extraordinário e do recurso especial. É mister que a decisão, além disso, cause a ele um específico gravame, chave inarredável para o acesso àqueles Tribunais.

O Superior Tribunal de Justiça foi criado pela Constituição Federal de 1988. Até então a função que passou a ser exercida por ele ao julgar recursos *especiais* era atribuição do Supremo Tribunal Federal, uma vez que o recurso extraordinário também se destinava a analisar a contrariedade à *lei* federal (art. 119, III, *a*, segunda parte, da CF de 1969). Essa *partição* de competências promovida pela Constituição Federal mais recente é importante de ser evidenciada desde logo porque ela auxilia na compreensão dos recursos.

Não por acaso que a Seção II do Capítulo VI do Título II do Livro III da Parte Especial do Código de Processo Civil trata concomitantemente do recurso extraordinário e do recurso especial. Há duas subseções para aquela disciplina: disposições gerais (arts. 1.029 a 1.035) e julgamento daqueles recursos quando *repetitivos* (arts. 1.036 a 1.041).

2. HIPÓTESES DE CABIMENTO

Nada há, no Código de Processo Civil, sobre o *cabimento* do recurso extraordinário e do recurso especial, apenas com relação ao seu *processamento, inclusive quando se dá no contexto dos recursos repetitivos*. O legislador sequer quis repetir a Constituição Federal, diferentemente do que fez para o recurso ordinário, talvez para resistir à tentação de alterar nem que fosse uma pequena palavra, como acabou ocorrendo no art. 1.027.

O que há, de muito melhor técnica legislativa, é a previsão do art. 1.029, que, sutil e suficientemente, faz referência às hipóteses *constitucionais* de cabimento daqueles recursos.

Assim, antes do estudo do *processamento* daqueles recursos, cabe extrair da Constituição Federal o que ela reserva para o *cabimento* daqueles recursos, seu *modelo constitucional*, portanto.

Dentre as diversas hipóteses de cabimento do recurso extraordinário e do recurso especial, as que são previstas no inciso III do art. 102 e no inciso III do art. 105, ambos da Constituição Federal, merecem exame conjunto e prévio, embora não sejam de todo iguais. Após essa investigação, a análise das alíneas de cada um daqueles dispositivos impõe uma separação na exposição da matéria.

2.1 Causa decidida (prequestionamento)

De acordo com o art. 102 da Constituição Federal, "Compete ao Supremo Tribunal Federal, precipuamente, a guarda da Constituição, cabendo-lhe: (...) III – julgar, mediante recurso extraordinário, as causas decididas em única ou última instância, quando a decisão recorrida: *a*) contrariar dispositivo desta Constituição; *b*) declarar a inconstitucionalidade de tratado ou lei federal; *c*) julgar válida lei ou ato de governo local contestado em face desta Constituição; *d*) julgar válida lei local contestada em face de lei federal".

A redação do art. 105 da Constituição Federal, por sua vez, é a seguinte: "Compete ao Superior Tribunal de Justiça: (...) III – julgar, em recurso especial, as causas decididas, em única ou última instância, pelos Tribunais Regionais Federais ou pelos tribunais dos Estados, do Distrito Federal e Territórios, quando a decisão recorrida: *a*) contrariar tratado ou lei federal, ou negar-lhes vigência; *b*) julgar válido ato de governo local contestado em face de lei federal; *c*) der a lei federal interpretação divergente da que lhe haja atribuído outro tribunal".

Por ora, importa estudar a exigência *comum* ao recurso extraordinário e ao recurso especial de que para seu cabimento as "causas" devem ser "decididas". Cabe investigar, destarte, o que *causa* e o que é *decidida*.

A palavra "causa" sempre recebeu interpretação ampla. É indiferente, para fins de cabimento de recurso extraordinário e recurso especial, que as decisões recorridas tenham ou não apreciado o mérito ou que elas sejam, na sua origem, decisões interlocutórias[2] ou sentenças. Também não faz diferença, para esses fins, o conteúdo do acórdão proferido pelo Tribunal *a quo*. A circunstância de a decisão ter sido proferida no âmbito da "jurisdição *contenciosa*" ou da "jurisdição *voluntária*" também não inibe o cabimento do recurso extraordinário e do recurso especial. Há entendimento, todavia, que recusa o cabimento daqueles recursos quando as decisões proferidas, embora jurisdicionais, ostentem natureza substancialmente *administrativa*, fruto de atividade *atípica* exercida pelo Estado-juiz[3].

Mas não basta que se trate de uma "causa". Ela deve ser *decidida*. É de "causas *decididas*" que cabem o recurso extraordinário e o recurso especial.

A expressão "causa decidida" quer significar, antes de tudo, que a decisão que desafia o recurso extraordinário e ao recurso não comporta mais quaisquer outros recursos perante os demais órgãos jurisdicionais. Pressupõe-se, para empregar expressão comuníssima, "exaurimento de instância"[4].

2. Assim, por exemplo, a Súmula 86 do STJ: "Cabe recurso especial contra acórdão proferido no julgamento de agravo de instrumento".

3. É o que se verifica com a Súmula 637 do STF ("não cabe recurso extraordinário contra acórdão de Tribunal de Justiça que defere pedido de intervenção estadual em Município"), 733 do STF ("não cabe recurso extraordinário contra decisão proferida no processamento de precatórios") e 311 do STJ ("os atos do presidente do tribunal que disponham sobre processamento e pagamento de precatório não têm caráter jurisdicional").

4. É diretriz suficientemente ilustrada pela Súmula 281 do STF ("É inadmissível o recurso extraordinário, quando couber na justiça de origem, recurso ordinário da decisão impugnada") e pela Súmula 207 do STJ ("É inadmissível recurso especial quando cabíveis embargos infringentes contra o acórdão proferido no tribunal de origem").

Não só, contudo: a expressão "causa decidida" desempenha a mesma função que tradicionalmente exerceu a palavra "prequestionamento", cunhada, ao que tudo indica, a partir das previsões constantes das Constituições Federais de 1891 a 1946 – e foi sob a égide da Constituição de 1946 que duas importantes Súmulas do STF sobre o assunto, a 282[5] e a 356[6], foram editadas –, que se referiam ao cabimento do recurso extraordinário, dentre outras hipóteses, quando se *questionasse* sobre a validade de lei federal em face da Constituição[7].

O "prequestionamento", palavra amplamente referida pela jurisprudência do Supremo Tribunal Federal e também do Superior Tribunal de Justiça, a despeito de a Constituição Federal não empregar, desde a de 1967[8], a fórmula destacada, deve ser entendido, para todos os fins, como sinônimo de "causa decidida": para que o Supremo Tribunal Federal e o Superior Tribunal de Justiça desempenhem adequadamente a sua missão constitucional, de uniformizar a interpretação e aplicação do direito federal em todo o território brasileiro, é mister que eles julguem, em sede de recurso extraordinário e em sede de recurso especial, o que já foi *decidido*. É das decisões proferidas por outros órgãos jurisdicionais que decorrem, ou não, violações e contrariedades às normas federais e à jurisprudência de outros Tribunais. Sem prévia decisão, não há como estabelecer em que medida as normas federais, constitucionais ou legais, foram ou deixaram de ser violadas pelos demais componentes da estrutura judiciária nacional.

O "prequestionamento", porém, diferentemente do que insinua o seu nome, caracteriza-se pelo enfrentamento de uma dada tese de direito constitucional ou de direito infraconstitucional federal na decisão a ser recorrida, e não pelo debate ou pela suscitação da questão *antes* de seu proferimento. A palavra deve ser compreendida como a necessidade de o tema

5. "É inadmissível o recurso extraordinário, quando não ventilada, na decisão recorrida, a questão federal suscitada."

6. "O ponto omisso da decisão, sobre o qual não foram opostos embargos declaratórios, não pode ser objeto de recurso extraordinário, por faltar o requisito do prequestionamento."

7. É a seguinte a redação do art. 101, III, da CF de 1946, que previa o cabimento do recurso extraordinário: "Art. 101. Ao Supremo Tribunal Federal compete: (...) III – julgar em recurso extraordinário as causas decididas em única ou última instância por outros Tribunais ou Juízes: a) quando a decisão for contrária a dispositivo desta Constituição ou à letra de tratado ou lei federal; b) quando se questionar sobre a validade de lei federal em face desta Constituição, e a decisão recorrida negar aplicação à lei impugnada; c) quando se contestar a validade de lei ou ato de governo local em face desta Constituição ou de lei federal, e a decisão recorrida julgar válida a lei ou o ato; d) quando na decisão recorrida a interpretação da lei federal invocada for diversa da que lhe haja dado qualquer dos outros Tribunais ou o próprio Supremo Tribunal Federal".

8. Cujo art. 114, III, referia-se às hipóteses de cabimento do recurso extraordinário da seguinte maneira: "III – julgar mediante recurso extraordinário as causas decididas em única ou última instância por outros Tribunais ou Juízes, quando a decisão recorrida: a) contrariar dispositivo desta Constituição ou negar vigência de tratado ou lei federal; b) declarar a inconstitucionalidade de tratado ou lei federal; c) julgar válida lei ou ato de Governo local contestado em face da Constituição ou de lei federal; d) der à lei interpretação divergente da que lhe haja dado outro Tribunal ou o próprio Supremo Tribunal Federal". A EC n. 1/69 renumerou aquele dispositivo para o art. 119, não acrescentando, contudo, nenhuma alteração significativa nas alíneas.

objeto do recurso haver sido examinado, enfrentado, *decidido*, pela decisão atacada. É essa a razão pela qual, não obstante os usos e costumes que, largamente, empregam o vocábulo para descrever os contornos do recurso extraordinário e do recurso especial, é mais do que preferível que ele seja substituído por aquilo que a Constituição Federal, em seus arts. 102, III, e 105, III, realmente exige para os recursos aqui examinados: que a causa seja *decidida*. Para adequada compreensão dos problemas relativos ao tema, até para supedanear a proposta aqui feita, contudo, não há como, desde logo, recusar o seu emprego.

O que importa para fins de recurso extraordinário e de recurso especial é que a decisão, tal qual proferida, verse sobre a aplicação (ou a não aplicação) de uma dada tese jurídica fundada no direito constitucional *federal* ou nas normas infraconstitucionais de direito *federal* ao caso concreto. É o que a prática forense consagrou com os nomes de "questão *constitucional*" ou "questão *federal*" – assim entendida a "questão federal *infraconstitucional*" –, viabilizadoras, uma e outra, do recurso extraordinário e do recurso especial, respectivamente.

Nesse sentido, é correta a diretriz constante do § 3º do art. 941, segundo a qual "O voto vencido será necessariamente declarado e considerado parte integrante do acórdão para todos os fins legais, inclusive de pré-questionamento", que se sobrepõe à orientação constante da Súmula 320 do Superior Tribunal de Justiça, que perde seu fundamento de validade com o Código de Processo Civil[9]. Embora o recurso extraordinário e o recurso especial sejam dirigidos a todo o acórdão, o voto vencido – ou os votos, na hipótese de ter sido aplicada a técnica de colegiamento do art. 942 – tem o condão de demonstrar de que maneira a questão constitucional e a questão federal foram tratadas e *decididas*, ajudando na sua compreensão como um todo e, destarte, tornando mais evidente o "prequestionamento", que, não por acaso, é mencionado no referido § 3º do art. 941.

É bastante comum fazer referência a "prequestionamento *explícito*", a "prequestionamento *implícito*", a "prequestionamento *numérico*" e a "prequestionamento *ficto*". As expressões são devidas muito mais pelos usos e costumes forenses do que por uma imposição do modelo constitucional do direito processual civil hoje vigente e que condiciona as hipóteses de cabimento do recurso extraordinário e do recurso especial. Seu exame justifica-se pela enorme influência que exercem na compreensão do assunto aqui discutido.

O chamado "prequestionamento *explícito*" quer significar que a "questão *constitucional*" e a "questão *federal*", é dizer, a *tese* de direito constitucional ou de direito infraconstitucional, são claramente, objetivamente, facilmente identificadas na decisão recorrida. Seja porque se trata de tese já conhecida pelo Supremo Tribunal Federal e pelo Superior Tribunal de Justiça, seja porque a fundamentação da decisão permite, de sua leitura, o evidenciamento da questão que foi discutida e julgada no caso concreto. É o que está estampado na Súmula 282

9. É o seguinte o enunciado daquela Súmula: "A questão federal somente ventilada no voto vencido não atende ao requisito do prequestionamento".

do STF: "É inadmissível o recurso extraordinário quando não ventilada, na decisão recorrida, a questão federal suscitada". O termo "ventilada" de que se vale o enunciado deve ser entendido por *decidida* ou, para evitar indesejável repetição de palavras, *referida* ou *tratada*.

Por vezes, entende-se que a decisão deve fazer expressa menção ao número do dispositivo da Constituição Federal ou da lei federal tidos por ela contrariados. A exigência, que alguns chamam de "prequestionamento *numérico*", é absolutamente descabida e não tem nenhum fundamento, nem legal e, muito menos constitucional, sendo mero rigorismo formal de nenhuma valia técnica. O que não há como negar é que naqueles casos, onde se lê, da decisão recorrida, a menção a algum texto de direito positivo, a constatação de qual "questão" ou "tese" foi ou deixou de ser *decidida* fica mais perceptível e, nesse sentido, mais evidente a ocorrência do que os usos e costumes consagraram sob o nome de "prequestionamento *explícito*". Importa destacar, no entanto, que "prequestionamento" não tem nenhuma relação com a menção *expressa* de dispositivo, constitucional ou legal, que dá fundamento à decisão da qual se pretende recorrer[10].

O chamado "prequestionamento *implícito*", diferentemente do que se dá com o "explícito" e com o "numérico", significa que a decisão recorrida, não obstante dizer respeito a uma "questão *constitucional*" ou "questão *federal*", vale insistir, a uma específica *tese* de direito constitucional ou de direito federal, não é tão clara quanto a sua conformação e aos seus limites. A expressão, amplamente consagrada na jurisprudência e nos usos e costumes do foro, quer descrever as causas em que o que foi e o que deixou de ser decidido não é tão claro quanto deveria ou poderia ser.

A expressão menos clara de um julgado quanto ao que decidiu e ao que deixou de decidir da perspectiva do direito constitucional federal ou da legislação federal, contudo, não é significativa de não haver "causa decidida", única exigência feita pelo inciso III do art. 102 e pelo inciso III do art. 105 da Constituição Federal para o cabimento do recurso extraordinário ou do recurso especial. Assim, para os fins impostos pelo modelo consti-

10. Pelo seu didatismo, convém transcrever a seguinte ementa, que bem equaciona a questão: "Processual. Recurso especial. Prequestionamento implícito. Discussão do tema federal. Falta de referência aos números que identificam as normas legais no ordenamento jurídico. Prequestionamento explícito. Considera-se explícito o prequestionamento, quando o tribunal *a quo*, mesmo sem fazer referência expressa a dispositivos legais, nem declinar números que os identificam no ordenamento jurídico, enfrenta as regras neles contidas" (STJ, Corte Especial, EREsp 165.212/MS, rel. Min. Humberto Gomes de Barros, j.un. 20-10-1999, *DJ* 17-9-2001, p. 100). Também por força da contundência de seus argumentos e de seu caráter didático, é o caso de ler os seguintes excertos de duas decisões proferidos pelo Ministro Sepúlveda Pertence, do Supremo Tribunal Federal: "O prequestionamento para o RE não reclama que o preceito constitucional invocado pelo recorrente tenha sido explicitamente referido pelo acórdão, mas, sim, que este tenha versado inequivocamente a matéria objeto da norma que nele se contenha" (STF, Pleno, RE 141.788/CE, rel. Min. Sepúlveda Pertence, j.m.v. 6.5-1993, *DJ* 18-6-1993, p. 12114) e "Assim, por exemplo, se uma demanda se tiver fundado na pretensão de inaplicabilidade de determinada lei ao caso, porque ofensiva da garantia constitucional do direito adquirido, e o acórdão tiver enfrentado a alegação para acolhê-la ou repeli-la, o tema do art. 5º, XXXVI, da Constituição, ainda que sequer mencionado na decisão, se reputa prequestionado para fins de recurso extraordinário" (STF, AI-AgR 410.497/PA, rel. Min. Sepúlveda Pertence, j. 15-2-2005, *DJ* 22-3-2005, p. 14).

tucional do direito processual civil, não há como duvidar do preenchimento da exigência aqui examinada.

De qualquer sorte, justamente porque de decisões menos claras e, por isso mesmo, *obscuras*, cabem embargos de declaração (art. 1.022, I), a jurisprudência do Supremo Tribunal Federal, já no início da década de 1960, acabou por entender que a tão só apresentação dos declaratórios com o ânimo de aclarar o que havia sido decidido, mesmo quando rejeitados, era o suficiente para configurar o "prequestionamento". É o que se extrai de sua Súmula 356, que acabou, quando interpretada *a contrario sensu*, rendendo ensejo à construção da quarta figura de "prequestionamento" anunciada, o "prequestionamento *ficto*". É ler seu enunciado: "O ponto omisso da decisão, sobre o qual não foram opostos embargos declaratórios, não pode ser objeto de recurso extraordinário, por faltar o requisito do prequestionamento".

O Superior Tribunal de Justiça, nos primeiros anos de sua existência, posicionou-se sobre o tema quando acentuou que a parte que apresenta embargos declaratórios para fins de prequestionamento – isto é, com vistas a deixar mais claro, mais evidente, mais "explícito" o que havia sido decidido para fins de recurso especial – não poderia ser sancionada nos termos do então vigente parágrafo único do art. 538 do CPC de 1973, regra que encontra seu par nos §§ 2º e 3º do art. 1.026. É o que dispõe sua Súmula 98: "Embargos de declaração manifestados com notório propósito de prequestionamento não têm caráter protelatório".

Em meados da década de 1990, contudo, o Superior Tribunal de Justiça passou a entender que a mera apresentação dos declaratórios – consideravelmente ampliada pela alforria da precitada Súmula 98 – não era suficiente para fins de "prequestionamento", isto é para que houvesse decisão apta de reexame por aquele Tribunal. Era mister que os declaratórios fossem efetivamente providos para que, de acordo com o entendimento que acabou por prevalecer, surgisse a "causa decidida" (o "prequestionamento") para os fins do art. 105, III, da Constituição Federal. É o que se lê, com todas as letras, da Súmula 211 daquele Tribunal: "Inadmissível recurso especial quanto à questão que, a despeito da oposição de embargos declaratórios, não foi apreciada pelo tribunal *a quo*".

A Súmula 211 do Superior Tribunal de Justiça colide a olhos vistos com a orientação da Súmula 356 do Supremo Tribunal Federal[11].

A este *Curso*, com as vênias de estilo, parece que a diretriz motivadora da Súmula 211 do Superior Tribunal de Justiça e, anteriormente a ela, da Súmula 282 do Supremo Tribunal Federal, é a que mais corretamente atende ao modelo constitucional do direito processual civil que hoje deriva do art. 102, III, e do art. 105, III, da Constituição Federal. Para tal modelo, é irrecusável que, para o cabimento do recurso extraordinário e do recurso especial,

11. Trata-se de tema para o qual o autor deste *Curso* se voltou mais demoradamente alhures. As referências são feitas aos seus: "Súmulas 288, 282 e 356 do STF: uma visão crítica de sua (re)interpretação pelos tribunais superiores" e "De volta ao prequestionamento: duas reflexões sobre o RE 298.695/SP".

haja "causas *decididas*" e, por isso, eventuais embargos declaratórios devem ser previamente julgados pelo órgão *a quo* até mesmo para fins de "exaurimento de instância". Recorre-se, pertinente a ênfase, do que efetivamente foi decidido e não do que, a despeito de ter sido pedido, não o foi. A afirmação merece ser entendida amplamente porque pode acontecer que aquilo que foi decidido o tenha sido de maneira errada, não levando em conta o arcabouço constitucional e/ou legal federal aplicável à espécie. Se assim ocorreu, contudo, é irrecusável que o que foi decidido, no lugar do que deveria ter sido, tem aptidão para contrariar a Constituição Federal ou a lei federal, ainda que em termos *processuais*, isto é, incidindo em *error in procedendo*. Mesmo nesse caso, todavia, recorre-se do que efetivamente foi decidido, posto de forma errada, e não do que, não fosse o erro, deveria ter sido decidido.

As funções de revisão e de controle da constitucionalidade e da legislação federal pressupõem, cabe o destaque, prévia decisão anterior, seja ela qual for. Se nada se decidiu a seu respeito, não há padrão de confronto com a Constituição Federal ou com a legislação federal, a justificar a atuação do Supremo Tribunal Federal e do Superior Tribunal e Justiça em sede de recursos extraordinário e especial, respectivamente.

Justamente em função desta última ressalva é que a afirmação do parágrafo anterior não significa que os embargos declaratórios devem ser apresentados em quaisquer casos como se eles criassem condições de admissibilidade do recurso extraordinário e do recurso especial, como se fossem eles que "prequestionassem" a matéria, no sentido de ela "aparecer" na decisão a ser recorrida. É indispensável discernir três hipóteses diversas a esse respeito.

A primeira pressupõe que não houve decisão sobre questão *constitucional* e/ou sobre questão *federal*. Nessas condições, o caso *não é* de recurso extraordinário nem de recurso especial à falta do que exigem os arts. 102, III, e 105, III, da Constituição Federal. É indiferente, para a hipótese, que a parte apresente embargos declaratórios porque não há nenhuma contrariedade, obscuridade, omissão ou erro material na decisão quanto a teses de direito constitucional ou infraconstitucional federal. Diferentemente do que sugerem as Súmulas 356 do Supremo Tribunal Federal e 98 do Superior Tribunal de Justiça, os embargos, em tais casos, não têm o condão de "prequestionar" nada porque *não há* tese de direito constitucional ou de direito infraconstitucional federal a ser *decidida*. O recurso extraordinário e o recurso especial, vale a ênfase, pressupõem sempre causas *decididas* daquela perspectiva, observando, no particular, cada uma das alíneas do inciso III do art. 102 e do inciso III do art. 105 da Constituição Federal.

A segunda hipótese pressupõe que a decisão deveria pronunciar-se sobre questão constitucional e/ou sobre questão federal, mas não o fez. Em tais situações, o uso dos declaratórios é indispensável para que aquelas teses sejam devidamente enfrentadas. Se os declaratórios são rejeitados, contudo, põe-se a questão de saber se a decisão respectiva foi proferida acertadamente ou não. É para essa hipótese – e só para ela – que tem aplicação a diretriz da Súmula 211 do Superior Tribunal de Justiça, ensejando a apresentação de recurso especial com fundamento na violação ao art. 535 pelo órgão *a quo* para corrigir a deficiência no julgamento realizado por ele. Para essas situações, não há como descartar, outrossim, o cabimento de recurso extraordinário por violação ao art. 5º, XXXV e LV, e ao art. 93, IX, todos da Constituição Federal[12].

Importa destacar que, em tais casos, o recurso especial (e, se for o caso, o recurso extraordinário) assume caráter meramente *rescindente* do julgado proferido pelo Tribunal *a quo*, isto é: dá-se provimento ao recurso especial para *anular* o acórdão, determinando-se que aquele órgão julgue os declaratórios para decidir sobre a matéria neles veiculada, até então não decidida.

Um exemplo tem o condão de ilustrar bem essa segunda hipótese: do acórdão que confirmara a sentença, o réu apresenta embargos de declaração sustentando, pela primeira vez no processo, a ilegitimidade ativa. O Tribunal rejeita os declaratórios porque, no seu entender, a alegação é intempestiva. Nesse caso, a única "questão *federal*" a ser enfrentada é a de saber se os declaratórios deveriam ou não ser enfrentados. O recurso especial, por isso mesmo, deve cogitar da contrariedade ao art. 1.022 e, se provido, deverá determinar que novo acórdão seja proferido pelo Tribunal *a quo*, suprindo-se aquele *error in procedendo*, isto é, julgando, no mérito, os embargos de declaração. Deste acórdão caberá novo recurso especial, este sim cogitando de um eventual *error in judicando*: a parte é, ou não, legítima; a sentença deve, ou não, ser mantida.

A terceira e última hipótese pressupõe que a decisão tal qual proferida revela o enfrentamento suficiente de uma dada tese de direito constitucional e/ou de direito infraconstitucional federal. Dela, sem necessidade de qualquer outra providência, cabem o recurso extraordinário e o recurso especial, cumprindo ao recorrente apenas evidenciar a específica *perspectiva* de que a decisão enfrentou a questão constitucional e/ou a questão federal. É o caso, por exemplo, de o acórdão confirmar a sentença que acolhera pedido de compensação de tributos recolhidos a maior pelo contribuinte diante do reconhecimento da inconstitucionalidade da lei que indevidamente os cobrara no mesmo ano de sua instituição. A questão *constitucional* (o tributo é, ou não, constitucional) e a questão *federal* (haver

12. Trata-se de entendimento pioneiramente defendido monocraticamente pelo Ministro Marco Aurélio no AI 214.073/MG, j. 29-5-1998, *DJ* 22-6-1998, p. 63, e no âmbito da 2ª Turma do STF no RE 172.084/MG, j.un. 29-11-1994, *DJ* 3-3-1995, p. 4111. A iniciativa, contudo, acabou sendo barrada pela maioria dos Ministros do STF, contra os votos dos Ministros Marco Aurélio e Cármen Lúcia, que a entendeu de cunho *infraconstitucional*. Trata-se do RE 417.819/DF, rel. p/ acórdão Ricardo Lewandowski, j.m.v. 12-6-2012, *DJe* 21-6-2012, orientação que vem encontrando eco na jurisprudência daquele Tribunal como faz prova a pesquisa feita em decisão monocrática proferida pelo Ministro Teori Albino Zavascki no RE 249.530/RJ, j. 1º-8-2013, *DJe* 7-8-2013. Não obstante essa ressalva, são encontradas algumas decisões do STF no sentido de que a mera apresentação dos declaratórios não basta para fins de "prequestionamento", afastando, por isso mesmo, a diretriz extraída da sua Súmula 356 enfatizando o prevalecimento da orientação contida na Súmula 282. É o caso dos seguintes recursos: 2ª Turma, ARE-AgR 1.112.607/RS, rel. Min. Ricardo Lewandowski, j.un. 31-8-2018, *DJe* 11-9-2018; 2ª Turma, ARE-AgR 984.170/SP, rel. Min. Ricardo Lewandowski, j.un. 16-12-2016, *DJe* 9-2-2017; 2ª Turma, ARE 786.346/SP, rel. Min. Dias Toffoli, j.un. 2-8-2016, *DJe* 12-9-2016; 1ª Turma, RE-AgR 611.937/BA, rel. Min. Luiz Fux, j.un. 23-8-2011, *DJe* 13-9-2011; 1ª Turma, RE-AgR 728.753/SC, rel. Min. Luiz Fux, j.un. 18-6-2013, *DJe* 1º-8-2013; 1ª Turma, AI-AgR 739.580/SP, rel. Min. Rosa Weber, j.un. 11-12-2012, *DJe* 6-2-2013; e 1ª Turma, RE-AgR 591.961/RJ, rel. Min. Rosa Weber, j.un. 5-2-2013, *DJe* 26-2-2013.

ou não possibilidade de compensação do tributo pago a maior) estão suficientemente postas (decididas) no acórdão tal qual proferido. Se a *forma* pela qual essas duas questões estão enfrentadas pelo acórdão, aí considerada, inclusive, a referência a determinados dispositivos constitucionais e/ou legais a dar sustento à conclusão do acórdão, é mais ou menos clara, mais ou menos evidente, é questão de nenhuma importância para o *cabimento* do recurso. E mais: saber se o reconhecimento da inconstitucionalidade da lei e a admissão da compensação tributária daí decorrente são corretos ou não diz respeito ao *mérito* do recurso, não à sua *admissibilidade*.

A prática forense, todavia, temerosa da extremamente rígida jurisprudência do Supremo Tribunal Federal e do Superior Tribunal de Justiça e da sua concepção de "prequestionamento *explícito*", em geral desconsidera a substancial diferença entre essas três hipóteses, e o que se constata, no dia a dia do foro, é a utilização dos embargos de declaração com nítido propósito "prequestionador" – há, até, aqueles que o chamam, por isso mesmo, de "embargos de declaração *prequestionadores*" –, por força das Súmulas 356 do STF, 98 e 211 do STJ, com o que, pelas razões expostas, não concorda este *Curso*.

Há, ademais, um ingrediente extra que fomenta a consideração do último parágrafo. A aplicação diuturna da Súmula 356 do STF e da Súmula 211 do STJ revela, embora de ângulos opostos, que o reconhecimento da contrariedade ao art. 1.022 (ou, se for o caso, dos arts. 5º, XXXV, LV, e 93, IX, da CF) fora dos casos identificados acima como segunda hipótese pressupõe que o Superior Tribunal de Justiça (ou o Supremo Tribunal Federal) identifique o ponto obscuro, contraditório, omisso ou erro material do acórdão recorrido e, nessa exata medida, que aquele Tribunal tem condições de constatar, com precisão e desde logo, a questão *federal* (ou a questão *constitucional*) tal qual *decidida*. Se não fosse pela percepção de que há algo a ser completado no acórdão proferido pelo Tribunal *a quo*, não haveria espaço para o reconhecimento de seu *error in procedendo*. Trata-se de situação eloquentemente descrita pela palavra "*ficto*" aposta ao lado de "prequestionamento" e que se relaciona à Súmula 356.

Em tais situações, contudo, admitir que o recurso especial (ou o extraordinário) desempenhe função meramente *rescindente* é conspirar contra o princípio da eficiência processual[13]. Já que o Supremo Tribunal Federal e o Superior Tribunal de Justiça conseguem, desde logo, constatar qual é a questão constitucional e/ou a questão federal, é certamente preferível que eles julguem de uma vez o recurso extraordinário e o recurso especial diante do reconhecimento da "causa decidida", ainda que de forma menos clara. Analisada dessa perspectiva, a hipótese deixa de pertencer à segunda categoria indicada e passa a fazer parte da terceira.

Consequência perceptível dessas observações é que, na insegurança sobre saber se a decisão, tal qual proferida, está ou não suficientemente "prequestionada", como se diz na

13. Trata-se de entendimento bem analisado no seguinte julgado: STJ, 5ª Turma, REsp 525.718/SP, rel. Min. Jorge Scartezzini, j.un. 5-8-2003, *DJ* 13-10-2003, p. 436.

prática, tornou-se bastante usual a interposição de recurso extraordinário e de recurso especial alegando, *sucessivamente*, o *error in procedendo* (por causa da constante apresentação dos declaratórios para fins de "prequestionamento") e o *error in judicando*, a ser apreciado na medida em que o Supremo Tribunal Federal e o Superior Tribunal de Justiça reconheçam que a matéria está suficientemente "prequestionada". Uma vez mais, a junção da segunda e da terceira hipóteses acima indicadas é irrecusável.

Para superar todas essas dificuldades, que têm irrecusáveis aplicações práticas, é que este *Curso* acentua a impertinência da frequentíssima indagação sobre se uma dada matéria está, ou não, "prequestionada", se um dispositivo da Constituição ou de um diploma legislativo federal está, ou não, "prequestionado". O correto – e o suficiente, à luz do modelo constitucional do direito processual civil – é saber o que se *decidiu*, como e por quais fundamentos, constitucionais ou infraconstitucionais, decidiu-se, e disso, do que se decidiu, inclusive da perspectiva da possível ocorrência de vício de *procedimento*, é que cabe o recurso extraordinário ou o recurso especial, conforme o caso[14].

O que realmente importa, para fins de admissibilidade do recurso extraordinário e do recurso especial na perspectiva examinada neste número, portanto, é que haja "causa *decidida*" no sentido de que a decisão recorrida diga respeito a uma questão *constitucional* ou a uma questão *federal*. A intensidade em que a ocorrência dessa questão se mostra ou se faz perceber no caso concreto não é, em si mesma, óbice ao processamento dos recursos. É suficiente que ela exista, não havendo nenhuma *forma* ou *modelo* que possa legitimamente condicionar o cabimento dos recursos por esse fundamento, descabidos, por isso mesmo, quaisquer qualificativos de grau ao impropriamente chamado "prequestionamento". A existência, na decisão recorrida, de "causa decidida" não se confunde com a sua identificação mais ou menos evidente, isto é, com a *forma de expressão* de seu conteúdo.

Ademais, a patente falta de um critério uniforme acerca do que pode ser entendido por "prequestionamento" marcada, historicamente, pelo rigor da jurisprudência do Supremo Tribunal Federal e do Superior Tribunal de Justiça sobre o assunto, é indicativo de que a nomenclatura deve ser abandonada. Até porque a ausência de questão *constitucional* e/ou de questão federal não é suprida pela apresentação dos embargos de declaração, como retratou a primeira hipótese indicada precedentemente. Não há espaço, no modelo constitucional, para os chamados "embargos de declaração *prequestionadores*".

14. Por tal motivo é que não há como concordar com o entendimento da CE do STJ que considera prequestionado o fundamento veiculado em sede de contrarrazões de apelo a despeito de o acórdão recorrido não se apoiar nele: "o entendimento correto é o que considera toda a matéria devolvida à segunda instância apreciada quando provido o recurso por apenas um dos fundamentos expostos pela parte, a qual não dispõe de interesse recursal para a oposição de embargos declaratórios" (EAREsp 227.767/RS, rel. Min. Francisco Falcão, j.un. 17-6-2020, *DJe* 29-6-2020). Mais do que pretender alterar o fundamento do acórdão recorrido em sede de recurso especial tratando matéria *decidida* como *suscitada*, o correto seria entender que a hipótese comportaria recurso especial para identificar eventual desacerto no tratamento dado pela segunda instância ao não acolher determinado fundamento para alcançar sua conclusão, quiçá para determinar-lhe o proferimento de novo acórdão decidindo-o.

É essa a razão pela qual este *Curso* entende importante substituir, do ponto de vista não só dogmático, mas também pragmático, a palavra "prequestionamento" pela expressão, de inspiração constitucional, "causa decidida". Havendo "causa decidida" acerca de uma dada tese de direito constitucional e/ou de direito federal infraconstitucional, o recurso extraordinário e o recurso especial são cabíveis.

O próprio exame das alíneas do art. 102, III, e do art. 105, III, da Constituição Federal, corrobora esse entendimento por oferecer diferentes *perspectivas* em que uma dada questão *constitucional* ou questão *federal* legitima o exercício da competência recursal extraordinária e especial pelo Supremo Tribunal Federal ou pelo Superior Tribunal de Justiça, respectivamente. Aquelas perspectivas, além da "repercussão geral" para o recurso extraordinário, também de índole constitucional, e não quaisquer outras, é que devem ser observadas e cumpridas para viabilizar o acesso àqueles Tribunais por intermédio dos recursos aqui analisados.

2.1.1 O art. 1.025 do CPC

Não obstante todas essas considerações, que caracterizam o modelo constitucional do recurso extraordinário e do recurso especial, o art. 1.025 acabou consagrando os chamados "embargos de declaração prequestionadores" nos seguintes termos: "Consideram-se incluídos no acórdão os elementos que o embargante suscitou, para fins de prequestionamento, ainda que os embargos de declaração sejam inadmitidos ou rejeitados, caso o tribunal superior considere existentes erro, omissão, contradição ou obscuridade".

A exigência, em função de tudo quanto escrito no número anterior e sem prejuízo das considerações tecidas a seu respeito no n. 9 do Capítulo 5, é inócua, senão inconstitucional. Os embargos de declaração não têm o condão de incluir na decisão – muito menos de forma generalizada e acrítica – elementos que não deveriam estar nela. Trata-se, em rigor, de uma falsa exigência, não obstante ser consagradíssima pela prática, pela doutrina e, há décadas, pela própria jurisprudência do Supremo Tribunal Federal assim como pela do Superior Tribunal de Justiça. O que é *constitucionalmente* exigido para o cabimento do recurso extraordinário e para o recurso especial é *causa decidida*, nos precisos termos dos incisos III dos arts. 102 e 105 da CF. Nada além daquilo, nada, pois, de prequestionamento.

De qualquer sorte, em estreita harmonia com o quanto já escrito, a parte final do art. 1.025, ao permitir que o Supremo Tribunal Federal e o Superior Tribunal de Justiça considerem existentes os vícios que justificam a interposição dos declaratórios, quer imprimir à hipótese maior eficiência no sentido de recusar que o recurso extraordinário e o recurso especial se limitem a *invalidar* o acórdão que julgou os embargos de declaração, passando, desde logo, ao exame da questão constitucional e da questão federal identificada. Nesse caso, contudo – a reforçar o argumento de que o dispositivo é inócuo –, *causa decidida* já há, e, por isso mesmo, ela independe, por definição, dos declaratórios.

Não obstante tais considerações, é correto acentuar que a jurisprudência do STJ vem entendendo que "a admissão de prequestionamento ficto (art. 1.025 do CPC/15), em recurso especial, exige que no mesmo recurso seja indicada violação ao art. 1.022 do CPC/15, para que se possibilite ao Órgão julgador verificar a existência do vício inquinado ao acórdão, que uma vez constatado, poderá dar ensejo à supressão de grau facultada pelo dispositivo de lei"[15].

Trata-se, em rigor, de um retorno à diretriz que justificou, a seu tempo, a edição da Súmula 211 daquele mesmo Tribunal, com a (importante) diferença (que remonta à crítica feita no texto) de que a mera alegação de contrariedade *também* ao art. 1.022 pode ser decisiva, conforme o caso, para justificar, desde logo, o enfrentamento do mérito na sede do recurso especial já interposto, não o limitando à identificação do *error in procedendo*[16].

2.2 Única ou última instância

Superadas as dificuldades relativas à compreensão de "causa *decidida*", resta examinar, ainda com a atenção voltada ao inciso III do art. 102 e ao inciso III do art. 105 da Constituição Federal, o que deve ser entendido por "única ou última instância", sendo certo que, para o Superior Tribunal de Justiça, há uma exigência a mais, consistente em que a causa tenha sido decidida em única ou última instância "pelos Tribunais Regionais Federais ou pelos tribunais dos Estados, do Distrito Federal e Territórios".

Não basta que tenha havido decisão anterior ("causa decidida") para que o Supremo Tribunal Federal e o Superior Tribunal de Justiça estejam habilitados a julgar o recurso extraordinário e o recurso especial; ela precisa ser "final" no sentido de que contra ela não cabem mais quaisquer "recursos ordinários", isto é, recursos perante as instâncias locais que viabilizem uma ampla revisão do que decidido, inclusive do ponto de vista fático, orientação espelhada, vale a ênfase do que escrito no número anterior, na Súmula 281 do STF e na Súmula 207 do STJ.

15. A referência é feita, ao julgamento do REsp 1.639.314/MG pela sua 3ª Turma, rel. Min. Nancy Andrighi, j.un. 4.4.2017, *DJe* 10-4-2017, que vem sendo acompanhado desde então, como ilustram suficientemente, dentre tantos, os seguintes casos: 1ª Turma, AgInt no AREsp 1.661.808/SP, rel. Min. Napoleão Nunes Maia Filho, j.un. 14-9-2020, *DJe* 21-9-2020; 4ª Turma, AgInt no AREsp 1.548.262/GO, rel. Min. Luis Felipe Salomão, j.un. 24-8-2020, *DJe* 31-8-2020; 2ª Turma, AgInt no AREsp 1.376.615/RJ, rel. Min. Assusete Magalhães, j.un. 10-9-2019, *DJe* 16-9-2019; 3ª Turma, AgInt no AREsp 1.356.709/PR, rel. Min. Paulo de Tarso Sanseverino, j.un. 9-9-2019, *DJe* 13-9-2019; 4ª Turma, AgInt no REsp 1.714.924/RS, rel. Min. Antonio Carlos Ferreira, j.un. 9-9-2019, *DJe* 16-9-2019, e 1ª Turma, AgInt no REsp 1.805.623/SP, rel. Min. Reginal Helena Costa, j.un. 17-6-2019, *DJe* 26-6-2019. O autor deste *Curso* dedicou-se ao tema com mais vagar em dois de seus trabalhos: "30 anos do STJ e prequestionamento: uma análise crítica do prequestionamento ficto diante do art. 1.025 do CPC" e "Uma análise crítica do prequestionamento ficto diante do art. 1.025 do CPC a propósito dos 30 anos de instalação do STJ".

16. O autor deste *Curso* voltou-se ao assunto em outro trabalho escrito em homenagem aos 30 anos de instalação do STJ e intitulado "30 anos do STJ e prequestionamento: uma análise crítica do prequestionamento ficto diante do art. 1.025 do CPC", publicado na *Revista do Advogado* da AASP.

Se, por exemplo, decisão monocrática é proferida por relator ao ensejo do julgamento de apelação, dando a ela provimento (art. 932, V), o cabimento do recurso extraordinário e do recurso especial dependerá da interposição e do julgamento do agravo interno (art. 1.021). É da decisão colegiada que caberão aqueles recursos no sentido aqui destacado.

O esgotamento dos recursos cabíveis (sempre levando em conta o princípio da correlação) perante as demais instâncias jurisdicionais é exigência que caracteriza, como tais, o Supremo Tribunal Federal e o Superior Tribunal de Justiça na sua missão de uniformizar a aplicação do direito constitucional e do direito infraconstitucional federal em todo território brasileiro. Esses Tribunais, quando julgam o recurso extraordinário e o recurso especial, agem, verdadeiramente, como "instâncias de sobreposição", e, por isso, é exigência constitucional que a decisão já não comporte qualquer revisão recursal pelos demais órgãos jurisdicionais. É o que comumente se denomina "decisão *final*" ou, ainda, "exaurimento de instância", expressões que devem ser entendidas amplamente para significar que já foram interpostos e julgados todos os recursos cabíveis perante os demais órgãos jurisdicionais, razão por que o recurso extraordinário e o recurso especial se apresentam como as únicas formas de revisão do julgado e, mesmo assim, desde que as demais exigências constitucionais se façam presentes.

Embora sem ostentar natureza recursal, também deve ser entendida no mesmo contexto a submissão do acórdão regional ou estadual à técnica de colegiamento do art. 942 nos casos em que ela tem incidência. Sem que, diante de seus pressupostos autorizadores, não haja a ampliação do colegiado prevista naquele dispositivo, não se esgota a instância e, consequentemente, não se franqueia o acesso ao recurso extraordinário e ao recurso especial. Deve ser excepcionada da conclusão a hipótese em que o Tribunal Regional Federal ou o Tribunal de Justiça do Estado de São Paulo aplicam ou deixam de aplicar indevidamente aquela técnica. Nesse caso, o *error in procedendo* sobre a escorreita incidência do art. 942 é questão federal infraconstitucional que desafia o recurso especial.

O inciso III do art. 105 da Constituição Federal impõe que a decisão recorrida especialmente tenha sido proferida por Tribunal de Justiça ou por Tribunal Regional Federal. A exigência constitucional tem razão de ser, máxime quando contrastada com a redação do inciso III do art. 102 da mesma Carta. É que o recurso especial pressupõe prévia (e final, no sentido evidenciado pelos parágrafos anteriores) manifestação de um daqueles Tribunais (e nenhum outro). É essa a razão pela não cabe recurso especial contra decisões proferidas no âmbito dos Juizados Especiais[17].

O recurso extraordinário, de sua parte, pressupõe decisão *final* (no sentido colocado em destaque), mas não necessariamente que ela provenha de Tribunal de Justiça ou de Tribunal Regional Federal. É correta a interposição de recurso extraordinário, desde que presentes os demais pressupostos, de decisões de primeira instância, como ocorre, por exemplo, na hi-

17. É a Súmula 203 do STJ, cujo enunciado é o seguinte: "Não cabe recurso especial contra decisão proferida por órgão de segundo grau dos Juizados Especiais".

pótese regrada pelo art. 34 da Lei n. 6.830/80, os chamados "embargos infringentes de primeira instância"[18], das decisões proferidas pelas Turmas recursais dos Juizados Especiais[19], das decisões proferidas pelo Superior Tribunal de Justiça e também das decisões proferidas no âmbito da Justiça do Trabalho, pelo Tribunal Superior do Trabalho, da Justiça Militar, pelo Superior Tribunal Militar, e da Justiça Eleitoral, pelo Tribunal Superior Eleitoral.

3. HIPÓTESES ESPECÍFICAS DE CABIMENTO DO RECURSO EXTRAORDINÁRIO

Analisados os incisos III do art. 102 e III do art. 105, ambos da Constituição Federal, cabe examinar as específicas hipóteses de cabimento do recurso extraordinário e do recurso especial previstas nas alíneas daqueles dispositivos. A exposição é bifurcada para fins didáticos, embora haja, como não poderia deixar de ser, mormente por causa da *finalidade* dos recursos aqui estudados, diversos pontos em comum.

Vale destacar que, enquanto as exigências examinadas pelos números anteriores são *cumulativas*, assim como o é, para o recurso extraordinário, a existência de "repercussão geral", as hipóteses agora analisadas são *alternativas*, isto é, o cabimento do recurso extraordinário depende, a um só tempo, de "causa decidida" por "única ou última instância" que ostente "repercussão geral", desde que ela tenha "contrariado a Constituição" *ou* "declarado a inconstitucionalidade de tratado ou lei federal" *ou* "julgado válida lei ou ato de governo local contestado em face da Constituição" *ou* "julgado válida lei local contestada em face de lei federal".

Não obstante as variações textuais, é importante destacar que cada uma dessas hipóteses recursais deve ser compreendida como *perspectivas* diversas da questão *constitucional*, imposta, pelo art. 102, III, da Constituição Federal, para fins de admissibilidade do recurso extraordinário.

3.1 Contrariar dispositivo da Constituição Federal

A hipótese da alínea *a* do art. 102, III, da Constituição Federal, pela qual o recurso extraordinário cabe da decisão que "contrariar dispositivo desta Constituição", é a mais comum de todas.

O verbo "contrariar" merece interpretação ampla, como sinônimo de violar, contrastar, infringir. Qualquer decisão, conquanto presentes as exigências do art. 102, III, da Constituição Federal, que, de alguma forma, aplica dispositivo da Constituição Federal, rende ensejo ao seu contraste perante o Supremo Tribunal Federal para que aquele Tribunal verifique o acerto ou o desacerto da interpretação adotada pela decisão recorrida.

---

18. Nesse sentido é a Súmula 640 do STF: "É cabível recurso extraordinário contra decisão proferida por juiz de primeiro grau nas causas de alçada, ou por turma recursal de juizado especial cível e criminal".
19. Nesse sentido é a Súmula 641 do STF: "Não se conta em dobro o prazo para recorrer, quando só um dos litisconsortes haja sucumbido".

É indiferente, para esses fins, ao contrário do que sugere a redação do dispositivo, que a decisão tenha mesmo *contrariado* a Constituição Federal. Para fins de cabimento do recurso, basta a *alegação*, fundamentada suficientemente, de que se trata de decisão que contraria a Constituição. A efetiva contrariedade é *mérito* do recurso e não diz respeito, consequentemente, a seu *cabimento*.

A aproximação entre os "juízos de *admissibilidade*" e os "juízos de *mérito*" dos recursos de fundamentação vinculada é inerente à espécie. Contudo, não há razão, mormente quando examinada a questão desde o modelo constitucional do direito processual civil, para que a contrariedade à Constituição tenha qualquer colorido que destoe das hipóteses de cabimento do recurso extraordinário: tratando-se de decisão que elege a Constituição Federal como fundamento, seu contraste pode ser feito pelo recurso extraordinário.

O "contrariar dispositivo da Constituição" não pode, ademais, ser confundido com outra exigência constitucional, de que a causa tenha sido *decidida*, isto é, que a matéria *constitucional* tenha sido *prequestionada*. O que importa, para fins de preenchimento da alínea *a* do inciso III do art. 102 da Constituição Federal, é que a decisão, tal qual proferida, tenha fundamento na Constituição Federal, que ela aplique ou deixe de aplicar algum princípio, explícito ou implícito, ou alguma regra constitucional federal. Se a *forma* pela qual essa aplicação é mais ou menos clara, isso não significa que a decisão não possa se enquadrar na hipótese de cabimento aqui examinada.

A jurisprudência do Supremo Tribunal Federal, contudo, sempre foi e continua a ser bastante restritiva a esse respeito, exigindo que a inconstitucionalidade que desafia o recurso extraordinário com fundamento na letra a seja *direta*, e não *indireta*, *reflexa* ou *oblíqua*. O entendimento poderia até querer justificar a necessidade de redução do número de recursos extraordinários em trâmite perante aquela Corte. No sistema atual, em que há um legítimo filtro de contenção daqueles recursos, a repercussão geral, não há mais razão para distinguir aquelas situações. O que importa é que a decisão tenha se baseado em uma tese de direito constitucional federal. Se ela está certa ou errada, isso diz respeito não ao *cabimento* do recurso extraordinário, mas a seu *julgamento*.

Embora a Constituição Federal seja silente a respeito, diferentemente do que se dá para o recurso especial, é correto o entendimento de que, havendo divergência entre dois ou mais Tribunais sobre a interpretação de normas *constitucionais federais* – e a observação é pertinente também para as demais hipóteses de cabimento do recurso extraordinário, examinadas nos números seguintes –, o recurso extraordinário fundamentado na letra *a* do art. 102, III, da Constituição Federal deve ser admitido porque a *objetiva* constatação de uma tal divergência significa, por si só, que há a contrariedade exigida pelo modelo constitucional e que ela é "explícita" e "direta", para fazer uso de expressões bem ao gosto da jurisprudência do Supremo Tribunal Federal para a hipótese recursal aqui estudada.

3.2 Declarar a inconstitucionalidade de lei ou tratado federal

A segunda hipótese de cabimento do recurso extraordinário prevista na alínea *b* do art. 102, III, da Constituição Federal relaciona-se com o exercício do "controle *incidental* da constitucionalidade" pelos demais órgãos jurisdicionais. Quando a decisão recorrida reconhecer a inconstitucionalidade de lei ou de tratado federal, dela cabe recurso extraordinário para que o Supremo Tribunal Federal se manifeste sobre o tema, reconhecendo correta ou incorreta aquela declaração.

É indiferente, para fins de cabimento do recurso extraordinário, que a decisão recorrida, quando proveniente dos Tribunais, tenha se valido do *procedimento* estabelecido pelos arts. 948 a 950 em função do que exige o art. 97 da Constituição Federal. É que nem sempre aquelas regras precisam ser observadas.

O que importa é que a declaração de inconstitucionalidade da lei ou tratado federal siga o procedimento adequado[20], inclusive no que diz respeito à sua eventual *dispensa* e que seja suficientemente documentada. Assim, quando o Tribunal Pleno ou o órgão especial manifestarem-se sobre a *inconstitucionalidade* da lei ou do tratado federal, a juntada de seu respectivo acórdão é indispensável, ainda que seja o acórdão que aplica *concretamente* aquele entendimento recorrido, consoante entendimento pacificado no âmbito do Supremo Tribunal Federal[21]. A exigência justifica-se porque a hipótese é de uma só manifestação de dois órgãos jurisdicionais diversos e porque a fundamentação quanto à inconstitucionalidade da lei ou do tratado federal está no acórdão proferido por força da incidência do art. 97 da Constituição Federal, e não no que julga o recurso, observando-o. Nos casos em que é legítima a dispensa do envio do recurso ao Pleno ou ao órgão especial, o julgado que a autoriza deve também ser juntado aos autos para que o recorrente e, oportunamente, o próprio Supremo Tribunal Federal tenham conhecimento dos fundamentos da decisão que considerou inconstitucional lei ou tratado federal. Quando a manifestação que dispensa o estabelecimento daquele incidente for do próprio Supremo Tribunal Federal, é suficiente a sua indicação para que seja viabilizado o recurso extraordinário.

De outra parte, não é caso de recurso extraordinário fundado na letra *b* do art. 102, III, da Constituição Federal quando o acórdão do Tribunal de origem se limitar a decidir que determinado ato normativo a ela anterior não foi recepcionado pela atual ordem constitucional[22]. É que, em tais casos, não há propriamente *declaração de inconstitucionalidade* para

---

20. Assim, *v.g.*: STF, 2ª Turma, Rcl-AgR-ED 18.165/RR, rel. Min. Alexandre de Moraes, j.un. 21-8-2017, *DJe* 5-9-2017; STF, 1ª Turma, RE-AgR 396.696/SP, rel. Min. Eros Grau, j.un. 30-11-2004, *DJ* 17-12-2004, p. 55; e STF, 2ª Turma, AI-AgR 662.512/RJ, rel. Min. Eros Grau, j.un. 27-11-2007, *DJe* 31-1-2008.

21. Como fazem prova suficiente as seguintes decisões: 1ª Turma, RE 199.127/RS, rel. Min. Moreira Alves, j.un. 28-9-1999, *DJ* 5-11-1999, p. 27; 2ª Turma, RE-AgR 192.882/MG, rel. Min. Marco Aurélio, j.un. 17-11-1995, *DJ* 16-2-1996, p. 3015, e 1ª Turma, RE-AgR 158.540/RJ, rel. Min. Celso de Mello, j.un. 6-4-1993, *DJ* 23-5-1997, p. 21735.

22. É o que se decidiu nos seguintes casos: STF, 1ª Turma, ARE-AgR 975.690/PE, rel. Min. Alexandre de Moraes, j.m.v. 13-4-2018, *DJe* 25-4-2018; STF, 1ª Turma, RE-AgR 400.969/SP, rel. Min. Carlos Britto, j.un. 1º-3-2005,

os fins aqui discutidos. Não há, contudo, como descartar aprioristicamente que a decisão comporte recurso extraordinário pela letra *a* do mesmo inciso III do art. 102.

3.3 Validade de lei ou ato de governo local contestado em face da Constituição Federal

A alínea *c* do inciso III do art. 102 da Constituição Federal prevê o cabimento do recurso extraordinário da decisão que julgar válida lei ou ato de governo local contestado em face da Constituição Federal. A hipótese é, de alguma forma, oposta à prevista pela letra *b* do mesmo dispositivo constitucional.

O cabimento do recurso extraordinário, para fins desse permissivo, depende da constatação de que a decisão recorrida entendeu constitucional lei ou ato de governo local, isto é, lei formal ou qualquer outra norma jurídica infralegal, expedida pelos governos estaduais, do Distrito Federal ou pelos municipais, a despeito de sua duvidosa inconstitucionalidade.

A afirmação de que o ato normativo local é constitucional acarreta, por isso mesmo, "questão constitucional *federal*" porque desafia a manifestação do Supremo Tribunal Federal sobre se a decisão recorrida está certa ou errada, ou seja, se a norma local está, ou não, afinada com os ditames da Constituição Federal. Caso contrário, o recurso extraordinário não deve ser admitido[23]. A competência *extraordinária* do Supremo Tribunal Federal só será legitimamente exercida para o controle de questões constitucionais *federais*.

Como o caso é de reconhecimento da *constitucionalidade* de normas jurídicas, não há, contudo, espaço para o desenvolvimento do *procedimento* regulado pelos arts. 948 a 950, sendo suficiente, por isso mesmo, o proferimento do acórdão pelo órgão julgador *a quo*.

3.4 Validade de lei local contestada em face de lei federal

A última hipótese de cabimento do recurso extraordinário foi trazida pela Emenda Constitucional n. 45/2004. De acordo com a alínea *d* do art. 102, III, da Constituição Federal, cabe recurso extraordinário quando a decisão recorrida julgar válida *lei* local contestada diante de *lei* federal.

A introdução daquele permissivo para o recurso extraordinário colocou fim a questão que se desenvolvia no âmbito do Supremo Tribunal Federal e do Superior Tribunal de Justiça sobre qual recurso cabível e, consequentemente, quem tinha competência para julgá-lo, das decisões que entendessem válida *lei* local confrontada com *lei* federal, máxime diante da

---

DJ 27-5-2005, p. 18; STF, 2ª Turma, RE 396.386/SP, rel. Min. Carlos Velloso, j.un. 29-6-2004, *DJ* 13-8-2004, p. 285; e STF, 1ª Turma, RE 210.912/SP, rel. Min. Sepúlveda Pertence, j.un. 10-3-1998, *DJ* 3-4-1998, p. 18.

23. Correta, no particular, a Súmula 280 do STF: "Por ofensa a direito local não cabe recurso extraordinário".

redação anterior da alínea *b* do art. 105, III, da Constituição da República, que também foi alterado por aquela mesma Emenda.

A questão sempre se mostrou pertinente porque, não obstante se tratar do confronto entre *leis* – o que poderia sugerir que, em todo e qualquer caso, a espécie era contrastável perante o Superior Tribunal de Justiça mediante o recurso especial –, a outorga de competências legislativas é feita pela Constituição Federal (arts. 22, 24 e 30, I, da CF) e, consequentemente, saber qual lei, se local ou federal, pode regrar determinada situação sempre foi "questão *constitucional*", e não "questão *federal*", mesmo nos casos de competência *concorrente* (art. 24 da CF). Exemplo importante para o direito processual civil, extraível das normas que visam à sua concretização nos termos do modelo constitucional, é a distinção entre leis de *processo* (art. 22, I, da CF) e leis de procedimento em matéria processual (art. 24, XI, da CF) e a consequente competência federal, estadual e/ou distrital, para sua edição.

De qualquer sorte, com a atual redação dada à alínea *b* do art. 105, III, da Constituição Federal e com a introdução da alínea *d*, aqui examinada, no inciso III do art. 102 da mesma Carta, aquela controvérsia ficou superada. Desde que se trate de *lei local*, isto é, lei *formal* proveniente dos Estados, do Distrito Federal ou dos Municípios, e que sua legitimidade seja posta em dúvida à luz de lei federal (lei da União Federal, portanto), o caso é de recurso extraordinário.

O Supremo Tribunal Federal decidirá, em última análise, quais das unidades federadas pode atuar legislativamente no caso concreto e, assim decidindo, aplicará a Constituição Federal, verdadeira "questão *prejudicial*", na interpretação da própria lei local à hipótese. Às situações em que a lei a ser aplicada, em detrimento da lei local, for a federal e houver dúvidas sobre sua interpretação, o caso desafia *também* recurso especial, que será julgado depois da manifestação do Supremo Tribunal Federal sobre a sua aplicação para os fins do dispositivo aqui estudado.

Assim, se o recurso pretende questionar lei federal contrastada diante da Constituição Federal, a hipótese é de recurso *extraordinário*, e não de recurso *especial*[24]. Também quando o confronto se dá entre lei complementar estadual e lei federal, cada uma disciplinando diversamente uma mesma hipótese[25].

3.5 Repercussão geral

A Emenda Constitucional n. 45/2004, entre tantas novidades que trouxe para o modelo constitucional do direito processual civil, estabeleceu um novo pressuposto para o cabimento do recurso extraordinário. É o que o § 3º do art. 102 da Constituição Federal chama de "repercussão geral", nos seguintes termos: "No recurso extraordinário o recorrente deverá

24. Nesse sentido: STJ, 6ª Turma, AgRg no REsp 1.298.678/RS, rel. Min. Sebastião Reis Júnior, j.un. 6-5-2014, *DJe* 23-5-2014, e STJ, 1ª Turma, REsp 968.480/SP, rel. Min. José Delgado, j.un. 12-2-2008.

25. Assim, *v.g.*: STJ, 2ª Turma, AgInt no AREsp 1.256.432/SE, rel. Min. Assusete Magalhães, j.un. 16-8-2018, *DJe* 27-8-2018, e STJ, 1ª Turma, AgRg no REsp 1.239.159/SP, rel. Min. Arnaldo Esteves Lima, j.m.v. 3-5-2012, *DJe* 20-9-2012.

demonstrar a repercussão geral das questões constitucionais discutidas no caso, nos termos da lei, a fim de que o Tribunal examine a admissão do recurso, somente podendo recusá-lo pela manifestação de dois terços de seus membros".

Importa colocar em relevo que, *formalmente*, não há nenhuma inconstitucionalidade na repercussão geral. A circunstância de ela ter sido introduzida no cenário processual civil brasileiro por Emenda Constitucional, votada e aprovada em consonância com o devido processo legislativo, é o suficiente para afastar dela qualquer pecha de inconstitucionalidade no que diz respeito ao veículo normativo empregado. De resto, como as hipóteses de cabimento dos recursos *extraordinários* não podem ser compreendidas como cláusulas pétreas (art. 60, § 4º, da CF), não há qualquer óbice na sua alteração, desde que sejam feitas por Emenda Constitucional, sendo indiferente, para esse fim, que elas sejam ampliadas ou restringidas, como se dá com relação à exigência ora analisada.

O fato de o acesso ao Supremo Tribunal Federal ter se restringido por força da "repercussão geral", outrossim, não traz ao instituto nenhuma inconstitucionalidade no sentido *material*. Pela natureza e finalidade dos recursos extraordinários, é possível que o constituinte se encarregue de estabelecer verdadeiros *filtros* ao acesso aos Tribunais Superiores para viabilizar que melhor desempenhem a sua função, de estabelecer parâmetros seguros e objetivos de aplicação do direito *federal* em todo o território nacional.

A repercussão geral, destarte, faz as vezes de um verdadeiro *filtro*, apto a selecionar quais recursos extraordinários serão, ou não, julgados pelo Supremo Tribunal Federal. Assim, o cabimento do recurso extraordinário depende não só de se tratar de causa decidida por única ou última instância que atenda ao menos uma das hipóteses das alíneas do inciso III do art. 102 da Constituição Federal, mas também que a decisão recorrida apresente "repercussão geral". A exigência, destarte, opera como se a alegação de contrariedade à Constituição Federal nas variadas facetas que assume nas alíneas do inciso III de seu art. 102 não fosse ela própria suficiente para demonstrar a gravidade da situação. É ônus do recorrente demonstrar um *plus*, que reside justamente na demonstração de que a questão ostenta repercussão geral.

O instituto foi regulamentado originariamente pela Lei n. 11.418/2006, que acrescentou os arts. 543-A e 543-B ao CPC de 1973, e que foi acompanhada de diversas modificações no Regimento Interno do Supremo Tribunal Federal. O CPC de 2015 deu nova feição ao instituto em seu art. 1.035, que se sobrepõe inteiramente à disciplina anterior, considerando a revogação expressa da codificação anterior (e de toda a legislação que a modificou) pelo *caput* de seu art. 1.046. Nenhuma das ressalvas feitas diz respeito ao tema aqui estudado.

3.5.1 A disciplina infraconstitucional da repercussão geral

De acordo com o art. 1.035, "O Supremo Tribunal Federal, em decisão irrecorrível, não conhecerá do recurso extraordinário quando a questão constitucional nele versada não tiver repercussão geral, nos termos deste artigo".

A irrecorribilidade prevista no dispositivo pressupõe que a manifestação do Supremo Tribunal Federal seja plenária, embora não se possa descartar, sistematicamente, mesmo nesse caso, a pertinência de embargos de declaração, inclusive para fins de discutir eventual modulação da definição sobre determinada questão ostentar ou não repercussão geral[26]. Se se tratar de decisão monocrática, é irrecusável o cabimento do agravo interno previsto no art. 1.021, orientação que, embora despicienda, é reiterada pelo § 2º do art. 327 do RISTF.

Para o § 1º do art. 1.035, a repercussão geral consiste na existência de questões relevantes do ponto de vista econômico, político, social ou jurídico que ultrapassem os interesses subjetivos do processo. A demonstração da ocorrência de cada uma dessas circunstâncias deve ser feita na petição de interposição do recurso extraordinário.

O *caput* do art. 327 do RISTF, na redação que lhe deu a ER 21/2007, a propósito, não sem alguma dose de exagero, dispõe que serão inadmitidos recursos extraordinários "... que não apresentem preliminar formal e fundamentada de repercussão geral". A despeito do texto empregado, cabe interpretar a regra no sentido de que o recorrente tem o ônus de fazer a demonstração da existência da repercussão geral levando em conta os fatos indicados acima, sendo vedada, por força do sistema, a inadmissão do recurso por questões de índole formal, no que é claro o parágrafo único do art. 932, e, embora menos claro, também o § 3º do art. 1.029[27].

Complementando a previsão do § 1º, o § 3º do art. 1.035 *presume* a existência da repercussão geral em duas hipóteses.

A primeira se dá quando o recurso se voltar a acórdão que contrariar súmula ou jurisprudência dominante do Supremo Tribunal Federal[28]. É o que se lê do inciso I do § 3º do art. 1.035.

A segunda se verifica quando o acórdão tenha reconhecido a inconstitucionalidade de tratado ou de lei federal, nos termos do art. 97 da Constituição Federal. A previsão, contida no inciso II do § 3º do art. 1.035, deve ser compreendida de maneira ampla, inclusive quando o incidente de arguição de inconstitucionalidade é dispensado (art. 949, parágrafo único). A previsão afina-se com os indexadores jurisprudenciais propostos pelo próprio Código de Processo Civil, em especial por seu art. 927.

---

26. É nesse contexto, de decisão plenária, que deve ser lembrado o art. 326 do RISTF, na redação da ER 21/2007: "Toda decisão de inexistência de repercussão geral é irrecorrível e, valendo para todos os recursos sobre questão idêntica, deve ser comunicada, pelo(a) Relator(a), à Presidência do Tribunal, para os fins do artigo subsequente e do art. 329".

27. Não há como concordar, por isso, com o Enunciado n. 550 do FPPC, segundo o qual: "A inexistência de repercussão geral da questão constitucional discutida no recurso extraordinário é vício insanável, não se aplicando o dever de prevenção de que trata o parágrafo único do art. 932, sem prejuízo do disposto no art. 1.033", embora seu Enunciado n. 224 não exija, corretamente, o destaque formal da demonstração da repercussão geral: "A existência de repercussão geral terá de ser demonstrada de forma fundamentada, sendo dispensável sua alegação em preliminar ou em tópico específico".

28. Antes da revisão que o texto do CPC de 205, já aprovado pelo Senado Federal, sofreu até ser enviado à sanção presidencial, o dispositivo empregava a palavra "precedente".

A Lei n. 13.256/2016 revogou a hipótese do inciso II do § 3º do art. 1.035, que presumia a repercussão geral quando "tenha sido proferido em julgamento de casos repetitivos". A revogação, contudo, tem impacto reduzido, porque qualquer recurso extraordinário, para ser julgado, pressupõe, nos termos do § 3º do art. 102 da Constituição Federal, que a questão nele discutida apresente repercussão geral. Como um dos fatores para a demonstração da repercussão geral é a presença de questões relevantes "que ultrapassem os interesses subjetivos do processo" (art. 1.035, § 1º), é correto entender que o recurso extraordinário que tenha repercussão geral reconhecida será *também* afetado como repetitivo[29]. Ademais, o § 1º do art. 987, preservado pela Lei n. 13.256/2016, presume, expressamente, a repercussão geral do recurso extraordinário interposto do "mérito" do incidente de resolução de demandas repetitivas (art. 987, *caput*), a esvaziar, em boa medida, e também por esse fundamento, a revogação daquele dispositivo.

A demonstração de que o recurso extraordinário ostenta repercussão geral é ônus argumentativo do recorrente que dele deve se desincumbir em sua petição recursal, no que é claro o § 2º do art. 1.035, que reitera o comando proveniente do § 3º do art. 102 da Constituição Federal sobre ser sua apreciação *exclusiva* (privativa) do Supremo Tribunal Federal.

3.5.2 O processo de identificação da repercussão geral

Os §§ 4º a 11 do art. 1.035 disciplinam como se dá o *processo* que autoriza o Supremo Tribunal Federal seu reconhecimento e à dinâmica do quanto decidido naquele Tribunal.

Para a pesquisa sobre determinada questão constitucional ostentar, ou não, repercussão geral, pode o relator, com fundamento no § 4º do art. 1.035, admitir manifestação de terceiros (*amici curiae*), subscrita por procurador habilitado, observando o que dispõe o Regimento Interno do Supremo Tribunal Federal[30]. A hipótese, a despeito da literalidade do dispositivo, é de verdadeiro *dever* para permitir que a sociedade civil organizada e os variados setores do Estado possam contribuir na discussão do tema, e, consequentemente, no reconhecimento ou no afastamento da repercussão geral. Não há razão para descartar, aprioristicamente, a realização de audiências públicas para aquela finalidade.

Por tais motivos, é importante entender que a autorização dada pelo Regimento Interno do Supremo Tribunal Federal para que a discussão sobre a existência ou não de repercussão geral seja processada de maneira eletrônica (art. 323, *caput*, e art. 324, *caput*, do RISTF) não interfira de nenhum modo na *ampla* discussão que a temática *deve* ter. Ainda quando – e

29. É o que o Supremo Tribunal Federal, aliás, fez largamente com base no art. 543-B do CPC de 1973, que, em rigor, não tratava de recursos *repetitivos*, mas, apenas e tão somente, de repercussão geral decorrente de casos repetitivos, como demonstrava o n. 3.5.2 do Capítulo 11 da Parte I do v. 5 das edições anteriores ao CPC de 2015 deste *Curso*.

30. A referência é feita ao § 3º do art. 323 do RISTF, na redação da ER n. 42/2010, que assim prevê: "Mediante decisão irrecorrível, poderá o(a) Relator(a) admitir de ofício ou a requerimento, em prazo que fixar, a manifestação de terceiros, subscrita por procurador habilitado, sobre a questão da repercussão geral".

talvez de maneira mais contundente – haja tendência a descartar a existência da repercussão geral por força de sua índole infraconstitucional (art. 324, § 2º, do RISTF).

Assim, importa frisar que a definição dos casos que oferecem repercussão geral não é e não deve ser entendida como (e nem limitada a) mera reunião das opiniões ou impressões que os Ministros do Supremo Tribunal Federal têm acerca da causa submetida a julgamento, como se a deliberação sobre existir, ou não, repercussão geral fosse questão *interna corporis*, *imotivada* e, como já se admitiu no direito brasileiro, sob a égide da Constituição Federal de 1969[31], *secreta*[32]. Importa, portanto, interpretar aqueles dispositivos, os regimentais e os legais, a partir do modelo constitucional do direito processual civil, sob os auspícios da Constituição de 1988 e suas posteriores emendas.

O § 11 do art. 1.035, por fim, impõe a divulgação da ata em que constar a súmula da decisão sobre a repercussão geral pelo *Diário Oficial* com sua equiparação a acórdão.

A divulgação é medida que se afina com o ideal de publicidade do § 5º do art. 927 e deve ser prestigiada, no que é pertinente a lembrança da Resolução n. 235/2016 do CNJ, com as modificações da Resolução n. 286/2019, e do *Corpus* 927 da ENFAM, que tratam do assunto[33].

A permissão para que a súmula da repercussão geral corresponda ao acórdão, contudo, atrita com as condições exigidas para viabilizar o conhecimento do que foi efetivamente decidido e por quais fundamentos. Não só na perspectiva de viabilizar um debate adequado sobre as decisões do Supremo Tribunal Federal sobre repercussão geral, sobre sua jurisprudência acerca do tema, portanto, mas também para tornar factível a sua aplicação aos casos dispersos em todo o território nacional que se relacionam àquela questão constitucional, levando em conta, como não pode deixar de ser, as especificidades do que foi efetivamente decidido[34].

3.5.3 Após o reconhecimento da repercussão geral

Se o relator do recurso extraordinário reconhecer a repercussão geral, determinará a suspensão dos processos, individuais e coletivos, que versem sobre aquela mesma questão em todo o território nacional (art. 1.035, § 5º). A exemplo do que o n. 7.1 do Capítulo 8 da Parte II propõe para o incidente de resolução de demandas repetitivas, a melhor interpreta-

31. A referência é feita ao art. 119, § 1º e § 3º, letra *c*, com relação à então vigente "arguição de relevância".

32. Como permitiam os arts. 151 a 153, c/c o art. 327 do RISTF de 1980.

33. Também o art. 329 do RISTF, na redação da ER n. 21/2007, volta-se ao tema dispondo que: "A Presidência do Tribunal promoverá ampla e específica divulgação do teor das decisões sobre repercussão geral, bem como formação e atualização de banco eletrônico de dados a respeito". A lista, sempre atualizada, das questões que tiveram a repercussão geral reconhecida pelo STF pode ser acessada no seguinte endereço: http://www.stf.jus.br/portal/jurisprudenciaRepercussao/abrirTemasComTesesFirmadas.asp.

34. Preferível, nesse sentido, a formulação do parágrafo único do art. 325 do RISTF: "O teor da decisão preliminar sobre a existência da repercussão geral, que deve integrar a decisão monocrática ou o acórdão, constará sempre das publicações dos julgamentos no Diário Oficial, com menção clara à matéria do recurso".

ção é a de que não há obrigatoriedade na suspensão, cabendo ao relator, em cada caso concreto, sopesar os prós e os contras daquela determinação e, se for o caso, adotar medidas paliativas para minimizar impactos decorrentes do tempo necessário ao reconhecimento ou não da repercussão geral, com todos os efeitos que ele produz[35].

O § 6º do art. 1.035 admite que o interessado requeira, ao presidente ou ao vice-presidente do Tribunal de origem, que exclua da decisão de sobrestamento recurso extraordinário interposto intempestivamente para inadmiti-lo desde logo.

A razão de ser da regra é a de fazer prevalecer, nesses casos, a decisão já transitada em julgado, já que o recurso é intempestivo. O interessado referido pelo dispositivo só pode ser aquele a quem o reconhecimento da intempestividade favorece. Nesse sentido, coincide com o recorrido. O recorrente deverá ser intimado para se manifestar sobre o requerimento no prazo de cinco dias (úteis), de acordo com o mesmo dispositivo.

Sendo *indeferido* o requerimento de exclusão a que se refere o § 6º, o interessado poderá interpor agravo interno. Também é previsto o mesmo recurso contra a decisão que aplicar entendimento firmado em regime de repercussão geral ou em julgamento de recursos repetitivos (art. 1.035, § 7º, na redação que lhe deu a Lei n. 13.256/2016[36]). A segunda parte da regra harmoniza-se com o disposto no inciso I do art. 1.030, embora, em rigor, seja, no particular, inócua não só diante do próprio art. 1.021, mas também por causa do § 2º do art. 1.030.

Não há prazo expresso para que o interessado formule o pedido de exclusão do recurso por força de sua intempestividade. O melhor entendimento é o de que o prazo para tanto é de cinco dias (úteis). Não só por força da incidência da regra genérica do § 3º do art. 218 diante da lacuna legislativa, mas também por causa da isonomia processual, já que o § 6º do art. 1.035 reserva aquele prazo para o recorrente exercitar o contraditório.

Fora dessa situação, inexiste previsão expressa para a hipótese de ter havido sobrestamento indevido dos recursos no aguardo do desate sobre a existência ou não da repercussão geral.

A melhor resposta é a de colmatar a lacuna pela adoção da sistemática dos §§ 8º a 13 do art. 1.037, examinada no n. 9.4, *infra*. É certo que nem toda repercussão geral pressupõe, para que seja atestada a sua existência, "multiplicidade de recursos com fundamento em idêntica questão de direito" (eis o referencial dos recursos repetitivos empregado pelo *caput* do art. 1.036). Também é correto entender que o sobrestamento regrado pelos §§ 5º a 8º do art. 1.035 só se justifica pela ocorrência de casos múltiplos. Fosse um único caso – mesmo

35. Nesse sentido: STF, Pleno, RE 966.177/RG-QO, rel. Min. Luiz Fux, j.m.v. 7-6-2017, *DJe* 1-2-2019 e STF, Pleno, RE 1.141.156 AgR/RJ, rel. Min. Edson Facchi, j.m.v. 19-12-2019, *DJe* 3-4-2020. Também no âmbito da CE do STJ: REsp 1.202.071/SP, rel. Min. Herman Benjamin, j.un. 1-2-2019, *DJe* 3-6-2019.

36. A respeito daquele dispositivo, cabe lembrar das considerações críticas a propósito do art. 988 (v. n. 6 do Capítulo 1 da Parte II) sobre a (in)devida generalização da expressão "recursos repetitivos", que acabou prevalecendo na etapa final do processo legislativo e, consequentemente, a fundada dúvida sobre sua inconstitucionalidade formal diante do parágrafo único do art. 65 da CF.

que bastante para o reconhecimento da repercussão geral da questão constitucional nele decidida – e o problema de que tratam aqueles dispositivos simplesmente não existiria. Contudo, na medida em que o problema se apresente no dia a dia do foro – e ele vem se apresentando com enorme frequência –, a incidência do regime de *distinção* dos §§ 8º a 13 do art. 1.037, inclusive na perspectiva recursal, é imperiosa também na dinâmica da repercussão geral, até como necessária decorrência do bom funcionamento do direito jurisprudencial desenhado pelo Código de Processo Civil.

A mesma razão deve conduzir à aplicação do § 2º do art. 982, segundo o qual, "durante a suspensão, o pedido de tutela de urgência deverá ser dirigido ao juízo onde tramita o processo suspenso". Trata-se, como constata o n. 7.1 do Capítulo 8 da Parte II, de regra que deriva diretamente do inciso XXXV do art. 5º da Constituição Federal, sendo suficientes para cá as considerações lá feitas a respeito da regra.

Se a existência da repercussão geral for negada pelo Supremo Tribunal Federal, os recursos sobrestados nos termos do § 6º do art. 1.035, que só podem ser os que versem sobre matéria idêntica, terão seu seguimento negado pelo presidente ou pelo vice-presidente do Tribunal de origem (art. 1.035, § 8º).

Na hipótese oposta, quando a repercussão geral for reconhecida, cabe ao Supremo Tribunal Federal julgar o recurso extraordinário no prazo máximo de um ano, tendo preferência sobre os demais processos, com exceção do *habeas corpus* e dos em que há réu preso (art. 1.035, § 9º). Também mandados de segurança, individuais ou coletivos, deverão ter preferência por força do disposto no art. 20 da Lei n. 12.016/2009 e, superiormente, dada a sua magnitude constitucional.

O § 10 do art. 1.035, que previa a cessação da suspensão dos processos em geral, caso o prazo do § 9º fosse ultrapassado, foi revogado pela Lei n. 13.256/2016[37]. A ausência de consequência expressa para o desrespeito ao prazo imposto pelo § 9º justifica a adoção da proposta feita no n. 9.3, *infra*, com relação ao também revogado § 5º do art. 1.037, qual seja: a de que após um ano o efeito suspensivo fica na dependência de nova manifestação de outro Ministro, levando em conta, ao menos, dois novos casos, o que encontra fundamento no subsistente § 6º do art. 1.037.

4. HIPÓTESES ESPECÍFICAS DE CABIMENTO DO RECURSO ESPECIAL

As hipóteses de admissibilidade do recurso especial são aquelas previstas nas três alíneas do inciso III do art. 105 da Constituição Federal. Além da exigência de se tratar de "*causa decidida em única ou última instância, pelos Tribunais Regionais Federais ou pelos Tribunais dos Estados, do Distrito Federal e dos Territórios*", a decisão recorrida deve, *alternativamente*: con-

37. Era a seguinte a redação do dispositivo: "Não ocorrendo o julgamento no prazo de 1 (um) ano a contar do reconhecimento da repercussão geral, cessa, em todo o território nacional, a suspensão dos processos, que retomarão seu curso normal".

trariar tratado ou lei federal, ou negar-lhes vigência (alínea *a*); julgar válido ato de governo local contestado em face de lei federal (alínea *b*); dar a lei federal interpretação divergente da que lhe haja atribuído outro tribunal (alínea *c*).

Aqui também é correta a ressalva lançada para as hipóteses de cabimento do recurso extraordinário: cada uma das alíneas do inciso III do art. 105 da Constituição Federal deve ser compreendida como *perspectivas* diversas da questão *federal* que legitima que a causa decidida seja reexaminada em sede de recurso especial pelo Superior Tribunal de Justiça.

Os números seguintes dedicam-se ao exame separado de cada uma dessas previsões constitucionais.

4.1 Contrariar ou negar vigência a lei federal

A primeira hipótese de cabimento do recurso especial, a mais comum delas, é a de a decisão recorrida contrariar ou negar vigência a lei federal.

O verbo "contrariar" e a expressão "negar vigência" devem ser entendidos, para todos os fins, como *sinônimos*. Sua distinção pertence aos sistemas constitucionais em vigor até o advento da Constituição Federal de 1988, quando o recurso extraordinário era o veículo adequado para o reexame de "questões *constitucionais*" e de "questões *infraconstitucionais*", e ensejava interpretação vencedora no âmbito do Supremo Tribunal Federal que a *qualidade* da violação a dispositivos da Constituição Federal não precisava ser tão intensa quanto a violação a dispositivos de lei federal. É esse o motivo por que a Súmula 400 do STF, editada sob a égide da Constituição Federal de 1946, acentuava não caber recurso extraordinário de "decisão que deu razoável interpretação à lei, ainda que não seja a melhor". Isso porque, coerentemente à previsão do recurso extraordinário de então (art. 101, III, *a*, da CF de 1946), seu cabimento dava-se quando a decisão fosse "contrária a dispositivo desta Constituição ou à letra de tratado ou lei federal"[38].

Contudo, com a Constituição de 1988, aquela distinção foi abandonada, inexistindo dúvida quanto ao cabimento indistinto do recurso especial diante de *contrariedade* ou *negativa* de vigência a lei federal, não havendo mais espaço normativo para subsistência da referida Súmula 400.

Fixada essa premissa, é correto o entendimento de que o recurso especial, para ser admitido, pressupõe a alegação de que a decisão recorrida, desde que preenchidos também os demais pressupostos, genéricos e específicos, contraria lei federal, no sentido de violá-la, interpretando-a e aplicando-a mal ao caso concreto, quer porque se aplica lei inaplicável, quer porque se deixa de aplicar a que merecia incidência.

38. Parelha àquela Súmula era a de n. 285, que transportava a mesma exigência para o ambiente do recurso extraordinário fundado na divergência jurisprudência. Eis seu enunciado: "Não sendo razoável a arguição de inconstitucionalidade, não se conhece do recurso extraordinário fundado na letra 'c' do art. 101, III, da Constituição Federal".

Têm lugar, aqui, destarte, as mesmas considerações feitas com relação à hipótese similar de cabimento do recurso extraordinário (art. 102, III, *a*, da CF), inclusive no que diz respeito à distinção entre a "contrariedade à lei" e o "prequestionamento".

Importa assinalar, contudo, que a jurisprudência vencedora do Superior Tribunal de Justiça dá interpretação *ampliativa* ao que seja "lei federal" para os fins do recurso especial da letra *a*. Compreendem-se como lei federal não só as leis provenientes no Congresso Nacional (leis em sentido formal e substancial), mas também leis que o são apenas em sentido substancial, como se dá com as medidas provisórias, com os decretos autônomos e, mesmo, com os regulamentares editados pelo Presidente da República[39].

Estão excluídos da locução, contudo, os atos normativos secundários, produzidos a partir da lei preexistente, dentre os quais os regimentos internos de Tribunais, equiparáveis a leis *locais*[40]; resoluções, circulares, portarias e instruções normativas[41]; provimentos da OAB[42]; atos declaratórios da Secretaria da Receita Federal[43]; regulamentos das agências reguladoras[44]; atos normativos da Corregedoria-Geral da Justiça do Estado e do Banco Central do Brasil acerca dos índices de correção monetária a serem ou não aplicados nos depósitos judiciais[45] e, na perspectiva internacional, artigos da Convenção Modelo da Organização para Cooperação e Desenvolvimento Econômico (OCDE)[46].

A Súmula 518 do Superior Tribunal de Justiça, editada pouco menos de um ano antes da entrada em vigor do CPC de 2015, afasta o recurso especial fundamentado na letra *a* para

39. Assim, *v.g.*: STJ, 2ª Turma, REsp 1.662.557/SP, rel. Min. Herman Benjamin, j.un. 10-10-2017, *DJe* 5-2-2018; STJ, 1ª Turma, AgRg no REsp 958.207/RS, rel. Min. Luiz Fux, j.un. 23-11-2010, *DJe* 3-12-2010; STJ, 4ª Turma, EDcl no AgRg no Ag 646.526/RS, rel. Min. Hélio Quaglia Barbosa, j.un. 16-10-2007, *DJ* 29-10-2007, p. 241; STJ, 1ª Turma, REsp 879.221/RS, rel. Min. Teori Albino Zavascki, j.un. 18-9-2007, *DJ* 11-10-2007, p. 306; e STJ, 2ª Turma, REsp 782.699/RS, rel. Min. Castro Meira, j.un. 16-5-2006, *DJ* 25-5-2006, p. 216.
40. STJ, 2ª Turma, AgInt no AREsp, 1.285.406/RS, rel. Min. Assusete Magalhães, j.un. 6-9-2018, *DJe* 13-9-2018; STJ, 2ª Turma, AgInt no REsp 1.661.493/SP, rel. Min. Francisco Falcão, j.un. 14-8-2018, *DJe* 20-8-2018; STJ, 4ª Turma, REsp 304.629/SP, rel. Min. Luis Felipe Salomão, j.un. 9-12-2008, *DJe* 16-3-2009; STJ, 1ª Turma, AgRg no REsp 977.050/SP, rel. Min. Francisco Falcão, j.un. 6-11-2007, *DJ* 19-12-2007, p. 1179, e STJ, 2ª Turma, REsp 965.246/PE, rel. Min. Castro Meira, j.un. 18-10-2007, *DJ* 5-11-2007, p. 259.
41. Nesse sentido: STJ, 2ª Turma, AgInt no REsp 1.715.120/RS, rel. Min. Og Fernandes, j.un. 20-9-2018, *DJe* 27-9-2018; STJ, 3ª Turma, AgInt no AREsp 1.175.077/PR, rel. Min. Marco Aurélio Bellizze, j.un. 27-2-2018, *DJe* 9-3-2018; STJ, 1ª Turma, AgInt no REsp 1.394.867/SP, rel. Min. Napoleão Nunes Maia Filho, j. 20-2-2018, *DJe* 14-3-2018; STJ, 1ª Turma, REsp 724.196/RS, rel. Min. José Delgado, j.un. 23-10-2007, *DJ* 19-11-2007, p. 185, e STJ, 2ª Turma, AgRg no REsp 714.198/CE, rel. Min. Herman Benjamin, j.un. 7-8-2007, *DJ* 24-9-2007, p. 273.
42. STJ, 2ª Turma, REsp 1.647.656/RO, rel. Min. Assusete Magalhães, j.un. 20-4-2017, *DJe* 2-5-2017; STJ, 2ª Turma, REsp 984.193/SC, rel. Min. Mauro Campbell Marques, j.un. 21-8-2008, *DJe* 12-9-2008; STJ, 1ª Turma, AgRg no Ag 845.250/SC, rel. Min. Francisco Falcão, j.un. 12-9-2006, *DJ* 9-10-2006, p. 267; STJ, 1ª Turma, REsp 820.372/PR, rel. Min. Teori Albino Zavascki, j.un. 18-5-2006, *DJ* 29-5-2006, p. 202.
43. Assim decidiu a 1ª Turma do STJ no REsp 784.378, rel. Min. José Delgado, j.un. 8-11-2005, *DJ* 5-12-2005, p. 254.
44. Assim decidiu a 1ª Turma do STJ no REsp 998.827/ES, rel. Min. Francisco Falcão, j.m.v. 2-10-2008, *DJe* 20-10-2008.
45. Assim, *v.g.*, nos seguintes casos: STJ, 2ª Turma, REsp 1.326.035/PA, rel. Min. Og Fernandes j.un. 24-4-2018, *DJe* 30-4-2018, e STJ, 1ª Turma, REsp 978.936/SP, rel. Min. Luiz Fux, j.un. 6-5-2010, *DJe* 19-5-2010.
46. STJ, 2ª Turma, REsp 1.821.336/SP, rel. Min. Herman Benjamin, j.un. 4-2-2020, *DJe* 22-10-2020.

discutir súmulas de Tribunais[47]. Sem prejuízo de a hipótese comportar, consoante o caso, recurso especial fundamentado na letra *c*, importa que aquele entendimento seja revisto diante do papel que os indexadores jurisprudenciais em geral desempenham naquela codificação (arts. 926 e 927, em especial). Tanto assim que, coerentemente, a Lei n. 13.256/2016, editada ainda quando o Código de Processo Civil estavam em *vacatio legis*, introduziu o § 5º no art. 966 para admitir de maneira expressa a ação rescisória quando a decisão transitada em julgado "violar manifestamente a norma jurídica" (art. 966, V), quando se tratar de "... decisão baseada em enunciado de súmula ou acórdão proferido em julgamento de casos repetitivos que não tenha considerado a existência de distinção entre a questão discutida no processo e o padrão decisório que lhe deu fundamento".

Ademais, dada a natureza *constitucional* de uniformização da jurisprudência do Superior Tribunal de Justiça, mormente quando exerce a sua competência recursal especial, o referido enunciado já merecia ser criticado mesmo antes da entrada em vigor do CPC de 2015.

4.2 Validade de ato de governo local confrontado com lei federal

A segunda hipótese de admissibilidade do recurso especial é prevista na alínea *b* do art. 105, III, da Constituição Federal.

De acordo com ela, cabe o recurso especial quando a decisão recorrida julgar válido ato de governo local contestado em face de lei federal. A Emenda Constitucional n. 45/2004 deu nova redação ao dispositivo, limitando a competência do Superior Tribunal de Justiça aos casos em que o confronto se dá entre *ato* de governo local e lei federal, deixando o confronto entre duas *leis* de pessoas federadas diversas reservado ao recurso extraordinário e, consequentemente, ao Supremo Tribunal Federal, o que se justifica, por força das considerações expostas no n. 3.4, *supra*.

O *ato* a que se refere o dispositivo constitucional, destarte, não pode ser lei, mas sim, necessariamente, ato *infralegal*. Coerentemente com o entendimento do que é compreendido na locução "lei federal", para os fins da letra *a* do inciso III do art. 105, da Constituição Federal, contudo, o recurso para contraste de *decretos* estaduais, distritais e municipais em face da lei federal é o *extraordinário*, fundado no art. 102, III, *d*, e não o *especial*, com base no art. 105, III, *b*, ambos da Constituição Federal[48].

Bem entendida a hipótese de recurso especial pelo permissivo da letra *b* do art. 105 da Constituição Federal, é de verificar, outrossim, que a questão a ser enfrentada pelo Superior

47. É o seguinte o seu enunciado: "Para fins do art. 105, III, a, da Constituição Federal, não é cabível recurso especial fundado em alegada violação de enunciado de súmula".

48. Nesse sentido: STJ, 2ª Turma, REsp 1.731.949/SP, rel. Min. Herman Benjamin, j.un. 15-5-2018, *DJe* 2-8-2018; STJ, 2ª Turma, AgRg no AREsp 484.089/SP, rel. Min. Assusete Magalhães, j.un. 24-2-2015, *DJe* 4-3-2015; STJ, 5ª Turma, AgRg no REsp 873.548/ES, rel. Min. Felix Fischer, j.un. 17-4-2007, *DJ* 21-5-2007, p. 614, e STJ, 2ª Turma, REsp 194.723/PR, rel. Min. Castro Meira, j.un. 1º-9-2005, *DJ* 3-10-2005, p. 160.

Tribunal de Justiça é eminentemente de direito *federal*, e não de direito *local*. Não se aplica, por isso mesmo, o óbice da Súmula 280 do STF, que interdita o cabimento do recurso para exame de direito *local*.

4.3 Recurso especial pela divergência jurisprudencial

A terceira e última hipótese de cabimento do recurso especial é a da alínea *c* do art. 105, III, da Constituição Federal, que o autoriza quando a decisão recorrida "der a lei federal interpretação divergente da que lhe haja atribuído outro tribunal". A função uniformizadora da jurisprudência dos Tribunais brasileiros no que diz respeito à interpretação da lei *federal* em todo o território nacional é, nesse caso, mencionada expressamente pelo permissivo constitucional.

A ressalva é importante: a tarefa de uniformização a ser desempenhada pelo Superior Tribunal de Justiça é de "lei *federal* em todo o território nacional" porque cabe àquele Tribunal dar a última palavra a respeito da interpretação (e, consequentemente, da *aplicação*) daquelas normas jurídicas, e não de quaisquer outras. Aplicam-se à hipótese da letra *c*, portanto, as mesmas considerações relativas à letra *a*. Esse entendimento, contudo, não significa dizer que, em todo e qualquer caso, o recurso especial fundamentado na letra *c* deve indicar o dispositivo de lei federal infraconstitucional sobre o qual se alega haver a divergência. Essa exigência – identificada no n. 2.1, *supra*, como "prequestionamento *numérico*" – não se confunde (e não pode ser confundida) com aquilo que o inciso III do art. 105 da Constituição Federal exige suficientemente para o cabimento do recurso especial, que haja questão de direito federal infraconstitucional decidida no acórdão proferido por Tribunal de Justiça ou por Tribunal Regional Federal em única ou última instância[49].

A hipótese de cabimento do recurso especial ora examinada, por isso mesmo, não deixa de ser um *reforço* para aqueles outros casos. A constatação de que há divergência jurisprudencial entre dois ou mais Tribunais é, por si só, suficiente para demonstrar que, em pelo menos um dos casos, há "contrariedade" ou, o que é o mesmo, "negativa de vigência" a lei federal. O que vale destacar é que, nesse caso do permissivo da letra *c*, a *circunstância* de que a decisão viola a lei federal é *objetivamente* constatável, o que levou o legislador a impor uma específica *forma* para demonstração da existência e da ocorrência da divergência, assunto disciplinado pelo § 1º do art. 1.029.

A divergência jurisprudencial, outrossim, precisa ocorrer no âmbito de Tribunais diversos porque não há, a não ser pelo próprio recurso especial, meio de uniformizar a jurisprudência. Se a

49. Não obstante, o entendimento contrário é predominante no âmbito do STJ desde o julgamento, pela CE, do AgRg no REsp 1.346.588/DF, rel. Min. Arnaldo Esteves Lima, j.un. 18-12-2013, *DJe* 17-3-2014. Assim, *v.g.*: 5ª Turma, AgRg no AREsp 1.161.153/RS, rel. Min. Felix Fischer, j.un. 16-8-2018, *DJe* 22-8-2018; 2ª Turma, AgInt no REsp 1.574.700/RJ, rel. Min. Assusete Magalhães, j.un. 16-8-2018, *DJe* 27-8-2018, e 2ª Turma, AgInt no AREsp 871.568/SP, Rel. Min. Assusete Magalhães, j.un. 20-9-2018, *DJe* 25-9-2018.

divergência for constatada no âmbito de um mesmo Tribunal, o mecanismo para atingimento daquela finalidade é o incidente de resolução de demandas repetitivas (arts. 976 a 987) e, até como forma de evitar a dispersão jurisprudencial, o incidente de assunção de competência (art. 947).

5. PETIÇÃO DE INTERPOSIÇÃO

Expostas as hipóteses de cabimento do recurso extraordinário e do recurso especial consoante as regras dos arts. 102, III, e 105, III, da Constituição Federal, com suas não poucas vicissitudes, a análise de sua interposição e tramitação perante o órgão *a quo* e seu julgamento pelo órgão *ad quem* admitem tratamento conjunto. As duas únicas peculiaridades com relação a essa afirmação, devidamente separadas em números próprios na exposição, são a demonstração da divergência que fundamenta o recurso especial interposto com base na letra *c* do inciso III do art. 105 da Constituição Federal (art. 1.029, § 1º) e a demonstração de que a questão constitucional ostenta repercussão geral (art. 1.035).

O art. 1.029 trata da petição de interposição daqueles recursos.

Eles serão apresentados, de acordo com o *caput* daquele dispositivo, perante o presidente ou o vice-presidente dos Tribunais de Justiça ou dos Tribunais Regionais Federais, sempre observada a competência definida pelos respectivos regimentos internos, em petições distintas, isto é, uma para cada recurso, que conterão o seguinte: (i) a exposição do fato e do direito; (ii) a demonstração do cabimento do recurso interposto; e (iii) as razões do pedido de reforma ou de invalidação da decisão recorrida[50].

Como o recurso extraordinário e o recurso especial têm seu cabimento restrito ao reexame de questões meramente jurídicas, a exigência feita pelo inciso I do art. 1.029, de que sejam expostos os *fatos* constitutivos do pedido do recorrente, assim como o direito aplicável ao caso concreto, deve ser entendida no seu devido contexto: trata-se de o recorrente apresentar o que se passou no processo até o proferimento da decisão recorrida, fornecendo material bastante para que o Supremo Tribunal Federal e o Superior Tribunal de Justiça possam identificar a *qualidade* da controvérsia e verificar, consequentemente, se o recurso é, ou não, cabível.

A demonstração de cabimento dos recursos é exigência feita pelo inciso II do art. 1.029. Trata-se da parte da petição em que o recorrente tem o ônus de demonstrar a presença de um ou mais de um dos permissivos constitucionais[51], inclusive no que diz respeito à reper-

50. Antes das reformas empreendidas na disciplina do recurso extraordinário e na criação da disciplina do então recém-criado recurso especial pela Lei n. 8.038/90, os arts. 542 e 543, § 2º, do CPC de 1973, na sua redação original, estabeleciam que o prazo para a interposição do recurso com a demonstração de seu cabimento e a apresentação das razões era diverso.

51. A falta de identificação do específico caso de admissibilidade pelo recorrente em sua petição de interposição do recurso extraordinário já recebeu, por vezes, censura no STF, que deixou de apreciar recursos extraordinários

cussão geral (art. 1.035) e à divergência jurisprudencial que dá fundamento à hipótese do recurso especial pela letra *c* do inciso III do art. 105 da Constituição Federal.

Cabe destacar, outrossim, que, nas hipóteses das alíneas *a* dos arts. 102, III, e 105, III, ambos da Constituição Federal, o *cabimento* do recurso diz respeito à demonstração de que há "causa decidida" em "única ou última instância", se for o caso, por Tribunal. Saber se o dispositivo da Constituição Federal ou da lei federal foi efetivamente contrariado ou teve sua vigência negada é *mérito* do recurso que pressupõe, por isso mesmo, superação do juízo de *admissibilidade* recursal.

Para o *cabimento* do recurso extraordinário e do recurso especial, destarte, é suficiente a alegação, devidamente fundamentada, de que há "questão *constitucional*" ou "questão *federal*", demonstrando, o recorrente, no que ela consiste, observando, inclusive, o que para este *Curso* deve ser entendido com relação ao chamado "prequestionamento", inclusive, consoante o caso, o disposto no art. 1.025[52].

Por serem recursos *extraordinários*, não cabem recurso extraordinário e recurso especial para mera reapreciação de provas[53] ou para mera interpretação de cláusula contratual[54]. A vedação, correta, não pode ser confundida com a possibilidade – e, por vezes, a *necessidade* – de ser *revalorada* a prova produzida pelas instâncias ordinárias. Esta, a *revaloração* da prova é questão de direito, apta, pois, a ser reexaminada pelo recurso extraordinário e pelo recurso especial, diferentemente do reexame da prova produzida, querendo alcançar conclusões *fáticas* diversas daquela que, soberanamente, decidiram as instâncias ordinárias.

A distinção foi reafirmada em julgado da 4ª Turma do STJ em cujo voto, da relatoria do Ministro Marco Buzzi, se extrai por significativo, o seguinte trecho: "... em razão do referido enunciado sumular desta Corte Superior, mostra-se inviável, no âmbito do recurso especial, reexaminar os fatos e provas dos autos, ou seja, promover uma reincursão no acervo fático

---

que não traziam, clara ou corretamente, a indicação do autorizativo constitucional. Trata-se de interpretação do *caput* do art. 321 do RISTF, segundo o qual: "O recurso extraordinário para o Tribunal será interposto no prazo estabelecido na lei processual pertinente, com indicação do dispositivo que o autorize, dentre os casos previstos nos artigos 102, III, 'a', 'b', 'c', e 121, § 3º, da Constituição Federal". Nesse sentido: 2ª Turma, ARE-AgR 973.285/MT, rel. Min. Celso de Mello, j.un. 18-11-2016, *DJe* 1º-12-2016; 1ª Turma, ARE-AgR 957.999/SP, rel. Min. Marco Aurélio, j.un. 2-8-2016, *DJe* 26-8-2016 e 1ª Turma, ARE-AgR 950.210/RS, rel. Min. Marco Aurélio, j.un. 17-5-2016, *DJe* 13-6-2016.

52. Não obstante, ainda é comum que o Supremo Tribunal Federal e o Superior Tribunal de Justiça acabem sobrepondo aqueles dois momentos, presos a uma interpretação bastante *literal* dos permissivos constitucionais (que, rigorosamente, dispõem que os recursos cabem quando a decisão contrariar a Constituição ou a lei federal). A doutrina sempre criticou com veemência aquele entendimento, atécnico, destacando, no entanto, a existência de decisões que, de forma correta, distinguem o plano da *admissibilidade* e do *mérito* recursal. Pertinentíssima, a propósito, é a leitura das reflexões feitas por José Carlos Barbosa Moreira, em seu "Julgamento do recurso especial *ex* art. 105, III, *a*, da Constituição da República: sinais de uma evolução auspiciosa", publicado na Sétima Série de seus *Temas de direito processual*.

53. Súmula 279 do STF ("Para simples reexame de prova não cabe recurso extraordinário") e Súmula 7 do STJ ("A pretensão de simples reexame de prova não enseja recurso especial").

54. Súmula 454 do STF ("Simples interpretação de cláusulas contratuais não dá lugar a recurso extraordinário") e Súmula 5 do STJ ("A simples interpretação de clausula contratual não enseja recurso especial").

probatório mediante a análise detalhada de documentos, testemunhos, contratos, perícias, dentre outros. Assim, no apelo extremo não se pode examinar mera *quaestio facti* ou *error facti in iudicando*. Todavia, o *error in judicando* (inclusive, o proveniente de equívoco na valoração das provas) e o *error in procedendo* podem ser objeto do recurso especial. (...) A revaloração da prova constitui em atribuir o devido valor jurídico a fato incontroverso sobejamente reconhecido nas instâncias ordinárias, prática francamente aceita em sede de recurso especial, como bem observou o Ministro Felix Fischer: 'A revaloração da prova ou de dados explicitamente admitidos e delineados no decisório recorrido não implica o vedado reexame do material de conhecimento' (REsp 683.702/RS, Quinta Turma, julgado em 01.03.2005). No mesmo sentido, dentre outros: REsp 856.706/AC, rel. Ministra Laurita Vaz, rel. p./acórdão Ministro Felix Fischer, Quinta Turma, julgado em 06/05/2010, *DJe* 28/06/2010 e REsp 1104096/SP, rel. Ministro Felix Fischer, Quinta Turma, julgado em 20/10/2009, *DJe* 16/11/2009"[55].

A Súmula 735 do Supremo Tribunal Federal, em função da inviabilidade de reexame de provas em sede de recurso extraordinário, entende que não cabe extraordinário contra "acórdão que defere medida liminar", assim compreendida a decisão que concede ou que nega tutela provisória requerida no liminar do processo ou formulada antecedentemente. A orientação é correta porque a análise da presença dos pressupostos que autorizam a tutela provisória em suas múltiplas facetas é questão de fato e não de direito. Diferente seria se, não havendo nenhuma dúvida sobre o acervo fático, se pretender rediscutir perante aquele Tribunal o regime jurídico da tutela provisória à luz da Constituição Federal[56]. Assim, por exemplo, a *inconstitucionalidade* das restrições decorrentes do art. 1.059 ou a viabilidade de a tutela provisória antecipada antecedente poder se estabilizar em face do Poder Público (art. 304, *caput*).

Demonstrado o *cabimento* do recurso extraordinário e do recurso especial, o recorrente deverá demonstrar a ofensa à Constituição Federal e à lei federal, sustentando qual é a interpretação que melhor se afina com o ordenamento jurídico (art. 1.029, III). É nessa parte do recurso que o recorrente deve demonstrar no que a decisão recorrida deve ser anulada ou reformada, conforme o caso, apresentando as suas razões, que serão apreciadas pelo Supremo Tribunal Federal e pelo Superior Tribunal de Justiça quando do julgamento do *mérito* recursal. Como se dá em todo e em qualquer julgamento, o acolhimento do pedido recursal significará o seu *provimento* e a sua rejeição, o seu *improvimento*.

55. Trata-se do AgRg no REsp 1.036.178/SP, julgado pela 4ª Turma do STJ em 13-12-2011, *DJe* 19-12-2011. A jurisprudência daquele Tribunal é ampla no sentido do texto. Assim, dentre tantos: 1ª Turma, REsp 1.288.327/MG, rel. Min. Regina Helena Costa, j.un. 11-9-2018, *DJe* 17-9-2018, e 1ª Turma, AgInt no AREsp 1.217.409/RS, rel. Min. Sérgio Kukina, j.un. 4-9-2018, *DJe* 10-9-2018.

56. Nesse sentido, distinguindo, com acerto, os casos de cabimento e de descabimento do recurso especial dessa perspectiva, os seguintes julgados do STJ: 2ª Turma, AgRg no REsp 1.052.435/RS, rel. Min. Castro Meira, j.un. 21-8-2008, *DJe* 5-11-2008; 1ª Turma, REsp 696.858/CE, rel. p/ acórdão Min. Teori Albino Zavascki, j.m.v. 2-5-2006, *DJe* 1º-8-2006, p. 371, e 1ª Turma, REsp 1.125.661/DF, rel. Min. Napoleão Nunes Maia Filho, j.m.v. 27-3-2012, *DJe* 16-4-2012.

Tem plena incidência, para o recurso extraordinário e para o recurso especial, o princípio da *dialeticidade*, no sentido de que as razões recursais devem demonstrar não só o seu *cabimento*, mas também o porquê de seu *provimento*, o que traz à lembrança a diretriz da Súmula 284 do Supremo Tribunal Federal[57].

5.1 Recurso especial fundado na divergência jurisprudencial

Tratando-se de recurso especial fundamentado na letra *c* do inciso III do art. 105 da Constituição Federal – o chamado recurso especial pela divergência –, é ônus do recorrente demonstrar, para fins de cabimento do recurso (art. 1.029, II), a divergência jurisprudencial, observando o disposto no § 1º do art. 1.029, que se refere a duas ordens de demonstração.

A primeira é a *formal*, consistente na prova de que há acórdão divergente daquele que foi proferido no caso concreto a justificar a atuação do Superior Tribunal de Justiça com a finalidade de compor a divergência entre tribunais diferentes, estabelecendo qual é a interpretação a ser observada.

A prova desse acórdão divergente (o paradigma) deve ser feita com certidão, cópia ou citação do repositório de jurisprudência, oficial ou credenciado, inclusive em mídia eletrônica, em que ele tiver sido publicado, ou, ainda, com a reprodução de julgado disponível na rede mundial de computadores, sempre com a indicação da respectiva fonte. Eventuais cópias podem ser declaradas autênticas pelo advogado, fazendo uso da prerrogativa que pode ser extraída do inciso IV do art. 425.

A segunda demonstração é de ordem *substancial*, conhecida pela prática como a demonstração *analítica* da divergência[58], isto é, a necessidade de o caso concreto julgado e o indicado como paradigma serem comparados para comprovar que situações fáticas essencialmente iguais receberam tratamento jurídico diferente. É o que a parte final do § 1º do art. 1.029 quer dizer quando exige que sejam mencionadas "as circunstâncias que identifiquem ou assemelhem os casos confrontados".

Para tanto, é mister transcrever, copiar e comparar trechos das situações fáticas e jurídicas do acórdão recorrido e do indicado como paradigma. É imprescindível, sempre respeitados os estilos de escrita de cada um, que se faça o confronto entre os julgados para identificar suas semelhanças (fáticas e jurídicas) e suas diferenças (quanto ao resultado).

---

57. "É inadmissível o recurso extraordinário, quando a deficiência na sua fundamentação não permitir a exata compreensão da controvérsia."

58. A expressão remonta à antiga Súmula 291 do STF, assim enunciada: "No recurso extraordinário pela letra 'd' do art. 101, número III, da Constituição, a prova do dissídio jurisprudencial far-se-á por certidão, ou mediante indicação do 'Diário da Justiça' ou de repertório de jurisprudência autorizado, com a transcrição do trecho que configure a divergência, mencionadas as circunstâncias que identifiquem ou assemelhem os casos confrontados".

A exigência, que pode soar *formal*, é de cunho *substancial*, plenamente justificável. A tarefa uniformizadora da jurisprudência do Superior Tribunal de Justiça só se faz presente quando se trata de uma *mesma* questão que apresenta, pela participação de, pelo menos dois Tribunais diversos, soluções *diversas*. Caso contrário, não há motivo para atuação daquele Tribunal em sede de recurso especial, ao menos na perspectiva do recurso especial fundamentado no permissivo da letra *c*.

Tanto assim que a jurisprudência do Superior Tribunal de Justiça tende a ser bastante tolerante quanto à prova da *existência* da divergência em algumas situações. Assim, por exemplo, quando o acórdão paradigma estiver publicado na íntegra em repositório autorizado, não há necessidade de sua cópia ser juntada aos autos, bastando a menção do volume do repositório e da página em que se encontra o acórdão[59]. Também quando se tratar do que é chamado de "divergência notória", isto é, aquela que é amplamente conhecida pelo próprio Superior Tribunal de Justiça[60]. O mesmo se diga, por fim, quando a divergência jurisprudencial se dá com súmulas do próprio Superior Tribunal de Justiça, por força do que dispõe o art. 124 de seu Regimento Interno[61].

Em tais casos, porém, importa frisar que a flexibilização admitida pela orientação jurisprudencial destacada dá-se com relação à *demonstração da existência da divergência*, e não com a sua *comprovação* no caso concreto, isto é, o recorrente deve demonstrar que a solução propugnada pelo acórdão eleito como paradigma ou com a súmula deve prevalecer sobre o acórdão recorrido[62].

A divergência jurisprudencial que enseja o recurso pela letra *c* deve ser atual. Não cabe recurso quando o entendimento do Superior Tribunal de Justiça é no mesmo sentido do acórdão recorrido, ainda que em momento posterior[63].

---

59. De acordo com o § 3º do art. 255 do RISTJ, na redação que lhe deu a ER 22/2016: "São repositórios oficiais de jurisprudência, para o fim do § 1º deste artigo, a Revista Trimestral de Jurisprudência do Supremo Tribunal Federal, a Revista do Superior Tribunal de Justiça e a Revista do Tribunal Federal de Recursos e, autorizados ou credenciados, os habilitados na forma do art. 134 e seu parágrafo único deste Regimento".

60. Assim, *v.g.*: 3ª Turma, AgInt no AREsp 1.172.100/DF, rel. Min. Marco Aurélio Bellizze, j.un. 20-3-2018, *DJe* 2-4-2018; 4ª Turma, AgInt nos Edcl no REsp 1.662.095/SC, rel. Min. Lázaro Guimarães, j.un. 13-3-2018, *DJe* 19-3-2018; 1ª Turma, AgInt no REsp 1.254.719/AL, rel. Min. Sérgio Kukina, j.un. 20-2-2018, *DJe* 6-3-2018 e 2ª Turma, AgRg no REsp 1.463.382/PE, rel. Min. Mauro Campbell Marques, j.un. 16-3-2017, *DJe* 22-3-2017.

61. Que tem a seguinte redação: "Art. 124. A citação da súmula pelo número correspondente dispensará, perante o Tribunal, a referência a outros julgados no mesmo sentido".

62. Expressos nesse sentido: STJ, 2ª Turma, AgInt no AREsp 966.058/RJ, rel. Min. Francisco Falcão, j.un. 8-2-2018, *DJe* 14-2-2018; STJ, CE, AgRg nos EAREsp 774.660/DF, Rel. Min. Humberto Martins, j.un. 6-4-2016, *DJe* 6-5-2016; STJ, 2ª Turma, AgRg no AREsp 571.669/RS, Rel. Min. Herman Benjamin, j.un. 18-11-2014, *DJe* 26-11-2014; STJ, 2ª Turma, AgRg no AREsp 571.243/RJ, rel. Min. Humberto Martins, j.un. 16-10-2014, *DJe* 28-10-2014, e STJ, 1ª Turma, AgRg no REsp 755.211/RS, rel. Min. Denise Arruda, j.un. 27-11-2007, *DJ* 10-12-2007, p. 294.

63. Trata-se da diretriz da Súmula 83 do STJ ("Não se conhece do recurso especial pela divergência, quando a orientação do tribunal se firmou no mesmo sentido da decisão recorrida"), que já encontrava eco na anterior Súmula 286 do STF ("Não se conhece do recurso extraordinário fundado em divergência jurisprudencial, quando a orientação do plenário do Supremo Tribunal Federal já se firmou no mesmo sentido da decisão recorrida").

Comprovada a *existência* e a *ocorrência* da divergência jurisprudencial no caso concreto, o recurso especial deve ser *conhecido*, isto é, resta superado o juízo de admissibilidade respectivo. No juízo de mérito é que o Superior Tribunal de Justiça decidirá qual das duas interpretações – a do acórdão recorrido ou a do paradigma – deve prevalecer. Para tais casos, a *sobreposição* entre os juízos de admissibilidade e de mérito do recurso é menos evidente.

Embora o art. 102, III, da Constituição Federal silencie a respeito, não há como deixar de reconhecer que as considerações aqui expostas *podem* fomentar a interposição do recurso extraordinário fundamentado em qualquer uma das alíneas daquele dispositivo, quando houver divergência jurisprudencial acerca da "questão *constitucional*". A *existência* de tal divergência, bem assim a sua *comprovação*, à falta de regra expressa, deve ser guiada pelo § 1º do art. 1.029.

A exigência feita originalmente pelo § 2º do art. 1.029, que vedava o indeferimento do recurso fundamentado na divergência "com base em fundamento genérico de que as circunstâncias fáticas são diferentes, sem demonstrar a existência da distinção", era pertinente e decorria naturalmente do direito jurisprudencial a ser construído a partir dos arts. 926 e 927. A despeito de sua expressa revogação pela Lei n. 13.256/2016, é correto entender, justamente diante daqueles dispositivos, e, mais amplamente, pelo modelo constitucional (bastante, a propósito dele, a lembrança do art. 93, IX, da CF), que aquela diretriz permanece hígida e, como tal, deve ser aplicada.

Destarte, da mesma forma que o recorrente tem, justificadamente, o ônus argumentativo de demonstrar a disparidade de soluções jurídicas para casos essencialmente iguais, o indeferimento de sua pretensão recursal deve se basear também no ônus argumentativo oposto, de que não há aquela disparidade, levando em conta o caso concreto, o julgado concreto, o paradigma concretamente eleito para dar fundamento ao recurso. Nunca o que o inciso III do § 1º do art. 489 encarrega-se de repelir: "invocar motivos que se prestariam a justificar qualquer outra decisão", sem prejuízo, evidentemente, do que deve ser extraído dos incisos V e VI daquele mesmo dispositivo.

5.2 Prazo

O prazo de interposição do recurso extraordinário e do recurso especial é de quinze dias úteis (art. 1.003, § 5º). A depender do caso, o prazo será dobrado, com observância do disposto nos *capi* dos arts. 180, 183 e 186 e também quando presentes as exigências do art. 229 em se tratando de litisconsortes com advogados distintos.

Acerca da tempestividade, cabe dar destaque ao § 3º do art. 1.029. De acordo com o dispositivo, o Supremo Tribunal Federal e o Superior Tribunal de Justiça podem desconsiderar vício formal de recurso tempestivo ou determinar sua sanação, desde que não o repute "grave". Trata-se da aplicação, com infeliz e restritivas ressalvas, da regra contida no parágrafo único do art. 932 para os recursos em geral.

O *texto*, contudo, tal qual redigido, rende ensejo ao entendimento de que, para o recurso extraordinário e para o recurso especial, não há como permitir a demonstração da ocorrência de feriados, que alteram a fluência do prazo, após a interposição do recurso. Isso porque, como se lê da regra em comento, a pressuposição é de recurso *tempestivo*[64].

De outra parte, a inviabilidade de saneamento ou, quando menos, de esclarecimento de "vício grave" contraria frontalmente o que, há décadas, a doutrina brasileira tem sustentado quanto à sistemática das nulidades processuais. O mais grave dos vícios processuais, aliás, a falta de citação, é sanável com o comparecimento espontâneo do réu (art. 239, § 1º). Por que quaisquer outros não o poderiam? A resposta, infelizmente, é pragmática: trata-se de manifestação da chamada "jurisprudência defensiva" que, no particular, quer reduzir o número de recursos extraordinários e especiais ainda que à custa de questões de ordem meramente formal[65].

Diante disso, este *Curso* entende que não há razão nenhuma, a não ser o *texto* do dispositivo, que justifique o tratamento diferente. É o caso de considerar como não escritas as referidas ressalvas, porque restritivas e arredias ao sistema processual relativo à nulidade dos atos processuais e, mais amplamente, do próprio modelo de processo cooperativo[66].

Não subsiste, outrossim, o entendimento, que chegou a ser sumulado no Superior Tribunal de Justiça[67], de que recurso especial interposto na pendência de embargos de declaração – prá-

---

64. É o que já prevaleceu em inúmeros julgamentos do STJ que acabaram afirmando, inclusive, que o CPC de 2015 conduz à alteração de entendimento que aquele Tribunal já manifestava ao tempo do CPC de 1973 em sentido contrário. É o que se pode verificar, dentre tantos, dos seguintes acórdãos: 3ª Turma, AgInt no AREsp 1.270.351/CE, rel. Min. Ricardo Villas Bôas Cueva, j.un. 17-9-2018, *DJe* 21-9-2018; 4ª Turma, AgInt no AREsp 1.292.412/MT, rel. Min Luis Felipe Salomão, j.un. 11-9-2018, *DJe* 17-9-2018; 2ª Turma, AgInt no AREsp 1.233.411/SE, rel. Min. Og Fernandes, j.un. 6-9-2018, *DJe* 13-9-2018, e 3ª Turma, AgInt no REsp 1.665.808/DF, rel. Min. Ricardo Villas Bôas Cueva, j.un. 10-10-2017, *DJe* 24-10-2017.

65. Já era apelo lançado pelo n. 5 do Capítulo 11 da Parte I do v. 5 das edições anteriores ao CPC de 2015 deste *Curso*, ainda que em contexto diverso. É lê-lo: "Este *Curso*, a propósito do assunto, acrescenta que a redução do absurdo número de recursos extraordinários e de recursos especiais que chegam ao Supremo Tribunal Federal e ao Superior Tribunal de Justiça diariamente deve dar-se pela criação de filtros recursais que atendam ao 'modelo constitucional do direito processual civil'. Não, com o devido respeito, pelo estabelecimento de tradicional e sempre crescente jurisprudência restritiva no exame de admissibilidade recursal, muitas vezes chamada de 'jurisprudência *defensiva*', editada sem maiores preocupações substanciais mas, lamentavelmente, apenas *formais*, com o único intuito (por vezes declarado) de reduzir a carga de trabalho que paira sobre aqueles Tribunais no que tange aos recursos aqui estudados e aos agravos que buscam o seu processamento nos termos do art. 544". O mencionado art. 544 do CPC de 1973 corresponde ao art. 1.042 do CPC de 2015.

66. Não obstante, a CE do STJ já teve oportunidade de entender diferentemente, levando em conta a necessidade de comprovação de inexistência de expediente forense na segunda-feira de carnaval. Trata-se do REsp 1.813.684/SP, rel. p/acordão Min. Luis Felipe Salomão, j.m.v. 2-10-2019, *DJe* 18-11-2019. Naquele caso, de qualquer sorte, foi estabelecida a modulação da tese então fixada nos seguintes termos: "5. Destarte, é necessário e razoável, ante o amplo debate sobre o tema instalado nesta Corte Especial e considerando os princípios da segurança jurídica, da proteção da confiança, da isonomia e da primazia da decisão de mérito, que sejam modulados os efeitos da presente decisão, de modo que seja aplicada, tão somente, aos recursos interpostos após a publicação do acórdão respectivo, a teor do § 3º do art. 927 do CPC/2015.".

67. A referência é à Súmula 418 do STJ: "É inadmissível o recurso especial interposto antes da publicação do acórdão dos embargos de declaração, sem posterior ratificação".

tica comuníssima diante do que relatado nos n. 3 e 6.4 do Capítulo 5 – seria intempestivo (a chamada "intempestividade por prematuridade") ou que aquele recurso deveria ser, em todo e em qualquer caso, reiterado, para ser conhecido, após o julgamento dos declaratórios[68].

O Código de Processo Civil se encarregou de disciplinar expressamente ambas as hipóteses para evitar a ocorrência de qualquer razão de índole meramente formal para obstaculizar o processamento do recurso. A referência é feita aos §§ 4º e 5º do art. 1.024 com relação aos embargos de declaração e ao § 4º do art. 218 segundo o qual "Será considerado tempestivo o ato praticado antes do termo inicial do prazo"[69].

6. INTERPOSIÇÃO E ATIVIDADE NO TRIBUNAL *A QUO*

Interposto o recurso extraordinário ou o recurso especial, o recorrido será intimado para apresentar suas contrarrazões. Terá o prazo de quinze dias úteis para tanto (arts. 1.003, § 5º, e 1.030, *caput*), sempre observadas as dobras legais quando for o caso, findos os quais os autos serão conclusos ao presidente ou ao vice-presidente do Tribunal de Justiça ou do Tribunal Regional Federal (é o regimento interno de cada Tribunal que revelará quem exerce tal competência) para as providências indicadas nos incisos do art. 1.030.

A propósito delas, cabe evidenciar que o art. 1.030 passou por total transformação durante a *vacatio legis*, graças à Lei n. 13.256/2016. Na sua redação original, promulgada com o CPC de 2015, ele determinava que, após o prazo para apresentação das contrarrazões, o recurso extraordinário e/ou o recurso especial fosse enviado ao Supremo Tribunal Federal e/ou ao Superior Tribunal de Justiça, *independentemente do juízo de admissibilidade* perante o órgão de interposição, a exemplo do que continua a se dar com a apelação (art. 1.010, § 3º) e com o recurso ordinário (art. 1.028, § 3º). A referida Lei reintroduziu, no CPC de 2015, o duplo juízo de admissibilidade dos recursos extraordinários e especiais. Para adequar o dispositivo àquela nova realidade normativa – reaproximando-a, no particular, da disciplina do art. 542, *caput* e § 1º, do CPC de 1973, na redação da Lei n. 8.950/94 –, o art. 1.030 foi totalmente reescrito.

De acordo com a alínea *a* do inciso I do art. 1.030, o presidente ou o vice-presidente negará seguimento ao recurso extraordinário que discuta questão constitucional à qual o Supremo Tribunal Federal não tenha reconhecido o *status* de repercussão geral ou a recurso extraordinário interposto contra acórdão que esteja em conformidade com o entendimento do Supremo Tribunal Federal exarado no regime de repercussão geral. É previsão que se harmoniza com o § 8º do art. 1.035.

68. Para a exposição crítica do tema, v. o n. 7.1 do Capítulo 11 da Parte I do v. 5 das edições anteriores ao CPC de 2015 deste *Curso*.

69. O resultado, benéfico, foi experimentado de imediato. A Súmula 579 do STJ acarretou a expressa revogação da Súmula 418, com o seguinte enunciado: "Não é necessário ratificar o recurso especial interposto na pendência do julgamento dos embargos de declaração, quando inalterado o resultado anterior".

A alínea *b* do mesmo inciso I determina que seja negado seguimento a recurso extraordinário ou a recurso especial interposto contra acórdão que esteja em conformidade com o entendimento do Supremo Tribunal Federal ou do Superior Tribunal de Justiça, respectivamente, exarado no regime de julgamento de recursos repetitivos, disposição que está em consonância com o inciso I do art. 1.040.

Sendo o caso, caberá ao presidente ou ao vice-presidente encaminhar o processo ao órgão julgador para realização do juízo de retratação, quando o acórdão recorrido divergir do entendimento do Supremo Tribunal Federal ou do Superior Tribunal de Justiça exarado, conforme o caso, nos regimes de repercussão geral ou de recursos repetitivos. O inciso II do art. 1.030 harmoniza-se, no particular, com o disposto no inciso II do art. 1.040.

Também compete ao presidente ou ao vice-presidente sobrestar o recurso que versar sobre controvérsia de caráter repetitivo ainda não decidida pelo Supremo Tribunal Federal ou pelo Superior Tribunal de Justiça, conforme o caso. A previsão do inciso III do art. 1.030 relaciona-se com a do inciso II do art. 1.037, que trata da "decisão de afetação". Na hipótese de haver capítulos recursais que não dizem respeito àquela sistemática, sequer a título de prejudicialidade, o sobrestamento deve se limitar à parte do recurso extraordinário e do recurso especial que precisa aguardar a discussão perante o Supremo Tribunal Federal e o Superior Tribunal de Justiça, prosseguindo-se, quanto à outra, na forma da alínea *a* do inciso V do art. 1.030[70].

Ainda em busca de maior sistematização da dinâmica dos recursos repetitivos, o inciso IV do art. 1.030 (fazendo eco ao § 1º do art. 1.036) determina ao presidente ou ao vice-presidente que selecione recurso representativo de controvérsia constitucional ou infraconstitucional, observando, no particular, as exigências do § 6º do art. 1.036.

Por fim, o inciso V do art. 1.030 reserva ao presidente ou ao vice-presidente a competência para realizar o juízo de admissibilidade do recurso extraordinário e/ou do recurso especial interposto e, quando positivo, enviar o processo ao Supremo Tribunal Federal ou ao Superior Tribunal de Justiça, conforme o caso. O juízo de admissibilidade perante o Tribunal *a quo* só ocorrerá, contudo, se: (i) o recurso (na verdade, a questão jurídica nele debatida) ainda não tiver sido submetido ao regime de repercussão geral ou de julgamento de recursos repetitivos; (ii) o recurso tiver sido selecionado como representativo da controvérsia; ou (iii) quando o tribunal recorrido tiver refutado o juízo de retratação.

A ressalva feita expressamente pela alínea *a* do inciso V do art. 1.030 justifica-se porque, se já houver repercussão geral ou afetação como repetitivo, a disciplina a ser aplicada é a do *sobrestamento* do recurso interposto (art. 1.036, § 1º). Por isso, a alínea *b* do dispositivo determina o juízo de admissibilidade *se* se tratar de recurso que tiver sido selecionado como representativo da controvér-

70. É a orientação do Enunciado n. 78 da I Jornada de Direito Processual Civil do CJF: "A suspensão do recurso prevista no art. 1.030, III, do CPC deve se dar apenas em relação ao capítulo da decisão afetada pelo repetitivo, devendo o recurso ter seguimento em relação ao remanescente da controvérsia, salvo se a questão repetitiva for prejudicial à solução das demais matérias".

sia e, nessa qualidade, apto a ser enviado ao Supremo Tribunal Federal ou ao Superior Tribunal de Justiça para os fins do mesmo § 1º do art. 1.036. Por fim, a alínea *c* do inciso V do art. 1.030 justifica-se porque a hipótese nela prevista pressupõe a passagem pela sistemática dos repetitivos, ainda que para preservar a orientação recorrida (arts. 1.040, II, e 1.041), e a necessidade de o caso ser remetido para solução ao Supremo Tribunal Federal e ao Superior Tribunal de Justiça[71].

O cabimento do agravo do art. 1.042 é reservado para as decisões de *inadmissibilidade* proferidas com fundamento no inciso V do art. 1.030 (art. 1.030, § 1º). A decisão que *admitir* o recurso extraordinário e/ou especial é *irrecorrível* na origem, estando preservada, no particular, a mesma sistemática do CPC de 1973. Não há interesse recursal no agravo porque, independentemente de qualquer iniciativa da parte, o recurso, consoante o caso, não superará o *novo* juízo de admissibilidade a ser feito perante o Supremo Tribunal Federal e o Superior Tribunal de Justiça.

Das decisões proferidas com base nos incisos I e III do art. 1.030, o recurso cabível é o agravo *interno* (art. 1.021), previsão expressa do § 2º do art. 1.030 e que se harmoniza com a ressalva feita pelo *caput* do art. 1.042. É pertinente sublinhar que a interposição e julgamento do agravo interno, na hipótese do inciso I do art. 1.030, é *conditio sine qua non* para viabilizar eventual acesso ao Supremo Tribunal Federal ou ao Superior Tribunal de Justiça, mediante novo recurso extraordinário ou especial ou, até mesmo, por reclamação, pelas razões apresentadas ao ensejo do exame do inciso II do § 5º do art. 988 pelo n. 3 do Capítulo 9 da Parte II[72].

A propósito do art. 1.030, I, *b*, II, e V, *a*, cabe recordar do quanto já escrito sobre o art. 988, em especial do inciso II de seu § 5º, levando em consideração o processo legislativo que culminou na Lei n. 13.256/2016. O Projeto do Senado equiparou invariavelmente as expressões "recurso *especial* repetitivo" (ainda que com variações redacionais), empregadas pelo Projeto da Câmara, a "recursos *repetitivos*". Existe fundamento sistemático para legitimar a opção do Projeto do Senado no inciso II do art. 928 do Código de Processo Civil, para, nes-

---

71. A propósito desse dispositivo e dos demais que lhe são correlatos, cabe destacar o Enunciado n. 139 da II Jornada de Direito Processual Civil do CJF: "A ausência de retratação do órgão julgador, na hipótese prevista no art. 1030, II, do CPC, dispensa a ratificação expressa para que haja o juízo de admissibilidade e a eventual remessa do recurso extraordinário ou especial ao tribunal superior competente, na forma dos arts. 1.030, V, 'c', e 1.041 do CPC".

72. Nesse sentido são o Enunciado n. 27 do FNPP ("Cabe reclamação contra a decisão proferida no agravo interno interposto contra a decisão do presidente ou vice-presidente do tribunal recorrido que negar seguimento ao recurso especial ou extraordinário fundado na aplicação de entendimento firmado em repercussão geral ou recurso repetitivo para demonstração de distinção") e o Enunciado n. 138 da II Jornada de Direito Processual Civil do CJF ("É cabível reclamação contra acórdão que aplicou indevidamente tese jurídica firmada em acórdão proferido em julgamento de recursos extraordinário ou especial repetitivos, após o esgotamento das instâncias ordinárias, por analogia ao quanto previsto no art. 988, § 4º, do CPC"). Não obstante, há decisões do STJ negando a recorribilidade do acórdão que julga o agravo interno (assim, *v.g.*: 2ª Turma, AgInt no AREsp 995.962/SP, rel. Min. Francisco Falcão, j.un. 21-5-2019, *DJe* 28-5-2019, e 2ª Turma, AgInt no AREsp 1.163.185/PE, rel. Min. Assusete Magalhães, j.un. 6-12-2018, *DJe* 13-12-2018) e negando também o cabimento da reclamação na hipótese (assim, *v.g.*: 1ª Seção, AgInt na Rcl 35.453/RS, rel. Min. Francisco Falcão, j.un. 8-5-2019, *DJe* 14-5-2019; 2ª Seção, AgInt na Rcl 34.672/DF, rel. Min. Lázaro Guimarães, j.un. 22-11-2017, *DJe* 27-11-2017; 1ª Seção, AgInt na Rcl 30.919/RJ, rel. Min. Gurgel de Faria, j.un. 8-11-2017, *DJe* 19-12-2017, e 2ª Seção, AgInt na Rcl 34.660/RS, rel. Min. Luis Felipe Salomão, j.un. 8-11-2017, *DJe* 17-11-2017).

se caso, superar a pecha de inconstitucionalidade *formal* dos referidos dispositivos diante do parágrafo único do art. 65 da Constituição Federal.

A decisão de admissão ou de inadmissão do recurso extraordinário e do recurso especial deve ser, em qualquer caso, fundamentada. A imposição decorre do inciso IX do art. 93 da Constituição Federal e encontra no § 1º do art. 489 do Código de Processo Civil fundamentação mais que suficiente[73].

Se a decisão ostentar fundamento duplo, dizendo respeito tanto ao indeferimento do recurso em virtude da sua submissão ao regime dos repetitivos como aos pressupostos genéricos de admissibilidade, é o caso de o sucumbente interpor o agravo interno e o agravo em recurso especial e em recurso extraordinário concomitantemente, consoante queira exteriorizar seu inconformismo com um ou com outro fundamento[74]. A não interposição de um dos recursos em tais casos não compromete o cabimento do outro sempre que não houver relação de dependência ou de prejudicialidade entre os dois (ou mais) fundamentos decisórios.

Sem prejuízo, a pertinência dos embargos de declaração contra a decisão de admissão ou de inadmissão do recurso especial e do recurso extraordinário para sanar os vícios dos incisos do art. 1.022 é irrecusável[75].

6.1 Interposição simultânea

Pode acontecer de o acórdão ter fundamentos tanto de ordem constitucional como de ordem legal federal. O art. 1.031 regula expressamente essa hipótese, de necessária interposição *simultânea* de dois recursos, um extraordinário e um especial, cada um formulado em sua própria petição (art. 1.029, *caput*)[76]. Trata-se, de um lado, de clássico exemplo que excepciona o princípio da unirrecorribilidade e, de outro, de manifestação do efeito *diferido* em sede de recurso extraordinário e recurso especial.

É importante discernir, contudo, duas situações diversas.

73. A Súmula 123 do STJ também se refere à mesma exigência: "A decisão que admite, ou não, o recurso especial deve ser fundamentada, com o exame dos seus pressupostos gerais e constitucionais".

74. Nesse sentido é o Enunciado n. 77 da I Jornada de Direito Processual Civil: "Para impugnar decisão que obsta trânsito a recurso excepcional e que contenha simultaneamente fundamento relacionado à sistemática dos recursos repetitivos ou da repercussão geral (art. 1.030, I, do CPC) e fundamento relacionado à análise dos pressupostos de admissibilidade recursais (art. 1.030, V, do CPC), a parte sucumbente deve interpor, simultaneamente, agravo interno (art. 1.021 do CPC) caso queira impugnar a parte relativa aos recursos repetitivos ou repercussão geral e agravo em recurso especial/extraordinário (art. 1.042 do CPC) caso queira impugnar a parte relativa aos fundamentos de inadmissão por ausência dos pressupostos recursais".

75. Expresso nesse sentido é o Enunciado n. 75 da I Jornada de Direito Processual Civil do CJF: "Cabem embargos declaratórios contra decisão que não admite recurso especial ou extraordinário, no tribunal de origem ou no tribunal superior, com a consequente interrupção do prazo recursal".

76. A regra, no particular, repete a orientação que já constava do art. 541 do CPC de 1973, na redação dada pela Lei n. 8.905/94.

A primeira é que a decisão recorrida contenha fundamentos constitucional *e* infraconstitucional aptos a sustentá-la individualmente. Há, portanto, uma só questão jurídica, que aceita, pela repartição da competência reconhecida ao Supremo Tribunal Federal e ao Superior Tribunal de Justiça pela Constituição Federal, tratamento bifurcado. Em casos como estes, há verdadeira relação de *prejudicialidade* entre os recursos. É para tais casos que tem aplicação a Súmula 126 do Superior Tribunal de Justiça[77], que se desenvolveu a partir da Súmula 283 do Supremo Tribunal Federal[78].

Outra é a de que a decisão recorrida contém duas questões jurídicas (dois *capítulos* diversos), uma de cunho *constitucional* e outra de cunho *legal*, cada qual a desafiar recurso próprio para seu contraste. Para tais hipóteses, a precitada Súmula 126 não tem aplicação, sendo perfeitamente lícito ao interessado apresentar recurso extraordinário e/ou recurso especial consoante seja sua vontade reexaminar uma e/ou outra das questões decididas, já que a "questão *constitucional*" não interfere necessariamente na "questão *federal*" e vice-versa, por não haver entre elas qualquer nexo de *prejudicialidade*. É o típico caso em que a parte pode se limitar a recorrer apenas de parte da decisão, o que encontra eco no art. 1.002, embora não se trate, em rigor, de recurso parcial, mas da exteriorização *parcial* da vontade de recorrer. Nesse caso, que venha a ser interposto apenas o recurso extraordinário (para combater o capítulo decisório relativo à questão constitucional) *ou* apenas o recurso especial (para combater o capítulo decisório relativo à questão infraconstitucional), não deve ser aplicado o disposto no art. 1.031, que pressupõe a interposição de ambos os recursos[79].

Feita essa ressalva, é certo que o art. 1.031, contudo, não distingue as duas hipóteses aventadas, ocupando-se, apenas, do *procedimento* a ser adotado como padrão, verdadeira ordem para a prática de atos processuais envolvendo dois recursos, diante do fato objetivo de uma mesma decisão ser contrastada simultaneamente por recurso extraordinário e por recurso especial.

Interpostos ambos os recursos (e superadas as questões relativas à sua submissão, ou não, ao regime dos repetitivos e juízo de admissibilidade), os autos físicos serão enviados, em primeiro lugar, ao Superior Tribunal de Justiça para julgamento do recurso especial (art. 1.031, *caput*); tratando-se de autos eletrônicos, a sua disponibilização em primeiro lugar ao Superior Tribunal de Justiça atende suficientemente à previsão legislativa. Julgado o recurso especial, os autos serão enviados (disponibilizados) ao Supremo Tribunal Federal para apreciação e julgamento do recurso extraordinário, salvo se aquele recurso for considerado

77. "É inadmissível recurso especial, quando o acórdão recorrido assenta em fundamentos constitucional e infraconstitucional, qualquer deles suficiente, por si só, para mantê-lo, e a parte vencida não manifesta recurso extraordinário."

78. "É inadmissível o recurso extraordinário, quando a decisão recorrida assenta em mais de um fundamento suficiente e o recurso não abrange todos eles."

79. Também não guarda relação com o art. 1.031 a hipótese de a decisão não ostentar questão de índole constitucional, como reconhece, por exemplo, a Súmula 638 do STF: "A controvérsia sobre a incidência, ou não, de correção monetária em operações de crédito rural é de natureza infraconstitucional, não viabilizando recurso extraordinário".

prejudicado (art. 1.031, § 1º), o que acontecerá, por exemplo, quando, a despeito da duplicidade de fundamentos, um legal federal e outro constitucional, o objetivo do recorrente for único e alcançado com o julgamento do recurso especial.

Pode ocorrer, contudo, de o relator sorteado no Superior Tribunal de Justiça entender que o recurso extraordinário deve ser julgado em primeiro lugar porque, por exemplo, há alegação de inconstitucionalidade da lei federal que embasa o recurso especial, verdadeira questão prejudicial. Nesse caso, ele determinará a remessa (disponibilização) dos autos ao Supremo Tribunal Federal (art. 1.031, § 2º). Se o relator do Supremo Tribunal Federal rejeitar aquele entendimento, devolverá (disponibilizará) os autos para o Superior Tribunal e Justiça, que julgará o recurso especial (art. 1.031, § 3º). Caso contrário, o recurso extraordinário será julgado pelo Supremo Tribunal Federal e, consoante seu resultado, prejudicando o julgamento do recurso especial.

Para este *Curso*, sempre que houver discussão quanto à constitucionalidade de uma dada lei, a hipótese é de julgamento *prévio* do recurso extraordinário pelo Supremo Tribunal Federal. Somente a lei *constitucional* merece ser interpretada e aplicada consoante as diretrizes a serem fixadas pelo Superior Tribunal de Justiça. A jurisprudência do Supremo Tribunal Federal, contudo, tende ao entendimento oposto por força da sua compreensão da "inconstitucionalidade oblíqua ou reflexa"[80].

Nos casos em que o Superior Tribunal de Justiça ou o Supremo Tribunal Federal *conhecem* do recurso especial ou do recurso extraordinário, respectivamente, põe-se importante questão sobre o alcance do efeito *substitutivo* que deriva do art. 1008. Em tais casos, o acórdão, por ser *substitutivo* do anterior, teria o condão de *prejudicar* o recurso ainda não julgado. A tese é correta para os casos em que há verdadeira prejudicialidade entre as questões *constitucional* e *legal* ou em que as questões, posto serem diversos seus desdobramentos, são idênticas[81]. Quando a hipótese for de recurso extraordinário e de recurso especial interpostos de capítulos *diversos* da *mesma* decisão, formalmente una, o art. 1.008 não tem aplicação porque não há, em tais casos, coincidência entre a matéria julgada por um e por outro Tribunal, subsistindo, por isso mesmo, integral interesse recursal no conhecimento e provimento do recurso ainda não julgado[82].

6.2 Reenvio

Os arts. 1.032 e 1.033 são novidades trazidas pelo CPC de 2015. Diferentemente do que ocorre na hipótese do art. 1.031, eles não tratam de (dois) recursos, extraordinário e especial,

80. Bem ilustra a pertinência da afirmação a Súmula 636 daquele Tribunal: "Não cabe recurso extraordinário por contrariedade ao princípio constitucional da legalidade, quando a sua verificação pressuponha rever a interpretação dada a normas infraconstitucionais pela decisão recorrida".

81. Assim, por exemplo, as seguintes decisões: STF, 2ª Turma, RE-ED 347.826/BA, rel. Min. Cezar Peluso, j.un. 24-4-2007, *DJ* 18-5-2007, p. 111, e STF, 2ª Turma, RE-AgR 493.060/RS, rel. Min. Eros Grau, j.un. 13-3-2007, *DJ* 27-4-2007, p. 103.

82. Nesse sentido: STF, 2ª Turma, RE-AgR 458-129/SC, j.un. 14-8-2007, *DJ* 19-10-2007, p. 83, com erudito voto-vista proferido pelo Ministro Cezar Peluso.

interpostos concomitantemente, a impor o seu *diferimento* consoante o julgamento do outro. Há, nas situações albergadas por aqueles dispositivos, apenas um recurso, especial ou extraordinário e a discussão sobre quem é competente para julgá-lo consoante o enfoque que seja dado à matéria nele versada, se infraconstitucional ou se constitucional.

O art. 1.032 cuida da hipótese de o relator, no Superior Tribunal de Justiça, entender que o recurso especial versa sobre questão constitucional. Nesse caso, deverá conceder prazo de quinze dias (úteis) para que o recorrente demonstre a existência de repercussão geral – exigência específica do recurso extraordinário, por força do § 3º do art. 102 da Constituição Federal – e se manifeste sobre a questão constitucional. É correto entender que o recorrido deverá ter prazo para se manifestar sobre essas complementações nas razões recursais, sempre no prazo de quinze dias úteis e, em qualquer caso, respeitadas as dobras legais[83].

Após, o relator enviará (disponibilizará) o recurso ao Supremo Tribunal Federal, que poderá devolvê-lo ao Superior Tribunal de Justiça caso entenda o contrário, isto é, que, em verdade a questão *não é* constitucional (art. 1.032, parágrafo único). Nesse caso, é importante notar, a despeito do silêncio do dispositivo, que aquele óbice deve ser superado pelo Superior Tribunal de Justiça e, nesse sentido, o recurso deve ser conhecido e julgado.

A hipótese oposta é regulada pelo art. 1.033: se o relator do recurso extraordinário entender que a "causa decidida" versa, em verdade, questão infraconstitucional "por pressupor a revisão da interpretação de lei federal ou de tratado" – conhecida como "inconstitucionalidade *reflexa* ou *oblíqua* –, deve enviar o recurso para julgamento ao Superior Tribunal de Justiça como recurso especial. Embora silente o dispositivo, é correto entender que, antes do envio do recurso para o Superior Tribunal de Justiça, recorrente e recorrido sejam intimados para a *complementação* de suas razões e contrarrazões recursais sob as vestes de um recurso especial, similarmente, portanto, ao que se dá para os fins do art. 1.032[84].

Aqui, diferentemente do que se dá no art. 1.032, não há previsão para o Superior Tribunal de Justiça recusar sua competência, que, em última análise, deriva da própria Constituição Federal (art. 105, III) e que encontra no Supremo Tribunal Federal seu guardião-mor. Tanto quanto na hipótese anterior, portanto, é irrecusável que o Superior Tribunal de Justiça deve julgar o recurso. Diferença sensível, contudo, é que, aqui, o Superior Tribunal de Justiça ainda não proferiu o juízo de admissibilidade recursal e, em rigor, pode fazê-lo a ponto de não co-

---

83. É o entendimento do Enunciado n. 79 da I Jornada de Direito Processual Civil do CJF: "Na hipótese do art. 1.032 do CPC, cabe ao relator, após possibilitar que o recorrente adite o seu recurso para inclusão de preliminar sustentando a existência de repercussão geral, oportunizar ao recorrido que, igualmente, adite suas contrarrazões para sustentar a inexistência da repercussão".

84. Nesse sentido é o Enunciado n. 80 da I Jornada de Direito Processual Civil do CJF: "Quando o Supremo Tribunal Federal considerar como reflexa a ofensa à Constituição afirmada no recurso extraordinário, deverá, antes de remetê-lo ao Superior Tribunal de Justiça para julgamento como recurso especial, conceder prazo de quinze dias para que as partes complementem suas razões e contrarrazões de recurso".

nhecer do recurso, conquanto não infirme a decisão já proferida pelo Supremo Tribunal Federal, quanto à existência de causa decidida de índole infraconstitucional legal.

Ambas as regras representam importante novidade trazida pelo Código de Processo Civil para combater as dificuldades decorrentes da "inconstitucionalidade reflexa", que, em termos práticos, sempre gerou verdadeiro vácuo de competência, ampliando os horizontes do princípio da *complementariedade*. Ademais, cabe acentuar que ambos os dispositivos, os arts. 1.032 e 1.033, são reflexo inquestionável do modelo de processo cooperativo decorrente do art. 6º e, mais amplamente, do próprio princípio constitucional do contraditório.

7. EFEITOS

Os efeitos do recurso extraordinário e do recurso especial observam, em linhas gerais, a disciplina exposta pelo Capítulo 1. Cabe destacar, contudo, algumas questões relativas aos efeitos *translativo* e *suspensivo*.

7.1 Efeito translativo

Pelas suas próprias características, extraídas, ademais, das hipóteses de cabimento taxativamente previstas pela Constituição Federal, não se aplica ao recurso extraordinário e nem ao recurso especial o efeito *translativo*. Questões de ordem pública serão reexaminadas pelo Supremo Tribunal Federal ou pelo Superior Tribunal de Justiça em sede de recurso extraordinário ou recurso especial, respectivamente, se houver "causa *decidida*" que diga respeito a uma "questão *constitucional*" ou a uma "questão *federal*".

Mesmo em nome de princípios constitucionais, sobretudo o da eficiência processual, a conclusão do parágrafo anterior não deve ser modificada. De acordo com essa forma de pensar, seria legítimo, *superado o juízo de admissibilidade do recurso*, apreciar questões de ordem pública, não obstante a inexistência de prévia manifestação dos órgãos jurisdicionais inferiores a seu respeito[85].

Contudo, a função, *taxativamente* imposta desde a Constituição Federal, a ser desempenhada pelo Supremo Tribunal Federal e pelo Superior Tribunal de Justiça quando no exercício de suas competências recursais extraordinária e especial não aceita quaisquer mitigações. Não se trata, diferentemente do que se dá em variadas outras hipóteses, do conflito entre

85. A discussão entre as duas teses foi objeto de tese de mestrado defendida por Katia Aparecida Mangone na Faculdade de Direito da PUC-SP, sob orientação do autor deste *Curso*. A versão comercial do trabalho, intitulada *Prequestionamento e questões de ordem pública no recurso extraordinário e no recurso especial*, foi publicada pela Editora Saraiva. Nela, a autora, reiterando seu posicionamento acadêmico, manifesta-se pela inaplicabilidade do efeito translativo aos recursos extraordinário e especial.

princípios jurídicos, mas da interpretação de uma específica *regra constitucional* que, ao criar e estruturar os Tribunais de cúpula do Poder Judiciário brasileiro, reconheceu-lhes determinadas competências para serem desempenhadas em prol da uniformização do direito constitucional e infraconstitucional federal em todo o território nacional. Por essa razão, é o caso de afastar o entendimento de que aqueles Tribunais possam, no âmbito do recurso extraordinário e do recurso especial, desempenhar função meramente *revisora*, como se fossem Tribunais Regionais Federais ou Tribunais de Justiça dos Estados e do Distrito Federal.

Sempre quis dar embasamento ao entendimento contrário invariavelmente defendido por este *Curso*[86] a lembrança da Súmula 456 do Supremo Tribunal Federal.

Aquela diretriz jurisprudencial – como qualquer outra, máxime as sumuladas – deve ser entendida no seu devido contexto, em consonância com os contornos que os arts. 102, III, e 105, III, da Constituição Federal dão ao Supremo Tribunal Federal e ao Superior Tribunal de Justiça, respectivamente. O desempenho de sua atividade judicante não se limita a ser *rescindente*, o que não autoriza, contudo, que aqueles Tribunais julguem outra matéria que não as "causas *decididas*". Como admitir a sua atuação oficiosa sobre matéria até então inédita, não discutida e, por isso mesmo, não *decidida* pelas instâncias ordinárias? Como uniformizar a interpretação e aplicação do direito independentemente de sua controvérsia anterior? O papel que cada um daqueles dois Tribunais exerce em sede de recurso extraordinário e de recurso especial impõe o afastamento dessas questões.

Até porque o exame dos precedentes indicados como fontes da precitada Súmula 456 pelo próprio Supremo Tribunal Federal[87] não autoriza o entendimento de que o "julgamento da causa", tal qual enunciado, significaria que o Tribunal Superior estaria apto, só por *conhecer* do recurso, a julgá-lo como se se tratasse de uma verdadeira *apelação*. Pelo contrário, o que é esclarecido pela leitura daqueles julgados é que é possível ao Supremo Tribunal Federal (e, por identidade de motivos, ao Superior Tribunal de Justiça), superado o juízo de *admissibilidade* do recurso extraordinário, examinar as provas, "desde que indispensável para julgar a questão federal envolvida"[88].

E mais: esse revolvimento de prova não significa nada mais do que tarefa diuturna feita em quaisquer Tribunais, inclusive nos Superiores, no sentido de ver qual é o *fato* ou os *fatos* subjacentes à aplicação do direito positivo. Não de reinterpretá-los, comportamento que lhes é interditado – e corretamente – pelas já mencionadas Súmulas 279 do Supremo Tribunal Federal e 7 do Superior Tribunal de Justiça.

---

86. A referência é feita ao n. 8.1 do Capítulo 11 da Parte I do v. 5 das edições anteriores ao CPC de 2015 deste *Curso*.

87. A referência é feita aos seguintes casos: Pleno, RE-ED 46.988/SP, rel. p/ acórdão Min. Victor Nunes, j.m.v. 31-7-1961, *DJ* 20-11-1961; 2ª Turma, AI 23.496/MG, j.un. 11-7-1961, *DJ* 6-9-1961, rel. Min. Victor Nunes; 2ª Turma, RE 35.833/RS, rel. Min. Victor Nunes, j.un. 28-11-1961, *DJ* 11-11-1962; e Pleno, RE 56.323/MG, rel. Min. Victor Nunes, j.un. 1º-10-1964, *DJ* 5-11-1964.

88. O trecho entre aspas está no acórdão proferido no AI 23.496/MG.

Não há, em todos aqueles precedentes, nenhuma menção, vale a ênfase, a qualquer outro comportamento que seria legítimo ao Supremo Tribunal Federal (e, por identidade de razões, ao Superior Tribunal de Justiça) com vistas ao "julgamento da causa", só porque superado o crivo da admissibilidade recursal.

Mesmo que fosse correta a ilação a partir daqueles precedentes, contudo, passados mais de cinquenta anos da publicação da Súmula 456 e, desde então, quatro Constituições Federais e três Códigos de Processo Civil – para fazer menção, apenas, aos diplomas normativos mais vistosos –, além de uma total revolução na forma de pensar o direito como um todo e, em específico, do próprio comportamento do Supremo Tribunal Federal (e do mais recente Superior Tribunal de Justiça), não seria despropositado, pelas razões já apresentadas, duvidar, objetivamente, de que hoje em dia um tal entendimento fosse "sumulado".

Não obstante todas essas considerações, o art. 1.034 do Código de Processo Civil quer sugerir o contrário, ao dispor, quase que parafraseando o *texto* do enunciado da precitada Súmula 356, que, "Admitido o recurso extraordinário ou o recurso especial, o Supremo Tribunal Federal ou o Superior Tribunal de Justiça julgará o processo, aplicando o direito".

A questão, contudo, não está posta ao alvedrio do legislador. A competência recursal extraordinária e a especial derivam diretamente do modelo constitucional, e é nos incisos III dos arts 102 e 105 da Constituição Federal que encontram seu fundamento (exclusivo) de validade. Aqueles dispositivos estabelecem limites intransponíveis para o legislador infraconstitucional: o recurso extraordinário e o recurso especial pressupõem *causa decidida*, razão pela qual questões *não decididas*, ainda que de ordem pública, não podem ser julgadas *ex novo* pelo Supremo Tribunal Federal e pelo Superior Tribunal de Justiça naquelas sedes recursais, que não são técnicas de revisão ampla das decisões judiciais.

Nem mesmo a lembrança do § 3º do art. 485, que, também na sua textualidade, insinua que questões de ordem pública são cognoscíveis "em qualquer tempo e grau de jurisdição *enquanto não ocorrer o trânsito em julgado*". Também aqui, importa *interpretar* o texto para excluir sua literalidade do alcance dos recursos extraordinários e especiais, sob pena de violar o modelo constitucional daqueles recursos e, em idêntica medida, a competência prevista pelos incisos III dos arts. 102 e 105 da Constituição Federal para o Supremo Tribunal Federal e para o Superior Tribunal de Justiça.

Por tais razões, o *caput* do art. 1.034 – e já devia ser assim com relação à precitada Súmula 456 – deve ser compreendido no sentido de que, conhecido o recurso extraordinário ou especial, o Supremo Tribunal Federal e o Superior Tribunal de Justiça julgarão a *causa*, aplicando a ela o direito constitucional ou legal federal adequado a partir do arcabouço fático definido pelas manifestações jurisdicionais anteriores. Aqueles Tribunais, diferentemente de tribunais de cassação europeus, desempenham não só a função *rescisória*, mas também a *rescindente*, isto é, não se limitam a *cassar* ou *invalidar* o julgado contrário à Constituição Federal ou à lei federal porque estão habilitados, pelo modelo constitucional, a *rejulgar* a causa *nos limites em que decidida*, aplicando, desde logo, ao caso concreto, a solução que entendem ser adequada para a questão constitucional ou para a questão legal federal. O efeito translativo deve ser afastado do recurso extraordinário e do recurso especial, sob pena de comprometer a regra de competência reconhecida, constitucionalmente, aos Tribunais que o julgam, circunscrita à "causa *decidida*".

Tanto mais correta a conclusão aqui proposta, reiterando e desenvolvendo o que este *Curso* sempre sustentou, quando vem à lembrança que o texto final do Código de Processo Civil, fruto da revisão pela qual passou antes de seu envio à sanção presidencial, acabou substituindo a palavra "causa", que constava do Projeto da Câmara e do texto aprovado pelo Senado em dezembro de 2014, pela palavra "processo", que é o que se lê no texto convertido na Lei n. 13.105, de 16 de março de 2015.

Este *Curso* não nega que, diante daquela palavra, haverá aqueles que ficarão ainda mais confortáveis para sustentar a incidência do que em geral se extrai da precitada Súmula 456 (julga-se o *processo*, não apenas a *causa decidida*), com total desprezo aos limites *constitucionais* impostos ao Supremo Tribunal Federal e ao Superior Tribunal de Justiça no exercício de sua competência recursal extraordinária e especial, respectivamente. Se a palavra "processo" for decisiva para albergar tal interpretação, é irrecusável a inconstitucionalidade *formal* de sua substituição naquele instante do processo legislativo.

Ainda sobre o tema e rente à proposta de classificação feita pelo n. 7.6 do Capítulo 1, importa dar destaque ao parágrafo único do art. 1.034, o que justifica seu exame no contexto do efeito *translativo*.

O parágrafo único daquele dispositivo, ao dispor que, "Admitido o recurso extraordinário ou o recurso especial por um fundamento, devolve-se ao tribunal superior o conhecimento dos demais fundamentos para a solução do capítulo impugnado", remonta, para generalizá-las, às Súmulas 292[89] e 528[90] do Supremo Tribunal Federal. Assim, conhecido o recurso extraordinário ou especial por um fundamento, devolvem-se os demais para o julgamento do capítulo impugnado.

A interpretação da regra precisa ser cuidadosa para não transbordar dos limites constitucionais da "causa decidida", expressa nos incisos III dos arts. 102 e 105 da Constituição Federal. Parece ser essa a explicação que justificou a redução de texto na última etapa do processo legislativo, antes, portanto, da revisão final que antecedeu seu envio à sanção presidencial, retirando do dispositivo a menção à devolução "de todas as questões relevantes para a solução do capítulo impugnado", preservando, como se lê, apenas os "demais *funda-*

89. "Interposto o recurso extraordinário, por mais de um dos fundamentos indicados no art. 101, n. III, da Constituição, a admissão apenas por um deles não prejudica o seu conhecimento por qualquer dos outros."

90. "Se a decisão contiver partes autônomas, a admissão parcial, pelo presidente do Tribunal *a quo*, de recurso extraordinário, que, sobre qualquer delas se manifestar, não limitará a apreciação de todas pelo Supremo Tribunal Federal, independentemente de interposição de agravo de instrumento."

mentos" para aquele mesmo fim. Se, até mesmo no recurso de apelação, em que opera o efeito translativo, o § 1º do art. 1.013 houve por bem restringir a transferência da matéria para a parte (o capítulo) da decisão efetivamente impugnada, não havia outra solução a ser adotada para o recurso extraordinário e para o recurso especial, na expectativa de não violar os seus limites constitucionais.

7.2 Efeito suspensivo

O recurso extraordinário e o recurso especial não têm efeito suspensivo legal. É a regra genérica do *caput* do art. 995 que incide sobre eles, sendo a única exceção a esse respeito a hipótese do § 1º do art. 987, que trata do recurso extraordinário e do recurso especial interponíveis do acórdão que julgar o incidente de resolução de demandas repetitivas.

A regra, contudo, não afasta, muito pelo contrário, que, caso a caso, aquele efeito não seja concedido, sustando, consequentemente, a eficácia da decisão recorrida extraordinária e especialmente e a autorização legal para seu cumprimento provisório.

O tema, que apresentava uma série de complicações no sistema do CPC de 1973, muitas delas decorrentes de sua compreensão excessivamente formal[91], foi bastante simplificado pelo CPC de 2015, que acabou por se inclinar de certa forma ao que estabeleciam as Súmulas 634 e 635 do Supremo Tribunal Federal[92].

O § 5º do art. 1.029 trata da competência para concessão de efeito suspensivo ao recurso extraordinário e recurso especial, consoante o estágio em que o recurso se encontre. Após a redação que lhe deu a Lei n. 13.256/2016[93] – e com o fito de harmonizar a previsão com o duplo juízo de admissibilidade dos recursos extraordinários e especiais reintroduzido por aquele diploma legislativo –, a competência para o efeito suspensivo será do (i) tribunal superior respectivo, no período compreendido entre a publicação da decisão de admissão do recurso e sua distribuição, ficando o relator designado para seu exame prevento para julgá-lo; (ii) do relator, se já distribuído o recurso ou (iii) do presidente ou do vice-presidente do tribunal recorrido, no período compreendido entre a interposição do recurso e a publicação

91. Para esse panorama, com as críticas e as soluções (sempre no sentido de desformalização) àquele sistema, v. o n. 8.2 do Capítulo 11 da Parte I do v. 5 das edições anteriores ao CPC de 2015 deste *Curso*.

92. Os enunciados daquelas Súmulas eram, respectivamente, os seguintes: "Não compete ao Supremo Tribunal Federal conceder medida cautelar para dar efeito suspensivo a recurso extraordinário que ainda não foi objeto de juízo de admissibilidade na origem" e "Cabe ao presidente do tribunal de origem decidir o pedido de medida cautelar em recurso extraordinário ainda pendente do seu juízo de admissibilidade".

93. A redação original do dispositivo era a seguinte: "§ 5º O pedido de concessão de efeito suspensivo a recurso extraordinário ou a recurso especial poderá ser formulado por requerimento dirigido: I – ao tribunal superior respectivo, no período compreendido entre a interposição do recurso e sua distribuição, ficando o relator designado para seu exame prevento para julgá-lo; III – ao presidente ou vice-presidente do tribunal local, no caso de o recurso ter sido sobrestado, nos termos do art. 1.037".

da decisão de admissão do recurso, assim como no caso de o recurso ter sido sobrestado, nos termos do art. 1.037.

Como não existe nenhuma previsão em sentido diverso, é correto entender que os referenciais para a atribuição do efeito suspensivo só podem ser os do parágrafo único do art. 995, sendo suficientes as considerações do n. 7.2 do Capítulo 1 a propósito, destacando aqui, apenas, a necessidade de interpretação ampliativa daquele dispositivo.

8. JULGAMENTO

Uma vez conhecido o recurso extraordinário e/ou o recurso especial, o Supremo Tribunal Federal e/ou o Superior Tribunal de Justiça julgarão o recurso ou, como se lê do *caput* do art. 1.034 "julgará o processo, aplicando o direito".

O "julgamento da *causa*" (decidida) e não do processo e a "aplicação do direito à espécie" referidos naquele dispositivo devem ser entendidos no seu devido contexto, como expõe o n. 2.1, *supra*. A natureza *extraordinária* dos recursos ora examinados afasta a compreensão de que seja legítimo àqueles Tribunais rever amplamente a causa (e, menos ainda, o *processo*), manifestando-se, por exemplo, sobre questões de ordem pública, como se a eles fosse aplicável o § 3º do art. 485 ou o § 5º do art. 337. Idêntica orientação deve se dar com relação ao art. 493: o "fato novo", assim entendido aquele não proposto nas instâncias ordinárias e que não diga respeito à "causa decidida", não pode ser apreciado pelo Superior Tribunal de Justiça nem pelo Supremo Tribunal Federal em sede de recurso especial ou extraordinário[94].

A *prévia* "causa *decidida*" restringe o campo de atuação daqueles Tribunais em sede de recurso extraordinário e de recurso especial, impedindo que eles possam atuar como se fossem órgãos de mera revisão (ordinária) dos julgados proferidos pelas demais órbitas judiciárias.

O *caput* do art. 1.034 deve ser entendido para contrapor o Supremo Tribunal Federal e o Superior Tribunal de Justiça a outros Tribunais Superiores, de outros países, que, diferentemente do que se dá para o modelo constitucional do direito processual civil brasileiro, têm função jurisdicional meramente *rescindente*, isto é, limitam-se a declarar que houve ofensa à Constituição e/ou à lei, mas não proferem nova decisão apta a *substituir* a anterior, que, por isso mesmo, é meramente anulada ou cassada.

Os acórdãos do Supremo Tribunal Federal e do Superior Tribunal de Justiça, mesmo quando proferidos em sede de recurso extraordinário ou recurso especial, têm também efeito *substitutivo* (art. 1.008) e não necessariamente *rescindente*. Assim, uma vez que seja reconhecida a violação à Constituição Federal ou à legislação federal, cabe àqueles Tribunais

94. Em sentido contrário: STJ, 2ª Turma, REsp 1.730.512/RS, rel. Min. Herman Benjamin, j.un. 17-4-2018, *DJe* 24-5-2018, e STJ, 4ª Turma, REsp 704.637/RJ, rel. Min. Luis Felipe Salomão, j.un. 17-3-2011, *DJe* 22-3-2011.

dizer, desde logo, qual é a mais correta interpretação constitucional ou legal a ser observada, e não se limitar a determinar que os órgãos jurisdicionais inferiores o façam. Isso, contudo, não significa que o Supremo Tribunal Federal e o Superior Tribunal de Justiça possam *rejulgar* o que já foi julgado, mas, tão somente, exercer a sua competência constitucional, de *uniformizar* o direito federal, constitucional e infraconstitucional, em todo o território nacional, aplicando o resultado de sua atividade à espécie. Para essa finalidade, por exemplo, não há como criticar o entendimento de que, sendo o caso, invertam-se ou modifiquem-se os ônus sucumbenciais[95]. Tampouco que aqueles Tribunais arbitrem honorários sucumbenciais com fundamento no § 11 do art. 85[96]. Em ambos os casos, não há extrapolamento dos limites constitucionais da competência do Supremo Tribunal Federal e do Superior Tribunal de Justiça, apenas a adequada *consequência* do julgamento por eles proferido.

Questão interessante acerca do "julgamento da causa" (nunca do *processo*) a ser feito por aqueles Tribunais reside na amplitude com que as questões *constitucional* e *federal* podem ser legitimamente revolvidas.

A despeito do rigor que usualmente é emprestado à expressão "causas decididas" e a tudo o que gravita sob o signo do "prequestionamento", não há como deixar de admitir, afinado com o modelo constitucional do direito processual civil, que o Supremo Tribunal Federal e o Superior Tribunal de Justiça, *conhecendo* do recurso, constatem qual é a melhor interpretação para o direito constitucional federal e para a legislação federal, independentemente do específico dispositivo da Constituição ou de lei federal que fundamenta a decisão recorrida e o recurso extraordinário e/ou o recurso especial e que, por isso mesmo, viabilizou o seu *conhecimento*[97].

Em tais casos, não se trata de entender operante o efeito translativo dos recursos, mas, apenas, do escorreito exercício da competência constitucional recursal extraordinária e especial por aqueles Tribunais, que pressupõe a superação do juízo de admissibilidade vinculada ao quanto decidido pela decisão recorrida.

Esse entendimento, que encontra eco seguro no parágrafo único do art. 1.034, examinado no n. 7.1, *supra*, acaba por viabilizar o oferecimento de resposta *contextualizada* na Constituição Federal e na lei federal infraconstitucional ao pedido de reexame feito pelo recorrente extraordinário e especial, fornecendo elementos sistemáticos para a interpreta-

---

95. Assim, *v.g.*: STJ, 3ª Turma, REsp 1.762.313/MS, rel. Min. Nancy Andrighi, j.un. 18-9-2018, e STJ, 6ª Turma, EDcl no AgRg no REsp 1.164.752/PE, rel. Min. Antonio Saldanha Palheiro, j.un. 18-6-2018, *DJe* 25-9-2018.

96. Nesse sentido, a título ilustrativo, STJ, 2ª Turma, EDcl no AgInt no REsp 1.709.931/SC, rel. Min. Francisco Falcão, j.un. 25-9-2018, *DJe* 28-9-2018.

97. O entendimento, importantíssimo, foi sustentado em algumas ocasiões no âmbito do STF pelo hoje aposentado Ministro Sepúlveda Pertence (assim, *v.g.*: 1ª Turma, RE-AgR 389.302/SP, j.un. 18-10-2005, *DJ* 11-11-2005, p. 27; Pleno, RE 420.816/PR, j.m.v. 29-9-2004, *DJ* 10-12-2006, p. 50; Pleno, RE 298.694/SP, j.m.v. 6-8-2003, *DJ* 23-4-2004, p. 9; e Pleno, RE 298.695/SP, j.m.v. 6-8-2003, *DJ* 24-10-2003, p. 12, dentre outros), quando prevaleceu. Sempre teve (e ainda tem) o apoio deste *Curso*.

ção e a aplicação do direito como um todo, e não em partes, em tiras, como se dá quando os planos da *admissibilidade* e do *mérito* do recurso extraordinário e do recurso especial não se mostram suficientemente discernidos. Trata-se, assim, de levar em conta o *sistema* jurídico como um todo, e não suas partes, como se elas fossem passíveis de isolamento, em amplo rendimento da função a ser desempenhada pelo Supremo Tribunal Federal e pelo Superior Tribunal de Justiça.

O Supremo Tribunal Federal e o Superior Tribunal de Justiça acabam, a partir dessa concepção, por fornecer *teses jurídicas*, constitucionais ou legais, verdadeiramente paradigmáticas aos jurisdicionados, mais do que interpretações pontuais de um ou de outro dispositivo constitucional ou legal, em consonância ao seu "prequestionamento anterior". Decide-se, para ilustrar o alcance do que aqui se propõe, se o Ministério Público tem legitimidade para pedir tutela jurisdicional relativa a tratamento de saúde para criança, e não se o art. 129, III, da Constituição Federal ou algum dispositivo da legislação infraconstitucional federal (como se eles, só eles, isoladamente) autorizasse este ou entendimento diverso sem levar em conta todos os elementos componentes do modelo constitucional do direito processual civil.

Do acórdão do Superior Tribunal de Justiça que julga o recurso especial pode caber recurso extraordinário. Uma vez superado o cabimento de eventuais recursos para fins de "esgotamento de instância" – e, para tanto, não há como descartar os embargos de declaração e, até mesmo, os embargos de divergência –, é suficiente, para aquele fim, que se demonstre a presença dos pressupostos autorizadores de pelo menos uma das alíneas do inciso III do art. 102 da Constituição Federal, sem prejuízo da demonstração da ocorrência da repercussão geral.

O que cabe evidenciar é que a questão constitucional pode decorrer do julgamento do próprio Superior Tribunal de Justiça, a desafiar *novo* recurso extraordinário para discutir aquela *nova* questão, que não se confunde com aquele que eventualmente foi interposto (ou deveria ter sido interposto) na origem.

9. RECURSOS EXTRAORDINÁRIO E ESPECIAL REPETITIVOS

A Subseção II da Seção II do Capítulo VI do Título II do Livro III da Parte Especial disciplina o julgamento dos recursos extraordinários e dos recursos especiais *repetitivos*, estendendo-se do art. 1.036 ao art. 1.041. Trata-se de disciplina muito mais minuciosa do que aquela que, com a Lei n. 11.672/2008, foi introduzida no art. 543-C do CPC de 1973[98], abrangendo indistintamente o recurso especial *e* o recurso extraordinário.

98. Para a análise daquela disciplina, v. o n. 4.4 do Capítulo 11 da Parte I do v. 5 das edições anteriores ao CPC de 2015 deste *Curso*.

O que havia no art. 543-B do CPC de 1973, incluído pela Lei n. 11.418/2006, era autorização de identificação de repercussão geral a partir de recursos extraordinários repetitivos ou múltiplos – que encontram correspondência nos §§ 5º a 9º e 11 do art. 1.035 – e não, propriamente, uma disciplina de recursos extraordinários repetitivos[99]. A prática do STF à época, contudo, revela que houve um verdadeiro amálgama daqueles dois regramentos, secundado pelas alterações promovidas no âmbito de seu Regimento Interno[100] que, com o CPC de 2015, deve ceder espaço à disciplina legal.

Tanto assim que o *caput* do art. 1.036 evidencia que sua disciplina se volta indistintamente à "multiplicidade de recursos extraordinários ou especiais com fundamento em idêntica questão de direito". O mesmo dispositivo, outrossim, autoriza que os regimentos internos dos Tribunais Superiores disciplinem o instituto, respeitados (sempre) os ditames constitucionais e legais[101].

Assim, havendo a referida multiplicidade de recursos extraordinários ou especiais com fundamento em idêntica questão de direito – a mesma tese de direito constitucional ou de direito legal federal a incidir sobre casos concretos iguais na essência –, é cabível que alguns recursos sejam selecionados e decididos pelo Supremo Tribunal Federal ou pelo Superior Tribunal de Justiça, com o sobrestamento de todos os demais, na expectativa de que a solução dada nos casos julgados por aqueles Tribunais seja aplicada e observada por todos os demais órgãos jurisdicionais. É esse, em suma, o objetivo da disciplina que ocupa, com detalhes, os arts. 1.036 a 1.041, que, nessa perspectiva, quer concretizar a diretriz do inciso III do art. 927.

9.1 Identificação da ocorrência de recursos múltiplos e sua seleção

Para tanto, põe-se, em primeiro lugar, a tarefa de verificar se há a multiplicidade de recursos extraordinários ou especiais sobre a mesma questão de direito e, em seguida, os critérios de seleção dos casos a serem enviados para o processo conjunto.

O § 1º do art. 1.036 regula a hipótese de a multiplicidade de recursos ser verificada no âmbito dos Tribunais de Justiça e dos Tribunais Regionais Federais. Nesse caso, o presiden-

99. Para essa análise no CPC de 1973, v. o n. 3.5 do Capítulo 11 da Parte I do v. 5 das edições anteriores ao CPC de 2015 deste *Curso*.

100. A referência é feita a seus arts. 321 a 329.

101. O advento do CPC de 2015 não gerou alteração quanto ao ponto no RISTF, que já havia sido reformado para ser adequado à Lei n. 11.418/2006 e aos arts. 543-A e 543-B por ela incluídos no CPC de 1973. No âmbito do STJ, importa destacar as modificações implementadas pela ER 22/2016 e pela ER 24/2016. Esta ER, em particular, ao adequar o regimento interno daquele Tribunal ao CPC de 2015, acrescentou o Capítulo II-A ("Do recurso especial repetitivo"), com seis novas Seções, e o Capítulo II-B ("Da afetação de processos à sistemática dos recursos repetitivos e da admissão de incidente de assunção de competência em meio eletrônico") ao Título IX ("Dos recursos") de sua Parte II ("Do processo") para tratar do tema, correspondentes a seus arts. 256 a 256-X e 257 a 257-E, respectivamente.

te ou o vice-presidente daqueles Tribunais, sempre a depender da prévia definição de competência pelos respectivos regimentos internos, selecionará, ao menos, dois recursos extraordinários ou especiais "representativos da controvérsia" para envio aos Tribunais Superiores.

A iniciativa quer viabilizar, perante o Supremo Tribunal Federal ou o Superior Tribunal de Justiça, o proferimento de decisão que reconhece o *status* de recursos repetitivos a partir dos selecionados, *afetando-os*, segundo decisão cuja disciplina está no art. 1.037.

A escolha feita pelos presidentes dos Tribunais de Justiça e dos Tribunais Regionais Federais não vincula o relator do Supremo Tribunal Federal ou do Superior Tribunal de Justiça, que poderá escolher outros, desde que também sejam representativos da controvérsia (art. 1.036, § 4º). Tanto assim que também cabe aos Ministros do Supremo Tribunal Federal e do Superior Tribunal de Justiça, com fundamento no § 5º do art. 1.036, tomar a iniciativa de selecionar dois ou mais recursos representativos da controvérsia para submissão de seu julgamento à disciplina dos repetitivos.

O § 6º do art. 1.036 esclarece o que deve ser compreendido como "recurso representativo da controvérsia". Trata-se de recurso que, versando sobre a idêntica questão jurídica que se repete, contenha "abrangente argumentação e discussão a respeito da questão a ser decidida". A necessária observância dessa exigência prévia é fundamental para a adequada aplicação da disciplina dos representativos, porque é a partir da *diversidade* e da *profundidade* da sustentação da questão jurídica e, correlatamente, das teses jurídicas por ela representadas, a favor e contra, que os julgamentos do Supremo Tribunal Federal e do Superior Tribunal de Justiça poderão assumir verdadeiro padrão paradigmático. Só assim é que eles terão aptidão para desempenhar o papel de indexador jurisprudencial reservado para eles pelo Código de Processo Civil.

O dispositivo impõe, outrossim, que somente o recurso *admissível* possa ser selecionado. Não há razão nenhuma para limitar o juízo *positivo* de admissibilidade ao aspecto temporal (tempestividade), diferentemente, destarte, do que se dá para os fins do § 6º do art. 1.035 e do § 2º do próprio art. 1.036. A ressalva é importante porque, em rigor, recursos não cabíveis não impedem a formação de preclusão ou de coisa julgada, não havendo razão para que as decisões respectivas possam ser afetadas de alguma forma pela fixação do entendimento em sede de recurso extraordinário e recurso especial repetitivo.

9.2 Suspensão dos processos determinada pelo TJ e TRF

O presidente ou vice-presidente dos Tribunais de Justiça e dos Tribunais Regionais Federais determinará a suspensão de todos os processos pendentes, individuais ou coletivos, em trâmite no Estado ou na Região, respectivamente, quando tomar a iniciativa de identificar e selecionar recursos múltiplos para julgamento como repetitivos perante o

Supremo Tribunal Federal ou Superior Tribunal de Justiça, como lhe determina o mesmo § 1º do art. 1.036.

A suspensão, uma vez determinada, fica na dependência de o Supremo Tribunal Federal ou de o Superior Tribunal de Justiça proferir decisão de afetação a que se refere o *caput* do art. 1.037 (art. 1.037, § 1º), isto é, reconhecer que há multiplicidade de recursos extraordinários ou especiais que devem ser submetidos ao regime de julgamento repetitivo.

Justamente em face dessa verdadeira dependência entre o efeito suspensivo determinado no âmbito da presidência ou da vice-presidência dos Tribunais de Justiça e dos Tribunais Regionais Federais, deve prevalecer, para eles, o *dever* de suspensão dos processos que tratam da questão repetitiva. Trata-se de medida que se justifica diante do próprio papel (de auxiliares) daqueles órgãos jurisdicionais para preparar o julgamento perante o Supremo Tribunal Federal e o Superior Tribunal de Justiça. Não se aplicam, aqui, destarte, as considerações que, a propósito do referido § 1º do art. 1.037, bem assim do inciso I do art. 982, devem ser lançadas quanto a negar qualquer automatismo na suspensão dos processos para os fins daqueles dispositivos[102].

O § 2º do art. 1.036, referindo-se à suspensão determinada no âmbito dos Tribunais de Justiça ou dos Tribunais Regionais Federais, e similarmente ao disposto no § 6º do art. 1.035, autoriza o interessado (o recorrido) a requerer, perante aqueles magistrados, a exclusão de recurso extraordinário ou especial *intempestivo* da decisão de sobrestamento.

Aqui também o mesmo dispositivo estabelece o prazo de cinco dias (úteis) para que o recorrente se manifeste sobre o requerimento. A decisão que *indeferir* o pedido de exclusão sujeita-se ao agravo interno em consonância com o § 3º do art. 1.036, na redação que lhe deu a Lei n. 13.256/2016. Por força do mesmo raciocínio exposto a propósito do § 6º do art. 1.035, o interessado deve formular seu pedido de exclusão pela intempestividade no prazo de cinco dias (úteis), contado da decisão que determina o sobrestamento dos processos. Em qualquer caso devem ser observadas as dobras legais.

9.3 Decisão de afetação

O art. 1.037 trata das providências a serem tomadas pelo relator no Supremo Tribunal Federal e no Superior Tribunal de Justiça quando reconhecer estarem presentes os pressupostos no *caput* do art. 1.036, isto é, quando constatar a existência de "multiplicidade de recursos extraordinários ou especiais com fundamento em idêntica questão de direito".

102. No sentido do texto é o Enunciado n. 23 da ENFAM: "É obrigatória a determinação de suspensão dos processos pendentes, individuais e coletivos, em trâmite nos Estados ou regiões, nos termos do § 1º do art. 1.036 do CPC/2015, bem como nos termos do art. 1.037 do mesmo código".

Selecionados os recursos que serão concretamente julgados, o relator proferirá o que o art. 1.037 chama de "decisão de afetação", na qual:

(i) Identificará com precisão a questão a ser submetida a julgamento (art. 1.037, I), sendo viável a identificação de *outras* questões para julgamentos futuros a partir dos processos enviados aos Tribunais Superiores (art. 1.037, § 7º).

O § 2º do art. 1.037, que vedava expressamente ao colegiado decidir questão fora dos limites da decisão de afetação, foi revogado pela Lei n. 13.256/2016. A revogação, contudo, não autoriza, sob pena de ruptura com o sistema de direito jurisprudencial estabelecido pelo Código de Processo Civil, que o Supremo Tribunal Federal e o Superior Tribunal de Justiça possam decidir, a partir da questão afetada, tese jurídica em abstrato, sem guardar relação com o caso concreto e com suas especificidades. O subsistente § 7º do art. 1.37, e, mais especificamente, o inciso I do *caput* do mesmo dispositivo, além da genérica previsão do § 2º do art. 926, impõem a observância desse entendimento.

(ii) Determinará a suspensão dos processos pendentes, individuais e coletivos, que versem sobre aquela mesma questão em todo o território nacional (art. 1.037, II). A determinação prevista no dispositivo deve ser interpretada de maneira a não criar maiores óbices aos processos envolvidos na decisão de afetação que o seu prosseguimento a despeito da divergência constatada sobre a questão constitucional ou federal e que justifica a sistemática do recurso repetitivo[103]. Não é descartável, outrossim, que o relator determine a tomada de alguma providência no lugar da suspensão, para obviar maiores embaraços para os interesses individualmente considerados. Trata-se da mesma conclusão que se justifica para o inciso I do art. 982, de negar obrigatoriedade à suspensão dos processos, a despeito do texto adotado pelo legislador[104].

É correto entender, de perspectiva diversa, que a suspensão não afeta sempre e invariavelmente todo o processo. Havendo questões constitucionais ou legais que não se vinculem diretamente ao que é objeto de afetação, não há razão para que seja determinada a suspensão de todo o processo, mas, apenas e tão somente, da parte dele que diz respeito, direta e indiretamente, com as questões afetadas. É mais uma hipótese, dentre várias, que o Código de Processo Civil lida (ou, quando menos, admite) a juridicidade de verdadeira cisão dos processos.

(iii) *Poderá* requisitar aos presidentes ou aos vice-presidentes dos Tribunais de Justiça ou Tribunais Regionais Federais a remessa de um recurso representativo da controvérsia (art. 1.037, III).

A *possibilidade* da requisição prevista no inciso III do art. 1.037 é fruto da revisão a que foi submetido o texto do Código de Processo Civil antes do envio à sanção presidencial. O

---

103. Assim, por exemplo, o quanto decidido pela 2ª Seção do STJ na ProAfR no REsp 1.729.593/SP, rel. Min. Marco Aurélio Bellizze, j.un. 11-9-2018, *DJe* 18-9-2018.

104. Em sentido contrário, quanto ao ponto, é o Enunciado n. 23 da ENFAM: "É obrigatória a determinação de suspensão dos processos pendentes, individuais e coletivos, em trâmite nos Estados ou regiões, nos termos do § 1º do art. 1.036 do CPC/2015, bem como nos termos do art. 1.037 do mesmo código".

texto aprovado no Senado Federal, na sessão deliberativa de 17 de dezembro de 2014, era diverso, *impondo* aquela requisição[105], empregando o verbo *requisitar* no imperativo afirmativo (*requisitará*). A alteração de significado a partir do novo texto jurídico é inequívoca e, por isso, deve ser considerada como não escrita, sob pena de agressão ao devido processo legislativo, já que ela não poderia ter sido efetuada naquele estágio dos trabalhos legislativos.

Não fosse por tais razões, importa interpretar o *poderá* constante do inciso III do art. 1.037 no sentido de *dever* pelas mesmas razões apresentadas e enaltecidas no n. 5 do Capítulo 1 da Parte II. Assim, é dever do relator do Supremo Tribunal Federal e do Superior Tribunal de Justiça, na sua decisão de afetação, determinar a remessa de ao menos um recurso representativo da controvérsia a todo Tribunal de Justiça e a todo Tribunal Regional Federal, que o enviará a não ser que, por qualquer razão, *aquela* questão não tenha, no Estado ou na Região respectiva, nenhum processo.

A iniciativa quer *pluralizar* o debate jurídico que antecede a fixação da tese nos casos dos recursos repetitivos, indo ao encontro da iniciativa reconhecida àqueles Tribunais pelo § 1º do art. 1.036.

Caso não haja afetação, o relator do recurso repetitivo no âmbito do Supremo Tribunal Federal e do Superior Tribunal de Justiça comunicará o fato aos presidentes ou aos vice-presidentes dos Tribunais de segunda instância para revogação da decisão de suspensão prevista no § 1º do art. 1.036. É o que determina o § 1º do art. 1.037.

Se houver mais de uma afetação, isto é, mais de uma decisão proferida para os fins do art. 1.037, estará prevento o relator que, em primeiro lugar, proferiu a decisão respectiva (art. 1.037, § 3º).

Uma vez afetado, o recurso deverá ser julgado no prazo de um ano, consoante estabelece o § 4º do art. 1.037, excepcionados os *habeas corpus* e casos em que há réu preso, rol ao qual deve ser acrescentado do mandado de segurança, individual ou coletivo, pela sua magnitude constitucional[106].

O § 5º do art. 1.037 determinava a cessação da afetação e a da suspensão na hipótese de o recurso não ser julgado no prazo de um ano, contado da publicação da decisão de afetação respectiva[107], rendo sido revogado pela Lei n. 13.256/2016, a exemplo do que se deu com o

105. Consoante se pode ler do inciso III do art. 1.034 do Anexo ao Parecer n. 956/2014 do Senado (idêntico ao art. 1.050, III, do Projeto da Câmara), que tinha a seguinte redação: "Art. 1.034. Selecionados os recursos, o relator, no tribunal superior, constatando a presença do pressuposto do *caput* do art. 1.033, proferirá decisão de afetação, na qual: (...) III – requisitará aos presidentes ou vice-presidentes de todos os Tribunais de Justiça ou Tribunais Regionais Federais a remessa de um recurso representativo da controvérsia".

106. Trata-se de interpretação que, embora em contextos diversos, é sustentada pelo autor deste *Curso* em outras obras suas. Para aquela discussão, v. seu *Mandado de segurança*, p. 193-195, e *A nova lei do mandado de segurança*, p. 155-157. O § 1º do art. 256-N do RISTJ, incluído pela ER 24/2016 indica, entre as ressalvas, o julgamento dos mandados de segurança.

107. Era a seguinte a redação daquele dispositivo: "§ 5º Não ocorrendo o julgamento no prazo de 1 (um) ano a contar da publicação da decisão de que trata o inciso I do *caput*, cessam automaticamente, em todo o território

§ 10 do art. 1.035. O subsistente § 6º do art. 1.037, contudo, permite "a outro relator do respectivo tribunal superior afetar 2 (dois) ou mais recursos representativos da controvérsia na forma do art. 1.036" quando ocorrer a hipótese do § 5º. A regra merece ser interpretada no sentido de que, na ausência de julgamento no prazo ânuo, a afetação do recurso como repetitivo deve ser *renovada* por *outro* Ministro do mesmo Tribunal Superior, levando em conta, ao menos, dois novos casos. Se isso não ocorrer – e a despeito da revogação do § 5º do art. 1.037 –, é mais correto entender que a afetação (e seu consequente regime jurídico para os demais recursos) perde seu efeito[108]. O que não pode ser tolerado é que à afetação do recurso siga-se o sobrestamento de dezenas ou centenas de milhares de processos sem nenhuma previsão concreta de julgamento[109]. Trata-se de solução que também merece ser dada para os casos relativos à repercussão geral (art. 1.035, § 9º), até como forma de superar a preservação da remissão, feita pelo § 6º do art. 1.037, a um dispositivo revogado.

Aceita a interpretação proposta, importa entender como julgamento aquele que é apto a produzir, com os atributos do *caput* do art. 926, o indexador jurisprudencial consistente na tese fixada no recurso extraordinário repetitivos e no recurso especial repetitivo. Dessa forma, não faz sentido entender que a retomada dos processos suspensos possa se dar *antes* da publicação do acórdão respectivo – o que é objeto de crítica no n. 4 do Capítulo 1 da Parte II – ou independentemente do julgamento de eventuais recursos contra ele interponíveis, inclusive embargos de declaração[110]. Basta lembrar, para enaltecer a importância da ressalva, que os declaratórios podem veicular pedido de modulação dos efeitos, o que tem aptidão de comprometer a aplicação da tese aos casos até então sobrestados.

9.4 Suspensão dos processos determinada pelos Tribunais Superiores

Os §§ 8º a 13 do art. 1.037 disciplinam as consequências do sobrestamento dos processos a partir da suspensão prevista no inciso II do art. 1.037.

As partes, de acordo com o § 8º do art. 1.037, devem ser intimadas do sobrestamento determinado pela decisão de afetação, a ser proferida no seu próprio processo, pelo juiz ou

nacional, a afetação e a suspensão dos processos, que retomarão seu curso normal".

108. Querendo criar condições efetivas para o cumprimento daquele prazo, estabelece o parágrafo único do art. 256-P do RISTJ, incluído pela ER 24/2016, que, "... quando ultrapassados oito meses a contar da publicação da decisão de afetação, o Presidente do órgão julgador determinará que seja cientificado o relator ou o Ministro que tiver pedido vista, respeitados os prazos do art. 162 deste Regimento".

109. Tanto assim que o Enunciado n. 24 da ENFAM defende a aplicação daquele prazo para os processos que já haviam sido afetados antes da entrada em vigor do CPC de 2015. É lê-lo: "O prazo de um ano previsto no art. 1.037 do CPC/2015 deverá ser aplicado aos processos já afetados antes da vigência dessa norma, com o seu cômputo integral a partir da entrada em vigor do novo estatuto processual".

110. Em sentido contrário é o Enunciado n. 12 do CEAPRO: "Não se exige o trânsito em julgado do acórdão paradigma mas apenas a conclusão do julgamento, o que incluiria eventuais embargos de declaração opostos, para que se encerre a suspensão dos RE/RESP até então sobrestados".

pelo relator, consoante o seu atual estágio, na primeira instância ou no âmbito dos Tribunais, não havendo razão para descartar que também perante o próprio Supremo Tribunal Federal e o Superior Tribunal de Justiça.

Intimada, a parte poderá requerer o prosseguimento do processo, arguindo que a questão nele decidida não está abrangida pela decisão de afetação, isto é, que não trata da mesma questão que será julgada pelo Supremo Tribunal Federal ou pelo Superior Tribunal de Justiça (art. 1.037, § 9º). Pelas mesmas razões expostas para o § 6º do art. 1.035 e do § 2º do art. 1.036, é correto entender que a parte dispõe do prazo de cinco dias (úteis) para tanto, sem prejuízo da aplicação das dobras legais.

O requerimento será dirigido à autoridade judicial consoante o processo esteja na primeira instância, no Tribunal de Justiça ou no Tribunal Regional Federal, antes ou depois da interposição do recurso especial ou extraordinário, ou, ainda, se o processo já estiver no Tribunal Superior (art. 1.037, § 10), estabelecendo-se contraditório com a parte contrária em cinco dias úteis (art. 1.037, § 11), sempre respeitadas as eventuais dobras legais.

Acolhido o pedido, isto é, reconhecida a *distinção*, o processo voltará a tramitar com observância das variáveis do § 12 do art. 1.037. A subsistente remissão feita pelo inciso II do § 12 do art. 1.037 ao parágrafo único do art. 1.030 exige um esclarecimento diante da nova redação que àquele dispositivo deu a Lei n. 13.256/2016. Nos casos em que o pedido de distinção for dirigido ao relator do acórdão recorrido, o que ocorrerá quando o recurso especial ou o recurso extraordinário tiverem sido sobrestados no âmbito do Tribunal de Justiça ou no Tribunal Regional Federal (art. 1.037, § 10, III), caberá ao relator enviar os autos ao presidente ou ao vice-presidente para que proceda de acordo com as diversas hipóteses do art. 1.030. Muito provavelmente, o que ocorrerá nesses casos é que incidirá o disposto na alínea *a* (porque se trata de recurso *não submetido* à sistemática dos repetitivos, tanto que reconhecida a distinção) do inciso V daquele dispositivo a impor que seja realizado o juízo de admissibilidade do recurso, após o qual – e desde que positivo – os autos do processo serão enviados ao Supremo Tribunal Federal ou ao Superior Tribunal de Justiça, consoante se trate de recurso extraordinário ou de recurso especial, respectivamente. Sendo o caso, deverá ser observada a ordem estabelecida pelo art. 1.031.

A decisão que resolve o requerimento formulado com base no § 9º do art. 1.037, seja acolhendo-o ou rejeitando-o, é recorrível. Se se tratar de decisão proferida pelo juízo de primeira instância, dela caberá agravo de instrumento (art. 1.037, § 13, I), previsão que se harmoniza com o inciso XIII do art. 1.015. Se a decisão for proferida no âmbito dos Tribunais, inclusive no âmbito dos Tribunais Superiores[111], o recurso será o de agravo interno (art. 1.037,

111. Nesse sentido é o Enunciado n. 81 da I Jornada de Direito Processual Civil do CJF: "A devolução dos autos pelo Superior Tribunal de Justiça ou Supremo Tribunal Federal ao tribunal de origem depende de decisão fundamentada, contra a qual cabe agravo na forma do art. 1.037, § 13, II, do CPC".

§ 13, II). Em qualquer caso, é irrecusável, o dever de a decisão ser fundamentada à luz das peculiaridades do caso concreto.

Sem prejuízo, o advento da Lei n. 13.256/2016 convida ao entendimento de que, na específica hipótese prevista no inciso II do § 12 do art. 1.037, cabe o agravo do art. 1.042 quando, retomado o andamento do recurso indevidamente sobrestado, o respectivo juízo de admissibilidade proferido pelo presidente ou pelo vice-presidente do Tribunal *a quo* for *negativo* (art. 1.030, § 1º). A conclusão é tão mais correta quando se verifica que, com aquela Lei, não subsistiu no Código de Processo Civil o parágrafo único do art. 1.030 (justamente o artigo que, inovando, retirava a realização do juízo de admissibilidade dos recursos extraordinários e dos recursos especiais perante a presidência ou vice-presidência dos Tribunais de interposição), não obstante a remissão que ainda se lê dele. No seu lugar, o que há, no atual § 1º do art. 1.030 é, justamente a previsão do agravo em recurso especial e em recurso extraordinário (art. 1.042) "da decisão de inadmissibilidade proferida com fundamento no inciso V" do art. 1.030.

É irrecusável a aplicação do § 2º do art. 982 durante a suspensão dos processos, ainda que textualmente a previsão nele contida, de ser competente o órgão jurisdicional no qual tramita o processo sobrestado para apreciação de eventual pedido de tutela de urgência, limite-se ao incidente de resolução de demandas repetitivas. Trata-se de decorrência da sistemática criada pelo art. 928 (afinal, tanto aquele incidente como os recursos repetitivos são e devem ser tratados como "julgamento de casos repetitivos") e, superiormente, do próprio inciso XXXV do art. 5º da Constituição Federal[112].

Uma derradeira observação merece ser feita: deve ser dada ampla publicidade à decisão de afetação disciplinada pelo art. 1.037, observando-se as diretrizes que o art. 979 e seus §§ 1º e 2º estabelecem para o incidente de resolução de demandas repetitivas. Trata-se de determinação expressa, embora fora de lugar, do § 3º daquele mesmo dispositivo e que está em plena harmonia com o que o dispõe, mais genericamente, o § 5º do art. 927.

Tanto assim – e pertinentemente – que a já mencionada Resolução n. 235/2016 do CNJ, com as modificações da Resolução n. 286/2019, volta-se especificamente ao tema, não só ao criar o banco nacional de dados de casos repetitivos e de incidentes de assunção de competência, mas também para determinar que os Tribunais nela mencionados organizem, como unidade permanente, o Núcleo de Gerenciamento de Precedentes – Nugep (arts. 6º e 7º). Ademais, o art. 8º daquela Resolução disciplina a disponibilização das "informações padronizadas de todas as fases percorridas dos casos repetitivos". Não por acaso, é ler o § 1º do art. 9º daquela Resolução, "O grupo de representativos é o conjunto de processos enviados ao STF, ao STJ e ao TST, nos termos do § 1º do art. 1.036 do CPC".

---

112. Expresso no sentido do texto é o Enunciado n. 41 da I Jornada de Direito Processual Civil do CJF: "Nos processos sobrestados por força do regime repetitivo, é possível a apreciação e a efetivação de tutela provisória de urgência, cuja competência será do órgão jurisdicional onde estiverem os autos".

9.4.1 Suspensão no caso do incidente de resolução de demanda repetitiva

O § 4º do art. 1.029 ocupa-se com a hipótese de o presidente do Supremo Tribunal Federal e do Superior Tribunal de Justiça receber requerimento de suspensão dos processos em todo o território nacional durante a tramitação do incidente de resolução de demandas repetitivas. Nesse caso, diante de razões de segurança jurídica ou de excepcional interesse social, a suspensão pode ser estendida a todo o território nacional, até ulterior decisão do recurso extraordinário ou do recurso especial a ser interposto "julgamento do mérito do incidente" (art. 987, *caput*).

Trata-se de regra que merece ser analisada no contexto presente, em função de sua proximidade com a suspensão derivada da decisão de afetação, máxime diante do art. 928.

A previsão deve ser interpretada em conjunto com o § 3º do art. 982 para evidenciar que a suspensão eventualmente concedida se relaciona, necessariamente, ao recurso extraordinário ou especial a ser interposto com fundamento no art. 987, como dispõe, aliás, o § 5º do próprio art. 982. De qualquer sorte, a regra merece ser interpretada com os temperamentos destacados no n. 10 do Capítulo 8 da Parte I a respeito do art. 982, embora localizada fora de lugar[113].

Outro ponto que merece destaque sobre o § 4º do art. 1.029 é o de que a suspensão dos processos pode se dar não só em função de "razões de segurança jurídica" (como exige o § 3º do art. 982), mas também e *alternativamente* por causa de "excepcional interesse social". A vagueza de ambas as expressões, máxime a segunda, recomenda redobrada cautela na análise do pedido. O requerimento não pode ser tratado como mais um caso do esdrúxulo (inconstitucional e desnecessário, ao menos do ponto de vista jurídico) "pedido de suspensão" e da não menos esdrúxula (e inconstitucional) tese de sua "ultra-atividade".

9.5 Preparação para julgamento

O *caput* e os §§ 1º a 2º do art. 1.038 têm como objetivo fomentar o prévio (e indispensável) debate sobre a tese a ser julgada no recurso afetado como repetitivo.

O inciso I do art. 1.038 permite ampla participação de terceiros intervenientes na qualidade de *amici curiae*. São aqueles intervenientes que farão as vezes das "pessoas, órgãos ou entidades com interesse na controvérsia, considerando a relevância da matéria", observando, desde que não haja restrição à sua ampla participação, fundamentada, no plano infracons-

113. Que é a orientação que prevaleceu no já mencionado julgamento, pela 2ª Seção do STJ, da ProAfR no REsp 1.729.593/SP, rel. Min. Marco Aurélio Bellizze, j.un. 11-9-2018, *DJe* 18-9-2018.

titucional, genericamente no art. 138, o que dispuser o Regimento Interno do Supremo Tribunal Federal[114] e do Regimento Interno do Superior Tribunal de Justiça[115].

O inciso II do art. 1.038 prevê a possibilidade de oitiva de depoimentos de pessoas com experiência e conhecimento na matéria em audiências públicas. A iniciativa não se sobrepõe à oitiva do *amicus curiae*, porque ela cria espaço adequado e racional para que sejam travadas as discussões sobre a tese que, a partir da questão de direito repetitiva, se pretende fixar. A prática já é comum nos Tribunais Superiores, com enorme frequência no Supremo Tribunal Federal e merece ser replicada pelos demais órgãos jurisdicionais, até porque ela permite maior controle sobre a efetiva (e indispensável) paridade das opiniões a serem levadas em conta na fixação da tese que enseja o repetitivo[116].

Os próprios tribunais de segunda instância poderão ser instados a prestar informações, e o Ministério Público será ouvido como fiscal da ordem jurídica (art. 1.038, III). Os prazos reservados para tanto são de quinze dias (úteis) e, de preferência, as manifestações serão eletrônicas (art. 1.038, § 1º). É cabível a ampliação desses prazos, observando-se o disposto no inciso VI e no parágrafo único do art. 139.

Nada há que impeça, não obstante o silêncio das regras destacadas, que os próprios recorrentes, individualmente considerados, queiram se manifestar para os fins do art. 1.038. Sua intervenção, contudo, não os torna *amici curiae* e não faz sentido que assim fosse[117]. Eles serão, sempre e invariavelmente, partes, interessadíssimas no desfecho da questão, e é nessa qualidade, e nenhuma outra, que poderão pretender ser manifestar. Em vez de defender que essa hipótese tornaria inócua a razão de ser dos repetitivos, importa verificar, caso a caso, de que maneira que as próprias partes podem contribuir para o debate dos repetitivos apresentando novos fundamentos ou novos argumentos para além dos que, idealmente, já foram tidos como suficientes para a afetação.

Colhidas as informações, o processo será incluído em pauta, devendo ser julgado com preferência, com as ressalvas do § 2º do art. 1.038, nas quais merece ser incluído também o mandado de segurança, não só por causa da previsão do art. 20 da sua lei de regência, Lei n. 12.016/2009, mas também pela sua magnitude constitucional.

---

114. Que trata do assunto genericamente em seu art. 21, XVIII (atribuição do relator), e, no contexto da repercussão geral, no § 3º de seu art. 323.

115. Que trata do assunto em seus arts. 65-B (em relação à atuação da Defensoria Pública naquela qualidade), 256-J e 256-K.

116. A exigência é suficientemente bem ilustrada pelo Enunciado n. 82 da I Jornada de Direito Processual Civil do CJF: "Quando houver pluralidade de pedidos de admissão de *amicus curiae*, o relator deve observar, como critério para definição daqueles que serão admitidos, o equilíbrio na representatividade dos diversos interesses jurídicos contrapostos no litígio, velando, assim, pelo respeito à amplitude do contraditório, paridade de tratamento e isonomia entre todos os potencialmente atingidos pela decisão".

117. O autor deste *Curso* voltou-se ao tema ainda antes do CPC de 2015 em seu Amicus curiae *no processo civil brasileiro: um terceiro enigmático*, p. 583, nota de rodapé n. 53.

O § 3º do art. 1.038, na redação promulgada do Código de Processo Civil, previa que o conteúdo do acórdão do julgamento do recurso extraordinário e do recurso especial repetitivo abrangeria "a análise de todos os fundamentos da tese jurídica discutida, favoráveis ou contrários", harmonizando-se integral e textualmente com o § 2º do art. 984, a ponto de merecer do autor deste *Curso* o comentário de que se tratava de "exigência essencial para a construção de um verdadeiro direito jurisprudencial brasileiro, coerente, por isso mesmo, ao que dispõe o § 1º do art. 927, que, por sua vez, conduz ao inciso IV do § 1º do art. 489"[118].

A Lei n. 13.256/2016 deu nova redação àquele dispositivo, restringindo seu campo de abrangência para, na sua atual redação, contentar-se com a análise dos "fundamentos *relevantes* da tese jurídica discutida". Como aqueles três dispositivos, contudo, não foram alterados pela Lei n. 13.256/2016, é correto entender que a mesma diretriz, inerente à construção do "direito jurisprudencial" desenhado pelo Código de Processo Civil, subsiste incólume. Máxime porque a fundamentação das decisões judiciais é traço imposto desde o modelo constitucional (art. 93, IX, da CF). Contentar-se com a apreciação de fundamentos "relevantes", sem que a *irrelevância* de outros seja demonstrada *e* justificada pelo julgador, é incidir na vedação que o inciso IV do § 1º do art. 489 repudia suficientemente, sem prejuízo de recordar também o § 1º do art. 927 e o § 2º do art. 984, que convergem à idêntica solução[119].

---

118. A referência é feita à 1ª edição de seu *Manual de direito processual civil*, p. 656, lançada em 2015, ainda durante a *vacatio legis* do CPC.

119. A respeito do ponto, cabe transcrever a lição de Michele Taruffo (*A motivação da sentença civil*, p. 363-364): "Em um plano mais geral, emerge outro perfil sob o qual o critério adotado pela jurisprudência parece ambíguo e substancialmente elusivo das exigências a que responde o dever de motivação. Ao afirmar que dos argumentos expressos são sempre deduzíveis implicitamente as razões de rejeição das deduções contrárias das partes, a jurisprudência funda-se em uma pressuposta incompatibilidade entre umas e outras: com isso, pressupõe ainda que, quanto à solução de uma questão, as alternativas possíveis sejam sempre apenas duas, uma das quais exclui necessariamente a outra, de modo que *a escolha da primeira justificaria sempre implicitamente a rejeição da segunda*. Trata-se, porém, de uma simplificação excessiva e, portanto, inaceitável do problema. De um lado, *a contraposição lógica entre duas assertivas não é sempre de necessária alternatividade, de modo que é possível que uma não contenha em si as razões de exclusão da outra*. De outro, nem sempre as soluções possíveis de uma questão são somente duas e, aliás, em linha de princípio, as escolhas do juiz recaem sobre um raio mais amplo de diferentes possibilidades não necessariamente contrapostas no plano lógico: então, também nesse caso *a escolha de uma possibilidade não constitui a justificativa implícita (no sentido de logicamente derivada) da exclusão das outras*. Chega-se assim a uma alternativa desse gênero: ou se admite que a rejeição de uma dedução da parte pode não ser em realidade justificada, mas as hipóteses em que isso é possível dependem, como se viu, do conteúdo ou da função jurídica da dedução e não das suas relações lógicas com aquilo que o juiz disse expressamente. Ou mesmo, nos casos em que se entende que a motivação seja necessária, o conceito genérico de motivação implícita por incompatibilidade é fictício (salvo em poucas hipóteses limitadas). Para que se possa falar de motivação implícita em sentido próprio não é de fato suficiente que o juiz declare de ter escolhido uma alternativa diferente daquela que a parte prospectou: importa pelo contrário, como requisito mínimo, que o juiz enuncie expressamente o critério de escolha ou de valoração a partir do qual, entre as diferentes possibilidades, escolheu uma em detrimento das outras. Somente satisfeita essa condição, de fato, pode-se entender que o contexto da motivação contenha os elementos mínimos necessários para que o intérprete possa reconstruir as razões que justificam a exclusão das possibilidades alternativas não acolhidas pelo juiz".

9.6 Julgamento e consequências

O art. 1.039 dá início à regulamentação das consequências do julgamento do recurso representativo da controvérsia, isto é, do recurso repetitivo ou afetado, que é completada pelos arts. 1.040 e 1.041.

9.6.1 No Supremo Tribunal Federal e no Superior Tribunal de Justiça

O art. 1.039 se ocupa com os recursos que foram sobrestados e que estão no âmbito dos próprios Tribunais Superiores[120]. Para eles, decidido o repetitivo, os recursos que estavam sobrestados por tratarem da mesma controvérsia serão considerados prejudicados ou decididos com aplicação da tese fixada.

O *caput* do art. 1.039 faz expressa referência a "órgãos colegiados". São eles, portanto, que julgarão aqueles recursos de acordo com a diretriz imposta pelo dispositivo, excepcionando, destarte, para esses casos, a atuação monocrática com fundamento nas alíneas *b* dos incisos IV e V do art. 932. Chegando novos recursos ao Supremo Tribunal Federal e ao Superior Tribunal de Justiça – o que, em função da previsão do *caput* do art. 1.041, tem tudo para ocorrer –, o proferimento de decisões monocráticas com base naquelas regras estará autorizado, com base naqueles precitados dispositivos[121].

O parágrafo único do art. 1.039 dispõe que os recursos extraordinários sobrestados serão considerados automaticamente inadmitidos quando não for reconhecida a repercussão geral no recurso extraordinário afetado. Também aqui, é correto entender que a regra dirige-se exclusivamente ao Supremo Tribunal Federal e não aos Tribunais de Justiça e nem aos Tribunais Regionais Federais. É o próprio § 3º do art. 102 da Constituição Federal quem reserva, exclusivamente, ao Supremo Tribunal Federal se manifestar sobre a existência, ou não, da repercussão geral.

9.6.2 Nos Tribunais de Justiça, nos Tribunais Regionais Federais e na primeira instância

O art. 1.040 é vocacionado para regrar os efeitos que o Código de Processo Civil quer que o julgamento do recurso extraordinário repetitivo pelo Supremo Tribunal Federal e do recurso

---

120. O entendimento dos Tribunais Superiores é no sentido de que, uma vez afetado um recurso, todos os demais que versem sobre a mesma questão devem ser devolvidos aos Tribunais de segundo grau, razão que tornaria inócua a previsão do art. 1.039 e que, por isso, não tem a concordância deste *Curso*. A respeito, v.: STJ, CE, EAREsp 380.796/RS, rel. Min. Herman Benjamin, j.un. 15-8-2018, *DJe* 17-12-2018, e STJ, 2ª Turma, AgInt no AREsp 1.461.814/RN, rel. Min. Mauro Campbell Marques, j.un. 15-8-2019, *DJe* 20-8-2019.

121. Também a Súmula 568 do STJ quererá dar fundamento àquela hipótese. Eis seu enunciado: "O relator, monocraticamente e no Superior Tribunal de Justiça, poderá dar ou negar provimento ao recurso quando houver entendimento dominante acerca do tema".

especial repetitivo pelo Superior Tribunal de Justiça surta sobre os processos até então suspensos nos Tribunais de Justiça, nos Tribunais Regionais Federais e também na primeira instância. Após as diversas reformas empreendidas pela Lei n. 13.256/2016 no Código de Processo Civil, ainda durante sua *vacatio legis*, esse desiderato fica ainda mais evidente.

Não há por que duvidar de que, na perspectiva do próprio Código de Processo Civil, o que se espera é que a decisão do recurso afetado seja *necessariamente observada* pelos demais órgãos jurisdicionais, no que é claro, aliás, o inciso III do art. 927.

É ler os incisos do art. 1.040, segundo os quais, após a publicação do acórdão paradigma, isto é, do acórdão do recurso afetado: (i) o presidente ou o vice-presidente do Tribunal de Justiça ou do Tribunal Regional Federal *negará* seguimento aos recursos especiais ou extraordinários sobrestados na origem, se o acórdão recorrido coincidir com a orientação do Tribunal Superior (dispositivo que se harmoniza com o inciso I do art. 1.030); (ii) o órgão que proferiu o acórdão recorrido, na origem, *reexaminará* o processo de competência originária, a remessa necessária ou o recurso anteriormente julgado, se o acórdão recorrido contrariar a orientação do Tribunal Superior (previsão consonante com o inciso II do art. 1.030); e, por fim, (iii) os processos suspensos em primeiro e segundo graus de jurisdição, *antes* da interposição do recurso extraordinário e/ou do especial, *retomarão o curso para julgamento e aplicação da tese firmada pelo Tribunal Superior*.

Os verbos e a oração colocados em itálico não foram conjugados no imperativo pelos próprios incisos por razão outra que não para *impor* o resultado alcançado pelos Tribunais Superiores a partir do caso julgado como paradigmático, a partir da decisão de afetação, a todos os demais Tribunais, inclusive aos juízos de primeira instância. Nesse sentido, é correto afirmar que se trata de verdadeira manifestação do efeito *expansivo* daqueles recursos, em seu aspecto *subjetivo*, o que é preferível ao eventual caráter vinculante, embora não expressamente reconhecido, que decorreria do julgamento do Supremo Tribunal Federal e do Superior Tribunal de Justiça em sede de recursos repetitivos. Para a visão crítica dessa perspectiva são bastantes as considerações apresentadas pelos n. 2 e 4 do Capítulo 1 da Parte II.

Para cá, cabe acentuar que a redação dada aos incisos I e II do art. 1.040 busca contornar crítica que, para a sistemática do CPC de 1973, era apresentada com veemência nas edições anteriores deste *Curso*[122], quanto a haver, na hipótese, verdadeira hipótese de *delegação legal* de competência para que os Tribunais de Justiça e os Tribunais Regionais Federais julgassem os recursos extraordinários e os recursos especiais sobrestados em consonância com a decisão proferida no âmbito do Supremo Tribunal Federal ou do Superior Tribunal de Justiça. É que a previsão, feita por *lei*[123], atritava a olhos vistos com a competência *constitucional* reco-

---

122. Era tema desenvolvido no n. 11 do Capítulo 11 da Parte I do v. 5 das edições anteriores ao CPC de 2015 deste *Curso*.

123. A referência é feita ao art. 543-C, § 7º, II, do CPC de 1973, que, incluído pela Lei n. 11.672/2008, tinha a seguinte redação: "Art. 543-C. Quando houver multiplicidade de recursos com fundamento em idêntica questão

nhecida (e taxativamente) àqueles Tribunais de eles, e não quaisquer outros Tribunais ou órgãos jurisdicionais, julgarem recursos extraordinários e especiais (arts. 102, III, e 105, III, da CF, respectivamente).

Os incisos I e II do art. 1.040, para contornar o problema, evitaram estabelecer o julgamento dos *próprios* recursos especial e extraordinário pelo Tribunal de Justiça ou pelo Tribunal Regional Federal a partir da fixação da tese em sede de recurso repetitivo. Em vez disso, o inciso I limitou-se a prever que o presidente ou o vice-presidente do tribunal de origem *negará seguimento* aos recursos especiais ou extraordinários sobrestados quando o acórdão recorrido *coincidir* com a orientação do Tribunal Superior. No inciso II está previsto que o órgão prolator do acórdão recorrido *reexaminará*, não o próprio recurso especial ou o extraordinário, mas "o processo de competência originária, a remessa necessária ou o recurso anteriormente julgado", se o acórdão recorrido *contrariar* a orientação do Tribunal Superior.

Mesmo com a radical alteração redacional, a sistemática merece ser criticada.

A hipótese do inciso I do art. 1.040 é julgamento de mérito, no sentido de *improver* o recurso extraordinário ou especial sobrestado, isto é, negar provimento àquele recurso. O "negar seguimento" autorizado pelo dispositivo, portanto, continua a ser caso de delegação *legal* de competência constitucionalmente fixada. Apesar da redação diferente, dada pelo CPC de 2015 à hipótese, a crítica que já era feita pelas edições anteriores deste *Curso* permanece hígida. Para *negar seguimento* no sentido correto da expressão, querendo com ela descrever que o recurso está "prejudicado" porque o acórdão recorrido já coincide com a decisão paradigmática proferida pelo Supremo Tribunal Federal ou pelo Superior Tribunal de Justiça, precisaria haver o que *não há* no modelo constitucional do direito processual civil, a saber, "súmulas" ou "precedentes" ou "jurisprudência" *impeditivos de recurso*. Tal figura, contudo, não existe no plano constitucional, sendo descabido que a lei a crie ou algo que lhe faça as vezes. Máxime porque da decisão respectiva não há acesso *imediato* aos Tribunais Superiores diante da previsão do agravo *interno* feito pelo § 2º do art. 1.030 e da revogação do cabimento da reclamação para tanto, embora seja possível, como já destacado, valer-se dela quando "esgotadas as instâncias ordinárias" (art. 988, § 5º, II), ambas iniciativas da Lei n. 13.256/2016.

No caso do inciso II do art. 1.040, o que ocorre é de ordem diversa. O dispositivo, para fugir à indevida delegação de competência constitucionalmente fixada, acabou criando uma nova situação, que causa verdadeiro *retrocesso* processual, no sentido de permitir que o processo volte um ou dois estágios. É que, a depender do julgamento do Supremo Tribunal Federal e do Superior Tribunal de Justiça, o órgão julgador precisará julgar novamente "o processo de competência originária, a remessa necessária ou o recurso anteriormente julgado", acarretando, em termos bem diretos, um *novo* julgamento do que *já foi julgado* por aqueles Tribunais.

---

de direito, o recurso especial será processado nos termos deste artigo. (...) § 7º Publicado o acórdão do Superior Tribunal de Justiça, os recursos especiais sobrestados na origem: (...) II – serão novamente examinados pelo tribunal de origem na hipótese de o acórdão recorrido divergir da orientação do Superior Tribunal de Justiça".

O julgamento dos processos de competência originária dos Tribunais de Justiça e dos Tribunais Regionais Federais, da remessa necessária e dos recursos em geral, passa a ser realizado com condição: a depender de posterior afetação e julgamento de recurso repetitivo, o julgamento, já encerrado, pode ser retomado "se o acórdão recorrido contrariar a orientação do tribunal superior".

Cabe frisar o alcance da previsão legislativa: o julgamento, já encerrado (tanto que objeto de recurso extraordinário ou especial), será reaberto "se o acórdão recorrido contrariar a orientação do tribunal superior". Trata-se de hipótese que merece reflexão mais detida, inclusive na perspectiva da (in)*eficiência* processual (art. 5º, LXXVIII, da CF), e que devia estar prevista ao lado das demais hipóteses do art. 494, como um novo e até então inédito caso a ser alcançado pelo princípio da invariabilidade das decisões jurisdicionais. Quando menos, como propõe este *Curso*, que ela seja compreendida no contexto do efeito *regressivo* dos recursos.

Não obstante, para ambas as previsões (art. 1.040, I e II), retomando e desenvolvendo a já noticiada crítica constante das edições anteriores deste *Curso*, o mais correto seria do ponto de vista normativo, sempre pensado desde o "modelo constitucional" – e há como pensar o direito processual civil fora dele –, alterar os incisos III dos arts. 102 e 105 da Constituição Federal e permitir, com isso, que os Tribunais de Justiça e os Tribunais Regionais Federais *cooperem* assumida e *legitimamente* com o trato dos recursos repetitivos, compartilhando com o Supremo Tribunal Federal e com o Superior Tribunal de Justiça, de competência (expressa e *constitucionalmente* fixada) para seu julgamento. Sem prévia alteração constitucional, contudo – e sempre com o devido respeito ao entendimento contrário –, não há como reconhecer juridicidade a essas verdadeiras manobras legislativas tentando justificar, a todo custo, o manejo dos recursos repetitivos pelos Tribunais de Justiça e pelos Tribunais Regionais Federais como se a aplicação da "tese" ao caso concreto não fosse *o* julgamento do recurso extraordinário e do recurso especial reservado, com exclusividade, ao Supremo Tribunal Federal e ao Superior Tribunal de Justiça.

De acordo com o inciso III do art. 1.040, os processos suspensos em primeiro e segundo graus de jurisdição – e, nesse caso, antes do julgamento pelo Tribunal porque, fosse esse o caso, estariam sujeitos às hipóteses dos incisos I ou II – retomarão o curso para julgamento e aplicação da tese firmada pelo Tribunal Superior. A crítica com relação ao dispositivo coincide com as observações sobre o caráter vinculante genérico pretendido nas entrelinhas do Código de Processo Civil, inclusive a partir dos julgamentos dos "casos repetitivos" e, dentre eles, dos recursos extraordinários e especiais repetitivos (art. 928). Por isso, também aqui, é suficiente o quanto exposto a propósito dos arts. 926 e 927 nos n. 2 e 4 do Capítulo 1 da Parte II. Em tais casos, contudo, não há – e isso é algo extremamente positivo para a previsão – nem delegação legal de competência constitucionalmente fixada e nem retrocesso processual.

Na revisão a que o texto do Código de Processo Civil foi submetido antes de ser enviado à sanção presidencial, a regra que se encontrava como um dos parágrafos do que fazia as vezes de seu art. 1.038[124] acabou sendo realocada como inciso IV do art. 1.040. Trata-se de importante dispositivo que encontra seu par no § 2º do art. 985, no contexto do incidente de resolução de demandas repetitivas, e que *impõe a comunicação* do resultado do julgamento do repetitivo ao órgão, ao ente ou à agência reguladora competente para fiscalização da efetiva aplicação da tese adotada quando o recurso envolver questão relativa à prestação de serviço concedido, permitido ou autorizado.

Bem entendida, é possível extrair da regra condições ótimas para fortalecer, devidamente, o papel do Estado regulador e de suas agências reguladoras no controle de condutas no âmbito administrativo, minimizando, com isso, a necessidade de ingresso no Judiciário. É algo que, na perspectiva dos §§ 2º e 3º do art. 3º, é amplamente desejável e absolutamente harmônico com o modelo constitucional.

O art. 1.040 traz, ainda, três parágrafos, que foram acoplados a ele apenas na redação final a que o texto do Código de Processo Civil foi submetido antes de ser enviado à sanção presidencial. Eles indicam consequências a partir do julgamento do recurso afetado pelo Supremo Tribunal Federal ou pelo Superior Tribunal de Justiça, pressupondo que as partes não tenham se voltado à suspensão do processo nos moldes dos §§ 8º a 13 do art. 1.037 ou, ao menos, após o indeferimento do pedido, inclusive no âmbito recursal. Aceita essa premissa, é correto afirmar que acabam disciplinando uma das variadas hipóteses do que pode ocorrer a partir do que prevê o inciso III do art. 1.040[125].

O § 1º do art. 1.040 assegura expressamente a possibilidade de o autor "desistir da ação" – ou, na linguagem que a este *Curso* parece ser a mais técnica e adequada, de o autor manifestar sua vontade no sentido de deixar de pretender que o Estado-juiz tutele o direito que afirma ter em face do réu –, antes do proferimento da sentença, se a questão que dá fundamento ao seu pedido de tutela jurisdicional for idêntica à resolvida pelo recurso representativo da controvérsia.

Se a manifestação do autor ocorrer ainda antes de ofertada a contestação – o que, em regra, pressupõe audiência de conciliação ou de mediação frustrada, inclusive pela ausência de autocomposição –, o autor ficará isento do pagamento de custas e sucumbência (art. 1.040,

---

124. Trata-se do art. 1.051, § 6º, do Projeto da Câmara e do art. 1.035, § 6º, do Anexo ao Parecer n. 956/2014, que foi o texto submetido à aprovação do Senado Federal em dezembro de 2014.

125. O que não exclui outras, como as que são pertinentemente destacadas pelos Enunciado n. 22 e 26 do FNPP, respectivamente: "A existência de precedente formado em recurso especial ou extraordinário repetitivos ou de súmula do STF ou STJ, em matéria constitucional e infraconstitucional respectivamente, autoriza a não interposição de recurso pela Fazenda Pública ainda que não haja súmula administrativa ou orientação normativa expressa no âmbito do respectivo órgão da Advocacia Pública" e "Cabe à Advocacia Pública orientar formalmente os órgãos da Administração sobre os pronunciamentos previstos no art. 927, com a finalidade de prevenir litigiosidade e promover isonomia, segurança jurídica e eficiência".

§ 2º). Trata-se de verdadeiro *incentivo* para não litigar, *aceitando* a decisão emanada do Supremo Tribunal Federal ou do Superior Tribunal de Justiça, o que é bem diverso de pretender que ela tenha caráter vinculante, *impondo-a*, discurso autoritário que deve ser evitado e rechaçado com veemência.

O § 3º do art. 1.040, em nítida sintonia com esse mesmo objetivo, excepciona a regra do § 4º do art. 485 e exclui a necessidade de prévia concordância do réu com a desistência, mesmo quando a contestação já tiver sido ofertada. É regra também que quer incentivar a observância do julgamento do recurso afetado, respeitando-o como verdadeiro precedente. Não à força e, por isso, legítima e digna de elogios, até porque harmônica com o que estatuem os §§ 2º e 3º do art. 3º. Nesse caso, contudo, não há dispensa *legal* de imposição da responsabilidade do autor por custas e honorários advocatícios – exclusiva da hipótese do § 2º do art. 1.040 –, que deve ser fixada pelo magistrado observando as diretrizes codificadas.

9.7 Manutenção do acórdão recorrido

O *caput* do art. 1.041 ocupa-se com a hipótese oposta às previstas pelos incisos I e II do art. 1.040, qual seja a de *manutenção* do acórdão divergente pelo tribunal de origem, isto é, quando não ocorrer o que aquelas regras querem que aconteça a partir da expressa previsão do inciso III do art. 927. Nesse caso, o recurso extraordinário ou o especial será enviado ao Supremo Tribunal Federal ou ao Superior Tribunal de Justiça, consoante a hipótese, "na forma do art. 1.036, § 1º".

A remissão feita pelo *caput* do art. 1.041 ao § 1º do art. 1.036 é equivocada porque aquele dispositivo cuida (e continua a cuidar, mesmo depois da Lei n. 13.256/2016) de hipótese totalmente diversa, ainda preparatória do proferimento da "decisão de afetação" do *caput* do art. 1.037. Ocorre que o art. 1.041 pressupõe (tanto quanto os arts. 1.039 e 1.040) que o acórdão do repetitivo (o "acórdão paradigma") já tenha sido proferido. Por isso, antes das diversas modificações operadas com a Lei n. 13.256/2016, o autor deste *Curso* sustentava que o mais adequado fosse entender a remissão como sendo feita ao § 1º do art. 1.038 no sentido de os recursos serem enviados, preferencialmente por meio eletrônico, aos Tribunais Superiores[126].

Com o advento da Lei n. 13.256/2016, surge um novo problema com relação ao assunto, embora aquele diploma legislativo não tenha trazido nenhuma alteração no *caput* do art. 1.041 e nem no § 1º do art. 1.036.

É que, por força daquela Lei, o envio do recurso extraordinário ou do recurso especial ao Supremo Tribunal e ao Superior Tribunal de Justiça pressupõe juízo *positivo* de admissibilidade perante o órgão de interposição. Assim, para superar qualquer impasse resultante da remissão legislativa ou, quando menos, sua inocuidade, é correto entender que a remessa dos recursos aos

126. Também aqui a remissão é feita à 1ª edição de seu *Manual de direito processual civil*, p. 660.

Tribunais Superiores dê-se somente *após* a análise do juízo de admissibilidade pela presidência ou vice-presidência do Tribunal *a quo*, o que encontra fundamento na alínea *c* do inciso V do art. 1.030. Da decisão de inadmissibilidade caberá o agravo do art. 1.042 (art. 1.030, § 1º). É desnecessária, de qualquer forma, a reiteração do recurso, formalismo estéril que acabou sendo proscrito do ordenamento jurídico no âmbito dos embargos de declaração (art. 1.024, § 5º) e, embora para hipótese mais restrita, também no § 2º do art. 1.041 no contexto dos recursos repetitivos[127].

9.8 Julgamento de outras questões perante o tribunal de origem

Os dois parágrafos do art. 1.041, diferentemente do *caput*, regulam variantes à hipótese de ter havido "juízo de retratação", isto é, de o tribunal de origem, sempre entendidos como tal os Tribunais de Justiça ou os Tribunais Regionais Federais, ter alinhado seu acórdão ao que decidido pelo Supremo Tribunal Federal ou pelo Superior Tribunal de Justiça.

De acordo com o § 1º, realizado o juízo de retratação, compete ao tribunal de origem decidir as demais questões ainda não decididas, cujo enfrentamento se tornou necessário em decorrência da alteração de entendimento. É dispositivo que só robustece a crítica apresentada no n. 9.6.2, *supra*, porque permite que o Tribunal de Justiça ou o Tribunal Regional Federal reabra o julgamento já encerrado a partir do que o Supremo Tribunal Federal ou o Superior Tribunal de Justiça decidir. Trata-se, cabe repetir, de verdadeiro *retrocesso tendente à ineficiência processual*. E mais: não há como impedir que desse novo julgamento, que não infirma nem quer infirmar o que Supremo Tribunal Federal ou Superior Tribunal de Justiça já decidiu, caibam novos recursos, extraordinário ou especial, consoante o caso, para contrastar aquilo que traz de novidade. Trata-se, pois, de consequência natural do julgamento a ser efetuado pelo órgão competente.

O § 2º do art. 1.041 foi alterado pela Lei n. 13.256/2016 para passar a exigir prévio juízo de admissibilidade do recurso extraordinário e do recurso especial na origem. A sua razão de ser, contudo, continua sendo a mesma, no sentido de que, corrente a situação do inciso II do art. 1.040, havendo "outras questões" a serem decididas, o recurso respectivo, *independentemente de ratificação* –– e desde que positivo seu juízo de admissibilidade (art. 1.030, V, *c*) –, seja enviado ao Supremo Tribunal Federal ou ao Superior Tribunal de Justiça para julgamento. Da inadmissão do recurso cabe o agravo do art. 1.042 (art. 1.030, § 1º).

127. Nesse sentido é o já mencionado Enunciado n. 139 da II Jornada de Direito Processual Civil do CJF: "A ausência de retratação do órgão julgador, na hipótese prevista no art. 1030, II, do CPC, dispensa a ratificação expressa para que haja o juízo de admissibilidade e a eventual remessa do recurso extraordinário ou especial ao tribunal superior competente, na forma dos arts. 1.030, V, 'c', e 1.041 do CPC".

Capítulo 8

Agravo em recurso especial e em recurso extraordinário

1. CONSIDERAÇÕES INICIAIS

A terceira Seção do Capítulo dedicado aos recursos para o Supremo Tribunal Federal e para o Superior Tribunal de Justiça disciplina o que o CPC de 2015 acabou chamando de "agravo em recurso especial e em recurso extraordinário", que remonta ao art. 544 do CPC de 1973, usualmente conhecido como agravo de decisão denegatória de recurso especial e/ou extraordinário[1].

2. HIPÓTESE DE CABIMENTO

O agravo, tal qual disciplinado pelo art. 1.042 do CPC de 2015 na sua versão original[2], tinha pouca similaridade com o agravo, que, no CPC de 1973, voltava-se genericamente ao *destrancamento* do recurso extraordinário e do recurso especial que não superassem o juízo de admissibilidade perante os órgãos de interposição (art. 544 do CPC de 1973). Até porque, cabe repetir, o CPC de 2015, tal qual promulgado, havia abolido o exame de admissibilidade daqueles recursos perante os Tribunais de Justiça e os Tribunais Regionais Federais, cabendo ao

1. Era a seguinte a redação daquele dispositivo, na sua redação mais atual, determinada pela Lei n. 12.322/2010: "Art. 544. Não admitido o recurso extraordinário ou o recurso especial, caberá agravo nos próprios autos, no prazo de 10 (dez) dias".
2. Que era a seguinte: "Art. 1.042. Cabe agravo contra decisão de presidente ou de vice-presidente do tribunal que: I – indeferir pedido formulado com base no art. 1.035, § 6º, ou no art. 1.036, § 2º, de inadmissão de recurso especial ou extraordinário intempestivo; II – inadmitir, com base no art. 1.040, inciso I, recurso especial ou extraordinário sob o fundamento de que o acórdão recorrido coincide com a orientação do tribunal superior; III – inadmitir recurso extraordinário, com base no art. 1.035, § 8º, ou no art. 1.039, parágrafo único, sob o fundamento de que o Supremo Tribunal Federal reconheceu a inexistência de repercussão geral da questão constitucional discutida".

Supremo Tribunal Federal e ao Superior Tribunal de Justiça exercê-los originariamente, nos termos do então (e insubsistente) parágrafo único do art. 1.030[3]. Essa é a razão pela qual, até o advento da Lei n. 13.256/2016, avolumaram-se (corretas) manifestações no sentido de que toda a jurisprudência preexistente ao CPC de 2015 sobre o agravo do art. 544 do CPC de 1973, inclusive a sumulada, perderia, com sua entrada em vigor, seu fundamento de validade.

Com a Lei n. 13.256/2016, o prévio juízo de admissibilidade do recurso extraordinário e do recurso especial, perante os Tribunais de Justiça e os Regionais Federais, foi reintroduzido no CPC de 2015, razão bastante para devolver ao recurso do art. 1.042 feição mais próxima – embora não integralmente coincidente em virtude da ressalva feita abaixo – com a do recurso previsto no art. 544 do CPC de 1973, com o objetivo precípuo de viabilizar o processamento de recurso extraordinário e/ou de recurso especial não admitido na origem ou, como é comum se falar na prática do foro, de *destrancar* recurso extraordinário e/ou recurso especial cujo trânsito foi negado na origem.

Aquele diploma legislativo deu, por isso mesmo, nova redação ao *caput*, revogou inteiramente o § 1º original, alterou a redação ao § 2º, mantendo incólumes os demais parágrafos do dispositivo. Assim, é correto sustentar que "cabe agravo contra decisão do presidente ou do vice-presidente do tribunal recorrido que inadmitir recurso extraordinário ou recurso especial" (art. 1.042, *caput*), previsão que se encontra em plena harmonia com a do § 1º do art. 1.030 também introduzida pela Lei n. 13.256/2016.

Ressalva importante na nova sistemática, estampada no *caput* do art. 1.042, está nas hipóteses em que a decisão de inadmissão do recurso extraordinário ou do recurso especial fundar-se em "aplicação de entendimento firmado em regime de repercussão geral ou em julgamento de recursos repetitivos". Nesse caso, o recurso cabível *não é* o agravo em recurso especial e em recurso extraordinário do art. 1.042, mas, bem diferentemente, o agravo interno, no que é suficientemente claro o § 2º do art. 1.030, com a remissão por ele feita ao inciso I do *caput* daquele mesmo artigo.

O que pode ocorrer, em tais situações – e isso é irrecusável diante do modelo constitucional –, é que do acórdão proferido no agravo interno seja interposto outro recurso extraordinário e/ou recurso especial com o objetivo de alçar o Supremo Tribunal Federal e/ou o Superior Tribunal de Justiça, respectivamente. Isso sem prejuízo de se aventar a possibilidade de contrastar a decisão local ou regional perante o Supremo Tribunal Federal ou o Superior Tribunal de Justiça mediante o emprego da reclamação, o que, a despeito do inciso IV do art. 988, encontra fundamento no inciso II do § 5º do mesmo dispositivo, ambos na redação que lhes deu a mesma Lei n. 13.256/2016. Para tanto – e justamente em função do disposto no inciso II do § 5º do art. 988 –, o "esgotamento da instância ordinária" é indispensável, sendo certo que o recurso extraordinário e/ou o recurso especial, após o agravo interno, serão elementos importantes para aquele fim.

---

3. Cuja redação era a seguinte: "Art. 1.030. Parágrafo único. A remessa de que trata o *caput* dar-se-á independentemente de juízo de admissibilidade".

Também pode se dar que a decisão contenha mais de um capítulo. Um que diga respeito à sistemática dos recursos especiais e extraordinários repetitivos e outro que, fora daquele contexto, entenda que o recurso especial ou o extraordinário não merece trânsito por questões de diversa ordem. Em tal hipótese, cabe ao interessado apresentar agravo interno e agravo em recurso especial e em recurso extraordinário, cada qual para combater a parte da decisão que lhe é prejudicial[4]. A falta de apresentação de ambos os recursos não prejudica o que for interposto. Apenas inviabiliza o oportuno reexame do capítulo não recorrido, que acaba precluindo ou transitando em julgado, consoante o caso.

A previsão de cabimento do agravo para os fins do art. 1.042, contudo, não inibe que, antes dele seja justificada a apresentação de embargos de declaração (art. 1.022). Sendo esse o caso, é de rigor a interrupção do prazo para interposição do próprio agravo (art. 1.042, § 3º)[5].

3. INTERPOSIÇÃO

O agravo em recurso especial e em recurso extraordinário deve ser interposto nos mesmos autos em que proferida a decisão que negou trânsito ao recurso especial ou extraordinário. Não há necessidade de formação de novos autos (em geral chamado de "instrumento"), exigência que, desde a Lei n. 12.322/2010, já havia sido abolida para o CPC de 1973 e para o agravo previsto em seu art. 544. A iniciativa é louvável seja porque contempla suficientemente a tendência irreversível de o processo tramitar eletronicamente, mas também, ainda que se queira pensar na sua tramitação em autos físicos, de papel, porque elimina as inúmeras dificuldades decorrentes da escorreita formação daquele instrumento que dava ensejo às mais variadas questões e polêmicas[6].

4. É o correto entendimento do Enunciado n. 75 da I Jornada de Direito Processual Civil do CJF: "Para impugnar decisão que obsta trânsito a recurso excepcional e que contenha simultaneamente fundamento relacionado à sistemática dos recursos repetitivos ou da repercussão geral (art. 1.030, I, do CPC) e fundamento relacionado à análise dos pressupostos de admissibilidade recursais (art. 1.030, V, do CPC), a parte sucumbente deve interpor, simultaneamente, agravo interno (art. 1.021 do CPC) caso queira impugnar a parte relativa aos recursos repetitivos ou repercussão geral e agravo em recurso especial/extraordinário (art. 1.042 do CPC) caso queira impugnar a parte relativa aos fundamentos de inadmissão por ausência dos pressupostos recursais".

5. Expresso nesse sentido é o Enunciado n. 75 da I Jornada de Direito Processual Civil do CJF: "Cabem embargos declaratórios contra decisão que não admite recurso especial ou extraordinário, no tribunal de origem ou no tribunal superior, com a consequente interrupção do prazo recursal". Há, não obstante, decisões do STF e do STJ em sentido diverso, negando que os embargos declaratórios, naquelas hipóteses, tenham o condão de interromper o prazo. Assim, v.g.: STF, Pleno, ARE AgR 1.049.628/CE, rel. Min. Cármen Lúcia, j.m.v. 25-8-2017, *DJe* 14-9-2017; STF, Pleno, ARE AgR 940.270/MG, rel. Min. Cármen Lúcia, j.m.v. 18-11-2016, *DJe* 5-12-2016; STF, 2ª Turma, ARE AgR 1.177.142/RJ, rel. Min. Ricardo Lewandowski, j.un. 28-6-2019, *DJe* 6-8-2019; STJ, 3ª Turma, AgInt no AREsp 1.321.805/RJ, rel. Min. Moura Ribeiro, j.un. 3-12-2018, *DJe* 5-12-2018, e STJ, 4ª Turma, AgInt no AREsp 1.353.329/SP, rel. Min. Maria Isabel Gallotti, j.un. 23-4-2019, *DJe* 25-4-2019.

6. Muitas delas foram documentadas e analisadas pelo n. 4.1 do Capítulo 7 da Parte I do v. 5 deste *Curso* nas suas 1ª e 2ª edições, lançadas em 2008 e 2010, respectivamente. Para os fins presentes, cabe lembrar, apenas para fins de referência, da Súmula 288 do STF, que exigia a formação do instrumento de agravo com peças "reputadas

De acordo com o § 2º do art. 1.042, também na redação que lhe deu a Lei n. 13.256/2016, a petição de agravo será dirigida ao presidente ou ao vice-presidente do Tribunal de Justiça ou do Tribunal Regional Federal e independe do pagamento de custas e despesas postais, aplicando-se a ela o regime de repercussão geral e de recursos repetitivos, inclusive quanto à possibilidade de sobrestamento e do juízo de retratação.

Por se tratar de recurso dirigido a órgãos jurisdicionais federais, não há crítica a ser feita na isenção de custas criada pelo dispositivo. Ademais, o anterior recurso extraordinário ou especial foi (pelo menos é correto pressupor) devidamente preparado e recolhido o devido porte de remessa e retorno dos autos, sem que tivesse o processamento esperado. A sujeição do agravo do art. 1.042 à disciplina da repercussão geral e dos recursos repetitivos, novidade trazida pela Lei n. 13.256/2016, é inexorável consequência decorrente do sistema processual civil.

Com relação à expressão "recursos repetitivos" empregada pelo *caput* e pelo § 2º do art. 1.042, importa trazer à tona, uma vez mais, a dúvida sobre sua inconstitucionalidade formal (por violação ao parágrafo único do art. 65 da CF) aventada ao ensejo do exame dos arts. 988, 1.030 e 1.035. Pelas razões lá apresentadas é correto entender legítima, porque sistemática, a *generalização* que resultou na referida expressão adotada, ao fim, pelo Projeto do Senado Federal, convertido na Lei n. 13.256/2016.

O princípio da dialeticidade recursal não tem nenhuma peculiaridade na espécie, sendo bastante lembrar, a respeito, as considerações feitas no n. 5.9 do Capítulo 1, inclusive sobre a Súmula 182 do Superior Tribunal de Justiça.

O entendimento que acabou por prevalecer na Corte Especial do Superior Tribunal de Justiça àquele respeito no julgamento dos EAREsp 746.775/PR, rel. p/ acórdão Min. Luis Felipe Salomão, parte do pressuposto de que, por definição, a decisão que nega trânsito a recurso extraordinário e especial, dando ensejo ao recurso de agravo aqui analisado, seria em todo e em qualquer caso incindível a exigir, correlatamente, que todos os seus fundamentos fossem combatidos para superar seu juízo de admissibilidade com relação à regularidade formal. Aquela pressuposição, contudo, não pode ser pressuposta e depende, por definição, da análise de cada caso concreto. Quando ocorrer – e ocorre com enorme frequência – de determinado fundamento da decisão que nega trânsito a um daqueles recursos dizer

essenciais", e que acabou por autorizar o descarte de um sem-número de agravos considerados formados de maneira insuficiente *a posteriori* ao se passar a exigir cópias que iam além do contexto decisório guerreado. Era o seguinte o enunciado daquela Súmula: "Nega-se provimento a agravo para subida de recurso extraordinário, quando faltar no traslado o despacho agravado, a decisão recorrida, a petição de recurso extraordinário ou qualquer peça essencial à compreensão da controvérsia". O autor deste *Curso* teve oportunidade de se dedicar criticamente ao assunto e à assunção de outra Súmula, que, com efeitos retroativos, quis validar aquela prática corrente no âmbito do STF, sua Súmula 639 ("Aplica-se a súmula 288 quando não constarem do translado do agravo de instrumento as cópias das peças necessárias à verificação da tempestividade do recurso extraordinário não admitido pela decisão agravada"). A referência é feita ao seu "Súmulas 288, 282 e 356 do STF: uma visão crítica de sua (re)interpretação mais recente pelos tribunais superiores".

respeito apenas a *parte* do recurso, não há por que exigir que o agravante impugne a decisão como um todo, até porque o agravo do art. 1.042 pode, ao atacar apenas um de seus fundamentos, ser considerado *parcial* para os fins do art. 1.002.

4. PRAZO

O prazo para interposição do agravo em recurso especial ou extraordinário é de *quinze* dias (úteis), aplicando-se, à falta de outra, a regra genérica do § 5º do art. 1.003[7].

Com a interposição, o agravado, incontinenti, será intimado para apresentar contrarrazões, também no prazo de quinze dias úteis (art. 1.042, § 3º).

O prazo deve ser dobrado (e sempre contado em dias úteis) em se tratando de pessoa jurídica de direito público (art. 183, *caput*), Ministério Público (art. 180, *caput*) ou Defensoria Pública (art. 186, *caput*). Também quando os recorrentes tiverem advogados diferentes, observadas as exigências do art. 229.

5. PROCESSAMENTO

Com ou sem as contrarrazões do agravo, o agravo deverá ser enviado ao Tribunal Superior competente (art. 1.042, §§ 4º e 7º, primeira parte). Eventual retenção daquele agravo comporta o emprego da reclamação por haver usurpação de competência reservada exclusivamente ao Supremo Tribunal Federal e ao Superior Tribunal de Justiça (art. 988, I)[8].

Há uma ressalva no § 4º do art. 1.042, que foi introduzida na revisão a que o texto do CPC de 2015 foi submetido antes do envio à sanção presidencial, segundo a qual os autos não serão enviados ao Supremo Tribunal Federal ou ao Superior Tribunal de Justiça se não houver "retratação". É corriqueiro o entendimento de que, sob a vigência do CPC de 1973 (e mesmo sob a égide do CPC de 1939), todo e qualquer agravo admite juízo de retratação pelo prolator da decisão recorrida (efeito regressivo). É o que basta para deixar de reconhecer a inconstitucionalidade formal do indevido acréscimo naquele estágio do processo legislativo.

O § 5º do art. 1.042 permite que o agravo seja julgado, conforme o caso, em conjunto com o recurso extraordinário ou especial, situação em que fica assegurado o direito de realização de sustentação oral, observando-se, a esse respeito, o que dispõe o RISTF ou o RISTJ, em consonância com o *caput* do art. 937.

---

7. A ressalva é justificada porque no CPC de 1973 o prazo para o agravo de seu art. 544 era de dez dias corridos, que era o prazo padrão de todas as modalidades do recurso de agravo daquele Código.

8. Mantém-se incólume, destarte, a orientação da Súmula 727 do STF, cujo enunciado é o seguinte: "Não pode o magistrado deixar de encaminhar ao Supremo Tribunal Federal o agravo de instrumento interposto da decisão que não admite recurso extraordinário, ainda que referente a causa instaurada no âmbito dos juizados especiais".

Se houver concomitância de agravos diante da dualidade de recursos extraordinário e especial –caso em que cabe ao recorrente interpor um agravo para cada recurso não admitido (art. 1.042, § 6º) –, os autos serão enviados primeiro ao Superior Tribunal de Justiça (art. 1.042, § 7º, segunda parte). Quando concluído o julgamento do agravo e, se for o caso, também do recurso especial, os autos serão enviados, independentemente de pedido, para o Supremo Tribunal Federal para apreciação do agravo a ele dirigido, salvo se estiver prejudicado (art. 1.042, § 8º).

É correto entender que a alteração da rota preestabelecida pelos precitados dispositivos, em função dos §§ 2º e 3º do art. 1.031, aplica-se também aqui, consoante a prejudicialidade da questão constitucional se apresente em cada caso concreto.

Não há, de resto, razão para recusar aprioristicamente o descarte das regras dos arts. 1.032 e 1.033, na medida em que suas respectivas hipóteses de incidência façam-se presentes, providência que, em última análise, quer dar preferência ao *conteúdo* em detrimento da *forma*.

Assim, se na análise do agravo pelo Superior Tribunal de Justiça se acabar concluindo que, em rigor, a matéria versada é de natureza constitucional, cabe ao relator determinar a remessa dos autos ao Supremo Tribunal Federal, após a devida exposição da repercussão geral pelo agravante e correlata oportunidade para manifestação do agravado. Se o relator do Supremo Tribunal Federal entender diferentemente, compete ao Superior Tribunal de Justiça julgar o agravo independentemente daquele óbice.

Também pode ocorrer de o relator do Supremo Tribunal Federal entender que o agravo versa, em verdade, questão infraconstitucional federal ("ofensa reflexa à Constituição", como se lê no *caput* do art. 1.033), e determinar, em consequência, que o Superior Tribunal de Justiça julgue o recurso, após franquear ao agravante e ao agravado a oportunidade de se manifestar sobre a questão (arts. 6º e 10).

Capítulo 9

Embargos de divergência

1. CONSIDERAÇÕES INICIAIS

O recurso de embargos de divergência visa, como outros mecanismos processuais, a *uniformizar* a jurisprudência, eliminando a controvérsia existente sobre determinadas teses jurídicas, com todos os inconvenientes daí derivados.

Trata-se de recurso que se volta unicamente para debelar as divergências verificadas no plano do Supremo Tribunal Federal e do Superior Tribunal de Justiça, não havendo previsão legislativa para o seu uso perante os outros Tribunais. Para eles, a mesma finalidade deve ser alcançada pelo uso do incidente de assunção de competência (art. 947) ou do incidente de resolução de demandas repetitivas (arts. 976 a 987), sem prejuízo de também poderem expedir, para a mesma finalidade, Súmulas (art. 926, § 1º), observados sempre os elementos enaltecidos pelo n. 5 do Capítulo 1 da Parte II.

De outra parte, a uniformização do entendimento jurisprudencial que se verifica entre Tribunais diversos é a razão última de ser do recurso extraordinário e do recurso especial, como demonstra o n. 1 do Capítulo 7.

É correto, a esse respeito, entender que, para bem desempenharem o seu papel institucional, a eles reservado pelo modelo constitucional do direito processual civil, é fundamental que o Supremo Tribunal Federal e o Superior Tribunal de Justiça tenham, eles próprios, sua jurisprudência uniformizada, o que justifica, até mesmo, a larguíssima aplicação diuturna do recurso no âmbito daqueles Tribunais. É o que decorre do *caput* do art. 926, quando impõe o dever de os Tribunais manterem sua jurisprudência *íntegra* e *coerente*.

O recurso aqui examinado tem como finalidade primeira a "uniformização do direito", e não, propriamente, a busca de uma melhor ou mais adequada justiça para o caso concreto. Nesse sentido, é correto entender que se trata de "recurso *extraordinário*", observada a classificação proposta pelo n. 4.3 do Capítulo 1. É recurso que se destina à uniformização da jurisprudência *interna* do Supremo Tribunal Federal e dos diversos órgãos que compõem o Superior Tribunal de Justiça. Por isso mesmo é que tal recurso devia também ter sido considerado pelo legislador para os mesmos fins que o art. 927 reserva aos inúmeros outros "indexadores jurisprudenciais". A despeito do silêncio daquele dispositivo, contudo, é correto entender, pelo que acentua o n. 3 do Capítulo 1 da Parte II, sua aplicação extensiva para aquela mesma finalidade.

A uniformização de jurisprudência pretendida pelos embargos de divergência, todavia, pressupõe, a exemplo do recurso especial da letra *c* do inciso III do art. 105, da Constituição Federal, que da mesma hipótese fática – identidade constatada, no que ela tem de essencial – surjam interpretações jurídicas díspares. Por isso, para os embargos de divergência é indispensável a escorreita demonstração da divergência jurisprudencial, a chamada "comprovação analítica".

Pela sua própria natureza, os embargos de divergência não se prestam a uniformizar a interpretação de normas jurídicas diversas ou meras teses doutrinárias. Trata-se, é importante enfatizar, de interpretação do direito aplicável às mesmas premissas fáticas. O recurso também não se presta ao revolvimento das provas ou dos fatos subjacentes ao julgamento[1].

Sobre a interpretação divergente do *direito* que enseja a interposição do recurso aqui examinado, cabe palavra adicional no sentido de que somente o direito *federal* (constitucional, para o Supremo Tribunal Federal, e infraconstitucional, para o Superior Tribunal de Justiça) é que motiva a apresentação dos embargos de divergência. Como o pressuposto de cabimento desse recurso é a divergência verificada no âmbito do recurso extraordinário ou do recurso especial (embora com algumas ressalvas expostas no número seguinte), não poderia ser diverso.

Os embargos de divergência são regulados pelos arts. 1.043 e 1.044 do Código de Processo Civil[2], que correspondem à quarta e última Seção do Capítulo VI do Título II do Livro III da Parte Especial, sobre os "recursos para o Supremo Tribunal Federal e para o Superior Tribunal de Justiça".

2. HIPÓTESES DE CABIMENTO

As hipóteses de cabimento dos embargos de divergência estão indicadas nos incisos I e III do art. 1.043, que ampliaram sensivelmente a previsão feita pelo art. 546 do CPC de 1973[3], não obstante os sensíveis cortes que acabaram sendo promovidos, ainda durante a *vacatio legis*, pela Lei n. 13.256/2016.

---

1. Bem ilustra o entendimento a lembrança da Súmula 420 do STJ, cujo enunciado é o seguinte: "Incabível, em embargos de divergência, discutir o valor de indenização por danos morais".
2. No CPC de 1973, o recurso era disciplinado pelo art. 546, na redação que lhe deu a Lei n. 8.950/94, revogador da anterior disciplina constante do art. 29 da Lei n. 8.038/90, que era silente acerca do cabimento do recurso para o STF, limitando-se a disciplinar a sua aplicabilidade para o Superior Tribunal de Justiça.
3. Que tinha a seguinte redação: "É embargável a decisão da turma que: I – em recurso especial, divergir do julgamento de outra turma, da seção ou do órgão especial; II – em recurso extraordinário, divergir do julgamento da outra turma ou do plenário. Parágrafo único. Observar-se-á, no recurso de embargos, o procedimento estabelecido no regimento interno".

De acordo com o dispositivo, "É embargável o acórdão de órgão fracionário que: I – em recurso extraordinário ou em recurso especial, divergir do julgamento de qualquer outro órgão do mesmo tribunal, sendo os acórdãos, embargado e paradigma, de mérito;" e "III – em recurso extraordinário ou em recurso especial, divergir do julgamento de qualquer outro órgão do mesmo tribunal, sendo um acórdão de mérito e outro que não tenha conhecido do recurso, embora tenha apreciado a controvérsia;". Não subsistiram à referida lei as hipóteses do inciso II[4] e do inciso IV[5].

A duas hipóteses que resistiram à Lei n. 13.256/2016 dizem respeito à divergência ocorrida ao ensejo de recursos extraordinários ou recursos especiais, independentemente de a divergência ocorrer no âmbito do juízo de *mérito* recursal (inciso I) ou quando, a despeito da não superação do juízo de admissibilidade, a controvérsia (o mérito) tiver sido apreciada (inciso III), situação que é mais frequente do que, à primeira vista pode parecer, porque a admissibilidade e o mérito de recursos de fundamentação *vinculada*, como o são o extraordinário e o especial, nem sempre são separados com o rigor que boa técnica recomenda[6]. É entendimento que já era defendido pelo n. 2 do Capítulo 12 da Parte I do v. 5 das edições anteriores ao CPC de 2015 deste *Curso*[7].

---

4. Cuja redação era a seguinte: "em recurso extraordinário ou em recurso especial, divergir do julgamento de qualquer outro órgão do mesmo tribunal, sendo os acórdãos, embargado e paradigma, relativos ao juízo de admissibilidade".

5. Que tinha a seguinte redação: "nos processos de competência originária, divergir do julgamento de qualquer outro órgão do mesmo tribunal".

6. Analisando a hipótese do inciso III do art. 1.043, consta interessante acórdão da 2ª Seção do STJ de cuja ementa se lê: "1. O art. 1.043 do CPC/2015, tratando do recurso de embargos de divergência prevê que é embargável, em sede de recurso especial, o acórdão de órgão fracionário que divergir do julgamento de qualquer outro órgão do STJ, quando os acórdãos, embargado e paradigma forem de mérito (inciso I) ou quando, 'sendo um acórdão de mérito e outro que não tenha conhecido do recurso, embora tenha apreciado a controvérsia' (inciso III). 2. Assim, não obstante a imprecisão redacional, o dispositivo legal exige, exatamente como fez no inciso I, que os acórdãos, embargado e paradigma, sejam de mérito, isto é, que tenham apreciado a controvérsia, firmando ou reafirmando determinada tese jurídica, embora possam declarar no dispositivo, por preferência terminológica, que não conhecem do recurso. 3. Com efeito, não fosse assim, a redação do inciso I do art. 1.043 do CPC seria absolutamente desnecessária, pois, se, para o cabimento dos embargos de divergência, basta que um dos acórdãos seja de mérito (inciso III), é despiciendo exigir-se que ambos tenham essa mesma natureza (inciso I). 4. A previsão do inciso III do art. 1.043 do CPC é redundante, pois simplesmente pretende afirmar que podem ser objeto de cotejo em sede de embargos de divergência acórdãos que tenham apreciado a controvérsia (caso de incidência da Súmula 83/STJ, p. ex.), apesar de o dispositivo aparentemente indicar o contrário. 5. Perante o Superior Tribunal de Justiça, é embargável o acórdão de órgão fracionário que, em recurso especial, divergir do julgamento de órgão diverso, sendo os acórdãos, embargado e paradigma, de mérito, ainda que, tendo apreciado a controvérsia, não tenham conhecido do recurso (art. 1.043, I e III, do CPC/2015). 6. Quando o recurso especial tem seu seguimento negado em face da aplicação de regra técnica de conhecimento, limitando-se a emitir juízo negativo de conhecimento, sem exame do mérito recursal, torna impossível seu confronto com outro acórdão que tenha analisado o mérito da questão, em face da evidente ausência de similitude fático-jurídica" (AgInt nos EAREsp 1.109.340/DF, rel. Min. Lázaro Guimarães, j.un. 22-8-2018, *DJe* 27-8-2018).

7. Que escrevia, a propósito, no n. 2 do Capítulo 12 da Parte do v. 5 das edições anteriores ao CPC de 2015 o seguinte: "Não subsiste, portanto, a Súmula 233 do STF ('Salvo em caso de divergência qualificada [Lei n. 623, de 1949], não cabe recurso de embargos contra decisão que nega provimento a agravo ou não conhece de recurso extraordinário, ainda que por maioria de votos'), posto não ter sido formalmente cancelada por aquele

O Supremo Tribunal Federal e o Superior Tribunal de Justiça são divididos internamente para melhor desempenhar as suas funções institucionais.

O Supremo Tribunal Federal é composto por duas Turmas, cada qual constituída de cinco Ministros, e pelo Plenário, em que atuam seus onze Ministros. O Superior Tribunal de Justiça, de seu turno, é dividido em seis Turmas, cada uma composta de cinco Ministros. A primeira e a segunda Turmas compõem a 1ª Seção; a terceira e a quarta Turmas compõem a 2ª Seção, e, por fim, a quinta e a sexta Turmas integram a 3ª Seção. Além das Turmas e das Seções há, no âmbito do Superior Tribunal de Justiça, a Corte Especial, que faz as vezes do Tribunal Pleno, nos termos do inciso XI do art. 93 da Constituição Federal.

Dada a finalidade dos embargos de divergência, toda vez que uma das Turmas divergir do entendimento tomado por outra, ou de outro órgão do *mesmo* Tribunal acerca da uma mesma questão jurídica, o recurso aqui examinado tem cabimento para, superando a divergência, uniformizar o entendimento no âmbito interno do Tribunal.

É essa a razão por que o *caput* e os dois incisos subsistentes do art. 1.043 se referem genericamente à divergência que pode ocorrer a partir de "acórdão do órgão fracionário", vedado, portanto que acórdãos do Pleno do Supremo Tribunal Federal, do Superior Tribunal de Justiça ou de sua Corte Especial possam ser contrastados por essa espécie recursal.

O acórdão *embargado*, isto é, aquele contra o qual são apresentados os embargos de divergência, deve ter sido proferido em sede de recurso especial e/ou recurso extraordinário (art. 1.043, I e III)[8].

É correto entender, a despeito dos textos legais, que também acórdãos provenientes de agravos internos interpostos em recurso extraordinário ou em recurso especial podem ser objeto de embargos de divergência. Trata-se de orientação que já vigorava na jurisprudência do Supremo Tribunal Federal[9] e do Superior Tribunal de Justiça[10] antes do advento do CPC de 2015 e que deve ser prestigiada porque harmônica com a sistemática recursal, inclusive na perspectiva da generalização do agravo interno por força de seu art. 1.021. Não, contudo, à falta de previsão legal, de acórdãos que julguem o agravo do art. 1.042 para determinar o

Tribunal. É que a precitada Súmula foi editada quando vigente o anterior RISTF, segundo o qual (art. 194, II, *a*) havia necessidade de os embargos serem tirados de acórdãos que haviam conhecido do extraordinário, é dizer, de acórdãos que superassem o juiz de admissibilidade daquele recurso. A referida Lei n. 623/49, vale o destaque, foi que introduziu, no Código de Processo Civil de 1939, os embargos aqui analisados, acrescentando um parágrafo único ao seu art. 833".

8. Luiza Silva Rodrigues, em seus *Embargos de divergência no CPC/2015*, p. 247/251, sustenta, pertinentemente, o cabimento dos embargos de divergência a partir de recurso especial *repetitivo*, embora reconheça que sua ocorrência será limitada a questões de ordem *processual* passíveis de serem julgadas naquela sede recursal pela CE do STJ.

9. Que já havia cancelado, desde 2007, a sua Súmula 599, que tinha a seguinte redação: "São incabíveis embargos de divergência de decisão de turma, em agravo regimental"

10. Que havia expedido a Súmula 316, com o seguinte enunciado: "Cabem embargos de divergência contra acórdão que, em agravo regimental, decide recurso especial".

processamento daqueles recursos[11]. Se ocorrer a hipótese do § 5º daquele dispositivo, de julgamento do próprio agravo conjuntamente com o recurso especial ou extraordinário, o entendimento deve ser diverso, admitindo-se, diante da presença das hipóteses do art. 1.043, os embargos de divergência[12].

O acórdão *paradigmático*, ou seja, o acórdão utilizado para demonstrar a dissonância do entendimento jurisprudencial e que enseja a sua uniformização mediante o emprego desse recurso, por sua vez, pode decorrer de julgamentos de recursos e de outros processos de competência originária, tais como mandados de segurança, ações rescisórias e reclamações, no que é expresso o § 1º do art. 1.043[13].

A abrangência do § 1º do art. 1.043 também permite entender que acórdãos proferidos em sede de agravo interno podem ser empregados para fazer as vezes de *paradigma*, isto é, de acórdão cuja orientação se pretende acabe por prevalecer. Ainda quando o agravo interno servir para colegiar a decisão monocrática do relator que indeferira o processamento do recurso especial. Nesse sentido, é correto entender que a previsão ampla daquele dispositivo ameniza a expressa revogação do inciso IV do art. 1.043 pela Lei n. 13.256/2016.

O § 2º do art. 1.043 admite que a divergência apta a justificar os embargos se dê tanto em relação a questões de ordem *material* e de ordem *processual*. Trata-se da consolidação de entendimento doutrinário, inclusive deste *Curso*, e jurisprudencial[14], que já era bem aceito antes do CPC de 2015.

Por sua vez, o § 3º do art. 1.043 admite os embargos de divergência indicando como paradigma acórdão da mesma Turma que proferiu a decisão embargada desde que sua composição tenha sido alterada em mais da metade de seus membros.

O dispositivo, que para os puristas do "*common law* brasileiro" deve ser criticado porque enaltece o posicionamento pessoal dos julgadores e não do próprio Tribunal, já era antevisto pelas edições anteriores deste *Curso*[15] e deve ser aplaudido, em função do *direito jurisprudencial* brasileiro e de suas características. Ela tem o condão de viabilizar a *atualização* da

11. Embora antiga sobrevive a orientação, nesse sentido da Súmula 300 do STF: "são incabíveis os embargos da Lei n. 623, de 19-2-1949, contra provimento de agravo para subida de recurso extraordinário". Similarmente, a Súmula 315 do STJ: "Não cabem embargos de divergência no âmbito do agravo de instrumento que não admite recurso especial".

12. É o entendimento do Enunciado n. 230 do FPPC: "Cabem embargos de divergência contra acórdão que, em agravo interno ou agravo em recurso especial ou extraordinário, decide recurso especial ou extraordinário".

13. Com o CPC de 2015 fica superada, portanto, a interpretação restritiva do CPC de 1973 que estava estampada, dentre outros, nos seguintes julgamentos da CE do STJ: EDv na AR 3.032/PB, rel. Min. Napoleão Nunes Maia Filho, rel. p/ acórdão Min. Ari Pargendler, j. 21-11-2012, *DJe* 20-5-2013, e AgRg nos EDcl nos EAG 1.404.093/SP, rel. Min. Humberto Martins, j.un. 16-5-2012, *DJe* 6-6-2012.

14. Assim, *v.g.*: STJ, 2ª Seção, AgInt nos EREsp 1.131.917/MG, rel. p/ acórdão Min. Marco Aurélio Bellizze, j.m.v. 23-5-2018, *DJe* 5-6-2018; STJ, 2ª Seção, EAREsp 25.641/RJ, rel. Min. Luis Felipe Salomão, j.un. 12-6-2013, *DJe* 25-6-2013; STJ, 2ª Seção, EREsp 595.742/SC, rel. p/ acórdão Min. Maria Isabel Gallotti, j.m.v. 14-12-2011, *DJe* 13-4-2012; e STJ, CE, EREsp 695.214/RJ, rel. p/ acórdão Min. Fernando Gonçalves, j.m.v. 6-5-2009, *DJe* 13-8-2009.

15. A referência é feita ao n. 2 do Capítulo 12 da Parte I do v. 5 das edições anteriores ao CPC de 2015.

jurisprudência dos órgãos fracionários diante de seus *atuais* membros. A *integridade* e a *coerência* da jurisprudência devem levar em conta essa particularidade dos Tribunais brasileiros, mormente do Superior Tribunal de Justiça.

Os embargos de divergência voltam-se à uniformização da jurisprudência atual, isto é, recente, do Supremo Tribunal Federal e do Superior Tribunal de Justiça. Se a divergência se mostrar defasada ou, até mesmo, superada por novas manifestações dos órgãos daqueles Tribunais, o recurso deve ser descartado[16].

Não se prestam para fundamentar os embargos de divergência os acórdãos utilizados para dar sustento a recurso especial interposto com base no permissivo da letra *c* do inciso III do art. 105, da Constituição Federal, malsucedido. É o que já dispunha a Súmula 598 do STF[17]. O entendimento é correto e deve ser prestigiado porque os embargos de divergência não podem ser utilizados como sucedâneo recursal objetivando a modificação do quanto decidido em sede de especial.

Não é óbice para o cabimento dos embargos de divergência que o acórdão paradigmático não tenha sido proferido por unanimidade de votos.

2.1 Prova e demonstração da divergência

O que a petição de interposição dos embargos de divergência traz de próprio em relação aos demais recursos é a necessidade de escorreita demonstração da divergência que justifica sua interposição, similarmente ao que ocorre com o recurso especial fundamentado na letra *c* do inciso III do art. 105 da Constituição Federal.

É essa a razão pela qual o § 4º do art. 1.043 prescreve caber ao recorrente provar a divergência com certidão, cópia ou citação de repositório oficial ou credenciado de jurisprudência, inclusive em mídia eletrônica, em que foi publicado o acórdão divergente, ou com a reprodução de julgado disponível na rede mundial de computadores, indicando a respectiva fonte.

---

16. É o que decorre da Súmula 168 do STJ ("Não cabem embargos de divergência, quando a jurisprudência do Tribunal se firmou no mesmo sentido do acórdão embargado") e, embora não expressa, mas aplicável para a espécie, também da Súmula 247 do STF ("O relator não admitirá os embargos da L. 623, de 19.2.49, nem deles conhecerá o Supremo Tribunal Federal, quando houver jurisprudência firme do Plenário no mesmo sentido da decisão embargada"), que traz à lembrança o disposto no art. 332 do RISTF ("Não cabem embargos, se a jurisprudência do Plenário ou de ambas as Turmas estiver firmada no sentido da decisão embargada, salvo o disposto no art. 103"). A Súmula 158 do STJ também merece ser mencionada nesse contexto. Segundo seu enunciado: "não se presta a justificar embargos de divergência o dissídio com acórdão de Turma ou Seção que não mais tenha competência para a matéria neles versada". Nas modificações implementadas pela ER n. 22/2016 no RISTJ, a exigência da divergência *atual* é feita pelo *caput* do art. 266 e pelo art. 266-C.
17. Cujo enunciado é o seguinte: "Nos embargos de divergência não servem como padrão de discordância os mesmos paradigmas invocados para demonstrá-la mas repelidos como não dissidentes no julgamento do recurso extraordinário".

Além dessa exigência, que diz respeito à existência *formal* da divergência (o acórdão paradigma), é ônus do embargante comprovar a existência *substancial* da divergência, pelo que o mesmo § 4º do art. 1.043 impõe a ele que mencione as circunstâncias que identifiquem ou assemelhem os casos confrontados. Aqui também a chamada demonstração *analítica* da jurisprudência é de rigor.

Não se trata de formalismo, mas de exigência relacionada à própria razão de ser do recurso. É preciso confrontar o caso concretamente julgado com o indicado como paradigma para verificar por que situações iguais de fato em sua essência justificaram decisões jurídicas diferentes em sua essência. Formalismo é ir além disso, exigindo, por exemplo, identidade absoluta dos fatos e dos acontecimentos ou menção a números de dispositivos legais. O confronto de teses, entre o julgado em concreto e o paradigma, tanto na sua perspectiva fática como na sua perspectiva jurídica, é inerente a esse recurso, tanto quanto o é para o recurso especial fundado na divergência jurisprudencial. Tudo para justificar a incidência da tese do paradigma no caso julgado.

É de se lamentar, por isso mesmo, tanto quanto se dá com relação ao § 2º do art. 1.029, a expressa revogação promovida pela Lei n. 13.256/2016 do § 5º do art. 1.043[18]. Tratava-se de dispositivo importante, que criava, correlata e paritariamente ao § 4º do mesmo art. 1.043, ônus argumentativo ao Tribunal de demonstrar a distinção entre os casos, para justificar a inadmissão do recurso, vedando a rejeição por fundamentação genérica, tão ao gosto da prática forense dos Tribunais Superiores e de sua jurisprudência defensiva.

Não obstante, tem aplicação, aqui, a mesma reflexão proposta ao ensejo do revogado § 2º do art. 1.029 no n. 5.1 do Capítulo 7: cabe entender, diante do inciso V do § 1º do art. 489, do direito jurisprudencial delineado pelo Código de Processo Civil e, de forma mais ampla, mas não menos importante, como decorrência do modelo constitucional (por todos, o art. 93, IX, da CF), que o *dever* imposto por aquela regra permanece hígida no sistema processual civil, merecendo ser aplicada.

O adequado exercício da *distinção* – e do ônus argumentativo correlato – é indispensável. Se os casos não são, em essência, equiparáveis, não há razão para os embargos de divergência. No entanto, isso precisa ser especificamente demonstrado à luz do próprio caso concreto. Nada, portanto, que não mereça ser escrito a propósito dos arts. 926 e 927, inclusive por força da expressa remissão que o § 1º deste último faz ao § 1º do art. 489 – e, para tanto, são suficientes as reflexões dos n. 2 e 4 do Capítulo 1 da Parte II, com destaque aos incisos V e VI daquele dispositivo –, sendo indiferente e, em rigor, inócua, a expressa revogação do § 5º do art. 1.043.

---

18. Era a seguinte a redação daquele dispositivo: "Quando o recurso estiver fundado em dissídio jurisprudencial, é vedado ao tribunal inadmiti-lo com base em fundamento genérico de que as circunstâncias fáticas são diferentes, sem demonstrar a existência da distinção".

3. EFEITOS

Os efeitos de recebimento e tramitação dos embargos de divergência não oferecem maiores questionamentos, sendo suficientes, por isso mesmo, as considerações genéricas expostas pelo Capítulo 1.

Seu efeito devolutivo é restrito ao pedido do embargante, e considerando que se trata de "recurso *extraordinário*", deve ser afastado o "efeito *translativo*". Até porque, ao recusar tal efeito ao recurso extraordinário e ao recurso especial, não há espaço para que o acórdão a ser proferido pelo Supremo Tribunal Federal e pelo Superior Tribunal de Justiça diga respeito a matérias não discutidas e não decididas que, em rigor, não guardam nenhuma relação com o objetivo dessa espécie recursal.

Os embargos de divergência não têm efeito suspensivo, prevalecendo, a propósito, a regra genérica do *caput* do art. 995, em plena harmonia com o que também se dá para os recursos extraordinários e especiais.

4. PROCEDIMENTO

O *caput* do art. 1.044 reserva aos regimentos internos do Supremo Tribunal Federal e do Superior Tribunal de Justiça competência para disciplinar o *procedimento* dos embargos de divergência. A previsão genérica tende a extrapolar os limites derivados do modelo constitucional e suas "normas de concretização do direito processual civil", cabendo ao intérprete compreendê-las diante dos ditames constitucionais e legais acerca do assunto que devem, invariavelmente, prevalecer sobre quaisquer diretrizes que delas destoem. Também não há razão para que os regimentos internos se limitem a repetir as prescrições legais ou parafraseá-las, dada a inocuidade normativa da iniciativa.

O prazo para apresentação e para resposta dos embargos de divergência é de quinze dias (úteis), sendo aplicáveis as dobras legais, consoante estejam presentes seus pressupostos autorizadores (art. 1.003, § 5º). As razões recursais devem ser apresentadas diretamente ao Supremo Tribunal Federal ou ao Superior Tribunal de Justiça consoante o caso, observadas as regras próprias com relação ao preparo.

A distribuição deve observar as regras de competência estabelecidas nos regimentos internos daqueles Tribunais. O art. 76 do RISTF exige, a propósito, que o recurso seja distribuído a um dos Ministros pertencentes à Turma que não proferiu o acórdão embargado. Prossegue o mesmo dispositivo impondo que, se o acórdão embargado for do Plenário, devem ser excluídos da distribuição o seu relator e o respectivo revisor. Tal distribuição, contudo, só se justifica quando admitidos os embargos de divergência (art. 335, § 3º, do RISTF). No Superior Tribunal de Justiça, limita-se o art. 74 do RISTJ, na redação da ER n. 22/2016, a impor que os embargos de divergência sejam distribuídos a "novo relator".

Não é claro no Código de Processo Civil o momento em que o relator fará o juízo de admissibilidade do recurso. A melhor interpretação, contudo, é a de que ele deve viabilizar, em primeiro lugar, a ciência e a manifestação do embargado para, depois, efetuar aquela análise, o que é expresso no § 1º do art. 335 do RISTF[19]. O juízo positivo de admissibilidade não vincula o órgão colegiado competente para o julgamento do recurso.

Não há razão para descartar o emprego do dever-poder geral de saneamento do parágrafo único do art. 932 para viabilizar a correção de eventual vício de forma ou de apresentação que possa comprometer o juízo *positivo* de admissibilidade. Inclusive, mas não só, quanto às exigências formais relativas à prova e à demonstração da divergência exigidas pelo § 4º do art. 1.043[20].

Do juízo negativo de admissibilidade, cabe agravo *interno* para o órgão colegiado competente para o julgamento dos embargos de divergência[21].

Pela própria razão de ser dos embargos de divergência é difícil vislumbrar a ocorrência das hipóteses das alíneas dos incisos IV e V do art. 932[22]. Se, contudo, se fizerem presentes, não há óbice para que o relator, monocraticamente (e superado o juízo *positivo* de admissibilidade), negue ou dê provimento ao recurso[23].

O Ministério Público intervirá na qualidade de fiscal da ordem jurídica nos casos em que a lei processual exige (art. 178). A respeito, o art. 266-D do RISTJ, na redação da ER n. 22/2016, reserva àquele órgão o prazo de vinte dias (úteis) para sua manifestação.

---

19. O art. 266-C do RISTJ, na redação da ER n. 22/2016, prescreve diferentemente, estatuindo competir ao relator indeferir liminarmente os embargos de divergência "... se intempestivos ou se não comprovada ou não configurada a divergência jurisprudencial atual, ou negar-lhes provimento caso a tese deduzida no recurso seja contrária a fixada em julgamento de recurso repetitivo ou de repercussão geral, a entendimento firmado em incidente de assunção de competência, a súmula do Supremo Tribunal Federal ou do Superior Tribunal de Justiça ou, ainda, a jurisprudência dominante acerca do tema". Interpretação conforme do dispositivo pressupõe a inexistência de prejuízo para o embargado para legitimar aquela atuação.
20. É mister dar interpretação conforme ao precitado art. 266-C do RISTJ, que dá a entender que o indeferimento liminar (monocrático) dos embargos de divergência lá determinado afastaria o exercício *prévio* daquele dever-poder.
21. O § 2º do art. 335 do RISTF, a propósito, reserva o prazo de *cinco* dias para o agravo interno, que deve ser lido à luz do art. 1.070 do CPC de 2015, que prescreve o prazo de quinze dias para tanto, sem prejuízo das dobras legais.
22. Sendo certo que a menção ao IRDR feito pelas alíneas *c* dos incisos IV e V do art. 932 deva ser, sistematicamente, afastada.
23. O precitado art. 266-C do RISTJ, já transcrito, prevê a hipótese para *negar* provimento aos embargos de divergência, mencionando também a colidência com a "jurisprudência dominante", expressão que não encontra guarida no sistema do CPC de 2015 pelas razões expostas no n. 3 do Capítulo 1 da Parte II.

5. JULGAMENTO

Competente para julgamento dos embargos de divergência no Supremo Tribunal Federal é o Plenário (art. 6º, IV, do RISTF).

No Superior Tribunal de Justiça, o órgão competente é fixado de acordo com os órgãos que apresentam a divergência a ser dirimida. Assim, se a divergência se der no âmbito de Turmas que compõem a mesma Seção ou entre essas Turmas e a respectiva Seção, é a própria Seção que tem competência para julgamento (art. 12, parágrafo único, I, do RISTJ). Se a divergência se verificar entre Turmas de Seções diversas, entre Seções, entre Turma e Seção que não integre ou entre Turma e Seção com a Corte Especial, é esse órgão que tem competência para julgamento dos embargos (art. 11, XIII, do RISTJ, na redação da ER n. 24/2016).

A Corte Especial do Superior Tribunal de Justiça, destarte, só tem competência para julgar os embargos cuja divergência se apresente entre Turmas que integram Seções diversas, entre Turma e Seção que não a que faz parte ou, ainda, entre Turma e a própria Corte Especial. Caso contrário, a competência é da respectiva Seção, que uniformizará a jurisprudência de suas respectivas Turmas.

Na hipótese de os embargos de divergência serem, concomitantemente, fundamentados em divergência entre três Turmas, sendo duas de uma mesma Seção, impõe-se que, primeiramente, a divergência seja dirimida no âmbito da Seção. Caso ela persista em confronto com o acórdão paradigmático da outra Turma, impõe-se a manifestação da Corte Especial.

Não há *revisão* nos embargos de divergência, cabendo ao *relator* pedir dia para julgamento (art. 21, X, do RISTF e art. 267, parágrafo único, do RISTJ, que é expresso no particular). Buscando maior possibilidade de exame dos embargos pelos demais julgadores, vale destacar o art. 154 do RISTJ, na redação da ER n. 24/2016, o qual prevê que, sempre que possível, o relator enviará, por meio eletrônico, cópia de seu relatório a eles, fazendo referência expressa ao recurso aqui examinado.

O art. 336, *caput*, do RISTF dispõe que, "na sessão de julgamento, aplicar-se-ão, supletivamente, as normas do processo originário, observado o disposto no art. 146", isto é, em que hipóteses o Presidente do Supremo Tribunal Federal proferirá voto. Uma vez conhecidos os embargos, o Plenário apreciará o mérito do recurso, no que é claro o parágrafo único do mesmo dispositivo regimental.

A sustentação oral na sessão de julgamento é expressamente prevista no inciso V do art. 937.

Do acórdão proferido em sede de embargos de divergência caberão, consoante o caso, embargos de declaração (art. 1.022) e, em se tratando de decisão proferida pelo Superior Tribunal de Justiça, não há como descartar aprioristicamente o cabimento de recurso extraordinário quando presentes, no acórdão respectivo, os pressupostos específicos do inciso III do art. 102 da Constituição Federal.

A respeito dessa hipótese, o § 1º do art. 1.044 dispõe que a apresentação dos embargos de divergência *interrompe* o prazo para interposição de recurso extraordinário por qualquer das partes.

Se os embargos de divergência forem desprovidos ou não alterarem a conclusão do julgamento anterior, isto é, do acórdão embargado, eventual recurso extraordinário interposto pela outra parte antes da publicação do julgamento dos embargos de divergência – a despeito da regra do § 1º do art. 1.044 – será processado e julgado independentemente de ratificação. É o que estatui o § 2º do art. 1.044, em harmonia com o que, para os embargos de declaração, reside no § 5º do art. 1.024.

Na hipótese oposta, é correto entender que o recorrente terá o prazo de quinze dias (úteis) para adequar o seu recurso ao que foi alterado ou modificado – e nos exatos limites em que isso se verificou –, mercê do acolhimento dos embargos de divergência. Não há espaço para duvidar da incidência do disposto no § 4º do art. 1.024 e do princípio da *complementaridade* nele agasalhado à hipótese[24].

24. É o entendimento que predominou na I Jornada de Direito Processual Civil do CJF, como faz prova seu Enunciado n. 83: "Caso os embargos de divergência impliquem alteração das conclusões do julgamento anterior, o recorrido que já tiver interposto o recurso extraordinário terá o direito de complementar ou alterar suas razões, nos exatos limites da modificação, no prazo de quinze dias, contados da intimação da decisão dos embargos de divergência".

Capítulo 10

Sucedâneos recursais

1. CONSIDERAÇÕES INICIAIS

Não há consenso sobre o significado da expressão "sucedâneos recursais", tampouco – e consequentemente – sobre quais são eles.

Para este *Curso*, seguindo os passos das edições anteriores ao CPC de 2015, o que justifica o tratamento de determinadas técnicas sob aquele rótulo é a sua predisposição para contrastar decisões judiciais a despeito de não ostentar natureza recursal. Mas não só. A circunstância e a técnica ser disciplinada ou, quando menos, referida ou aceita pelo Código de Processo Civil no contexto dos processos nos Tribunais ou recursos é fator que merece ser levado em conta também[1].

Aceitando essas premissas, sucedâneos recursais são técnicas predispostas pelo sistema processual civil para contrastar decisões judiciais, a despeito de não terem natureza recursal e, tampouco, serem disciplinadas no ambiente propício para tanto no Código de Processo Civil.

É o que justifica que, no presente Capítulo sejam tratadas as seguintes técnicas: remessa necessária, a chamada "ação anulatória" do § 4º do art. 966, pedido de suspensão, mandado de segurança contra ato judicial, pedido de reconsideração e correição parcial.

Mais importante do que buscar consenso sobre a nomenclatura e sobre as técnicas que devem ser analisadas nessa perspectiva – até porque as opções feitas pelo CPC de 2015 a respeito de determinados temas influencia essa opção[2] – é apresentar a disciplina de cada uma dessas técnicas.

1. A respeito, v. o n. 2 da Introdução do v. 5 das edições anteriores ao CPC de 2015 deste *Curso*.
2. Nas edições anteriores ao CPC de 2015 deste *Curso* a reclamação era tratada como sucedâneo recursal (v. n. 1 do Capítulo 3 da Parte III do v. 5). A iniciativa se justificava porque era técnica não disciplinada pelo CPC de 1973, mas por lei extravagante (art. 13 da Lei n. 8.038/90). Com o advento do CPC de 2015, aquela característica perdeu-se, o que justifica o tratamento daquela técnica entre a disciplina dos "processos nos Tribunais" na Parte II deste volume.

2. REMESSA NECESSÁRIA

O primeiro sucedâneo recursal aqui estudado é a chamada remessa necessária. Embora prevista no art. 496, no contexto da sentença (e, em rigor, no contexto da disciplina codificada a todas as decisões jurisdicionais), a sua finalidade de submeter sentenças ao duplo grau de jurisdição é fator bastante para qualificá-la no contexto do presente Capítulo[3].

A chamada "remessa necessária" é instituto pelo qual determinadas sentenças proferidas contra o Poder Público pública ficam submetidas à revisão perante o Tribunal de Justiça ou Tribunal Regional Federal respectivo, independentemente da interposição de apelação pelo ente público.

O art. 822 do CPC de 1939 referia-se à figura como "apelação necessária ou *ex officio*", expressão que, embora não repetida pelo CPC de 1973, que a chamava de "reexame necessário", e tampouco pelo art. 496 do CPC de 2015, que dela trata como "remessa necessária", fornecia adequada compreensão de sua finalidade, posto não haver dúvidas de que a técnica não se confunde com nenhum recurso por lhe faltar o que é inerente à sua caracterização como tal: a *voluntariedade*. Mais ainda quando o próprio CPC de 1939 anterior referia-se, em seu art. 821, à "apelação *voluntária*" para distinguir de maneira expressa as duas hipóteses.

Trata-se de instituto controvertido, de duvidosa constitucionalidade, e que na opinião de Alfredo Buzaid, idealizador do CPC de 1973, não deveria ser banido do direito processual civil brasileiro porque, "existindo, atualmente, no seio da organização judiciária do país órgãos especializados e suficientemente aptos para promoverem a defesa do fisco (...) não há necessidade de se manter um recurso que João Monteiro, com muita razão, crismou com a denominação extravagância judiciária"[4]. Tanto assim que, no Anteprojeto de Código de Processo Civil elaborado por aquele processualista, não havia originariamente previsão para o reexame necessário, que só passou a ocupar posição naquela codificação durante a sua tramitação legislativa. No que diz respeito ao CPC de 2015, o instituto já constava do Anteprojeto elaborado pela Comissão de Juristas (art. 478)[5], sendo preservado no Projeto do

3. Coerentemente com o quanto já escrito, o autor deste *Curso*, em seu *Manual*, escreve o seguinte: "O instituto não guarda nenhuma relação com a sentença e, bem entendido, deveria estar alocado no Título I do Livro III da Parte Especial, dedicado aos processos nos Tribunais, porque diz respeito ao reexame compulsório que aqueles órgãos jurisdicionais farão das sentenças proferidas em desfavor de pessoas de direito público". Em seguida, escreve que também as apelações impedem o início dos efeitos das sentenças como regra (mercê do efeito suspensivo daquele recurso), e nem por isso o CPC de 2015 tratou delas ao lado da disciplina dada àquelas espécies decisórias.

4. *Da apelação ex officio no sistema do Código de Processo Civil*, p. 57-58.

5. Que tinha a seguinte redação: "Art. 478. Está sujeita ao duplo grau de jurisdição, não produzindo efeito senão depois de confirmada pelo tribunal, a sentença: I – proferida contra a União, os Estados, o Distrito Federal, os Municípios e as respectivas autarquias e fundações de direito público; II – que julgar procedentes, no todo ou em parte, os embargos à execução de dívida ativa da Fazenda Pública".

Senado Federal (art. 483)[6], no da Câmara dos Deputados (art. 507)[7], tendo sido aprovado no texto final no art. 496[8].

É bastante comum, para justificar a subsistência do instituto, querer sustentar que se trata de medida representativa da salvaguarda do "interesse público".

O "interesse público", contudo, com o qual se pretende adequar a remessa necessária ao modelo constitucional do direito processual civil, não é "o" interesse público tutelado pela Constituição e que se afina com as pretensões legítimas dos cidadãos e à finalidade que justifica o Estado Democrático de Direito, o chamado, pelos administrativas, de "interesse público *primário*")[9]. Trata-se da salvaguarda de interesse que de "público" só tem o nome, porque coincidente com os interesses das pessoas jurídicas de direito público enquanto entes capazes de ter direitos e deveres na esfera jurídica, o chamado "interesse público *secundário*".

De resto, a justificativa histórica da "remessa necessária" conspira contra os ideais do sistema processual civil hoje vigente, na medida em que parte do pressuposto de que, *contra os interesses do Poder Público*, as sentenças não podem produzir seus efeitos senão depois de confirmadas pelo Tribunal respectivo, o que colide frontalmente com a compreensão que se deve dar às funções essenciais à Justiça, em especial às advocacias públicas. De resto, qualquer pressuposição da ausência de tutela adequada dos interesses do Poder Público agride o *caput* do art. 37 da Constituição Federal, que, dentre os princípios regentes da Administração

6. Assim redigido: "Art. 483. Está sujeita ao duplo grau de jurisdição, não produzindo efeito senão depois de confirmada pelo tribunal, a sentença: I – proferida contra a União, os Estados, o Distrito Federal, os Municípios e as respectivas autarquias e fundações de direito público; II – que julgar procedentes, no todo ou em parte, os embargos à execução de dívida ativa da Fazenda Pública; III – que, proferida contra os entes elencados no inciso I, não puder indicar, desde logo, o valor da condenação".

7. Cuja redação era a seguinte: "Art. 507. Está sujeita ao duplo grau de jurisdição, não produzindo efeito senão depois de confirmada pelo tribunal, a sentença: I – proferida contra a União, os Estados, o Distrito Federal, os Municípios e suas respectivas autarquias e fundações de direito público; II – que julgar procedentes, no todo ou em parte, os embargos à execução fiscal".

8. Antes da nomeação da Comissão de Juristas encarregada pela elaboração do Anteprojeto que resultou no CPC de 2015, havia sido aprovado pelo Senado Federal, como substitutivo, o Projeto de Lei da Câmara n. 3.615/2004, que tramitou naquela Casa Legislativa como PLC n. 6/2005, que modificava o valor previsto no § 2º do art. 475 do CPC de 1973 para quinhentos salários mínimos. O Projeto foi enviado, em devolução, à Câmara dos Deputados para deliberação nos termos do parágrafo único do art. 65 da Constituição Federal e ficou prejudicado diante da tramitação, naquela Casa Legislativa, do Projeto de novo Código de Processo Civil. Teve também trâmite perante o Senado Federal o PLS n. 11/2005, que revogava os incisos II e III do art. 475 do CPC de 1973, os quais, depois da Lei n. 11.352/2001, passaram a ser os incisos I e II do mesmo dispositivo, respectivamente. Pelo que se lê da exposição de motivos que acompanhava o referido Projeto, a iniciativa, de abolição da remessa necessária justificava-se pela insubsistência das razões históricas que motivaram a criação do instituto, cabendo aos advogados públicos, em cada caso, decidir se recorrem ou não da sentença que seja desfavorável às pessoas jurídicas de direito público. O Projeto chegou a receber parecer favorável na Comissão de Constituição, Justiça e Cidadania. Foi, contudo, arquivado diante da aprovação do Projeto de Lei que institui o CPC de 2015 naquela Casa.

9. Celso Antônio Bandeira de Mello, *Curso de direito administrativo*, p. 57-58.

Pública, prevê expressamente o da "eficiência". Quando menos, que se pensasse criticamente o instituto para preservá-lo apenas nos casos em que determinado ente público não possuir advocacia própria, como se dá com a maior parte dos municípios brasileiros.

De qualquer sorte, o instituto, típica regra de "direito processual público", é de aplicação diuturna no foro, e não há notícia de que sua inconstitucionalidade tenha sido pronunciada por algum Tribunal[10]. Põe-se, portanto, a necessidade de exame do art. 496.

2.1 Ineficácia da sentença proferida contra o Poder Público

A sujeição da sentença ao reexame necessário nos casos do art. 496 impede a produção imediata de seus efeitos. É o que se lê do *caput* desse dispositivo da lei processual: "Está sujeita ao duplo grau de jurisdição, não produzindo efeito senão depois de confirmada pelo tribunal, a sentença".

A sentença, destarte, quando proferida contra os interesses do Poder Público, é ineficaz enquanto não reexaminada pelo Tribunal recursal competente, e, por isso, é entendida por alguns como verdadeiro "ato complexo", isto é, um ato jurídico que, para surtir seus regulares efeitos, depende da *conjugação de vontades* de dois órgãos diversos. Em se tratando de remessa necessária, esses dois órgãos são o juízo de primeira instância e o Tribunal de Justiça ou o Tribunal Regional Federal respectivo.

A remessa necessária é, portanto, condição imposta pelo art. 496, para que as sentenças proferidas contra o Poder Público, excepcionadas as situações de seus §§ 3º e 4º, surtam seus regulares efeitos.

Caso o magistrado sentenciante não determine a remessa dos autos ao Tribunal competente para os fins do art. 496, o Presidente daquele órgão jurisdicional pode avocá-los, em conformidade com o § 1º do mesmo dispositivo.

Enquanto isso não ocorrer, não só os *efeitos* da sentença não podem, validamente, ser experimentados no plano material, como já destacado, mas também não há espaço para que se cogite de seu trânsito em julgado, a despeito de se tratar de sentença de mérito, orientação adotada pela Súmula 423 do STF[11].

Embora "efeitos da sentença" e "trânsito em julgado" sejam noções que não podem ser confundidas e nem tratadas indistintamente, a solução é correta na medida em que a não

---

10. A afirmação é tanto mais verdadeira desde a reforma operada pela Lei n. 10.352/2001 no art. 475 do CPC de 1973, que, na origem, previa a remessa necessária *também* para as sentenças anulatórias de casamento. Era a antiga redação do inciso I do art. 475 do CPC de 1973, que repetia, no particular, o que já estava previsto no art. inciso I do parágrafo único do art. 822 do CPC de 1939.

11. Cujo enunciado é o seguinte: "Não transita em julgado a sentença por haver omitido o recurso *ex officio*, que se considera interposto *ex lege*".

sujeição da sentença à remessa necessária não impede que, a qualquer tempo, ele seja realizado, inclusive com a avocação dos autos nos termos do precitado § 1º do art. 496.

Pode acontecer também de a sentença, a despeito de reclamar a incidência do art. 496, não ser enviada ao Tribunal para os fins daquele dispositivo, mas em função da interposição de apelação da Fazenda Pública.

Em tais casos, sem prejuízo do julgamento da apelação – quando a atuação do órgão *ad quem* deve pautar-se pelo "efeito *devolutivo*" –, o órgão julgador, constatando ser o caso de aplicação do art. 496, procederá a remessa necessária, "considerando-o interposto", para fazer uso de expressão bastante frequente na prática do foro, consolidada na parte final da precitada Súmula 423 do STF. A questão é importante porque, em tais hipóteses, a análise a ser feita pelo Tribunal não se limita à matéria impugnada por quem tiver recorrido (efeito devolutivo), não havendo razão para descartar aprioristicamente que a decisão final acabe por se revelar mais *gravosa* ao Poder Público.

Tanto assim que é entendimento sumulado do Superior Tribunal de Justiça o de que "A remessa oficial devolve ao Tribunal o reexame de todas as parcelas da condenação suportadas pela Fazenda Pública, inclusive dos honorários de advogado"[12]. É essa a razão pela qual, corretamente, deve-se reconhecer à pessoa jurídica de direito público legitimidade para apresentar embargos de declaração do acórdão que julga a remessa necessária, mesmo quando não tiver apresentado apelação.

2.2 Remessa necessária e contraditório

O § 1º do art. 496 é claro o suficiente para impor ao magistrado sentenciante que ele próprio, sem necessidade de qualquer provocação das partes ou de eventuais terceiros, submeta a sua decisão para reexame perante o Tribunal competente. A ausência de apelação não inibe, muito pelo contrário, a incidência da regra, e, na omissão, cabe ao Presidente do Tribunal recursal competente *avocar* os autos para que seja realizado o reexame da decisão para os fins do *caput* do art. 496, isto é, determinar a sua remessa para o Tribunal, até mesmo de ofício.

É irrecusável, contudo, que as partes devam ter ciência da sujeição da sentença à remessa necessária tão logo ela seja proferida, sendo de todo conveniente, por isso mesmo, que o magistrado se pronuncie acerca da incidência do art. 496 no caso concreto.

A uma, para que o Poder Público, ciente da aplicação do dispositivo – e, resolvida, por isso mesmo, por exemplo, qualquer questão relativa à presença, ou não, das hipóteses que excepcionam a incidência do instituto nos termos dos §§ 3º e 4º do art. 496 –, deixe de apelar, se assim entender que é o caso.

---

12. Trata-se da Súmula 325 daquele Tribunal.

A duas, porque o particular, ciente de que a sentença será reexaminada compulsoriamente pelo Tribunal, poderá, querendo, apresentar alguma manifestação para robustecer a correção da sentença e a necessidade de sua manutenção. Até mesmo, justamente em face do disposto nos §§ 3º e 4º do art. 496, para que justifique, ao Tribunal, o desacerto da sentença quanto ao entendimento do magistrado de submetê-la à remessa necessária.

Por força do princípio do contraditório, tão enaltecido pelo Código de Processo Civil, mas que decorrente de maneira suficiente do modelo constitucional de direito processual civil, não há como deixar de dar à parte (e a eventual terceiro) o direito de oferecer o que pode ser chamado de "contrarrazões à remessa necessária", providência que, de resto, não gera nenhum prejuízo à celeridade processual porque é insuprimível que as partes (e eventuais terceiros) sejam intimadas do proferimento da sentença.

2.3 Hipóteses de cabimento

Beneficiados pela remessa necessária, de acordo com o inciso I do art. 496 são a União, os Estados, o Distrito Federal, os Municípios e suas respectivas autarquias e fundações de direito público. Trata-se das pessoas jurídicas de direito público componentes da chamada "administração *direta*" e da "administração *indireta*", regidas pelo direito público.

Por força do "modelo constitucional *administrativo*", é irrecusável que, a despeito do silêncio do dispositivo, também as sentenças proferidas contra as *agências reguladoras* fiquem sujeitas à remessa necessária.

As sentenças proferidas contra as pessoas administrativas que compõem a "administração *indireta*" e que são, embora com ressalvas e temperamentos impostos desde o § 1º do art. 173 da Constituição Federal, regidas pelo direito privado, como é o caso das empresas públicas e das sociedades de economia mista, não ficam sujeitas ao instituto.

O inciso II do art. 496, ao se ocupar da sentença que "julgar procedentes, no todo ou em parte, os embargos à execução fiscal", é redundante. Mesmo que não se compartilhe do entendimento de que nem sempre a decisão que julga os "embargos à execução" é *sentença*, a sujeição do ato que acolher o pedido do particular executado pelo Poder Público (a execução fiscal, regida pela Lei n. 6.830/80) estaria garantida pela amplitude da redação do inciso I do mesmo dispositivo[13].

Não há previsão, contudo, de remessa necessária para os casos em que forem *rejeitados* os embargos apresentados pelo Poder Público em execução promovida por particular fun-

---

13. A 2ª Turma do STJ teve oportunidade de entender assimilável à hipótese do art. 475, II, do CPC de 1973 (equivalente ao art. 496, II, do CPC de 2015), a decisão de acolhimento de exceção de pré-executividade, em execução fiscal, embora, pelas peculiaridades do caso, tenha recusado o reexame necessário. Trata-se do REsp 1.415.603/CE, rel. Min. Herman Benjamin, j.un. 22-5-2014, *DJe* 20-6-2014.

damenta em título executivo extrajudicial (art. 910), não fica sujeita à remessa necessária[14]. Cabe ao Poder Público, em tais casos, recorrer, sob pena de ser *judicializado*, para os devidos fins, o título executivo e expedido o precatório ou determinado pagamento por RPV, consoante o caso.

Fora essas hipóteses codificadas, a remessa necessária é prevista em alguns diplomas extravagantes do direito processual civil. É o que se verifica, por exemplo, no art. 19 da Lei n. 4.717/65, para a "ação popular"[15], no parágrafo único do art. 14, § 1º, da Lei n. 12.016/2009, para o "mandado de segurança" [16], e no art. 3º da Lei n. 8.437/92, para "a sentença em processo cautelar, proferida contra pessoa jurídica de direito público ou seus agentes, que importe em outorga ou adição de vencimentos ou de reclassificação funcional", que se refere ao instituto, vale o destaque, como "recurso *ex officio*" [17].

2.4 Hipóteses de dispensa

Foi a Lei n. 10.352/2001 que, incluindo dois parágrafos no art. 475 do CPC de 1973, acabou por excepcionar a regra, até então absoluta, da remessa necessária para dispensá-la quando o valor envolvido na causa ou a imposição de pagamento não superasse sessenta salários mínimos e quando a sentença estivesse fundada em jurisprudência do plenário do Supremo Tribunal Federal ou em súmula deste Tribunal ou do tribunal superior competente[18].

O CPC de 2015, no particular, desenvolveu (e bastante) a tendência a flexibilizar a remessa necessária, fazendo-o nos §§ 3º e 4º do art. 496.

De acordo com o § 3º, a remessa necessária não atinge as sentenças que imponham o pagamento ou, na sua falta, cujo proveito econômico obtido na causa for de valor certo e líquido inferior a mil salários mínimos para a União e respectivas autarquias e fundações de direito

14. Trata-se de orientação que predominou na II Jornada de Direito Processual Civil do CJF: "Enunciado 158: A sentença de rejeição dos embargos à execução opostos pela Fazenda Pública não está sujeita à remessa necessária".

15. Que tem a seguinte redação: "Art. 19. A sentença que concluir pela carência ou pela improcedência da ação está sujeita ao duplo grau de jurisdição, não produzindo efeito senão depois de confirmada pelo tribunal; da que julgar a ação procedente caberá apelação, com efeito suspensivo".

16. Que tem a seguinte redação: "Art. 14. Da sentença, denegando ou concedendo o mandado, cabe apelação. § 1º Concedida a segurança, a sentença estará sujeita obrigatoriamente ao duplo grau de jurisdição".

17. Que tem a seguinte redação: "Art. 3º O recurso voluntário ou *ex officio*, interposto contra sentença em processo cautelar, proferida contra pessoa jurídica de direito público ou seus agentes, que importe em outorga ou adição de vencimentos ou de reclassificação funcional, terá efeito suspensivo". Sobre a subsistência da previsão, v. o n. 10.1 da Parte II do v. 1, a propósito do art. 1.059 do CPC de 2015, que determina sua aplicação à tutela provisória.

18. A CE do STJ teve oportunidade de decidir, em sede de repetitivo, que a dispensa só alcançaria as sentenças proferidas após a entrada em vigor da Lei n. 10.325/2001. Trata-se do REsp repetitivo 1.144.079/SP, rel. Min. Luiz Fux, j.un. 2-3-2011, *DJe* 6-5-2011, orientação também acolhida pela parte final da Súmula 108 do TJSP.

público, quinhentos salários mínimos para os Estados, o Distrito Federal, respectivas autarquias e fundações de direito público, e os Municípios que sejam capitais dos Estados, e cem salários mínimos para os demais municípios e respectivas autarquias e fundações de direito público.

No primeiro caso, destarte, importa considerar não o valor pretendido originariamente pelo autor (que, rigorosamente, estará espelhado, na normalidade dos casos, no valor dado à causa), mas o benefício concreto concedido pela sentença. FTSC pediu que o Estado de RPM pagasse a ele valor superior a quinhentos salários mínimos. A sentença acolheu apenas em parte o pedido e impôs ao Município de JAS o dever de pagar quatrocentos salários mínimos. É o que basta para não sujeitar a sentença à remessa necessária.

É correto entender, a propósito, do § 3º do art. 496, que as sentenças *ilíquidas* ou proferidas em processos em que não seja possível de imediato saber qual é o proveito econômico contrário às pessoas de direito público, devem ter seu reexame *postergado* para após a conclusão da etapa de liquidação[19]. É interpretação que encontra eco suficiente no inciso II do § 4º do art. 85, que trata da hipótese na perspectiva da fixação dos honorários advocatícios. Similarmente, quando não houver imposição de pagamento – processos em que não há prestação de tutela jurisdicional *executiva*, ou, para empregar a nomenclatura tradicional, em que a sentença proferida é *declaratória* ou *constitutiva* – ou, ainda, quando for impossível a mensuração do proveito econômico, o valor da causa (devidamente atualizado) deverá ser empregado para definir a submissão da sentença à remessa necessária, ou não.

Não faz sentido, em tais casos, submeter a sentença à remessa necessária quando é indispensável que a petição inicial especifique, sob pena de rejeição, o valor envolvido no conflito ainda que não se pretenda a concretização de tutela jurisdicional executiva (art. 319, V). O próprio § 3º do art. 496, ao colocar lado a lado, como alternativas, a palavra "condenação" e a expressão "proveito econômico obtido na causa" reforça o acerto deste entendimento[20],

19. A Súmula 490 do STJ, embora anterior ao CPC de 2015, já refletia aquele entendimento ao acentuar que: "A dispensa de reexame necessário, quando o valor da condenação ou do direito controvertido for inferior a 60 salários mínimos, não se aplica a sentenças ilíquidas". Também a Súmula 108 do TJSP, cujo enunciado é o seguinte: "A dispensa de reexame necessário, autorizada quando o valor da condenação ou do direito controvertido for inferior a 60 salários mínimos, não se aplica às sentenças ilíquidas (Súmula n. 490 do STJ), bem como àquelas proferidas antes da Lei n. 10.352/2001". A 1ª Turma do STJ, no REsp 1.735.097/RS, rel. Min. Gurgel de Faria, j.un. 8-10-2019, *DJe* 11-10-2019, entendeu pela dispensabilidade, em regra, da remessa necessária nos casos envolvendo o INSS por entender que, na prática, é inalcançável o valor de 1.000 salários mínimos previstos no art. 496, § 3º, I, que justificaria o emprego daquela técnica. Com o devido respeito àquele entendimento, a necessidade de postergar a remessa necessária para a liquidação naqueles casos, mesmo diante da acentuada pressuposição de valores, é impositiva. E se a sentença já for proferida de modo líquido, aplica-se a regra genérica que confirmará ou não a pressuposição.

20. Antes do CPC de 2015, o STJ teve oportunidade de entender de maneira diversa nos seguintes julgados: 2ª Turma, AgRg no REsp 1.506.371/RS, rel. Min. Herman Benjamin, j.un. 7-4-2015, *DJe* 21-5-2015; 1ª Turma, AgRg no AREsp 280.537/MG, rel. Min. Arnaldo Esteves Lima, j.un. 8-4-2014, *DJe* 30-4-2014; CE, EREsp 923.348/PR, rel. p/ acórdão Min. Luiz Fux, j.m.v. 3-12-2008, *DJe* 12-2-2009, e CE, EREsp 600.596/RS, rel. Min. Teori Albino Zavascki, j.un. 4-11-2009, *DJe* 23-11-2009, nos quais se entendeu que: "2. Os pressupostos normativos para a dispensa do reexame têm natureza estritamente econômica e são aferidos, não pelos elementos da demanda (petição inicial ou valor da causa), e sim pelos que decorrem da sentença que a julga. 3. A norma

solução que se harmoniza, de resto, com a diretriz do inciso III do § 4º do art. 85 para a fixação dos honorários advocatícios contra o Poder Público.

O salário mínimo a ser considerado é o vigente no momento da prolação da sentença ou quando de sua liquidação, conforme o caso, aplicando à espécie a mesma regra do § 5º do art. 85.

O § 4º do art. 496, por seu turno, dispensa a remessa necessária da sentença que estiver fundada em: (i) súmula de tribunal superior; (ii) acórdão proferido pelo STF ou pelo STJ em julgamento de recursos repetitivos; (iii) entendimento firmado em incidente de resolução de demandas repetitivas ou de assunção de competência; ou (iv) entendimento coincidente com orientação vinculante firmada no âmbito administrativo do próprio ente público, consolidada em manifestação, parecer ou súmula administrativa.

Os incisos I a III do dispositivo merecem ser interpretados em harmonia com o que este *Curso* propõe para o art. 927, incluindo no rol lá indicado, portanto, a existência de eventuais súmulas dos Tribunais de Justiça e dos Tribunais Regionais Federais (art. 926, § 1º), colocando em prática a diretriz neles estampada, um dos pontos principais, embora extremamente polêmicos, do Código de Processo Civil. A dispensa da remessa necessária em tais casos parte do pressuposto de que, dificilmente, a sentença será alterada em sede recursal e, por isso, não se justifica, nessa perspectiva, tolher seus efeitos mesmo quando o Poder Público não recorra dela.

A hipótese do inciso IV do § 4º do art. 496, embora estranha ao "direito jurisprudencial" a ser extraído daqueles dispositivos, merece também ser interpretada ampliativamente para albergar a hipótese de a sentença ter como fundamento o mesmo arsenal de atos administrativos que dispense, concreta e objetivamente, o advogado público de apresentar recurso no caso julgado, ainda que não se trate de "orientação vinculante firmada no âmbito administrativo do próprio ente público, consolidada em manifestação, parecer ou súmula administrativa". Não teria sentido pressupor que o magistrado, decidindo no mesmo sentido daqueles atos, submetesse a sua sentença a um reexame compulsório, quando a própria parte interessada, a Administração Pública, entende, de maneira bastante, pela sua correção. A iniciativa atritaria com o inciso LXXVIII do art. 5º da Constituição Federal e com seu par infraconstitucional, o art. 4º do CPC.

2.5 Relação com outros recursos e com o art. 942

O acórdão que julga a remessa necessária fica sujeito, desde que presentes seus devidos pressupostos, aos embargos de declaração, ao recurso extraordinário e ao recurso especial. O acórdão respectivo, nessa perspectiva, tem tudo para fazer as vezes da "causa decidida" exigida pelo art. 102, III, e pelo art. 105, III, da Constituição Federal.

do art. 475, § 2º é incompatível com sentenças sobre relações litigiosas sem natureza econômica, com sentenças declaratórias e com sentenças constitutivas ou desconstitutivas insuscetíveis de produzir condenação de valor certo ou de definir o valor certo do objeto litigioso".

Sobre a hipótese aventada pelo parágrafo anterior, cabe destacar interessante acórdão da 1ª Seção do Superior Tribunal de Justiça que entendeu descabido o recurso especial que buscava reavivar as mesmas teses que o ente público, beneficiário da remessa necessária, já poderia ter levantado perante o Tribunal local em sede de apelação, mas deixou de fazê-lo. Para a relatora, Ministra Eliana Calmon, enfatizando a necessidade de a remessa necessária ser interpretada à luz do que este *Curso* chama de modelo constitucional do direito processual civil, "A ilação de que fraudes e conluios contra a fazenda pública ocorrem principalmente no primeiro grau de jurisdição, levando à não impugnação da sentença no momento processual oportuno pelos procuradores em suas diversas esferas do Poder Executivo, por si só, não tem o condão de afastar a indispensável busca pela efetividade da tutela jurisdicional, que envolve maior interesse público e não se confunde com o interesse puramente patrimonial da União, dos Estados, do Distrito Federal e de suas respectivas autarquias e fundações. Ademais, o ordenamento jurídico possui instrumentos próprios, inclusive na seara penal, eficazes para a repressão de tais desvios de conduta dos funcionários públicos". A hipótese, em última análise, seria assimilável à ocorrência de "preclusão *lógica*"[21]. Embora aquele entendimento não tenha prevalecido no âmbito do Superior Tribunal de Justiça[22], sua orientação é prestigiada por este *Curso*, a obstar o recurso especial (e, por identidade de razões, também o extraordinário) quando ele se limitar a reproduzir razões que deveriam ter sido apresentadas na apelação não interposta. Não, contudo, no que disse respeito a matéria *nova* que decorre do julgamento da própria remessa necessária.

Não há como negar a aplicação do *art. 932 à remessa necessária*[23]. Nos casos lá especificados, o relator poderá, monocraticamente, atuar para os fins daquele dispositivo, máxime diante da presença de indexadores jurisprudenciais, para confirmar a sentença ou para modificá-la (art. 932, IV e V). Não deixa de haver, na hipótese, simetria com as situações que dispensam a remessa necessária nos moldes do § 4º do art. 496. Se a hipótese *não* for de remessa necessária, não obstante o envio da sentença para aquele fim, é irrecusável que o relator pode negá-la de pronto e monocraticamente, o que encontra fundamento suficiente no inciso III do mesmo art. 932. Em quaisquer casos em que o relator atuar, a decisão monocrática que proferir comporta o agravo *interno* do art. 1.021.

Dois outros pontos a respeito do tema, que dialogam com a sistemática recursal do CPC de 1973, merecem consideração.

---

21. Trata-se do REsp 904.885/SP, j.un. 12-11-2008, *DJe* 9-12-2008. No mesmo sentido: STJ, 2ª Turma, REsp 1.676.529/RJ, rel. Min. Herman Benjamin, j.un. 26-9-2017, *DJe* 10-10-2017, e STJ, 2ª Turma, REsp 1.085.257/SP, rel. Min. Eliana Calmon, j.m.v. 9-12-2008, *DJe* 24-3-2009.

22. Como fazem prova os seguintes julgados: STJ, 1ª Turma, AgRg no REsp 1.054.481/RJ, rel. Min. Napoleão Nunes Maia Filho, j.un. 15-9-2016, *DJe* 23-9-2016; STJ, CE, EREsp 853.618/SP, rel. Min. João Otávio de Noronha, j.un. 18-5-2011, *DJe* 3-6-2011; STJ, CE, EREsp 1.182.495/PR, rel. Min. Arnaldo Esteves Lima, j.un. 24-11-2011, *DJe* 6-12-2011, e STJ, CE, REsp 905.771/CE, rel. Min. Teori Albino Zavascki, j.un. 29-6-2010, *DJe* 19-8-2010.

23. É essa a diretriz da Súmula 253 do STJ, que se mostra hígida para o CPC de 2015: "O art. 557 do CPC, que autoriza o relator a decidir o recurso, alcança o reexame necessário". O dispositivo referido corresponde ao art. 932 do CPC de 2015.

O primeiro é para afirmar que não faz sentido no CPC de 2015 querer atrelar à remessa necessária a viabilidade de reexame das decisões interlocutórias não recorríveis de imediato (art. 1.009, §§ 1º e 2º). Para elas, a solução é que o Poder Público apele da sentença ou, havendo apelação da parte contrária, apresente suas contrarrazões, impugnando-as justificadamente. Seu silêncio deve ser entendido como preclusão, diferentemente do que este *Curso* sustentava para o CPC de 1973, tendo em conta o regime do agravo retido[24].

O segundo é que eventual divergência no julgamento da remessa necessária não deve autorizar a técnica de colegiamento do art. 942. Não fosse pela expressa vedação imposta pelo inciso II do § 4º do art. 942, a explicação decorreria do sistema processual civil em vigor.

É que o art. 530 do CPC de 1973, ao prever o cabimento do recurso de embargos infringentes, contentava-se que a falta de unanimidade se desse em "*grau* de apelação"[25]. Tanto o *caput* do art. 942, como o inciso II de seu § 3º, do CPC de 2015 referem-se ao julgamento de recursos (apelação e agravo de instrumento, respectivamente), a denotar, inequivocamente, que a parte prejudicada com a decisão tenha recorrido dela, a descartar, portanto, a viabilidade de conjugação dos dois institutos, quando ausente o contraste *voluntário* da decisão contrária ao Poder Público.

2.6 Remessa necessária e *reformatio in pejus*

Como a remessa necessária não ostenta natureza recursal e porque seu julgamento não se baseia nos limites da impugnação (efeito *devolutivo*), não há como extrair de eventual resultado desfavorável ao Poder Público derivado de seu julgamento a ocorrência de *reformatio in pejus*.

O que se dá na remessa necessária, como bem anota Nelson Nery Jr.[26], relaciona-se com o efeito *translativo ou, mais precisamente, com o princípio inquisitório, que informa aquele efeito relacionado à atuação dos Tribunais*, o que viabiliza a possibilidade de o Tribunal, mesmo sem provocação de quaisquer das partes e, até mesmo, de eventuais terceiros, modificar, no todo ou em parte, a sentença ainda que isso acabe por acarretar piora na situação do Poder Público. E isso, cabe frisar, ainda que haja recurso da outra parte.

As razões expostas pelo parágrafo anterior são suficientes para que este *Curso* não adira ao entendimento que acabou se cristalizando na Súmula 45 do Superior Tribunal de

---

24. Era o que defendia o n. 2.2 do Capítulo 7 da Parte I do v. 5 das edições anteriores ao CPC de 2015 deste *Curso*.

25. Que é o que conduzia este *Curso*, em suas edições anteriores ao CPC de 2015, ao entendimento quanto ao cabimento dos embargos infringentes a partir do julgamento não unânime da remessa necessária, sem deixar de reconhecer, todavia, a existência de entendimento contrário, suficientemente ilustrado pela Súmula 390 do STJ: "Nas decisões por maioria, em reexame necessário, não se admitem embargos infringentes".

26. *Teoria geral dos recursos*, p. 84-85.

Justiça[27], que veda a *reformatio in pejus* em sede de remessa necessária, máxime quando aquele mesmo Tribunal acabou por entender, em sua Súmula 325, que o instituto "devolve ao Tribunal o reexame de todas as parcelas da condenação suportadas pela Fazenda Pública, inclusive dos honorários de advogado"[28].

Cabe assinalar, a esse propósito, que compreender que da remessa necessária não pode resultar prejuízo para o Poder Público, estando garantida, consequentemente, a situação alcançada pela sentença reanalisada, acaba por robustecer as considerações relativas à violação ao princípio da isonomia derivadas do instituto.

3. AÇÃO ANULATÓRIA (ART. 966, § 4º)

O § 4º do art. 966 cuida de hipótese que não deve ser confundida com a "ação rescisória". De acordo com a previsão, "Os atos de disposição de direitos, praticados pelas partes ou por outros participantes do processo e homologados pelo juízo, bem como os atos homologatórios praticados no curso da execução, estão sujeitos à anulação, nos termos da lei".

Aqui, diferentemente do que se dá na rescisória, o objeto visado pelo autor não é o desfazimento da coisa julgada. Trata-se, bem diferentemente, de impugnar o próprio ato praticado pelas partes em juízo, ainda que homologado judicialmente. Os vícios alegáveis para tanto são os do direito material (público ou privado) e a competência para julgamento não é do Tribunal, mas do juízo de primeira instância, observadas as regras gerais. O prazo, outrossim, não é o do art. 975, mas os de prescrição ou de decadência, consoante os específicos vícios que motivam a pretensão (de direito material) invalidatória em juízo.

O CPC de 2015, no particular, acabou por incidir na mesma crítica que merecia ser feita ao art. 486 do CPC de 1973 que, também e a seu modo, previa a "ação anulatória" ao lado da "ação rescisória".

Se é certo que a alocação da "ação anulatória" como um dos parágrafos do art. 966 tem o condão de reforçar a noção (correta) de que ela não guarda nenhuma relação com a rescisória, buscando também distinguir com maior nitidez o que é e o que não é sujeito à rescisão, este *Curso* lamenta a falta de sensibilidade do Senado Federal que deixou de preservar a diversa alocação da regra que havia sido proposta no Projeto da Câmara, dentre os atos processuais[29].

---

27. Cujo enunciado é o seguinte: "No reexame necessário, é defeso, ao Tribunal, agravar a condenação imposta à Fazenda Pública".

28. A íntegra do enunciado daquela Súmula é a seguinte: "A remessa oficial devolve ao Tribunal o reexame de todas as parcelas da condenação suportadas pela Fazenda Pública, inclusive dos honorários de advogado".

29. A "ação anulatória" foi prevista no art. 284 do PL n. 8.046/2010 nos seguintes termos: "O ato negocial praticado pelas partes ou por participante do processo, homologado ou não em juízo, está sujeito à invalidação nos termos da lei. § 1º É anulável o ato negocial praticado no cumprimento de sentença e no processo de execução. § 2º

Destarte, o que se impugna mediante a "ação anulatória" prevista no § 4º do art. 966 não é o ato jurisdicional em si mesmo considerado (decisão interlocutória, sentença, acórdão ou decisão monocrática proferida no âmbito dos Tribunais) mas, diferentemente, o ato praticado entre as partes e meramente homologado judicialmente[30].

Constatada a ocorrência de eventual vício no ato de direito material praticado pelas partes e pretendendo-se impugná-lo, o caminho processual adequado é o da "ação anulatória", descabida a "ação rescisória". Diferentemente, quando o vício repousar no próprio ato jurisdicional e o que se pretender for extirpá-lo do ordenamento jurídico, o veículo processual adequado é a "ação rescisória", desde que presente pelo menos uma das hipóteses do *caput* do art. 966.

É essa a razão pela qual o art. § 4º do art. 966 faz referência a que a anulação dar-se-á "nos termos da lei". É dizer: os fundamentos de anulação dos atos praticados pelas partes em juízo são os mesmos de *quaisquer* atos de direito material. Não coincidem, assim, com os fundamentos dos incisos do *caput* do art. 966, encontrando-se nas mais variadas disposições de direito material. Assim, por exemplo, nos arts. 138 a 184 do Código Civil para atos jurídicos em geral e nos arts. 2º a 4º da Lei n. 4.717/65, a Lei da ação popular[31], ou, ainda, os arts. 9º a 11 da Lei n. 8.429/92, a Lei da probidade administrativa, para os atos de direito *público*. Também as leis regentes do direito processual civil podem dar supedâneo à anulação de atos praticados pelas partes no plano do processo, como ocorre, por exemplo, no âmbito da etapa de cumprimento de sentença ou da execução, no que é expresso o próprio texto do § 4º do art. 966. Assim, por exemplo, a hipótese prevista no inciso I do § 1º do art. 903 quanto à invalidação da arrematação.

A "ação anulatória" do § 4º do art. 966 não tem, por isso mesmo, nenhuma peculiaridade, em si mesma considerada, que reclamaria tratamento diverso. A medida nem sequer deveria ser estudada dentre os "sucedâneos recursais" ou, mais amplamente, dentre as técnicas de controle a *decisões jurisdicionais*, porque, em rigor, ela não se volta *diretamente* ao contraste de nenhuma decisão proferida pelo juiz que apenas de forma *indireta*, verdadeiramente *reflexa*, acaba sendo extirpada do ordenamento jurídico porque insubsistente diante do reconhecimento do vício do ato praticado pelas partes que a ela subjaz. O destaque de seu exame, contudo, é justificável porque ela sempre foi – e, com sua localização no mesmo dispositivo da ação rescisória tem tudo para continuar a ser – fonte constante de inquietações e dúvidas doutrinárias e jurisprudenciais.

Não se aplica o disposto neste artigo quando o pronunciamento homologatório resolver o mérito e transitar em julgado, caso em que será cabível ação rescisória, nos termos do art. 978". Para uma análise daquele dispositivo ao lado do art. 929 do PLS n. 166/2010, v., do autor, seu *Projetos de novo Código de Processo Civil comparados e anotados*, p. 151-152.

30. A 3ª Turma do STJ teve oportunidade de discutir longamente o descabimento da ação anulatória para desconstituir decisão trânsita em julgado, ainda que impondo o pagamento de valores considerados exorbitantes e indexados no salário-mínimo. Trata-se do REsp 1.782.867/MS, rel. Min. Marco Aurélio Bellizze, j.un. 6-8-2019, *DJe* 14-8-2019.

31. Nesse sentido: STJ, 2ª Turma, REsp 866.197/RS, rel. Min. Mauro Campbell Marques, j.un. 18-2-2016, *DJe* 13-4-2016; STJ, 2ª Turma, REsp 1.201.770/MG, rel. Min. Eliana Calmon, j.un. 12-11-2013, *DJe* 20-11-2013, e STJ, 1ª Turma, REsp 450.431/PR, rel. Min. Luiz Fux, j.un. 18-9-2003, *DJ* 20-10-2003, p. 185.

3.1 Hipóteses de cabimento

O texto do § 4º do art. 966 do CPC de 2015 sugere que não prevalece, no sistema, a dicotomia referida no art. 486 do CPC de 1973 entre a "ação anulatória" cabível de atos não dependiam de decisão e de atos em que a decisão judicial era "meramente homologatória". Sem razão, contudo. Ambos os atos, porque praticados pelas partes e voltados a produzir efeito no plano do processo, podem ser invalidados por aquela técnica processual. O que ocorre é que determinados atos dependem, para surtir efeitos no plano do processo, de prévia homologação judicial e outros não.

Para os atos que independem de manifestação judicial e, não obstante, podem ser invalidados em função do disposto no § 4º do art. 966, cabe citar os seguintes exemplos: "a outorga de poderes em procuração passada nos autos, a renúncia ao direito de recorrer, a aceitação expressa da decisão, a desistência de recurso e, de modo geral, as declarações de vontade das partes, unilaterais ou bilaterais que sejam"[32]. Outra importante categoria de atos que se amoldam com perfeição àquele dispositivo, a despeito de não dependerem de prévia homologação judicial para surtir efeitos no plano do processo são os negócios processuais, que passaram, com o CPC de 2015, a ter disciplina genérica no art. 190. Também a confissão é passível de anulação por erro de fato ou de coação, como estatui o art. 393[33].

Com relação aos atos das partes que possam vir a ser homologados judicialmente, cabe destacar que alguns deles dão ensejo a decisões aptas a transitar em julgado. É o que se dá, por exemplo, com o "reconhecimento da procedência do pedido", com a "transação" e com a "renúncia à pretensão" (art. 487, III). Nesses casos (e não obstante a homologação judicial e o eventual trânsito em julgado da decisão respectiva), o correto é entender que sua invalidação nos termos do § 4° do art. 966 pressupõe que a pretensão se volte ao próprio ato praticado pela(s) parte(s) e não à decisão judicial que o homologou levando em conta os vícios (e os prazos) que residem no plano material para tanto.

A esse respeito, cabe destacar que no rol de decisões rescindíveis dos incisos do *caput* do art. 966 do CPC de 2015 não subsiste a de decisão homologatória de transação, que era prevista no inciso VIII do art. 485 do CPC de 1973[34]. A opção do CPC de 2015 deve ser

---

32. São todas hipóteses apresentadas por José Carlos Barbosa Moreira em seus *Comentários ao Código de Processo Civil*, v. V, p. 159, que se mostram hígidas para o CPC de 2015.

33. Não subsiste no CPC de 2015 a dicotomia decorrente dos incisos I e II do art. 352 do CPC de 1973, que admitia a invalidação da confissão apenas antes do trânsito em julgado da decisão que a empregasse como único fundamento e a rescisória se a hipótese fosse de decisão já transitada em julgado. A decisão que adotar a invalidação como único fundamento pode até ser rescindida após seu trânsito em julgado, mas, para tanto, precisará estar presente ao menos um dos fundamentos dos incisos do *caput* do art. 966. É tema ao qual se volta o n. 3.3.5 do Capítulo 4 da Parte I.

34. O dispositivo também se referia à rescisória sempre que houvesse "fundamento para invalidar confissão e desistência". Essas outras duas hipóteses, analisadas ao longo do texto, estavam à margem da problemática por razões diversas e que também não subsistem no CPC de 2015.

entendida no sentido de afastar o artificialismo da solução proposta para distinguir as hipóteses no sistema processual civil anterior[35]. Assim, também para aquela hipótese, a ação anulatória é cabível desde que a pretensão seja exercitada para questionar, na perspectiva do direito material, o próprio acordo e não a decisão que o homologou.

De outra parte, há inúmeros atos praticados pelas partes ao longo do processo, que dependem de homologação para surtir efeitos no plano do processo, mas são incapazes de transitar em julgado. Para eles, a hipótese é invariavelmente de invalidação nos termos do § 4º do art. 966, sem levar em conta, portanto, a disciplina da ação rescisória. São exemplos de tais atos: os relativos à "desistência da ação" (art. 485, VIII); os praticados nos casos de jurisdição voluntária, quando não houver litígio entre as partes, e para anular atos praticados pelas partes para fins da concretização da tutela jurisdicional executiva (sendo indiferente que seu fundamento repouse em título executivo judicial ou em extrajudicial), por exemplo, a adjudicação, a alienação por iniciativa particular e a arrematação, desde que não tenha havido a apresentação de impugnação ao cumprimento de sentença ou de embargos à execução, que dão ensejo ao proferimento de decisões de mérito, aptas, portanto, à *rescisão* nos termos de pelo menos um dos incisos do *caput* do art. 966.

3.2 Procedimento

O processo que veicula a pretensão fundamentada no § 4º do art. 966 não segue o *procedimento* peculiar da "ação rescisória". Observará, conforme o caso, as regras do procedimento comum, salvo se houver, no Código de Processo Civil ou em lei processual extravagante, a previsão de procedimento especial, tal como se dá, no âmbito do direito (material) público, com a já referida "ação popular" e "ação de improbidade administrativa".

Seu prazo, prescricional ou decadencial, consoante a hipótese, é o do direito material, não se aplicando à hipótese o art. 975.

A competência é do juízo que proferiu a decisão homologatória, por força do art. 61. Não havendo homologação, o correto é entender que a competência será fixada, como regra, no domicílio do réu, observando-se as regras dos arts. 46 e seguintes, dado a pretensão ostentar natureza *obrigacional*.

Também é descabida a exigência do depósito prévio de 5% sobre o valor da causa exigido pelo inciso II do art. 968.

Os legitimados para a "ação anulatória" decorrem do direito material, não havendo correspondência necessária com o rol dos legitimados para a "ação rescisória" constante do art. 967.

35. Que era apresentada e discutida no n. 2.1 do Capítulo 1 da Parte III do v. 5 das edições anteriores ao CPC de 2015 deste *Curso*.

A doutrina reconhece a possibilidade de a "ação anulatória" ser proposta na pendência do processo em que produz ou terá aptidão para produzir efeitos o ato nela impugnado e acarretar sua suspensão nos termos da alínea *a* do inciso V do art. 313.

Diferentemente do que ocorre com a "ação rescisória" com a superação do *judicium rescindens*, a admissibilidade da "ação anulatória" não viabiliza o "rejulgamento da causa" (*judicium rescissorium*). A "ação anulatória" limita-se a invalidar (ou declarar nulos) os atos praticados pelas partes e, nessa qualidade, introduzidos no processo.

Não há qualquer óbice, em se tratando de "ação anulatória", a que o autor requeira, quando presentes seus respectivos pressupostos, tutela provisória, seja ela fundamentada na urgência (art. 300, *caput*) ou na evidência (art. 311).

4. PEDIDO DE SUSPENSÃO

No contexto de sucedâneos recursais, cabe tratar do chamado pedido de suspensão ou "suspensão de segurança", nominação esta que se deve às suas origens nas leis que disciplinam o mandado de segurança.

Trata-se de instituto típico do "direito processual público", empregado nos processos em que o Poder Público é parte e que pretende, sem prejuízo do segmento recursal cabível, sustar a eficácia da decisão que lhe é contrária.

Sua aplicação no âmbito do direito processual civil deriva da remissão feita pelo art. 1.059 ao art. 4º da Lei n. 8.437/92 e que é objeto do exame devido no n. 10.2 do Capítulo 5 da Parte I do v. 1. É correto entender, a respeito daquele dispositivo, rememorando o quanto discutido naquela sede, que os efeitos da decisão concessiva da tutela provisória concedida em desfavor do Poder Público podem vir a ser suspensos pelo Presidente do Tribunal que tem competência para julgamento do recurso cabível daquela decisão sempre que houver "manifesto interesse público ou de flagrante ilegitimidade, e para evitar grave lesão à ordem, à saúde, à segurança e à economia públicas" (art. 4º, *caput*, da Lei n. 8.437/92).

O emprego do instituto é corriqueiro, e as razões pelas quais são sustados os efeitos da decisão são mais de índole política do que jurídica[36], considerando que o erro ou o acerto da

36. O caráter *político* do pedido de suspensão tem sido enfatizado em diversas decisões do STJ, que sustentam o descabimento do recurso especial da decisão presidencial que o concede pela impossibilidade de aquele Tribunal reanalisar "... o juízo político realizado pelo Tribunal *a quo* para a concessão da suspensão da liminar", nos termos de sua Súmula 7. Nesse sentido: STJ, 2ª Turma, AgInt no AREsp 1.122.635/MS, rel. Min. Assusete Magalhães, j.un. 3-10-2017, *DJe* 13-10-201; STJ, 2ª Turma, AgRg no REsp 1.522.325/GO, rel. Min. Mauro Campbell Marques, j.un. 25-8-2015, *DJe* 3-9-2015; STJ, 2ª Turma, REsp 1.373.127/DF, rel. Min. Mauro Campbell Marques, j.un. 25-6-2013, *DJe* 1º-7-2013; STJ, 1ª Turma, AgRg no AREsp 103.670/DF, rel. Min. Benedito Gonçalves, j. un. 9-10-2012, *DJe* 16-10-2012, e STJ, 2ª Turma, AgRg no REsp 1.207.495/RJ, rel. Min. Humberto Martins, j.un. 14-4-2011, *DJe* 26-4-2011.

decisão deverá ser objeto de exame pelo recurso cabível. E a circunstância de o recurso cabível não prejudicar e nem condicionar o pedido de suspensão (art. 4º, § 6º, da Lei n. 8.437/92) enaltece o caráter de verdadeiro *sucedâneo* do instituto aqui em foco.

Na perspectiva histórica, até se poderia querer justificar a razão de ser do instituto, uma vez que era desconhecida da legislação processual civil a generalização da concessão do efeito suspensivo recursal, que hoje é bem e expressamente regulado pelo Código de Processo Civil. Tendo presente o desenvolvimento do mandado de segurança, do qual descende a figura, a situação era ainda mais justificável, já que sequer se concebia que da decisão concessiva de liminar naquela sede coubesse qualquer recurso, orientação que claramente colocava o Poder Público em situação de desigualdade com o particular, que é mais comumente que toma a iniciativa da impetração. Seja em função da evolução da própria lei disciplinadora do mandado de segurança (Lei n. 12.016/2009), que aceita expressamente o cabimento de recursos contra as decisões concessivas da liminar proferida em primeira instância (art. 14, § 2º) ou nas impetrações originárias dos Tribunais (art. 10, § 1º), seja em função da evolução do próprio Código de Processo Civil, que aceita não só a recorribilidade daquelas decisões, mas também a concessão casuística de efeito suspensivo aos recursos em geral (art. 995), não há por que sustentar a subsistência do instituto.

Na perspectiva evidenciada pelo parágrafo anterior, é correto questionar o pedido de suspensão na perspectiva da isonomia, e, por se tratar de hipótese julgada originariamente pelos Tribunais em geral, de falta de previsão constitucional para exercício da sua competência.

A violação à isonomia se dá porque o Poder Público ostenta um veículo a mais para sustar os efeitos de decisões que lhe são contrárias. Como não há, por definição, interesse *público* à margem do ordenamento jurídico, não calha, para afastar o entendimento, o entendimento de que se estaria, na espécie, diante da aplicação do princípio da supremacia do interesse público sobre o privado[37]. Ou há interesse público a ser tutelado em prol do Poder Público e ele é demonstrado pela via recursal no sentido de que é errada a decisão que surte efeitos contra ele ou não há interesse público nenhum a desmerecer qualquer consideração sobre as eventuais dificuldades administrativas, econômicas, políticas e/ou sociais de cumprimento da decisão. Inexiste, assim, meio-termo que possa ser digno de tutela jurisdicional, que é o que caracteriza o pedido de suspensão como tal.

---

37. O autor deste *Curso* já se deixou impressionar por esse argumento no primeiro trabalho e que se voltou ao assunto, seu *Liminar em mandado de segurança: um tema com variações*, p. 218-220. Defendia, contudo, o entendimento de que a hipótese se assemelhava a uma verdadeira *desapropriação de direitos*, a impor, em prol do particular que se via privado da eficácia da decisão que lhe era favorável uma compensação financeira, nos termos do art. 5º, XXIV, da CF. Em trabalhos posteriores, começando pelo seu *Mandado de segurança*, p. 160, passando pelo seu *Poder Público em juízo*, p. 77 e pelos v. 2, t. III e v. 4 das edições anteriores ao CPC de 2015 deste *Curso*, n. 13 do Capítulo 1 da Parte I e 2 do Capítulo 5 da Parte II, respectivamente, para chegar em seu *A nova lei do mandado de segurança*, p. 95, alterou seu posicionamento para o que consta do texto.

De outra parte, é importante recusar constitucionalidade ao instituto na perspectiva da competência para seu processamento e julgamento. De acordo com o modelo constitucional do direito processual civil, os Tribunais de Justiça, os Tribunais Regionais Federais, o Superior Tribunal de Justiça e o Supremo Tribunal Federal só têm competência para processamento e julgamento do que lhes é reconhecido pela Constituição Federal e pelas competências dos respectivos Estados[38]. Assim, não poderia a Lei, tal qual o art. 4º da Lei n. 8.437/92, prever o exercício de competência para *além* dos casos constitucionalmente previstos.

4.1 Dinâmica

Não obstante o tom crítico do número anterior, o pedido de suspensão é de uso e de concessão frequentíssimos, e, tendo como pano de fundo expositivo, a tutela provisória regulamentada pelos arts. 294 a 311 do CPC, sua exposição ocupa o já mencionado n. 10.2 do Capítulo 5 da Parte II do v. 1, em função da expressa remissão que o art. 1.059 faz ao precitado art. 4º da Lei n. 8.437/92. Para cá, contudo, cabe apenas sublinhar os seguintes pontos, no contexto de sua finalidade como verdadeiro sucedâneo recursal.

Para tanto, cabe fornecer o seguinte exemplo: particular demanda o Poder Público e requer, a título de tutela provisória, que seja afastada sua inabilitação de processo licitatório, determinando-se seu reingresso no certame em igualdade de condições com os demais licitantes. O magistrado concede a tutela provisória, por estar convencido da ocorrência de seus pressupostos autorizadores (art. 300)[39].

Contra essa decisão, a "pessoa jurídica de direito público interessada" pode, sem prejuízo da interposição do recurso de agravo de instrumento (art. 4º, § 6º, da Lei n. 8.437/92), pleitear junto ao Presidente do Tribunal competente para julgamento daquele mesmo recurso a suspensão dos efeitos da decisão visando, com isso, ao afastamento do concorrente do certame. Deverá alegar e demonstrar, para tanto, que se está diante de "caso de manifesto interesse público ou de flagrante ilegitimidade" e porque os efeitos daquela decisão comprometem "a ordem, a saúde, a segurança ou a economia públicas" (art. 4º, *caput*, da Lei n. 8.437/92). Esse dispositivo também reconhece legitimidade para o Ministério Público valer-se do instituto para a mesma finalidade.

38. Na perspectiva do direito processual civil, cabe excepcionar a competência do Tribunal de Justiça do Distrito Federal e dos Territórios, cuja competência é fixada por lei federal (art. 22, XVII, da CF). A exceção, contudo, só vem para confirmar o acerto da regra.

39. O § 1º do art. 4º da Lei n. 8.437/92 reconhece a aplicabilidade do instituto também com relação à sentença proferida em ação popular (Lei n. 4.717/65) e em ação civil pública (Lei n. 7.347/85) enquanto não transitadas em julgado. A menção lá feita às sentenças proferidas em "processo de ação cautelar inominada" devem ser compreendidas às *sentenças* que concedem ou que confirmam tutelas provisórias e, nesse sentido, acabar fazendo as vezes de um efeito suspensivo à apelação, o que traz à mente o disposto no art. 1.012, § 1º, V, do CPC.

O § 2º do art. 4º da Lei n. 8.437/92 prevê que o pedido de suspensão – diferentemente do que se vê no dia a dia do foro – deve ser processado em contraditório. De acordo com o dispositivo, que tem redação dada pela Medida Provisória n. 2.180-35/2001, "o Presidente do Tribunal poderá ouvir o autor e o Ministério Público, em setenta e duas horas"[40].

Havendo urgência na apreciação do pedido – urgência que justifique, à luz das peculiaridades do caso concreto, a legítima *postergação* dos princípios constitucionais da ampla defesa e do contraditório –, o Presidente do Tribunal pode deferir o pedido *liminarmente*. É essa a melhor interpretação para o § 7º do art. 4º da Lei n. 8.437/92: "O Presidente do Tribunal poderá conferir ao pedido efeito suspensivo liminar, se constatar, em juízo prévio, a plausibilidade do direito invocado e a urgência na concessão da medida". Tutelada a "ordem pública" preventivamente, contudo, a intimação da parte que, originariamente, beneficiou-se da medida jurisdicional cujos efeitos foram suspensos é de rigor. Estabelecido o contraditório e exercitada a ampla defesa, cabe ao Presidente do Tribunal confirmar, revogar ou modificar sua anterior decisão, o que é característico de qualquer tutela jurisdicional *preventiva* proferida com base em cognição não exauriente.

Da decisão do Presidente do Tribunal, acolhendo ou rejeitando o pedido da Fazenda Pública, cabe o recurso de "agravo interno" a ser interposto pela parte prejudicada, o particular (quando concedido o pedido) ou o Poder Público (se negado o pedido). O prazo de *cinco* dias previsto no § 3º do art. 4º da Lei n. 8.437/92 é, mercê do art. 1.070 do Código de Processo Civil, de quinze dias que, por ostentar natureza processual, terá fluência apenas nos dias úteis. O agravo deve ser julgado na sessão seguinte à sua interposição pelo órgão regimentalmente competente para tanto.

Se o acórdão que julgar o agravo interno resultar na *manutenção* da decisão concessiva da tutela provisória, o Poder Público poderá pleitear, perante o Presidente do Supremo Tribunal Federal e/ou perante o Presidente do Superior Tribunal de Justiça, a suspensão de seus efeitos, o que fará consoante a fundamentação de seu novo pedido seja constitucional federal ou infraconstitucional federal, respectivamente, analogicamente ao que prevê o art. 25 da Lei n. 8.038/90, observando-se, em termos de procedimento, também por analogia, o disposto nos §§ 8º a 13 do art. 1.037 do Código de Processo Civil.

O pedido de suspensão tem cabimento também quando, mercê de julgamento de agravo de instrumento interposto da decisão de primeira instância, a decisão concessiva da tutela provisória for *confirmada* ou, caso seja uma decisão negativa, agravada pelo particular com base no referido § 3º do art. 4º da Lei n. 8.437/92, acabe sendo concedida.

---

40. Embora anterior ao advento da EC n. 32/2001 que vedou expressamente que medidas provisórias pudessem disciplinar regras de direito processual civil (art. 62, § 1º, I, *b*, da CF), a regra (e, pela mesma razão, também os §§ 3º a 9º do art. 4º da Lei n. 8.437/92) é de criticável constitucionalidade, mesmo diante da redação original do art. 62 da CF. É tema que merece ser analisado na perspectiva do quinto grupo do modelo constitucional do direito processual civil, as "normas de concretização do direito processual civil". Todas elas, contudo, foram mantidas em vigor em função do disposto no art. 2º da referida EC n. 32/2001.

Em ambos os casos, o § 5º do art. 4º da Lei n. 8.437/92 prevê a apresentação de um novo pedido, desta feita tendo como base o acórdão do Tribunal de segunda instância, diretamente ao Presidente do Supremo Tribunal Federal ou ao Presidente do Superior Tribunal de Justiça, observando-se, para fins de competência, sua específica fundamentação. Um verdadeiro pedido de suspensão com viés recursal, um "pedido de suspensão da não suspensão".

O § 8º do art. 4º da Lei n. 8.437/92 prevê, também, a formulação de um "pedido *coletivo* de suspensão", assim entendida a possibilidade de decisões sobre a mesma *tese* jurídica terem seus efeitos suspensos por mero aditamento ao pedido anteriormente já concedido. É dispositivo que, a seu modo, estabelece técnica que busca otimizar a prestação jurisdicional dando a situações substancialmente idênticas a mesma resposta jurisdicional, o que, da perspectiva do "princípio da isonomia", deve ser aplaudido.

Todo cuidado é pouco, contudo, na aplicação da regra para evitar que a suspensão determinada a partir de um determinado caso acabe resultando em suspensão de casos diversos. É imperioso, destarte, que, antes de se determinar a suspensão nos novos casos, as partes sejam intimadas para se manifestar sobre a identidade ou não dos casos. À falta de regras específicas, a hipótese atrai a incidência do disposto nos §§ 8º a 13 do art. 1.037 do Código de Processo Civil.

Por fim, o § 9º do art. 4º a Lei n. 8.437/92, introduzido apenas pela última reedição da referida Medida Provisória, alguns dias antes de ela ser "estabilizada" pelo art. 2º da EC n. 32/2001, cria a chamada "ultra-atividade" do pedido de suspensão. De acordo com a regra, "a suspensão deferida pelo Presidente do Tribunal vigorará até o trânsito em julgado da decisão de mérito na ação principal".

A Súmula 626 do Supremo Tribunal Federal[41], que, segundo alguns, daria supedâneo àquele dispositivo, merece ser interpretada – como qualquer outra Súmula, aliás – a partir de seus precedentes, não sendo correto o alargamento de seu alcance a partir da interpretação de seu *enunciado*.

Os julgados que deram origem a referida Súmula tratavam de mandados de segurança impetrados originariamente nos Tribunais, o que, por si só, deve afastar a incidência do enunciado de todos aqueles casos em que o pedido de suspensão seja apresentado de decisões proferidas na primeira instância, dado o descabimento da invocação de regra específica, como o § 3º do art. 25 da Lei n. 8.038/90[42].

---

41. Cujo enunciado é o seguinte: "A suspensão da liminar em mandado de segurança, salvo determinação em contrário da decisão que a deferir, vigorará até o trânsito em julgado da decisão definitiva de concessão da segurança ou, havendo recurso, até a sua manutenção pelo Supremo Tribunal Federal, desde que o objeto da liminar deferida coincida, total ou parcialmente, com o da impetração".

42. Que tem a seguinte redação: "Art. 25. Salvo quando a causa tiver por fundamento matéria constitucional, compete ao Presidente do Superior Tribunal de Justiça, a requerimento do Procurador-Geral da República ou da pessoa jurídica de direito público interessada, e para evitar grave lesão à ordem, à saúde, à segurança e à economia pública, suspender, em despacho fundamentado, a execução de liminar ou de decisão concessiva de

Ademais, aqueles julgados originários dão conta de que a tese da "ultra-atividade" deve ceder espaço toda vez que o impetrante demonstrar que a situação fática que levou à suspensão dos efeitos da liminar não prevalece quando do proferimento da decisão final do mandado de segurança. É ônus dele requerer ao Presidente do Tribunal, que concedeu o "pedido de suspensão", a revogação de sua decisão toda vez que não subsistirem as razões que a justificaram. Daí o texto da Súmula, isto é, seu *enunciado*, fazer referência à necessária "coincidência" entre a liminar e a decisão final (referida como "objeto da impetração"), na suposição de que, na normalidade dos casos, se os efeitos da liminar eram prejudiciais à "ordem pública", pelos mesmos motivos, os efeitos da decisão (final) que a confirma também o serão.

Além disso, lê-se de diversos julgados originários da Súmula que, se a situação de fato é a mesma, seria excesso de rigor formal exigir que, pelo simples fato de o mandado de segurança ser julgado, fosse formulado novo pedido de suspensão. Caso isso não se verifique ou, vale enfatizar, o impetrante consiga demonstrar que já não subsistem mais os reflexos nocivos à ordem pública que levaram à suspensão dos efeitos da liminar, a "ultra-atividade" deve também ser afastada. É por isso que deve ser prestigiado o entendimento de que, mesmo quando o Presidente do Tribunal defere o "pedido de suspensão", não há necessidade de sua duração vincular-se sempre e em qualquer caso ao trânsito em julgado da decisão questionada, sendo lícito, diante do caso concreto, fixar-se outro *dies ad quem*.

Não fossem suficientes essas razões, e pretender que os *efeitos* da tutela jurisdicional *preventiva* só sejam liberados após o "trânsito em julgado da decisão de mérito na ação principal" é tornar vazio o exercício da função jurisdicional para os fins do inciso XXXV do art. 5º da Constituição Federal. Se a maior razão de ser da atuação *urgente* do Estado-juiz é a possibilidade de debelar o *periculum in mora*, afastando as consequências indesejáveis que o *tempo* inerente ao processo jurisdicional pode acarretar, não tem sentido vincular a efetiva proteção de um direito, quando suficientemente reconhecido existente, ao proferimento de uma decisão com base em cognição exauriente.

De outra parte, a regra tem o condão de acarretar inegável inversão na organização judiciária porque, em rigor, ela admite que decisão proferida pelo Presidente de um Tribunal de Justiça ou de um Tribunal Regional Federal subsista mesmo quando já inaugurada a instância recursal especial ou extraordinária e que decisões já tenham sido tomadas naquela sede pelo Superior Tribunal de Justiça ou pelo Supremo Tribunal respectivamente. Não há como sustentar que a eficácia daquelas decisões pudesse ser sustada aprioristicamente por outra proferida por órgão jurisdicional de menor hierarquia.

---

mandado de segurança, proferida, em única ou última instância, pelos Tribunais Regionais Federais ou pelos Tribunais dos Estados e do Distrito Federal (...) § 3º A suspensão de segurança vigorará enquanto pender o recurso, ficando sem efeito, se a decisão concessiva for mantida pelo Superior Tribunal de Justiça ou transitar em julgado".

Por tais motivos é que, de todas as regras relativas ao "pedido de suspensão", a do § 9º do art. 4º da Lei n. 8.437/92 é a mais agressiva do "modelo constitucional do processo civil". Cabe, por isso mesmo, ao magistrado do caso concreto, analisando as peculiaridades da hipótese, afastar a incidência da regra.

5. MANDADO DE SEGURANÇA CONTRA ATO JUDICIAL

O chamado "mandado de segurança contra ato judicial" deve ser entendido como mais um "sucedâneo recursal", isto é, como medida que, embora não seja definida pela lei processual civil como *recurso*, desempenha finalidade similar, e no que lhe diz respeito, até mesmo idêntica à de um recurso.

O "mandado de segurança" é "ação constitucional", para fazer uso da expressão tradicional, ou "procedimento jurisdicional constitucionalmente diferenciado", para empregar a expressão sugerida proposta por este *Curso ao ensejo da apresentação do modelo constitucional do direito processual civil*, apto a evitar lesões a direito praticadas ou na iminência de sê-lo por autoridade pública. Desde seu surgimento com a disciplina até hoje conhecida, o mandado de segurança desempenhou relevante papel, relacionado ao que, em termos atuais, pode e deve ser chamado de "efetividade do direito material pelo e no processo"[43].

Para o que interessa ao tema presente, importa destacar que não há qualquer espaço de dúvida quanto ao cabimento do mandado de segurança para questionar atos judiciais praticados no exercício de função *atípica* pelo Estado-juiz. Assim, por exemplo, quando o Presidente do Tribunal de Justiça ou do Tribunal Regional Federal pratica atos *administrativos* relativos aos servidores públicos do Tribunal, na abertura e condução de concursos públicos e, até mesmo, com relação aos atos praticados pelos Presidentes dos Tribunais no processamento e pagamento de precatórios que, consoante a Súmula 311 do Superior Tribunal de Justiça[44], não têm caráter *jurisdicional*, escapando, até mesmo, de sua revisão por recurso extraordinário e por recurso especial[45].

Trata-se, em situações como essas, de ato *substancialmente* administrativo, posto ter sido praticado por magistrado, e, para fins de cabimento do mandado de segurança, não há qualquer dúvida digna de destaque, menos ainda no contexto que interessa à presente exposição[46]. De resto, ausentes os pressupostos autorizadores do mandado de segurança, os atos *adminis-*

43. Para essa exposição, v., do autor, seu *Mandado de segurança*, esp. p. 8-11.

44. Cujo enunciado é o seguinte: "Os atos do presidente do tribunal que disponham sobre processamento e pagamento de precatório não têm caráter jurisdicional".

45. Nesse sentido é a Súmula 733 do STF, assim enunciada: "Não cabe recurso extraordinário contra decisão proferida no processamento de precatórios".

46. Nas edições anteriores ao CPC de 2015, este *Curso* se voltou ao exame do mandado de segurança naquele contexto, seu *habitat* natural, como se pode verificar do Capítulo 1 da Parte I do t. III de seu v. 2.

trativos praticados pelas autoridades judiciárias naquelas condições são passíveis de contraste por quaisquer outras técnicas disponíveis para tanto no sistema.

A dúvida que se põe diz respeito à viabilidade do mandado de segurança para o contraste de atos jurisdicionais "típicos", isto é, praticados pelos magistrados em geral no exercício da função jurisdicional. Sua elucidação é o objetivo do número seguinte.

5.1 Hipóteses de cabimento

A Lei n. 12.016/2009, que atualmente disciplina o mandado de segurança, conhecida, portanto, como lei do mandado de segurança, superando discussão originada na Lei n. 191/36 e no âmbito do Código de Processo Civil de 1939, cujos arts. 319 a 331 se ocupavam do instituto, é peremptória, nos incisos II e III de seu art. 5º, ao negar o cabimento do mandado de segurança "de decisão judicial da qual caiba recurso com efeito suspensivo" e "de decisão judicial transitada em julgado", respectivamente[47].

Diante do texto legislativo hoje vigente, a indagação que se mostra pertinente é saber se a *lei* pode suprimir o cabimento ou, quando menos, reduzir a amplitude do cabimento de um direito e de uma garantia constitucional.

A melhor resposta à preocupação esboçada pelo parágrafo anterior é a de que os incisos II e III do art. 5º da Lei n. 12.016/2009 não agridem o modelo constitucional do direito processual civil, para empregar a expressão preferida por este *Curso*, desde que o sistema processual civil, ele próprio, tenha aptidão para evitar a consumação de lesão ao direito daquele que se afirma titular de um direito. Na verdade, os dois dispositivos legais não devem ser interpretados como se negassem, em qualquer situação, generalizada e abstratamente, o cabimento do mandado de segurança contra ato judicial para desempenhar o papel a que, desde o inciso LXIX do art. 5º da Constituição Federal, ele é predestinado.

Os referidos dispositivos legais devem, por isso mesmo, ser interpretados como indicativo da ausência de "interesse de agir" na impetração de mandado de segurança contra ato judicial toda vez que a decisão puder ser contrastada mediante recurso que tenha efeito suspensivo e porque o veículo adequado para controle de decisões transitadas em julgado é a "ação rescisória", que admite, nos termos do art. 969, a tomada de providências imediatas para evitar qualquer lesão ou ameaça a direito do autor.

A opção feita pelo legislador não é, em si mesma, inconstitucional. Será inconstitucional apenas quando o sistema processual civil não se mostrar *eficaz* o suficiente para inibir a

47. No âmbito da Lei n. 1.533/51, que se seguiu ao CPC de 1939, o tema era tratado da seguinte forma: "Art. 5º Não se dará mandado de segurança quando se tratar: (...) II – de despacho ou decisão judicial, quando haja recurso previsto nas leis processuais ou possa ser modificado por via de correção".

consumação da lesão ou não imunizar satisfatoriamente a ameaça de direito do impetrante e, mesmo assim, não houver qualquer medida – a ser desempenhada pelo mandado de segurança contra ato judicial – apta para evitar uma ou outra situação.

É o caso de analisar mais de perto cada uma das hipóteses previstas nos incisos II e III do art. 5º da Lei n. 12.016/2009.

5.1.1 A hipótese do art. 5º, II, da LMS

O inciso II do art. 5º da Lei n. 12.016/2009 prevê o descabimento do mandado de segurança "de decisão judicial da qual caiba recurso com efeito suspensivo".

O texto da regra é uma evolução do que estatuía a Súmula 267 do Supremo Tribunal Federal, segundo a qual: "não cabe mandado de segurança contra ato judicial passível de recurso ou correição". O rigor de seu enunciado sempre deu a falsa impressão do descabimento, em quaisquer situações, do mandado de segurança contra ato judicial, o que nunca se mostrou verdadeiro quando analisada a jurisprudência daquele e dos demais Tribunais brasileiros que sucederam à sua edição, no ano de 1963, quando vigente a Lei n. 1.533/51, que, até o advento da Lei n. 12.016/2009, disciplinava o mandado de segurança.

Tanto assim que, desde julgamento considerado clássico pela doutrina que se debruçou sobre o assunto[48], o Supremo Tribunal Federal acabou por abrandar a interpretação do enunciado daquela Súmula para admitir mandados de segurança contra atos judiciais desde que a decisão fosse "teratológica", assim entendida a decisão clara e inequivocamente errada, e capaz de causar dano irreparável ou, quando menos, de difícil reparação.

Na atualidade, a melhor interpretação para o inciso II do art. 5º da Lei n. 12.016/2009 é a de que sempre que o sistema recursal tiver aptidão, máxime diante da possibilidade de atribuição de efeito suspensivo, de evitar lesões ou ameaças a direito a pertinência do mandado de segurança contra ato judicial fica sistematicamente afastado, diretriz que se mostra segura evolução de todas as alterações que o tema experimentou na perspectiva legislativa e jurisprudencial desde então, inclusive no que diz respeito às radicais alterações experimentadas pelo recurso de agravo de instrumento no CPC de 1973 por força da Lei n. 9.139/95.

---

48. A referência é feita ao Recurso Extraordinário n. 76.909/RS, julgado em 5 de dezembro de 1973, e relatado pelo Ministro Antônio Neder. Para a discussão em sede de doutrina, consultar: Kazuo Watanabe, *Controle jurisdicional: princípio da inafastabilidade do controle jurisdicional no sistema jurídico brasileiro e mandado de segurança contra atos judiciais*; Teresa Arruda Alvim, *Medida cautelar, mandado de segurança e ato judicial*, e Carlos Alberto de Salles, Mandado de segurança contra atos judiciais: as Súmulas 267 e 268 do STF revisitadas. O autor deste *Curso* também se voltou ao assunto em seu *Liminar em mandado de segurança: um tema com variações*, p. 299-300; *Mandado de segurança*, p. 64-69; *A nova lei do mandado de segurança*, p. 20-22, e em artigo escrito em homenagem ao saudoso Professor Donaldo Armelin, O mandado de segurança contra ato judicial e o parágrafo único do art. 527 do Código de Processo Civil, p. 83-99.

Tanto assim que as edições anteriores deste *Curso* sustentavam que:

"Se a interposição do agravo e a concessão *casuística* do efeito suspensivo mostrarem-se, ao menos em tese, medidas suficientes para impedir a consumação de qualquer lesão ao agravante, fica afastada a *necessidade* do mandado de segurança contra ato judicial.

Mesmo para os casos de apelação despida de efeito suspensivo (art. 520) e recursos extraordinários e especiais que não têm tal efeito (arts. 497 e 542, § 2º), o sistema recursal prevê mecanismos aptos para evitar qualquer lesão ou ameaça a direito do recorrente durante sua tramitação por força do parágrafo único do art. 558 ou, genericamente, em virtude do exercício do 'dever-poder geral de cautela' no âmbito recursal (art. 800, parágrafo único). Afastado eventual receio de lesão ou ameaça pela concessão *casuística* do efeito suspensivo a esses recursos, também deixa de ser *necessária* a impetração do mandado de segurança.

Em suma: toda vez que se puder evitar a consumação da lesão ou da ameaça pela utilização do próprio sistema recursal, interpretando-o de forma tal que ele, por si próprio, independentemente de qualquer outra medida, tenha aptidão para evitar a consumação de dano irreparável ou de difícil reparação para o recorrente, e pela *dinâmica* do efeito suspensivo dos recursos, forte no que dispõem o *caput* e o parágrafo único do art. 558, descabe o mandado de segurança contra ato judicial à míngua de *interesse jurídico* na impetração. Inversamente, toda vez que o sistema recursal não tiver aptidão para evitar a consumação de lesão ou ameaça na esfera jurídica do recorrente, toda vez que não se aceitar uma interpretação ampla suficiente das regras processuais para evitar uma dada situação de ameaça ou de lesão ao recorrente, o mandado de segurança contra ato judicial tem pleno cabimento. É a orientação que prevaleceu no âmbito da 1ª Turma do Supremo Tribunal Federal quando do julgamento do RMS 26.098/RJ, rel. Min. Marco Aurélio, j. un. 26-5-2009, *DJe* 14-8-2009.

Para o fim destacado pelo parágrafo anterior, é indiferente que a decisão a ser questionada seja 'teratológica' ou não. Não há espaço para subsistência da ressalva que a evolução jurisprudencial do Supremo Tribunal Federal deu à sua Súmula 267. Quaisquer *errores in procedendo* e *in judicando*, independentemente de sua gravidade, são contrastáveis por *recursos* ou por quaisquer outras medidas jurisdicionais, típicas ou atípicas, e na exata medida em que as técnicas adotadas tenham aptidão de evitar lesões ou ameaças ao interessado, não deixando qualquer situação carente de tutela jurisdicional adequada, não há por que fazer uso do mandado de segurança contra ato judicial.

O mandado de segurança contra ato judicial, em tais condições, cabe para salvaguardar o direito do recorrente quando houver *necessidade* de colmatar eventual lacuna decorrente da ineficiência do sistema recursal. Na lição de Kazuo Watanabe (*Controle jurisdicional e mandado de segurança contra atos judiciais*, p. 106), o mandado de segurança contra atos judiciais não pode apresentar-se como um '... remédio alternativo à livre opção do interessado, e sim como instrumento que completa o sistema de remédios organizados pelo legislador processual, cobrindo as falhas neste existentes no que diz com a tutela de direitos líquidos e certos'. Trata-se, aliás, do *mesmo* papel que o mandado de segurança desempenhou no direito processual civil brasileiro desde suas origens, quando ainda nem sequer era identificado como tal e distinguido de outras medidas como o *habeas corpus* ou os chamados "interditos proibitórios": de medida que se fazia necessária para a tutela adequada de um dado direito, ameaçado ou lesionado, na ausência de quaisquer outras alternativas aptas para a mesma finalidade que pudessem, legitimamente, ser construídas e, consequentemente, empregadas, a partir dos mecanismos disponíveis, ainda que de maneira esparsa, pelo sistema processual civil"[49].

Com o advento do CPC de 2015, há, contudo, um elemento novo que merece ser levado em conta, em especial no que diz respeito à *nova* sistemática da recorribilidade das decisões interlocutórias e à restrição de uso para as decisões previstas nos incisos do *caput* ou do parágrafo único do art. 1.015.

Há, em rigor, duas formas opostas e excludentes de lidar com a questão na perspectiva do art. 1.015: a de entender que a opção do legislador é válida e, nesse sentido, descartar sistematicamente a *necessidade* da impetração do mandado de segurança a despeito de não haver previsão de agravo de instrumento de determinadas decisões interlocutórias ou, no extremo oposto, a de defender indevida a restrição feita pelo legislador e, consequentemente, vislumbrar o cabimento do mandado de segurança contra ato judicial que fará as vezes do agravo de instrumento não previsto expressamente para a hipótese.

Como sustentado no n. 2 do Capítulo 3, e reiterado na perspectiva que mais interessa ao presente desenvolvimento, no n. 2.12 daquele mesmo Capítulo, este *Curso* defende a opinião de que a opção do legislador de restringir o cabimento do agravo de instrumento às decisões interlocutórias previstas no art. 1.015 e identificadas como tais pelo sistema processual civil é plenamente harmônica com o modelo constitucional do direito processual civil. A uma, porque aquele recurso, quando cabível, pode receber efeito suspensivo a impedir a consumação de qualquer lesão ou ameaça a direito (arts. 995, parágrafo único, e 1.019, I). A duas, porque, para as hipóteses descartadas da recorribilidade imediata, há outras técnicas e outras soluções cabíveis no ordenamento jurídico que, bem utilizadas, descartam, por absoluta falta de necessidade, o emprego do mandado de segurança contra ato judicial.

Para quem discordar daquele entendimento e das razões que lhe querem dar sustento – e prova segura de tal discordância reside suficientemente no Tema 988 da jurisprudência repetitiva do STJ –, restam duas opções a serem observadas. A primeira, mais coerente para este *Curso*, é a de entender ilegítima a opção do legislador e, nessa exata medida, defender o cabimento do próprio recurso de agravo de instrumento, a despeito da falta de sua previsão expressa. A segunda é a de sustentar a pertinência do mandado de segurança contra ato judicial para fazer as vezes do recurso incabível. É o entendimento que conduz ao contexto aqui analisado, de reconhecer o mandado de segurança contra ato judicial como verdadeiro sucedâneo recursal[50].

49. V. n. 2 do Capítulo 4 da Parte III do v. 5 das edições anteriores ao CPC de 2015 deste *Curso*.

50. É entendimento que, na perspectiva do parágrafo único do art. 527 do CPC de 1973, defendia o mesmo n. 2 do Capítulo 4 da Parte III do v. 5 das edições anteriores ao CPC de 2015 deste *Curso*: "Na atualidade, o uso do mandado de segurança contra ato judicial justifica-se, ilustrativamente, a partir da *irrecorribilidade* das decisões

O fato é que com a fixação da tese pela CE do STJ no referido Tema 988, o emprego do mandado de segurança contra ato judicial, no âmbito do direito processual civil, deve ser muito pouco frequente. Isto porque, como lá se decidiu, é cabível o recurso de agravo de instrumento toda a vez que, "verificada a urgência decorrente da inutilidade do julgamento da questão no recurso de apelação", justificar-se a *urgência* no reexame imediato da decisão interlocutória pela segunda instância, a despeito das opções (expressas) feitas pelo legislador no *caput* do art. 1.015. Nessa perspectiva, será o suficiente comprovar a incidência daquela orientação no caso concreto para viabilizar a pertinência do uso do agravo de instrumento. Nessa exata medida, admitindo-se o agravo, descarta-se a *necessidade* do emprego do mandado de segurança contra ato judicial para aquele mesmo fim. Mesmo quando se entender pelo não cabimento do agravo de instrumento, a lógica do sistema é que não há *necessidade* de revisão *imediata* da interlocutória, pelo que também não faz sentido invocar o uso do mandado de segurança contra ato judicial, inclusive pela inexistência de prejuízo ao prejudicado, a tempo e modo oportuno, questionar a decisão em sede de apelo ou de contrarrazões. E para quem discordar de tal compreensão, o emprego do mandado de segurança contra ato judicial poderá, a depender das vicissitudes de cada caso concreto, ser justificada, justamente pela inviabilidade do contraste *imediato* da interlocutória.

Superadas as questões quanto ao cabimento e às possibilidades de uso do mandado de segurança contra ato judicial, é bastante rica a sua casuística.

Assim, apenas para fins ilustrativos, cabe o destaque do cabimento do mandado de segurança contra o ato do magistrado que, sem dar ciência às partes do processo, determinou ao empregador do réu a realização de descontos em folha para o cumprimento de sentença que fixara alimentos com a dissolução da sociedade conjugal[51].

Também contra acórdão de Turma do Superior Tribunal de Justiça que impôs multa, nos moldes do parágrafo único do art. 538 do CPC de 1973 (correspondente aos §§ 2º e 3º do art. 1.026 do CPC de 2015), por entender que aquela decisão não aceitaria contraste por recurso extraordinário e também porque a reiteração dos declaratórios poderia render ensejo à elevação da multa[52].

---

proferidas em sede de agravo de instrumento pelo relator nas hipóteses dos incisos II e III do art. 527, nos termos do parágrafo único do mesmo dispositivo. Na medida em que se entenda *constitucional* a uma lei vedar a apresentação de recurso de uma decisão proferida *monocraticamente* no âmbito dos Tribunais para o colegiado, a única forma de evitar a consumação de ameaça ou lesão decorrente da conversão de agravo de instrumento em retido (art. 527, II) ou do indeferimento de concessão de efeito suspensivo ou antecipação de tutela recursal em sede de agravo de instrumento (art. 527, III) é valer-se do mandado de segurança contra o ato do relator. Entendimento diverso seria agredir o modelo constitucional do direito processual civil. Nesse sentido, admitindo o mandado de segurança contra o ato do relator nessa específica hipótese, já teve oportunidade de se manifestar a Corte Especial do STJ (RMS 25.934/PR, rel. Min. Nancy Andrighi, j.m.v. 27-11-2008, *DJe* 9-2-2009), decisão com a qual, pelas razões expostas, com as devidas vênias, pelo n. 3.5 do Capítulo 7 da Parte I, não concorda este *Curso*".

51. STJ, 3ª Turma, RMS 24.176/RS, rel. Min. Nancy Andrighi, j.un. 14-2-2008, *DJ* 5-3-2008, p. 1.

52. STF, 1ª Turma, RMS 25.293/SP, rel. Min. Carlos Britto, j.m.v. 7-3-2006, *DJ* 5-5-2006, p. 19, e STJ, CE, MS 9.575/SP, rel. Min. Teori Albino Zavascki, j.un. 19-12-2007, *DJ* 21-2-2008, p. 30. Mais recentemente, contudo, a 1ª Turma do STF negou a pertinência do mandado de segurança, como faz prova o RMS-AgR 31.781/DF, rel. Dias Toffoli, j.un. 28-10-2014, *DJe* 21-11-2014.

E, de forma mais ampla, contra as decisões interlocutórias proferidas no âmbito dos Juizados Especiais[53], não obstante o entendimento, tido como correto por este *Curso*, do Supremo Tribunal Federal em sentido contrário[54].

5.1.2 A hipótese do art. 5º, III, da LMS

De acordo com o inciso III do art. 5º da Lei n. 12.016/2009 "Não se concederá mandado de segurança quando se tratar: (...) III – de decisão judicial transitada em julgado".

A vedação do mandado de segurança contra ato judicial naqueles casos traz à lembrança antiga Súmula do Supremo Tribunal Federal, a de número 268, segundo a qual: "Não cabe mandado de segurança contra decisão judicial com trânsito em julgado".

A ausência de *interesse de agir* na impetração do mandado de segurança é tanto mais evidente, no atual sistema processual civil, não só porque o combate à decisão naquelas condições deve ser feito pelo meio processual *adequado*, a "ação rescisória", mas também porque o art. 969 é suficientemente amplo para impedir qualquer lesão ou ameaça durante a tramitação daquela técnica voltada à desconstituição de decisões transitadas em julgado.

5.2 Mandado de segurança contra ato judicial e recurso cabível

Em quaisquer situações em que o mandado de segurança contra ato judicial se mostrar *necessário*, a despeito das considerações dos números anteriores, é *desnecessária* a interposição do recurso próprio para combater a decisão e evitar, com isso, a ocorrência de preclusão. Até porque, em casos como os alcançados pelo art. 1.015 (e deixadas de lado, para fins de exposição, as polêmicas a respeito de sua interpretação inclusive à luz do Tema 988 do STJ), a "ameaça ou lesão" que se pretende ver afastada com a impetração do mandado de segurança contra ato judicial decorre justamente da *falta* de recurso cabível contra uma específica decisão jurisdicional. Suficiente, pela sua própria razão de ser e pela *necessidade* de se valer de sua especial índole, a impetração do mandado de segurança diretamente contra o ato judicial.

---

53. Suficiente a esse respeito a lembrança da Súmula 376 do STJ, assim enunciada: "Compete a turma recursal processar e julgar o mandado de segurança contra ato de juizado especial". Ressalva importante quanto ao órgão julgador daquele mandado de segurança se justifica quando o objeto do mandado de segurança é o controle da *competência* exercitada pelos Juizados Especiais. Em tais casos, como se lê de diversos julgados do STJ (assim, *v.g.*: CE, RMS 17.524/BA, rel. Min. Nancy Andrighi, j.m.v. 2-8-2006, *DJ* 11-9-2006, p. 211; 3ª Turma, RMS 24.014/MG, rel. Min. Nancy Andrighi, j.un. 21-2-2008, *DJe* 10-3-2008; 1ª Turma, AgRg no RMS 28.085/SC, rel. Min. Denise Arruda, j.un. 14-4-2009, *DJe* 7-5-2009; 2ª Turma, RMS 26.665/DF, rel. Min. Herman Benjamin, j.un. 26-5-2009, *DJe* 21-8-2009; 3ª Turma, RMS 38.884/AC, rel. Min. Nancy Andrighi, j.un. 7-5-2013, *DJe* 13-5-2013; 4ª Turma, RMS 39.041/DF, rel. Min. Raul Araújo, j.un. 7-5-2013, *DJe* 26-8-2013 e 2ª Turma, RMS 37.959/BA, rel. Min. Herman Benjamin, j.un. 17-10-2013, *DJe* 6-12-2013), a competência para o mandado de segurança contra ato judicial é do Tribunal de Justiça ou *a fortiori* do Tribunal Regional Federal respectivo.

54. Assim, *v.g.*: STF, Pleno, RE 576.847/BA, rel. Min. Eros Grau, j.m.v. 20-5-2009, *DJe* 7-8-2009; STF, 1ª Turma, RE-AgR 650.293/PB, rel. Min. Dias Toffoli, j.un. 17-4-2012, *DJe* 22-5-2012; STF, 2ª Turma, RE-AgR 643.824/PB, rel. Min. Celso de Mello, j.un. 9-8-2011, *DJe* 5-9-2011, e STF, 1ª Turma, ARE-ED 708.238/RJ, rel. Min. Roberto Barroso, j. un. 26-5-2015, *DJe* 25-6-2015.

Nesse sentido, deve ser prestigiada a orientação da Súmula 202 do Superior Tribunal de Justiça, embora mencione apenas o mandado de segurança impetrado por terceiro[55].

Com relação à referida Súmula 202 do Superior Tribunal de Justiça, importa destacar que o exame de seus precedentes revela que a não interposição de recurso por *terceiro* nos moldes do art. 996 não gera, diferentemente do que se dá com relação às *partes*, *preclusão* ou *coisa julgada* (art. 506) – até porque, por definição, se trata de decisão *prejudicial* –, e, em função disso, não há razão, para o uso do mandado de segurança contra ato judicial, de prévia interposição do recurso ou, mais amplamente, da apresentação de qualquer medida (a adequada) contra a decisão judicial que se pretende questionar como, por exemplo, os "embargos de terceiro"[56].

5.3 Procedimento

Admitindo-se o cabimento do mandado de segurança contra ato judicial naqueles casos em que o sistema recursal se apresenta inidôneo para a tutela adequada do direito do recorrente, importa destacar algumas questões procedimentais.

É pacífica a jurisprudência quanto à constitucionalidade do art. 23 da Lei n. 12.016/2009, que prevê o prazo *decadencial* de cento e vinte e dias para a impetração do mandado de segurança, contados desde o instante em que o ato questionado tem aptidão para violar o "direito líquido e certo" do impetrante[57].

Aceitando-se a constitucionalidade do referido prazo[58], ele começa a fluir desde quando a decisão questionada tiver aptidão para produzir os seus regulares efeitos, o que se verifica, como regra, desde sua publicação. A apresentação de eventual "pedido de reconsideração" não tem o condão de interferir, suspendendo ou interrompendo o prazo, na esteira da Súmula 430 do Supremo Tribunal Federal[59].

A competência para julgamento do mandado de segurança depende da hierarquia funcional da autoridade coatora, isto é, daquele a quem se atribui a prática do ato violador a "direito líquido e certo" do impetrante. Em se tratando de juízes estaduais ou de juízes fede-

---

55. Que tem o seguinte enunciado: "A impetração de segurança por terceiro, contra ato judicial, não se condiciona à interposição de recurso".

56. Nesse sentido, os seguintes julgados daquele Tribunal: 3ª Turma, RMS 31.950/SP, rel. Min. Raul Araújo, j.un. 16-5-2013, *DJe* 22-8-2013; 3ª Turma, RMS 35.826/SP, rel. Min. Nancy Andrighi, j.un. 10-4-2012, *DJe* 23-4-2012; 3ª Turma, RMS 20.541/SP, rel. Min. Humberto Gomes de Barros, j.un. 8-3-2007, *DJ* 28-5-2007, p. 319 e 3ª Turma, RMS 22.741/RJ, rel. Min. Humberto Gomes de Barros, j.un. 5-6-2007, *DJ* 18-6-2007, p. 254.

57. Prova suficiente é a Súmula 632 do STF, assim enunciada: "É constitucional lei que fixa o prazo de decadência para a impetração de mandado de segurança".

58. Com o que não pode concordar o autor deste *Curso* pelas razões que expõe em seu *Mandado de segurança*, p. 196-198, e, mais recentemente, em seu *A nova lei do mandado de segurança*, p. 183-188, e no n. 19 do Capítulo 1 da Parte I do v. 2, t. III, das edições anteriores ao CPC de 2015 deste *Curso*.

59. Que tem o seguinte enunciado: "Pedido de reconsideração na via administrativa não interrompe o prazo para o mandado de segurança".

rais, a competência é do Tribunal de Justiça ou Tribunal Regional Federal ao qual o magistrado está vinculado, respectivamente.

Quando o ato coator for praticado ou estiver na iminência de sê-lo por Desembargador Estadual ou por Desembargador Federal, a competência é dos próprios Tribunais de Justiça ou dos Tribunais Regionais Federais, respectivamente. É firme a jurisprudência do Supremo Tribunal Federal[60] e do Superior Tribunal de Justiça[61] nesse sentido, em correta interpretação da competência que a Constituição Federal lhes reconhece.

Mandados de segurança impetrados contra ato praticado ou na iminência de sê-lo por Ministro do Superior Tribunal de Justiça encontram, naquele Tribunal, o órgão jurisdicional competente (art. 105, I, *b*, da CF), sendo a mesma diretriz aplicável ao Supremo Tribunal Federal por força do disposto na alínea *d* do inciso I do art. 102 da Constituição Federal.

Impetrado o mandado de segurança contra ato judicial e superada a questão relativa à concessão de medida liminar, nos termos do art. 7º, III, da Lei n. 12.016/2009, o magistrado a quem se imputa a prática do ato inquinado de ilegal ou abusivo será notificado para prestar suas "informações" (art. 7º, I, da Lei n. 12.016/2009), nome dado à *defesa* apresentada em mandado de segurança.

O beneficiário do ato questionado no mandado de segurança – e, em se tratando de impetração contra ato judicial, será, muito provavelmente, a parte contrária e/ou eventual terceiro – deverá ser *citado* na qualidade de "litisconsorte passivo necessário", nos precisos termos do art. 114, aplicável para a espécie por força do que dispõe o art. 24 da Lei n. 12.016/2009[62].

O Ministério Público, por força do art. 12 da Lei n. 12.016/2009, intervirá na qualidade de fiscal da ordem jurídica, após o que o mandado de segurança será julgado pelo órgão jurisdicional competente, consoante o Regimento Interno de cada Tribunal.

Do acórdão respectivo caberão, conforme o caso, embargos de declaração, recurso ordinário quando *denegatória* a decisão (art. 18 da Lei n. 12.016/2009) e recurso extraordinário e recurso especial (art. 18 da Lei n. 12.016/2009).

A técnica de colegiamento do art. 942 deve ser afastada por falta de previsão legislativa: as impetrações que ensejam o recurso ordinário ou, consoante o caso, os recursos extraor-

60. Nesse sentido são as Súmulas 330 ("O Supremo Tribunal Federal não é competente para conhecer de mandado de segurança contra atos dos Tribunais de Justiça dos Estados") e 624 ("Não compete ao Supremo Tribunal Federal conhecer originariamente de mandado de segurança contra atos de outros tribunais").

61. Nesse sentido é a Súmula 41 do STJ: "O Superior Tribunal de Justiça não tem competência para processar e julgar, originariamente, mandado de segurança contra ato de outros tribunais ou dos respectivos órgãos".

62. As Súmulas 631 ("Extingue-se o processo de mandado de segurança se o impetrante não promove, no prazo assinado, a citação do litisconsorte passivo necessário") e 701 ("No mandado de segurança impetrado pelo Ministério Público contra decisão proferida em processo penal, é obrigatória a citação do réu como litisconsorte passivo") do STF são específicas nesse sentido e devem ser observadas, embora a última delas refira-se, apenas, ao âmbito do direito processual penal.

dinários ou especiais são originárias dos Tribunais, a afastar a viabilidade de eventual divergência dar-se em sede de *apelação*. É o que basta para afastar, em prol desse entendimento, a lembrança do descabimento dos embargos infringentes previsto no art. 25 da Lei n. 12.016/2009[63], dada a total falta de simetria entre aqueles dois institutos.

A imposição de pagamento de honorários advocatícios está afastada diante do disposto no mesmo art. 25 da Lei n. 12.016/2009, o que, não, obstante a nota crítica tecida pelo autor deste *Curso* em outro trabalho[64], também deve conduzir ao entendimento contrário à imposição de honorários recursais em sede de mandado de segurança, ainda que com fundamento no § 11 do art. 85 do Código de Processo Civil.

6. PEDIDO DE RECONSIDERAÇÃO

O chamado pedido de reconsideração consiste no uso de expedientes de que se valem as partes e eventuais terceiros para que determinada *decisão* seja revista pelo seu próprio prolator.

Trata-se de iniciativa bastante comum na prática forense, e é essa a razão pela qual se faz importante tecer algumas considerações sobre o instituto.

6.1 Natureza jurídica

Não há qualquer disciplina de direito positivo relativa aos "pedidos de reconsideração". Sequer são mencionados no art. 994, o que afasta sua compreensão como recursos.

A afirmação de que o pedido de reconsideração não é recurso significa negar a ele o regime jurídico típico de um recurso. Nessa condição não há para aquele que o apresenta *direito subjetivo* à sua apreciação. Não existe *direito* da parte ou, se for o caso, do terceiro de formular pedidos de reconsideração, e, em idêntica medida, inexiste correlato dever de manifestação do magistrado a seu respeito.

Em função dessa constatação, é correto afastar o pedido de reconsideração de qualquer das hipóteses que não são poucas em que a interposição do recurso cabível tem efeito *regressivo* e, portanto, *em virtude do recurso*, é capaz de conduzir o prolator da decisão a proferir nova decisão, quiçá em sentido totalmente contrário à anterior.

---

63. Que ecoava as diretrizes das Súmulas 294 ("São inadmissíveis embargos infringentes contra decisão do Supremo Tribunal Federal em mandado de segurança") e 597 ("Não cabem embargos infringentes de acórdão que, em mandado de segurança decidiu, por maioria de votos, a apelação") do STF e a Súmula 169 ("São inadmissíveis embargos infringentes no processo de mandado de segurança") do STJ.

64. A referência é feita ao seu *A nova lei do mandado de segurança*, p. 193-195.

6.2 Pedido de reconsideração e preclusão

O pedido de reconsideração é figura que se relaciona intimamente com a noção de *preclusão* para o próprio juízo, a comumente denominada "preclusão *pro iudicato*". Eles, a bem da verdade, só podem pretender realizar a sua finalidade – de revisão, pelo seu próprio prolator, de uma decisão – naqueles casos em que a decisão não foi alcançada pela preclusão.

Negada sua natureza recursal, é correto entender que a apresentação de pedido de reconsideração não *interrompe* e não *suspende* o prazo para interposição do recurso eventualmente cabível da decisão.

Assim, o pedido de reconsideração *pode* ser apresentado e, eventualmente, até ser levado em conta – ser determinante, até mesmo – para a reconsideração da decisão em todos os casos em que o magistrado puder redecidir de ofício, isto é, em todos os casos em que a sua decisão não é atingida pela chamada "preclusão *pro iudicato*". Sua apresentação, contudo, não gera à parte ou ao terceiro que o formulou qualquer direito de resposta e nem interfere na dinâmica recursal eventualmente cabível.

6.3 O futuro do pedido de reconsideração

A irrecorribilidade imediata de determinadas interlocutórias em função do art. 1.015 tem o condão de impulsionar, na prática do foro, um maior número de pedidos de reconsideração. Tanto mais importante a observação porque, naqueles casos, a preclusão da decisão é diferida no tempo (ela se perfaz se não houver seu questionamento em sede de apelo ou de contrarrazões de apelo), a favorecer o entendimento de que o magistrado possa revê-las até então, não obstante a regra do art. 507.

Importa frisar, em tais casos, contudo, que a apresentação de tais pedidos não faz e não pode fazer as vezes de qualquer recurso, tampouco interferir na disciplina recursal correspondente.

Fora essas hipóteses, que são mais pragmáticas do que dogmáticas, o pedido de reconsideração não tem razão de ser no sistema processual civil do CPC de 2015.

7. CORREIÇÃO PARCIAL

A correição parcial é medida que, desde suas origens, tem caráter eminentemente censório da *atividade* judicial do ponto de vista disciplinar.

7.1 Natureza jurídica

O objetivo da correição parcial é verificar a regularidade da atuação judicial relativamente aos expedientes ou serviços forenses – à condução do processo na sua perspectiva administrativa, portanto –, incluindo também o comportamento e a própria disciplina do magistrado, e não a qualidade de suas decisões do ponto de vista procedimental ou material, isto é, para apurar a existência de *errores in procedendo* e *errores in judicando*, respectivamente. Trata-se, portanto, de medida que tem aplicação relacionada à atividade *administrativa* do magistrado (função *atípica*), e não, propriamente, à sua atividade *jurisdicional* (função *típica*). A correição parcial serve para apurar irregularidades administrativas cometidas pelo magistrado ou por serventuário da justiça, se for o caso, determinar as medidas que regularizem o andamento do processo dessa perspectiva. A sua relação com os atos e as decisões do processo, destarte, é uma *consequência* da identificação da irregularidade ou do vício, e não uma *causa*, como se dá com os recursos.

Justamente por sua finalidade é correto lhe negar caráter recursal, embora, do ponto de vista histórico, a correição parcial já tenha desempenhado papel de recurso cabível das decisões as quais o Código de Processo Civil considerava irrecorríveis, como bem destaca Alcides de Mendonça Lima[65].

Em um *sistema processual civil* em que *todas* as *decisões* são recorríveis (v. n. 4 e 5 do Capítulo 2 da Parte I), é imediata a percepção de que um mecanismo como o da "correição parcial" é de discutível utilidade, diferentemente do que, no passado, justificou-se à luz de outros princípios reinantes sobre as técnicas de controle das manifestações jurisdicionais.

7.2 Previsões normativas

É no sentido apontado pelo número anterior que devem ser entendidas as previsões normativas relativas à correição parcial que se encontram esparsas pelo sistema processual civil.

Com efeito, no âmbito da Justiça Federal ela é prevista no inciso I do art. 6º[66], I, e no art. 9º da Lei n. 5.010/66, que organiza a Justiça Federal de primeira instância, reservando ao Conselho da Justiça Federal competência para seu julgamento. Referido Conselho, como estatui o inciso II do parágrafo único do art. 105 da Constituição Federal, não tem competência *jurisdicional*, mas *administrativa, inclusive orçamentária, e correicional*[67].

Outra previsão da medida por lei federal estava no já mencionado inciso II do art. 5º da Lei n. 1.533/51, que disciplinava o mandado de segurança, antes do advento da Lei n. 12.016/2009, que expressamente a revogou não prevendo medida similar em seu lugar.

65. *Introdução aos recursos cíveis*, p. 227.

66. Na redação dada pelo Decreto-lei n. 253/67.

67. É discutível, de qualquer sorte, a subsistência das precitadas previsões legislativas. Isto porque a Lei n. 8.472/92, ao disciplinar a composição e a competência daquele Conselho, silenciou a respeito daquela específica competência, embora seja possível entendê-la vigente por força do parágrafo único do art. 11 da Lei n. 7.727/89, que dispõe sobre a composição inicial dos Tribunais Regionais Federais e sua instalação.

Nenhuma outra lei *federal* – tampouco o Regimento Interno do Supremo Tribunal Federal e o Regimento Interno do Superior Tribunal de Justiça – refere-se ou disciplina o instituto, inclusive para o âmbito da Justiça Estadual. Nesta, o que é bastante comum é a sua regulação por leis estaduais de organização judiciária e, mais ainda, por atos infralegais, sobretudo os Regimentos Internos dos Tribunais de Justiça.

No Estado de São Paulo, a título de exemplo, a correição parcial é expressamente prevista pelo art. 93 do Decreto-lei Complementar n. 3, de 27 de agosto de 1969, o "Código Judiciário do Estado", segundo o qual: "Compete às Câmara isoladas do Tribunal proceder a correições parciais em autos para emenda de erro, ou abusos, que importarem inversão tumultuária dos atos e fórmulas de ordem legal do processo, quando para o caso não houver recurso". A correição tem o mesmo procedimento do recurso de agravo de instrumento, manifestando-se, no procedimento, o Ministério Público, completa o art. 94 do mesmo diploma normativo.

O antigo Regimento Interno do Tribunal de Justiça do Estado de São Paulo previa a correição parcial em seu art. 830 "para a emenda de erro, ou abusos que importarem a inversão tumultuária dos atos e fórmulas da ordem legal do processo civil ou criminal, quando para o caso não houver recurso específico". O atual, de 2013, limita-se a disciplina-la no âmbito do direito processual *penal* em seus arts. 211 a 215, sem prejuízo de reconhecer, no âmbito administrativo, a competência do Corregedor-Geral da Justiça para realizar correições ordinárias e extraordinárias (art. 28, VII a X e XX).

7.3 O papel a ser desempenhado pela correição parcial

O mais correto com relação à correição *parcial*, bem assim as correições em geral, isto é, as correições "não parciais", é entendê-la como medida *administrativa* que busca verificar a regularidade dos serviços forenses como um todo e de todos os seus serventuários, inclusive o magistrado, e, se for o caso, aplicar as penalidades, igualmente *administrativas*, aos responsáveis. Trata-se, portanto, de medida que diz respeito à função *atípica* do Poder Judiciário.

Bem ilustra a conclusão do parágrafo anterior o art. 96 do "Código Judiciário do Estado de São Paulo". De acordo com o dispositivo, após a manifestação do Tribunal acerca da "correição parcial" e envio do acórdão respectivo para o juízo de origem "para os fins de direito" (art. 95), "serão os autos encaminhados ao Conselho Superior da Magistratura para aplicação das penalidades disciplinares, se for o caso".

O que importa destacar, e não pode ser olvidado para os fins presentes, é que a correição parcial não pode, mormente quando disciplinada por leis ou atos infralegais dos Estados, querer fazer as vezes de quaisquer recursos, porque isso violaria o inciso I do art. 22 da Constituição Federal, segundo o qual compete privativamente à União Federal legislar sobre processo civil. Nem mesmo o inciso XI do art. 24 da mesma Constituição vem ao socorro da tese de inconstitucionalidade porque os *procedimentos* lá previstos não abrangem a possibilidade de *criação* de recursos, mas, apenas e tão somente, o modo de seu exercício.

A circunstância de se afirmar que se trata de medida *administrativa* e não *jurisdicional*, contudo, não significa que sobre ela e sua disciplina respectiva não devam também incidir as garantias constitucionais do "contraditório", da "ampla defesa" e, mais amplamente, do "devido processo *constitucional*". O inciso LIV do art. 5º da Constituição Federal é expresso em reservar aquelas diretrizes também aos "*processos* administrativos"[68].

A correição parcial, em suma, não pode querer fazer as vezes de qualquer recurso, sendo indiferente, para essa finalidade, que as suas previsões normativas, por vezes, reservem seu uso para decisões "irrecorríveis" ou, quando menos, como medidas aptas para *modificar* decisões jurisdicionais. Até porque mesmo a *reconsideração* da decisão pelo próprio magistrado que a proferiu pode esbarrar, legitimamente, em algum óbice, o mais comum, a sua preclusão, a exigir, também dessa perspectiva, que eventual prejuízo dela decorrente seja questionado e removido pelas técnicas apropriadas previstas no sistema processual civil.

A *irrecorribilidade* de qualquer decisão jurisdicional deve ser compreendida e, se for o caso, superada de acordo com as premissas do sistema processual civil, observando-se, inclusive, as considerações apresentadas pelo n. 5.1.1, *supra*, quanto ao uso do mandado de segurança contra ato judicial. As decisões *recorríveis* devem receber contraste pelos recursos admitidos pelo sistema processual civil para tal fim ou, ainda, por outras medidas impugnativas, entre as quais recebem destaque os "sucedâneos recursais". Não, contudo, por medidas que têm, vale a insistência, objetivo diverso de apuração de irregularidades administrativas e a normalização do andamento dos atos processuais desta perspectiva.

---

68. Ilustram suficientemente o acerto da afirmação a Súmula vinculante 3 do STF ("Nos processos perante o Tribunal de Contas da União asseguram-se o contraditório e a ampla defesa quando da decisão puder resultar anulação ou revogação de ato administrativo que beneficie o interessado, excetuada a apreciação da legalidade do ato de concessão inicial de aposentadoria, reforma e pensão") e a Súmula 343 do STJ ("É obrigatória a presença de advogado em todas as fases do processo administrativo disciplinar"). A Súmula vinculante 5 do STF ao estatuir que "A falta de defesa técnica por advogado no processo administrativo disciplinar não ofende a Constituição" não tem a concordância deste *Curso*.

Bibliografia citada e consultada*

ABBOUD, Georges. *Processo constitucional brasileiro*. 2. ed. São Paulo: Revista dos Tribunais, 2018.

AGUIAR, João Carlos Pestana de. *Comentários ao Código de Processo Civil*. São Paulo: Revista dos Tribunais, 1974. v. IV.

ALVIM, Teresa Arruda. *Medida cautelar, mandado de segurança e ato judicial*. 3. ed. São Paulo: Revista dos Tribunais, 1994.

_____. *Embargos de declaração*. 3. ed. São Paulo: Revista dos Tribunais, 2017.

_____. *Modulação na alteração da jurisprudência firme ou de precedentes vinculantes*. São Paulo: Revista dos Tribunais, 2019.

ALVIM, Thereza. *Questões prévias e os limites objetivos da coisa julgada*. São Paulo: Revista dos Tribunais, 1977.

AMARAL, Paulo Osternack. *Provas: atipicidade, liberdade e instrumentalidade*. 2. ed. São Paulo: Revista dos Tribunais, 2017.

AMARAL SANTOS, Moacyr. *Comentários ao Código de Processo Civil* 7. ed. Rio de Janeiro: Forense, 1994. v. IV.

_____. *Da prova judiciária no cível e comercial*. 5. ed. São Paulo: Saraiva, 1983. v. 1.

_____. *Da prova judiciária no cível e comercial*. 5. ed. São Paulo: Saraiva, 1983. v. 2.

_____. *Da prova judiciária no cível e comercial*. 4. ed. São Paulo: Max Limonad, 1972. v. III.

_____. *Da prova judiciária no cível e comercial*. 4. ed. São Paulo: Max Limonad, 1972. v. IV.

_____. *Da prova judiciária no cível e comercial*. 3. ed. São Paulo: Max Limonad, 1968. v. V.

_____. *Da reconvenção no direito brasileiro*. São Paulo: Max Limonad, 1958.

_____. *Primeiras linhas de direito processual civil*. 14. ed. São Paulo: Saraiva, 1990. 1º v.

*. As referências bibliográficas indicadas são aquelas mencionadas ao longo do volume.

_____. *Primeiras linhas de direito processual civil*. 3. tir. São Paulo: Max Limonad, 1962. 2º v.

_____. *Primeiras linhas de direito processual civil*. 13. ed. São Paulo: Saraiva, 1990. 2º v.

_____. *Primeiras linhas de direito processual civil*. 10. ed. São Paulo: Saraiva, 1989. 3° v.

ANDOLINA, Italo; VIGNERA, Giuseppe. *Il modelo costituzionale del processo civile italiano*. Torino: Giappichelli, 1990.

ARAGÃO, Egas Moniz de. Competência para rescindir o julgamento previsto no art. 97 da Constituição Federal. In: BARBOSA MOREIRA, José Carlos (coord.). *Estudos de direito processual em memória de Luiz Machado Guimarães*. Rio de Janeiro: Forense, 1999.

ARAÚJO, Luciano Vianna. *Sentenças parciais?*. São Paulo: Saraiva, 2011.

ARRONE, Ricardo. *O princípio do livre convencimento do juiz*. Porto Alegre: Sergio Antonio Fabris, 1996.

ASSIS, Araken de. *Cumulação de ações*. 2. ed. São Paulo: Revista dos Tribunais, 1995.

ASSOCIAÇÃO DOS ADVOGADOS DE SÃO PAULO. *Gravação de audiência e o art. 417 do Código de Processo Civil*. São Paulo: AASP, 2010.

BARBOSA MOREIRA, José Carlos. *Comentários ao Código de Processo Civil*. 15. ed. Rio de Janeiro: Forense, 2009. v. V.

_____. Julgamento do recurso especial *ex* art. 105, III, *a*, da Constituição da República: sinais de uma evolução auspiciosa. In: *Temas de direito processual: sétima série*. São Paulo: Saraiva, 2001.

_____. *Questões prejudiciais e coisa julgada*. Rio de Janeiro: Borsoi, 1967.

_____. *Temas de direito processual*. São Paulo: Saraiva, 1977.

_____. *Temas de direito processual: nona série*. São Paulo: Saraiva, 2007.

BEDAQUE, José Roberto dos Santos. *Efetividade do processo e técnica processual*. São Paulo: Malheiros, 2006.

_____. *Poderes instrutórios do juiz*. 4. ed. São Paulo: Revista dos Tribunais, 2009.

BENEDUZI, Renato. *Introdução ao processo civil alemão*. Salvador: Juspodivm, 2015.

_____. Prozessurteile e materielle Rechtskraft: sentenças terminativas e coisa julgada material no processo civil alemão. *Revista de Processo*, v. 229, São Paulo: Revista dos Tribunais, 2014.

BERALDO, Maria Carolina Silveira. *Processo e procedimento à luz da Constituição Federal de 1988: normas processuais e procedimentais civis*. Tese de Doutorado. São Paulo: USP, 2015.

BEVILÁQUA, Clóvis. *Direito das obrigações*. 4. ed. Rio de Janeiro: Freitas Bastos, 1936.

BONDIOLI, Luis Guilherme Aidar. Comentários ao art. 318. In: WAMBIER, Teresa Arruda Alvim; DIDIER JR., Fredie; TALAMINI, Eduardo; DANTAS, Bruno (coord.). *Breves comentários ao novo Código de Processo Civil*. 3. ed. São Paulo: Revista dos Tribunais, 2016.

_____. Comentários ao art. 343. In: SCARPINELLA BUENO, Cassio (coord.). *Comentários ao Código de Processo Civil*. 2. tir. São Paulo: Saraiva, 2017. v. 2.

_____. *Comentários ao Código de Processo Civil*. 2. ed. São Paulo: Saraiva, 2017. v. XX.

_____. *Reconvenção no processo civil*. São Paulo: Saraiva, 2009.

BONÍCIO, Marcelo José Magalhães. *Capítulos de sentença e efeitos dos recursos*. São Paulo: RCS, 2006.

BONIZZI, Marcelo José Magalhães. *Fundamentos da prova civil*. São Paulo: Revista dos Tribunais, 2017.

BRAGA, Paula Sarno. *Norma de processo e norma de procedimento*. Salvador: Juspodivm, 2015.

CABRAL, Antonio do Passo. *Coisa julgada e preclusões dinâmicas*. 2. ed. Salvador: Juspodivm, 2014.

CABRAL, Trícia Navarro Xavier. *Poderes instrutórios do juiz no processo de conhecimento*. Brasília: Gazeta Jurídica, 2012.

CÂMARA, Alexandre Freitas. *Levando os padrões decisórios a sério: formação e aplicação de precedentes e enunciados de súmula*. São Paulo: GEN/Atlas, 2018.

CAMBI, Eduardo. *Direito constitucional à prova no processo civil*. São Paulo: Revista dos Tribunais, 2001.

CAHALI, Cláudia Elisabete Schwerz. *O gerenciamento de processos judiciais: em busca da efetividade da prestação jurisdicional*. Brasília: Gazeta Jurídica, 2013.

CAHALI, Francisco José. *Curso de arbitragem*. 7. ed. São Paulo: Revista dos Tribunais, 2018.

CAMARGO, Luiz Henrique Volpe. A motivação dos julgamentos dos Tribunais de 2º grau na visão do Superior Tribunal de Justiça: acórdão completo ou fundamentado?. *Revista de Processo*, v. 162. São Paulo: Revista dos Tribunais, 2008.

CARVALHO, Milton Paulo de. *Do pedido no processo civil*. Porto Alegre: Sergio Antonio Fabris, 1992.

CASTRO, Amílcar de. *Comentários ao Código de Processo Civil*. 2. ed. São Paulo: Revista dos Tribunais,1976. v. VIII.

CASTRO, Daniel Penteado de. *Poderes instrutórios do juiz no processo civil*. São Paulo: Saraiva, 2013.

CASTRO, Renato. *Julgamentos liminares de improcedênca*. Rio de Janeiro: GZ, 2012.

CAVALCANTI, Marcos de Araújo. *Incidente de resolução de demandas repetitivas (IRDR)*. São Paulo: Revista dos Tribunais, 2016.

_____. *Coisa julgada e questões prejudiciais: limites objetivos e subjetivos*. São Paulo: Revista dos Tribunais, 2019.

_____. *Questões prejudiciais e coisa julgada material: proposições conceituais, interpretativas e normativas para o enfrentamento da litigiosidade*. Tese de Doutorado apresentada à Faculdade de Direito da Pontifícia Universidade Católica de São Paulo, 2018.

CHIOVENDA, Giuseppe. *Instituições de direito processual civil*. Tradução de J. Guimarães Menegale. São Paulo: Saraiva, 1965. 3º v.

CINTRA, Antonio Carlos de Araújo. *Comentários ao Código de Processo Civil*. 2. ed. Rio de Janeiro: Forense, 2003. v. IV.

_____. *Sobre os limites objetivos da apelação civil*. São Paulo. Tese apresentada à Faculdade de Direito da Universidade de São Paulo, 1986.

CÔRTES, Osmar Mendes Paixão. *Recursos repetitivos, súmula vinculante e coisa julgada*. Brasília: Gazeta Jurídica, 2018.

COSTA, Alfredo de Araújo Lopes da. *Direito processual civil brasileiro*. Rio de Janeiro: Konfino, 1946. v. III.

COSTA, Susana Henriques. Comentários ao art. 318. In: CABRAL, Antonio do Passo; CRAMER, Ronaldo (coord.). *Comentários ao novo Código de Processo Civil*. 2. ed. Rio de Janeiro: GEN/Forense, 2016.

CRAMER, Ronaldo. *Precedentes judiciais: teoria e dinâmica*. Rio de Janeiro: GEN/Forense, 2016.

CRUZ E TUCCI, José Rogério. *A* causa petendi *no processo civil*. 2. ed. São Paulo: Revista dos Tribunais, 2001.

_____. *Comentários ao Código de Processo Civil*. 2. ed. São Paulo: Saraiva, 2017. v. VII.

_____. *Comentários ao Código de Processo Civil*. São Paulo: Revista dos Tribunais, 2016. v. VIII.

_____. *Limites subjetivos da eficácia da sentença e da coisa julgada*. São Paulo: Revista dos Tribunais, 2006.

_____. O regime do precedente judicial no novo CPC. In. DIDIER Jr., Fredie; CUNHA, Leonardo Carneiro da; ATAÍDE JR., Jaldemiro Rodrigues de; MACÊDO, Lucas Buril de. (coords.). *Precedentes*. 2. ed. Salvador: Juspodivm, 2016.

_____. *Precedente judicial como fonte do direito*. São Paulo: Revista dos Tribunais, 2004.

DALL'OLIO, Gustavo. *Competência legislativa em matéria de processo e procedimento*. Dissertação de Mestrado. São Paulo: PUC-SP, 2010.

DANTAS, Marcelo Navarro Ribeiro. Comentários ao art. 350. In: WAMBIER, Teresa Arruda Alvim; DIDIER JR., Fredie; TALAMINI, Eduardo; DANTAS, Bruno (coord.). *Breves comentários ao novo Código de Processo Civil*. 3. ed. São Paulo: Revista dos Tribunais, 2016.

_____. *Reclamação constitucional no direito brasileiro*. Porto Alegre: Sergio Antonio Fabris, 2000.

DELGADO, José Augusto. Efeitos da coisa julgada e princípios constitucionais. In. NASCIMENTO, Carlos Valder do (coord.). *Coisa julgada inconstitucional*. 3. ed. Rio de Janeiro: América Jurídica, 2004.

DIAS, João Luís Fischer. *O efeito vinculante: dos precedentes jurisprudenciais: das súmulas dos tribunais*. São Paulo: IOB Thomson, 2004.

DIDIER JR., Fredie; BRAGA, Paula Sarno; OLIVEIRA, Rafael Alexandria de. *Curso de direito processual civil*. 11. ed. Salvador: Juspodivm, 2016. v. 2.

DINAMARCO, Cândido Rangel. *A reforma da reforma*. 3. ed. São Paulo: Malheiros, 2002.

______. *Capítulos de sentença*. São Paulo: Malheiros, 2002.

______. *Instituições de direito processual civil*. 7. ed. São Paulo: Malheiros, 2017. v. II.

______. *Instituições de direito processual civil*. 5. ed. São Paulo: Malheiros, 2005; 7. ed. São Paulo: Malheiros, 2017. v. III.

DIREITO, Carlos Alberto; FILHO, Sergio Cavalieri. *Comentários ao novo Código Civil*. 3. ed. Rio de Janeiro: Forense, 2011. v. XIII.

FABRÍCIO, Adroaldo Furtado. Extinção do processo e mérito da causa. *Revista de Processo*, v. 58. São Paulo: Revista dos Tribunais, 1990.

FERNANDES, Luis Eduardo Simardi. Comentários ao art. 927. In. TUCCI, José Rogério Cruz e; FERREIRA FILHO, Manoel Caetano; APRIGLIANO, Ricardo de Carvalho; DOTTI, Rogéria Fagundes; MARTINS, Sandro Gilbert (coords.). *Código de Processo Civil anotado*. 2. ed. Rio de Janeiro: LMJ Mundo Jurídico, 2017.

FERREIRA, William Santos. Cabimento do agravo de instrumento e a ótica prospectiva da utilidade – O direito ao interesse na recorribilidade de decisões interlocutórias. *Revista de Processo*, v. 263. São Paulo: Revista dos Tribunais, 2017.

_____. Comentários ao art. 1.015. In: SCARPINELLA BUENO, Cassio (coord.). *Comentários ao Código de Processo Civil*. 2. tir. São Paulo: Saraiva, 2017. v. 4.

_____. *Princípios fundamentais da prova cível*. São Paulo: Revista dos Tribunais, 2014.

_____. Transições paradigmáticas, máxima eficiência e técnicas executivas típicas e atípicas no direito probatório. In: DIDIER JR., Fredie (coord. geral); JOBIM, Marco Félix; FERREIRA, William Santos (coord.). *Direito probatório*. 3. ed. Salvador: Juspodivm, 2018.

FONSECA, João Francisco N. da. *Comentários ao Código de Processo Civil*: da sentença e da coisa julgada. São Paulo: Saraiva, 2017. v. IX.

FORNACIARI JÚNIOR, Clito. *Da reconvenção no direito processual civil brasileiro*. São Paulo: Saraiva, 1979.

FREDERICO MARQUES, José. *Instituições de direito processual civil*. 1. ed. revista, atualizada e complementada por Ovídio Rocha Barros Sandoval. Campinas: Millenium, 2000. v. IV.

______. *Instituições de direito processual civil*. Edição revista, atualizada e complementada por Ovídio Rocha Barros Sandoval. Campinas: Millenium, 2000. v. III.

______. *Instituições de direito processual civil*. Edição revista, atualizada e complementada por Ovídio Rocha Barros Sandoval. Campinas: Millennium, 1999. v. IV.

______. *Manual de direito processual civil*. 9. ed. São Paulo: Saraiva, 1987. 2º v.

FREIRE, Alexandre; RAMOS NETO, Newton Pereira. Comentários ao art. 318. In: STRECK, Lenio Luiz; NUNES, Dierle; CUNHA, Leonardo Carneiro da (org.); FREIRE, Alexandre (coord.). *Comentários ao Código de Processo Civil*. São Paulo: Saraiva, 2016.

GAJARDONI, Fernando da Fonseca. *Flexibilização procedimental: um novo enfoque para o estudo do procedimento em matéria processual*. São Paulo: Atlas, 2008.

______. O livre convencimento motivado não acabou no novo CPC. In: DIDIER JR., Fredie (coord. geral); JOBIM, Marco Félix; FERREIRA, William Santos (coord.). *Direito probatório*. 3. ed. Salvador: Juspodivm, 2018.

GIANESINI, Rita. *Da revelia no processo civil brasileiro*. São Paulo: Revista dos Tribunais, 1977.

GIANNICO, Maricí. *A prova no Código Civil: natureza jurídica*. 2. ed. São Paulo: Saraiva, 2012.

GOMES, Gustavo Gonçalves. *Juiz participativo: meio democrático de condução do processo*. São Paulo: Saraiva, 2014.

______. *O saneamento cooperativo como roteiro de organização e de julgamento do processo*. Tese de Doutorado. São Paulo: PUC-SP, 2016.

GORDILLO, Augustín. *Princípios gerais de direito público*. Tradução de Marco Aurélio Greco. São Paulo: Revista dos Tribunais, 1977.

GRECO, Leonardo. Eficácia da declaração *erga omnes* de constitucionalidade ou inconstitucionalidade em relação à coisa julgada anterior. In: ROCHA, Valdir de Oliveira (coord.). *Problemas de processo judicial tributário*. São Paulo: Dialética, 2002. 5º v.

GRINOVER, Ada Pellegrini. *A marcha do processo*. Rio de Janeiro: Forense Universitária, 2000.

______. *Ensaio sobre a processualidade: fundamentos para uma nova teoria geral do processo*. Brasília: Gazeta Jurídica, 2016.

______. *O processo em evolução*. Rio de Janeiro: Forense Universitária, 1996.

_____. *Os princípios constitucionais e o Código de Processo Civil*. São Paulo: José Bushatsky, 1975.

GRINOVER, Ada Pellegrini; CARMONA, Carlos Alberto; LUCON, Paulo Henrique dos Santos; SCARPINELA BUENO, Cassio. Exposição de motivos de "Projeto Substitutivo". In: SILVA, José Anchieta da (coord.). *O novo processo civil*. São Paulo: Lex, 2012.

GUIMARÃES, Luiz Machado. *Comentários ao Código de Processo Civil*. Rio de Janeiro: Forense, 1942. v. IV.

HOFFMAN, Paulo. *Saneamento compartilhado*. São Paulo: Quartier Latin, 2011.

JORGE, Flávio Cheim. *Teoria geral dos recursos cíveis*. 7. ed. São Paulo: Revista dos Tribunais, 2015.

LACERDA, Galeno. *Despacho saneador*. 3. ed. Porto Alegre: Sergio Antonio Fabris, 1990.

LEONEL, Ricardo de Barros. *Causa de pedir e pedido: o dinheiro superveniente*. São Paulo: Método, 2006.

LIEBMAN, Enrico Tullio. *Eficácia e autoridade da sentença e outros escritos sobre a coisa julgada*. Tradução de Alfredo Buzaid e Benvindo Aires. Notas para o direito brasileiro em vigor de Ada Pellegrini Grinover. 3. ed. Rio de Janeiro: Forense, 1984.

_____. O despacho saneador e o julgamento do mérito. In: *Estudos sobre o processo civil brasileiro*. São Paulo: Saraiva, 1947.

LIMA, Alcides de Mendonça. *Comentários ao Código de Processo Civil*. Rio de Janeiro: Forense, 1991. v. VI.

_____. *Introdução aos recursos cíveis*. São Paulo: Revista dos Tribunais, 1976.

_____. *Sistema de normas gerais dos recursos cíveis*. São Paulo: Freitas Bastos, 1963.

LIMA, Lucas Rister de Souza. *Da improcedência à procedência liminar no novo CPC: hipóteses de incidência e aplicação da norma do art. 332 do Código de Processo Civil*. Curitiba: Juruá, 2017.

LIMA, Tiago Asfor Rocha. *Precedentes judiciais civis no Brasil*. São Paulo: Saraiva, 2013.

LOPES, João Batista. *A prova no direito processual civil*. 2. ed. São Paulo: Revista dos Tribunais, 2002.

_____. Comentários aos arts. 370 e 372. In: SCARPINELLA BUENO, Cassio (coord.). *Comentários ao Código de Processo Civil*. 2. tir. São Paulo: Saraiva, 2017. v. 2.

_____. *Curso de direito processual civil*. São Paulo: Atlas, 2005. v. I.

_____. *Curso de direito processual civil*. São Paulo: Atlas, 2006. v. II.

_____. *Curso de direito processual civil*, São Paulo: Atlas, 2008. v. III.

LUCON, Paulo Henrique dos Santos. *Relação entre demandas*. 2. ed. Brasília: Gazeta Jurídica, 2018.

MACÊDO, Lucas Buril de; PEIXOTO, Ravi. *Ônus da prova e sua dinamização*. 2. ed. Salvador: Juspodivm, 2016.

MANCUSO, Rodolfo de Camargo. *Incidente de resolução de demandas repetitivas: a luta contra a dispersão jurisprudencial excessiva*. São Paulo: Revista dos Tribunais, 2016.

______. *Sistema brasileiro de precedentes: natureza, eficácia, operacionalidade*. São Paulo: Revista dos Tribunais, 2014.

MANGONE, Katia Aparecida. *Prequestionamento e questões de ordem pública no recurso extraordinário e no recurso especial*. São Paulo: Saraiva, 2013.

MARINONI, Luiz Guilherme. *A ética dos precedentes*. São Paulo: Revista dos Tribunais, 2014.

______. *Coisa julgada inconstitucional*. São Paulo: Revista dos Tribunais, 2008.

______. *Coisa julgada sobre questão*. São Paulo: Revista dos Tribunais, 2018.

______. *Tutela contra o ilícito: inibitória e de remoção – art. 497*. São Paulo: Revista dos Tribunais, 2015.

______. *Tutela inibitória*. 3. ed. São Paulo: Revista dos Tribunais, 2003.

MARINONI, Luiz Guilherme; ARENHART, Sérgio Cruz. *Comentários ao Código de Processo Civil*. São Paulo: Revista dos Tribunais, 2016. v. VI.

______. *Comentários ao Código de Processo Civil*. São Paulo: Revista dos Tribunais, 2016. v. VII.

______. *Prova e convicção*. 3. ed. São Paulo: Revista dos Tribunais, 2015.

MARINONI, Luiz Guilherme; MITIDIERO, Daniel. *Ação rescisória: do juízo rescindente ao juízo rescisório*. São Paulo: Revista dos Tribunais, 2017.

______. *Comentários ao Código de Processo Civil*. São Paulo: Revista dos Tribunais, 2016. v. XV.

MATTOS, Sérgio Luís Wetzel de. Iniciativa probatória do juiz e princípio do contraditório no processo civil. In: ALVARO DE OLIVEIRA, Carlos Alberto (org.). *Prova cível*. Rio de Janeiro: Forense, 1999.

MENDES, Aluisio Gonçalves de Castro. *Incidente de resolução de demandas repetitivas: sistematização, análise e interpretação do novo instituto processual*. Rio de Janeiro: Forense, 2017.

MONNERAT, Fábio Victor da Fonte. A jurisprudência uniformizada como estratégia de aceleração do procedimento. In: WAMBIER, Teresa Arruda Alvim (coord.). *Direito jurisprudencial*. São Paulo: Revista dos Tribunais, 2012.

______. *Súmulas e precedentes qualificados: técnicas de formação e aplicação*. São Paulo: Saraiva, 2019.

MORATO, Leonardo L. *Reclamação e sua aplicação para o respeito da súmula vinculante*. São Paulo: Revista dos Tribunais, 2007.

MOURÃO, Luiz Eduardo Ribeiro. *Coisa julgada*. Belo Horizonte: Fórum, 2008.

MÜLLER, Julio Guilherme. *Negócios processuais e desjudicialização da produção da prova*. São Paulo: Revista dos Tribunais, 2017.

NARDELLI, Luis Fernando. *Inspeção judicial*. São Paulo: Leud, 2007.

NASCIMENTO, Carlos Valder do. *Por uma teoria da coisa julgada inconstitucional*. Rio de Janeiro: Lumen Juris, 2005.

NERY JR., Nelson. *Princípios do processo na Constituição Federal*. 12. ed. São Paulo: Revista dos Tribunais, 2016.

_____. *Teoria geral dos recursos*. 6. ed. São Paulo: Revista dos Tribunais, 2004.

NERY JR., Nelson; ALVIM, Teresa Arruda (coord.). *Aspectos polêmicos dos recursos cíveis e assuntos afins*. São Paulo: Revista dos Tribunais, 2017. v. 13.

NERY JR., Nelson; ALVIM, Teresa Arruda; OLIVEIRA, Pedro Miranda de (coord.). *Aspectos polêmicos dos recursos cíveis e assuntos afins*. São Paulo: Revista dos Tribunais, 2018. v. 14.

NERY JR., Nelson; NERY, Rosa Maria de Andrade. *Código de Processo Civil comentado*. 16. ed. São Paulo: Revista dos Tribunais, 2016.

NEVES, Daniel Amorim Assumpção. *Ações probatórias autônomas*. São Paulo: Saraiva, 2008.

_____. *Manual de direito processual civil*. 9. ed. Salvador: Juspodivm, 2017.

_____. *Novo Código de Processo Civil comentado artigo por artigo*. Salvador: Juspodivm, 2016.

OLIANI, José Alexandre M. *Sentença no novo CPC*. São Paulo: Revista dos Tribunais, 2015.

OLIVEIRA JR., Zulmar Duarte de. Comentários ao art. 927. In. GAJARDONI, Fernando da Fonseca; DELLORE, Luiz; ROQUE, Andre Vasconcelos; OLIVEIRA JR., Zulmar Duarte de. *Execução e recursos: comentários ao CPC de 2015*. São Paulo: GEN, 2017.

OLMO, Marcelo de. *La apelación en el juicio ejecutivo y en la ejecución de sentencia*. Buenos Aires: Ed. Universidad, 1986.

ONODERA, Marcus Vinicius Kiyoshi. *Gerenciamento do processo* (case management) *no direito processual civil brasileiro*. Tese de doutorado. São Paulo: Universidade de São Paulo, 2016.

PACÍFICO, Luiz Eduardo Boaventura. *O ônus da prova*. 2. ed. São Paulo: Revista dos Tribunais, 2011.

PANUTTO, Peter. *Precedentes judiciais vinculantes: o sistema jurídico-processual brasileiro antes e depois do Código de Processo Civil de 2015 (Lei n. 13.105, de 16 de março de 2015)*. Florianópolis: Empório do Direito, 2017.

PICÓ I JUNOY, Joan. *O juiz e a prova*. Tradução de Darci Guimarães Ribeiro. Porto Alegre: Livraria do Advogado, 2015.

PONTES DE MIRANDA, Francisco Cavalcanti. *Comentários ao Código de Processo Civil*. 3. ed. Rio de Janeiro: Forense, 1997. t. V.

_____. *Tratado das ações*. São Paulo: Revista dos Tribunais, 1970. t. I.

RANÑA, Leonardo Fernandes. *Ordem pública nos recursos extraordinário e especial*. Brasília: Gazeta Jurídica, 2018.

REGGIANI, Gustavo Mattedi. *Improcedência liminar do pedido no novo CPC: causas típicas e atípicas*. Curitiba: Juruá, 2018.

REGO, Hermenegildo de Souza. *Natureza das normas sobre prova*. São Paulo: Revista dos Tribunais, 1985.

ROCHA, José de Albuquerque. *O procedimento da uniformização da jurisprudência*. São Paulo: Revista dos Tribunais, 1977.

RODRIGUES, Luiza Silva. *Embargos de divergência no CPC/2015*. Salvador: Juspodivm, 2018.

ROQUE, André Vasconcelos. Comentários ao art. 318. In: GAJARDONI, Fernando; DELLORE, Luiz; ROQUE, André Vasconcelos; OLIVEIRA JR., Zulmar Duarte. *Processo de conhecimento e cumprimento de sentença: comentários ao CPC de 2015*. São Paulo: GEN/Método, 2016.

SALLES, Carlos Alberto de. Mandado de segurança contra atos judiciais: as Súmulas 267 e 268 do STF revisitadas. In. SCARPINELLA BUENO, Cassio; ALVIM, Eduardo Arruda; WAMBIER, Teresa Arruda Alvim (coords.). *Aspectos polêmicos e atuais do mandado de segurança 51 anos depois*. São Paulo: Revista dos Tribunais, 2002.

SANTOS, Welder Queiroz dos. *Ação rescisória por violação a precedente*. São Paulo: Pontifícia Universidade Católica de São Paulo. Tese de doutorado, 2018.

SCARPINELLA BUENO, Cassio. 30 anos do STJ e prequestionamento: uma análise crítica do prequestionamento ficto diante do art. 1.025 do CPC. *Revista do Advogado*. São Paulo: Associação dos Advogados, 2019.

_____. *A nova etapa da Reforma do Código de Processo Civil: comentários sistemáticos às Leis n. 11.187, de 19-10-2005 e 11.232, de 22-12-2005*. 2. ed. rev., atual. e ampl. São Paulo: Saraiva, 2006. v. 1.

_____. *A nova etapa da reforma do Código de Processo Civil: comentários sistemáticos às Leis n. 11.276, de 7-2-2006, 11.277, de 7-2-2006 e 11.280, de 16-2-2006*. 2. ed. São Paulo: Saraiva, 2006. v. 2.

_____. *A nova etapa da reforma do Código de Processo Civil: comentários sistemáticos à Lei n. 11.382, de 6-12-2006*. São Paulo: Saraiva, 2007. v. 3.

_____. *A nova lei do mandado de segurança*. 2. ed. São Paulo: Saraiva, 2010.

_____. Ação direta de inconstitucionalidade – Intervenção de *amicus curiae* (ADI 3.695/DF, STF). *Revista de Processo*, v. 138. São Paulo: Revista dos Tribunais, ago. 2006, p. 165-184.

Publicado também em CLÈVE, Clémerson Merlin (org.). *Direito constitucional: processo constitucional*. São Paulo: Revista dos Tribunais, 2015. t. I. p. 633-654 (Coleção Doutrinas Essenciais, v. 10).

_____. *Amicus curiae* e audiências públicas na jurisdição constitucional: reflexões de um processualista civil. *Revista Brasileira de Estudos Constitucionais, RBEC* – ano 6, n. 24 (out.-dez. 2012). Belo Horizonte: Fórum, 2013.

_____. *Amicus curiae* no IRDR, no RE e REsp repetitivos: suíte em homenagem à Professora Teresa Arruda Alvim. In: DANTAS, Bruno; SCARPINELLA BUENO, Cassio; CAHALI, Cláudia Elisabete Schwerz; NOLASCO, Rita Dias (coord.). *Questões relevantes sobre recursos, ações de impugnação e mecanismos de uniformização da jurisprudência após o primeiro ano de vigência do novo CPC em homenagem à Professora Teresa Arruda Alvim*. São Paulo: Revista dos Tribunais, 2017.

_____. Amicus curiae *no processo civil brasileiro: um terceiro enigmático*. 3. ed. São Paulo: Saraiva, 2012.

_____. Coisa julgada em matéria tributária e o CPC de 2015: considerações em torno da Súmula 239 do STF. *Revista de Processo*, v. 276. São Paulo: Revista dos Tribunais, 2018.

_____. *Comentários ao Código de Processo Civil*: da liquidação e do cumprimento de sentença (arts. 509 a 538). São Paulo: Saraiva, 2018. v. X

_____. Comentários aos arts. 355 a 357. In: CABRAL, Antonio do passo; CRAMER, Ronaldo (coord.). *Comentários ao novo Código de Processo Civil*. 2. ed. Rio de Janeiro: Forense, 2016.

_____. *Curso sistematizado de direito processual civil*. 8. ed. São Paulo: Saraiva, 2014. v. 1.

_____. *Curso sistematizado de direito processual civil*. 9. ed. São Paulo: Saraiva, 2018. v. 1.

_____. *Curso sistematizado de direito processual civil*. 7. ed. São Paulo: Saraiva, 2014. v. 2, t. I.

_____. *Curso sistematizado de direito processual civil*. 3. ed. São Paulo: Saraiva, 2014. v. 2, t. II.

_____. *Curso sistematizado de direito processual civil*. 4. ed. São Paulo: Saraiva, 2014. v. 2, t. III.

_____. *Curso sistematizado de direito processual civil*. 7. ed. São Paulo: Saraiva, 2014. v. 3.

_____. *Curso sistematizado de direito processual civil*. 6. ed. São Paulo: Saraiva, 2014. v. 4.

_____. *Curso sistematizado de direito processual civil*. São Paulo: Saraiva, 2008. v. 5

_____. *Curso sistematizado de direito processual civil*. 2. ed. São Paulo: Saraiva, 2010. v. 5.

_____. *Curso sistematizado de direito processual civil*. 5. ed. São Paulo: Saraiva, 2014. v. 5.

_____. Efeitos dos recursos. In: NERY JR., Nelson; WAMBIER, Teresa Arruda Alvim (coord.). *Aspectos polêmicos e atuais dos recursos cíveis*. São Paulo: Revista dos Tribunais, 2006. v. 10.

_____. Exibição de documento ou coisa, a Súmula 372 do STJ e o novo Código de Processo Civil. In: DIDIER JR., Fredie (coord. geral); JOBIM, Marco Félix; FERREIRA, William Santos (coord.). *Direito probatório*. 3. ed. Salvador: Juspodivm, 2018.

_____. *Habeas data*. In: DIDIER JR., Fredie (coord.). *Ações constitucionais*. 6. ed. Salvador: Juspodivm, 2012.

_____. *Habeas data*: efeitos da apelação, liminar e suspensão de sentença. In: WAMBIER, Teresa Arruda Alvim (coord.). *Habeas data*. São Paulo: Revista dos Tribunais, 1998.

_____. Incidente de Assunção de Competência: reflexões sobre seu cabimento, suspensão de processos e fungibilidade. *Revista de Processo*, v. 309. São Paulo: Revista dos Tribunais, nov. 2020.

_____. *Mandado de segurança*. 5. ed. São Paulo: Saraiva, 2009.

_____. *Manual de direito processual civil*. 1. ed. São Paulo: Saraiva, 2015.

_____. *Manual de direito processual civil*. 6. ed. São Paulo: Saraiva, 2020.

_____. *Novo Código de Processo Civil anotado*. 3. ed. 2. tir. São Paulo: Saraiva, 2017.

_____. O mandado de segurança contra ato judicial e o parágrafo único do art. 527 do Código de Processo Civil. In: CIANCI, Mirna; QUARTIERI, Rita; MOURÃO, Luiz Eduardo; GIANNICO, Ana Paula C. (coord.). *Temas atuais das tutelas diferenciadas: estudos em homenagem ao Professor Donaldo Armelin*. São Paulo: Saraiva, 2009.

_____. *O poder público em juízo*. 5. ed. São Paulo: Saraiva, 2009.

_____. *Projetos de novo Código de Processo Civil comparados e anotados: Senado Federal (PLS n. 166/2010) e Câmara dos Deputados (PL n. 8.046/2010)*. São Paulo: Saraiva, 2014.

_____. Súmulas 282, 288 e 356 do STF: uma visão crítica de sua (re)interpretação mais recente pelos tribunais superiores. In: NERY JR., Nelson; WAMBIER, Teresa Arruda Alvim (coord.). *Aspectos polêmicos e atuais dos recursos cíveis e outras formas de impugnação às decisões judiciais*. São Paulo: Revista dos Tribunais, 2001.

_____. Uma análise crítica do prequestionamento ficto diante do art. 1.025 do CPC a propósito dos 30 anos de instalação do STJ. In: LUCON, Paulo Henrique dos Santos; OLIVERA, Pedro Miranda de (coords.). *Panorama atual do novo CPC*. São Paulo: Empório do direito; Tirant lo Blanch, 2019. v. 3.

SICA, Heitor Vitor Mendonça. O agravo e o "mito de Prometeu": considerações sobre a Lei 11.187/2005. In. NERY JR., Nelson; WAMBIER, Teresa Arruda Alvim. *Aspectos polêmicos e atuais dos recursos cíveis e assuntos afins*. São Paulo: Revista dos Tribunais, 2006. v. 9.

_____. *O direito de defesa no processo civil brasileiro: um estudo sobre a posição do réu*. São Paulo: Atlas, 2011.

SILVA, Beclaute Oliveira. Comentários ao art. 520. In: CÂMARA, Helder Moroni (coord.). *Código de Processo Civil comentado*. São Paulo: Almedina, 2016.

SILVA, José Afonso da. *Do recurso extraordinário no direito processual brasileiro*.

SILVA, Ovídio Araújo Baptista da. *Curso de processo civil*. 2. ed. Porto Alegre: Sergio Antonio Fabris, 1991. v. I.

_____. *Curso de processo civil*. Porto Alegre: Sergio Antonio Fabris, 1990. v. II.

_____. *Sentença e coisa julgada*. 3. ed. Porto Alegre: Sergio Antonio Fabris, 1995.

SILVA, Paulo Eduardo Alves da. *Gerenciamento de processos judiciais*. São Paulo: Saraiva, 2010.

SIQUEIRA, Cleanto Guimarães. *A defesa no processo civil*. 2. ed. Belo Horizonte: Del Rey, 1997.

SOUZA, André Pagani de. O novo regime da taxa judiciária do Estado de São Paulo. *Revista de Processo*, v. 115. São Paulo: Revista dos Tribunais, 2004.

SOUZA, Artur César de. *Código de Processo Civil anotado, comentado e interpretado*. São Paulo: Almedina, 2015. v. II.

_____. *Código de Processo Civil: anotado, comentado e interpretado*. São Paulo: Almedina, 2015. v. III.

_____. *Contraditório e revelia*. São Paulo: Revista dos Tribunais, 2003.

STRECK, Lenio Luiz. Comentários aos arts. 485 e 926. In: STRECK, Lenio Luiz; NUNES, Dierle; CUNHA, Leonardo Carneiro da (org.); FREIRE, Alexandre (coord.). *Comentários ao Código de Processo Civil*. São Paulo: Saraiva, 2016.

_____. As provas e o novo CPC: a extinção do poder de livre convencimento. In: DIDIER JR., Fredie (coord. geral); JOBIM, Marco Félix; FERREIRA, William Santos (coord.). *Direito probatório*. 3. ed. Salvador: Juspodivm, 2018.

STRECK, Lenio Luiz; ABBOUD, Georges. Comentários ao art. 927. In: STRECK, Lenio Luiz; NUNES, Dierle; CUNHA, Leonardo Carneiro da (org.); FREIRE, Alexandre (coord.). *Comentários ao Código de Processo Civil*. São Paulo: Saraiva, 2016.

_____. *O que é isto – o precedente judicial e as súmulas vinculantes?*. 3. ed. rev. e atual. Porto Alegre: Livraria do Advogado Editora, 2015.

TALAMINI, Eduardo. *Coisa julgada e sua revisão*. São Paulo: Revista dos Tribunais, 2005.

_____. Prova emprestada no processo civil e penal. *Revista de Processo*, v. 91. São Paulo: Revista dos Tribunais, 1998.

_____. *Tutela relativa aos deveres de fazer e de não fazer*. 2. ed. São Paulo: Revista dos Tribunais, 2003.

TARUFFO, Michele. *A motivação da sentença civil*. Tradução de Daniel Mitidiero, Rafael Abreu e Vitor de Paula Ramos. São Paulo: Marcial Pons, 2015.

_____. *Uma simples verdade o juiz e a construção dos fatos*. Tradução de Vitor de Paula Ramos. São Paulo: Marcial Pons, 2012.

TEMER, Sofia. *Incidente de resolução de demandas repetitivas*. Salvador: Juspodivm, 2016.

TESSARI, Cláudio. As contradições entre os enunciados da Escola Nacional de Formação e Aperfeiçoamento de Magistrados (ENFAM) e os princípios do contraditório e não surpresa previstos no novo CPC. *Revista de Processo*, v. 279. São Paulo: Revista dos Tribunais, 2018.

THEODORO JÚNIOR, Humberto. *Curso de direito processual civil*. 56. ed. Rio de Janeiro: GEN/Forense, 2015. v. I.

_____. O juiz, a prova e o processo justo. In: OLIVEIRA NETO, Olavo; MEDEIROS NETO, Elias Marques de; LOPES, Ricardo Augusto de Castro (coord.) *A prova no direito processual civil: estudos em homenagem ao Professor João Batista Lopes*. São Paulo: Verbatim, 2013.

THEODORO JUNIOR, Humberto; FARIA, Juliana Cordeiro de. A coisa julgada inconstitucional e os instrumentos processuais para seu controle. In. NASCIMENTO, Carlos Valder do (coord.). *Coisa julgada inconstitucional*. 3. ed. Rio de Janeiro: América Jurídica, 2004.

TUCCI, Rogério Lauria. *Do julgamento conforme o estado do processo*. São Paulo: José Bushatsky, 1975.

VIGLIAR, José Marcelo Menezes. *Uniformização de jurisprudência: segurança jurídica e dever de uniformizar*. São Paulo: Atlas, 2003.

VIVEIROS, Estefânia. *Os limites do juiz para correção do erro material*. Brasília: Gazeta Jurídica, 2013.

WAMBIER, Teresa Arruda Alvim. *Omissão judicial e embargos de declaração*. São Paulo: Revista dos Tribunais, 2005.

_____. *Os agravos no CPC brasileiro*. 4. ed. São Paulo: Revista dos Tribunais, 2006.

_____. *Recurso especial, recurso extraordinário e ação rescisória*. 2. ed. São Paulo: Revista dos Tribunais, 2008.

WAMBIER, Teresa Arruda Alvim (coord.). *Direito jurisprudencial*. São Paulo: Revista dos Tribunais, 2012.

WAMBIER, Teresa Arruda Alvim; MEDINA, José Miguel Garcia. *O dogma da coisa julgada: hipóteses de relativização*. São Paulo: Revista dos Tribunais, 2003.

WAMBIER, Teresa Arruda Alvim; MENDES, Aluísio Gonçalves de Castro; MARINONI (coord.). *Direito jurisprudencial*. São Paulo: Revista dos Tribunais, 2014.

WATANABE, Kazuo. *Controle jurisdicional: princípio da inafastabilidade do controle jurisdicional no sistema jurídico brasileiro e mandado de segurança contra atos judiciais*. São Paulo: Revista dos Tribunais, 1980.

WILD, Rodolfo. *O princípio do livre convencimento no CPC/2015*. Porto Alegre: Livraria do Advogado, 2018.

WLADECK, Felipe Scripes, Comentários ao art. 343. In: WAMBIER, Teresa Arruda Alvim; DIDIER JR., Fredie; TALAMINI, Eduardo; DANTAS, Bruno (coord.). *Breves comentários ao novo Código de Processo Civil*. 3. ed. São Paulo: Revista dos Tribunais, 2016.

YARSHELL, Flávio Luiz. *Antecipação da prova sem o requisito da urgência e direito autônomo à prova*. São Paulo: Malheiros, 2009.

_____. Comentários ao art. 966. In. SCARPINELLA BUENO, Cassio (coord.). *Comentários ao Código de Processo Civil*. 2. tir. São Paulo: Saraiva, 2017. v. 4.

YARSHELL, Flávio Luiz; PEREIRA, Guilherme Setoguti J.; RODRIGUES, Viviane Siqueira. *Comentários ao Código de Processo Civil*. São Paulo: Revista dos Tribunais, 2017. v. V.

ZAVASCKI, Teori Albino. *Comentários ao Código de Processo Civil*. São Paulo: Revista dos Tribunais, 2000. v. 8.

_____. *Eficácia das decisões na jurisdição constitucional*. São Paulo: Revista dos Tribunais, 2001.

Sites consultados

Assembleia Legislativa do Estado de São Paulo (www.al.sp.gov.br)

Conselho Nacional de Justiça (www.cnj.jus.br)

Corpus 927 (http://corpus927.enfam.jus.br/)

Escola Nacional de Formação e Aperfeiçoamento de Magistrados (www.enfam.jus.br)

Estado de São Paulo (www.legislacao.sp.gov.br)

Presidência da República (www2.planato.gov.br)

Superior Tribunal de Justiça (www.stj.jus.br)

Supremo Tribunal Federal (www.stf.jus.br)

Tribunal de Justiça do Estado de Goiás (www.tjgo.jus.br)

Tribunal de Justiça do Estado de São Paulo (www.tjsp.jus.br)

Tribunal de Justiça do Estado do Paraná (www.tjpr.jus.br)

Tribunal Regional Federal da 1ª Região (www.trf1.jus.br)

Tribunal Regional Federal da 3ª Região (www.trf3.jus.br)

Tribunal Regional Federal da 4ª Região (www.trf4.jus.br)